Otto Behagel

Literaturblatt für germanische und romanische Philologie

Sechster Jahrgang

Otto Behagel

Literaturblatt für germanische und romanische Philologie
Sechster Jahrgang

ISBN/EAN: 9783744628075

Hergestellt in Europa, USA, Kanada, Australien, Japan

Cover: Foto ©Thomas Meinert / pixelio.de

Weitere Bücher finden Sie auf **www.hansebooks.com**

Literaturblatt

für

germanische und romanische Philologie.

Unter Mitwirkung von Prof. Dr. Karl Bartsch

herausgegeben von

Dr. Otto Behaghel und Dr. Fritz Neumann
o. ö. Professor der germanischen Philologie   a. ö. Professor der romanischen Philologie
    an der Universität Basel.   an der Universität Freiburg.

Verantwortlicher Redacteur: Prof. Dr. Fritz Neumann.

Sechster Jahrgang.

1885.

Heilbronn.

Register.

I. Verzeichniss der bisherigen Mitarbeiter des Literaturblatts.

Alton, Dr. Johann, Professor in Wien.
Amira, Dr. K. v., Professor an der Universität Freiburg i. B.
Appel, Dr. C., in Berlin.
† Arnold, Dr. W., Professor an der Universität Marburg.
Ausfeld, Dr. Ad., Professor in Donaueschingen.
Aymeric, Dr. J., Lector an der Universität Bonn.
Bachtold, Dr. J., Privatdocent an der Universität Zürich.
Bahder, Dr. K. v., Privatdocent an der Universität Leipzig.
Baist, Dr. G., Bibliothekar in Erlangen.
Bangert, Dr. F., in Friedrichsdorf.
Bartsch, Dr. K., Geh. Hofrath und Professor an der Universität Heidelberg.
Bech, Dr. Feodor, Professor in Zeitz.
Bechstein, Dr. R., Professor an der Universität Rostock.
Bechtel, Dr. F., Professor an der Universität Göttingen.
Becker, Dr. R., Rector in Düren.
Behaghel, Dr. O., Professor an der Universität Basel.
Berlit, Dr. G., in Leipzig.
Bernhardt, Dr. E., Oberlehrer in Erfurt.
Bindewald, Dr., Reallehrer in Giessen.
Binsegger, Dr. W., Redacteur der neuen Züricher Zeitung in Zürich.
Blau m, Dr., Oberlehrer in Strassburg i. E.
Bobertag, Dr. F., Privatdocent an der Universität Breslau.
Böddeker, Dr. phil., in Stettin.
Böhme, F. M., Professor in Frankfurt a. M.
Boos, Dr. H., Professor an der Universität Basel.
† Brandes, Dr. H., Professor an der Universität Leipzig.
Brandl, Dr. Al., Professor an der Universität Basel.
Brandt, H. C. G., Professor in Clinton, N.-Y. Nord-Amerika.
Branky, Dr. F., Professor in Wien.
Brenner, Dr. O., Professor an der Universität München.
Bröning, Dr. E., in Bremen.
Breymann, Dr. H., Professor an der Universität München.
Bright, Dr. James W., in Baltimore, Nord-Amerika.
Brugmann, Dr. K., Professor a. d. Universität Freiburg i. B.
Brunnemann, Dr., Director in Elbing.
Buchholz, Dr. H., in Berlin.
Burdach, Dr. Konr., Privatdoc. a. d. Universität Halle a. S.
† Caix, Dr. Napoleone, Prof. am Istituto di Studi superiori in Florenz.
† Canello, Dr. U. A., Professor an der Universität Padua.
Cederschiöld, Dr. G., Professor an der Universität Lund.
Cihac, A. von, in Wiesbaden (†.
Coelho, F. A., Professor in Lissabon.
Cohn, Dr. G., Professor an der Universität Heidelberg.
Cornu, Dr. J., Professor an der Universität Prag.
Crecelius, Dr. W., Professor in Elberfeld.
Dahlerup, Dr. V., in Kopenhagen.
Dahn, Dr. Fel., Professor an der Universität Königsberg.
Droysen, Dr. G., Professor an der Universität Halle.
Dünzer, Dr. H., Professor in Köln.
† Edzardi, Dr. A., Professor an der Universität Leipzig.

Ebrismann, Dr. G., in Pforzheim.
Einenkel, Dr. E., Privatdocent a. d. Akademie Münster i. W.
Fischer, Prof. Dr. H., Bibliothekar in Stuttgart.
Förster, Dr. Paul, Oberlehrer in Charlottenburg.
Foth, Dr. K., Gymnasiallehrer in Doberan i. M.
Franke, Felix, in Sorau.
Fritsche, Dr. H., Director in Stettin.
Fulda, Dr. Ludwig, in München.
Gallée, Dr. J., Professor an der Universität Utrecht.
Gartner, Dr. Th., Professor an der Universität Czernowitz.
Gaspary, Dr. A., Professor an der Universität Breslau.
Gaster, Dr. Moritz, in Bukarest.
Gelbe, Dr. Th., Director in Stolberg.
Gombert, Dr. A., Professor in Gross-Strelitz (Oberschlesien).
Grüber, Dr. G., Professor an der Universität Strassburg.
Helten, Dr. W. L. van, in Groningen.
Henrici, Dr. Emil. Oberlehrer in Berlin.
Hertz, Dr. Willi., Professor am Polytechnikum in München.
Hess, Dr. J., in Frankfurt a. M.
Heyne, Dr. M., Professor an der Universität Göttingen.
Hintzelmann, Dr. P., Bibliothekssecretär in Heidelberg.
Holder, Professor Dr. A., Hofbibliothekar in Karlsruhe.
Holstein, Dr. H., in Geestemünde.
Humbert, Dr. C, Oberlehrer in Bielefeld.
Ivo, Dr. A., in Rovaredo.
Jarnik, Dr. U., Professor an der Universität Prag.
Jellinghaus, Dr. phil., in Kiel.
Jónsson, Dr. Finnur, in Kopenhagen.
Joret, Charles, Professor in Aix-en-Provence.
Karg, Dr. Karl, in Darmstadt.
Karsten, Dr. F., Privatdocent an der Universität Genf.
Kern, Dr. H., Professor an der Universität Leiden.
Klapperich, Dr. J., in Elberfeld.
Klee, Dr. G., in Deidesheim.
Klinghardt, Dr. H., Oberlehrer in Reichenbach i. Schl.
Klinge, Dr. Fr., Professor an der Universität Jena.
Kniggo, Dr. Fr., in Marburg.
Knörich, Dr. W., Oberlehrer in Wollin i. Pomm.
Koch, Dr. John, in Berlin.
Koch, Dr. Max, Professor an der Universität Marburg.
Kock, Dr. Axel, in Lund.
Kögel, Dr. R., Privatdocent an der Universität Leipzig.
Köhler, Dr. Reinh., Oberbibliothekar in Weimar.
Kölbing, Dr. Eugen, Professor an der Universität Breslau.
Koerting, Dr. G., Professor an der Akademie Münster i. W.
Koerting, Dr. H., Privatdocent an der Universität Leipzig.
Koschwitz, Dr. E., Professor a. d. Universität Greifswald.
Kraeuter, Dr. J. F., Oberlehrer in Saargemünd.
Kressner, Dr. A., in Kassel.
Krüger, Dr. Th., in Bromberg.
Krummacher, Dr. M., Director in Kassel.
Kühn, Dr. phil., in Wiesbaden.
Kummer, Dr. K. F., Professor in Wien.

Lachmund, Dr. A., in Ludwigslust i. M.
Laistner, Dr. L., in München.
Lambel, Dr. H., Professor an der Universität Prag.
Lamprecht, Dr. phil., in Berlin.
Larsson, Dr. L., in Lund.
Lasson, Dr. A., Privatdozent an der Universität Berlin.
† Laun, Dr. A., Professor in Oldenburg.
Lehmann, Dr. phil. in Frankfurt a. M.
† Lemcke, Dr. L., Professor an der Universität Giessen.
Levy, Dr. E., Privatdozent an der Universität Freiburg i. Br.
Lidforss, Dr. E., Professor an der Universität Lund.
Liebrecht, Dr. F., Professor an der Universität Lüttich.
Lion, Dr. C. Th., Professor in Hagen i. W.
Loeper, Dr. phil. von, Geh. Ober-Regierungsrath in Berlin.
Löwe, Dr. phil, in Strehlen.
Ludwig, Dr. E, Oberlehrer in Bremen.
Lundell, J. A., Professor an der Universität Upsala.
Mahrenholtz, Dr. R., Oberlehrer in Halle.
Mangold, Dr. W., in Berlin.
Marold, Dr. K., Gymnasiallehrer in Königsberg.
Martens, Dr. W., Gymnasiallehrer in Tauberbischofsheim.
Martin, Dr. E., Professor an der Universität Strassburg i. E.
Maurer, Dr. K., Professor an der Universität München.
Meyer, Dr. Fr., Professor an der Universität Heidelberg.
Meyer, Dr. K., Professor an der Universität Basel.
Meyer, Dr. R., Professor in Heidelberg.
Meyer, Dr. W., Privatdozent an der Universität Zürich.
Michaelis de Vasconcellos, Carolina, in Porto.
Milchsack, Dr. G., Bibliothekar in Wolfenbüttel.
Minor, Dr. J., Professor an der Universität Wien.
Mistelli, Dr. F., Professor an der Universität Basel.
Mogk, Dr. E., in Leipzig.
Morf, Dr. H., Professor an der Universität Bern.
Muncker, Dr. F., Privatdozent an der Universität München.
Mussafia, Dr. A., Hofrath und Professor an der Universität Wien.
Nagele, Dr. A., Professor in Marburg i. St.
Norrlich, Dr. P., in Berlin.
Neumann, Dr. F., Professor a. d. Universität Freiburg i. B.
† Nicol, Henry, in London.
Nyrop, Dr. Kr., in Kopenhagen.
Osthoff, Dr. H., Professor an der Universität Heidelberg.
Ottmann, Dr. H., in Weilburg a. d. L.
Paul, Dr. H., Professor an der Universität Freiburg i. Br.
Pauli, Dr. C., in Leipzig.
Petersens, Dr. Carl of, Bibliothekar in Lund.
Pfaff, Dr. F., Bibliotheksassistent in Freiburg i. Br.
Picot, Dr. E., Consul honoraire, Professor an der Ecole des langues orientales vivantes in Paris.
Piotech, Dr. Paul, Professor an der Universität Greifswald.
Piper, Dr. P., Professor in Altona.
Proescholdt, Dr. L., in Homburg v. d. H.
Raynaud, G., Employé au département des manuscrits de la Bibliothèque nationale.
Reinhardstöttner, Dr. K. von, Professor in München.
Reissenberger, Dr. K., Professor in Graz.
Rhode, Dr. A., in Hagen i. W.
Rolfs, Dr. W., in London.
Sachs, Dr. K., Professor in Brandenburg.
Sallwürk, Dr. E. von, Oberschulrath in Karlsruhe.
Sarrazin, Dr. G., Privatdozent an der Universität Kiel.
Scartazzini, Dr. J. A., in ?.
Scheffer-Boichorst, Dr., Professor an der Universität Strassburg i. E.
Schmidt, Dr. J., Professor in Wien.

Schnorr von Carolsfeld, Dr. H., in München.
Scholle, Dr. F., Oberlehrer in Berlin.
Schröder, Dr. R., Prof. a. d. Universität Göttingen.
Schröder, Dr. A., Professor in Wien.
Schröer, Dr. K. J., Professor in Wien.
Schröter, Dr. A., in Meran.
Schuchardt, Dr. H., Professor an der Universität Graz.
Schultz, Dr. O., in Berlin.
Schulze, Dr. Alfred, in Berlin.
Schwan, Dr. E., Privatdozent an der Universität Berlin.
Settegast, Dr. F., Professor an der Universität Leipzig.
Sievers, Dr. E., Professor an der Universität Tübingen.
Sittl, Dr. K., Privatdozent an der Universität München.
Socin, Dr. A., in Basel.
Söderwall, Dr., Professor an der Universität Lund.
Soldan, Dr. G., Professor an der Universität Basel.
Sprenger, Dr. R., Realschullehrer in Northeim i. H.
Stengel, Dr. E., Professor an der Universität Marburg.
Stiefel, Dr. A. L. in Nürnberg.
Stjernström, Dr. O., Bibliothekar in Upsala.
Stimming, Dr. A., Professor an der Universität Kiel.
Storm, Dr. J., Professor an der Universität Kristiania.
† Stratmann, F. H, in Krefeld.
Strauch, Dr. Ph., Professor an der Universität Tübingen.
Stürzinger, Dr. J., Professor am Bryn Mawr College in Philadelphia.
Suchier, Dr. H., Professor an der Universität Halle.
Symons, Dr. B., Professor an der Universität Groningen.
Ten Brink, Dr. B, Prof. a. d. Universität Strassburg i. E.
Thurneysen, Dr. R., Professor an der Universität Jena.
Tobler, Dr. A., Professor an der Universität Berlin.
Tobler, Dr. L., Professor an der Universität Zürich.
Tolschor, Dr. W., Professor in Wien.
Tomanetz, Dr. K., Professor in Wien.
Tümpel, Dr. W., in Hamburg.
Ulbrich, Dr. A., Oberlehrer in Berlin.
Ullrich, Dr. H., Oberlehrer in Chemnitz.
Ulrich, Dr. J., Professor an der Universität Zürich.
Vetter, Dr. F., Professor an der Universität Bern.
Victor, Dr. W., Professor an der Universität Marburg.
Vising, Dr. J., in Vänersborg (Schweden).
Vockeradt, Dr. H., Schuldirector in Recklinghausen.
Vogt, Dr. F., Professor an der Universität Kiel.
Volkelt, Dr. J., Professor an der Universität Basel.
Vollmöller, Dr. K., Professor a. d. Universität Göttingen.
Wackernagel, Dr. J., Professor an der Universität Basel.
Wätzoldt, Dr. St., Professor in Hamburg.
Wegener, Dr. Ph., Oberlehrer in Magdeburg.
Weinhold, Dr. K., Professor an der Universität Breslau.
Wendt, Dr. G., Gymnasialdirector und Oberschulrath in Karlsruhe.
Wesselofsky, Dr. phil., Professor an der Universität Petersburg.
Wiese, Dr. B., Realgymnasiallehrer in Ludwigslust i. M.
Willenberg, Dr. G., in Spremberg.
Willmann, Dr. W., Professor an der Universität Bonn.
to Winkel, Jan, in Groningen.
† Wissmann, Dr. Theod., in Wiesbaden.
† Witte, Dr. K., Geh. Justizrath und Professor an der Universität Halle.
Wolff, Dr. J., Professor in Mühlbach (Siebenbürgen).
Wolpert, Dr. O., in Augsburg.
Wülcker, Dr. E., Archivar in Weimar.
Ziemer, Dr., Oberlehrer in Colberg.
Zingarelli, Dr. N., Prof. am Liceo in Campobasso (Italien)

II. Alphabetisches Verzeichniss der besprochenen Werke.

(Ein * bedeutet, dass das betr. Werk in der Bibliographie kurz besprochen wurde.)

Antona-Traversi, La vera storia dei sepolcri di U. Foscolo (Wiese) 27.
Anthoni de Viennes, Le mystère de St., p. p. Guillaume (Levy) 333.
Antioche, Chanson d', s. Fragment.

Raissac, Cours de Grammaire franç. (Schuchardt) 415.
— —, Sur les contes populaires de l'Ile Maurice (Schuchardt) 415.

Bech, Zu Chaucer's Legend of Good Women (Koch) 326.

Bechstein, Die deutsche Druckschrift u. s. w. (Behaghel) 236.
*Beets, De Disticha Catonis in het Middelnederlandsch (Gallée) 473.
Benedict, Die Regel des Hl., hrsg. von Trozler (Behaghel) 355.
Bernhardt, Gotische Grammatik (Kögel) 274.
— —, Die got. Bibel des Vulfila (Marold) 49.
Borsi, Rime, poesie latine e lettere ed. A. Virgili (Gaspary) 463.
Bieling, Die Reineke-Fuchs-Glosse (Sprenger) 56.
Riess, Psychol. Satz- und Denklehre (v. Sallwürk 399.
Birkenhoff, Ueber Metrum und Reim der afr. Braudanleg. (Vising) 68.
Bijvanck, Essai critique sur les Œuvres de F. Villon (Ulbrich) 291.
*Böhme. Originalgesänge v. Troubadours u. Minnesingern 84.
Brahm, Heinr. von Kleist (Muncker) 319.
Brandt, A Grammar of the German language (Berlin) 231.
Braunholtz, Die Parabel d. Barlaam u. Josaphat (Koch) 383.
Brekke, La flexion dans le voyage de Brandan (Vising) 370.
Dreymann u. Moeller, Zur Reform des neusprachlichen Unterrichts (Franke) 33.
Breymann, Französische Grammatik für den Schulgebrauch (Wolpert) 413).
Brugmann, Zum heutigen Stand der Sprachwissenschaft (Wackernagel) 441.
Buvalelli s. Casini.

Caemmerer, Thür. Familiennamen (Pauli) 440.
Calcaño, Resumen de las Actas de la Academia Venezolana (Schuchardt) 422.
Calderon de la Barca, Obras. Uebers. (Kressner) 164.
Calmberg, Die Kunst der Rede (Behaghel) 233.
Canzonette Antiche ed. Altieri (Gaspary) 73.
Carigiet, Raetoromanisches Wörterbuch (Stürzinger) 30.
Casini, Le rime provenz. di Ramb. Buvalelli (Levy) 544.
Catherine, La Passion Ste. p. p. Talbert (Tobler) 502.
Catraneo, Delle più importanti questioni focol. nella grammatica ital. (Meyer) 25.
— —, Delle più importanti questioni morfol. nella grammatica ital. (Meyer) 25.
Cederschiöld, Om uppfostran hos nordboarne under hedna tiden (Mogk) 276.
— — s. Fornsögur.
Cevallos, Breve Catálogo de errores en órden à la lengua i al longuaje castellanos (Schuchardt) 422.
Chaucer-Literatur a. d. Jahren 1882—1884 (Koch) 324 ff.
Chaucer, The Book of the Tales of Canterbury. Prolog hrsg. v. Zupitza (Koch) 325.
Chaucer's Troilus and Criseyde. Ed. Furnivall (Koch) 325.
Child, The English and Scottish pop. Ballads (Liebrecht) 16.
Claris et Laris, hrsg. v. Alton (Mussafia) 285.
Clédat, Grammairo élémentaire de la vieille langue franç. (Stimming) 407.
Cosijn, Altwestsächsische Grammatik (Kluge) 59.
Crueger, Die 1. Gesammtausgabe d. Nibelungen (Sprenger) 185.
Cuervo, Apuntaciones criticas sobre el lenguaje bogotano (Schuchardt) 422.
Curtius, Zur Kritik d. neuesten Sprachforschung (Wackernagel) 441.

Delbrück, Einleitung i. d. Sprachstudium (v. Behder) 273.
— —, Die neueste Sprachforschung (Wackernagel) 441.
Diederichs, Ueber die Aussprache von sp st g ng (Behaghel) 13.
Dreyer, Der Teufel in der deutschen Dichtung des Mittelalters (Vogt) 336.
Dunger, Das Fremdwörterunwesen (Behaghel) 281.

Ebert, Die Sprichwörter der afrz. Karlsepen (Tobler) 20.
Edda, Lieder der alten, Deutsch durch die Brüder Grimm (Symons) 481.
Edgren, Sur l'élément roman de l'anglais (Vising) 239.
Egils Skalla-Grimssona Saga, öfvers. af Bååth (Mogk) 225.
Eilers, Die Erzählung des Pfarrers in Chaucers Canterburygeschichten (Koch) 326.
Else, Notes on Elizabethan Dramatists II (Proescholdt) 14.

Engel, Psychologie der französischen Literatur (Mahrenholtz) 341.
Erbe s. Vornier, Vergl. Wortkunde der latein. u. französ. Sprache (Neumann) 457.
Ettari, Marino Jonata, El Giardeno (Zingarelli) 208.
Eustache, Le mystére de St., p. p. P. Guillaume (Levy) 333.

Faguet, La tragédie franç. au XVIe siècle (Stiefel) 377.
Falkman, om målt och vigt i Sverige (Maurer) 226.
Fastnachtspiele, Mnd., hrsg. v. Seelmann (Sprenger) 143.
Fick, Zum mc. Gedicht von der Perle (Knigge) 495.
Finkenbrink, on the Date, Plot and Sources of Shakespeare's „A Midsummer Night's Dream" (Koch) 368.
Focard, Du patois créole de l'Ile Bourbon (Schuchardt) 514.
Fornsögur Sudrlanda utgifna af G. Cederschiöld (Mogk) 97.
Foscolo, Dei Sepolcri, con comm. di F. Trevisan (Wiese) 27
— —, Dei Sepolcri, ed Canello (Wiese) 27.
Fragment d'une Chanson d'Antioche en prov. p. p. P. Meyer (Tobler) 117.
Frati, Miscellanea Dantesca (Wiese) 202.
Fritzner, Ordbog over det gamle norske Sprog (Mogk) 54.
Froning, Die geistl. Spiele des Mittelalters (Meyer) 318.

Gaidos et Sébillot, Blason pop. de la France (Schuchardt) 70.
Gering s. Islendsk Aeventyri.
Germond de Lavigne, La Comédie Espagnole de Lope de Rueda (Stiefel) 124.
Giustiniani s. Wiese.
Goelzer, De la latinité de S. Jerôme (Meyer) 154.
Goerner, Der Hanswurst-Streit in Wien u. Jos. v. Sonnenfels (Koch) 357.
Goetz, Die Nialssaga ein Epos (Schnurr v. Carolsfeld) 450.
Grimm, J., Kleine Schriften VII (Behaghel) 139
Groeber, Sprachquellen und Wortquellen des lat. Wörterbuchs (Meyer) 156.
— —, Vulgärlat. Substrate rom. Wörter (Meyer) 156.
Gutersohn, Beiträge zu einer phonetischen Vokallehre (Franke) 76.

Haase, Synt. Untersuchungen zu Villehardouin u. Joinville (Stimming) 364.
Hahn-Pfeiffer, mhd. Grammatik (Ehrismann) 445.
Halfmann, Bilder und Vergleiche in Puloi's Morgante (Wiese) 120.
Hartmanns Armer Heinrich hrsg. v. Wackernagel-Toischer (Behaghel) 279.
Hausen, Die Kampfschilderungen bei Hartmann u. Wirnt (Ehrismann) 484.
Hense, Shakespeare (Koch) 365.
Herzfeld, Zu Otte's Eraclius (Behaghel) 184.
Höfer, Dialektnamen der in N.-Oesterreich vorkommenden Pflanzennamen (Pietsch) 100.
Hofmann-Wellenhof, P. v., Aloïs Blumauer (Koch) 357.
Hruschka, Zur age. Namensforschung (Kröger) 328.
Hülsen, André Chénier (Kudrich) 342.
Hündgen, Das altprov. Hoerhinslied (Meyer) 72.
Hyrtl, Die alten deutschen Kunstworte der Anatomie (Wülcker) 230.

Instruction für den Unterricht an den Gymnasien in Oesterreich (v. Sallwürk) 207.
Islendsk Aeventyri hrsg. v. Gering (Mogk) 2.
Jahrbuch der deutschen Shakespeare-Gesellschaft (Proescholdt) 147.
Johannesson, die Bestrebungen Malherbe's auf dem Gebiete der poet. Technik (Ulbrich) 150.
Jörging, Voltaire's dramat. Theorien (Mahrenholtz) 462.
Jütting, phon., etym. u. orthogr. Essais (Behaghel) 187.

Karg, Die Sprache II. Steinhöwel's (Pfaff) 177.
Keller, Sprache des Venezianer Roland V4 (Meyer) 329.
Kellner, Zur Syntax des Engl. Verbs (Klinghardt) 235.
Kern, Goethe's Torquato Tasso (Wendt) 11.
— —, Grundriss der deutschen Satzlehre (v. Sallwürk) 399.
Khull, Beiträge zum mhd. Wörterbuche (Bech) 98.
Kleinpaul, Menschen- und Völkernamen (Behaghel) 307.
Koch, Shakespeare (Proescholdt) 401.
Kuegel, Die körperl. Gestalten der Poesie (Volkelt) 58.

Koeppel, Lydgate's Story of Thebes (Brandl) 254.
Körlting, Ueber das S vor Conson. im Französischen (Neumann) 240.
Koerting, Verschollene Handschriften (Suchier) 476.
Kranck, Entstehung und Dichter der Croisade contre les Albigeois (Appel) 254.
Kreiten, Voltaire (v. Sallwürk) 461.

Lange, M., Das Boke of the Duchesse (Koch) 326.
Lange, P., Chaucer's Einfluss auf Douglas (Koch) 326.
Langenscheidt, Die Jugenddramen des P. Corneille (Koerting) 204.
Laurence Minot's Lieder, hrsg. v. Scholle (Sarrazin) 108.
Lettere di cortigiane del s. XVI (Wiese) 380.
Libri confraternitatum Sancti Galli, Augiensis Fabariensis ed. Piper (Kögel) 276.
Literaturdenkmale, Deutsche, des 18. und 19. Jh.'s. 21. Heft (Koch) 372.
Loewe, Lehrgang der frz. Sprache (Schultz) 389.
— —, Glossae Nominum (Meyer) 156.
Loca, die Nominalflexion im Provenzalischen (Levy) 417.

Mahrenholtz, Voltaire's Leben (v. Sallwürk) 480.
Manevell, Preuve van een Kaapsch-Hollandsch Idioticon (Schuchardt) 464.
Marie de France, Die Lais der, hrsg. v. Warnke (Mussafia) 497.
Maus, Peire Cardenals Strophenbau (Appel) 22.
Merbot, aesthet. Studien zur aga. Poesie (Krüger) 104.
Meurer, Franz. Lesebuch (Proescholdt) 341.
* Meyer, Essays u. Studien zur Sprachgeschichte u. Volkskunde 83.
Miscellanea Dantesca s. Prati.
Moers, Form- und Begriffsveränderungen der franz. Fremdwörter im Deutschen (Behaghel) 400.
Molière, Œuvres complètes, p. p. Moland (Knörich) 180.
Mollérite, Le, VI. (Mahrenholtz) 182.
Morandi, Voltaire contre Shakespeare, Barotti contre Voltaire (Joret) 251.
Morel-Fatio, La Comedia Espagnole. (Stiefel) 205.
Müller, Sprachgeschichtliche Studien (Meyer) 151. 158. (v. Bahder) 326.
Muller, de onde en de jongere bewerking van den Reinaert (te Winkel) 227.
Mushacke, Die Mundart von Montpellier (W. Meyer) 118.
Mussafia, Mittheilungen aus roman. Has. I (Meyer) 200.

Nehry, Der absol. Cas. obl. des altfranzös. Substantives (Schulze) 371.
Neubaus, Die Quellen von Adgar's Marienl.-geedes (Mussafia) 18.
Neumaier, Der Lancelot des Ulrich von Zatzikhoven (Behaghel) 9.
Neuteufel, Fried. v. Hausen's Metrik, Sprache und Stil (Becker) 37.
Nino, Usi e costumi abruzzesi (Nyrop) 75.
Niese, Italische Landeskunde (Meyer) 153.
Noreen, altnord. Grammatik (Brenner) 52.

Orthographia gallica, hrsg. von Stürzinger (Suchier) 114.
Osthoff, Zur Geschichte des Perfects im Indogermanischen (Meyer) 152.
Otfrid's Evangelienbuch, hrsg. von Piper II (Behaghel) 483.

Pakscher, Zur Kritik des französischen Rolandsliedes (Scholle) 374.
Paucker, Materialien zur latein. Wortbildungsgeschichte (Meyer) 156.
Perry, From Opitz to Lessing (Koch) 485.
Pulower, Zur Wiener Genesis (Vogt) 5.
Pogatscher, Zur Volksetymologie (Behaghel) 400.
Pritzel und Jessen, Die deutschen Volksnamen der Pflanzen (Pietsch) 99.
Padmonsky, Shakespeare's Pericles (Proescholdt) 369.
Puymaigre, Folk-Lore (Liebrecht) 256.

Raich, Shakespeare's Stellung zur kath. Religion (Proescholdt) 362.

Rambeau, Der frz. u. engl. Unterricht an der deutschen Schule (Rhode) 520.
Ravnaud, Bibliographie des Chansonniers des XIIIe et XIVe s. (Schwan) 61.
Reinoke der Fuchs, Nach der niederstächs. Bearbeitung übertr. (Sprenger) 57.
Reling und Bohnhorst, Unsere Pflanzen nach ihren Volksnamen (Pietsch) 100.
Ricken, Anlage und Erfolge der wichtigsten Zes. Steele's (Koch) 408.
Roediger, Kritische Bemerkungen zu den Nibelungen (Symons) 447.
Rolfs, Gründung eines Institute für deutsche Philologie in London (Schröer) 300.
Römer, Die volksthüml. Dichtungsarten der altprov. Lyrik (Levy) 110.
Ronca, La Secchia Rapita di M. Tassoni (Gaspary) 26.
Rother, hrsg. v. Bahder (Vogt) 315.
Rüttiken, Zusammenzogen. Satz bei Berth. v. Regensburg (Klinghardt) 130.
Rudolph, Leiber's Verdienste um unsere Muttersprache (Pietsch) 104.

Saalfeld, Die Lautges. der griech. Lehnwörter im Latein (Meyer) 151.
— —, Wörterbuch der griech. Lehn- und Fremdwörter im Latein (Meyer) 151.
Saga, hrsg. v. Hazelius (Liebrecht) 489.
Sauvo Ménipée, hrsg. v. Frank (Soldan) 133.
Schnorr v. Carolsfeld, Das lat. Suffix anus (Meyer) 155.
— —, Das Suffix aster natru astrum (Meyer) 155.
Schooll, Aufsätze zur klass. Literat. alter und neuer Zeit (Koch) 104.
Schröer, Zur Lehre von der engl. Aussprache und Wortbildung (v. Sallwürk) 258.
Schuchardt, Slawo-deutsches und Slawo-italienisches (Schuchardt) (Paul) 181.
Schörmann, Syntax in Cynewulf's Elene (Krüger) 13.
Sittl, De linguae latinae verbis inchoativis (Meyer) 153.
Sonnenfels, Briefe über die Wienerische Schaubühne, hrsg. von Sauer (Muncker) 147.
Stappers, Dictionnaire synoptique d'étymologie franç. 457.
Stein, Das Bildungswesen des Mittelalters (Boos) 308.
Stephens, The oldnorthern runic monuments; Handbook of the oldnorthern runic monuments (Brenner) 313.
Stouerwald, Englische Aussprache (Schöer) 101.
Sundby-Mosler, Della vita e delle opere di Br. Latini (Wiese) 335.
Sweet, Anglo-Saxon Reading Primers (Schröer) 402.

Ten Brink, Chaucer's Sprache u. Vorshaust (Einenkel) 187.
Thurneysen, Der italisch-keltische Conjunctiv mit â (Meyer) 152.
— —, Keltoromanisches (Schuchardt) 110.
Tiktin, Studien zur rumän. Philologie I (Meyer) 208.
Toischer, Die ad. Bearbeitungen der Ps.-Aristotelischen Secreta Secretorum (Behaghel) 56.
Tomaschek, Sprachl. Miscellen (Meyer) 156.

Uhlemann, Chaucer's House of Fame u. Pope's Temple of Fame (Koch) 320.

Valentin u. Nameles. hrsg. v. Seelmann (Sprenger) 9.
Varnhagen, Longfellow's Tales of a Wayside Inn (Ullrich) 451.
Viel-Castel, Essai sur le Théâtre Espagnol (Stiefel) 512.
Vulfila s. Bernhardt.

Wackernagel, W. Wackernagel Jugendjahre (Pfaff) 137.
Waltemath, Die fränk. Elemente in der franz. Sprache (Meyer) 453.
Walther von Aquitanien, Übers. von Linnig (Mogk) 353.
Warnke s. Proescholdt, Pseudo-Shakespearean Plays II (Koch) 59.
Weinberg, Das frz. Schäferspiel im 17. Jh. (Stiefel) 247.
Welti, Geschichte des Sonetts in der deutschen Dichtung (Muncker) 260.

W e s p y, Inversion des Subjects im Franz. (S c h u l z e) 296.
W i e s e, 19 Lieder L. Giustiniani's (Z i n g e r e l l i) 509.
— —, Einige Dichtungen Giustiniani's (Z i n g a r e l l i) 509.
Wie studirt man neuere Philologie und Germanistik (B e h a g h e l) 1.
Wihlidal, Chaucer's Knightes Tale (K o c h) 325.
Willert, Chaucer's House of Fame (K o c h) 328.
Wolf, Herder und Karoline Flachsland (K o c h) 361.
Wolff, Syntax des Verbs bei Adenet le Roi (Klapporich) 296.
Wölfflin, *abante* (M e y e r) 156.
— —, *pandus, sp. pando* (M e y e r) 156.
— —, *fine finisbis* (M e y e r) 156.

Wölfflin, Zur lat. Gradation (M e y e r) 156.
— —, Die Verba desiderativa (M e y e r) 156.
Wright-Wülcker, A. S. and O. E. Vocabularies (S c h r ö e r) 262.
Wülcker, Grundriss zur Geschichte der ags. Literatur (K r u e g e r) 450.
Würfl, D., Sprachgebrauch Kloppstock's (M u n c k e r) 185.
Zingerle, Quellen zum Alexander des Rud. v. Ems (A u s f e l d) 181.
Zechally, Die Vorslehren von Fabri, Du Pont und Sibilet (Willenborg) 411.
Zschech, Vinc. Monti (W i e s e) 164.

III. Sachlich geordnetes Verzeichniss der besprochenen Werke.

(Ein * bedeutet, dass das betr. Werk in der Bibliographie kurz besprochen wurde.)

Wie studirt man neuere Philologie und Germanistik (B e h a g h e l) 1.

A. Allgemeine Literatur- und Culturgeschichte (incl. mittelalterliche lat. Literatur).

S c h o o l l, Aufsätze zur klass. Literatur alter und neuerer Zeit (K o c h) 144.
Stein, Das Bildungswesen des Mittelalters (B o o s) 368.

P u y m a i g r e, Folklore (L i e b r e c h t) 250.
Brauholtz, Die Parabel des Barlaam und Josaphat (K o c h) 393.
Kleinpaul, Menschen- u. Völkernamen (B e h a g h e l) 397.
*Böhme, Originalgesänge von Troubadours und Minnesingern 84.
F r o n i n g, Die geistl. Spiele des Mittelalters (M e y e r) 318.
Walther von Aquitanien, übers. von Linzig (M o g k) 353.

K o e g e l, Die körperl. Gestalten der Poesie (V o l k e l t) 58.

B. Sprachwissenschaft.
(excl. Latein.)

Delbrück, Einleitung i. d. Sprachstudium (v. B a h d e r) 275.
Curtius, Zur Kritik d. neuest. Sprachforschung (W a c k e r n a g e l) 441.
Delbrück, Die neueste Sprachforschung (D o r a) 441.
Brugmann, Zum heutigen Stand der Sprachforschung (D o r a) 441.
Pogatscher, Zur Volksetymologie (B e h a g h e l) 400.

*Meyer, Essays und Studien zur Sprachgeschichte etc. 83.

Müller, Sprachgeschichtliche Studien (M e y e r) 151. 158. (v. B a h d e r) 305.
Schuchardt, Slawo-deutsches und Slawo-italienisches (S c h u c h a r d t) 37 (P a u l) 93.

Gutorsohn, Beiträge zu einer phonetischen Vokallehre (F r a n k e) 76.

C. Germanische Philologie.
(excl. Englisch.)

Wackernagel, W. Wackernagel Jugendjahre (P f a f f) 137.
G r i m m, J., Kleine Schriften VII (B e h a g h e l) 139.

Die einzelnen germanischen Sprachen und Literaturen.

Gotisch.

Bernhardt, Gotische Grammatik (K ö g e l) 274.
— —, Die gotische Bibel des Vulfila (M a r o l d) 49.

Skandinavisch.

Stephens, The oldnorthern runic monuments; Handbook of the oldnorthern runic monuments (B r e n n e r) 313.
Lieder der alten Edda, Deutsch durch die Brüder Grimm, neu hrsg. von Hoffory (S y m o n s) 481.
Egils Skalla-Grímssonar Saga, öfvers. af Bååth (M o g k) 225.
Goetz, Die Nialssaga ein Epos (S c h n o r r v. C a r o l s f e l d) 450.
Islendzk Aeventýri, hrsg. von Gering (M o g k) 2.
Forneljur Sudrlanda utgifnas af G. Cederschiöld (M o g k) 97.
Noreen, Altnordische Grammatik (B r e n n e r) 52.
Fritzner, Ordbog over det gamle norske Sprog (M o g k) 54.

Falkmann, Om Mått och vigt i Sverige (M a u r e r) 226.
Cederschiöld, Om uppfostran hos nordboerne under hedna tidon (M o g k) 276.
Saga, hrsg. von Bazelius (L i e b r e c h t) 668.

Hochdeutsch.

Dreyer, Der Teufel in der deutschen Dichtung des Mittelalters (V o g t) 356.
Welti, Geschichte des Sonetts in der deutschen Dichtung (M u n c k e r) 280.
Perry, From Opitz to Lessing (K o c h) 485.

Libri confraternitatum Sancti Galli Augiensis Fabariensis ed. Piper (K ö g e l) 276.
Otfrid's Evangelienbuch, hrsg. von Piper II Glossar (B e h a g h e l) 433.

Roediger, Kritische Bemerkungen zu den Nibelungen (S y m o n s) 441.
Cruoger, Die 1. Gesammtausgabe der Nibelungen (S p r e n g e r) 185.
Rother, hrsg. von Bahder (V o g t) 315.
Hartmann's Armer Heinrich, hrsg. von Wackernagel-Toischer (B o h a g h e l) 279.
Hausen, Die Kampfesschilderungen bei Hartmann und Wirnt (Ehrismann) 454.
Neumaier, Der Lanzelet des Ulrich von Zatzikhoven (B e h a g h e l) 2.
Zingerle, Quellen zum Alexander des Rud. v. Ems (A u s f e l d) 181.

Herzfeld, Zu Otto's Eraclius (Behaghel) 184.
Neuntenfel, Fr. v. Hausen's Metrik, Sprache und Stil (Becker) 317.
Pniower, Zur Wiener Genesis (Vogt) 5.
Die Regel des hl. Benedict, hrsg. von Troxler (Behaghel) 355.
Toischer, Die ad. Bearbeitungen der Ps.-Aristotelischen Secreta-Secretorum (Behaghel) 56.
Karg, Die Sprache H. Steinhöwel's (Pfaff) 177.

Rudolph, Luther's Vordienste um unsere Muttersprache (Pietsch) 104.
Briefe über die Wienerische Schaubühne von Sonnenfels hrsg. von Sauer (Muncker) 487.
Goerner, Der Hans Wurst-Streit in Wien und Jos. v. Sonnenfels (Koch) 357.
Deutsche Literaturdenkmale des 18., 19. Jh.'s (Koch) 322.
Würfl, Der Sprachgebrauch Klopstock's (Muncker) 186.
Wolf, Herder und Karoline Flachsland (Koch) 361.
Kern, Goethe's Torquato Tasso (Wendt) 11.
Brahm, Heinr. v. Kleist (Muncker) 319.
Hofmann-Wellenhof, Alois Blumauer (Koch) 357.

Brandt, A grammar of the German language (Berlit) 231.
Hahn-Pfeiffer, mhd. Grammatik (Ehrismann) 445.
Diederichs, Ueber die Aussprache von sp st p ng (Behaghel) 18.
Kern, Grundriss d. deutschen Satzlehre (v. Sallwürk) 399.
Bötticher, Zusammensetzung. Satz bei Berth. v. Regensburg (Klinghardt) 139.

Khull, Beiträge zum mhd. Wörterbuch (Bech) 96.
Jütting, Phon., etym. u. orthogr. Essays (Behaghel) 187.
Hyrtl, Die alten deutschen Kunstworte der Anatomie (Wülcker) 230.
Caemmerer, Thüringische Familiennamen (Pauli) 449.
Höfer, Dialektnamen der in N.-Oesterreich vorkommenden Pflanzennamen (Pietsch) 100.
Pritzel und Jessen, Die deutschen Volksnamen der Pflanzen (Pietsch) 99.
Boling und Bohnhorst, Unsere Pflanzen nach ihren Volksnamen (Pietsch) 100.

Moers, Form- und Begriffsveränderungen der franz. Fremdwörter im Deutschen (Behaghel) 400.
Dunger, Das Fremdwörterunwesen (Behaghel) 231.

*Saalfeld, Die neue deutsche Rechtschreibung 346.
Bachstein, Die Deutsche Druckschrift u. s. w. (Behaghel) 235.

Niederdeutsch.

Valentin und Namelos, hrsg. von Seelmann (Sprenger) 2.
Reineke der Fuchs, nach der niedersächs. Bearbeitung überstr. (Sprenger) 57.
Bieling, Die Reineke-Fuchs-Glosse (Sprenger) 56.
Mnd. Fastnachtspiele, hrsg. von Seelmann (Sprenger) 143.

Niederländisch.

Muller, De oude en de jongere bewerking van den Reinaert (te Winkel) 237.
Boete, De Disticha Catonis in' het Mittelnederlandsch (Gallée) 473.

Mansvelt, Proeve van een Kaapsch-Hollandsch Idioticon (Schuchardt) 464.

D. Englische Philologie.

Wülcker, Grundriss zur Geschichte der ags. Literatur (Krüger) 450.
Morbot, Aesthet. Studien zur ags. Poesie (Krüger) 104.

Sweet, Anglo-Saxon Reading Primers I, II. (Schröer) 492.

Die Chaucer-Literatur aus den Jahren 1882–1884 (Koch) 324 ff.
Chaucer, The Tales of Canterbury. Prolog. Hrsg. von Zupitza (Koch) 325.
Wihlidal, Chaucer's Knightes Tale (Koch) 325.
Ellers, Die Erzählung des Pfarrers in Chaucer's Canterbury-geschichten (Koch) 326.
Willert, Chaucer's House of Fame (Koch) 326.
Lange, Das Buke of the Duchesse (Koch) 326.
Bech, Zu Chaucer's Legend of Good Women (Koch) 326.
Chaucer's Troilus and Criseyde, Ed. Furnivall. (Koch) 325.
Lange, Chaucer's Einfluss auf Douglas (Koch) 326.
Uhlemann, Chaucer's House of Fame u. Pope's Temple of Fame (Koch) 326.
Fick, Zum me. Gedicht von der Perle (Knigge) 495.
Laurence Minot's Lieder, hrsg. von Scholle (Sarrazin) 108.

Koeppel, Lydgate's Story of Thebes (Brandl) 284.

Elze, Notes on Elizabethan Dramatists II (Proescholdt) 14.
Warnke und Proescholdt, Pseudo-Shakespearean Plays II (Koch) 50.
Koch, Shakespeare (Proescholdt) 401.
Honce, Shakespeare (Koch) 365.
Baich, Shakespeare's Stellung zur kathol. Religion (Proescholdt) 362.
Jahrbuch der deutschen Shakespeare-Gesellschaft (Proescholdt) 147.
Finkenbrink, On the Date, Plot and Sources of Shakespeare's „A Midsummer Night's Dream" (Koch) 366.
Padmansky, Shakespeare's Pericles (Proescholdt) 369.
Blinken, Ueber Anlage und Erfolge der wichtigsten Zee. Steele's (Koch) 406.
Varnhagen, Longfellow's Tales of a Wayside Inn und ihre Quellen (Ullrich) 481.
Child, Th., English and Scottish pop. Ballads (Liebrecht) 10.

Cosijn, Altwestsäch. Grammatik (Kings) 59.
Ten Brink, Chaucer's Sprache und Verskunst (Einenkel) 187.
Edgren, Sur l'élément roman de l'anglais (Vising) 289.
Schroer, Zur Lehre von der Aussprache und Wortbildung (v. Sallwürk) 208.
Stenerwald, Englische Aussprache (Schröer) 191.
Mohrmann, Syntax in Cynewulfs Elene (Krüger) 13.
Kellner, Zur Syntax des Engl. Verbs (Klinghardt) 235.

Wright-Wülcker, A.S. and O.E. Vocabolaries (Schröer) 222.
Hruschka, Zur ags. Namensforschung (Krüger) 523.

E. Romanische Philologie.
(incl. Latein).

Thurneysen, Keltoromanisches (Schuchardt) 110.
Groeber, Sprachquellen und Wortquellen des lat. Wörterbuchs (Meyer) 150.
— —, Vulgärlat. Substrate roman. Wörter (Meyer) 150.
Paucker, Materialien zur lat. Wörterbildungsgeschichte (Meyer) 150.
Wölfflin, abante (Meyer) 150.
— —, pendus (Meyer) 150.
— —, Ans Anibis (Meyer) 150.
— —, Zur lat. Gradation (Meyer) 150.
— —, Die Verba desiderativa (Meyer) 155.
Sittl, De linguae latinae verbis incohativis (Meyer) 155.
Nehmer v. Carolsfeld, Das lat. Suffix onus (Meyer) 155.
— —, Das Suffix aster, astra, astrum (Meyer) 155.
Loewe, Glossae Nominum (Meyer) 150.
Tomaszek, Sprachl. Miscellen (Meyer) 150.
Saalfeld, Wörterbuch der griech. Lehn- und Fremdwörter im Latein (Meyer) 151.
— —, Die Lautgesetze der griech. Lehnwörter im Latein (Meyer) 151.

Goelzer, De la latinité de S. Jérôme (Meyer) 151.
Osthoff, Zur Geschichte des Perfects im Indogermanischen (Meyer) 152.
Thurneysen, Der italo-keltische Conjunctiv mit d (Meyer) 152.
Nissen, Ital. Landeskunde (Meyer) 158.

Die einzelnen romanischen Sprachen und Literaturen.

Italienisch.

Canzonette antiche ed. Alvisi (Gaspary) 73.
Frati, Miscellanea Dantesca (Wiese) 262.
Sandby-Renier, Della vita e delle opere di Br. Latini (Wiese) 328.
Wiese, 12 Lieder L. Giustiniani's; einige Dichtungen L. Giustiniani's (Zingarelli) 509.
Hallmann, Bilder und Vergleiche in Pulci's Morganto (Wiese) 120.
Mussafia, Ein neapolit. Regimen sanitatis (Meyer) 200.
Ettari, Marino Jonata, El Giardeno (Zingarelli) 203.
Lettere di cortigiane del s. XVI (Wiese) 380.
Berni, Rime, Poesie Latine e Lettere ed. Virgili (Gaspary) 462.
Roncs, La Secchia Rapita di Al. Tassoni (Gaspary) 26.
Zschech. Vinc. Monti (Wiese) 164.
Antona-Traversi, La vera storia dei sepolcri di U. Foscolo (Wiese) 27.
Foscolo, Dei Sepolcri, con commento di F. Trevisan (Wiese) 27.
——, Dei Sepolcri, ed. Canello (Wiese) 27.

Nino, Usi e costumi abbruzzesi (Nyrop) 75.

Cattaneo, Delle più importanti questioni fonol. nella grammatica ital. (Meyer) 25.
——, Delle più importanti questioni morfol. nella grammatica ital. (Meyer) 25.

Ladinisch.

Cariglet, Raetoroman. Wörterbuch (Stürzinger) 30.

Rumänisch.

Tiktin, Studien zur rumän. Philologie (Meyer) 298.

Französisch.

Engel, Psychologie der franzos. Literatur (Mahrenholtz) 391.
Faguet, La tragédie franç. au XVIe s. (Stiefel) 377.
Weinberg, Das franz. Schäferspiel im 17. Jh. (Stiefel) 247.
*Koerting, Verschollene Mss. (Suchier) 476.

Ebert, Sprichwörter der altfranz. Karlsepen (Tobler) 20.

Paksch er, Zur Kritik des franz. Rolandsliedes (Scholle) 374.
Keller, Sprache des Venezianer Roland Vº (Meyer) 329.
Die Lais der Marie de France, hrsg. von K. Warnke (Mussafia) 467.
Neuhaus, Die Quellen von Adgar's Marienlegenden (Mussafia) 18.
Clark et Laris, hrsg. von Alton (Mussafia) 285.
La Passion Ste. Catherine, poème du XIIIe s. par Auméric p. Talbert (Tobler) 302.
Raynaud, Bibliographie des chansonniers des XIIIe et XIVe siècles (Schwan) 61.
Bijvanck, Essai critique sur les Œuvres de F. Villon (Ulbrich) 291.

Johannesson, Bestrebungen Malherbe's auf dem Gebiete der poet. Technik (Ulbrich) 159.
Satyre Ménippée, hrsg. von Frank (Goldan) 198.
Molière, Œuvres complètes p. p. Meland (Knörich) 166.

Molièriste, Le, VI. (Mahrenholtz) 162.
Langenscheidt, Die Jugenddramen des P. Corneille (Koerting) 294.
Mahrenholtz, Voltaire's Leben und Werke (v. Sallwürk) 460.
Kreiten, Voltaire (v. Sallwürk) 461.
Jürging, Voltaire's dramatische Theorien (Mahrenholtz) 402.
Morandi, Voltaire contro Shakespeare, Baretti contro Voltaire (Joret) 251.
Hülsen, André Chénier (Knörich) 332.

Galdoz et Sébillot, Blason pop. de la France (Schuchardt) 70.
Baissac, Conférence sur les contes populaires de l'Ile Maurice (Schuchardt) 415.

Zschalig, Die Verslehren von Fabri, Du Pont und Sibilet (Willenberg) 411.
Clédat, Grammaire élémentaire de la vieille langue française (Stimming) 407.
Breymann, Französ. Grammatik für den Schulgebrauch (Wolpert) 413.
Luewe, Lehrgang der franz. Sprache (Schultz) 399.
Meurer, Franz. Lesebuch (Proescholdt) 341.
Baissac, Cours de grammaire franç. (Schuchardt) 415.

Orthographia gallica, hrsg. von Stürzinger (Suchier) 114.
Birkenbeff, Ueber Metrum und Reim der afr. Brandanleg. (Vising) 68.
Körits, Ueber das *S* vor Conson. im Französischen (Neumann) 340.
Brekke, La flexion dans le voyage de Brandan (Vising) 370.

Haase, Synt. Untersuchungen zu Villehardouin und Joinville (Stimming) 246.
Wolff, Syntax des Verbs bei Adenet le Roi (Klapperich) 296.
Nehry, Gebrauch des absol. Cas. obl. des altfranz. Substantivs (Sohnies) 371.
Weepy, Inversion des Subjects im Französischen (Schulse) 298.

*Schulthess, Svensk-Fransk ordbok (Vising) 430.
Slappers, Dictionnaire syn. d'étymologie franç. (Neumann) 457.
Erbe und Vernier, vergl. Wortkunde der lat. und franz. Sprache (Neumann) 457.
Waltemath, Die fränk. Elemente in der französ. Sprache (Meyer) 453.

Focard, Du patois créole de l'Ile Bourbon (Schuchardt) 513.

Provenzalisch.

Römer, Die volksthümlichen Dichtungsarten der altprovenz. Lyrik (Levy) 195.
Händgen, Das altprovenz. Boethiuslied (Meyer) 72.
Mans, Peire Cardenals Strophenbau (Appel) 22.
Casini, Le Rime provensali di Rambertino Buvalelli (Levy) 504.
Fragment d'une chanson d'Antioche en prov. p. p. P. Meyer (Tobler) 117.
Kraack, Entstehung und Dichter der Croisade contre les Albigeois (Appel) 254.
Le mystère de St. Eustache p. p. P. Guillaume (Levy) 335.
Le mystère de St. Anthoni de Viennes p. p. Guillaume (Levy) 331.

Muschacke, Die Mundart von Montpellier (Meyer) 118.
Loos, Die Nominalflexion im Provenzalischen (Levy) 417.

Spanisch.

Viel-Castel, Essai sur le théâtre Espagnol (Stiefel) 512.
Garmend de Lavigne, La Comédie Espagnole de Lope de Rueda (Stiefel) 124.
Morel-Fatio, La Comedia Espagnola (Stiefel) 205.

Calderon de la Barca, Obras. Uebers. (Kressner) 164.

Cevallos, Breve Católogo de erroros en órden à la lengua i al lenguaje castellanos (Schuchardt) 422.
Cuervo, Apuntaciones críticas sobre el lenguaje bogotano (Schuchardt) 422.

Calcaño, Resumen de las Actas de la Acad. Venezolana (Schuchardt) 422.

F. Pädagogik.
(Schulgrammatiken s. bei den einzelnen Sprachen.)

Instruction für den Unterricht an den Gymnasien in Oesterreich (v. Sallwürk) 207.
Breymann und Möller, Zur Reform des neusprachlichen Unterrichts (Franke) 33.
Kolfs, Gründung eines Instituts für deutsche Philologen in London (Schröer) 300.
Rambeau, Der franz. und engl. Unterricht an der deutschen Schule (Rhode) 519
Biese, Psycholog. Satz- und Denklehre (v. Sallwürk) 399.
Calmberg, Die Kunst der Rede (Behaghel) 233.

IV. Verzeichniss der Zeitschriften u. s. w. deren Inhalt mitgetheilt ist.

Academy, the, 36. 82. 126. 169. 261. 363. 426. 472. 518.
Alemannia 382. 425.
Anglia 84. 81. 168. 210. 471. 515.
Annales de l'Académie d'Archéologie de Belgique 345.
Annales de la faculté des lettres de Bordeaux 170.
Annuaire de la faculté des lettres de Lyon 427.
Antologia, Nuova, 83. 127. 170. 211. 309. 345. 384.
Anzeigen, Göttinger gelehrte, 41. 130. 210. 348. 388. 477. 525.
Anzeiger, neuer, für Bibliographie, 82.
Anzeiger, Philologischer, 431.
Anzeiger für deutsches Alterthum 80. 68. 174. 175. 317. 311. 470. 477.
Anzeiger der germanischen Nationalmuseums 126. 210.
Anzeiger für schweizerische Geschichte 382.
Anzeiger, bibliographischer, für romanische Sprachen und Literaturen, 425.
Archaeologia Cambrensis 383.
Archiv für das Studium der neueren Sprachen und Literaturen 79. 166. 250. 266. 381. 424. 525.
Archiv für lateinische Lexikographie und Grammatik 34. 210. 343.
Archiv für Literaturgeschichte 80. 303. 348. 470.
Archiv für Literatur- und Kirchengeschichte des Mittelalters 515.
Archiv für slavische Philologie 383.
Archiv, pädagogisches, 82. 211. 472.
Archiv für Gynäkologie 518.
Archivio glottologico italiano 81. 168. 471.
Archivio storico italiano 80. 427.
Archivio storico per Trieste, l'Istria ed il Trentino 127.
Archivio storico per le Marche e per l'Umbria 384.
Archivio Veneto 170.
Archivio storico Lombardo 127. 518.
Archivio della Società Romana di Storia patria 127. 384.
Archivio per lo studio delle tradizioni popolari 34. 208. 303. 515.
Arkiv for nordisk filologi 125. 343.
Athenaeum, the, 36. 82. 129. 169. 383. 426. 472. 518.
Atti del R. Istituto Veneto di scienze lettere ed arti 170. 211. 345. 427. 473.
Atti della Accademia delle scienze di Torino 127.
Atti della Accademia di Udine 308.
Atti della R. Accademia Lucchese 37.
Atti della Accademia di Palermo 170.
Atti e memorie delle Deputazioni di storia patria per le provincie modenesi e parmensi 170.

Baretti, Il, 170.
Beiträge zur Kunde der indogermanischen Sprachen 33. 424.
Beiträge zur Geschichte der deutschen Sprache und Literatur 167. 303. 470.
Berichte der K. Sächsischen Gesellschaft der Wissenschaften zu Leipzig 36. 517.
Beweis, der, des Glaubens 36.
Bibliofilo, Il, 170.
Bibliothèque de l'école des chartes 127.
Bibliothèque universelle et Revue Suisse 127. 262.

Blätter, akademische, 34. 167. 174. 175.
Blätter, Hessische, 383.
Blätter für das Bairische Realschulwesen 261.
Blätter für das Bairische Gymnasialschulwesen 266. 426. 307. 383.
Blätter, Rheinische, für Erziehung und Unterricht 126.
Blätter, Pädagogische, 266.
Blätter für literarische Unterhaltung 308. 345. 388. 426. 431.
Boletim da Sociedad de Geographia de Lisboa 83.
Boletin folklorico Español 209. 259.
Boletin de la R. Academia de la Historia 519.
Börsenblatt f. d. deutschen Buchhandel 211. 261. 307. 311.
Buchhändler-Akademie, Deutsche, 311.
Bulletin de la société des anciens textes français 307. 426.
Bulletin critique 518.
Bulletin de la Société historique 170.
Bulletin mensuel de la Faculté des lettres de Poitiers 170.

Centralblatt für Bibliothekswesen 345. 472.
Centralblatt, Literarisches, 41. 88. 89. 130. 175. 311. 348. 387. 384. 477.
Centralorgan für die Interessen des Realschulwesens 82. 169. 211. 345. 517.
Civiltà cattolica 37.
Comité des travaux historiques et scientifiques 518.
Corriere Ticinese 384.
Corriere del mattino 384.
Cronaca Partenopea 127.
Cronaca sibarita 384.
Cronaca Marchigiana 308.
Cultura, la, 384.

Domenica, la, letteraria 83.
Domenica, la, del Fracassa 432.

Elvense, El, 519.

Fanfulla, 384.
Feuille centrale 262.
Forschungen, Romanische, 81.
Franco-Gallia 35. 81. 126. 211. 260. 307. 343. 382. 426. 471. 517.

Gazzetta letteraria 384.
Gegenwart, Die, 36. 126. 169. 308. 343. 426. 472. 517.
Germania 80. 84. 210. 342. 348. 470.
Geschichtsblätter für Magdeburg 82.
Geschichtsfreund, Der, 517.
Giambattista Basile 80. 209. 304. 518.
Gids, de, 82. 472. 477.
Giornale Ligustico 384.
Giornale Napoletano 127.
Giornale storico della letteratura italiana 81. 168. 175. 176. 260. 342. 517.
Grenzboten, Die, 82. 261. 308. 345. 383. 426. 472. 517.
Goethe-Jahrbuch 210.

Homme, l', 518.

Jahrbuch, Historisches, der Görresgesellschaft 345.
Jahrbücher, Neue, für Philologie und Pädagogik 36. 126.
 382. 426. 431.
Jahrbücher, Preussische, 82. 211. 383. 472.
John Hopkins University, Circulars 82.
Journal des Savants 37. 83. 170. 518.
Journal, the American of Philology 82. 88. 89. 127. 211.
 216. 306. 416.

Kirchenzeitung, neue evangelische, 82. 261.
Korrespondenzblatt des Vereins für siebenbürgische
 Landeskunde 82. 126. 169. 211. 261. 307. 345. 383. 472.
Korrespondenzblatt für Schulen Württembergs 82.
Kronik, Schwäbische, 169.

Literaturzeitung, Deutsche, 41. 42. 130. 174. 216. 266.
 311. 344. 344. 388. 477.
Literaturzeitung, Theologische, 41. 431. 432. 477. 517.

Magazin für die Literatur des In- und Auslandes 35. 82.
 126. 169. 211. 260. 307. 344. 383. 426. 472.
Magazine, Blackwoods Edinbourgh, 169. 345. 472.
Mélusine 84. 80. 89. 125. 167. 200. 259. 304. 342. 381.
 470. 515.
Mémoires de l'Académie de Toulouse 473.
Mémoires de la Société de l'Histoire de Paris 427.
Mittheilungen aus dem germanischen Nationalmuseum
 169. 261.
Mittheilungen und Nachrichten für die evangelische Kirche
 in Russland 472.
Molières, le, 343.
Monatshefte, Philosophische, 382.
Monatsschrift, Kirchliche, 472.
Monatsschrift, Berliner, f. Literatur, Kritik u. Theater 383.
Monatsschrift, Baltische, 211.
Muséon 170.

Nachrichten der Gesellschaft der Wissenschaften zu Göt-
 tingen 126. 260.
Nachrichten, Göttinger gelehrte, 345.
Nineteenth Century, The,
Noord en Zuid 80. 125. 167. 259. 343. 425. 515.
Nord und Süd 82. 211. 383.
Nordwest 383. 426.

Onze Volkstaal 81. 259.
Opuscoli religiosi, letterarii e morali 518.

Paedagogium 126. 261.
Polybiblion 383
Propugnatore, Il, 35. 82. 260. 342. 517.

Rassegna Nazionale, la, 83. 127. 384. 518.
Review, the Quarterly, 518.
Review, the Contemporary, 345.
Review, the Fortnightly, 261.
Review, the Edinbourgh, 383.
Revista de España 127.
Revue, Deutsche, 82. 126 261. 266.
Revue critique 42. 262. 312. 343. 431. 472.
Revue des deux mondes 170. 345. 383. 473.
Revue des langues romanes 35. 125. 210. 260. 343. 425.
 471. 515.
Revue politique et littéraire 36. 83. 127. 170. 211. 261. 308.
 345. 383. 427. 472. 518.
Revue Britannique 262.
Revue, La Nouvelle, 478.
Revue d'Auvergne 211.
Revue historique 518.
Revue internationale 127. 262.
Revue du monde latin 262. 263.
Revue de Gascogne 518.
Revue d'Alsace 518.
Revue, la, nouvelle d'Alsace-Lorraine 345.
Revue de Belgique 308.
Revue de l'instruction publique en Belgique 266. 345. 427.
Revue internationale de l'enseignement 518.
Revue scientifique 37.

Revue de l'histoire des religions 37. 473.
Revue de linguistique 79. 381. 515.
Rovy, Nordisk, 88. 130. 175. 176. 216. 266. 311.
Rivista critica della letteratura italiana 35. 81. 126. 163.
 307. 425. 5. 7.
Rivista di filologia 427.
Rivista di filosofia scientifica 262.
Romania 83. 42. 305. 311. 382. 425. 432
Rundschau, Deutsche, 126. 169. 211. 383.
Rundschau, Nordische, 36. 169.

Samlaren 343.
Schalk 126.
Sentinella, a, da Fronteira 519.
Sitzungsberichte der Berliner Akademie 126. 345.
Sitzungsberichte der Münchener Akademie 36. 261.
Sitzungsberichte der Wiener Akademie 86.
Stimmen aus Maria-Laach 472. 517.
Studente, lo, Magliese 83.
Studien, Englische, 125. 130. 260. 470. 477.
Studien, Romanische, 516.
Studii di filologia romanza 81. 515.
Suisse, la, romande 37.

Taalstudie 83. 166. 259. 342. 424. 515.
Tagespost 383.
Tidskrift, antiquarisk, för Sverige 36. 167.
Tidskrift, Finsk, 261.
Tidskrift, historisk, 86.
Tidskrift, Nordisk, för vetenskap kunst och industri 82.
 261. 398. 517.
Tidskrift, Pædagogisk, 427.
Tidskrift, Ny svensk, 86. 41. 518.
Tijdschrift voor nederlandsche taal- en letterkunde 167.
 305. 515.
Transactions of the Philological Society 427.

Unsere Zeit 169. 383. 472.

Verdandi 427.
Verslagen en Mededeelingen van de K. Akademie te Amster-
 dam 472.
Vierteljahrsschrift für wissenschaftliche Philosophie 36.
 82. 130.
Vierteljahrsschrift f. Kultur u. Literatur d. Renaissance
 167. 304. 515.
Vierteljahrsschrift für Musikwissenschaft 345.
Vitterhets Historie och Antiqvitets Akademiens Månads-
 blad 169.

Westermanns illustrirte Monatshefte 169. 211.
Wochenschrift für classische Philologie 266.
Wochenschrift, Berliner philologische, 216.

Zeitschrift für allgemeine Geschichte, Kultur-, Literatur-
 und Kunstgeschichte 383.
Zeitschrift für Völkerpsychologie und Sprachwissen-
 schaft 266.
Zeitschrift für allgemeine Sprachwissenschaft 470.
Zeitschrift für vergleichende Sprachforschung 259.
Zeitschrift für Orthographie etc. 209. 304. 342. 470. 517.
Zeitschrift f. deutsche Philologie 80. 210. 216. 305. 425. 431.
Zeitschrift für deutsches Alterthum und deutsche Literatur
 80. 167. 304. 470.
Zeitschrift für romanische Philologie 35. 42. 166. 305. 311.
 471. 477.
Zeitschrift für neufranzösische Sprache und Literatur 35.
 211. 260. 307. 382. 471.
Zeitschrift für das Gymnasialwesen 36. 307. 387. 431.
 130. 169. 216. 261. 307. 341. 382. 431. 517. 525.
Zeitschrift für die österreichischen Gymnasien 36. 41. 84.
Zeitschrift für das Realschulwesen 345.
Zeitschrift, theologische, aus der Schweiz 472.
Zeitung, Allgemeine, 42. 82. 126. 169. 211 261. 308. 345.
 383. 426. 472. 517.
Zeitung, Frankfurter, 261.
Zeitung, Leipziger (wissenschaftliche Beilage), 36. 126. 169.
 211. 472. 517.
Zeitung, Vossische (Sonntagsbeilage) 169. 345. 383. 420.
 472. 517.

V. Verzeichniss der Buchhandlungen, deren Verlagswerke im Jahrgang 1885 besprochen wurden.

Braumüller, Wien 230.
Breitkopf & Härtel, Leipzig 273. 298, 441.
Caprin, Triest 25.
Cerf, Paris 70.
Charpentier, Paris 512.
Clarendon Press, Oxford 492.
Cohen, Hannover 99.
Cotta, Stuttgart 398, 401.
De Brouk & Smits, Leyden 291.
Delval, St.-Denis (Réunion) 513.
Detloff, Basel 187.
Diesterweg, Frankfurt a. M. 104.
Draghi, Padua 27.
Dümmler, Berlin 159.
Durand, Chartres.
Elwert, Marburg 20, 22. 68. 120. 105. 264. 417.
Franck, Oppeln 72. 103. 240. 206. 480.
Friedberg & Mode, Berlin 390.
Frohberg, Leipzig 411.
Fues, Leipzig 341
Garnier frères, Paris 160. 407.
Gärtner, Berlin 332.
Gebauer-Schwetschke, Halle 58. 393. 484. 497.
Gerold, Wien 151. 240.
Habel, Berlin 450.
Hachette, Paris 164. 377.
Henninger, Heilbronn 114. 118. 281. 322. 348.
Herder, Freiburg i. B. 461.
Hertz, Berlin 144.
Herrosé, Wittenberg 187.
Hirzel, Leipzig 441.
Hölder, Wien 235. 258.
Houghton, Mifflin & Co., Boston 16.
Huffel, Utrecht 464.
Huschke, Weimar 147.
Jügel, Frankfurt a. M. 318.
Kirchheim, Mainz 392.

Klein, Darmen 399.
Knauer, Frankfurt a. M. 247.
Koebner, Breslau 104. 181.
Kunegen, Wien 357. 467.
Krische, Erlangen 184.
Kröner, Stuttgart 401.
Langenscheidt, Berlin 294.
Lapi, Città di Castello 251.
Le Munier, Florenz 338. 468. 509.
Leroux, Paris 117.
Leuschner & Lubensky 37. 92.
Libreria Dante, Florenz 78. 202. 380.
Lipsius & Tischer, Kiel 296. 495.
Lit. Verein, Stuttgart 285.
Lynge, Kopenhagen 313.
Maisonneuve, Paris 333.
Marpon et Flammarion, Paris 124.
Mohr, Freiburg i. B. 483.
Morano, Napoli 208.
Muller en Co., Amsterdam 227.
Münster, Verona 27.
Maquardt, Brüssel 457.
Neff, Stuttgart 457.
Nicolai, Berlin 11. 399.
Niemeyer, Halle 14. 52. 59. 110. 315. 393. 484. 497.
Nijhoff, Haag 59.
Nolte, Hamburg 104. 519.
Norske Forlags forening, Kristiania 54.
Norstedt & Söhne, Stockholm 430.
Oehlschläger, Calw 329.
Oldenbourg, München 38. 191. 284. 413.
Oppenheim, Berlin 83.
Orell Füssli & Co., Zürich 283.
Osgood & Co., Boston 485.
Perrin, Paris 256.
Pichler, Wien 207.
Porras, Ambato 422.

Prochaska, Wien 331.
Putnam's sons, New-York u. London - 281.
Reimer, Berlin 481.
Reissner, Leipzig 397.
Riedel, München 57.
Roseberg, Leipzig 1.
Rotten & Löning, Frankfurt a. M. 185.
Sanz, Caracas 422.
Schöningh, Paderborn 13. 353. 453.
Schott's Söhne, Mainz 84.
Schwabe, Basel 279. 445.
Seligmann & Co., Stockholm 225.
Soltau, Norden u. Leipzig 143.
Teubner, Leipzig 156.
Thienemann, Gotha 100.
Thorin, Paris 502.
Tresse, Paris 162.
Trübner, London 282.
Trübner, Strassburg i. E. 108. 139. 152. 441.
Vandenhoek & Ruprecht, Göttingen 151. 395.
Veit & Co., Leipzig 280. 450.
Verein f. nd. Sprachforschung 9.
Verein f. deutsche Literatur, Berlin 319.
Vieweg, Paris 61. 205. 370.
Vigo, Livorno 27.
Waisenhausbuchhandlung Halle 2. 40. 274. 395.
Weber, Bonn 80.
Weidmann, Berlin 5. 158. 276. 300. 325. 374. 447. 451.
Weigel, Leipzig 187.
Williams & Norgate, London 313.
Winter, Heidelberg 235.
Winter, Leipzig 151.
Wolters, Groningen.

VI. Verzeichniss der in den Personalnachrichten erwähnten Gelehrten.

1. Anstellungen, Berufungen u. s. w.

Collitz, H, 348.
Erdmann, O., 266.
Feist, A., 525.
Gartner, Th., 312.
Holthausen, M., 348.
Koch, M., 348.
Koeppel, E., 348.
Koerting, H., 131.
Lücking, G., 90.

Minor, J. 432.
Morsbach, L., 131.
Napier, A., 348.
Pietsch, P., 264.
Störzinger, J., 312.
Trautmann, M., 432.
Vogt, F., 216.
Wagner, A., 432.

2. Todesfälle.

Baudry, Fr. 90.
Braunfels, L., 432.
Curtius, G., 388.
Fiorentino, Fr., 131.
Graesse, J. G. Th., 368.
Jonckbloet, W. J. A., 525.
Marc-Monnier 267.
Strauman, H F., 131.
Vorsaae, J. J. A., 432.

VII. Verschiedene Mittheilungen.

Appel, Nachtrag 90.
Bartsch, Erklärung 526.
Breymann, Erklärung 267.
Koch, Berichtigung 217.
Koerting und Buchler, Erwiderung und Antwort 526.

Lamey-Preisstiftung 312.
Mussafia, Bitte 266.
Starker und Tomanetz, Erwiderung und Antwort 131.
Strauch, Bitte 432.

Literaturblatt
für
Germanische und romanische Philologie.

Unter Mitwirkung von Professor Dr. **Karl Bartsch** herausgegeben von

Dr. Otto Behaghel und **Dr. Fritz Neumann**
o. ö. Professor der germanischen Philologie   o. ö. Professor der romanischen Philologie
an der Universität Basel.   an der Universität Freiburg.

Verlag von Gebr. Henninger in Heilbronn.

Erscheint monatlich.   Preis halbjährlich M. 6.

VI. Jahrg.   Nr. 1. Januar.   1885.

Wie studirt man neuere Philologie und Germanistik? (Behaghel).
Gering, Islendzk Æventyri (Mogk).
Piderwer, Zur Wiener Genesis (Vogt).
Neumaier, Der Lanzelet des Ulrich v. Zatzikhoven (Behaghel).
Valentin und Namelos hrg. von W. Seelmann (Sprenger).
Kern, Goethes Turquato Tasso (Wendt).
Diederichs, die Aussprache von *ap* of *nf* (Behaghel).
Herrmann, die Syntax in Cynewulfs Elene (Kröger).

Kies, Notes on Elizabethan Dramatists (Proescholdt).
Gering, Islendzk Æventyri (Mogk).
Child, The English and Scottish popular ballads (Liebrecht).
Neuhaus, die Quellen zu Adgars Marienlegenden (Wiesel(?)).
Ebert, die Sprichwörter der althfr. Karlsepen (Tobler).
Maus, Peire Cardenals Strophenbau (Appel).
Lentzner, Delle piu importanti questioni fonologiche nella gram. della lingua ital. (Meyer).
— Delle piu importanti questioni morfologiche nella gram. della lingua ital. (Meyer).

Renes, La Secchia Rapita di A. Tassoni (Gaspary).
Antona-Traversi, la vera storia dei sepolcri di U. Foscolo (Wiesel).
Treviana, Dei Sepolcri, carme di U. Foscolo (Wiesel).
Canello, Dei Regoleri, s. di U. Foscolo (Wiesel).
Cartigiet, Raleom. Wörterbuch (Stürzinger).
Breymann u. Moeller, Zur Reform des neusprachl. Unterrichts (Franke).
Bibliographie.
Literarische Mittheilungen, Personalnachrichten etc.

Wie studirt man neuere Philologie und Germanistik? Von einem älteren Fachgenossen. Leipzig, Rossberg. 31 S. 8.

Der Verfasser dieser kleinen Schrift ist seinen Fachgenossen um eine Reihe von Jahren vorangeeilt; das von „bei Niemeyer in Halle erscheinenden Sammlung kurzer Grammatiken" kennt er bereits Braune's althochdeutsche Grammatik. Der Glückliche!

Die Schrift bietet eine Reihe von allgemeinen Bemerkungen über die äussere Einrichtung des Studienganges, die kaum für viele einen Nutzen haben mögen. Denn alles ist sehr äusserlich und oberflächlich; keine entschiedene Hervorhebung dessen, was vor andern wichtig ist. Der Germanist erfährt nichts davon, dass er vor allem von Anfang an sich mit dem Gotischen vertraut machen muss, dass Gotisch und Mittelhochdeutsch die Ausgangspunkte alles Uebrigen bilden müssen. Unter den Hilfsbüchern für den Romanisten suchen wir den Namen Brachet vergebens.

Der Werth kleiner Universitäten wird hervorgehoben, aber ganz unzureichend begründet. Aus dem S. 9 Gesagten wird sich der Leser die Lehre entnehmen, dass mit der Zahl der Semester die Zahl der wöchentlich zu hörenden Collegstunden zu steigen habe, während die Sache sich ungefähr umgekehrt verhält.

Basel, 0. Mai 1884.   O. Behaghel.

Islendzk Æventyri. Isländische Legenden, Novellen und Märchen, hrsg. von **Hugo Gering**. I. Band: Text. XXXVIII, 314 S. 2. Band: Anmerkungen und Glossar, mit Beiträgen von **Reinhold Köhler**. LXIII, 396 S. Halle, Buchhandlung des Waisenhauses.

Dass auch die Novellen- und Legendenliteratur wie alle Zweige mittelalterlicher Poesie auf dem fernen Eiland Wurzel gefasst hat, war schon länger bekannt; allein eine Sammlung dieser nicht nur für den nordischen Philologen, sondern auch für den Literarhistoriker und den Sagenforscher wichtigen Erzählungen fehlte uns bisher. Jede editio princeps verdient Dank, der sich steigert, wenn man sie zuverlässig und durch mancherlei Beigaben ausgeschmückt findet. Vorliegende Ausgabe bietet nun neben einer zuverlässigen Texte im ersten Bande in ihrem zweiten einen schönen literarhistorischen Abriss des Lebens und geistigen Schaffens des Jón Halldórsson, Bischofs zu Skálholt, im 2. Th. wörtliche z. Th. freie und gekürzte Wiedergabe der Erzählungen in deutscher Sprache, einen literarhistorischen und sagengeschichtlichen Nachweis nach jedem einzelnen Stücke, einen stückweisen Abdruck lateinischer und englischer Schriftsteller, wenn sich die directe Quelle nachweisen liess, und ein Glossar, welches, wie die andern Glossare von Gerings Ausgaben, nur Wörter und Wendungen aufnimmt, welche in dem Möbiusschen fehlen. Demnach hat G. mit der ihm eignen Umsicht und Genauigkeit alles gethan — und Reinhold Köhler hat ihn dabei abendländischer Sagen und Legenden nutzbringend zu machen. Und in der That, wer auf diesem Gebiete arbeitet, kann der isländischen Erzählungen nicht entbehren. Sind doch eine Reihe derselben, wie die Legende vom Augustinus (VIII), vom Erzbischof Absalon (XIX), welche in Dänemark spielt, die vom ungetauften Priester (XX), vom Bischof und der Spinne (XXV), vom schurkischen Vogte (XXVIII), vom Todten als Gast (XXXIV), vom Vater und der Tochter (XXXIX), die Erzählung von den drei Gefährten (LXXXII), vom Priester und Glöckner (LXXXVIII), vom Thier Bemoth (XCVIII), bisher noch nirgends nachgewiesen, während andere, wie die Erzählung vom Kaiser Tiberius (VII), von Karl dem Grossen (XI), vom heiligen Andreas (XXIV), das Kranichmärchen (LXXXIX), die drei Diebe (XC) u. m. auf andere z. Th. ursprünglichere Fassungen zurückgehen, als sie uns sonst vorliegen. Von der Sage vom Bruder Rausch finden wir in vorliegender Sammlung in der Erzählung vom Teufel als Abt (XXVI), vom bekannten Märchen vom Tode, der einen Menschen mit der Gabe beschenkt, ihn bei jedem Kranken zu sehen, in der Erzählung vom Königssohne und dem Tode (LXXVIII), die älteste der bisher bekannten Fassungen; auch die Theophilussage erhält durch die Legende vom Pakte mit dem Teufel (XLVIII) einen höchst interessanten Zuwachs. Ein anderer Theil der Æventýri ist freilich nichts anderes als sklavische und nicht immer richtige Uebersetzung lateinischer (so der disciplina clericalis XLIX—LXXVI, aus den gesta Romanorum LXXXIV, aus Vincenz von Beauvais spec. hist. XI. XLVII. XCVI, aus Martin von Troppau XII. XIV, Caesarius von Heisterbach XXI) oder englischer (aus Roberts Mannyng of Brunne's Handlyng synne: XXXII. XXXIII. XXXVI. XL. XLI. XCVII) Quellen und deshalb von untergeordnetem sagengeschichtlichen Werthe.

In seiner ganzen Sammlung, bei welcher 19 Hss. benutzt sind, glaubt G. vier verschiedene Verf. zu erkennen, von denen der dritte der Uebersetzer der disciplina clericalis, der vierte der englischer Stoffe sei, wie sie hauptsächlich im cod. A Aufnahme gefunden; von den beiden ersten Verfassern, deren Arbeit durch den cod. C uns grossen Theil überliefert ist, zeichnet sich der eine durch fliessenden Stil und eine freie Erzählungsweise aus, die in nichts eine schriftliche Quelle durchblicken lässt, während der andere holperich und unschön wiedergibt, was er in der lateinischen Quelle fand. Jón Haldórsson soll nun, und m. E. hat es der Herausg. wahrscheinlich gemacht, durch sein Erzählertalent der Impuls zur literarischen Thätigkeit des begabtesten jener Novellensammler gewesen sein. Er selbst hatte keinen literarischen Antheil; er erzählte nur, was er auf den Hochschulen zu Paris und Bologna in Büchern gelesen, was er in Dänemark und Norwegen gehört hatte, als Bischof in Skálholt den Mitgliedern seiner Gemeinde. So wurde er der Vater der isländischen Novelle und des Märchens und gab m. E. auch Veranlassung, dass die Legende als besonderer Literaturzweig auftrat, nicht wie bisher als blosses Eigenthum der Geistlichkeit zum Schmucke der Predigt. Es wäre nun wahrlich der Mühe werth, weiter zu verfolgen, ob Jón Haldórsson nicht auch die Triebfeder gewesen ist, dass die romantischen Sagenstoffe des Mittelalters auf Island solche Verbreitung gefunden haben, wie die Fülle des Stoffes und der Ueberlieferung es zeigt. Dafür spricht, dass die Clarussaga wohl sicher von dem Bischofe herrührt; gestützt wird aber die Annahme weiter durch die Thatsache, dass die romantischen Stoffe zunächst in Norwegen Eingang fanden, wo sich die Mönche ihrer annahmen. Sollte hier vielleicht schon der wissensdurstige Knabe im Dominicanerkloster zu Bergen an ihnen Geschmack gefunden haben, so dass er in der Fremde für derartige Stoffe jederzeit sein Ohr offen hatte, um sie später in seiner Muttersprache auf der ultima Thule wieder zu erzählen?

Die ganze Sammlung der Æventýri hat G. mit Fug und Recht in ein einheitliches orthographisches Gewand gehüllt; er legt die Schreibweise der ältesten Theile des cod. AM. 4° 657°, welche aus der Mitte des 14. Jh.'s stammen, zu Grunde; ihre Charakteristik finden wir I S. XIII ff. Unverständlich ist es mir, warum G. die beiden ö-Laute gegen die Schreibweise der Hs. durch ein Zeichen wiedergibt; wenn der u-Umlaut des a nur mit o und o (selten au), o aber nur mit o und e wiedergegeben wird, so zeigt dies doch, dass in der That noch ein Unterschied in der Aussprache existirt hat. Auch was G. über die Consonanten und Consonantenverbindungen sagt, vermag ich nicht durchweg zu billigen, allein diese Fragen sind nur von untergeordneter Bedeutung im Vergleich zu dem literarhistorischen Werthe der Æventýri und zu dem mancherlei Positiven, was G. für aus seiner Ausgabe herausgeschält hat. Dass über alle Stellen durch G. selbst nicht das letzte Wort gesprochen ist, liegt bei einem Werke wie das vorliegende, das bisher unbekannter Wörter so viele enthält (nicht weniger als 233 finden sich in keinem Wörterbuche), auf der Hand; nur weniges will ich an dieser Stelle zu Text und Glossar bemerken: blótmaðr neben Möbius nur in der Bedeutung „Opferer". In III kann es aber nur „Heide, Sünder" bedeuten. Auch die Bedeutung von opinherr = klar, laut (III, 16) finden wir bei Möbius nicht; desgl. orskurðr (III, 57) usc. = die Entscheidung. — Bei rikna (III, 5 zu rikja, ein schönes Beispiel für die Vokalverkürzung im Nordischen) ist doch fyrir adverb. aufzufassen (rikna fyrir = nachgeben), nicht als Praepos. — III, 82 vergleicht sich Marcellinus mit Petrus; er sagt sie wären Brüder i stètt, palli ok iðran etc. für palli ist entschieden falli zu lesen, beide sind gleich in ihrer Stellung, in ihrem Falle und in ihrer Reue. — útrœðum IV, 3 als Meerfischerei aufzufassen verstehe ich im Zusammenhange nicht recht; es ist wohl útrœðum zu lesen, sie hatte mancherlei Volk bei ihren Unternehmungen". — Dunkel ist in XLIX das Wort fiskrykni und fiskrykniaðr; es gibt das griech.-lat. hypocrisis, hypocrita wieder. Dass hier an einen Mimen nicht zu denken ist, liegt auf der Hand; der Verf. musste entschieden ein Wort aus dem Ideenkreis seiner Landsleute nehmen, fisk = Fisch, rykni kann aber nach nord. Lautgesetzen nur auf rjúka = rauchen, dampfen zurückgehen. fiskrykni kann demnach

nur der Rauch sein oder der Geruch, der von gebratnen Fischen ausgeht. Nun meine ich, ist das Bild, welches im Worte liegt, aus der Fastenzeit genommen, wo so mancher den Fisch vor der Geistlichkeit nur duften liess, während er sich im Verborgenen satt an Fleisch ass. Und den lieben Gott auf diese Weise zu betrügen, davor warnt eben unsere Erzählung, das ist *byrja mik gódum fyrir mönnum, en I leyndum shlýdum fyrir gudi.*
Döbeln, August 1884. E. Mogk.

Zur Wiener Genesis. Inauguraldissertation von Otto Pniower. Berlin 1883. 53. VI S. 8.

Scherers Untersuchungen über die Wiener Genesis fortzuführen und 'verschiedene z. Th. beachtenswerthe Einwände' des Ref. gegen Scherers Verfasserhypothese zu widerlegen, hielt der Verf. für erforderlich, wenn 'man an der Annahme, dass wir es in dem Werke mit mehreren Verfassern zu thun haben, festhalten will.' Dieser Aufgabe gerecht zu werden bezwecken seine Untersuchungen, welche sich vorläufig nur auf die beiden ersten Abschnitte des Gedichtes erstrecken, aber an anderem Orte fortgesetzt werden sollen. Die Erörterung der Quellenfrage fördert wenig neues zu Tage; das erheblichste scheint mir der Nachweis, dass nicht nur das erste, sondern auch das zweite Scherersche Gedicht den Commentar des Angelomus benutzt hat; aber der Nachweis ist nicht vollständig, und es ist nicht richtig, wenn Verf. S. 34 bemerkt, dass ausser an den von ihm angezogenen Stellen Benutzung eines Bibelcommentars nicht sichtbar sei. Wenn der Dichter die *filii dei* zu Seths, die schönen *filiae hominum* zu Kains Nachkommen macht (Gen. VI. 2; Fdgr. 26, 28—30, 40), so geht das nicht auf die Bibel, sondern auf einen Commentar zurück; Angelomus bemerkt zu der betreffenden Stelle *Filios dei filios Seth, et filios* (filias?) *hominum progeniem Cain dicit.* Nicht anders steht es mit des Dichters Angabe, dass der Teufel der Vater des Geschlechtes Kains sei (26, 33, 43), vgl. Angelomus zu Gen. IV, 2: *duae dicuntur civitates, diaboli videlicet atque Dei ... et duae generationes, carnalis sc. et spiritalis ... Natus igitur Cain prior ex illis duobus generis humani parentibus pertinens ad diaboli civitatem et ad carnalem generationem.* Den Teufel als den Verführer der Menschen hinzustellen, soll der zweite Dichter merkwürdiger Weise erst vom ersten gelernt haben (S. 52); wenn II den Teufel als intellectuellen Urheber der Ermordung Abels so gut wie der Verführung Adams hinstellt, so soll das nur 'einer pflichtschuldigen Ergänzung' des in I vom Teufel entworfenen Bildes dienen. Der Dichter entnahm den Gedanken vielmehr wiederum dem Angelomus, der bei der Geschichte von Cain und Abel (zu IV, 8) bemerkt: *Ecce! qui primum homines mortem docuit, ipse et istum secundum occisionem.* Näher als an die Bibel schliesst sich 25, 26 an Angelomus an: *du bist vil bleich zû dinem pruder bit dir leit, vgl. invidiae in fratrem livore iratum vultum dimittis* Angelomus, dagegen in der Bibel nur *concidit facies tua* (Gen. IV, 6). — Als eine bewusste Abweichung vom Bibeltexte legt Verf. es dem Dichter aus, wenn in den auf die eben citirte Stelle folgenden Versen Gott dem Kain zwischen gut und böse vollkommen freie Wahl lässt, während er ihm doch nach der Bibel gebietet, die Sünde zu beherrschen. Und darin soll II ein anderes Verhalten gegenüber der biblischen Vorlage documentiren als das von I beobachtete. Aber um eine geflissentlich abweichende Darstellung handelt es sich m. E. hier gar nicht. In der Bibel lautet die betr. Stelle *sub te erit appetitus ejus* (sc. peccati) *et tu dominaberis illius,* d. h. etwa nach der Auffassung des Dichters: 'das Gelüste danach wird in deiner Gewalt sein und du wirst der Herr davon sein, hast ganz darüber zu entscheiden'; und zu dieser Auffassung konnte ihn noch besonders des Angelomus Bemerkung zu dieser Stelle verleiten *Ac si apertius dixisset: quia liberi arbitrii es non habet peccatum super te dominium sed tu super illud, et in tua potestate est sive compescere sive concupiscere illud*[1]. Dadurch verliert natürlich diese Stelle die Bedeutung, welche ihr der Verf. beilegt. Auch für I liesse sich noch einzelnes aus einer genaueren Vergleichung des Angelomus gewinnen, aber die gegebenen Beispiele mögen genügen, um zu zeigen, dass die Quellenfrage auch durch die vorliegende Arbeit noch keineswegs erschöpft ist, und dass eine eingehendere Berücksichtigung der Genesiscommentare für die weiteren Untersuchungen des Verf.'s sehr zu wünschen wäre. — Die Ausführungen über den Stil der Dichtung zeugen von sorgfältiger und feiner Beobachtung, aber des ref. sprechen m. E. viel mehr für die Uebereinstimmung, als für die Verschiedenheit der beiden in Rede stehenden Abschnitte. Wo es die Hervorhebung der letzteren gilt, rückt der Verf. die Verhältnisse nicht immer in das richtige Licht. So bemerkt er S. 38: in I wurde in den meisten Fällen die Rede durch Verse mit bequemen Reimen angekündigt wie *duo:zuo, quote: muote, sach:sprach, dô zu der Form des Adverbs auf* $\cdot$*â; das ist schon unrichtig, denn es kommen in 120 Fällen der directen Rede vor und nur sieben Mal, also nicht in der Mehrzahl, sondern entschieden in der Minderzahl der Fälle, wird dieselbe in der angegebenen Weise eingeführt. In II heisst es dann weiter, wird kein einziges Mal von dieser Art Gebrauch gemacht': da hätte denn aber doch nicht verschwiegen werden dürfen, dass jenen 20 Fällen in I nur vier Fälle der directen Rede in II gegenüber stehen, nämlich Kains Rede mit Abel und Gottes Reden mit Kain. Wenn nun der Herr mit Kain spricht, ergibt sich da nicht der Reim *trehtin:Kâin* ganz von selbst als der 'bequemste' zur Einführung der Rede? Zweimal wird derselbe vom Dichter verwendet, in den beiden andern Fällen findet sich keine bequeme Eingangsformel — wo bleibt da der Unterschied zwischen den beiden Abschnitten? Ich kann diese Einzelheiten hier nicht weiter verfolgen; die Ueberzeugung, dass es dem Verf. gelungen sei, stichhaltige Argumente zur Unterstützung der Schererschen Hypothese beizubringen, habe ich nicht gewinnen können. Auch ein klares Gesammtbild von der dichterischen Eigenthümlich-

[1] Diese letzten Worte vergleicht auch Pniower richtig zu den Versen 25, 29 *ich lazze dir den zugel zu tûnne gût oder ubel.* 25, 30 wird *es si. er* zu lesen sein.

keit, welche den zweiten Abschnitt deutlich vom ersten unterschiede, wird man vermissen. S. 42 wird die 'Zerfahrenheit der Composition' des zweiten Gedichtes dem ersten gegenüber hervorgekehrt. S. 52 dagegen zeigt eben dies zweite Gedicht 'durchaus geschlossene, einheitliche Composition'! Aber vielleicht will der Verf. hier nur sagen, dass der zweite Abschnitt sich als ein in sich geschlossenes selbständiges Ganzes vom ersten abhebt? Nicht möglich! Denn auf der vorhergehenden Seite hat er gesagt, dass II von vornherein als Fortsetzung von I gedacht ist. Und wie steht es mit dem selbständigen Schlusse in II? Der letzte Theil dieses 'Gedichtes', die Erzählung von Kains Nachkommen, dient nach dem Verf. dazu 'die zweite Katastrophe, die Sintfluth vorzubereiten'. Das ist es ja eben! Der Dichter bereitet vor, aber das, worauf er vorbereitet, soll er nicht mehr erzählen; das ist doch kein befriedigender Abschluss! Besonderes Gewicht legt Verf. auf die Wiederholungen aus I, welche sich ziemlich zu Anfang des II. Abschnittes finden; sie sollen nur durch Nachahmung zu erklären sein. Meine Beitr. II, 297 erhobene Einwendung, dass u. a. doch auch I selbst sich nicht minder wiederhole, weist Pniower mit den Worten zurück: 'Zwischen Wiederholungen und Wiederholungen, zwischen Anklängen und Anklängen ist ein Unterschied. Man kann sie bald für bald gegen Gemeinsamkeit der Verfasserschaft verwenden... Es kommt eben auf den Verfasser an, bei dem die Wiederholungen, Anklänge u. s. w. begegnen...' Es kommt auf den Verfasser an? Da setzt ja P. schon voraus, dass II einen andern Verfasser habe als I, dass jene Uebereinstimmungen mit I, welche sich in II finden, nicht Selbstwiederholungen, sondern Entlehnungen seitens eines andern Verfassers sind, er setzt als bewiesen voraus, was er erst beweisen will. Aber er fährt fort: 'es kommt auf diese (Wiederholungen etc.) selbst an.' Die Selbstwiederholungen in I sind seiner Meinung nach ganz erklärlich, weil sie im Beginne einer neuen Lection stehen. 'Warum soll der Dichter-Prediger, der seine erste Lection fortsetzt und zum näheren Verständniss deren Inhalt recapitulirt, nicht Wendungen, die er dort schon gebraucht hat, wiederholen können'? Nun, und warum soll eben dieser Dichter, der dann seine zweite Reimlection in einer dritten fortsetzt — ich acceptire Schröders Benennung — warum soll er nicht wieder ein schon in der zweiten behandeltes Thema anschlagen und dabei ebenfalls die dort schon gebrauchten Wendungen wiederholen können?
— Die Charakteristik, welche P. von dem Dichter des ersten Abschnittes entwirft, ist sehr einseitig. 'Der tiefernste Mann, der die Welt nicht anders beurtheilt als in ihrem Verhältniss zu Gott... ganz erfüllt von der Erhabenheit seines Stoffes', der 'finstere Asket', der 'polternde Prediger' ist z. B. bei der behaglich breiten Beschreibung der einzelnen Theile des menschlichen Leibes und ihrer Functionen 13, 32—15, 35 ebenso wenig zu erkennen wie die 'athemlose Hast der Diction', die ihm Verf. S. 47 zuspricht. Es zeigt sich an jener Stelle, dass unsere Dichtung im ersten Abschnitte ebenso wenig wie in den folgenden lediglich in dem geistlichen Elemente des Stoffes aufgeht, sondern dass sie Beziehung auf die sinnliche, profane Welt nimmt, wo es nur irgend angebracht scheint. Gerade die Vereinigung dieser beiden Richtungen ist ein besonderes Charakteristikum des Gedichtes, und man darf nicht hier die eine, dort die andere hervorkehren, als wäre sie das ausschliessliche Merkmal des betreffenden Abschnittes, um daraus dann den verschiedenartigen Ursprung der bezüglichen Theile der Dichtung zu folgern, wie Verf. das mit allzu viel Emphase S. 3. 4 bei Vergleichung von I und VI thut. Aber ich greife hier schon in das Thema der noch in Aussicht stehenden Untersuchungen des Verf.'s hinüber, mit welchen ich mich später hoffe beschäftigen zu können. Und ich kann dem Verf. versichern, dass mir dabei nicht nur 'verschiedene' seiner gegen mich zu erhebenden Einwände 'zum Theil beachtenswerth' erscheinen werden, sondern dass ich es für meine Pflicht halten werde, sie alle einer gewissenhaften Prüfung zu unterziehen.

Greifswald, [12. Sept. 1884]. F. Vogt.

Neumaier, Alex., Der Lanzelet des Ulrich von Zatzikhoven. I. Die metrischen Eigenthümlichkeiten des Gedichtes. Separatabdruck aus dem Programm des Staatsgymnasiums in Troppau 1882/83. 42 S. 8.

Eine fleissige, wohlgemeinte Zusammenstellung der metrischen Thatsachen nach der Schablone der Lachmannschen Regeln. Die Arbeit hat zahlreiche Mängel; wer ohne Nachprüfung auf Neumaiers Belege bauen wollte, würde auf Sand bauen, denn sie sind ohne die nöthige Kritik und Kenntniss zusammengetragen. S. 6 wird behauptet, die regelmässigen hd. Epiker erlaubten sich klingende Verse mit 4 Hebungen nur, um dadurch Abschnitte in der Erzählung zu bezeichnen, während doch Hartmann genug Beispiele bietet, die diesen Satz widerlegen. Iwein v. 143, das N. unter den Belegen für seinen Satz anführt, bildet gar keinen Abschnitt. — S. 7 werden ganz correcte Verse wie 1192, 3925 „gebessert". — 1125 wird betont (S. 9): *daz nir kein bézzere wart*. — Wenn in den franz. Wörtern auf *-ieren* die Silbe *ie* den Ton trägt, soll der Tonaccent auf dem Tiefton ruhen (S. 15). — Die kurze Form *an* soll auffallend oft vorletzte Hebung ohne folgende Senkung bilden (S. 18); woher weiss N. dass es hier nicht *ane* heisst? *an* als Adverb und *an* als Präp. sind nicht geschieden; man hätte N. sehen müssen, dass nur für das Adverb *ane* die volle Form zu erweisen ist (1802 gehört dann als Beleg zu Alinea 3 auf S. 18). — 8883 soll betont werden *mít in* (S. 19). — S. 21 ist das comparative *danne* und das lokale *dan* vermischt. — Unter den Belegen für Apocope des *e* steht auch *wis, ze hûs, rich* (S. 21), und *ein schoeniu frouwe* soll für *eine s. f.* stehen!! — Die Syncope in *lêrte, kêrte* wird vom selben Gesichtspunkte betrachtet wie die in *crâgte, machte* (S. 23). — Unter den 12 Fällen, wo *re-* oder *ze-* in der Senkung verschleift werden sollen, sind nur vier einigermassen sichere Belege; 24 und 5293 können überhaupt gar nicht so gelesen werden, wie N. will (S. 28). — Darüber, dass N.

sprachliche Dinge vielfach als metrische behandelt (z. B. unter „Syncope"), dass er in *wurdn verhouwen wurdn* als einsilbiges Wort betrachtet, dass die Zweifel an der Unfehlbarkeit der Lachmann'schen Regeln für ihn nicht vorhanden sind, ist ihm nicht sehr übel zu nehmen; er ist nicht der einzige.

Den Vers 6453 möchte ich gegen Baechtolds gewaltsame Aenderung in Schutz nehmen: *hierr* wird gestützt durch Otfrids *hiare*.

Verdriesslich sind die nicht seltenen falschen Citate.

Basel, 17. Dec. 1883.   Otto Behaghel.

Valentin und Namelos. Die Niederdeutsche Dichtung. Die Hochdeutsche Prosa. Die Bruchstücke der Mittelniederländischen Dichtung. Nebst Einleitung, Bibliographie und Analyse des Romans Valentin & Orson von W. Seelmann. (Denkmäler hrsg. vom Verein für niederdeutsche Sprachforschung IV.) LX, 138 S. 8.

Die mnd. Dichtung von Valentin und Namelos, welche sammt der zugehörigen Literatur hier in kritisch berichtigtem Texte geboten wird, galt bisher allgemein für eine Uebertragung aus dem Mittelniederländischen. Hrsg. sucht dagegen die directe Abhängigkeit des niederdeutschen Dichters von einer französischen Quelle zu erweisen. Wie mir scheint, nicht mit Glück. Denn der gegen die bisherige Annahme gemachte Einwurf, dass nämlich dieser keinen Reim aus dem vorhandenen mnl. Bruchstücke hergenommen habe, ist allein nicht genügend, dieselbe zu entkräften. Selbst angenommen, dass der Verf. in der Reimkunst so unselbständig und unbeholfen war wie Seelmann annimmt[1], so bleibt ja noch die Möglichkeit, dass eine geklärte Umarbeitung der mnl. Dichtung von ihm als Vorlage benutzt ist. Dass in beiden Dichtungen, der niederdeutschen und niederländischen, der Bruder des Valentin Namelos genannt wird, lässt doch wohl auf eine Abhängigkeit beider von einander schliessen. Auch können wir von einem Manne, der eine so geringe Kenntniss der französischen Literatur hatte, wie sie der Niederdeutsche durch die unpassende Verwendung des Namens *Gawin* bekundet (Einl. S. XXV), kaum die Uebertragung einer Dichtung aus dieser Sprache erwarten. Ansprechend ist die Vermuthung, dass das mnd. Gedicht in Brügge, dem Mittelpunkte des nordeuropäischen Grosshandels im Mittelalter, von einem dort weilenden Deutschen, etwa einem Klerk, verfasst sei, da sich so auch die Einwirkung des Niederländischen und Mittelfränkischen, welche die Sprache des Gedichtes erfahren hat, am besten erklärt. Keine der beiden Handschriften (eine Stockholmer und eine Hamburger), in welchen das Gedicht erhalten ist, ist fehlerfrei; doch verdient die Stockholmer bei der Herstellung des Textes in erster Linie berücksichtigt zu werden, wie dies der Hrsg. richtig erkannt, aber nicht ganz consequent durchgeführt hat. An einigen Stellen wenigstens scheint er mir ohne Grund von der Lesart von S abgewichen zu sein. Denn warum sollen wir 288 nicht lesen: *geboren ran quader art*?

[1] Die Reime sind aber verhältnissmässig rein!

Ist doch eher die Entstellung von *quader* in *guter* anzunehmen, als das umgekehrte. Auch 525 empfiehlt sich *in der kryde* als ursprüngliche Lesart, wie auch 598 *ungetalt* das allein richtige ist, denn *ungestalt* ist immer = *deformis*, während auch mhd. *ungezalt* (vgl. z. Boner 81, 46) = 'unermesslich, unaussprechlich' ist. Ebenso dürfte 894 und 961 (*jugede* = 'eilte', wie 182, 1083) nichts gegen die Lesart von S zu erinnern sein. 1001, 2 ist wohl nach S herzustellen: *unde bidde ik, dat gi bi mi bliven alle juwe dage*. V. 1288, 89 möchte vielleicht nur *unvormuden* entstellt und auch 1568, 69 das richtige aus S herzustellen sein 1875 könnte *unde* Adversativ sein. 2149 ist *to der* s. t. wohl nur aus Gründen der Versglättung gesetzt, dagegen ist 2107 *rodes* sicher nur Schreibfehler statt *rodes*. 2253, 54 wird, da *jach* bei dem Dichter nicht weiter erscheint, auch nicht mnd. ist In näherem Anschluss an S zu lesen sein: *dat sulve serpentelin dede ok der juncvrouwen schin*. Diese Stellen werden sich ohne Zweifel noch vermehren lassen. Auch möchte eine neue Vergleichung der Hs. nicht ohne Ergebniss sein, denn die vorliegende Ausgabe beruht auf der Lesung von Klemming (Namnlös och Valentin. En medeltidsroman etc. Stockholm 1846), dem als Schweden wohl eine genauere Kenntniss des Mittelniederdeutschen abging. Von den schon in beiden Hss. verderbten Stellen lässt sich manche mit einiger Sicherheit wieder herstellen. So ist 55 *reden* st. *deden* zu lesen (vgl. 93), da nach *deden* ein Object folgen müsste. 431, 32 ist zu lesen: *dat er dat blôt al gedichte to nasen unde to munde ûtreí* (herausfloss). Hier kommt H. welches *rlot* nicht hat, dem ächten am nächsten. Daraus folgt zugleich, dass 581, 1446, 1462 *rel:spel* und 1753 *wel:spel* die dem Dichter zukommenden Formen sind. 682 lies: *unde hadde dogede mennichvolt*. Zu 701 wird die Bemerkung über das Alter der Mündigkeit unnütz, denn es ist nach bekannter Formel zu lesen: *der* (st. *dre*) *jâre bin ik noch ein kint*. 758, 59 werden in einem Vers zusammenzufassen sein, um so mehr, da solche langen Verse am Ende eines Abschnitts weniger auffällig sind. 827 ist *enen ridder* zu streichen, 858 zu interpungiren: *se tôch en an eine bronje gût — der inne was unses heren blôt — geveracht mit groter meisterscaft*. 1136 und 1426 lies: *dat* (dit II) *vrachte* 'dies bewirkte'. 1329 N. *sik* do *smelte wert*. 1642 muss lauten: *unde wart gesprake also dân, dat de kamp scholde togân* 'und es wurde eine Besprechung abgehalten, dass der Kampf aufhören sollte'. 1836 kann ich *keitif* trotz der Anmerkung nicht für richtig halten. Man erwartet statt dessen irgend eine bildliche Verstärkung der Negation. Vielleicht ist aber auch zu lesen: *se achtet nicht up minen lîf* 'sie achtet auf meine Person nicht'. 2148 kann *klank*, welches nur von der Vogelstimme gebraucht wird, nicht richtig sein; es ist wohl das mhd. *kranc* entsprechende *kranc* 'Abbruch an der Ehre, Kränkung' zu setzen. 2248 ist *is* zu streichen. 2581 ist mir zweifelhaft ob in *ost unde west* zu lesen ist, oder ob wir hier den Accusativ bei Verbis der Bewegung (Haupt z. Erek 3106) anzunehmen haben.

Zu Anm. 462 möchte ich fragen, ob mnl. *slie* nicht vielmehr = mnd. *slu* 'Schlaue, Hülse von

Früchten' ist. V. 81 ist *gewalt* durch 'Herrschaft, Reich' zu übersetzen, eine Bedeutung, die auch für das Mittelhochdeutsche aus der Redensart *mit gewalte hân* 'beherrschen' (s. Erek 3114) zu schliessen ist. 1545 (und 1527 dem entsprechenden) ist zu übersetzen: 'Damit ihr den Mord verübt habt'. Zu 2460 zu bemerken, dass durchaus nichts zwingt, einen schriftlichen Bericht der von dem Serpentelin gegebenen Enthüllungen vorauszusetzen, da *lesen* auch von jedem mündlichen Berichte gebraucht wird. Zur Sprache des Dichters bemerke ich noch, dass derselbe *hat* (Hass), nicht *hât* sprach, wie aus den öfter wiederkehrenden Reimbindungen *hat: stat: dat* hervorgeht.

Indem ich auf die literarhistorischen Partien des Buches nicht näher eingehe, verzeichne ich nur noch einige Besserungen zu der hier zum ersten Male aus einer Breslauer Hs. veröffentlichten mitteldeutschen Pruss. 81, 6 lies *uhir*; 86, 9 *geruwete*; 100, 5 *und furchte sy sich duch*; 101, 1 ist die Interpunktion zu ändern und zu lesen: *der bischoff bekante uff* (= mhd. *ûf*) *die kemmerynne, die lebte* 'Der Bischof that ein Bekenntniss in Bezug auf die Kämmerin'. Seelmann scheint *uff* als Conjunction (= mhd. *ohe*) gefasst zu haben.

Satz und Druck ist correct und nimmt sich besonders auf den vom Hrsg. an Freunde vertheilten Abzügen auf holländischem Büttenpapier sehr sauber aus.

Northeim, October 1884. R. Sprenger.

Goethes Torquato Tasso. Beiträge zur Erklärung des Dramas von Franz Kern. Berlin, Nicolai. 1884. 160 S.

Das Buch ist keine Erklärungsschrift im gewöhnlichen Sinne. Weder von der Entstehungsgeschichte des Tasso ist darin die Rede, noch von dem zu Grunde liegenden historischen Stoff; der Verf. verzichtet gänzlich darauf, in der Zeichnung der einzelnen Charaktere bestimmte Beziehungen auf den Dichter oder seine Zeitgenossen wahrscheinlich zu machen; ja er spricht sich über diese Bestrebungen mit wohlberechtigtem Spotte aus. Hat er doch für Lenore Sanvitale bei frühern Erklärern bereits zehn Modelle ermittelt, und wie unendlich wird vollends die Aufgabe, wenn man Tassos Worte aus Goethes persönlichen Verhältnissen erläutern will; wenn man fragt, ob bei der Prinzessin mehr an die Herzogin Luise oder an Frau von Stein, bei Antonio etwa an Herder zu denken sei. Für den Biographen und diese Dinge nicht unwichtig, tragen sie zum Verständniss des Werkes selbst gar nichts bei. Um dieses handelt es sich vor allem um die Erkenntniss aller Absichten des Poeten, demnächst um richtige Würdigung der Handlung, der Charaktere, der Worte im Drama, und gerade hierfür ist Kerns Buch ausserordentlich förderlich. Er wendet sich zunächst gegen diejenigen, welche im Tasso die dramatische Handlung vermissen, und weist sehr zeitgemäss darauf hin, wie viel Antheil an solchem Urtheil das Sensationsbedürfniss des tonangebenden Publikums hat. An sich gehören gewiss tiefe Seelenkämpfe, von denen das ganze Lebensglück trefflicher Menschen abhängt, zu den edelsten Vorwürfen, welche sich die tragische Dichter erwählen kann, nur dass sie eine gereiftere Bildung voraussetzen und vom Zuschauer ernste und tiefe Versenkung in den Gegenstand fordern. — Thörichte Urtheile, wie die von Menzel und Scherr bedürfen jetzt kaum noch einer Widerlegung; aber ohne Zweifel ist auch Lewes dem Tasso so wenig gerecht geworden als der Iphigenie. Dabei liegt es denn freilich im Wesen der Sache, dass gerade der Tasso eine etwas kleinere Gemeinde um sich sammelt. Gewiss fehlt es ihm nicht an tief erregender Handlung. Aber dieselbe ist von vornherein so angelegt, dass sie keine andere Lösung als eine mehr oder minder schmerzliche Resignation zulässt; daher ist der Ausgang des Stückes weniger befriedigend und abschliessend, als etwa im Philoktet, dem der Verf. in einer gelegentlichen Bemerkung eine gewisse Armuth der Handlung vorzuwerfen scheint — wie denn überhaupt einigen seiner Ausfälle, z. B. auf den sittlich bedenklichen Grundgedanken des Tell, auf den „empörenden, ganz unwahren" Ausgang der Emilia Galotti widersprochen werden muss. — Dafür ist seine Ausführung über die bewundernswerthe Kunst, mit welcher im Tasso die Charaktere gezeichnet, die tiefsten Seelenregungen enthüllt werden, ebenso klar als zutreffend. Seit Hierkes Recension des Buches von Lewitz ist kaum so Gründliches und zugleich so Zutreffendes über die Dichtung geschrieben, als K.'s Buch. Namentlich der Entwickelung der Charaktere hat dieser die liebevollste Sorgfalt zugewandt und auf Feinheiten aufmerksam gemacht, die nicht bloss dem oberflächlichen Leser leicht entgehn können. Vortrefflich ist z. B. der Nachweis, wie schön der Dichter im I. Akt des Herzogs ruhige Ueberlegenheit, auch Antonio gegenüber, gezeichnet hat. Bei diesem letzteren und noch bei Leonore Sanvitale geht K.'s Bestreben vorzugsweise darauf, der sehr verbreiteten Unterschätzung beider entgegenzutreten. In der That ist es ja eine grobe Verkennung, aus jenem einen charakterlosen Höfling, aus der andern, weil sie sich im Verhältniss zur Freundin nicht ganz von Egoismus und Unwahrheit frei hält, eine unzuverlässige Intrigantin zu machen. K.'s feinsinnige Analyse verdient hier die vollste Zustimmung. Meist auch bei der Besprechung einzelner Stellen, in denen es sich öfter auch um richtige Erklärung des Wortlauts handelt; mehrfach sind hier Irrthümer von Düntzer. Eckardt u. a. corrigirt. Nur an einer Stelle wird man K. kaum beistimmen können: wenn er in der letzten Scene des Stückes Tassos Worte: „und in der Höllenqual, wie vernichtet, wird Lästrung nur ein leiser Schmerzenslaut" so versteht, dass Schmerzenslaut Subject, Lästrung Prädikat und „nur" zu „Lästrung" gehören soll. Der Sinn ist doch wohl: meine Qual ist so gross, dass auch Lästrung dem gegenüber nur als eine unverhältnissmässig geringe Aeusserung des Schmerzes erscheint.

Somit verdient die Schrift die Anerkennung, dass sie das Verständniss der Goetheschen Dichtung ungemein gefördert und vertieft hat.

Karlsruhe, [5. Sept. 1884]. G. Wendt.

Diederichs, Aug., Ueber die Aussprache von *sp, st, g* **und** *ng*. Ein Wort zur Verständigung zwischen Nord und Süd. (Aus Victors Zs. für Orthographie.) Strassburg, Trübner in Comm. 46 S. 8. M. 1,20.

Die kleine Schrift hat ein wissenschaftliches und ein praktisches Interesse. Für den Mann der Wissenschaft bietet sie eine ziemlich ausführliche, recht dankenswerthe Untersuchung über die verschiedenen Arten der Aussprache, welche für die im Titel genannten Laute in deutschen Landen angetroffen werden. Aber eine interessante Erscheinung ist auch D.'s Aufmerksamkeit entgangen, bezw. der seiner Gewährsmänner. D. gibt an, in der Gegend von Karlsruhe werde inlautend und auslautend sowohl Verschlusslaut als Spirans gesprochen. Das ist ungenau. In *Tag, legen, Sieg, Bogen* wird nur Verschlusslaut gehört, nie Spirans, aber in *König, heilig, selig* nur Spirans. Mit andern Worten: nach betontem Vokal Verschlusslaut, nach unbetontem Spirans, also eine Art von umgekehrtem Vernerschem Gesetz. Somit ist das schwäbische *gegenwärtig*, das Diederichs so merkwürdig erscheint, etwas ganz gesetzmässiges.

Der eigentliche Zweck des Verf.'s ist ein praktischer: er erstrebt eine deutsche Normalaussprache, und er geht dabei mit durchaus richtiger und praktischer Methode zu Werke: die Sache ist keine theoretische, sondern eine Frage der Zweckmässigkeit, hauptsächlich eine Machtfrage. Gelegentlich verweist D. auch auf die Aussprache des Theaters; es ist auffallend, dass er dieses Vorbild nicht stärker betont, nicht geradezu in den Mittelpunkt seiner Darstellung gerückt hat. Denn es liegt doch am nächsten, dass bei einer zu erstrebenden Einheit angeknüpft werde an eine bereits bestehende, durch das unmittelbare Bedürfniss herbeigeführte. Als Regel stellt D. fest für *st* und *sp* im Anlaut die Aussprache *scht* und *schp*, für anlautend *g* die Aussprache als Verschlusslaut. für *ng* im Auslaut die Aussprache als gutturalen Nasal, nicht *nk*. Damit wird wohl jeder Urtheilsfähige einverstanden sein. Ich kenne freilich süddeutsche Pädagogen, die abgeschmackter Weise ihre Schüler zwingen, *st* und *sp* nach niederdeutscher Weise zu sprechen. Schwieriger wird die Sache bei *g* im In- und Auslaut. Zwar wo es nach unbetonter Silbe steht, wird die spirantische Aussprache gewiss die richtige sein. Wenn D. aber überhaupt im In- und Auslaut die Spirans verlangt, so scheint mir das bedenklich. Einmal hat, so viel ich weiss, die Aussprache des Theaters für den Verschlusslaut sich entschieden; zweitens unterschätzt D. sehr stark die Schwierigkeiten, welche dem Süddeutschen die Aussprache der tönenden Spirans, überhaupt der tönenden Laute macht. Es würde im Munde desselben eben nur die tonlose Spirans und schliesslich auch die Schreibung *trachen, lechen* herauskommen.

Basel, 8. Mai 1884.   Otto Behaghel.

Schürmann, Joseph, Darstellung der Syntax in Cynewulfs Elene. Paderborn, Schöningh. 1884. 112 S. 8. Inaugural-Dissertation.

Die vorliegende Arbeit ist eine fleissige Sammlung und übersichtliche Darstellung der syntaktischen Erscheinungen in der Elene, und zwar — wie sich von selbst versteht — unter Zugrundelegung des Textes, wie ihn die zweite Auflage der Ausgabe von Zupitza (Berlin 1883) bietet. Sie zerfällt in drei Theile, von denen der erste die Syntax der Wortklassen, der zweite die Syntax des Satzes, der dritte die Syntax der Periode behandelt.

Dergleichen Zusammenstellungen können nützlich werden für die allgemeine ags. Grammatik wie für die Beurtheilung der Stellung eines einzelnen Dichters resp. Denkmales inmitten eines grösseren Literaturgebietes. Indessen werden wir, was Cynewulf anbelangt, etwaige Eigenthümlichkeiten zu constatiren und zu präcisiren — worauf es doch schliesslich ankommt — erst dann im Stande sein, wenn sämmtliche an Cynewulfs Autorschaft sich knüpfende Denkmäler einer eingehenden grammatischen Untersuchung unterzogen sein werden. Nur ist es meines Erachtens bei derartigen, überdies ja auf ein Gebiet von verhältnissmässig nur geringem Umfange beschränkten Specialuntersuchungen, damit sie geeignet sind, auch wirklich eine sichere Grundlage für weitergehende Arbeiten zu bilden, selbst an Stellen, die scheinbar Indifferentes behandeln, nicht statthaft, statt genauer Zählung — wenn schon nicht Aufzählung — aller Erscheinungsfälle mit indefinitem „etc.", „u. s. w." oder „u. ä. f." zu operiren.

Bromberg, Oct. 1884.   Th. Krüger.

Notes on Elizabethan Dramatists with Conjectural Emendations of the Text. By Karl Elze, Ph. D., LL. D., Hon. M. R. S. L. Second Series. Halle, Max Niemeyer. 1884. VIII, 207 S. kl. 4.

Wer die im Jahre 1880 erschienenen, im 2. Jahrgang dieser Zeitschrift (Nr. 3, Sp. 94 f.) besprochenen Notes and Conjectural Emendations von Elze kennt, wird sich erinnern, dass der Verfasser in der Vorrede ausdrücklich hervorhebt, er wünsche ausser den in jenem Hefte enthaltenen Conjekturen nur noch diejenigen als bestehend und gültig erachtet zu sehen, welche in seinen eigenen Ausgaben elisabethanischer Dramen und in dem Warnke und Proescholdt'schen Mucedorus veröffentlicht seien. Nachdem sich nun aber Prof. Elze's literarisches Schaffen in den letzten Jahren wieder vielfach auf textkritischem Gebiete bewegt, und naturgemäss auch eine reiche Ausbeute an Conjekturen und Emendationen geliefert hat[1], unterzog er sich der dankenswerthen Aufgabe, die aus dem ersten Hefte ausgeschlossenen Noten in Gemeinschaft mit den inzwischen neu entstandenen zu einer zweiten Serie zusammenzufassen. Dass dies nicht ohne gründliche Ueberarbeitung und Nachbesserung der älteren

---

[1] Zeugniss legen dafür ab seine neue Hamlet-Ausgabe (Halle 1882) sowie seine als Manuscript gedruckten und mithin nur wenigen bekannt gewordenen kleinen Schriften Alexandrines in The Winter's Tale und Richard II. (Halle 1881) und Notes (1882). Selbstverständlich ist der Inhalt der letzteren der vorliegenden zweiten Serie mit einverleibt worden.

geschah, bedarf bei einem Gelehrten wie Elze kaum der Erwähnung; und dass daher diese neue Sammlung sich ihrer Vorgängerin in jeder Beziehung würdig an die Seite zu stellen vermag, beweist auch der flüchtigste Blick auf ihren reichen und gediegenen Inhalt.

Wie in der ersten Serie machen auch hier die Noten zu einer Anzahl von anonymen Stücken den Anfang; zu The Birth of Merlin, Edward III., Locrine, The Merry Devil of Edmonton, Soliman and Perseda, Fair Em und Mucedorus (Nr. Cl bis CCCL III). Darauf folgen Cooke's Greene's Tu Quoque, Field's A Woman is a Weathercock, Haughton's Englishmen for my Money, und Kyd's The Spanish Tragedy und Cornelia (Nr. CCLIV bis CCLXV). Hieran reihen sich von Marlowe'schen Stücken Tamburlaine, Edward II., The Jew of Malta und Dido, Queen of Carthage, ferner Marston's The Insatiate Countess und Samuel Rowley's When you see me you know me (Nr. CCLXVI bis CCLXXV). Die Noten CCLXXVI bis CCCXV sind Shakespeare'schen Dramen gewidmet, und zwar dem Tempest, Two Gentl., Merry Wives, March., Tam., All's well, Wint. Tale, Rich. II., I Henry IV., Caes., Haml. und Oth. Den Schluss machen zahlreiche Addenda and Corrigenda, die sich sowohl auf die in der ersten als auch auf die in der zweiten Serie enthaltenen Noten beziehen.

Von den anonymen Stücken nehmen den bei weitem breitesten Raum Mucedorus und Fair Em ein. Besonders mit den zum ersteren Drama beigebrachten Noten möchte Elze ein Bild von demjenigen kritischen Verfahren geben, welchem seiner Ansicht nach alle jene der Verstümmelung und Verderbniss in hervorragendem Masse ausgesetzten anonymen Stücke unterzogen werden sollten. Zweifelsohne wird durch solche sorgsame kritische Arbeit ein gut Theil Verderbniss ausgemerzt; nur will es mich bedünken, als stehe die aufgewandte Mühe nicht im rechten Verhältnisse zu dem erzielten Erfolge, so lange die diplomatische Textkritik dem Conjecturalkritiker nicht mehr vorgearbeitet hat, als dies zur Zeit geschehen ist. Zuverlässige, das gesammte Quellenmaterial verwerthende Textausgaben zu schaffen, muss m. E. das erste und vornehmste Ziel der englischen Philologie sein. Hat dann der Conjecturalkritiker durch solche Ausgaben erst einmal festen Boden unter die Füsse bekommen, so wird seine Arbeit nicht nur viel leichter, sondern auch viel nutzbringender als bisher sein. Gewiss würde es auch den Elze'schen Noten zu statten gekommen sein, wenn der Verf. weniger oft genöthigt gewesen wäre, auf so unzuverlässigen Ausgaben wie Hazlitt's Dodsley, Halliwell's Marston u. dergl. zu recurriren. Andererseits besteht freilich ein nicht zu unterschätzendes Verdienst der Elze'schen Noten gerade darin, die philologische Werthlosigkeit der genannten Werke ins rechte Licht gesetzt zu haben.

Auf eine in's Einzelne gehende Besprechung müssen wir an dieser Stelle verzichten; eine solche ist Sache specieller Fachorgane. Nur eines zwischen der ersten und zweiten Serie bestehenden durchgreifenden Unterschieds sei noch Erwähnung gethan. Beschäftigt sich nämlich jene vornehmlich

mit Wort- und Sachkritik, so liegt der Schwerpunkt dieser in den zur englischen Metrik beigebrachten Bemerkungen, deren hervorstechendsten Zug die Durchführung der bereits in seiner neuen Hamlet-Ausgabe (p. 120 f.) von Elze aufgestellten Theorie der sogenannten syllable pause line ausmacht. Das Wesen dieser nach Elze in der elisabethanischen Literatur ausserordentlich verbreiteten Verszeile beruht darin, dass eine im Verse vorkommende Pause eine fehlende Silbe, sei es eine in die Thesis, sei es eine auf die Arsis fallende, zu ersetzen vermag. Schon Clark und Wright haben in ihrem kleinen in der Clarendon Press Series erschienenen Hamlet (Anmerkung zu I. 1. 95) dieses Princip aufgestellt; Elze war es aber vorbehalten, dasselbe bis in seine Consequenzen zu verfolgen und auf ein weites Literaturgebiet anzuwenden (vgl. Note Nr. CCLXXVIII, p. 122—140 u. 8.). Mag er es nun auch an manchen Stellen zu weit ausgedehnt haben, so verdient doch jedenfalls die ganze Frage eine vorurtheilsfreie und besonnene Prüfung. Die neueren deutschen Arbeiten über den englischen Blankvers (von Schröer, Max Wagner u. a.) haben meines Wissens noch nicht Acht darauf gegeben. In den tonangebenden wissenschaftlichen Kreisen Englands dürfte Elze's Theorie trotz Clark und Wright vor der Hand wohl noch auf Widerspruch zu rechnen haben; nimmt doch die englische Kritik bereits daran Anstoss, dass Elze viele scheinbar sechstaktige Versreihen durch Contractionen auf Blankverse mit trisyllabic feminine ending zurückführt (vgl. ein Referat über Elze's Notes in der Saturday Review vom 22. Nov. 1884).

Uneingeschränktes Lob verdient die geschmackvolle, einfach solide Ausstattung und der geradezu verblüffend correcte Druck des neuen Elze'schen Werkes, welches — wie ich zum Schlusse mir zu bemerken erlaube — in keiner Werkstätte neuphilologischen Fleisses fehlen sollte.

Homburg v. d. H. 6. Dec. 1884.
Ludwig Proescholdt.

The English and Scottish popular Ballads edited by Francis James Child. Part. II. Boston, Houghton, Mifflin and Company; New York: 11 East Seventeenth Street; The Riverside Press. Cambridge; London: Henry Stevens, 4 Trafalgar Square. p. 257—508. 4°.

Das Erscheinen von Part I dieser ausgezeichneten Liedersammlung habe ich im Lbl. 1883 Sp. 151 ff. besprochen und will nicht unterlassen, der Fortsetzung des trefflichen Werkes so lange zu folgen, wie meine leider abnehmenden Kräfte es gestatten werden. Recht sehr aber freue ich mich, dass Child, wie man sieht, es sich angelegen sein lässt, das vorgenommene Unternehmen so rasch wie möglich zu fördern und zu Ende zu führen, indem er dabei das so plötzliche Dahinscheiden der ihm mehrfach nahe stehenden unvergesslichen Svend Grundtvig vor Augen behält und fürchtet, dass dieser von allen Seiten schwer betrauerte Gelehrte sein Hauptwerk unvollendet gelassen hat.

Als ich die oben erwähnte Anzeige schrieb,

hatte ich mir vorgenommen, bei Erscheinen von Part II ausführlicher von Childs κρῆμα εἰς ἀεί gleichfalls an dieser Stelle zu handeln und den darin an den Tag gelegten Reichthum von eingehenden Kenntnissen des betreffenden Literaturzweiges, sowie die Vorzüge mannichfachster Art, die es besitzt, hervorzuheben oder andererseits Uebersehenes zu vervollständigen; ich muss jedoch aus obigen Gründen davon abstehen und mich darauf beschränken, nur wenige Punkte zu berühren, welche Beschränkung mir jedoch um so leichter wird, als andere Kenner der Volksdichtung mich wohl in reichem Masse ersetzen werden und ersetzt haben. Vor allem aber muss ich erwähnen, dass Child eine grosse Zahl bis jetzt ganz oder dem grösseren Publikum unbekannte Balladen in seinem Werke ans Licht gefördert und sich schon hierdurch den grössten Dank erworben hat, ganz abgesehen von der gereinigten Gestalt, in welcher jetzt auch die bisher bekannteren auftreten. In höchstem Grade willkommen ist es auch, dass der Stoff der jedesmaligen Ballade, der in seinen oft wunderbar zahlreichen Umwandlungen in der Einleitung dazu auf das genaueste verfolgt erscheint, zu Anfang derselben stets kürzlich mitgetheilt ist, so dass alsbald Unbekanntes geniessbar und Bekanntes, aber Verwischtes, aufgefrischt wird.

In vorliegender Part II erhalten wir Nr. 29—53, unter denen sich viele Elfen- und Räthselballaden befinden. In der Einleitung zu Nr. 29 „The Boy and the Mantle" p. 270 ist bemerkt, dass Grimm es als einen indischen Volksglauben anführt, dass eine reine Jungfrau Wasser ballen oder in einem Siebe tragen kann. Rechtsalt. S. 932. Er erwähnt dies auch Mythol. 2. A. S. 1066, spricht aber genauer hierüber KM. III (3. A.) 264 zu Leg. 9, wo es heisst: „Ebenso trägt die indische Mariatale, so lang ihre Gedanken rein sind, ohne Gefäss das zu Kugeln geballte Wasser." Mariatale heisst in der indischen Mythologie auch Renukā und ist eine Form der Parwadi. S. auch Benfey im Orient und Occident I. 719 ff. 2. 97. Was das Wasser im Siebe tragen betrifft s. Grimm Mythol. a. a. O. und Preuner, Hestia-Vesta, Tübingen 1864 S. 294. — Zu der Nr. 46 „Captain Wedderburn's Courtship" p. 416 führt Child ein Lied aus Sakellarios Κυπριακά an und bemerkt dazu, dass ich in Gosches Archiv einen genauen Auszug davon gegeben habe; er findet sich auch in meinem Buche „Zur Volkskunde" S. 102 ff, und bei dieser Gelegenheit will ich auch anführen, dass in einem dem spanischen Estremadura gespielten Kinderspiel ein Lied gesungen wird, welches seiner Form nach gleichfalls hierher gehört. Der Schlussvers lautet: „De las doce palabras torneadas — dime las doce. — Los doce apóstoles. Las once mil virgenes. Los diez mandamientos. Los ocho coros. Los siete dolores. Las seis candelas que arden y queman en Galilea. Las cinco llagas. Los cuatro Evangelios. Las tres Marias. Las dos tablas de Moisés. El niño que nació en Belén. La santa casa de Jerusalem, donde reinan el Padre, el Hijo y el Espiritu-Santo. Amén." S. ferner A. Wesselofsky, Le dodici parole della verità, im Arch. p. Trad. pop. II. 227 ff. (sowie Bibliogr. Anz. f. rom. Spr. u. Lit. I, 11 Nr. 132a). — Mit Nr. 53 „Young Beichan" vergleicht Child p. 459 auch verwandte Sagen, wie die von Heinrich dem Löwen, dem edlen Möringer u. s. w. Füge hinzu, was ich Zur Volkskunde S. 167 f. Nr. 13 „Jannakos" angeführt; vgl. auch Landau, Die Quellen des Decamerone 2. A. Stuttg. 1884 S. 195 ff. Auch folgende Stelle aus Erwin Rohde, Der griechische Roman und seine Vorläufer. Leipz. 1876 S. 182 gehört hierher: „Die Abenteuer des Abulfaouaris [1001 Jours] und der nur nur aus einzelnen Notizen Lane's (1001 nights III p. 109. 520 n. 11) bekannte arabische Roman von Seuf-l-Yezen . . . . haben viel verschiedener auf dio Fahrten Sindbads, auf die mittelalterlichen Dichtungen von den Reiseabenteuern des Herzogs Ernst und Heinrichs des Löwen eingewirkt. ... Vor allem aber befindet sich hier (cab. des fées XV, 336 ff. [1001 Jours, Paris s. a. p. 307 ff.]) das orientalische Urbild für die im Occident weit verbreitete namentlich an Heinrich den Löwen geknüpfte Sage (s. Bartsch, Herzog Ernst S. CXIV f. CXVII f.) von dem Traumgesicht des in der Ferne Weilenden von bevorstehender Wiederverheirathung seiner Frau, seiner zauberhaften Rückkehr, seiner Ankunft im entscheidenden Augenblicke."

Zu Ende von Part II sind auch noch sehr schätzbare „Additions and Corrections" hinzugefügt, die wiederum die Sorgfalt und Genauigkeit erkennen lassen, womit Child sein Werk immer mehr zu vervollständigen sucht. Doch will ich eine Bemerkung ergänzen. Er sagt p. 485 (zu 3): „Sprites of the more respectable orders will quit the company of men if scolded: Walter Mapes. De Nugis Curialium, ed. Wright p. 81*; i. e. Dist. II c. 12. Dieses „scolding" habe ich Zur Volkskunde S. 54 f. ausführlich erklärt; vgl. auch Paul Cassel, Der Schwan. Berlin 1861 S. 13 f.

Wenn ich nun noch bemerke, dass p. 322 n. * in der vorletzten Zeile des Citats aus Tommaseo „baciata" st. baciato zu lesen ist (also „Ora mi caro ben, che ni'hai baciata"), so habe ich damit alles angedeutet, was mir fehlerhaftes bei Child aufgestossen ist, während ich auf das zu Lobende vielleicht nicht genügend hingewiesen habe.

Lüttich.　　　　　　　　Felix Liebrecht.

Neuhaus, Carl, Die Quellen zu Adgars Marienlegenden. (Erl. Diss.) Aschersleben 1882. 62 S. gr. 8.

Der Titel verspricht mehr als die Abhandlung hält, denn nur die Hälfte der Legenden Adgar's wird hier besprochen. Auch hat der Verf. bei dieser seiner ersten [1] Beschäftigung mit dem Gegenstande seiner Forschung allzu enge Grenzen gesteckt. Er hat sich begnügt, zwei Hss. des Britischen Museums, welche in letzterer Zeit wiederholt erwähnt und benützt wurden — Cleop. C. X. und Arundel 376 — einzusehen und daraus jene Legenden herauszuheben, welche sich mit den von Adgar behandelten berühren. Dass er dabei manche Ergebnisse gewann, liegt in der Natur der Sache. Denn wenn es auch beim ersten Anblicke nicht

---

[1] Von Dr. Neuhaus soll nämlich bald in Foersters altfrz. Bibl. eine vollständige Ausgabe Adgars mit Quellennachweisen, Anmerkungen u. s. w. erscheinen.

als ob das Gebiet der mittelalterlichen Marienlegenden unübersehbar gross wäre, so wird man bald gewahr, dass die Anzahl jener Erzählungen, welche Dank ihrer interessanten Einzelheiten besonderen Beifalls sich erfreuten und in zahlreiche lateinische und vulgärsprachliche Sammlungen Eingang fanden, relativ ziemlich gering ist. Der Verf. konnte jede beliebige Hs. oder die gedruckte Sammlung, welche der Hrsg. Pez dem Potho Prumveningensis zuschrieb, zu Rathe ziehen und hätte die gleiche, wenn nicht eine grössere Anzahl von Legenden gefunden, welche dem Inhalte, zu gutem Theile auch der Darstellung nach, mit den französischen übereinstimmen. Damit ist aber die unmittelbare Vorlage Adgar's noch nicht gefunden. Der Dichter sagt selbst am Schlusse seiner Schrift, er sei dem Buche eines Meisters Alberich treu gefolgt; „ich könnte" fügt er hinzu, „noch manche Wunder berichten, die ich in anderen Büchern las, will es aber unterlassen, um bei meinem Gewährsmanne zu bleiben; *sulune sun livre voil finer e le surplus lurai ester.*" Es ist mir daher nicht recht erklärlich, wie der Verf. nachdem er ganz richtig bemerkt hat. Alberich's Buch sei bis jetzt nicht aufgefunden, in einem Athem hinzufügen kann, die eine oder die andere der oben erwähnten Hss. sei möglicherweise das gesuchte Buch oder ein Theil desselben. Man bedenke, dass nur zehn, besten Falls zwölf Legenden genaue Uebereinstimmung zwischen Adgar und den lateinischen Hss. aufweisen; und selbst bei diesen ist die Reihenfolge vielfach verschieden. Bei anderen acht ist der Inhalt im Ganzen derselbe, die Darstellung weicht bedeutend ab. Nun sieht man nicht ein, warum Adgar bei der ersten Gruppe die Anordnung der Stücke modificirt hätte und bei der zweiten der sonst befolgten Methode fast buchstäblicher Wiedergabe untreu geworden wäre. Ferner: in der dreizehnten Legende Adgars wird erzählt, wie ein kranker Mönch durch Marias Milch geheilt wurde; darauf folgt eine Stelle, welche eine Rede Marias und eine Betrachtung über die Glaubwürdigkeit des Wunders enthält. Diese findet sich nun weder in Cleop. noch in Arund., und der Verf. sieht darin etwas voreilig einen Zusatz Adgars. Die Stelle kommt indessen bei Potho XXX vor. und der anglonormännische Reimer, der sie in seiner Hs. vorfand, übersetzte sie mit gewohnter Treue. Schliesslich sei bemerkt, dass Cleop. schon deshalb ausgeschlossen bleibt, weil in dieser Hs. die vier Wunder: Judenknabe, Theophilus, ertrinkende Frau und Julianus Apostata innig zusammen gehören als Beweis der Macht Marias über die vier Elemente (Feuer, Luft, Wasser, Erde), während Adgar das dritte Wunder nicht kennt, die zwei ersten vom vierten getrennt behandelt und folglich von der soeben erwähnten Beziehung auf die Elemente nichts weiss.

Alberichs Buch, Adgars unmittelbare Vorlage, kennen wir also nicht; es würde sich empfehlen, es zunächst in englischen Bibliotheken auszuforschen. Aber selbst in dem Falle, dass es unauffindbar bliebe, braucht man nicht auf den Versuch zu verzichten, die Quellen für die einzelnen Legenden in anderen lateinischen Sammlungen zu ermitteln. Es wird meistens gelingen, Fassungen nachzuweisen,
welche mit denen des Buches Alberichs identisch sind; in manchen Fällen werden andere anglonormännische oder englische Darstellungen dazu helfen, die gemeinschaftliche Vorlage zu reconstruiren; bei der einen oder der anderen Legende wird man sich mit dem Nachweise nahestehender Versionen begnügen. Dass der Verf. es versäumt hat, für die Stücke, welche in den zwei von ihm benützten lateinischen Hss. fehlen, Nachweise mitzutheilen, bildet eine Lücke in seiner Dissertation, welche er in der Ausgabe hoffentlich gut machen wird. Ich gebe hier was ich gerade bei der Hand habe. 7 Eremit und Engelsmusik in der Nativität Marias. Vinc. Belhov. VI 55 und VII 119 'ex Mariali' (mir ist bisher keine Hs. begegnet, welche die Legende enthielte); Beleth's Summa von Jac. a Vorag. und Etienne de Bourbon citirt; Marienlegenden ed. Pfeiffer I; Miracoli della Madonna LXV. — 18. S. Bonus = Potho XXXVIII auch sonst gedruckt; zuletzt von M. Haupt. — 19. S. Dunstan = Potho XXV und XXVI. — 21. Fulbertus Bischof von Chartres, durch Marias Milch geheilt; vgl. Mignes Patrologia CLVI 1044. — 27. Mönch huldigt dem Teufel einer Frau wegen = Potho XXXV. — 29. Marienbild verpfändet; s. Romania VIII 428. — 32. Nonne stirbt vor Vollendung ihrer Busse = Potho XLII. Andere Bearbeitungen in französischen Versen kommen von allen diesen Legenden in der Hs. des Brit. Mus. roy. 20. B. 14 vor, deren Inhalt ich durch die Güte des Herrn Dr. Alois Mayer in München kenne und die eine Veröffentlichung verdienen würde; von den meisten, vielleicht von allen in dem reichhaltigen cod. paris. fr. 818 (? ist gedruckt bei Reinsch, Pseudoevangelien S. 21). dessen Studium, schon der Sprache halber, irgend einem jungen Romanisten zu empfehlen wäre.

Wien.
A. Mussafia.

Ebert. Emil, Die Sprichwörter der altfranzösischen Karlsepen. (Ausgaben und Abhandlungen aus dem Gebiete der roman. Philologie veröffentlicht von E. Stengel, XXIII.) Marburg. Elwert. 1884. 52 S. 8. M. 1.50.

Wenn die Sammlung der Sprichwörter aus den „Karlsepen" (wie werden diese wohl definirt, wenn H. Capet, Godefroy de Bouillon, Bastart de B., Chanson d'Antioche dazu, Alexander, Baud. de Sebours nicht dazu gehören?) durch den genannten Verfasser allein bewerkstelligt und nicht einer Betriebsgenossenschaft zu verdanken ist, so ist ihm das Lob eines gewissen Fleisses zu ertheilen; doch diesem Fleisse gesellt sich leider nicht bei die Einsicht in das Wesen wissenschaftlicher Arbeit, nicht irgend welches Verständniss für die Entstehung und die Art der Wirkung dichterischer Werke, noch auch die Fähigkeit über literarische Dinge sich in verständlichem Deutsch auszusprechen. Könnte man die Arbeit (doch nicht Dissertation?) wenigstens wie einen Index brauchen! Aber nicht einmal daran ist gedacht. Die Sprichwörter sind danach geordnet, ob sie entweder durch ein ou dit oder durch li vilains dit oder durch vous avez öi dire oder j'ai öi dire eingeführt oder endlich ohne weiteres wie eigene Aussagen hingestellt werden; sicher ein Gesichtspunkt für die Eintheilung, auf den nicht leicht ein andrer gekommen sein würde. Die Sprüche dieser Gruppen sind fortlaufend beziffert und ihnen jeweilen die Stellen aus den übrigen „Karlsepen" beigefügt, wo sie mit den nämlichen oder andern Einführungsformeln oder ohne solche begegnen, dazu die Verweise auf Leroux (dessen Index hätte zum Muster dienen können), Düringsfeld, die von Zacher herausgegebene Sammlung (warum nicht auch die von P. Meyer und die von Robert?); aus der unendlichen Fülle von Belegen, die man in den Fableaux, aber auch bei gelehrten Dichtern wie Garnier oder Gillon le Muisi findet, wird kaum etwas beigebracht. Es folgen ohne Bezifferung „Stellen, welche Sprichwörter zu sein scheinen", diese geordnet nach der alphabetischen Folge der Titel der Gedichte, darin sie sich fanden. Dass dem Verf. manchmal zweifelhaft blieb, ob er ein Sprichwort vor sich habe, ist ihm nicht zu verdenken; aber den Versuch einer bessern Definition als sie der erstaunliche Anfang seiner Schrift bietet, hätte er doch wagen sollen. Es folgen die Betrachtungen, zu denen die Sammlung dem Verfasser Anlass gegeben hat. Er theilt sie zunächst nochmals ein, je nachdem sie in den Gedichten einen Theil eines Verses, oder einen ganzen, oder zwei oder mehr ganze Verse, oder mit Unterbrechung zwei Verse füllen; dass es theils zehnsilbige, theils zwölfsilbige Verse sind, hat er wohl nur vergessen, sonst hätte er ohne Zweifel die Gelegenheit nicht versäumt, die Zahl der Gruppen zu verdoppeln. Es stellt sich dabei heraus, dass dasselbe Spr. je nachdem es in verschiedenen Texten sich findet, ungleichen Gruppen zufällt, was von vorneherein keinem zweifelhaft sein konnte, der nicht etwa der Meinung war, die Spr. seien aus dem Epen in die tägliche Rede gelangt statt umgekehrt. Das kurze Kapitel über die Varianten gibt ebenso wenig Beachtenswerthes, dafür einiges sicher Falsches; hier namentlich zeigt sich, wie unzweckmässig es war im Kreise der „Karlsepen" stehn zu bleiben. Hierauf ist von den „Bildern der Spr." die Rede, dann von ihrem Inhalt, von beiden ohne alle Klarheit des Gedankens. Es folgen Berechnungen mannichfaltiger Art; man erfährt, auf wie viel Verse ein Spr. in jedem Gedichte kommt (ob die in dieser Hinsicht sich zeigende grosse Verschiedenheit der Dichtungen mit der Ungleichheit ihres Alters, mit der des ganzen Vortragstons, mit der der dargestellten Dinge zusammenhängen möge, wird nicht gefragt); man hört, wie viele ein, wie viele zwei, wie viele drei Male in den gedruckten Epen sich nachweisen lassen. Zahlen, die freilich bei der Publikation der ersten neuen Chanson nicht mehr richtig sein werden. „Bezeichnend für die naive Erzählungsweise ist in vielen Fällen die Stellung von Spr. in den Tiraden. Vor allem gilt dies von Spr., welche Tiraden einleiten"; man erfährt, welche das thun. „Nicht minder ... zeichnen sich durch ihre Stellung die Spr. aus, welche den Schluss derselben bilden"; „sie erinnern an die schlussbildende Moral didaktischer Gedichte. Dass die in den Chansons de geste zur Anwendung gelangten Sprichwörter indess durchaus nicht didaktisch sind, das beweist zur Genüge die in der afrz. Epik bestimmt ausgesprochene Tendenz (!) derselben, einzig und allein nationale Heldengestalten durch Verherrlichung ihrer Thaten zu feiern"; — an häufigsten stehn übrigens die Spr. weder am Anfang noch am Schluss der Tiraden. — Man hört weiter von Spr. „subjektiver" und „objektiver Natur"; ersteres sind die in der „Schilderung" (gemeint ist Erzählung oder eigene Rede des Dichters), letzteres die in den Reden der auftretenden Personen angebrachten. Die Statistik des Verf.'s lehrt, welche in Monologen, welche in Zwiegesprächen vorkommen, welche „einer grössern Anzahl von Leuten in den Mund gelegt" werden, wie viele jeder der epischen Helden verwendet hat (wie dies etwa mit ihrem Charakter zusammenhängen möchte, ist nicht gefragt), wie viele in Reden von Frauen vorkommen. Viel mühselige Augen- und Fingerarbeit, aber kein wissenswerthes Ergebniss, keine Spur von Erkennen, in welcher Richtung etwa Wissenswerthes liegen möchte. Es ist noch mehr weit von einem Bemühen dieser Art bis zu dem neulich (in allem Ernste!) empfohlenen „Zählen, wie häufig die einen französischen Dichtung die Conjunctionen et und mais gebrauchen sind." Doch wurde dort wenigstens nicht gerathen die Resultate solcher Arbeiten, „die lediglich den Zweck haben Geduld und Ausdauer auf die Probe zu stellen", durch den Druck zu allgemeiner Kenntniss zu bringen.

Berlin.   Adolf Tobler.

Maus, F. W., Peire Cardenals Strophenbau in seinem Verhältniss zu dem anderer Trobadors nebst einem Anhang enthaltend: Alphabetisches Verzeichniss sämmtlicher Strophenformen der provenzalischen Lyrik. (Ausgaben und Abhandlungen aus dem Gebiete der romanischen Philologie. Veröffentlicht von E. Stengel. V.) Marburg, Elwert. 1894. 132 S. 8.

Den grössten Nutzen in dieser Publikation war der Anhang zu leisten bestimmt. Ein solches Verzeichniss sollte in der That einem „lebhaft gefühlten Bedürfniss" all derer entgegenkommen, die sich eingehender mit dem Studium der provenzalischen Literatur beschäftigen. So ist nicht zu verwundern, wenn zu gleicher Zeit von verschiedenen Seiten die gleiche Arbeit in Angriff genommen wurde. Auch der Referent gedachte binnen kurzem eine solche, längst angelegte Liste zu veröffentlichen. So kaufte er mit Begierde das Buch von F. W. Maus um dessen Liste mit der seinigen zu vergleichen. Das Resultat dieser Vergleichung zeige nachstehende Prüfung der ersten 12 Nummern der M.schen Liste: Nr. 1. a a n a a ... (Rev. d. l. rom. 1881. II, 124). Die Form gehört nicht ins Verzeichniss lyrischer Strophenformen, das Stück auch ist, es ist weder lyrisch noch strophisch. = : Nr. 2. a a | a a a a | a a a a | a n a a | a a (10 S.): 461. 106. Nach gleichem Princip müsste das Schema Nr. 14 49 Zeilen aufweisen. Das Gedicht ist eine Ballada von 3 Str., natürlich ist nur eine davon ins Schema aufzunehmen, dessen Platz mithin nach M.s Aufstellung hinter Nr. 24 gewesen wäre. = Für Nr. 3 gilt das zu Nr. 1 gesagte. = Nr. 4 (Rahn. Bist. d'A. 2.)

kann ich nicht controlliren, das Ged. ist ungedruckt. Das Schema enthält einen unbedeutenden Druckfehler: die Silbenzahl des ersten Verses ist ausgefallen. = Nr. 5 ist richtig. = Nr. 6: $a'_1 a'_1 a'_1 a'_1 a'_1 | a' a a'_1 a'_2 a'_2 | a'_7 a'_2 a'_2 a'_7$. Raimb. de Vaq. 9. Die 8-silbigen Verse sind in 2 viersilbige zu zerlegen, resp. sie haben Binnenreim. Eine Regel für die Beobachtung des Binnenreims finde ich nicht bei M.; hier, Nr. 12,4 oder in dem seiner Binnenreime wegen berühmten Ged. Arn. Daniel 13 sind sie nicht berücksichtigt (s. Nr. 813 bei M.), und so zumeist, anderswo ins Schema aufgenommen, wie im sicher 3-zeiligen, nicht 9-zeiligen Marcabru 24 (s. Nr. 184) oder in Nr. 174,2, Nr. 180 etc. Wie soll man die Formen mit Binnenreim finden? In Nr. 6 sind ferner die als 7-silbig bezeichneten Verse 6-silbig (s. M. G. 970, 971). = Nr. 7: G. de Berg. 22 (s. M. G. 586). Die Reime von Cobla 7 sind nicht so ohne weiteres als männliche zu bezeichnen, weibliche und männliche, die aber dann 2 Silben umfassen, sind gemischt. Die Strophe verlangt eine Anmerkung; eine Störung des Strophenschemas ist nicht anzunehmen. = Nr. 8. a a a a a a a a a a a (6 S.); Raim. Mirav. 3, C. 3—6. Das Geschlecht der Reime (es sind grammat.) bleibt unberücksichtigt, es wäre um so mehr zu beachten gewesen, da es in den Strophen wechselt. C. 3 und 5 haben a' a' a' etc., C. 4 und 6 a' a a' a etc. Das Geschlecht der Reime wird bei M. ohne Consequenz bald angezeigt, noch öfter nicht angezeigt, meist dort nicht, wo es dienen könnte sonst gleiche Formen zu unterscheiden. Grammat. Reim wird hier durch a a a a etc. bezeichnet, ebenso Nr. 12, Nr. 4 durch a a' a a', Nr. 14 durch a, a a, Nr. 164 durch a a' b b' c c' d d' e e' f f' (auch hier ist ganz dasselbe Verhältniss, es tritt kein Reimwechsel ein). Wo soll man Formen, die grammat. Reim enthalten, suchen? — Aim. de Bel. 20, Descort (ungedruckt) kann ich nicht controlliren; dass ein Descort ein ähnliches Schema habe wie Nr. 8, ist wenig wahrscheinlich. = Nr. 9: a a a a a a a a 1) 7 S.; Pujol 3. Die Silbenzahl ist falsch, nur v. 1—3 ist 7-silbig, 4—9 8-silbig (s. M. G. 566). = Pujol 1, Cobla 1 hat Silbenzahl wie Puj. 3, C. 2 bei M. G. 191 v. 1—6 7 Silben, v. 7—9 8 Silben, v. 4—6 werden zu emendieren sein; C. 3 ist Nr. 169 aufgeführt, aber a ist weiblich. — Arn. Cat. 3. Der 2. Vers hat nicht 7, sondern 3 Silben, s. M. G. 731, 732. — 2) 7 7 7 8 8 8 8 8 8: Truc Mal. 1; Raim. de Durf. 1; Lanfr. Cig. 22. Die beiden ersten haben in v. 2 und 3 nicht 7 sondern 8 Silben; Lanfr. Cig. 22 (ungedruckt) kann ich nicht controlliren; hinzuzufügen ist Arn. Dan. 15, das in erster Zeile 7, nicht 8 Silben hat. Der Fehler ist hier Canellos, könnte aber bemerkt worden sein; das Ged. gehört mit den 2 erstgenannten zusammen. — 3) 8 S: Guill. Aug. 1, Cobla 3. Die Cobla weicht vom Schema des ganzen Gedichts: a' b a' b c e d d e e 8 S. nicht ab (s. M. G. 579, Choix. IV, 40). — Nr. 10: Aug. Nov. 1 (s. M. G. 578), a ist weiblich; die Silbenzahlen der letzten 12 Verse sind mit grosser Vorsicht aufzustellen, die Zahlen bei M. sind ungenau, 4 Gruppen 3·4·6 sind anzusetzen, eine Anmerkung ist nothwendig. Ebenso bei Gavaudan 2, viermal 3·3·5 wäre anzusetzen. Alle Reime bei diesem sind weiblich. = Nr. 11: Guir.

de Cal. 4. Ueber die Inconsequenz in der Bezeichnung der grammat. Reime s. zu Nr. 8; das Schema ist richtig. = Nr. 12: a a a a a a a 1) 7 S.: B. de Ventad. 9 und Uc de Mur. 1, hier zusammengefasst, trennen sich durch das Geschlecht der Reime: a' a a' a a a' a' a (s. M. G. 37) und a' a a' a a a' a a' (Choix. V 221). — Rost. Ber. 2 und lo Bort del rei d'Ar. 2 haben nicht grammat. sondern verwandten Reim (s. meinen Peire Rogier p. 24), das Schema ist: a' b a' b a' a' b a' (dern. troub. 496). — Pons Barba 2. Die letzten 6 Verse der Strophe haben 8 Silben (s. Rayn. V 351, Milá 432). — 461, 29 u. Sordel 18, ungedruckt, kann ich nicht controlliren. Anzumerken unter Nr. 12 ist noch: Aim. de Peg. 47: Binnenreim, Geschlecht und grammat. Reim nicht berücksichtigt; Folq. de Lunel 7: Geschlecht (anders als bei Aim. de Peg. 47) und grammat. Reim nicht beachtet; P. Vidal 48: der Binnenreim der ersten 2 Verse nicht beachtet. Hinzuzufügen ist B. de Ventad. 28 mit 8 8-silbigen Versen auf a, das Gedicht ist fälschlich unter Nr. 15 aufgeführt.

Das Resultat der Prüfung der 12 Nummern, welche die erste Seite der Liste einnehmen, ist, dass von den Formen der 42 Gedichte nur 15 unbeanstandet bleiben, 4 kann ich leider nicht controlliren, 23 sind entweder unvollständig oder falsch angegeben. Zu diesen Ungenauigkeiten und Inconsequenzen im Einzelnen, welche zum Theil gewiss auch dem Drucker oder ungenügender Correktur, nicht dem Verfasser zur Last fallen, treten Mängel im Princip des Ganzen. So wird die Verbindung der Strophen mit einander durchgehend nicht berücksichtigt, der Refrain durchaus inconsequent, wo eine der aufgezählten Formen auch bei P. Cardenal auftritt, werden die anderen Fälle nicht in der Liste verzeichnet, sondern zur Unbequemlichkeit des Benutzers auf eine Anmerkung zur davorstehenden Arbeit verwiesen. — So wird auch mich denn die Publikation von Maus nicht von der Veröffentlichung meines Verzeichnisses abhalten. Was diese noch verzögert hat, ist dass ich im wesentlichen leider nur über das gedruckte Material verfüge. Es ist zu bedauern, dass Herr M. sein beneidenswerth schönes Material nicht besser verwerthet hat. Ich benutze diese Gelegenheit diejenigen, welche an provenz. Studien Interesse nehmen, um freundliche Hilfe bei meiner Arbeit anzugehen, indem ich um Uebersendung entweder unpublicirter Gedichte oder wenigstens der genauen und vollständigen Schemata solcher bitte.

Meine Besprechung des Anhangs zum M.'schen Buch ist ohne mein Verschulden so angeschwollen, dass für den minder wichtigen ersten Theil wenig Raum bleibt. Sein Verdienst die Strophenformen, welche ausser bei Cardenal auch bei anderen Trobadors vorkommen, festzustellen und die historische Folge der betreffenden Gedichtreihen möglichst zu bestimmen soll ihm keineswegs abgesprochen werden, auch nicht die grosse Arbeitssumme die dabei angewendet ist. Ungenauigkeiten und Inconsequenzen sind auch im ersten Theil nicht selten. Seite 2 sind die 3 Gedichte Guilhems von Poitiers 3. 4, 5 nicht zu trennen, ihre Form erfordert besondere Berücksichtigung der Cäsurverhältnisse. Marcabru 24 ist falsch aufgefasst, s. oben zu Nr. 6, auch hier ist eine Anmerkung zum Schema durchaus nothwendig. Was es heisst: als Modification der Form a a a b sei a a b a b oder gar a a a b c c c c c c b zu betrachten, oder: aus der Form $a_1 a_2 n_3 b_1 a_4 b_5$ sei $a_1 a_2 a_3 b_4 c_1 c_2 b_4$ und sogar $a_1' b_2' a_3' b_3' a_4' b_5'$ entstanden etc. etc., verstehe ich nicht. p. 3 ist Marcabru 42, 48 und B. de Ventad. 10 unvollständig angegeben, B. de Vent. 28 falsch etc. etc. — So auch in den Anmerkungen. Die erste beginnt damit, dass eine Stelle Toblers falsch aufgefasst wird; auch dürfte M. Tobler kaum zu Gunsten der dort ausgesprochenen Theorie anrufen, Widersprüche gegen dieselbe sind denn auch „nicht gerade störend". Von den in dieser Anmerkung mitgetheilten 20 Formen sind 8 mehr oder weniger ungenau, bei einer steht nicht wo sie sich findet, statt Guill. de la Tor ist Raim. de Tors gedruckt.

M. wird mir vielleicht entgegnen, dass es sich an vielen der beanstandeten Stellen um kleine Versehen handle; in einer metrischen Arbeit sind es Dinge von Bedeutung, schon im ersten Theil der Arbeit, von wesentlicher Bedeutung aber in der Liste der Strophenformen.

Berlin SW. Neuenburgerstr. 32. C. Appel.

Cattaneo, Giammaria. Delle più importanti questioni fonologiche nella grammatica della lingua italiana. Estratto del Programma per il III. triennio dell'Istituto Magistrale feminile di Trieste. Triest, Caprin, 1882. 52 S. 8.

— — Delle più importanti questioni morfologiche nella grammatica della lingua italiana. Triest, Caprin, 1883. 72 S. 8.

Seite 52 der ersten der zwei Arbeiten sagt der Verf.: „chi insegna grammatica ha il dovere di familiarizzarsi con queste teoriche. Io, per me, non ho fatto che tracciare la via a quelli che a questo studio non si sono mai dedicati." Wer also seinen Diez zu benützen versteht, der wird diesen Auszug füglich entbehren können. Wer aber noch gar keine Ahnung von sprachlichen Dingen hat, wer, wie Fanfani, lehrt, j gehe in r über in -uro neben -ujo, der mag sich darin über die elementarsten Sätze belehren. Denn „elementar" bedeutet das „importante" des Titels. Es werden nur die allgemeinsten Lautgesetze, die sich dem Gedächtnisse am raschesten einprägen, gegeben, die Ausnahmen weder angeführt noch erklärt. An Missgriffen fehlt es freilich auch so nicht: bastìa ist nicht als Beispiel für Syncope von t im Ital. anzuführen: es stammt aus Frankreich; assai ebenso wenig, du es *assas assats ist; zwischen tosk. piriale und lat. pluriale steht piuriale, nicht puciale u. s. w. Den Schluss des ersten Heftes bilden, wohl zur Anwendung der Regeln, einige Etymologien und Verzeichnisse germanischer Wörter im Italienischen, italienischer im Deutschen.

Die zweite Abhandlung bietet mehr, als der Titel verspricht, sofern die ersten Kapitel von der Aussprache, von Interpunktion, Accenten, Apostroph u. dgl. in recht verständiger Weise handeln. Den Vorschlag, alle o und e je nachdem sie offen oder geschlossen sind, mit Acut bezw. Gravis zu bezeichnen, würden wir Ausländer gerne acceptiren. Beim Subst. wird die Casustheorie besprochen und Ascolis Auffassung angenommen, einige Einwände, die der Verf. dagegen erhebt, wiegen schwerer als er selbst zu glauben scheint. Ueber Genus und Genuswandel bemerke man einige schätzenswerthe Beobachtungen in § 69. Auffällig und natürlich unrichtig ist die Herleitung von lui aus illius. Zu bedauern ist, dass bei der Besprechung des Verbums die Frage nach der Bedeutung des Condit. nicht untersucht wird: ist doch gerade dies für die Schule von Wichtigkeit. „La ragione logica di questa composizione del condizionale ripugna al nostro presente modo di concepire e resta oscura" heisst es S. 63. Dass -etti auf die Typen stetti detti zurückgeführt wird, berührt um so angenehmer, als Fornaciari in seiner ebenfalls für ein weiteres Publikum bestimmten Grammatik dies zurückzuweisen für nöthig gefunden und leider viele Anhänger erhalten hat. Bedenklicher ist freilich dissono = dis(er)unt, wie denn überhaupt neben vielem richtig erfassten falsche Ansichten nicht fehlen. — Doch scheint mir das zweite Heft bedeutend besser als das erste, und dem Zweck, dem es dient, entsprechend. Vielleicht vertieft sich der Verf. noch etwas mehr in den Gegenstand, und macht sich mit der Methode vertrauter (er kennt das Arch. Glott. wenigstens zum Theil), um dann ein Werk liefern zu können, das die schon durchaus veralteten von Fornaciari und Demattio ersetzen würde. Damit könnte er Ausländern und denen seiner Landsleute, die schon über die ersten Anfänge hinaus sind, einen Dienst erweisen.

Zürich. W. Meyer.

Ronca, Umberto. La Secchia Rapita di Alessandro Tassoni, Studio Critico. Caltanissetta, Cronaca del R. Liceo-Ginnasio. 1884. 154 S. 8.

Dem Ritterromane, welcher bei den italienischen Dichtern der Renaissancezeit zu einem blossen Spiele der Phantasie mit halb komischer Färbung und endlich zur burlesken Parodie geworden war, stellten sich im vorgerückten 16. Jh. die Versuche des wahren, ernsten Epos nach dem Vorbilde der Alten entgegen, welche klassische oder historische Stoffe behandelten. Aber auch die heroische Dichtung bewegte sich in einer Welt, welche der realen jener Zeiten und von ihrer Empfindungsweise zu sehr verschieden war, so dass es wieder zur Parodie und zur Uebertreibung wurde und den Spott des gesunden Menschenverstandes herausforderte. So entstand aus dem heroischen Poem das heroisch-komische. Das erste Gedicht dieser Art war die wahrscheinlich 1615 entstandene Secchia Rapita, und ihr Verfasser Alessandro Tassoni war stolz darauf, die neue Gattung geschaffen zu haben, und erntete damit grossen Beifall. Sein Werk will jedoch nicht eine blosse Parodie sein, sondern eben heroisch und komisch zugleich; Ernst und Spott sollen sich mit einander mischen und aus diesem Wechsel ein besonderer Reiz entstehen. Heut erscheint uns eine solche Verbindung als ein Unding; wir können uns nicht für diese endlosen Kämpfe interessiren, welche sich im Grunde um gar nichts drehen. Ariosto entzückt uns, obschon wir ihm nicht glauben, weil seine schönheitstrahlenden Geschöpfe uns momentan doch gefangen nehmen; dagegen eine Welt wie die Tassoni's, welche so ernüchtert, so alles Glanzes beraubt ist, vermag uns nicht im Ernste zu fesseln; die komischen Theile, besonders die Episode des feigen Grafen von Culagna, sind das, was allein noch an dem Werke gefällt.

Die Schrift Ronca's beruht auf einem sorgfältigen Studium Tassoni's und der vorausgegangenen Entwickelung des Heldengedichtes in Italien, deren Zusammenhang mit der Secchia Rapita vortrefflich nachgewiesen wird. Der Verfasser zeigt, dass die Anregung zu Tassoni's Conception nicht, wie man geglaubt hat, das Verlangen nach Rache an dem Grafen Brusantino gegeben haben könne, sondern dass die Absicht von Anfang an eine weit allgemeinere und zwar eine literarische war, nämlich eben die, die Uebertreibungen des modischen Heldengedichts zu geisseln, ohne dieses selbst aber vernichten zu wollen. Die bedeutenden Mängel, die sich daraus ergaben, hat Ronca deutlich erkannt und offen dargelegt; dagegen übertreibt er wohl die Vorzüge des Gedichtes. Ein grosses komisches Talent ist Tassoni nicht gewesen; er bringt seine Wirkungen durch ziemlich grobe und fast immer dieselben Mittel hervor, und der so in das Einzelne gehende Nachweis, wie dieses jedesmal geschieht, wird in Ronca's Arbeit sehr ermüdend. Ueberhaupt ist die Darstellungsweise des Kritikers gar zu mühselig und umständlich; er spricht nicht selten recht vulgäre Betrachtungen aus, als ob es ästhetische Offenbarungen wären; er wiederholt oft dieselben Dinge an verschiedenen Stellen, um ihnen eine allseitige Beleuchtung angedeihen zu lassen, welche sie gar nicht gebrauchen oder verdienen; an sich interessante und feine Bemerkungen, wie die über die Behandlung des mythologischen Elementes bei Tassoni (p. 72), werden bisweilen ungeniessbar durch die Schwerfälligkeit der Auseinandersetzung. Auch fehlt es nicht an leerer Phrase; man sehe nur z. B. den Satz über Venus p. 62. Trotz alledem wird der Leser aus dieser Schrift ein vollständiges und im Ganzen richtiges Bild des Dichters und seines Werkes und mancherlei schätzbare Belehrung über die literarischen Zustände der Zeit gewinnen.

Breslau.   A. Gaspary.

La vera storia dei sepolcri di Ugo Foscolo scritta da Camillo Antona Traversi con lettere e documenti inediti. Volume I. In Livorno coi tipi di Franc. Vigo, Editore. 1884. 360 p. 8.

Dei Sepolcri, carme di Ugo Foscolo con discorso critico e commento del professore Francesco Trevisan. Seconda edizione ritoccata e notevolmente accresciuta. Verona, Libreria H. F. Münster (G. Goldschagg succ. 1883. p. I—X; 1—224. 8.

Canello, U. A., Dei Sepolcri, carme di Ugo Foscolo, commentato per uso delle scuole. Terza edizione interamente rifusa e aumentata d'una introduzione. Padova, Angelo Draghi Libraio Editore. 1883. 177 p.

Die Arbeit Antona-Traversi's hat das unverkennbare Verdienst, über gewisse streitige Punkte der äusseren Entstehungsgeschichte der Sepolcri Foscolo's volles Licht verbreitet zu haben, vorzüglich mit Hilfe des noch unedirten Briefwechsels zwischen Ugo und der Gräfin Albrizzi, welcher sich im Privatbesitz des Jacopo Cumin befindet. Ich zähle zunächst die Resultate auf, welche ich für erwiesen halte und knüpfe dann einige gelegentliche Bemerkungen an.

Der erste Gedanke die Sepolcri zu dichten kann Ugo nicht in Frankreich entstanden sein; auch war nicht unmittelbar das Decret von St. Cloud vom 5. September 1806 dazu Anlass. Der Dichter spielt allerdings in den Versen 51—53 darauf an; diese Verse hat er jedoch interpolirt, während er sein Gedicht durchfeilte. Die Sepolcri sind vielmehr in der zweiten Hälfte des Jahres 1806 in Mailand erdacht, gedichtet und durchgearbeitet; hingeworfen von Anfang August bis zum 6. September. (Das Decret von St. Cloud vom 5. September, welches überdies erst am 3. October in Italien publicirt wurde, kann also in keiner Weise den Stoff geliefert haben.) Die ersten Ursachen, welche eine Dichtung über die Gräber eingegeben haben, sind aber nichtsdestoweniger die Verordnungen gewesen, welche in Italien die Beerdigungen schon lange vor dem napoleonischen Decret regulirten; nicht aber für Foscolo. Dieser hat den Stoff zu seiner Dichtung direct seinem Freunde Pindemonte wegen genommen. Letzterer ging seit Mai 1806 mit dem Gedanken eines Poema über die Cimiteri in vier Canti in Octaven um. Den ersten Canto vollendete er bis Anfang Juli. Auf den Rath Cesarotti's gab er seine Idee jedoch auf und schrieb das Poema in Versi sciolti um. Dies geschah bis Ende Juli; kurz darauf entstand auch das zweite Rifacimento in versi sciolti. Pindemonte und Foscolo trafen sich am 17. Juni 1806 in Verona; damals las aber Pindemonte seinem Freunde nicht den ersten Canto seines Poema vor. (Der Verf. hätte als Beweis hierfür ausser dem Beigebrachten auch wohl noch anführen können, dass Foscolo in dem Brief an die Gräfin Albrizzi vom 16. und 17. Juni 1806 aus Verona, in welchem er von seiner eben stattgehabten Zusammenkunft mit Ippolito spricht, nur erzählt, dass dieser ihm seine Uebersetzung der Odyssee vorgelesen habe; sollte er es unerwähnt gelassen haben, wenn Pindemonte ihm auch die Cimiteri und deren Plan vorgelesen hätte?). Ende Juli oder Anfang August desselben Jahres trafen beide Dichter aber wieder zusammen, und dieses Mal las Pindemonte seinem Freunde das erste Rifacimento in versi sciolti (nicht den ersten canto in Octaven) vor. Isabella d'Albrizzi war, wenn nicht bei der Vorlesung, sicher bei einer Unterhaltung über das Thema zugegen. Foscolo reiste nach Mailand zurück und machte sich sofort an die Bearbeitung der vom Freunde gehörten Idee. In einem Brief vom 27. December 1806 an die Gräfin d'Albrizzi, in welchem er ihr die baldige Zusendung seiner Epistola an Ippolito ankündigt, räumt er seine Handlungsweise selber ein. Er schreibt (p. 192): „*Ricordate voi più la questione nostra su' sepolcri domestici? io ho fatto in quel giorno il filosofo indifferente; e me ne sono pentito ..... onde ho voutati i sepolcri, e ho tentato di fare la corte all'opinioni, al cuore ed allo stile d'Ippolito ...*" — Das Ergebniss eines eingehenden Vergleiches des ersten Canto der Cimiteri mit den ersten Sepolcri des Pindemonte und der Sepolcri Foscolo's sowie der ersten Sepolcri Pindemonte's mit den Sepolcri des Foscolo ergibt gleichfalls, dass die ersten Sepolcri Pindemonte's eine Ueberarbeitung des ersten Canto seiner Cimiteri sind und dass Foscolo das erste Rifacimento benutzt, sogar viele Gedanken direct daraus entlehnt hat. Ein Vergleich des ersten und zweiten Rifacimento Pindemonte's mit seinen Sepolcri beweist, dass letztere nicht ausschliesslich aus dem zweiten Rifacimento, sondern theilweise mit aus dem ersten geflossen sind. Die Episode auf den Tod der Moscani ist eingeführt, als Pindemonte seine Rifacimenti zu der Antwort an Foscolo umarbeitete, bei welcher Arbeit ihn die Todesnachricht traf.

Die Darstellung in dem vorliegenden Werke leidet, wie wir es von Antona-Traversi leider schon gewohnt sind, an einer ganz erschrecklichen Breite und Geschwätzigkeit. Weniger als die Hälfte des Raumes hätte genügt, um die Hauptpunkte klar und knapp auseinander zu setzen. Der Verf. kommt aber immer gleich aus dem Hundertsten ins Tausendste und bringt vielfach ganz überflüssige, ja oft nicht einmal zur Sache gehörige Polemiken, Elogen und sonstige Bemerkungen an. Derselbe Gegenstand wird drei und mehr Male durchgetreten. Ich will nur einige Beispiele aufführen, damit meine Behauptung gerechtfertigt erscheine. Von p. 24—30 unternimmt es der Verf. nachzuweisen, dass Trevisan ganz mit Unrecht annimmt, dass Foscolo in dem Brief an Barbieri vom 3. Januar 1806 auf seine Sepolcri anspiele. p. 30 sagt er uns dann endlich: „Del resto tutto questo nostro ragionamento è inutile, una volta che lo sopra allegata lettera del 3 gennaio al Barbieri, che è il perno sopra cui si aggira il discorso del Trevisan, anziché al 3 gennaio 1806 deve ascriversi al 3 gennaio 1807.*" Weshalb hat er uns denn nicht sein 6 Seiten langes Raisonnement erspart? — p. 36 liest man, dass die bedeutendsten Biographen Foscolo's auf Grund der Verse 51—53 der Sepolcri angenommen haben, dass dem Dichter die Anregung zu seinem Carme von dem napoleonischen Gesetz gekommen sei. Statt nun einfach die Namen der Biographen aufzuzählen und eventuell noch auf die betreffenden Stellen in ihren Werken zu verweisen, citirt uns der Verf. mehrere Seiten lang alle die Stellen wörtlich. — p. 82 ff. wird die längeren die Ansicht Biadego's widerlegt, dass die primi Sepolcri des Pindemonte nicht in den letzten Monaten des Jahres 1805 gedichtet sind, nachdem p. 77 ff. schon bewiesen war, dass die primi Sepolcri erst im Juli 1806 entstanden sind! — p. 158 wiederholt die zwei Seiten lange polemische Anm. 2 nur das, was vorher schon alles lang und breit gesagt war. — Als letztes Beispiel für die entsetzlich ausführliche Schreibart des Verf.'s mag noch Anm. 2 auf p. 179 angeführt werden, die sich mit ihren Contrarien auf nicht weniger als 6 Seiten erstreckt etc. etc.

Auf zwei kleine Widersprüche will ich auch noch aufmerksam machen. p. 67 sagt der Verf., dass die Sepolcri im December 1806 in den Druck gegeben wurden, während p. 32 steht, dass sie sich am 19. November schon im Druck befanden. Ferner liest man p. 136, dass Foscolo Ende Juli oder Anfang August Pindemonte in Verona besucht habe, während p. 170 der Besuch mit Bestimmtheit in das Ende Juli verlegt wird. — Schliesslich erwähne ich unter den vom Verf. nicht bemerkten Druckversehen, welche ich mir notirt habe, drei, die störend sind. p. 106 l. *erra* statt *ultorchè*; p. 124 fehlt Anm. 3; p. 131 ist in der Ueberschrift des Briefes 1806 statt 1804 zu lesen.

Die Commentare Trevisan's und Canello's zu den Sepolcri Foscolo's sind schon bekannt. Beide liegen in einer neuen (zweiten resp. dritten) mehr oder minder umgearbeiteten Auflage vor. Sie sind zu ihrer Zeit von verschiedenen Kritikern eingehend besprochen worden, so dass es wohl genügt einfach auf dieselben zu verweisen. Bei Trevisan will es mir scheinen, als ob er die Kritiken lange nicht eingehend genug berücksichtigt habe; daher hat seine sonst sehr fleissige und tüchtige Arbeit nicht mehr denselben Werth zu beanspruchen als bei ihrem ersten Erscheinen. Namentlich macht sich dies in der Einleitung geltend. Die schon vorher unhaltbaren, jetzt von Neuem vorgetragenen Ansichten in Abschnitt III derselben sind durch die eben besprochene Untersuchung Antona-Traversi's gänzlich veraltet; das gleiche muss man übrigens von dem entsprechenden Theile der von Canello seinem Commentare vorausgeschickten Bemerkungen, welche sich im wesentlichen auf Trevisan stützen, sagen. Immerhin sind aber beide Arbeiten für jeden, der sich näher mit der herrlichen Schöpfung Foscolo's bekannt machen will, unentbehrliche und gute Hilfsmittel. Trevisan hat diesmal nach der lateinischen Uebersetzung der Sepolcri von F. Filippi auch noch die des Domenico Musone hinzugefügt. Den Zweck sehe ich nicht ein. Die bibliographischen Notizen sind bis zur Zeit der Publikation der Arbeit fortgeführt.

Ludwigslust, 8. Nov. 1884.   Berthold Wiese.

Cariget, P. Basilius, Rætoromanisches Wörterbuch. Surselvisch-Deutsch. Bonn—Chur. 1882. VIII. 400 S. kl. 8.

Dieses neueste rätische Wörterbuch, das siebente wenn ich nicht irre (von den inedirten abgesehen) beschränkt sich, wie der Titel sagt, auf das Gebiet der Surselva im Vorderrheinthal oder wie die Vorrede etwas genauer andeutet, auf das der Cà-Di. Der leider inzwischen verstorbene Verfasser hat also hier wie vor 25 Jahren in seiner rühmlichst bekannten Ortografia .., Ramontscha (Muster 1858) seinen Heimatdialekt behandelt. Nach dieser Erstlingsschrift zu schliessen durfte man von dem neuen Werk, das zudem die Frucht von 40jährigen Studien sein soll, nur Gutes erwarten. In mancher Hinsicht, besonders was die Orthographie und Uebersetzungen anlangt, ist es auch wirklich zuverlässiger als seine Vorgänger. In Bezug auf die Hauptsache aber, die Reichhaltigkeit an volkstümlichen Wörtern, lässt es noch mehr zu wünschen übrig als einige der frühern, wie de Carisch's und z. Th. auch da Sale's Vocabularien.

Eine Unmasse (ich habe bis jetzt über 2000 angemerkt) alltäglich gebrauchter Ausdrücke sucht man vergebens, so z. B. *aschin* oder *ischia* Essig, *battem* Taufe, *biesty* Thier, *bov* Ochse, *brataima* grosse Kuhglocke, *butschida* Wäsche, *cunera* Lärmchen hier, *che* dass, *chi* welcher, *chischiel* Käse, *chischun* Gelegenheit, *culiez* Hals, *cuort* kurz, *cureisma* Fastenzeit, *curronta* vierzig, *curtann* Holzschlitten, *curtauna* Viertel (Hohlmass), *dalautsch* fern, *derschader* Richter, *det* Finger, *di* Tag, *empurircel* angenehm, *empermetter* *empermischum* Versprechen, *imprender* lernen, *engular* stehlen, *einen* fortan, *ensemen* zusammen, *entuorn* ringsum, *enridar* anzünden, *fleivel* schwach + Ableitungen, *flugl* Flegel, *frina* Mehl, *fuortga* Gabel, Galgen, *graun* Korn, *jeu* ich, *in ima ein(e)*, *itschal* Stahl, *ladinameing* schnell, *lua* Wolf, *mai* nie, *moneida* Münze, *mussuder* Lehrer, *unuteilu* Wiesel, *partischont* parteiisch + Abl., *pertgei* warum, *pertgirar* behüten + Ableit., *pigliola* Wochenbett, *pigliolaunca* Wöchnerin, *pischaulu* Butter, *priel* Kessel, *pusseirel* möglich + Ableit., *pussonza* Macht, *rimnada* Versammlung, *risguard* Rücksicht, *sass* Stein, Felsen, *schentor* festsetzen, *schirlar* pfeifen, *seuidouza* Neid, *spirt* Geist, *sulprin* Schwefelholz, *sustentar* unterhalten, *terschiel* Lederstrick, *tier* zu, bei, *tiert* gedreht, *tudestg* deutsch, *urbir* erwerben, *zanur* Unehre etc. Auffallend ist namentlich, dass von Wörtern eines und desselben Stammes meist nur ein oder zwei aufgeführt sind. So fehlen zu den betreffenden Stämmen, um nur einige zu belegen, z. B.: *acclar*, *adatteirel*, *brinslar* (zu *brenzla*), *castrar*, *caralé* Pferdehirt, *colur*, *cultiradur* u. *cultem* Dünger, *curronta*, *cussigliciel*, *dismessa* Aufhebung, *dubitanza*, *dullachezia*, *dundreirel*, *darreirel* nützlich, *empustaziun* Bestellung, *enganmüder*, *engannuis*, *entardonza*, *entschatta* Anfang (zu *entscheirer*), *fall* Fehler, *fennedur* Heumonat, *fiasta*, *fullaném* Gedränge, *ingument*, *mulada* Schleifstein, *neirer* schneien, *nerezia* Schwärze, *plonl* Klage, *puccan* Fehler, Vergehen etc., *puccont*, *quittun* Sorge, *salidciret*, *sass*, *sault*, *schendrument*, *agerniäder*, *stridament*, *suandáder*, *sulloráder*, *sul*, *tgiadder*, *tiglier* Teller, *tigliudur*, *tschiutschäder* u. s. w. Offenbar hat der Verf. nicht systematisch gesammelt und weniger nach volksthümlichen Wörtern (mangelhaft sind namentlich die kulturhistorisch so interessanten Ausdrücke der Alpenwirthschaft, Lokalbezeichnungen, Personennamen, Partikeln und Pronominen vertreten) als nach gelehrten und Fremdwörtern gesucht. Wie massenhaft diese aufgeführt sind (etwa 5000 und das Wörterbuch zählt etwas mehr wie 12 700), lehrt ein Blick auf die seitenlangen Abschnitte der Wörter, die mit *ce-, ci-, com-, con-, de-, dis-, ex-, im-, in-, pre-, pro-, re-, sub-, suc-, trau-* beginnen, und die Fremdwörter hätten ganz wegbleiben sollen. Ich war wenigstens nicht wenig erstaunt, in diesem rätischen Wörterbuch die englischen Wörter *club*, *milédi*, *milord*, *miss*, *meting*, *stricke*, die orientalischen *ferman*, *giaur*, *harim*, *minaret*, *moschea*, *mufti*, *poscha*, *rajat*, spanisch *don*, lat.-griech. *codex*, *cubns*, *habeas corpus*, *hipocausta*, *pitonissa*, *salus*, *sperma*, *stis*, *vale*, *cinamrépartum*, *iris*, *jupiter*, *Mars*, *Minerva*, *Neptun*, *Olimp*, *Pallas*, *Paris*, *Pindus*, *Pluto*, *Proserpina*, *Sisifus*, *Temis*, *Venus*, *Vesta* zu finden, anderer meist dem Frz. entlehnten wie *fassou*, *niró*, *paltò*, *picché*, *ragut*, *salon*, *scharada*, *schargon*, *scharscha*, *schoriminmus*, *sosa*, *tablo* etc. nicht zu gedenken. So viel über das Zuviel und Zuwenig des Wortvorrathes.

Was nun die Erklärung der Wörter betrifft, so ist dieselbe meist kurz und treffend, bei einigen wäre allerdings einiges nachzutragen; so war zu der verkürzten Form *ca* für *casa* in den Zusätzen nicht bloss *Cà-Di* zu ergänzen, sondern auch die zahlreichen mit *de Ca-* oder *Ca-* beginnenden Familiennamen wie *Curigiét*, *de Carisch*, *Caméniach*, *Castlisch*, *de Capriz*, *Cavieczel*, *Capaul*, *Càjacob* etc. Namen, die doppelt interessant sind einmal hinsichtlich ihrer Zusammensetzung, und noch mehr, weil sie einige der wenigen Ueberreste des lat. Genetiv Sg. sind, denn *de Carisch*, *Caméniach* können nur vom lat. *de Ca(sa Friderici*, *Ca(sa Dominici)* herkommen und so wird *Coflisch* = *Casa Felicis* sein. Bei *cumety* ist auch die Uebersetzung „schwül" vergessen, *galonda* heisst auch „Eichel", *mesira* im Plur. „Massregeln", *mied* auch „Mittel". Zu bedauern ist aber namentlich, dass so wenig Redensarten aufgeführt sind. Wörter wie *aua*, *bein*, *bittar*, *curdar*, *dar*, *dir*, *far*, *fierer*, *ir*, *linuu*, *metter* u. s. w. hätten eine etwas eingehendere Behandlung verdient. Die wenigen Etymologien, die nicht immer richtig sind, kann ich übergehen. Wichtiger ist die Orthographiefrage für eine Sprache wie die unsrige, in welcher dieselbe noch nicht ganz fixirt ist. C. hat sich hier wie in seiner ersten Schrift rühmlichst bemüht, die Schreibung der Aussprache anzupassen, ohne fremdartige Typen zu Hülfe zu nehmen. Ueberflüssig scheint mir die Scheidung zwischen mouillirtem *l* und *n* im Auslaut (-*lg*, -*ng*) und An- und Inlaut (*gl*, *gn*), unverständlich die Neuerung *quòlm*, *quòrer*, *quòra(a)*, *quòul*, *quòz* für *cuolm*, *cuorer* etc.; *u* ist hier betonter Vokal, nicht Halbvokal wie in *quoziént*, *quòdlibet*.

Die Erklärungen des Alphabets (p. V—VIII) sind, abgesehen von der etwas sonderbaren Terminologie („Arsis" statt Betonung, „stumm ausgesprochenes *e*, *e*" statt sehr kurzes unbetontes, „gespitztes *e*" statt geschlossenes, „schwaches *b d s sch*" statt stimmhaftes) nicht immer deutlich genug. So dürfte die Hervorbringung des Lautes *gié* nach der 5 Zeilen langen Beschreibung manchem Leser *i* schwer fallen. Einfacher wäre es zu sagen: *g* vor *i* = mouillirtem *d*, derselbe Laut wird im Ungarischen *dy* geschrieben, *tg* = mouill. *t*, also der stimmlose Laut zum vorigen, ungarisch *ty*. Sub *h* ist der Aussprache des *h* = dt. *ch* in Lehnwörtern wie *schnuh*, *rihezia* vergessen. Sub *o* dem fallenden Diphth. *uo* ein geschlossenes *o* gegeben, während es sehr offen lautet, in gewissen Orten ja sogar bis zu geschlossenstem *e* ansteigt. Hier hätten auch in Anbetracht der schwankenden Orthographie des Oltwaldischen einige Verweise von einem Buchstaben auf den andern den Gebrauch des Buches erleichtern können. Nicht jedem wird es von selbst einfallen, unter *c*, *i* zu suchen, was nicht unter *a-* steht, und umgekehrt unter *che-*, *chi-*, *tg-* was nicht unter *ca*, unter *tsch-* was nicht unter *ce-*, unter *gi-* was nicht unter *di-*, unter *c... r...* was nicht unter *c... l...* zu finden ist.

Trotz alledem darf man das Buch doch empfehlen, da es weniger durch falsche Angaben als durch Unvollständigkeit fehlt. Die zweite Auflage, die von berufener Seite vorbereitet werden soll, wird ohne Zweifel diesem Mangel abhelfen. In derselben dürfte auch die ältere Sprache Berücksichtigung finden.
Bonn. J. Stürzinger.

Breymann, H. und H. Moeller. Zur Reform des neusprachlichen Unterrichts. Anleitung zum Gebrauch des französischen Elementar-Uebungsbuchs. München, Oldenbourg. 1884. 48 S. 8.

Die Verfasser haben ihrem Elementar-Uebungsbuch nun die versprochene „Anleitung" nachfolgen lassen. Dieselbe enthält eine weitere Ausführung der in der Vorrede zu Breymanns Elementar-Grammatik (vgl. Ltbl. 1884 S. 359 ff.) ausgesprochenen Grundsätze nebst genaueren Anweisungen für die Benutzung der beiden Bücher. Die Verf. nehmen im Ganzen eine vermittelnde Stellung ein, der man für jetzt vom praktischen Standpunkt aus im wesentlichen zustimmen kann. — Besonderes Interesse verdienen die Bemerkungen über die Einübung der Conjugation. Die Verf. sind bemüht, die Verbalformen wie alle andern sprachlichen Gebilde nicht als todte Formen, sondern als lebendige Träger eines Gedankeninhalts lernen zu lassen. Dies ist aber nur im Satze möglich. Neben der zusammenhängenden Lektüre erscheinen daher Satzbildungs- und Satzconjugationsübungen natürlich einfachster Art, für die das Uebungsbuch die Muster liefert. Erwähnenswerth ist ferner, dass die Verf. in Princip gegen die Exercitien sind, wenigstens auf einer Stufe, wo der Schüler von der fremden Sprache so gut wie nichts weiss. Hier wie an andern Stellen haben sie sich indess aus praktischen Rücksichten dem herrschenden System anbequemt. Es ist jedoch anzuerkennen, dass auch die Exercitien in der Form, in der sie im Uebungsbuch auftreten, ein wirklicher Fortschritt gegen Plœtz sind. — Die Vokabeln sollen im Anschluss an die Lektüre gelernt werden. Ich möchte diesen Satz auf die Repetitionen ausdehnen und auch diese in Verbindung mit einer Wiederholung der betreffenden Lesestücke vorgenommen sehen, da nur so die Einzelwörter als lebendige Glieder der Sprache erscheinen.
Sorau N.-L., Oct. 1884. Felix Franke.

Zeitschriften.

Beiträge zur Kunde der Indogerm. Sprachen IX, 3: O. Kossinna, Nachtrag zu dem Verzeichnisse der Schriften Müllenhoffs.

Taalstudie VI, 1: L. M. Baale, L'inauguration de la première chaire de français dans une université néerlandaise. 1. — Dera., Les nouveaux programmes pour les examens des langues vivantes. 3. — C. M. Robert, Notes et remarques sur la langue des romans champêtres de G. Sand, V. G. — L. M. Baale, Bulletin bibliographique, 17. — K. ten Bruggencate, L. S. 21. — Dera., The Use of the definite Article. 22. — C. Orendhoud, Doublets in English, III. 32. — J. Leopold Hz., Uebersetzung eines niederländischen originalen Prosastückes ins Deutsche, mit Anmerkungen. 46. — Zur Beantwortung. 56. — J. L., Beantwortung einiger Fragen. 57; Bücherschau. 61; Miscellen. 63.

Archivio per lo studio delle tradizioni popolari III, 4: Michele Placucci, Usi e Pregiudizj de' Contadini della Romagna: Tit. III. Dei mortorj. IV. Delle operazioni di agricoltura. V. Degli usi e pregiudizj relativi a certe epoche principali dell' anno. VI. Degli usi e pregiudizj sagl'influssi celesti, ed intemperie. VII. Dei Pregiudizj relativi a certi medicamenti. — G. Fiuamoro, Tradizioni popolari abruzzesi: Novelle. — G. Nerucci, I tre maghi, ovverosia il merlo bianco. Nov. pop. montalese. — S. Salomone-Marino, Anedotti, Proverbj e Motteggi illustrati da novellette popolari siciliane. — A. Machado y Alvarez, El colera en la tradicion popular. Estudio Folk-lorico. — G. Pitrè, Il colera nelle credenze popolari d'Italia. — G. Ferraro, Botanica popolare. Appunti presi a Carpeneto d'Acqui nella provincia d'Alessandria. — La Camorra in Napoli: I, Il Tribunali; II, Il Codice. — G. Pinolli, Voci d'uccelli raccolte a Strambino in Piemonte. — Il matrimonio presso i Negri della Senegambia. — Rivista Bibliografica. S. Salomone-Marino, Gunsuolla, Le Parità o le Storie morali dei nostri villani. — G. Pitrè, Zenatti, Storia di Campriano contadino. — Ders., Sébillot, Contes populaires de la France.

Mélusine II, 9: J. Tuchmann, la Fascination. — L'Eau de Mer. — Les Vagues. — Les Trombes marines. — Les Vents et les Tempêtes en mer. — La Mer phosphorescente. — Les Saints de la Mer. — Les Vaisseaux Fantastiques. — E. Aspelin, La Mer chez les Finlandais. — La Chasse au chevreuil, conte Iroquois. — La Légende de Pontuise, chanson populaire.

Akademische Blätter I, 8. 9. 10: K. Th. Gaedertz, Johann Rist und sein Depositiou-Spiel, II. — Paul Nerrlich, Briefe von Caroline v. Feuchtersleben, der Verlobten Jean Pauls. — Anton Birlinger, Der preussisch-fränkische Dichter Johann Christoph Zenker. — Richard Maria Werner, aus Wielands Jugend. — Emil Brenning, Johann Georg Fischer. — J. H. Heller, Nachträge zu meinem Aufsatz über „Die Kraniche des Ibykus". — Joh. Cröger, Miscellen. — Recensionen: J. Minor, Kleine Schriften von Hermann Hettner. Franz Mehring, sein Todo hrsg. — Wilhelm Brandes, Heinrich Laube, „Der Schatten Wilhelm". Eine geschichtliche Erzählung. — Max Koch, Gedichte von Gottfried August Bürger, Hrsg. von Sauer. — R. Sprenger, Burkard Waldis' Streitgedichte gegen Herzog Heinrich den Jüngeren von Braunschweig. Hrsg. von Koldewey. — Ludw. Geiger, Beiträge zur Geschichte der deutschen Literatur und des geistigen Lebens in Oesterreich. Heft 2 und 3. — Hermann Brandes, Bibliographische Monatsübersicht. — A. Schüne, Friedrich der Grosse und seine Stellung zur deutschen Literatur. — K. Siegen, Aus Leopold Schefers Frühzeit I. — J. Cröger, Bundesbuch und Stammbücher des Hains. — P. Zimmermann, Zu Lessings Wolfenbüttler Bibliothekariat. — R. Boxberger, Zeitgenössische Mittheilungen über Schiller.

Anglia VII, 3: F. G. Fleay, Shakespeare and Puritanism. — J. A. Harrison, Negro English. — H. Varnhagen, die kleineren Gedichte der Vernon- und Simeon-Hs. — L. Toulmin Smith, Play of Abraham and Isaac. — L. Proescholdt, Rand-Correcturen zur Cambridger- und Globe-Ausgabe der Shakespeare'schen Werke. — A. Diebler, Faust- und Wagner-Pantomimen in England. — O. Hofer, der syntaktische Gebrauch des Dativs und Instrumentalis in den Caedmon beigelegten Dichtungen. — E. Stiehler, Altenglische Legenden der Stowe-Hs. — M. F. Mann, Der Physiologus des Philipp de Thaün und seine Quellen. — F. Ilüncher, Studien zur agg. Genesis. — B. Leonhardt, zu Cymbelinus. — R. Wüloker, Th. Wissmann. — D. Asher, zum Prisoner of Chillon.

Archiv f. lat. Lexikographie u. Grammatik I, 4: K. Sittl, de linguae latinae verbis incohativis. (Auch Münchener Habilitationsschrift). — R. Schöll, Ampla — Ausa. — Modulabilis. Rebellatrix. — G. Grüber, Vulgärlateinische Substrate romanischer Wörter (Forts.). — M. Bonnet, Inf. toton-li, forsitam. — G. Götz, epikritische Notizen (Abactor, abigeus, abacus, abaddir). — K. Rossberg, Anxia Angst". — E. Hauler, Thesauri Latini Specimen II. — Addenda et corrigenda. — K. Sittl, Stomida. — E. Hauler, Lexikalisches zu Cato. — J. Piechotta, Monubilis. Turunda. — R. Peiper, Sorneum. — S. Frank-

furter, Scimitus. — A. Mindonski, Bestia. bestą, belua. — K. Weymann, Ferae. Pseudos. Hetaereterschluss. — K. Hofmann, Malva. Maltha. Malvatus. Mauvais. — J. M. Stowasser, 'Εὐερχος, purpura. — L. Havet, Strambus. Admissum.
Romania 52: P. Meyer, Notice et extraits du ms. 8336 de la bibliothèque de sir Thomas Phillipps, à Cheltenham, 497. — E. Philipon, l'honétique lyonnaise au XIV° siècle, 542. — P. Meyer, Les deux frères, celui qui rit et celui qui pleure, 591. — Ders., Le conte des petits couteaux, 595. — O. Paris, Rajna, le origini dell'epopea francese, 598—627.
Zs. f. romanische Philologie VIII, 3: F. Hildebrand, Ueber das französische Sprachelement im Liber Censualis Wilhelms I. von England (Exchequer- und Exon-Domesday-Book), 321. — F. Neumann, Ueber einige Satzdoppelformen der französischen Sprache (Schluss), 364. — H. Suchier, zu den altfranzösischen Bibelübersetzungen, 413. C. Michaëlis de Vasconcellos, Mittheilungen aus portugiesischen Handschriften, 430. — Ed. Mall, zum sog. Evangile aux femmes, 449–455. — F. D'Ovidio, Brief an den Herausgeber (Bemerkungen zu Neumanns 1. Artikel über frz. Satzdoppelformen Zs. VIII. 2), 476–477.
Revue des langues romanes Oct.: Chabaneau, cantique périgourdin en l'honneur de saint Jean-Baptiste. — Mazel, Dom Guérin et le langage de Naut. — Roque-Ferrier, Le Vin du Purgatoire, conte inédit en vers languedociens.
Zs. f. nfrz. Sprache u. Literatur VI, 5: L. Wespy, Die historische Entwickelung der Inversion des Subjektes im Französischen und der Gebrauch derselben bei Lafontaine (Schluss). — Thor Sundby, Blaise Pascal, sein Kampf gegen die Jesuiten und seine Vertheidigung des Christenthums. — H. Über, zu dem franz. Wörterbuche von Sachs. — 6: W. Krummert, de Lescure, Rivarol et la société française pendant la révolution et l'émigration. — J. Sarrazin, O. Schultze, A. Rhode, O. Willenberg, Schulgrammatiken und grammatische Schriften. — J. Sarrazin, die französische Schullektüre der badischen Gymnasien und Progymnasien.
Franco-Gallia 11, 12: Steeger, Lehrbuch der neufranzös. Syntax. — Voltaire, Histoire de Charles XII. ed. Loewe. — Wussidlo, Buffon als Mensch etc. — Fritsche, Rousseau's Stil und Lehre in seinen Briefen. — Victor, Elemente der Phonetik.
Il Propugnatore XVII, 4, 5: Biadego, Un Pater noster del secolo XIV. — Pagano, Pietro Delle Vigne in relazione col suo secolo. — Di Giovanni, Ciulo D'Alcamo, la defusa, gli agonisti e il giuramento del contrasto, anteriori alle costituzioni del Regno del 1231. — Percopo, Le laudi di fra Jacopone da Todi nei mss. della Biblioteca nazionale di Napoli. — Lamma, Saggio di commento alle rime di Guido Guinicelli. — Miola, Le scritture in volgare dei primi tre secoli della lingua, ricercate nei codici della Biblioteca Nazionale di Napoli. — Cappelletti, Sulle fonti del Decamerone II. — Bartoli e Casini, Il canzoniere Palatino 418 della Biblioteca nazionale di Firenze.
Rivista critica della letteratura italiana I, 4: A. Zenatti, Oscarre de Hassek, Poesie e prose di Besenghi degli Ughi. — O. Biadego, O. Zanella, Astichello ed altre poesie. — S. Morpurgo, A. Gaspary, Geschichte der italienischen Literatur. — E. Teza, G. Paris, La lai de l'oiselet, poème français du XIII° siècle. — T. Casini, D. Rinaldi, Nuova erotomazia italiana. — G. Milanesi, Notizia d'opere di disegno pubblicata e illustrata da D. Jacopo Morelli, 2° ed. rivoluta ed aumentata da G. Frizzoni. — T. Casini, E. Sola, Il Padiglione d'Atila, frammento inedito nel poema italico „Atila flagellum dei". — S. Morpurgo, O. Uzielli, Ricerche intorno a Leonardo da Vinci. — C. Ricci, L. Busi, Benedetto Marcello, musicista del secolo XVIII. — A. Zenatti, R. Ciampolini, la prima tragedia regolare della letteratura italiana. — S. Morpurgo, L. Stecchetti, La Tavola e la Cucina nei sec. XIV e XV. — A. Zenatti, L. Gentile, XIV canzoni musicali inedite. — F. Torraca, a proposito de' Sepolcri del Pindemonte.

Magazin f. die Literatur des In- u. Auslandes 48—52: H. Semmig, Geistesheroen Deutschlands und Englands. — Die Poesie. Ein Bruchstück aus der Reise zum Parnass von Cervantes, deutsch von E. Dorer. — J. Pfretzschner, Weihnachtslieder aus dem Unterinnthal.

Neue Jahrbücher f. Philologie u. Pädagogik Bd. 130: H. Denicke, Bedenken gegen die Schullektüre von Schillers „die Klage der Ceres". — O. Kares, Betrachtungen über die Poesie des Wortschatzes.
Zs. f. Gymnasialwesen Nov.: Koschwitz, über die Vorbildung zum Studium der neueren Sprachen.
Zs. f. österr. Gymnasien 1884, 8 u. 9: F. Prosch, Klinger in Oesterreich und über österreichische Zustände.
Vierteljahrsschrift für wissenschaftl. Philosophie 4: Marty, über Sprachreflexe, Nativismus und absichtliche Sprachbildung I.
Berichte über die Verhandlungen der k. sächs. Gesellschaft der Wissenschaften zu Leipzig 1884, I, 2: Ebert, über das ags. Gedicht: Der Traum vom heiligen Kreuze.
Sitzungsberichte der Akademie der Wissenschaften zu München 1884, II, 3: F. v. Bezold, zur deutschen Kaisersage.
Sitzungsberichte der kais. Akademie der Wissensch. zu Wien Bd. 107, 1: Rockinger, Berichte über die Untersuchung von Hss. des sog. Schwabenspiegels VII.
Die Gegenwart Nr. 48: Schiller und das Körner-Museum in Dresden.
Nordische Rundschau II, 5: Emil Mauerhof, die Grundidee im Faust.
Der Beweis des Glaubens Bd. XX, Nov.: Reinh. Hoffmann, Heinrich Heine und Philipp Spitta.
Wissenschaftl. Beilage der Leipziger Zeitung Nr. 95: R. v. Mansberg, aus dem „Turnei von Nantheyz".
Studia Nicolaitana. Darin: R. Kögel, Goethes Leipziger Lieder in ältester Gestalt. Leipzig, Giesecke & Devrient. 156 S. 8. M. 4.
Academy 8. Nov.: Sayce, King Arthur. — Warton, Ben Jonson's Song „to Celia". — Harrisson, Beowulf. — II. Sweet, Mr. Hessels and his Criticism. — 15. Nov.: The works of Marlowe ed. by Bullen. — French Literature. — Herford, An English Goethe Society. — Sir John Kingston Jame's „Tasso". — Williams, Ben Jonson's song „to Celia". — Stuart Glennie, King Arthur. — York Powell, Harrison's Beowulf. — Hessels, Postgate, Sievers, Mr. Henry Swert and the Epinal Glossary. — 22. Nov.: Radford, Goldsmith and the Hornéck.
Athenaeum 8. Nov.: Philological Books (Cope, a glossary of Hampshire words and phrases; Cuervo, Diccionario de construccion y regimen de la lengua castellana.)
Ny Svensk Tidskrift 1884 II. 8 S. 515—526: G. Göthe, Folkmusiken hos de gamle Nederländaren. 8.
Historisk Tidskrift 1884 II. 3 S. 273—278: K. H. Karlson, Förhallandet mellan landslagens bada redaktioner. 8.
Antiqvarisk Tidskrift för Sverige, Del. 8, Nr. 2: P. Fahlbeck, Forskningar rörande Sveriges äldsta historia I. Beovulfsqvädet såsom källa för nordisk fornhistoria 88 S. 8.

Rev. pol. et litt. 20: E. Spuller, M. Thiers et M. Jules Simon. (Eingehende Kritik der von letzterem am 8. Nov. in der Ac. d. sciences mor. et pol. auf Thiers erwähnten gehaltenen, auch im Temps vom 9. Nov. gedruckt erschienenen Lobrede.) — Albert Laurent, Romanciers contemporains. Pierre Loti. (Der 1850 in Rochefort geborene Verfasser von Aziyadè, Le Mariage de Loti, Le Roman d'un Spahi, Mon frère Yves, Fleurs d'ennui heisst mit wahrem Namen Julien Viaud.) — In der l'aus. litt.: Tartuffe par C. Coquelin. (Nach dem Verf. bei Tartuffe in der ersten verlorenen Bearbeitung ein Geistlicher gewesen und ist in der vorliegenden als komische Rolle aufzufassen.) — 21: C. Doucet, Rapport sur les concours et ouvrages couronnés. (Darunter Paul Morillot, discours sur la vie et les œuvres d'Agrippa d'Aubigné, wovon Nr. 22 der Rev. ein Stück mittheilt; L. Gautier, la chevalerie; Merlet, Tableau de la littérature française sous l'empire; Lucien Percy et Gaston Maugras, M.me d'Epinay; de Lescure, Rivarol et la Société française pendant la révolution et l'émigration; Germond de Lavigne, Lope de Rueda, traduction; Vita, le jargon du XV° siècle; Darmesteter et Hatzfeld, le XVI° siècle; Tamizey de Laroque, lettres de Jean Chapelain; Paul de Raynal, les correspondants de Joubert; Filon, hist. de la litt. angl.) — Georges Perrot, discours fait dans la séance publ. de l'Acad. des Inscriptions. (Darin Nekrolog für A. Regnier; Charakteristik gekrönter Werke, z. B. H. Loth, l'émigration bretonne; Guasto über les Vaux de Vire; Viollet, histoire du droit français; Raynaud, Recueil de motets.) — 22: Jules Lemaître,

Conteurs contemporains. M. Guy de Maupassant. — Paul Lehugeur, Vers inédits du XVII° siècle. Peut-on les attribuer à Bossuet?
Revue scientifique 23. Aug.: E. du Bois-Reymond, Diderot: la vraie date de la mort de Diderot.
La Suissa Romande Revue littéraire et artistique. (Genève, Stapelmohr.) J, 1: Eug. Ritter, les correspondants de J. J. Rousseau: I. Rousseau et les Vaudois.
Journal des Savants Oct.: Gaston Paris, La légende de Rome au moyen âge.
Revue de l'histoire des religions X, 2: Du Puymaigre, la fille aux mains coupées; étude de folk-lore.
Civiltà cattolica 825: Del presente stato degli studii linguistici.
Atti della R. Accademia Lucch. XXIII: E. Ciampolini, La prima tragedia regolare della letteratura italiana.

Neu erschienene Bücher.

Esser, Beiträge zur gallo-keltischen Namenkunde. Aachen, Benrath & Vogelgesang. II. 1. IV, 128 S. 8. M. 2.
Mahn, A., Etymologische Untersuchungen über geographische Namen. Berlin, Dümmler. Lief. 1—9. 8. à M. 1,60.
Schuchardt, Hugo, Slawo-deutsches und Slawo-italienisches. Dem Herrn Franz von Miklosich zum 20. November 1883. Graz, Leuschner & Lubensky. 1884. 138 S. 4. [Seit Jahren hege ich die Ueberzeugung, dass bei dem jetzigen Stande der Sprachwissenschaft kein Problem in höherem Grade verdient untersucht zu werden als das der Sprachmischung. Da ich meine, dass dies da am leichtesten und erfolgreichsten geschieht, wo die Factoren am heterogensten sind, so sammelte ich zunächst auf aussereuropäischen Gebieten ein reiches Material, von welchem ich erst einen kleinen Theil in den „Kreolischen Studien" I—VI veröffentlicht habe. Der Wunsch, Miklosich bei Gelegenheit seines fünfzigjährigen Geburtstages ein Zeichen meiner Verehrung darzubringen, führte mich auf den Gedanken, für jenes Studium ein näher liegendes und vielseitiger Controle zugängliches Object — die Slawismen im Deutschen und im Italienischen Oesterreichs — zu wählen und dabei in das Wesen der Vorgänge einzudringen, deren Ergebnisse man bisher allein ins Auge gefasst hatte. Ich habe erst im letzten Augenblick zu sammeln begonnen, wobei eine starke Abhängigkeit vom Zufall nicht zu vermeiden war, und ich habe das slawische Gebiet als vollkommener Neuling betroten; daher mögen meiner Arbeit Fehler anhaften, welche eine längere Vorbereitung ihr erspart haben würde. Sie sollte schon Ende 1883 erscheinen; durch unvorhergesehene Umstände wurde der Abschluss des Druckes um Jahresfrist verzögert. Die Briefform war einer Darstellung von nur wenigen Bogen, wie ich sie aufänglich beabsichtigt hatte, nicht unangemessen; als dieser Umfang sich schliesslich vervielfachte, musste sie und das damit verbundene System bleiben, welches mich dem Verweisen die allerkürzeste Form geben und von jeder Anmerkung und äusseren Eintheilung Abstand nehmen liess. Um so dankbarer bin ich der Redaction der Litbl.'s dafür, dass sie mir gestattet, an dieser Stelle einen gedrängten Ueberblick über den Inhalt meiner Schrift zu veröffentlichen. S. 1—17: Einleitung. Doppelte Ursache aller Sprachveränderung: Einwirkung der Lebensumstände und Einwirkung anderer Sprachen. Mischung zwischen ganz verschiedenen Sprachen, zwischen Dialekten, zwischen Individualsprachen, innerhalb der Individualsprachen (Analogieerscheinungen). Nachweis der wesentlichen Identität zwischen diesen verschiedenen Stufen. Die Sprachmischung in der Literatur (Catull, Shakespeare, Calmo u. a.). — S. 17—38: Gebiete und Quellen. Die verschiedenen Producte der slawo-deutschen Sprachmischung. Jargon [„das Kuchldeutsch" der Tschechen] — das deutsche der Slawen — Slawismen bei Deutschen die unter Slawen wohnen — weitverbreitete Slawismen (Austriacismen; historische Betrachtung derselben) — Slawismen in den deutschen Grenzdialekten. Slawo-italienische Sprachmischung in Triest, Istrien, Fiume, Dalmatien [altromanische Wortformen im Serbischen von Ragusa — serbisch-italisch. Mischposition des 16. u. 17. Jh.'s — serbo-italian.) in den Lustspielen des Calmo aus dem 16. Jh.]. Individuelle und überlieferte Sprachmischung. Uebertritt der Slawen von den Slawen zu den Deutschen und Italienern. — S. 38—63: Phonetisches. Consonantismus: die slawischen Tenues im Deutschen [Natur der „reinen" Tennis], sl. h = it. g,

sl. b = d. w, sl. ž = it. (weiches) s, d. r u. s. w. Vokalismus: sl. e, o = d. e, o, sl. i, u = it. e, o, sl. Begünstigung von a sl. it. unbetonte Vokale, sl. Abneigung gegen Diphthonge und vokalischem Anlaut u. s. w. Accent. Quantität. — S. 63—89: Lexikalisches. Tschechische Elemente im Deutschen von Böhmen, von Wien. Slowenische im Deutschen von Wien [oriculal]. Wörter durch die Slawen vermittelt], von Kärnten, von Krain. Slowakische im Deutschen des ung. Berglandes. Slowenische im Italienischen von Triest [deutsche Wörter durch die Slawen vermittelt]. Kroatische im Deutschen von Istrien u. Dalmatien. Friaul. und zu Venedig. Weites Vordringen einiger slaw. Wörter [z. B. franz. sabot, sucette u. s. w., rum. ciubotǎ „Stiefel", „Schuh", man bisher überraschen zu haben scheint]. Scherzhafte Entlehnung slaw. Wörter. Individuelle Mischung. Begünstigung der Entlehnung durch die Lautform. Analogie zwischen dem Verlernen und dem Erlernen einer Sprache. Entlehnung von Wortheilen [deutsche Wörter mit slaw. Deminutivendung]. Bedeutung eines Wortes der einen Sprache auf ein lautlich ähnliches der anderen Sprache übertragen. — S. 89—126: Innere Sprachform. Allgemeine Erörterungen. Wortstellung [trennbare Präpositionen des Deutschen als untrennbare behandelt]. Nomina. Zeitwörter [von besonderem Interesse die zusammengesetzten]. Pronomina [Reflexivum der 3. P. = 1. u. 2. P.; abundirendes Reflexivum], Adverbia. Conjunctionen. Präpositionen. Flexionsformen. — S. 126 ff.: Schlusswort. Pädagogische und politische Betrachtungen. — H. S.]

Brate, Eric, Forunordisk metrik. Upsala, Almqvist & Wiksell. 55 S. 8. Kr. 1.
Briefwechsel zwischen den Gebr. Grimm, Dahlmann und Gervinus, hrsg. von Eduard Ippel. Berlin, Dümmler. Bd. I. 8. M. 9.
Brunner, Sebastian, Bau- und Hausteine zu einer Literaturgeschichte der Deutschen. II. 2: Vossens Luisen-Tempel. Wien, Kirsch. 8. M. 1,80.
*Goethe, die guten Frauen, mit Nachbildungen der Originalkupfer. Heilbronn, Henninger. N. 27 S. 8. M. 0,70. (Deutsche Literaturdenkmale des 18. u. 19. Jh.'s H. 21.)
*Görner, Karl v., Der Hans Wurst-Streit in Wien. Wien, Konegen. 86 S. 8.
Hildebrand, Hans, Sveriges medeltid. Kulturhistorisk skildring. I, 5. Stockholm, Norstedt & Söner. 8. 545—704. 8. Kr. 3,50. 8.
— — Sveriges medeltid. Kulturhistorisk skildring. II, 1. Stockholm, Norstedt & Söner. 8. 1—160. 8. Kr. 3,50. 8.
*Hoffmann-Wellenhof, P. v., Alois Blumauer. Literarhistorische Skizze aus dem Zeitalter der Aufklärung. Wien, Konegen. 138 S. 8. M. 2.
Kauffmann, H., Ueber Hartmanns Lyrik. Leipzig, Fock. 8. M. 1,50. (Dissertation.)
Klinberg, F., Lexikaliske Kvantitet och aksent. Stockholm, Akad. afhandl. 62 S.
Körner, Theodor, Liedes- und Liebesgrüsse an Antonie Adamberger. Zum ersten Male aus der Hs. des Dichters mitgetheilt von Friedr. Latendorf. Leipzig, Schlicke. 8. M. 3.
Lang, Paul, Schiller und Schwaben. Stuttgart. Gundert. 50 S. K. M. 1. (II. 2 der Württembergischen Neujahrsblätter.)
Menghin, A., Aus den deutschen Südtirol. Mythen, Sagen, Legenden und Schwänke, Sitten und Gebräuche. Meran, Plant. 16. M. 1,60.
Pocation, J. C., L'assonance dans la poésie norraine. 2. éd. Wien, Gilhofer & Rauschburg. 8. M. 2.
Schneider, R., Die namenlosen Lieder aus Minnesangs Frühling erläutert und ins Neuhochdeutsche übertragen. Berlin, Friedberg & Mode. 12. M. 0,60.
*Wackernagel, Wilhelm, Jugendjahre 1806—33. Dargestellt von Rudolf Wackernagel. Basel, Detloff. 217 S. 8.
Weller, E., Repertorium typographicum. Zweites Supplement. Nördlingen, Beck. 8. M. 0,80.
*Winckelmann, J. J., Gedanken über die Nachahmung der griechischen Werke in der Malerei und Bildhauerkunst. Erste Ausgabe 1755 mit Oesers Vignetten. Heilbronn, Henninger. X, 44 S. 8. M. 0,70. (Deutsche Literaturdenkmale des 18. u. 19. Jh.'s H. 20.)
Wolfram v. Eschenbach, Parzival. in neuer Uebertragung, erläutert und zum Gebrauche an höheren Lehranstalten eingerichtet von O. Bötticher. Berlin, Friedberg & Mode. 8. M. 5.

*Zingerle, O., Die Quellen zum Alexander des Rudolf von Ems. Im Anh.: die historia de preliis, Breslau, Koebner. 8. M. 8. (Germanist. Abhandl. hrsg. von Weinhold. Bd. IV.)

Crabb, G., English synonymes explained in alphabetical order. With copious illustrations and examples drawn from the best Writers. London, G. Routledge & Sons. 620 S. 8, 3 sh 6 d.

*Kellner, Leon, Zur Syntax des englischen Verbums mit besonderer Berücksichtigung Shakespeares. Wien, Hölder. VII, 103 S. 8.

Sweet, H., First Middle English Primer: Extracts from the Ancren Riwle and Ormulum. With Grammar and Glossary. London, Frowde. 104 S. 12. 2.

Witcomb, Ch., en the structure of english verse. Paris, Mesnil-Dramard et Cie. fr. 3.

Agostini, G. C., La teoria manzoniana sul criterio della lingua, e i tratti principali dei „Promessi Sposi", con una raccolta di altri scrittori moderni. Trevi-l'Umbria, tip. Nazzarena. in-16. pag. X, 625. L. 3,80.

Alexandre, C., Souvenirs sur Lamartine. In-18 jésus. VIII, 468 p. Paris, lib. Charpentier et C°. fr. 3,50. Bibliothèque Charpentier.

Alfieri, V., Il Misogallo, la satire e gli epigrammi editi ed inediti per cura di Rodolfo Renier. Firenze, Sansoni. XCIII, 319 S. 64°.

Antona-Traversi, C., Studii su Ugo Foscolo; con documenti inediti. Milano, Brigola e C. edit. in-16. p. 330. L. 3,50.

Balsimelli, Federico, Una supplica di Alessandro Manzoni. Milano, tip. dell'Osservatore cattolico. in-16. pag. 46. Roma, presso l'autore.

*Beckmann, E., Kurzgefasstes Lehrbuch der spanischen Sprache. Altona, Schlüter. 136 S. 8. M. 2.

Bencini, Mariano, Il vero Giovan Battista Fagiuoli e il teatro in Toscana a' suoi tempi: studio biografico-critico. Firenze, frat. Bocca edit. in-8. p. XVI, 296. L. 3.

*Bibliothek, spanische, mit deutschen Anmerkungen für Anfänger von J. Fesenmair. München, Lindauer. gr. 16. 1. Bändchen: Erzählungen und Schildcrungen. VII, 75 S. 2. Bändchen: Los amantes de Teruel. Drama refundido en 4 actos en verso y prosa de Don Juan Eugenio Hartzenbusch. 99 S.

Bonnejoy, E., Vie de saint Yves tirée d'un manuscrit en vélin du XIV° siècle appartenant au docteur Bonnejoy. Avec facsimilé héliographique du manuscrit. In-12, 89 p. Saint-Brieuc, lib. Prud'homme.

*Brinkmann, Fr., Syntax des Französischen und Englischen in vergleichender Darstellung. Braunschweig, Vieweg & Sohn. 2. Bd. 1. Lief. 388 S. gr. 8. M. 7,50. (1 u. II, 1: M. 19,50.)

Brunet, J., Etude de moeurs provençales par les proverbes et les dictons (l'Average; Lis acò en vinge; lou Bestiari moun; li Chin de Pargue; lou Péd-descaus; la Poutraio). In-8, 124 p. Montpellier, impr. Hamelin frères. Extrait de la Revue des langues romanes, année 1884.

Chanson, la, de Roland. Traduction précédée d'une introduction et accompagnée d'un commentaire; par Léon Gautier. 14° édition. Edition populaire, illustrée par Olivier Merson. Ferat et Zier. In-8, 216 p. Tours, lib. Mame et lib.

Colección de Escritores castellanos. Tomos XIX y XX. Críticos. Historia de las ideas estéticas en España, por el doctor D. Marcelino Menéndez y Pelayo, de las Reales Academias Española y de la Historia, catedrático de la Universidad de Madrid. Tomo II (siglos XVI y XVIII). Madrid, Libr. de M. Murillo. 1884. En 8, 2 vol., 600 págs. 32 y 36.

Courchinoux, F., Lo l'ousco d'or, pichiouno guerbo de pouésiotos en dialeyté del Contaou. Omm' uno préfacio de Moussu Achille Ferary. In-12, X, 165 p. Aurillac, imprim. Gentet. fr. 2.

Dodici lettere di Pietro Metastasio a Francesco Grisi. Trento, Scotoni e Vitti. 22 S. 8. Nozze Ballardini-Moar.

Engel, Ed., Psychologie der französischen Literatur. Teschen, Prochaska. VIII, 310 S. 8. M. 4,60.

*Engwer, Theodor, Ueber die Anwendung der Tempora Perfectae statt der Tempora Imperfectae Actionis im Altfranzösischen. Berliner Dissertation. 51 S. 8.

Espagne, A., Mélanges de littérature romane. In-8, 124 p. Montpellier, imp. Ricatcau, Hamelin et C°. Publications de la Société pour l'étude des langues romanes.

Favraud, A., Œuvres en patois poitevin de M. A. Favraud. (Contes de Jeannette; Noces de Jeannette; Mellasine; Batrachomiomachie; Notes et Glossaire.) In-16, 174 pag.

Chateaubriant, imp. Drouard-Frémon, Couture-d'Argensan (Deux-Sèvres). fr. 8.

Francet, Historyre dos quate fails Aymelin très-nobiles et très-vaillants, les meilleux chevaliers de lun tampz, racontado tout dan loing en bes lingage potevin. In-8, XI, 246 p. Niort. lib. Favre.

Grimaud, A., Li Quaranto-Dos maunjo d'Aurenjo dos Quaranto-Dous religieuses d'Orange), poesie historique los dans la séance commémorative du Congrès eucharistique. (Avec traduction en français.) In-8, 32 p. Avignon, impr. Aubanel frères; Roegues, l'auteur.

Hauréau, Notice sur un poème contenu dans le numéro 384 des manuscrits de Cambrai. In-4, 30 p. Paris, imp. nationale. Extrait des Notices et extraits des Manuscrits de la bibliothèque nationale, etc., t. 31, 2° partie.

La dance des aveugles, composée en vers français par Pierre Michault. Reproduction en fac-similé par Adam Pilinski d'une édition sans date et non citée, imprimée au seizième siècle. Paris, Labitte. fr. 50.

La Mothe-Fénelon, de, Fables composées pour l'éducation du duc de Bourgogne, Avec une préface par Hippolyte Fournier. In-16, XII, 127 p. Paris, Librairie des bibliophiles. fr. 3,50.

La Vie de saint Alexis, poème du XI° siècle. Texte critique publié par Gaston Paris. Paris, Vieweg, 8°. fr. 1,50.

La Vierge Margnerite substituée à la Lucine antique. Analyse d'un poème inédit du XV° siècle, suivie de la description du manuscrit et de recherches historiques par un Fureteur. Mit fac-similé, Paris, Labitte. fr. 6.

Li Romans de Cleris et Laris, hrsg. von Dr. Johann Alton. Tübingen 1884, 939 S. 8, 169. Publication des literarischen Vereins in Stuttgart.

Longnon, A., Atlas historique de la France depuis César jusqu'à nos jours. Livraison I, in-f, XII. 68 p. et atlas in-f° de 5 planches en couleur. Paris, lib. Hachette et C°. fr. 11,50. L'atlas historique formera 35 planches qui seront publiées en sept livraisons de 5 planches chacune. Chaque livraison sera accompagnée d'un fascicule de texte, il paraîtra au moins une livraison chaque année.

Menéndez y Pelayo, M., Ramón Lull (Raimundo Lulio). Discurso leído el día 1.° de Mayo del año actual en el Instituto de las Baleares. Palma de Mallorca, impr. de la Biblioteca popular. 1884. En 4, 29 p. Nicht im Handel.

*Morel-Fatio, Alfred, La Comedia espagnole du XVII siècle. Cours de langues et littératures de l'Europa Méridionale au Collège de France. Leçon d'Ouverture. Paris, Vieweg. 40 S. 8.

Mystère, le, de Noël et de l'Epiphanie, un Noël les plus célèbres des XVI°, XVII° et XVIII° siècles, arrangés d'après M. l'abbé O. Moreau. In-12, 64 p. Saint-Etienne, imp. Forestier.

Nazari, G., Dizionario bellunese-italiano; e osservazioni di grammatica, ad uso delle scuole elementari di Belluno. Oderzo, tip. Bianchi. in-16, p. 178. L. 1.

Novati, F., e F. C. Pellegrini, Quattro canzoni popolari del secolo XV, pubblicate per nozze Valentini-Fasnacht. Ancona, Morelli. in-4.

Pérez Gómez, A., Colección de poesías de un aucionero inédito del siglo XV, existente en la biblioteca de S. M. el Rey don Alfonso XII, con una carta del Excelentísimo Sr. D. Manuel Cañete, de la Academia Española, y un prólogo, notas y apéndice. Madrid, Murillo, XXXIX, 301 p.

Pipino, Maurizio, Grammatica piemontese, 2° ediz., riveduta da Luigi Rocca. Torino, tip. della Gazzetta del popolo. L. 1,50.

*Pfitzner, Ferd., Ueber die Aussprache des provenzal, A. Hallenser Dissertation. 44 S. 8.

Renier, R., Dell' „Aufparnaso" di Orazio Vecchi, musicista modenese della prima metà del secolo XVI. Ancona, G. A. Morelli edit. in-8 gr. pag. 27.

*Ricken, Wilh., Untersuchungen über die metrische Technik Corneilles und ihr Verhältniss zu den Regeln der französ. Verskunst, Berlin, Weidmann. 1. Theil. Silbenzählung und Hiatus. 67 S. 8. M. 2,60.

Rinaldi, B., Nuova crestomazia italiana, ossia prosa e poesia moderna con riscontri di antiche d'ogni secolo. Torino, Scioldo. XX, 799 S. 8.

Schlutter, H., Beitrag zur Geschichte des syntaktischen Gebrauchs des Passé défini und des Imperfait im Französischen. Jena, Deistung. M. 0,80.

Sola, E., Il Pndiglione d'Atila, frammento inedito del poema italico Atila flagellum dei, composto in francese da Nicolò

da Casola, con proemio e note. Opusc. religiosi letter. morali di Modena, serie 4.ª t. XVI, 19 S. 8.
Soleil, Félix, Les heures gothiques et la littérature pieuse aux XV° et XVI° siècles. Paris, Lahitte.
Spinelli, A. G., Bibliografia Goldoniana. Milano, fratelli Dumolard edit. In-16. pag. 315. L. 8.
Trois Lettres inédites de Jean Racine (1693) Neervinde. Paris, Firmin-Didot. fr. 2.

Hannemann, Karl, Prolegomena zur baskischen oder kantabrischen Sprache. Leipzig, Weigel. VII, 75 S. 8. M. 2.
*Victor, W., German Pronunciation: Practice and Theory. The 'Best German' — German sounds and how they are represented in Spelling — The letters of the Alphabet and their phonetic values — German accent — Specimens. Heilbronn, Henninger. 122 S. 8. M. 1,50.

Ausführlichere Recensionen erschienen über:

Meyer, E. H., Gandharven und Kentauren (v. G. Meyer: Z. f. österr. Gymn. II, 8 u. 9).
Düntzer, Goethes Einzzüit in Weimar (v. Rieger: ebd.).
Egil Skalle Grimssons Saga, af Raath (v. Cederschiöld: Ny Svensk Tidskrift 1884, II. 8).
Goedeke, Grundriss zur Geschichte der deutschen Dichtung. 2. Aufl. (v. Roediger: Deutsche Literaturzeit. Nr. 50).
Heine, Schriften über ihn (v. Jacoby: ebd. Nr. 48).
Krafft, W., Die deutsche Bibel vor Luther (v. Braune: Theol. Literaturzeit. Nr. 24).
Lamprecht Alexander, ed. Kinzel (v. Alusfeld): Cbl. Nr. 50).
Nyrop, sprogets vilde Skud (v. Jarník: Z. f. österr. Gymn. II, 8 u. 9).
Rötteken, der zusammengesetzte Satz bei Berthold von Regensburg (v. Tobler: Gött. gel. Anz. Nr. 21).

Ueberweg, Friedrich, Schiller als Historiker und Philosoph (v. H. F.; Allg. Zeit. Beil. zu Nr. 322).

Fischer, der Infinitiv im Provenzalischen (v. Reimann: Z. VIII, 3).
Lotheissen, Gesch. der französischen Literatur im XVII. Jh. (v. Joret: Rev. crit. 52).
Machado y Alvarez, Folk-lore español (v. F. Liebrecht: Z. VIII, 3).
Rajna, le origini dell'Epopea francese (v. Darmesteter: Rev. crit. 51 S. 289—301; v. Paris: Rom. 52).
Raynaud, Recueil de Motets Français und Bibliographie des Chansonniers français (v. Hartsch: Z. VIII, 3).
Roman de Renart, p. p. Martin, I (v. Ilos: Rev. critique 5. déc.).
Thurneysen, Keltoromanisches (v. W. Meyer: Literaturzeitung 47).

Literarische Mittheilungen, Personalnachrichten etc.

In der Scelta di curiosità letterarie (Romagnoli) werden zunächst erscheinen: Storia e profezie di Merlino, hrsg. von Ulrich; La Bella Camilla, poemetto di Piero da Siena; Ce Cronache e Storie inedite dell'assedio di Firenze, hrsg. von V. Fiorini; Anonymo sicil. Chronik in Dialekt des IX. Jhs. hrsg. von Borzo; l'Alessandreide hrsg. von Lami; Poemetti satirici del secolo XV hrsg. von Frati; Lezioni sul Petrarca del Gelli hrsg. von Negroni.
Antiquarische Cataloge: Koebner, Breslau (deutsche Lit. und Sprache); List & Francke, Leipzig (Rom.); Schmidt, Halle (Französisch und Englisch).

Abgeschlossen am 22. December 1884.

NOTIZ.

Den germanistischen Theil redigirt Otto Behaghel (Basel, Bahnhofstrasse 87), den romanistischen und englischen Theil Fritz Neumann (Freiburg i. B., Albertstr. 21), und man bittet die Beiträge (Recensionen, kurze Notizen, Personalnachrichten etc.) dem entsprechend gefälligst zu adressiren. Die Redactoren richten an die Herren Verleger wie Verfasser die Bitte, dafür Sorge tragen zu wollen, dass alle neuen Werke germanistischen und romanistischen Inhalts ihr gleich nach Erscheinen entweder direct oder durch Vermittlung von Liebe, Henninger in Heilbronn zugesandt werden. Nur in diesem Falle wird die Redaction stets im Stande sein, über neue Publicationen eine Besprechung oder kürzere Bemerkungen (in der Bibliogr.) zu bringen. An Gebr. Henninger sind auch alle Anfragen über Honorar und Sonderabzüge zu richten.

Literarische Anzeigen.

Verlag von Gebr. Henninger in Heilbronn.

Sammlung französischer Neudrucke
herausgegeben von
Karl Vollmöller.

Erschienen:

1. De Villiers, Le Festin de Pierre ou le fils criminel. Neue Ausgabe von W. Knörich. geh. M. 1,30
2. Armand de Bourbon, Prince de Conti, Traité de la comédie et des spectacles. Neue Ausgabe von Karl Vollmöller. geh. M. 1,60
3. G. Robert Garnier, Les tragédies. Treuer Abdruck der ersten Gesammtausgabe (Paris 1585). Mit den Varianten aller vorhergehenden Ausgaben und einem Glossar herausgegeben von Wendelin Foerster.

I. Band: Porcie, Cornélie, M. Antoine. geh. M. 3,60
II. Band: Hippolyte, La Troade. geh. M. 2,80
III. Band: Antigone, Les Juifves. geh. M. 2,80
IV. (Schluss-)Band: Bradamante, Glossar. geh. M. 2,60
Ein weiterer Band wird in Kurzem unter die Presse gehen, worüber alsdann besondere Anzeige erfolgen wird.

Soeben wurde complet:

Ergänzungs-Wörterbuch der deutschen Sprache.
Eine
Vervollständigung aller bisher erschienenen deutsch-sprachlichen Wörterbücher (einschließlich des Grimm'schen).
Mit Belegen
von Luther bis auf die neueste Gegenwart.
Von
Prof. Dr. Daniel Sanders.
gr. 1°. 81 Bog. Geh. 50 ℳ; Halbfranzband 53 ℳ
Berlin W.
Abenheim'sche Verlagsbuchhandlung
(O. Joël).

Verlag von GEBR. HENNINGER in Heilbronn.

Im Laufe des Jahres 1884 erschienen:

Sermons du XII° siècle en vieux provençal. Publiés d'après le Ms. 3548 B de la Bibliothèque nationale par Frederick Armitage. geb. M. 3.—

Altfranzösische Bibliothek herausgegeben von Dr. Wendelin Foerster.
VIII. Band: Orthographia gallica. Aeltester Traktat über die französische Aussprache und Orthographie. Nach vier Handschriften zum ersten Mal herausgegeben von J. Stürzinger. geb. M. 2. 40

Das Fremdwörterunwesen in unserer Sprache. Von Dr. Hermann Dunger. geb M. 1. 20

Grundzüge der Geschichte. Von Dr. Gottlob Egelhaaf, Professor am oberen Gymnasium zu Heilbronn. Erster Teil: Das Altertum. Mit Zeittafel. geb. M. 2. —

Grundzüge d. deutschen Litteraturgeschichte. Ein Hilfsbuch für Schulen und zum Privatgebrauch. Von Dr. Gottlob Egelhaaf, Professor am oberen Gymnasium zu Heilbronn. Dritte Auflage. Mit Zeittafel und Register. geb. M. 2. —

Altfranzösisches Uebungsbuch. Zum Gebrauch bei Vorlesungen und Seminarübungen herausgegeben von W. Foerster und E. Koschwitz. Erster Theil: Die ältesten Sprachdenkmäler. Mit einem Facsimile. geb. M. 3.—

Rheinische Wanderlieder und andere Dichtungen von Hermann Grieben. Dritte vermehrte Auflage der Gesammelten Gedichte. Mit dem Bildnisse des Dichters. geb. M. 3. —, in eleg. Ldwbd. M. 4. —

Encyclopädie und Methodologie der romanischen Philologie mit besonderer Berücksichtigung des Französischen und Italienischen von Gustav Körting.
Zweiter Theil: Die Encyclopädie der romanischen Gesammtphilologie. geb. M. 7. —

Der Professorenroman von O. Kraus. geb. M. 1. 20

ΚΡΥΠΤΑΔΙΑ. Recueil de documents pour servir à l'étude de traditions populaires. Vol. II. [Tiré à 135 exemplaires numérotés.] Geb. M. 16. — (Gegen directe Franko-Einsendung des Betrages erfolgt directe frankirte Zusendung.) Im Buchhandel nicht zu haben.

Deutsche Litteraturdenkmale des 18. und 19. Jahrhunderts in Neudrucken herausgegeben von Bernhard Seuffert.
18. A. W. Schlegel's Vorlesungen über schöne Litteratur und Kunst. Herausgegeben von J. Minor. Zweiter Teil (1802—1803): Geschichte der klassischen Litteratur. Geh. M. 3.50, geb. M. 4. —
19. Dritter Teil (1803—1804): Geschichte der romantischen Litteratur. (Nebst Personenregister zu den drei Teilen.) Geh. M. 2. 50, geb. M. 3. —
20. Gedanken über die Nachahmung der griechischen Werke in der Malerei und Bildhauerkunst von J. J. Winckelmann. Erste Ausgabe 1755 mit Oesers Vignetten. Eingeleitet von Ludwig v. Urlichs, herausg. von B. Seuffert. Geh. 70 Pf, geb. M. 1. 20
21. Die zehn Frauen von Goethe. Mit Nachbildungen der Originalkupfer. Herausg. von B. Seuffert. Geh. 70 Pf., geb. M. 1. 20

Goethe und die Liebe. Zwei Vorträge von K. J. Schröer. geh. M. 1. 50

Die Aussprache des Latein nach physiologisch-historischen Grundsätzen von Emil Seelmann. geb. M. 8. —

Englische Studien. Organ für englische Philologie unter Mitberücksichtigung des englischen Unterrichtes auf höheren Schulen. Herausgegeben von Dr. Eugen Kölbing. Abonnementspreis pro Band von ca. 30 Bogen in 2 bis 3 Heften M. 15. —.
VII. Band 2. Heft. Einzelpreis M. 5. —
Inhalt: Beiträge zur Charakteristik Nathaniel Hawthorne's. Von A. Schönbach. — Informatio Alredi abbatis Monasterij de Riouaille ad aurorum anam inriuum: Translata de Latino in Anglicum per Thomam S. (aus Ms. Vernon fol. A—K). Von C. Horstmann. — Collectionen V (Current of Portugal), VI (The Assumption of our Lady). Von E. Kölbing. — Litteratur. Miscellen.
VII. Band 3. Heft. Einzelpreis M. 4. —
Inhalt: Anmerkungen zu Tom Brown's Schooldays. II. Von Otto Kares. — Studien zu R. Rolle de Hampole. I. Von J. Ullmann. — Litteratur.
VIII. Band 1. Heft. Einzelpreis M. 7. —
Inhalt: Anmerkungen zu Macaulay's History. VI. Von R. Thum. — Zur englischen Grammatik. VII. Von W. Sattler. — Beaumont, Fletcher and Massinger (Cont.). Von R. Boyle. — Fragment eines Angels. Briefes. Von F. Kluge. — Vocaldissimilation im Mittelenglischen. Von O. Sarrazin. — Zur Etymologie von bad. Von O. Sarrazin. — Studien zu Richard Rolle de Hampole. II. Von J. Kribel. — Kleine Publikationen aus der Auchinleck-Hs. Von E. Kölbing. — Litteratur. — Miscellen.

Französische Studien. Herausgegeben von G. Körting und E. Koschwitz. Abonnementspreis pro Band von ca. 30 Bogen M. 15. —
IV. Band 5. (Schluss-) Heft: Geschichtliche Entwicklung der Mundart von Montpellier (Languedoc). Von Wilhelm Mushacke. Einzelpreis M. 5 60.

Elemente der Phonetik und Orthoepie des Deutschen, Englischen und Französischen mit Rücksicht auf die Bedürfnisse der Lehrpraxis von Wilhelm Vietor. geh. M. 4. 80, geb. M. 5. 60

German Pronunciation. Practice and theory. 'The „best German" - German sounds and how they are represented in spelling. — The letters of the alphabet, and their phonetic value. — German accent. — Specimens. By Wilhelm Vietor, Ph. D., M. A. (Marb.)
geh. M. 1. 50, in Ldwbd. M. 2. —

Almania. Ψαλτήριον. Versus cantabiles et memoriales. Dreisprachiges Studenten-Liederbuch. Auswahl der beliebtesten Studenten- und Volkslieder für Commers und Hospiz, Turnplatz und Wanderfahrt, Kränzchen und einsame Recreation. Von Franz Weinkauff. Erstes Heft. geb. M. 1. —

In Commission wurden uns übergeben:

Shakespeares Macbeth im Unterricht der Prima. Beilage zum Programm des Realgymnasium zu Barmen 1884. Von Director Dr. W. Münch.
Nur direct von uns zu beziehen; gegen Franco-Einsendung von 60 Pf. erfolgt Franco-Zusendung per Post. Der Reinertrag ist für die Bibliotheca pauperum der Anstalt bestimmt.

Ueber die Echtheit Heinrichs VIII. von Shakespeare. Von R. Boyle. (Separatabdruck der Programmschrift der St. Annen-Schule, St. Petersburg 1884.) Preis M. 1.50.
Gegen Franco-Einsendung des Betrages erfolgt Franco-Zusendung per Post; auch kann die Schrift durch den Buchhandel von uns bezogen werden.

Verlag von GEBR. HENNINGER in Heilbronn.

Unter der Presse:

Altenglische Bibliothek. Herausgegeben von Eugen Kölbing.
II. Band: Amis und Amiloun, zugleich mit der französischen Quelle herausgegeben von Eugen Kölbing. Nebst einer Beilage: Amicus ok Amilius Rimar.
III. Band: Zwei mittelenglische Fassungen der Octavian-Sage, neu herausgegeben von O. Sarrazin.

Altfranzösische Bibliothek. Herausgegeben v. Dr. Wendelin Foerster.
VII. Band: Das altfranzösische Rolandslied. Text von Paris, Lyon und Cambridge und Lothr. Fragment, hrsg. von Wendelin Foerster.
IX. Band: Adgars Marien-Legenden. Zum ersten Mal vollständig nach Hs. Egerton 612 mit Quellennachsuchung. Einleitung und Anmerkungen herausgegeben von Carl Neuhaus.

Grundzüge der Geschichte von Dr. Gottlob Egelhaaf, Professor am oberen Gymnasium zu Heilbronn. Zweiter Teil: Das Mittelalter.

Encyclopaedie und Methodologie der romanischen Philologie mit besonderer Berücksichtigung des Französischen und Italienischen von Gustav Körting.
Dritter Theil: Die Encyclopaedie und Methodologie der romanischen Einzelphilologien.

Quellen zur Geschichte des geistigen Lebens in Deutschland während des siebenzehnten Jahrhunderts. Mittheilungen aus Handschriften mit Einleitungen und Anmerkungen herausgegeben von Dr. Alexander Reifferscheid. Erster Band.

Verlag von GEBR. HENNINGER in Heilbronn.

Französische Studien.

Herausgegeben von
G. Körting und E. Koschwitz.

Abonnementspreis
pro Band von ca. 30 Bogen M. 15.—,
Einzelne Hefte werden zu den nachstehend beigesetzten erhöhten Preisen abgegeben.

Erschienen sind:

I. BAND.
1. Heft.* (Einzelpreis M. 4.50.)
Inhalt: Syntaktische Studien über Voiture. Von W. List. Der Einfluss bei Philippe Desportes und François de Malherbe. Von P. Grübedinkel.
2. Heft. (Einzelpreis M. 6.40.)
Inhalt: Der Stil Crestien's von Troies. Von R. Gross.
3. Heft.* (Einzelpreis M. 7.20.)
Inhalt: Poetik Alain Chartier's. Von M. Hannappel. Ueber die Wortstellung bei Joinville. Von O. Marx. Der Infinitiv mit der Präposition à im Altfranzösischen bis zum Ende des 12. Jahrhunderts. Von H. Soltmann. Corneille's Médée in ihrem Verhältnisse zu den Medea-Tragödien des Euripides und des Seneca betrachtet, mit Berücksichtigung der Medea-Dichtungen Glover's, Klinger's, Grillparzer's und Legouvé's. Von Th. H. C. Heine.

II. BAND. (Preis M. 12.—.)
Inhalt: Molière's Leben und Werke vom Standpunkte der heutigen Forschung. Von R. Mahrenholtz.

---
* Die in diesem Hefte enthaltenen Abhandlungen sind nicht einzeln käuflich.

Die Aussprache der in dem „Wörterverzeichnis für die deutsche Rechtschreibung zum Gebrauch in den preuss. Schulen" enthaltenen Wörter. Von Wilhelm Victor.

Englische Sprach- und Litteratur-Denkmale des 16., 17. und 18. Jahrhunderts herausgegeben von Karl Vollmöller.

2. Band: Marlowe's Werke, historisch-kritische Ausgabe von Hermann Breymann und Albrecht Wagner.
I. Tamburlaine hrsg. von Albrecht Wagner.

Englische Studien. Organ für Englische Philologie unter Mitberücksichtigung des englischen Unterrichts auf höheren Schulen. Herausg. von Dr. Eugen Kölbing.

VIII. Band 2. Heft.
Inhalt: Lautuntersuchungen zu Osbern Bokenam's Legenden. Von A. Hoofe. — Mittheilungen aus Ms. Vernon. 1. La estorie del Euangelie. 2. A disposition bitwene a god man and þe deuel. 3. Þe pope Trental. Von C. Horstmann. — Rathschläge für eine Pilgerreise. Von C. Horstmann. — Questiones by-twene the maister of Oxonford and his clerke. Von C. Horstmann. — Die Lautphysiologie in der Schule. I. Von H. Klinghardt. — Litteratur. — Miscellen.

Französische Studien. Herausgegeben von G. Körting und E. Koschwitz.

V. Band 1. Heft: Zur Syntax Robert Garniers. Von Dr. A. Haase.

III. BAND.
1. Heft. Ueber Metrum und Assonanz der Chanson de Geste „Amis et Amiles". Von Joseph Schoppe. (Einzelpreis M. 1.40.)
2. Heft. Die südwestlichen Dialecte der Langue d'oïl. Poitou, Aunis, Saintonge und Angoumois. Von Ewald Görlich. (Einzelpreis M. 4.80.)
3. Heft. Die Wortstellung in der altfranzösischen Dichtung „Aucassin und Nicolete". Von Julius Schlickum. (Einzelpreis M. 1.60.)
4. Heft. Historische Entwickelung der syntaktischen Verhältnisse der Bedingungssätze im Altfranzösischen. Von Joseph Klapperich. (Einzelpreis M. 2.80.)
5. Heft. Die Assonanzen in Girart von Rossillon. Nach allen erreichbaren Handschriften bearbeitet von Konrad Müller. (Einzelpreis M. 2.40.)
6. Heft. Ueber ursprüngliche Lauterstretung innerhalb der formalen Entwickelung des französischen Verbalstammes. Von Dietrich Behrens. (Einzelpreis M. 3.—.)
7. (Schluss-)Heft. Die Wortstellung in den ältesten französischen Sprachdenkmalen. Von Bernhard Völcker. (Einzelpreis M. 2.—.)

IV. BAND.
1. Heft. Nicolle de la Chaussée's Leben und Werke. Ein Beitrag zur Litteraturgeschichte des 18. Jh.'s und insbesondere zur Entwickelungsgeschichte der „Comédie larmoyante". Von Johannes Klahr. (Einzelpreis M. 4.40.)
2. Heft. Die Quantität der betonten Vokale im Neufranzösischen. Von Julius Jaeger. (Einzelpreis M. 2.40.)
3. Heft. Boileau-Despréaux im Urtheile seines Zeitgenossen Jean Desmarets de Saint-Sorlin. Von Wilhelm Bornemann. (Einzelpreis M. 5.—.)
4. Heft. Vocalismus und Consonantismus des Cambridger Psalters, mit einem Anhang: Nachträge zur Flexionslehre desselben Denkmals von Wilhelm Schumann. (Einzelpreis M. 5.—.)
5. (Schluss-)Heft. Geschichtliche Entwicklung der Mundart von Montpellier (Hérault). Von Wilhelm Mushacke. (Einzelpreis M. 5.60.)

Abonnements werden durch alle Buchhandlungen des In- und Auslandes vermittelt.

Zum 4. Januar 1885.

BRIEFWECHSEL
zwischen
JACOB GRIMM
und
FRIEDRICH DAVID GRAETER.
Aus den Jahren 1810—1813.
Herausgegeben von
Hermann Fischer.
Geh. M. 1.60.

BRIEFE
von
JAKOB GRIMM
an
HENDRIK WILLEM TYDEMAN.
Mit einem Anhang und Anmerkungen
herausgegeben von
Dr. ALEXANDER REIFFERSCHEID,
ord. öffentl. Professor der deutschen Philologie an der Universität Greifswald.
Geh. M. 3.00.

Heilbronn.

Freundesbriefe
von
Wilhelm und Jakob Grimm.
Mit Anmerkungen herausgegeben von
Dr. **Alex. Reifferscheid**.
Mit einem Bildniss in Lichtdruck von Wilhelm und Jakob Grimm.
Geh. M. 4.—

BRIEFWECHSEL
des Freiherrn
KARL HARTWIG
GREGOR VON MEUSEBACH
mit
JACOB und WILHELM GRIMM.
Nebst einleitenden Bemerkungen über den Verkehr des Sammlers mit gelehrten Freunden, und einem Anhang von der Betätigung der Brüder Grimm nach Berlin.
Herausgegeben von Dr. **Camillus Wendeler**.
Mit einem Bildniss Meusebach's in Lichtdruck.
Geh. M. 11.50.

Verlag von GEBR. HENNINGER.

Verlag von Gebr. Henninger in Heilbronn.

Altfranzösische Bibliothek
herausgegeben
von
Dr. Wendelin Foerster,
Professor der romanischen Philologie an der Universität Bonn.

Bis jetzt sind erschienen:
I. Band: *Chardry' Josaphaz, Set Dormanz und Petit Plet*, Dichtungen in der anglo-normannischen Mundart des XIII. Jahrh. Zum ersten Mal vollständig mit Einleitung, Anmerkungen und Glossar-Index herausgegeben von **John Koch**. geh. M. 6.80.
II. Band: *Karls des Grossen Reise nach Jerusalem und Constantinopel*, ein altfranz. Heldengedicht, mit Einleitung, dem diplomatischen Abdruck der einzigen vorhandenen Handschrift, Anmerkungen und vollständigem Wörterbuch herausgegeben von **Eduard Koschwitz**. Zweite vollständig umgearbeitete u. vermehrte Auflage. geh. M. 4.40.
III. Band: *Octavian*, altfranzösischer Roman, nach der Oxforder Handschrift Bodl. Hatton 100. Zum ersten Mal herausg. von **Karl Vollmöller**. geh. M. 4.40.
IV. Band: *Lothringischer Psalter des XIV. Jahrhunderts*, (Bibl. Mazarine Nr. 798.) Altfranzösische Uebersetzung des XIV. Jahrhunderts mit einer grammatischen Einleitung, enthaltend die Grundzüge der Grammatik des altlothringischen Dialects, und einem Glossar zum ersten Mal herausgegeben von **Friedrich Apfelstedt**. geh. M. 6.
V. Band: *Lyoner Yzopet*, altfranzösische Uebersetzung des XIII. Jahrhunderts in der Mundart der Franche-Comté, mit dem kritischen Text des lateinischen Originals (sog. Anonymus Neveleti), Einleitung, erklärenden Anmerkungen und Glossar zum ersten Mal herausgegeben von **Wendelin Foerster**. geh. M. 5.20.
VI. Band: *Dos altfranzösische Rolandslied*, Text von Châteauroux und Venedig VII, herausgegeben von **Wendelin Foerster**. geh. M. 10.—
VIII. Band: *Orthographia gallica*. Aeltester Tractat über französische Aussprache und Orthographie, nach vier Handschriften vollständig zum ersten Mal herausgegeben von J. **Stürzinger**. geh. M. 2.40.

Antiquarisch!
Publicationen des Literar. Vereins in Stuttgart Bd. 1—32 u. 100—167 und viele Einzelbände offerirt die *Laupp'sche Buchh. in Tübingen*.

☞ **Titel und Register zum V. Jahrgang (1884) sind dieser Nummer beigelegt.**

Verantwortlicher Redacteur Prof. Dr. **Fritz Neumann** in Freiburg i. B. — Druck von G. Otto in Darmstadt.

Literaturblatt
für
germanische und romanische Philologie.

Unter Mitwirkung von Professor Dr. Karl Bartsch herausgegeben von

Dr. Otto Behaghel   und   Dr. Fritz Neumann
o. ö. Professor der germanischen Philologie   o. ö. Professor der romanischen Philologie
an der Universität Basel.   an der Universität Freiburg.

Verlag von Gebr. Henninger in Heilbronn.

Erscheint monatlich.   Preis halbjährlich M. 5.

VI. Jahrg.   Nr. 2. Februar.   1885.

Bernhardt, die got. Bibel des Vulfila Textabdruck (Marold).
Noreen, altnordische Grammatik (Brenner).
Fritzner, Ordbog over det gamle norske sprog (Mogk).
Tolmer, altdeutsche Bearbeitungen des Decretum Gratiani (Behaghel).
Biesing, die kleine-Fuchs-Glosse (Sprenger).
Reineke der Fuchs, ins Hochdeutsche übertragen (Sprenger).

Koegel, die körperlichen Gestalten der Poesie (Volkelt).
Canjin, altwestsächsische Grammatik (Kluge).
Warnke und Proescholdt, Pseudo-Shakesperian Plays II (Koch).
Raynaud, Bibliographie des chansonniers franç. des XIII. et XIV. siècles (Schwan).
Birkenhoff, Metrum und Reim der altfranz. Brandanlegende (Varnhagen).
Gaidos et Sébillot, Blason populaire de la France (Schuchardt).
Ründgen, das altprovenzalische Boethiuslied (Meyer).
Alessi, l'assonante antica (Gaspary).
De Nino, Un costumi abruzzesi (Syrop).
Gartersohn, Beiträge zu einer phonetischen Vokallehre (Franck).
Bibliographie.
Literarische Mittheilungen, Personalnachrichten etc.

Bernhardt, E., Die gotische Bibel des Vulfila. Textabdruck mit Angabe der handschriftlichen Lesarten, nebst Glossar. (Sammlung germ. Hilfsmittel für den praktischen Studienzweck III.) Halle, Waisenhaus, 1884. 334 S. 8. M. 3.

Der Text der gotischen Denkmäler ist ein ziemlich unveränderter Abdruck aus des Verfassers grösserer Ausgabe (Halle 1875); die Abweichungen gibt er in dieser Ausgabe in der Vorrede zur grössern Bequemlichkeit selbst an. Mit allen übrigen kann man einverstanden sein, nur nicht mit Mc. XVI, 1 *incisandin sabbate daga* für das handschriftliche *incisandin sabbate dagis*, wo in der grösseren Ausgabe Loebes Lesung aufgenommen war: *incisandins sabbate dagis*. Die der handschriftlichen Ueberlieferung und dem griechischen Texte am nächsten stehende Aenderung, die sich mir selbst schon einmal dargeboten hatte, gibt Bernhardt in der Anmerkung als Vermuthung an: *in inrisandin sabbate dagis*; Ulfilas trennte also bei der Uebersetzung δια von γενομένου. — Da die vorliegende Ausgabe für den praktischen Studienzweck bestimmt sein soll, so vermisst man doch eine kurze Einleitung über den Uebersetzer und die Handschriften, ähnlich der in der Ausgabe von Stamm-Heyne. Richtig ist es, dass die Eintheilung und Zählung der Ammonianischen Sectionen mit herübergenommen ist. Dass die in den Texten vorhandenen Glossen mitten unter die kritischen Notizen gesetzt sind, hindert die Uebersichtlichkeit; vorzuziehen ist da die Art, wie die Ausgabe von Stamm-Heyne, gibt. Und nun zum Glossar! Ich halte es für keine glückliche Neuerung in der Anordnung, nur bei den Verben die Simplicia alphabetisch zu ordnen, bei andern Wörtern nicht; und gar diejenigen Verba, deren Simplex nicht belegt ist, da zu besprechen, wo nach dem Alphabete das erste Compositum zu stehen kommt, ist erst recht nicht zu billigen. Das Aufschlagen wird dadurch erschwert, und ein besonderer Vortheil ist nicht abzusehen. Ferner, da die Skeireins später als die Bruchstücke der Bibel geschrieben ist, so wäre es zweckmässig gewesen, die zahlreichen Ausdrücke, die in ihr vorkommen und nicht in der Bibel, durchgehends zu bezeichnen. Die Bedeutungen selbst sind unter Benutzung der Vorgänger mit vielem Eigenen festgestellt; ab und zu ist auch auf synonymische Ausdrücke Bezug genommen, wenn dieselben auch nicht immer mit genügender Schärfe definirt sind. So ist z. B. für den Begriffsunterschied von *aigan* und *haban* sehr wenig gesagt, wenn es nur einfach heisst, *haban* habe eine allgemeinere Bedeutung. Eine genaue Durchmusterung derjenigen Stellen, wo dasselbe Object einmal von *aigan* und ein andermal von *haban* abhängt, würde den Verf. leicht in den Stand gesetzt haben, den Unterschied schärfer und treffender anzugeben. Die Aufzählung der Substantiva, die als Object der beiden Verba stehen, trägt allein nicht zur Klarheit bei, ist auch nicht vollständig. Ausserdem ist unter *haban* noch hinzuzufügen, dass der partitive Genitiv nur dann folgt, wenn eine Negation dabei steht. Auch die Substantiva auf *-ei* und *-ipa* sind ihrer Bedeutung nach nicht gehörig geschieden, ein Wort, auf das ich zufällig stiess, geradezu falsch erklärt: *allsverei* (ἀπλότης) kann nicht heissen „völliges Gerechtsein"; die recipirte Erklärung „Achtung gegen alle" trifft die eigentliche Bedeutung viel genauer; und so ist die Vermuthung von Cosijn, es habe *alasverei* gestanden, schon aus diesem Grunde mindestens unnöthig. Bei *ansulh* fehlt die Bedeutung „Ueberlieferung", die jedoch nur aus Versehen ausgelassen zu sein scheint. Als Bedeutung von *fairhaitan* in der vielbesprochenen Stelle Lc. XVII, 9 würde ich eher „gelobrn" angeben. Dass Bernhardt hier aber zu der Lesart *þus* zurückgekehrt ist, wofür er früher die Aenderung Maassmanns in *þu* aufgenommen hatte, ist nur zu billigen. Schliesslich aber möchte ich noch auf die höchst bedenkliche Behauptung unter *su* aufmerksam machen, dass *suei* ursprünglich Demonstrativpronomen gewesen zu sein und diese Bedeutung an einigen Stellen der gotischen Bruchstücke noch bewahrt zu haben scheine. Es handelt sich nämlich um die allerdings auffallende Stelle Tit. I, 5, wo nach Beendigung des Grusses der eigentliche Brief mit den Worten beginnt: *In þizozei raihtais*. Klinghardt in seiner Abhandlung: Die Syntax der got. Partikel *ei* (Zs. f. d. Phil. VIII) hat diese Stelle als Hauptbeleg für die urgirende Bedeutung von *ei* angeführt, was jedenfalls eine berechtigtere Annahme ist, da *ei* in Zusammensetzung mit Partikeln wenigstens diese Bedeutung in der That hat. Aber man vergegenwärtige sich doch nur die Situation! Welchen Sinn sollte dieses „allein deswegen" an der Spitze des Briefes, also cho noch überhaupt vor dem Titus aufgetragen ist, haben, zumal der Ausdruck schon an der Spitze des Satzes steht und dadurch hervorgehoben ist. Und wenn in den übrigen Hunderten von Fällen *suei* relative Bedeutung hatte, so würde dadurch für die Leser der Uebersetzung diese eine Stelle sich leicht verlieren und die Deutlichkeit, deren sich der Uebersetzer überall befleissigte, doch nicht erreicht sein. Ferner müssen wir gegen diese Erklärung von *suei* aus dem Grunde noch Einwand erheben, dass zur Erzielung derselben die Entfernung von *in þize* nöthig ist. Denn möchte ich die Möglichkeit gegenüberhalten, *in þize* stehen zu lassen (denn dass, wie Klinghardt meint, da nachher ausgesprochene Absicht nur einen Umstand enthält, ist wohl nicht ganz zutreffend) und *in þizozei raihtais* als wirkliches Relativum zu erklären, nämlich mit Zurückbeziehung auf den Gedanken von v. 4, wo Paulus den Titus seinen auserwählten (treu befundenen), wie Bernhardt selbst ganz richtig die Bedeutung angibt) Sohn im gemeinschaftlichen Glauben nennt. Die demonstrative Bedeutung von *suei* steht also an dieser Stelle auf sehr schwachen Füssen, und es musste um so mehr Abstand genommen werden, die Vermuthung auszusprechen, als die Ausgabe ja ausschliesslich für solche bestimmt ist, die das Gotische nicht zum Specialstudium machen. Die anderen Stellen sind noch bedenklicher und könnten allein nie für diese Bedeutung von *suei* sprechen.

Das ist Einzelnes, was mir beim Durchblättern aufgefallen ist. Ausserdem scheint Bernhardt sehr heikel in der Annahme von Fremdwörtern zu sein. Warum soll z. B. *katils* schwerlich ein Fremdwort sein und warum fehlt bei *auno* der bezügliche Hinweis? Die Ausstattung des Buches ist sehr gut, der Druck dem Auge sehr wohlthuend und so correct als möglich.

Königsberg i. Pr., 31. Aug. 1884. C. Marold.

Noreen, Adolf, Altnordische Grammatik. I. Altisländische und altnorwegische Grammatik unter Berücksichtigung des Urnordischen. Halle, Niemeyer. 1884. (Sammlung kurzer Grammatiken germ. Dialekte IV.) XII, 212 S. M. 3,80.

Jede der 'kurzen Grammatiken' übertrifft die vorausgehenden an Umfang, die altn. ist bereits auf 2 Hefte berechnet. Der Ref. beklagt das allein in seinem Interesse, sondern weil dadurch der ursprüngliche Zweck der Sammlung weniger erreicht zu werden scheint. Norens Grammatik hat die gleiche Anlage wie die in meinem an. Handbuch. Es ist vor allem eine gründliche Darstellung der an. Lautverhältnisse auf historischer Basis, Scheidung des Alten von dem Jüngeren, des nur Norwegischen von den Isländischen beabsichtigt. In der Flexionslehre war eine Umgestaltung der Wimmerschen Grammatik weniger geboten. Es wird kein Einsichtiger den Verf. tadeln, dass er hier die reichen Materialien bei Wimmer ausgenützt hat, denn wozu die mühsame Arbeit W.'s wiederholen? Aber ebenso wenig wird man verkennen, dass N. vielfach Neues zu dem von W. Gegebenen beigebracht, neue, richtigere Gruppirung gewählt hat. Von meiner Grammatik hat sich der Verf. ganz unabhängig gehalten. Ich kann ihm das nicht verdenken; ich weiss, dass man sich auch dem unbewussten Einfluss concurrirender Werke bei der Anlage des eigenen gerne entzieht; vielleicht hätte es aber der Selbstständigkeit des Buches keinen Eintrag gethan, wenn der Verf. nach Vollendung des Ganzen einige Nachträge aus meinen Angaben eingeschaltet hätte. Ganz besonders willkommen ist die Beizichung allein mit einiger Sicherheit zu deutenden Formen der ältesten Runeninschriften und die Zusammenstellung der wichtigsten urnordischen Inschriften (S. 189—194).

Im Einzelnen habe ich eine Reihe von Bedenken. Viele Zweifel werden sich jetzt überhaupt noch nicht lösen lassen. Noreen hat selbst in manche dunkle Fragen Licht gebracht, im übrigen das Wissen und Nichtwissen der Gegenwart getreu dargestellt. Ich bringe hier vor, was ich mit guten Gründen belegen zu können glaube.

S. 16, § 26. Warum ist das häufige, oft constante *a* im Altnorw. nicht erwähnt? Für die Beurtheilung der anorw. *r*-Laute ist die Schreibung *o* gar nicht irrelevant, da sie nicht willkürlich scheint; bleibt doch z. B. in bestimmten Verbindungen (*gi-ke-*) *e* in AM. 243 fol. B regelmässig erhalten. — S. 17 § 35. Ist *d* wirklich in den codd. die tönende Spirans und als solche von *þ* unterschieden? § 36. *f* ist auch tonlos nach *l* in *helfþ, tylfþ*, sonst wäre das spätere *helft, tylft* nicht zu erklären. — S. 19 § 45. Man könnte glauben in *kiþa* < **kippiþa* sei das *p* gedehnt, die Dehnung aber nicht „ausgedrückt"; meint dies N. wirklich?

S. 23 § 54. Die Wurzeln mit dem Ablaut *u — ó*, „gehören" nicht zur 6. Ablautreihe, sondern sind in sie übergegangen, vgl. *furi, faran* mit gr. *περ-*, *πορ-*; *kuldr* mit lat. *gelidus*.

N. rechnet *ja*, va u. s. w. zu den Diphthongen; abgesehen von der Unbequemlichkeit dieser Gruppirung (s. z. B. § 61 A. 10) halte ich sie nicht für ganz zutreffend. Mindestens darf *ja* und *ra* nicht auf eine Stufe gestellt werden, da in der Skaldendichtung anlautendes *ja* vokalischen Reim bildet, *ea* aber, so viel ich sehe, nirgends. Dieser Umstand weckt mir auch Zweifel an der jetzt verbreiteten Ansicht, dass die Alliteration durch den auch unbetonten Vokalen eigenen Spiritus lenis getragen werden könne. S. 29 § 67. *firer*, *þikkja* gehören nicht nur einer späteren oder gar sehr späten Zeit an. S. 31 § 71. *e > ø* durch *u*-Umlaut ist nicht unwahrscheinlich in *tøgr*, *-frøð-* (s. m. Handb. § 15. 1 A. 1¹), ebenso *u*-Umlaut von *i > y* in *tygr* (Agrip). Allerdings sollte vor *u* altes *i* bewahrt bleiben, aber es ist ja bekanntlich frühzeitig Vermengung der Formen eingetreten (bei *tigr*, wo *i < e* entstand, sind freilich in cod. Reg. 1812 ä. die alten Verhältnisse noch bewahrt, das beweist aber nichts), also *fredu-*, *frida-* statt und neben *-fridu*, *-fredu* leicht erklärlich. S. 33 § 73 A. Darf *þrysvar* vom Urn. oder an. Standpunkt noch als zusammengesetztes Wort betrachtet werden? Doch wohl noch weniger als *økkverr*, was N. in der Umlautsperiode als einfaches Wort behandelt sein lässt. § 74. 2. Ueber *ǿ* statt *ø* in *mjǿlk* und anderen Wörtern mit Epenthese vgl. m. Handb.; in *ǿl*, *spǿnn*, vielleicht auch in *nǿtt* ist im Urn. *ó* und *á* neben einander anzusetzen; bei *nǿtt* ist das hd. *nühtero* Beleg für das Vorhandensein der Doppelform. § 77 A. 2. Gerade dass aus *-ipl-* *él* entsteht setzt darauf hin, dass *-ihl-* dazwischen liegt. § 79 ist ein circulus vitiosus. S. 41 § 101 A. *skrør ː skúar* hätte genannt werden sollen. § 106 A. 4. AM. 237 fol. bietet auch Beispiele. § 118. Die angeführten Beispiele genügen nicht, um den Uebergang von *en* (in unbetonter Silbe) in *i* zu erweisen. § 135 A. 2 nom. 19. *sonor* ist unerwähnt geblieben. § 141. Wie erklärt N. *múr*? Ich meine *⁎múris* oder *⁎múriz* dürfte die Grundform gelautet haben. N. geht auch in der Flexionslehre nicht auf das Wort ein. § 173 ist *tryr*, *tigr*, nachzutragen. § 179, 3 sollte wohl erweitert werden; *n* nach Consonant assimilirt sich diesem in indoeuropäisch unbetonter Silbe. S. 71 § 184 A. 2 neben den selteneren *estu* hätte wohl *skuldu*, *momin* Platz finden sollen. S. 72 § 182. 3. Man nehme an *helfp*, *tylfp* später *heltf*, *tylft*, wo sogar *d* wegen *f > þ*, *t* wird. § 186. Hat in *sprakk*, *hitt* der Consonant wirklich im Urn. im Auslaut gestanden? § 188 A. 3. *seit* ist schon in älterer Zeit häufig, so in cod. AM. 243 fol. B (anorw.), in 645 4°. S. 87 § 214 A. 1. *ú* in *drenn* weist wohl auf eine Grundform *⁎dreng* hin, neben der Formen mit *f* herging. § 217. *k* ist wohl überall im Inlaut ausgefallen, *hn* ist bisweilen *x*², *ht* immer *tt* geworden. S. 93 § 224 A. 5. Die Superlative in *-uz < -azt < -ust* hätten erwähnt werden sollen; ebenso in § 226. 1. d. § 281. Ist das Mangeln des Umlautes in *Hamder*, *Hlodver* wirklich auffallend? § 283. Sollte neben *põle* nicht auch *grene* als kurzsilbiges Neutrum zu nennen sein? § 131. Die *r*-Stämme sind unnöthiger Weise in Masc. und Fem. getrennt, *bróder* geht ebenso gut nach *móder* als nach *fader*; dass die Dat. von *fader* und *bróder* öfter umgelautet sind als die von *móder* und *dóttir*

¹ [Vgl. jetzt Arkiv f. n. F. II, 251 ff. (Bugge).]
² S. Nor. § 234. 2. *ax*, *vaxa*.

hängt wohl nicht mit dem Geschlecht zusammen. § 312. Zu den *ut*-Stämmen gehören nicht nur Masc., die subst. Feminina werden ebenso flektirt; ich habe in meinem Handb. *fugnundr garisne* angeführt, andere Beispiele lassen sich wohl noch finden, auch *rekende* § 322 A. 1 ist ja Fem. S. 138 § 343. *sløgr*, *ríkr* u. s. w. sind *ja*-Stämme, nicht *ju*-Stämme. *sterkr* wohl ursprünglich *i*-Stamm, darauf weist ausser dem Hd. vielleicht auch die Stammabstufung *e:y*. S. 145 § 372 heisst der Stamm von *tuttugunde* wirklich *tut*-? § 146. Unter den Numeraladjectiven wäre *þreuskr* noch erwähnenswerth. § 379. Neben *ek* ist wohl *ik* (nemsl. *jey*) anzusetzen. § 385. Neben *þat* (*dat*) mus-te das anorw. *dat* genannt werden.

Beim Verbum finde ich unpraktisch, dass die Endungen erst nach der vollständigen Darstellung der sämmtlichen Verbalstämme folgen, historisch unbegründet und praktisch unnöthig die Scheidung von 4 schwachen Verbalklassen. § 415. Die Ausweichungen *leit* Pl. *litum* in AM. 677 4°, die Formen wie *lit*, *hit* (z. B. in d. Hauksb.) hätten erwähnt werden können; § 420 die Pl. wie *hioggio*. § 435 muss der Auffasser glauben, Formen wie *hef*, *seg* seien unregelmässig, während sie gerade die ursprünglichen sind. § 417 A. 5. Der Ablaut in *eigum* ist wohl isolirt, aber nicht unregelmässig. Ist § 439 *munda* zu *mono* Druckfehler?, es scheint nach A. 3. S. 181 § 447, 3. Weisen die handschriftlichen Accente auf *'ró*, *'róm* nicht auf Länge hin?

Die Correctur ist im Ganzen sorgfältig. Kleinigkeiten sind stehen geblieben, die kaum der Rede werth sind. — N. hat eine von Wimmer abweichende Orthographie gewählt, die in Deutschland wenig Widerspruch finden wird, da sie zum grossen Theil schon acceptirt ist. Nur *oy* für *ey* finde ich nicht genug begründet, in den isl. Hss. ist *ey* weitaus überwiegend, der Parallelismus *u:e*, *au:ey* wird gestört, man müsste auch *ou* statt *au* schreiben, wenn man *oy* statt *ey* schreibt.

Möge die altschwedische (und altgotländische) Grammatik Noreens der vorliegenden bald folgen, sie wird noch mehr als diese eine schwer empfundene Lücke ausfüllen.

Brannenburg a. Inn, Sept. 1884.

Oscar Brenner.

Ordbog over det gamle norske Sprog af Dr. Johan Fritzner. Omarbeidet, forøget og forbedret Udgave. Kristiania, den norske Forlagsforening. 1883 f. Erscheint in Lieferungen zu Kr. 1,50 (= M. 2).

Als in den Jahren 1862—67 die erste Ausgabe von Fritzners altnordischem Wörterbuch erschien, fand sie nicht nur freudige Aufnahme, sondern auch den gewünschten Absatz. Daher kam es, dass die ziemlich starke Auflage in verhältnissmässig kurzer Zeit vollständig vergriffen war. Von allen Seiten bestürmte man den Verfasser, sich an eine neue Ausgabe zu machen, obgleich doch unterdessen Gudbr. Vigfússons Icelandic-english dictionary (1874) erschienen war, ein schlagender Beweis, dass man ihn für einen berufenen Lexikographen hielt, wenn er auch von Haus aus kein Philologe ist. Unterdessen hat Fritzner emsig weiter gesammelt und geforscht, ist aber nicht früher mit seiner Arbeit an die Oeffentlichkeit getreten, als bis er alles Material zusammen hatte, so dass in Folge dessen eine regelmässige Aufeinanderfolge erwartet werden darf. Von diesem neuen Werke, welches in 15—20 Lieferungen erscheinen soll, liegen z. Z. vier Hefte vor (A—fara); sie zeigen auf jeder Seite, in jedem Artikel, dass der Hrsg. das auf ihn gesetzte Vertrauen zu rechtfertigen gewusst hat. Fährt das Buch in der Art fort, wie es begonnen hat, woran zu zweifeln wir ja nicht den geringsten Grund haben, so hoffen wir in ihm für die Lectüre der altisländischnorwegischen Schriften einen schönen Ersatz für das Vigfússon'sche Buch zu erhalten, dem es an der Menge der Artikel nicht nachstehen, an der Exactheit derselben weit überlegen sein wird. Der Berührungspunkt beider Wörterbücher ist der aller Lexica: Citation des Wortschatzes und seines Gebrauchs in den einzelnen Schriften. Was letzteren Punkt betrifft, so ist in beiden eine eingehendere Behandlung der poetischen Sprache ausgeschlossen; hierfür bleibt nach wie vor unsere Hauptquelle das lexicon poeticum von Sveinbiörn Egilsson. In der Zeitbegrenzung geht Vigfússon weiter als Fritzner; während dieser sich mit der altisländisch-norwegischen Periode begnügt, zieht jener nicht selten auch die neuere isländische Sprache mit herein, ein entschiedener Vortheil, der um so schöner wäre, wenn er nicht zuweilen durch recht unangenehme Sudelei herabgedrückt würde. (So soll sich z. B. skerpla als Monatsname in der Snorra Edda finden! Gewiss stehen an der citirten Stelle die Monatsnamen, aber nur nicht skerpla, das ein durchaus neuisländisches Wort ist.) Ein weiterer Vorzug des Vigfússon'schen Werkes bleibt es auch, dass in diesem die formale Seite der isländischen Sprache mehr berücksichtigt wird; wer handschriftliche Eigenthümlichkeiten, seltene sprachliche Formen, ältere Gestalten derselben u. ä. finden will, sucht sie bei Fritzner meist vergebens. Hiermit hängt es auch zusammen, dass über die einzelnen Buchstaben kein Wort geäussert wird. Wer sich also ausschliesslich mit der grammatischen Seite der Sprache beschäftigt, muss auch fernerhin zu Vigfússons Dictionary seine Zuflucht nehmen. Selbst die Vergleichung der einzelnen Wörter mit demselben Worte anderer germanischer Dialekte ist dort ausgedehnter als bei Fritzner. Dagegen ist hier alles, was den Gebrauch der einzelnen Wörter, ihren Ursprung, ihre kulturhistorische Bedeutung u. dgl. betrifft, mit einer Gründlichkeit, Belesenheit und Objectivität behandelt, welche nichts zu wünschen übrig lässt; Fritzners Lexicon ist mit einem Worte ein Werk aus der alten philologischen Schule. Doch sei damit ja nicht gesagt, dass seine Ansichten auf veraltetem Standpunkte stehen; im Gegentheil, die neuesten Forschungen sind ausgebeutet und wohl verwendet und die Etymologie der einzelnen Wörter zeigt, dass Fritzner durchaus nicht die neuere Philologie ignorirt hat, und dass er sie auch für seine Zwecke recht trefflich zu benutzen versteht. Ein weiterer Vortheil des Fritzner'schen Wörterbuchs besteht darin, dass sein Verfasser wohl alles, was bis vor Jahresfrist herausgegeben ist, excerpirt hat und noch jetzt alle neuen Publikationen zur Vervollständigung seines Werkes auszieht. So finden wir in ihm bereits benutzt: Cederschiölds Fornsögur Sudrlanda, den neusten Band der Grágás, die neueste Ausgabe der Kroka-Refssaga, Gerings Ausgabe der Islendzk „Eventyri u. a. Bei anderen Werken sind verschiedene Ausgaben und Auflagen benutzt. Die Stellen selbst sind aufs gewissenhafteste bis auf die Zeile angegeben, und man braucht nicht erst wie bei Vigfússon die ganze Seite des Textes mit ihrer Umgebung zu lesen. Recht praktisch finde ich auch die Anordnung der Buchstaben: kurze und lange Vokale stehen ganz promiscue unter einander, nicht geschieden wie bei Vigfússon.

So wird jeder, der die neue Auflage, welche mit vollstem Rechte die Epitheta „umarbeidet, foroget og forbedret" (umgearbeitet, vermehrt und verbessert) verdient, benutzt, dieselbe lieb gewinnen, und wir wünschen ihr von Herzen, dass die Freunde des neuen Werkes wachsen mögen wie seine Artikel an Umfang und Gediegenheit gewachsen sind.

Leipzig, October 1884.   E. Mogk.

Toischer, W., Die altdeutschen Bearbeitungen der Pseudo-Aristotelischen Secreta-Secretorum. Separatabdruck aus dem Jahresbericht des Staats-Ober-Gymnasiums zu Prager-Neustadt. Selbstverlag des Verfassers. 36 S. gr. 8.

Toischer stellt in der Einleitung die ihm bekannt gewordenen Handschriften von Bearbeitungen der Secreta Secretorum zusammen. Einen der Texte hat er selbst vor zwei Jahren bekannt gemacht, zwei andere — C und D — theilt er hier mit. Ueber Zeit und Heimat derselben hat sich T. nicht ausgesprochen. D gehört gewiss dem 15. Jahrhundert an, C noch dem 14. (wohl mitteldeutsch). Toischer gibt einfach den Text einer Handschrift mit den Lesarten der andern und wenigen Veränderungen des Ueberlieferten. Der Text C hätte sich mit leichter Mühe in seinem äussern Gewand der ursprünglichen Gestalt ziemlich nahe bringen lassen. Auch abgesehen davon bleibt der Kritik noch Manches zu thun. Nur ein paar Bemerkungen. v. 5 tilge nu; v. 10 tilge das Komma (wohl Druckfehler); v. 39 tilge die beiden Komma, setze ein Komma nach tresen; v. 37 l. rihte; v. 40 l. und dinem libe nusanfte birt (das Ausreissen der Haare ist nicht „sanft"); v. 45 l. einer andern; v. 91 tilge das Komma; v. 100 l. mit ringer spise; v. 172 l. komen statt kamern; v. 288 l. erde.

Basel, 25. Sept. 1884.   Otto Behaghel.

Die Reineke-Fuchs-Glosse in ihrer Entstehung und Entwicklung dargestellt von Dr. Alexander Bieling. Wissenschaftliche Beilage zum Programm des Andreas-Realgymnasiums in Berlin. Ostern 1884. 22 S. 4.

Verfasser bringt in vorliegender Schrift 'die Erklärungsversuche, mit denen Verstand, Witz und Aberwitz das alte Dichterwerk umsponnen' in ihren wichtigsten Formen zur Darstellung. Es sind dies

1. die katholische Glosse des Lübecker Drucks von 1498. 2. die protestantische Glosse in der Ausgabe der Dietzschen Officin zu Rostock vom Jahre 1517, 3. die in J. M. Beuthers 1544 zu Frankfurt a. M. erschienener hochdeutscher Uebersetzung, 4. die Erklärung in Schoppers lat. Uebersetzung (Frankfurt a. M. 1567), 5. die sog. Zesianische, d. h. die in der von einem Mitglied der Rosengesellschaft verfassten und von J. Wild in Rostock 1650 verlegten hd. Neubearbeitung des RV. enthaltene Glosse. Von diesen Arbeiten wird die Beuthers charakterisirt als eine 'ziemlich nachlässige, zuweilen sogar fast unsinnige Uebertragung', die mit Recht von dem bitteren Spotte Laurembergs getroffen wird. Als Verfasser der katholischen Glosse ergibt sich mit höchster Wahrscheinlichkeit ein Ordensgeistlicher, als dessen Wohnsitz wir, nach seinen demokratischen Neigungen zu schliessen, eine Reichsstadt, also wohl Lübeck, annehmen dürfen. Sodann wird die alte Mythe, welche Nicolaus Baumann die Verfasserschaft des RV. zuschreibt, nochmals einer genauen Untersuchung unterzogen, deren Resultat ist, dass dieser wohl an der Abfassung der protestantischen Glosse betheiligt, nicht aber der alleinige Verfasser derselben gewesen sein kann, da er schon 1526 starb. Dass auch Agricola an dieser Arbeit theilgenommen (Goedeke, Grundr. I, 111). ist deshalb unwahrscheinlich, weil derselbe in der Glosse mit vollem Namen citirt wird. Die Darstellung Bielings ist klar und der Beweis überzeugend. Nicht gilt dies von zwei Conjecturen, welche auf S. 9 mitgetheilt werden. Statt des überlieferten *Alse* (= Else, Elsbeth) *alse* (sowie) zu setzen, verbietet Sprachgebrauch und Zusammenhang. Auch den *gripen* lassen wir besser unangetastet, wenn auch dieses Wort als Bezeichnung eines Verwandten des Luchses und Leoparden bisher nicht weiter belegt ist.

Northeim, 22. April 1884. R. Sprenger.

Reineke der Fuchs. Nach der niedersächsischen Bearbeitung des flämischen Reinart von Willem ins Hochdeutsche übertragen von J. N. B. München, Literarisch-artistische Anstalt (Th. Riedel). 1884. VII, 137 (177) S. kl. 8.

Vorliegende Arbeit legt man mit dem lebhaften Bedauern aus der Hand, dass Verfasser in derselben nur das I. Buch des Reinke behandelt hat. Dieselbe gibt Geist und Form des Originals getreu und in schöner Sprache wieder, wobei allerdings zu beachten ist, dass manche Wendung dem Oberdeutschen, für den die Uebertragung hauptsächlich bestimmt scheint, geläufiger sein wird, als dem Norddeutschen. Dem Referenten haben derartige dialektische Anklänge den Reiz der Lektüre noch erhöht; nur eine Form wie „bräuchte" (79, 3) dürfte zu meiden sein. Unreinem Reime wie *Weise: Fleisse* (80, 7) und *Frostesschneide: Leite* (106, 13) begegnet man selten. Zu ändern wäre wohl 11, 7 *halb*, was nicht recht verständlich, und 36, 6 *(es steht euch hässlich an der Backe!)*, was nicht geschmackvoll ist. S. 26, 1 wird durch die Schreibung „Sollt"- der einsilbige Auftakt hergestellt und 104, 6 f. das Metrum geregelt, wenn wir schreiben: „*Dann aber stoust ihr auf Goldgeschmeide Von reicher schöner Arbeit.*" S. 23, 5 v. u. ist das Komma zu tilgen.

Northeim. R. Sprenger.

Koegel, Fritz, Die körperlichen Gestalten der Poesie. Inaugural-Dissertat. Halle, Gebauer-Schwetschke. 1883. 48 S.

Wenn ich auch ein abschliessendes Urtheil über die Untersuchungen des Verf.'s nicht abgeben kann, da in der vorliegenden Dissertation die wichtigen letzten Theile derselben noch fehlen, so lässt sich doch schon aus den veröffentlichten ersten Abschnitten eine schöne Begabung für ästhetische Fragen erkennen. Mit einer feinspürenden Analyse, die es nirgends mit den Schwierigkeiten zu leicht nimmt, verbindet sich eine entwickelte Empfänglichkeit für die mannichfaltigen Seiten und Weisen des Schönen, vor allem ein geübtes poetisches Fühlen. Man merkt, dass dem Verf. ein reicher Schatz eigener ästhetischer Erlebnisse zu Gebote steht. Auch die principiellen Voraussetzungen, die er für seine Untersuchungen massgebend sein lässt, halte ich für die richtigen. Indem er die Herbartsche formalistische Aesthetik zurückweist, gibt er doch andererseits dem Inhalt, dem die schöne Form zur Darstellung bringen soll, eine wesentliche Beziehung auf das Gefühl und das Menschliche. Allen speculativen Constructionen abgeneigt, widersetzt er sich doch ebenso sehr der besonders bei den Philosophen empiristischer Richtung häufig vorkommenden Neigung des treunenden Verstandes, auch die ihm entgegenstehenden Thatsachen gewaltsam in seine Theorien einzuzwängen. So verlangt er von dem Verstande, dass er die Thatsachen, deren das ästhetische Fühlen unmittelbar inne wird, auch wo sie ihm unbegreiflich bleiben, respectire.

Die Arbeit des Verf.'s hat ein Problem zum Gegenstande, das in einer eingehenden Monographie behandelt zu werden verdient. Er will darlegen, in welcher Weise, nach welchen Normen und mit welchen Mitteln die Phantasie des Dichters anschauliche Gestalten schaffe, und wie sich auf die vom Dichter in den Worten der Dichtung niedergelegten Anhaltspunkte hin die Phantasie des geniessenden Hörers oder Lesers verhalte. Zwei Fragen haben des Verf.'s Aufmerksamkeit besonders auf sich gelenkt: erstlich wie sich der unleugbare Umstand, dass die Gestalten der wachen Phantasie, im Gegensatze zu den Traumbildern, höchst lückenhaft und unbestimmt sind, und die unbestreitbare Forderung, dass die Gestalten der Dichtung vollkommene Anschaulichkeit besitzen sollen, mit einander vereinigen lassen; und zweitens in welchem Sinne davon die Rede sein könne, dass die Phantasie des Hörers die in des Dichters Phantasie vorhanden gewesenen Gestalten getreu nachschaffe. Nun wird sich freilich an den Erörterungen des Verf.'s über diese beiden Punkte mancherlei aussetzen lassen; so namentlich, dass er sich in Beziehung auf den zweiten Punkt stärker Verkennungen und Uebertreibungen schuldig macht. Er überschätzt nämlich den Spielraum, innerhalb dessen die nachschaffende Phantasie von den Gestalten, wie sie der Dichter beabsichtigte, mit individueller Verschiedenheit abweichen dürfe und müsse, beträchtlich an Grösse und Wichtigkeit und schlägt andererseits das Bestimmende und Massgebende, was in den Worten der Dichtung für die Phantasie des Hörers liegt, lange nicht hoch genug an. Doch bei alledem zeigt die ganze Art des Anfassens und Erwägens der Gegenstände, dass der Verf. auch in die versteckteren und intimeren Fragen der Aesthetik einzugehen versteht.

Basel, [Sept. 1884]. J. Volkelt.

Cosijn, P. J., Altwestsächsische Grammatik. Erste Hälfte. Haag, Nijhoff. 1883. VIII, 116 S. 8. M. 3.25.

Cosijns Grammatik übertrifft an Genauigkeit der lautlichen Statistik alle ähnlichen Arbeiten. In diesem Lobe ist zugleich auch ein Vorwurf enthalten: für eine Grammatik viel zu viel Belege — zu geringe Uebersichtlichkeit, woran freilich theilweise die unübersichtliche typographische Einrichtung mit Schuld hat; überall starren uns Zahlen an, wir sehen zu wenig Zusammenhang. Aber Cosijn, den schon manches Verdienst auf ae. Sprachgebiet ehrt, war wohl von der richtigen Einsicht geleitet, dass Sweets Studien in der Cu. Past. über die Sprache des Zeitalters Alfreds des Grossen detaillirter sein müssten; wer den Versuch macht, die genaue Sprachform eines Alfredschen Textes herzustellen, dem ist erst durch Cosijns genaue Beobachtungen der Versuch erleichtert. Aber wir treffen mehr als blosse Statistik; wie wir es von ihm gewohnt sind, gibt er auch gute Gedanken über einzelne Probleme. So wird sich gegen seine Annahme und Begründung von *hêht* (statt *heht*) p. 14 nichts einwenden lassen; Beachtung verdient die Erklärung von **ae.** *hlisa* p. 92. von *fuhelan* p. 93, von *fŷr* p. 118.

An andere Bemerkungen Cosijns liessen sich skeptische oder affirmative Gedanken anknüpfen. So sehe ich nicht ein, warum *geldil*, *gemäna* ohne Umlaut auffällig sein sollten, da sie doch kein *i* oder *j* in der Ableitung hatten (zu p. 101). Aehnliches gilt von den Erscheinungen § 81. Auffälliger Weise hat Cosijn den bisher unerklärten Umlaut des Acc. *cnne* nicht weiter beachtet; ich weise zu seiner Erklärung auf *miniuô* der neuerdings von Bugge mitgetheilten bisher unbekannten Runeninschrift bei Noreen Altisl. Gr. p. 192 hin (also gut. *ainnâ-hun* aus *aininâhun?).

Hoffentlich erhalten wir bald die 2. Hälfte der Grammatik, die sich zumeist mit der Flexion zu beschäftigen hat; denn im Consonantismus werden die Eigenheiten des Altwestsächs. sehr gering sein.

Jena, 4. Januar 1885. F. Kluge.

Warnke, K. and L. Proescholdt, Pseudo-Shakespearian Plays. II. The merry Devil of Edmonton. Revised and edited with Introduction and Notes. Halle, Niemeyer. 1884. XVII, 61 S. 8.

Nicht nur vom äusseren Fortgange der Sammlung, deren Eröffnung ich im Ltbl. 1883 S. 302 zur Anzeige brachte, sondern auch von einem innern Fortschreiten der Arbeit legt diese 2. Lieferung ein für die Herausgeber höchst rühmliches Zeugniss ab. Der kritische Apparat zeigt eine Bereicherung, indem die Conjecturen Tiecks, so weit sie aus seiner Uebersetzung des lustigen Teufels von Edmonton (1811 im 2. Bande des „Altenglischen Theaters") ersichtlich sind, Aufnahme gefunden haben. Steht die Tiecksche Shakespearekritik seit Delius sie beleuchtet, auch nicht in gutem Rufe, in einzelnen Fällen wurde sein überstürzender Shakespeareenthusiasmus doch durch echt poetischen Sinn geleitet. Noch dankenswerther ist, dass die Hrsg. durch Anführung von Parallelstellen aus Shakespeare und andern zeitgenössischen Poeten einzelne Ausdrücke und Constructionen ihres Textes zu erläutern suchten. Die Bedeutung dieses Verfahrens beschränkt sich nicht auf die Erklärung der einzelnen fraglichen Stellen, es handelt sich darum zu erkennen, wie weit der Sprachgebrauch in den einzelnen Pseudo-Shakespearian Plays im allgemeinen dem Shakespeares oder irgend eines andern zeitgenössischen Dramatikers entspricht. Wenn überhaupt, so kann nur auf diesem Wege die Frage nach der Autorschaft mit mehr oder minder annehmbaren Wahrscheinlichkeitsgründen bewiesen werden. Tieck hat entschieden, v. Friesen nur vorsichtig zweifelnd den merry Devil Shakespeare selbst zugeschrieben; Proescholdt und Warnke scheinen Hazlitt's Meinung, der zu Folge Thomas Heywood der Verfasser wäre, am meisten Berücksichtigung zugestehen zu wollen. Jedenfalls sind sie im Rechte, wenn sie die Entstehung des Stückes in's 16. Jh. zurück verlegen, obwohl die erste uns bekannte Erwähnung des beliebten Dramas nicht früher als 1604 stattfand und vor 1608 wohl kaum ein Druck erfolgte. Die Annahme der Hrsg., dass neben dieser editio princeps (A) von 1608 noch ein anderer Druck A[1] stattgefunden habe, aus dem die Abweichungen der folgenden Ausgaben B und C (1612 und 1617) von A sich erklärten, erscheint mir doch sehr willkürlich und sachlich unerweisbar. Die Hrsg. legen ihrer kritischen Ausgabe A zu Grunde, neben dem sie C als besonders werthvoll berücksichtigen; B dagegen, dem zwei weitere Drucke (D und E) von 1626 und 1631 sich anschliessen, halten sie für ziemlich werthlos, ebenso den E folgenden Druck F von 1655. Mehrere Drucke des 17. und 18. Jh.'s in W. Scott's und Dodsley's Sammlung kommen nur durch Conjecturen und Emendationen der Hrsg. (Collier, Hazlitt) in Betracht. Ein am 5. März 1608 in die Gildenregister eingetragenes, bis jetzt nicht wieder aufgefundenes „Book called the Lyfe and Deathe of the Merry Devil of Edmonton with the pleasant Pranks of Smugge the Smyth, Sir John and mine Hoste of the George, about their stealing of Venison. By T. B." sieht Proescholdt mit vollem Rechte für identisch an mit dem 1631 veröffentlichten prose-tract von Tony Brewer; hierüber hat Proescholdt in der Anglia VII. 116 gehandelt. — Indem wir den verdienstvollen Hrsg. für das bisher Gebotene nochmals Dank und Anerkennung in vollem Masse aussprechen, sehen wir mit Verlangen der baldigen Fortsetzung ihres Unternehmens, das in der That eine höchst empfindliche Lücke in der sonst überfüllten Shakespeareliteratur ausfüllt, entgegen.

Marburg i. H., 23. Dec. 1884. **Max Koch.**

Raynaud, G., Bibliographie des Chansonniers français des XIIIe et XIVe siècles. 2 Bände. Paris, Vieweg. 1884. XIII, 252 S.; XVIII, 246 S.

Das obige Werk muss mit Freuden begrüsst werden, da es dazu bestimmt ist, das seither so vernachlässigte Gebiet der altfranzösischen Lyrik der wissenschaftlichen Forschung zu erschliessen, und man mag dem Verf. dankbar sein, dass er sich dieser gewiss mühevollen Aufgabe unterzogen hat. Sein Werk besteht aus zwei Theilen, von denen der erstere kurze Beschreibungen und ausführliche Inhaltsangaben der einzelnen Hss. gibt, welche in alphabetischer Reihenfolge der Städte, in denen sie sich gegenwärtig befinden, aufgeführt werden. Jede Hs. hat als Chiffre den Anfangsbuchstaben der betreffenden Stadt, eventuell noch zur Unterscheidung den Buchstaben der Bibliothek, und wenn mehrere Liederhss. sich in einer Bibliothek finden, noch eine Nummer. So erhalten wir complicirte Formeln wie Pb^{II}, die es unmöglich machen, noch weitere unterscheidende Zeichen für Theile innerhalb der Hss. zuzufügen. Ich werde deshalb in meiner demnächst erscheinenden Untersuchung über die altfranz. Liederhandschriften diese Bezeichnungen nicht anwenden, sondern nach dem Vorgange von Bartsch für die prov. Liederhandschriften die Hss. durch die einfachen Buchstaben des Alphabets bezeichnen. Als 'Appendice' folgen Nachträge von Mss., welche im Gegensatz zu den früheren mit lateinischen Ziffern bezeichnet werden.

Der zweite Theil gibt zunächst einleitungsweise eine Uebersicht über die Mss. und ihre Chiffern, über die Dichter, welche in alphabetischer Ordnung mit Angabe von Abkürzungen aufgeführt werden, und schliesslich über die seitherigen Ausgaben von Liedern.

Es folgt dann ein Verzeichniss der Lieder, welche nach der alphabetischen Ordnung der Reime gruppirt werden, worüber die Einleitung (Bd. I, p. VIII ff.) näheren Aufschluss gibt. Unter jedem Lied stehen die Hss. mit Angabe des Folios, auf welchem das Lied sich befindet, und des Dichters, welchem das Lied in der Hs. zugetheilt ist. Darunter stehn die Ausgaben, welche das Lied bringen, und die Angabe, welcher Gattung das Lied angehört. Jedes Lied erhält zugleich eine Ordnungsnummer, mit welcher es bei der folgenden alphabetischen Liste der Autoren unter jedem Dichter aufgeführt wird, dem es in irgend einer Hs. zugeschrieben wurde.

Die Inhaltsverzeichnisse sind im Ganzen mit Sorgfalt angefertigt, wenn auch, selbst bei Pariser Hss., Auslassungen und Ungenauigkeiten sich finden, welche bei diesen leicht hätten vermieden werden können. Die Beschreibungen der Hss. jedoch sind öfters nicht ausführlich und genau genug, so dass ohne Einsicht der Mss. nur auf Grund der gegebenen

Listen eine Klassifikation[1] zum Theil ganz unrichtige Resultate ergeben würde. Für die künftigen Herausgeber von Liedern aber ist der erste Theil überhaupt unnöthig, da die Angaben in dem Verzeichniss der Lieder genügen, um ein Lied in den verschiedenen Hss. auffinden zu können.

Folgende Berichtigungen und Zusätze haben sich bei Vergleichung mit den von mir genommenen Inhaltsverzeichnissen und Notizen ergeben. A ist noch von Coussemaker, Oeuvres complètes du trouvère Adam de la Halle, Introd. p. XXXII besprochen. Raynaud gibt als das Alter der Hs. an: XIIIe siècle; sie ist im Jahre 1278 von Jehan le Petit d'Amiens, welcher vermuthlich identisch ist mit dem aus der Hs. R¹ bekannten gleichnamigen Dichter[2], geschrieben worden[3]. Nach fol. 135 fehlt in der Hs. eine Lage, nach fol. 151 drei Blätter; ebenso fehlen nach fol. 158 zwei Blätter, wenn nicht vielleicht noch ausserdem eine Lage. Die Lieder auf fol. 153 und 154 sind auch in der Hs. dem Kastellan von Coucy zugeschrieben; wenigstens fängt mit dem Lied: *A vous amant plus k'a nul autre gent* ein neuer Dichter an, da durch eine Miniatur ein solcher markirt ist. Der Name des Kastellans ist nur über derselben vergessen oder verwischt. *Adan mout fu Aristotes boins clers* ist dasselbe Lied, wie das auf fol. 149 v° stehende; die Lesart *sachaus* ist die originale. — B¹, Vergessen ist bei der Literatur: Hagen, Catal. Codicum Bernensium, 1875, welcher die Ms. in das XV. Jh. setzt. Prof. Morf, dessen Freundlichkeit ich eine Beschreibung der Hs. verdanke, gibt an, dass dieselbe ihm vielmehr im XIV. Jh. geschrieben scheine, während Rayn. sie noch in das Ende des XIII. Jh. hinaufrückt. Die 8 Blätter bilden eine Lage, die Noten fehlen bei den Liedern (1). 8, 12, 15, 18, bei den andern rühren sie von einer späteren Hand her. — B²: Hagen, Catal. Cod. Bern. ist vergessen. — H: Die angegebene Zeile von Nr. 1 ist der Anfang der zweiten Strophe; die erste ist unleserlich. Ebenso ist die unter Nr. 3 stehende Zeile der Anfang des noch in R¹ erhaltenen Jeu parti (cf. Nr. 947 der Liste): *Maistre Jehan de Marli responés*, was Jubinal und Raynaud entgangen ist. Beide haben auch nicht bemerkt, dass die letzte (7) Strophe des dritten Liedes: *Or voisissiez Jehan de Grieviler* die erste Strophe eines vierten Jeu parti (Liste Nr. 861) ist. — Lb: Der 'mauvais état' der Hs. rührt daher, dass von den Liedern gewöhnlich der erste Vers ausgekratzt und an dessen Stelle lateinische Verse geschrieben wurden. Auf fol. 96 v° scheinen die Lieder ursprünglich; allein das erste Lied ist bis auf den Initialen: S ausgekratzt. Das zweite Lied (fol. 99), dessen erste Strophe gleichfalls bis auf wenige Buchstaben ausgekratzt ist, ist das Lied von Gilebert de Berneville: *A/u norieu tans que li iver se brfise* (Liste Nr. 1010). Von den ersten Strophe des auf fol. 114 v° stehenden Liedes sind noch die Buchstaben: S ... erhalten. — Li: Die Rolle trägt die Nr.: Miscellanious rolls 1435.

---
[1] Wie Raynaud I, p. VIII pretendirt: 'chaque ms. ..., offre tous les éléments nécessaires à un classement définitif des chansonniers.'
[2] Vgl. Bd. II, p. 240 und p. 124 Nr. 1175.
[3] Cf. Coussemaker, l. c., Archiv 42, p. 62.

Das Lied (1), dessen erste Strophe nur theilweise entziffert werden kann, ist identisch mit: *Par quel forfait et par quel acoison* (Liste Nr. 1872). Das zweite Lied beginnt in der Hs. deutlich lesbar: *[C]il qui d'amors me conseille*, wie auch in den übrigen Hss., welche dieses Lied bringen (vgl. Liste Nr. 565), wobei der für den Initialen leer gelassene Raum den Beginn eines neuen Liedes markirt. Was die Verfasser des 'Report' und Raynaud geben, ist der Anfang der zweiten Strophe: *[I]é [dame] blanche vermeille*. Auch im Lied (4) geben die Verf. des 'Report' fälschlich: *Dragon vostre escient*, wodurch Raynaud verleitet wurde, ein neues Lied anzunehmen, während in der Hs. richtig *Grieriler vostre escient* (Liste Nr. 668) steht. Diese Berichtigungen entnehme ich einer Kopie der Hs., welche ich der Freundlichkeit des Herrn Dr. Stürzinger verdanke. — *M*: Ursprünglich waren es 50 (nicht 49) Lieder, wie aus der Ueberschrift: *Iste sunt canciones francigene et sunt ,L.* hervorgeht. Zu der Literatur ist noch nachzutragen: St. Palaye, Mém. de l'Acad. des Inscr. t. XXIV, p. 679. — *Pb*³: Das Lied auf fol. 39 b, dessen Anfang fehlt, ist das noch in M erhaltene Lied: *[Bien ait amors qui m'ens]aigne* (Liste Nr. 562), welches auch in dem Index unter Gasse Brulé aufgeführt wird. — *Pb*⁴: Raynaud bemerkt: 'Un feuillet manque après le fol. 8'; es müssen aber wenigstens 14 Blätter herausgerissen sein, da 28—30 Lieder fehlen, wie eine Vergleichung mit Pa etc. ergibt. Die Lücke hätte R. in dem Inhaltsverzeichniss andeuten sollen. — *Pb*⁵: Sehr interessant ist die Identificirung von dieser Hs. mit dem verloren geglaubten Ms. Baudelot. Das Ms. St. Palaye, welches De la Borde erwähnt, ist uns gleichfalls erhalten, wie ich demnächst zeigen werde, so dass wir also ausser dem in einer Abschrift erhaltenen Ms. La Clayette keine in 18. Jh. bekannte Liederhs. verloren haben. — *Pb*⁶: Aus der Beschreibung bei R. geht nicht hervor, dass der Theil der Hs., welcher die Lieder Adams de la Halle enthält, ein eigner Codex ist, der nur durch den Buchbinder mit dem ersten vereinigt worden ist. Die Seite hat hier 29 Zeilen statt 26 im früheren Codex. Die Hände sind verschieden. Auch die Lieder des 'Quens de Bretaigne' (fol. 198 d—202 d) sind von einem andern Schreiber nachgetragen. Das letzte Lied (fol. 202 d) steht nach meinen Notizen anonym in Ms. — *Pb*¹¹: Auch hier geht aus der Beschreibung nicht hervor, dass der Theil des Ms.'s, welcher die Lieder Adams de la Halle enthält, eine eigne neue Hs. bildet, welche mit der andern nur zusammengebunden ist. Die beiden Lieder auf fol. 43, welche R. unter Hues de Saint Quentin bringt, stehen nach meinen Notizen anonym in der Hs. Ebenso das dritte Lied des Ernous Caupains auf fol. 45 und das zweite Lied des Bestornés auf fol. 48 v⁰. Auf fol. 77 ist ein anonym stehendes Lied: *D'amors ne doit sosvenir* übersehn, welches sich auf fol. 84 wiederfindet. Die Lieder Ernous Caupains Nr. 2 (fol. 78 v⁰) und Capelains de Loon Nr. 2 (fol. 80) habe ich mir ebenfalls als anonym notirt. Die Lieder des Jehan de Renti sind von einer andern Hand geschrieben, als die vorhergehenden. Die folgenden auf Arras bezüglichen Gedichte hätten aus dem Verzeichniss wegbleiben können, da sie einen durchaus verschiedenen Charakter haben. Ich habe diese und die andern satyrischen Stücke abgeschrieben und denke dieselben sobald als möglich zu veröffentlichen. — *Pb*¹²: Ich habe in der Hs. dieselben Schreiber constatirt, wie R. Nur in Bezug auf den fünften und sechsten Theil weichen meine Aufzeichnungen ab. Nach denselben ist fol. 162 ein eingeschobenes Blatt und die frühere Hand geht auf fol. 63 weiter. Die Unvollständigkeit der Table erklärt sich durch fehlende Blätter. Es hätte angedeutet werden sollen, dass zwischen 80 v⁰ und 82 v⁰ 4 provenzal. Lieder stehn, ebenso nach 83 und nach 147 v⁰ eine neue Serie. Nach 93 fehlt ein Blatt. Auf fol. 94 ist ein Lied: *Je chanterai moins revoisiment* (Liste Nr. 720) vergessen. Das Lied auf fol. 166 steht auch fol. 50, was nicht angemerkt ist. Auf fol. 166 ist das Lied: *Ne rose ne flor de lis* (Liste Nr. 1562) übersehn. — *Pb*¹³: Unter diesem Ms. sind die Lieder Gautiers de Coincy zusammengestellt, die in dem Verzeichniss hätten fehlen können, da sie sich nur in Hss. der Werke dieses Dichters finden und ihr Verfasser ganz ausserhalb des Kreises der übrigen Dichter steht. Zu den aufgeführten Mss. wäre noch nachzutragen: (l) Bib. Ars. 3517/18, worin die Lieder 1 (1 100), 2 (1 11), 10 (1 9), 12 (1 9), 14 (1 10), 15 (1 143), 19 (1 142), 21 (1 19), 22 (1 11), 23 (1 100), 24 (1 11), 25 (1 10), 28 (1 142), sowie 10 andern Lieder sich finden, welche bei Rayn. nicht aufgeführt sind. Ob in den andern Hss. der Werke Gautiers, welche nicht genannt sind, auch diese Lieder stehn, vermag ich nicht anzugeben. — *Pb*¹¹: Der erste Theil der Hs. scheint mir dem Ende des XIII. oder Anfang des XIV. Jh.'s anzugehören und der zweite Theil dem Anfang des XIV. Jh.'s, während Rayn. den ersten in die Mitte, den zweiten in das Ende des XIII. Jh. setzt. Die Noten des zweiten Theils sind später nachgetragen. — *R*¹: Hierzu vergleiche man jetzt auch Monaci, Facsimili di antichi manoscritti, Rom 1883, Nr. 16—18. Danach scheint mir die Hs. dem Anfang des XIV. Jh.'s anzugehören. Die Motette, welche sich unter den Chansons befinden, müssen alle später nachgetragen sein, denn sie stehn nicht in der 'Table'. Raynaud führt nur die Lieder auf, welche noch jetzt erhalten sind, nicht auch diejenigen, welche durch das Herausschneiden der Miniaturen und Ausreissen der Blätter ganz verschwunden sind. Es ist jedoch von Interesse, und zwar nicht nur für die Klassifikation der Hss., auch diese Lieder zu kennen; ich bezeichne dieselben durch ein beigesetztes (Table). Rois de Navarre Nr. 1: *Empereour ne roi n'ont nul pooir* (Table). Castelains de Concy Nr. 1: *A moi amant, plus k'a nule autre gent* (Table). Gautier de Dargies Nr. 1: *Quant li tans pert sa colour* (Table). Das Lied fol. 25: *Par force caut* caut steht nach meinen Aufzeichnungen unter Duc de Brabant. Das folgende Lied ist ein Motet, welches gleichfalls nicht in der Table steht, und wie die übrigen hätte wegbleiben sollen. Uges de Broai Nr. 1: *Nus hom ne set d'ami k'i puet valoir* (Table). Jakemun de Cison Nr. 1: *Norelle amor qui m'est el cuer entree* (Table). Das Lied fol. 31 v⁰ *Amours* steht nicht in der 'Table', ist also wohl auch ein

Motet. Willaume li Vinier Nr. 1: *Tel fois chante li jongleres* (Table), Maistre Richart Nr. 1: *Puis qu'il m'estuet de ma dolor complaindre* (Table), Adans li Boçus Nr. 1: *D'amourous cuer roed canter*. Das Lied fol 51 v⁰ habe ich mir als zu Adan gehörig notirt, es gehörte diesem auch jedenfalls nach dem Sinn des Compilators der Hs. an; ebenso das Lied auf fol. 54 v⁰. Gaidifer Nr. 1: *Tels conseille autrui sagement* (Table), Jakemes li Viniers Nr. 1: *Loial amours ki en moi maint*, Nr. 2: *Helas ci mans me delvise* (Table), Robert de Castel Nr. 1: *Se j'ai chante sanz guerredon avoir* (Table). Die Namen von Willeaumes Veaus bis Simons d'Autie fehlen in der 'Table'; ihre Lieder stehn unter Jehans li Petis. Der Name und das Lied von Maistre Richars auf fol. 68 v⁰ fehlen in der 'Table' gleicherweise. Die zwei ersten Lieder des Jehan Bretel: *Li grans desirs de deservir amie* und *Je ne cuit pas de grant juliveté* ('Table') fehlen; ebenso die ersten Lieder des Robert de la Piere *Bele que j'aim vent que je chant* (Table), des Jehan Fremans *Ma bone fois et ma loial pensee* (Table), des Blondiaus *Quant je plus sui en paor de ma vie* (Table) und des Gilebert de Berneville *Boine amour ait hui* (Table). Das letzte Lied dieses Dichters auf fol. 93 v⁰: *Je n'os a m'amie oler por son mari*, welches auch in der 'Table' steht, fehlt im Verzeichniss, desgleichen ein Lied des 'Maistre Richart' auf fol. 99 v⁰ *Renvoisiement i vois a mon ami*, das auch in der 'Table' fehlt [vgl. auch Keller, l. c. p. 298]. Das anonyme Lied auf fol. 102 v⁰ fehlt auch in der 'Table'. Die ersten Lieder des Jehans Erars *Tant ai seu en amour trove* und *Li biaus tens ne la saisons* ('Table') sind herausgeschnitten. Die Namen des Thumas Hericrs, Wasteble und Chrestions de Troies fehlen in der 'Table'; ihre Lieder stehn unter dem vorhergehenden Dichter Carasaus. Die beiden ersten Pastorellen der Table: *Touse de rite campestre* und *Entre Godefroi et Robin* fehlen. Die Pastorellen, wie die Chansons Nostre Dame stehn in der 'Table' alle anonym. Die erste Chanson Nostre Dame auf fol. 120: *Glorieuse vierge pucele* steht im Text unter Willaumes le Viniers (vgl. Keller p. 311). Auf fol. 127 v⁰ habe ich mir noch notirt: *Douce dame par amour* (anon.), welches Lied auch in der 'Table' steht. Auf fol. 128, 129 r⁰ und 130 v⁰ sind drei Lieder des Adan le Boçu, Nievelos Amions, Willaumes d'Amiens ohne weitere Ueberschrift hinter den Chansons Nostre Dame aufgeführt, so dass man glauben muss, sie gehörten auch dieser Gattung an; wirklich steht das erste der Lieder auch in der 'Liste' als Ch. à la V., die beiden andern stehn ohne Bezeichnung der Gattung. Doch sind dies 'vers', wie es auch deutlich in der Hs. angegeben ist: *Ce sont li vers Adan le Boçu*, *Ces cers fist N. A.* Ferner sind diese 3 Lieder nicht die einzigen Vers dieser Dichter, wie schon die Ueberschriften andeuten, sondern jedes ist das erste Lied einer Sammlung der 'Vers' dieser drei Dichter. Von Adan le Boçu stehn im Ganzen 14, von Nievelos Amions 12 und von Williaumes d'Amiens 15 Vers in der Hs., deren Verzeichniss ich hier nicht mittheile, da diese Gedichte ihrem Charakter nach mehr zu den Motets, welche R. nicht mit aufführt, gehören. Auf fol. 132 v⁰ habe ich mir noch ein Lied notirt: *Si cring sembloient reluisant*, das auch bei Keller fehlt und wohl erst später in die Hs. eingetragen ist. In der Table fehlen die 'Vers' und das darauf folgende Jeu d'Adan, sowie die folgenden zwei Lieder. Das erste Jeu parti: *Maistre Simon un essample norel* (Table) fehlt. Ich habe mir als den Anfang des Liedes auf fol. 155 *Cuvelier* notirt (= R² 160), wahrscheinlich steht dies in der Table; ebenso fol. 160: *Grieviler* (= Liste 1637) statt *Gadifer*. — R²: Die Namen der 'Interlocuteurs' stehn nicht in der Table. Eine Kopie der beiden Hss. befindet sich Bib. Ars. 3101/2; nach dieser sind meine Besserungen gegeben worden.

Folgende Hss. sind noch zu den von Raynaud aufgeführten nachzutragen:

XIII: Bern, Stadtbibl. A 95 (B³), beschrieben im Catal. Cod. Bern. p. 144. Die Hs. besteht danach aus 4 Pergamentblättern in 4⁰, welche dem XV. Jh. angehören. Auf den 3 ersten, welche Nr. 87, 88, 89 paginirt sind, stehen folgende 18 Jeuxpartis:

87 (1) Lambert so vous amies bien loyalment
(2) Grieviler so vous aviex lonc temps
(3) Sire Jehan Bretel conseil vous prie
(4) Jehan de Grieviler maintes fies
(5) Siro Bretel je vous vueil demander
(6) Grieviler or y perai
(7) Grieviler se vous cuidies
88 (8) Grieviler duquel doit estre
(9) Grieviler a ma requeste respondes
(10) Grieviler j'aim miex de moy
(11) Je vous demande Grieviler
(12) Avoir quidai engignie
(13) Adam vouriex vous manoir
(14) Lambert lequel doit mielx avoir.
89 (15) Biaux Grievilor lequels s'acointa miex
(16) Ferri se ja dieus vous voie
(17) Lambert il sont duy amant
(18) Jehan Bretel respondes.

XII: Saint-Lô (Normaudie), Ms. Lepingard (Herrn Lepingard, sécret. de la Société d'Agriculture gehörig) 4⁰, perg. aus den oberen Hälften zweier Blätter bestehend, die durch Feuchtigkeit sehr gelitten haben. Schöne Sekrift des XIII. Jh. mit Initialen und Ueberschriften; die Lieder haben keine Noten, sie sind als 'Capitres' gezählt. Die beiden Blätter bildeten das erste und letzte Folio einer Lage.⁴

(1) ....
Douce dame en cui j'ai fiance (die zweitletzte Str.)
(2) *Mestre Gilles li Viguieres et Will's ses freres ne fist. Capitre CCC et II.*
1 r⁰ Frere qui fet miex a proisier
(3) ....
1 v⁰ Canchons la l'estuet aler (zweitletzte Str.)
(4) ....
2 r⁰ Amors est plus soprendans (zweitletzte Str.)

---

⁴ Einer freundlichen Mittheilung von Prof. G. Paris verdanke ich die Kenntnis dieser Hs., welche der Besitzer die Liebenswürdigkeit hatte, mir auf meine Bitte zuzuschicken.

(5) *Mestre Gilles li Viguiers me pst, Cap. CCC
et 25.*
En tous tans se doit ans euers resjoir.
(6) *Mestre Hues le Frere me fist, Cap. CCC
et [XX] VI*
En talent ai que je die
(7) [Die Ueberschrift ist verwischt].
2 v⁰   Empereres ne rois n'ont nul pooir
(8) En la hu fnieille et la flour de rosier (2
Str.)
XI: Montpellier. Bib. Éc. méd. Nr. 236.
XV° siècle. Vgl. Boucherie, Anthologie picarde,
Paris 1872.
(1) p. 9 Je me doi bien dolouser
(2) p. 12 Et je souhaide tous tamps avril et mai
(3) p. 15 . . . .
Cause ai d'avoir mon penser (zweite
Strophe)
(4) p. 17 L'autre jour juer alai
(5) p. 19 Pourcoi se plaint d'amours nu(l)s
(6) p. 22 Puisque je sui de l'amoureuse loi.
XII: Pavia, Univ. Bibl. CXXX, E 5. Vgl.
Mussafia, Sitzungsber. Wien. Acad. Ph. H. Cl. 1870,
I p. 550.
H (1)   *[Tybout d'Amiens]*
J'ai un euer trop lent
XIII: Bib. nat. fr. 12787. Vgl. Brakelmann,
Jahrb. für rom. u. engl. Phil. Bd. 11, p. 99 f.
Fol. 42 v⁰ *Puisqu'en moi a recovrie(e) seignorie*
(eine Strophe).
In Bezug auf den zweiten Band kann ich mich
kürzer fassen. Der Dichter Muscaliote der Berner
Hs. (cf. p. 11) ist wohl als *Muse u l'air* aufzu-
fassen³. Zu den Angaben ist die citirte von Bou-
cherie, ferner die Abdrücke einzelner Lieder in den
Mémoires de l'Académie d'Arras, t. 28 und (der
Vollständigkeit wegen) [Strobl] Mittheilungen aus
dem Gebiet der alten Literatur des nördlichen
Frankreichs, 1. Heft, Strassburg 1834, sowie die
neuerdings erschienenen Werke von Fath (Lieder
des Kastellan von Coucy) und Monaci (Facsimili)
zuzufügen. Die Liste der Chansons' mit meinen
Zusammenstellungen zu vergleichen war mir nicht
möglich. Folgendes habe ich unter der Hand zu
berichtigen und nachzutragen gefunden.
Einige Inconsequenzen sind bei Einordnung der
Lieder vorgekommen: Nr. 1068 und 1069 stehen trotz
der gegentheiligen Versicherung (I p. IX) unter i in-
folge der beibehaltenen dialektischen Form *mi* des
Reimworts. Die beiden Jeux-partis, deren erste
Zeile: *Jehan de Grieviler* lautet stehen nicht unter
'et' mit Anführung der folgenden unterscheidenden
Zeile, sondern sie sind unter dem folgenden Wort
(*nue* und *sage*) unter u und à gestellt, wodurch ihre
Auffindung sehr erschwert wird, zumal bei S¹ 43
nur die erste Zeile und nicht auch das Stichwort
angegeben ist. Nr. 8 steht auch in B³ 6, Nr. 21
bei Strobl p. 14. Nr. 118 in Mém. Acad. Arr. t. 28,

³ Also 'Hans Guck in die Luft' (vgl. auch Muse en
Borse?). Dass der Schreiber der Namen sich so versehen
habe, ist palaeographisch unschwer zu verstehn, und um so
wahrscheinlicher, als eine Reihe anderer Namen noch viel
schlimmer entstellt sind, wie Ahuins de Sanene für Aub.
de Sezane und Haduins des Aistans für B. des Auteus.
Muse a l'iauc, welches palaeographisch noch näher liegt, gibt
keinen rechten Sinn.

p. 337, Nr. 152 ibd. t. 29 p. 220, Nr. 248 ibd. t. 28
p. 384. Nr. 248 corr. Ferri Lambert il; auch in
B³ 17. Nr. 336 Mém. Ac. Arr. t. 29, p. 222, Nr. 517
bei Strobl p. 11. Nr. 562 auch in I¹¹³ 39, Nr. 565
in S¹² (Nr. 567 ist dasselbe, wie 565). Nr. 641 steht
auch Montp. 2 und ist gleich Nr. 642. das Arch.
miss. scient. I sér. V, p. 115 abgedruckt ist. Nr. 667
ist gleich 668 (s. o. LI¹), Nr. 679 steht Mém. Ac.
Arr. t. 28. p. 317. No. 695 (solle unter 'et' [corr.
et] stehn) in Pavia. Il Digby 86. Bib. nat. 12483,
12581 und 12610—13⁶, Nr. 703 in B³ 1, Nr. 720
in Pb¹² Nr. 841 in B¹ 5. Nr. 861 findet sich
H 4 (erste Str.), Nr. 916 ist gleich 947. Nr. 921
ist abgedruckt bei Strobl p. 18, Nr. 928 steht
in B³ 11, Nr. 942 in B³ 28, Nr. 947 auch in H 3
(cf. 916), als Nr. 955 ist *Grieviler a ma requeste*
B³ 9. — J. p. (Bretel) einzuschieben. Nr. 958 steht
B¹ 8. Nr. 1094 in B³ 12. Nr. 1129 Lep. 6. Nr. 1186
ist abgedruckt in Mém. Ac. Arr., t. 28, p. 333, Nr.
1200 findet sich B³ 3, Nr. 1208 in Bib. nat. 12786
fol. 42 v⁰; cf. Brakelm. Jahrb. 11, p. 99. Nr. 1308
Lep. 8, Nr. 1341 B³ 2, Nr. 1346 B³ 7. Ist Nr. 1351
gleich Nr. 1354 dasselbe in B³ 15
(*Bians Grieviler*)? Nr. 1468 steht in Pb¹¹ 84 a no-
nym und 77 (an.). Ist Nr. 1508 gleich 1043? Nr.
1562 steht auch Pb¹² 166, Nr. 1661 Montp. 6. Nr.
1672 B³ 10. Nr. 1774 B³ 14, [R²] 167. Nr. 1798
B³ 13. Nr. 1811 Lep. 7, Nr. 1846 steht Mém Ac.
Arr. t. 28, p. 331. Nr. 1872 Ll 1, Nr. 1884 =
1872. Nr. 2182 steht Montp. 5.
Hoffentlich wird jetzt das noch so wenig be-
baute Gebiet der altfranzösischen Lyrik zahlreiche
Bearbeiter finden, nachdem der Weg dazu durch
Raynauds Werk geebnet worden ist.⁷
Berlin.   Eduard Schwan.

**Birkenhoff, Richard, Ueber Metrum und
Reim der altfranzösischen Brandanlegende.**
Marburg, Elwert. 1884. 96 S. 8. (Ausgaben und
Abhandlungen hrsg. von E. Stengel. Heft XIX.)

In meiner Inaugural-Dissertation *Etude sur
le dialecte anglo-normand du XII° siècle*
hatte ich den agn. Brandan von mehreren Gesichtspunkten aus untersucht und dabei auch dessen
Metrum und Reim. Aber meine Arbeit war, wie
ich längst erkannt habe, viel zu breit angelegt, al-
dass ein Anfänger die mannichfachen berührten
Punkte hätte befriedigend erörtern können. Wenn
also auch vielleicht einige richtige Resultate von
mir gewonnen worden, so waren doch immer eingehendere Specialuntersuchungen über die von mir
behandelten Texte sehr erwünscht, besonders von
Brandan, der ein überaus interessanter testo di
lingua ist.
Birkenhoff hat eine solche Untersuchung liefern
wollen. Ich habe dagegen hauptsächlich dreierlei
anzumerken.
Erstens war es nicht zweckmässig eine erneuerte

⁶ Cf. Rom. I, p. 200 f.
⁷ Um Collisionen zu vermeiden, theile ich hier mit, dass
ich die Lieder der Dichter, welche dem nördlichen Frankreich
(Pikardie und Belgien) angehören, kopirt habe und später hie
zu veröffentlichen beabsichtige.

Untersuchung über Brandan mit noch weniger Handschriftenmaterial, als ich es hatte, anzustellen. B. stand nämlich nicht nur die Ashburnhamsche, sondern auch die York'sche Hs. nicht zu Gebote. Verf. entschuldigt sich indess damit, dass er seine Arbeit schon vollendet hatte, als er die meinige zu Gesicht bekam.

Zweitens hätte Verf. von der wichtigen Recension Kenntniss nehmen sollen, die Boucherie meiner Dissertation widmete (Rev. d. l. r. April 1883), und die gegen meine Auffassung (die die B.'s ist) von der Metrik Brandans bedeutende Einwendungen enthält.

Drittens hat Verf. seinen Gegenstand mit allzu grosser Nachlässigkeit behandelt.

Nehmen wir beispielsweise die vier ersten Seiten der eigentlichen Abhandlung (S. 8.—11) heraus. Zu S. 8: V. 272 ist in O richtig; Verf. meint vielleicht 274, der jedoch nicht mit w. — 1 bezeichnet werden kann. V. 276 ist nicht m, -|- 1. Statt V. 164 ist 163 zu lesen. Wegen *salt* = 'Vorsprung', s. Diez Wb. II, b *soto*; übrigens ist lat., *saltus* = 'Sprung' dasselbe Wort wie *saltus* — 'Vorsprung', s. z. B. Vaníček, Etym. Wtb. Dies ist eins der alten interessanten Wörter Brandans; andere sind *bat* (= *batean*) V. 886, *fols* (= *folles* 'Balg') 1378, *Vueneis* (= *envois*) 1430 u. a. Zu S. 9: lies *mueir* statt *muris*. V. 1812 ist richtig. In V. 254 nimmt Verf. eine Lesart an, die eine Silbe zu viel enthält. V. 932 ist richtig, ebenso V. 1462. V. 1802 ist nicht w. + 1. Zu S. 10: drei von den vier unter c) vorgeschlagenen Aenderungen erweisen sich bei Vergleichung mit der Yorker Hs. als unrichtig; 1. übrigens V. 1754 statt 1756. In der Anmerkung 2 bezweifelt Verf. die Richtigkeit meines Vorschlags *prendrez* zu lesen; ich schlug dies vor, weil meine drei Hss. *En tel liu n plus* einstimmig hatten, die Arsenalhs. darauf *prenderes*, eine im Agn. äusserst gewöhnliche Form; übrigens ist Verf. S. 94 dieser Lesart nicht abhold. Zu S. 11: *Vueneis* in V. 1430 (= *envois*) ist gänzlich missverstanden (vgl. Ltbl. 1884, Sp. 71 und 167). In V. 594 kann *seig* nicht *saigu* sein; möglich dass es = *enseign* ist, da die Arsenalhs. *enseignement* hat, und eine Silbe fehlt (die Yorker Hs. hat *creance*). Die Interpretation von V. 801 ist nicht annehmbar. V. 414 ist vielmehr, nach dem Zeugniss der drei mir bekannten Hss., zu lesen: *Ne sai s'osast, mais* etc. (die Yorker Hs. hat: *Ne sai sosust mes* etc.). — Schlagen wir hiernach die vier ersten Seiten des Rimariums auf. Zu S. 31: *Vrables* ist Nom. S., nicht Acc. Pl. *Chavet* ist = *captivit*. *Maneie* ist Verbalsubstantiv aus *maneier*, nicht = *manuadjutum*. Es heisst lat. *mácrus* und *acris*. *Travaile* ist = *trabacula*. *Reclaim* ist Substantiv in V. 820. Zu S. 32: Es ist sehr zweifelhaft, ob *quaranteine*, *quinzeine* aus lat. Formen wie *quarantana* abzuleiten sind. *Empeintes* ist = *impunctas*. *Ainz* ist nicht *antius*, sondern vielmehr *antea* + s¹. Ein Verb *bruire* ist weder lat. noch romanisch. Zu S. 33: *Travals* ist nicht = *travalios* (vgl. oben). Zu S. 34: *Asurt* ist = *exsartum*. *Raps* in V. 461 ist zweifelsohne Fehler

¹ Ich kann dies hier nicht ausführen; ich kenne übrigens wohl Gröbers Bemerkung Zs. f. r. Ph. VI, 260.

für *craps* = Arsenalhs. (die Yorker Hs. hat eine andere Lesart) und = ahd. *krapfo*; s. Diez Wb. I, *Grappa*. V. 1707 f. stehen *gladies*, *savies*. Bei *beals* fehlt Beleg (V. 500).

Oft hat Verf. meine Untersuchung berichtigt und ergänzt, und ich spreche ihm dafür meinen besten Dank aus. Wäre es nur öfter geschehen! Aber bisweilen missversteht er mich auf das ärgste. Z. B. S. 18 Anm. 1, wo Verf. von meinem Vorschlag *araye* statt *arabie* zu lesen spricht; ich habe natürlich *Araye*, lautgesetzliche Form für *Arabia*, gemeint; Verf. schlägt in seinem Godefroy nach und findet, dass ich *araticum* — *terre labourable* (nicht *laborable*!) hätte meinen müssen. S. 70 wirft Verf. mir vor bei der Besprechung vom *toulosen e* nicht das ganze Material zur Kenntniss gebracht zu haben. Zugestanden! Aber indem nun Verf. dies Material vollständiger berücksichtigen will, nimmt er in seinem Eifer (S. 71 § 227) *aient*, *fuireient*, *veient* mit. Von diesen ist *fuireient* eine vom Verf. erdichtete Form für das *furent* des Textes L. (V. 914), das = *fuirent* ist und kein überflüssiges stummes e enthält; *veient* nicht in einem Vers, den der Schreiber selbst als fehlgeschrieben bezeichnet, und der erste Blick zeigt, dass man *vent* in V. 981 und *veient* in 982 nur zu vertauschen braucht, um die richtige Lesart zu bekommen (was die Yorker Hs. bestätigt); *aient* schliesslich steht in V. 650, der in L. so lautet: *Aient li duit qui trouit anum* = *Aient li duit trouet qu'arum* (Yorker Hs.) oder *Aient li duit que nus venus* (Arsenalhs.); in keinem Falle ist *e* von *aient* verstummt.

Da ähnliche Anmerkungen zu fast jeder Seite von B.'s Arbeit zu machen sind, so muss man dieselbe als sehr wenig gelungen bezeichnen.

Vänersborg (Schweden), October 1884.
Johan Vising.

Blason populaire de la France par H. Gaidoz et Paul Sébillot. Paris, L. Cerf. 1884. XV, 283 S. 8. fr. 3,50.

Die neue Sammlung, mit der uns die unermüdlichen Pariser Folkloristen beschenkt haben, umfasst das, was Reinsberg-Düringsfeld „Internationale Titulaturen" nannte, mit Beschränkung auf Frankreich, das ethnographische wie politische. Sie ist mit grossem Fleisse, zum Theil aus recht entlegenen Quellen und unmittelbar aus dem Volksmunde zusammengetragen; zahlreiche Anmerkungen dienen zur Erläuterung. Da der Stoff sich seinem innern Wesen nach in zwei Gruppen, wenn auch nicht streng, scheidet, festen Stoff und fliessenden, oder lokalen und lokalisirten, so hätte vielleicht einer systematischen Behandlung des letzteren durch Verweise oder Indices vorgearbeitet werden können. Die Hrsg. sind selbst davon überzeugt, dass ihr Werk Lücken hat; auch wollten sie nur eine Anthologie geben. Am leichtesten lässt sich das erste Kapitel „Frankreich und die Franzosen" erweitern, und hier muss doch, des allgemeinen Interesses halber, möglichste Vollständigkeit angestrebt werden. In einzelnen Fällen handelt es sich nur um Nachtrag einer sprachlichen Variante; so sagt man auch auf italienisch: *Gl' Italiani piangono, gli Alemanni gridano, i Francesi cantano* (Nr. 13 franz.). und *Il Francese per amico, ma non per vicino, se lo puoi* (Nr. 42*·ª griech. franz. nizz. holl.) und ganz ähnlich auf deutsch: *Der Franzose ist ein guter Freund, aber schlimmer Nachbar*, ferner *sich auf französisch empfehlen* oder *französischen Abschied nehmen* (Nr. 48—50 engl. rum. port.), — in Oestreich sagt man: *sich auf holländisch empfehlen*: auf engadinisch *tschuntscher rumautsch seu dau racha spagnöla* (101*·'·'* franz. deutsch holl.). Aus dem Buche von Reinsberg-Düringsfeld hätte wohl noch Ein oder das Andere wiedergegeben zu werden verd'ent. Giusti's „Raccolta di proverbi italiani" scheint nicht vorgelegen zu haben; sonst würden wohl folgende Sprichwörter Aufnahme gefunden haben: *Al Francese un oca, allo Spagnuolo una rapa — Faremo di Roma . . . . : . . . tantôt di Francia, son tutte ciance — I Francesi non dicono come vogliou fare, non leggono come scrivono, non contano come nolano — Spagna magra, Francia grassa, Germania la pissa — Gentilezza di Francia . . . . acrità de' Borgognoni, bellezza de' Francesi, continenza de' Picardi.* So auch *Francese per la vita, Tedesco per la bocca* und port. *Portuguez pela vida, e Francez pela comida.* Die Nationen vertauschen oft in solcher Weise die Rollen. Zu: *Gl' Italiani saggi innanzi il fatto, i Tedeschi nel fatto, i Francesi dopo il fatto* (Nr. 5*) vgl. aus Giusti: *Fiorentini innanzi al fatto, Veneziani sul fatto, Senesi dopo il fatto, Tedeschi alla stalla, Francesi alla cucina, Spagnuoli alla camera, Italiani ad ogni cosa,* zu dessen zweitem Theile wiederum zu vergleichen ist das tschechische Sprichwort: *die Deutsche in den Stall, die Tschechin in die Küche, die Französin ins Bett* — das spanische: *el Portugues por la cama, el Español por la rentana y el Frances por la cocina.* Der *furia francese [e ritirata tedesca*; Nr. 24*] steht der *furor tautonicus (la tedesca rabbia* Petrarca) zur Seite. In den fremdsprachlichen Citaten finden sich einige Versehen; z. B. S. 18, Nr. 60 *Bein* [für *Bem*] *canta o Francez, popo* [für *papo*] *molhado*. Die diakritischen Zeichen dürfen nicht ohne Weiteres weggelassen werden: ebenso unmöglich wie ein franz. *deplaca* für *déplaça* ist ein rum. *frantudeste* für *frantufeste*. Eher wäre noch eine französische Transcription wie *fruucazechie* erträglich. *Se armó la de San Quintin* (S. 24 Nr. 85) ist etwas ganz Anderes als *il s'arme à la Saint Quentin (il en fait une grande affaire)*: es existirt davon die Variante: *ha habido alli la de San Quintin.* Auch die Uebersetzung *les Italiens à pêcher = gli Italiani a pisciare* (S. 5 Nr. 8) beruht auf einer Flüchtigkeit. Dasselbe Sprichwort als französisches Original und mit richtigem: *Les Italiens à pisser* findet sich in dem Nachtrag zu dem besprochenen Buche: Le Blason libre de la France par H. Gaidoz et P. Sébillot. Extrait de la Revue de Linguistique T. XIV avril 1884 p. 23. Es sind hier die unanständigsten Sprichwörter und Ausdrücke zusammengestellt.

Ich bedauere, Anderes mit Seite lassen zu müssen, besonders über die so reichen *bétisiana* oder Schildbürgereien; auch würde eine competentere Feder dazu gehören, um deren weitverzweigte Sippschaften in förderlicher Weise darzulegen. Nur darauf will ich noch hinweisen, dass auch die Correlation zwischen den Sticheleien zweier Parteien aufeinander von Interesse ist, sowie die abweichende Art und Weise wie die, gegen welche ein Spruch gerichtet ist, denselben zu deuten versuchen. In dem Conservateur Suisse meines Grossonkels Bridel blätternd, finde ich T. V. 354 ff. einen kurzen Artikel: „Origine du proverbe: *point d'argent, point de Suisse"* (dies ist die echte Form des Sprichwortes, nicht *pas d'argent, point de Suisse*, wie der Blason p. 297 bietet), worin dasselbe aufs Ehrenvollste dahin erklärt wird, dass die Schweizer nicht Erlaubnis zur Plünderung, sondern ihren Sold haben wollten.

Graz, Anf. Jan. 1885.   H. Schuchardt.

Hündgen, F., Das altprovenzalische Boethiuslied unter Beifügung einer Uebersetzung, eines Glossars u. s. w. Oppeln, Franck. 1884. VIII, 222 S. 8. M. 6.

Der Umfang des Buches steht in keinem Verhältnis zu seinem innern Werth. Eine Ausgabe des Boethius mit vollständigem kritischem Apparat in der Art von Koschwitz' und Stengels Ausgaben der ältesten französischen Denkmäler war, wenn auch nicht gerade nöthig, da die Literatur leicht zu überblicken war, so doch dienlich; ob auch ein Index aller Wörter und Formen, mag bei dem nicht gar hohen linguistischen Werth schon fraglicher erscheinen; dass darin aber auch Etymologien gegeben werden, fast lediglich nach Diez, den doch jeder Leser zur Hand und im Kopf hat, ist noch dazu so antediluvianische wie Raynouards *folledut* zu *fallere* (es wird freilich als falsch bezeichnet) oder Chabaneaus unglücklisches *mot* = *modum* oder nun gar *fiel* = *fidalem* (!) und dergl., ist denn doch des Guten zu viel. Die Lautlehre ist vollständig, sie belehrt uns, dass z. B. anlautend *t, d, l, m* im Prov. nicht verändert werden u. s., enthält übrigens verschiedene Schnitzer, im Gen. den Nrulung auf diesem Gebiete verrathen; ob die Sprache des B. mit der des Troubadour übereinstimme, ob sie bestimmte dialektische Züge zeige, ob Schreiber und Verfasser aus derselben Gegend stammen, erfährt man nicht. Ebenso zwecklos weitläufig ist die Wortbildungs- und Formenlehre; da wird *barotro* auf *barathronim* zurückgeführt, während es doch nur lat.-gr. *barathron* mit prov. Betonung ist; ferner soll der N. Sg. 2. Decl. sein -*s* nicht vom Lat. haben, sondern vom — Germanischen. Man sieht der Begründung dieser Körtingschen Theorie mit Spannung entgegen. Eine Syntax stellt unter anderm fest, wie oft das Personalpronomen als Subject beim Verbum gesetzt sei oder fehle; lehrt, dass *ta* vor attributiven Adjectiven, ferner Demonstrativ, Relativ und Interrogativ Pron. keinen Artikel haben (was übrigens nur bedingt richtig ist), dass *tur* unveränderlich ist; dass das attributive Adjectiv mit seinem Substantivum congruirt u. s. w., so dass es vieler Geduld bedarf, um das wirklich Wissenswerthe oder mehr oder weniger Eigenartige herauszufinden. In der metrischen Untersuchung wird Boehmers Reimhypothese zurückgewiesen, die Tiraden nach Bartsch und Meyer gezählt, nur v. 40—42 als besondere betrachtet. Dass mit gewissenhafter Genauigkeit constatirt wird, dass Vokalcombinationen, die aus zwei lat. Vokalen bestehen, zweisilbig sind, was mit einer Ausnahme selbstverständlich ist, war bei der Art, wie das Buch gemacht ist, zu erwarten. — Was nun aber diese vier oder fünf Abschnitte nützen, ist mir unverständlich. Die minutiöse Genauigkeit, mit der übrigens auch Andere für die bekanntesten Dinge vollständige Belege sammeln und dadurch grammatikalischen Arbeiten gar oft den Anblick einer Statistik oder einer Rechen- und Zähltabelle geben, bezweckt schliesslich nichts anderes, als aus möglichst kleinem Stoffe ohne Mühe ein dickes Buch zu verfertigen. Und das nennt sich Wissenschaft! Betrachten wir den Text selbst, so befriedigt er auch nicht; nicht einmal das, was die vollständigen Sammlungen den lehren können, der sie anzulegen und zu verwerthen versteht, bemerkt H., sonst hätte er nicht constatirt, dass *no* stets vor Consonanten, *non* vor Vokalen steht, und dann doch v. 19 und 95 *non* statt *no'n* gelesen. Vorschläge Anderer, die zurückgewiesen werden, sind häufig gar nicht verstanden, so v. 1, wo Toblers Zweifel an der Möglichkeit von *entar* als Copula zurückgewiesen wird durch Hinweis auf *Drutz ai estut*! v. 5 *que non murem* ist kein Finalsondern ein Consecutivsatz; v. 8 wird *si* = lat. *si* gesetzt und Diezens Ansicht ohne Begründung als irrig bezeichnet, während doch die folgenden Sätze *sic* verlangen; v. 96 wird wieder ohne Begründung ten Brinks Lesart angenommen, während doch diejenige Meyers und Anderer sprachlich untadelhaft und diplomatisch näher liegend ist. 36. *honor* „Würde, Würdenträger" ist falsch, *h.* heisst „Würde des Königs", sein Reich, also „er war der Beste aus dem ganzen Reich". 43 wird Boehmers Lesart adoptirt, aber, wie die Uebersetzung lehrt, nicht verstanden. Die letztere lässt überhaupt an Genauigkeit sehr viel zu wünschen übrig. — So wenig eigne geistige Arbeit und so wenig wirklicher Gewinn für die Wissenschaft auf so viel Papier ist mir selbst in neuphilologischen Doctordissertationen noch kaum begegnet.

Zürich, 20. Nov. 1884. W. Meyer.

Canzonette Antiche. Alla Libreria Dante in Firenze. 1884. 125 S. 8.

Die seit einiger Zeit erscheinenden Publikationen der Libreria Dante, von denen die vorliegende die zehnte ist, umgeben sich gerne mit einem gewissen mysteriösen Schleier. Der Titel und die einleitenden Worte klären oft den Leser nur unvollkommen über den Inhalt auf; selbst der Herausgeber nennt sich nicht immer, so auch der die *Canzonette Antiche* nicht, und dass es Edoardo Alvisi ist, muss der nicht Eingeweihte sich mühselig erschliessen aus einer Anmerkung auf S. 53, wo derselbe eine seiner eigenen früheren Publikationen citirt. So weiss man auch nicht, ob es absichtlich oder unabsichtlich, aus Vornehmheit oder aus Nachlässigkeit geschieht, wenn bei einigen Stücken vorangegangene Drucke nicht angegeben sind. Es ist eine Nachlese von Liedern volksthümlichen Charakters aus dem 14. und 15. Jahrhundert, fast alle aus florentinischen Mss. Theilweise sind es schon bekannte Lieder in neuen Lesarten, theilweise solche, die nur in alten seltenen Drucken zugänglich waren, theilweise noch gar nicht gedruckte. Den Anfang bilden drei Varianten der Ballade *Questo mio nicchio s'io vol picchio* und zwei von *L'acqua corre alla borrana*, welche bei Boccaccio erwähnt sind, und welche Carducci in seinen *Cantilene e Ballate* mitgetheilt hatte. Weiter erhalten wir drei Modificationen des Liedes der Lisabetta von Messina, von welchem im *Decameron* IV, 5 die Rede ist, und welches in neuerer Zeit durch Fanfani in seiner Ausgabe des *Decameron* und wiederum durch Carducci bekannter geworden war, und eine in zwei Tanzliedersammlungen des 16. Jh.'s gedruckte Ballade, welche die bei Boccaccio und in den Sieben Weisen erzählte und so oft noch an anderen Orten wiederholte Novelle von dem durch die List seines treulosen Weibes aus dem Hause ausgeschlossenen Ehemann behandelt: *Ogni mal ceruconente*. Hierauf folgen zwei Tenzonen aus Cod. Magliab. Strozz. VII, 1040; die eine, ein Sonett nach dem Cod. Magliab. von Palamidesse Belindore: *Due cavalier cortesi e d'un paraggio*, welches im Cod. Vat. 3793 Nr. 621 vielmehr Rustico di Filippo beigelegt ist, mit der Antwort: *Poi che ci piace che io deggia contare*, in Cod. Magliab. anonym, nach Cod. Vat. 3793 Nr. 622 von Bondie Dietaiuti; die *proposta* war schon gedruckt bei Trucchi I, 179 und danach in Nannucci's *Manuale* und ferner bei Molteni und Monaci, *Il Canzoniere Chigiano*, Nr. 370, die *risposta* bei Molteni und Monaci, Nr. 371 und bei Wiese in *Giornale Storico della Lett. Ital.* II, 124. Die zweite Tenzone, bestehend aus *sonetti rinterzati*, von einem Adrianus, mit der Antwort eines Frate Anton da Pisa, publicirt bereits von Wiese an demselben Orte, ist besonders interessant, weil hier die nämliche Liebesfrage behandelt wird, wie in der ersten der 13 *Quistioni Amorose* des *Filocolo*. Bei Boccaccio lieben zwei Jünglinge ein Mädchen und bitten bei einem Feste die Geliebte kundzuthun, wen sie bevorzuge; sie setzt dem einen ihren Kranz auf und schmückt sich selbst mit dem Kranze des andern. In der *proposta* des Adrianus sind es drei Liebhaber; auch hier wird die Entscheidung bei einem Feste begehrt; dem einen setzt sie ihren Kranz auf, nimmt sich den des zweiten und gibt dem dritten einen scherzhaften Backenstreich. Zugleich wird man an das *joc partit* zwischen Savaric de Mauleo, Gaucelm Faidit und Uc de la Bacalaria erinnert.

Den Rest der Sammlung bilden 12 Balladen, die, wie es scheint, noch nicht publicirt waren, ferner eine: *Non credetti che l'amore* (p. 70), welche in einem der Drucke des 16. Jh.'s enthalten war, vom Hrsg. hier mit schlechter Strophentheilung gegeben, und eine ebenfalls durch die alten Drucke bekannte toskanische Umformung oder eher Verunstaltung von Giustiniani's *Donna questo lamento* (p. 59), wo doch wohl die Varianten des Originals hätten mitgetheilt werden sollen. Es ist noch zu bemerken, dass in dem Liede p. 48 die erste Zeile: *Udite, amanti, l'avventura mia* als *ripresa* zu drucken war.

In der Einleitung, p. 10, ist von dem Schwinden

des religiösen Gefühls im 15. Jh. die Rede; die Lauden, die man damals sang, heisst es, seien ein Echo der Maienlieder und der *canti carnascialeschi* gewesen. Dieses ist eine Uebertreibung; gewiss, das religiöse Gefühl des 15. Jh.'s war verschieden von dem des 13., aber erstorben war es nicht und hatte nur einen anderen Charakter erhalten. Wenn die geistlichen Lieder die Melodie und oft sogar die Worte von weltlichen, ja schmutzigen Gesängen entnahmen, so lag darin keine Absicht der Profanation; solche Entlehnung volksthümlicher Weisen geschah einfach zum Zwecke der leichteren Verbreitung und war ein alter Gebrauch, den wir schon bei lateinischen Marienliedern des Mittelalters, in dem provenz. Schauspiel der heil. Agnes, bei Gautier de Coincy und anderswo finden. Bisweilen lag dann bei dieser Uebertragung auch gerade die Absicht vor, durch den Gegensatz die Lauda als Correctiv wirken zu lassen; die frommen Ideen sollten die frivolen verdrängen, welche ehedem diese Formen erfüllt hatten, und so die letzteren gereinigt und geheiligt werden. Dieses hatte besonders Savonarola im Sinne, wenn auch er den allgemeinen Gebrauch befolgte und seinen Lauden die Musik der Carnevalslieder unterlegte, und schon im 11. Jh. soll Thomas, Erzbischof von York, in solcher Weise die weltlichen Gesänge, die er hörte, in geistliche verwandelt haben. Da übrigens in den italienischen Laudensammlungen des 15. Jh.'s nun die Angabe der Melodie vermittelst der Anfangszeile des Liedes zu geschehen pflegt, denn sie enthielt ist, so erhalten sie damit ein Interesse für die Geschichte der volksthümlichen Poesie, indem sie für das Alter und die Beliebtheit jener Gedichte zeugen, so weit sie sich erhalten haben. D'Ancona gab daher im Anhange zu seinem Buche über die italienische Volkspoesie ein alphabetisches Verzeichniss solcher Liederanfänge nach Galletti's Neudruck von 4 alten Laudensammlungen, und Alvisi hat seiner vorliegenden Publikation eine besondere Nützlichkeit verliehen, indem er am Ende ein bedeutend umfangreicheres Verzeichniss mit Benutzung anderer Drucke und Hss. mittheilte, und, so weit es ihm möglich war, die einzelnen Stücke mit noch vorhandenen identificirte.

Breslau.   A. Gaspary.

Usi e costumi abruzzesi. Fiabe descritte da Antonio de Nino. Volume terzo. Firenze, 1883. X, 379 S. 8.

Eine ebenso reichhaltige wie interessante Sammlung von Märchen, die sich würdig den übrigen Publikationen des fleissigen Sammlers anschliesst. Dank seinen und Finamore's Bemühungen kennen wir jetzt recht gut die Folklore der Abruzzen. Die oben verzeichnete Sammlung ist in gemeinitalienischer Sprache geschrieben; nur die verschiedenen Anfangs- und Schlussformeln, die hier in vielen interessanten und vollständigen Varianten vorliegen, sind im Dialekt aufgezeichnet. Ref. will im Folgenden einige Bemerkungen zu den selteneren Märchen mittheilen. Nr. II. *La penna dell' Ucello Grifone*. Vgl. Grimm KM. Nr. 28 und die Parallelen bei Grundtvig DGF.

II, 511. — Nr. VIII. *La Cicille*. Vgl. Paris, Le petit poucet. Romania XIII. 171. Vinson, Folklore du pays basque p. 110. Rivière, Contes kabyles p. 9. Kristensen, Eventyr fra Jylland. Anden Samling. Nr. 56. - Nr. XXI. *Il cacciatore* ist mit der Fortunatusgeschichte verwandt (vgl. Nr. XL: *Le capelle rosse*). — Nr. XXII. *Martinella*. Vgl. Maspons y Labros. Lo Rondallayre I, 17; lo Claveller. — Nr. XXVII. *Farola gentile*. Vgl. den Schluss des Gedichtes von „Florence de Rome" (Nyrop, den oldfranske Heltedigtning S. 218). — Nr. XXXIII. *Arciicheme lu latène*. Das alte Räthselmärchen, von welchem wir das erste Beispiel in Liber Judicum (Kap. 14) finden; vgl. Grimm, KM. Nr. 22. Bondeson, Svenska Folk-sagor Nr. 63. Romania XIII, 172. — Nr. LV. *Pince trete*. Bekannte Erzählung von dem als Mann verkleideten Mädchen; vgl. Prato in Romania XIII, 160—63. Vinson, loc. cit. p. 70. — Nr. LXI. *Orchiu in fronte*. Variante der Polyphemsage; vgl. Finamore, Tradizioni abruzzesi I. Nr. XXXVIII (Ltbl. 1882. 321) und die ergänzenden Bemerkungen Pratos in Romania XII, 613—14. — Nr. LXIII. *Il segretario geloso*. Neue Version der orientalischen „Erzählung „die Spur des Löwen", neuerdings behandelt von Prato (Romania XII. 535—65). — Nr. LXXI. *I pesci colorati*. Dieses gewiss aus literarischer Quelle stammende Märchen enthält Reminiscenzen an 1001 Nacht (Geschichte des Fischers mit dem Geiste. Nacht 8—11). Vgl. Bäckström, Öfversigt af svenska folk-litteraturen S. 146.

Kopenhagen, 14. Jan. 1885.   Kr. Nyrop.

Gutersohn, J., Beiträge zu einer phonetischen Vokallehre. 2 Theile. Programm der höhern Bürgerschule zu Karlsruhe 1882. 1884. 31 und 32 S. 4.

Die vorliegende Schrift will die Lehre von den Vokalen auf Grund der bisherigen Forschungen darstellen und weiter ausbauen und zugleich dem Laien einen „sicheren Anhaltspunkt zur Orientirung" geben.

Der Fachmann nun wird einige Anregung in der Arbeit finden. Besonders dankenswerth erscheint der ausführliche Hinweis auf die Möglichkeit einer Compensirung der Lippenartikulationen durch Zungenthätigkeit und umgekehrt, ein Verhältniss, auf das allerdings auch andere, wie Sievers Phon. 71 u., Sweet *Phon.* § 57 und besonders (in *Svenska landsmålen* I 82 und 157) Lundell, der es „Polymorphismus" nennt, schon hingewiesen haben. In diesen Compensationen sieht der Verf. den Grund für die Unmöglichkeit, ein genetisches System aufzustellen und findet, dass nur die Akustik den streng wissenschaftlichen Aufbau eines Systems verspräche (s. 16). Er bekämpft daher die englische Schule, deren Arbeiten er indess offenbar nur recht unvollkommen kennt.

Dass der Laie eine klare Uebersicht über die Verhältnisse gewinnt, das ist, ganz abgesehen von der polemischen Färbung der Darstellung, schon deshalb nicht gut möglich, weil der Verf. über einige Hauptpunkte augenscheinlich selbst nicht im

Klaren ist und ausserdem auf einem zu beschränkt nationalen Standpunkte steht und offenbar über zu geringe Kenntniss wirklicher Laute und Lautsysteme verfügt, um sich den Forderungen internationaler Phonetik unparteiisch gegenüberstellen zu können. Der mir zugemessene Raum zwingt mich, mich auf wenige Punkte zu beschränken.

Schwerwiegend ist vor allem eine durch die ganze Arbeit gehende Unklarheit des Verf.'s über sein eigentliches Ziel; er hat vornehmlich (b 11. 20) die Schule im Auge, stellt aber seine Resultate als für die allgemeine Phonetik giltig hin.

Er ist sich über den Gegensatz, in dem hier Wissenschaft und Schule stehen, nicht klar geworden. Die Phonetik als Wissenschaft hat es mit allem zu thun, was (Laut-) Sprache heisst. Sie kennt keinen Unterschied zwischen Kultur- und Wildensprachen, zwischen „Hochsprachen" und Dialekten. Sie ist international, und so ist jedes Argument, das nur auf die „Hauptkultursprachen" (a 14. b 15) Anwendung findet, für sie werthlos. Anders die Schule: diese hat es mit wenigen, ganz bestimmten Sprachen zu thun. Praktische Rücksichten gebieten ausserdem Einschränkung auf das Wesentlichste. Die Schulphonetik hat sich daher ganz dem nationalen Bedürfniss anzubequemen! Es ist aber ganz zweifellos, dass für das praktische Bedürfniss der deutschen Schule die Einwürfe G.'s gegen ein genetisches System nicht gelten. Ich verkenne nun die Wichtigkeit der akustischen Analyse für wissenschaftliche Zwecke nicht; für die Schule aber scheint mir aus vielen Gründen ein genetisches System den Vorzug zu verdienen. Man übersieht hierbei gewöhnlich, dass ein genetisches System zugleich ein akustisches ist (aber nicht umgekehrt!), da die Stellung der Organe ja den Klang bedingt, und dass in der Schule überhaupt des Lehrers viva vox für den Klang einzutreten hat.

G.'s Polemik gegen das englische System ist überaus schwach. Das über die Lippenartikulation Gesagte ist ohne Bedeutung; seine Kritik von *narrow* — *wide* leidet an innern Widersprüchen (a 13; b 10 „bit", 16. 17. 20) und seine Bemerkungen über die Subjektivität der Abstände gelten vom internationalen Standpunkte mindestens ebenso für seine „Hauptklangfarben", die bekanntlich von verschiedenen Nationen recht verschieden aufgefasst werden. Die Mängel des Bellschen Systems sind an ganz andern Stellen zu suchen.

Was nun die Compensationen betrifft, so hat G. nur ihre Möglichkeit gezeigt — für seine Behauptung, dass man durch energische „Lippenbethätigung" ein u mit a-, e-Zungenstellung, ein $ä$, e mit i-Zungenstellung erzeugen könne (a 20, 21), müssen wir ihm auch noch die volle Verantwortlichkeit überlassen —; er hat aber ihr wirkliches Vorkommen auch nicht durch einen einzigen in der empirischen Sprache beobachteten Fall belegt. Es ist aber auch gar nicht anzunehmen, dass, besonders innerhalb einer und derselben Sprache (Mundart), die Compensationen die von G. angedeuteten Dimensionen annähmen. Erstens streitet damit das überall zu beobachtende Princip einer gewissen, natürlich unbewussten Zweckmässigkeit der Artikulationen,

noch mehr aber das auch von G. erwähnte (b 29) Artikulationsprincip der Einzelsprachen. Bekanntlich sind alle Glieder eines Einzelsystems durch ein einheitliches Princip solidarisch verbunden, so zwar, dass Verschiebung eines Lautes die Verschiebung einer ganzen Reihe zur Folge hat. Wenn nun allerdings bei einzelnen Vokalen (am meisten bei grösster Oeffnung) kleine Artikulationsverschiebungen nicht auch sehr merkliche akustische Unterschiede erzeugen, so ist dies doch bei andern (am meisten bei kleinster Oeffnung) um so mehr der Fall (vgl. Lundell, *Sv. landsm.* I, 82); und so bietet der akustische Effekt der letzteren zugleich eine Kontrolle für die physiologische Form der ersteren. Wo man aber bisher solche Compensationen gefunden hat, wie in den skandinavischen Sprachen, da haben die Arbeiten von Sweet, Lundell, Noreen und Storm gezeigt, dass das englische System ihnen keineswegs rathlos gegenüber steht. — Es scheint mir übrigens, dass man grade die Thatsache, dass einem Klange verschiedene Formen des Resonanzraumes entsprechen können, mit Recht gegen ein einseitig akustisches System geltend gemacht hat. Auch G. macht diesem Standpunkte im Widerspruch zu seinen sonstigen Behauptungen bei seinem Vokalschema, wie wir gleich sehen werden, unbewusst eine Konzession.

Sehen wir uns dieses Vokalschema näher an. Es war schon gesagt, dass es nicht über die „Hauptkultursprachen" hinausreichen will. Bells 'mixed vowels' sind übrigens, obgleich wir ihnen, zum Theil wenigstens, auch in den „Hauptkultursprachen" begegnen, mit Stillschweigen übergangen (doch vgl. a 24). i, $ü$, u und a sind physiologisch „genau" (b 11) zu bestimmen (nach a 29 nur „ziemlich genau", nach a 24 „höchstens $i - a - u$ genauer"!); und zwar gilt für das „reine" a „nahezu die normale Ruhelage der Artikulationsorgane: Mund, resp. Lippen in ganz natürlicher Weise geöffnet, Zunge vollkommen passiv" (a 22; b 11). Ich gestehe ein nicht zu wissen, welchen Oeffnungsgrad man als „natürlich", welchen man als „nicht natürlich" zu bezeichnen hat. Ich weiss ferner nicht, was hier „normale Ruhelage" bedeutet: die absolute Indifferenz, die z. B. im Schlafe eintritt, oder die relative? Die erstere kann nicht gut gemeint sein, da es sich ja um einen Sprachlaut handelt; die letztere aber ist bei verschiedenen Völkern (b 20) verschieden. Man sollte doch endlich aufhören, a als in der „Ruhelage der Artikulationsorgane" gebildet zu beschreiben, nachdem die Wissenschaft genügend erwiesen hat, dass bei jedem a grade wie bei jedem andern Vokal eine ganz bestimmte Muskelthätigkeit, eine Combination der Einzelartikulationen von Kehlkopf, hinterer Schlundwand (vgl. Techmer, *Int. Zs.* I, 157), weichem Gaumen, Zunge, Kiefer und Lippen vorliegt. — Wenn so auch die Endpunkte gefunden werden können, so sind doch (nach G.) die Zwischenstufen genetisch nicht allgemein bestimmbar. Das Vokalsystem muss daher akustisch sein, und zwar soll es nach G. (b 10) rein akustisch, ganz ohne Berücksichtigung der Erzeugung, aufgebaut werden. G. tadelt Trautmann, mit dessen Vokalschema das seinige zusammenfällt, dass dieser Forscher auch genetische Momente auf seiner Vokaltafel ausdrücken will. Man ist nun nicht wenig erstaunt, wenn (i. gleich darauf im Anschluss an Trautmann eine zweite „Vermittelungsreihe" (back-not round), die nach ihm akustisch[1] mit der ersten (front-round) zusammenfällt (b 10) und sich nur genetisch von ihr unterscheidet, in sein Schema aufnimmt (b 10 u. 12), ohne auch nur ein Wort über den Widerspruch zu verlieren. Diese zweite Reihe hat nach G. noch die interessante Eigenschaft, dass sie aus einer Verbindung der unwesentlichen, meist unvollkommenen (a 22 —24) Artikulationen der Reihen a—i, a—u entsteht; und obgleich (b 9) „ein neuer Klangeffekt nur zu erwarten ist, wenn wir jeweils die wesentlichen Artikulationen verbinden", so tritt sie doch mit den andern Reihen gleichwerthig ins Schema. Da diese „reinspekulative" (b 8) Reihe übrigens für die „Hauptkultursprachen" nicht gilt, so musste sie G. (nach a 14) überhaupt verwerfen. Auch darüber ist er augenscheinlich nicht klar, was seine „Hauptklangfarben" denn bedeuten, Normalvokale oder Gruppen. Sind es festbestimmte Einzelvokale — darauf deutet ja die Identificirung mit Trautmanns System (vgl. auch b 12, 14) — so stehen sie ohne Feststellung der Eigentöne völlig subjektiv da und können überdies keine „Breite der Richtigkeit" (b 28) mehr haben; sind es Gruppen (b 32), dann hat G. vergessen uns zu sagen, wie er nach Einschiebung von Zwischengruppen (b 11—13) noch an seiner Theorie der Nichtberührung der Klänge festhalten will, die übrigens jeden historischen Lautwandel als unlösbares Räthsel hinstellt und von der Phonetik längst theoretisch wie empirisch als irrig erwiesen ist. Sogar aus G.'s eigenen widersprechenden Angaben (z. B. a 27; b 11 u.) heraus lässt sich ihre Unrichtigkeit leicht zeigen. — Für die allgemeine Phonetik ist, wie schon gesagt, sein Vokalschema nicht ausreichend; für die Schule aber kann man die „imaginäre" Reihe (b 10) doch wohl nicht zum „Allernothwendigsten" (b 31) rechnen.

Ich hätte noch vieles hinzuzufügen, die hiermit die fraglichen Punkte, Unklarheiten und Widersprüche der Arbeit bei weitem nicht erschöpft sind. Das Gesagte dürfte indessen schon beweisen, dass dieselbe zur Orientirung des unkritischen Lesers, des „Laien", ganz ungeeignet ist. Der positiven Anregung aber, speciell dem Hinweis auf die Compensationen, wird die Phonetik die nöthige Beachtung wohl nicht versagen.

Sorau N.-L., 31. Oct. 1884. Felix Franke.

[1] Das ist freilich ein Irrthum; vgl. Sweet Phon. § 57 ff.

Zeitschriften.

Archiv f. das Studium der neueren Sprachen u. Literaturen LXXII, 3, 4: Th. Thiemann, Deutsche Kultur und Literatur des 18. Jh.'s im Lichte der zeitgenössischen bist. Kritik. I. — O. Natorp, zu W. Scott's Lay of the Last Minstrel. — Hornburg, Die Komposition des Beowulf. — R. Fasold, Altdeutsche und dialektische Anklänge in der Poesie L. Uhlands nebst einem Verzeichniss der Uhlandliteratur. — F. Lötgenau, Zur englischen Synonymik. — R. Haubstetter, Der Ebingersche Vokabularius. — Lied auf den Bruch der Magna charta durch Edward II. Englisch und deutsch von Th. Vatke. — Die Einheit Homers und des Rolandsliedes. — Zu Goethes Fischer. Revue de linguistique XVII, 4: Orain, Glossaire patois du departement d'Ille-et-Vilaine. — Regnaud, Exposé de quelques principes de linguistique indo-européenne en rapport avec la méthode applicable à cette science.
Archiv f. Literaturgeschichte XIII, 2: E. Heydenreich, über ein neugefundenes mhd. Bruchstück der Freiberger Gymnasialbibliothek und über das Gedicht „von der frouwen turnei". — H. Holstein, Hans Kolb, ein unbekannter Dichter des 16. Jh.'s. — J. Keller, Ungedruckte Briefe Wielands an J. Iselin. — J. Cräger, zwei Wieland-Briefe. — B. Seuffert, Wielands, Eschenburgs und Schlegels Shakespeare-Uebersetzungen. — Fr. Meyer, Faust-Studien. — Die Zukunft. Ein bisher unedirtes Gedicht des Grafen Fr. L. von Stolberg aus den Jahren 1779—1782 hrsg. von O. Hartwig. — v. Biedermann, Goethe-Literatur. N.
Mélusine II, 10: G. de Lépinay, Prières populaires. — Le Plongeur, chanson populaire (suite). — Oblations à la Mer et présages. — Les Vents et les Tempêtes en mer (Suite). — L'eau de Mer (Suite).
Giambattista Basile II, 7, 8, 9: G. Amalfi, a proposito dell'ortografia del dialetto napoletano. — V. Caravelli, Canti pop. calabresi. — L. Tagliatatela, 'U cunte r' 'v ggatte meccose. — V. Simoncelli, canti pop. sorani. — F. Sabatini, Saggio del dialetto palestrinese. — L. Correra, Il vico pensieri. — G. Amalfi, 'O cunto 'e ácene 'e fuoco. — Cenni storici e filologici intorno a Canosa e dialetto canosino. — G. Congedo, Poesie nel dial. di Trepuzzi. — C. Pascal, una canzone pop. avellinese.

Zs. f. deutsches Alterthum u. deutsche Literatur XXIX, 1: Laistner, die Lücken im Ruodlieb (mit Facsimile). — Pniower, der Noe der Wiener Genesis. — Schönbach, die Ueberlieferung des Reinhart Fuchs. — Wilmanns, über Neidharts Reihen. — Schmidt, zur Faustsage. — Dora, zu Schillers Handschuh. — Mayer, ein Weihnachtsspiel aus Kreutzburg. — Henrici, die Zweibandschriften I. — Strauch, die Tübinger Kennerhandschrift. — Schmidt, Parallelen zur mhd. Lyrik.
Anzeiger f. deutsches Alterthum XI, 1: Briefe Jacob Grimms an Bergmann, hrsg. von Martin. — Ein Brief Jacob Grimms an von der Hagen, hrsg. von Steinmeyer.
Germania III, XXX, 1: Ernst Kraus, der Heinrich von Freiberg. — F. Pfaff, der älteste Tristrantdruck. — O. Brenner, zum Speculum Regale. — Hans Herzog, zum Momento mori. — L. Tobler, Kuniorici im Merseburger Spruch. — Oskar Schumann, zum Holland. — K. Sprenger, zu Arnolds Juliane. — Hermann Neubourg, zum Kürenberger. — K. A. Barack, Bruchstück aus Wolframs Parzival. — C. M. Blass, aus den Predigten Georgs v. Giengen. I. Zimmer-n. Bettenirichtung. II. Weltliche und geistliche amtliche Tracht. III. Gastereien, Spielleute, Musik, Gaukelbücher und Kinderzucht. IV. Aberglauben und Gebräuche. V. Zur Glasmacherkunst. — Hermann Fischer, Kleine Mittheilungen. IV. Fragment eines schwäbischen Arzeneibuches. V. Ein Fragment des Passionals. VI. Fragment aus Harlaam und Josaphat. VII. Zwei Fragmente vom Leben der Väter. — K. A. Barack, Bruchstück aus Rudolfs von Ems Wilhelm von Orlens. — O. Böhme, zu Lexers mhd. Handwörterbuche. — Adalbert Jeitteles, Bruchstück aus Rudolfs Weltchronik. — K. Bartsch, Bruchstück eines deutschen Cato. — Hermann Fischer, Anfrage.
Zs. f. deutsche Philologie XVII, 1: O. Küpp, die unmittelbaren Quellen des Parzival von Wolfram v. Eschenbach (Hall. Diss.). — H. Schwarz, zur mhd. Verbalreection. — H. Kinzel, zur historia de preliis. — A. Ausfeld, zur Alexandersage. — O. Kettner, zu Schillers Gedichten I. Der Pilgrim. II. Die Sehnsucht. III. Die Soldatenliebe in Wallensteins Lager. — Roeth, Verhandl. der deutschrom. Section der XXXVII. Versammlung deutscher Philologen in Dessau. N.

Noord en Zuid VII, 6: Cosijn, Autierliick. 321. — H. J. S., Vragen beantwoord. 333. — O. Lzg., Vragen. 345. — J. H. Sauerbach, Een paar woorden verklaard. 347. — J. C. Groothuis, Spaak en Spek, en een paar andere alliteraties in het Nederbetuwsch. 348. — G. Lzg., Iets over de bijvoeglijke en zelfstandige verbuiging van eenige voornaamwoorden. 350. — G. Lzg., Eenige overgeslagen Werkwoorden. 355. — J. E. ter Gouw, Zinsverklaring. 358. — Feen, Een bijzonder gebruik van het Tegenwoordig Deelwoord. 361. — W. A. P. F. L. Bakker, Vlook. 362. — J. Hobbel, De Nieuwe wereldtaal Volapük. 365. Johan Winkler, Kniedicht. 370. — S., Men wordt ver-

xorbr. 371. — Ders., Eene flesch goede wijn of goeden wijn. 375. — J. G. W. Z., Beantwoording van vraag XXXVIII. — Boekbeoordeelingen: W. J. Wendel, Schets van de Geschiedenis der Nederlandsche Letteren. — R. K. Kuipers, Kleine Geschiedenis der Nederlandsche Letterkunde. — Dr. Jan te Winkel, De Grammatische figuren in het Nederlandsch. 378.
Onze Volkstaal II, 3: G. A. Vorsterman Van Oijen, Het Dialect te Aardenburg. — Red., Naschrift. — J. E. ter Gouw, Sporen van Bijgeloof. — Brabantius, Nog eene Bijdrage tot de Klankleer van het Noord-Brabantsch. — P. Fransen Jz., Lijst van Woorden en Uitdrukkingen in West-Vriesland gebruikelijk. — Woorden en Spreekwijzen gebruikelijk in 't Stadsfriesch. — Tweede lijst van Woorden en Spreekwijzen, gebruikelijk in 't Stadsfriesch. — A. Aarsen, Veluwsche Liedjes. — J. Scholters, Een nieuw Woordenboek. N.

Anglia VII, 2: F. H. Stratmann, J. A. H. Murray, a new English Dictionary. — E. Einenkel, Rich. Lämmerhirt, George Peele. — Ders., Carstens, zur Dialektbestimmung des me. Sir Firumbras. — Ders., K. Breul, Sir Gowther, Eine engl. Romanze aus dem XV. Jh. — E. Holthaus, A. Napier, Wulfstan. Sammlung der ihm zugeschriebenen Homilien. — R. P. Wülcker, H. Pott, the Pronus of Formularies and Elegancies. — J. Koch, El. Maun, a short sketch of engl. literature from Chaucer to the present time. — Ders., Hans Willert, Geoffrey Chaucer. The House of Fame. — E. Förster, J. Schürmann, Darstellung der Syntax in Cynewulfs Elene. — L. Morsbach, C. Horstmann, S. Editha Chronicon Vilodunense in Wiltshire Dialekt. — Ders., F. Franke, die praktische Spracherlernung. — U. Zernial, O. Ritter, die Hauptregeln der engl. Formenlehre. — M. Trautmann, J. Zupitza, Beowulf. — Ders., M. Trautmann, die Sprachlaute. — E. Förster, zur Geschichte der englischen Gaunensprache (43—81). — H. Varnhagen, zu Chaucers Erzählung des Müllers. — Ders., ein me. Gedicht seltener Form. — Ders., zum me. Consonantismus. — D. Asher, zu Byron's Prisoner of Chillon und Macaulay's History of England, 1 ch. 3. — Ders., das Vorbild Swift's zu seinem Gulliver. — M. Trautmann, Orm's Doppelconsonanten. — Ders., Amulet.

Romanische Forschungen II, 1: W. Foerster, Li Sermon Saint Bernart. Aelteste franz. Uebersetzung der lat. Predigten Bernhards v. Clairvaux. 210 S. Das im Druck befindliche 2. Heft bringt: J. Huemer, zur Geschichte der mittellat. Dichtung: Arnulfi delicie cleri; C. Fritzsche, die lat. Visionen des MA.'s bis zur Mitte des 12. Jh.'s; Pohl, Untersuchung der Reime von Wace's Rou; Hofmann, zu den Cidquellen.
Studj di filologia romanza p. da E. Monaci. II: E. Teza, Note bibliografiche sopra un 'Sylva de varios romances' stampata a Valenza nel 1598. — La Passione e Risurrezione, poemetto veronese del sec. XIII, testo e illustrazione, a cura di L. Biadene. — E. Mazzatinti, Bosone da Gubbio e le sue opere.
Franco-Gallia 1885, 1: Bericht über die Sitzungen der neusprachlichen Sektion auf der 37. Philologenversammlung zu Dessau.
Archivio glottologico italiano VIII, 2: F. e C. Cipolla, Dei coloni tedeschi nei XIII comuni Veronesi (continuazione e fine). 193—262. — G. Ulrich, Susanna, testo ladino di Bravuga. 263—301. — G. de Gregorio, Fonetica dei dialetti gallo-italici di Sicilia.
Giornale storico della letteratura italiana 10. 11: Cian, Ballate e strambotti del sec. XV tratti da un codice trevisano. — Renier, un commento a Dante del sec. XV inedito e sconosciuto. — Corrato, Il „bel cavaliere" di Rambaldo di Vaqueiras. — Casini, sopra alcuni manoscritti di rime del sec. XIII (cont.). — Mazzatinti, Le carte alleriane di Montpellier (app.). — Frati, Cantari e sonetti ricordati nella cronaca di Benedetto Dei. — Gröber, Gauvelm Faidit o Uc de Sant Circ? — Torraca, „Li Gliommeri" di Jacopo Sannazaro. — Nori, una lettera inedita di Girolamo Muzio. — Crescini, Herzog, die beiden Sagenkreise von Floro und Blanscheflur. — Medin, Poggio Fiorentino. Facezie.
Rivista critica della letteratura italiana I, 5: L. Gentile, S. Ferrari, Il Mago. Arcane fantasie, aggiuntevi le rime di eccellenti poeti all' autore (Roma, Sommaruga. 8°.

XXIV, 80 8.). — A. Straccali, G. Rigutini, la unità ortografica della lingua italiana. F. Torraca, Marc Monnier, La Renaissance de Dante à Luther. — S. Morpurgo, N. Roncalli, Diario dall' anno 1849—1870. — T. Casini, V. di Giovanni, Ciulo d'Alcamo, la defensa, gli agostari: G. Salvo Cozzo, Ciulo d'Alcamo o Cielo dal Camo?; L. Natoli, Il contrasto di Cielo dal Camo, noterelle critiche. — A. Zenatti. G. Sforza, la patria, la famiglia e la giovinezza di Niccolò V. — C. Frati, P. Gellrich, über die Quellen, welche der in der Intelligenza enthaltenen Erzählung der Thaten Cäsars zu Grunde liegen (s. Mussafia, Ltbl. V. S. 153). — T. Casini, P. Paganini, Flaminio de' Nobili, studio biografico. — Casinetti, Cerimoniale della republica fiorentina nel far cavalieri e ricevere oratori. — S. Morpurgo, A. Mabellini, Poesie giocose inedite o rare, preceduta da un saggio sulla poesia giocosa in Italia di Pietro Fanfani. — E. Teza, Otium sanense, lettera I a Giosuè Carducci.
Il Propugnatore XVII, 6: Gerunzi, Pietro de' Faytinelli detto Mugnone e il mulo di Uguccione della Faggiola in Toscana. — Percopo, Le Laude di Fra Jacopone da Todi nei mss. della Bibl. naz. di Napoli, contributo alla edizione critica. — Pagano, Pietro delle Vigne in relazione col suo secolo. — Ruberto, Le egloghe edite ed inedito di B. Baldi. — Gaiter, Ant. Cesari.

Pädagogisches Archiv XXVII, 1: Breusing, Gedanken über die Stellung der Grammatik im fremdsprachlichen Unterricht. — v. Sallwürk, Lückings französ. Grammatiken. — Klinghardt, Bericht über die Verhandlungen der neusprachl. Abtheilung bei der 37. Versamml. deutscher Philologen und Schulmänner.
Centralorgan f. die Interessen des Realschulwesens 12: H. Loewe, über den Anfangsunterricht im Französ.
Korrespondenzblatt für Schulen Württembergs XXXI, 331—350: John, über die methodischen Principien der sog. Junggrammatiker. Schluss.
Neue evangelische Kirchenzeitung 40: Parcival. — 50: Raich, Shakespeare's Stellung zur katholischen Religion. — Schiller als Historiker und Philosoph.
Korrespondenzblatt des Vereins f. siebenbürg. Landeskunde VII, 12: Schuster, vom Anser Dialekt. — Zum nächsischen Wörterschatz. — Volksthümliches.
Geschichtsblätter f. Stadt u. Land Magdeburg XIX, 3. 4: Kawerau, die kritischen und moralischen Wochenschriften Magdeburgs in der 2. Hälfte des 18. Jh.'s.
Neuer Anzeiger f. Bibliographie 12: Supplementum Bibliothecae Danteae ab anno MDCCCLXV inchoatae. — Neueste und letzte Beiträge zur Faustlitteratur.
Vierteljahrschrift f. wissenschaftl. Philosophie VIII, 292—340: A. Marty, über subjectlose Sätze und das Verhältnis der Grammatik zu Logik und Psychologie. Forts.
Magazin f. die Literatur des In- u. Auslandes 2: Rob. Boxberger, Jacob Grimms hundertster Geburtstag.
Nord und Süd Jan.: Fr. Freund, das Urtheil der Porzia in Shakespeares Kaufmann von Venedig.
Deutsche Revue X, 1: Charlotte v. Kalb, Cornelia. Ein ungedruckter Roman. 1. — Friedr. Latendorf, sechs unbekannte Studentenlieder Th. Körners.
Preussische Jahrbücher 54, 6: Jul. Schmidt, Corneille.
Die Grenzboten 1: Friedrich Hebbels Tagebücher.
Beilage zur Allg. Zeitung 19. Nov. 1884: M. Carrière, zur Sonettenfrage. — 30. Nov.; H. F., Schweizerische Volkslieder. (Ueber Tobler's Ausgabe.) — 2. Dec.; Adam Müller-Guttenbrunn, Otto Prechtler, der Freund Grillparzers.
The Academy 13. Dec.: Hoskyns-Abrahall, Ben Jonson's song „to Celia". — 20. Dec.; Robinson, Sidney L. Leo, Stratford-on-Avon from the earliest times to the death of Shakespeare. — 3. Jan.; Camoens, the Lyriks, Sonnets, Canzons, Odes and Sextines englished by R. Burton.
The Athenaeum 3. Jan.: Selections from the prose writings of Swift, with a preface and notes by Stanley Lane Poole; Notes for a bibliography of Swift, by Stanley Lane-Poole.
The American Journal of Philology V, 3: A. S. Cook, Vowel-length in King Alfred's Orosius.
Johns Hopkins University Circulars IV, 35: A. M. Elliott, on a philological expedition to Canada.
De Gids Dec.: de Raaf, over Shakespeare's Antonius, II. Cleopatra.
Nordisk Tidskrift för vetenskap, konst och industri 1884, S. 535—554: Johan Vibe, Normanniske og andre Skandinaviske Stedsnavne (Normannische und andere Skan-

dinavische Ortsnamen). — S. 652—665: Esaias Tegnér, Ytterligare om de nordiska ortsnamnen i Normandie (Nochmals von den nordischen Ortsnamen in der Normandie). [Die zwei Artikel enthalten eine Diskussion über den Inhalt des im Ltbl. V, S. 477 angezeigten Aufsatzes von Professor Tegnér. — V. will nicht mit den in alten Urkunden gefundenen Namen rechnen, da diese seiner Ansicht nach den alten Namenvorrath sehr ungenau repräsentiren; er geht daher von den jetzigen Namen aus, so weit sie nicht deutlich von jungem Datum sind. Auch bestreitet er T. das Recht mit alten von ihm beigebrachten Namen aus England zu operiren, da einige derselben norwegischer Herkunft sein können. Schliesslich legt er auf den Namen „Normandie" grosses Gewicht. Dies führt nun V. zu dem Schlusse, dass seine Landsleute, die Norweger, die hauptsächlichen Eroberer und Kolonisten der alten Normandie waren. — T. erwidert darauf, einmal dass die alten Namensbücher von P. A. Munch und O. Rygh, welche er benutzt, anerkanntermassen sehr zuverlässige Namensverzeichnisse enthalten, weiter, dass die meisten von V. als beweisend bezeichneten Namen jünger als das Jahr 1300 sind. Auch hat V. von den zu äusserst wichtigen isländischen Namen gänzlich abgesehen. Der Name „Normandie" kann, wie man leicht begreift, nicht viel für die speciell norwegische Herkunft der Eroberer der Normandie bedeuten. — In allen Hauptpunkten, wie in den meisten Einzelheiten scheint mir Tegnér die Eiuwürfe seines Gegners entkräftet zu haben. Man wird daher einstweilen bei seinem ersten Resultate stehen bleiben dürfen, dass nämlich Dänen die hauptsächlichen Eroberer der Normandie im neunten Jahrhundert waren. — Vänersborg (Schweden), Jan. 1885. Johan Vising.]

Rev. pol. et litt. 23: Die in der vorigen Nummer als wahrscheinlich angedruckt und von Bonnet fortführend bezeichneten Quatrains haben sich unter den 'Poésies chrétiennes' von Godeau, dem Bischof von Grasse, gefunden. — 24: Jules Lemaître, Critique contemporaine. M. Ferdinand Brunetière. — In der Caus. litt. eine Sammlung alter französischer Kinderlieder: Chansons de France pour les petits Français. — 26: Michel Bréal, Nekrologe für A. Regnier, Stanislas Guyard, Albert Dumont. — In dem anonymen Artikel La ville et le théatre Bemerkungen über Revibe und dessen neuerdings wieder aufgeführte Camaraderie, die für Deutschland, wo Scribe Schulautor ist, ein gewisses Interesse haben. — 1 : Charles Bigot, L'enseignement secondaire français. (Vorschläge für Errichtung einer Schule ohne Latein und Griechisch, die den künftigen Aerzten, Juristen, Officieren, Beamten die Vorbildung für ihre Fachstudien geben soll.) — 2: Jules Lemaître, Professeurs du Collège de France. M. Ernest Renan. — In der Caus. litt.: Souvenirs er Lamartino par Charles Alexandre. — Kurze Besprechung der Antrittsvorlesung von Alfred Morel-Fatio: La Comédie espagnole au XVII° siècle, Paris, Vieweg. — 3: In der Caus. litt.: Le Théatre en France par A. Parodi. 1 vol. 1885. — 4: E. Caro, Une académie sous le Directoire (par Jules Simon). — E. de Pressensé, La philosophe genevois, Amiel et ses juges. — M. Gaucher, Edmond About, souvenirs de jeunesse († Januar 1885).

Journal des Savants: G. Paris, Les Fabulistes latins.
Nuova Antologia Fasc. XXIII: Chiarini, Ugo Foscolo nella mente di Mazzini.
La Rassegna Nazionale I. Gen.: A. Neri, L'ultima opera di Carlo Goldoni.
La Domenica Letteraria III, 16: E. Morosi, La Leggenda di Nerone.
Lo Studente Magliese 1884 69 ff.: O. De Domo, Voci del Dialetto magliese.
Boletim da Sociedade de Geographia de Lisboa Serie 4ª. Nr. 12: F. Ad. Coelho, os jogos e as rimas infantis de Portugal. Colleccionação e estudos para servirem á historia da transmissão das tradições populares. 32 S. 8.

Neu erschienene Bücher.

*Meyer, Gustav, Essays und Studien zur Sprachgeschichte und Volkskunde. Berlin, Robert Oppenheim. VIII, 412 S. 8. M. 7. [Ueber den Inhalt der in diesem Bande neu abgedruckten Abhandlungen, welche zum grössten Theil auch die Leser des Ltbl.'s interessiren, möge folgende Zusammenstellung der Ueberschriften in Kürze orientiren. A. Zur Sprachgeschichte. I. Das indogerman. Urvolk. II. Die etruskische Sprachfrage. III. Ueber Sprache und Literatur der Albanesen. IV. Das heutige Griechisch. V. Constantin Sathas und die Slavenfrage in Griechenland. B. Zur vergleichenden Märchenkunde. I. Folklore. II. Märchenforschung u. Alterthumswissenschaft. III. Aegyptische Märchen. IV. Arabische Märchen. V. Amor und Psyche. VI. Die Quellen des Dekamerone. VII. 80-slavische Märchen. VIII. Der Rattenfänger von Hameln. IX. Der Pathe des Todes. X. Rip van Winkle. C. Zur Kenntniss des Volksliedes. I. Indische Vierzeilen. II. Neugriechische Volkspoesie. III. Studien über das Schnaderhüpfel. 1. Zur Literatur des Schnaderhüpfels. 2. Vierzeilen und mehrstrophiges Lied. 3. Ueber den Naturengang des Schnaderhüpfels. Am Schluss des Bandes sind zu den einzelnen Aufsätzen „Anmerkungen" gegeben, die meisten sind kurze bibliographische Nachweise. In der grösste Theil der Abhandlungen (abgesehen von drei aus der Deutschen Rundschau, Zs. f. allg. Geschichte, Nord und Süd), zuerst in Tagesblättern (Neue Freie Presse, Allg. Zeitung) erschienen, vielen, die an dem Inhalt Interesse haben, nicht leicht zugänglich sein dürfte, manchen auch wohl schon bei ihrer ersten Veröffentlichung entgangen ist, so wird man es „Herrn" Meyer Dank wissen, dass er sich entschlossen hat, dieselben zu einem Bande vereinigt, durchgesehen und zum Theil erweitert neu herauszugeben. Die interessantesten Studien über das Schnaderhüpfel erscheinen zudem an dieser Stelle zum ersten Mal. Die flott geschriebenen und in gutem Sinne populär gehaltenen Abhandlungen seien hiermit warm empfohlen. — F. N.]

*Originalgesänge von Troubadours und Minnesingern des 12.—14. Jahrhunderts. Aus den handschriftlichen und gedruckten Quellen nach Ton und Text übertragen und zum Concertgebrauch für Bariton mit Pianofortebegleitung von Fr. M. Böhme, k. Prof. der Musik. Mainz, B. Schotts Söhne. 33 S. 4. [Eine Publikation, die gewiss vielen, welche sich mit altfr. und mhd. Literatur beschäftigen, willkommen sein wird. Die den einzelnen Liedern vorausgeschickten Einleitungen wären allerdings so, wie sie sind, besser weggeblieben: die dort gegebenen literarhistor. Bemerkungen sind vielfach aus jetzt antiquirten Werken entnommen, die Abdrücke der mhd., noch mehr der altfranz. Originale wimmeln von Fehlern, auch die mhd. Uebersetzungen lassen an manchen Stellen zu wünschen übrig. Doch wir wollen hierüber nicht mit dem Hrsg. rechten und dankbar annehmen, was uns der „Musiker" bietet. Das Heft enthält 10 Lieder, davon 3 in altfranz. Sprache (die dem Hrsg. nach S. 9 mit der „Languedoc" identisch zu sein scheint), 7 in mhd. Die ersteren sind vom Chatelain de Coucy (1) und von Thibaut de Navarre (2. 3), die letzteren von Tannhäuser (4), Neidhart (5), Meister Alexander (6), Witzlaw von Rügen (7), Oswald von Wolkenstein (8. 9), dazu (10) ein Lied eines Fahrenden.]

Pierson, P., Métrique naturelle du langage. Avec une notice préliminaire par M. Gaston Paris. In-8, XXXVII, 264 p. avec notes de musique. Paris, lib. Vieweg. fr. 10. Bibliothèque de l'Ecole des hautes études, 56° fascicule (sciences philologiques et historiques).

Schneider, J., Ueber einige neuere Forschungen auf dem phonetischen Gebiete. Programm der Realschule zu Altenburg. 20 S. 8.

Aufsätze, historische und philologische, Ernst Curtius zu seinem 70. Geburtstage gewidmet. Berlin, Asher. 1884. 434 S. 8. M. 5. Darin: Christ. Belger, Goethes und Schillers Beschäftigung mit der Poetik des Aristoteles. — Ph. Spitta, über die Beziehungen Sebastian Bachs zu Fr. Christ. Hunold und Mariane v. Ziegler.

Bidrag till Skandinaviens historia ur utländska arkiver samlade och utgifna af Carl Gustaf Styffe. Femte delen. 1504 —1520. Stockholm, Norstedt & Söner. 1884. CLXVIII, 608 S. 8. Kr. 11. 8.

Briefwechsel zwischen Jacob und Wilhelm Grimm, Dahlmann und Gervinus. Hrsg. von E. Ippel. Berlin, Dümmler. Bd. I, 9. M. 10.

Bürger, Georg, Das Verhältniss der öffentlichen Meinung zu Wahrheit und Lüge im 10., 11. u. 12. Jh. (Berliner Diss.) Berlin, Weber. 1884. 112 S. 8. M. 2. (Vgl. Kaufmann, Anz. f. d. Alterth. XI, 1.)

Falkman, Ludvig, Om mått och vigt i Sverige; historisk framställning. Första delen; den Sidsta tiden till och med år 1605. Stockholm, Ivar Haeggströms boktryckeri, Författarens förlag. 1884. XXI, 446 S. 8. Kr. 3. 8.

Fritsch, Otto, Martin Opitzen's Buch von der deutschen Poeterei. Ein kritischer Versuch. Hallenser Dissertation. 1884. 78 S. 8. n.
*Froning, R., Zur Geschichte und Beurtheilung der geistlichen Spiele des Mittelalters, insonderheit der Passionsspiele. Frankfurt a. M., Jügel. 29 S. gr. 8. M. 0.75.
*Haltrich, Joseph, Zur Volkskunde der Siebenbürger Sachsen. Kleinere Schriften in neuer Bearbeitung hrsg. von J. Wolff. Wien, Graeser. XVI, 536 S. 8. M. 7.
Hansen, Friedr., Die Kampfschilderungen bei Hartmann v. Aue und Wirnt von Gravenberg. Hallenser Dissertation. 1884. 32 S. 8. n.
Herders sämmtliche Werke, hrsg. von B. Suphan. Bd. 7. Berlin, Weidmann. 8. M. 6.
Hoppe, Otto, Tysk-svensk ordbok. H. 1—3. Stockholm, Norstedt & Söner. 1884. S. 1—288. 8. Kr. 3. (Vgl. Erdmann: Nordisk Revy Nr. 23.) 8.
Jordan, Wilhelm, Festspiel zur 100jährigen Feier der Gebrüder Grimm. Frankfurt a. M , Selbstverlag des Verfassers. (Leipzig, F. Volckmar.) 8. M. 0.30.
Koek, Axel, Språkhistoriska undersökningar om svensk accent. Andra delen. I. Lund, Gleerup. 1884. 328 S. 8. Kr. 4,75. 8.
Lieder der alten Edda. Deutsch durch die Brüder Grimm. Neu hrsg. von J. Hoffory. Berlin, Reimer. 8. M. 1,50.
Löschhorn, H., Rede auf Jacob Grimm, in der Gesellschaft für deutsche Philologie zu Berlin gehalten. Berlin, Weber i. Comm. 31 S. 8.
Magnússon, Eirikr. On Hávamál verses 2 and 3 (Bugge edition). 11 S. Cambridge. Reprinted from the proceedings of the Cambridge Phil. Society, October Term. 1884. Nr. IX.
Moers, J., Die Form- und Begriffsveränderungen der franz. Fremdwörter im Deutschen. Programm der höheren Bürgerschule zu Bonn. 35 S. 4. n.
*Perry, Thomas Sergeant, from Opitz to Lessing. A study of pseudo-classicism in literature. Boston, Osgood. 207 S. 8.
Reinhardt, Friedr., Die Causalsätze und ihre Partikeln im Nibelungenliede. Hallenser Dissert. 1884. 35 S. 8. n.
Scherer, Wilhelm, Jacob Grimm. Zweite verbesserte Aufl. Berlin, Weidmann. VIII, 361 S. 8. M. 3.
*Schiller, Ueber naive und sentimentalische Dichtung. Mit Einleitung und Anmerkungen von Josef Egger und Karl Rieger. Wien, Gräser. XVII, 142 S. M. 1.
Schönbach, Anton, Die Brüder Grimm. Ein Gedenkblatt. Berlin, Dümmler. 8. M. 0,75.
*Sermüller, J., Zur Methodik des deutschen Unterrichts in der fünften Gymnasialklasse. Wien, Hölder. 36 S. 8. M. 1.
Söderwall, K. F., Ordbog öfver svenska medeltids-språket. Första häftet (a—arna). Lund, Fr. Berlings boktryckeri och stilgjuteri. 1884. 48 S. 4. Kr. 3. (Samlingar utgifna af Svenska Fornskrift-Sällskapet, Häft. 85.) 8.
Stephens, George. The old-northern runic monuments of Scandinavia and England. Part. III. Kjobenhavn. VIII, 500 S. fol. 50 Shillings.
Thamhayn, Willy Ernst, Ueber den Stil des deutschen Rolandsliedes nach seiner formalen Seite. Hallenser Dissert. 1884. 64 S. 8. n.
Visbecker, 1500- och 1600-talens, uppfinnare af Adolf Noreen och Henrick Schück. I. Harald Oluffsons Visbok. Andra häftet. Stockholm 1884. S. 49—96. 8. (In: Skrifter utgifna af Svenska Literatursällskapet.) 8.
Zschech, Franz, Die Brüder Jakob und Wilhelm Grimm. Hamburg, Voss. VI, 37 S. 8. M. 0,60.

Armster, Carl, Sir John Denham. Ein Beitrag zur Geschichte der engl. Literatur. Hallenser Dissertat. 1884. 52 S. 8. n.
*Bibliothek, Altenglische, hrsg. von Eugen Kölbing. 11. Bd. Amis and Amiloun. Zugleich mit der altfranz. Quelle hrsg. von E. Kölbing. Nebst einem Anhange: Amicus ok Amilius Rimur. Heilbronn, Gebr. Henninger. CXXXI, 236 S. 8. M. 7.
Brunswick, Alfred, Wordsworth's Theorie der poetischen Kunst. Hallenser Dissert. 1884. 34 S. 8. n.
Förster, Emil, Zur Geschichte der englischen Gaumenlaute. Bonner Dissertat. 39 S. 8. (= Anglia VII, 2.)
Heech, Ueber Sprache und Verobau des halbsächsischen Gedichtes „Debate of the Body and the Soule". Halle, Niemeyer. 8. M. 1,50.
Rolfs, W., Ueber die Gründung eines Institutes für deutsche Philologie zum Studium des Englischen in London. Eine Denkschrift den deutschen Regierungen, Universitäten und Städten vorgelegt. Berlin, Weidmann. 63 S. 8.

Shakespeare. Much ado about nothing: now first published in fully-recovered metrical form and with a prefatory essay by Lloyd. London, Norgate. 92 S. 8. sh. 3.
The Boke of Duke Huon of Burdeux, done into English by Lord Berners and printed by Wynkyn de Worde about 1534 A. D. Ed. from the unique copy of the first edition, with an introduction by S. L. Lee. P. II. The story of Esclarmonde. E. E. T. S. 15 sh.
The Epinal Glossary, latin and old-english of the eighth century. Photo-lithographed from the original ms. by W. Griggs, and edited with transliteration, introduction and notes by Henry Sweet. London.
Wilke, Wilh., Metrische Untersuchungen zu Ben Jonson. Hallenser Dissertation. 1884. 70 S. 8.
Willert, H., Geoffrey Chaucer. The House of Fame. Einl. und Textverhältniss. Halle, Niemeyer. 8. M. 1,20.

Antona-Traversi, C., La salma di Giacomo Leopardi. Recanati, tip. Simboli. 67 S.
Bahlsen, Leop., Adam de la Hale's Dramen und das „Jeu du pelerin" I. Marburger Dissertat. 1884. 92 S. 8. (Ausg. und Abh. XXVII.) x.
Bartolucci, L., Pensieri, Massime e Giudizi estratti dalla Divina Commedia e ordinati per comodo degli studiosi. Città di Castello, S. Lapi. X, 207 S. 16.
Biblioteca de las tradiciones populares españolas. Director: Antonio Machado y Alvarez. (Tomo I: Introduccion, por Antonio Machado y Alvarez; Fiestas y costumbres populares andaluzas, por Luis Montoto y Rautenstrauch; Cuentos populares españoles, por Antonio Machado y Alvarez; Superstitiones populares andaluzas, por Alejandro Guichot y Sierra. — Tomo II: El Folk-Lore de Madrid, por Eugenio de Olavarria y Huarte; Juegos infantiles de Extremadura, recogidos y anotados por Sergio Hernandez de Soto; De los maleficios y los demonios. Libro quinto del „Hormiguero" escrito por el Prior Fr. Juan Nyder, siglo XV. y trasladado del latino latino al castellano por J. M. Montoto. — Tomo III: El Mito del Basilisco, por Alejandro Guichot y Sierra; Juegos infantiles de Extremadura, recogidos y anotados por Sergio Hernandez de Soto; De los maleficios, de Fr. Juan Nyder, siglo XV. Obra vertida del latin al castellano, por J. M. Montoto. — Tomo IV: El Folk-Lore Gallego, por Emilia Pardo Bazan, F. Casares, J. Siviro, M. Valladares, J. Perez Ballesteros, J. Fernandez Alonso, R. Somoza Pineiro, A. Machado y Alvarez; De los maleficios y los demonios de Fr. Juan Nyder, traducida, por J. M. Montoto: Costumbres populares andaluzas, por Luis y Rautenstrauch. — Tomo V: Estudios sobre la literatura popular, por Antonio Machado y Alvarez. Dieser erste Band enthält: Coplas populares, cuentos, adivinanzas, medianos populares, cantes flamencos, fonetica andaluza etc.] Madrid, F. Fé. Sevilla, A. Guichot y Co. Palermo, Luigi Pedone Lauriel. 8. Jeder Band L. 3.
Bondurand, E., Crises de la baronnie d'Hierle (Texte en langue d'oc de 1415). Nimes. 15 S. 8.
Catalogo dei Codici manoscritti della Trivulziana, compilato da Giulio Porro. Torino, frat. Bocca (Stamperia Reale di I. Vigliardi). 1884. in-8 gr. pag. XVI, 532. L. 16. Biblioteca storica italiana, pubblicata per cura della R. Deputazione di Storia patria.
Cavazza, F., Miscellanea. Ciulio d'Alcamo e un' ipotesi del prof. Caix, ecc. Bologna, Zanichelli. 87 S. 8.
Cervantes de Saavedra, M., el cuento del cautivo. Eine Episode aus dem Don Quijote. Für Lehrzwecke bearbeitet und mit Anmerkungen versehen von G. Diercks. Leipzig, Lenz. 8. M. 0,80.
Colagrosso, studii sul Tasso e sul Leopardi. Napoli, Detken. 300 S. 16.
Compte Rendu de la 9e Session du Congrès international d'anthropologie et d'archéologie préhistoriques en 1880 (Lisbonne): F. A. Coelho, sur les cultes péninsulaires antérieurs à la domination Romaine. — Dera., Note sur les prétendues relations des Macrocéphales d'Hippocrate avec les Ciganos à propos de la communication de M. P. Bataillard 'Les Gitanos d'Espagne et les Ciganos de Portugal'.
Curiosità popolari tradizionali, pubblicate per cura di Giuseppe Pitrè. Vol. I. Usi e pregiudizi dei contadini della Romagna di Michele Placucci da Forlì riprodotti sulla edisione originale. Un bel vol. in-16 di pag. XX, 216. L. 3. — Vol. II. Avvenimenti faceti, raccolti da un anonimo siciliano

nella prima metà del secolo XVIII. Un bel vol. in-16 di pag. 124. L. 3. Palermo, Pedone Lauriel.
Di Giovanni, V., Ciulo d'Alcamo, la defensa, gli agostari e il giuramento del contrasto, anteriori alla costituzione del regno del 1231. Bologna, Fava e Garagnani. 60 S. 8.
Doneaud du Plan, Etude sur Rotrou. In-8, 20 p. Amiens, impr. Delattre-Lenoel. Extrait de la Revue de la Société des études historiques, juillet-août 1884.
Gurlato, A., Chioggia, il suo popolo e il suo dialetto. Venezia. 45 S. 16.
Genovesi, V., La Divina Commedia investigata nelle sue meraviglie estetiche: Sull'arte nei canto I del Paradiso: lettera. Firenze, tip. Cellini e C. in-8. pag. 15.
Giordano, G., Studio sulla Divina Commedia. Napoli. Vol. I. 396 S. 8.
Gröber, G., Etymologien. (Frz. aiguille, it. ammicrare, it. andare, fr. arroser, it. astore, afr. bleron, sp. borrojo, fr. ouvre, fr. judic, prov. jassé, ancé, dessé, it. malvagio, fr. morceau, fr. niès, fr. putois, fr. pitre, fr. ruisseau.) Aus den Misc. di Fil. rom. dedicata alla memoria del prof. Caix e Canello. S. 38—40, 4°.
Gruber, E., Studiu asupra genului elementelor latine in romaneşte. Jassy. 35 S. 8. (Dilettantisch.)
Guiscardi, Roberto, Per una memoria a Jacopo Sannazzaro: lettera al cav. D'Ambra. Trani, 1884. in-4.
Heinrich, Fritz, Ueber den Stil von Guillaume de Lorris und Jean de Meung. Marburger Dissertat. 1884. 48 S. 8. (Ausg. u. Abh. XXIX.) x.
Heuser, Emil W., Ueber der Theile, in welche die Lothringer Geste sich zerlegen lässt. I. Marburger Dissert. 1884. 47 S. 8. (Ausg. u. Abhandl.) x.
Hildebrand, Friedr., Ueber das französische Sprachelement im Liber censualis Wilhelms I. von England (Exchequer- und Exon-Domesday-Book). Hallenser Dissert. 1884. 42 S. 8. (Ztz. f. rom. Phil. 1884. VIII. 3.)
Istoria di Merlino, I primi due libri dell', ristampati secondo la rarissima edizione del 1480. per cura di Giacomo Ulrich. Bologna, Romagnoli edit. in-16. p. VI, 360. L. 12. Scelta di Curiosità letterarie inedite o rare dal secolo XIII al XVII. ecc., disp. CCL.
Kehr, Joseph, Ueber die Sprache des Livre des manières von Estienne de Fougères. Bonner Dissert. 1884. 62 S. 8.
*Langenscheidt, Paul, Die Jugenddramen des Pierre Cor- neille. Ein Beitrag zur Würdigung des Dichters. Berlin, Langenscheidt. 80 S. 8. M. 1,50.
Laue, Max, Ferreto von Vicenza. Seine Dichtungen und sein Geschichtswerk. Hallenser Dissert. 1884. 30 S. 8. (Wird vollständig bei Niemeyer in Halle erscheinen.) x.
Lazzari, S., Criterii su un nuovo Commento alla Divina Commedia. Messina. 47 S. 8. L. 0,75.
Le facezie del Piovano Arlotto, precedute dalla sua vita ed annotate da G. Baccini. Firenze, Salani. 394 S. 8.
Leopardi, G., Pensieri sulle donne, inediti. Schio, tip. Maria. 1884. in-16. pag. 8. Per nozze Marzotto-Pozza.
Lubin, A., Dante spiegato con Dante e polemiche dantesche. Turin, Herm. Löscher. 8. L. 2,50.
Marguerite d'Angoulême, L'Heptaméron des nouvelles de très haute et très illustre princesse Marguerite d'Angou- lême, reine de Navarre. Nouvelle édition, collationnée sur les manuscrits, avec préface, notes, variantes et glossaire- index par B. Pifteau. In-18 jésus, XVI, 507 p. Paris, libr. Charpentier et C°. fr. 3,50.
Marseille, Hermann, Ueber die Handschriften-Gruppe F, M, P, X der Geste des Loherains. Marburger Dissertation. 1884. 46 S. 8. x.
Merlo, P., Problemi fonologici sull'articolazione e sull'accento. Estratto dalla Miscellanea di Filologia Romanza, dedicata alla memoria dei prof. Caix e Canello. Firenze, Le Munnier. 31 S. 4.
Nagel, Kurt, Alexandre Hardys Einfluss auf Pierre Corneille. Marburger Dissert. 1884. 36 S. 8. (Ausg. u. Abh. XXVIII.)
Notoli, L., Il contrasto di Cielo dal Camo, notevole critiche. Palermo, Gianuone e Lamantia. 42 S. 8.
Oesten, Rud., Die Verfasser der altfranzösischen chanson de geste Aye d'Avignon. Marburger Dissertat. 1884. 50 S. 8. (Ausg. u. Abh. XXXII.) x.
Papa, P., Sul quinto volume della Storia della Letteratura italiana del prof. A. Bartoli. Firenze. 22 S. 8.
Pape, Rich., Die Wortstellung in der provenzalischen Prosa- Literatur des XII. u. XIII. Jh.'s. Inaugural-Dissertation. Jena, Deistung. IV, 100 S. gr. 8. M. 1,40.

Paris, G., Chrétien Legouais et autres traducteurs ou imi- tateurs d'Ovide. in-4, 73 p. Paris, impr. nationale. Extrait de l'histoire littéraire de la France, t. 29, p. 455—517.
Pfeiffer, Ernst, Ueber die Handschriften des altfranzösischen Romans Partonopeus de Blois. Marburger Dissertat. 1884. 42 S. 8. (Ausg. u. Abh. XXV.) x.
Picot, Emile, catalogue des livres composant la bibliothèque de feu M. le baron James de Rothschild. T. I. Paris, D. Morgand. XIX, 672 S.
Pohlisch, Bernh., Die Patoisformen in Molières Lustspielen. Hallenser Dissertation. 1884. 28 S. 8.
Raumair, Arthur, Ueber die Syntax des Robert de Clary. Erlangen, Deichert. VIII, 65 S. 8. M. 1,80.
Riecke, O., Die Nebensätze im Oxforder Text des altfranz. Rolandsliedes. Münst. Dissertation. 8.
Rigutini, G., la unità ortografica della lingua italiana. Firenze, Paggi. VIII, 237 S. 8.
Romani, F., Abruzzesismi, raccolti. Piacenza, V. Porta. 60 S. 8.
Rudolph, Alfred, Ueber die Vengeance Fromondin, die allein in lls. M° erhaltene Fortsetzung der Chanson Girbert de Metz. Marburger Dissertation. 1884. 44 S. 8. (Ausg. u. Abh. XXXI.) x.
Rustebuef's Gedichte. Nach den Handschriften der Pariser Nationalbibliothek hrsg. von Ad. Kressner. Wolfenbüttel, Jul. Zwissler. VI, 305 S. 8. M. 10.
Salve Cozzo, G., Ciulo d'Alvamo o Cielo dal Camo? S. l. s. a. 13 S. 16.
Scheler, Aug., Etude lexirologique sur les poésies de Gillon le Muisit. Préface, glossaire, corrections. Brüssel, C. Muquardt. 186 S. 8. fr. 3.
Schlitterer, Vorgeschichte und erste Versuche der franz. Oper. Berlin, R. Damköhler. 300 S. 8. M. 4,80.
Seelmann, Emil, Wesen und Grundsätze lateinischer Accen- tuation. Bonner Dissertation. 1884. 32 S. 8. x.
Steffani, St., Archaismen und Vulgarismen in den ver- gilianischen Eclogen. Programm des Staatsobergymnasiums zu Mitterburg. 34 S. 8.
Sundby, Thor, Blaise Pascal, sein Kampf gegen die Jesuiten und seine Vertheidigung des Christenthums. Aus dem Dä- nischen übersetzt von H. Junker. Oppeln, Franck.
Wolff, Carl Fr., Futur und Conditional II im Altproven- zalischen. Marburger Diss. 1884. 46 S. 8. (Ausg. u. Abh. XXX.)
Zacher, Albert, Beiträge zum Lyoner Dialekt. Bonner Diss. 1884. 63 S. 8. x.

Ausführlichere Recensionen erschienen über:

Hoffory, Prof. Sievers und die Principien der Sprach- physiologie (v. W. Braune: Lit. Centralblatt 4).
Andersson, Om Johan Salbergs Grammatica svetica (v. Ad. Noreen): Nordisk Revy II. 6). 8.
Corpus poeticum boreale, von Vigfusson u. Powell (v. Hein- zel: Anz. f. d. A. XI, 1).
Gaedertz, das niederdeutsche Schauspiel (v. Minor: ebd.).
Kluge, etymol. Wörterbuch (v. Franck: ebd.).
Litzmann, Liscow (v. Seuffert: ebd.).
Rüdiger, Bemerkungen zu den Nibelungen (v. Stein- meyer: ebd.).
Svenskt Diplomatarium från och med år 1401, utg. genom C. Silfverstolpe. I, 4 (v. K. H. K.: Nord. Revy II, 6). 8.
Tobler, Schweizerische Volkslieder (v. Köhler: Anz. f. d. Alterth. XI, 1).
Wigström, Sagor ock Äfventyr (v. Liebrecht: Germ. XXX, 1).
Bosworth-Toller, An Anglo-Saxon Dictionary (v. Garnett: Amer. Journal of Phil. V, 3).
Murray, a new English Dictionary (v. Garnett: ebd. V, 3).
Scholle, L. Minots Lieder (v. Brandl: Anz. f. d. A. XI, 1).
Appel, de genere neutro intereunte in lingua latina (v. Gol- ling: Zs. f. d. österr. Gymnasien XXXV, 424—427).
Cuervo, Diccionario de Construccion y Regimen de la Lengua Castellana (v. W. F.: Lit. Centralbl. 4).
Hagberg, Rolandsagan (v. Ernst Meyer: Nordisk Revy II, 6). 8.
Koerting, Encyklopädie (v. Elliott: Amer. Journal of Phil. V, 3).
La vie de saint Alexis, p. p. G. Paris (v. W. F.: Lit. Cen- tralblatt 4).

Orthographia Gallica hrsg. von Stürzinger (s. Elliott: Amer. Journal of Phil. V, 3).
Raynaud, Recueil de motets français des XIIe et XIIIe siècles (v. A. Loquin: Mélusine II, 10).
Sundby-Menier, Della vita e delle opere di Brunetto Latini (v. A. Neri: Arch. storico ital. XV, 1).
Vising, sur la versification anglonormande (v. W. F.: Lit. Centralblatt 5).
Zardo, A. Mussato, Studio storico e letterario (v. R. Sabbadini: Arch. stor. ital. XV, 1).

Literarische Mittheilungen, Personalnachrichten etc.

Der "Neue Anzeiger für Bibliographie und Bibliothekswissenschaft" hrsg. von Petzholdt ist in den Verlag von Speemann in Stuttgart übergegangen und erscheint fortan unter der Redaction von Prof. J. Kürschner. – Die "Akademischen Blätter", hrsg. von O. Sievers, haben ihr Erscheinen eingestellt. – Die Zs. für deutsches Alterthum wird in Zukunft alljährlich eine bibliographische Uebersicht der auf dem Gebiete der neueren deutschen Literatur erschienenen wissenschaftlichen Publikationen bringen; Herausgeber wird Prof. Ph. Strauch in Tübingen sein.
Joh. Bolte hat eine Geschichte des märkischen Dramas im 16. und 17. Jh. in Aussicht gestellt.
Bei Schulze, Oldenburg erscheint demnächst: Karl Engel, Zusammenstellung der Faustschriften vom 16. Jahrhundert bis Mitte 1884 (50 Druckbogen mit 2800 Faust-Nummern).
Von E. Wolter sollen demnächst kritische Ausgaben der Legende vom heil. Bonitus des Walther von Coincy und der Legende von der heil. Thais nach den Vies des Pères erscheinen. – Für die Sammlung französischer Neudrucke ist unter der Presse: Louis Meigret, tretté hrsg. von W. Foerster. Daran werden sich, ebenfalls von W. Foerster herausgegeben, Jaques Péletier' und Guillaume du Autels' Streitschriften schliessen. Als Einleitung dazu schreibt W. Foerster "die Aussprache des Französischen im 16. Jahrhundert".
Oberlehrer Dr. O. Lücking in Berlin hat den Titel "Professor" erhalten.
† im Januar der Orientalist Fr. Baudry, bekannt auch durch ein Werk über die Brüder Grimm.
Antiquarische Cataloge: Aeckermann, München (Franz.); Hamborg, Greifswald (Neuere Spr.); Simmel, Leipzig (Franz. Lit.); Stargardt, Berlin (Deutsche Lit.); Steyer, Cannstadt (Sprachwissenschaft).
Berichtigung. In der Januar-Nummer des Lbl.'s Sp. 37 Z. 32 v. u. ist statt "fünfzigjährig" "siebzigjährig" zu lesen.

Abgeschlossen am 22. Januar 1885.

Nachtrag.

Bei meiner Anzeige des Buches von Maus über Peire Cardenals Strophenbau (Lbl. 1885 Nr. 1) übersah ich, dass von den vier Gedichten, die ich als ungedruckt bezeichnete, drei durch Stengel in der Blumenlese der Chigiana veröffentlicht sind. Ich vervollständige daher meine Anzeige dahin, dass die Schemata von Raïm. Bist. d'Arle 2 und das von Bordel 18 in M.'s Liste richtig angegeben ist; in 461, 129 dagegen sind die Silbenzahlen falsch, nur die ersten zwei Zeilen haben 7, die folgenden sechs haben 8 Silben. Von 41 Formen auf der ersten Seite jener Liste sind mithin 17 richtig und 24 falsch.
Berlin.   C. Appel.

NOTIZ.

Den germanistischen Theil redigirt Otto Behaghel (Basel, Bahnhofstrasse 93), den romanistischen und englischen Theil Fritz Neumann (Freiburg i. B., Albertstr. 26), und man bittet die Beiträge (Recensionen, kurze Notizen, Personalnachrichten etc.) dem entsprechend zu adressiren. Die Redaction richtet an die Herren Verleger wie Verfasser die Bitte, dafür Sorge tragen zu wollen, dass alle neuen Werke germanistischen und romanistischen Inhalts sie gleich nach Erscheinen entweder direct oder durch Vermittelung von Gebr. Henninger in Heilbronn zugesandt werden. Nur in diesem Falle wird die Redaction stets im Stande sein, über neue Publicationen eine Besprechung oder kürzere Bemerkung (in der Bibliogr.) zu bringen. An Gebr. Henninger sind auch die Anfragen über Honorar und Sonderabzüge zu richten.

Literarische Anzeigen.

Verlag von Gebr. Henninger in Heilbronn.

Sammlung französischer Neudrucke

herausgegeben von

Karl Vollmöller.

Erschienen:

1. *De Villiers, Le Festin de Pierre ou le fils criminel.* Neue Ausgabe von W. Knörich.   M. 1.20
2. *Armand de Bourbon, Prince de Conti, Traité de la comédie et des spectacles.* Neue Ausgabe von Karl Vollmöller. geh.   M. 1.60
3.—6. *Robert Garnier, Les tragédies.* Treuer Abdruck der ersten Gesammtausgabe (Paris 1585). Mit den Varianten aller vorhergehenden Ausgaben und einem Glossar herausgegeben von Wendelin Foerster.
   I. Band: Porcie, Cornélie. M. Antoine. geh.   M. 3.60
   II. Band: Hippolyte, La Troade. geh.   M. 2.80
   III. Band: Antigone, Les Juifves. geh.   M. 2.80
   IV. (Schluss-)Band: Bradamante, Glossar. geh.   M. 2.00

Unter der Presse:

7. *Le tretté de la Grammére françoéze, fêt par Louis Meigret Lionés* (1550) herausgeg. von W. Foerster.

Daran werden sich anschliessen *Jaques Péletier' und Guillaume du Autels' Streitschriften* ebenfalls von W. Foerster herausgegeben, das Ganze mit einer Einleitung desselben: Die Aussprache des Französischen im 16. Jahrhundert.

Soeben erschien: **Die Jugenddramen des Pierre Corneille.** Zur Erinnerung an den 200jähr. Todestag desselben (1. October 1684) von Dr. Paul Langenscheidt. gr. 8°. 1 M. 50 Pf. *Langenscheidtsche Verl.-Buchh. (Prof. G. Langenscheidt) Berlin.*

Soeben erschien:

NICOMÈDE

von

P. Corneille.

Mit litterarhistorischer Einleitung und Commentar für den Schulgebrauch herausgegeben von

Dr. Th. Weischer,
Oberlehrer.

Preis 1 M. 20 Pf.

August Neumanns Verlag, Fr. Lucas, in Leipzig.

Verlag von Gebr. Henninger in Heilbronn.

Altenglische Bibliothek

herausgegeben
von
Eugen Kölbing.

Erschienen:

I. Band: Osbern Bokenam's Legenden, herausgegeben von C. Horstmann. XV, 280 S. geh. M. 5.60
II. Band: Amis and Amiloun, zugleich mit der altfranzös. Quelle herausgegeben von Eugen Kölbing. Nebst einer Beilage: Amicus uk Amilius Rimur. CXXXI, 256 S. geh. M. 7. —

Unter der Presse:

III. Band: Zwei mittelenglische Fassungen der Octavian-Sage, herausgegeben von G. Sarrazin.

Soeben erschien und wird zur Einführung in Schulen empfohlen:

Französische Schulgrammatik

von
Albin Kemnitz,
ordentlichem Lehrer an der Grossherzoglichen W und L. Zimmermann's Realschule in Apolda

I. Teil. (Formenlehre mit dem Notwendigsten aus der Syntax.)

gr. 8°. VIII u. 288 S. Preis eleg. geheftet 3 M. 20 Pf.

August Neumann's Verlag, Fr. Lucas.
in Leipzig.

Verlag von GEBR. HENNINGER in Heilbronn.

Sammlung altenglischer Legenden, grösstentheils zum ersten Male herausgegeben von C. Horstmann. gr. 8. III, 228 S. 1878. geh. M. 7. 20
Altenglische Legenden, Neue Folge. Mit Einleitung und Anmerkungen herausgegeben von C. Horstmann. gr. 8. CXL, 530 S. 1881. geh. M. 21. —
Barbours, des schottischen Nationaldichters Legendensammlung nebst den Fragmenten seines Trojanerkrieges zum ersten Mal kritisch herausgegeben von C. Horstmann. Erster Band. gr. 8. XI, 247 S. 1881. geh. M. 8. Zweiter Band. IV, 308 S. 1882.
M. v. 60
S. Editha sive chronicon Vilodunense in Wiltshire Dialect aus Ms. Cotton Faustina B III herausgegeben von C. Horstmann. gr. 8. VIII, 110 S. 1883. geh. M. 4. —
Elis Saga ok Rosamundu. Mit Einleitung, deutscher Uebersetzung und Anmerkungen. Zum ersten Mal herausgegeben von Eugen Kölbing. gr. 8. XLI, 217 S. 1881. geh. M. 8. 50
Die nordische und die englische Version der Tristan-Sage. Herausgegeben von Eugen Kölbing.

I. Theil: *Tristrams Saga ok Isondar*. Mit einer literarhistorischen Einleitung, deutscher Uebersetzung und Anmerkungen. gr. 8. CXLVIII, 224 S. 1878. geh. M. 12. —
II. Theil: *Sir Tristrem*. Mit Einleitung, Anmerkungen und Glossar. Nebst einer Beilage: Deutsche Uebersetzung des englischen Textes. XCIII, 292 S. 1883. Geh. M. 12. —

Verlag von GEBR. HENNINGER in Heilbronn.

Einleitung in das Studium des Angelsächsischen. Grammatik, Text, Uebersetzung, Anmerkungen, Glossar von K. Körner.
I. Theil: *Angelsächsische Formenlehre*. gr. 8. VIII, 67 S. 1878. geh. M. 2. —
II. Theil: *Angelsächsische Texte*. Mit Uebersetzung, Anmerkungen und Glossar. XII, 404 S. 1880. geh. M. 9. —
Anmerkungen zu Macaulay's History of England. Von Dr. R. Thum. I. Theil. Zweite sehr vermehrte und verbesserte Auflage. geh. M. 3. —
Die Fortsetzung ist nicht apart käuflich, sondern nur in den Englischen Studien erschienen, der II. Theil in 2 Heft, der III. Theil im 2 Heft des IV. Bandes, der IV. Theil im 1. Heft, der V. Theil im 3. Heft des V. Bandes, der VI. Theil im 1. Heft des VIII. Bandes.
Zur Förderung des französischen Unterrichts insbesondere auf Realgymnasien. Von Dr. Wilh. Münch, Director des Realgymnasiums zu Barmen. Geh. M. 2. —
Der Sprachunterricht muss umkehren! Ein Beitrag zur Ueberbürdungsfrage von Quousque Tandem. geh. M. — 60.
Die praktische Spracherlernung auf Grund der Psychologie und der Physiologie der Sprache dargestellt von Felix Franke. geh. M. —.60
Encyclopädie und Methodologie der romanischen Philologie mit besonderer Berücksichtigung des Französischen und Italienischen von Gustav Körting.
Erster Theil. Erstes Buch: *Erörterung der Vorbegriffe*. Zweites Buch: *Einleitung in das Studium der romanischen Philologie*. gr. 8. XVI, 244 S. 1884. geh. M. 4. —
Zweiter Theil: *Die Encyclopädie und Methodologie der romanischen Gesammtphilologie*. gr. 8. XVIII, 305 S. 1884. geh. M. 7. —
Englische Philologie. Anleitung zum wissenschaftlichen Studium der englischen Sprache von Johan Storm, o. Professor der roman. und engl. Philologie an der Universität Christiania. Vom Verfasser für das deutsche Publikum bearbeitet. Erster Band: *Die lebende Sprache*. gr. 8. XVI, 468 S. 1881. geh. M. 9. — geh. in Halbfrzbd. M. 10. 50
Elemente der Phonetik und Orthoepie des Deutschen, Englischen und Französischen mit Rücksicht auf die Bedürfnisse der Lehrpraxis von Wilhelm Vietor. geh. M. 4. 80, geb. in Halbl. M. 5. 60
Unter der Presse befinden sich:
Englische Lautlehre für Studirende und Lehrer. Von August Western. Vom Verfasser selbst bearbeitete deutsche Ausgabe (von Engelek Iydimre for studerende og lærere).
Kurze Darstellung der englischen Aussprache für Schulen und zum Selbstunterricht. Von August Western. Vom Verfasser selbst bearbeitete deutsche Ausgabe (von Engelek Iydimre for skoler).

Im Verlag von J. Zwissler in Wolfenbüttel erschien:

Rustebuef's Gedichte.

Nach den Pariser Handschriften herausgegeben von
Dr. Adolf Kressner.
VI, 305 S. 8°. M. 10.

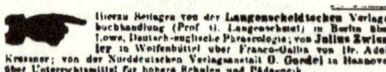

Hierzu Beilagen von der Langenscheidtschen Verlagsbuchhandlung (Prof. G. Langenscheidt) in Berlin über Lowe, Deutsch-englische Phraseologie; von Julius Zwissler in Wolfenbüttel über Franco-Gallia von Dr. Adolf Kressner; von der Norddeutschen Verlagsanstalt O. Goedel in Hannover über Unterrichtsmittel für höhere Schulen und Pädagogik.

Verantwortlicher Redacteur Prof. Dr. Fritz Neumann in Freiburg i. B. — Druck von G. Otto in Darmstadt.

Literaturblatt

für

Germanische und romanische Philologie.

Unter Mitwirkung von Professor Dr. Karl Bartsch herausgegeben von

Dr. Otto Behaghel und Dr. Fritz Neumann

o. ö. Professor der germanischen Philologie   o. ö. Professor der romanischen Philologie
an der Universität Basel,   an der Universität Freiburg.

Verlag von Gebr. Henninger in Heilbronn.

Erscheint monatlich.   **Preis halbjährlich M. 5.**

VI. Jahrg.   Nr. 3.   März.   1885.

Schuchardt, Slawo-Deutsches und Slawo-Italienisches (Paul). — Cederschiold, Fornsögur Suðrlanda (Mogk). — Knoll, Beiträge zum mhd. Wörterbuch (Herb). — Pritzel & Jessen, die deutschen Volksnamen der Pflanzen; Keling u Bohnhorst, unsere Pflanzen nach ihren deutschen Volksnamen; Hofer, Dialettismen der in Nieder-Oesterreich vorkommenden Pflanzenarten (Pietsch). — Rudolph, Luthers Verdienste um unsere Muttersprache (Ploetschl). — Merbot, ästhetische Studien zur ags. Poesie (Kruger). — Scholls, Laur. Minot's Lieder (Bernstein). — Thomassen, Kelto-Romanisches (Schnchardt). — Orthographia gallica, hrsg. v. Bürzinger (Suchier). — Meyer, Fragment d'une Chanson d'Antioche en provençal (Tobler). — Mohacks, Geschicht. Entwicklung der Mundart von Montpellier (Meyer). — Halfmann, die Bilder und Vergleiche in Poliri's Morgante (Wiesel). — La Comedie Espagnole de Lope de Ruela (Morel-Fatio). — Bibliographie. — Literarische Mittheilungen, Personalnachrichten etc. — Starker u. Tamas et z, Erwiderung u. Antwort.

Schuchardt, Hugo. Slawo-deutsches und Slawo-italienisches. Dem Herrn Franz von Miklosich zum 20. November 1883. Graz, Leuschner & Lubensky. 1884. 140 S. 4.

Der Verf., welcher schon seit längerer Zeit sich dem Studium von Mischsprachen hingegeben hat, behandelt hier die Einwirkungen der slawischen Sprachen auf das Deutsche und Italienische, vornehmlich innerhalb der östreichischen Monarchie. Er verbindet damit allgemeine Erörterungen über das Problem der Sprachmischung und bemüht sich, die hierher gehörenden Vorgänge wirklich zu begreifen. Er findet mit Recht, dass der Process der Sprachmischung seinem Grundwesen nach nichts anderes ist, als die Wechselwirkung der Individuen, welche ein und derselben Sprachgenossenschaft angehören, auf einander. Exacte Beobachtung des Individuellen ist auch auf diesem Gebiete, wie überall im Sprachleben, die nothwendige Vorbedingung für das Verständniss der Entwickelung.

Dem Ausspruche Max Müllers: „es gibt keine Mischsprache" stellt der Verf. den jedenfalls richtigeren gegenüber: „es gibt keine völlig ungemischte Sprache." Jener hat nur eine gewisse Berechtigung gegenüber der rohen Auffassung, dass aus beliebiger Zusammenwürfelung von Elementen aus verschiedenen Sprachen plötzlich eine neue entstehen könne, in welcher weder der Grundcharakter der einen noch der der andern gewahrt sei. Dem gegenüber muss allerdings betont werden, dass die Sprachmischung nur so zu Stande kommt, dass eine Sprache die eigentliche Unterlage bildet, auf welche die andere modificirend einwirkt. Wenn sich aber dieser Process wiederholt, wenn die mit ursprünglich fremden, nun eingebürgerten Elementen durchsetzte Sprache immer wieder von neuem modificirt wird, so kann es schliesslich so weit kommen, dass der altheimische Bestand von dem nach und nach eingedrungenen Fremden an Masse und Bedeutung erreicht, ja übertroffen wird. Dass die Zahl der entlehnten Wörter der einheimischen übertreffen kann, dafür liegen die Beispiele klar vor. Die formalen Elemente sind allerdings viel schwerer übertragbar; dass es aber ein Vorurtheil ist, wenn man die Möglichkeit ihrer Uebertragung überhaupt läugnet, das können schon einige Beispiele in den romanischen Sprachen, im Deutschen und Englischen zeigen. Dass diese Uebertragung auch eine sehr durchgreifende werden kann, zeigt Schuchardt (S. 8. 9) an dem Beispiele der spanischen und englischen Zigeunersprache. In hohem Masse der Beeinflussung ausgesetzt ist dann das, was Sch. in Anschluss an Humboldt und Steinthal die innere Sprachform nennt; und man wird ihm zugeben (vgl. S. 135). dass diese für den Charakter einer Nation wesentlicher ist als das Material der Sprache.

Alle Sprachmischung geht nach dem Verf. aus von der Zweisprachigkeit bestimmter Individuen. Hierbei sind zwei Fälle zu unterscheiden. Entweder wird die Muttersprache von der späteren von fremden beeinflusst, oder die fremde von der Muttersprache. Für das letztere sind natürlich die Bedingungen von Individuen her ausgebildet, die unter einander jeder Zweisprachigkeit unvermeidlichen individuellen Mischung, falls sie sich in analoger Weise bei verschiedenen Individuen herausbildet, die unter einander in Verkehrsgemeinschaft stehen, entwickelt sich ein Mischdialekt, eine Mischsprache. Die Mischung kann dann auch auf solche Glieder einer Sprachgenossenschaft übertragen werden, bei denen keine spontane Veranlassung dazu ist.

Die Beeinflussung des Deutschen und Italienischen durch das Slawische geht nach den Ausführungen des Verf.'s, abgesehen von den deutschen Enclaven, fast durchgängig aus von den deutsch oder italienisch redenden Slawen. So hat sich ein besonderer čecho-deutscher (kucheldeutsch) und ein besonderer sloweno-deutscher Dialekt herausgebildet, natürlich in sehr mannigfaltigen Varietäten und Abstufungen, und ebenso eine slawo-italienische Mundart, die besonders in Triest und Umgegend gesprochen wird. Von den deutschredenden Slawen ist dann manches in die Sprache der Deutsch-Österreicher übertragen, wie auch in die der Posener und Schlesier, manches hat auch eine noch weitere Verbreitung gefunden.

Die Darstellung der slawischen Einflüsse gliedert sich in folgende Abschnitte: 1. Aussprache (S. 39—63); hier ergeben sich massenhafte Beispiele dafür, dass Laute des Deutschen und Italienischen, welche den slawischen Sprachen fehlen, durch andere diesen zunächst liegende ersetzt werden, wobei öfters ein Schwanken zwischen zwei oder drei Lauten entsteht, ein Vorgang, der sich überall in ähnlichen Fällen beobachten lässt; 2. Wortschatz (S. 63—81); 3. innere Sprachform (81—126). Der Verf. hat theils schriftliche Quellen benutzt, theils Beobachtungen der mündlichen Rede, die entweder von ihm selbst gemacht oder ihm von Andern mitgetheilt sind. Es ist ihm gelungen, eine grosse Fülle von Material zusammenzubringen. Dem ungeachtet ist dadurch die Untersuchung über den Gegenstand noch nicht zum Abschluss gebracht. Das ist überhaupt für den einzelnen Forscher unmöglich. Es müssen Einzeluntersuchungen an verschiedenen Punkten der österreichischen Monarchie vorgenommen werden, und zwar von Leuten, die mit den Mundarten der betreffenden Gegenden genau vertraut sind. Ohne eine sehr exacte Behandlung bleiben immer Zweifel übrig, namentlich in Bezug auf die Beurtheilung des Einflusses, welchen die innere Sprachform erfahren hat. Es wäre sehr zu wünschen, dass die Arbeit des Verf.'s ausser der unmittelbaren reichen Belehrung, die wir daraus schöpfen, auch noch den Erfolg hätte, dass sie zu specielleren Untersuchungen auf diesem äusserst dankbaren Gebiete anregte, und dass sie dabei zum Muster genommen würde.

Von Einzelheiten, die mir aufgestossen sind, bemerke ich Folgendes. Es ist ganz gewiss nicht richtig, wenn der Verf. (S. 41 unten) gegen Sievers das sächsische *k* = schriftdeutsch *g* und *k* mit der oberdeutschen Aussprache des *g* identificiren will. Im Slawischen wenigstens sind die Lenes *g* und *b* ganz deutlich von den unaspirirten Fortes *k* (*gg*) und *p* gesondert. — Bemerkenswerth ist, dass die Slawen deutsches *s* durch *š* und *z* wiedergeben (S. 52). Hierzu stimmt, dass in den altslowenischen Freisinger Denkmälern, die unter dem Einfluss der althochdeutschen Orthographie stehen, umgekehrt *š* und *z* durch *s* bezeichnet werden (vgl. Braune, Beiträge I, 529). Dagegen wird für das slawische *s* und *z* ein *z* geschrieben. Wenn nun Sch. bemerkt, dass deutsches *zz* zuweilen im Slawischen bleibt, selbst in so alten Lehnwörtern wie čech. *musiti* (müssen), sollte da nicht der alte Unterschied zwischen *z(z)* und *ss* fortwirken? — Wenn C. F. Meyer in einer Novelle schreibt *er ist kränker, als du nicht denkst*, so ist das wohl kaum italienischer Einfluss (S. 90), da es dem allgemeinen Sprachgebrauch des vorigen Jahrhunderts entspricht. — Zweifelhaft ist es, ob die Doppelsetzung des Personalpronomens vor und nach dem Verbum, z. B. in čechodeutsch *ich bin-i, mir sein-me* etc., als ein Slawismus aufzufassen ist (vgl. S. 101), da diese Erscheinung im Bairischen weit verbreitet ist. — Schwerlich richtig ist die Ansicht (S. 125), dass in Wendungen wie *Rosen auf den Weg gestreut* das Participium activ zu nehmen sei. Wenn sich der Verf. darauf beruft, dass man sage *den Hut abgenommen*, so muss ich dagegen bemerken, dass es sich wenigstens mit meinem Sprachgefühl nicht verträgt, in solchen Wendungen, sei es den Acc. oder den Nom. erkennen zu lassen; falls aber doch der Acc. gebraucht wird, so ist er nach Analogie von *den Hut abnehmen, nimm den Hut ab* gesetzt. Von Hause aus kann das Part. nur passivisch und daher *Hut* nur Subj. gewesen sein.

Der Verf. knüpft an seine Untersuchungen einige pädagogische und politische Betrachtungen (S. 128 ff.). In der ersteren redt er in Einverständniss mit Sweet, F. Franke und anderen einer Reform des Sprachunterrichts das Wort, welche die Aneignung einer fremden Sprache möglichst unreflectirt und direct ohne Vermittelung der Muttersprache herbeizuführen sucht. Dass diese Methode am raschesten zur Beherrschung der fremden Sprache führt, kann für den Unbefangenen kaum zweifelhaft sein. Andererseits ist mir aber auch folgendes unzweifelhaft. Wenn die Fertigkeit in der fremden Sprache zum alleinigen Ziele des Sprachunterrichts gemacht wird, dann kann derselbe nicht als ein besonders wirksames Mittel zur allgemeinen geistigen Schulung betrachtet werden. Zu einem solchen wird er nur durch Reflexion, durch Vergleichung der fremden Sprache mit der eigenen. Damit möchte ich aber keineswegs die Reformbestrebungen einfach ablehnen. Ich bin vielmehr der Ansicht, dass das unbefangene Einleben in die fremde Sprache dem Zergliedern und Vergleichen vorangehen sollte. Ganz und gar nicht kann ich die Ansicht des Verf.'s theilen, »dass keinem Mittelschullehrer die gründlichste Kenntniss der Sprachgeschichte zu einem irgendwie grösseren Erfolg verhilft, als ihn der erste beste jener verrufenen Parleurs gehabt hat«. Ich glaube freilich, wenn sie den Lehrern nichts geholfen hat, doch noch sie etwas Wesentliches zur vollen Gründlichkeit gemangelt hat, nämlich ein wirkliches Verständniss der Sprachgeschichte auf Grundlage der allgemeinen Bedingungen des Sprachlebens. Darin stimme ich freilich mit Sch. überein, dass jemand durch die grammatische Behandlung eines altfranzösischen Textes nach der üblichen Schablone durchaus nicht seine Qualification für den französischen Unterricht bekundet. Hingegen eine Einsicht in die Lebensbedingungen der Sprache ist jedem Sprachlehrer in hohem Grade zu wünschen. Denn nur aus dieser Einsicht heraus ist die richtige Unterrichtsmethode zu gewinnen, selbst wenn wir von allen höheren Aufgaben des Sprachunterrichts absehen.

Die politische Nutzanwendung des Verf.'s ist eine Friedensmahnung an die Bewohner der östreichischen Monarchie. Er verspricht sich nicht viel davon. Aber er hat gewiss Recht, wenn er es nicht für werthlos hält, falls auch nur unter einigen wenigen Einsichtigen ein Verständniss angebahnt würde. Der Sprachforscher ist zweifellos berufen, in dem Nationalitätenstreit ein Wort mit zu reden. Aus einer unbefangenen Betrachtung der vorliegenden Verhältnisse und ihrer geschichtlichen Entwickelung ergibt sich klar, dass für die Cechen und Slowenen die Zweisprachigkeit eine Nothwendigkeit ist, wenn sie an den Fortschritten der Kultur Antheil nehmen wollen, dass sie die Herrschaft der deutschen Sprache im Staatsleben, im weiteren wissenschaftlichen und commerciellen Verkehr anerkennen müssen, dass es aber nichtsdestoweniger für sie möglich sein wird, bei sich zu Hause die heimische Sprache und Kultur mit Liebe zu pflegen. Mögen sie ihre nationalen Bestrebungen darauf beschränken. Dann sind sie gewiss auch berechtigt zu verlangen, dass sie von Seiten der Deutschen nicht darin gestört werden.

Freiburg i. B., 18. Jan. 1885. H. Paul.

Fornsögur Suðrlanda. Magnussaga jarls, Konradssaga, Bæringssaga, Floventssaga, Beverssaga med Inledning utgifna af Gustav Cederschiöld. Lund 1884. CCLII, 273 S. gr. 4. M. 20.

Es hält schwer, für vorliegende Sammlung romantischer Sagas ein kurzes Referat zu geben, welches die Arbeit des Hrsg.'s in genügender Weise würdigt und zugleich einen Einblick in die Fülle des Materials gibt, welches in dem stattlichen Grossquartbande aufgeschichtet ist. Die Einleitung schon ist fast ebenso umfangreich wie der Text; sie enthält nicht nur textkritische Bemerkungen zu den herausgegebenen Sagas, sie gewährt uns ein Bild eines grossen Theiles der romantischen Literatur des Nordens, sie zeigt uns, wie die romantischen Sagas mit ihrer poetischeren Sprache von den Islendingasögur abweichen, sie belehrt uns über die späteren Schicksale der einzelnen Sagas und ihre poetischen Ausläufer, namentlich in den isländischen und färöischen Rimurpoesie, sie gibt dem des Nordischen Unkundigen von drei Sagas eine einer Uebersetzung ähnliche deutsche Inhaltsangabe von H. Gering. Auch in die Geschichte der einzelnen Erzählungen sucht Cederschiöld einzudringen, freilich nur mehr referirend über bereits gelieferte Untersuchungen als selbst neu aufbauend. Daher kommt es, dass die Magnussaga, deren Stoff von den 5 vorliegenden Sagen der Liebling der gelehrten Forschung gewesen ist, sagwissenschaftlich viel eingehender besprochen wird als die andern, vor allem die Beverssaga, die es gewiss verdient hätte. Allein ich lebe der festen Ueberzeugung, dass vorliegende Arbeit manchem willkommen und Anregung zu weiterer Forschung sein wird.

Auch für die nordische Grammatik sind Einleitung und Text eine Fundgrube, denn der Abschnitt, welcher über die Hss. handelt (II), gibt uns ein Bild der codd. AM. 580 4⁰ und Holm 6 4⁰

und hierdurch einen Einblick in sprachliche Erscheinungen um 1400. Interessant ist die Vermischung des e und ei, des o und au im cod. AM. 580, worin ich wie in manchen anderen dialektische Eigenthümlichkeiten des Schreibers erblicke. Ueberhaupt bestätigt der letztere Punkt die schon mehrfach von mir ausgesprochene Ansicht, dass o und au in der Aussprache, wenigstens in manchen Gegenden, ziemlich zusammengefallen wären. Es sind das wieder Beispiele für die dialektische Differenzirung des Isländischen, die eine genaue Prüfung der Skaldenreime und Diplomatarien ergeben muss. Dieselbe ist dann auch auf die Hss. zu übertragen und wird uns, wenn sie kritisch und systematisch ausgebeutet wird, bei den sonst überaus reichen Nachrichten über das geistige Schaffen auf Altisland noch manchmal den Schlüssel zur Erkenntniss des Entstehungsortes dieser oder jener Saga oder Hs. geben.

C. druckt die Sagas nach den Hss. ab, leider mit Auflösung der Ligaturen, ohne diese durch besonderen Druck kenntlich zu machen. Auch die Varianten unter dem Texte sind nicht vollständig, was um so bedauerlicher ist, als der Hrsg. m. E. nicht immer die beste Fassung zu Grunde gelegt hat.

Deutschland, der Orient, Frankreich und England, das ist im Grossen und Ganzen der Boden, auf dem unsere 5 Sagas spielen. Deutsche sind der zauberkundige Held der Magnussaga und seine 4 Schwäger, die Amundissöhne, die Haymonskinder im deutschen Volksbuche; ein Deutscher ist der thatenkühne Kaisersohn Konrad der Konradssaga, der schöne, von Gott beschirmte Bæring der Bæringssaga; in England ist die Heimat des Bevis af Hamtun, des unerschrockenen und treuen Helden der Beverssaga. In Italien, wo Kaiser Konstantin zu Rom geherrscht haben soll, verlebte Flovent, der Held der Floventssaga, und später Herr des Frankenreichs wurde und hier das Christenthum einführte, seine Jugend. Im Orient vollbringen Bæring, Konrad und Bevis Wunder der Tapferkeit, welche den südländischen Männern die grösste Bewunderung, den Frauen unerschütterliche Liebe zu unseren Helden einflössen. So übertrieben auch hie und da die Schilderung im Einzelnen ist, so finden wir doch manch schönes und anziehendes, rein menschliches Bild. Was freilich von alledem dem Sagaschreiber, was der Quelle angehört, mögen erst weitere Forschungen aufdecken; sicher finden sich in allen sögur echt nordische Züge und nordische Auffassungen, so dass die Sagas der nordischen Literatur gehören, wie ein grosser Theil unserer mittelalterlichen Epen der deutschen.

Leipzig, December 1884. E. Mogk.

Khull, Ferdinand. Beiträge zum Mittelhochdeutschen Wörterbuche. Separatabdruck aus dem 15. Jahresberichte des zweiten Staats-Gymnasiums in Graz vom Jahre 1883/84. Graz, Selbstverlag des Verfassers. 40 S. 8.

Aus zwei noch unerschlossenen Quellen, aus einer von Heinrich von Mügeln übersetzten Psalmenerklärung des Nikolaus von Lyra, welche sich handschriftlich in dem steiermärkischen Cistercienserstift Reun (Runa) befindet, und aus einer Psalmenübersetzung des 14. Jh.'s aus dem Stift St. Nikola bei Passau, die nach Docen noch Anklänge an Notker enthält, veröffentlicht der Herausgeber des „Kreuzigers" eine nicht unerhebliche Zahl neuer oder selten bezeugter Wörter. Die Schreibung der aus dem ersten Stücke entlehnten Wortformen entspricht aber nicht immer der Sprache des Uebersetzers, auch nicht der des Schreibers, der *auz der vuyl lant* stammte. Ungehörig war *es*, das *en* oder *ew* der Handschrift in *in* aufzulösen; auch *ar* als Umlaut von *â* ist Heinrich sonst nicht mundrecht statt *ê*, also vielmehr *lizlich, uchyârkeit*, nicht *laezlich, ahlbaerekeit*; für *e* oder *ë* ist einige Male mit der Hs. *ae* geschrieben, falsch z. B. *zinugaehe* für *ziugehe*; die unumgelauteten *ô* und *u* hätten nicht sollen entfernt werden; das Suffix -*ir* bei den Adjectiven konnte in der von md. Schriftstellern beliebten Form -*irh* verbleiben, z. B. *meilich, gerndich, zertich* u. s. w. Ueber diese dialektischen Eigenthümlichkeiten Heinrichs konnte sich der Hrsg. aus den von W. Müller veröffentlichten Fabeln und Minneliedern sowie aus den Mittheilungen Schröers über Heinrichs Dichtungen leicht belehren. Auch die Bestimmung der Wortformen ist zuweilen missglückt. *Abezzen* und *hantslahen* mussten als s c h w., nicht als st. Verba angesetzt werden; — *afferen*, vielmehr *efferen*, cfr. *widerferen* S. 22. ist durchaus nicht unbekannt, vgl. Lexer I. 106; — *kreyzen* ist wohl = mhd. *krehezen* im Sinne von krabbeln, kriechen. Das Subst. *gephuchte*, in der Hs. *gephuachte*, war als st. Neutr., nicht als Fem, aufzustellen, vgl. mhd. *gephunete*; — *geturste* st. Fem. war längst bekannt; — *betrehte* hat als Fem. nichts Auffälliges, vgl. *getrehte* bei Lexer; — *wirfloch* S. 23 nicht Neutr. sondern Masc. = *wirbellor*, vertex, hier bildlich als Scheitel, von dem Höchsten der Berge. Auf Missverständniss beruhen die Schreibungen *fuzic, ênzicheit, fuziclich, ênzigunge*, gemeint ist vielmehr *emzic, emzicheit* u. s. w. Vgl. z. B. Zachers Zs. 12, 14, 6—9. Unerklärt geblassen ist unter andern das bisher unbekannte *bodemdarm*, wohl = *extalis*; ferner *kübel*, der Samenmantel am Wollkraut (*eriophorum*), denn so ist *smelhe* S. 16 aufgefasst, mit dem Heinrich das in Ps. 82, 14 stehende *stipula* übersetzt.

Besser gelungen sind die Auszüge aus dem zweiten Stücke. *Gereurigen* sw. v. oder *rewigen* wie hier unter *riuwigen* S. 33 zu stellen; — für *gerechen* = aufgerichtet, grade, wäre besser *regen* st. v. angesetzt worden, von dem aus das Partic. ist, vgl. Predigten aus St. Paul 120, 21; — *gestodet* S. 29 könnte verderbt sein aus *gestochet, gestocket*; — *wolkensul* S. 39 ist wohl Druckfehler für *wolzucht, disciplina*.

Trotz allen Ausstellungen bleibt die kleine Schrift empfehlenswerth wegen ihres interessanten Materials, das sie dem Sprachforscher, zumal dem Lexikographen bietet.

Zeitz.   Fedor Bech.

Die deutschen Volksnamen der Pflanzen. Neuer Beitrag zum deutschen Sprachschatze. Aus allen Mundarten und Zeiten zusammengestellt von G. Pritzel und C. Jessen. Hannover, Cohen. 1882. [1884.] VIII, 701 S.

Unsere Pflanzen nach ihren deutschen Volksnamen, ihrer Stellung in Mythologie und Volksglauben, in Sitte und Sage, in Geschichte und Literatur. Beiträge zur Belebung des botanischen Unterrichts und zur Pflege sinniger Freude in und an der Natur, für Schule und Haus gesammelt und hrsg. von H. Reling und J. Bohnhorst. Gotha, E. F. Thienemann. 1882. VI, 256 S.

Dialektnamen der in Nieder-Oesterreich vorkommenden Pflanzenarten, als Beitrag zur Kenntniss der heimatlichen Flora gesammelt und zusammengestellt von Franz Höfer. Bruck a. d. Leitha, Selbstverlag des Herausgebers. 1884. 53 S.

Das zu oberst genannte Buch, dessen zweite Hälfte erst im vergangenen Jahre erschienen ist, macht zum ersten Male den Versuch, die deutschen Pflanzennamen älterer und neuerer Zeit unter Beifügung einer Angabe über den Ort ihres Vorkommens annähernd vollständig zusammenzustellen. Wer für die lexikalische Seite unserer Sprache Interesse hat, wird ein solches Unternehmen mit Freuden begrüssen; hat doch kaum irgendwo anders der sprachliche Individualismus so üppige Blüthen getrieben wie in dem Bereiche der Pflanzenbenennungen. Durch den Umstand, dass die Begriffssphären der einzelnen Pflanzennamen meist nicht scharf abgegrenzt sind, dass so sehr vielfache Uebergänge stattfinden, wird eine wissenschaftliche Behandlung sehr erschwert. Obendrein erheischt eine solche, wenn sie erfolgreich sein soll, dass der, welcher sie unternimmt, auf zwei von einander abliegenden Feldern des Wissens heimisch sei, in der deutschen Sprachwissenschaft und in der Botanik. Hier wird uns nun die Arbeit zweier Botaniker geboten, oder genauer, die des verstorbenen Botanikers Pritzel, welche von dem Botaniker Jessen für den Druck hergerichtet worden ist. Das ist in der Vorrede zwar nicht deutlich ausgesprochen, es ergibt sich aber namentlich aus der Beschaffenheit des Quellenverzeichnisses. Jemand, der Graffs Werk selbst in Händen gehabt, wird es wohl nicht als 'Graff, althochd. Wortschatz' citiren und wird nicht behaupten, dass im 3. Bande die Pflanzennamen enthalten seien, während doch nur in den 'Zusätzen und Verbesserungen' zum 3. Bande im Anschluss an das Wort *pfluoza* ein keineswegs vollständiges Verzeichniss ahd. Pflanzennamen gegeben ist, und dieselben sonst an der ihnen nach dem Alphabet zukommenden Stelle stehen. Zuweilen hat Jessen Pritzels Quellenangaben missverstanden, obgleich das Richtige leicht zu finden war. So steht im Quellenverzeichnisse 'Perger, Studien über die deutschen Namen der Pflanzen. Wien 1858—60. 3 Hefte, 4 und in Wiener Zeitschriften'; natürlich muss in Denkschriften d. i. Denkschriften der Wiener Akademie heissen. Mit manchen Quellenangaben Pritzels hat Jessen gar nichts anzufangen gewusst, so mit 'Schindler' (vielleicht Schindler, der Aberglaube des Ma.'s 1858?); 'Sorranus 1587' (wahrscheinlich eine spätere Ausgabe des Dictionar. lat. germ. von

Serranus 1589); 'Pholprundt oder -prandt' (Heinr. v. Pholspeundt vgl. Deutsche Literaturzeitg. 1884, Sp. 1203) u. s. w. Quellenangaben wie 'Müllenhoff in Haupt Zeitschrift f. Alterthum und anderswo', 'Melchower Urkunde von 1450' lassen an Unbestimmtheit und Nutzlosigkeit wenig zu wünschen übrig.

Sind diese Mängel auf Rechnung des Umstandes zu setzen, dass der Verf. nicht selbst sein Werk druckfertig gemacht hat, so kann es bei anderen zweifelhaft sein, ob sie dem Verf. oder dem Hrsg. zur Last fallen. Unter diesen erscheint es noch als der geringste, dass die Deutungsversuche, so weit sie nicht auf der Hand liegendes betreffen, sondern einige sprachwissenschaftliche Kenntnisse voraussetzen, fast durchweg verfehlt sind, vgl. 'Beere Besie etc, von *bhau bhûa* = glänzend (im grünen Laube)' S. 336; 'Schlehe. ags. *Slaga*, schwed. *Sluon* von *slao*, schlagen = Schlagdorn, verwundender Dorn, oder von schleichen, ahd. *slickhan* und schlänkern = niedriges gefährliches Gesträpp' S. 318; 'Chrieh [Prunus insititia], franz. *crêque* [so!] = stechend, von ahd. *chrezzan*, kritzen, verwandt mit Schreck, Schrei, Kreischen == Cric' S. 314 u. s. w.). Das ist nicht wunderbar, denn Jessen bezeichnet in der Vorrede die 'Regeln der Sprachforschung' zwar als 'sehr beachtenswerthe', blickt aber im Grunde von seinem höheren botanischen Standpunkte ziemlich geringschätzig auf dieselben herab. Auch der Umstand ist nicht der grösste Mangel, dass die benutzten Quellen keineswegs wirklich ausgebeutet und dass manche sehr wichtige und selbst leicht zugängliche gar nicht herangezogen sind. So z. B. fehlt der deutsche Macer floridus vgl. Zacher in seiner Zs. 12, 191 f.[1]), es fehlen die mhd. Wörterbücher von Müller-Zarncke und Lexer und das Grimmsche Wörterbuch. Von den 16 Schriften über deutsche Pflanzennamen, welche Bahder, deutsche Philol. im Grundriss. S. 137. 144 aufzählt, sind im Quellenverzeichniss nur 4 genannt, der übrigen fehlen, darunter auch Grassmann: die deutschen Pflanzennamen 1870. Eine solche Vernachlässigung zahlreicher Vorarbeiten ist ja sehr bedauerlich[2], der bedauerlichste und schlimmste Mangel des Buches liegt aber darin, dass grade diejenigen Angaben, deren Vorhandensein einen Vorzug des Pritzel-Jessenschen Buches gegenüber den Vorgängern bildet, die Angaben nämlich über die Quellen, welchen die einzelnen Pflanzennamen entnommen bez. über die Gegend, in welcher dieselben üblich sind, weit entfernt von derjenigen Genauigkeit und Verlasslichkeit, die man fordern müsste und die auch unschwer zu erreichen gewesen wäre. Der Verf. hat gedruckte, daneben aber auch schriftliche (z. B. das Verzeichniss des Rendsburger Apothekenbesitzers Lehmann) und gewiss auch mündliche (wahrscheinlich bes. für Schlesien, dem Pritzel selbst

[1] Den dort aufgezählten Hss. sei bei dieser Gelegenheit noch eine in der Breslauer Universitätsbibliothek befindliche (Signatur?) IV ob. fl) hinzugefügt.
[2] Um ein Beispiel anzuführen, rächt sich die Vernachlässigung Lexers dadurch, dass *zitelôse* unter Colchicum automnale gestellt ist, während L. mit Recht bemerkt, dass grade diese Pflanze nicht gemeint sein kann, sondern eine Frühlingsblume und zwar nach I. Zingerle 'diu zîtelôse' (1884) meist die Primula officinalis.

durch Geburt angehörte) Quellen benützt. Das aus diesen verschiedenen Quellen geschöpfte Material hätte reinlich auseinander gehalten, hinsichtlich der gedruckten Quellen hätte wieder genau zwischen solchen, welche die Pflanzennamen einer vergangenen Zeit und solchen, welche die gegenwärtigen verzeichnen, geschieden werden müssen. Zwar die aus Graff, Diefenbach und Schiller-Lübben geschöpften Namen sind als althd. mitthd. mittnd. bezeichnet, ferner werden von den älteren Kräuterbüchern Bock, Fuchs u. s. w. sehr häufig genannt, aber jener nothwendigen Forderung ist doch keineswegs überall in hinreichender Weise genügt, wie mich eine Nachprüfung gelehrt hat. welche sich auf die als schlesisch bezeichneten Namen richtete. Von gedruckten Quellen, welche schlesische Pflanzennamen in grösserer Menge enthalten, kenne ich nur zwei: Kasp. Schwenckfelt, 'Stirpium et fossilium Silesiae Catalogus' (1600) und Mattuschka, 'Flora Silesiaca' (1776, 7). Aus ihnen ist denn auch die Hauptmasse der für Schlesien in Anspruch genommenen Namen geflossen, aber nur ganz selten ist 'Schwenckf. oder 'Matt.' beigesetzt, meist steht nur 'Schlesien' dabei, und dadurch wird der Schein erweckt, als seien gegenwärtig in Schlesien oftmals 5—6, ja noch viel mehr (z. B. 11 f. Evonymus europ.) verschiedene Namen in Gebrauch. Das ist natürlich nicht der Fall, wenn auch oft genug die verschiedenen Theile Schlesiens in der Benennung derselben Pflanze von einander abweichen. Dazu kommt noch, dass in der Benützung der beiden genannten Quellen viel zu wünschen übrig lässt. Die Namen, welche Schwenckfelt durch ein beigefügtes 'Si!', als in Schlesien heimisch bezeichnet hat, finden wir allerdings, so viel ich sehe, auch bei Pritzel-Jessen so bezeichnet, dagegen ist auf die freilich etwas unbestimmte Angabe Mattuschkas, dass unter den von ihm angeführten deutschen Namen immer 'die ersteren' die schlesischen seien, nicht die gebührende Rücksicht genommen, indem einerseits Namen, welche M. an erster Stelle anführt, nicht, dagegen solche, welche er an späterer Stelle bringt, allerdings Schlesien zugewiesen werden, zuweilen selbst solche doch zweifellos unschlesische wie Pesselbesingen (Vaccinium vitis idaea) und Poggengras (Juncus bufonius). Der Raum verbietet hier auf eine nähere Begründung dieser Ausstellungen einzugehen, es kann sich aber jeder leicht von der Richtigkeit derselben überzeugen, wenn er z. B. die Artikel Evonymus europ., Juniperus comm., Vaccinium mit den entsprechenden bei Mattuschka vergleicht. Auch den einzelnen angeführten Formen der Namen — dieselbe Name ist oft in sehr vielfacher lautlicher Form aufgeführt — ist keineswegs immer zu trauen, es kommen bei aller unglaublichsten Versehen vor. So th. darin ihren Grund haben, dass Jessen das Manuscript Pritzels nicht genau gelesen hat, vgl. z. B. Ohmbleer für Ohmbleter (Schwenckf.) S. 417°; Granhiag S. 331° (im Register: Gransiag) f. Grânking s. Schmeller [2]I, 1004 u. s. w.

Besitzt demnach das vorliegende Buch so gut wie keine der Eigenschaften, welche ein solches Werk besitzen müsste, wenn es seinem Zwecke voll genügen sollte, kann man sich namentlich nirgends wirklich auf dasselbe verlassen, weder hinsichtlich der gegebenen Form des Namens noch bez. der Herkunftsbestimmung desselben, so wird dasselbe mit der nöthigen Vorsicht gebraucht, dennoch von Nutzen sein können. Denn einmal ist die Menge des zusammengebrachten Materials in der That eine sehr grosse, man wird daher die meisten deutschen Pflanzennamen in irgend einer Form thatsächlich darin finden, und die Quellenangaben werden wenigstens meist auf die richtige Spur leiten zu helfen im Stande sein. Ausserdem ist die Beifügung der mittelalterlichen lat. Pflanzennamen, die S. 466 ff. auch in alphabetischer Folge mit Verweisung auf ihr Vorkommen im Buche selbst aufgeführt werden, recht dankenswerth, weil dadurch die Identificirung derselben mit den heutigen botanischen Namen ermöglicht wird. Freilich ist auch dieses Verzeichniss nicht entfernt vollständig (es fehlt z. B. ein so bekannter Name wie Cerefolium), und entzieht es sich meiner Beurtheilung, wie weit die mittelalterlichen lat. Namen (und ebenso auch die deutschen Namen) richtig unter die heutigen botanischen Namen eingeordnet sind. Im Ganzen erweckt das Buch das lebhafte Bedauern, dass das von Pritzel zweifellos mit grösstem Fleisse gesammelte Material nicht einen sprachkundigen **Philologen** als Bearbeiter gefunden hat.

Die an zweiter Stelle genannte Schrift erhebt, wie der Titel zeigt, nicht den Anspruch auf einen wissenschaftlichen Werth, dafür darf sie aber als ein liebenswürdiges Buch bezeichnet werden, das in der Hand des Lehrers gewiss Nutzen stiften und 'zur Belehung des botanischen Unterrichts' beitragen kann. Nicht Alles, was darin gelehrt wird, dürfte wissenschaftlicher Prüfung sich als stichhaltig erweisen, aber der Freund der Natur wird darin mit Interesse lesen. Zahlreich sind poetische Verherrlichungen einzelner Pflanzen eingestreut, nur begreift man nicht immer, was das betr. Gedicht grade zu der ihm angewiesenen Stelle berechtigt. Was hat z. B. Julius Sturms 'Stillbeglückt' (S. 100) mit dem Adonisröschen, was W. Wackernagels 'Gesetz und Freiheit' oder Fr. Rückerts 'Entfaltung' (S. 106) mit dem Johanniskraut, was ferner Anast. Grüns 'Das Blatt im Buche' und Gerstenbergs 'Welkes Blatt' (S. 238) mit dem Salbei zu thun?

Das zu dritt genannte kleine Schriftchen ist ein ganz schätzenswerther Beitrag zu unserer Kenntniss der deutschen Pflanzennamen und ihrer Geographie. Die Sammlungen niederösterreichischer Pflanzennamen von A. Kerner (1855) und A. Hofer (1880) sind benützt und bedeutend vermehrt. Die Anordnung ist alphabetisch nach den deutschen Namen, denen der botanische beigefügt ist. Erklärungen sind nicht versucht.

Was der Verf. in der Einleitung zur Rechtfertigung seines Büchleins sagt, ist eigentlich überflüssig, und wenn er den Hauptnutzen desselben darin erblickt, es werde Material liefern können für eine wissenschaftliche deutsche Nomenclatur der Pflanzen, die dann, wie es scheint, die Dialektnamen verdrängen soll, so irrt er.

Kiel, 24. Januar 1885. Paul Pietsch.

Ueber Luthers Verdienste um unsere Muttersprache. Drei Vorträge, während der Sommermonate des Jahres 1883 in dem Berliner Verein für höh. Töchterschulen gehalten von Ludwig Rudolph. (Besonderer Abdruck aus den 'Rhein. Blättern f. Erziehung u. Unterricht'.) Frankfurt a. M., Diesterweg. 1884. 47 S. 8.

S. 9. 'Neben dem gotischen Dialekt, von dem wir vorher eine Probe gegeben haben, war in der Zeit vom fünften bis in die Mitte des neunten Jahrhunderts in Hofkreisen die fränkische Mundart üblich, die seit dem Siege von Soissons (486), welcher den letzten Ueberrest der römischen Herrschaft vernichtete, in dem ganzen fränkischen Reiche als das vornehmere Organ galt. Auch nach dem Vertrage von Verdün blieb diese Mundart wenigstens in dem deutschen Reiche herrschend, so dass unter den Karolingern, den sächsischen und den fränkischen Kaisern von dem Eindringen eines fremden Idioms nur wenig die Rede war. Höchstens (!) könnte man auf die althochdeutsche Literatur hinweisen, die indessen kaum als National-Literatur zu betrachten ist, da sie nur (!) in wortgetreuen (!) Uebersetzungen lateinischer Schriften bestand, deren Zweck kein anderer war als die Bekehrung des Volkes zum Christenthum.'

Lessing hat einmal bemerkt: 'Man darf gewisse Leute nur an dem gehörigen Orte reden lassen, wenn sie ihre eigne Satire reden sollen.' Im vorliegenden Falle trifft die Satire ausser dem Verfasser, den 'die verworrene Völkerwanderung' (S. 12) seiner Vorstellungen von deutscher Sprache und ihrer Geschichte nicht abhalten konnte, über ein Thema, wie auf dem Titel stehende zu reden, auch diejenigen, welche den Wunsch äusserten, diese Vorträge 'nicht nur gehört zu haben, sondern sie als Erinnerung an das Jubeljahr zu besitzen.' Bemerkt sei noch, dass das wenige, was sich wirklich auf das Thema bezieht, entweder ganz oberflächlich oder falsch ist, meist jedoch von anderen Dingen als von Luthers Verdiensten um unsere Muttersprache die Rede ist.

Kiel, December 1884. P. Pietsch.

Merbot, R., Aesthetische Studien zur angelsächsichen Poesie. Breslau, W. Koebner. 1883. 51 S. 8. M. 1,50.

Unter diesem Titel hat der Verf. nach Vorausschickung einer seine leitenden Gedanken darlegenden Einleitung 1. über Dichter und Vortragende, 2. über Arten, Stil und Stoffe der Dichtungen, 3. über Werthschätzung, Gebrauch, Eindruck, Bestimmung der ags. Poesie eine Anzahl von Bemerkungen zusammengestellt. Ein besonderer Schluss enthält dann noch Vermuthungen über die Ursachen des plötzlichen Unterganges der ags. Poesie und ein kurzes Résumé über die vermeintlich gewonnenen Resultate in Bezug auf die Entwickelungsgesetze.

Die vorliegende Arbeit geht in einzelnen Partien auf Heinzel „Ueber den Stil der altgerm. Poesie", ten Brink „Engl. Literaturgesch." und Köhler „Ueber den altgerm. Stand der Sänger" (Pfeiff. Germ. XV. 27 ff.) zurück; im übrigen aber ihre eigenen Wege wandelnd, ist sie insofern als interessant zu bezeichnen, als sie eine Reihe neuer Vermuthungen und Behauptungen enthält, mit denen wir uns freilich nur zum geringen Theile einverstanden erklären können, und die zum grössten Theil auf zu unsicherer Grundlage beruhen, ja bisweilen gar jeglichen Anhaltes entbehren und daher nicht geeignet sind, viel zustimmende und gläubige Herzen zu finden. So ist z. B. nicht einzusehen, was den Verf. dazu berechtigt, S. 9 Phantasie und Geschmack bei den Angelsachsen in Abrede zu stellen, S. 35 der ags. Poesie Mangel an Naturschilderungen zu imputiren, S. 43 den weltlichen Dichtungen der Angelsachsen Einwirkung auf edlere Seiten der menschlichen Seele, auf den Patriotismus, den Aufopferungstrieb u. s. w. abzusprechen. — Ohne Zweifel hatten wohl die Angelsachsen ihre sie begeisternden Marsch-, Kampf- und Schlachtenlieder nicht weniger wie andere Nationen, und wie schon die alten Germanen nach dem Bericht des Tacitus dereinst solche Gesänge gekannt hatten. Der gänzliche Verlust derselben, die vielleicht auch ihrer ganzen Natur nach kaum jemals in grösserem Umfange schriftliche Aufzeichnung erfahren haben mochten, berechtigt noch keineswegs zu weiteren Schlüssen. Was ferner die Naturschilderungen anbetrifft, so will ich der Verf. in der Hoffnung, dass er als solche die nachgenannten Stellen gelten lassen wird, auf Phön. 1 ff., 182 ff., Gudl. 1282 ff., Wand. 97 ff., auch auf Beow. 1357 ff. und 1408 ff. aufmerksam machen; als Zeugniss für eine edle Geschmacksrichtung aber den Umstand hervorheben, dass wenigstens in den ags. Originalcompositionen durchweg eine streng keusche, jede Obscönität ausschliessende Haltung bewahrt und überhaupt der Frau eine Rolle zugewiesen wird, wie sie ehrenvoller nicht gedacht werden kann. Als Ergues einer lebendigen Phantasie endlich stellen sich die unzähligen sinnvollen Zusammensetzungen und die metonymischen und metaphorischen Umschreibungen, an denen die ags. Poesie so reich ist, auch die Gleichnisse dar, an denen sie zwar nicht reich, deren sie aber doch nicht gänzlich baar ist. Und ich möchte in Hinsicht auf den letzten Punkt den Verf. noch auf einen recht lehrreichen Aufsatz von A. Hoffmann „Der bildliche Ausdruck im Beow. und in der Edda" (Engl. St. VI. 163 ff.) aufmerksam machen; vielleicht lernt er daraus, dass es bei derartigen Untersuchungen, wie die seinige es ist, zweckmässig ist, auch auf die Poesie der sprachverwandten Völker, und wie die altgerm. noch um die ags., Poesie Seitenblicke zu werfen. — Dass die mit der normännischen Invasion eindringenden romanischen Elemente die alte nationale Dichtung zu ersticken im Stande gewesen, vermag Merbot nicht einzusehen; dafür ergibt er sich in allerlei völlig aus der Luft gegriffenen Hypothesen des Inhalts, dass der Genuss des Augenblicks schliesslich das Ziel der Angelsachsen geworden wäre (S. 48), dass die feilen Lob- und Spottlieder, die Kinder des Augenblicks, alles andere überwuchert haben werden (S. 49), dass die Poesie keinen festen inneren Halt im Volke gehabt hätte und nicht mit seinen besten Ideen zu

Verbindung getreten wäre (ebd.), dass sie ferner nur den gemeinsten Trieben entgegen gekommen und nicht mehr Trägerin des Wissens, der alten Weisheitssprüche, der alten Heldengeschichte gewesen wäre, sondern dem Glückseligkeitstriebe godient habe, der im Genuss, im wilden Leben seine Befriedigung gefunden hätte (S. 50).

Höchst wunderlich sind seine Ansichten über das schätzenswertheste der uns erhaltenen ags. Denkmäler, den Beowulf. „Der Held", „die ganze Erzählung", „der künstlerisch geordnete Stoff", alles trage vollständig christliches Gepräge, Das Beowulflied dürfe nicht zu den im Volke verbreiteten und bei ihm beliebten Liedern gerechnet worden. Eine grosse Bekanntschaft dieses Liedes oder gar ein hohes Alter desselben annehmen, heisse auf Wolken wandeln etc. (S. 33 f.). Dabei wird Müllenhoff kurzer Hand in vier, noch dazu bloss als Parenthese sich darstellenden Zeilen abgethan (!). Merbot stützt diese seine Ansichten darauf, dass der Name Beowulf weder in einem sonstigen ags. noch in einem in England geschriebenen lateinischen Werke angetroffen werde. Das ist richtig, beweist aber nichts. Denn erstens: die wenigen alten Lieder, die dem Verf. hier vorschweben, kennen wir ja bloss fragmentarisch und gerade erst aus den Episoden im Beow., und zweitens: was die Verfasser von lat. Schriften, die Geistlichen, anbetrifft, so werden diese es geflissentlich vermieden haben, auf Helden und Lieder der heidnischen Zeit anzuspielen, von denen sie von ihrem Standpunkte aus natürlich wünschen mussten, dass sie aus der Erinnerung und dem Munde des Volkes allmählich verschwänden. Und gesetzt selbst, es fänden — was aber keineswegs der Fall ist — die andern Helden ausser Beowulf dort sämmtlich Erwähnung, so würde das für mich nur ein Grund mehr sein, dem Beowulf-Liede ein ganz besonderes Ansehen, eine ganz besondere Beliebtheit vor den übrigen Heldengesängen beim Volke zuzuerkennen. Und ich kann Merbots Ansichten gegenüber hier nur wiederholen, was ich früher bereits an anderer Stelle zu bemerken mir erlaubt habe: dass, wer sich je ernstlich in den Inhalt des Beowulf und in die Frage nach seiner Entstehung vertieft hat und sich bemüht hat, zu einer naturgemässen Beantwortung derselben zu gelangen, unmöglich auf solche Schlüsse verfallen kann, wie sie uns bei Merbot a. a. O. präsentiren.

Am leeeswerthesten sind noch diejenigen Stellen, an denen auf Grund bestimmter in ags. Glossen und anderen Quellen vorgefundener termini Schlüsse und Unterscheidungen mehr genereller Art aufgestellt werden, wie z. B. S. 3 ff., woselbst die Bedeutung des *sc*op — der *scôp*, wie bei Merbot zu lesen ist, sollte nun wohl endlich einmal zu Grabe getragen sein —, ferner des *léoðwyrhta*, *gléoman* festzustellen versucht wird; oder S. 19 ff., wo die verschiedenen Ausdrücke für poetische Darstellung: *singan*, *secgan*, *sagu*, *gesegen*, *sægen*, *spell*, *spellung*, *léasung*, *gid*, *song*, *léoð* u. s. w. besprochen und ihre Begriffe gegen einander begrenzt werden. Freilich werden auch hier die Schlussfolgerungen bisweilen wieder zu weit auf die Spitze getrieben und dadurch seine Definitionen unhaltbar, so z. B. wenn er S. 6 f. nach der ganz richtigen Bemerkung, dass die Wörter *scop* und *wódbora* nicht immer strenge mit dem von ihm aufgestellten Unterschiede — wonach diesem ein religiöser, kirchlicher Nebensinn angehaftet habe, jenem ein weltlicher Beigeschmack eigen gewesen sei — gebraucht worden wären, dann fortfährt: „so ist doch zu erkennen, dass ein Streben vorhanden war, welches eine solche strengere Unterscheidung bezweckte." — Wie kann man ferner aus dem Umstande, dass die Adj. *wis* und *snotor*, welche ihrer allgemeinen Bedeutung nach natürlich zu sehr vielen Substantiven passen, ebensowohl als Beiwörter vom Dichter wie vom Redner und Philosophen sich gebraucht finden, die Schlussfolgerung ziehen, dass hierin „eine Vermischung des Dichters mit anderen Geistesarbeitern" vorliege; wie Merbot S. 9 es thut. — Ebenso entbehrt das S. 28 aufgestellte Resultat, dass *gid* meistens gesprochene Gedichte bezeichnet habe, der genügenden Stütze. Diese Unsicherheit mancher von seinen Behauptungen scheint der Verf. auch selber zu fühlen, denn er bekennt S. 30 ganz offen: „Wenn wir am Schluss dieser Bedeutungsforschung zurückschauen, so erkennen wir, dass wir eigentlich sehr wenig Gewisses gefunden haben." Ausserdem würde bei einer erschöpfenden Ausnutzung sämmtlicher uns zu Gebote stehenden Denkmäler und Hilfsmittel gewiss noch manche über den Umfang jener Begriffe geltend gemachte Ansicht nicht unerhebliche Modificationen zu erleiden haben.

Der Ausdrucksweise Merbots mangelt es noch hie und da an Klarheit, Correctheit und logischer Schärfe. Man lese nur folgende Stellen: „Wenn also auch dem Worte *scop* wie dem Worte *wódbora* nicht eine so allgemeine Bedeutung zugemessen werden kann, wie sie etwa ähnlich heute das Wort Schriftsteller besitzt, so trennen sich doch beide Worte von einander durch ihren kirchlichen und weltlichen Nebensinn" (S. 6); „— für eine einstige Vermischung oder besser Nochnichtunterschiedensein dieser Begriffe" (S. 7); „— an innerem Gehalt und Würde" (S. 48); „— die Beschaffenheit der Eigenschaften" (S. 9). „Diese schöne Arbeit, wenig systematisch geordnet, wirft leider verschiedene Zeiten und Stämme zu sehr zusammen" (S. 11 Anm.). „In welchem Ansehen standen nun die Dichter und Vortragenden bei den Angelsachsen, und bildeten sie einen besonderen Stand?" (S. 14). S. 41 heisst es: „aus den Wortbildungen *gomenwudu*, *gléobeam* könne entnommen werden, dass die Dichtung als Bringerin der Lust, als Erzeugerin des *gamen* und *gléo* geschildert werde"; während doch diese Eigenschaft durch jene *Kenningar* zunächst dem musikalischen Instrument, der Harfe, zugeschrieben wird.

Sehr unangenehm berührt die Menge von Druckfehlern resp. Versehen in den Citaten. So enthält S. 6 Anm. 11 allein deren vier: i. statt W. Grimm, *sortia* statt *fortia*, *hnmanas* statt *humanas*, hinter *dulcibus* fehlt *lyrae*. Anm. 12 auf derselben Seite ist ganz ausgefallen. Für die übrigen Versehen sei hier schliesslich der Kürze halber auf Lit. Cbl. 1884 S. 492 und Angl. VI S. 100 f. hingewiesen.

Bromberg, Nov. 1884. Th. Krüger.

Laurence Minots Lieder. Mit grammatisch-metrischer Einleitung von Wilhelm Scholle. (Quellen und Forschungen zur Sprach- und Kulturgeschichte der germanischen Völker. Heft 52.) Strassburg, Trübner. 1884. XLVII, 45 S. 8. M. 2.

Ueber Scholles verdienstliche Ausgabe ist bereits mehrfach berichtet worden, zuletzt und am eingehendsten von Brandl im Anz. f. d. Alterth. XI. 35.

In der klar und präcis gefassten Einleitung ist zunächst die sprachliche Form des Denkmals behandelt. Bisweilen wäre die grössere Vollständigkeit der Angaben zu wünschen und bei dem geringen Umfang des Textes leicht zu erzielen gewesen. So hätte auf S. XI neben *mekil*, *euil*, *besi*, in denen e auf älterem *y* beruht, auch *brenis* VI, 3 (*brens* Ms.) aufgeführt werden können: *brenie* = altnord. *brynja*. Die Frage, ob und in wie weit e für älteres *y*, eine Lautvertretung, die man früher ausschliesslich dem kentischen Dialekt zueignete, auch in nördlichen Dialekten vorkommt, ist bekanntlich in letzter Zeit mehrfach erörtert worden. Ferner ist nicht erwähnt, was doch ebenfalls charakteristisch ist, dass für kurzes æ. *i* in offener Silbe zuweilen e erscheint: III, 77 *peder*; VII, 3 *wreten*, vom Hrsg. ohne Noth in *writen* geändert; VIII, 86 *streuyn*, ebenso in *strunyn* geändert; ausnahmsweise auch für ursprünglich langes, aber wohl früh gekürztes *i* in *thretty* VII, 50, 55.

Unter *d* (S. XII, vgl. S. XIV) war *wapin* = as. *wépen* anzuführen; *a* statt *e* in diesem Worte erklärt sich wohl am besten durch Annahme einer durch die folgende Position bewirkten Kürzung von æ zu *æ* in Altengl.; *wœpn* musste *wapen* ergeben, wie *klæfdige* statt *klæfdige* zu *lavedi*, *lady* wurde.

Die Vokalisation der unbetonten Silben wird auf Scholle, wie es ja überhaupt bei solchen Untersuchungen geschieht, gar nicht berücksichtigt. Ich glaube mit Unrecht. So ganz unregelmässig und willkürlich ist das Schwanken zwischen e und *i*, *y* in Ableitungs- und Flexionssilben doch wohl nicht; es scheint vielmehr ein Princip zu Grunde zu liegen, welches in der Regel beobachtet, bisweilen allerdings verletzt wird. Aus dem Verse:

VI, 17 *Hides and helis als henle*

ist es deutlich zu ersehen: Statt eines unbetonten e tritt in consonantisch auslautender Endsilbe gern *i*, *y* ein, wenn der vorhergehende Stammsilbe e enthält. Die Endsilben *-es*, *-er* bleiben allerdings auch in diesem Falle meist unverändert (doch III, 78 *strenis*, IX, 31 *neuir*). Ziemlich genau wird aber die Regel bei *-ed*, *-id*, *-yd* befolgt: I, 44 *flemid*; I, 55, VIII, 78 *leuid*; III, 66, VII, 101 *bileuid*; IV, 61, V, 49 *semid*; V, 1 *menid*; V, 35, 37, VII, 100 *helpid*; VII, 141 *delid*; dagegen III, 34 *liked*; I, 15 *turned*; I, 38 *failed*; I, 49, V, 84, VII, 41 *maked*; I, 51 *waked*; II, 11 *crakked*; II, 15 *priked*; III, 58, V, 80 *thanked*; III, 65 *knokked*; III, 83, 121 *koued*; III, 101 *lasted*; IV, 57 *qayned*; V, 58 *traisted*; IV, 26 *gained*; V, 5 *staked* u. s. w. Allerdings findet sich auch I, 81 *dwelled*; III, 63 *nemed*; IV, 96 *keped*; V, 14, 34 *lered*; IX, 3 *teched*; X, 18 *rened* und andererseits VII, 80 *likid*; aber das Streben, e in zwei aufeinander folgenden Silben zu vermeiden, ist doch nicht zu verkennen. So wird auch regelmässig *henyd*, *henid*, nie *heued* geschrieben. Bei der Endsilbe -*en* ist das Princip noch genauer durchgeführt: II. 8 *latin*; VIII, 76, 77 *efin*; VIII, 86 *strenyu*; aber II. 4 *uroken*; IV. 29, V, 64, VIII, 87 *cumen*; VII, 74 *dungen*; IX, 52 *taken*; IX, 6 *fallen*; VIII, 88 *giuen*; X, 3 *drinen*; VII, 71 *wonnen*; ferner I. 35 *heuyn*; XI, 40 *henin*; I, 68 *euyn*; IV, 38 *senyn* gegen III, 100 *yren*. Endlich regelmässig *mekyll*, *uckill*, *euill*, *euyll* gegen I, 57, I. 82 *litell* (allerdings auch VIII, 45 *litill*). VIII, 61 *kirtell*.

Liegt hier eine blosse Schreibregel vor? Ist sie auch in anderen Denkmälern der Zeit beobachtet? Ist die neuenglische Schreibung von *evil*, *devil*, *welkin*, *elfin* auf eine solche Regel zurückzuführen? Ich wage nicht auf diese Fragen jetzt schon eine Antwort zu geben.

Unter den Eigenthümlichkeiten der Flexion ist auf S. XXV richtig die nordenglische (Brandl, Anz. f. d. A. X, 333) Ausgleichung des Präteritalablauts der starken Verben hervorgehoben. Es wäre dem entsprechend bei den Präteritopräsentien (S. XXV) zu bemerken gewesen, nicht bloss, dass *wote*, sondern auch dass *wot* (VI. 14, 34. 52; VIII, 1) und *sal* (VI, 33, 44) als Pluralformen gebraucht werden.

Auf die Darstellung der metrischen Verhältnisse der Gedichte ist viel Sorgfalt und Scharfsinn verwandt worden. Bei den Kurzzeilen ist es auch durch die Annahme von Silbenverschleifung, durch Anfügung und Abwerfen eines Flexions-*e*, durch leichte Emendationen ziemlich gelungen, den Versen einen regelmässigen Bau zu geben. Anders mit den Langzeilen. A. Brandl bemerkt (Anz. f. d. A. XI. 37) mit Recht, dass sie einen etwas verworrenen Eindruck machen. Der Hrsg. muss trotz aller metrischen Aushilfsmittel noch eine Anzahl unregelmässiger Verse zugeben. Mir erscheint es ebenso gezwungen und künstlich, diese Verse in zwei Halbzeilen zu 4, beziehungsweise 3 Hebungen zu zerlegen, wie wenn man die altenglische alliterirende Langzeile auf das Prokrustesbett der Vierhebungstheorie zwängt. Ich möchte daher noch immer an der Ansicht Schippers (Engl. Metr. S, 218) festhalten (die Scholle auffallender Weise nicht einmal erwähnt), dass wir es hier mit den vierhebigen, in freiem daktylischem Rhythmus gedichteten Langzeilen zu thun haben, die wir auch sonst vom XIV. Jahrhundert an bis in das XVI. (Skeltonscher Vers) mehrfach angewandt finden.

Die Aufgabe, die sich der Hrsg. bei der Herstellung des Textes gesetzt hatte, „die Sprache wie die Metrik des Dichters reiner als in der Ueberlieferung geschieht hervortreten zu lassen", ist trotz einzelner Inconsequenzen und unberechtigter Aenderungen, die schon von anderer Seite hervorgehoben wurden, im Ganzen glücklich gelöst.

Kiel, Januar 1885.   G. Sarrazin.

[1] Eine ähnliche Correspondenz zwischen dem Vokal der Stammsilbe und dem der Endung lässt sich in mitteldeutschen (schlesischen) Denkmälern des XIV. Jh.'s beobachten, worauf J. Pietsch in einer Anmerkung zu H. Rückert, Schlesische Mundart p. 35 aufmerksam macht.

Thurneysen, Rudolf, Keltoromanisches. Die keltischen Etymologieen im Etymolog. Wörterbuch der romanischen Sprachen von F. Diez. Halle, M. Niemeyer. 1884. 128 S. 8.

Soll endlich einmal die Frage nach dem Einfluss des Keltischen auf das Romanische in befriedigender Weise gelöst werden, so ist es wohl das Beste, zuerst die Lexikalische vorzunehmen, weil wir hier noch verhältnissmässig den festesten Boden unter uns fühlen. Dabei aber ist im Gedächtniss zu behalten, dass die Zahl der Wortentlehnungen aus einer Sprache durchaus keinen Schluss auf den Umfang der von ihr ausgehenden Einwirkungen in phonetischer und semasiologischer Beziehung gestattet. Dass jene ausserordentlich viele und manchem diese null sein können, das wird von Niemandem bestritten; dass aber auch der umgekehrte Fall möglich ist, beweisen z. B. verschiedene kreolische Idiome. In die negroiden Modificationen der europäischen Sprachen überhaupt haben weit weniger afrikanische Wörter Eingang gefunden, als man insgemein denkt. Die Wörter werden eben im wesentlichen mit den Dingen und den Begriffen entlehnt; mit andern Worten, das Verhältniss der beiden Kulturen ist entscheidend. So glaube ich auch, dass gerade das Wörterbuch des Romanischen vom Keltischen am wenigsten berührt worden ist; denn wie viel hat die romanische Kultur von der keltischen in sich aufgenommen? Trotzdem muss, wie gesagt, mit dem Wörterbuch begonnen werden, und zwar insbesondere mit dem Wörterbuch, welches uns Diez hinterlassen hat. Schon seit Jahren halte ich mir vorgenommen, dasselbe auf seine keltischen Elemente hin durchzuprüfen; ich freue mich nun, dass ein Geschickterer die bei dem jetzigen Stande der Wissenschaft sehr nothwendige Arbeit ausgeführt hat.

In der Einleitung erörtert Thurneysen vor Allem das Verhältniss der beiden Zweige des Inselkeltischen zum Keltischen des Festlandes. Obgleich Dies meiner Ansicht nach auch jetzt noch keineswegs aufgehellt ist, ich also nicht zugebe, dass aus andern Gründen bei keltoromanischen Untersuchungen „das Hauptgewicht auf die irische Seite fallen werde", so habe ich doch nichts dagegen einzuwenden, dass es vorläufig aus methodologischen Gründen auf diese Seite gelegt werde: „Wir können also erst dann den keltischen Ursprung eines Wortes für einigermassen erwiesen halten, wenn es im Irischen Stammen oder aber im Altirischen belegt ist" (S. 13). Früher (S. 9) hatte Thurneysen gesagt: „Die Wahrheit wird uns, da unter den vielen verschiedenen keltischen Völkerschaften, welche die beiden Gallien bewohnten, einige gab, die einst den Iren, andere, die mit den Britten enger zusammenhingen, und gewiss auch dritte, die mit keinen von beiden speciell verwandt waren," freilich nie deutlich, wie er dazu kommt (S. 1 f.), meine Gleichung von *veltlin. nücem* mit altir. *uacrin* als einen Verstoss gegen die Grundsätze Ausserachtlassen, welche bei keltoromanischen Etymologisiren zu gelten hätten. Dass ein gallisches *gnatos* „Sohn" bezeugt ist, kann doch nicht im geringsten als Argument dagegen dienen, dass irgendwo auf dem Festlande in gleicher oder ähnlicher Verwendung *magos* gebraucht worden ist. „Jedenfalls war in der Mehrzahl der gallischen Dialekte urspr. *qu* in *p* übergegangen“ (S. 2), also doch nicht in allen, wie es denn später (S. 8) bestimmt heisst: „Uebrigens war er [der Uebergang von *qu* in *p*] auch in Gallien nicht überall durchgeführt, wie die Namen *Sequana, Sequani* zeigen. Wir dürfen uns also auf keinen Fall das festländische Keltisch als eine compacte Sprachmasse vorstellen, von der sich als von einem einheitlichen Dialekte sprechen liesse.“ Es scheint mir das im Verlauf der Einzeluntersuchung hie und da nicht genügend berücksichtigt zu sein.

Lieber als auf einer grossen Warnungstafel gleich zu Anfang des Buches hätte ich meinen Namen angebracht gesehen bei der Prüfung keltoromanischer Lautbeziehungen; vielleicht auch mit mehr Recht. Wenn Thurneysen (S. 11) gegenüber der Ascoli'schen Zusammenstellung gewisser romanischer Diphthonge mit brittischen auf zweigipflige Betonung langer Vokale im Inselkeltischen hinweist, die vielleicht auch für das festländische Keltische anzusetzen sei, wodurch sich der grosse Hang der Galloromanen zum Diphthongiren gut erklären liesse, so schliesst sich das eng an meinen Versuch an, die galloromanische Diphthongirung zu erklären (Zs. f. rom. Phil. IV, 142 ff.). Im Folgenden wird übrigens ein Unterschied aufgestellt, den ich nicht zu erkennen vermag: „Im Romanischen diphthongiren sich die g e s c h l o s s e n e n Vokale, gleichviel ob sie urspr. lang oder kurz sind, im Inselkeltischen nur die l a n g e n.“ Auch im Romanischen wurden nur die vulgärlateinisch langen Vokale diphthongirt („es ist also wohl möglich, dass die offenen Silben im Vulgärlatein etwas gedehnt wurden“ sagt Thurneysen); ein Unterschied würde also nur dann bestehen, wenn sich, was Thurneysen nicht behauptet, das Inselkeltische in Bezug auf die Qualität der zu diphthongirenden Vokale indifferent verhalten hätte. Auch über *ct, cht, it* (S. 14–16) hatte ich a. a. O. S. 146—148 des Langen und Breiten, ebenfalls mit Zurückweisung der Thomsen'schen Hypothese, gesprochen. Was *caitiu* = *captivus* u. ä. anlangt, so übersieht Thurneysen, dass *caitiu* doch auch zunächst aus *cautiu* (span. *cautivo*) entstanden sein kann; der dentale Consonant (vielleicht in Verbindung mit dem folgenden *i*) wirkte assimilirend (vgl. port. *oiro* = *ouro* u. s. w.). Oder meint er wirklich, dass die von ihm gegebene Reihenfolge prov. *eps, eis, eus* die historische sei? Der von Ascoli (übrigens schon lange vor ihm ganz allgemein) angenommene Zusammenhang zwischen britt. *ū*, *i* = *ü* und gallorom. *ū*, *i* = *ü* wird von Thurneysen bestritten, aber wie mir scheint mit nicht zureichendem Grunde. Wenn „*dūnum* in einem weit ausgedehnten Gebiete behandelt wird, als ob es *dünum* lautete“, so lässt sich daraus schwerlich eine allgemeine Folgerung ableiten. Wenn heutzutage derselbe Mann, der *laun* spricht, anderseits *mūr* spricht, sollte das auf eine Verschiedenheit zwischen keltischem und lateinischem *u* zurückgehen, von denen gerade jenes dem *ü* ganz fern gelegen hätte? *N* scheint ein vorausgehendes *u* gern zu modificiren; wir nehmen *-on-, -oun-* = *un* in ital. Mdd. wahr, und ich denke auch im Deutschen zuweilen ein *u* in *nun, thun* zu hören, das sich von dem daneben gesprochenen in *zu, thut* durch leise Hinneigung zum *o* unterscheidet. — Die Einmischung eines keltischen *-isia* in altfr. *justise* u. s. w. (S. 17 f.) kann ich vor der Hand nicht annehmen; warum sollte nicht tönendes *s* dem dem *tj* entsprechen? Sagt doch Thurneysen S. 93 selbst, dass *tj* im Frühromanischen, anders als *cj*, einen einfachen palatalen Explosivlaut ergeben habe. Den Ausführungen über *seboc* — *hibou* (S. 22 ff.) stimme ich bei, obwohl man hoffen darf, dass die Sache noch weiter aufgeklärt werde.

Unter den Quellen vermisse ich Troude's französisch-bretonisches Wörterbuch und das, wie es scheint, überhaupt auf dem Festlande kaum bekannte grosse englisch-kymrische Wörterbuch von Daniel Silvan Evans (Denbigh 1852—1858), das gute Dienste gethan haben würde. Dass das längst angekündigte kymrisch-englische Wörterbuch von demselben Verfasser nun endlich in Druck gelegt wird (am 6. December waren 2 Bogen fertig), erwähne ich hier deshalb, weil erst nach seiner Vollendung man mit einiger Zuversicht sich der Aufgabe widmen kann, die lateinischen Elemente des Kymrischen zusammenzustellen. Ich kann daher den von Thurneysen S. 4 ausgesprochenen Wunsch, wenn überhaupt, so nicht „rasch“ erfüllen.

„Das Schwergewicht der Arbeit liegt durchaus auf der keltischen Seite“ (S. 5). Thurneysen untersucht Alles, was an Keltischem bei Diez vorkommt, sollte es auch da eine ganz untergeordnete Rolle spielen. Ich hätte gern in übersichtlicher Weise aus Thurneysens Buch das für die Romanisten Wichtige zusammengestellt; aber diese Arbeit ist schwieriger, als sie mir auf den ersten Blick erschien. Zwischen den Wörtern, deren keltische Etymologie als gesichert zu betrachten ist, und denjenigen, bei welchen die Versuche der Deutung aus dem Keltischen als durchaus verunglückt nachgewiesen sind, liegt eine überwiegende Menge von Wörtern, bei welchen sich die Möglichkeit der Kelticität auf das Mannichfachste abstuft. Thurneysen legt zwar das Material in kritischer Weise vor, bestimmt aber doch meistens nicht kurz und bündig diesen Wahrscheinlichkeitsgrad. Um daher die besprochenen Wörter in einzelne Kategorien einzuordnen, müsste man sich über sehr viele Fälle erst selbst ein Urtheil bilden. Dasselbe gilt von den Ableitungen, welche Thurneysen, über das von Diez Gebotene hinausgehend, neu aufstellt. Manche, wie z. B. *deslir* von altir. *legaim*, *lic* = kymr. *llai*, *broglio* von gall. *brog-* (vgl. besonders die Bedd. von kymr. *bro*: „the cultivated region“, „the lowland“, „the vale“, gegensätzlich *bro a gwrthdir*), leuchten mir durchaus ein; manche halte ich für unannehmbar. Vorbehaltlich eines gründlichen Eingehens auf diesen Gegenstand an irgend einer anderen Stelle, füge ich hier einige unsystematische Randbemerkungen zu Wörtern im I. Theil von Diez' Wörterbuch an.

Andare von gall. **and(e)-ag-, ann-ag-* ist wohl möglich. Ich hatte im Allgemeinen an keltischen Ursprung gedacht (Zs. f. rom. Phil. VI, 123), wobei mich auch das Verhältniss bestimmte, welches zwischen dem Norden und Süden, besonders zwischen Nord- und Südtalien hinsichtlich des Gebrauches von *andare* und *ire* besteht. Aber hier ebenso wenig wie bei franz. *aller* möchte ich schlechtweg keltischen Ursprung annehmen; sondern nur keltische Einwirkung auf *ambulare*, das ja auf einem Theil des romanischen Gebietes fortlebt. Die Bedenken Thurneysens hinsichtlich des *a* von *aller* gegenüber dem *e* von britt. *ha-ella* = *vadis* existiren also für mich nicht. Uebrigens habe ich nicht, wie Thurneysen annimmt, zwei verschiedene keltische Etymologien aufgestellt, sondern nur eine, indem ich das britt. *el-* in gewissen altirischen Formen wiederzufinden meinte, die ich aber als der Aufklärung noch bedürftig bezeichnete. Auch Thurneysen erkennt ja, abgesehen vom brittischen Präfix *ess-*, die Identität der keltischen Formen an. — *Brocco, braccu* wird zu altir. *brocc* u. s. w. „Dachs" verglichen, welches eigentlich der „Spitzgestaltete" heisse. Aber ich weise darauf hin, dass die ursprüngliche Bedeutung der romanischen Wörter nicht die des „Spitzigen", sondern die des „Gegabelten", „Gespaltenen" ist (ein keltischer Verwandter von *furca* käme erwünscht), und dass der Dachs auch engl. *brock*, angels. *broc*, dän. *brok*, altisl. *brokkr* heisst. Könnte das kelt. Wort nicht eine sehr alte Entlehnung aus den germanischen Sprachen sein? Es wäre auch zu untersuchen, wie sich im Kymrischen *broc* „gran gesprenkelt", „rothgrau" zu *broch* „Dachs" verhält (vgl. im Dänischen *broc* „Dachs" und *broget* „scheckig"); *broc, broghu, brochlim* bedeuten dasselbe. Dass gäl. *brog* „Ahle" eine Entlehnung sein müsse, ist doch zu viel gesagt. Im Kymrischen findet sich mit ganz entsprechender Bedeutung zwar nicht *brocc*, doch *broes*; *broes*, „a small pointed piece of wood"; für ein solches ableitendes *s* im Keltischen kenne ich allerdings keine Analogien. Uebrigens stimmt franz. *broches* „Hauer des Ebers" doch gut zu lat. *brocchi*. — *Broza*. Warum citirt hier Thurneysen statt des ganz gebräuchlichen kymr. *brwys* nur die Ableitung *brwysul*, die er wiederum mit einem Fragezeichen versieht? — *Drappo*. Da hierzu Wörter aus fernliegenden indogermanischen Sprachen genannt werden, so will ich auf russ. *trjapka, trjapjè* hinweisen, das in seiner Bedeutung („Lappen", „Lumpen") durchaus zum span. *trapo* stimmt. — *Flamula* scheint mir nichts mit gall. *clanul* zu thun zu haben, sondern für *flandrella* zu stehen, wie *flauer* für *flamber* stehen dürfte (vgl. tschech. *flamendrovati, flamlati, flamovati* „vagiren", „müssig herumziehen", „bummeln" von *flama, flamender* „Flamänder", „Vagabund"). Scheler sagt: „Aujourd'hui *flame* signifie une espèce de coutil de Flandre". — *Laur*. Muss altir. *lécim* nur des Vokals halber aus dem Spiel bleiben? — *Mina* = kymr. *mwyn*, ir. *méin* und mian „Miene" = bret. *men*. Soll denn letzteres vom ital. *mena* (Val. *mena*, Fauf. *menus*) „Geberde" getrennt werden? Wenn aber hier im Romanischen *i* und *e* wechseln, ist das nicht auch bei den anderen Worte möglich? Prov. (und neucat.) *mena* neben *mina* mag aus einem gall. *mīna* = *mēina* herzuleiten sein; auch neap. *meno*? Und ist nicht die ursprüngliche Bedeutung des Wortes: „unterirdischer Gang" ohne besonderen Bezug auf Metalle? Kann die Wortform mit *i* nicht aus Sicilien (*mina* = *minut*) stammen? — *Mina, menina* u. s. w. scheint Thurneysen geneigt zu sein für keltisch zu halten. Diez sagt: „der Stamm fordert langes *ī*"; ist aber altlim. *mina* nicht etwa *m'nina*? Wenn wir *mina* „Brust" hinzugehört, dann auch das identische neap. *menna*. Vgl. ital. *menno* „Castrat", „bartlos"; bei Varro *oves minæ* „glattbauchig" (?), bei Festus *mina* „Brust ohne Milch". Auch franz. *mine* ist zu erwägen, das keineswegs, wie Diez will, ein ausschliesslich französisches Wort ist: ital. *meneio* „floscio", „lonzo", „sottile", „minuto". — *Ola*, welches wie das port. *fulla* zeigt, für *hola* steht, ist wohl germanischen Ursprungs; der keltische Correspondent von russ. *val*, deutsch. *Welle* u. s. w., müsste auch im Französischen mit anlautendem *e* erscheinen (vgl. altir. *fuluauin* „volubilis").

Vielleicht werden die Romanisten sich von einer so sorgfältigen und sachverständigen Durchprüfung des Materials ausgedehntere und sicherere Ergebnisse erwartet haben. Aber es ist zu bedenken, dass einerseits auf keltischer Seite sich die noch starken etymologischen Dunkelheiten nicht einmal lichten lassen, und dass andererseits auch auf romanischer Seite die dialektische Verbreitung und Differenzirung der einzelnen Wörter vielfach noch ungenügend festgestellt ist. Ueberhaupt wird das comparative Studium der romanischen Volksmundarten noch stark vernachlässigt, während es doch ganz im Vordergrunde stehen sollte. Wie darf derjenige über ital. *ebbi* = *habui* Erklärungsversuche wagen, der nicht die Formen aller der Dialekte überblickt, von denen Proben veröffentlicht worden sind? Dass keltische Wörter sich häufiger in dialektischer Vereinsamung, als in der Herrschaft über weite Gebiete finden werden, an dieser Ansicht halte ich auch jetzt noch fest; sie gründet sich auf die Erwägung der Art und Weise, wie das Keltische dem Romanischen Platz gemacht hat. Möge daher Thurneysen fleissig französische und italienische Dialektwörterbücher durchblättern, um uns mit weiterem „Keltoromanischen" zu erfreuen.

Graz, 10. Jan. 1885.   H. Schuchardt.

Orthographia gallica. Aeltester Traktat über französische Aussprache und Orthographie. Nach vier Handschriften zum ersten Mal herausgegeben von J. Stürzinger. Heilbronn, Henninger, 1884. XLVI, 52 S. 8. M. 2,40. Altfranzösische Bibliothek Bd. VIII.

Man kennt die eigenthümliche Rolle, welche das Französische, auch nachdem die Normandie wieder an Frankreich gefallen war, in England noch mehrere Jahrhunderte weiter spielte als officielle Sprache des Königreichs. Der englische Jurist musste Französisch lernen, um die anglonormannischen Rechtsbücher zu verstehen, der Gerichtsschreiber, um Urkunden anzusetzen, der Abschreiber, um französische Handschriften copiren, der Kaufmann, um in Frankreich Geschäfte treiben zu können. Die Abfassung eines französischen Briefes wurde für ein Erfordernis der Bildung gehalten (bald nach 1270, nach Hallam's Introduction I p. 37, 40).

Dazu kam, dass die Normannen den Schulunterricht in französischer Sprache ertheilen liessen, und das Französische in der Schule weiter gesprochen wurde, auch nachdem es in den Familien ausgestorben war. Freilich was für ein Französisch! Keineswegs die Sprache des Festlandes, sondern eine in vielen Lauten und Formen noch weiter abgeschliffene Form des Anglonormannischen, die je nach den Kenntnissen des Lehrers mehr oder weniger mit Einflüssen des continentalen Französisch durchsetzt war. Der Umstand, dass das Französische mehrere Generationen hindurch auf englischem Boden als lebende Sprache erklungen war, hatte, weit entfernt den Schulunterricht zu fördern, diesen geradezu ruinirt, und im Wesentlichen lebte man von getrübten Reminiscenzen, statt jenseits des Kanals aus der frischen Quelle zu schöpfen.

Einen Einblick in die Beschaffenheit des französischen Unterrichts, wie er in England vom 13.— 16. Jahrhundert betrieben wurde, gewährt uns die handschriftlich, zum Theil auch in alten Drucken, erhaltene Literatur von Lehrmitteln, von der Stürzinger in seiner Einleitung eine Uebersicht gibt. Diese Uebersicht zeigt, dass von solchen Lehrbüchern, den ältesten Vertretern einer uns Allen wohlbekannten Gattung, beträchtlich mehr erhalten ist, als das bis jetzt von Paul Meyer und E. Stengel bekannt Gemachte ahnen liess. Der älteste Text dieser Art ist die Orthographia Gallica, d. h. die bereits von T. Wright in den Altdeutschen Wäldern 2. 193 herausgegebene lateinisch abgefasste Regelsammlung. Stürzinger veröffentlicht diesen Text aufs Neue mit Benutzung dreier bis dahin unbekannter Handschriften, welche zahlreiche neue Regeln hinzufügen, von denen die meisten in französischer Sprache abgefasst sind.

Auch für das continentale Altfranzösisch ist aus diesen Regeln Einiges zu lernen; unverhältnissmässig wichtiger sind dieselben jedoch zur Beurtheilung der Orthographie, Aussprache und Formenbildung des spätern Anglonormannisch, das uns in einer überaus reichhaltigen und für die Geschichte Englands überaus wichtigen Urkundenliteratur vorliegt. Leider sind manche Regeln so dunkel gefasst oder so schlecht überliefert, dass sie sich meinem — ich darf wohl sagen: unserm — Verständniss entziehen. Ich greife hier einiges Wenige heraus, um eine Idee von diesem Werke zu geben. Gleich die erste Regel lehrt, das geschlossene e in der ersten oder mittlern Silbe des Wortes verlange ein *i* vor sich; Beispiele: *bien, rien, chien, piere, miere*. Diese Regel besagt deutlich genug, dass *piere* (pater) im Anglonormannischen nur umgekehrte Schreibung ist: da man gewohnt war an Stelle des französischen *ie* geschlossenes *e* zu sprechen, so schrieb man zuweilen jenes für dieses an falscher Stelle. Gleich diese erste Regel zeigt uns die arge Verkehrtheit der orthographischen Grundsätze, in denen die anglonormannischen Schreiber unterwiesen wurden und die den philologischen Werth der von ihnen geschriebenen Texte auf ein Minimum reduciren. Heute kennt jeder Anfänger die Bedingungen, unter denen lateinisches *a* im Altfranzösischen *ie* geworden ist, und weiss wie weit die Fassung jener anglonormannischen Schreibregel sich vom richtigen Ausdruck des wahren Sachverhalts entfernt. — In andrer Weise lehrreich ist eine Regel auf S. 7. welche lehrt im Singular *pls*, im Plural aber *plz* zu schreiben. Hier handelt es sich nicht etwa um eine willkürliche Unterscheidung; sondern *filz* ist die alte populär gebliebene Form, der Nom. Sg. hingegen eine im Volksmund erstorbene, aus dem Acc. + *s* künstlich construirte Neubildung. So findet sich schon in den Handschriften Philipps von Thaün (Mall S. 105) *uns* im N. Sg., aber *anz* im Acc. Plur. — An eine in unsern mittelhochdeutschen Dichtern häufige phonetische Schreibung französ. Wörter (*schahtelâu*) erinnert uns eine Regel auf S. 8: quant *s* est joynt [à la *t*], ele avera le soun de *h*, come *est plast serront sonez eght pleght*. — Die nächste Regel lehrt, man solle im Präsens und Präteritum *s* schreiben vor *t* hinter *i, e, o, u*. Nach dieser Regel werden die Formen verständlich, welche ich Reimpredigt S. 69 aufzähle: *dist* dicit, *fest* facit, *rest* vadit, *dust* debuit, *cunust* cognovit, *morust* mortuus est u. s. w. — Ein Fall, der bis in unsere Zeit hinein discutirt worden ist, wird S. 11—12 besprochen und in der einen Version anders als in der andern entschieden: jene will für *de le ereseye* schreiben *del ereseye*, diese aber *de lereseye* oder, da sie ein Beispiel mit *a* gewählt hat: *a le ereseye* debet scribi *a lereseye*.

Die Arbeit des Hrsg.'s verdient das grösste Lob. In der Einleitung hat er das Handschriftenverhältniss klar gelegt; die Behandlung der Texte zeugt von grosser Sorgfalt und Sauberkeit. Man möchte fast sagen, dass dieser Aufwand von methodischer und gründlicher Forschung einer bessern Sache würdig gewesen wäre!

Die Anmerkungen enthalten manches, was für die französische Sprachgeschichte von Interesse ist. Nur zuweilen hätte der Verf. besser gethan, Beispiele zu sondern, die er unter einer Rubrik vereinigt. So enthält *ceo* in *en ceo païs* keineswegs den Diphthong *eo = i* (S. 45), sondern *ceo* hat stummes *e* und beruht auf allzu wörtlicher Uebersetzung des englischen *that*.

Mehr eingehen möchte ich hier nur auf einen Punkt: auf Stürzingers Vermuthung, im Altfranz. *mes, dies*, Nom. von *mal, dieu*, sei wirklich *s* wie *c = s* ausgesprochen worden; er weist auf die Aussprache rätischer Mundarten hin, welche *vocs* für *vous, vocs* für *vous* kennen. Diese Vermuthung kann ich aus verschiedenen Rücksichten nicht für zutreffend halten. Bekanntlich zeigt das Altfranzösische das Bestreben, den Unterschied zwischen Nominativ und Accusativ auf das Stehen und Fehlen des flexivischen *s* oder *z* zu beschränken. Daher bildete es die Accusative *esforz, conti* aus den Nominativen *esforz, contis*, und die Nominative *peres, barons, uefs* aus den Accusativen *pere, baron, uef*. Nun aber findet sich nirgends zu einem Nominativ *mas, dies* ein Accusativ *mac, diec*; jene Tendenz hätte doch bei Wörtern auf *l* irgendwo einmal zum Durchbruch kommen müssen. Wohl aber bildeto man aus *sue* einen Nominativ *sues*, schrieb diesen jedoch mit *s* (*sus* oder *sues*) gewöhnlich nur auf provenzalischem Gebiete, d. h. da wo die Schreibung *s = s* unbekannt war.

Zur Erklärung der Schreibung *s = us* ist auszugehen von dem Schreibgebrauch des 12. Jahrhunderts: in der Handschrift des Samson von Nantuil wird hinter auslautendem *l* stets *x* geschrieben: *dx*, *celx*, *Polx*, *fulx*, *molx*, *mulx*, *cilx*, *enfernalx*, *falx*, *ruiselx*, *visulx* u. s. w. Diese Schreibung vereinfachte man später durch Hinweglassung des *l*, wodurch *x* mit *ls*, gesprochen *us*, gleichbedeutend wurde. Es handelt sich also nur darum, jenen Schreibgebrauch des 12. Jahrhunderts zu erklären, der vielleicht auf eine Ursache von rein paläographischer Bedeutung zurückzuführen ist.

Halle.   Hermann Suchier.

Fragment d'une Chanson d'Antioche en provençal, publié et traduit par Paul Meyer, membre de l'Institut. Paris, Leroux. 1884. (Extrait des Archives de l'Orient latin. T. II. 1883.) 48 S. 4. Ein Blatt Heliogravüre.

Die 707 Zeilen bisher ungedruckten Textes sind der nach einer von G. Baist besorgten Abschrift und nach photographischer Aufnahme von vier Seiten wiedergegebene Inhalt eines Handschriftenfragmentes von 16 kleinen, im 13. Jh. beschriebenen Pergamentblättern, die sich auf der Bibliothek der k. Akademie der Geschichte in Madrid befinden, und von denen bisher nur ganz flüchtige Notiz gegeben war. Es sind 18 vollständige und eine am Schlusse defekte, durch keine Lücke von einander getrennte Alexandrinerlaissen sehr ungleicher Länge, jede mit einem sechssilbigen weiblichen Verse schliessend, der weder durch Reim noch durch Identität des Inhalts an die folgende Laisse sich anknüpft. In ihnen wird die Schlacht dargestellt, die am 28. Juni 1098 zwischen Christen und Sarazenen vor Antiochia geschlagen wurde. Dass das Gedicht, welchem das Bruchstück angehört, das oft besprochene, verlorene des Gregor Bechada sei, ist dem Hrsg. nicht wahrscheinlich; eher hält er für möglich, dass was uns hier vorliegt, ein Theil der „Canso d'Antiocha" sei, an welche der Dichter des ersten Theils des gereimten Albigenserkriegs Z. 28 ff. sich in Bezug auf Versbau und Singweise anschliessen zu wollen erklärt, wenngleich in letzterem Werke der kurze Schlussvers der Laissen nicht immer weiblichen Ausgang hat, auch nicht reimfrei ist. Eine directe Beziehung des Bruchstücks zu der afrz. Chanson d'Antioche, wie sie uns jetzt vorliegt, lässt sich nicht erkennen, ebenso wenig erscheint es als nah verwandt mit irgend welchem sonstigen Bericht über die geschichtlichen Vorgänge, die den Stoff bilden, bietet vielmehr zahlreiche eigenthümliche Züge, deren Glaubwürdigkeit vor der Hand dahin gestellt bleiben muss. Unaufgeklärt bleibt auch das Verhältniss des Bruchstücks zu einer gleichfalls den ersten Kreuzzug behandelnden „Canso de San Gili", von welcher aus Du Mège's Zusätzen zu Vaissète's Histoire de Languedoc eine kurze Probe im Originaltext und ein paar Stellen in Uebersetzung bekannt sind. Dagegen ist wiederum nicht unwahrscheinlich, dass der Verfasser des durch P. Meyer bekannt gewordenen Gedichtes über den ersten Kreuzzug, das im wesentlichen Baudri de Bourgueil zur Quelle hat, das hier in Rede stehende Werk zum Gegenstande einer missbilligenden Bemerkung macht; wenigstens findet sich hier die von jenem als unglaubwürdig hingestellte Einzelheit in der That berichtet. Die Handschrift ist mehrfach schwer zu lesen, der Text bedarf oft der Emendation und bietet dem Verständniss zahlreiche Schwierigkeiten. Die Anmerkungen und die freilich öfter durch Lücken unterbrochene Uebersetzung des gelehrten Hrsg.'s gewähren nach dieser Seite hin eine höchst dankenswerthe erste Hilfe, unterrichten, aber auch in willkommener Weise über die geschichtlichen Thatsachen, die dem Texte zu Grunde liegen, und die erwähnten Personen, so weit sie aus andern Denkmälern bekannt sind. — Noch bleibt gelehrtem Scharfsinn viel aufzuklären, so hoch auch anzuschlagen ist, was einer Ueberlieferung von so entmuthigender Beschaffenheit der Hrsg. bereits abgewonnen hat. Hier auch meinerseits ein paar Vorschläge, wie sie bei erstem Durchlesen des Textes mir annehmbar erschienen sind: Z. 43 *est* (zweite Person) mit der Hs.; 54 *Si tot**es[t] *añsutz*; 70 *per dessus son*; 72 *poirai* mit der Hs.; 132 das letzte Wort wird *a**vus *sein* in dem Sinne, den das Wort 174 hat; 193 *comorer* statt *somorir*; 200 *massissas*; 304 *d'entorn*; 313 *mil escaler lo gardo*; 388 ist die italienische Stadt Acquapendente verkannt; 425 *domenjamen*; 463 *mai genh l'u conourau*; 489 *ui sol entre*; 495 *assatz* mit der Hs.; 528 *lo clapamens* (= *caplamens*); 570 *ni jnerclatz ni bruns*; 609 *hanson* wird *blason* sein. Störende Druckfehler 165, 178, 229, 282, 283 (*foro, que r. que a.*), 406, 480, 529, 576.

Berlin, 21. Febr. 1885.   Adolf Tobler.

Mushacke, W., Geschichtliche Entwicklung der Mundart von Montpellier (Languedoc). [Französische Studien IV. Band 5. Heft.] Heilbronn, Gebr. Henninger. 1884. 166 S. 8. M. 5.60.

Eine fleissige Arbeit, die alles, was bisher über provenzalische Dialekte publicirt war, weit hinter sich lässt. Zu Grunde gelegt ist eine sehr grosse Anzahl von Urkunden, die theils in besonderen Sammlungen, allerdings nicht mit der für den Linguisten nöthigen Genauigkeit, theils in der R. d. l. R. gedruckt sind; für die neuere Zeit lieferten die vielen poetischen Produkte, die ebenfalls die R. d. l. R. enthält, genügendes Material, es hätte noch Schnackenburgs Tableau *des idiomes populaires de la France* S. 123 – 128 benutzt werden können. Uebersichtliche und verständige Anordnung, die alles bringt, was wissenswerth ist, ohne doch durch übermässig viele Citate unnöthiger Weise zu ermüden, ein strenges Festhalten an der historischen Entwickelung, was hier besonders leicht war, sind Vorzüge, wie man sie bei den aus Foersters Schule hervorgegangenen Arbeiten zu finden pflegt und die ihnen einen bleibenden Werth sichern. Dass die Hauptmerkmale des Dialektes nicht am Schlusse zusammengestellt sind, wird jeder billigen, der es ernst meint mit dem Studium; im Innern des Buches sind sie in gebührender Weise jeweilen hervorgehoben.

Den vielen Vorzügen gegenüber machen sich freilich auch z. Th. bedeutende Mängel geltend, die sich theilweise auf den Mangel sicherer Principien der Sprachgeschichte zurückführen lassen. So soll eine unbequeme Lautverbindung häufig auf zwei oder mehr verschiedene Arten gelöst werden, während doch an einem Orte in einem Dialekte immer nur eine möglich ist. Die Beispiele erklären sich meist anders, so *homme* S. 15 neben *homen* als nordfranzösische Form, wie M. noch manche andere nachweist, ebenso *ordre* und wohl *aerogne*; ferner *nimu udmus*, das erst in der neuen Sprache erscheint und sich als frz. Lehnwort schon durch -*a* im Masculinum (– frz. Stütze) erweist, auch *sieuus* das nach prov. Lautgesetzen nicht zu erklären ist. *uge* S. 20; in *entre* neben *qnitre* S. 15 liegt verschiedene Schreibung von semantischem *r* vor. auch *proure* neben *preure* ist wohl so zu erklären (M. nimmt *preude* an, was zweifelhaft, da Uebergang von der lat. 3. in die 2. Conj. nur für die gemeinromanischen Fälle sicher ist). Es ist überhaupt viel zu wenig den Schreibern und für einen Theil der Urkunden den Lesefehlern Rechnung getragen, ins Reich der Fabel gehören Formen wie *micua* (statt *micua*) S. 114 f.; *progaine*, dem nicht *proxissumum zu Grunde liegt S. 107; ferner die Verwechselung von *u* und *n* vor Consonanten und im Auslaut S. 53 ff.; *auch* statt *aub* ist wohl eine ungenaue Auflösung von *abt*; dass rein dentales *u* vor labialem Verschlusslaut gesprochen werde, ist fürs Prov. ebenso wenig denkbar als fürs Ital. oder Afr.; vielleicht *megna*, das jedenfalls nicht auf *minius zurückzuführen ist, weil kein anderer romanischer Dialekt meines Wissens eine derartige jüngere Bildung statt des alten *minus* zeigt. Nicht anders die ganz vereinzelten Fälle, wo $e + i$ zu i wird *ici* S. 31, wobei frz. Einfluss mitwirken konnte; *felh* statt *flh* S. 36; die wenigen Fälle wo $q + i$ zu *u* statt *ue* *uci* wird S. 41; gegen eine sporadische Vokalsteigerung ist entschieden Einsprache zu erheben, ich verweise auf Neumann, Zs. f. rom. Phil. VIII, 259 ff., vollends wenn *o* unter Einfluss von *i* sowohl *o* als *u* werden soll! S. 43 f. – Für *lh* werden S. 49 als Quellen angegeben *l* vor oder nach *i*, die Beispiele (*dilkus* neben *dilus*, *solheth*, *alhicrament*) sind als Schreibfehler zu streichen; *lt*; nur wo *i* im Spiele ist, in den wenigen andern haben wir theils Schreibfehler, theils Uebertragungen; über *nilh* *nulha* vgl. Ascoli, Arch. glott. ital. VII, 441; *li* und *ct*, was richtig ist, – Unrichtig ist es auch, wenn *g* in einigen Fällen bleibt „um einem unbequemen Hiatus aus dem Wege zu gehen." Die wenigen Beispiele sind gelehrt. Die regelmässige Wandlung von *pt* ist *t*, wenn daneben *eerint* erscheint, so ist das Anlehnung an die Präsensform u. s. w. Auf eine andere Art sucht sich Verf. die verschiedenen Darstellungen von *ct* zu erklären; neben dem gewöhnlichen *ch* und *g* erscheint *it* und *t*: die Schreiber schwankten in der Wiedergabe des „stimmlosen Klappers des Vordergaumengebietes." Mir scheint, es liegt theils latinisirende Schreibweise vor, theils einfache Schreibfehler, in *fruit* und *plait*, die beide halbgelehrt sind, hat *et* bezw. *cit* andere Behandlung erfahren als alte *'ct'*. – In der Conjugationslehre wird gar viel mit Differenzirungstrieb und mit paragogischen Vokalen operirt, zwei Dinge, die besser ganz aus der Sprachwissenschaft verschwänden, die Darstellung des neuen Perfects auf -*cront* hätte bedeutend feiner sein dürfen. Im Ganzen vermisst man eine Selbständigkeit und Sicherheit, die ja doch auch Erstlingsarbeiten aufweisen dürfen; namentlich fehlt meist der Versuch, abweichende Lautwandlungen zu erklären: woher z. B. das ganz abnorme *ciiu*? Warum ist -*s* im Pl. erhalten, sonst nicht? Differenzirungstrieb ist natürlich nicht der Grund. Die Frage, wie *u* gesprochen worden -*ei*, bleibt unentschieden. Für *ä* scheint mir zu sprechen: die heutige Aussprache, da Uebertragung aus dem Norden unmöglich ist; die Darstellung von *ai* als *iu*, was bei der Aussprache *u* undenkbar ist; Formen *wes cominals*; der Diphthong *ue uo*, der zu *io* wird und anderes. Was Diez für *u* anführt, lässt sich leicht widerlegen.

Zürich, 30. Nov. 1883.   W. Meyer.

Die Bilder und Vergleiche in Pulci's Morgante nach Form und Inhalt untersucht und mit denen der Quellen dieses Gedichtes verglichen von **Robert Halfmann**. Marburg. Elwert. 1884. (Ausg. v. Abhandl. XXII.) 7(S. 8. M. 2.

Zweck der Arbeit ist, „durch eine vergleichende Darstellung der Bilder und Vergleiche, welche uns in dem Morgante maggiore von Luigi Pulci und den von ihm benutzten Vorlagen begegnen, einen Beitrag zur Poetik des italienischen Ritterepos zu liefern." In der Einleitung soll zunächst Pulci's Stellung zu dem Volksepos und dem höfischen Epos auseinander gesetzt werden. Das ist aber durchaus nicht gelungen. Die Darstellung wimmelt von logischen und stilistischen Fehlern. (Das Deutsch scheint überhaupt eine schwache Seite des Verf.'s zu sein.) Danach geht der Verf. auf die Frage ein, dass der Morgante der Abfassungszeit nach in zwei Theile zerfällt. Dass dies der Fall sei, darin können wir ihm beistimmen. p. 3 ist von der ersten Ausgabe des Morgante von 1181, die nur den ersten Theil des Gedichtes bis canto 23 enthält, die Rede, und im Gegensatz dazu von der „Redaction des Morgante", p. 4 wird dann gesagt: „Alsdann folgten [in der Ausgabe von 1484] die nach in der [späteren] Bearbeitung beibehaltenen drei Schlussstanzen; *Salve regina madre gratiosa* etc. mit geringen Abänderungen" (). – p. 6, wo der Verf. von den Unterschieden zwischen dem Texte des Morgante in der vollständigen Ausgabe und demjenigen in dem (oder Rotta), der nur die canti 20 – 27 St. 153 umfasst, spricht, genügt es nicht unter 3 einfach zu sagen: „Da wo im Morgante das komische Element stark auftritt, finden sich in den Rotta Umänderungen. So an den Stellen: M. 26, 6 – etc.]". Da der in Stengels Bibliothek befindliche Auszug den Meisten unzugänglich ist, mussten die betreffenden Stellen aus der Rotta angeführt werden. Die unter 5 als „auffällig" bezeichneten „Abweichungen in einzelnen Worten, wo durch einen einzelnen verschiedenen Consonanten ein anderer Sinn hervorgerufen wird", erkennt jeder, der sich irgend mit alten Drucken befasst hat, sofort als einfache Druckfehler, zumal da die Rotta ziemlich jung ist, wie der Verf. selbst beweist. Ein gleiches gilt von sämmtlichen unter 6 angeführten Beispielen (z. B. *barco, barbe; monte, fonte; Merino, alcuno; giusto, guasto; Titon, tiron* etc.). Kap. I beschäftigt sich mit „der Form der im Morgante und seinen Vorlagen verwandten Bilder und Vergleiche". Der Verf. unterscheidet ausgeführte und einfache Bilder und Vergleiche; die ersteren zerfallen in weiter ausgeführte und in kürzere. Die Vergleiche zerfallen wie bereits in Abtheilungen und Unterabtheilungen, je nachdem sie durch irgend eine bestimmte Partikel oder irgend ein bestimmtes Verbum eingeleitet werden. Das Resultat der Untersuchung dieses Kapitels ist, dass Bilder und Vergleiche im Morgante sowohl in grösserer Zahl als in den Vorlagen vorhanden sind, als auch dass sie durch Reichthum der Formen deren Bilder und Vergleiche weit übertreffen. Kap. II, der Haupttheil der Arbeit, behandelt den Inhalt der Bilder und Vergleiche. Auch hier werden wieder ausgeführte und einfache Bilder und Vergleiche geschieden. Bei der Eintheilung des Materials geht der Verf. von der Stellung aus, „welche die einzelnen zu Bildern und Vergleichen verwandten Objekte in der Natur einnehmen" (p. 18). Die Mythologie und die biblische Geschichte, die hellenische Sage etc. gehören aber doch nicht zu den Objekten in der Natur! Ich will hiermit nicht sagen, dass ich die unter A und B nach den oben angeführten Sätze folgende Eintheilung missbillige, obwohl sie, wie ich hie und da andeuten werde, manche Misslichkeiten mit sich bringt, wohl aber noch einen Beleg für die unlogische Darstellungsweise des Verf.'s anführen.

Unter A sind also die ausgeführten Bilder und Vergleiche behandelt. Sie theilen sich in folgende Klassen. I. „Der Inhalt derselben besteht aus Anspielungen auf mythologische oder historische Personen oder Thatsachen; er ist entnommen: a. der Mythologie und der biblischen Geschichte; b. der hellenischen Sage." (Wenn letzteres Gebiet von ersteren beiden getrennt ist, so sieht man nicht recht ein, weshalb nicht auch diese jedes für sich behandelt sind, wie unter B denn auch geschieht.) II. „Der Inhalt der Bilder und Vergleiche ist dem Gebiete der Natur entnommen; a. dem Thierreiche; b. von andern (sic!) elementaren Naturerscheinungen, dauernden und vorübergehenden, sind folgende als Bilder und Vergleiche angewandt." (Hierzu wird ein wogendes Aehrenfeld gerechnet; kurz vorher ist behauptet: „Aus dem Gebiete des Pflanzen- oder Mineralreichs fehlen uns die ausgeführten Bilder oder Vergleiche im Morgante vollständig.") III. „Der Inhalt der Bilder und Vergleiche ist verschiedenen Gebieten des Lebens entnommen, und zwar dem Kriegsleben, dem gewöhnlichen bürgerlichen Leben u. s. w.; a. dem Kriegsleben; b. dem gewöhnlichen, dem bürgerlichen Leben."

Die einfachen Bilder und Vergleiche (B) sind folgendermassen eingetheilt. I. „Der Inhalt derselben besteht aus Anspielungen auf mythologische oder historische Personen oder Thatsachen. Er ist entlehnt: a. der christlichen Religionsgeschichte. α. dem alten Testamente." Canto XXVI. 1 ff. hat der Verf. nicht verstanden (cf. 112. 113). Er nimmt zunächst an dem *Ecco la pelle or di Melch'svecchie Ausoss.* Orlando spricht von Marsilio, nicht von Gano (letzteres nimmt der Verf. p. 60 oben irrthümlich an) und sagt: „Du siehst man nun die Treue des Melchisedek." Der Satz ist ironisch zu nehmen. Melchisedek, König von Salem, bot dem Abraham, als er von der Befreiung Lots zurückkehrte, Brod und Wein (Genes. XIV, 18). So hat König Marsilio sich dem Orlando freundlich gezeigt, nun aber spinnt er Verrath. Der Lamech, welcher dann v. 5 erwähnt ist, ist nicht Noah's Vater, sondern der zweite Sohn Methusael's, gleichfalls Lamech geheissen. Wie dieser sich brüstet (Gen. IV, 23. 24): „Ich habe einen Mann erschlagen mir zur Wunde, und einen Jüngling mir zur Beute; Kain soll sieben Mal gerochen werden, aber Lamech sieben und siebzig Mal", so hofft Orlando sich bald damit rühmen zu können, dass Marsilio von seiner Hand gefallen sei. Und sein eigner Tod wird bitter gerochen werden. — β. „Dem neuen Testamente und der christlichen Legende. — b. Dem Gebiete des christlichen Kultus." Ob sich diese Theilung halten lässt, wenigstens so, wie der Verf. sie handhabt, ist mir zweifelhaft. Zu a. β z. B. wird Christus gerechnet, während zu b Gott, die Engel, Lucifer, die Teufel etc. gezählt sind. — c. „Der Mythologie. d. Der Inhalt der Bilder und Vergleiche ist der griechischen und römischen Sage und Geschichte entnommen: α. der griechischen Sage und Geschichte; β. der römischen Sage und Geschichte. Das Fragezeichen hinter *La tuba di Lucano* verstehe ich nicht. Die Sache ist ganz klar. Im Text steht:

Avea molte cose già vedute,
Di nobil amore tanto gran regno;
Ma non fur le sue opre conosciute,
E non ebbe la tuba di Lucano,

d. h. seine Thaten waren nicht bekannt, weil sich nicht ein Mann wie Lukan fand, der sie hätte besingen können, wie dieser die Thaten Caesars und des Pompejus. *tuba = poesia* wie Dante Pur. XXX. 35. — II. „Der Inhalt der einfachen Bilder und Vergleiche ist dem Gebiete der Natur entnommen. a. dem Thierreiche; b. dem Pflanzenreiche; c. dem Mineralreich; d. die Bilder und Vergleiche beziehen sich auf allgemeine, in der Natur vorkommende Erscheinungen." (Darunter z. B. die Sündfluth, die doch füglich zu Ia gehört. Der Einsturz des Himmelsgewölbes (364) wird als Himmelserscheinung parallel mit dem Blitz etc. erwähnt.) III. „Der Inhalt der Bilder und Vergleiche ist dem Leben, dem Kriegsleben, dem bürgerlichen und Verkehrsleben entnommen: a. dem Kriegsleben; b. der Inhalt der Bilder und Vergleiche bezieht sich auf Personen, Gegenstände oder Vorgänge aus dem bürgerlichen Leben." Unter IIIb 385 steht: „Der Verliebte bei seiner Dame ist das Bild dessen, der beim Anblicke eines Mädchens heftig erröthet (7. 675—6). Pulci sagt von dem kämpfenden Ulivieri:

Ulivier tutto arrossì, come fumo
Gli amanti presso alla dama, il ciò ggiù."

Es liegt hier also gar kein Bild vor, sondern ein Vergleich, und zwar dessen, der beim Kampf erröthet, mit einem Liebenden, dem beim Anblick der Geliebten das Gleiche passirt. — Sollten Fälle wie 386 wirklich Bilder sein? Der Verf. sagt: „Derjenige, dem plötzlich etwas Neues begegnet, ist das Bild eines höchst Erstaunten" (4, 745—6). Im Text:

„*E risentito, [l'Ulivier] il re reggendo appetto
E tanta gente, cominciò a stupire,
Come chi nuove cose per obbietto
Vede in un punto, e non sa che si dire.*"

Vielleicht ist *come chi* = da er, das *chi* also auf Ulivier zu beziehen. So z. B. Orlando furioso I, 185—8:

„*En primiero il signor di Mont' Albano,
Che al cavalier di Spagna fece molto,
Sì come quel, ch'ìra nel cor tanto Joro,
Che tutto n'arde, e non vitrova loco*" etc.

Unter 406 erfahren wir etwas ganz Neues: „Das Gift ist ein Bild der Sünde. Denn so, wie nach dem Genusse eines Giftes Hülfe nicht möglich ist, so lässt auch eine einmal begangene Sünde eine Rückkehr zum Guten nicht zu" (25, 48c). Das wäre schlimm! Es steht auch nicht bei Pulci, und ich weiss nicht, wie der Verf. es herausgelesen hat. Doch ich kann mich bei Einzelheiten nicht länger aufhalten. — Unter 494 werden mit Zahlen die Bilder und Vergleiche zusammengestellt, in denen sich das Streben nach komischem Effekt ausspricht; unter 496 ff. die im Morgante und den Vorlagen gleichen Bilder und Vergleiche, sowie die in den Vorlagen vorhandenen und nicht benutzten. — Als Resultat der Gesammtuntersuchung ergibt sich p. 65 ff., dass die Bilder und Vergleiche in den 20 ersten Gesängen an Zahl und Länge hinter denen der letzten Gesänge zurückstehen, dass aber in sämmtlichen die Vorlage weit übertroffen wird, sowohl nach der inhaltlichen als nach der darstellenden Seite hin. — In einem Anhange will der Verf. noch eine Zusammenstellung der „volksthümlich-humoristischen Phrasen, der bildlichen Redensarten, sowie der Sprichwörter" geben. Bei dem

*Pensa quel di se menaron in cola
Eaco, il gran Minosse e Rodomante* } (26 90, 1-3)

glaube ich ist doch wohl mehr an das Minos von Dante (Inf. V, 4 ff.) zugeschriebene Amt zu denken, welches hier auf Eacus und Rodomante mit übertragen ist, der Sinn also, sie hatten viel zu thun mit dem Richten der verdammten Seelen, als an ein Wedeln mit dem Schweif vor Freude. Dass Pulci Dante gekannt, steht ausser Zweifel: Pulci 24, 117s *cular le sarte e ruccoglier le role* genau = Inf. XXVII, 81. Cf. ferner das Bild von dem Schiff, welches der Verf. unter 108 selbst als daher entlehnt erkennt. — Von den Sprichwörtern hätten sich wohl noch andere durch entsprechende deutsche wiedergeben lassen.

Die Arbeit ist, das lässt sich nicht läugnen, mit sehr grossem Fleiss gemacht, das Resultat entspricht demselben aber nicht. Man erwartet eine ästhetische Würdigung des Stoffes; statt dessen nichts als nackte, mechanische Aufzählung und Zusammenstellung. Wenn wenigstens der Verf. nachgewiesen hätte, inwieweit das komische und satirische Element, welches in Berni zum vollen Ausbruch kommt, schon bei Pulci vorhanden ist. (Mit einer trocknen Aufzählung der Stellen, die dem Verf. satirisch zu sein scheinen, ist es nicht abgethan.) Sollte dies nicht geschehen, so hätte der Verf. untersuchen können, was Pulci von den Bildern und Vergleichen Pulci als Eigenthum angehört, was er dem Volksmunde entlehnte, was endlich früheren Schriftstellern. Dazu gehört allerdings ein

eingehenderes Studium der ital. Sprache und Literatur, als man es bei dem Verf. nach dieser Probe voraussetzen darf.

Ludwigslust, 20. Oct. 1884. Berthold Wiese.

La Comédie Espagnole de Lope de Rueda. Traduction de A. Germond de Lavigne, de l'Académie espagnole. Paris, Marpon et Flammarion. 1883. XVI. 207 S. 8.

Der Verfasser schickt seiner Uebersetzung eine Einleitung (préface) voraus, worin er sich mit dem Drama vor Lope de Rueda, sowie mit diesem selbst beschäftigt. Leider genügen seine Mittheilungen selbst den bescheidensten Anforderungen nicht. Nicht nur erhalten wir keine neuen Aufschlüsse über das Drama jener Zeit, sondern wir suchen sogar vergebens darin die Resultate der neueren Forschung. Er kennt von der ganzen einschlägigen Literatur nichts als Antonio's Bibl. Hispana und Moratin's Origenes und letzteres nur aus Ochoa's Tesoro del Teatro Español. Von der neuen mit werthvollen Zusätzen bereicherten Ausgabe in der Biblioteca de Autores esp. (tomo II) sowie von sämmtlichen spanischen, deutschen, englischen (Ticknor) und massgebenden französischen Arbeiten[1] über das spanische Theater scheint er keine Kenntniss zu haben. Seine Leistung bezeichnet also einen Rückschritt von mehr als 50 Jahren. Ja, wenn er wenigstens den trefflichen Moratin gründlich studirt hätte! Leider hat er auch dies unterlassen und uns in den 10 Seiten seiner préface eine von Irrthümern strotzende oberflächliche — Plauderei geliefert. Hier mag einiges daraus zur Illustration folgen: (S. VII) „Torrès Naharro écrivait ... en vers, dans une forme insipide, dans un genre diffus et affecté, des pièces sans action, sans esprit etc." Alle Historiker des spanischen Theaters — Moratin nicht ausgeschlossen — behaupten gerade das Gegentheil. — (S. VIII) „Ce fut Lope de Rueda, le premier, qui créa le genre véritablement national". Derjenige, welcher zuerst „le genre véritablement national" schuf, war der eben erwähnte Naharro; L. de Rueda hat als Dramatiker auf das nationale Drama keinen nachhaltigen Einfluss ausgeübt und es noch weniger geschaffen. — (Ibid.) „Il s'appelait Lope ou Lupus." Da Antonio in seiner Bibl. hisp. alle spanischen Namen latinisirte und also statt Lope Lupus schrieb, so hielt de Lavigne den Lupus für eine 2. Form des Namens. — (Ibid.) „Timoneda, auteur, comédien et directeur comme lui (Lope de R.)." Köstlich! Der Buchdrucker und Dichter Timoneda als Schauspieler und Theaterdirector! Woher der Verf. dies nur hat? — (S. X) „Torrès Naharro qui était auteur, comédien, directeur de théâtre et qui survécut à Lope de Rueda perfectionna vers 1570 les installations etc." Besser und besser! Nun verwechselt der Verf. gar den oben erwähnten Torres Naharro mit dem Schauspieler Naharro (oder richtiger Navarro genannt).

[1] Z. B. E. Baret gibt in seiner Hist. de la Littér. Espagn. Paris 1883 p. 206 ff. eine recht gute, wenn auch nicht ganz von Irrthümern freie Darstellung des älteren Dramas.

der nach Lope de Rueda blühte. — S. XIV citirt de Lavigne die Komödien des Rueda richtig im Texte: Eufemia, Armelina, Medora, los Engaños (letztere vollständig falsch mit Mystères statt Méprises übersetzt), gleichwohl lässt er sich in der dazu gehörigen Anmerkung von Antonio verführen, 2 von diesen Stücken falsche Namen beizulegen: Eufrosina (statt Eufemia) und Comedia de los desengaños (st. Com. de los Engaños). — (Ibid.) "Moratin a cité toutes ces pièces sans doute d'après des appréciations d'écrivains contemp. et sans les avoir vues." Sehr naiv!

Da der Verf. die Ausgaben des Rueda für verloren oder wenigstens ausserordentlich selten hielt und von Böhl de Faber's Wiederabdruck der Komödien keine Ahnung hatte, so begnügte er sich einige Pasos und die Eufemia aus Ochoa zu übersetzen. Die Uebersetzung ist, wenn man von zahlreichen missverstandenen Stellen absieht, gut ausgefallen und bietet eine angenehme Lektüre.

Nürnberg, Febr. 1885.   A. L. Stiefel.

Zeitschriften.

Mélusine II, 11: J. Tuchmann, La Fascination. — Prière du soir. — Les noyés. — Le Feu St.-Elme (Forts.). — La Marée (Forts.). — Les Vents et les Tempêtes en mer (Forts.). — Les Trombes marines (Forts.). — P. Ch. Abjoernsen, Un ouvrage posthume de Mannhardt. — Bibliographie.

Noord en Zuid VIII, 1: Taco H. de Beer, Zuiverheid van Taal. — H. J. Eymael, Nalezing op de aanteekeningen in Stelwagens en Bilderdijks uitgaven. — Brabantius, Taalkundige Varia. — Bato, Tijdschriften. — P. Poot, Het geslacht der Collectieven. — J. B. ter Oouw, Antwoord op "eene Bedenking". — G. L., Vragen. — O. Lrg., Antwoorden. — *** Taalgevoel. — Boekbeoordeelingen: Dr. W. J. A. Jonckbloet, Geschiedenis der Nederlandsche Letterkunde in de middeleeuwen. — Henry F. Vogin, Het Paraphraseeren. — C. H. den Hertog en J. Lohr, Taaloefeningen. — H. Th. Gudde, De jonge Taalvriend. — Nieuwe Uitgaven.

Arkiv for Nordisk Filologi II, 4: O. A. Gjessing, Egils-saga's Forhold til Kongesagaen. — G. Storm, Biskop Ioleifs Krønike. — Whitley Stokes, a few Parallels between the Old-Norse and the Irish Literatures and Traditions. — F. Tamm, Strödda språkhistoriska bidrag. — S. Bugge, Blandede sproghistoriske Bidrag II. — M. Nygaard, Om brugen af Konjunktiv i oldnorsk. — J. Bennike, Tonelagene i dansk.

Englische Studien VIII, 2: A. Hoofe, Lautuntersuchungen zu Osbern Bokenam's Legenden. — C. Horstmann, Mittheilungen aus Ms. Vernon. 1. La contrie del Euangelio. 2. A disputison bitwene a god man and þe deuel. 3. Þe pope Trendal. — Ders., Rathschläge für eine Orientreise. — Ders., Questions by-twene the maister of Oxenford and his clerke. — H. Klinghardt, Die Lautphysiologie in der Schule I. II. — Literatur. — Miscellen: J. Zupitza, Bemerkungen zum "Lob der Frauen" (Engl. Studien VII, 101 ff.). — H. Brandes, Die me. Destruction of Troy und ihre Quelle. — M. Krummacher, Zu Byron's Childe Harold. — E. Beckmann, Ueber die attributive Construction eines sächsischen Genitivs oder substantivirten Possessivpronomens mit of. — E. Kölbing, Heinrich Franz Stratmann. — O. Kares, Bemerkungen aus der in VIII, 1 der Engl. Stud. enthaltenen Anzeige der Schrift "Poesie und Moral im Wortschatze" von Kares. — K. Eisenlohr, Erwiderung. — O. Sarrazin, Gegenäusserung des Recensenten. — J. M. Hart, Zu Engl. Stud. VIII, 66. — Eine Correspondenz zwischen Herrn Dr. Engel und den Verlegern der Englischen Studien.

Revue des langues romanes Nov.-Déc.: C. Chabaneau, sur quelques manuscrits provençaux perdus ou égarés (Forts.).

— Ders., Les Neuf Filles du Diable. — A. Roque-Ferrier, L'article archaïque à Lunel-Viel et Lansargues. **Franco-Gallia** März: Die neusprachlichen Zss. mit bes. Berücksichtigung des Franz. - Le Roman de Renart, ed. Martin. II. — Rustebuef's Gedichte hrsg. von Kressner. **Rivista critica della letteratura italiana** I, 6: A. Zenatti, G. Barzellotti, David Lazzaretti di Arcidosso, detto il Santo, i suoi seguaci e la sua leggenda (Bologna, Zanichelli 1885. XV, 328 S. 8). — T. Casini, R. Barbiera, Poesie edite, inedite e rare di Carlo Porta. — S. Morpurgo, L. Frati, La Rosa di Montefcrrato, lo Studio di Atene, e Il Gagno, poemetti satirici di Stefano di Tommaso Finiguerri. — T. Casini, A. G. Spinelli, alcuni fogli sparsi del Parini. — G. Frati, G. Antonelli, Indice dei manoscritti della civica biblioteca di Ferrara, Parte I. Autori ferraresi. — Bollettino bibliografico. A. De Nino, Briciole letterarie. — A. Pasdera, Maria Giuseppina Guacci. — G. Guerzoni, Ugo Angelo Canello, commemorazione funebre. — G. Finzi, Prose scelte di Galileo Galilei. — S. Bongi, Della mercatura dei Lucchesi nei sec. XIII e XIV. — Annali della R. Scuola Normale di Pisa, Filosofia e Filologia. — A. Graf, cavalieri ed animali. — L. Falconi, L'esametro latino e il verso sillabico italiano. — G. Becker, catalogi bibliothecarum antiqui. — V. Crescini, Di Marcantonio Nicoletti.

Sitzungsberichte der k. preuss. Akademie der Wissenschaften Nr. 4: v. Sybel, zur Erinnerung an Jacob Grimm. **Nachrichten der Gesellsch. der Wissensch. zu Göttingen:** Leo Meyer, Ueber die Flexion des präsentischen Participe und des Comparativs im Gotischen. **Anzeiger des germanischen Nationalmuseums** Nov. u. Dec. 1884: Ausstuer der Gemahlin des Nürnberger Patriziers Seb. Volckamm vom J. 1436. **Korrespondenzblatt des Vereins f. siebenbürg. Landeskunde** VIII, 1: Deutsch-Kreuzer Lokalnamen. — Siebenbürgischer Inschriften. **Neue Jahrbücher f. Philologie u. Pädagogik** Bd. 132: G. Böttcher, Um- und Nachdichtungen mhd. Epen in ihrer Bedeutung für die Schule. (Empfiehlt für das Nibelungenlied die Uebersetzung von Freytag, als Vertreter des höfischen Epos den Parzival in reimloser Uebersetzung.) **Das Pädagogium** VII, 4: Muggenthaler, Klopstocks Orthographiereformbestrebungen. **Rheinische Blätter f. Erziehung u. Unterricht** II, 1: Jütting, Weigands deutsches Wörterbuch. **Magazin f. die Literatur des In- u. Auslandes** 1—9: C. Pauli, Die Etruskerfrage. — R. Boxberger, A Grimms hundertjähriger Geburtstag. — Karpeles, Fr. Hebbels Tagebücher. — G. Diercks, Die span. Folk-Lore-Gesellschaft. — E. Dorer, Die Quelle zu "Shakespeares Sturm". — K. Blind, Das grosse "Goethe"-Räthsel. — Hugenottenlieder aus dem 16. und 17. Jh. — A. Lindner, Die Taufpathen des deutschen Dramas. **Deutsche Rundschau** Febr.: Wilh. Scherer, Rede auf Jacob Grimm. **Die Gegenwart** 4: Ey, Das franz. Volkslied. — Koegel, Ein deutscher Dichterbund. — 5: H. Breitinger, Klassisch und Romantisch, eine Wortstudie. **Deutsche Revue** Febr.: Charlotte v. Kalb, Cornelia. II. — D. Sanders, Der Zopf in der Amtssprache. **Beilage der Allg. Zeitung** 14. Jan.: Martin Greif, Deutsche Soldaten- und Kriegslieder aus fünf Jahrhunderten. (Gesammelt und hrsg. von Hans Ziegler. Leipzig, Breitkopf & Härtel.) — 22. Jan.: Sepp, Zur Gedächtnissfeier der Geburt Jakob Grimms. — 3. Febr.: H. Holtzer, Eine Lebensgeschichte von Goethes Friederike. — 5. Febr.: Anton Schlossar, Götzingers Reallexikon deutscher Alterthümer. — 6. Febr.: Karl Braun-Wiesbaden, Hamburger Staats- u. Gesellschaftspoesie vor hundert Jahren. — 7. Febr.: Leon Kellner, Der Jude von Venedig. Eine literarhistorische Studie. **Wissenschaftliche Beilage der Leipziger Zeitung** Nr. 7: F. F. Klix-Kamenz, Zur Geschichte der Familie Lessing. **Beiblatt zum "Schalk"** 15. Febr.: Aufdeckung einer literarischen Mystifikation. (Die Gedichte, veröffentlicht im "Reinhold Lenz, Lyrisches aus dem Nachlass, aufgefunden von Karl Ludwig" zum grössten Theil herrührend von einem gewissen W. Arent.) **The Academy** 10. Jan.: Lang, Custom and myth. — Skeat, Besonian. — 17. Jan.: Swift's prose writings selected by Stanley Lane-Poole. — Rhys and Hager, Custom and

10

myth. — Hall, Besonian. — 24. Jan.: The works of Gray in prose and verse ed. Gosse (Brechlug). — Lane-Poole's Selections from Swift. — Wedgwood, Besonian. — Pierson, métrique naturelle du langage (Leoki). — Wharton, a law of latin accentuation. — 31. Jan.: Grimm's household tales with the author's notes translated from the german and edited by M. Hunt, with an introduction by A. Lang. 2 vols. — 7. Febr.: Lang and Cox, Myths and household tales. — Thurneysen, Kulturmaunisches.
The Athenaeum 10. Jan.: A. Napier, Johnson and Mary Wollstonecraft. — The Grimm centenary. — Stanley Lane-Poole, Swift. — 17. Jan.: The poetical works of John Keats, reprinted from the original editions with notes by Palgrave. — Asbjörnsen. — Hawkins, Annals of the french stage from its origin to the death of Racine. 2 vols.
Rev. pol. et litt. 5: Jules Lemaître, Professeurs du Collège de France. M. Gaston Boissier. — 6: Jules Lemaître, Conteurs contemporains. M. Armand Silvestre. — In der Caus. litt.: Paul de Saint-Victor, Victor Hugo (gesammelte Artikel des verstorbenen Kritikers). — 7: In der Caus. litt.: Voyages de Piron à Beaune et ses amours avec M⁰⁰ Quinault par Honoré Bonhomme.
Journal des Savants 1884. 225 ff.: Hauréau, Les Neuf Filles du Diable.
Bibliothèque de l'École des Chartes XLV, 6: Delaborde, Sur les ouvrages et sur la vie de Rigord, moine de St.-Denis. — Morel-Fatio, Rapport sur une mission philologique à Valence. — Bruel, charte de pariage de Jean, Sir de Joinville, avec l'abbé de S.-Manuny du Tour (déc. 1264).
Bibliothèque universelle et Revue Suisse Febr.: C. Stapfer, de l'homéopathie morale dans le Théâtre de Shakespeare.
Revue internationale V, 3: Frank Moyor, Shakespeare et Bacon.
Archivio storico per Trieste, l'Istria ed il Trentino III, 1, 2: G. Carducci, Dell' inno „La Risurrezione" di Alessandro Manzoni e di S. Paolino patriarca d'Aquileia.
Archivio della R. Società Romana di Storia patria VII, 3, 4: Tera, Filippo Il e Sisto V; canzone veneziana di un contemporaneo.
Atti della R. Accademia delle Scienze di Torino XIX, 5: B. Peyron, Note di storia letteraria del secolo XVI tratte dai manoscritti della Biblioteca Nazionale di Torino.
Archivio Storico Lombardo, giornale della Società Storica Lombarda, anno XI, serie II, fasc. 4 (31 dicembre 1884). Milano, frat. Dumolard. in-8 gr. p. 593 a 816: A. Dina, Lodovico Sforza il Moro e G. Galeazzo Visconti nel Canzoniere di B. Bellincione. — G. B. Intra, Lettere inedite di Ippolito Piedemonte.
Nuova Antologia XX, 2. serie. Vol. 49, 3: A. Graf, il Boccaccio e la superstizione.
Giornale Napoletano di Filosofia e Lettere Vol. IX. November: V. Imbriani, L'eco respansiva nelle Pastorali Italiane del Seicento.
Cronaca Partenopea I, 6: M. Scherillo, Genealogia di Pulcinella.
Rassegna Nazionale 16. Febr.: Dante Castellacci, Alcune lettere inedite di L. A. Muratori.
Revista de España 406: Machado y Alvarez, Breves indicaciones acerca del termino „Folk-lore".

Neu erschienene Bücher.

Curtius, Georg, Zur Kritik der neuesten Sprachforschung. Leipzig, Hirzel. 8. M. 2,60.

Bernhardi, E., Kurzgefasste gotische Grammatik. Halle, Waisenhaus. 120 S. 8. (Sammlung gurmanist. Hilfsmittel für den praktischen Studienzweck IV.)

Burg, F., Die älteren nordischen Runeninschriften. Berlin, Weidmann. 8. M. 4.

Cassel, Paulus, Die Sage vom ewigen Juden. Berlin, Gerstmann. 8. M. 1.

Chroniken, deutsche, aus Böhmen. Hrsg. von L. Schlesinger. Bd. III: Die Chroniken der Stadt Eger, bearb. von H. Gradl. Leipzig, Brockhaus. 8. M. 10.

*Engel, Karl, Zusammenstellung der Faustschriften vom 16. Jh. bis Mitte 1884. Der Bibliotheca Faustiana (vom Jahre 1874) zweite Auflage. Oldenburg, Schulze. XII, 764 S. 8.

*Gaedertz, Karl Theodur, Fritz Reuter-Reliquien. Wismar, Hinstorff. 25⁰ 8. 8.

Grimme, Fritz, Der Minnesinger Kristan von Lupin und sein Verhältniss zu Heinrich von Morungen. Münster, Diss. 8.

*Hagedorn, Briefe von Anna Maria von, an ihren jüngeren Sohn Christian Ludwig 1731—32. Hamburg und Leipzig, Voss. 100 S. 8. M. 2,50.

Hepp, C., Schillers Leben und Dichten. Leipzig, Bibliogr. Institut. 608 S. 8. M. 5.

*Hokenbökel, Ludwig v., Beiträge zur Kunde Tirols. Innsbruck, Wagner. 255 S. 8. M. 2.

Joseph, Eugen, Konrads von Würzburg Klage der Kunst. Strassburg, Trübner. N, 92 S. 8. M, 2. (QF. 54.)

*Kinderbuch, alemannisches, dargestellt von H. Herzog. Lahr, Schauenburg. 174 S. 8. [Der erste Theil des Büchleins enthält eine Auzahl von Kinderreimen, die aus dem Volksmunde gesammelt schrieben, ohne dass über ihre engere Heimat Mittheilungen gemacht sind; der zweite Theil stammt aus den bekannten gedruckten Quellen.]

*Literatur-Kalender, deutscher, auf das Jahr 1885, hrsg. von J. Kürschner. 7. Jahrgang. Berlin und Stuttgart, Spemann. 659 S. 8. [Das nützliche Hilfsbüchlein hat wieder erhebliche Bereicherungen erfahren; hervorzuheben ist, dass die eigentlichen Fachschriftsteller und die eigentliche Fachliteratur noch mehr berücksichtigt worden als früher.]

Meisner, J., Goethe als Jurist. Berlin, Kortkampf. 8. M. 1,20.

Roekling, M., Goethes Iphigenie auf Tauris nach den vier überlieferten Fassungen. Strassb. Diss. Colmar 1884. 32 S. 4.

Spren, S. Hampfel, ausgeworfen von Xanthippus. Leipzig, Heinrichs. gr. 8. M. 1.

Verhandlungen der philosophischen Facultät die Doctorpromotion der Brüder Grimm betreffend. Nebst einer Reproduction der beiden Doctordiplome aus den Akten mitgetheilt von E. Steggel. (Einladungsschrift der Universität Marburg zur Grimmfeier.) 11 S. 4.

Wörterbuch, deutsches. Bd. VII, II. 6, bearbeitet von Lexer: Nothwendigkeit—Oder.

Koch, Max, Shakespeare. Supplement zu den Werken des Dichters. Stuttgart, Cotta. 340 S. 8. Cottasche Bibliothek der Weltliteratur 100.

Antonelli, G., Indice dei manoscritti della civica biblioteca di Ferrara. I. Autori ferraresi. Ferrara, Taddei. 31 S. 8.

Arlia, C., Giunte al Lessico dell'infima e corrotta italianità. Milano, P. Carrara edit. In-8. p. VIII, 83. L. 1,25.

Arrigoni, Luigi, Documenti storici ed autografi relativi alla storia del Risorgimento italiano. Milano, tip. Zanaboni. 1884. in-8. p. 66.

Baif, L. A., Œuvres en rime. Avec une notice biographique et des notes par Ch. Marty-Laveaux. 2 vol. Petit in-8. T. I, VIII, 423 p.; t. 2, 481 p. Paris, lib. Lemerre.

Bartoli, A., Die Ausschreitungen des geistlichen Standes in der christl.-lat. Literatur bis zum XII. Jh. und in den altfranzös. Fabliaux. I. Greifswalder Dissert. 90 S.

Berni, Francesco, Rime. Poesie latine e Lettere edite e inedite, ordinate e annotate per cura di Antonio Virgili, aggiuntovi la Catrina, il Dialogo contra i Poeti e il Commento al Capitolo della Primiera. Un volume di pagine XLVIII, 420. (Biblioteca Nazionale.) Firenze, Le Monnier. L. 4.

Bierendempfel, G., Descartes als Gegner des Sensualismus und Materialismus. Jenenser Dissertation.

XIV Canzoni musicali inedite. Nozze Campani-Mazzoni. Firenze, 36 S. 8.

Deschanel, E., Pascal, La Rochefoucauld, Bossuet. Paris, Lévy. 18. fr. 3,50.

Dottrina d'amore. Sonetti inedite attribuiti a Guido Cavalcanti. Bologna, Zanichelli. Nozze Torraca-Zelli Jacobuzzi. 11 S. 4.

Egidio da Viterbo ed I Pontaniani di Napoli. Memoria letta all'accademia Pontaniana nella turnata del 20 Luglio 1884 del socio residente Francesco Fiorentino. Napoli. 23 S. 4. Estratto dal vol XVI degli Atti dell'Accademia Pontaniana.

El Giardeno di Marino Jonata Agnonese. Poema del secolo XV. Tesi di Laurea di Ettari Francesco. Estratto dal Giornale Napoletano di filosofia e lettere, vol. IX. fasc. 32—33. Napoli, Ant. Morano. 71 S. 8.

Frati, L., La Burn di Monteferrato, lo Studio di Ateno e il Gagno, poemetti satirici del XV secolo di Stefano di Tommaso Finiguerri, editi e illustrati. Bologna, Romagnoli. XCVII, 285 S. 8.

Gazzani, A., Frate Guidotto da Bologna, studio storico critico con un testo di lingua inedito del secolo XIII. Bologna. 84 S. 8.

Oconer, E., Zur Lehre vom franz. Pronomen. 2. Aufl. Berlin, Mayer & Müller. 4.

Guillaume, P., Le Mystère de sant Anthoni de Vienés, publié d'après une copie de l'an 1502. In-8, CXX, 224 p. Paris, lib. Maisonneuve et C°.

Hawkins, Annals of the french stage from its origin to the death of Racine. London. 2 vols. 8.

Il lamento del conte di Poppi (Nozze Rava-Baccarini). Ravenna, Calderini. 22 S. 12.

* Kemnitz, Albin, Französische Schulgrammatik. I. Theil. Formenlehre mit dem Nothwendigsten aus der Syntax. Leipzig, Neumann. VIII, 288 S. 8. M. 3,20.

* Klemenz, Paul, Der syntaktische Gebrauch des Participium Präsentis und des Gerundiums im Altfranzösischen. Breslauer Dissertation. 46 S. 8.

Kreiten, W., Voltaire. Ein Charakterbild. 2. verm. Auflage. Mit Voltaires Bildniss. Freiburg i. D., Herder. XVI, 580 S. gr. 8. M. 6.

Kulcke, O., Seneca's Einfluss auf Jean de la Péruse's Médée und Jean de la Taille's „La Famine ou les Gabeonites". I. Greifswalder Dissertation. 54 S. 8.

La panthère d'amours, roman en vers, publié par H. Todd. Paris, Didot. 8. Société des anciens textes français. Exercice 1883.

Le fiabe di Carlo Gozzi a cura di E. Masi. Mailand, Hoepli. 2 Bände. f.. 11.

Leroux, A., E. Molinier et A. Thomas, Documents historiques bas-latins, provençaux et français, concernant principalement la Marche et le Limousin. T. 2. In-8, 384 p. Limoges, lib. V° Ducourtieux.

Luciani, Apollo, Dante Aligheri e gli Aretini. Arozzo, tip. Cagliani.

Mackel, Emil, Die germ. Elemente in der altfranz. u. altprovenz. Sprache. Greifswalder Dissertation. 19 S. 8.

Merolli, il peccato originale, in dialetto romanesco; con aggiunta di alcune poesie satirico-giocose nello stesso dialetto e in quelli siciliano e napoletano. Roma. 132 S. 16. L. 1,50.

Miracles de Nostre-Dame par personnages, publiés d'après le manuscrit de la bibliothèque nationale, par Gaston Paris et Ulysse Robert. T. 7. In-8, 378 p. Paris, Firmin Didot et C°. Publication de la Société des anciens textes français.

Morandi, L., La Francesca di Dante: studio; con una appendice su certa specie di critica molto usata in Italia. Città di Castello, tip. Lapi, 1884. in-16. p. 34. L. 0,50.

Novelistas del siglo XVII con una advertencia preliminar. Gregorio Guadaña. Los tres hermanos. Eduardo Rey de Inglaterra. Nadie crea de ligero. Los primos amantes. La vengada á su pesar. El hermano indiscreto. El castigo de la miseria. El disfrazado. Barcelona. Est. tip. de D. Cortezo y Compañia. 1884. En 8 mayor, 335 págs., tela. 8 rs. en Madrid y 10 en provincias. Biblioteca clásica española.

Pisa nel MDLXXXI. Dal Giornale di Viaggio di Michele du Montaigne con illustrazioni [A. D'Ancona]. Pisa, tip. T. Nistri XXI dec. 1884. 25 S. 8.

Pitrè, G., La iettatura ed il mal' occhio in Sicilia. Kulozsvár. 11 S. 12.

Poésies de Jacques Béreau, poète Poitevin du XVI° siècle. Publiées par René Guyet et Hovyn de Tranchères. Cabinet du Bibliophile Nr. XXXIII. Un volume in-16. Paris, libr. des bibliophiles. fr. 11.

Porta, C., Poesie edite, inedite e rare, scelte e illustrate per cura di R. Barbiera, colla biografia del poeta rifatta su carteggi inediti. Firenze, Barbèra. LXXX, 458 S. 8.

Roland, la chanson de, Traduction nouvelle à l'usage des écoles, précédée d'une introduction sur l'importance de la chans. de Roland pour l'éducation de la jeunesse et suivie de notes explicatives par Ed. Ruchrich. Paris, Fischbacher. 282 S. 16. Fr. 3.

Spinelli, A. G., Alcuni fogli sparsi del Parini. Milano, Civelli. 52 S. 8.

Thomas, Ant., Les lettres à la cour des papes. Extraits des Archives du Vatican pour servir à l'histoire littéraire du moyen-âge 1290—1423. 8.-A. aus Mélanges d'archéologie et d'histoire publiés par l'École française de Rome. Roma. 92 S. 8.

Trissino, G. G., La Sofonisba con note di Torquato Tasso, edite a cura di Franco Paglierani. Bologna. Romagnoli edit.

1884. in-16. pag. XVIII, 39. L. 7. Scelta di curiosità letterarie inedite o rare dal secolo XIII al XVII, ecc., disp. CCV.

Una Fiorita di orazioni e di laudi antiche in rima sul tumulo della Clelia Vespignani. Imola, Galeati e figlio. XIV, 268 S. 8.

Vidal, F., Etude sur les analogies linguistiques du roumain et du provençal. Aix-en-Provence, Illy et Brun. 32 S. 8.

Vocabolario degli Accademici della Crusca. Quinta impressione. Vol. V. fasc. II (disp. 7—12 del vol. V), da pag. 241—480 (Esalato—Fagiuolo). Lire 9. Vol. I—IV L. 185, vol. V fasc. I L. 9. Firenze, Le Monnier.

Voltaire. Bibliographie de ses œuvres par Georges Bengesco. Tome deuxième. Comprenant les Mélanges ainsi que les ouvrages édités et annotés par Voltaire. Paris, Perrin. Un beau volume in-8 carré, orné d'un portrait de A.-J.-Q. Beuchot. XVIII, 456 p. fr. 15.

Warburg, K., Molière. Stockholm, Seligmann. 8. Kr. 2,50.

Ausführlichere Recensionen erschienen über:

Abel, Der Gegensinn der Urworte (v. Tobler: Vierteljahrschrift für wissenschaftl. Philos. IX, 1).

Breymann, Ueber Lautphysiologie (v. Klinghardt: Engl. Studien VIII, 2).

Hoffory, Prof. Sievers und die Principien der Sprachphysiologie (v. Klinghardt: ebd.).

v. Humboldt, sprachphilosophische Werke (v. Tobler: Vierteljahrschrift f. wissenschaftl. Philos. IX, 1).

Trautmann, Die Sprachlaute im Allgemeinen und die Laute des Engl., Franz. und Deutschen im Besonderen (v. Foerster: Englische Studien VIII, 2).

Vietor, Elemente der Phonetik (v. Franke: ebd.).

Fornsögur Sudrlanda, ed. Cederschiöld (v. Kölbing: Deutsche Literaturzeit. Nr. 3).

Fruning, Zur Geschichte der geistlichen Spiele des Mittelalters (v. Schönbach: Gött. Gel. Anz. Nr. 3).

Gering, Islendsk „Æventýri (v. H. S.: Nord. Revy 23).

Jónsson, Finnur, Studier over en del af de ældste Norske og Islandske Skjaldekvad (v. Wisén: Nord. Revy 24).

Müllenhoff, Deutsche Altertumskunde Bd. V, Abth. 1 (v. Hoffory: Gött. Gel. Anz. Nr. 1. Hoffory stimmt Sievers gegen Edzardi bei, dass das skaldische Princip der Silbenzählung auch für die eddischen Dichtungen gelte, und er zeigt, dass der vorkommenden Licensen zur Zeitbestimmung verwendet werden können).

Otfrids Evangelienbuch, hrsg. von Piper, Bd. II: Glossar (v. Seemüller: Deutsche Literaturzeit. Nr. 4).

Roediger, Kritische Bemerkungen zu den Nibelungen (Zs. f. die österr. Gymn. H. 1, 48—54).

Druskowitz, Percy Bysshe Shelley (v. M. Koch: Engl. Studien VIII, 2).

Schröer, Der Unterricht in der Aussprache des Englischen (v. Klinghardt: ebd.).

Schürmann, Syntax in Cynewulfs Elene (v. Klinghardt: ebd.).

Varnhagen, Longfellow's Tales of a Wayside Inn (v. Liebrecht: ebd.).

Western, Engelsk Lydlære (v. Klinghardt: ebd.). Vgl. Ltbl. V, 103.

Li Romans de Claris et Laris (v. W. F.: Lit. Centralbl. 6).

Literarische Mittheilungen, Personalnachrichten etc.

Der „Verein deutscher Lehrer in England" zu London, dessen „Aufruf" wir Ltbl. V, Sp. 208 veröffentlichten, erfreut sich — wie er es auch in hohem Maasse verdient — bereits vielfacher Mitwirkung und Förderung. Die nunmehr festgestellten Statuten, welche in bündiger Weise über die Bestrebungen und die Organisation des Vereins orientiren, sind vom Schriftführer H. Reichardt (German Teachers' Association 15 Gower Street W. C. London) zu beziehen; auch finden sich dieselben abgedruckt in W. Rolfe' lesenswerther Schrift: Ueber die Gründung eines Instituts für deutsche Philologen zum Studium des Englischen in London (Berlin, Mecklenburg 1885). Es sei noch bemerkt, dass der Jahresbeitrag für Mitglieder des Vereins auf 10 Mark festgesetzt ist, und dass Beitrittserklärungen sowie Beiträge ausser von dem genannten Schrift-

Führer auch von Dr. Bernard, Schatzmeister des Allg. Deutschen Schulvereins Kuratr. 34. 35 Berlin C entgegengenommen werden.

An der Universität Leipzig hat sich Dr. H. Körting für romanische Philologie, an der Universität Bonn Dr. L. Morsbach für englische Philologie habilitirt.

† am 9. November vorigen Jahres Dr. H. F. Stratmann, der bekannte Verfasser des Dictionary of the old english language. — † 23. December 1884 Francesco Fiorentino.

Abgeschlossen am 22. Februar 1885.

Erwiderung.

In Jahrg. V (1884) Nr. 12 S. 464 f. des Ltbl.'s hat Herr K. Tomanetz, auf Grund mangelhafter Daten und ohne Angabe und Widerlegung meiner Beweisführung die Art meiner Untersuchung einfach als „Gesetzmacherei" nach einer „fixen Idee" bezeichnend, den von mir aufgestellten Satz zurückgewiesen, dass die Anfangsstellung des Verbs als Mittel der Hypotaxe eine jüngere Erscheinung sei als die Verwendung anaph. Pron. Es sei im Interesse der Sache gestattet, in aller Kürze den Gang meiner Beweisführung dem Leserkreise des Ltbl.'s vorzulegen.

Die Nachsätze zerfallen in 4 Gruppen, je nachdem sie eine kopul. bez. advers. Partikel (I), einen Satztheil, der nicht anaph. Pron. oder Prädikatsverb ist (II), anaph. Pron. (III) oder Prädikatsverb (IV) am Anfange zeigen. Die Gruppen I und II bieten parat., III hypot. Anfügung: IV, für unser nhd. Sprachgefühl nur hypot., kann im Ahd. auch parat. sein, weil hier die Anfangsstellung des Verbs auch in gewöhnlichen Aussagesätzen erscheint; man vergl. nur Is. 17, 11; 21, 1; 27, 5; 33, 23; 85, 32.

Es gehören nun bei Matth. g. oder o. l. V.

zu I 2 Fälle (II, 25; VIII, 10; beide Malo *enti*);
„   II 5 .. (IX, 12. 13; IV, 9¹; XV, 4. 8);
„   III kein Fall;
„   IV 1 Fall? (XXI, 21).

Die ersten 7 Fälle sind sicher parat., wie aber steht's mit dem letzten? Folgende Erwägungen bestimmten mich, auch in ihm parat. Anfügung zu erkennen:

1. Matth. zeigt bis auf diesen einen Fall nur Parataxe;
2. in sämmtlichen Fällen der Gruppe II ist gerade das Verbum, das im Lat. am Anfange des Nachsatzes steht, von dieser Stelle entfernt worden; dies wäre nicht geschehen, wenn der Uebersetzer zur Bezeichnung der Hypotaxe die Anfangsstellung des Verbs verwendet hätte, zumal diese hier noch durch die lat. Wortstellung gestützt wurde;
3. in den Fällen mit eingeschobener anaph. Partikel (IX, 3. 5. 8. 9; XVII, 15) steht gerade das Verbum (n. l. V.) am Anfange des Nachsatzes. Der Uebersetzer hat also von einer hypot. Wirkung der Anfangsstellung des Verbs so wenig gefühlt, dass er ohne ohnehin, wie T. zugibt, wenig lebhaften Bedürfnisse hypot. Anfügung erst durch Einschiebung einer Partikeln gerecht zu werden suchte.

Matth. bietet hiernach kein Beispiel hypot. Anfügung.

Bei Isidor gehören g. oder o. l. V.

zu I 1 Fall (9, 27; die Partikel ist *oh*);
„   II 9 Fälle (3, 14; 17, 4; 35, 4. 16. 22; 3, 8; 21, 19; 7, 2; 13, 24);
„   III 4 .. (13, 25; 21, 19; 27, 11; 25, 29);
„   IV 2 „   (7, 20; 21, 15).

Hier finden wir also 4 Fälle sicherer Hypotaxe (III), denen 10 Fälle sicherer Parataxe gegenüberstehen. Wohin gehören nun die beiden Fälle von IV? Auch hier entscheide ich mich für Parataxe aus folgenden Gründen (vgl. oben zu Mt. 2 u. 3):

1. In 6 von den 9 Fällen der Gruppe II und in 27, 11 (III) hat gerade das Verbum, welches im Lat. am Anfange

---

¹ Durch ein Versehen ist in der Abhandlung IV, 2 gesetzt worden.
² Mt. XXI, 28; *duo kausk Judas, .. hran ak duo ruti urbil | tune videns Judas .. poenitentia ductus retulit* ausschliessen nöthigte der Sprachgebrauch des Uebersetzers, wonach der 1. Satz nicht Nebensatz, sondern ein durch Auflösung des Partic. *videns* entstandener Hauptsatz ist; ich verweise namentlich auf Mt. 1, 5; III, 2; IV, 29 (vgl. Anm. 4 p. 3 f. meiner Abh.). Die Ausschliessung von XXIII, 9 scheint T. selbst gebilligt zu haben.

---

steht, diese Stelle einem andern Worte überlassen müssen;
2. beide Fälle von IV zeigen o. l. V. eingeschobene anaph. Partik., welche als Mittel der Hypotaxe von dem Uebersetzer auch an 7 andern Stellen verwendet wird (Is. 5, 7. 28; 3, 5; 23, 28; 27, 7; 7, 2; 13. 24).

So zeigt denn Matth. nur Parataxe, Is. neben überwiegender Parat. schon Hypot. durch an den Anfang gestelltes anaph. Pron.; eine hypot. Wirkung der Anfangsstellung des Verbs war auch hier noch nicht zu erkennen. Wenn nun weiter die Untersuchung des Tat. ergab, dass bei diesem die Parataxe im Absterben begriffen, die Hypotaxe mittelst an die Spitze gestellten anaph. Pronomens durchaus die Regel, die Anfangsstellung des Verbs aber zur Bezeichnung der Hypot. noch selten ist und erst am Anfange ihrer Entwicklung steht, so war der Schluss berechtigt, dass letztere eine jüngere Erscheinung sei als die Verwendung des anaph. Pron.

Bemerken will ich noch, dass ganz dieselbe Vermuthung, die T. am Schlusse seiner Recension ausspricht, bereits am Ende meiner Abhandlung p. 16 zu lesen ist.

Beuthen O.-S., 6. Januar 1885. J. Starker.

Antwort.

Im Mt. findet sich, wie H. Starker in seiner Erwiderung wiederholt, kein Beispiel hypotaktischer Anfügung; ich behauptete 2 Fälle mit Anfangsstellung des Verbs (g. l. Vorbild) gefunden zu haben. Wollte man alles zählen, so wären sogar 4 Fälle der Art namhaft zu machen. Starker meint 23, 9 *si sin gauhun, hvipun za imo*; et videntes eum adoraverunt komme unter den Fällen mit hypotakt. Wortstellung des Nachsatzes (23, 9 und 21, 21) kaum in Betracht, da hier der Nachsatz ganz den Eindruck mache, als sei die Anfangsstellung des Verbs eine unmittelbare Folge lat. Wortstellung. Was lehrt uns aber das *za imo*, das o. l. V. dem Verb nachgesetzt ist? Jedenfalls nicht das, dass man 23, 9 einfach beseitigen dürfe, wodurch sich dann das Verhältnis von 7 Fällen Parataxe: 1 Fall Hypotaxe ergäbe, aus welchem Verhältnis nun „mit Sicherheit" folgte, dass im Matth. parataktische Anfügung des Nachs. „Gesetz" sei. Dieses Gesetz wird nun sofort dazu verwerthet, den unliebsamen Vers 21, 21 zu beseitigen (dico —, *kiusun in sprakha alte dea herbsten biscaffa*; consilium inierunt unum principes ...). St. meint, die Anfangsstellung des Verbs könne auch hier parataktischer Anfügung entsprechen, und da fast in allen Fällen, wo im Deutschen Wortstellung des Hauptsatzes herrsche, die Uebersetzung gegen das Lat. das Verb vom Anfang zurückgedrängt habe, so könne „in Rücksicht auf diese Wortstellung 7:1 nicht der geringste Zweifel mehr obwalten, dass man in 21, 21 nicht hypotaktische Anfügung zu erkennen habe, wenn es auch nicht gelingen wolle, den besonderen Grund ausfindig zu machen, weshalb hier der Uebersetzer gegen das Lat. das Verb an die Spitze gestellt habe." Ich weiss auch keinen Grund dafür als den, dass die in jener Zeit eben erst in der Entwickelung begriffene specielle Wortstellung des Nachsatzes hier durchdringt. Ich gebe zu, dass es alleinstehende Hauptsätze in Ahd. gibt, die dieselbe Wortstellung haben wie Mt. 21, 21. Das ist aber auch nicht anders möglich. Im Hauptsatz herrschte eben grosse Freiheit der Stellung, verschiedene Stellungen waren möglich, und eine von ihnen (|Partikel|, Verb, Subj.) wurde zur Differenzirung der postpont. Hauptsätze für diese reservirt. In der Uebergangszeit muss es nun nothwendig vorkommen, dass wir dieselbe Wortstellung, die uns schon in Nachsätze begegnet, noch in selbständigen Hauptsätzen finden. Im Anfange der Entwicklung ist natürlich die erstere Verwendung noch sehr selten. Wir dürfen uns also 21, 21 nicht ebenfalls wegescamotiren lassen, zumal es eine Stütze findet an 23, 9 — und an 21, 28 und 9, 21, 28 (s. Anm. 2 der vorstehenden Erwiderung) hat St. sofort in die Anmerkung verwiesen, indem er daselbst wie auch in der oben erwähnten Anmerkung *duo kausk Judas; tune videns J.* als Hauptsatz nachzuweisen versucht. Der diesbezügliche Sprachgebrauch des Mt. ist richtig beobachtet, aber vom Uebersetzer selbst nicht ausnahmslos befolgt; wenigstens notirt St. selbst an anderer Stelle eine eclatante Ausnahme von diesem Gesetz: 23, 9 (s. o.); man ist also nicht „gezwungen" 21, 28 als Hauptsatz zu fassen (die Wortstellung Conj. Präd. Subj. findet sich häufig in ahd. Nebensätzen); mich würde vielleicht gerade die Aehnlichkeit von 23, 9 und 21, 28 bewegen, 21, 28 als Nebensatz gedacht zu fassen. Doch ist Ansichtssache und lässt sich nicht beweisen, freilich aber die

Gegentheil auch nicht. Unter den 5 Fällen, in welchen ohne lat. Vorbild zur Anfangsstellung des Verbs noch unterstützend eine Partikel hinzutritt, ist einer 9, 8 *ibu..., si are dic...; ut tibi charakteristisch, von St. aber verschwiegen oder übersehen worden. Hier haben wir doch ganz deutlich invertirte Wortstellung! Unterstützend für meine Auffassung des Verhältnisses ist ferner die Thatsache, dass in den Fällen, in denen die Wortstellung des nachgesetzten Hauptsatzes dem Originale entspricht, bloss 9 parataktischer. 37 dagegen hypotaktischer Wortstellung entsprechen, indem in 8 Fällen ein anaphor. Pron. oder eine Partikel, in 29 das Verb an der Spitze steht. — Ziehen wir aus dem Gesagten die Summe: 7 Fälle Parataxe und 2 (event. 3 oder 4) Fälle Hypotaxe, und das Gesetz, das uns dieses Verhältnis lehrt, lautet nun: Wir bemerken schon bei St. ein allmähliches Einschwenken zwischen Nebensatz und Hauptsatz gebildet haben sollen, stets nur innerhalb des Nachsatzes, nie an der ersten Stelle desselben; St. selbst schliesst daraus p. 5, dass wir bei Mt. der Entstehung dieses Gebrauches gegenüberstehen. Dem gegenüber nun jene oben besprochenen Fälle deutlicher invertirter Wortstellung — und ich kann nur wiederholen, was ich schon in meiner Recension aber diesen Punkt gesagt. — Nun zu Isidor! Starkers Angriff gilt natürlich vor allem den Fällen deutlicher invertirter Wortstellung, die sich in Isidor finden; er leitet denselben aber etwas unvorsichtig ein, wenn er diese Sätze für mich nicht einen vindicirt "umsomehr, als wir von vornherein für is. nicht einen von dem des Mt. wesentlich verschiedenen Standpunkt erwarten dürfen." Ganz richtig; nur erlaube ich mir dann auch, das von mir für Mt. gefundene Verhältnis auch für Isidor in Anspruch zu nehmen, da ich bei diesem Nachsätze mit deutlicher Hypotaxe voraussetzen. Die 3 Fälle, um die es sich handelt, sind folgende: 47, 11; 7, 20; 21, 15. Das sind 1) *sculi ih mersum ..: sterilis ero? als Satzfrage auch selbständig dieselbe Wortstellung hatte, gebe ich zu; St. hat daran ganz recht gehabt, 47, 11 in der Erwiderung sub 4 gar nicht mehr mitzuzählen. Dass aber 7, 20 *bichnda ub uher, dhazs ... absurdum esse cognoscit die Inversion bloss eine Folge davon sei, weil der Nachsatz ein Begehrungssatz ist und als solcher öfter auch unabhängig dieselbe Wortstellung habe wie hier (vgl. dazu oben au Mt. 21, 21 Gesagte), ferner dass 21, 15 *ni wu inu dhuu einighuu sal ardi.ludi; non rapinam arbitratus est das non die entsprechende Stellung des *ni hervorrufen und dieses dann das *unu nothwendig an sich gezogen habe (was sich nebenbei bemerkt gerade umgekehrt verhalten haben dürfte), alles das beweist nichts gegen die Thatsache,

dass wir hier g. l. V. invertirte Wortstellung im postpos. Nachsatze haben, am wenigsten der letzte Grund, dass wir 7, 20 und 21, 15 neben der Voranstellung des Verbs noch eine Hinweisung auf den Vordersatz durch anaph. Pron. resp. Partikel vorfinden, eine doppelte Bezeichnung der Hypotaxe aber nicht wohl anzunehmen und daher zu schliessen sei, die Wortstellung in diesen beiden Sätzen sei als hypotaktisch gefühlt worden. Erstens dürfte *dher 7, 20 gar nicht als anaph. Pron. zu fassen sein (cf. p. 8 A. 14), und wenn, so sehe ich nicht ein, warum die doppelte Bezeichnung der Hypotaxe nicht hätte stattfinden sollen. Beide Bezeichnungen waren erst in der Aufnahme begriffen, eine gleichzeitige Anwendung beider diente also nur zur Verstärkung der Wirkung; wir finden dergleichen im Ahd. noch sonst. St. beruft sich auch darauf, dass er 7, 20 zurückgewichen sei; er zählt das Verb g. l. V. vom Anfange zurückgewichen sei; er zählt hierher offenbar 35, 4. 16. 22. 3, 3. 21, 20 (nicht 19) und 7, 2. Nun ist aber 35, 4. 16. 22 nur als ein Beispiel zu fassen; es ist die dreimal wiederholte gleichlautende Uebersetzung desselben lat. Satzes: *ih ormabba dhinan namen: suscitabo nomen tuum. In 3, 3 entspricht die *dhir nume ih einom adoram und ist nur eine allzu getreue Uebersetzung, *dhor steht vor *unu wie at vor nomen. Die 7 Fälle von Zurücksetzung des Verbs g. l. V. schrumpfen also auf 4 zusammen. Unverwählt bleiben aber, wie schon, abgesehen von jenem schon besprochenen Stellen 47, 11; 7, 20 und 21, 15, noch 13, 24 und 21, 19 das Verb g. l. V. vom Ende zurück hinter die den Satz eröffnende Partikel rückt. Also 4:3, nicht 7:0, wie nach St.'s Angaben das Verhältnis sich darstellt. Also auch dieses Verhältnis lässt sich nicht gegen die Annahme einer invertirten Wortstellung im Nachsatze verwerthen. Nur nebenbei bemerke ich, dass auch die Angabe von 9 Stellen mit eingeschlossener anaph. Partikel o. L V. nicht ganz richtig ist; 5, 28 *bauer ist dhnauu dhese chisalbota got: quis est igitur iste deus unctus euisprichit *dus dhauur offenbar dem igitur.

Noch eines zum Schlusse; die Vermuthung, die ich in Ende meines Referats ausgesprochen, steht allerdings auch in St.'s Abhandlung; wenn aber Starker durchblicken lässt, ich hätte dieselbe aus seiner Arbeit abgeschrieben, um mich so mit fremden Federn zu schmücken, so ist ihre Pointe von ihm übersehen worden, und diese liegt in den Worten "es hätte vor allem die Wortstellung in den selbständigen ausgesagten Hauptsätzen statistisch festgestellt werden sollen." Ich wollte damit sagen, St. hätte zuerst diese Untersuchung anstellen und dann erst zu seinem Thema gehen sollen; er that's aber eben gehörigen Untersuchung bloss an dieselbe betreffender Satz aus Schlusse der Arbeit sich findet, veranlasst mich zu meiner Bemerkung, die doch nichts weniger als eine Entlehnung aus St.'s Abhandlung ist.

Wiener Neustadt, 11. Febr. 1885. K. Tomanetz.

NOTIZ.

Den germanistischen Theil redigirt Otto **Behaghel** (Basel, Bahnhofstrasse 33), den romanistischen und englischen Theil Fritz **Neumann** (Freiburg i. B., Albertstr. 24), und man bittet die Beiträge (Recensionen, kurze Notizen, Personalnachrichten etc.) dem entsprechend gefälligst zu adressiren. Die Redaction richtet an die Herren Verleger wie Verfasser die Bitte, dafür Sorge tragen zu wollen, dass alle neuere Werke germanistischen und romanistischen Inhalts die gleich nach Erscheinen entweder direct oder durch Vermittlung von Uebr. Henninger in Heilbronn zugesandt werden. Nur in diesem Falle wird die Redaction stets im Stande sein, über neue Publicationen eine Besprechung oder kürzere Bemerkung (in der Bibliogr.) zu bringen. An Uebr. Henninger sind auch die Anfragen über Honorar und Sonderabzüge zu richten.

Literarische Anzeigen.

Soeben erschien:

Gustav Meyer, Dr. phil., Prof. an der Univers. Graz,

Essays und Studien

zur

Sprachgeschichte und Volkskunde.

I. Zur Sprachgeschichte. II. Zur vergleichenden Märchenkunde. III. Zur Kenntnis des Volksliedes. — 8°. VIII u. 412 Seiten. Preis geh. M. 7,00, geb. M. 8,00.

Berlin W. — *Verlag von Robert Oppenheim.*

Zur Schullektüre empfohlen:

Modern english classical dramatists.

I. *Virginius by Knowles.* 80 Pf.
II. *William Tell by Knowles.* 75 Pf.
III. *Rienzi by Mitford.* 80 Pf.

Für höhere Klassen höherer Lehranstalten herausgegeben von *Dr. Th. Welscher*, Oberlehrer.

Rostock. **Wilh. Werthers Verlag.**

Verlag von Gebr. Henninger in Heilbronn.

Encyklopädie und Methodologie
der
romanischen Philologie

mit besonderer Berücksichtigung des Französischen und Italienischen

von

Gustav Körting.

Erster Theil.
I. Erörterung der Vorbegriffe. II. Einleitung in das Studium der romanischen Philologie gr. 8°. XVI, 244 S. geh. M. 4.—

Zweiter Theil.
Die Encyclopädie der romanischen Gesammtphilologie. gr. 8°. XVIII, 505 S. geh. M. 7.—

Dritter Theil.
Die Encyclopädie und Methodologie der romanischen Einzelphilologien. (Unter der Presse.)

Altfranzösisches
ÜBUNGSBUCH.
Zum Gebrauch bei Vorlesungen und Seminarübungen herausgegeben
von
W. FOERSTER und E. KOSCHWITZ.

Erster Theil
Die ältesten Sprachdenkmäler
mit einem Facsimile.
4. IV S. 168 Sp. geh M.)—

Raetoromanische Grammatik
von
Th. Gärtner.
(Sammlung romanischer Grammatiken.)
XLVIII, 208 S. geh. M. 6.—, geb. in Halbfr. M. 6.50.

Die
Aussprache des Latein
nach
physiologisch-historischen Grundsätzen
von
Emil Seelmann.
XV, 398 S. geh. M. 8.—

Einleitung
in das
Studium des Angelsächsischen.
Grammatik, Text, Uebersetzung, Anmerkungen, Glossar
von
Karl Körner.

I. Theil:
Angelsächsische Formenlehre. VIII, 67 S. geh. M. 2.—
II. Theil:
Angelsächsische Texte. Mit Uebersetzung, Anmerkungen und Glossar. XII, 404 S. geh. M. 9.—

Englische Philologie.
Anleitung zum wissenschaftlichen Studium der englischen Sprache.
Von
Johan Storm,
ord. Professor der romanischen und englischen Philologie an der Universität Christiania.
Vom Verfasser für das deutsche Publikum bearbeitet.
I.
Die lebende Sprache.
XVI, 465 S. geh. M. 9.—, geb. in Halbfrz. M. 10.50.

Soeben erschienen in unserm Verlage:

Engwer, Th., Ueber die Anwendung der Tempora perfectae statt der Tempora imperfectae actionis im Altfranzösischen. 8°. Preis M. 1.20

Gessner, Prof. Dr. E., Zur Lehre vom französischen Pronomen. 2. Auflage. 4°. Preis M. 2.50

Berlin W., 32—39 Französische Strasse.

Mayer & Müller.

Verlag von GEBR. HENNINGER in Heilbronn.

Erschienen:

Englische Studien. Organ für englische Philologie unter Mitberücksichtigung des englischen Unterrichtes auf höheren Schulen. Herausgegeben von Dr. Eugen Kölbing, a. o. Professor der englischen Philologie an der Universität Breslau. Abonnementspreis pro Band von ca. 30 Bogen M. 15.—

VIII. Band 2. Heft. Einzelpreis M. 7.40.
Inhalt s. Sp. 125 dieser Nummer.

Unter der Presse:

VIII. Band 3. Heft.
Inhalt: Kleine Publikationen aus der Auchinleck-Hs. III. Von M. Schwartz. — Zur Etymologie von so merry. Von Julius Zupitza. — Zu altenglischen Dichtungen. Von F. Kluge. — Litteratur. — Miscellen.

Mitte März wird ausgegeben:

Französische Studien. Herausgegeben von G. Körting und E. Koschwitz. Abonnementspreis pro Band von ca. 30 Bogen M. 15.—.

V. Band 1. Heft: Zur Syntax Robert Garniers. Von A. Haase. Einzelpreis M. 3.40.

Verlag von Gebr. Henninger in Heilbronn.

Altenglische Bibliothek
herausgegeben
von
Eugen Kölbing.

Erschienen:

I. Band: Osbern Bokenam's Legenden, herausgegeben von C. Horstmann. XV, 280 S. geh. M. 5.60

II. Band: Amis and Amiloun, zugleich mit der altfranzös. Quelle herausgegeben von Eugen Kölbing. Nebst einer Beilage: Amicus ok Amilius Rimur, CXXXI, 256 S. geh. M. 7.—

Unter der Presse:

III. Band: Zwei mittelenglische Fassungen der Octavian-Sage, herausgegeben von G. Sarrazin.

Literaturblatt
für
germanische und romanische Philologie.

Unter Mitwirkung von Professor Dr. **Karl Bartsch** herausgegeben von

Dr. **Otto Behaghel** und Dr. **Fritz Neumann**
o. ö. Professor der germanischen Philologie   o. ö. Professor der romanischen Philologie
an der Universität Basel.   an der Universität Freiburg.

Verlag von Gebr. Henninger in Heilbronn.

Erscheint monatlich.   Preis halbjährlich M. 5.

VI. Jahrg.   Nr. 5. Mai.   1885.

Karg, K., Die Sprache H. Steinhöwels. Beitrag zur Laut- und Flexionslehre des Mittelhochdeutschen im 15. Jahrhundert. Heidelberger Dissertation. 1884. 62 S. 8.

Die Klagen über den Mangel einer methodischen Darstellung der Grammatik des späten Mhd. sind leider berechtigt. An literarhistorischer Würdigung dieser Periode der deutschen Prosa fehlt es nicht, wohl aber wie es scheint an der Einsicht, dass die Sprache dieser Zeit ebensowohl eingehende Darstellung und Beleuchtung ihrer Erscheinungen verdient, wie die der früheren Zeiten: es fehlt an historischer Anschauung. Einstweilen müssen daher Untersuchungen der Sprache einzelner Denkmäler oder auch zusammenhängender Gruppen, und zwar am besten zunächst solcher, die zeitlich und örtlich scharf umgrenzt sind, willkommen geheissen werden.

Die vorliegende Arbeit verwendet in übersichtlicher Weise ein fleissig zusammengestelltes Material. Es liegt in der Natur der Sache, dass eine solche Darstellung, die sich nur auf ein beschränktes Gebiet erstreckt, nicht von Irrthümern frei sein kann. Für die Kritik kommt nur in Betracht, ob die Anzahl dieser Punkte, welche der Verbesserung bedürfen, nicht das Brauchbare überwiegt. Karg sucht S. 9—11 zu beweisen, dass Verdoppelung des Vokals, besonders des *e*, bei Steinhöwel keine Länge anzeige. Er versucht dies dadurch, dass er dem *e* nach anderm Vokal den Werth eines Dehnungszeichens abspricht. Schreibungen wie *sirktum*, *dinst*, *prister*, *behilt*, *licht* neben Formen mit *ie* sollen dies beweisen. Dagegen ist jedoch zu bemerken, dass Doppelconsonanz in früher Zeit den vorhergehenden Vokal kürzte, Diphthongen monophtongirte: also kann in der That schon kurzes *i* in diesen Beispielen vorliegen. Jedenfalls ist kein Urtheil in Kargs Sinne darauf zu gründen. Noch schlimmer bestellt ist es mit den Beispielen, die *ie ïe ue oe* als Neuentwicklung in Folge eines „vokalischen Vorschlags" vor *r l b s t g ch m* erweisen sollen. Als lautgesetzliche Entwicklung kann ein solcher „Vorschlag", d. h. Diphthongirung eines einfachen Vokals vor gewissen Consonanten, nur vor *r* und *ch* zugegeben werden. In Kargs Beispielen *rüemen, trüeste, wüestung, kuesten, puelen, stueten tüechlin, süess, grüen* sind aber doch alles *uo üe*, ebenso in den schwäbischen Dialektformen *müassa guat*, die Karg S. 10 als Stütze anführt. Es ist also unmethodisch sie als Neuentwicklung anzusprechen. In der Behandlung der alten *uo üe* zeigen Kargs beide Gruppen von Steinhöwels Werken eine bemerkenswerthe Verschiedenheit. Im Aesop überwiegen die *uo*-Formen, im Dekameron die mit Monophtong. Man kann nun mit Strauch[1] auf Grund solcher grammatischer Abweichungen Steinhöwels Autorschaft für den Dekameron anfechten; man kann auch annehmen, dass der Aesop mehr Steinhöwels einheimischen Dialekt zeige, dass dann im Dekameron jener mächtige md. Einfluss sich geltend mache[2] und die alten Diphthonge verdränge. Die Schreibung *oe* in *groesz proet gopete* deutet den Beginn der in md. und obd. Dialekten auftretenden Diphthongirung des *ö* an[3]. Von einem vokalischen Vorschlag vor so verschiedenartigen Consonanten wie Karg sie zusammenstellt, zu reden, ist gegen alle phonetische Beobachtung. Ob endlich Formen wie *ee teer gern steen* wirklich zweisilbig sind, bleibt zweifelhaft. Nach alledem ist der Beweis

---
[1] Deutsche Literaturzeitung 1884, Sp. 1790,91.
[2] Vgl. Karg, S. 2. 35.
[3] Vgl. Karg, S. 14. 15, *au = o*.

dafür, dass bei Steinhöwel Vokalverdoppelung keine Dehnung anzeige, nicht erbracht. Auch Karg redet S. 16 von „erhaltenen *i*" in *erdrich drivaltikeit ingedenck ingeweyd* und verweist auf meine Bemerkung Tristrant S. 218. Meine a. a. O. angedeutete Ansicht habe ich in Folge genauern Eingehns auf die Sache wesentlich modificirt. Ich verweise einstweilen, bis ich Zeit habe mich ausführlicher darüber auszulassen, auf den Schluss eines im ersten Hefte der Germania von 1885 erschienenen Aufsatzes über den ältesten Tristrantdruck. Dass *guldein* neben *silbrin* auftritt, beweist durchaus nichts für einen „Schwebelaut zwischen *e* und *i*". In *drivaltikeit* ist der ursprüngliche Laut nicht bewahrt worden, sondern für ursprüngliches *i* ist *i* eingetreten. In allen Formen des Schemas ⏑ ⏑ ⏑ kann die erste, vortonige Silbe keinen langen Vokal halten. Hier ist auch stets zu untersuchen, wie weit der Satzaccent mitgespielt hat. Nhd. *friedhof* für älteres *freythoff* ist beachtenswerth. Karg meint, durch eine „sinnige Volksetymologie" sei das „richtige" *freythoff* so umgebildet worden[4]. Es scheint allgemeine Annahme zu sein, dass der Gedanke an den ewigen *Frieden* der Todten in der Umgestaltung zu *Friedhof* bestimmend gewirkt habe. Das hört sich ganz hübsch an, ist nur zu sentimental um einzuleuchten. Man findet im Mhd. die Zusammensetzungen *vride- müre*, -stein, -*sül*, -*zün*, -*vell*, -*gater*, -*grabe*, -*huc*, -*hege*, *vriden- boumgarte* und endlich das Verbum *criden*. In allen diesen lässt sich die Bedeutung „in Frieden bringen, schützen, einhegen" nachweisen. So gut *vride* „eingehegter Raum", *vride-velt* „eingezäuntes Feld", *vriden-boumgarte* „gehegter Baumgarten" bedeutet, so gut bedeutet auch *vride-hof* „eingezäunter, durch Mauer oder Zaun gehegter Hof". Man denke dabei an die mittelalterliche Verwendung der Friedhöfe als Festungen. Die Volksetymologie hatte also wenig damit zu thun; der wachsende Einfluss eines neuen Compositums *vride-hof* (welchem unser *Friedhof* mit *i* genau entspricht), welchem eine Reihe von analogen Bildungen stützend zur Seite stand, hat einfach das alte *vrithof* verdrängt. Wie Karg S. 17 die imperativischen Formen *losu rettu* mit *ä* in der Betrachtung der „irrationalen" Vokale in Flexionssilben aufführen kann, ist schwer begreiflich. Ein Blick in s Wörterbuch oder in Zingerles Zusammenstellung über die Partikel z[5], wo es noch dazu ausdrücklich heisst: „dieses Suffix scheint die mbd. Periode überdauert zu haben", hätte belehren können. So lässt sich an Kargs Abhandlung viel Einzelnes aussetzen. Die meisten Bedenken laufen darauf hinaus, Kargs grammatische Anschauung als unmethodisch zu bezeichnen. Ich muss Strauchs Vorwurf, dass K. es sich im Literarischen etwas zu leicht gemacht, auch auf das Grammatische ausdehnen, und zwar vor allem deshalb, weil K. seinen Beobachtungen kein einheitliches Princip zu Grunde legt. So kommt es also zu den verschiedenartigsten Behandlungen. Natürlich, dass Dissimilation und Euphonie eine

---
[4] So findet auch Seemüller (Die Sprachvorstellungen als Gegenstand des deutschen Unterrichts. Wien 1885. S. 18) in *Friedhof* eine Volksetymologie, „in deren Schöpfung ein tieferes gemüthliches Interesse ... sich offenbart".
[5] Germania 7, 257—67.

erhebliche Rolle spielen. So soll sogar S. 21 *wolnust* aus *wollust* durch Dissimilation entstanden sein. Gewöhnlich nahm man Wirkung der Dissimilation nur als über einen auf die ähnlichen Laute scheidenden dritten Laut hinüber möglich an. Wenn übrigens doch einmal diesem deus ex machina Dissimilation, der besonders in der Romanistik spuckt, das Handwerk gelegt würde! Jedermann hantirt mit der Dissimilation, ohne dass sie als ein unzweifelhaftes Movens in der Sprachgeschichte erwiesen wäre. Wenn also doch einmal ein Grammatiker, der über das grosses Material und genügend Zeit verfügt, sich bemühen wollte, das psychologische Moment des Vorganges der sogenannten Dissimilation darzulegen!

Dankenswerth ist, dass Karg S. 34—37 der im 15. Jahrhundert so verbreiteten Erscheinung des Antretens eines -*e* eine Betrachtung widmete. Nachdem man so viel von der „Anfügung eines unechten, unberechtigten -*e*" gelesen, ohne dass ausgiebige Erklärungsversuche gemacht worden wären, ist es in der That an der Zeit, dieser Frage näher zu treten. Was Weinhold, Mhd. Gram. (1877) § 357, in Bezug auf den Autritt eines -*e* an starke Präteritalformen sagt, nämlich dass der Grund dazu in der „auffallenden Endungslosigkeit" dieser Formen liege, kann nicht als Lösung angenommen werden. Was ich, Tristrant 235, darüber gesagt, nämlich dass die Analogie solcher Fälle, „in denen die Schriftsprache archaistisch in der wirklichen Sprache längst verklungenes -*e* beibehalten hatte", die Ursache sei, genügt nicht, um alle Fälle der Art zu erklären. Dass manche dieser -*e* wie auch gewisse unsinnige Buchstabenhäufungen in Schriftwerken des 15. und 16. Jh.'s auf die Rechnung der Schreiber- und Setzerbequemlichkeit zu stellen sind, halte ich nach Untersuchung vieler Hss. und Drucke dieser Zeit fest. Dass ich aber der Geistlosigkeit der Schriftsteller oder Drucker und Correctoren allzuviel zumuthe, hätte Karg aus meinen Bemerkungen nicht heraus lesen sollen, denn ich dachte nicht entfernt daran anzunehmen, dass man „willkürlich bald hier, bald da ein *e* angehängt" habe, sondern hatte immer nur solche Formen im Auge, auf die der Systemzwang zu wirken im Stande ist. Karg sieht in diesen -*e* „eine hyperhochdeutsche Wucherung, die aus dem Strehen nach grammatisch correcter Form in Oberdeutschland sich unter mitteldeutschem Einfluss gebildet." Im Oberdeutschen sei -*e* gefallen" und seien dadurch Formen wie *ich trag, schiez, ruf* gleich geworden solchen wie *ich lay, liez, schuf*. Als dann im 15. Jh. md. Einfluss mächtig ward, seien die md. Formen mit erhaltenem -*e* wieder eingeführt und dann -*e* auch an st. Praet. wie *lay, schuf* angefügt worden. Aehnlich erging es auch ausserhalb des Verbalsystems. Diese Erklärung hat viel für sich. Nur möchte ich den Vorgang nicht an einem einzelnen Schriftsteller, sondern an einer Reihe von solchen verfolgt sehn. Was die spätern aus Schiller und Lessing S. 36 angezogenen Formen anlangt, so hundert es sich nur um starke Praeterita, die man sich sehr wohl, und noch bequemer unter dem Einflusse der schwachen Praeterita umgestaltet denken kann.

---
[6] Dies ist übrigens nur sehr bedingt richtig.

Die Geschichte der Anfügung dieses -e bildet den interessantesten und gelungensten Theil von Kargs Abhandlung und entschädigt gewissermassen für die Mängel und Irrthümer, deren ich nur einige angeführt habe. Sollte diese Arbeit, wie ich wünsche und hoffe, Nachfolger haben, so würde mehr methodische Schärfe anzurathen sein, damit nicht wie hier durch Mangel eines festen Systems grammatischer Anschauung gute Bemerkungen unter der Menge der Zweifelhaften untergehn.

Freiburg i. B.   F. Pfaff.

Zingerle, O., Die Quellen zum Alexander des Rudolf von Ems. Im Anhange: Die Historia de preliis. Breslau. Koebner. 1885. VII, 265 S. 8. M. 8. (Germanistische Abhandlungen hrsg. von K. Weinhold. IV.)

Ueber die Quellen zu Rudolfs Alexander, die ich im Herbst 1883 in einer Programmbeilage (des Gr. Progymnasiums in Donaueschingen) kurz zu erörtern versuchte, ist jetzt eine neue Abhandlung von O. Zingerle erschienen. Mit meiner Schrift findet er sich in der Weise ab, dass er sie, abgesehen von einigen Bemerkungen in der Vorrede, als nicht vorhanden betrachtet, nachdem er seiner Zeit in einer Anzeige (Zs. f. d. A. Anz. X. S. 321 —326) die Schale seines Zornes über sie entleert hat. Wir wollen darüber mit ihm nicht rechten. Dass eine ausführlichere Schrift über Rudolfs Quellen nach meiner Arbeit nicht überflüssig ist, versteht sich von selbst. Auf dem Raum von drei Bogen, der mir zur Verfügung war, konnte ich den Gegenstand natürlich nur in seinen Grundzügen darlegen; alles Weitere musste für meine Ausgabe des Alexanders vorsparen bleiben. Auch war für die Texte der Quellen noch manches nachzutragen, da ich mir bis zu dem bestimmten Termin der Fertigstellung handschriftliches Material nicht in dem Umfang verschaffen konnte, wie ich es jetzt besitze. Namentlich entbehrte ich damals einer Handschrift, die mit Rudolfs Vorlage am nächsten verwandten Textform der Historia de preliis.

Zingerle besass ein Exemplar jener Recension in einer Seitenstetter Hs. des 15. Jh.'s, die zwar recht mangelhaft ist, aber doch für den vorliegenden Zweck so ziemlich genügte. Das hervorstechendste Merkmal dieser Bearbeitung sind besonders ausgedehnte Interpolationen aus Orosius, sowie eigenthümliche Abänderungen in der Reihenfolge der erzählten Begebenheiten. Z. kannte sie nur in jener späten Ueberlieferung. Dass sie so weit älter ist, brauchen wir nicht erst aus Rudolfs Gedicht zu erfahren (S. 75), denn sie erscheint schon in Hss. des 12. Jh.'s; mir liegen zwei derartige Texte aus dem 13., einer aus dem 12. Jh. vor. Eine Vergleichung dieser Recension mit Rudolfs Werk ergibt, dass die Angaben, die ich damals vermuthungsweise auf die H. d. p. zurückführte, in der That grösstentheils aus dieser entnommen sind. Bei denjenigen Stücken, die auch hier fehlen — so besonders den Abschnitten aus der pseudo-aristotelischen Schrift Secreta secretorum —, mag man zweifeln, ob nicht directe Benutzung stattgefunden hat. Z. lässt daher

Jul. Val. Epitome, Orosius und Secr. secr. als besondere Quellen gelten. S. 21—68 wird eine Uebersicht über den Inhalt der Hauptrecensionen der H. d. p. gegeben, für die sich namentlich aus der Seitenstetter Hs. bisher nicht Veröffentlichtes beibringen liess. Dass bereits von Kinzel, dessen Pariser Hs. jedenfalls auch zur Orosius-Recension gehören, zwei Recensionen der interpolirten Texte unterschieden wurden ('Zwei Rec. der Vita Al. Magni' etc. S. 1 f.), hätte erwähnt werden sollen. Rücksichtlich der herangezogenen Handschriften ist auffallend, dass sich der Verf., trotz persönlicher Anwesenheit in der Münchener Bibliothek (S. 20), aus dieser gerade die schlechten ausgesucht, den wichtigen cod. lat. 824 aber, der ihm bessere Dienste geleistet haben würde, als die späte Seitenstetter Hs., ganz unbeachtet gelassen hat. Das verdienstlichste in seiner Zusammenstellung sind die zahlreichen Anführungen einschlägiger Stellen aus der mittelalterlichen Literatur, sowie viele Quellennachweise für die Zusätze der interpolirten Texte. Nur ist das ausgedehnte Material nicht genug geistig verarbeitet. Dahin gehört, wenn für dieselbe Angabe häufig ohne Kritik mehrere Quellen neben einander genannt werden; z. B. S. 23 für die Eroberung Gazas Arrian (!), Curtius, Comestor und Josephus, wo jedenfalls nur der letztere in Betracht kommt. Vor allem aber hat Z. kein richtiges Urtheil über die ursprüngliche Form der H. d. p. Wie nahe B dieser steht, weiss er nicht, sondern führt sogar diesen Text als bezeichnendes Beispiel eines verderbten an (S. 18; vgl. S. 45 Anm. 5). Damit hängt ein anderer grosser Irrthum zusammen. Z. hat die neue Entdeckung gemacht, dass Ekkehard für sein 'Excerptum de vita Al. Magni' nicht die Bamberger Hs. benutzt habe, was, wenn richtig, für die Textkritik der H. d. p. von grosser Bedeutung wäre. Hätte Z. Waitz' Einleitung zu Ekkehard ordentlich durchgelesen, so würde er wohl auf einen so unüberlegten Einfall gar nicht gekommen sein. Dort ist S. 5 dargethan, dass E. aus dieser Hs. auch andere Stücke, besonders das Werk des Paulus Diaconus, in der dieser Hs. allein eigenthümlichen Textgestalt für seine Chronik verwerthete. Für die H. d. p. lässt sich der Beweis unmittelbarer Abhängigkeit evident geben, wovon wir hier absehen müssen. Die Ekk. und den interpolirten Texten gemeinsamen Auslassungen erklären sich trotzdem ganz natürlich. Der einzige Grund, der wirklich für die Annahme des Verf.'s sprechen würde, ist lediglich Erzeugniss seiner Fahrlässigkeit. Nach S. 27 und S. 35 Anm. soll Ekk. in der Angabe, wo Kehbes gekommen, die härtere Rücken als Krokodile gehabt hätten, mit den interpolirten Hss. gegen B übereinstimmen. B 230d steht aber: 'venerunt cancri abentes dorsa duriora sicut crocodilli'. — Ungenauigkeit in wichtigen Dingen tritt auch sonst hervor. Beispielsweise findet sich die Identification von Gordium mit Sardes (vgl. S. 56 Anm. 3) nur bei Orosius, nicht bei Justin, was, neben anderm, den Beweis liefert, dass ersterer der Gewährsmann des Bearbeiters war. Z. führt beständig beide an und schwankt unklar hin und her; vgl. S. 58 Anm. 1 und S. 64 Anm. 3. Wenn er sich an letzterer Stelle für Justin entscheidet, so liegt dies nur daran, dass er eine schlechte Ausgabe des Orosius gebraucht oder die handschriftliche Ueberlieferung nicht beachtet hat. — Für einige Punkte zeigt sich die Seitenstetter Hs. nicht ausreichend. So beruht der S. 74 erwähnte Ausdruck 'in Asiam von Asia', in dem Z.. S. entsprechend, 'Asiam' in 'Europam' ändern will, unzweifelhaft auf dem Text der lat. Vorlage. Von den mir bekannten Hss. der II. d. p. haben hier zwei aus dem 13. Jh. 'de Asia in Asiam' (st. Traciam).

Ungenügend ist der Abschnitt über Curtius. Mit der Untersuchung über die Beschaffenheit von Rudolfs Curtius-Text will der Verf. die Leser 'verschonen'. Diese zarte Rücksicht in einem Falle, wo es sich um die wichtigste Quelle des Dichters handelt, ist um so seltsamer, wenn daneben Dinge, die für Rudolf völlig bedeutungslos sind, wie die Epistola de miraculis Indiae. in grösster Breite vorgeführt werden. Was als Resultat angegeben steht, ist obendrein ungenau. Die wichtige Frage, ob Rudolf Curtius' Werk schon in einer interpolirten Fassung vor sich hatte, wird gar nicht einmal berührt. Ebenso wenig erfährt man etwas von der interessanten Thatsache, dass Rudolfs Curtius-Hs. Lesarten bot, die erst durch Conjecturen neuerer Gelehrter wieder in den Text Aufnahme fanden. Die Aufzählung der Missverständnisse Rudolfs, mit der das Kapitel ausgefüllt ist — wobei in viel zu ausgedehntem Masse aus Rudolfs stümperhaften Uebertragungen Rückschlüsse auf die Lesarten des lat. Textes gemacht werden — gehört doch wohl in den Abschnitt über die Art der Quellenbenutzung, der als besondere Abhandlung erscheinen soll. Wie oberflächlich Z. hier arbeitete, zeigt sich, abgesehen von kleineren Ungenauigkeiten, auch darin, dass er Curtius' Beschreibung der Sichelwagen (lib. 4 cap. 9) ganz übersehen hat, in Folge dessen dann für die entsprechenden Verse Rudolfs eine Randglosse als Quelle erfunden werden muss (S. 121).

Um so eingehender sind die Nebenquellen behandelt, für die gerade meine Schrift einer Ergänzung am meisten bedurfte, da ich alles dies auf vier Seiten zu erledigen genöthigt war. Nachzutragen wäre freilich noch manches; z. B. als Quelle zu der S. 115 Anm. 3 erwähnten Notiz: Comestor, Hieremias cap. 5.

Im Ganzen wird man Zingerle das Lob fleissiger Forschung gewiss nicht versagen können. Sein Hauptfehler ist die übermässige Breite seiner Darstellung, der Mangel einer kritischen Sichtung des Stoffes. Hie und da gebricht es auch an gesundem Urtheil; dahin rechne ich namentlich einige umständliche Auseinandersetzungen über die einfachsten Sachen, wie S. 94 f. über die Trennung von fluviatili.

Der angehängte Abdruck der Historia de preliis nach drei interpolirten Handschriften ist als einstweiliges Surrogat einer Ausgabe immerhin den alten Drucken weit vorzuziehen und liefert dem künftigen Herausgeber dankenswerthes Material, besonders aus einer Grazer Hs. des 12. Jahrhunderts.

Donaueschingen, 5. Jan. 1885. Ad. Ausfeld.

Herzfeld, Georg, Zu Otte's Eraclius. 45 S 8. (Heidelberger Dissertation.)

Herzfelds Arbeit war in den Hauptpunkten bereits abgeschlossen, als Graefs Ausgabe erschien. Wir sind ihm dankbar, dass er trotzdem seine Untersuchung nicht zurückgehalten hat, denn sie kommt in wesentlichen Dingen zu andern Ergebnissen als Graef. Hauptsächlich zeigt sich, dass Gr.'s Text empfindlichen Schaden gelitten hat durch zu grosse Bevorzugung der Wiener Hs. An zahlreichen Stellen lässt sich das Bestreben von W nachweisen, ältere und seltenere Ausdrücke durch jüngere und geläufigere zu ersetzen. Der ganze Charakter des Gedichtes ist durch Gr.'s Fehlgriffe ein zu jugendlicher und glatter geworden; vgl. Herzf. S. 10 ff. Die Beurtheilung der hier verzeichneten Fälle durch H. ist fast immer durchaus zutreffend. Ebenso ist im Ganzen richtig, was über die Plusverse der Münchener Hs. gesagt wird. Sicher echt sind die von Gr. in die Varianten verwiesenen Verse nach 620 (vgl. den Gegensatz in 635), 639, 662, 684, 716, 3707, 4377. Dagegen kann man H. nicht beistimmen, wenn er auch die Verse nach 542 (wo der Reim nd: Cussinid Anlass zur Aenderung gab) und nach 1508 in den Text nehmen will. Fast gänzlich verfehlt ist die Behandlung der Plusverse von W. Herzf. sieht sie beinahe alle — gegen Graef — als Interpolationen an. Wahrscheinlich ist dies nur bei 3407—10, 3631—34, 4071—72. In einigen Fällen kann man zweifelhaft sein. Die meisten aber lassen sich als echt erweisen: 303—4 (vgl. 244—45), 1217 —18 (= Original v. 1037), 1897—1900, 1923—24 (es fehlt sonst der Grund, weshalb sie nicht zeude kemen), 2061—62 (Prüderie! vgl. 2019—28), 2099 —2100 (sonst als 2101 ohne Beziehung), 2513—15, 2556—57 (missverum sonst unverständlich), 2871— 72 (sam 2873 M thöricht), 3128—31 (Uebersprungen bei gleichen Reimwörtern), 3437—40, 3737—38. Auch das Verkehrte von 4017—18 ist mir nicht einleuchtend. Die Frage nach dem Werth der beiden Hss. ist somit auch durch H. noch nicht endgültig gelöst. Auch ist das Material von Herzf. keineswegs erschöpft; noch an gar manchen Stellen lässt sich für die eine oder andere Lesart eine sichere Entscheidung gewinnen. Graefs Textherstellung liesse sich noch vielfach beanstanden; besonders meine ich solche Stellen, wo das Echte erst durch Combination aus beiden Hss. zu gewinnen ist (z. B. v. 2855 l. Die der frouwen pflâgen): H. hat sich hierauf nicht weiter eingelassen.

Für die Heimat-frage bringt auch H. keine endgültige Entscheidung. Wenn Schroeder (Gött. Gel. Anz. 1884 St. 14) an ein Grenzgebiet zwischen Hoch- und Mitteldeutsch denkt, so scheint der Reim dorfte : torchte dagegen zu sprechen (Weinhold, Mhd. Gr. § 233 am Ende stützt schwerlich Schroeders Annahme). Dass H. sich gegen die Leugnung Gotfridschen Einflusses auf Otte erklärt, ist nur zu billigen.

Basel, 16. Sept. 1884. Otto Behaghel.

Die erste Gesammtausgabe der Nibelungen von Johannes Crueger. Frankfurt a. M., Literarische Anstalt Rütten & Loening. 114 S. 8. M. 3.

Cruegers Schrift, zu der das Material ebenso wie zu des Verf.'s „Entdecker der Nibelungen" aus dem reichen Schatze des Bodmerschen Nachlasses auf der Züricher Stadtbibliothek geschöpft ist, gewährt einen Einblick in die gesammte 1755 beginnende den Nibelungen gewidmete Thätigkeit Bodmers. Wir erfahren zugleich, dass Breitinger, Bodmers Streitgenosse, noch tiefer als dieser in das Verständniss derselben eingedrungen ist und bedauern mit dem Verf., dass jener die letzte altdeutsche Periode Bodmers nicht erlebt hat. Seit 1776 sehen wir dessen Interesse von Neuem den Nibelungen zugewandt, und es ist rührend zu sehen, wie der Achtzigjährige mit rastlosem Eifer bestrebt ist, die alten Dichter der Vergessenheit zu entreissen. Auch das zweite Kapitel, obgleich es sich vornehmlich mit der Person und dem Charakter Christoph Heinrich Müllers beschäftigt, dient der Verherrlichung des Züricher Patriarchen. Geht doch aus dem hier zusammengetragenen Materiale mit Deutlichkeit hervor, dass Müller, den wir als einen schwankenden, unfertigen, zur Hypochondrie geneigten Menschen kennen lernen, ganz von Bodmer abhängig ist und an den Nibelungen ausser den Correcturen sehr wenig gethan hat. Das dritte Kapitel gibt nach des Verf.'s eignen Worten „die Einzelheiten der Nibelungenpublikation, so weit Zarnckes in bibliographischen Notizen so vortreffliche Einleitung der Ergänzung und Berichtigung bedurfte." Unter den im Anhange zusammengestellten Notizen, welche zum Thema in engerer oder weiterer Beziehung stehen, sind besonders interessant die über die gleichzeitigen germanistischen Bestrebungen in Cassel und die Person W. J. C. G. Casparsons, der zu einem Feinde ein eifriger Lobredner Bodmers wird. Auch aus den hier mitgetheilten Briefen erhellt übrigens die Charakterlosigkeit des Mannes, der bekanntlich am Casseler Hofe eine ähnliche Stellung einnahm, wie Gundling am Hofe Friedrich Wilhelms I. von Preussen.

Northeim. R. Sprenger.

Würfl, Christoph, Ein Beitrag zur Kenntniss des Sprachgebrauchs Klopstocks. Brünn, Druck von Karl Winiker. (Separatabdruck aus den Jahresberichten des k. k. II. deutschen Obergymnasiums in Brünn 1883, 1884 und 1885.) 120 S. gr. 8.

Klopstock ist der Schöpfer der neueren deutschen Dichterrede. An den Werken des deutschen Alterthums, der hebräischen, griechisch-römischen und englischen Poesie lernend, gab er unserer verkommenen und verarmten Sprache wieder Adel und Würde, Reichthum, Kraft und Freiheit. Ohne dieses sein Verdienst, das die Zeitgenossen zum Theil verhöhnten und bestritten, wäre der Zauber der Goethe'schen Diction nicht möglich gewesen. Des Neuen, auch des Ungewöhnlichen, dessen Gebrauch nicht selten dem Genius der deutschen Sprache widerstrebt, ist durch Klopstock so viel in unsere poetische Rede gekommen, dass eine sorgsame Zusammenstellung der interessantesten Wörter und Formen, welche dieser Dichter gebildet hat, wohl der Mühe lohnte. Würfl hat sich dieser weitschweifigen, aber sehr dankenswerthen Arbeit unterzogen. Nachdem er 1881 in Herrigs „Archiv für das Studium der neueren Sprachen und Literaturen" zwei umfängliche und inhaltsreiche, systematisch gegliederte Abhandlungen über Klopstocks poetische Sprache mit besonderer Rücksicht auf ihren Wortreichthum veröffentlicht hat, legt er nunmehr ein alphabetisch geordnetes Verzeichniss derjenigen Wörter vor, welche Klopstock neu gebildet oder in einem seltenen und ungewöhnlichen Sinne gebraucht hat. Der Inhalt der beiden Schriften Würfls, der früheren und der jüngst erschienenen, ist in vielen Fällen derselbe, ebenso wie beide aus den gleichen Vorarbeiten erwuchsen. Die Abhandlung von 1881 verzeichnet allerhand Wörter und Wortbildungen Klopstocks, auch solche, die uns jetzt geläufig und alltäglich geworden sind; in seiner neuesten, mehr lexikalisch gearteten Schrift führt Würfl kaum die Hälfte davon an, bemerkt zu den behandelten Wörtern aber mehr Belegstellen als früher und verweist regelmässig auf das Grimmsche deutsche Wörterbuch, so weit der vorerst noch fragmentarische Charakter dieses Riesenwerkes dies zulässt. Als eine Ergänzung der bereits vollendeten Theile und als eine Vorarbeit für die noch nicht geschriebenen Bände dieses Lexikons betrachtet Würfl selbst seinen „Beitrag". Seine Arbeit ist mit grossem Fleiss und genauer Sorgfalt ausgeführt. Die Citate sind, so weit ich sie durch Stichproben nachprüfte, zuverlässig. Leider konnte Würfl noch keine kritische Ausgabe zu Grunde legen. Hamels vorzügliche Edition des „Messias" (in Kürschners „Deutscher Nationalliteratur") war noch nicht erschienen, als er seine Arbeit abschloss; an eine historisch-kritische Ausgabe der Oden, die nun endlich gleichfalls aus dem Reiche der Wünsche in das der Wirklichkeit treten wird, wurde damals noch kaum gedacht. So beziehen sich denn Würfls Citate bald auf die Hempel'sche, bald auf die Göschen'sche Ausgabe (auf welche? wohl auf die von 1876?). Das ist ein Missstand; es sollte wenigstens durchaus dieselbe Edition benützt sein, wenn man nicht auf die ersten Originaldrucke zurückgehen wollte. Bei der Seltenheit der letzteren hat sich Würfl überall auf die letzte, abschliessende Form beschränkt, die Klopstock seinen Werken gab. Auch da ist zu bedauern; mindestens in einigen Fällen, wo die älteste Fassung von Oden oder Gesängen des „Messias" neuerdings bekannt und leicht zugänglich gemacht wurde, wäre es erwünscht gewesen, dass Würfl auch darauf sein Augenmerk gerichtet hätte. Welche Bereicherung hätte seine Arbeit auch schon durch das Studium dieser Varianten erfahren! Allerdings verzichtete er von vornherein auf Vollständigkeit, und er musste das thun, da ihm selbst nicht allzu seltene Werke in Brünn nur schwer zugänglich waren. Interessant sind die den letzten Partien der Arbeit beigefügten Hinweise auf Gottscheds Sprachkunst; wie oft stellen die sprachlichen

Bemerkungen des Leipziger Literaturdictators verglichen mit Klopstocks kühnen Neuerungen geradezu den Unterschied zweier entgegengesetzten Zeitalter dar! Schade nur, dass diese Hinweise erst so spät beginnen und sich nicht auch auf Schönaichs (freilich sehr seltenes) „neologisches Wörterbuch" erstrecken. Allein diese kleinen Mängel, die nur der vermeiden konnte, welchem eine sehr reichhaltige Bibliothek zu Gebote stand, rauben der tüchtigen Arbeit nichts von ihrem Werthe. Zudem ist es noch keiner ihrer geringsten Vorzüge, dass sie auch in den einleitenden und abschliessenden Bemerkungen allgemeiner Art nur wirklich Brauchbares knapp zusammenfasst und nichts Ueberflüssiges oder Entbehrliches zur Schau stellt.
München, 20. Dec. 1884. Franz Muncker.

Jütting, W., Phonetische, etymologische und orthographische Essays über deutsche und fremde Wörter mit harten und weichen Verschlusslauten. Wittenberg, Herrosé. 201 S. 8. M. 3,50.

Die vorliegende Schrift ist hauptsächlich berechnet auf diejenigen Unglücklichen unter unsern deutschen Brüdern, denen es nicht in der Wiege gesungen worden ist, dass zwischen *d* und *t*, *b* und *p* einiger Unterschied bestehe. Somit bespricht das Buch eine grosse Masse von Wörtern, in welchen harte und weiche Verschlusslaute vorkommen, meist in der Weise, dass Homonyme zusammengestellt werden. An diese Zusammenstellungen knüpfen sich Hinweise auf die Etymologie der betreffenden Wörter, und dies Verfahren ist nur zu billigen, denn es gewährt dem Gedächtniss eine bedeutende Stütze. Mancherlei andere sprachliche Betrachtungen zur Belebung des Ganzen sind eingestreut. So mag das Büchlein seinen praktischen Zweck wohl erfüllen. Der Fachmann wird kaum etwas Neues aus dem Buche lernen. Er wird vielmehr zahlreiche Ausstellungen zu machen haben. Die Beschreibung der Laute S. 9 ff. ist nicht genügend: *f* und *ch* werden nach alter schlechter Weise als Aspiraten bezeichnet; der Unterschied zwischen Dauerlauten und momentanen Lauten bleibt dem Leser verborgen. Auslautendes *ng* soll von Mittel- und Süddeutschen durchweg als *nk*, von Norddeutschen durchweg als *nch* gesprochen werden!! (S. 14 und 21). In *länger*, *singen* hört der Verf. zwischen *n* und dem *e* deutlich eine Gaumenmedia *g* (S. 21); „*bitter* eigentlich odd. Form zu *hochd. biss*" (S. 32); „*Hludheri* etwa = *Ruhmherr*" (S. 32); „das urdeutsche *Bumer*" (S. 44); „in der Verbindung mit *r* hält sich anlautendes *t* meist (sic!) unverschoben" (S. 66) u. s. w.
Basel, 21. April 1884. Otto Behaghel.

Chaucers Sprache und Verskunst dargestellt von Bernhard Ten Brink. Leipzig, Weigel. 1884. XIV. 225 S. 8°.

Nach längerer Zeit erfreut uns Ten Brink wieder mit einer Arbeit über Chaucer und zwar diesmal über dessen Grammatik und Metrik. Wie sich von unserer ersten Chaucer-Autorität erwarten liess, hat der Verf., wie früher auf literargeschichtlichem Gebiete, so auch hier sich mit nichts halbem begnügt, sondern so zu sagen den Hebel an der Wurzel angesetzt, und so ist denn das Resultat seiner Bemühungen eine Arbeit, auf welche er sowie die ganze deutsche Chaucer-Gemeinde mit gerechtem Stolze blicken können.

Nach der grammatischen Seite hin war für Ch. bis jetzt nur wenig geleistet worden. Das was vorhanden war, diente nur dem Zwecke, den der Philologie ferner stehenden ein oberflächliches Verständniss der Chaucerschen Dichtungen zu ermöglichen. Child und Ellis allerdings haben uns mit tiefergehenden Untersuchungen beschenkt, doch liessen auch sie dem kommenden Chaucer-Grammatiker noch vieles zu thun übrig, da der erstere seinen sonst sehr eingehenden Observations (aus dem Jahre 1861) nur das Ms. Harl. 7334 zu Grunde legen konnte, und der letztere in seinem grossen Sammelwerke Ch.'s Aussprache doch nur in den Grundzügen behandelte. So erklärt sich denn das in letzter Zeit hie und da laut werdende Verlangen nach einer wissenschaftlichen Chaucer-Grammatik, welches vom Verf. so wider alles Erwarten bald befriedigt worden ist.

Wenn ich sage bald, so wird man mich nicht missverstehen. Die vorliegende Arbeit ist eine langsam heran gediehene, völlig ausgereifte Frucht. Wer daran zweifeln sollte, braucht bloss den ersten Band der Anglia zur Hand zu nehmen. In dem dortigen Artikel 'Zur me. Lautlehre' ist der erste Keim unseres Werkchens zu finden.

Das letztere beweist denn auch auf jeder Seite, mit welchem Bienenfleisse der Verf. in der Zwischenzeit an seiner Aufgabe gearbeitet hat.

Der grammatische Stoff, dessen Anordnung im Einzelnen an Mätzner's Ae. Grammatik erinnert, ist in zwei Theile geschieden, deren erster von den Lauten, deren zweiter von der Flexion handelt.

Vorzüglich in dem ersten Theile ist Ten Brinks eigenste Arbeit zu finden. Allerdings war hier der Rhyme-Index eine gute Hilfe, aber es bedurfte doch der Umsicht und Urtheilsschärfe des Verf's., um dieses Rohmaterial so nutz- und geniessbar zu machen, wie es im vorliegenden Falle geschehen ist. Und es ist in der That interessant zu beobachten, mit welcher Vorsicht und doch zugleich Sicherheit der Verf. einen gegebenen Laut von seinem ersten Auftreten im Ae. an bis hinein in die graphische Verwilderung des 14. Jh.'s verfolgt, ohne sich durch Analogiebildungen, mundartliche oder fremde Einflüsse und Schreibweisen irreleiten zu lassen. Ja alles dies, was dem outsider als ärgerliches Hinderniss erscheinen musste, wird hier geradezu für die Lösung der schwierigsten Lautfragen herangezogen und nutzbar gemacht, so dass nur sehr wenige derselben unaufgehellt bleiben, wie z. B. die der Scheidung von *o* und *ou*, sowie *ou* und *ū* in gewissen Verbindungen. Allerdings würden auch diese wenigen Fragen erst endgültig zu beantworten sein, ehe an eine kritische Chaucer-Ausgabe im Sinne der vom Verf. geplanten gedacht werden könnte.

Ein nicht gering anzuschlagender Vortheil, den die Arbeit dem Umstande verdankt, dass sie ihre letzte Gestaltung erst vor Kurzem erhalten, besteht darin, dass sie im strengsten Sinne des Wortes auf der Höhe der Wissenschaft steht. So ist Brate's Abhandlung über Orms Dualismen bereits verarbeitet. Zu Orm selbst wäre jetzt noch Anglia VII, 96 zu vergleichen, ein Aufsatz, der dem Verf. selbstverständlich noch nicht bekannt sein konnte. Ten Brinks jetzige Auffassung der Orm'schen Schreibweise kommt der dort vorgetragenen Erklärung bei weitem näher (§ 97!), als seine frühere (von den übrigen ganz zu schweigen), ohne sie jedoch völlig zu erreichen, und doch ist dieselbe, wie ich meine, die einzige, die keine Zweifel übrig lässt.

Auch das Kapitel über die Flexion ist reich an feinen Beobachtungen, so namentlich in den Paragraphen über den Toneinfluss auf die Endungen und über die starken Verba, und wenn auch in Bezug auf letztere mehr Vorarbeiten vorhanden waren, so fand des Verf.'s Sammelfleiss doch noch genug Gelegenheit sich zu bethätigen. So wird man überhaupt wohl kaum eine Chaucer'sche Form vermissen. Nur die Contraction *peech* in der Betheurungsformel *so peech* erinnere ich mich nicht gesehen zu haben. Hält sie der Verf. für nicht Chaucerisch?

Wir gehen nun zur Besprechung des zweiten Haupttheiles unseres Büchleins.

Den ersten Abschnitt desselben, den über die Silbenmessung (s. auch §§ 299 und 300), haben wir nicht ohne Bedauern gelesen, weil wir hier zum ersten Male, wenn auch nur für kurze Zeit, auf die bisher so sichere Führung des Verf.'s verzichten müssen. Will der Verf. in der That jeden daktylischen Rhythmus, jede zweisilbige Senkung aus des Dichters Versen entfernen? Es ist ja zweifellos, dass wir mit Hilfe der Synkope, Apokope, Aphärese, Synäresis etc. die schwachen e beseitigen können, wo es uns beliebt, und dass in manchen Fällen die Schreibung der Handschriften uns zu einem derartigen Verfahren berechtigt. Dürfen wir aber darum glauben, dass Chaucer überhaupt nur einsilbige Senkung beabsichtigte, dürfen wir dies glauben Angesichts der vielen Fälle, wo all die oben berührten metrischen Hilfsmittel nicht mehr verschlagen, oder die Zweisilbigkeit der Senkung durch die Worte Synizesis und Verschleifung doch nur recht dünn verhüllt wird? Doch vor allem — denn dies ist ja der Hauptgesichtspunkt — ist es glaublich, dass der im Vergleich zu uns metrisch ungebildete Leser des 14. Jh.'s alle diese Elisionen, Apokopen etc. in jedem Falle beobachtete und etwa jeden Vers vorher mit dem Augen überflog, um zu sehen, welche schwachen e zu unterdrücken hatte und welche nicht? Wenn der Verf. nicht meint, dass die von ihm befürwortete Skandirung eine ideale ist, auf welche Ch.'s Vers hinstrebte ohne sie zu erreichen, und deren Beobachtung dem Gutdünken des Lesers überlassen blieb und bleibt, so möchte ich doch in dieser Frage Schippers Auffassung vorziehen (obgleich auch sie mir noch nicht der Wirklichkeit zu entsprechen scheint!), der, die vorhergehenden und gleichzeitigen Dichtungen vor Augen, den Chaucerschen Verse eine grössere Beweglichkeit und Freiheit zugesteht (s. Metrik I, S. 280 f.). Hoffentlich wird der Verf. in seiner kritischen Ch.-Ausgabe, zu welcher wir im ersten Haupttheile des vorliegenden Buches bereits die grundlegenden Vorbereitungen gemacht sehen, jene schwachen e nicht gänzlich entfernen, sondern höchstens als entfernbar unterpungiren.

Von dem Abschnitte über Ton und Hebung interessirte uns besonders der § 282. Die hier gemachten Bemerkungen scheinen mir in der für das Alt- und Frühmittelenglische so wichtigen Frage des Nebentones einen bedeutsamen Umschwung anzukündigen. Jedenfalls bezeichnet, was wir hier lesen, so wenig es an sich ist, einen grossen Fortschritt gegenüber der Schipperschen Auffassung. Wir brauchen kaum zu sagen, dass wir der hier versprochenen historischen Begründung der in den Dichtungen des 14. Jh.'s sich noch so häufig bekämpfenden Betonungstendenzen mit gespanntester Erwartung entgegensehen.

Aus dem dritten über die Versarten und ihren Bau handelnden Abschnitte führe ich, so viel des Wichtigen in ihm enthalten ist, nur an, dass der Verf. das erste Beispiel des engl. heroischen Verses nicht, wie Schipper, in den beiden Liedern des Ms. Harl. 2253 (Böddeker W. L. XIV, G. L. XVIII), sondern in dem mittleren Theile des bekannten politischen Gedichtes: *L'en puet fere et defere* erkennt, dessen Abgesang mit drei Versen schliesst, 'die eine andere Auffassung kaum zulassen'. — Ferner möchte ich noch auf eine kleine Aeusserung auf S. 172 hinweisen, die leicht übersehen werden kann, die jedoch zu bedeutsam ist, als dass ich sie ganz mit Stillschweigen übergehen könnte. Sie bezieht sich auf die Entstehung der normalen me. Kurzzeile und geht uns daher besonders nahe. Es wird hier die Vermuthung ausgesprochen, dass dieser Vers entweder mittelbar (durch den französischen Achtsilber), vielleicht aber auch unmittelbar auf den lateinischen jambischen Dimeter zurück geht. Wenn ich diese Bemerkung mit der oben erwähnten vom Nebentone handelnden Stelle zusammenhalte, so will es mir scheinen, als ob eine gewisse metrische Frage bestimmt wäre, in nicht allzu ferner Zeit in eine neue Phase ihrer Entwicklung einzutreten. Und in der That ist es auch hohe Zeit, dass der alt- und mittelenglische Vierheber, der so lange von den Fachgenossen von oben herab behandelt oder, was noch schlimmer, gar nicht behandelt wurde, endlich einmal in das Stadium der Hoffähigkeit, das ist der allgemeineren Anerkennung trete. Allerdings ist leicht zu sehen, dass der Sieg der neuen Idee eine theilweise Umwälzung bezw. Umänderung der Metrik nicht nur, sondern der Literaturgeschichte, ja wahrscheinlich auch der Grammatik nach sich ziehen müsste, und wir finden deshalb die vornehme Scheu, mit welcher man bisher derselben aus dem Wege ging, vollkommen begreiflich, ja entschuldbar. Auf der anderen Seite wird jedoch, wie jeder zugeben muss, der sich mit der Frage eingehender beschäftigt hat, der Nutzen, den jene Wissenszweige aus dieser Umwälzung ziehen werden, ein so bedeutender sein, dass die Unsicherheit und Ungewissheit von ein paar Jahren gar nicht dagegen in Anschlag kommen kann.

Doch kehren wir zu unserer Anzeige zurück.

Das Buch schliesst mit der Behandlung des Reimes und der Strophe. Auch hier zeigt sich dieselbe Schärfe und Selbständigkeit des Urtheils, die sich in den übrigen Theilen des Buches, wie ja in allen Schriften des Verf.'s kundgibt. Der Verf. hält die Scheidung der -*ye* -*y*-Reime als Kennzeichen der Echtheit Chaucer'scher Dichtungen aufrecht und berichtigt und erweitert in den der Alliteration gewidmeten Paragraphen die Ergebnisse von Lindners Abhandlung. Ein, so viel ich sehe, vollständiges Wortregister zum Kapitel der Flexion beschliesst das Werkchen, zu dessen Lobe ich gern noch mehr sagen würde, wenn ich nicht fürchtete mich zu wiederholen. Sicher ist jedenfalls, und dies zu sagen sei mir noch gestattet, dass, was Chaucers Laut- und Formenlehre sowie seine Verskunst anlangt, wir nun endlich festen Boden unter unseren Füssen haben, den man auf lange Zeit hin nicht verlassen dürfen wird, ohne die gewichtigsten Gründe dafür vorzubringen.

Die äussere Ausstattung des Buches ist eine überaus saubere und geschmackvolle.

Für eine zweite Auflage führe ich folgende nicht berichtigte Versehen an: S. 35 Z. 8 v. u. st. Dichtes l. Dichters; S. 99 Z. 17 v. o. st. Lazamon l. Laȝamon; S. 171 Z. 12 v. u. st. *se* l. *she*; S. 202 Z. 8 v. o. st. *untoo* l. *unto*. S. 75 Z. 1 v. u. 'Ich für mich' anstatt unseres 'ich meinestheils' (Chaucer: *for me*) ist wohl das Produkt allzu eifriger Chaucer-Lektüre.

Münster, 17. Febr. 1885. Eugen Einenkel.

Steuerwald, Wilhelm, Lehrbuch der englischen Aussprache nebst Vokabular. Mit besonderer Berücksichtigung der Aussprache von Eigennamen. Anhang: Redensarten. Gedichte. Abkürzungen. München und Leipzig, R. Oldenbourg. 1883. XVI. 422 S. 8. M. 3.

Das Buch ist ein Zeugniss dafür, dass die Heranziehung der Phonetik für den praktischen Sprachunterricht immer allgemeiner wird.

Die lesenswerthe Vorrede, mit guten Argumenten für die phonetische Schulung, zeigt uns den didaktischen Plan des Verfassers. Zuerst werden auf 33 Seiten die Grundbegriffe der Lautlehre und ein Ueberblick über die einzelnen englischen Laute gegeben; diese sollen den Unterricht im Englischen eröffnen. Die folgenden Abschnitte (S. 34—107) geben die besonderen Regeln über Aussprache und Betonung und sollen parallel mit dem Unterrichte in der Grammatik durchgenommen werden. Den Haupttheil des Buches aber (S. 111—411) bildet ein nach Realien angeordnetes systematisches Vokabular und Eigennamen mit phonetischer Transscription, daran angeschlossen Sätze und Redensarten zur Verwerthung der Vokabel (nicht transscribirt); ein paar Gedichte und ein Verzeichniss der gebräuchlichsten Abkürzungen bilden den Schluss.

Es ist wohl zu glauben, dass ein derartig angeordnetes Buch sich mit Nutzen verwenden lassen wird. Im II. Theil wäre es vielleicht besser gewesen, der Verf. hätte in dem Verzeichnisse der "besonderen Regeln" gleich Vollständigkeit der Beispiele in zweifelhaften Fällen angestrebt, damit in der Hinsicht das Buch zugleich ein verlässliches Nachschlagework geworden wäre; selbst für wissenschaftliche Zwecke wäre eine solche Zusammenstellung dankenswerth gewesen, und es hätte sich hierbei nur um wenige Seiten mehr, die man anderswo hätte sparen können, gehandelt; so sollten z. B. in § 21 sämmtliche Fälle, in denen *a* nach *w* den *a*-Laut behält, oder in § 50 sämmtliche "Ausnahmen", in denen *g* vor *e*, *i* Verschlusslaut ist, angeführt werden.

Die Transscription ist nach Walker gegeben, und dies steht wohl im Zusammenhange damit, dass der Verf. überhaupt in manchen Punkten auf einem bereits veralteten Standpunkte steht; jedenfalls scheint er mehr aus den in Deutschland üblichen Wörterbüchern geschöpft, als die in England gesprochenen Laute der lebenden Sprache studirt zu haben; die einschlägigen phonetischen Werke hat er wohl nur wenig benutzt. Es enthalten seine Angaben daher im allgemeinen und im besonderen so viele Unrichtigkeiten, dass das in bester Absicht geschriebene Werk einer gründlichen Ueberarbeitung bedarf, um mit vollem Nutzen gebraucht zu werden. Hier nur wenige Belege dafür.

Vor allem herrscht über Wesen und Einwirkungen der *r*-Laute Verworrenheit (S. 9) und daraus entspringen mannigfache Irrthümer. *door* gilt (S. 11) als Beispiel für *ā* und *ē* unterscheidet der Verf. (S. 12) als langes und kurzes geschlossenes *e*; S. 14 sollte *transition* nicht mehr als Beispiel für tönende Aussprache des *ti* stehn; S. 23 begegnet der unglückliche Vergleich des *ā* mit *ä* im deutschen *hätte*; unrichtig ist ferner S. 24 und 37 die Erörterung über *a*, S. 25 die Angabe über *o* vor *r*, S. 26 das Zusammenwerfen des auslautenden *r* mit *u* in *hut*, S. 29 die Erklärung von *urh*. S. 35 die Angabe der Aussprache von *rather*. oder, um einige Seiten zu überschlagen, ist auf S. 49 der § 34 ganz vergrifflen, auf S. 50 die häufige Aussprache von *often* mit langem *ō* (Wortspiel mit *orphan*) zu notiren, S. 52 die Beispiele von *wo* + *r* + Consonant gesondert zu betrachten u. s. f.

Vielfach ist auch die Erklärung wenig exact; die wiederholten Bemerkungen „fast wie..." erinnern peinlich an die dilettantischen Angaben älterer Schulbücher. Um nur ein Beispiel zu nennen: S. 39 heisst es: „*were* (*wär* mit Annäherung an *ö*". Was heisst Annäherung und wie soll man sich diesen annähernden Laut vorstellen? Die Sache ist doch ganz klar: entweder *r*-abhängiges *e* (was Walker nngenau mit *ŭ* bezeichnet) — und das ist die gewöhnliche Londoner Aussprache — oder provinziell und schulmeisterlich derselbe Vokal wie in *where*. Ein Studium der Werke Sweet's, Sievers', Storm's, Trautmann's, Victor's würde den Verf. überzeugen, dass sich die allgemeinen und besonderen Regeln meist viel systematischer und methodischer geben liessen.

Auch dürfte es sich sehr empfehlen, die Walker'sche Transscription aufzugeben; denn selbst wenn sie genau wäre, werden sie Wenige für praktisch finden; der psychologische Process, der erforderlich

ist, um von der Nummer auf den Laut zu rathen, ist mindestens complicirt, zudem ist die einzige Gefahr, die ein Umschreiben in unsere deutschen Lautwerthe mit sich bringt, nämlich das Verwechseln der gewöhnlichen Orthographie mit der phonetischen Transscription im Gedächtnisse, auch bei Walker nicht vermieden; andererseits muss es störend wirken, wenn die ungenaue Verwendung eines Zeichens für verschiedene Laute, so z. B. ö, fort beibehalten wird, obwohl die Regel ja angeführt worden, dass *a* vor *-re* nicht *ei* lautet, u. dgl. m. Bei einer eventuellen neuen Auflage wäre also zu wünschen:
1. Verwerthung der Resultate der neueren Forschung in Bezug auf exacte Lauterklärung und selbstverständlich Beseitigung veralteter Angaben,
2. Vollständigkeit in der Aufzählung der „Ausnahmen" von den besonderen Regeln,
3. anstatt der Walker'schen eine wirklich phonetische Transscription.

Wien.   A. Schröer.

Satyre Ménippée. Kritisch revidirter Text mit Einleitung und erklärenden Anmerkungen von Josef Frank. Oppeln. Franck. 1884. C, 254 S. 8.

Auf die innerhalb des letzten Jahrzehnts in Frankreich erschienenen drei neuen Ausgaben der Satyre Ménippée folgt jetzt die vorliegende, als die erste mit deutscher Einleitung und deutschem Commentar versehene. Frank, der sich schon seit einer Reihe von Jahren mit der Ménippée beschäftigt hat, gibt zuerst eine gründliche, hie und da etwas breit ausgefallene historische Einleitung; es folgt eine Inhaltsangabe und Würdigung der Sat. Mén. und drittens eine Abhandlung über die Frage der Autorschaft und der Abfassungszeit. Letzterer Abschnitt, in welchem der Verf. im Wesentlichen die in den letzten Jahren von ihm erschienenen Aufsätze resümirt, bezeichnet einen bedeutenden Fortschritt in der Ménippéeforschung, sogar gegenüber den neuesten französischen Ausgaben. F. weist in überzeugender Weise nach, dass die aus der sog. Bethune'schen Hs. stammende, und von Charles Read 1878 veröffentlichte Redaction (l'Abbrégé et l'Ame des Estats) ihr ursprünglich ist und von dem Canonicus Leroy allein herrührt. Er macht es ferner sehr plausibel, dass der erste Theil, bis zu den Reden, unter dem Titel Le Catholicon d'Espagne, schon im Jahre 1593 gedruckt circulirt hat, während Manuscripte des Gesammtwerkes in jenem Jahre sicher bereits im Umlaufe waren. Wie wichtig dieser Nachweis für die politische Bedeutung der Ménippée ist, liegt auf der Hand. So lange man annehmen musste, ihre Abfassung resp. Veröffentlichung falle erst in das Jahr 1594, konnte man sie als einen „coup de grâce donné à la Ligue" bezeichnen, als einen dem schon am Boden liegenden Gegner ertheilten Fusstritt. War sie jedoch schon 1593 verfasst und unter das Publikum gebracht, so ist sie eine kühne Mannesthat gewesen, die sicher einen nicht unwesentlichen Einfluss auf die Entwicklung der Dinge bis zum Einzuge Heinrichs IV. in Paris ausgeübt hat. — Was den erweiterten herkömmlichen Text der Ménippée betrifft, welcher erst 1594 abgefasst worden sein kann, obwohl er irrthümlicher Weise das Datum 1593 trägt, so hält F., trotz der von Prof. Zvěřina in der Zs. f. nfrz. Spr. u. Lit. mehrfach gemachten Einwendungen, fest an der Tradition von der Mitwirkung Mehrerer — wie ich glaube, mit Unrecht. Mit Prof. Zvěřina halte ich in dieser Frage das Zeugniss d'Aubigné's für entscheidend.

Der Art und Weise, wie F. den Text sowie den Commentar behandelt hat, vermag ich leider nicht das gleiche Lob zu ertheilen, wie der sehr gediegenen Einleitung. Abgesehen davon, dass in dem einen wie in dem andern viel zu viel Druckfehler vorkommen, bin ich durchaus nicht damit einverstanden, dass der Text der Originalausgabe von 1594 (das benutzte Exemplar befindet sich in Wien) in der Orthographie und Interpunktion theilweise modernisirt worden ist, und zwar dem „nicht fachmännischen Leser" zu Liebe, für den die Ausgabe „in erster Linie" berechnet ist. Für denjenigen, der überhaupt die Ménippée zu verstehen im Stande ist, bietet auch die alte Orthographie, wie sie die neueren französischen Ausgaben geben, keine nennenswerthen Hindernisse.

Unter den zahlreichen Anmerkungen sind die steten Hinweise auf den Text primitif sehr dankenswerth. Es ist das etwas Neues. Marcilly, der einzige der bisherigen franz. Herausgeber der Ménippée, der in der Lage gewesen wäre, einen solchen Vergleich anzustellen, da seine Ausgabe nach der Read'schen erschienen ist, hat dies unterlassen, und es ist erfreulich, durch die vorliegende Ausgabe diese Lücke ausgefüllt zu sehen. In den sachlichen Erläuterungen verleugnet F. die Gründlichkeit nicht, von welcher die Einleitung Zeugniss ablegt; er macht dem Leser die Aufgabe leichter als dies sowohl Marcilly als Labitte gethan haben.

Von den grammatischen Bemerkungen sagt F., dass sie nicht im mindesten den Anspruch erheben, eine Grammatik des Französischen im 16. Jh. bieten zu wollen, sondern sie sollen nur dem minder unterrichteten Leser über einiges sprachlich Auffällige und Schwierige hinweg helfen. In der Auswahl dessen nun, was als sprachlich auffällig und schwierig einer Erklärung bedarf, hat F. nicht immer eine glückliche Hand gehabt. War es nöthig z. B., an drei verschiedenen Stellen (p. 7 N. 1, p. 49 N. 3 und p. 52 N. 1) auf den Gebrauch von *faire* als Ersatz für ein vorhergehendes Verbum aufmerksam zu machen? oder zwei Mal (p. 34 N. 3, p. 120 N. 1) auf die Anwendung von *dedans* als Praeposition, statt *dans*? Ersteres ist heute noch üblich, letzteres kommt noch tief bis ins 17. Jh. vor. Dass *si* in einem zweiten Conditionalsatz durch *que* mit dem Conjunctiv ersetzt werden kann, wie p. 75 N. 6 bemerkt wird, steht in jeder Schulgrammatik zu lesen. Wenn für nöthig befunden wird, Wendungen wie die folgenden: *hors de saison* (p. 12 N. 10), *il fait bon voir* (p. 7 N. 4), *aussitôt dit, aussitôt fait* (p. 16 N. 1), *et bien m'en prit* (p. 44 N. 6), *mourons, plutôt que d'en venir là* (p. 53 N. 10), *avoir le fond* (p. 90 N. 6) u. s. f. zu übersetzen, so fragt man sich unwillkürlich, für wen eigentlich diese Erklärungen gegeben werden; denn von einem

Leser der Ménippée, sei er fachmännisch gebildet oder nicht, darf man doch füglich voraussetzen, dass ihm die gewöhnlichen Wendungen des modernen Französischen sowohl wie die der Klassiker des 17. Jh.'s bekannt seien. Umgekehrt sind mehrfach Wendungen und Formen, die wirklich der älteren Sprache angehören, und meiner Ansicht nach einer Erklärung bedurft hätten, unerläutert geblieben.

Bedenklicher jedoch als derartige Missgriffe bei der Auswahl der zu erklärenden Erscheinungen ist der Umstand, dass bisweilen F. den Text selbst falsch verstanden hat. Ich greife einige Beispiele heraus. p. 58 N. 5 wird *justice à l'article de la mort* übersetzt mit: „ausser er läge im Sterben", statt: „selbst wenn er im Sterben läge". p. 75 N. 2 *Vous n'avez faulte que d'une bonne cheville pour vous y bien tenir* heisst nicht: „Ihnen läuft das Glück förmlich nach; Sie brauchen nur einen Pflock es festzuhalten"; sondern: „Sie brauchen nur einen Pflock um sich darauf festzuhalten", nämlich auf dem hohen Platz den Mayenne einnimmt. Zu p. 109: *le mariage est déjà accordé d'elle et de son cousin* wird bemerkt N. 5: „Im 16. Jh. steht *de* bei Passiven häufig für *par.*" *D'elle et de son cousin* sind einfach Genitive von *mariage* abhängig. In der unmittelbar darauf folgenden Stelle hat F. einige Worte des Textes unterdrückt, weil sie einen derben Ausfall auf *la maison d'Autriche* enthalten. Die Sache ist viel harmloser als F. augenscheinlich geglaubt hat; sonst hätte er sich nicht diesen Verstoss gegen die Pflichten eines Herausgebers eines klassischen Werkes zu Schulden kommen lassen. Marcilly's Erklärung trifft ganz das Richtige. — p. 101 N. 3 ist *passer* mit „durchsiehen" erklärt, es heisst hier „durchkommen". — p. 113 N. 7: *mais non pas à votre dévotion* heisst nicht: „aber nicht im Vertrauen auf Ihre Hingebung an seine Interessen", sondern: „aber nicht so, dass Sie unbedingt darüber verfügen können". — p. 125 N. 4. *Je les sale* se il lasse sie im Kothe erstieken! Sollte etwa eine Verwechslung von *saler* mit *salir* vorliegen? — p. 182 N. 2. *Cuida* = *coulut*. Es müsste heissen: = *pensa*, *faillit*; u. A. m.

Andererseits erkenne ich jedoch gerne an, dass die sprachlichen Bemerkungen hie und da Interessantes bieten, und ich meine damit wesentlich die Stellen, wo F. auf die enge Verwandtschaft zwischen der Sprache der Ménippéeautoren und derjenigen Rabelais' aufmerksam macht.

Basel, Februar 1885.   G. Soldan.

Römer, Ludwig. Die volksthümlichen Dichtungsarten der altprovenzalischen Lyrik.
(Ausgaben und Abhandlungen aus dem Gebiete der romanischen Philologie. Veröffentlicht von E. Stengel. XXVI.) Marburg, Elwert. 1884. 70 S. 8.

Der Verf. behandelt in seiner Arbeit die folgenden Dichtungsarten: 1. Alba, Gaita, Serena, 2. Romanze, 3. Pastorella, 4. Ballada und Dansa, 5. Retroensa, 6. Estampida, 7. Esclenessa, 8. Mandela. Daran schliesst sich als Anhang eine Untersuchung über die Cercamon zugeschriebenen Gedichte. Jedem Abschnitt geht die Angabe der einschlägigen Literatur voraus; es werden die der zu besprechenden Gattung angehörenden Gedichte aufgezählt, ihr Inhalt wird kurz angegeben, dann folgt eine eingehende Untersuchung des Metrums und des Strophenbaues.

Die Tagelieder werden in eigentliche und uneigentliche getheilt, zu den letzteren gehören die religiösen Albas und zwei Gedichte von Guiraut Riquier und Uc de la Bacalaria, in denen die Dichter den Morgen herbeisehnen, weil sie von der Geliebten getrennt sind. Unter den eigentlichen Tageliedern wird keine Scheidung vorgenommen, es wird nur S. 6 gesagt: „Ganz ebenso wie die lat.-prov. Alba erwähnen auch die übrigen anonym überlieferten Tagelieder den Wächter und seinen Morgenruf, führen ihn aber nicht redend ein." Hiedurch sollen doch wohl diese Albas zu denjenigen in Gegensatz gebracht werden, in denen der Wächter redend eingeführt wird. Aber nicht darauf kommt es an, ob der Wächter nur erwähnt wird oder redend auftritt, sondern darauf, ob er einfach als Verkündiger des Tages erscheint, oder in Beziehung zu den Liebenden, sei es als Feind oder als Freund, gebracht wird; vgl. Bartsch, Gesammelte Vorträge und Aufsätze S. 256. Dadurch wird das anonyme Tageliedfragment *Quan lo rossenhols escria* (B. Gr. 461, 203 von den anderen anonymen Albas getrennt, da hier aus dem Rufe des Wächters *dratz! al levar!* hervorgeht, dass er Vertrauter und Warner der Liebenden ist, was bei den anderen anonymen Albas nicht der Fall ist. Dieser Unterschied mag auch wohl dem Verf. bei dem Satze: „Die 'Gaita' hat sich allmählich aus der 'Alba' entwickelt, indem dem Wächter eine immer wichtigere Rolle eingeräumt wurde" vorgeschwebt haben, aber es fehlt die klare, deutliche Darlegung des Sachverhaltes. Ebenso vermisst man eine deutliche Erklärung, was der Verf. unter Gaita, was unter Alba versteht. Hat der eben angeführte Satz die von mir angenommene Bedeutung, so ergibt sich 1. Alba: der Wächter nur Verkündiger des Tages, 2. Gaita: der Wächter Beschirmer der Liebenden. Bartsch dagegen a. a. O. 265 nimmt an, es hätten bei den Provenzalen und bei den Altfranzosen wie bei den Deutschen Tagelieder bestanden, in denen sich der Wächter nicht fand, dieser sei erst später eingeführt. Dann ergibt sich 1. reines Tagelied, 2. Wächterlied, a. der Wächter als Verkündiger des Tages, b. der Wächter in Beziehung zu den Liebenden gebracht. Es ist jedoch hervorzuheben, dass ausser in der Doctrina de compondre dictats die Bezeichnung gaita sich nirgends findet, dass kein einziges Lied in den Hss. gaita genannt wird.
— Die metrischen Formeln (S. 10—12), so auch in den übrigen Abschnitten, sind, so weit ich sie habe vergleichen können, im Ganzen sorgfältig und genau; zu Cadenet 14 ist der Druckfehler d_5 in d_3 zu corrigiren; bei Gnir. de Born. 64 hätte angegeben werden müssen, dass wahrscheinlich eine Strophe am Schlusse fehlt (es sind coblas doblas, die letzte Str. steht allein, vgl. Bartsch a. a. O. 251); Peiro Espanhols 1 hat lauter Zehnsilbner, das Gedicht ist, wie R. richtig vermuthet, eine religiöse Alba; in 461, 99a wird der drittletzten Zeile eine Silbe zuzufügen und also c_5 statt c_7 zu setzen sein (cf. Ltbl. V, 238).

Aus der Reihe der als Pastorellen S. 25 aufgeführten Gedichte ist Garin d'Apchier zu streichen, das Gedicht hat mit einer Pastorelle nichts als die beiden Anfangsworte *L'autrier trobei* gemein; wieso es Maus. Peire Cardenals Strophenbau S. 75, auf den Römer S. 32 verweist, eine parodistische Pastorelle zu sein scheint, verstehe ich nicht. Guir. Born. 46 *Lo dous chan d'un auzel* würde ich lieber zu den Romanzen als zu den Pastorellen rechnen, desgleichen Zorzi 7. Zu 461. 200 ist zu bemerken, dass es in der Hs. als Ballada bezeichnet wird. — Von einigen der Pastorellen wird der Inhalt ausführlich, von anderen kurz, von einer grossen Zahl aber gar nicht angegeben. Es hätten aber sämmtliche Pastorellen auf ihren Inhalt untersucht, dann geordnet und gruppirt werden müssen. Eine solche Anordnung fehlt aber. Marcabru 29 hat nur die Einleitung einer Pastorelle, ist im übrigen aber ein Sirventes. Von diesem Gedicht handelt Römer § 48, die gleichartigen Gedichte Guir. de Born. 46 und Paulet de Marseille 6 werden aber erst § 52 besprochen. § 49 wird Gavauda 4 ausführlich analysirt: der Dichter trifft eine Hirtin, die er nicht vergeblich um ihre Liebe bittet. Im folgenden § werden dann die 3 Pastorellen von Gui d'Uisel besprochen, die einen ganz anderen Typus zeigen, von der Aussöhnung des Liebespaars und vom verlassenen Mädchen handeln. § 51 wird dann aber wieder auf § 49 zurückgegangen, und werden die Lieder besprochen, die denselben Typus wie Gavauda 4 zeigen. Ein anschauliches Bild von der prov. Pastorelle lässt sich aus diesem Abschnitte nicht gewinnen. — Die S. 29 gegebene Uebersetzung von Gui d'Uisel 13 Str. 5: „liebe Freundin, wenn es auch nie wieder einen Bittsteller gleich mir geben sollte", entspricht nicht dem prov. *bella, si anc jorn fos mia ses par d'autre prejador* und gibt keinen guten Sinn. Liegt vielleicht Textverderbnis vor? Ich möchte dann vorschlagen *ses part* zu lesen und übersetzen: Schöne, wenn ihr jemals die meine wart, ohne dass ein andrer Bittender Theil an Euch hatte, d. h. wenn ihr ganz die meine wart, so bitte ich jetzt doch um nichts als um Verzeihung. — Zu den metrischen Formeln sind einige Kleinigkeiten zu berichtigen. Bei Joyos de Tolosa (Nr. 5) wird nur ein mit ? versehenes Fragment der Formel angegeben und auf Maus Anhang verwiesen. Dort (Nr. 216) ist der Reim einer Zeile ausgefallen, die Silbenzahl ist nicht angegeben und der Reim b als männlich bezeichnet, während er weiblich ist. Die genaue Formel dieser sehr langen Pastorellenstrophe ist: $a, b_5' a, b_5' a, b_5' a, b_5' a, b_5' a, b_5' a, b_5' a, b_5' a, b_5' c_1 d_1 d_2 d_3 d_4 d_5 b_5' c_1 e_1 e_1 f_1 f_2 f_3 f_4 b_5'$. Die Reime wechseln mit jeder Strophe. — Nicht von dem unter 7) angeführten Gedichte Gui d'Uisel 13 ist in meiner Ausgabe des Guilh. Figueira S. 77 die metrische Formel angegeben, sondern von den unter 17) angeführten Gui d'Uisel 15. — In Joan Esteve 5 (Nr. 8) ist $b_4 = a_1 b_4$. — Von dem Nr. 12 angeführten Gedichte ist die Formel nicht richtig angegeben, vgl. Revue d. lang. rom. XXI. 57. — In Gavaudan 6 (Nr. 15) ist $d' = io$, nicht *ida*. — Nr. 22 sind die weiblichen Reime a b d durch Druckfehler als männlich hingestellt.

In dem Abschnitt über Ballada und Dansa vermisst man die Angabe, worin der Unterschied zwischen diesen beiden Gattungen besteht; für die spätere Zeit geben die Leys I, 350 diesen Unterschied an, sollte ein solcher für die frühere Zeit aus den uns erhaltenen Gedichten sich nicht sicher feststellen lassen, so musste das hervorgehoben werden. Es ist jedoch zu bemerken, dass von den 6 Gedichten, die Römer als echte Tanzlieder betrachtet (S. 35—36), 5 als Balladas theils im Gedichte selbst, theils in der Ueberschrift der Hs. bezeichnet werden; nur eins *Pres sui ses falhensa* wird von Bartsch Chr. ^{3}244 Dansa genannt; auch in der Handschrift? — Wenn R. die beiden anonymen Gedichte *Hucimais dons es aizos* und *Si non sevor dona gaja* ihres kunstmässigen Charakters wegen nicht unter die echten Tanzlieder aufnimmt (S. 37), so mussten auch 461. 73 *D'amor m'estera ben e gia* und 461, 166 *Mort m'an li senblan que ma domna fai* ausgeschieden werden, die, wie R. S. 40 selbst bemerkt, keineswegs volksthümlichen Inhalt haben, sondern sicher von höfischen Dichtern verfasst sind. Darum sehe ich auch gar nicht ein, warum die Tornada von 461. 166 „aller Wahrscheinlichkeit nach" unecht sein soll (S. 41). — Warum aber werden ausser den 6 als echte Tanzlieder bezeichneten Liedern die übrigen Balladas und Dansas nur so flüchtig berührt? Warum wird nicht auch ihr Strophenbau genau untersucht und das Gesetz der Leis über den Bau der Dansa angeführt? Warum bleibt die Dansa von Isnart d'Entrevenas „Del sonet d'En Blacatz" unerwähnt? Die Tanzlieder höfischer Dichter mussten mit demselben Recht ausführlich besprochen werden wie die Pastorellen und Albas des 13. Jh.'s. Zu der Ballada „Coindeta sui" bemerkt R. mit Recht, dass die 3. oder 4. Strophe unecht sein müsse, ob er aber mit seinem Besserungsvorschlag in Bezug auf den Text das Richtige getroffen, erscheint mir zweifelhaft.

Im 5. Abschnitt (S. 45—48) wird die Retroensa besprochen. Wir besitzen nur 4 Gedichte, die in den Hss. als Retroensas bezeichnet werden. Sie gehören sämmtlich einer späten Periode an (sie fallen zwischen 1270 und 1281), sind dem Inhalt nach Minnelieder und zeigen alle die Eigenthümlichkeit, dass die beiden Schlusszeilen der ersten Strophe als Refrainzeilen am Schlusse aller übrigen Strophen wiederkehren. Dazu stimmt die Definition der Doctrina de compondre dictats, nach welcher die Retroensa ein Liebeslied mit gleichem Refrain am Ende aller Strophen ist. Die Leys dagegen gestehen der Retroensa auch Sirventesinhalt zu und rechnen zu dieser Gattung nur solche Gedichte, deren Strophen alle am Schluss die gleiche Refrainzeile haben, sondern auch solche, in denen nur das gleiche Refrainwort am Schlusse jeder Strophe sich zeigt oder in denen als Endwort jedes Verses oder jedes zweiten oder jedes dritten Verses einer Strophe dasselbe Wort angewandt wird. Solche Strophen nennen sie coblas retronchadas (*retronchar = retroncar* nach Römer) und daher heisse ein Gedicht, das diese Strophen zeige Retroncha; die Form Retroensa kennen sie nicht. Römer sieht nun die Definition der Doctr. und Leys nicht als massgebend an, da sie auf falscher Etymologie beruhe und ihm die vier erhaltenen Gedichte höfische Nachahmungen zu sein scheinen, die den wirklichen Charakter dieser Gattung nicht mehr erkennen lassen. Auf die Frage: was nennt man nun „retroensa"? hat er keine Antwort. Aber ich meine doch, dass wenn wir vier Gedichte mit einem gleichen Namen finden und alle vier die gleiche Eigenthümlichkeit zeigen und ferner grade diese Eigenthümlichkeit von zwei Lehrbüchern als Charakteristikum der in Frage stehenden Gattung bezeichnet wird, daraus zur Evidenz hervorgeht, dass zu der Zeit der Abfassung jener Gedichte und Lehrbücher Gedichte mit jener Eigenthümlichkeit jener Gattung zugerechnet wurden, also für unsern Fall: in dem letzten Drittel des 13. Jh.'s und später nannte man Minnelieder mit Refrainzeilen am Schlusse jeder Strophe Retroensas. Ob dies auch für Sirventese schon zu der Zeit gilt, ist fraglich, da, wie bemerkt, die Doctrina nur die Liebe als Gegenstand der Retroensa erlaubt. Dieses Resultat bleibt bestehen, auch wenn sich die Doctr. und die Leys einer falschen Etymologie schuldig gemacht (wie entwickelt sich aber aus *retroensa* lautgesetzlich *retroncha* und genügt *retruncare* der Bedeutung nach als Etymon an der betreffenden Stelle der Leys?); rührt auch der Name retroncha nicht von dem Umstande her, dass die Strophen coblas retronchadas sind, so ist es doch das Charakteristikum der Gattung, dass sie Strophen mit Refrainzeilen hat, grade wie das Sirventes seinen Namen nicht dem Umstande verdankt, dass es sich meist den Strophenbaues und die Melodie eines anderen Liedes bedient, aber doch diese Nachahmung anderer Lieder eine Eigenthümlichkeit des Sirventes ist. Dass die vier erhaltenen Retroensas höfische Nachbildungen sind, ist möglich, aber nicht bewiesen. Es kann sein, dass Retroensa in früherer Zeit nicht dasselbe bezeichnete wie in dem letzten Drittel des 13. Jh.'s, wie ja auch die Definition der Leys beweist, dass man in der Mitte des 14. Jh.'s den Namen Retroensa auch auf Gedichte anwandte, die zur Zeit der Doctrina (wahrscheinlich Ende des 13. Jh.'s, cf. Romania VI, 354 u. 355) nicht so bezeichnet wurden. Doch bleibt das immer nur eine Hypothese. Ich stehe daher auch jetzt noch nicht an, Paulet de Marseille „*Aras qu'es lo gais pascors*" als Retroensa zu bezeichnen, um so mehr als Paulet, der noch 1268 dichtete (das in Frage stehende Lied fällt wahrscheinlich zwischen 1266—1276), ein Zeitgenosse von Guiraut Riquier war, dem Verf. dreier in der Hs. als solche bezeichneter Retroensas. Römer nennt das Gedicht eine Canzone mit 2 Refrainzeilen am Schlusse, aber ein solches Gedicht nannte man eben zu jener Zeit Retroensa.

Weniger sicher dagegen scheint es mir nach dem oben Gesagten, von Tomier, *De chantar farai* ebenfalls als Retroensa zu bezeichnen, denn es ist ein Sirventes und zwischen 1215—20 verfasst. Römer bezeichnet es als Esdemessa. Die Esdemessa behandelt R. S. 51—52. Gab es wirklich bei den Provenzalen eine Dichtungsart, die diesen Namen führte? Kein Gedicht wird in den Hss. mit diesem Namen bezeichnet, keines nennt sich selbst so, die Doctrina und die Leys erwähnen die Gattung nicht. In der That ist Esdemessa als Dichtungsart zu streichen; an den beiden Stellen, die unrichtig aufgefasst, zu der Annahme einer Dichtungsart Esdemessa verleiteten, bedeutet das Wort keine Liedergattung, sondern hat die Bedeutung „Anlauf, Anstrengung, Bemühung", *faire una esdemessa* einen Anlauf nehmen, sich anstrengen, wie schon Raynouard, der Lex. Rom. IV, 226 die beiden Stellen citirt, richtig angibt, = *effort, élan*. Die eine Stelle bei Albert de Lisieron lautet: *Sim donava s'amor la pros comtessa | Cill de Carret qu'es de pretz seignoressa | non faria per leis un' esdemessa.* Diez gab L. u. W. 453—5 eine Uebersetzung des Gedichtes und übersetzte diese Stelle irrthümlich: „wenn mich die edle Gräfin von Carret hätte, um ihrentwillen dichtete ich noch keine Esdemessa" und fügte in einer Anmerkung zu Esdemessa bei „eine leichte Liedergattung", indem er auf das gleich zu besprechende Gedicht von Tomier hinwies. Die Stelle bedeutet aber: „wenn die Gräfin mir ihre Liebe schenkte, so würde ich mich um ihretwillen nicht bemühen", wie es ein paar Strophen vorher heisst: es gibt keine Herzogin noch Königin, die ich, wenn sie mir ihre Liebe bewilligen wollte, darum ersuchen würde." Kalischer S. 40 Anm. und Bartsch Grdr. S. 39 sind dem Diez gefolgt, und auch Römer führt Tomier, *De chantar farai* als einziges Beispiel der Esdemessa an. Der Anfang des Gedichtes, das nur in der Hs. D erhalten ist, lautet: *De chantar farai Una demessa Que temps ven e rai E reman promessa*. *Esdemessa* statt *demessa* ist eine vortreffliche Correctur von Raynouard, durch die der Vers die ihm zukommende Silbenzahl erhält. Auch an dieser Stelle kann *esdemessa* unmöglich eine Liedergattung bedeuten; man könnte doch nicht sagen: *De chantar farai un sirventes* oder *una pastorella*. Die Stelle bedeutet: Ich werde einen Anlauf nehmen, ich werde mich anstrengen zu singen. — Das Wort *esdemessa* findet sich noch zwei Mal in der Bedeutung „Sprung", Flamenca 426 und Daude de Pradas 445; der Don. prov. übersetzt, wie auch R. anführt, *esdemetre* mit *assultum facere*. Eine Dichtungsart Esdemessa ist also bei den Provenzalen nicht nachgewiesen, und das Gedicht Tomiers ist, wenn man es wegen seines Sirventeseninhalts und der Zeit seiner Abfassung (Beginn des 13. Jh.'s) als Retroensa nicht gelten lassen will, einfach als Sirventes mit 2 Refrainzeilen am Schlusse jeder Strophe zu bezeichnen.

Freiburg i. B., Febr. 1885.   Emil Levy.

Mussafia, A., Mittheilungen aus romanischen Handschriften. I. Ein neapolitanisches Regimen sanitatis. Wien, Gerold. 1884. 122 S. 8. (= Sitzungsberichte der Wiener Akademie, phil.-hist. Klasse Bd. CVI S. 507—628.)

Dass Mussafia, dem die oberitalienische Dialektkunde so viel verdankt, sich nun auch den Mundarten des südlichen Italiens zuwendet, wird man mit Freuden begrüssen, und dass er die Zahl der alten festländischen Texte um einen weiteren vermehrt, ist um so angenehmer, als meines Wissens das bisher publicirte Material ziemlich spärlich ist. Aus der Stadt Neapel kenne ich ausser den in der

Collezione di tutti i poemi in lingua napolitana gedruckten aus älterer Zeit nur die Beschreibung Neapels durch Loise de Rosa im Arch. Stor. Nap. IV, 417—467, sowie die von M. herangezogene Uebersetzung des Cato im Propugn. XV², 320. Für das Regimen nimmt M. „neapolit. im weitern Sinne" in Anspruch; von den zwei Hss. ist A ziemlich genau neap., B weist nach Brindisi. Loise de Rosa (geb. 1385) schreibt ohne Zweifel im Stadtdialekt; es mag sich fragen, ob die Abweichungen des Regimen örtlich oder zeitlich sind. Es sind namentlich: *l* zu *n avtro* 18, *scauce* 19, *auto* 21, *cowcze* = *rolsi* (*roluit*) 43, *niuta* 44 u. s. w., davon im Reg. keine Spur; *pl* zu *chi chioppeto* 22. Reg. stets *pl*; letzteres könnte nur dann als Latinismus gefasst werden, wenn die Mittelstufe zwischen *chi* und *pl* *pi* wäre, nicht wenn sie *cl* ist. Der Umstand, dass *ullo* u. s. w. in keiner der in Betracht kommenden Untermundarten heute erhalten ist, spricht für erstere Wahrscheinlichkeit. — Dass die dem Text vorausgeschickte Lautlehre vortrefflich ist, braucht nicht erst bemerkt zu werden; besonders werthvoll wird sie dadurch, dass namentlich in den Anmerkungen auf das Verhältniss zu den andern Dialekten des ehemaligen Königreichs Neapel hingewiesen wird [1]. Bekanntlich wird in diesen Mundarten *ę* zu *i*, *ǫ* zu *u*, wenn *-i -u* folgte oder folgt; M. macht nun verschiedene Momente geltend, die dafür sprechen, dass im letzteren Falle die Form des Plurals den Singular könnte beeinflusst haben; dass es sich also nicht um eine lautliche, sondern um eine analogische Erscheinung handle, wenn man Sg. *nęʃ oʃu* Pl. *uʃę ose* sagt. Dann bliebe aber die Differenz *ioru iurę* (*flore floro*) unerklärt. Ohne die Frage entscheiden zu wollen, möchte ich darauf hinweisen, dass *-u* (Acc. Sg.), bei vokalischem Anlaut des folgenden Wortes *ụ*, anders wirken kann als *-ō, -us, -ud* (Neutr.), *-unt* (Verbum), deren drei letztere ihren Consonanten vielleicht erst verloren, nachdem *u* zu *ǫ* geworden war, oder wenigstens nicht mehr zu *ụ* werden und wie *ụ* wirken konnte. — Auf die Formenlehre folgt noch eine Metrik. Zu den hyperkatalektischen Hemistichen gehört wohl noch 662 *in onne modo te veto*. Gern hätte ich hier eine Bemerkung über *ci = est* gesehen. In Vers 49, 255, 327 ist es zweisilbig gemessen, an den übrigen Stellen einsilbig; ebenso ist *fui* stets einsilbig ausser 131, wo es in der Caesur steht und 397, wo M. selbst *fuci* lesen möchte; ist das *-i* in *ei* ein vokalischer Nachklang, dann dürfte es doch kaum als ganze Silbe zählen, wenn es nach Analogie der *-i* in den übrigen Verben 2. Conj. angehängt ist, so sollte man stets *cī* erwarten; es ist wohl gestattet *esti* in den drei Fällen einzuführen. Dem auch sachlich nicht uninteressanten Texte (Gesundheitsregeln) folgen Anmerkungen, die theils Varianten der Hs. B, theils

Erklärungen und Besprechungen schwieriger Stellen enthalten. Ich mache namentlich auf das zu Vers 100 bemerkte aufmerksam, wo zu den zahlreichen von Caix, Studi Nr. 23 gesammelten Zusammensetzungen eines conjunctiven Adverbiums oder Pronomens mit *relles* (von denen kürzlich *corelle* sehr mit Unrecht getrennt wurde) noch mehrere aus alter und neuer Zeit gebracht werden. Ein vollständiger Wortindex ist bei einem derartigen Denkmal eine willkommene Beigabe.

Zürich, 18. Januar 1885. W. Meyer.

Miscellanea Dantesca [ed. Lodovico Frati]. Alla libreria Dante in Firenze MDCCCLXXXIV. Num. 8. Impresso in Prato nella tipografia Giachetti, figlio e C. pag. 1—46.

Das Büchlein bringt nach einer Einleitung (p. 3—18), welche namentlich einschlägige bibliographische Nachweise liefert, zunächst aus einem cod. ambros. 25 erklärende Sonette zu dem Inferno Dantes von Mino di Vanni d'Arezzo, demselben, der auch zu den 3 Cantiche der divina commedia eine Inhaltsangabe in Terzinen geschrieben hat. Der Hrsg. ist sich wohl bewusst, dass diese Dichtungen ihre Veröffentlichung nicht etwa wegen dichterischer Schönheit verdienen; sie scheinen ihm aber interessant als Beleg dafür, was die Zeitgenossen Dantes über die göttliche Komödie dachten und wie sie ihre hauptsächlichen Allegorien verstanden und erklärten. Mino schliesst sich im Allgemeinen den ältesten Interpreten an. Es folgt eine Inhaltsangabe der zwei ersten Cantiche der div. com. von einem unbekannten Verfasser aus einem cod. der Biblioteca Gambalunga in Rimini, ebenso nüchtern und trocken, wie alle ähnlichen bereits bekannten Produkte. Zum Schluss lesen wir die auf Dante's Grabmal in Ravenna befindlichen lateinischen Verse, von denen nicht gesagt wird, woher sie entlehnt sind, ob von dem Grabmal selbst, oder aus einem cod. und gleichfalls in lat. Hexametern (Einl. p. 18 steht versehentlich *distici*): „Carmina magistri Bencenuti de Imola in laudem clarissimi poetae Dantis."

Ueber das bei der Publikation befolgte Verfahren hat sich der Hrsg. nicht ausgesprochen; p. 18 sagt er nur von der Inhaltsangabe in Terzinen, dass er sie nach der Lesart und genau nach der Schreibart des cod. rim. abdrucken wolle. Punkte und Kommata sind gesetzt und die Wörter richtig abgetrennt; die Verse sind aber nicht auf das richtige Mass gebracht. Es liessen sich manche Correcturen einführen, die jedoch bei derartigen Produktionen kaum einen Zweck haben würden.

Weshalb liest der Hrsg. p. 20 in II *fur*, während der cod. *fuor* hat? Letztere Form, die ganz richtig, wird doch p. 21 in V, p. 24 in XI etc. geduldet.

— Auffällig ist die mannigfache Verschiedenheit der p. 14 citirten Verse des Sonettes XI in Schreib- und Lesart von denselben p. 24. — Sollte p. 35 *umeri*, welches der Hrsg. ändern will, nicht ganz richtig sein, nämlich = *amari* (= *amarius* wie *clero* aus *clarius*; cf. Gaspary, Sic. Dichterschule

---

[1] Zu der Uebersetzung von Rusius Trattato di Mascalzia bemerkt M.: „Die Sprache soll nach dem Herausgeber siciliansch sein, ist bis eher gemeint, als den südlichen Festlande zuzuweisen." Vortonig *o, u, o, u* = *u*ḷ *e, e, i* = *r*, anlautend *c = g*, *ld = ll, ḷḍ* bewahrt Rusius sich, ganz abgesehen von den alten südlichen Mundarten gemeinsamen Zügen, in der Gegend von Chieti (Abruzzo Citeriore) wieder. Teramo scheint ausgeschlossen, da dort *nl ne mp = nḍ ng* nach Savini, nicht nach Papanti. Allerdings ist dieses negative Factum nicht massgebend.

p. 214 o.). *Centauri ameri* wären also solche, die bittres Leid bereiten.

Ludwigslust, 19. Febr. 1885. Berthold Wiese.

Marino Jonata agnonese. El Giardeno, poema del sec. XV. Tesi di Laurea di Ettari Francesco. Napoli, Morano. 1885. Estratto dal Giornale Napoletano di filosofia e lettere, vol. IX fasc. 32 33. 71 S. 8.

Ettari hat gewiss ein Recht auf unsern Dank für die Veröffentlichung des oben verzeichneten Gedichtes „El Giardeno", in welchem wir eine Nachahmung der „Divina Commedia", verfasst von einem aus Agnone gebürtigen Dichter des 15. Jh.'s kennen lernen. Zu gleicher Zeit können wir jedoch nicht umhin einzugestehen, dass es sich um eine recht unbedeutende Erscheinung handelt, deren Bekanntschaft E. uns vermittelt, und dass wir in keiner Weise seinen Enthusiasmus für das von ihm publicirte Gedicht zu theilen vermögen. Wir können in demselben nichts weiter als eine traurige und dürftige Nachahmung eines grossen Werkes erblicken, deren Verfasser kaum Sprache und Form, geschweige denn den geistigen Gehalt desselben zu versteh n befähigt war. Auch unser Dichter nahm Theil an jener allgemeinen Bewunderung, welche Dante's Divina Commedia gleich von Anfang an in so hohem Masse in ganz Italien erweckte, und, wie so viele andere, wollte auch er irgend etwas Ähnliches zu Stande bringen. Allein was er zu Stande brachte, war weiter nichts als eine formlose und plumpe Anhäufung von theologischen, allegorischen, moralischen Erörterungen, die meist albern und einfältig an sich, zudem in einer Sprache vorgetragen werden, welche der Dichter in vielen Fällen nur ganz oberflächlich und äusserlich verstand und welcher er ausserdem noch eine Reihe Wörter seines eigenen heimischen Dialektes beigemischt hat in einer äusserst ungeschickten Weise und ohne auch nur im geringsten ein Ohr für Rhythmus und Harmonie zu zeigen, in Folge dessen seine Elfsilbler in ganz lächerlicher Weise bald Silben zu viel, bald Silben zu wenig aufweisen. Als Proben der Sprache des Autors mögen folgende Stellen dienen. S. 44: *Tal el Gipso senza far oltro mento*; ib.: *... principi duchi e baroni | che l'universo chero in armadura*; S. 45: *dal casso in giù no vento se mirava*; ib.: *(la fede) la qual in brutezza se uno mosso*. Trotz alledem haben solche Publikationen, wie die vorliegende, ihren Werth, und der Forscher kann mancherlei daraus lernen. So bietet der Text dem Sprachforscher eine Nachlese dialektischer Formen, der Historiker findet einige geschichtliche Digressionen; so wird z. B. gehandelt *de la perdita di Costantinopole presa dal Turco et de la crudelità li operata; ferner de certe comete, et del terremoto, et de alcuni signi, et pronostice; — del Re Ferdinando et de Augione; — esclamation contro Cristian che non procede contra Turchi* etc. Allein all das erfordert die Lektüre von 106 Canti des Marino Jonata!

Es dürfte nach dem Bemerkten wohl ausser jedem Zweifel stehn, dass das Gedicht sehr wenig Werth hat, und ich kann es daher nicht recht begreifen, wenn Ettari u. a. behauptet, dass Marino Jonata einen Sannazzaro überrage, dass seine Sprache lebhaft und rein sei und der ital. Literatursprache nicht nachstehe u. s. w. Die sieben Canti, welche Ettari von dem Gedichte veröffentlicht hat (und welche er — nebenbei bemerkt — etwas besser hätte drucken können) dürften hinreichen, um meine zu Ettari's Bewunderung in völligem Gegensatz befindliche Beurtheilung des Gedichtes zu rechtfertigen, ein Urtheil, welches auch darin seine Bestätigung findet, dass der 'Giardeno' dem Verfasser obiger These im Ganzen nur recht kärglichen Stoff zu Erörterungen bot.

Ausser dieser, wie ich glaube, falschen Beurtheilung des Werthes von Marino Jonata's Werk könnte man noch manche weitern Mängel in Ettari's Dissertation constatiren, Mängel, welche jedoch verzeihlich erscheinen, weil es — so weit mir bekannt ist — das erste Mal ist, dass der Verf. Fragen behandelt, für deren Erörterung eben Erfahrung und sichere Methode die ersten Erfordernisse sind. Daher kommt es, dass E. den Dingen oft ganz falsche Bedeutung beimisst, so z. B. wo er in breiter Weise Stellen Andrer citirt, welche sich auf den „Giardeno" beziehn und die natürlich alle dasselbe besagen. Daher erklärt sich auch die Weitschweifigkeit des Verfassers, wo es sich um Erörterung ganz evidenter oder längst erkannter Thatsachen handelt, so z. B. wenn er den Nachweis führt, dass das Neapolitanische Manuscript aus der Feder des Jonata stamme, dass der Giardeno eine Nachahmung von Dante's Commedia ist etc. Diejenigen, welche sich mit einem nur kurzen Hinweis auf das Gedicht begnügten, haben doch auch bemerkt, dass es eine Nachahmung der D. C. sei; ich begreife daher nicht recht, wie E. dazu kommt am Schluss seiner Besprechung dieser Frage zu sagen: „l'imitazione dunque della Commedia parmi un fatto abbastanza patente.... dopo tutto quello di cui s'è discorso finora". Die weitläufigen vergleichenden Zusammenstellungen aus den ersten Gesange der beiden Gedichte konnten dem Leser billigerweise erspart bleiben; die Verse Marino Jonata's erscheinen fast immer als blosse Reminiscenzen derjenigen Dante Alighieri's; Dantesche Luft (aber Stickstoff, nicht Sauerstoff) weht uns so sehr aus allen Theilen des Gedichtes entgegen, dass die Zusammenstellung von noch so vielen Parallelstellen aus beiden Werken immer nur einen schwachen Begriff von dem Masse der Nachahmung zu geben im Stande sein wird. Hoffentlich stellt sich Ettari dies Mass der Nachahmung nicht so gering vor, wie man auf Grund der Zusammenstellungen und des Vergleichs, den er zwischen Dante und Marino Jonata vorzunehmen sich erlaubt, zu vermuthen geneigt ist. — Unnütz weitschweifig sind auch Ettari's Erörterungen über die Nachkommen des Jonata: diese Notizen, mit Ausnahme derjenigen über die Söhne des Dichters, haben verhältnissmässig zu wenig Interesse, um dem Raum zu rechtfertigen, welchen sie einnehmen. Das, was Ettari dann auf Grund der Handschrift über das Leben Marino Jonata's selbst berichtet, konnte auch mit vieles kürzer gefasst werden; es hat keinen Nutzen, die dunklen Verse des Gedichtes zu citiren, wo die Stellen des lateinischen Commentars deutliche und bestimmte Auskunft geben; zudem hätten wir gewünscht, dass die Bemerkungen über die Erziehung und Bildung Jonata's statt unmittelbar vor der Notiz über seinen Tod eine Stelle weiter oben angewiesen erhalten hätten.

Ettari gibt dann einige Erörterungen über die Verskunst Marino Jonata's. Er gesteht zu, dass die Verse des Dichters roh gebaut sind, aber doch meint er: „ve ne sono de' bellissimi", z. B. *Como quillny che da turoni è morso | da vespe da moscuni e serpentelli.* In der Furcht, dass der Leser sich otwa eine zu schlechte Vorstellung von den übrigen Versen der 106 Canti meines Dichters mache, würde ich doch nicht so weit gegangen sein, Verse als „bellissimi" zu bezeichnen, denen doch eigentlich nur das nachzurühmen ist, dass sie dem Begriff „Vers" wenigstens äusserlich Genüge thun.

Was endlich die Sprache anlangt, in welcher der „Giardeno" geschrieben ist, so spricht sich der Verf. über diesen Punkt nicht mit der wünschenswerthen Deutlichkeit aus. Er sagt: „Jonata scrive in lingua italiana, con tinta meridionale, con impronta del sec. XV, col distintivo del dialetto del suo paese." Wir sprechen zum Schluss den Wunsch und die Hoffnung aus, dass der noch junge Gelehrte bei gehöriger Vertiefung seiner Studien, vor allem auch der linguistischen, lernen möge, an die Behandlung wissenschaftlicher Fragen auf der einen Seite mit mehr Vorsicht, auf der andern mit weniger Enthusiasmus heranzutreten.

Breslau, März 1885. N. Zingarelli.

Morel-Fatio, Alfred, La Comedia Espagnole du 17. siècle. Cours de langues et littératures de l'Europe Méridionale au Collège de France. Leçon d'Ouverture. Paris, Vieweg. 1885. 40 S. 8.

In dieser kleinen Schrift entwirft der als Nachfolger Paul Meyers an das Collège de France berufene ausgezeichnete Kenner der spanischen Literatur in kurzen prägnanten Zügen ein ansprechendes Bild von dem Wesen des span. Dramas im 17. Jahrhundert. Mit Recht stellt er Lope de Vega, den eigentlichen Begründer dieser Dichtung als Typus in den Mittelpunkt seiner Darstellung, welche durch so manchen originellen Gedanken selbst das Interesse des Fachmannes erregen dürfte. So weit es sich um das span. Drama selbst handelt, muss man dem Verf. durchweg beipflichten. Was jedoch das Verhältniss dieses Dramas zu dem andrer Nationen betrifft — worüber sich derselbe gleichfalls äussert — sowie einzelne Bemerkungen über das französische und englische Theater, so wird sich, wenigstens ausserhalb Frankreichs, vielfach Widerspruch dagegen erheben. Es ist hier nicht der Platz auf Einzelheiten einzugehen, die dieser Besprechung den Umfang einer Abhandlung verleihen würden; doch kann ich mich nicht enthalten, einen Punkt zu berühren: Morel-Fatio erwähnt nämlich, dass unter den neueren Völkern die Italiener und Deutschen wohl eine dramatische Literatur, ein wirkliches Theater gehabt haben, „un théâtre — so erklärt er das Wort — .... qui d'un commun accord soit considéré comme lui (der Nation) appartenant en propre et comme représentant d'une façon éminente son génie. — Une scène nationale .... des passions tragiques, des travers et des vices capables d'émouvoir ...... la société tout entière; und, fügt er hinzu: il est nécessaire que le drame .... trouve une forme originale ... qu'elle se fasse accepter par le plus grand nombre etc. Damit hat es gewiss seine Richtigkeit. Aber der Verf. sagt ferner, ein Theater in diesem Sinne sei nur Frankreich und Spanien eigen gewesen und England nicht, denn „un seul nom resume tout .... qui dit théâtre anglais dit Shaksp. ...; cette école, cette tradition, cette forme unique et continue que d'autres peuvent montrer, les Anglais ne l'ont pas. Shaksp. n'a rien imposé à ses successeurs qui ne l'ont pas imité. .... ce n'est pas (le théâtre de Sh.) un organe essentiel, une manifestation générale et indéfiniment prolongée de la litter. nationale." Hierauf liesse sich viel, sehr viel erwidern, doch ich will mich kurz fassen. Das spanische Theater entwickelte sich durchaus volksthümlich aus der alten Mysterienbühne und den Romanzen. Es besteht ein inniger Zusammenhang zwischen dem 17. Jh. und früheren Zeiten. Fremde Einflüsse — antikes und ital. Drama — haben sich wenig nachhaltend auf seine Form geltend gemacht und fast gar nicht auf den Inhalt, welcher „d'une façon éminente" die „société entière" jener Tage abspiegelt. Genau dasselbe gilt vom englischen Theater. Auch bei diesen ging von den Mysteries, Moralities, den Chroniken, Balladen etc. eine wahrhaft volksthümliche Bühne aus. Fremdes, wie z. B. ital. oder span. Material wurde derart assimilirt, dass alle Spuren der Quelle verschwunden. In den vielen dramatischen Erzeugnissen von Marlowe an bis Shirley kommt vielleicht in noch höherem Grade als im spanischen Drama der Volksgeist zum Ausdruck. Die Form dieses Dramas „originale unique et continue" gleich der spanischen ist dieselbe bei Shaksp, wie bei den übrigen zahlreichen Dichtern, wovon ich hier nur die grossen Namen Marlowe, B. Jonson, Beaumont und Fletcher, Chapman, Dekker, Webster Ford, Massinger, Heywood und Shirley nenne, unter welchen mancher Corneille kühn an die Seite gesetzt werden darf. Dem spanischen wie englischen Theater sind besonders noch die vaterländischen Stoffe eigen. Bezüglich des engl. Theaters befindet sich also Morel-Fatio entschieden im Irrthum. — Wie sieht es nun mit der franz. tragédie classique aus — dem hauptsächlichen für diese nimmt der Verf. den Ruhm eines originellen franz. Theaters in Anspruch —? Ausgegangen im 16. Jh. von Nachbildungen des Seneca und des ital. Dramas wurde sie in Form und meist im Inhalt antik. Die Bestrebungen, sie den modernen Verhältnissen anzupassen, machten jedoch ein Zwitterding aus ihr, das nicht modern und nicht antik war. Eingeschnürt in missverstandene Regeln, verzichtete sie auf die wirkungsvollsten Mittel. Nationale Stoffe waren ihr verpönt, das klassische Alterthum und der ferne Orient waren ihre Lieblingsthemata. Durch Racine wurde sie zum Hof- und Salonstück. Wo blieb da das Volksthümliche, „capable d'émouvoir la société tout entière"? Wohl dauerte ihre Herrschaft lange und dehnte sich — in Folge politischer und socialer Verhältnisse — über ganz Europa aus, aber welches sind ausser Corneille, Racine und dem bereits von fremden Einflüssen beherrschten Voltaire ihre bedeutenden Vertreter? — Ich für meine Person wäre der letzte, die glänzenden Eigenschaften der beiden grossen französischen Tragiker zu verkennen. Aber der Begriff théâtre, wie ihn Morel-Fatio auffasst, scheint mir nicht ganz auf sie und ihre Nachfolger zu passen, wenigstens weitaus nicht in dem Masse, wie auf das englische und spanische Theater.

Nürnberg, Februar 1885. Stiefel.

Instruction für den Unterricht an den Gymnasien in Oesterreich. Wien, Pichler's Witwe & Sohn. 1884. 416 S. 8.

Aus dieser der Verordnung des österreichischen Ministers für Cultus und Unterricht vom 26. Mai d. J. betr. mehrere Abänderungen des Lehrplanes der Gymnasien u. s. w. beigegebenen Instructionen theilen wir mit, was für die Leser dieser Blätter von Interesse sein kann.[1] Wir schicken voraus, dass das österreichische Gymnasium acht Klassen umfasst, wovon vier das Untergymnasium bilden, dessen Unterricht einen elementaren Charakter trägt, die andern vier das Obergymnasium, welches eine mehr wissenschaftliche Tendenz verfolgt. Moderne Fremdsprachen erscheinen in diesem für die deutsch redenden Landestheile entworfenen Lehrplan nicht. Die wöchentlichen Stundenzahlen durch die acht Klassen hindurch sind für Latein 8, 8, 6, 6; 6, 6, 5, 5, für Griechisch 0, 0, 5, 4; 5, 5, 4, 5, für Deutsch 4, 4, 3, 3; 3, 3, 3, 3.

Die deutsche Grammatik soll schon im Untergymnasium systematisch aufgebaut werden, sich jedoch ergänzend ans Lateinische anschliessen; beide Fächer werden dem nämlichen Lehrer zugewiesen. Die 1. und 2. Klasse ertheilen einen elementaren, die 3. und 4. einen mehr wissenschaftlichen Unterricht. Die Haupttypen der Deklination und Conjugation müssen fest eingeprägt werden; vollständige tabellarische Kenntniss der gesammten Flexion ist nicht erforderlich. Bei der Behandlung des Adjectivums sind die Bezeichnungen „pronominale und substantivische Deklination" einzuführen. In Klasse 3. und 4. folgt der Unterricht weniger mehr dem Lateinischen als „seinen eignen Bedürfnissen". Auch die ganze Syntax gehört in den Lehrplan dieser Schuljahre, überdies Prosodik und Metrik in grundlegender Behandlung; „es erfolgt kein systematischer Aufbau dieser Gebiete mehr". — Die Lektüre verfolgt wesentlich nicht reale, sondern stilistisch formale und ethische Zwecke. Bemerkenswerth ist, dass auch häusliche Präparation für die Lesestücke gefordert wird, selbst schriftliche. — Die schriftlichen Arbeiten sind anfänglich orthographische Dictate, bald aber und zwar schon in der 1. Klasse Aufsätze erzählenden und beschreibenden Inhalts. In der 3. und 4. Klasse treten Schilderungen und Vergleichungen.

[1] Vgl. Lbl. 1883 Nr. 2.

Inhaltsangaben über gelesene lateinische Texte und Uebersetzungen solcher hinzu.

Das Obergymnasium vertieft die grammatischen Kenntnisse der Schüler in Klasse 5 und 6. Mittelhochdeutsch und Althochdeutsch sind aus dem Lehrplan des österreichischen Gymnasiums überhaupt ausgeschlossen. Doch hat die 6. Klasse über das Verhältniss der deutschen Sprache zu den verwandten zu orientiren, wobei das Gesetz der Lautverschiebung anschaulich zu machen ist. „Von dieser Grundlage geht dann der literar-historische Unterricht aus." Der grammatische Unterricht selbst bleibt auf dem Boden des Neuhochdeutschen und behandelt ferner Formassociationen, Formmischung, Differenzirung und Polirung von grammatischen Formen u. s. w. Zur Orientirung über diese Dinge werden die Lehrer auf H. Paul's „Principien der Sprachgeschichte" verwiesen. — Die Lektüre wird zur anschaulichen Gestaltung einer poetischen Stillehre benützt, welche auch die älteren Repräsentanten der betreffenden Gattungen, besonders aber die alten Epen herbeizieht. Präparation und Führung von Notatenheften wird auch hier gefordert. Nach dieser Vorbereitung beginnt Klasse 6 die Literaturgeschichte, aber in rein historischer, nicht in ästhetisirender Behandlung. In 8—10 Wochen gelangt man von Vulfila bis ins 18. Jahrhundert; Lektüre von Klopstock und Lessing, auch Privatlektüre, schliessen das Jahrespensum ab. Die beiden letzten Klassen setzen diese Lektüre bis zu den Romantikern fort, auch Shakespeare findet hier eine Stelle. — Redeübungen, welche in der 7. Klasse beginnen, schliessen sich im Stoffe der Privatlektüre an. — Die Themata der schriftlichen Arbeiten werden aus den Schulklassikern oder aus der inneren und äusseren Erfahrung der Schüler geschöpft. Historische und literar-historische Themata werden abgelehnt; sie sind „von geringem bildenden Werth; denn ihr Stoff ist vollständig gegeben". Die Besprechung des Themas soll den Schüler bis zu dem Punkte führen, „von dem aus mit Nothwendigkeit dieses und jenes stoffliche Detail für das Thema sich ergibt". Dispositionen können erst dann entworfen werden, wenn der Schüler schon an die „ausführliche Concipirung" gewöhnt ist; „sonst entstehen schattenhafte, inhaltslose Dispositionen".

Karlsruhe, [10. Nov. 1884]. E. v. Sallwürk.

Zeitschriften.

Archivio per lo studio delle tradizioni popolari IV, 1: F. Novati, Madonna Polisiola. — Ch. Nerucci, Il Giuoco del calcio. — St. Prato, L'Apologo di Menenio Agrippa: Le membra ribellato allo stomaco nelle varie redazioni stranieri. — M. Placucci, Usi e pregiudizi de' Contadini della Romagna: VIII. Dei pregiudizi sulla economia domestica. IX. Dei malefizi; Dei diversi usi in generale. — G. Pinoli, Medicina popolare nel Canavese. — H. C. Coote, Il Vampirismo in Bretagna. — E. Bellabarba, Filologia delle voci infantili. — M. Di Martino, Tesori incantati. — G. Vallo, Spigolature demografiche siciliane di Butera. — G. Di Giovanni, Origine di alcuni proverbi: motti e modi proverbiali castelterminesi. — A. T. Pires, Cantigas a S. João recolhidas da tradição oral, na provincia do Alemtejo. — G. Ferraro, Botanica popolare di Carpeneto d'Acqui. — Miscellanea: C. Musatti, Il Vangaggio delle scoasanti nella bocca del popolo. — L'Ascensione in Roma. — Il Latte delle puerpere e delle balie in Piemonte.

Lombardia, Bologna. — La Portella delle Croci nell'isola di Stromboli. — Una canzonetta infantile milanese. — La festa di S. Raffaele Arcangelo in Napoli.
Giambattista Basile II. 10. 11. 12: C. Pascal, Il libro del dialetto napoletano di Ferdinando Galiani. — V. Simonelli, Canti popolari sorani, nn. CLXXIX—CCXIX. — Cenni storici e filologici intorno a Canosa e dialetto canosino. — Scherillo, Storia di Cambriano contadino. — E. Melillo, Canti del popolo di Campobasso XV—XXIV. — G. Amalfi, 'O cunto d' 'amica fercie. — Ders., 'O cunto d' 'a bella Viola. — V. Caravelli, 'A ruinanza d' 'a scala 'i vita.

Melusine II, 14: P. Bouche, Contes Nagos (Forts.). — Gaspard Decurtins, Etudes sur la Rhétie. — V. Laurent et N. Haillant, Les Ventes d'amour. — L. F. Sauvé, Les villes englouties. — Les Noyés (Forts.). — Oblations à la Mer et présages (Forts.).

Boletin Folklórico Español. Revista Quincenal. Director Alejandro Guichot y Sierra. Sevilla, calle Teodosio, 61. Jährlich 8 Pesetas. I, 1—7. 1: A los folkloristas españoles, por la Direccion. — Terminologia folklórica, por D. Antonio Machado y Alvarez. — El Folk-Lore Español (Bases), por D. Antonio Machado y Alvarez. — El agua del mar en las supersticiones y creencias populares, por D. Alejandro Guichot. — Seccion de Movimiento y Noticias. — Cuestionario para recoger los materiales folklóricos relativos al mar, por D. A. G. — Folk-Lore Vasco-Navarro. — Seccion Bibliográfica, por D. A. G. — 2: Terminologia folklórica, por Mr. Alfredo Nutt. — Interrogatorio de Botánica popular, por D. Máximo Laguna. — Interrogatorio para el Calendario popular, por D. Luis Romero y Espinosa. — El agua del mar en las supersticiones y creencias populares, por D. A. G. — Por qué es salada el agua del mar, por D. Eugenio de Olavarría y Huarte. — Seccion Bibliográfica, por D. A. G. — Seccion do Movimiento y Noticias. — 3: Terminologia del Folk-Lore, por Mr. E. Sidney Hartland. — Instrucciones para las Sociedades Regionales, por don A. G. — Proyecto de Cuestionario del Folk-Lore Canario, por D. Juan Bethencourt Alfonso. — Supersticiones y creencias relativas al cólera de 1884 y á los terremotos de 1884 y 1885, por D. Alejandro Guichot. — Seccion de Movimiento y Noticias. — 4: Terminologia del Folk-Lore, por los señores Wake, Wheatley y Gomme. — Instrucciones para las Sociedades Regionales (continuacion), por D. Alejandro Guichot. — Supersticiones populares de Asturias en dos causas criminales, por D. Fermin Canella Secades. — El Marico, por Micrófilo. — Proyecto de Cuestionario del Folk-Lore Canario (conclusion) por D. Juan Bethencourt Alfonso. — Seccion de Organizacion: Folk-Lore Balear y Basco-Nabarro. — El Folk-Lore Basco-Nabarro en Alaba, por D. Ricardo Becerro de Bengoa. — 5: Catálogo de los cuentos populares, por D. Antonio Machado y Alvarez. — Instrucciones para las Sociedades Regionales (continuacion), por D. Alejandro Guichot. — Seccion de Organizacion: Folk-Lore Society. — El Folk-Lore Basco-Nabarro en Alaba (conclusion), por D. Ricardo Becerro de Bengoa. — Bibliografía, por D. Eugenio de Olavarría y Huarte, D. Sergio Hernandez de Soto y D. A. Guichot. — Seccion de Movimiento y Noticias. — Correspondencia: obras y manuscritos recibidos. — 6: Concepto del Folk-Lore, por D. Antonio Machado y Alvarez. — Instrucciones para las Sociedades Regionales (continuacion), por D. Alejandro Guichot. — Folk-Lore del Mar en Asturias, por D. Braulio Vigon. — Tradiciones comparadas de Carintia y Cataluña, por D. Ramon Arabía y Solanas. — Seccion de Organizacion: Folk-Lore provincial de Cádiz, por D. José del Toro. Id. Regional Basco-Nabarro. Id. id. Murciano. Le diner de Ma Mère l'Oye. — Seccion de Movimiento y Noticias. — Aviso: el periódico Andalucía. — 7: Concepto del Folk-Lore (continuacion), por D. Antonio Machado y Alvarez. — Instrucciones para las Sociedades Regionales (conclusion), por D. Alejandro Guichot. — Tradiciones comparadas de Carintia y Cataluña (continuacion), por D. Ramon Arabía y Solanas. — Leyenda de Taquino y Altamore, por D. Francisco Rodriguez Marin. — Seccion Bibliográfica: Revistas folklóricas. — Seccion de Movimiento y Noticias.

Zs. f. Orthografie, Orthoepie u. Sprachfysiologie 1884, 5. 6: Kewitsch, Tenues und mediae (Schluss). — K. Nörrenberg, Orthoepisches.

Germania Bd. 30, 2: G. Ehrismann, Das Handschriftenverhältnis des Renner. — R. Sprenger, Zu Konrads von Fussesbrunnen Kindheit Jesu. — E. Kraus, Ein Bruchstück des Schwabenspiegels. — Bruchstücke aus Rudolfs Weltchronik, von Fischer, Birlinger, Gelbe. — Ueber den Tanz, von F. Holthausen u. K. Bartsch. — J. J. Crane, two mediaeval folk-tales. — R. Brandstetter, Die Luzerner Bühnenrodel. — G. Bossert, Zwei Lieder aus der Zeit des schmalkaldischen Kriegs. — A. Bernoulli, Reimsprüche des 15. Jh.'s. — F. Liebrecht, Kistudan. — Ein Brief Ulalands an Lassberg. — Briefe von Meusebach an Cl. A. Schlüter. — Verhandlungen der deutsch-romanischen Section auf der Versammlung deutscher Philologen und Schulmänner zu Dessau. — Möller, Salbader.

Zs. f. deutsche Philologie Bd. 17, 2: Emil Kettner, Zur Kritik des Nibelungenliedes. IV. Abreise und Abschied. (Mit 2 Tabellen.) — San-Marte (A. Schulz), Zur Theologie in dem Parzival Wolframs von Eschenbach. — Johannes Bolte, Lantat = Landsknecht. — Joseph Neuwirth, Germanistische Miscellaneen aus österreichischen Klosterbibliotheken: 1. Die Zweiter Aufzeichnung des Liedes vom heil. Rocke zu Trier vom J. 1519: 2. Das Seitenstuttener Fragment des Marienlobens Bruder Philipps des Carthäusers; 3. Willberinger Salvo regina. Wundermittel u. Sprichwörter. — A. Koch, Rückortsstudien. — Th. Möbius, Bibelstellen in der altnordischen Literatur. — O. Erdmann, Lamprechts Alexander und die Hilde-Kudrun-Dichtung. — Ders., Zur Kudrun. — Birlinger, Lexikographisches.

Anzeiger des germanischen Nationalmuseums März: Waffen aus dem 4. bis 9. Jh. — Goldenes Kreuz aus einem Longobardengrabe. — Veit Stoss d. j. ladet den Bürgermeister und Rath in Windsheim auf seine Hochzeit 1568. — Goethe-Jahrbuch Bd. VI: Ein Gedicht Goethes, mitgetheilt von L. Geiger. — Siebzehn Briefe Goethes, mitgetheilt von C. A. H. Burkhardt, L. Geiger, W. v. Maltzahn, K. Rieger, O. Weisstein, H. Wichmann. — Goethe und Prinz August von Gotha, mitgeth. von Bernh. Suphan. — Goethes Cour d'amour, Bericht einer Theilnehmerin, mitgeth. von C. v. Beaulieu-Marconnay. — Goethe im Kreise Isaak Iselins, mitgeth. von J. Koller. — Mittheilungen von Zeitgenossen über Goethe, von G. Finsler, L. Geiger, H. A. Lier, Alfr. Stern. — Aus den Weimarer Fourier-Büchern 1775—84, mitgeth. von Burkhardt. — C. v. Beaulieu-Marconnay, Erinnerungen an Alt-Weimar. — Victor Hehn, Einiges über Goethes Vers. — W. Scherer, Betrachtungen über Goethes Faust. (Am Schlusse der Abhandlung heisst es: „so folgt daraus unweigerlich, dass Stilunterschiede und Incongruenzen an sich noch nicht dazu berechtigen, auf Verschiedenheit der Verfasser zu schliessen. Ein Satz, den die höhere Kritik, wie mir scheint, noch niemals ernstlich genug erwogen hat und über zwar vielleicht ihre keine Modification ihrer Resultate, aber gewiss eine Modification ihres Verfahrens, eine strengere Fassung ihrer Argumente zur Folge haben müsste.") Georg Ellinger, Ueber Goethes Elpenor. — D. Jacoby, Zu Goethes Gedicht: deutscher Parnass. — Siegm. Levy, Goethe and Oliver Goldsmith. — Miscellen, Chronik, Bibliographie.

Anglia 8, 1: Fr. Holthuer, Der synt. Gebrauch des Genitivs in dem Andreas, Gûðlâc, Phönix, dem heil. Kreuz und der Höllenfahrt Chr. — E. Hönncher, Die Quellen der ags. Genesis. — W. Sattler, Beitr. zur Präpositionslehre im NE. 19. to borrow, to buy of, from. — E. Horstmann, Prosalegenden. — S. Levy, Noch einmal die Quellen Cymbelines.

Archiv f. latein. Lexikographie u. Grammatik II, 1: Wölfflin, Fratra, nequiquam u. Synonyma. — Geyer, Zur Kenntniss des gallischen Lateins. — Harder, Aquipotens. — Thielmann, habere mit dem Infinitiv und die Entstehung des romanischen Futurums. — Wölfflin, Zu Nequiquam; das adverbielle cetera, alia, omnia. — Gröber, vulgärlat. Substrate roman. Wörter. — Huelder, Thes. lat. specimen. Part. III. — Addenda lexicis latinis. — Rohde, Simitu. — Büchler, Zu Plautus, Seneca, Persius. — Koch, Decretum. — Miscellen etc.

Revue des langues romanes Januar: Castets, Recherches sur les chansons de geste. — Chabaneau, sur quelques manuscrits provençaux perdus ou égarés (Forts.).

15

Zs. f. neufr. Sprache u. Literatur VI, 7: B. Uber, Zu dem französ. Wörterbuche von Sachs (Forts.). — Thor Sundby, Blaise Pascal, ein Kampf gegen die Jesuiten und seine Vertheidigung des Christenthums (Forts.). — H. J. Heller, Der Naturalismus in der Romandichtung Frankreichs und Deutschlands.

Franco-Gallia April: A. Vogt, Nachträge zu dem franz. Wörterbuche von Sachs. I. — Kühn, Franz. Schulgrammatik. — Langenscheidt, Die Jugenddramen des Pierre Corneille.

Centralorgan f. die Interessen des Realschulwesens 3: Mahrenholtz, Ueber die Schulausgaben Molières, namentlich über Fritsches Molière-Ausgaben.

Pädagogisches Archiv 2: Rohde, Die Lautphysiologie und der neusprachliche Unterricht.

Blätter f. das bayr. Gymnasialschulwesen II. 3 u. 4: Fr. Steigenberger, Die Eigenart von Goethes Hermann.

Korrespondenzblatt des Vereins f. siebenbürg. Landeskunde: G. Keintzel, Der Consonantismus des Mitteldr. verglichen mit dem des Siebenbürgisch-Sächsischen. II. — E. C., Fedel cucu hälz.

Magazin f. die Literatur des In- u. Auslandes 13—17: Altfranzösische Romanzen übersetzt von Paul Heyse. I. II. — R. Prölss, Victor Hugo. — M. Brasch, Lord Baron von Verulam, eine historisch-philos. Charakteristik. — A. Holtz, Die Sonne in der Volkssagen.

Börsenblatt f. den deutschen Buchhandel Nr. 60: Ed. Ackermann, Die englischen Periodicals.

Nord und Süd April: K. Bartsch, Jean Paul in Heidelberg.

Deutsche Rundschau April: H. Hüffer, Das älteste Manuscript von H. Heines „Romantische Schule".

Preussische Jahrbücher II. 4: Herm. Isaac, Schuld und Schicksal im Leben Heinrich von Kleists.

Westermanns Monatshefte April: Ruediger, Jakob Grimm. — Goetz, Nürnbergische Volksfeste und Hochzeitsgebräuche im 15. und 16. Jh.

Baltische Monatschrift Bd. 32, 3: F. Sintenis, Ueber Jacob Grimm.

Beilage zur Allg. Zeitung 15. März; L. St., Das Deutschthum in Wälschland. — 22., 25. u. 27. März; Max Koch, Neueste Goethe-Literatur.

Wissenschaftl. Beilage der Leipziger Zeitung Nr. 26: Goethes „Elpenor" fernerweit und dessen „Iphigenie von Delphi".

The American Journal of Philology V, 4: Charles Short, The New Revision of King James' Revision of the New Testament. IV. — Thomas Davidson, Prof. Child's Ballad Book. — James W. Bright, Anglo-Saxon Glosses to Boethius.

Rev. pol. et litt. 12: In der Caus. litt.: Livet, Portraits du grand siècle. — 14: Léo Quesnel, Littérature espagnole contemporaine. Manuel Tamayo y Baus. — E. de Pressensé, L'évolution philosophique de la démocratie avancée depuis George Sand et Edgar Quinet. — 15: Léo Quesnel, Littérature espagnole contemporaine, José Echegaray. — Kurze Besprechung von Histoire de Don Quichotte ... première traduction française par C. Oudin et F. de Rosset avec une préface par E. Gebhart, Paris, 6 vol. 1884 tauern erschienen 1614 und 1618) und von Trois lettres inédites de Jean Racine (1693) p. p. E. Minuret, Paris 1885.

Revue d'Auvergne Jan. Febr. S. 31—61: Guidoz et Sébillot, Bibliographie des traditions et de la littérature populaire de la France. (Auvergne et la Velay.)

Nuova Antologia Anno XX, 2 serie Vol. 50. Fasc. 5: G. Chiarini, il secondo delitto di Ugo Foscolo. — B. Bonghi, per il centenario di Alessandro Manzoni. — Fasc. 7: B. Zumbini, Il „Saul" dell'Alfieri.

Atti del R. Istituto Veneto di scienze, lettere ed arti, dal novembre 1884 all'ottobre 1885. Tomo 3°, serie VI. disp. 2ª: A. Gloria, Volgare illustre nel 1100 e Proverbii volgari del 1200.

Neu erschienene Bücher.

Abel, C., Einleitung in ein ägyptisch-semitisch-indoeuropäisches Wurzelwörterbuch. Leipzig, Friedrich. H. 1. gr. 8. M. 20.

Brugmann, Karl, Ueber den heutigen Stand der Sprachwissenschaft. Strassburg, Trübner. 8. M. 2,50.

Curte, Th., Die Entstehung der Sprache durch Nachahmung des Schalles. Stuttgart, Schweizerbart. gr. 8. M. 1,60.

Delbrück, B., Die neueste Sprachforschung. Betrachtung über G. Curtius' Schrift Zur Kritik der neuesten Sprachforschung. Leipzig, Breitkopf & Härtel. gr. 8. M. 1.

Fritzsche, Rich., Die Anfänge der Poesie. Gymnasialprogr. von Chemnitz. 34 S. 4.

Günther, G., Grundzüge der tragischen Kunst. Aus dem Drama der Griechen entwickelt. Leipzig, Friedrich. gr. 8. M. 10.

Lang, Andrew, Custom and Myth. Studies of early usage and belief. London, Longmans. 8. 3 s. 8.

Meyer, Kuno, Eine irische Version der Alexandersage. Leipziger Dissertation. 1884. 32 S. 8. n.

Meyer, Wilh., Anfang und Ursprung der latein. u. griech. rythmischen Dichtung. München, Franz. M. 5,50.

Steve, Paul, Die Octavian-Sage. Erlanger Dissertation. 1884. 50 S. 8. n.

Alberti, Conrad, Bettina von Arnim. Ein Erinnerungsblatt zu ihrem hundertsten Geburtstage. Leipzig, Wigand. 8. M. 2.

Brandes, Herm., Visio S. Pauli. Ein Beitrag zur Visionsliteratur mit einem deutschen u. zwei latein. Texten. Halle, Niemeyer. VI, 102 S. 8. M. 2,80.

Diefenbach, L. u. E. Wülcker, Hoch- und niederdeutsches Wörterbuch der mittleren und neueren Zeit. 7. (Schluss-)Lief. Basel, Schwabe. S. M. 3.

Drucke, deutsche, älterer Zeit in Nachbildungen, hrsg. von Wilh. Scherer. II, 8. Berlin, Grote. 1884. 8ubser.-Pr. M. 20. Inhalt: Das älteste Faust-Buch. Historia v. D. Johann Fausten, dem weitbeschreiten Zauberer u. Schwarzkünstler. Nachbildung der zu Frankfurt a. M. 1587 durch Joh. Spiess gedruckten 1. Ausg. Mit Einleit. von Wilh. Scherer. XXXV, XXI, 236 S.

Goetz, Wilh., Kurze Geschichte der deutsch-schweizerischen Dichtung seit Bodmer und Breitinger. Eine Wegleitung zur ästhetischen und nationalen Bildung unserer Jugend. Aarau, Sauerländer. M. 1,20.

Gudrun. Im Anschluss an Müllenhoffs Ausgabe für den Schulgebrauch ins Nhd. übersetzt und mit einer Einleitung versehen von Paul Vogt. Leipzig, Wigand. 8. M. 2.

Handwörterbuch, mittelniederdeutsches, von A. Lübben und C. H. F. Walther. 1. Hälfte, Norden, Soltau. 8. M. 4,50.

Henkel, Herm., Das Goethesche Gleichniss. II. Seehauser Gymnasialprogramm. 24 S. 4.

Idiotikon, schweizerisches. II. 8: fat—fra.

Jahresbericht über die Erscheinungen auf dem Gebiete der germanischen Philologie. 6. Jahrg. 1884. Leipzig, Reissner. 1. Abth. gr. 8. compl. M. 8.

Kauffmann, Hugo, Ueber Hartmanns Lyrik. Leipziger Dissertation. (1884.) 93 S. 8. n.

Nibelungenlied, das, übersetzt und zum Gebrauch an höheren Töchterschulen eingerichtet von L. Freytag. Berlin, Friedberg & Mode. gr. 8. M. 2,50.

Prosky, M. v., Das herzogliche Hoftheater zu Dessau in seinen Anfängen bis zur Gegenwart. Dessau, Baumann. gr. 8. M. 4.

Rudenwaldt, Die Fabel in der deutschen Spruchdichtung des 12. und 13. Jh.'s. Berlin, Gärtner. 4. M. 1.

Schwarz, Friedr., Ueber die metrischen Eigenthümlichkeiten in Wolframs Parzival. Promotionsschrift. Rostock, Stiller. 1884. 78 S. 8. M. 1,20.

Stolberg, F. L. zu, Die Zukunft. Ein bisher ungedrucktes Gedicht aus den Jahren 1779—1782. Hrsg. von O. Hartwig. Leipzig, Trübner. 8. M. 1,20.

Ten Brink, Jan, Dr. Nicolaas Heinsius junior. Eene Studie over den Hollandschen Schelmenroman de zeventiende eeuw. Rotterdam, Ungeverrs-Maatschappij „Elsevier". 250 S. 8. n.

Thorkelsson, Jón, Supplement til islandske ordbøger, andøn samling. S. 561—639 + XX S. Reykjavík, Isafolds bogtrykkeri. n.

Wanner, H., Deutsche Götter und Helden, nebst der Sage von Parzival. Hannover, Helwing. 8. M. 1,20.

Brown, J., Répertoire de Shakespeare: Lectures et commentaires. Avec une préface de M. Ferdinand Brunetière. (Richard III: le Marchand de Venise; Cymbeline; Jules César; le Roi Lear.) In-18 jésus, XII, 227 p. Paris, Perrin. — **Macbeth,** étude commentée d'après les critiques allemande et anglais du drame de Shakespeare. In-12, III, 26 p. Montmorency, imp. Gaubert. fr. 1.

Chaucers, Geoffrey, Werke übersetzt von A. v. Düring. II. Bd. Canterbury-Erzählungen. Erster Theil. Strassburg, Trübner. X, 410 S.
Die ags. Prosabearbeitungen der Benedictinerregel. Hrsg. von Arnold Schröer. I. Hälfte. (Bibliothek der ags. Prosa, begründet von C. W. M. Grein, fortgesetzt unter Mitwirkung mehrerer Fachgenossen von R. P. Wülker. 2. Bd.) Kassel, Wigand. 1885. VII, 111 S. 8.
Fernow, Hans, The three Lords and three Ladies of London. By R(obert) W(ilson). London 1590. Ein Beitrag zur Geschichte des englischen Dramas. Programm des Realgymnasiums des Johanneums zu Hamburg.
Hamilton, Herbert Bruce, On the Portrayal of the Life and Character of Lord Byron in the Novel by B. Disraeli entitled „Venetia". Leipziger Dissertation. 1884, 66 S. 8.
Schröer, M. M. Arnold, Supplement zur Englischen Schulgrammatik. Einleitung und Paradigmen zur Lehre von der Aussprache und Wortbildung. Mit einem Anhange enthaltend Transscriptionsproben zu Sonnenburgs Gramm. der engl. Spr. (Zugleich eine Ausgabe für H. Bergers Lehrb. der engl. Spr.) Wien, Hölder. 1885. VI, 34 S. 8. Mit in den Text gedruckten Abbildungen.

Alfieri, Vittorio, Il Misogallo, le satire e gli epigrammi editi e inediti, per cura di Rodolfo Renier. In-04. p. XCIII, 319. L. 2. Piccola Biblioteca Italiana.
Bächi, Herm., Sprachliche Untersuchung über Huon de Bordeaux. Cassel 1884. Erlanger Dissertation. 34 S. 8.
Beaurepaire, Ch. de, Pierre Corneille et sa fille Marguerite, dominicaine à Rouen. Rouen, Cagniard. 40 S. 4.
Berni, Fr., Rime, poesie latine, e lettere edite ed inedite, ordinate ed annotate per cura di Antonio Virgili; aggiuntovi la „Catrina", il „Dialogo contra i poeti" e il commento al „Capitolo della primiera". Firenze, tip. succ. Le Monnier. in-16, p. XLVIII, 415. L. 4.
Biadene, Leandro, Il collegamento delle stanze mediante la rima nella canzone italiana dei secoli XIII e XIV. Studio. Firenze, tip. di G. Carnesecchi e figli. 16 S. 8.
Biblioteca del Folk-Lore Español. Vol. VI. Sevilla. A. Guichoz y Com. (Inhalt: Apuntes para el mapa topográfico tradicional de Burguillos y schema de la villa, por Matias R. Martinez. — Tradiciones extremeñas, por Dr. C. A. D.)
Bibliothek gediegener klassischer Werke der italienischen Literatur. Für Schule u. Haus ausgewählt u. ausgestattet von Ant. Goebel. Münster, Aschendorff. 1884. 9. Bändchen: Cesare Cantù, biografie: Colombo, Franklin, Washington. 232 S. 16. 0,90.
Bolognoni, N., Le Leggende del Trentino. I. Rovereto, tip. Roveretana. Ed. 23 S. 16.
Bourdaloue. Sermons choisis de Bourdaloue. Édition nouvelle, avec une introduction, des notices et des notes, par M. Ad. Hatzfeld. In-18 jésus, XXXIX, 372 p. Paris, lib. Delagrave.
Braun, Theod. Aug., Malherbes Hiatusverbot und der Hiatus in der neufranz. Metrik. Leipziger Dissert. 1884, 62 S. 8.
Cantos populares do Brazil colligidos pelo Dr. Sylvio Romero, com um estudo preliminar e notas comparativas por Th. Braga. Lisboa. XXXVI, 235 p. 16.
Chabaneau, C., Vie de sainte Marie Madeleine, poème provençal, publié pour la première fois d'après le manuscrit unique appartenant à M. Paul Arbaud. In-8, 65 p. Montpellier, imp. Hamelin frères.
Chanson, la, de Roland. Texte critique. Traduction et commentaire, grammaire et glossaire, par Léon Gautier. 15e édition, revue avec soin. Edition classique à l'usage des élèves de seconde. In-16 jésus, I,II, 605 p. Tours, Mame et fils.
Chronique rimée des derniers rois de Tolède et de la conquête de l'Espagne par les Arabes; par l'Anonyme de Cordoue. Editée et annotée par le P. J. Tailhan. In-7°, XXII, 205 p. et 20 planches en héliogravure. Paris, Leroux. fr. 50.
Cutronei, B., Intorno alla Storia della letteratura italiana del Prof. A. Gaspary. Appunti critici. Firenze, G. Carnesecchi e Figli. 40 S. 8.
Czoernig, Carl v., Die alten Völker Oberitaliens. Italiker (Umbrer), Raeto-Etrusker, Raeto-Ladiner, Veneter, Kelto-Romanen. Eine ethnolog. Skizze. Wien, Hölder. III, 311 S. gr. 8. M. 9,60.
De Benedetti, S., L'antico testamento e la letteratura italiana. Pisa, Nistri. 40 S. 4.
Decombe, L., Chansons populaires d'Ille-et-Vilaine recueillies par L. D. Rennes, H. Caillière libr.-édit. XXVIII, 401 u. 70 S. Musik. 16.

Dictionnaire synoptique d'étymologie française donnant la dérivation des mots usuels classés sous leur racine commune et en divers groupes: latin, grec, langues germaniques, celtique, anglais, italien, espagnol, portugais, arabe, hébreu, hongrois, russe, langues slaves, langue turque, langues africaines, asiatiques, américaines, Australie et Polynésie; interjections, jurons, langage enfantin, noms de lettres, notes de musique, onomatopées, fiction littéraire, mythologie, noms propres, noms de peuples, noms géographiques; étymologie douteuse ou inconnue, par Henri Stappers. Bruxelles, libr. Européenne C. Muquardt. Un vol. in-8, 700 p. fr. 7,50.
Dizionario, Novo, Universale della lingua italiana, del prof. P. Petrocchi. Fasc. 8. 9 (pag. 369 a 560, Cerco-briglio —Confutare). Milano, frat. Treves edit. in-8° gr. à L. 1.
Eberhardt, Paul, Der Lucidaire Gillebert's. Hallenser Dissertation. 84 S. 8.
Freund, H., La chanson de Gui de Bourgogne et ses rapports avec la chanson de Roland et la chronique de Turpin. Programm (452) der Realschule zu Crefeld. 43 S. 4.
Giozza, P. G., Iddio e Satana nel poema di Dante. Palermo, tip. Giannone e Lamantia. 285 p. 8.
Grobel, Max, Le Tornoiement Antéchrist par Huon de Mery in seiner literarhistorischen Bedeutung. Leipziger Dissertat. 98 S. 8.
Hagberg, Theodor, Literaturhistoriska Gengångare, Taflor ur förflutna tiders vitterhet 2: Cervantes' Don Quijote. Upsala, Almqvist & Wicksell.
Histoire littéraire de la France, ouvrage commencé par les religieux Bénédictins de la congrégation de Saint-Maur et continué par des membres de l'Institut (académie des inscriptions et belles-lettres). Tome 29e, suite du quatorzième siècle. Un vol. in-4, XLIV, 637 p. fr. 21. (Inhalt: Notice sur Paulin Paris et Littré; Raimond Lulle; Ancien Catalogue des Evêques des Eglises de France; Chrétien Legouais et autres imitateurs d'Ovide; Philippine de Porcelet, auteur de la Vie de sainte Douceline; Anonyme, De abundantia exemplorum: Gui de la Marche, frère mineur; Guillaume de Ilar, Sermonnaire; Notices succinctes sur divers écrivains; Additions et corrections.)
Hösen, Richard, André Chenier. Die Ueberlieferung seiner Oeuvres poétiques. Programm des Sophien-Gymnasiums zu Berlin. 1885. 26 S. 4.
Koerting, H., Geschichte des französischen Romans im XVII. Jahrhundert. Erste Abtheilung. Leipziger Habilitationsschrift. XVI. 68 S. (Das ganze Werk wird im Verlage von E. Franckes Buchhandlung in Oppeln erscheinen.)
Li Romans de Carité et Miserere du Renclus de Moiliens. Poèmes de la fin du XIIe siècle. Édition critique, accompagnée d'une introduction, de notes, d'un glossaire et d'une liste des rimes, par A.-G. van Hamel. Deux volumes grand in-8. CCVI. 1—129, 130—468. Paris, libr. Vieweg. fr. 20. (Forment les fascicules 61 et 62 de la Bibliothèque de l'Ecole des hautes études.)
Manuscritti, I, italiani della Biblioteca Nazionale di Firenze, descritti da una Società di studiosi sotto la direzione del prof. Adolfo Bartoli; vol. III. Firenze, tip. Carnesecchi. 1884. in-8. p. 384. L. 24 cadaun volume. Il IV è in corso di stampa.
Morandi, Luigi, La Francesca di Dante. Studio. Con un' appendice su certa specie di critica molto usata in Italia. Città di Castello, S. Lapi. 34 S. 8. L. 0,50.
Pakscher, A., Zur Kritik und Geschichte des französischen Rolandsliedes. Berlin, Weidmann. IV, 136 S. 8. M. 3.
Paris, G., Notice sur Paulin Paris, un des auteurs des tomes 20—29 de l'Histoire littéraire de la France. In-4, 16 pag. Paris, impr. nationale. Extrait de l'Histoire littéraire de la France, t. 29.
Paris, P., Etudes sur François Ier, roi de France, sur sa vie privée et son règne. Publiées d'après le manuscrit de l'auteur et accompagnées d'une préface par Gaston Paris. 2 vol. In-8. T. 1, IX, 257 p.; t. 2, 377 p. Paris, libr. Techener. fr. 16.
Petites comédies rares et curieuses du dix-septième siècle, avec notes et notices, par Victor Fournel. Paris, Quantin. 2 vol. 317, 354 p. 8. fr. 10.
Petits poètes du dix-septième siècle. Poésies du chevalier de Bonnard, avec une notice bio-bibliographique, par Martin Dairvault. Paris, Quantin. XXXII, 265 p. 8. fr. 10.
Pétrarque. Lettres sans titre. Traduites pour la première fois par Victor Develay. 2 vol. Petit in-32. T. 1, 132 p.; t. 2, 128 p. Paris, Lib. des bibliophiles. fr. 5.

Piergili, S. S., Due lettere inedite di Ugo Foscolo ad Andrea Calbo. Recanati, tip. Simboli. 1884.
Pitrè, G., Le feste popolari di S. Rosalia in Palermo. Palermo, coi tipi del Giornale di Sicilia. 31 S. 16.
— —, Novelle popolari Toscane. Illustrate. Volume unico. Firenze, Barbèra. XLII, 317 S. 8. L. 3,50.
Puymaigre, de, Folk-Lore. In-18 jésus, VI, 367 p. Paris, lib. Perrin.
Rabelais, F. Les Cinq livres de F. Rabelais, avec une notice par le bibliophile Jacob. Variantes et glossaire par P. Chéron. T. 1er. In-16, XX, 339 p. Paris, Librairie des bibliophiles. fr. 3.
Rime inedite di un cinquecentista (da un codice Ashburnhamiano), a cura di Pio Ferrieri, per le nozze Vigo-Magenta. Pavia, tip. frat. Fusi. in-18. p. XX, 46.
Rime, Le, provenzali di Rambertino Buvalelli, trovatore bolognese del sec. XIII. [Ed. Casini.] Firenze, tip. Carnesecchi e F.¹ in-8 picc. p. 32. Per nozze Venturi-Casini.
Schwarz, G., Rabelais und Fischart, Vergleichung des „Gargantua" und der „Geschichtklitterung", von „Pantagrueline Prognostication" und „Aller Practick Grossmutter". Inaugural-Dissertation. Halle, Niemeyer. 96 S. 8. M. 2.
Sonnenburg, R., Wie sind die französischen Verse zu lesen? Berlin, Springer. 26 S. 8. M. 0,80.
Tendering, F., Das poitevinische Katharinenleben und die übrigen südwestlichen Denkmäler. Programm des Realgymnasiums zu Barmen. 29 S. 8.
Usi e costumi del Trentino. Lettere. In X Annuario della Società degli Alpinisti Tridentini an. 1884 S. 253—304.
Valladares Nuñez, D. Marcial, Diccionario Gallego-Castellano. Santiago, XII, 648 S. 4. 15 Pesetas.
Wiese, Berthold, Neunzehn Lieder Lionardo Giustiniani's nach den alten Drucken. Programm (594) des Realgymnasiums zu Ludwigslust I. M. 13 S. 4.

Authors, english, for the use of schools. Nr. 3—7. Berlin, Friedberg & Mode. gr. 16. à M. 1. Wörterbücher dazu (25, 24, 34, 24 u. 20 S.) à M. 0,20. (Inhalt: 3. A christmas carol in prose, being a ghost story of christmas by Charles Dickens. Mit Anmerk. hrsg. v. Ernst Regel. 154 S. — 4. Julius Caesar by Will. Shakespeare. Mit Einl., Anm. u. Wörterb. hrsg. v. Herm. Isaac. XXVII, 145 S. — 5. Extracts from the last days of Pompeii by Sir Edward Bulwer Lytton, Bart. Mit Anm., 3 Kurten u. einem Wörterverzeichn. hrsg. v. K. Kaiser. X, 106 S. — 6. Evangeline. A tale of Acadie. By Henry W. Longfellow. Mit Anm. u. einem Wörterb. hrsg. v. Ernst Schmid. IX, 110 S. — 7. Tales of the Alhambra by Washington Irving. Ausgewählt mit Anm. u. einem Wörterb. versehen v. Heinr. Loewe. IV, 129 S.]
Bibliothek gediegener und lehrreicher Werke der engl. Literatur. Zum Gebrauche der studirenden Jugend ausgewählt u. ausgestattet von Ant. Goebel. 12. u. 13. Bändchen. 16. Münster, Aschendorff. 1884. (Inhalt: 12. John Lingard, life of Mary Stuart. VIII, 316 S. M. 1. — 13. History of Rasselas, prince of Abyssinia, by Samuel Johnson. VI, 189 S. M. 0,50.]
Bibliothèque française à l'usage des écoles. Nr. 6—10. gr. 16. Berlin, Friedberg & Mode. geb. à M. 1. [Inhalt: 6. Bonaparte en Égypte et en Syrie par Thiers. Hrsg. u. mit Anm. versehen. nebst 1 Karte. v. M. Schauenhard. VIII, 119 S.; Wörterbuch. 31 S. M. 0,20. — 7. 8. Itinéraire de Paris à Jérusalem par F. A. de Chateaubriand. Mit Anm. hrsg. v. W. Kaiser. Red. u. mit einer biogr. Einl. versehen von A. Brenneeke. 2 Theile. IX, 180 u. 167 S.; Wörterbuch. 36 S. M. 0,20. — 9. Voyage en Orient. Par A. de Lamartine. Mit Anm. hrsg. v. Fr. Strehlke. IX, 99 S.; Wörterbuch. 29 S. M. 0,20. — 10. Hommes illustres de l'antiquité. Morceaux tirés des ouvrages de Rollin. Mit Anm. zum Schulgebrauch hrsg. v. Jos. Sarrazin. IX. 176 S.; Wörterbuch. 35 S. M. 0,20.]
Breymann, Hermann, Französische Grammatik für den Schulgebrauch. Erster Theil. Laut-, Buchstaben- u. Wortlehre. München u. Leipzig, Oldenbourg. VIII, 95 S. 8. M. 1.
Ebrotsmann u. Schmitt, Uebungsbuch für den franz. Anfangsunterricht. I. Strassburg, Schultz & Co. 240 S. 8.
Masberg, J., Kurzgefasste franz. Syntax. Stuttgart, Spemann. 70 S. 8. Uebungsbuch dazu 150 S. 8.
Meurer, Karl, Französische Synonymik. Mit Beispielen, etym. Angaben und zwei Wortregistern. Für die oberen Klassen höherer Schulen. Dritte Aufl. Köln, Roemke & Co. 177 S. 8. M. 2.

Schulbibliothek, französische u. englische. Hrsg. von Otto E. A. Dickmann. 17. u. 18. Bd. gr. 8. Leipzig, Renger. [Inhalt: 17. History of the first and fourth crusades (aus: History of the decline and fall of the roman empire) von Edward Gibbon. Mit 2 eingedr. Karten für den Schulgebr. erklärt v. Fr. Hummel. VIII, 118 S. M. 1,15. — 18. Captivité, procès et mort de Louis XVI (aus: Histoire des Girondins) v. A. de Lamartine. Mit 2 Plänen u. 1 Abbild. für den Schulgebrauch erklärt v. Bernh. Lengnick. XII, 91 S. M. 1,5.]
Victor, W., Die Aussprache der in dem „Wörterverzeichniss für die deutsche Rechtschreibung zum Gebrauch in den preussischen Schulen" enthaltenen Wörter. Mit einer Einleitung: Phonetisches, Orthoepisches. Heilbronn, Henninger. M. 1.
Wershoven, F. J., Naturwissenschaftlich-technisches Wörterbuch. Die Ausdrücke der Physik, Meteorologie, Mechanik, Chemie, Hüttenkunde, chem. Technologie, Elektrotechnik. 2. Theil. Deutsch-Englisch. Berlin, Simion. 268 S. 12. M. 1,50.

Ausführlichere Recensionen erschienen über:

Osthoff, Zur Geschichte des Perfects im Indogermanischen (v. Schnorr v. Carolsfeld: Berl. phil. Wochenschrift V, 11).
Schuchardt, Slavo-Deutsches und Slavo-Italienisches (v. Gartner: Zs. f. die österr. Gymnasien 36, 2).
Victor, Elemente der Phonetik (v. Elliott: American Journal of Philology V, 4).

Bernhardt, Kurzgefasste gotische Grammatik (v. Gering: Zs. f. deutsche Phil. 17, 2).
Burg, Die älteren nordischen Runeninschriften (v. Ad. Noreen: Nordisk Revy 28).
Gering, isländzk Æventýri (v. Carl af Petersens: Gött. Gel. Anzeigen 7).
Kinzel, Zwei Recensionen der Vita Alexandri Magni (v. Bolte: Zs. f. deutsche Phil. 17, 2).
Krause, Friedrich der Grosse (v. Kettner: ebd.).
Lamprechts Alexander, hrsg. von Kinzel (v. Willmanns: Gött. Gel. Anz. 7).
Lenzliteratur (v. Sauer: Deutsche Literaturzeit. Nr. 15).
Roediger, Bemerkungen zu den Nibelungen (v. Kettner: Zs. f. deutsche Phil. 17, 2).
Ueberweg, Schiller als Historiker und Philosoph (v. Natorp: Deutsche Literaturzeit. Nr. 13).
Vulfila, hrsg. von Bernhardt (v. Gering: Zs. f. deutsche Phil. 17, 2).
Zarncke, Christian Reuter, der Verfasser des Schelmuffsky (v. Minor: Gött. Gel. Anz. 6).

ten Brink, Chaucer's Sprache und Verskunst (v. A. E;rdmann): Nord. Revy 29).

Braunfels, Uebersetzung des Don Quijote (v. Vollmöller: Gött. Gel. Anzeigen 7).
Brekke, Etude sur la flexion dans le voyage de S. Brandan (v. P. A. Geijer]: Nordisk Revy 29).
Brinkmann, Syntax des Französischen und Englischen in vergl. Darstellung (v. J. V[ising]: Nord. Revy 29).
Li Romans de Claris et Laris. hrsg. von J. Alton (v. A. Tobler: Deutsche Literaturzeit. 16).

Literarische Mittheilungen, Personalnachrichten etc.

Im Verlage von Oskar Frank (Wien) soll eine „Allgemeine österreichische Literaturzeitung" erscheinen.
Von Krenkel's Klassische Bühnendichtungen der Spanier (Leipzig, Barth) ist der 2. Band im Druck; derselbe enthält El mágico prodigioso (mit ausführlicher Einleitung über Calderons Quellen etc.). Bd. 3 soll El alcalde de Zalamea bringen.
N. Zingarelli übersetzt Gasparys italien. Literaturgeschichte ins Italienische und bereitet vor „sui proverbi e sugli altri elementi popolari della letteratura trobadorica".
Prof. Dr. F. Voigt (Greifswald) ist als ord. Professor der germanischen Philologie an die Universität Kiel berufen worden.

Antiquarische Cataloge: Damköhler, Berlin (Deutsche, franz., engl. Lit.); Gerschel, Stuttgart (Publ. des Lit. Vereins); Harrassowitz, Leipzig (Linguistik); Koebner, Breslau (Deutsche Lit. u. Spr.); Rudolphi &

Klemm, Zürich (Neuere Sprachen); Trübner, Strassburg (Franz. Spr. u. Lit.); Völcker, Frankfurt a. M. (Deutsche Lit. von 1750 an); Wagner, Braunschweig (Deutsche Spr. und Literatur).

Abgeschlossen am 22. April 1885.

Berichtigung.

In seiner kürzlich erschienenen Abhandlung (Jahresbericht über das Kgl. Friedrich-Wilhelms-Gymnasium zu Berlin 1885) über die Sage von Amis und Amiles erwähnt Herr Dr. Schwieger auch kurz (S. 34) meine Dissertation über Jourdain de Blaivies (Königsberg 1875), gibt jedoch die von mir vertretene Ansicht ganz irrig wieder. Es ist mir nie eingefallen zu behaupten, dass die älteste Form der Sage auf Wilhelm V. von Aquitanien und Wilhelm von Angoulême zurückgehe; vielmehr glaube ich nur (a. a. O. S. 24 ff.) nachgewiesen zu haben, dass gewisse Thatsachen aus dem Leben dieser beiden Männer den Anlass gegeben haben, die welt ältere Sage von Amicus und Amelius in der afrz. Chanson de geste nach Blaye zu lokalisiren.

Berlin, April 1885. J. Koch.

NOTIZ.

Den germanistischen Theil redigirt Otto Behaghel (Basel, Bahnhofstrasse 63), den romanistischen und englischen Theil Fritz Neumann (Freiburg i. B., Albertstr. 24), und man bittet die Beiträge (Recensionen, kurze Notizen, Personalnachrichten etc.) dem entsprechend gefälligst zu adressiren. Die Redaction richtet an die Herren Verleger wie Verfasser die Bitte, dafür Sorge tragen zu wollen, dass alle neuen Werke germanistischen und romanistischen Inhalts ihr gleich nach Erscheinen entweder direct oder durch Vermittelung von Uebr. Henninger in Heilbronn zugesandt werden. Nur in diesem Falle wird die Redaction sich im Stande sein, über neue Publicationen eine Besprechung oder kursere Bemerkung (in der Bibliogr.) zu bringen. An Ubr. Henninger sind auch die Anfragen über Honorar und Sonderabzüge zu richten.

Literarische Anzeigen.

Verlag von Gebr. Henninger in Heilbronn.

Deutsche Litteraturdenkmale
des 18. und 19. Jahrhunderts.

In Neudrucken herausgegeben von
BERNHARD SEUFFERT.

Erschienen sind:

1. Otto, Trauerspiel von F. M. Klinger. (Herausg. von B Seuffert.) Geh. 90 Pf. Geb. M. 1.40.
2. Voltaire am Abend seiner Apotheose, von H. L. Wagner. (Herausg. von B. Seuffert.) Geh. 40 Pf. Geb. 90 Pf.
3. Fausts Leben, vom Maler Müller. (Herausg. von B Seuffert.) Geh. M. 1.10. Geb. M. 1.60.
4. Preussische Kriegslieder von einem Grenadier von J. W. L. Gleim. (Herausg. von August Sauer.) Geh. 70 Pf. Geb. M. 1.20.
5. Faust, ein Fragment von Goethe. (Herausg. v. B. Seuffert.) Geh. 80 Pf. Geb. M. 1.30.
6. Hermann von C. M. Wieland. (Herausg. von Franz Muncker.) Geh. M. 1.20. Geb. M. 1.70.
7. 8. Frankfurter gelehrte Anzeigen vom Jahr 1772. (Herausg. von B Seuffert, mit einer Einleitung von Wilhelm Scherer.) Erste Hälfte M. 2.80. Zweite Hälfte nebst Einleitung und Register M. 3.80. Geh. in einem Band M. 7.50.
9. Karl von Burgund, ein Trauerspiel (nach Aeschylus) von J. J. Bodmer. (Herausg. von B. Seuffert.) Geh. 50 Pf. Geb. M. 1.—
10. Versuch einiger Gedichte von F. v. Hagedorn. (Herausg. von August Sauer.) Geh. 90 Pf. Geb. M. 1.40.
11. Der Messias, erster zweiter und dritter Gesang von F. G. Klopstock. (Herausg. von Franz Muncker.) Geh. 90 Pf. Geb. 1.40.
12. Vier kritische Gedichte v. J. J. Bodmer. (Herausg. von Jakob Baechtold.) Geh. M. 1.20. Geb. M. 1.70.
13. Die Kindermörderinn, ein Trauerspiel von H. L. Wagner nebst Scenen aus den Bearbeitungen K. G. Lessings und Wagners. (Herausg. von Erich Schmidt.) Geh. M. 1.— Geb. M. 1.50.
14. Ephemerides und Volkslieder von Goethe. (Herausg. von Ernst Martin.) Geh. 60 Pf. Geb. M. 1.10.
15. Gustav Wasa von C. Brentano. (Herausg. v. J. Minor.) Geh. M. 1.20. Geb. M. 1.70.
16. Der x. littérature Allemande von Friedrich dem Grossen. (Herausg. von Ludwig Geiger.) Geh. 80 Pf. Geb. M. 1.10.

17. 18. 19. Vorlesungen über schöne Literatur und Kunst von A. W. Schlegel. (Herausg. von J. Minor.)
17 Erster Teil. Die Kunstlehre. Geh. M. 3.50. Geb. M. 4.—
18. Zweiter Teil. Geschichte der klassischen Litteratur. Geh. M. 8.50. Geb. M. 4.—
19. Dritter Teil. Geschichte der romantischen Litteratur (nebst Personenregister zu den drei Teilen). Geh. M. 2.50. Geb. M. 3.—
20. Gedanken über die Nachahmung der griechischen Werke in der Malerei und Bildhauerkunst von J. J. Winckelmann. Erste Ausgabe 1755 mit Oesers Vignetten. (Eingeleitet von Ludwig v. Urlichs, herausg. von B. Seuffert.) Geh. 70 Pf. Geb. M. 1.20.
21. Die guten Frauen von Goethe. Mit Nachbildungen der Originalkupfer. (Herausg. von B. Seuffert.) Geh. 70 Pf. Geb. M. 1.20.

Unter der Presse:

Pyra und Lange, Thirsis und Damons freundschaftliche Lieder.

Soeben ist erschienen:

✠Das älteste Faustbuch.✠

HISTORIA
D. Johann Fausten,
dem weitbeschreiten Zauberer und Schwartzkünstler
Nachbildung
der zu Franckfurt am Main 1587 durch Johann Spies herausgegebenen Ausgabe.

Mit einer Einleitung von Wilhelm Scherer.

Subscriptions-Preis brochirt 20 Mark, in Calf Leder oder Pergament gebunden 24 Mark.

In kurzem erscheint in meinem Verlage:

Geschichte
des französischen Romanes
im XVII. Jahrhundert
von
Dr. Heinrich Koerting,
Privatdocent an der Universität zu Leipzig.
Lfg. 1. Preis 3 M.

Oppeln, 10. April 1885. *Eugen Franck's Buchh.*
(Georg Maske).

Verlag von Gebr. Henninger in Heilbronn.

Encyklopädie und Methodologie der romanischen Philologie

mit besonderer Berücksichtigung des Französischen und Italienischen

von

Gustav Körting.

Erster Theil.
I. Erörterung der Vorbegriffe. II. Einleitung in das Studium der romanischen Philologie. gr. 8°. XVI, 244 S. geh. M. 4.—

Zweiter Theil.
Die Encyclopädie der romanischen Gesammtphilologie. gr. 8°. XVIII, 505 S. geh. M. 7.—

Dritter Theil.
Die Encyclopädie und Methodologie der romanischen Einzelphilologien. (Unter der Presse.)

Altfranzösisches
ÜBUNGSBUCH.

Zum Gebrauch bei Vorlesungen und Seminarübungen herausgegeben von

W. FOERSTER und E. KOSCHWITZ.

Erster Theil
Die ältesten Sprachdenkmäler
mit einer Facsimile.
[IV S. 151 Sp. geh. M] —

Raetoromanische Grammatik

von

Th. Gartner.

(Sammlung romanischer Grammatiken.)
XLVIII, 208 S. geh. M. 5.—, geb. in Halbfrz. M. 6.50.

Die
Aussprache des Latein

nach

physiologisch - historischen Grundsätzen

von

Emil Seelmann.

XV, 398 S. geh. M. 8.—

Einleitung in das Studium des Angelsächsischen.

Grammatik, Text, Uebersetzung, Anmerkungen, Glossar

von

Karl Körner.

I. Theil:
Angelsächsische Formenlehre. VIII, 67 S. geh. M. 2.—
II. Theil:
Angelsächsische Texte. Mit Uebersetzung, Anmerkungen und Glossar. XII, 404 S. geh. M. 9.—

Englische Philologie.

Anleitung zum wissenschaftlichen Studium der englischen Sprache.

Von

Johan Storm,
ord. Professor der romanischen und englischen Philologie an der Universität Christiania.

Vom Verfasser für das deutsche Publikum bearbeitet.
I.
Die lebende Sprache.

XVI, 468 S. geh. M. 9.—, geb. in Halbfrz. M. 10.50.

Elemente der Phonetik und Orthoepie

des Deutschen, Englischen und Französischen

mit Rücksicht auf

die Bedürfnisse der Lehrpraxis

von

Wilhelm Vietor.

VIII, 271 S. geh. M. 4.80, geb. in Halbleinen M. 5.60.

Verlag von Breitkopf & Härtel in Leipzig.

Soeben erschien:

Die neueste Sprachforschung.

Betrachtungen über

Georg Curtius' Schrift: „Zur Kritik der neuesten Sprachforschung"

von

B. Delbrück.

gr. 8. 49 S. Preis M 1.—

„Die genannte Broschüre, eine Gegenschrift gegen Georg Curtius' Schrift: ‚Zur Kritik der neuesten Sprachforschung' behandelt in gemeinverständlicher Weise die in der heutigen Sprachwissenschaft vorhandenen Gegensätze, und versucht zu zeigen, dass dieselben nicht von der principiellen Wichtigkeit sind, wie es nach G. Curtius' Schrift scheinen könnte."

Verlag von GEBR. HENNINGER in Heilbronn.

Dante-Forschungen. Altes und Neues von Karl Witte.
I. Band. Mit Dante's Bildniss nach Giotto, nach dem 1840 wieder entdeckten Frescobilde im Palazzo del Bargello (Pretorio), bevor dasselbe 1841 übermalt ward. In Kupfer gest. von Jul. Thaeter. geh. M. 12.—
II. Band. Mit Dante's Bildniss nach einer alten Handzeichnung und dem Plan von Florenz zu Ende des XIII. Jahrhunderts. geh. M. 13.—

Molières Leben und Werke vom Standpunkte der heutigen Forschung. Von R. Mahrenholtz.
geh. M. 12.—
Kleinere Ausgabe geh. M. 4.— geh. M. 5.—

Shakspere, sein Entwicklungsgang in seinen Werken. Von Edward Dowden. Mit Bewilligung des Verfassers übersetzt von Wilhelm Wagner. geh. M. 7.30

Verlag von GEBR. HENNINGER in Heilbronn.

Sammlung altenglischer Legenden, grösstentheils zum ersten Male herausgegeben von C. Horstmann. gr. 8. III, 226 S. 1878. geh. M. 7, 20

Altenglische Legenden. Neue Folge. Mit Einleitung und Anmerkungen herausgegeben von C. Horstmann. gr. 8. CXL, 530 S. 1881. geh. M. 21. —

Barbours, des schottischen Nationaldichters Legendensammlung nebst den Fragmenten seines Trojanerkrieges zum ersten Mal kritisch herausgegeben von C. Horstmann. Erster Band. gr. 8. XI, 247 S. 1881. geh. M. 8. Zweiter Band. IV, 308 S. 1882. M. 9. 60

S. Editha sive chronicon Vilodunense im Wiltshire Dialect aus Ms. Cotton Faustina B III herausgegeben von C. Horstmann. gr. 8. VIII, 116 S. 1883. geh. M. 4. —

Elis Saga ok Rosamundu. Mit Einleitung, deutscher Uebersetzung und Anmerkungen. Zum ersten Mal herausgegeben von Eugen Kölbing. gr. 8. XLI, 217 S. 1881. geh. M. 8. 50

Die nordische und die englische Version der Tristan-Sage. Herausgegeben von Eugen Kölbing.
I. Theil: *Tristrams Saga ok Isondar*. Mit einer literarhistorischen Einleitung, deutscher Uebersetzung und Anmerkungen. gr. 8. CXLVIII, 224 S. 1878. geh. M. 12. —
II. Theil: *Sir Tristrem*. Mit Einleitung, Anmerkungen und Glossar. Nebst einer Beilage: Deutsche Uebersetzung des englischen Textes. XCIII, 202 S. 1883. Geh. M. 12. —

BOLETIN
Folklórico español

REVISTA QUINCENAL.

Director
ALEJANDRO GUICHOT y SIERRA.

Suscricion
Peninsula. — Seis meses   3 Pesetas
Ultramar y Estranjero. — Seis meses   4

Redaccion y Administracion: calle Teodosio, 61
SEVILLA.

Verlag von Gebr. Henninger in Heilbronn.

El mágico prodigioso, comedia famosa de D. Pedro Calderon de la Barca, publiée d'après le manuscrit original de la bibliothèque du duc d'Osuna, avec deux facsimile, une introduction, des variantes et des notes par Alfred Morel-Fatio. geh. M. 9. —

L'Espagne au XVI*e* **et au XVII***e* **siècle.** Documents historiques et littéraires publiés et annotés par Alfred Morel-Fatio. geh. M. 20. —

Ein spanisches Steinbuch. Mit Einleitung und Anmerkungen herausgegeben von Karl Vollmöller. geh. M. 4. —

Verlag von Wilhelm Friedrich, k. Hofbuchhandlung, Leipzig.

EINLEITUNG
IN EIN
AEGYPTISCH-SEMITISCH-INDOEUROPAEISCHES
WURZELWÖRTERBUCH
VON
CARL ABEL, DR. PH.

Heft 1 in kl. 4° eleg. br. Mark 20. —

VORWORT.

„Eine Schrift wie die vorliegende läuft Gefahr einer doppelten Abneigung zu begegnen. Nicht nur sind die früheren Versuche ägyptischer Etymologen, eine Annäherung an Semitische und Indoeuropäische Etymologie zu vollziehen, von den beiden Gegenständen ihrer verwandtschaftlichen Neigung sämmlich unbeachtet geblieben; auch das mehrfache Unternehmen der Semitisten, ihrerseits Fühlung mit den Indogermanisten zu gewinnen, ist auf reges Misstrauen gestossen, und schliesslich stets abgelehnt worden. Bunsen, Benfey, Brugsch, Lepsius, Ancessi, Rossi und andere haben vergeblich theils Ägyptischsemitische, theils ägyptisch-semitisch-indoeuropäische Sprachverwandtschaften herzustellen gesucht; Meier, Raumer, Fürst brauchen nur genannt zu werden, um das Schicksal der neueren ebräischen Avancen an die Arier zu kennzeichnen.

Unter solchen Umständen wäre es unnütz, den nachfolgenden Blättern eine andere Rechtfertigung mitgeben zu wollen, als sie für sich selber enthalten möchten. Es sei nur bemerkt, dass der Beweis auf Grund der ägyptischen Laut- und Stammwandlungslehre angetreten wird, wie sie in ihren Hauptpunkten in der Dritten Abtheilung dargestellt, resp. angezogen ist; dass die gleichmässige Anwendung dieser Laut- und Stammwandlungslehre auf das Ägyptische, Semitische und Indoeuropäische eine ursprüngliche wesentliche Gemeinsamkeit der Wurzeln und der Laut-, Stamm- und Sinnbildungsgesetze in den drei Gruppen ergibt; und dass die Sondergesetze der drei Gruppen, die nach der Trennung entstanden, demnach als das Sonderleben derselben beherrschend, das ursprüngliche Werden des vorher nach gemeinsamen Gesetzen Gestalteten aber nicht tauglich erkannt werden.

Diesen Sondergesetzen die alten gemeinsamen Gesetze hinzuzufügen; sie mit ägyptischer Hülfe in den beiden anderen Sprachgruppen, in denen sie ohne dieselbe nicht mehr nachweisbar sind, darzulegen; und somit Altere und weitere Verwandtschaften zu statuiren, ohne der gesetzlichen Grundlage der neueren und engeren zu nahe zu treten, ist der Zweck des Wörterbuchs. Die Einleitung enthält die Begründung.

Wenn das Ägyptische sein Versprechen hält, so wird es seine Zusammengehörigkeit mit den Semitischen und Arischen dadurch erweisen, dass es, wie Pott in seiner grundlegenden Besprechung von Max Müller's Kennzeichen der Sprachverwandtschaft verlangt, nicht bloss zu einzelnen Worten dieser Idiome stimmt, sondern ihrem entgegengesetzten etymologischen Bedürfnisse entspricht und sie somit beide unter einander und mit sich vereint.

Die längeren Reihen der angeführten Lautwechselbeispiele enthalten viele Fälle, welche in mehreren kürzeren ebenfalls zu verzeichnen gewesen wären, und bei den letzteren demnach zu ergänzen sind. Gelegentlich ist darauf besonders hingewiesen worden; hier sei im allgemeinen bemerkt, dass die verwandten Reihen sich in der genannten Weise gegenseitig stützen. Ueberhaupt sind, um nicht jedesmal einen allzu grossen Theil der Verwandtschaft aufs neue erwähnen zu müssen, die Anführungen der Lautwechsel gewöhnlich auf das nächste beschränkt. Der Index, für dessen Herstellung ich Herrn Dr. Georg Steindorff zu grossem Danke verpflichtet bin, zeigt die weitere Sippe, und, ist somit eine wesentliche Ergänzung der Beispiele. Eine ungleich umfassendere Beispielsammlung zum Lautwechsel wird das Wörterbuch selbst bieten.

Die etymologische Theilung der Worte ist gewöhnlich nicht absolut, sondern relativ bezeichnet worden, sowolh die eben verglichenen Worte es forderten."

Das Werk erscheint in drei Lieferungen und wird Ende dieses Jahres complett vorliegen.

Verlag von Gebr. Henninger in Heilbronn.

La Fontaine's Fabeln. Mit Einleitung und deutschem Commentar von Prof. Dr. **Adolf Laun.** Zwei Theile in einem Bande. (I. Die sechs Bücher der ersten Sammlung von 1668. II. Die fünf Bücher der zweiten Sammlung von 1678—1679 mit dem zwölften Buche von 1694.) geh. M. 6. —

Anmerkungen zu Macaulay's History of England. Von Dr. **R. Thum.** I. Theil. Zweite sehr vermehrte und verbesserte Auflage. geh. M. 3. —

Die Fortsetzung ist nicht apart käuflich, sondern nur in den Engl. Bänden erschienen: der II. Theil in 2. Heft, der III. Theil in 3. Heft, der IV. Sander: der IV. Theil in 1. Heft, der V. Theil in 2. Heft des VI. Bandes; der VI. Theil in 1. Heft des VIII. Bandes.

Zur Förderung des französischen Unterrichts insbesondere auf Realgymnasien. Von Dr. **Wilh. Münch,** Director des Realgymnasiums zu Barmen. Geh. M. 2. —

Der Sprachunterricht muss umkehren! Ein Beitrag zur Ueberbürdungsfrage von Quousque Tandem. geh. M. — .60

Die praktische Spracherlernung auf Grund der Psychologie und der Physiologie der Sprache dargestellt von **Felix Franke.** geh. M. — .60

Unter der Presse:

Englische Lautlehre für Studirende und Lehrer. Von **August Western.** Vom Verfasser selbst bearbeitete deutsche Ausgabe (von Engelsk lydlære for studerende og lærere).

Kurze Darstellung der englischen Aussprache für Schulen und zum Selbstunterricht. Von **August Western.** Vom Verfasser selbst bearbeitete deutsche Ausgabe (von Engelsk lydlære for skoler).

Verlag von Leopold Voss in Hamburg.

Briefe von Anna Maria von Hagedorn

an ihren jüngeren Sohn

Christian Ludwig

1731—32.

Herausgegeben von

Dr. **Berthold Litzmann,**

Docent an der Universität Jena.

gr. 8. 1885. ℳ 2.50.

Christian Ludwig Liscow

in seiner litterarischen Laufbahn.

Von

Berthold Litzmann.

gr. 8. 1883. ℳ 4.50.

Schuldrama und Theater.

Ein Beitrag zur Theatergeschichte

von

Emil Riedel.

gr. 8. 1885. ℳ 2.—

Verlag von GEBR. HENNINGER in Heilbronn.

Lac spirituale. Johannis de Valdés institutio puerorum christianio edidit Fridericus Kuldeway, Accedit epistola Eduardi Böhmer ad editorem data de libri scriptore. Editio altera. geh. M. 1. 20

Die provenzalische Poesie der Gegenwart von Dr. **Eduard Boehmer.** geh. M. 1. 20

Bernh. Liebisch, Leipzig, Kurprinzstr. 6 liefert in den beigesetzten ermässigten Preisen tadellose Exemplare von:

König, W., Etude sur l'authenticité des poésies de Clotilde de Surville, poète français du XV siècle. 1875. statt 4 M. für 1 M.

Reinhardstöttner, Carl v., Die italienische Sprache, ihre Entstehung aus dem Lateinischen, ihr Verhältnis zu den übrigen Roman. Sprachen und ihre Dialecte; nebst einem Blick auf die Ital. Literatur. 1869. statt 2 M. für 1 M.

Valdés, Juan de, 110 Göttliche Betrachtungen. Aus dem Ital. Mit einem Anhang: Ueber die Zwillingsbrüder Juan u. Alfonso de Valdés, von Eduard Böhmer. gr. 8. 1870. statt 5 M. für 2 M. 50
— Ueber die christlichen Grundlehren. Fünf evang Tractate, gedruckt zu Rom 1545, jetzt zuerst in's Deutsche übersetzt. 1870. statt 1 M. für 50 Pf.
— Sul principio della dottrina christiana. Cinque trattatelli evangelici, Ristampati dall'edizione Romana del 1545. 1870. statt 1 M. für 50 Pf.

Verlag von Gebr. Henninger in Heilbronn.

Rheinische Wanderlieder und andere Dichtungen von *Hermann Grieben.* Dritte, vermehrte Auflage der Gesammelten Gedichte. Mit dem Bildnis des Dichters. geh. M. 3. — eleg. geb. M. 4. —

Almania. Ylduiev. Versus cantabiles et memoriales. Dreisprachiges Studenten-Liederbuch. Auswahl der beliebtesten Studenten- und Volkslieder für Commers und Hospiz, Turnplatz und Wanderfahrt, Kränzchen und einsame Recreation. Von *Franz Winkhauff.* Erstes Heft. geh. M. 1. —
Zweites Heft unter der Presse.

Carmina Clericorum, Studentenlieder des Mittelalters. Edidit Domus quaedam vetus, Supplement zu jedem Commersbuch. Sechste (unveränderte) Auflage. Eleg. geh. M. 1. —

Jus Potandi oder deutsches Zechrecht. Commersbuch des Mittelalters. Nach dem Original von 1616 mit (neu bearbeiteter) Einleitung neu herausg. von *Dr. Max Oberbreyer.* Fünfte Auflage. Eleg. geh. M. 1. —

Von dem schweren Missbrauch des Weins. Nach dem Original des Justus Moyes von Assmannshausen vom Jahre 1580 mit (neu bearbeiteter) Einleitung neu hrsg. von *Dr. Max Oberbreyer,* Zweite Auflage. Eleg. geh. M. 1. —

Flola. Corium versicale de flohis. Autore Grifholdo Knickknackio ex Flohlandia. Ein makkaronisches Gedicht vom Jahre 1593. Nach den ältesten Ausgaben revidirt mit einer neuen Uebersetzung, einer literarhistorischen Einleitung nebst Bibliographie, sprachlichen Anmerkungen und Varianten, sowie einem makkaronischen Anhang versehen und neu hrsg von *Dr. Sabellicus.* Eleg. geh. M. 1. —

Dissertatio juridica de eo, quod justum est circa Spiritus familiares feminarum hoc est Pulices. Auctore Ottone Philippo Zaunschlifero, Prof. ord. utr. jur. Marburgensi (O Pi Zio Jorouserio). Nach den ältesten und vollständigsten Ausgaben revidirt, mit einer literarhistorischen Einleitung, bibliographischen Notizen, sowie erläuternden Anmerkungen versehen & neu hrsg. von *Dr. Sabellicus.* Eleg. geh. M. 1. —

Verantwortlicher Redacteur Prof. Dr. **Fritz Neumann** in Freiburg i. B. — Druck von G. Otto in Darmstadt.

Literaturblatt
für
germanische und romanische Philologie.

Unter Mitwirkung von Professor Dr. **Karl Bartsch** herausgegeben von

Dr. **Otto Behaghel** und Dr. **Fritz Neumann**
o. ö. Professor der germanischen Philologie   o. ö. Professor der romanischen Philologie
an der Universität Basel.   an der Universität Freiburg.

Verlag von Gebr. Henninger in Heilbronn.

Erscheint monatlich.   Preis halbjährlich M. 5.

VI. Jahrg.   Nr. 6. Juni.   1885.

Egils Skalle-Grimssons Saga. Öfversättning af A. U. Bååth (Mogk).
Falkman, om matt och vigt i Sverige (Maurer).
Muller, de rude en de jongere bewerking van den Reinaert (te Winkel).
Hyrtl, die alten deutschen Kunstworte der Anatomie (Wülcker).
Brandt, a grammar of the German language for high schools etc. (Berlin).
Palmberg, Die Kunst der Rede (Behaghel).
Bechstein, die deutsche Druckschrift und ihr Verhältnis zum Kunststil alter und neuer Zeit (Behaghel).
Kellner, Zur Syntax des englischen Verbums (Kluge).
Birdis, Quelques observations sur l'élément roman de l'anglais (Varnhagen).
Körting, Neue Untersuchungen zu Villehardouin und Joinville (Sternberg).
Weinberg, Das franz. Schäferspiel in der 1. Hälfte des 17. Jh.'s (Stiefel).
Morandi, Voltaire contro Shakespeare, Baretti contro Voltaire (Jaeris).
Kraak, die Entstehung und die Dichter der Chanson de la Croisade contre les Albigeois (Appel).
Foulché-Loire par le comte de Puymaigre (Liebrecht).
Kehrein, Supplement zur engl Schulgrammatik (Kaluza).
Bibliographie.
Literarische Mittheilungen, Personalnachrichten etc.
Dreymann, Erklärung.
Notiz, die diesjähr. Philologenversammlung betr.

Egils Skalle-Grimssons Saga. Öfversättning från fornisländskan af A. U. Bååth. Stockholm, Seligmann & Cs. Förlag. VIII, 253 S. gr. 8. Kr. 3,25.

Uebersetzungen können zweifacher Art sein: entweder eine wörtliche mehr oder minder freie Wiedergabe des Textes oder eine freie Bearbeitung seines Inhaltes; ein Mittelding ist für mich wenigstens ein Unding. Denn wenn in einer Uebersetzung wie der vorliegenden ganze Abschnitte übergangen, oder zu einer kaum wieder zu erkennenden Kürze zusammengeschrumpft sind, so vermag ich den Gesammteindruck, welchen der Urtext auf mich macht, nicht wieder zu finden.

Wie bei Bååths Uebersetzung der Njála ist auch in vorliegender fast alles, was nicht zum Kern oder zur Entwicklung der Saga gehört, einfach weggelassen. Ich vermag das nicht zu billigen. Ist es doch gerade ein Charakteristikum der klassischen Sögur, dass sie in echt epischer Weise nach allen Seiten hin lebhafte und für die Kulturgeschichte wichtige Detailschilderungen bringen; nicht zu ihrem Vortheile entbehren die späteren Sagas derselben. So steht mir, um nur ein Beispiel zu bringen, noch deutlich vor der Seele, mit welch lebhaftem Interesse ich Þórólfs zweite Fahrt nach Finnmarken (Reykjav. Ausgabe Kap. 11) und die eingehende Beschreibung dieses Landes verfolgte, als ich die Egilssaga zum ersten Male las, und immer spricht mich diese Stelle von neuem an. Daher wunderte ich mich nicht wenig, als ich in vorliegender Uebersetzung dieses ganze Ereigniss nur angedeutet, von der geographischen Beschreibung Finnmarkens aber keine Spur fand.

Abgesehen von diesem Grundfehler ist auch die vorliegende Uebersetzung als wohlgelungen zu bezeichnen. Ich habe nur wenig gefunden, was zu beanstanden wäre. Der ganze Ton ist naiv und ansprechend, die Skaldenstrophen sind in verständlicher und doch von dem Urtexte nicht allzu sehr abweichender Form gegeben. Egils Gedichte lesen sich recht gut; sowohl runhent in Höfuðlausn als auch fornyrðislag in der Arinbjörnardrápa und Sonartorrek sind gewandt gehandhabt und alle drei Gedichte mit leidlichem Verständnisse wiedergegeben, so weit man überhaupt hiervon im Hinblick auf die Vorlage sprechen darf. Denn unsere Egilslieder liegen noch recht in Argen, und manches ist in der arnamagnäanischen Ausgabe (Kopenh. 1809) hineingetragen, was die Hss., wie Ref. aus eigenem Augenschein weiss, nicht enthalten. So lange wir keine gewissenhafte Ausgabe der Egla besitzen, werden demnach die Egilslieder für uns nur einen relativen Werth haben und ihre Uebersetzung und Deutung auch nur relativ beurtheilt werden können.

Leipzig, Mai 1884.   E. Mogk.

Falkman, Ludvig B., Om Mått och Vigt i Sverige. Historisk Framställning. Stockholm, Selbstverlag des Verfassers. Bd. I. 1884. XXI, 466 S.; Bd. II. 1885. VII, 228 S. 8.

Eine Darstellung der Geschichte von Mass und Gewicht in Schweden, welche von einem früheren Generaldirector der Landesvermessung und Leiter des Aichwesens in diesem Reiche ist, hat selbstverständlich zunächst ganz anderen als philologischen Zwecken zu dienen; immerhin wird

18

eine solche auch für Zwecke dieser letzteren Art sich nutzbar erweisen können, sei es nun, dass es gilt, die verschiedenen für Mass und Gewicht gebrauchten Bezeichnungen sprachlich zu verfolgen, oder dass es sich darum handelt, die Handhabung der verschiedenen Masse und Gewichte im Verkehr sich sachlich klar zu machen und damit eine nicht unerhebliche Stütze für die Auslegung der Quellen zu gewinnen. Nach beiden Seiten hin ist es natürlich zumeist der erste, die Zeit vor 1605 behandelnde Band, welcher in Betracht zu kommen hat, wogegen der zweite, die Jahre 1606—1739 besprechende für den Philologen nur geringeres Interesse hat. Der Verf. sucht auch nach Kräften den Ansprüchen gerecht zu werden, welche von philologischer Seite her erhoben werden können. Er geht der Etymologie der Bezeichnungen für die einzelnen Masse und Gewichte nach und sucht festzustellen, von welchen Ausgangspunkten aus und auf welchen Wegen Sache wie Name dem Norden zugekommen sei; er geht andererseits auch sorgsam auf die Frage ein, bei welchen Gegenständen und in welcher Weise jede einzelne Art von Massen oder Gewichten zur Anwendung gelangt sei, und ein dem ersten Bande beigegebenes Inhaltsverzeichniss, dann ein dem zweiten Bande beigegebenes Wortregister machen ziemlich leicht, die auf jeden einzelnen Punkt bezüglichen Bemerkungen zusammenzufinden. Nicht nur das dem ersten Bande vorangehende Verzeichniss der benutzten Werke (S. III—XVI), sondern mehr noch das Buch selbst gibt überdies der Belesenheit des Verf.'s ein sehr günstiges Zeugniss. Aber freilich wird man bei dem Gebrauche des von demselben ungemein fleissig gesammelten Materials selbst diejenige Kritik zu üben haben, welche der Verf. seinerseits nur in sehr unzureichendem Masse geübt hat. Ihm selber fehlt die nöthige philologische Bildung, um beim Etymologisiren eigene Wege wandeln zu können, und bei der Wahl der Gewährsmänner, denen er folgt, weiss er ebenfalls keineswegs immer die nöthige Sorgfalt zu üben; in der ersteren Beziehung mag beispielsweise auf die Ableitung der bekannten „hamarskipt" von hám = Heim (S. 208—9) hingewiesen werden, in der letzteren aber auf die unbedenkliche Benutzung von R. K. Rask's für ihre Zeit höchst verdienstliche, aber heutzutage doch längst überholte „Undersögelse om det gamle Nordiske eller Islandske Sprogs Oprindelse (1818), welche der Verf. durch die Berufung auf Rask's ausgebreitete Sprachkenntnisse vergebens zu rechtfertigen sucht (S. 41, Anm. 1). Bei einem Manne von 77 Jahren sehr entschuldbar, darf ein derartiges Zurückbleiben hinter der Zeit doch nicht Anderen verderblich werden.

München.   K. Maurer.

De 'oude en de jongere bewerking van den Reinaert. Academisch proefschrift door J. W. Muller. Amsterdam, Frederik Muller en Co. 1884. 209, IV S. 8.

Dr. Muller hat sich mit dieser Dissertation den Doctorgrad auf würdige Weise erworben. Nicht nur sein Fleiss und seine Genauigkeit bei der oft minutiösen Untersuchung, sondern auch seine kritische Gewandtheit und Kenntniss der mittelniederländischen Schriftsprache verdienen Anerkennung. Freilich konnte auch er, bei der Mangelhaftigkeit der zu Gebote stehenden Hilfsmittel, die einschlägigen Fragen nicht zur endgiltigen Lösung bringen.

M. beginnt seine Arbeit mit der Entdeckung, dass die lateinische Uebersetzung (l), welche Baldwinus um 1280 vom älteren Reinaert verfasste, und welche Campbell im Jahre 1859, Knorr im Jahre 1860 herausgaben, nicht selten genauer zum jüngeren (II) als zum älteren (I) Reinaert stimmt, dass also die Hs. (a), welche wir vom älteren Reinaert besitzen, und welche um 1125 geschrieben ist, weit von der ursprünglichen Fassung abweiche. Stimmt die lat. Uebersetzung zu II, welche eine oft sehr freie Umarbeitung von I ist, dann hat man Recht, meint M., I nach I zu bessern. Schon Campbell bemerkte, dass l für die Herstellung des ursprünglichen Textes mit Erfolg zu benutzen sei. Ohne den Werth der schon im dreizehnten Jh. verfassten lat. Uebersetzung ganz zu leugnen, kann ich doch nicht umhin zu bemerken, dass M. nur dann berechtigt wäre, die Uebereinstimmung von l und I als Beweis für die Ursprünglichkeit einer Lesart geltend zu machen, wenn l und II beide direct auf y (den Archetypus) zurückzuführen wären. Statt des Schemas

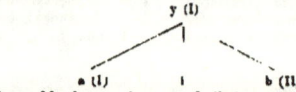

nimmt M. aber, und er war freilich zu einem anderen nicht berechtigt, als Schema der Genesis an

Damit verlieren die Uebereinstimmungen von l und II jegliche Beweiskraft.

Ausserdem war Muller genöthigt zu erkennen, dass es noch immer nicht möglich sei nachzuweisen, was in den beiden Fassungen von den Dichtern und was von den Abschreibern herrühre. Er musste also auf seinen Plan verzichten, die ursprüngliche Gestalt von Willems Reinaert und diejenige der Umarbeitung herzustellen, und den Unterschied zwischen der Schriftsprache von 1250 und der späteren von 1375 darzuthun. Aufrichtig bekennt er (p. 16): „Eene scheiding tusschen de twee dichters en de twee afschrijvers te maken (alleen uit een taalkundig oogpunt) vermocht ik niet, en zoo bleef er veel onzeker en daardoor zonder resultaat, dus onbelangrijk."

Er hat sich beguligt, eine Reihe kritischer Bemerkungen und Emendationen zu bieten, von denen viele durchaus richtig sind. Ein zu grosses Gewicht hat er dabei jedoch gelegt auf die Uebereinstimmung von l und II, und ausserdem scheint er, was weit schlimmer ist, ganz unterlassen zu haben, den franz. Urtext zu Rathe zu ziehen. Er hat übersehen, dass Uebereinstimmung mit dem franz. Texte vorläufig der einzig zuverlässige Beweis für Ursprünglichkeit der Fassung sein kann. Vers 707—776 würden ganz anders besprochen sein, wenn M. bemerkt hätte, dass im franz. Texte v. 10356 (éd. Méon) steht: „*Lanfroi qui deraut rint à une hache*" (wie I, 734 ff.: „*Vor hem allen quam gheronnen Lamfroit met ere scaerper ex*", welche M. im Begriff ist auszuwerfen), und dass in I darauf bald folgt, v. 746: „*nie maecte God so leelic dier*", eine fast wörtliche Uebersetzung des auch im franz. folgenden v. 10364: „*One nus ne vit si lede beste*". Ob I, 1066 *in* oder *vor* zu lesen sei, können vielleicht Tiberts Worte entscheiden, v. 10485: „*Respon moi, es-tu là dedens?*" I, 1265 f. würde bei M. kein Bedenken erregt haben, wenn er die Wörter *den beiaert stoen* einfach für *luden* genommen hätte; die Lesung II, 1284 f. „*dat een ean den treen*" stimmt jedoch genauer zum franz., v. 10598: „*an des pendans*". Dann und wann hätte M. den franz. Text benutzen können, um seine eigenen Ansichten zu stützen: I, 1083a *le horcwaert*, welches Martin gestrichen hat, Muller dagegen mit Recht beibehält, findet sich auch im franz. v. 10514 *G'irai à cort*. I, 1465 liest M. mit Jonckbloet *stree* statt *net*, und dass er Recht hat, ergibt sich aus dem franz. v. 10795: „*je fis Tybert chuoir es laz*". Dass II, 1820 f. richtiger ist als I, 1800 f. zeigt franz. 11034 ff.; den andern Francks Vorschlag hätte Muller II, 1842 f.: „*of hi Lamfreits honich at ende hem die dorper lachter dede*", in I erem endirrt, wenn er im franz. gelesen hätte, v. 10978 f.: „*Se Bruns menja li miel Lanfroi e li vilains le ledenju*".

Mit Hilfe des franz. v. 10112 f. könnte man I, 451 f. vielleicht herstellen, z. B. auf diese Weise: „*Doe leidmense in enen lodinen scrine | Die ghemuect was hi enghine | Onder die linde in een gras. | Van maerherstene eluer alse glas | Was die waere die duerop lach*" u. s. w.

Auch bei der Fortsetzung des Gedichts ist die Vergleichung mit dem franz. nicht ohne Nutzen. So ergibt sich aus v. 13636 „*Ces salues*", dass II, 4346 *salutatie* zu lesen ist statt *salvacie*.

Im zweiten Theil seiner Dissertation hat Muller versucht, die literarischen Verdienste und Fehler der beiden Reinaertdichter abzuwägen. In mancher Hinsicht begründet er die Ansichten Jonckbloets, Martins und Knorrs. Dagegen hat er auch die Verdienste des Umarbeiters und Fortsetzers mehr hervorgehoben, als gewöhnlich geschieht. Nicht immer seien die Erweiterungen und näheren Motivirungen des Umarbeiters zu tadeln, meint er, und er hat Recht. Auch hat der Verfasser des zweiten Reinaert seine Vorlage oft kürzer und kräftiger gemacht, als sie war, und viele Flickreime beseitigt. Der Fortsetzer zeigt nicht nur seinen Scharfblick in der Beobachtung der menschlichen Schwächen, sondern auch sein Talent zu lebendiger und malerischer Erzählung. Immerhin steht er weit hinter dem wirklich genialen Dichter des ersten Reinaert zurück. Seine Moralisationen würden allein schon genügen, ihm das Lob, das Willem gebührt, zu verweigern; seine Unursprünglichkeit aber ist sein grösster Mangel, wie Muller noch einmal im Einzelnen bewiesen hat, ohne jedoch vieles Neue beizubringen. Wenn M. meint, der Fortsetzer könne nur eine andere Redaction des Esopet benutzt haben als diejenige, welche wir jetzt noch besitzen, weil er eine Fabel mit aufgenommen hat, welche im Romulus zu finden ist, im Esopet aber fehlt, und weil eine zweite Fabel im Esopet viel kürzer ist, so übersieht er, dass uns der Esopet nicht vollständig erhalten ist, und dass der Fortsetzer des Reinaert selber ein Freund des Erweiterns ist.

Groningen, 10. Febr. 1885. Jan te Winkel.

Hyrtl, Die alten deutschen Kunstworte der Anatomie. Gesammelt und erläutert. Wien, Braumüller. 1884. 230 S. 8⁰.

Der Verfasser, ein verdienter Professor der Medicin an der Universität Wien, hat sein Leben lang dem Studium der Anatomie eifrig obgelegen. Als er endlich vor einer Reihe von Jahren die Lehrthätigkeit mit dem Landleben vertauschte, entschloss er sich, wie er selbst mittheilt, die Geschichte seiner Wissenschaft genauer zu erforschen. Auf seinem Landsitze versammelte er alle Bücher über Anatomie, die in Deutschland seit Erfindung der Buchdruckerkunst bis zum Ende des 18. Jh.'s erschienen sind, und studirte sie eifrig. Eine Frucht dieses Studiums ist das vorliegende Werk. In ihm sind die deutschen Kunstausdrücke zusammengestellt, deren sich die alten Anatomen zur Bezeichnung der Theile des menschlichen Körpers bedienten, und dieselben sind in ihrer Bedeutung genau bestimmt.

Diese Ausdrücke sind nun freilich von zweierlei Art. Da die Wissenschaft überwiegend am Latein festhielt, so sind die Benennungen, welche die deutschschreibenden Mediciner in ihren Schriften wählten, entweder directe Uebersetzungen aus dem Lateinischen und neu geschaffen, oder es sind schon vorher bekannte volksthümliche Bezeichnungen. Natürlich haben letztere für den Sprachforscher ein viel grösseres Interesse als die ersteren. Ausdrücke beider Gattungen stellt der Verfasser sorgfältig zusammen.

Für diese mühevolle Arbeit sind die Germanisten ihm zu höchstem Danke verpflichtet. Denn es ist ja eine unschätzbare Vorarbeit z. B. für den Lexikographen, dass ein Sachverständiger aus den entlegensten, den Philologen kaum zugänglichen Büchern die wichtigen Wörter auszieht und sie authentisch interpretirt. Letzteres wäre dem Sprachforscher gar nicht möglich, da bei ihm keine eingehenden anatomischen Kenntnisse vorauszusetzen sind. Der Verfasser hat aber nicht nur „den Registrator abgeben wollen", er ist vielmehr den Ausdrücken auch in älterer Zeit nachgegangen, hat sich ins Altdeutsche eingearbeitet und die Sprachdenkmale bis zu jener Zeit durchsucht, „in welcher die regen Germaninae noch auf Bärenhäuten schliefen und die Waden ihrer Gemahlinnen noch keine Bekanntschaft mit Strümpfen angeknüpft hatten". Ob der Verfasser sich so das germanische Leben zu Zeiten der Ulphilas oder Karls des Grossen vorstellt, weiss ich nicht zu entscheiden.

Gewiss hat er sich auch mit „den stummen Zeugen der Vergangenheit vertrauter gemacht, als man von einem Dilettanten erwarten konnte", aber man merkt doch bald, dass hier der Boden, worauf der Verf. sichersteht, aufhört. Zunächst knüpft er an die Glossare Diefenbachs — der Verf. schreibt stets Dieffenbach — an. Er scheint dieselben aber für älter zu halten, als sie wirklich sind. Schon S. 6 spricht er von den bei Diefenbach ausgezogenen Handschriften des 13. Jh.'s. Bekanntlich aber entstammen die verglichenen Glossarien allermeist dem 14. oder 15. Jh.; im speciellen Falle sind die Quellen Glossarien des 15. Jh.'s. Auch sonst ist dem Verf. nicht immer gelungen, sich aus Diefenbachs freilich etwas complicirter Citation herauszufinden. So heisst es p. 8, Diefenbach führe p. 201 aus den Glossae Bonnenses und Zwetlenses (XI. Jh.) *enus* als Hinterfenster auf. Dem ist aber nicht so, vielmehr ist das Citat aus Macer de Herbis (4) vom Jahre 1394; das obige Citat aus Gloss. Bonn. und Zwetl. aus Hoffmanns horae Belgicae bezieht sich nur darauf, dass *enorrois* mit *rucis* erklärt wird.

Die Etymologien sind auch nicht unbedenklich. Schon das fällt auf, dass ganz veraltete sprachwissenschaftliche Werke überhaupt in Betracht gezogen werden. Was liegt uns heute daran, wie Wachter das Wort *uder* etymologisch erklärte (p. 3), dass er *bairan* für dem Skythischen entsprungen dachte (p. 17)? Aber dass *uder* dasselbe sei, wie Otter und dass aus Otter „temporum lapsu Natter geworden sei" (p. 3), wird dem Verfasser nicht leicht jemand glauben, ebenso wenig, wer ein Herz für Lautverschiebung hat, dass deutsches *ballen*, *bille* dem lat. *pila* entstamme (p. 9).

Dies soll aber nicht den Werth schmälern, den das Buch für den Germanisten hat, der solche Unebenheiten ja leicht zu glätten weiss. Aber da das lobhaft und geistvoll geschriebene Buch wohl auch auf Nichtgermanisten berechnet ist, musste Obiges hervorgehoben werden. Eine sorgfältige Zusammenstellung der Synonyma sowie genaue Register machen das Werk sehr handlich.

Weimar, 7. Dec. 1884. **Ernst Wülcker.**

A Grammar of the German Language for high schools and colleges designed for beginners and advanced students. By H. C. G. **Brandt**. New York und London. 1884. IX, 278 S. 8⁰.

Die in den letzten zwanzig Jahren gemachten Fortschritte auf dem Gebiete der Laut- und Betonungslehre haben den Verf.[1] vorliegenden Buches veranlasst, sich an die nicht leichte und von ihm wohl zuerst unternommene Aufgabe zu wagen, die Ergebnisse und die Methode der sog. Junggrammatiker, die nach seiner Meinung 'are accepted and popularized only too slowly', in einer Grammatik weiteren Kreisen bekannt zu machen. Er hofft auf diesem Wege der students der high schools und colleges einen tieferen Einblick in das Leben und Wachsthum der deutschen Sprache zu verschaffen und zu einem recht wissenschaftlichen Studium derselben mit beizutragen. Dieser zum Theil heiklen Aufgabe hat sich u. E. Brandt mit dem Geschick des praktischen Amerikaners und der Gründlichkeit eines wohlunterrichteten Gelehrten entledigt. — In der Vertheilung des Stoffes freilich ist er, da das Buch nicht nur 'Vorgerückteren', sondern auch 'Anfängern' dienen soll, einige Male mit der systematisch-wissenschaftlichen Anordnung in Widerspruch gerathen, indem er dem praktischen Bedürfniss der letzteren zu Lieb Zusammengehöriges aus einander gerissen hat, eine Inconsequenz indess, die bei der sonst so übersichtlichen Anordnung kaum ins Gewicht fällt. Aus derselben Rücksicht auf die 'Anfänger' erklärt sich wohl auch die etwas magere Formenlehre, obwohl der Verf. hier für sich geltend machen darf, dass vieles von dem, was die sog. praktischen Grammatiken bieten, ins Wörterbuch zu verweisen sei. Davon abgesehen ist die reiche Fülle des Stoffes geschickt bewältigt und etwas Wesentliches wird man nicht vermissen.

Das Buch zerfällt in zwei insofern selbständige Theile, als der zweite, vom letzten Abschnitt abgesehen, ausschliesslich wissenschaftlichen Bedürfnissen entspricht, während der erste eine in der ganzen Anlage freilich auf mehr als bloss praktische Handhabung berechnete Aneignung der deutschen Sprache bezweckt — das ernstere Studium unserer Literatur hat der Verf. sichtlich dabei im Auge. Im 1. Theil wird (p. 1—47) die Formenlehre (Accidence) und (p. 51—154) Syntax behandelt, der 2. — Advanced Grammar — enthält A. Phonology (p. 157—193), B. Historical Commentary upon the Accidence (p. 194—216), C. History of the Language (p. 217—230), D. Wordformation (p. 231—264); ein Register (Subject — Index) fehlt natürlich nicht.

— Die grammatischen Thatsachen werden sauber dargelegt, an trefflich gewählten Beispielen erläutert, die wissenschaftliche Beleuchtung der sprachlichen Erscheinungen, für die B., so weit wir es zu beurtheilen vermögen, besonnen und selbständig die Ergebnisse fremder Forschungen (Pauls, Braunes, Kluges, Sievers', Sweets u. a.) verarbeitet hat, ist durchaus klar. Ueberall zeigt sich der Verf. nicht nur mit der einschlägigen wissenschaftlichen Literatur wohl vertraut, sondern bekundet auch ein feines Sprachgefühl[2].

Im Einzelnen ist natürlich das Buch noch mancher Verbesserung fähig und bedürftig. Dies gilt besonders von der Formenlehre, deren Mängel freilich zum Theil der Art sind, dass sie bei einem Ausländer oder einem unter lauter Ausländern lebenden Deutschen, der für vieles ja nur auf geschriebene Autoritäten angewiesen ist, am ehesten Entschuldigung finden dürfen. Müssen wir auch auf eine eingehende Recension des ganzen Inhalts verzichten, so sei es gestattet, wenigstens auf einige der letztangedeuteten Punkte den Verf. aufmerksam zu machen. In § 40 sollte es genauer heissen 'um'n Arm, von'n Bäumen' (p. 7 'In conversation is heard: um Arm, von Bäumen') Der Revision bedürfen die Wörter zu Ende des § 46. 4 und § 48, wo der Plur. 'die Läger' doch getrost als in der gebildeten Sprache der Gegenwart nicht mehr gebräuchlich bezeichnet werden dürfte. Laut § 50. 3 würde der Gen. Sg. von 'Habicht' und 'Hering' 'Habichtes,

---

[1] Er ist Lehrer des Deutschen und Französischen am Hamilton College in Clinton N.-Y.

[2] Nach einer Andeutung des Vorwortes scheint er doch geborener Deutscher zu sein?

Heringes' heissen; dagegen vgl. z. B. Krause, Deutsche Gramm. f. Ausl. § 30; Wilmanns § 115. 4. Der § 63. 1 angeführte Gen. 'des Vettern' ist doch so gut wie veraltet; ebd. ist der Zusatz 'rarely' bei dem Plur. 'die Dornen' schwerlich berechtigt. § 64. 3 wird als Plur. von 'Klima' angesetzt 'die Klimaten'; nach welcher Analogie? § 68 darf man wohl die Frage aufwerfen, ob in Wendungen wie 'Müllers sind nicht zu Hause' das s wirklich als Nom. Plur. und nicht vielmehr als Gen. Sg. anzusehen sei; in Hessen wenigstens sagt das Volk auch 'des Müllers sind n. z. H.' Natürlich fühlt es der Gebildete jetzt wohl allgemein als Plural-s. § 76. 2 figurirt 'nieder' als Comparativ! § 83 werden 'meinthalben' und 'meintshalben' auf eine Stufe gestellt, was den gegenwärtigen Gebrauch der gebildeten Sprache betrifft, gewiss mit Unrecht. § 124. 3 vermisst man das Partic. 'geschraubt'. § 143: der Artikel fehlt in den Verbindungen 'nach Osten, gen O.. von O.', aber nie anders als 'im Osten'. § 162. 1 'Zeug' als Msc. provinziell und veraltet. § 199. 1 wird 'einen Lügen strafen' als Constr. des doppelten Acc. bezeichnet; s. dagegen Heyne D. Wb. 6. 1268. — Ob alles, was im 2. Theile vorgetragen wird, schon so ausgemachte wissenschaftliche Wahrheit sei, dass es in eine Grammatik für Lernende gehöre, darüber mag man mit dem Verf. rechten. Jedenfalls aber bietet das Buch allen, die sich nicht als erster Hand über diese Dinge unterrichten können, in klarer, bündiger und übersichtlicher Darstellung die Ansichten der Junggrammatiker und die wirklich oder vermeintlich gewonnenen Ergebnisse von deren Untersuchungen bequem zusammengefasst. Alle Achtung vor den students der high schools und colleges, die eine fremde Sprache mit so wissenschaftlichem Sinn zu betreiben gewillt und fähig sind, wie es die Haltung dieses Buches fordert.

Leipzig. Georg Berlit.

Calmberg, A., Die Kunst der Rede. Lehrbuch der Rhetorik, Stilistik, Poetik. Leipzig u. Zürich, Orell Füssli & Comp. 1884.

Wollte dieses Buch nur — wie der Prospect der Verlagshandlung sagt — ein Rathgeber für angehende Beamte, Schauspieler, Schriftsteller, Geschäftsleute sein, würden wir dasselbe ohne weiteres seines Weges ziehen lassen; da es sich aber in erster Linie an die Schüler unserer höheren Lehranstalten sowie an den Lehrer wendet, können wir unsere schweren Bedenken gegen dasselbe nicht zurückhalten. Abgesehen davon, dass das treffliche Buch von Wackernagel „Poetik, Rhetorik und Stilistik" von dem Verf. des obigen Lehrbuchs ignorirt wird, abgesehen von der complicirten und verwirrenden Systematik und den oft unzureichenden Definitionen, geht ein Ton durch die zahlreich eingestreuten Beispiele, gegen den man im Interesse unserer lernenden Jugend Verwahrung einlegen muss. In dem Bestreben, geistreich und witzig zu sein, hat sich C. in dieser Beziehung unglaubliche Geschmacklosigkeiten zu Schulden kommen lassen, vor denen jedenfalls die Schule fern gehalten werden muss. Die „vermischten Nachrichten" der Tagesblätter scheinen ihm den erforderlichen Stoff geliefert zu haben. Bezeichnend ist, dass nicht das Mustergiltige, sondern vorwiegend alles Abnorme, Thörichte der Rede mit Beispielen belegt ist. So ist namentlich für die Rubrik der schlechten und faden Witze Sorge getragen. Um zu zeigen, was man Abschweifung der Rede nennt, wird S. 68 eine amerikanische Musterannonce mitgetheilt, von der wir folgende Stelle entnehmen: „In der vergangenen Nacht entführte der Tod schnell und unerwartet von ihrem Herde (die besten sind auf unserer Frontseite angezeigt unter dem Titel: Oefen und Herde) die Mrs. Sarah Edith Burns, Ehefrau des hochherzigen Redacteurs dieser Zeitung (Bedingungen: drei Dollars jährlich bei Vorausbezahlung). Eine brave Mutter und ein exemplarisches Weib. (Die Office ist über Colemanns Laden. Man klopfe etwas stark.) Sie schwang sich zu des Himmels lichten Räumen, um fortan ein Engel zu sein. (Langjährigen Abonnenten wird bei ihrem Ableben in unserm Blatte gratis ein Nachruf gewidmet. Sonstige Anzeigen kosten 10 Cents die gespaltene Zeile.)" Dahin gehört auch das schöne Beispiel auf S. 81. — S. 74: „In der komischen Rede sind Verstösse gegen die Wahrheit des Stils erlaubt: Ein neunjähriger Reisender in Spiritus sucht einen neuen Prinzipal in obiger Flüssigkeit." — S. 88: „Ebenso unwürdig ist es, von dem süssen Munde eines Schosshündchens zu reden." — S. 116: „Wenn man die einzelnen Wörter, ohne abzusetzen, schnell nach einander spricht, dann wird die Aussprache undeutlich; so klingen z. B. die Sätze: Aal ass sie. Lachs ass er. in solcher Weise gesprochen, wie französisch: à la si, lazuère". — S. 181 steht als Musterbeispiel eine „Warnung gegen das Cigarettenrauchen." — Auch die Humoreske von Mark Twain „Die Bedeutung der Säuglinge" S. 202 ist für ein Schulbuch unpassend. — Bei der Behandlung der Parodie waren andere Beispiele zu wählen, als das blöde „des Burschen Klage" S. 269: „Der Eichwald brauset, die Wolken ziehn, Der Bursche sitzet vor dem Kamin, Er seufzt hinaus in die finstere Nacht: Ach, hätt' ich doch erst mein Examen gemacht Und nicht so den Bierstoff gelechet"! Unsere jungen Leute sind ohnedies geneigt, über Alles zu witzeln, es ist ungebührlich, ihnen mit schlechtem Beispiel voranzugehen. — In § 44—46 wird der junge Mann zum Schriftsteller angeleitet. „Zu diesem Zwecke muss er dafür Sorge tragen, dass er für seine Handschriften gutes Papier, gute Tinte, gute Schrift und für seine Druckschriften gutes Papier, guten Satz, guten Druck zur Verwendung bringe. — — Durch Anbringen von Absätzen gebe man dem Ganzen eine gefällige Gliederung, durch Einfassung mit weissen Rändern einen freundlichen Rahmen. Es ist rathsam, beim Schreiben ein Blatt Papier unter die schreibende Hand zu legen, damit nicht ihre Ausdünstung das zu beschreibende Papier befeuchte und die Schrift zum Zerfliessen bringe. Das Druckpapier sei hell, nicht zu dünn, nicht brüchig und vom Drucke schön geglättet. Der Satz geschehe mit jeder möglichen Rücksicht auf die Augen der Leser: er bringe Lettern von genügender Dicke und Grösse und genügend grosse Zwischenräume zwischen den ein-

zelnen Druckzeilen; zu feine und zu kleine Lettern, sowie allzu eng gedruckte Zeilen sind (Gift für die Augen" u. s. w. — Höchst sonderbar berühren die Musterbeispiele, die den Hrsg. des Buches selbst zum Verfasser haben oder zu ihm in Beziehung stehen, so der an ihn gerichtete Brief der Freifrau Emilie von Gleichen-Russwurm S. 186, vor allem aber sein Vortrag „das wilde Heer" S. 196, der allein Stoff zu der lustigsten Recension geben würde, ferner S. 209 des Hrg.'s Rede, vorgetragen in einer deutschen Binnenstadt über „Gründung eines Zweigvereins der deutschen Gesellschaft zur Rettung Schiffbrüchiger". — Alles schal und unerspriesslich!
Basel, 8. März 1884. Otto Behaghel.

Die deutsche Druckschrift und ihr Verhältniss zum Kunststil alter und neuer Zeit. Vortrag von Reinh. Bechstein. Heidelberg, Winter. 32 S. 8. (Sammlung von Vorträgen hrsg. von Frommel und Pfaff XI, 7.)

Bechstein führt den interessanten Nachweis, dass bei der Umwandlung der Druckschrift, die unter dem Einfluss des jedesmaligen Kunststils stattfand, die Majuskeln nicht gleichen Schritt hielten mit den Minuskeln, und dass in der jetzt gewöhnlichen Schrift die Minuskel gotisch ist, während die Majuskel dem Stile der Zopfzeit angehört.
Basel, 26. Sept. 1884. Otto Behaghel.

Kellner, Leon, Zur Syntax des englischen Verbums, mit besonderer Berücksichtigung Shakespeares. Wien, Hölder. 103 S. M. 2,80.

Der Titel der vorliegenden Schrift lässt wenig erkennen, über was Verf. eigentlich handelt. Dies ergibt sich erst aus den Ueberschriften der einzelnen Kapitel; I. Begriff und Eintheilung der „genera verbi", II. Mehrfacher Ursprung der transitiven Verba, III. Mehrfacher Ursprung der Intransitiva, IV. Das verbum reflexivum, V. Das Passivum, VI. Das participium praesentis im Englischen, VII. Das participium praeteriti passivi.

Verf. beschäftigt sich also offenbar mit den verschiedenen allgemeinen Erscheinungsformen, in denen der verbale Begriff an sich bald so, bald anders auftritt, wozu auch die adjectivische Function als Participium gehört. Und es kann nicht geleugnet werden, dass derselbe mit der Wahl seines Gegenstandes einen ausserordentlich glücklichen Griff gethan hat, denn mehr als in andern Sprachen laufen im Englischen transitive und intransitive, intransitive und reflexive, active und passive Bedeutung der Verba durch einander. Da wir nun mit Sicherheit für die indogermanische Ursprache eine Entwicklungsstufe voraussetzen müssen, wo vor ihrer definitiven Festsetzung im Sprachbewusstsein die genannten Kategorien auf eine ähnliche Weise herüber und hinüber griffen, so muss es nothwendig das lebhafte Interesse des Sprachhistorikers erregen, denselben Zustand des Schwankens und des mannigfachen Functionswandels in einer durch eine tausendjährige literarische Existenz hin verfolgbaren modernen Sprache wiederkehren zu sehn. Es lassen sich so Rückschlüsse auf längst entschwundene prähistorische Verhältnisse unserer gemeinschaftlichen Muttersprache machen, welche eine etwas positivere Grundlage haben als so viele bloss auf subjectivem Gedankenspiel beruhende Hypothesen.

Natürlich muss, wer von solchen Gesichtspunkten aus an die Behandlung des englischen Verbums heran tritt, sich eine gewisse Weite des linguistischen Horizonts erwerben und, wenn auch nur in oberflächlicher Weise, mit den entsprechenden Verhältnissen verwandter und stammverschiedener Sprachen Fühlung nehmen. Dass Verf. mit ebenso viel Sorgfalt wie Verständniss diese Voraussetzung erfüllt hat, gibt sich in allen Abschnitten seiner Schrift kund. Ebenso muss auch anerkannt werden, dass derselbe überall mit Umsicht zu Werke geht und bedächtig alle Momente, die für den einzelnen Fall in Betracht kommen können, einer unbefangenen Würdigung unterzieht.

Damit ist aber auch alles zu Ende, was zum Lobe des Verf.'s und seiner Abhandlung gesagt werden kann. Im Übrigen fehlt es demselben vollständig an Schule bezw. an dem, was diese wenigstens zum Theil ersetzen kann, an Erfahrung. Aus ersterem Umstande ihm einen Vorwurf machen könnte freilich nur derjenige, welcher im Stande wäre, ihm eine Reihe von Meistern historisch-syntaktischer Forschung zu nennen, bei denen er sich hätte Schule aneignen können. Die Erfahrung aber wird sich bei weiteren syntaktischen Arbeiten von selbst einstellen, und Ref. kann nur lebhaft wünschen, dass Verf. fortfahren möge, sich mit syntaktischen Studien zu beschäftigen, denn s. E. besitzt derselbe alle dazu erforderliche Einsicht und Besonnenheit.

Der Mangel an Schule zeigt sich in der ganzen Art, wie Verf. seine Aufgabe zu lösen versucht hat. Er baut seine Untersuchung auf Grammatiken und nicht auf der Sprache auf. Gewiss sind es nur die besten grammatischen Werke, die er benutzt, aber keines unter ihnen gibt mehr als vereinzelte, abgerissene Notizen, welche nur sprungweise über gewisse an verschiedenen Punkten der Sprachentwicklung gemachte unvollständige Beobachtungen berichten. Nirgends finden wir genaue, auf umfassender Statistik beruhende, ohne Lücke von Stufe zu Stufe weiterschreitende Angaben über die continuirliche Entwicklung der einzelnen sprachlichen Erscheinungen. Das ist ja auch nicht Sache umfassender Grammatiken, sondern Aufgabe für besondere Monographien, z. B. die des Verfassers vorliegender Schrift. Leider hat derselbe dieses Verhältniss verkannt und begnügt sich, die Lücken, welche in dem von den Grammatiken zusammengestellten Material vorhanden sind, durch Combination auszufüllen. Verfährt er nun dabei auch vorsichtig und mit entschiedenem Verständniss für das Leben der Sprache, so ist es doch eben nur Combination, was er bietet, während jedermann weiss, dass in dem tausend Jahre umfassenden literarischen Material der englischen Sprache die Thatsachen selber uns erhalten sind — wenn sich nur erst jemand fände, dieselben gewissermassen aus dem Sprachstoffe, in dem sie eingebettet liegen, herauszulösen! So arbeitet Verf. also, unter theilweiser Anlehnung an früher beliebte Methoden, constructiv nicht inductiv. Auf dem Boden der historischen Sprachwissenschaft erlangt aber die constructive Methode nicht eher eine gewisse Berechtigung, als bis alle Mittel der inductiven Forschung nach ihrer ganzen Breite und Tiefe erschöpft sind.

Einen schwerwiegenden Fehler beging Verf. ferner, indem er diejenige Form der Sprache, wie sie unmittelbar aus Shakespeares Händen hervorging, zum Angelpunkte seiner Arbeit machte. Das war im höchsten Grade bedenklich. Denn Meister der Sprache sein heisst nicht bloss, das vorhandene Sprachmaterial gemäss den herrschenden Sprachgesetzen zum Ausdrucke allgemein geläufiger Vorstellungen möglichst reich und tief ausnutzen, sondern es bedeutet: zur Wiedergabe auch der feinsten und eigenartigsten Nüancirungen des Geistes- und Gemüthslebens sowie zur sprachlichen Darstellung der dem Kopf und Herzen des Genies sich neu erschliessenden Gebiete, theils neues Sprachmaterial schaffen, theils auch das vorhandene alte in neue Combinationen mit neuen Wirkungen zusammenfügen — beides aber so, dass Altes und Neues in einen einzigen einheitlichen Guss zusammenschmilzt. Die das Genie umgebenden zeitgenössischen sowie die ihm nachfolgenden kleineren Geister haben nun für diesen ganzen, von einem phänomenalen Dichter oder Prosaiker in Bewegung gesetzten Reichthum überquellender sprachlicher Mittel von vornherein keinen Bedarf noch Verwendung; den engeren Schranken ihrer geistigen Potenz entspricht auch eine verhältnissmässige Einschränkung ihrer Sprache nach Stoff und idiomatischer Verknüpfung. Einen Theil des vom Meister der Sprache gehobenen Schatzes müssen sie so nothgedrungen unbenutzt stehen lassen. Von einem andern Theil desselben wiederum könnten sie allerdings recht wohl Gebrauch machen, allein instinctiv trauen sie sich selbst nicht die Fähigkeit zu, gleich dem königlichen Beherrscher der Sprache die Neuschöpfungen desselben so in die traditionelle Ausdrucksweise einzusetzen, dass dieselben nicht den Eindruck des Fremdartigen, sondern den einer organischen, selbstverständlichen Entfaltung machen. Und so bleibt ein grosser Theil der Sprache Shakespeares und Luthers individuelles Eigenthum dieser einzigen Geister, hat weder directe Muster noch Nachahmer, und fällt damit ausserhalb des Ganges der continuirlichen Entwicklung der Sprache. Diese aber allein bildet in erster Linie den Gegenstand sprachhistorischer Forschung, und nur so kann dieselbe eine Betrachtung der Sprache solcher Männer für ihre Zwecke ergibig machen, dass sie aufs sorgfältigste unterscheidet: was gehört denselben individuell an? und was ist Allgemeingut der Sprache ihres Volkes gewesen oder geworden? Diese zweifache Forderung der Wissenschaft hat sich K. nicht klar gemacht, wir stehen daher bei jedem seiner Citate vor der unbeantworteten Frage: ist der damit belegte Gebrauch allgemein englisch oder ist derselbe ausschliesslich shakespearisch? So lange wir das aber nicht wissen, fehlt uns die wissenschaftliche Grundlage für die Würdigung desselben.

Mehr indess als irgend ein andres Moment muss ein Umstand in vorliegender Arbeit Befremden erregen: Verf. zieht auch nicht ein Mal das Wirken und Walten der Analogie mit in Betracht. Und man sollte doch annehmen, dass nachgerade ein jeder Forscher unseres Gebiets mit dem durchgreifenden Einflusse dieses mächtigsten aller sprachlichen Triebe vertraut wäre! Unser Verf. scheint aber keine Ahnung von demselben zu besitzen. Er constguirt sich aus den Angaben der Grammatiken und seiner eignen allgemeinen Kenntniss des Sprachlebens heraus eine gewisse Entwicklungsfolge in der Function des Verbums und nimmt dann offenbar an, dass jedes einzelne Verbum, welches er in Functionen auftreten sieht, die dem Ende seiner Entwicklungsreihe angehören, auch alle vorhergehenden Phasen derselben von Anfang an durchgemacht habe. Nichts ist aber unrichtiger als dies. Gewiss, ein Verbum hat sicher den angegebenen Bedeutungswandel — dessen Richtigkeit vorausgesetzt — durchgemacht, und eine geringe Anzahl anderer, ihrer Natur nach nah verwandter, Verben mag den einzelnen Stadien desselben in relativer Gleichzeitigkeit gefolgt sein: Nun aber war mit der auf diesem Wege zuletzt erreichten Function des oder der bezüglichen Verben ein Muster gegeben, welches beim Zusammentreffen günstiger Umstände theils Verba ähnlicher Art unmittelbar, unter Ueberspringung der Mittelglieder, nach sich ziehn, theils auch solche Verba, die auf wesentlich abweichender Grundlage beruhten, unter den Einfluss seines Beispiels zwingen konnte. Je öfter das geschieht, desto mehr tritt auch die neugewonnene Function in das Bewusstsein der Sprechenden, und dieser Umstand wiederum veranlasst dann — ähnlich wie oft im Momente der Krystallisation plötzlich alle Nadeln zusammenschiessen — schaarenweise Nachfolge fast aller noch übrigen Verba.

Ein Beispiel wird dies zeigen. Wir Deutsche sagen: „zwei von seinen Söhnen sind im letzten Kriege geblieben" und meinen damit „getödtet worden". Ganz ähnlich heisst es englisch „three persons remained dead". In beiden Fällen liegt die Vorstellung von Personen zu Grunde, die leblos dahingestreckt auf dem Schauplatze eines Kampfes, eines Unglücksfalles zurückbleiben, während ihre glücklicheren Genossen mit heiler Haut resp. heilem Leben davongehn oder „davonkommen", wie sich unsere Sprache in genauem Gegenbilde jener Wendungen ausdrückt (engl. to come off). Wahr ist nun, dass, je öfter diese Redensarten im Gebrauche wiederkehren, desto mehr der anschauliche Wirkung, wodurch sie doch erst so beliebt geworden, sich verliert: der gewaltsame Abschluss soeben noch in frischer Entfaltung befindlicher Menschenleben macht schliesslich einen tieferen Eindruck auf das Gemüth als die Vorstellung des äussern Vorganges auf die Phantasie, und wenn auch die auf letzteren bezügliche Redewendung bestehen bleibt, sie hört allmälich auf eine malerische Scene im Geiste wachzurufen, und es tritt an deren Stelle die sittliche und faktische Würdigung einer tiefschmerzlichen Thatsache, mit allen ihren Consequenzen mehr und mehr in den Vordergrund. So haben jene Ausdrücke für den Sprechenden und Hörenden bald keinen andern Inhalt mehr, als den eines einfachen

„sie wurden getödtet". Anstoss zu einer neuen Umschreibungsform für die passive Vorstellung wäre aber erst gegeben, wenn der Engländer nicht *they rem. deml sondern they rem. killed* sagte: dann könnten nach diesem Muster allmählich auch alle möglichen andern Verba mit der passivisch sich färbenden Vorstellung des „Bleibens" in Verbindung treten. Das Schwedische hat diesen Weg eingeschlagen. Dort heisst es: *de blefro dödade* „sie blieben [als] Getödtete [zurück]" d. i. „sie wurden getödtet"; hieran schlossen sich unmittelbar Wendungen wie: *ficnden blef hastigt tillbakaslagen*, und endlich konnte man von jedem Verbum sagen: *re blefro kallade, älskade, sökte* u. s. w.

Indess mit dieser Auseinandersetzung ist im besten Falle doch nicht mehr als eine interessante Anregung gegeben. Eine subjective Combination, mag sie auch noch so wahrscheinlich klingen, darf nicht als wissenschaftliche Thatsache hingestellt werden. Die von mir vorgeführte, allerdings sehr plausible Functionsentwicklung würde vielmehr erst dann zum Range einer objectiven Wahrheit erhoben werden, wenn ein Forscher an der Hand umfassender statistischer Erhebungen nachwiese: 1. wann zum ersten Mal ein Verbum mit schwed. *blifra* in eine Verbindung tritt, die passivisch gefasst werden kann, und wann in eine solche, die so gefasst werden muss; 2. welche (bedeutungsverwandten) Verba sich dem einmal gegebenen Muster in erster Linie anschlossen; 3. wann zuerst diese Verbindung mit *blifra* zu einem abstracten Ausdrucksmittel der Sprache für das Erleiden irgend einer Handlung wurde, so dass sie seitdem von Verben jeder Art eingegangen werden konnte.

K. ist sich der Nothwendigkeit dieses Vorgehens nicht bewusst geworden, und so ist es gekommen, dass er uns anstatt einer wissenschaftlichen Enquête nur ein wissenschaftliches Feuilleton geliefert hat. Dass dasselbe mit Geist und Urtheil geschrieben ist, soll dabei gern anerkannt werden; es kann daher auch die Lektüre desselben den Fachgenossen recht wohl empfohlen werden.

Reichenbach i. Schles., März 1885.

H. Klinghardt.

Edgren, Hjalmar. Quelques observations sur l'élément roman de l'anglais, considéré dans ses rapports au français moderne. In Lunds Universitets årsskrift. Tom XIX. 40 S. 4.

Der Verf. betrachtet: A. Les mots anglo-romans qui ne sont plus représentés dans le français moderne; B. Les mots congénères qui se sont différenciés par leur forme; C. Les mots congénères qui se sont différenciés par leur sens. Dieses Werk erinnert in mehrerer Hinsicht an A rough List of English Words found in Anglo-French von Skeat (vgl. Lbl. IV, 464). Nicht nur sind die behandelten Gegenstände mit einander nahe verwandt, sondern die Methode der beiden Verfasser ist auch ziemlich ähnlich. Zudem liegen Skeat'sche Etymologien beiden Arbeiten zu Grunde. Nur scheint Edgrens Sammlung gewissenhafter und zuverlässiger als die Skeat'sche. In den sprachgeschichtlichen Bemerkungen, besonders S. 16 ff., vermisst man hie und da eine gründlichere Kenntniss der altfranzösischen Mundarten, vor Allem der anglo-normannischen. Doch sind im Ganzen die Resultate wohl als richtig zu bezeichnen. Ueber manche Etymologien wird man streiten können. Aber wenn auch einige vom Verf. angenommene sicher zu verwerfen sind, so hat dies doch auf die Hauptergebnisse keinen Einfluss. Beispielshalber erwähne ich hier nur, dass *abash* nicht mit *ébahir* (S. 28) zusammenzustellen ist (vgl. Lbl. IV, 465); dass man für das altfranzösische *ruidier* (S. 7) nicht mehr *ridnare* als Etymon ansetzt, sondern **rocitare*, wofür Schuchardt, V. Thomsen, W. Foerster, Flecchia eingetreten sind (s. Romania IV, 256 ff., IX, 624, Zs. f. r. Philol. II, 169); dass Verf.'s Etymologie von engl. *virgin* (altfr. *virgine*) nicht haltbar ist, da *virgine* (nicht *virgene*) ein mot savant von sehr gewöhnlicher Formation ist.

Indess sind die sehr reichhaltigen Verzeichnisse, wie sie sind, von grossem Interesse und verdienen den Dank sowohl der Romanisten als der Anglisten.

Vänersborg (Schweden), Januar 1885.

Johan Vising.

Köritz, Wilhelm. Ueber das *s* vor Consonant im Französischen. Strassburger Dissertation. Strassburg. Druck von E. Bauer. 1885. 135 S. 8.

Treffliche Methode, klare Ausdrucksweise, im Ganzen geschickte Disposition eines fleissig gesammelten umfänglichen Materials, eine Reihe wenn auch nicht gerade überraschender, so doch durch Thatsachen umsichtig und gewissenhaft fundirter Resultate für die französische Sprachgeschichte, das sind Vorzüge, wodurch sich die oben verzeichnete Arbeit zu ihrem Vortheil von sehr vielen der in Uebermass erscheinenden Doctor-Dissertationen unterscheidet, deren Verfasser zumeist das Arbeiten nach einer gegebenen, oft zudem schlechten Schablone mit methodischer Forschung verwechseln. Mit Recht wendet sich der Verf. gegen diejenigen, welche an eine zwiefache lautgesetzliche Behandlung des *s* vor Consonant (*arrêter* und *rester*, *goût* und *juste* etc.), an ein zufälliges Fortleben des *s* in einigen Fällen glauben, und indem er, vor allem auf Grund einer verständig methodischen Scheidung von Erbwort und Lehnwort, den Beweis für die Allgemeingültigkeit der Lautregel vom Verstummen des *s*[*] für den vulgären franz. Wortschatz erbringt, liefert K. zugleich einen neuen willkommenen Beitrag zur Stütze des noch immer von einigen Seiten angefochtenen Axioms von der Allgemeingültigkeit der Lautregeln überhaupt.

Im 1. Kapitel stellt Verf. sich die Aufgabe, die „Zeit der Verstummung des *s*" näher zu präcisiren. Nachdem der Nachweis geführt, dass man in alten Wörter wie *detraire* neben *destraire* (Alex.), *regart* neben *resgarder* (Pass. 395) etc. nicht Verstummen von *s*[***] sondern zwei verschiedene Präfixe *de-* und *des-*, *re-* und *res-* annehmen muss, nach Erörterung ferner des Verhältnisses von altem *forfaire* zu *fors-faire*, von *-ime* der Ordinalzahlwörter zu *-isme*[1],

---

[1] K. gibt hier (S. 7) einen beachtenswerthen weiteren Versuch diese Ordinalzahl-Suffixe *-isme*, *-ime* zu erklären.

von -*asmes*, -*ismes*, -*usmes* der 1. P. Pl. Pft. zu -*umes*, -*imes*, -*smes*, und Besprechung endlich von *trebuchier* (P'ass. 494. OP's. CP's.), wird jene zeitliche Fixirung und Präcisirung der in Frage stehenden Erscheinung unternommen und zwar auf Grund vor allem der Beobachtung 1. von beweisenden Reimen (*mist* = *mittit*: *est* etc.), 2. von Assimilation bezw. Auslassung von *s* (*malle*, *almone* etc.), 3. des fälschlichen Setzens von *s* (*dist* = *dictus*, *escrist* = *scriptus* etc.), 4. des Setzens anderer lautphysiologisch und lautgeschichtlich unmöglicher Consonanten (daher stummer Zeichen) für *s*[2] (*idle* = *isle*, desgl. *medler*, *adues*, *ignel* = *isnel*, desgl. *maignie*[3] etc.) in einer Reihe datirbarer anglon. und continentalfranzösischer Texte und Hss. Die gesicherten Resultate dieser sorgsamen Untersuchung sind folgende: Das erste Denkmal, das einen das Verstummen von *s*... beweisenden Reim[4] bietet, ist Phil. de Thaun Best. 428 (*mest* = *mittit*:*est*). Hieran reihen sich mit weiteren beweisenden Reimen von app. Dichtungen Geffrei Gaimar, Jordan Fantosme, von continentalen Dichtungen Roman du Mont St.-Michel, Wace's Brut, Bénoît de Ste. More, Garnier de Pont Sainte-Maixence, Chrestien's chev. au lyon, Phil. Mousket, beide Condé. Danach ist *s* sowohl vor Muta (s. den Reim oben aus Phil. Th. Best.) als vor Liquida mindestens seit Anfang des 12. Jh.'s continentalfranzösisch wie anglonormannisch als verstummt zu betrachten, und diesem aus den Reimen gewonnenen Resultate treten die übrigen unter 2—4 genannten Kriterien für Bestimmung der Zeit des Verstummens von *s*... ergänzend und stützend zur Seite. Ueber einen ev. successiven Eintritt der Verstummung des *s* in den verschiedenen franz. Landschaften lässt sich mit unsern Hilfsmitteln Positives nicht aufstellen. S. 33 wird dann mit Recht das Verstummen von *s*... mit einem der allgemeinsten Gesetze der franz. Sprache, dem Gesetze von der

durch Beseitigung aller silbenschliessenden Consonanten geschaffenen Offensilbigkeit[5] der franz. Sprache in Verbindung gebracht.

Im zweiten Kapitel (S. 35 ff.) unternimmt es der Verf. das Gebiet der Verstummung von *s*... innerhalb des frz. Sprachgebiets geographisch näher zu umgrenzen, und zwar wird diese Grenzbestimmung auf Grund einer umfassenden Durchforschung der modernen franz. Patois versucht. Ich stelle das Ergebniss hier in Kürze zusammen: *s*... ist erhalten in wallonischen Dialektgebiet, bestimmter in den Mundarten von Lüttich[6], Namur, Malmedy, Ardennen zwischen Neufchâteau und Bouillon, im Westen bis Mons (*mostrer*, *usté* etc.; Erhaltung von aul. *s* imp. ist eigentlich hier selbstverständlich, da das Wallon. bekanntlich der *e*-Prothese entrüth); das Gebiet südlich und südwestlich von Mons (Valenciennes etc.) und westlich (Flandern) zeigen bereits Verstummen von *s*... und so alle andern franz. Dialekte.

Im dritten Kapitel (S. 55 ff.) weist Verf. dann die Allgemeingültigkeit der Regel von der Verstummung des *s*... im volkstümlichen (d. i. erbwortlichen) nfrz. Wortschatz nach, indem er die sämmtlichen Wörter des nfrz. Wörterbuchs mit erhaltenem *s* in gründlicher Weise untersucht und alle Ausnahmestellung erklärt. Die meisten der scheinbar die Allgemeingültigkeit der Regel in Frage stellenden Wörter mit bewahrtem *s*... erweisen sich als Fremdwörter aus dem Latein oder andern roman. Sprachen (Ital.·Span.), welche dem vulgären frz. Sprachschatz erst oder wieder zugeführt wurden von einer Zeit an, als das Gesetz für *s*... nicht mehr in Wirksamkeit war; die frz. Dialekte weisen in solchen Fällen oft erbwortliche Gestaltung der entsprechenden Wörter, d. h. Verstummung von *s*..., auf (vgl. Rouchi: *epasse*, *epion* etc.). Die Ausführungen des Verf.'s über die Kriterien, welche den fremdwortlichen Charakter in Betracht kommender Wörter zu beweisen dienen (vgl. besonders S. 83 ff.), sind stets gewissenhaft, meist erschöpfend, sowie durchweg überzeugend und geben von tüchtigen Kenntniss französischer Sprachgeschichte Kunde. In einer kleinen Anzahl nfr. Wörtern mit lautem *s*... ist dieses *s* erst auf analogischem Wege wieder hergestellt an einer Stelle, wo es der Regel entsprechend ursprünglich verstummt war und eine Zeit lang, wie uns die Zeugnisse der Grammatiker des 16. und der folgenden Jahrhunderte beweisen, in der That nicht gesprochen wurde: so in *presque*

-esimus als Basis von -*isme* wird verworfen. -*ime* ist mit Recht als gelehrte fremdwortliche Form, entweder von *settime* (vulgär *sedimi*) her entlehnt oder nach dem Muster von *prime* entstanden, gedeutet; -*isme* soll dann ausserhalb für *·ime* in den Zig-Zahlen *tentième*, *trentième* u. s. w. unter Einfluss der Zehnzahl *time* gebildet und da auch auf die Einerzahlen u. s. w. übertragen worden sein. Diese letztere Erklärung beruht sich mit der von Horning, Lat. *c* vor *i*, S. 22 vorgetragenen. Vgl. auch meine Erklärung von *·isme* aus *esimus* Zs. f. rom. Phil. VIII S. 261, die ich trotz der Ausführungen K.'s noch nicht für ausgeschlossen erachte.

[2] Auch *r* gehört zu diesen Consonanten. Viele Indizien, vor allem zahlreiche Reime, wie sie K. S. 31, Ulbrich Zs. II S. 545 u. a. aus den verschiedensten Gegenden und Zeiten zusammengestellt haben, sprechen für ein frühzeitiges Verstummen von *r*... in den meisten franz. Dialekten. (Das heute wieder gesprochene *r*... der nfrz. Gebildeten-Sprache ist auf einen Einfluss des Schrift- und Druckbildes auf die Aussprache zurückzuführen.) Das aber ist, gemäss dem Princip histor.·etymol. Orthographie nach wie vor in der Schrift meist beibehaltene *r* konnte nun wie andere Consonantenzeichen (*s*, *d* etc.) als stummer bedeutungsloser Buchstabe übertragen werden; vgl. Zs. f. rom. Phil. VIII, S. 383 Anm. Dem entsprechend erklärt K., wie ich glaube richtig, afr. *derver*, *varlet* als nur orthographische Varianten von *desver* (vgl. nfr. *endêver*), *vaslet*. Unklar ist mir nur, wie er mit diesem Ergebniss die Bemerkung S. 87 vereinen will: *rulet* könne man aus *varlet* entstanden erklären" etc.

[3] Dass *g* hier Mouillirung andeuten soll, wird auch von K. S. 30 f. mit Recht bestritten; cf. Zs. VIII, 381.

[4] Das verhältnissmässig seltene Vorkommen strict be-

---

[5] Ein Schüler von Gröber und mir wird über dieses Gesetz demnächst eine Arbeit veröffentlichen.

[6] Die Dial. Greg., welche der Mundart von Lüttich zugewiesen hat, stehen hierzu in Widerspruch mit verschiedenen sicheren Zeugnissen von verstummtem *s*... (s. S. 20), K. folgert daher S. 39: Die Dial. Gr. sind entweder nicht in der Mundart von Lüttich verfasst, oder sie stellen die Mundart vermischt schon mit centralfranz. Sprache dar. Das erstere dürfte das richtige sein. Die Localisirung des Textes in Lüttich hat schon Suchier, weil uns gewisse andere Charakteristika der Lütticher Mundart fehlen, bestritten und namentlich modificirt, als er für Namur plaidirt (Zs. II S. 275). Dagegen ist aber die Thatsache, die noch heute bedeutende Erhaltung von *s*... im Dialekt von Namur (K. S. 39). Daher wird wohl W. Foerster ziemlich das Richtige getroffen haben, wenn er jetzt (Roman. Forschungen B. II S. 206) die Dial. Gr. noch mehr dem Franz., also von Lüttich aus dem SW., nähern möchte; jedenfalls ist der Text noch über Bouillon hinaus

puisque lorsque jusque, deren Erklärung bei K. S. 125 f. sich so ziemlich mit der von mir Zs. VIII S. 411 vorgetragenen deckt. — In einer dritten Gruppe von Ausnahmen ist die Durchbrechung der s-Regel in der nfrz. Schrift- und Gebildeten-Sprache auf einen Einfluss der Schrift- und Druckbildes, der Schule und der sie beherrschenden, nach falschen Analogien reglementirenden Theorien der Grammatiker des 16. 17. 18. Jh.'s zurückzuführen; aus der Gebildetensprache drangen dann einzelne dieser Wörter auch wohl in die Volkssprache. — Endlich gibt es noch scheinbare Ausnahmen, das vor Consonant geschriebene *s* nur graphische, nicht lautliche Bedeutung hat; es handelt sich um Wörter mit der Gruppe *sc* wie *descendre* etc., in welchen *sc* nur Zeichen für tonloses *s* ist. — Die ganze Beweisführung des dritten Kapitels, der wir an dieser Stelle nicht weiter nachgehn können, ergibt als Resultat, dass eigentliche (d. i. unerklärbare) Ausnahmen von der Regel für *s'''* innerhalb des echt volksthümlichen franz. Wortschatzes nicht existiren, und damit dürfte die Allgemeingültigkeit der s-Regel erwiesen sein. Auf die vielen Einzelheiten, aus deren Erörterung sich das 3. Kapitel naturgemäss zusammensetzen muss, mich hier einzulassen verbietet mir der beschränkte Raum, obwohl ich in Beurtheilung mancher der besprochenen Einzelerscheinungen vom Verf. abweiche; ich kann nur zu ein paar Stellen der Arbeit weiter unten einige Bemerkungen folgen lassen. An dieser Stelle sei jedoch noch hervorgehoben, dass die z. Th. sehr eingehenden Artikel über die einzelnen Wörter mit ihren Belegstellen, ihren Angaben über erstes Vorkommen, über Bedeutung, Synonymik, Etymologie etc. treffliche Beiträge zu einem historischen Wörterbuch der franz. Sprache sind (vgl. u. a. S. 61, 69 ff., 105 ff., 111 ff., 120 ff. etc.); ein alphabetisches Register S. 133 ff. orientirt leicht über diese einzelnen Artikel.

S. 34 wendet sich K. gegen die von mir Zf.Fl. S. 108 geäusserte Hypothese, wonach *s'''* erst durch eine Mittelstufe *h'''* (deren Lebensdauer allerdings von sehr kurzer Zeit war) hindurchging, bevor es völlig verstummte: *forest : foreht : foret*. Ich bin weit davon entfernt, die Mittelstufe *foreht* als in jeder Beziehung gesichert und über allen Zweifel erhaben anzusehn. Doch muss, wie ich glaube, der Grad der Wahrscheinlichkeit eines solchen *foreht* (von Wahrscheinlichkeitsgraden kann bei einer Hypothese ja überhaupt nur die Rede sein) auf Grund der a. a. O. von mir angestellten Erwägungen und dort verglichenen Thatsachen als ein ziemlich hoher geschätzt werden, und mir erscheint dieser Grad von Wahrscheinlichkeit wenigstens durch K.'s wenig belangreiche Einwände in keiner Weise vermindert. Vgl. noch F. Bischoff in Herrigs Archiv LXXIII, S. 211.

S. 12. Warum zieht Verf. die zweifelsohne falsche Gleichung *descré = dissipata* dem Gröberschen Etymon *de-sucrare (von *sucrus*, vgl. Zs. V, 178) vor? S. 31 scheint er dann für dasselbe Wort wieder ein anderes Etymon (mit *r*, etwa *dirnare) anzunehmen; er spricht von dem nach Verstummen von *s'''* *r'''* eintretenden häufigen Wechsel zwischen *s* und *r* in der Schreibung; zu den Beispielen der Schreibung *s* für etym. *r* (*nustreli hesbergis*) stellt er auch *descer* und gibt dann erst mit „andererseits" fortfahrend Beispiele der Schreibung *r* für etym. *s* (*curlet*), wozu *dercer* gehört (s. o. Anm. 2).

S. 14. Die aus dem Libr. Psalm. App. beigebrachten Reime *manmistrent : respandirent, mistrent : entendirent* beweisen (ebenso wenig das Vorkommen von *firent* neben *fistrent*, s. S. 23) nicht etwa für ein lautgesetzliches Verstummen des *s'''*. An Stelle des handschriftlichen *-istrent* ist natürlich in beiden Fällen *-irent* zu lesen; aber diese letztere Form *-irent* ist nicht aus *-istrent* mit lautgesetzlichem Verstummen des *s'''* etc. entwickelt (lautgesetzlich wäre *-istrent* zu *-itrent* geworden, vgl. *pritrent* der Stephanepistel 8, c, nfr. *connaître* aus *conoistre, naître* aus *naistre* u. s. w.), sondern *firent, dirent, prirent* etc. statt *fistrent, distrent, pristrent* kommen analogisch nach dem Vorbilde von *eirent* (wie *feseis, deseis* in *meseis* presesis, *feseines desesimes mesesimes presesimes* etc. bekanntlich nach Analogie von *eeis, ecimes* etc.) und weiterhin nach dem Muster von *-irent* — *-irerent* zu Stande. Abgesehn von dieser Umgestaltung von *-istrent* zu *-irent* bietet die Geschichte der Gruppe *s-r* bezw. *str* noch manche anderen der Aufklärung bedürftigen Erscheinungen. Ueber solche sei mir hier noch eine kurze Bemerkung gestattet. Den dentalen Uebergangslaut zwischen *s-r* (also *str* für *sr*) hat auch das Pikardische (daher stets *estre* bezw. *iestre, anestres* bezw. *ancestres*[7]), während derselbe sonst bei *nr*

---

[7] Ich lasse hier absichtlich Wörter wie *naistre, puistre, paroistre, croistre, cognoistre* etc. weg. In ihnen handelt es sich meiner Meinung nach nicht um einen Uebergangslaut *t* wie in *estre* u. s. w., sondern *s* (in *sr*) rautlete sich in Assimilation an die umgebenden Dentallaute *s-r* ebenfalls zur Dentalis *t*. In gleicher Weise beurtheile ich den Uebergang von *nr* zu *ndr* in *veintre*, von *myr* zu *ndr* in *plaindre, fraindre, feindre, ceindre, joindre, oindre, poindre, steindre* etc. von *ver* zu *ntr* (*vdr*) in *chartre (tordret*, von *vgr* zu *vdr* in *entre, disperdre, sordre, terdre* etc., von *lgr* zu *ldr* in *fuldre* : überall ist die mittlere Gutturalis in Assimilation an die benachbarten Dentallaute auch in die Dentalreihe übergetreten, und zwar selbstverständlich Tenuis *e* zu Tenuis *t*, Media *g* zu Media *d*; das *d* die einzigen *tordre = *torgu(t)re*, das zu der Behauptung von *ver* in *chartre* in Widerspruch steht, erklärt sich leicht als Analogiebildung: wir man zu *vers sort, ters tert* etc. ein *vordre, terdre* hatte, so schuf man zu *tues tort* ein *tordre* statt des lautgesetzlichen **tortre*. Wenn somit in *ngr* zu *ntr* etc. *g* direct zu *d* werden, so bedurf das vor *ndr* nir *str* dann entwickelte *paras. i* (*plaindre, ceintre, conoistre*) einer besonderen Erklärung, wie Hornig, Ltr. e S. 38 richtig gegen Cornu Rom. VII, 367 bemerkt: denn *nsr* zu *ndr*, *ntr*, *str* kann sich nicht zu ohne weiteres paras. *i* einstellen. Wir müssen das par. *i* in jenen Infinitiven daher als analogisch übertragen ansehn nach dem Muster von Formen wie *plains plaint, reins reint*, *conois convoit* etc., wo sich das par. *i* in den Gruppen *ngt nei sei* lautgesetzlich entwickelte: von demselben Formen her drang das par. *i* ja auch in die 1. Sg. Präs. *plain reins* etc.: denn auch die Gruppen *vg + o u, ne + o u* entwickeln lautgesetzlich kein par. *i*, vgl. *sane tongue long*. Bei der vorstehend angedeuteten Auffassung der in Frage stehenden Lautwandlungen erklärt sich somit alles ungezwungen, während den früheren Auffassungen gewichtige Bedenken von der einen oder andern Seite entgegenstehn. Ascoli, Arch. glott. Ital. II, 440 f. (vorder etc.), Mussafia, Lbbl. IV, S. 279, Horning, Lat. e S. 37 f. setzen zunächst Assibilierung der Gutturalis (*g*) voraus (ähnlich die Auffassung von Darmstetter, Rom. III, 396), lassen dann *t, d* sich als Uebergangslaut zwischen der assibil. Gutt. und *r* einstellen und nehmen schliesslich Schwund dieser assib. Gutt. an: wir hätten demnach folgende Entwickelungsreihen: *vinere : reng(e)re : veintre : ceintre, cur-*

(*cenrai*) *lr* (*redrai*, *caurai*) *ml* (*seulcr*) den Uebergangslaut bekanntlich verschmäht: *dixerunt preserunt miserunt occierunt* etc. können demnach auch hier lautgesetzlich nur *distreut pristreut mistreut ocistreut* etc. ergeben, wie gemeinfranzösisch. Die Formen, welche statt dessen pik. begegnen, *discnt prisent misent ocisent* können daher nicht wohl auch von lautgesetzlicher Entstehungsweise sein: ich möchte sie deshalb als eine speciell dem Pikardischen eigene analogische Neuschöpfung auffassen; nach dem Muster der Formen 1. 2. Plur *desimes desistes*, *presimes presistes* u. s. w. mit *s* schuf man analogisch eine 3. Pl. *disent*, *prisent* etc. ebenfalls mit *s* statt der ursprünglichen Consonantengruppe, ebenso wie man 3. Pl. Präs. *disent*, *duisent* statt lautgesetzlichem *dient duirent* nach dem Muster von *disons*, *duisons*, *duisez* bildete. — Unerklärt ist in der Geschichte der Gruppe *sr* auch, warum afrz. neben *sdr* einige Male *sdr* erscheint (*mesdrent* Pass., *sisdrent* eb., *pisdrent*, *sisdra* Leod., *presdrent* Pass. Leod.). Ich glaube, dass wir zwei Gruppen wohl auseinander halten müssen: 1. tönendes *s* (= ursprüngl. intervok. *s*) + *r*, 2. tonloses *s* (= *ss*, *cs*, *c*) + *r*. In der ersten Gruppe stellte sich neben dem tön. *s* die Media d als Uebergangslaut ein: *mis(e)runt* ergibt also ganz lautgesetzlich das eben belegte *misdrent*, ebenso *pres(e)runt* auch *sisdrent* ist lautgesetzlich, wenn wir von einem **sescrunt* (s. Z. VIII S. 268) ausgehen. Ebenso wird *conuere*: *eös'ere*: *coudre*, und ebenso müsste es ursprünglich **ocisdrent*, **quisdrent* gelautet haben. In der zweiten Gruppe dagegen entwickelt sich neben dem tonl. *s* die tonl. Tenuis *t* als Vermittlungslaut: daher a) *estre*, *ancestres*, *listre*, b) *distrent*, *duistrent*, *fistrent* etc. das lautgesetzliche. Von diesen Beispielen zeigen die ersteren *estre*, *ancestre*, *listre* stets *str*: nur die unter b) genannten Formen der 3. P. Plur. Perf. weisen vereinzelt *sdr* statt *str* auf: *fisdrun*, *fisdrn*. Solche gelegentlichen Formen verdanken ihr *sdr* jedenfalls der Analogie jener anderen 3. Ps. Pl. Perf. *misdrent*, *prisdrent*, in denen *sdr* das lautgesetzlich berechtigte ist. Umgekehrt waren aber wiederum die Formen der 3. Pl. Perf. mit -*strent* so zahlreich, unter ihnen finden sich die 3. Pl. Pf. der relativ häufigsten Verba *faire* und *dire*: *fistrent*, *distrent*, so dass es begreiflich erscheint, wenn wir beobachten, wie die Formen der 3. Pl. Pft. mit

cere: *surd'ere*: *sordre*: *sordre*, **torquere*: *torkere*: *torc're*: *torstre*: **torstre* n. s. w. Allein wenn diese Reihen richtig wären, warum dann nicht auch fr. *fucere*: *foc're*: *foistre*, *dicere*: *dic're*: *distre* etc.? Dass es *faire dire* etc. heisst, beweist, dass *r* der vorletzten Silbe von *fucere dicere* etc. ebenso von *ciucere* etc. vor Assibilirung der Guttturalis gefallen ist. Hornings Versuch *faire* aus *faisre* zu erklären, ist in keiner Weise geglückt und wird nie glücken. Und weiter: wenn in der That der Eintritt der Dentalisch-Vermittlungslaut in *reintre surdrete* etc. vorherige Assibilirung von *e*, *q* voraussetzen würde, wo soll man sich dann das *d* in *foldre* — *fulmen* erklären, wo doch in der Gruppe *gu* Assibilirung *e*, *q* unmöglich? Dieses eine *foldre* stellt jene erörterte Erklärungsweise gänzlich in Frage. Und endlich im letzten: Dass in den genannten Fällen direkter Vermittlungslaut *t d* vorliegt, dürfte vielleicht noch durch das Pikardische seine Bestätigung finden: das Pik. kennt zwischen *nr lr* keine Vermittlungslaut *d* (*cenrai* statt *cendrai*, *solcr cunre* st. *soldre* etc.); läge also in *plaindre foldre* ein Vermittlungslaut zwischen *nr lr* vor, sollte man dann nicht pik. **plainre *folre* erwarten?

lautgesetzlichem *sdr* völlig untergehn und nach dem Muster von *distrent*, *fistrent* etc. auch *misdrent*, *prisdrent* etc. zu *mistrent*, *pristrent* etc. umgeschaffen werden.

S. 16. Für *disner* wäre wie auf Suchier Zs. I, 429 auch auf Paris, Romania VIII, 95 und Gröber Zs. III, 305 zu verweisen gewesen.

S. 17. Bei Besprechung der Doppelformen *prosdom* und *prodome* vermisst man einen Hinweis auf die treffliche Toblersche Erklärung Zs. II, 569 u. s. w. u. s. w.

Der Druck der Dissertation hätte sorgfältiger sein können. Warum verschmäht man es noch so oft, durch Cursivdruck des Fremdsprachlichen eine Arbeit übersichtlicher zu machen?

Freiburg i. B.   Fritz Neumann.

Haase, A., Syntaktische Untersuchungen zu Villehardouin und Joinville. Oppeln, Franck. 1884. 111 S. 8°.

Haase, welcher sich bereits durch seine Abhandlungen über die Syntax Pascals und über den Conj. bei Joinville bekannt gemacht hat, untersucht in dem vorliegenden Buche im Zusammenhang die syntaktischen Eigenthümlichkeiten der beiden ältesten französischen Historiker, welche einer derartigen Sonderbehandlung wohl werth waren. Die Untersuchung erstreckt sich auf die flexibeln Wortarten, wobei jedoch der Gebrauch des Conjunctivs nicht berücksichtigt wird, der ja schon anderweitig eingehend behandelt worden ist.

Als Resultat ergibt sich, dass, obwohl die Hauptwerke der beiden Autoren weniger als ein Jahrhundert auseinander liegen, doch in vielen Punkten syntaktisch sich ein erheblicher Unterschied zwischen beiden bemerkbar macht, selbstverständlich in dem Sinne, dass in jedem Falle Joinville dem neufranzösischen Sprachgebrauch näher steht. So natürlich diese Erscheinung nun auch ist, so interessant ist es doch, dies im Einzelnen anschaulich dargestellt zu sehen.

Der Verf. begnügt sich aber nicht damit, die syntaktischen Eigenthümlichkeiten seiner beiden Autoren vorzuführen, sondern er sucht auch den Verlauf der einzelnen Erscheinungen bis in die neuere Zeit zu verfolgen, allerdings nicht auf Grund eigener Forschungen, sondern durch Hinweis auf andre Specialuntersuchungen, so dass die aufgestellten Entwicklungsreihen manchmal Lücken zeigen.

Die Arbeit verdient wegen ihrer Sorgfalt und Gründlichkeit gelobt zu werden. Im Einzelnen erlaube ich mir folgende Bemerkungen.

Bei der Behandlung des persönlichen Fürworts vermisst man den Hinweis auf den absoluten Gebrauch der Nominativform wie in *il meïsmes l'amendiut de sa bouche; je et mi chevalier en teumes dieu* u. a. — p. 16. Das Pron. der 3. Pers. im reflexiven Sinne auf Sachen bezogen kommt nicht nur noch im 16., sondern auch im 17. Jh. z. B. bei Molière mehrfach vor; ebenso, obwohl seltener, die p. 28 besprochene Verwendung des Personale mit *de* statt des Possessivs (z. B. Mol. Tart. 1, 6 v. 411)

— Der Gebrauch des bestimmten Artikels vor Cardinalzahlen, um aus einer grösseren Anzahl eine kleinere abzusondern, ist nicht seit dem 16. Jh. verschwunden, wie p. 35 angegeben wird, sondern kommt noch heute vor; am häufigsten vor *un*, doch auch sonst. — p. 41. Der Artikel mit *de* nach Quantitätsbegriffen ist auch im 16. Jh. noch belegt, z. B.: *combien des froids hyvers ... uy-je preusé la terre* Rob. Garnier, Porcie 1131. — p. 51. Die Behauptung, dass in Sätzen wie: „*ne demourra ja demi pid entier d'os qu'il ne soit tout debrisiez*" *que* deutlich erkennbares Relativ sei, dürfte schwerlich zu halten sein. Ebenso will der Verf. in: „*nulz ne eschapoit de celle maladie que mourir ne l'en couvenist*" *que* als Relativum, dagegen in „*il n'avoit pooir d'ilec demourrer que mourir ne le couvenist*" *que* als Conjunction fassen, während doch offenbar beide Beispiele sich in dieser Hinsicht völlig gleich verhalten. — p. 59 wird mit Unrecht Gessners Behauptung bestritten, dass *tel* vor Cardinalzahlen zur Bezeichnung einer allgemein gehaltenen Zahlenangabe dient. Es entspricht in der That in diesem Falle nicht selten unserem „ungefähr, etwa, an", so z. B. unzweifelhaft in der angeführten Stelle Joinv. 628c. wo nach dem Zusammenhange der Begriff der Qualität ausgeschlossen erscheint. Derselbe Brauch findet sich übrigens auch in Provenzalischen. — p. 67. Das Fehlen des unbestimmten Artikels bei *autre* und bei attributivem *tel* kommt noch bei Molière mehrfach vor. — p. 81 wird behauptet, „der Singularis des Verbums bei vorangehendem pluralen Subject dürfte wohl kaum nachzuweisen sein". Ein solcher Fall liegt jedoch vor in: *Douze ceus crestiens che jour i demoura* Bast. de Bouillon 5423, ebenso in *cel peintre trois en chéi Cléom*. 760 (cf. Scheler zu Bast. de Bouillon. 3655); ein weiteres Beispiel gibt Tobler G. G. A. 1877. p. 1820: *Li corenant et li segrei et tuit li fait et li otrei ert en l'autre (sc. brief)* Troie 27595. — Zu dem auf S. 102 erwähnten freien Gebrauch des Inf. vergleiche: *je croyais tout perdu de crier de la sorte* (nach einem solchen Schreien) Mol. Sgan. 1, 3. Ebenso braucht Molière einen präpositionalen Inf. mit eigenem Subject in: *c'est seulement depuis hier qu'elle a pu se résoudre à nous signer mutuellement une promesse de mariage* (dass wir..) Av. V, 3 (v. 265). — p. 103 heisst es: „Das Object des praepositionalen Infinitivs ist Joinv. 432 f.: *un tourner que je fiz ma teste* .. umschrieben." Die Umschreibung betrifft doch nicht das Obj. sondern den Inf. „beim Drehen meines Kopfes, als ich meinen Kopf wandte". — ib. Die Neigung, statt des Infinitivs andre Ausdrucksweisen zu wählen, macht sich nicht nur, wenn der Inf. das Subj. gewesen wäre, sondern auch sonst bemerkbar, cf.: *vous .. m'osastes löer ma demourée encontre .. les saiges de France qui me looient m'alée* Joinv. 432, k.

Kiel, 20. März 1885.   A. Stimming.

Weinberg, Gustav, Das französische Schäferspiel in der ersten Hälfte des siebzehnten Jahrhunderts. Frankfurt a. M., Gebrüder Knauer. 1884. IV, 144 S. 8°. (Heidelberger Dissertation.)

Der Verfasser vorliegender Arbeit hat sich ein sehr interessantes Thema gewählt, das längst eine selbständige Behandlung verdiente. Für eine Dissertation war es ein wenig umfangreich, aber wegen der reichen Hilfsquellen leicht auszuführen. Die Hauptschwierigkeit lag im Auftreiben der meist seltenen Stücke. Allein wenn die Wahl des Themas glücklich ist, so ist die Ausführung nicht eben geglückt. Wohl fehlt es Weinberg nicht an Geschick zu literarischen Arbeiten. Er zeigt richtige ästhetische Anschauungen, Geschmack und Frische im Ausdruck. Man findet in seiner Schrift zahlreiche treffende Bemerkungen. Gleichwohl ist sie als Ganzes wie in vielen Einzelheiten verfehlt. W. verbreitet nicht nur kein neues Licht über den Gegenstand, sondern er kennt das Material kaum zur Hälfte. Der grösste Theil der Hilfsquellen ist ihm unbekannt geblieben. Sein Hauptführer ist die „Histoire du théâtre français" der Brüder Parfaict. Dass es noch andere Werke über das franz. Theater gibt, die das genannte Buch berichtigen und ergänzen, davon hat W. keine Ahnung. So sind ihm denn wichtige Aufschlüsse, die er bei Beauchamps, Mouhy, Léris, Clément et de la Porte und besonders in der dem Herzog von La Vallière zugeschriebenen Bibliothèque du théâtre franç. hätte finden können, entgangen. Desgleichen hat er Goujet's Biblioth. française, Viollet-le-Duc's Ancien théâtre franç., Ebert's vortreffliche Entwicklungsgeschichte der franz. Trag., Klein's Geschichte des Dramas und noch andere ältere wie neuere für den Gegenstand nützliche Hilfswerke nicht zu Rathe gezogen. Sehen wir zu, was unter solchen Umständen aus der Arbeit geworden ist.

W. beginnt seine Abhandlung mit dem Einfluss, welchen die ital. und spanische Pastoraldichtung und der Schäferroman Astrée auf das Schäferspiel ausgeübt haben. Erwähnung finden noch dabei der Amadis und die Pastourellen von Robin und Marion. Die Betrachtung des Schäferspiels selbst hebt der Verf. mit Montreux's 1585 erschienener Pastorale Athléte an. Es folgen in chronologischer Ordnung: Du Souhait, Poullet, Valletrye, Montchrestien, Hardy, Troterel, des Croix, Gallardon, Racan, Coignée de Bourron, Mairet, ein Anonymus, Gombaud, Borée, de la Croix (Pichon, du Cros, Morelle, Rayssiguier werden nur flüchtig erwähnt), ein zweiter Anonymus (P. R), Maréchal (kurze Notiz), Baro, du Rocher, Veronneau (nicht Verronneau) und zuletzt Scudery. In einer Schlussbetrachtung spricht W. von der Einwirkung des Alterthums — Virgil, Theokrit, Moschus, Longus — auf die Pastorale. Die Resultate, zu welchen seine Untersuchungen gelangen, liegen in den Sätzen ausgedrückt: „Man muss die pastorale Poesie eine Verirrung, aber eine nothwendige Verirrung nennen. Rousseau und d'Urfé sind zwei Vertreter desselben Gedankens. Das Pastoraldrama muss als Vorläufer des bürgerlichen Schauspiels betrachtet werden." — Dieser Analyse habe ich zunächst beizufügen, dass W. von den besprochenen 26 oder eigentlich 22 Pastoraldichtern nur 7 — Montchrestien, Hardy, Racan, Mairet, de la Croix, Baro, Veronneau — selbst gelesen hat; seine Angaben über die übrigen sind wörtliche Uebersetzungen aus Parfaict.

Was den Plan seiner Arbeit betrifft, so kann ich mich nicht ganz damit einverstanden erklären. W. würde besser gethan haben, mit dem Einflusse des Alterthums zu beginnen. Auch hätte er nicht versäumen sollen, den ersten pastoralen Erzeugnissen, die unter der unmittelbaren Einwirkung der Alten entstanden sind, dem Inhalt nach mittelalterlich, der Form nach antik, einige Worte zu gönnen; z. B. den Eglogues des Ferrand de Bez (zugleich einer der ersten Uebersetzer der Bucolica des Vergil) und der Bergerie spirituelle des Loys de Mazures (Uebersetzer der Aeneis) u. a. Dann konnte er den Einfluss Italiens etc. folgen lassen. Gleich dem Lustspiel und der Tragödie im 16. Jh. fand das, wie jene beiden, von Italien kommende Schäferspiel Anknüpfungspunkte im älteren französischen Drama, eine Thatsache, wichtig genug, um scharf betont zu werden. W. berührt sie mit keinem Worte. Was er über den ital. Einfluss mittheilt, entnahm er nicht etwa Klein, der ihm nicht bekannt zu sein scheint, sondern Ruth, einem in mancher Hinsicht trefflichen, in anderer wiederum oberflächlichen Werke. Er copirte, in der Eile übertreibend, mehrere ganz falsche Behauptungen, z. B. dass das Schäferspiel von dem Spanier Juan Encina ausgehe; dieser sei der erste kunstmässige moderne Dramatiker überhaupt; selbst Tasso sei ihm zu Dank verpflichtet etc. Dass schon 20 Jahre vor Encina's Auftreten Poliziano das erste Hirtendrama und zugleich das älteste klassische Stück in einer neueren Sprache überhaupt (Orfeo) gedichtet, dass 1486 Niccolo da Correggio, immer noch vor Encina, das 2. Hirtendrama (Cefalo) verfasst hat, weiss er nicht, obwohl Ruth einige Seiten später davon redet. Ferner lässt er eine richtige Beobachtung Ruth's, dass das Hirtendrama in Italien vielfach als Gelegenheits- und Festgedicht benutzt wurde, unbeachtet. Dieser Umstand, der auch von manchen französischen Pastoralen gilt, war selbstredend für die Form dieser Dichtungen von Bedeutung. W. findet dann den Einfluss Italiens mit einigen allgemeinen Bemerkungen und gelegentlichen Vergleichen ab, so dass man merkt, dass er von der Grösse dieses Einflusses keine entfernt richtige Vorstellung hat. Es scheinen ihm überhaupt nur 2 ital. Hirtendramen — Aminta und Pastor fido — zu Gesicht gekommen zu sein. Eine Erwähnung hätten schon die zahlreichen franz. Uebersetzungen der ital. Schäferstücke verdient. Von Aminta und Pastor fido erschienen bis 1638 je 7 Uebersetzungen (einzelne in wiederholten Auflagen), ferner wurden, meistens mehrere Male, übersetzt die Hirtendramen von Groto, Braccilini, Isab. Andreini, Ongaro, Bonarelli, Cremonino und Chiabrera. Neben diesen, die sich als Uebersetzungen ankündigen, gibt es noch sehr viele Nachbildungen ital. Pastorale, die nichts besseres als Uebersetzungen sind. Erfindungsarme Versemacher versuchten sich in der beliebten Dichtungsform, indem sie eine wenig bekannte ital. Pastorale in Alexandriner brachten und für eigene Erfindung ausgaben. Aus dem Gesagten dürfte die Nothwendigkeit einer gründlichen Kenntniss des ital. Schäferspiels zur richtigen Beurtheilung des franz. einleuchten.

Befriedigend sind die Mittheilungen W.'s über die Einwirkung der Astrée auf das französische Schäferspiel und die Erklärung, welche er von dem grossen Erfolg der Schäferpoesie in Frankreich, auf Grund des geistigen und sittlichen Zustandes der Gesellschaft jener Zeit, gibt. Dagegen fertigt er zu kurz Montemayor ab, nennt seine Fortsetzer gar nicht und ebenso wenig zwei berühmte ausländische Pastoralromane, welche 1624 ins Französische übersetzt, gleich der Diana Material zu Schäferspielen lieferten, ich meine die Arcadia des Ph. Sidney und die des Lope de Vega.

Ich muss darauf verzichten, indem ich zur Betrachtung des franz. Schäferspiels selbst übergehe, alle Lücken, Ungenauigkeiten und Irrthümer W.'s anzuführen. Ich erwähne also kurz, dass ihm etwa 50 Pastoraldichter ganz unbekannt geblieben sind und dass er von Anderen einzelne Stücke übersehen hat. Von den vergessenen Autoren seien Grevin, Fonteny, La Roque, Isaac du Ryer, Etienne Pasquier, Frénicle und Guérin de Bouscal besonders erwähnt, von den nicht gebührend beachteten Ant. Maréchal, dessen Bearbeitung der Arcadia des Sidney einige Aufmerksamkeit verdient hätte. Folgende einzelne Bemerkungen seien noch zur Beleuchtung der Arbeit verstattet: Die von Montreux 1585 veröffentlichte „Athléte" ist durchaus nicht „die erste nach der Renaissancezeit in Frankreich erschienene Pastorale." Ihr gehen vielmehr Nic. Fillenl's „Les Ombres" (1566) und 2 Pastoralen des Jaques de Fonteny (1578), alle 3 nach ital. Mustern, sowie mehrere pastorale Dramen allegorischen Charakters vor, Montreux, mehr ferner W. scheint von den Italienern nichts gelernt zu haben und in der phantastischen Anlage des Stückes den Spaniern gefolgt zu sein." Wie man eine solche Vermuthung aussprechen kann, ohne das Stück gelesen zu haben, ist mir unbegreiflich. Montreux ist in seinen 4 Tragödien wie in seinen 3 Pastoralen Nachahmer der Italiener. Von ersteren verräth eine schon durch den Titel — Sophonisbe — ihren Ursprung. Spanische Dramen, wie sie W. sich denkt, existirten um 1585 noch nicht. — Es ist falsch, dass Valletrye (1602) die erste Pastorale im 17. Jh. schrieb, Montchrestien's Bergerie, die bereits 1601 in Druck erschien, ist, wenn auch die Brüder Parf. die Zeit ihrer Aufführung erst 1603 setzen, die erste. — Von den Pastoralen des Pierre Troterel behauptet W. (nach Parf.), es sei davon nichts als der Titel erhalten. In der Bibl. du Théatre franç. (I. p. 372—85) hätte er deren Inhalt ausführlich finden können. — Die Pastorale „Les Amantes etc." des Nic. Chrestien des Croix ist nach W. „insofern wichtig, als sich hier zum ersten Male die später so beliebten Intermèdes finden." W. hat wenig Glück mit seinen Daten. Diese 1613 erschienene Pastorale ist nicht die erste mit Intermèdes; denn solche finden sich bereits in der 1596 gedruckten Pastorale „Arimène" des Montreux.

Nach dem bisher Mitgetheilten wird man wohl

schwerlich annehmen, dass W. grosse Anstrengungen zur Herbeischaffung des erforderlichen Materials gemacht hat. Trotzdem dürfte nachfolgende Aeusserung (S. 121) überraschen: „Es ist leider nicht möglich gewesen die Filli di Sciro des G. de Buonarelli (man schreibt Bonarelli) auf einer deutschen Bibliothek oder auf buchhändlerischem Wege aufzutreiben." Ich weiss nicht, ob W. nur auf einer deutschen Bibliothek gesucht hat oder auf allen. Doch möchte ich das erstere glauben. Es gibt nächst dem Aminta und Pastor fido kein ital. Drama, das häufiger vorkommt als die Filli. Mir fällt selten ein italienischer Antiquariats-Catalog in die Hand, in welchem nicht ein oder mehrere Exemplare verzeichnet sind. Zufällig liegt das antiquarische Verzeichniss 108 von Völcker in Frankfurt a. M. vor mir, ich schlage nach und finde sub Nr. 905 und 906 zwei Ausgaben des Stückes. Ferner erscheint schon seit vielen Jahren bei dem Buchhändler Zonzogno in Mailand eine Sammlung italienischer Klassiker unter dem Titel Biblioteca class. economica (der Band à 1 Franc), die in Deutschland die grösste Verbreitung gefunden hat. Der 13. Band, betitelt I drammi dei boschi e delle marine enthält ausser Aminta und Past. fido den Alceo des Ongaro und die Filli di Sciro.
Nürnberg, Nov. 1884. A. L. Stiefel.

Morandi, Luigi. Voltaire contro Shakespeare, Baretti contro Voltaire, con un' appendice alla Frusta letteraria e XLIV lettere del Baretti inedite o sparse. Nuova edizione migliorata e molto accresciuta. Città di Castello, S. Lapi. 1884. 356 S. 12. Lire 4.

Es ist bekannt, welch bedeutenden Platz Shakespeare in der Geschichte der Kritik im vergangenen Jahrhundert einnimmt; nachdem sein Name auf dem Continent lange unbekannt geblieben war, wurde er von 1756 an gleichsam das Losungswort und das Feldgeschrei der Gegner der klassischen Schule; in Folge dessen musste der grosse Tragiker natürlich den Angriffen der Klassiker ausgesetzt sein; diese Erwägung erklärt die Kritiken, zu deren Gegenstand ihn Voltaire machte. Allerdings hatte Voltaire zuerst Shakespeare ausserordentlich gelobt, ein Lob, das er jedoch mit den formellsten Einschränkungen begleitete; als aber der Ruhm des englischen Dichters in Frankreich grösser geworden war, als man sich nicht damit begnügte, seine Werke zu bewundern, sondern sie nachzuahmen suchte, da beunruhigte sich Voltaire über diesen Ruhm eines Fremden, der dem seinen schadete, und die Kritik nahm von dieser Zeit an einen immer grösseren Platz ein in seinen Urtheilen über Shakespeare; sie wurde zu einem Ausbruch von Zorn und Schmähungen, als 1776 Letourneur die beiden ersten Bände seiner Uebersetzung der Theaterstücke des grossen Dichters veröffentlichte; was Voltaire am meisten ärgerte war, wie man aus seiner Correspondenz mit d'Argental ersieht, der Umstand, dass Letourneur in der Vorrede zu seiner Uebersetzung Shakespeare als „le Dieu créateur de l'art sublime du théâtre" bezeichnete. Das hiess das Verdienst der klassischen Tragödie in Frage stellen; Voltaire, der so nun indirect selbst im Spiel war, unternahm „das patriotische und verdienstliche Werk einer Vertheidigung von Sophokles, Corneille, Euripides und Racine", das heisst seiner selbst, gegen Hanswurst-Shakespeare und Pickelhäring-Letourneur. So war die Gelegenheit zur Lettre à l'Académie gegeben, worin er sich bemühte, die gelehrte Gesellschaft zur Theilnahme zu bestimmen am Feldzuge, den er gegen Shakespeare führte.

Dieser Brief fand eine grosse Verbreitung und rief die lebhaftesten Widersprüche von Seiten der Bewunderer des englischen Dichters hervor; Lady Montagu, welche schon 1769 einen Essai sur les œuvres et le génie de Shakespeare veröffentlicht hatte, schrieb alsdann (1777) die Apologie des grossen Tragikers, und fast gleichzeitig mit diesem Pamphlet erschien der Discours sur Shakespeare et sur monsieur de Voltaire von Baretti, ein heftiger, boshafter Angriff auf den Verfasser der Lettre à l'Académie. Der Discours von Baretti ist selten und wenig bekannt. Es war ein guter Gedanke M.'s, die Aufmerksamkeit auf dieses interessante Denkmal eines Streites zurückzulenken, der die Geister in Leidenschaft versetzte; aber hätte er nicht besser daran gethan, ihn in extenso zu veröffentlichen, sei es in seiner Originalgestalt, sei es in einer Uebersetzung? Ich wäre geneigt es anzunehmen; so belehrend auch seine Analyse desselben ist, so bringt sie doch nur theilweise Baretti's Werk zu unserer Kenntniss, und er hat ihm so viele fremde Elemente beigemischt, dass man es manchmal mitten unter den Excursen ganz aus den Augen verliert.

Eines der Hauptargumente, die Baretti gegen Voltaire vorbringt, besteht darin, dass dieser nur unvollkommen das Englische kannte, wie übrigens auch das Italienische; wenn er also Dante und Shakespeare schlecht beurtheilt hat, so kommt das daher, dass er eben nicht im Stande war, sie zu verstehen. Man muss zugeben, dass dieses Argument ziemlich schwach ist, und es ist M. kaum gelungen, es zu verstärken; er veröffentlicht zwar den authentischen Text zweier italienischen Briefe Voltaires, in denen man manche grammatische Schnitzer findet; aber das beweist nicht, dass ihr Verfasser nicht im Stande gewesen sei, Dante und Tasso genügend zu lesen und zu verstehen. Was nun die angebliche Unkenntniss Voltaires in Bezug auf das Englische betrifft, so zerfällt sie bei näherer Betrachtung: der grosse Schriftsteller hat nahezu drei Jahre in England zugebracht; wie könnte man nun annehmen, er habe es während dieser Zeit nicht zu einer genauen Kenntniss der englischen Sprache gebracht, die er fortwährend studirte, wie er selbst sagt in seinem an Lord Bolingbroke gerichteten Discours sur la tragédie; und Bolingbroke musste ja wissen, was daran war. Nur der Voreingenommenheit Baretti's war es möglich, eine so wenig zweifelhafte Thatsache in Zweifel zu stellen; ist er nicht so weit gegangen, in der Verbesserung seiner Essays, welche Voltaire englisch schrieb, einen Beweis zu Gunsten seiner Behauptung zu erblicken? Indess existirte diese ihm verdächtig scheinende Correctur ursprünglich nicht; wie Spence (Anecdotes, 379) uns mittheilt, bat Voltaire Swift, sie durchzusehen. M., welcher Barettis Ansicht theilt, ruft zu seiner Vertheidigung das Zeugniss von Wilkes an; aber dieses Zeugniss hat gar keinen Werth; Wilkes war noch gar nicht geboren, als Voltaire nach England kam, und kaum zwei Jahre alt, als der Verfasser der Henriade es verliess; er konnte also nicht Voltaire in London uncorrect englisch reden hören. Das aus Voltaires Uebersetzungen gezogene Argument ist ebenso schwach; mit Ausnahme von zweien oder dreien beweisen die Fehler, die man darin nachweisen kann, nur, dass er schlecht übersetzte, sei es absichtlich, wie in seinen lächerlichen wörtlichen Uebersetzungen, sei es systematisch, wie in seinen elegant sein sollenden Amplificationen. Man muss also nicht in einer mangelhaften Kenntniss des Englischen den Grund suchen von Voltaires Angriffen auf Shakespeare; dieser Grund ist ein ganz anderer, und ich habe ihn schon angegeben: Haupt der bedrohten klassischen Schule, sucht der Verfasser der Zaire als solches die Werke eines Dichters zu verkleinern, dessen man sich bediente, um diese Schule zu stürzen. Was Voltaires Feindseligkeit gegen Dante betrifft, so rührt sie daher, dass er in ihm den Repräsentanten einer Civilisation und religiöser Meinungen sah, die er hasste.

Wenn der ganze Theil des Discours, worin Baretti sich mit der Frage befasst, in wie weit Voltaire englisch und italienisch konnte oder nicht konnte, mir nur wenig Interesse zu bieten scheint, so verhält es sich ganz anders mit dem Theile, worin er die drei Einheiten bekämpft; hier ist er in der That, wie man bemerkt hat, „ein Romantiker vor den Romantismus"; aber war es nöthig, bei dieser Gelegenheit die ganze Geschichte dieser berühmten Theorie, von ihrem Ursprung an bis auf Manzoni herab vorzuführen? Es gehört dies entschieden nicht zur Sache. Allerdings ist dieser Theil seiner Studie nur die Reproduction eines in der Fanfulla veröffentlichten Artikels; man findet vielleicht nicht ohne Grund, dass dieser Artikel hier nicht an seinem Platz war; aber man kann nicht umhin, die Competenz zuzugeben, die M. hier wie in seinem ganzen Essay über den Discours von Baretti zeigt.

Auf diesen Essay folgen acht Briefe aus der Scelta di Lettere familiari, London 1779, Briefe, welche die Herausgeber der italienischen Klassiker aus Furcht vor der Censur in ihre Sammlung nicht aufgenommen haben. Die Kühnheit der Angriffe, die sich Baretti besonders in einem derselben mittheilt, die er mit der Familie Thrale und Johnson machen sollte, enthalten wichtige Aufschlüsse über das Leben und den Charakter dieses zu wenig bekannten Publicisten. Diese Briefe machen ihm nicht bloss Ehre, sondern sie gewinnen ihm auch unsere Liebe. Man kann dasselbe von den meisten der 39 „uneditirten oder zerstreuten" Briefe sagen, die M. am Schluss seines Bandes zusammengestellt hat; die Mannigfaltigkeit der Fragen, welche Baretti darin behandelt hat, die Gutmüthigkeit, die er darin so oft beweist — warum zeigt er nur im 14. einen solchen Hass gegen Rousseau? — machen daraus eine zugleich belehrende und anziehende Lektüre und tragen viel dazu bei, das Verdienst eines Buches zu erhöhen, das ohnehin schon aus so vielen Gründen einer Empfehlung werth ist.

Aix, 25. März 1885.   Charles Joret.

--

Kraack, Ludwig. Ueber die Entstehung und die Dichter der Chanson de la Croisade contre les Albigeois. (Ausgaben und Abhandlungen aus dem Gebiete der romanischen Philologie. Veröffentlicht von E. Stengel.) Marburg, Elwert. 1884. 54 S. 8.

Das wichtigste in dieser künstlich geführten Untersuchung ist die Aufstellung und Begründung der Ansicht, die ersten 131 Laissen der Croisade seien nicht, wie P. Meyer glaubt, in einer mehr oder weniger absichtlichen Mischung französischer und provenzalischer Sprachelemente verfasst worden, sondern es liege ihnen ein in reinem Französisch südwestlichen Dialekts geschriebener Text zu Grunde, der sodann provenzalisch überarbeitet und interpolirt sei. Wenn auch eine Mischung zweier Sprachen keineswegs so beispiellos dastünde, wie der Verf. meint, erscheint doch seine auf die Reimuntersuchung gestützte Annahme glaublich. Alle Schwierigkeiten löst auch sie nicht. Ist es wahrscheinlich, dass -er aus -ère und -er aus -are im südwestlichen Französisch reimten? Die gewöhnliche Gestaltung des lat. ē : ei spricht nicht dafür. Das eine Beispiel solchen Reimes in der Katharinenlegende gestattet bei seiner Vereinzelung in einem Gedicht von über 2600 Versen nicht die Aufstellung einer Regel.

Die Thesen, welche der Verf. weiterhin aufstellt, sind durchaus anfechtbar. Es sind ihrer drei: A. *Maestre Guillem, us clercs qui en Nauarra fo a Tudela noirit*, ist nicht Verfasser der afrz. Geste, seine Einführung den Endsilben -ela verdankt, auf welche die Laisse reimt, dass jene Stelle mithin zu einem Schluss auf nähere Beziehungen des Dichters zu dieser Stadt kaum berechtigt. — Der Halbvers: *que maestre W. fit* ist, *maestre* dreisilbig gezählt, eine Silbe zu lang. Folglich wird an Stelle W.'s ein einsilbiger Name gestanden haben. V. 112 wird als Berichterstatter einer Thatsache ein Pons de Mela genannt, am Ende der 131. Laisse stand, jetzt radirt, als eine Art Unterschrift (scheint es) *Pons escrira*, folglich wird, immer nach K., Pons de Mela an Stelle von W. gestanden haben, und Pons de Mela ist zum Verfasser des ersten Theiles erklärt: K. selbst erklärt aber die Stelle, in der jener Halbvers vorkommt, für französischen Ursprungs. Afrz. scheint *maistre* jeder Zeit zweisilbig gewesen zu sein (s. Tobler, Versbau p. 42), aber auch v. 523 in einer unzweifelhaft provenzalischen Laisse wird *maestre* zweisilbig gebraucht, mithin lässt sich jene Behauptung auf dem Sprachgebrauch des Gedichts nicht begründen. Das einzige was wir von Pons de Mela wissen, dass er in irgend welcher Verbindung mit dem König von Navarra stand, wird von K. für unwahrscheinlich erklärt. Was wir vom Leben Guillems von Tudela wussten, ist nach K. falsch. Dagegen wird das bisher für Guillem Gültige dem Pons de Mela zugesprochen; doch natürlich wieder mit Ausnahme jenes Verses: *us clercs qui en Navarra fo a Tudela noirit*. Auf so unterminirtem Boden ist der neue Hypothesenbau errichtet. Wie unwahrscheinlich, dass Guillem einfach seinen Namen an die Stelle des Namens Pons gesetzt habe, ohne auch nur das Versmass zu berichtigen und ohne die Verse zu streichen oder zu ersetzen, die die Lebensumstände eines ganz anderen erzählen! Dem Dichter von 7700 Versen wäre es wohl auf ein Dutzend nicht angekommen, wo es die eigene Person galt. Ganz vergeblich ist endlich gar der Versuch, Guillem de Tudela mit Guillem Anelier de Toloza, dem Verfasser der Navarrachronik, zu identificiren. Abgesehen vom eminent zeitgenössischen Charakter der Croisade, hätte schon die Verschiedenheit der Gedichte in Sprache und Reimbehandlung K. von diesem Versuche abhalten sollen. Die für den Navarrakrieg so charakteristischen Reime auf tonloses -o treten in der ganzen Croisade nur in zwei vereinzelten Fällen auf, von den dort so häufigen Imperfecten *credio, metrio, gaitaro, escridaro* u. s. w., alle auf o reimend, findet sich hier keine Spur.

Was der Verf. von Gründen zweiten Grades für seine Thesen beizubringen hat, beruht grösstentheils auf Unkenntniss der Ausdrucksweise der alten epischen Dichtungen, auf sachlichen und sprachlichen Missverständnissen. Dass z. B. „*si com ditz la cansos*" nicht auf ein Misstrauen des provenzalischen Undichters gegen seine Quelle deutet, ergibt sich schon daraus, dass jede zweite Laisse auf o resp. *os* diese Phrase bringt (nämlich 6 unter 12), während der supponirte Interpolator sonst keine Veranlassung findet, sein Misstrauen zu bethenern. Von sachlichen Missverständnissen geben, unter vielen anderen, p. 18 und 19 mehrere Proben: v. 1049 ff. beziehen sich offenbar auf die Ketzer, nicht auf die Geistlichkeit; in v. 1859 kann von „feiner Ironie" des Interpolators keine Rede sein, der Zusammenhang ist gänzlich missverstanden. Die sprachlichen Kenntnisse des Verf.'s zeigen sich in den Emendationen, die er p. 31 vorschlägt und mit Uebersetzung begleitet: *Al comte Baudoi, cui Jesus gard e guit! Vint el, a Bennequel, quil* [= *qui.*] *a joie acuilhit* (für: *que mongoy l'acuilhit*); „der ihn mit Freuden aufnahm", und: *E Jaufre de Peitius que lui pas n'oue oblit* (für: *qui lui pas non oblit*); „dass man ihn nicht vergesse". Freilich stehen wenigstens Fragezeichen bei dem so hergestellten Text.

Berlin.
C. Appel.

Folk-Lore par le Comte de Puymaigre. Paris. Émile Perrin, Quai des Grands-Augustins, 35. 1885. 367 S. 8°.

Es ist im höchsten Grade erfreulich, dass der Graf Puymaigre sich durch seine Freunde hat dazu bestimmen lassen, seine auf Volkskunde bezüglichen, in vielfachen Zeitschriften zerstreuten Aufsätze zu sammeln und vereint bekannt zu machen; wer die Arbeiten desselben kennt, weiss, wie gründlich er stets zu Werke geht und dass stets Anziehendes und Belehrendes zu erwarten steht; er wird sich auch hier nicht getäuscht finden.

Gleich die erste Abhandlung „La Poésie populaire en Italie" bietet eine sehr willkommene Uebersicht des betreffenden Gegenstandes, der wir als die neuste Zeit herabführt und bis zur Gegenwart vervollständigt ist. Gelegentlich des hier ausführlich besprochenen und in Frankreich unter den Namen Jean Renaud oder roi Renaud bekannten Volksliedes will ich bemerken, dass dasselbe in England und Schottland den Namen Clerk Colvill führt und in den 'English and Scottish popular Ballads edited by Francis James Child. Boston 1884.' Vol. I. Part. II. p. 371 ff. auf das eingehendste in seiner Verbreitung verfolgt wird. Ich habe genanntes Werk an dieser Stelle 1883 Sp. 151 und 1885 Sp. 16 angezeigt.

Unter den folgenden Artikeln in dem Buche Puymaigres erwähne ich ferner besonders 'Un poème en patois niçard', weil es den Leser mit einem ziemlich unbekannt gebliebenen, aber manche Schönheiten bietenden Gedichte und Dichter bekannt macht. Der Name des letzteren lautet Rancher. „Le poète qui le porta et dont aucune biographie n'a daigné se souvenir, reçut au baptême les prénoms de Joseph-Rosalinde et naquit à Nice en 1784." Er war in seiner Dichtung (sie heisst La Nemaida) ein halber Italiener, und Graf Puymaigre bemerkt in dieser Beziehung: „Un allemand de beaucoup d'esprit, me disait à Nice même, à propos de la situation de cette ville: 'Voyez-vous, toutes ces villes qui sont sur les frontières louchent toujours'. Cela est vrai, et Rancher aussi a eu un oeil sur la France, l'autre sur l'Italie. D'un coté il a vu le Lutrin, de l'autre la Secchia rapita et l'Orlando de Berni. Voilà les influences sous lesquelles a écrit et qui ont fait tort à son esprit original. C'est le Lutrin qui a eu le plus d'action sur l'idée première de la Nemaida."

Der Graf Puymaigre besitzt eine sehr eindringende und umfassende Kenntniss der deutschen Sprache und Literatur, wie dies auch aus zahlreichen Stellen seiner Arbeiten erhellt, und es wird daher willkommen sein, aus dem Aufsatze Chants allemands de la Lorraine hier folgendes Urtheil von so competenter Seite wiedergegeben zu finden. „Les Allemands ont le sentiment de la poésie à un très-haut degré, et il en est resté quelque chose à la population, relativement assez restreinte qui dans l'ancien département de la Moselle parle, plus ou moins altéré, l'idiome germanique. Cela est si vrai que dernièrement on m'a remis comme un chant indigène les strophes de Pfeffel intitulées la Pipe. Oh! qu'il en est différemment avec nos chanteurs rustiques! Dans ce qu'on pourrait nommer les chants artistiques de ceux-ci, la forme est déplorable; pour eux Béranger, que l'on s'obstine à nommer le poète national, le poète populaire, Béranger même est inconnu. Dans les villes on a pu chanter ses couplets, moins à cause de leur mérite que grace aux charmes égrillards de Lisette et de Frétillon, mais ces couplets n'ont pas pénétré dans les campagnes, où leur style les eût rendus incompréhensibles. J'ai vu une bonne d'enfants allemande comprendre le Guillaume Tell de Schiller; donnez donc Athalie à la plus aristocratique des femmes de chambre françaises! Voilà le contraste, et le contraste qui explique pourquoi la poésie populaire allemande peut avoir quelquefois un ton si relevé; pourquoi même les inspirations des poètes les plus artistiques peuvent être entendues du peuple, et pourquoi ces poètes n'ont quelquefois pas dédaigné de travailler pour lui."

Ich hebe ferner hervor die Abhandlung La légende de Blondel, worin Graf Puymaigre die historische Grundlosigkeit dieser Sage zu beweisen sucht und worin man ihm wohl beistimmen wird. Dergleichen mit der in Rede stehenden übereinstimmende Sagen finden sich an mehrfachen Orten, selbst in Japan; s. Brauns, Japanische Märchen und Sagen, Leipzig 1885 S. 253 ff. 'Nakahuni'. — La fille aux mains coupés, in Grimms Märchen „Das Mädchen ohne Hände", behandelt und untersucht einen weit verbreiteten Stoff, welchen in der Mélusine II. 309 f. ein arabischer Ursprung zugewiesen wird, neben den ich jedoch eine sehr genau übereinstimmende Version aus der „Volksliteratur der türkischen Stämme Süd-Sibiriens" stelle: s. Radloff, Petersb. 1872 IV. 408 f. „Die Almosenspenderin". — Eine andere Untersuchung, Virgile au moyen âge, beschäftigt sich gleichfalls mit einem wohlbekannten Gegenstande. Zu den angeführten, dahin gehörigen Schriften füge ich noch Arturo Graf, Roma nella memoria e nelle immaginazioni del medio evo II, 196 ff. „Virgilio".

Andere sehr anziehende Abhandlungen übergehe ich, auf das Buch selbst verweisend, und nenne nur noch die letzte Les dayemans, die mit der Erklärung beginnt: „On donne le nom de dayemans, dans l'ancien département de la Moselle, à des espèces de colloques plus ou moins rimés ou assonancés, qui se produisaient au retour des veillées d'hivers appelées couairails. C'était surtout dans la soirée du samedi que l'on dayait." Auch dieser Artikel gleich allen andern ist sehr anziehend und belehrend.

Belehrend ist auch was Graf Puymaigre am Schluss seines Aufsatzes Les chansons de geste françaises bemerkt: „On voit que notre littérature du moyen âge est bien vengée du mépris qu'on lui montrait autrefois .... A présent, on doit presque craindre une trop forte réaction, que les romanistes veuillent bien y penser: il ne suffit pas qu'un livre ait paru pendant des siècles digne de l'oubli, pour sembler aujourd'hui digne de l'impression." Diese Warnung ist ganz wohlbegründet und passt nicht minder für unsere Germanisten.

Lüttich.   Felix Liebrecht.

Schröer, M. M. Arnold. Einleitung und Paradigmen zur Lehre von der Aussprache und Wortbildung. (Supplement zur Englischen Schulgrammatik.) Mit einem Anhange, enthaltend Transscriptionsproben zu H. Bergers Lehrbuch bezw. zu R. Sonnenburgs Grammatik der Englischen Sprache. Wien, Hölder. 1885. VI, 34 S. 8° und 11 Holzschnitte.

Ein dankenswerther Anhang zu unseren Schulgrammatiken. Wir legen besonders Gewicht auf den phonetischen Theil (S. 1—15), welcher durch die knappe und klare Behandlung geeignet ist, die vielen der Phonetik noch scheu und ungläubig gegenüberstehenden Schulmänner zu einer vorläufigen Umschau auf diesem Gebiete einzuladen. Schröer schliesst sich ganz an Sweet an, was wir nach eigenen praktischen Erfahrungen billigen: die akustische Theorie, so gut begründet und so sorgfältig sie ausgeführt ist, kann in der Schule nicht verwerthet werden; dagegen ist es mit dem Sweet'schen Diagramm ein Leichtes, dem Schüler „die Zunge zu stellen", was neben allem Vor- und Nachsprechen, auch wenn Lehrer und Schüler für Lautschattirungen ein durchaus empfängliches Ohr haben, durchaus nothwendig ist. Wir haben hier nur die folgenden Wünsche für eine neue Auflage vorzutragen: 1. sollte zur Verhütung von Irrungen bei phonetischen Versuchen bemerkt werden, dass die Zungenstellung häufig auch Veränderungen in anderen Theilen der Mundhöhle im Gefolge hat (eine Andeutung davon ist Vorrede S. V gegeben); 2. muss vor rein diphthongischer Aussprache des a und o (in fate und note) gewarnt werden (Schröer theilt uns brieflich mit, dass er selbst im Unterricht die nämliche Restriction mache); 3. möchte man auch hier eine vollständige Tabelle der Vokallaute nach ihrer Stellung im Sweet'schen Schema haben, wie sie sich in des Verf.'s Broschüre „Ueber den Unterricht in der Aussprache des Englischen" findet. — Für den zweiten Theil von Schröers Schrift möchten wir genauere etymologische Angaben wünschen. Die Bemerkung zu dem a in meag u. dgl. vermischt Etymologie und Bedeutung. — Wir hoffen, dass die kleine Schrift, welche sich den in den Schulen schon eingeführten Büchern als bescheidene Hilfe an die Seite stellen will, diesen Zweck in weitem Umfang erreichen werde.

Karlsruhe, 25. April 1885. E. v. Sallwürk.

Zeitschriften.

Zs. f. vergleichende Sprachforschung Bd. XXVII, 4: J. Hoffory, Die reduplicirten Praeterita im Altnordischen. — Friedr. Hausen, Der griechische Circumflex stammt aus der Ursprache. (In den Endsilben mehrsilbiger Worte entspreche einem circumflectirten langen Vokal oder Diphthong im Griechischen ein langer Vokal oder Diphthong im Gotischen, einem oxytonirten langen Vokal oder Diphthong im Griechischen ein gekürzter Vokal im Gotischen.) — Ferd. Holthausen, Die reduplicirenden Verba im Germanischen; altnord. *brá* „schwang"; *robe* (zu lat. *crepo*). Archiv f. das Studium der neueren Sprachen u. Literaturen LXXIII, 2: P. Eberhardt, Der Lucidarius Tillleberts. 129. (Auch Italiener Diss.) — H. Isaac, Die Hamletperiode in Shakespeares Leben. 163. — A. Rudolf, Kyffhäuser, Tannhäuser, Rattenfänger. 172. — Beurtheilungen und kurze Anzeigen. — Miscellen: Erörterung einer grammatischen Frage. (Lied aus „die Meistersinger" oder: Lied aus „den Meistersingern" u. dgl.) — Zu Goethes Faust. — Zur deutschen Orthographie. — Dickmann, Zum Namen „Canada".
Taalstudie VI, 3: H. F. V. M., Le Savetier et le Financier. 129. — A. van der Ent, L'Étude des Mots et de leur Signification. 141. — Termes de marine. 151. — J. H. van der Voort, To the Editor of the English Department of „Taalstudie". 153. — K. T. B., On the Plural of Substantives. 154. — C. Groudhoud, Doublets in English. 161. — H. Pol, Einiges über den Nutzen der Phonetik oder Lautphysiologie. 173. — L. S. T., Das Anrede-Pronomen im täglichen Verkehr und in der Poesie. 182. — J. L., Bücherschau. 186. — J. Leopold Ha., Korrespondenz. 192.
Mélusine 15, 16: Notes et notules sur nos mélodies populaires, par M. Anatole Loquin (Forts.). — Devinette chinoise. — La Fascination, par M. J. Tuchmann (Forts.). — Béotiana, par M. E. Rolland. — Les Ongles, par M. René Basset. — Les Trombes marines (Forts.). — Les travaux de M. R. C. Temple et les légendes du Penjâb, par M. A. Barth. — La mer bue par les Dieux par M. A. Barth. — Les génies de la mer par M. A. de la Borderie (Forts.). — Amhaluk, conte de l'Orégon, par M. Albert S. Gatschet. — Le Feu Saint-Elme. — Les Facéties de la mer. — Bibliographie.
Boletin Folklórico español 3: Concepto del Folk-Lore (conclusion), por D. Antonio Machado y Alvarez. — Tradiciones comparadas de Carintia y Cataluña (conclusion), por D. Ramon Arabia y Solanas. — Mitología del pueblo euskaro, por D. Vicente de Arana. — Catálogo de cuentos populares, por D. Aniceto Sela. — Seccion de Organizacion: Folk-Lore provincial de Cádiz y local de Llerena. — Seccion di Movimiento y Noticias.

Noord en Zuid VIII, 3: H. J. Eymael, Nalezing op Verwijs' Uitgave van het „Costelick Mal" en Voorhout van 's-Gravenhage (Vervolg). 129. — J. A. Schutte, Nog eens: „Eene flesch goede wijn of goeden wijn is gezond. 143. — J. A. M. Mensinga, Ontslapen (Eene historische woordstudie) 145. — Brabantius, Taalkundige Varia (Vervolg). 149. — A. Kluyver, Vlook. 162. — Bato, Tijdschriften. 163. — N. Bouman, J. Sjoerds, C. Z., W. Visser, B. Heymans, J. Wedeven, Ch. d. C. (Kraijkamp), J. G. W. Z., B. Hakker, C. L., C. Z., Autouu, F. W. D., Vragen beantwoord. 183. — W. Meerwaldt, Nog eens „eene Bedenking". 202. — Boekaankondigingen: Klankleer; G. Lzg., Taal- en Taalstudie; Voorlezingen over de gronden der wetenschappelijke taalbeoefening door William Dwight Whitney, Volgens de derde uitgave voor Nederlanders bewerkt door Dr. J. Beckering Vinckers, 1e Serie, Tweede herziene, met een register vermeerde Druk, F. J. Heerin, V. d. V., Antikritiek. — Letterkundig Bijblad: Jan ten Brink, Bredero's „Klucht van de Koe". 73. — J. H. Meerkerk, Iets over Hooft en Vondel. 74. — J. A. M. Mensinga, De invloed van Cats op het karakter, het leven, het geluk van ons volk. 89. — T. Schijn-heilig. 101. — Tavo II. du Boor, Eene geschiedenis der beschaving in titels. 103.
Onze Volkstaal II, 4: A. M. Mertens, Het Limburgsch Dialect. 201. — Aanvulling. 235. — Spraakleer van het Limburgsch Dialect. 242—265.

Englische Studien VIII, 3: M. Schwarz, Kleine Publicationen aus der Auchinleck-Hs. IV. Die Assumptio Mariae in Schweifreimstrophe. — J. Zupitza, Zur Etymologie von ae. *merry*. — F. Kluge, Zu ae. Dichtungen. 2. Nochmals der Seefahrer. 3. Zum Phönix. — F. Kluge, Englische Etymologien. — K. Elze, Zu 1 K. Henry IV III, 1, 158. — G. Sarrazin, Zu Cymbeline II, 2, 43. — J. Zupitza, Bemerkungen zu: A Peniworp of Witte (Engl. Stud. VIII, 111 ff.). — W. Fock, Vokalverkürzung in englischen Wörtern germanischen Ursprungs. — E. Schröder, Zu: Laurence Minot.
Revue des langues romanes März: C. Chabaneau, Sainte Marie Madeleine dans la littérature provençale IV: Cantique provençal en l'honneur de sainte Marie Madeleine. — G. Decurtins, un drame haut engadinois (l'Amur et Moardt Desperattiun dalgo Cunt Othavo. 1673).
Zs. f. neufr. Sprache u. Lit. VI, 3: Ph. Plattner, M. A. Thibaut, Wörterbuch der franz. u. deutschen Sprache. — R. Mahrenholtz, J. Frank, Satyre Ménippée. — Ders., P. Nerrenberg, Allgemeine Literaturgeschichte. — C. Humbert, Léon Dumoustier, Molière autour et comédien. — Lit. Chronik. — Zeitschriftenschau. — Miscellen: C. Th. Lion, einige Stellen aus Molières Femmes Savantes. — R. Mahrenholtz, 37. Versammlung deutscher Philologen und Schulmänner zu Dessau. — F. Hummel, zur Verwahrung und Richtigstellung. — O. Erzgräber, Eine Rectifikation.
Franco-Gallia Mai: Le système dramatique de Racine. — Ausgaben und Abhandlungen aus dem Gebiete der roman. Philologie XVIII. XIX. XXVIII. — Ricken, Untersuchungen über die metrische Technik Corneilles.
Giornale Storico della Letteratura Italiana Anno III (1885), Fasc. 1, 2: A. D'Ancona, Il teatro mantovano nel secolo XVI. — A. Graf, Appunti per la storia del ciclo brettone in Italia. — A. Neri, La Simonetta. — R. Sabbadini, Notizie sulla vita e gli scritti di alcuni dotti umanisti del secolo XV, raccolte da Codici italiani, I. Emanuele Crisolora; II. I due maestri Giovanni da Ravenna; III. Francesco Filelfo; IV. Antonio Beccadelli detto il Panormita; V. Giovanni Lamola; VI. Poggio Bracciolini. — Varietà: V. Crescini, Marin Sanudo precursore del Melzi. — M. Scherillo, Una fonte del „Socrate immaginario". — V. Malamani, A proposito di un „Nerone" goldoniano. — A. Beltrami, Di lettere inedite di Ugo Foscolo. Spigolature. — Rassegna bibliografica: C. Cipolla, Max Lane, Ferreto von Vicenza, seine Dichtungen und sein Geschichtswerk. — R. Renier, L'Attione e le Rime di Baldassare Taccone (nozze); Luca Beltrami, Bramante poeta. — G. Scipione Scipioni, Rime edite ed inedite di Antonio Cammelli detto il Pistoia, per cura di A. Cappelli e S. Ferrari. — Fr. Novati, A. Zenatti, Storia di Campriano contadino. — A. Neri, A. G. Spinelli, Bibliografia goldoniana. — Fr. Novati, M. Scherillo, La commedia dell'arte in Italia. — Bolletino bibliografico. — Cronaca. — Renier, Nuovi documenti sul Pistoia. — Novati, Il villano Anisnio. — C. Cipolla, Esplorazione delle Biblioteche Spagnuole.
Il Propugnatore XVIII, 1, 2: E. Lanma, Lapo Gianui (contributi alla storia letteraria del secolo XII). — E. Pércopo, Lo laudi di fra Jacopone da Todi nel mss. della Bibl. naz. di Napoli, contributo alla edizione critica. — L. del Prete, Osservazioni sopra uno scritto di Egino Gorunzi. — T. Casini, I trovatori nella Marca Trevigiana. — Fr. Guardiuua, Il Bruto Minore di Giacomo Leopardi. — E. Lombardi, La tragedia italiana nel cinquecento. — V. Di Giovanni, La defensa e il diritto nuovo nelle costituzioni del Regno nel 1231. — G. C. Giuliani, Bibliografia Maffeiana.

Magazin f. die Literatur des In- u. Auslandes 18—21: O. Mylius, Der Shakespeare-Mythus. — Altfranzösische Romanzen, übersetzt von Paul Heyse. III. — A. Kohut, Nicolaus Lenau und Ungarn. — H. Müller-Bohn, Goethes ital. Reise. — K. Braun-Wiesbaden, Nachtrag zur Uebersicht der neuesten Wallenstein-Literatur. — L. Freytag, Volkslieder.
Nachrichten von der Gesellschaft der Wissenschaften zu Göttingen Nr. 4: A. Bezzenberger, Die indogerm. Endung des Locativs Sing. der *u*-Declination. (Die Endung sei du gewesen nach Aussage des Litauischen.)

Sitzungsberichte der phil.-philol. u. histor. Kl. der b. Akademie der Wissenschaften I: Wilh. Meyer, Quiraut de Borneils Tagelied „Reis glorios".
Pädagogium VII, 7: Muggenthaler, Klopstocks Orthographiereform-Bestrebungen.
Zs. f. die österr. Gymnasien 1884, H. 12: Kraessnig, Eintheilung der Substantiva nach ihrer Bedeutung.
Blätter f. bayer. Realschulen IV, 4: Morgenroth, Veränderungen der lingualen Vokallaute im Französischen. (Bet. lat. *a* in offener Silbe vor einf. Cons.; lat. *a* in Pos.; lat. *a* in unbetonter Silbe.)
Zs. f. Realschulwesen IX, S. 410 ff.: Gewelin, Zwei vergessene romanistische Abhandlungen aus den Jahren 1775 u. 1819. [Geschichte der romanischen (d. i. rhätorom.) Sprache durch Jos. Planta. 1775; Nachricht von der sog. Roman. Sprache in Graubündten. Von M. W. L. Christmann, Pfarrer in Gruibingen bei Göppingen. Reutlingen u. Leipzig, Verlag des lit. Comptoirs. 1819.]
Mittheilungen aus dem german. Nationalmuseum XV: Essenwein, Der Uebergang vom Scramasax zum Dolche des 14. Jh.'s. (Ein Messer besprochen mit angeblich altdeutscher Inschrift.)
Korrespondenzblatt des Vereins f. siebenb. Landeskunde VIII, 4: H., Ein Beitrag zur Geschichte des Hexenglaubens. — Theobald Wolf, Zwei Urkunden zur Geschichte des sächsischen Zunftwesens. — M. Binder, Flurnamen aus dem Repser Bezirke. — A. Schulterus, Zu Keinzels Aufsatz über den Consonantismus des Mittelfränkischen und Siebenbürgischen.
Neue Evangel. Kirchenzeitung Nr. 15: Codex Teplensis (enthaltend „die schrift des newen gezeuges").
Börsenblatt f. den deutschen Buchhandel Nr. 91 u. 95: Herm. Böhlau, Ein Dichter und sein Verleger (Schiller und Cotta). — Nr. 103: Wolfgang Kirchbach, Von den deutschen Schriftzeichen (aus den Münchener „neuesten Nachrichten"). — Herm. Böhlau, Goethes Honorare.
Deutsche Revue Mai: Herm. Hüffer, Erinnerungen an Schiller mit bisher ungedruckten Briefen an Herder, Schiller und Goethe. I.
Die Grenzboten 16: Moriz Carrière, Ueber die Poesie.
Beilage zur Allg. Zeitung 1. April: Zur Literatur des Volksliedes. — 19. April: Richard Woltreich, Zum Schutz des geistigen Eigenthums. Ein Protest in eigener Sache. [Bezieht sich auf angeblichen Missbrauch des Manuscripts seiner Schillerbiographie durch das Buch von Hepp (s. Litbl. Sp. 128). Hepp verwahrt sich in einer vom Bibliographischen Institut in Leipzig versandten Erklärung aufs Energischste gegen diesen Vorwurf.]
Frankfurter Zeitung 1. Mai: Johannes Corvey, Ein Zeitgenosse Lessings über ihn.
Academy 11. April: Morfill, Schuchardt, Slavo-Deutsches und Slavo-Italienisches. — Sweet, The Epinal Glossary again. — 18. April: Hessels, The Epinal Glossary. — 25. April: Sweet, The Merton professorship of english language and literature. — Moore, The alleged discovery of two unpublished cantos of the „Inferno" (cf. Giorn. di fil. romana 5). — Wh. Stokes, Parallels between the old-norse and the irish literature and traditions. — Wedgword, The etymology of „Gossamer".
The Fortnightly Review März: Schütz Wilson, Tasso.
Nordisk Tidskrift för vetenskap, konst och industri 1885, H. 2, S. 89—127: L. Dietrichson, Middelalderens trækirker. I.
Finsk Tidskrift April: Henrik Schöck, Dr. Brandes' uppsats om Hamlet och Montaigne.
Rev. pol. et litt. 16: Jules Lemaître, Poètes contemporains. M. Édouard Grenier. — La réforme du baccalauréat. Réponse de la Faculté des lettres de Paris au questionnaire ministériel. (Vorschläge für eine Abänderung der Bestimmungen über das Maturitätsexamen, die man auch in Deutschland mit Nutzen erwägen wird.) — 17: In der Cauß. litt.: La Renaissance, de Dante à Luther par Marc-Monnier. 1 vol. 8. — 18: Jules Lemaître, Romanciers contemporains. M. Emile Pouvillon. — F. Sarcey, M. Paul Bourget „Cruelle énigme". — Aus dem „Intermédiaire" werden zwei früher nicht gedruckte Briefe Voltaires aus dem letzten Monat seines Lebens an Wagnières ihrem Hauptinhalt nach wiederholt. — 19: Joseph Reinach, le procès de la Révolution. (Heftiger Angriff auf H. Taines Origines de la France contemporaine.) — Léo Quesnel, Littérature espagnole contemporaine. M. Benito Pérez Galdós. (Ueber zwei

oben erschienene, unter sich zusammenhängende Romane: Tormento und la de Bringas, des Verfassers des auch ins Deutsche übersetzten Romans Gloria.)
Revue critique 17: Lettre du comte de Broglie sur la publication de la Henriade.
Revue Britannique Mai: Al. Buchner (Caen): Shakespeare — Bacon.
Bibliothèque universelle et Revue Suisse April: Marc-Monnier, Camoëns.
Revue du monde latin Janvier—Mars: Pardo Bazan, Les Réalistes: Stendhal, Balzac, Flaubert. — Payno, Traditions et légendes mexicaines. — Balaguer, Guilhem de Cabestanh.
Revue Internationale V, 6: Forto-Randi, François Rabelais et Théophile Folengo.
Feuille centrale. Organe officiel de la société de Zofingue, 1885, Mai: O. v. Greyerz, Schillers Wilhelm Tell.
Rivista di filosofia scientifica IV, 2, 3: Merlo, Gli studi delle lingue.

Neu erschienene Bücher.

Breymann, H., Wünsche und Hoffnungen betreffend das Studium der neueren Sprachen an Schule und Universität. München u. Leipzig, R. Oldenbourg. 32 S. 8.

Hirsch, R., Ueber schriftliche Uebungen beim Unterricht in den fremden Sprachen. Berlin, Gaertner. 4. M. 1.

Hornemann, F., Zur Reform des neusprachl. Unterrichts auf höheren Lehranstalten. Hannover, C. Meyer. 8. M. 1,60.

Kleinpaul, R., Menschen- u. Völkernamen. Etymologische Streifzüge auf dem Gebiete der Eigennamen. Leipzig, Reissner. 419 S. gr. 8. M. 8.

Mähly, J., Ueber vergleichende Mythologie. Heidelberg, Winter. M. 0.80. (Sammlung von Vorträgen, hrsg. von Frommel u. Pfaff. Hd. 14, H. 4.)

Schiesl, Max, System der Stilistik. Eine wissenschaftliche Darstellung und Begründung der „stilistischen Entwicklungstheorie". Straubing, Attenkofer. 1884. 376 S. 8. (Vgl. die Besprechung von W. G., Beilage der Allg. Zeitung vom 25. April 1885.)

Schreyer, Ueber den poetischen Werth der Fabel. Progr. des Seminars zu Löbau. 26 S. 4.

Baechtold, Jakob, Deutsches Lesebuch für höhere Lehranstalten der Schweiz. Bd. I, untere Stufe. Zweite, gänzlich umgearbeitete Auflage. Frauenfeld, Huber. 322 S. 8.

Bech, Fedor, Beispiele eigenthümlicher Verwendung der Präpositionen *aus* und *außer* im Mhd. Progr. des Stifts-Gymnasiums zu Zeitz. 7 S. 4.

Briefwechsel der Gebrüder Grimm mit nordischen Gelehrten. Hrsg. von Ernst Schmidt. Berlin, Dümmler. 312 S. 8. M. 8.

Briefwechsel zwischen Hermann Kurz und Eduard Mörike. Hrsg. von Baechtold. Stuttgart, Kröner. 172 S. 8.

Cämmerer, Thüringische Familiennamen, mit besonderer Berücksichtigung der Fürstenthums Schwarzburg-Sondershausen. I. Th. Progr. der Realschule zu Arnstadt. 24 S. 4.

Haug, Ed., Erläuterungen zu Baechtolds deutschem Lesebuch, Obere Stufe. Frauenfeld, Huber. 1885.

Hitzigrath, H., Andreas Gryphius als Lustspieldichter. Programm des Gymnasiums zu Wittenberg. 20 S. 4.

Klötzer, Schiller in seinen Beziehungen zur Musik. Progr. des Gymnasiums zu Zittau. 24 S. 4.

Knortz, Karl, Goethe und die Wertherzeit. Mit dem Anhange: Goethe in Amerika. Zürich, Verlagsmagazin. 8. M. 0,80.

Läke- och Örte-böcker. Andra häftet. Utg. af O. E. Klemming. Stockholm, Kongl. Boktryckeriet. 1884. S. 153—344. 8. (Samlingar utgifna af Svenska Fornskrift-sällskapet.) H. 84.) Kr. 3. 8.

Ljunggren, Gustaf. Svea. Inbjudningsskrift (zur 100jähr. Geburtstagsfeier Es. Tegnérs). Lund. 20 S. 4.

— —, Studier öfver Euneberg I. II. Lund. 33 und 31 S. 4. Inbjudningsskrifter.

Neudrucke deutscher Literaturwerke des XVI. und XVII. Jh.'s: Nr. 55 u. 56. Till Eulenspiegel, Abdruck der Ausgabe vom Jahre 1515. — Nr. 57 u. 58. Schelmuffsky von Ch. Reuter. Abdruck der vollständigen Ausgabe 1696. 1697. Halle, M. Niemeyer.

Neumann, L. Die deutsche Sprachgrenze in den Alpen. Heidelberg, Winter. 8. M. 0.80. (Sammlung von Vorträgen, hrsg. von Frommel und Pfaff. Bd. 13, H. 10.)

Reckling, M., Goethes Iphigenie auf Tauris nach den vier überlieferten Fassungen. Programm des Gymnasiums zu Buchsweiler. 1884. 32 S. 4.
Riel, J., Dichlungen. Hrsg. von K. Goedeke und F. Goetze. Leipzig, Brockhaus. 8. M. 3,50. (Deutsche Dichtungen des 17. Jh.'s hrsg. von Goedcke u. Tittmann, Bd. 15.)
Schaubühne, Dänische. Die vorzüglichsten Komödien des Freiherrn Ludwig von Holberg. In der ältesten deutschen Uebersetzung mit Einleitung u. Aumerk. neu hrsg. von J. Hoffory und P. Schlenther. Berlin, Reimer. 1. Lief. 96 S. 8. (Erscheint in 10 Lief. zu 1 M.)
Seemüller, J., Leitfaden zum Unterricht in der deutschen Grammatik am Obergymnasium. Wien, Hölder. 8. M. 1.
Strackerjan, Karl, 1. Der Mensch im Spiegel der Thierwelt, eine germanistische Studie. 2. Kopisch und Hoffmann v. Fallersleben; K. Simrock und R. Reinick. Programm der Oberrealschule zu Oldenburg. 28 S. 4.
Strobl, J., Hilfsbuch für den Unterricht in der deutschen Grammatik an Gymnasien. 1. Bändchen. Wien, Graeser. gr. 8. M. 0,60.
Volkslied, das deutsche, des 16. Jh.'s, für die Freunde der alten Literatur und zum Unterricht eingeleitet und ausgewählt von K. Kinzel. Berlin, Nevenhahn. 8. M. 1.
Wackornagol, Wilhelm, Geschichte der deutschen Litoratur. Zweite Auflage, besorgt von E. Martin. Bd. II, Lief. 1. Basel, Schwabe, 136 S. 8. M. 3.
Wieland u. Reinhold. Originalmittheilungen aus den Nachlasspapieren des Philosophen K. L. Reinhold. Hrsg. von Robert Keil. Leipzig, Friedrich. 8. M. 8. (Darin 111 Briefe von Wieland, Briefe von Schiller, F. H. Jakobi, Voss.)
Wirth, Rob., Vorarbeiten und Beiträge zu einer kritischen Ausgabe Hölderlins. Programm des Gymn. zu Plauen i. V. 30 S. 4.
Wörterbuch, Deutsches, Bd. VI, 14. Lief.: Mönchung bis Mündigkeit.
—
Mäsner, Ed., Englische Grammatik. 3. Aufl. 3. Theil. Die Lehre von der Wort- u. Satzfügung. 2. Hälfte. Berlin, Weidmann. XX, 652 S. gr. 8. M. 14.
Sammlung englischer Denkmäler in krit. Ausgaben. 5. Bd. Floris u. Blauncheflur. Me. Gedicht aus dem 13. Jh. Hrsg. von E. Hausknecht. Berlin, Weidmann. gr. 8. M. 6.
Shakespeare's Coriolan. Für den Schulgebrauch bearbeitet von E. Pritsche. Leipzig, O. Wigand. III, 127 S. 8. M. 1.80.
Shakespeare, G., Obras dramáticas de Guillermo Shakespeare, versión castellana de Guillermo Macpherson, con un estudio preliminar de Eduardo Benot. Tomo I, Madrid, Luis Navarro, editor. 1885. En 8, CCXXXV, 228 pág. 12 y 14. Biblioteca clásica, vol. 80.
York Plays. The Plays performed by the Crafts or Mysteries of York on the day of Corpus Christi in the 14th 15th and 16th conturies. Now first printed from the unique Manuscript, in the library of Lord Ashburnham. Edited with introduction and glossary by Lucy Toulmin Smith. Oxford, at the Clarendon Press. LXXIX, 557 S. 8.
—
Abhandlungen und Ausgaben aus dem Gebiete der rom. Philologie. XXV. Ueber die Handschriften des altfr. Romans Partonopeus de Blois. Von E. Pfeiffer. M. 1,60. — XXVII. Adam de la Hallo's Dramen und das "Jus du pelerin". Von L. Bahlsen. M. 5,40. — XXVIII. Alexandre Hardy's Einfluss auf Pierre Corneille. Von C. Nagel. M. 1. — XXIX. Ueber den Stil von Guillaume de Lorris u. Jean de Meung. Von F. Heinrich. M. 1,20. — XXX. Futur u. Conditional II im Altprovenzalischen. Von C. F. Wulff. M. 1,20. — XXXI. Ueber die Vengeance Fromondin, die allein in Hs. Ma erhaltene Fortsetzung der Chanson de geste von Girbert de Mez. Von A. Rudolph. M. 1,20. — XXXII. Die Verfasser der altfrz. chanson de geste Ayc d'Avignon. Von R. Geston. M. 1,20. — XXXIII. Untersuchungen über die Verfasser der Miracles de Nostre Dame par personnages. Von H. Schnell. M. 2. — XXXIV. Die Thiere im altfrz. Epos. Von F. Raynaud. M. 5. — XXXV. Lautliche Untersuchung der Miracles du St. Eloi. Von E. Wirtz. — XXXVI. Guillem Anelier de Toulouse, der Dichter des 2. Theiles der Albigenserchronik. Von R. Diehl. M. 0,80.
Albert, P., La Littérature française au XIXe siècle. T. 2. In-18 jésus, VIII, 337 p. Paris, lib. Hachette et Cie. fr. 3,50. Bibliothèque variée.
Alfieri, Vittorio, Il Misogallo, le Satire e gli Epigrammi editi e inediti, per cura di Rodolfo Renier. Firenze, G. C.

Sansoni edit. 1884. in-64. p. XCIII, 319. L. 2. Piccola Biblioteca italiana.
Antologia, Nuova, di poeti siciliani, con proemio e note di Francesco Guardione. Alcamo, Antonino Marcors libr.-ed. in form. Lo Monnier, elzeviro. p. 500. L. 4,20.
Antona Traversi, C., La salma di Giacomo Leopardi. Recanati, tip. R. Simboli. in-16. p. 87. L. 1.
Aumeric. La Passion sainte Catherine, poème du XIIIe siècle en dialecte poitevin. Publié pour la première fois d'après le manuscrit de la bibliothèque de Tours, par F. Talbert. In-4, II, 37 p. Niort, lib. Clouzot; Paris, lib. Thorin. Textes vieux français, no 2.
IV ballate popolari del secolo XV, pubblicate per la prima volta dal Erasmo Pèrcopo. Nozze Cocchia-Del Franco Napoli. 24 S. 12.
Bersu, Ph., Die Gutturalen und ihre Verbindung mit r im Lat. Berlin, Weidmann. M. 5.
Bibliotheca Normannica. Hrsg. von H. Suchier. Bd. III, Die Lais der Marie de France, hrsg. von K. Warnke. Mit vergleichenden Anmerkungen von Reinhold Köhler. Halle, M. Niemeyer. CVIII, 276 S. 8.
Burckhardt, J., La Civilisation en Italie au temps de la Renaissance. Traduction de M. Schmitt, sur la 2e édition, annotée par L. Geiger. 2 vol. in-8. T. 1, II, 384 p.; t. 2, 393 p. Paris, libr. Plon, Nourrit et Cie.
Cantù, Cesare, Storia della letteratura latina. 5.a impressione. Firenze, succ. Le Monnier edit.-tip. in-16. pag. XII, 568. L. 4. Biblioteca Nazionale.
Corneille, P., Œuvres de P. Corneille. Nouvelle édition, revue sur les plus anciennes impressions et les autographes, et augmentée de morceaux inédits, des variantes, de notices, de notes, d'un lexique des mots et locutions remarquables, d'un portrait, d'un fac-similé, etc., par M. Ch. Marty-Laveaux. T. 3. In-8, 576 p. Paris, libr. Hachette et Cie. fr. 7,50. Les Grands écrivains de la France, nouvelles éditions publiées sous la direction de M. Ad. Reguier, de l'Institut.
Delmain, P., Les Marques des libraires et imprimeurs du XVe au XVIIIe siècle. In-16, 12 p. Paris, impr. Pillet et Dumoulin.
De Marinis, avv. Gius. di Raff., Dante Alighieri autore di una teorica della pena superiore ai tempi che apparve: stadio storico. Bari, tip. Lepore, 1884. in-4. p. 298.
De Saussure, Théodore, Études sur la langue française. De l'orthographe des noms propres et des mots étrangers introduits dans la langue. Paris, Fischbacher, 33, Rue de Seine. 125 S. 8. fr. 3,50.
— , J.-J. Rousseau à Venise (1743—1744). Notes et documents recueillis par Victor Cérésole, consul de la confédération suisse à Venise. Publiés par Th. de Saussure. Paris, Fischbacher. 8. fr. 5.
D'Ovidio, Fr., Manzoni e Cervantes. Memoria presentata alla R. Accademia di Scienze morali e politiche. Napoli. 18 S. 8.
Epistola, Un', di san Bernardo. Aspirazioni alla passione di Gesù Cristo, e varie laudi: testi di lingua del secolo XIV, non mai fin qui stampati. Palermo, tip. C. Tamburello e Cie, 1884. in-16. p. 37.
Faguet, Emile, Les grands maîtres du dix-septième siècle, études littéraires et dramatiques. Paris, Lecène et Oudin. Un vol. in-12. fr. 3.
Ferrieri, Pio, Rime inedite di un cinquecentista. Pavia, Fusi, XX, 46 p. 8. Nozze Vigo-Magenta.
Fleury, J., Essai sur le patois normand de la Hague. Première partie. Grammaire. In-8, 80 p. Paris, libr. Vieweg. Extraits des Mémoires de la Société de linguistique de Paris.
Foscolo, Ugo, Ultimo lettere di Jacopo Ortis; premesse le Considerazioni morali scritto nel 1817 da Giovita Scalvini. Firenze, succ. Le Monnier. in-16. p. XXX, 153. L. 1. Biblioteca nazionale economica.
Francisque-Michel. Rôles gascons, transcrits et publiés par Francisque-Michel. T. 1 (1242—1254). In-4 à 2 col. XXXVI, 579 p. Paris, libr. Hachette et Cie. Collection de documents inédits sur l'histoire de France. 1re série. Histoire politique.
Fumi, F. G., Postille romanze (Estratto dalla miscellanea di filologia dedicata alla memoria del Prof. Caix e Canello). 4. Firenze 1885. L. 2.
Gloria, A., Un errore nelle edizioni della Divina Commedia; uno nei vocabolarii. Padova, tip. Randi. in-8. p. 23. Dagli Atti della R. Accademia di scienze, lettere ed arti in Padova. nella tornata del 14 dicembre 1884, vol. I, disp. I.

Grazie, Le, trattatello, o descrizione di costumi, tolto dallo Zibaldone, cod. fiorentino, e pubblicato da A. Borgognoni. Ravenna, tip. Nazionale di E. Lavagna. in-8. p. 16. Per nozze Fellini-Rebustello.

Livet, C. L., Portraits du grand siècle. 2e édition. (Mme do Fiesque, Marie Mancini, Louis XIV, Ant. Corneille, Fléchier etc.) In-18 jésus, VIII, 464 p. Paris, lib. Perrin. 1886.

Mabellini, A., Alcuni sonetti di messer Reprandino Orsato rimatore quattrocentista. Torino, Paravia. 15 S. 12.

Machiavelli's, Niccolò, Florentinska Historia, öfversatt af Rudolf Afzelius. Stockholm, P. A. Norstedt & Söners förlag. 412 S. Kr. 5. [a. Nord. Revy II, 429—431. P. A. O(eijer).]

Marasca, A., La Henriade del Voltaire; l'Enrico di G. Malmignati, poeta veneziano del secolo XVIII; con notizie biografiche. Città di Castello, tip. Lapi. in-16. pag. VII, 80. L. 2.

Margival, N. de, Le Dit de la panthère d'amours. Poème du XIIIe siècle, publié d'après les manuscrits de Paris et de Saint-Pétersbourg, par Henry-A. Todd. In-8, XXXIX, 124 p. Paris, libr. Firmin-Didot et Ce. Publication de la Société des anciens textes français.

Marguerite de Valois. L'Heptaméron, contes de la reine de Navarre. Nouvelle édition, précédée d'une notice sur l'auteur. In-16, XXIV, 508 p. Paris, lib. Dentu. Bibliothèque choisie des chefs-d'œuvre français et étrangers.

Molière, ausgewählte Lustspiele. 1. Bd.; Le Misanthrope. Erklärt von H. Fritsche. Berlin, Weidmann. 170 S. 8. M. 1,50.

Monti, Vincenzo, Liriche e poemetti, scelti ed annotati ad uso delle scuole per cura del prof. Giuseppe Finzi. Torino, ditta G. B. Paravia e C. di I. Vigliardi edit. in-16. pag. XXXV, 296. L. 1,60.

Nunziante, Ferdinando, Alessandro Tassoni ed il Seicento; con prefazione del Duca di Maddaloni. Milano, E. Quadrio edit. in-16. p. 207. L. 1,50.

Neumann, Fritz. Die Entwickelung von Consonant + *y* im Französischen. Estratto dalla Miscellanea di Filologia, dedicata alla memoria dei professori Caix e Canello. Firenze, Tip. dei Successori Le Monnier. 4. [Eine weitere Ausführung und theilweise Berichtigung der Bemerkungen Sa. f. rom. Phil. VIII, S. 371 Anm. und S. 406 Anm.]

Paris, Gaston, La poésie du moyen âge, leçons et lectures. La Poésie du moyen âge; les Origines de la Littérature française; la chanson de Roland; le Pèlerinage de Charlemagne; l'Ange et l'Ermite; l'Art d'aimer; Paulin Paris et la littérature du moyen âge. Un vol. in-16, XIV, 255 pag. Paris, Hachette et Ce. fr. 3,50. Bibliothèque variée, 1re série.

Perey, Lucien, et Gaston Maugras, La vie intime de Voltaire aux Délices et à Ferney (1754—1778), d'après des lettres et des documents inédits. Un beau vol. in-8. Paris, Calmann Lévy. fr. 7,50.

Pietro Di Mattiolo, Cronaca bolognese pubblicata da Corrado Ricci. Bologna, Romagnoli. 1885. XLII, 406 S. 8. Secka di cur. lett. 202.

Piumati, G., La vita e le opere di Francesco Petrarca; studio preparatorio alla lettura del Canzoniere, ad uso delle scuole secondarie. Torino, Ermanno Loescher edit. in-12. pag. 63. L. 1.

Poesie politiche popolari dei secoli XV e XVI. Ancona, Morelli edit. in-8. pag. 24. Nozze Bartolone-Giorgi.

Poesie popolari varie meridionali, con prefazione del prof. G. Pischedda. Vol. I. Lanusei, tip. Società, 1884. in-16. pag. 85. L. 0,50.

Ritter, Eugène, Recueil de morceaux choisis en vieux français. 2e édition. 1 vol. petit in-8 de VIII et 128 pages. Basel, Georg. fr. 2,50.

Schmid, Anmerkungen zu Corneille's Cinna. Grimma, Gensel. 37 S. 4. M. 1.

Sonetti del Seicento, pubblicati per nozze Coletti-Gobbato. Treviso, tip. Zoppelli, 1884. in-8. pag. 20 n. n.

Storia di Campriano contadino, a cura di Albino Zenatti. Bologna, Romagnoli edit. 1884. in-16. pag. LXIII, 68. L. 5. Scelta di Curiosità letterarie inedite o rare del secolo XIII al secolo XVII, in Appendice alla Collezione di opere, ecc., disp. CC.

Vicchi, Leone, Vincenzo Monti, le lettere e la politica in Italia dal 1750 al 1830 (triennio 1778—1780). in 8. Fusignano 1885. L. 6,50.

Voltaire. Dix lettres inédites de Voltaire à son neveu de La Houlière, brigadier des armées du roi, gouverneur du château de Salses en Roussillon (du 22 octobre 1770 au 24 septembre 1773). In-8, 14 p. Montpellier, impr. Boehm et fils. Extrait des Mémoires de l'Académie des sciences et lettres de Montpellier.

Waltemath, Wilhelm, Die fränkischen Elemente in der französischen Sprache. Strassburger Dissertation. Paderborn, Ferd. Schöningh. 106 S. 8.

Wotz, W., Die Anfänge der ernsten bürgerlichen Dichtung des 18. Jahrhunderts. I. 1. Das rührende Drama der Franzosen. Worms, Reiss. M. 4.

Wiese, Berthold, Einige Dichtungen Lionardo Giustiniani's. Estratto dalla Miscellanea di Filologia, dedicata alla memoria. dei professori Caix e Canello. Firenze, Tip. dei Successori Le Monnier. 4.

Ausführlichere Recensionen erschienen über:

Breymann, Lautphysiologie und deren Bedeutung für den Unterricht (v. Fleischmann: Blätter f. das bair. Gymnasialwesen 21, 5).

Ziemer, Comparationscasus der indogermanischen Sprachen (v. Orterer: ebd.).

Den tredje og fjærde grammatiske afhandling i Snorres Edda udg. af Björn Magnússon Olsen: Smaastykker 1—3. Udgivne af Samfundet af gammel nordisk literatur (v. L—d: Nord. Revy II, S. 436—339; v. Mogk: Literaturzeitung 16).

Fornsögur suðrlanda. Med inledning utgifna af Gustaf Cederschiöld (v. O. Klockhoff: Nord. Revy II, S. 431—436).

Hebel, hrsg. von Behaghel (v. J. Keller: Pädagogische Blätter II. 3. Weist 2 neue Quellen nach).

Norvegia. Tidskrift for det norske Folks Maal udgv. ved Moltke Moe og Joh. Storm (v. Lundell: Nord. Revy 31 S. 458—460).

Schagerström, om svenska bär- och fruktnamn på -on (v. Noreen: ebd. S. 460—462).

Schweizer-Dütsch, gesammelt u. hrsg. von Sutermeister (v. Babad: Zs. f. Völkerpsychologie XVI, II. 1. 2).

Wackernagel, R., Wilh. Wackernagel, Jugendjahre (v. Mähly: Deutsche Revue, Mai).

Amis and Amiloun ed. Kölbing (v. Zupitza: Deutsche Literaturzeit. 20).

Murray, a new English Dictionary on historical principles (v. A. E.: Nord. Revy 31 S. 462—465).

Ten Brink, Chaucer's Sprache und Verskunst (v. Zupitza: Deutsche Literaturzeitung 17).

Li Sermon de saint Bernart, hrsg. von W. Foerster (v. Scheler: Revue de l'instruction publique supérieure et moyenne en Belgique XXVIII, 2).

Schuchardt, Kreolische Studien I—VI; über die Beuguelasprache (v. Gerland: Deutsche Literaturzeitung 13).

Seelmann, Die Aussprache des Latein (v. W. Meyer: Wochenschrift für klass. Philologie 19: „Wo es sich um Lautbeschreibung, um physiologische Darstellung handelt, ist Seelmanns Buch vortrefflich und bildet eine gute Grundlage für weitere Forschung; wo aber am Sprachentwickelung, um historische Lautlehre, da bezeichnet es in sehr wenigen Punkten einen Fortschritt, in sehr vielen einen Rückschritt").

Stürzinger, Orthographia Gallica (v. Bischoff: Herrigs Archiv 73, 206 ff.).

Warburg, Molière. Stockholm 1884 (v. U. S.: Nord. Revy 31 S. 449—456).

Literarische Mittheilungen, Personalnachrichten etc.

Das Testament des am 15. April verstorbenen Walther v. Goethe bestimmt, dass das Goethe-Haus mit den Sammlungen dem Staat Weimar, das Goethe-Archiv der Grossherzogin von Weimar zufallen soll.

Dr. Max Friedrich Mann bereitet Ausgaben des Bestiaire's Philipp's von Thaun und des Bestiaire Divin Guillaume's lo Clerc de Normandie vor.

Der Privatdocent Dr. P. Pietsch (Kiel) ist als ao. Professor der german. Philologie an die Universität Greifswald, Dr. O. Erdmann in gleicher Eigenschaft an die Universität Breslau berufen worden.

† am 14. April zu Genf Prof. Marc-Monnier (geb. zu Florenz 1829).

Antiquarische Cataloge: Baer, Frankfurt a. M. (Prov. und franz. Lit. u. Sprache); Brockhausen & Bräuer, Wien (Deutsche Sprache u. Lit.); Carlebach, Heidelberg (Literaturgesch. Sprichw.); Gerschel, Stuttgart (Lit. und Sprachw.); Oriel, Mailand (Philologie etc.); Kirchhoff & Wigand, Leipzig (Literaturgesch., deutsche, holl. u. ehand. Lit.); Koebner, Breslau (Deutsche Spr. u. Lit.); Raabe's Nachf., Königsberg (Deutsche Spr. u. Lit.); Scheible, Stuttgart (Linguistik); Seligsberg, Bayreuth (Phil.); Siess, München (Literatur etc.); Soeding, Berlin (Indogermanisch); Stargardt, Berlin (Franz. Lit.); Steyer, Cannstadt (Philologie); Stoll & Bader, Freiburg (Ausl. Spr.).

Abgeschlossen am 22. Mai 1885.

Erklärung.

Herr Dr. Löwe in Dessau hat den guten Gedanken gehabt, für seinen „Lehrgang der französischen Sprache" meine „Elementar-Grammatik" gründlich zu studieren. Leider ist er nun bei der „Zusammenstellung" seines Lehrganges so wenig selbständig verfahren, dass die §§ 2, 11, 17, 20, 27, 29, 30, 31, 32, 33, 36, 37, 38, 42, 58 wörtlich abgeschrieben sind. Herr L. ist dabei so unselbständig zu Werke gegangen, dass er nicht nur die einzelnen Wörter und elementarsten Sätze (z. B. *la poule a une plume* [§ 11], *quelle heure est-il?* [§ 42], *qui avez-vous eu?* [§ 42]), sondern auch die äussere Anordnung der Regeln ziemlich genau reproduciert hat. Ja, selbst die sich bei mir findenden Fehler hat er getreulich beibehalten, z. B. Accot (§ 21, cu [§ 50) fehlt. *été* (§ 50) fehlt. — Herr L. (Vorwort VII) nennt das naiver Weise „gemeinsame Arbeit". Ich überlasse es dem Urtheil der Fachgenossen, ob die von ihm beliebte „Kunst" nicht über die Grenze des Erlaubten hinausgeht.

München, 17. April 1885.   H. Breymann.

38. Versammlung deutscher Philologen und Schulmänner

Die 38. Versammlung deutscher Philologen und Schulmänner wird dieses Jahr in den Tagen vom 30. September bis 3. October in hiesiger Stadt abgehalten werden.

Giessen, im Mai 1885.   Das Präsidium
Schiller. Onoken.

Dank der grossen Güte des Directors der Nationalbibliothek zu Paris, H. Leopold Delisle, erhielt ich die Hs. fr. 818 zugeschickt. Ich gedenke mich eingehend mit derselben zu beschäftigen. Um unnütze Copirarbeit zu ersparen wäre es mir sehr angenehm zu erfahren, ob bereits Jemand einzelne Stücke aus dieser Hs. abgeschrieben hat. Für jede Mittheilung darüber würde ich herzlich dankbar sein.

A. Mussafia.

NOTIZ.

Den germanistischen Theil redigirt Otto Behaghel (Basel, Schabelstrasse 83), den romanistischen und englischen Theil Fritz Neumann (Freiburg i. B., Albertstr. 24), und man sendet die Beiträge (Literaturanz., kurze Notizen, Personalnachrichten etc.) dem entsprechend gefälligst an adressiren. Ihn Redaction richtet an die Herren Verleger wie Verfasser die Bitte, dafür Sorge tragen zu wollen, dass alle neuen Werke germanistischen und romanistischen Inhalts ihr gleich nach Erscheinen entweder direct oder durch Vermittelung von Gebr. Henninger in Heilbronn zugesandt werden. Nur in diesem Falle wird die Redaction stets im Stande sein, über neue Publicationen eine Besprechung oder kürzere Bemerkung (in der Bibliogr.) zu bringen. An Gebr. Henninger sind auch die Anfragen über Honorar und Sonderabzüge zu richten.

Literarische Anzeigen.

Verlag von Gebr. Henninger in Heilbronn.

Aiol et Mirabel und Elie de Saint Gille. Zwei altfranzösische Heldengedichte mit Anmerkungen und Wörterbuch und einem Anhang: Die Fragmente des mittelniederländischen Aiol herausgegeben von Prof. Dr. J. Verdam. Zum ersten Mal herausgegeben von Dr. Wendelin Foerster, Prof. der rom. Philologie an der Universität Bonn. geh. M. 21. —

Bibliographie de la chanson de Roland par Joseph Banquier. geb. M. 1. —

Die provenzalische Poesie der Gegenwart von Dr. Eduard Boehmer. geh. M. 1. 20

La chanson de Roland. Genauer Abdruck der Venetianer Handschrift IV, besorgt von Eugen Kölbing. geh. M. 5. —

Altfranzösisches Uebungsbuch. Zum Gebrauch bei Vorlesungen und Seminarübungen herausgegeben von W. Foerster und E. Koschwitz, Erster Theil: Die ältesten Sprachdenkmäler. Mit einem Facsimile. geh. M. 3.—

Ueberlieferung und Sprache der Chanson du voyage de Charlemagne à Jérusalem et à Constantinople. Eine kritische Untersuchung von Dr. Eduard Koschwitz. geh. M. 3. —

Sechs Bearbeitungen des altfranzösischen Gedichts von Karls des Grossen Reise nach Jerusalem und Constantinopel hrsg. von Dr. Eduard Koschwitz, Privatdocenten an der Universität Strassburg. geh. M. 5. 40

Les plus anciens monuments de la langue française. Die ältesten französischen Sprachdenkmäler zum Gebrauch bei Vorlesungen herausgegeben von Eduard Koschwitz. Dritte vermehrte und verbesserte Auflage. Mit einem Facsimile. geh. M. —. 75

Zur Laut- und Flexionslehre des Altfranzösischen, hauptsächlich aus picardischen Urkunden von Vormandois von Dr. Fritz Neumann. geh. M. 3. 60

Das altfranzösische Rolandslied. Genauer Abdruck der Oxforder Hs. Digby 23 besorgt von Edmund Stengel. Mit einem photographischen Facsimile. geh. M. 3. —

Maistre Wace's Roman de Rou et des ducs de Normandie. Nach den Handschriften von Neuem herausgegeben von Dr. Hugo Andresen.
I. Band (I. und II. Theil). geh. M. 8. —
II. Band (III. Theil). geh. M. 16. —

Sermons du XII⸰ siècle en vieux provençal. Publiés d'après le Ms. 3548 B de la Bibliothèque nationale par Frederick Armitage. (In Comm.) geh. M. 3.—

Im Verlage von Andr. Deichert in Erlangen ist soeben erschienen:

Romanische Forschungen. Organ für romanische Sprachen und Mittellatein herausgegeben von Karl Vollmöller. I. (456 S.) ℳ 15. —. H. 1 auch als Separat-Abdruck unter dem Titel:

Foerster, W., Li Sermon Saint Bernart. Aelteste französische Uebersetzung der lateinischen Predigten Bernhards von Clairvaux. (210 S.) ℳ 6. —

Verlag von GEBR. HENNINGER in Heilbronn.

Briefe von Jacob Grimm an Hendrik Willem Tydeman. Mit einem Anhang und Anmerkungen herausgegeben von Dr. Alexander Reifferscheid.
geh. M. 3. 60

Briefwechsel zwischen Jakob Grimm und Friedrich David Graeter. Aus den Jahren 1810 —1813. Herausgegeben von Hermann Fischer.
geh. M. 1. 60

Briefwechsel des Freiherrn Karl Hartwig Gregor von Meusebach mit Jakob und Wilhelm Grimm. Nebst einleitenden Bemerkungen über den Verkehr des Sammlers mit gelehrten Freunden, und einem Anhang von der Berufung der Brüder Grimm nach Berlin. Herausgegeben von Dr. Camillus Wendeler. Mit einem Bildniss (Meusebachs) in Lichtdruck.
geh. M. 11. 50

Freundesbriefe von Wilhelm und Jakob Grimm. Mit Anmerkungen herausgegeben von Dr. Alexander Reifferscheid. Mit einem Bildniss in Lichtdruck von Wilhelm und Jakob Grimm.
geh. M. 4. —

Ueber deutsche Volksetymologie v. Karl Gustaf Andresen. Vierte, stark vermehrte Auflage. geh. M. 5. —

Sprachgebrauch und Sprachrichtigkeit im Deutschen. Von Karl Gustaf Andresen. Dritte vermehrte Auflage.
geh. M. 5. —

Konkurrenzen in der Erklärung der deutschen Geschlechtsnamen von Karl Gustaf Andresen.
geh. M. 3. —

Das Fremdwörterunwesen in unserer Sprache. Von Dr. Hermann Dunger.
geh. M. 1. 20

Die neue deutsche Rechtschreibung. Von Dr. A. G. Saalfeld.
geh. M. 1. —

Verlag der k. Hofbuchhandlung Wilhelm Friedrich Leipzig und Berlin.

Soeben erschien:

Wieland und Reinhold.

Original-Mittheilungen aus den Nachlaß-Papieren des Philosophen Carl Leonhard Reinhold.
Beiträge zur Geschichte des deutschen Geisteslebens.

Herausgegeben von

Dr. Robert Keil.

Gr. 8°. Preis broch. M. 8.—, eleg. geb. M. 9.—

Die Nachlasspapiere Reinholds werden mit historischen Erläuterungen versehen, von Robert Keil herausgegeben. Den 111 Wieland'schen Briefen, welche lebhafter als jedes andere bis jetzt veröffentlichte Schriftstück Geist und Gemüth, Leben und Wirken des Dichters veranschaulichen, schliessen sich Briefe von Reinhold, ferner von Schiller, Heater, F. H. Jacobi, Voss, Elise v. d. Recke, Familie Reimarus und andere an. Helles Licht werfen diese Original-Mittheilungen auf die ewig denkwürdige damalige Zeit, helles Licht insbesondere sowohl auf den geistreichen liebenswürdigen Alten von Weimar, auf Wieland, den ein Goethe einst nächst Shakespeare seinen einzigen Lehrer nannte, als auch auf den Ausgangspunkt der Kantischen Philosophie, welcher sich das Interesse der Gegenwart mit besonderer Lebhaftigkeit zugewandt hat. Nach beiden Richtungen hin werden diese Mittheilungen jedoch Freunde der Geschichte deutschen Geisteslebens als Gabe an Alt-Weimar hochwillkommen sein.

— Zu beziehen durch jede Buchhandlung. —

Verlag von Gebr. Henninger in Heilbronn.

Heinrichs von Veldeke Eneide. Mit Einleitung und Anmerkungen herausgegeben von Otto Behaghel.
geh. M 10. —

Scherz und Humor in Wolframs von Eschenbach Dichtungen. Abhandlung von Karl Kant.
geh. M 3. —

Alte gute Schwänke. Herausgegeben von Adelbert v. Keller. Zweite Auflage.
geh. M 1. 80

Die Nibelungensage und das Nibelungenlied. Ein Beitrag zur Geschichte der deutschen Heldensage von A. Raszmann.
geh. M 5. —

Kürenberg und die Nibelungen. Eine gekrönte Preisschrift von Karl Vollmöller. Nebst einem Anhang: Der von Kürenberc. Herausgegeben von Karl Simrock.
geh. M 1. 20

Das Steinbuch. Ein altdeutsches Gedicht von Volmar. Mit Einleitung, Anmerkungen und einem Anhange herausgegeben von Hans Lambel.
geh. M 5. —

Reiserechnungen Wolfger's von Ellenbrechtskirchen, Bischofs von Passau, Patriarchen von Aquileja. Ein Beitrag zur Waltherfrage. Mit einem Facsimile. Herausgegeben von Ignaz V. Zingerle.
geh. M 2. —

Der arme Heinrich des Hartmann von Aue übersetzt von Karl Simrock. Mit verwandten Gedichten und Sagen. Zweite Auflage. M 2. —, geb. M 3. 20

Schimpf und Ernst nach Johannes Pauli. Als Zugabe zu den Volksbüchern erneut und ausgewählt von K. Simrock.
geb. M 2. 40

Friedrich Spees Trutznachtigall verjüngt von K. Simrock.
geb. M 2. —, geb. M 3. 20

Soeben ist erschienen und wird auf Verlangen **gratis** und **franco** versandt:

Catalog Nr. 185. Linguistik.

Eine Sammlung von werthvollen Werken enthaltend.

Stuttgart. J. Scheible's Antiquariat.

Verlag von Gebr. Henninger in Heilbronn.

Zur Volkskunde. Alte und neue Aufsätze von Felix Liebrecht.
geh. M. 12. —

Altfranzösische Sagen gesammelt von Adelbert v. Keller. Zweite Auflage.
geh. M. 6. —

Italienische Novellen. Ausgewählt und übersetzt von Karl Simrock. Zweite verbesserte und vermehrte Auflage.
geh. M. 4. 20

Die Geschichte von Gunnlaug Schlangenzunge. Aus dem isländischen Urtext übertragen von Eugen Kölbing.
geh. M. 1. —

Die Hovard Isfjordings-Sage. Aus dem altisländischen Urtexte übers. von Willibald Leo.
geh. M. 2. —

Die Sage von Fridthjofr dem Verwegnen. Aus dem altisländ. Urtext übers. v. Willibald Leo.
geh. M. 1. 50

Tell und Gessler in Sage und Geschichte. Nach urkundlichen Quellen von F. L. Rochholz.
geh. M. 10. —

Die Aargauer Gessler in Urkunden von 1250—1513 von E. L. Rochholz.
geh. M. 6. —

Die Literatur der sog. Schnin'schen Weissagung, kritisch und chronologisch dargestellt von Dr. Eduard Wilhelm Sabell.
geh. M. 3. 50

Alte Schwänke und Märlein. Neu gereimt von Franz Wilh. Frhr. v. Ditfurth.
geh. M. 1. 80

Verlag von GEBR. HENNINGER in Heilbronn.

Deutsche Lieder. Festgruss an Ludwig Erk, Dargebracht von Anton Birlinger und Wilhelm Crecelius. geh. M. 1. 60

Westfälische Volkslieder in Wort und Weise mit Klavierbegleitung und liedervergleichenden Anmerkungen herausgeg. von Dr. A. Reifferscheid. geh. M. 8.—

Die historischen Volkslieder vom Ende des dreissigjährigen Krieges, 1648, bis zum Beginn des siebenjährigen, 1756. Gesammelt von F. W. Freihr. v. Ditfurth. geh. M. 7. 50

Fünfzig ungedruckte Balladen und Liebeslieder des XVI. Jahrhunderts mit den alten Singweisen. Gesammelt und herausg. von F. W. Freihr. v. Ditfurth. geh. M. 2. 80

Goethes westöstlicher Divan mit den Auszügen aus dem Buche des Kabus herausgegeben von Karl Simrock. geh. M. 2.—, geb. M. 3. 20

Hans Dolling oder das erste Turnier. Sage in zehn Abenteuern von Rudolf v. Kondoll. geh. M. 1.—

Soeben erschien:

Antiquarischer Bücherkatalog

Nr. XXXV: Deutsche Literatur und Sprache
5000 Nummern
gratis.

Berlin W., Französischestr. 33c.

Paul Lehmann,
Buchhandlung und Antiquariat.

Verlag von Gebr. Henninger in Heilbronn.

Alt-Ilion im Dumbrekthal. Ein Versuch die Lage des homerischen Troia nach den Angaben des Plinius und Demetrios von Skepsis zu bestimmen von E. Brentano. Mit einer Karte der troischen Ebene. geh. M. 4. 20

Zur Lösung der troianischen Frage. Nebst einem Nachtrag: Einige Bemerkungen über Schliemann's Ilios. Von E. Brentano. Mit einer Karte der troischen Ebene und zwei Plänen. geh. M. 3. 50

Troia und Neu-Ilion. Von E. Brentano. geh. M. 2.—

Ueber den etruskischen Tauschhandel nach dem Norden von Hermann Genthe. Neue erweiterte Bearbeitung. Mit einer archäologischen Fundkarte. geh. M. 6.—

Geographi latini minores. Collegit, recensuit, prolegomenis instruxit Alexander Riese. geh. M. 5. 60

Soeben erschien in meinem Verlage:

Geschichte des französischen Romanes im XVII. Jahrhundert

von
Dr. Heinrich Koerting,
Privatdocent an der Universität zu Leipzig.
Lfg. 1. Preis 2 M.

Oppeln, Juni 1885. *Eugen Franck's Buchh.*
(Georg Maske).

Verlag von Gebr. Henninger in Heilbronn.

Erschienen:

Englische Studien. Organ für englische Philologie unter Mitberücksichtigung des englischen Unterrichtes auf höheren Schulen. Herausgegeben von Dr. Eugen Kölbing, a. o. Professor der englischen Philologie an der Universität Breslau. Abonnementspreis pro Band von ca. 30 Bogen M. 15.—

VIII. Band 3. (Schluss-)Heft. Einzelpreis M. 8.—

Inhalt: Kleine Publikationen aus der Auchinleck-Hs. IV. Von M. Schwarz. — Zur Etymologie von nr. merry. Von Julius Zupitza. — Zu altenglischen Dichtungen. Von F. Kluge. — Englische Etymologien. Von F. Kluge. — Litteratur. — Miscellen.

Unter der Presse befindet sich das 1. Heft des IX. Bandes, für welchen um baldige Erneuerung des Abonnements gebeten wird.

Altenglische Bibliothek

herausgegeben
von
Eugen Kölbing.

Erschienen:

I. Band: Osbern Bokenam's Legenden, herausgegeben von C. Horstmann. XV, 280 S. geh. M. 5.60

II. Band: Amis and Amiloun, zugleich mit der altfranzös. Quelle herausgegeben von Eugen Kölbing. Nebst einer Beilage: Amicus ok Amilius Rimur. CXXXI, 256 S. geh. M. 7.—

Unter der Presse:

III. Band: Zwei mittelenglische Fassungen der Octavian-Sage, herausgegeben von G. Sarrazin.

Um baldgef. Erneuerung des Abonnements auf das

Literaturblatt für germanische und romanische Philologie

ersucht höflich

Die Verlagshandlung.

Verantwortlicher Redacteur Prof. Dr. Fritz Neumann in Freiburg i. B. — Druck von G. Otto in Darmstadt.

Literaturblatt
für
germanische und romanische Philologie.

Unter Mitwirkung von Professor Dr. **Karl Bartsch** herausgegeben von

Dr. **Otto Behaghel**   und   Dr. **Fritz Neumann**
o. ö. Professor der germanischen Philologie   o. ö. Professor der romanischen Philologie
an der Universität Basel.   an der Universität Freiburg.

Verlag von Gebr. Henninger in Heilbronn.

Erscheint monatlich.   Preis halbjährlich M. 5.

VI. Jahrg.   Nr. 7. Juli.   1885.

Delbrück, Einleitung in das Sprachstudium (v. Bahder).
Bernhardt, Gotische Grammatik (Kögel).
Federschild, um upfostrian hos nordboerna under heden tiden (Mogk).
Litus novifratrenitatum et (hulti Angliacae Fabariensis ed. Piper (Kögel).
Hartmanns armer Heinrich, Mit Anm. von W. Wackernagel (Behaghel).
Wells, Geschichte des Bouettes (Muncker).
Dunger, Das Fremdwörterunwesen (Behaghel).

Wright-Wülcker, Anglo-Saxon and Old English Vocabularies (Schröer).
Koeppel, Lydgate's Story of Thebes (Brandl).
Le roman de Clarisse et Floris hrsg. von Alton (Wesselofsky).
Bijvanck, Spécimen d'un essai critique sur les oeuvres de François Villon (Ulbrich).
Langenscheidt, Die Jugenddramen des Pierre Corneille (it. Körting).
Wolff, Zur Syntax des Verbs bei Adenet le Roi (Klapperich).

Weepy, De Inversion des Subjektes im Französischen (A. Schulze).
Takács, Zur roman. Philologie (W. Meyer).
Rolfs, Ueber die Gründung eines Instituts für deutsche Philologen zum Studium des Englischen in London (Schroer).
Bibliographie.
Literarische Mittheilungen, Personalnachrichten etc.
Notiz, betr. die Lamey-Preisstiftung der Universität Strassburg.

Delbrück, B., Einleitung in das Sprachstudium. Ein Beitrag zur Geschichte und Methodik der vergleichenden Sprachforschung. (Indogerm. Grammatiken IV.) Zweite Aufl. Leipzig, Breitkopf & Härtel. 1884. 146 S. 8.

Delbrücks Schrift ist allseitig als ein vortreffliches Mittel zur Einführung in das Studium der vergleichenden Sprachwissenschaft gewürdigt worden. Der Einzuführende erhält hier eine orientirende Schilderung der Begründung und Fortentwicklung der Wissenschaft, eine unparteiische Erörterung der Hauptprobleme der Sprachgeschichte. In der 2. Auflage ist nur wenig geändert und hinzugefügt worden. Beachtenswerth ist die S. 119 geäusserte Ansicht, dass ästhetische Gründe Sprachveränderungen hervorrufen können, indem nebenbei im Sprechen auch erstrebt werde, was gefällt. D. verweist zum Beleg auf das in den Kreisen der Offiziere übliche Näseln. Hierzu haben aber doch im letzten Grunde schwerlich ästhetische Motive den Anstoss gegeben; der Einzelne freilich eignet es sich an, „weil es so Mode ist und gefällt", aber doch nur, weil er sich wie jeder andere in der Sprechweise seiner Umgebung zu assimiliren sucht. Die auf S. 122 erwähnte Theorie Ascoli's könnte wohl in der Weise Erweiterung finden, dass ein Volk oder Stamm überhaupt Eigenthümlichkeiten eines anderen in der Aussprache annehmen kann. Es wäre da z. B. an die in Süddeutschland immer mehr um sich greifende gehauchte Aussprache des t und Anderes der Art zu erinnern.

Leipzig, 11. Jan. 1885.   K. v. Bahder.

Bernhardt, E., Kurzgefasste gotische Grammatik. Anhang zur gotischen Bibel des Vulfila. Halle, Buchhandlung des Waisenhauses. 1885. (Sammlung germanistischer Hilfsmittel für den praktischen Studienzweck IV.) 120 S. 8. M. 1,80.

So jung auch die deutsche Philologie noch ist und so viele reichen Ertrag versprechende Felder noch fast unangebaut daliegen, so ist doch seit einigen Jahren auf manchen Gebieten, die recht gut einmal eine Zeit lang brach liegen könnten, eine bedauerliche Ueberproduction eingetreten. Dies gilt besonders von Otfrid (vgl. Anz. f. d. A. IX, 1), von dem fünf Ausgaben und zwei Glossare im Handel sind, und nächst ihm von Ulfila. Da die Stamm-Heynesche Ausgabe von der völlig veralteten Grammatik abgesehen (sie bleibt hoffentlich von der nächsten Auflage an weg, da sie durch Braunes Buch entbehrlich geworden ist) nichts wesentliches zu wünschen übrig lässt, so sah man schon nicht recht ein, was der kleine Bernhardtsche Text daneben sollte. Wir wollen uns doch nicht unwürdiger Weise gegenseitig den Markt verderben. Nun folgt diesem Text eine Grammatik nach, als ob nicht durch die Braunesche Arbeit, deren Vortrefflichkeit allseitig anerkannt worden ist, für den Lernenden so gut als nur immer möglich gesorgt wäre! Dass Braune keine Wortbildungslehre und Syntax beigegeben hat, wird man eher billigen als tadeln, denn beide Kapitel brauchen der Anfänger zunächst nicht, und das erstere lässt sich, glaube ich, in elementarer Weise nur schwer darstellen. Denn ohne Heranziehung der übrigen germ. Sprachen bleibt die got. Wortbildung doch meist räthselhaft. Dies beweist Bernhardts Abriss selbst, der für den Anfänger noch dadurch an Unbrauchbarkeit gewonnen hat, dass zu den zahlreichen Belegen die Bedeutungen nicht hinzugefügt sind (dies gilt auch von der Laut- und Flexionslehre). Wenn B. S. 32 unter Suffix *a* eine Reihe von Wörtern aufführt, „die auch zur *i*-Declination gehören können", so erledigt sich der Zweifel bei den meisten durch einen einfachen Hinweis auf die übrigen Sprachen; denn dass *writs, wlits, striks, qums i*-Stämme sind, bezweifelt kein Kundiger. Ebenso steht es mit den *a*-Stämmen, deren Geschlecht zweifelhaft sein soll, bloss weil in den dürftigen Ueberresten des Gotischen zufällig kein Nominativ belegt ist (B. setzt diesen seines Zweifels ungeachtet überall auf *-s* an!); dass *hinds, payks, slēps* Masculina sind, steht doch fest. Unter den *u*-Stämmen befinden sich auch *trygs* trotz Dat. Pl. *wigam*, ahd. (Pl.) *wāgi*, *ags. trāg*, und *stiks* trotz alts. *stiki* (Dat. Pl. *stikion* Düsseldorfer Glossen). In dieser Weise liesse sich jeder § der Wortbildungslehre durchcorrigiren, das Gesagte bezieht sich alles auf den ersten derselben (§ 66). Ein paar Versehen seien doch noch erwähnt. S. 34 wird *daupus* unter Suffix *u* gestellt, während es natürlich auf S. 44 zu *tu* gehört. S. 35 erscheint ein swm. *hlija*, erschlossen aus Accus. Pl. *hlijans prins* Marc. 9, 5; aber der Nom. Sg. muss doch nach altn. *hlý hlýs* (bei B. heisst der nord. Form in einer ganz unmöglichen Gestalt *hlie*!!) als *hleis* angesetzt werden (St. *urgerm. *hlūrja-*). S. 38 wird die Vorform zu *siuni-* als *sehuni-* angesetzt anstatt *siguni-*. Das Suffix von *gudiliggs* S. 41 ist natürlich *-inga-*, nicht *-linga-*. S. 42 lesen wir den schönen Nom. Pl. *bēruseis* die Eltern statt *bērusjōs* (es ist nur diese Form und zwar drei Mal belegt). An Vollständigkeit lässt die Aufzählung der *s*-Stämme § 85 viel zu wünschen übrig (es fehlt z. B. *rimis, riqis*), und unverständlich ist die zweifelnde Annahme eines Nom. Sg. *skup nach *palu skopis* 2 Cor. 12, 13. Wenn in *giss, stass* u. s. w. ein Suffix *si* gesucht wird (S. 43), so muss man das als einen Elementarschnitzer bezeichnen. — In der Laut- und Flexionslehre hat B. die Braune'sche Grammatik in einer so ausgiebigen Weise benutzt, dass von eigener Leistung eigentlich nicht mehr die Rede sein kann. Der Verf. ist sich dessen nach den Worten der Vorrede auch wohl bewusst. Aber zu loben ist dieses Verfahren nicht. Das Mindeste, was man verlangen konnte, war doch, dass die neuen Forschungen (die Wissenschaft ist ja seit 1882, wo Braunes 2. Auflage erschienen ist, nicht stehen geblieben) gebührende Berücksichtigung fänden. Davon verspürt man aber wenig. Immer noch findet man S. 2 *fidur-* statt *fidur-*, immer noch, wenn auch mit einem „vielleicht", *juins waila baitrs* statt *jēins waila baitra* (denn woher in aller Welt sollte denn in diesen Wörtern der gebrochene Vokal kommen, es müsste ja *jins wila bitrs* heissen), immer noch ist *veteins* aus *sinteins* hervorgegangen u. s. w. Des Verf.'s lautphysiologische Vorstellungen werden durch § 14, wo über sonantische Nasale und Liquiden geredet wird, in ein merkwürdiges Licht gestellt. In *draühsna* soll nach § 16 das *h* „unorganisch zugesetzt" sein; aber alle Belege haben das *h* ausser Skeir. 50, daher hätte B. lieber bei der Darstellung Braunes § 62, 4 bleiben sollen. Auf S. 6 heisst es:

„vor enclitischem *uh* wird das *p* der Verbalendungen zu *d qipiduh* u. s. w."; die Sache verhält sich, wie jedermann weiss, der die Anfangs-gründe der deutschen Grammatik kennt, gerade umgekehrt; im Auslaut wird das *d* der Verbalendungen zu *p* nach der allgemeinen gotischen Regel, es bleibt aber, wenn ein vokalisch anlautendes Enklitikon angefügt wird und innerhalb des Satzes wahrscheinlich überall, wo vokalisch anlautende Wörter folgten (*bairip* und *bairid* sind zweifellos Satzdoubletten). Wenn B. S. 6 annimmt, dass in *unfrapans* und *gupa- p* für *d* stehe, so scheint er mit den einfachsten Lautgesetzen, wie z. B. dem Verner'schen, auf gespanntem Fusse zu stehen. — Man wird nach dem Vorstehenden nicht erwarten, dass wir dem Buche eine Empfehlung mit auf den Weg geben.

Leipzig, 25. Mai 1885. Rudolf Kögel.

Om uppfostran hos nordboarne under hedna tiden, af G. Cederschiöld. 19 S. gr. 8.

Die kleine Abhandlung ist dem Jahresberichte der Töchterschule zu Göteborg, deren Director der Verf. ist, vorausgeschickt. An der Hand der älteren Islendingasögur gibt C. ein Bild der Erziehung im Norden von der Geburt des Kindes bis zu seinem Verwachsen mit dem öffentlichen Leben. Dasselbe macht keinen Anspruch auf wissenschaftliche Tiefe: es will für einen grösseren Kreis geschaffen sein, dem die Quellen selbst nicht zugänglich sind. Fast überall stellt der Verf. die Erziehung der Gegenwart zur Seite; hie und da sind auch pädagogische Bemerkungen eingeflochten. Die Schilderung ist getreu, die Darstellungsweise klar. Dass das Resultat von K. Maurers Untersuchung über die Wasserweihe, dass das 'aus dem Wasser heben' christlichen Ursprungs sei, als feststehend hingestellt wird (S. 6), dürfte wohl nicht allgemeinen Beifall finden. Auch Kaufmann und Vikinger vermag ich nicht so zusammen zu werfen, wie es S. 12 geschieht. Das Schwerttragen der Isländer war doch germanische Eigenthümlichkeit, wie die Sitte der Westgermanen zeigt. Bei dem 'fostr' (S. 10) hätte noch erwähnt werden können, dass das Kind oft zum Bruder der Mutter — auch ein gemeingermanischer Zug — zur Erziehung kam.

Leipzig, Januar 1885. E. Mogk.

Libri confraternitatum Sancti Galli Augiensis Fabariensis edidit Paulus Piper. Berolini apud Weidmannos 1884, 550, X S. 4. (Monumenta Germaniae historica.)

Jedes Kloster besass ein sorgfältig geführtes Verbrüderungsbuch (in älterer Zeit diptychon genannt, später traten die Namen liber vitae, confraternitatis, societatum, viventium et mortuorum auf). Mit dem codex traditionum und dem necrologium gehörte es zu den wichtigsten Aktenstücken. Es war bestimmt, die Namen derjenigen aufzunehmen, welche mit dem Kloster in ein geistiges Bündniss getreten waren. Dieses bestand darin, dass die Namen der Verbrüderten (fratres conscripti) während des Messopfers am Altare genannt und in das Gebet eingeschlossen wurden. Wenigstens war dies der ursprüngl'che Zweck; später, als die Zahl der fratres conscripti unübersehbar zu werden begann, trat ein mehr summarisches Verfahren ein. Genaueres darüber in Karajans Einleitung zu der Ausgabe des Salzburger Verbrüderungsbuches. Uns interessirt hier vornehmlich die Thatsache, dass eine unglaublich grosse Anzahl von althochdeutschen Personennamen durch diese Handschriften auf uns gekommen sind, sorgfältig aufgezeichnet und zum Theil von hohem Alter, so dass jede neue Publikation derart der Namenforschung unschätzbaren Gewinn verspricht. Und nicht nur der eigentlichen Namenforschung, sondern auch der Grammatik, wenn auch nicht in dem Masse, wie die Schenkungsbücher, deren genaue Ort- und Zeitangabe der Geschichte der Laute besseren Vorschub leistet. Das Salzburger Verbrüderungsbuch gehört zu den wichtigsten Quellen des altbairischen Dialekts, und der vorliegende Band, der die Verbrüderungsbücher von St. Gallen, Reichenau und Pfäfers zugänglich macht — alle drei zusammen gewähren ungefähr 76.500 Personennamen, wovon allerdings sehr viele mehrfach vorkommen — kann ähnliche Dienste für das Alemannische des 9. Jh.'s leisten, ja des 8. Jh. reicht die Ueberlieferung nirgends zurück, obwohl die Träger der Namen vielfach dem 8., ja 7. Jh. angehören. Da in die Verbrüderung auch ganze Klöster aufgenommen wurden, so erhalten wir zahlreiche Personallisten der dahin gehörigen Mönche, deren Werth für uns um so grösser ist, je weniger Urkunden des betreffenden Klosters erhalten sind. So scheinen mir die Namenlisten französischer und italienischer Klöster, wie sie im St. Gallischen und Reichenauer Verbrüderungsbuche in grosser Anzahl vorkommen, von nicht geringer Bedeutung zu sein für die Kenntniss des westfränkischen und longobardischen Dialekts, und ich glaube nicht fehl zu greifen, wenn ich diesem Theile der Piperschen Publikation einen ganz besondern Werth zuspreche. Wir erhalten solche Verzeichnisse deutscher Namen z. B. aus Tours, Langres, Molóme, Flavigny, Senones en Vosge, Moyen-Moutiers, Gorze, Meaux, Jumiéges, St. Germain d'Auxerre, aus St. Omer und St. Berlin, aus italienischen Klöstern S. 65 ff, 85 ff. 243 f. (hier begegnen z. B. die interessanten Formen *Auriuandula*, *Auriuuanduln* = ahd. *Ôrantil*, ferner *Auribertn* neben *Ausiber'n*, *Auriprandu*, *Aurifusu*, *Aurnini* = ahd. *Osbert*, *Osuni* u. s. w.) auch gotische Namen kommen vor, z. B. S. 258 *Augemirus*, *Uuistrinirus*,

uu durchweg durch das den IIss. des 8.—11. Jh.'s gänzlich fehlende Zeichen w ersetzt ist. Dies geschieht nicht etwa nur da, wo uu wirklich = w ist, sondern überall, wo überhaupt zwei u nebeneinander stehen, mögen diese bedeuten, was sie wollen (abgesehen von den wenigen Fällen, wo uu = û ist). Piper wird doch wohl wissen, dass uu auch = wu und uw sein kann, weil die ahd. Schreiber es vermeiden, drei u nebeneinander zu setzen. Es ist also grundfalsch, für uu ohne weiteres w einzusetzen; man muss eben überall erst prüfen, welcher Lautwerth hinter dem Zeichen steckt. Das Richtige zu ermitteln ist nicht überall ganz leicht, und über manches Wort lässt sich streiten; man ist daher von einer Aenderung der handschriftlichen Zeichens, welches ja auch dem Laute ganz wohl gerecht wird, längst zurückgekommen. Und nun lesen wir in dieser so schön ausgestatteten Ausgabe so hässliche Formen wie *Wfrit*, *Wfgauc* II, 394 (so durchweg), oder *Wodal-*, ja *Wadal-* (z. B. II, 349, 25) für *Wuudal-*, *Wuudal-*, oder *Wsprant* II, 616, 6 (dies merkwürdiger Weise auch im Index, wo sonst die handschriftliche Schreibweise beibehalten ist) = *Uusprant* (das zweite u für o verschrieben oder verlesen, vgl. *Uusbret*, *Uusleib*, *Uusbirn* im Index S. 521[b]). Wo auf w urgermanisches ó = alemann. uo uo folgt, hat Piper regelmässig falsch aufgelöst. Man muss sich also beim Gebrauche des Buches immer in Gedanken w durch uu ersetzen und sich dann die richtige Lautgeltung selbst suchen. Der Hrsg hat ferner zahlreiche Anmerkungen beigegeben, meist historischen Inhalts, sie unterrichten über die verbrüderten Klöster und über die Lebenszeit der eingetragenen Personen. In diesen Notizen steckt viel Arbeit, hie und da vielleicht zu viel. Bisweilen hätten summarische Angaben genügt. Oder glaubt Piper wirklich jemandem durch die Angabe des Todesjahres jedes einzelnen Fuldaer Mönches (S. 196 f. 200. 204) einen Dienst zu erweisen? Damit wird viel Raum verschwendet, der sich leicht nützlicher hätte ausfüllen lassen. Man entbehrt ungern alle sprachlichen Beobachtungen, zu denen sich doch in Hülle und Fülle Gelegenheit geboten hätte. Und den sprachlichen Studien kommt die Publikation doch entschieden mehr zu gute als den historischen. Die kritischen Noten sind von den exegetischen mit Recht getrennt. Beiderlei Commentar steht glücklicher Weise bequem am Fusse der Seiten, wie überhaupt die Druckeinrichtung musterhaft klar und übersichtlich ist. In den kritischen Noten gibt das Zeichen e vielfach zu Unklarheiten Veranlassung.

spärlich vorgenommen; so weit ich bis jetzt nachgeprüft habe, lässt sich gegen seine Conjecturen nichts einwenden. Den Schluss des Werkes bilden Indices, 150 vierspaltige Quartseiten umfassend, wovon auf den Index nominum allein 137 kommen. Ob sie ganz genau sind, weiss ich nicht, bin jedoch bei dem Fleisse und der unglaublichen Ausdauer des Hrsg.'s, dieses modernen χαλκέντερος, vollkommen davon überzeugt.

Leipzig, 31. Mai 1885.   Rudolf Kögel.

Hartmanns armer Heinrich. Mit Anmerkungen und Abhandlungen von Wilhelm Wackernagel. Herausgegeben von W. Toischer. Basel, Schwabe. 1885. 220 S. 8.

Wir besitzen keinen grossen Schatz von erklärenden Ausgaben unserer altdeutschen Dichter. Es ist geradezu beschämend, wenn wir den Vertretern anderer Wissenschaften gestehen müssen, dass es keine wissenschaftlichen Commentare zu den Nibelungen, zu Wolfram, zu Gotfrid von Strassburg gibt; man hat uns dieselben ja lange versprochen, aber der Himmel weiss, ob sie jemals das Licht der Welt erblicken werden.

So ist denn die Gabe, die wir aus dem Nachlasse Wackernagels erhalten, eine äusserst erfreuliche. Nach dem Vorwort des Hrsg.'s ist die neue Ausgabe in erster Linie für Anfänger bestimmt. Aber sie bietet auch für den weiter Fortgeschrittenen eine Fülle der Belehrung; besonders in einer Beziehung überragt sie andere Commentare, in dem Reichthum an Anmerkungen, die den Realien gelten, und in denen sich W.'s ausgebreitete Gelehrsamkeit glänzend bewährt.

Die angehängten Abhandlungen bieten nach einer Schilderung des Aussatzes selbst ein eingehendes Bild von dem Leben, der socialen Stellung der Aussätzigen, von dem Glauben an die Heilung durch Kinderblut; dabei eine Musterung der sprachlichen Bezeichnungen für den Aussatz, deren grosse Zahl W. treffend aus dem Umstand erklärt, dass die Krankheit keine in Deutschland einheimische. Ganz vortrefflich ist die ästhetische Würdigung des Gedichtes, der Vergleich mit den Sagen von Constantin und Silvester und von Amicus und Amelius, der Nachweis, wie Hartmann durch die Einmischung rein menschlicher Züge uns das Ganze menschlich näher gerückt hat.

Toischer hat sich mit Liebe und Sorgfalt der Arbeit der Herausgabe unterzogen und von sich aus manche nützliche Bemerkung zugefügt. Freilich würde wohl Wackernagel das Eine und das Andere nicht so haben drucken lassen, wie es jetzt vor uns steht. So vermuthe ich, dass er die grosse Zahl von Belegen, die rein lexikalischen Zwecken dienen, vermindert haben würde. Er würde auch schwerlich bei Gelegenheit der Form wese (v. 24) die nhd. Wörter Wesen, abwesend, anwesend etc. oder bei Gelegenheit von ruste (v. 52) die rückumlautenden Adverbia aufgezählt haben. Nun, solches Zuviel richtet keinen grossen Schaden an. Wohl aber das Zuwenig: an einzelnen Stellen hätte der Hrsg. doch dem Lakonismus des Manuscripts im Interesse des „Anfängers" nachhelfen dürfen. Wie viele Studenten verstehen die Schreibung *enmittemen* v. 104, oder die Anm. zu 132: *enmittemen*: vgl. *enzwischen*, *enmee*, *enwiderstrit*? Auch die Martinsbrücke (zu v. 90) dürfte nicht jedem bekannt sein.

Basel, 1. Dec. 1884.   Otto Behaghel.

Geschichte des Sonettes in der deutschen Dichtung. Mit einer Einleitung über Heimat, Entstehung und Wesen der Sonettform von Dr. Heinrich Welti. Leipzig, Veit & Comp. 1884. VII, 255 S. 8.

Eine tüchtige Arbeit, die auf gründlichen, durchaus selbständigen Studien beruht und eine empfindliche Lücke in der bisherigen Geschichte unserer Literatur ausfüllt. Auf einen verhältnissmässig engen Raum drängt Welti eine breit angelegte Untersuchung zusammen, die, nach ihrem Charakter halb ästhetisch, halb historisch-philologisch, sich auf dem Gebiete dreier Literaturen bewegt und einen Zeitraum von fünf Jahrhunderten umspannt, eine Untersuchung überdies, für welche wohl im Besonderen einiges, im Ganzen aber nichts Brauchbares vorgearbeitet war. Sein Buch ist, wie er mit Recht betont, der erste Ansatz zu einer Geschichte der poetischen Formen. Mit der Heimat, Entstehung und frühesten Entwicklung des Sonettes bei den Italienern und Franzosen beschäftigt sich die umfangreiche Einleitung. Hier war es die Aufgabe des Verfassers, gestützt auf eigene quellenmässige Studien mit sicherer Kritik zwischen den mannigfachen Hypothesen früherer Forscher zu entscheiden. Diese Aufgabe ist glücklich gelöst. Zudem weiss Welti selbst da, wo er zunächst nur den Ansichten und den Gründen eines älteren Gelehrten beistimmen kann, dieselben zu vertiefen und neue, selten ganz unbedeutende Schlüsse daraus zu ziehen.

Eine andere Aufgabe stellte die specielle Schilderung der deutschen Sonettenpoesie an den Verfasser. Hier galt es, die wechselreiche Entwicklung und die verschiedenartigen Wandlungen der Sonettform in der deutschen Literatur durch etwa dreihundert Jahre hindurch zu verfolgen, dabei jedoch zugleich den Inhalt, den künstlerischen Charakter und Werth der Poesie, welche während dieser Zeit bei uns in der Form des Sonettes niedergelegt wurde, unter ästhetischen und historischen Gesichtspunkten zu betrachten und so einen Beitrag zur Geschichte der deutschen Literatur im weiteren Sinne zu liefern. Sehr vieles war dabei noch ganz aus dem Rohen herauszuarbeiten. Welti behandelt eingehend die ersten Versuche im deutschen Sonett während des sechzehnten Jh.'s und unterscheidet dann richtig zwei grosse Entwicklungsperioden unserer Sonettenpoesie, die erste von Weckherlin und Opitz bis auf Gottsched und Drollinger (1616—1743), die zweite seit Westermann, Schiebeler und Klamer Schmidt (1765) bis auf die Gegenwart. Unter französischem Einfluss entwickelte sich das deutsche Sonett des 17. Jahrhunderts. Die metrische Form ward damals äusserlich für unsere Literatur gewonnen; aber trotz aller Versuche zu ihrer wirklichen Einbürgerung und Verdeutschung blieb sie damals eine leere, todte Form, in der wahre Poeten, wie Fleming und Gryphius, zwar Vortreffliches leisteten, die aber unter den Händen blosser Versificatoren zu nichtiger Spielerei führen musste und so nach und nach dem Verfall und der Verachtung nicht entgehen konnte. Gegen die Mitte des vorigen Jahrhunderts verschwand sie völlig aus unserer Literatur, die sich nunmehr entschieden dem französischen Wesen abkehrte und aus dem Born der antiken sowie der neueren englischen Poesie frische Lebenskraft schöpfte. Erst die Reaction gegen die antiken, reimlosen Formen der Klopstockischen Schule brachte das Sonett wieder in Aufnahme. Nun aber ging man auf die italienische Kunstform desselben zurück; Bürger erstrebte völlige Congruenz zwischen Form und Inhalt und schuf so zuerst das nationale, deutsche Sonett, und August Wilhelm Schlegel prägte ihm seinen eigenartigen, unverwischbaren Stil auf, den die vorübergehenden Künsteleien der Spätromantiker nicht zu zerstören vermochten. An Schlegel schlossen sich Novalis, Goethe, Rückert, Platen und ihre zahlreichen Schüler an, und sie haben es bewirkt, dass das Sonett immer einen unbestreitbaren Platz unter den deutschen poetischen Formen einnehmen wird.

Gegen Weltis Darstellung dieses Entwicklungsganges lässt sich kaum ein gegründeter Einwand machen. Sie ist zuverlässig und sachgemäss, klar, wohl gegliedert und so vollständig, als man es bei einem derartig zerstreuten und theilweise schwer zugänglichen Stoffe nur immer verlangen kann — nur indem Welti mehrere grosse Bibliotheken Deutschlands benutzte, erreichte er es, dass ihm kein einziger historisch irgendwie bedeutender Sonettist unserer Literatur unbekannt blieb. Vielleicht hat der Verf. Anfangs mit dem historisch-philosophischen Eingang und später, wo er sich zu Deutschland wendet, mit dem allgemeinen literargeschichtlichen Eingang etwas zu weit ausgeholt; doch machte seine Ansicht von dem Verhältniss einer einzelnen Kunstform zu dem Charakter und der Geschichte des Volkes, das sich ihrer bedient, eine solche breitere Grundlage seiner Darstellung bis zu einem gewissen Grade nothwendig. Im Einzelnen aber fasst er sich so kurz als möglich, ebenso wie er in der Diction stets nach einfacher Natürlichkeit und correcter Prägnanz strebt. Interessante, belehrende, mitunter auch belustigende Proben aus seltneren Sonettensammlungen enthält der Anhang des Buches, der zugleich die Quellen sämmtlicher Sonette von Opitz verzeichnet und aus A. W. Schlegels inzwischen von Minor herausgegebenen Berliner Vorlesungen den Abschnitt über das Sonett nach dem Manuscript mittheilt.

München, 13. März 1885. **Franz Muncker.**

Dunger, Hermann, Das Fremdwörterunwesen. Heilbronn, Henninger. 68 S. 8. M. 1,20. (Zeitfragen des christlichen Volkslebens X. 1.)

Wenn auch der Zusammenhang zwischen den Fremdwörtern und dem christlichen Volksleben ein ziemlich loser sein dürfte, so ist Dungers Schrift doch entschieden als eine verdienstliche zu bezeichnen. Denn es gibt Dinge, die man nicht oft genug wiederholen kann, und zu diesen gehört die Mahnung, auf den Gebrauch entbehrlicher Fremdwörter zu verzichten. In sehr gewandter, humorvoller Darstellung zeigt Dunger, welchen ausserordentlichen Umfang die Einwanderung fremden Sprachgutes im Deutschen gewonnen hat. Er verzichtet darauf, in zusammenhängender Weise die Nachtheile dieses Sachverhaltes darzulegen; es ist hauptsächlich das vaterländische Gefühl, das wider die Eindringlinge aufgerufen wird, und das ist wohl auch unter den heutigen Umständen das wirksamste. Sonst möchte es sich empfehlen, besonders mit Rücksicht auf die Kreise der höher Gebildeten, den ästhetischen Widerspruch nachdrücklicher hervorzuheben, der durch die massenhafte Anwendung der Fremdwörter entsteht: die Leute, deren Schlagwort das Wort „stilvoll" ist, müssen zur Erkenntniss gebracht werden, dass in der Sprache die Forderungen des Stils gerade so gut ihre Geltung haben wie in der Kunst.

Die Fremdwörter in der Sprache des Arztes möchte ich einigermassen in Schutz nehmen: sie kommen dem oft sich fühlbar machenden Bedürfniss entgegen, am Bette des Kranken über dessen Zustand zu reden, ohne von ihm verstanden zu sein.

Karlsruhe, 29. Dec. 1884. **Otto Behaghel.**

Anglo-Saxon and Old English Vocabularies by Thomas Wright. 2ed edition, edited and collated by R. P. Wülcker. London, Trübner. 1884. 2 Bände. VIII. 407; 485 S. 8. M. 28.[1]

Diese Neuausgabe der von Wright in den Jahren 1857 und 1873 herausgegebenen alt- und mittelenglischen (mit Wright-Wülcker, angelsächs. und altengl.) Glossarien enthält im 1. Bande folgende Sammlungen:

1. Das „Corpus Glossar". 2. Die Keutischen Glossen. 3., 4., 5. Das Colloquium Ælfrici, Abbot Ælfric's Vocabulary und Supplement dazu. 6., 7., 8., 9. Altengl. Glossen aus den Hss. des Britischen Museums Harl. 3376, Tiberius A VII. Cleopatra A III und dem Brüsseler Cod. 1829. 10. Das von auch von Zupitza herausgegebene Glossar „Ælfrics. 11 und 12. Spätere Glossen aus Cleopatra A III, sodann mittelenglischer Zeit angehörig 13. ein Excerpt aus „Ælfric's Glossar in einer Worcester Hs. (12. Jh.). 14. ein Vokabular von Pflanzennamen aus der Hs. des Brit. Mus. Harl. 978 (13. Jh.). 15. ein Vokabular aus einer Hs. des Trinity Coll. Cambr. (15. Jh.). 16. und 17. Metrical Vocabularies und Name of Parts of the Human Body aus der Hs. Harl. 1002. 18. ein Vokabular aus der Hs. des Brit. Mus. Royal 17 C XVII. 19. ein „Nominale" aus einer Hs. des Joseph Mayer Esq. in Liverpool und 20. das Pictorial Vocabulary aus einer Hs. des Lord Londesborough, die letztgenannten sämmtlich dem 15. Jh. angehörig.

Die Nummern 2, 7, 15 sind neu hinzugekommen an Stelle zweier altnorthumbrischer und dreier lateinischfranzösischer, von denen erstere gar keine, letztere nur vereinzelte englische Wörter enthielten.

Eine besonders dankenswerthe Veränderung ist

---
[1] Engl. Stud. VIII, 149 ff. (Sievers)

aber die Beigabe des 2. Bandes, der lateinische, alt- und mittelenglische Indices enthält, wodurch die Benutzung des reichhaltigen Materials wesentlich erleichtert wird.

Die meisten Texte sind auf nochmalige Collationen basirt, doch ist bei dem Abdrucke derselben der Neuherausgeber das bedauerliche Opfer eines unglaublich gewissenlosen Druckers geworden. Wülcker sah sich deshalb genöthigt, nach Erscheinen des Werkes die Entstehungsgeschichte desselben in einer Broschüre „die Leidensgeschichte des Neudruckes der Wright'schen Glossarien" den Fachgenossen klar zu legen. Hierin werden auch berichtigende Nachträge in Aussicht gestellt, und daher müssen wir die Kritik der Textgestaltung und der eigenen Zuthaten Wülckers in den Noten bis nach dem Erscheinen dieser Nachträge aufschieben.

Schon jetzt aber muss gesagt werden, dass mindestens der unermüdliche Sammelfleiss und die opferwillige Arbeit des Hrsg.'s den Dank der Fachleute verdient, und daran anknüpfend sei es gestattet, auf das Gebiet der altenglischen Glossenliteratur überhaupt eindringlichst hinzuweisen. Die mittelenglischen Vokabularien können erst in zweiter Linie in Betracht.

Bronner hat in den Engl. Studien IV. 458 ff eine Uebersicht über dieselben zu geben versucht, dabei aber offenbar vor allem die bereits gedruckten mehr oder minder systematischen Vokabularien, nicht die interlinearen Glossen im Auge gehabt. Letztere sind, wenn auch meist nicht so alt, so doch an Zahl von noch grösserer Bedeutung; wie umfangreich das noch der Veröffentlichung harrende handschriftliche Material im Verhältniss zu dem bereits Gedruckten ist, lässt sich leider vor der Hand noch gar nicht überschauen. Es wäre eine der dringendsten Aufgaben der Germanistik, diese Schätze zu heben und vor allen Dingen eine Catalogisirung des Vorhandenen anzustreben. Bei dem Zustande der meisten englischen Bibliotheken ist dies freilich keine so einfache Arbeit, und es wären dazu nicht nur willige Arbeiter, sondern auch Mittel und Verleger erst zu gewinnen. Wülcker hat in der Anglia II. 354 ff. auf einige Glossenhss. in Exeter aufmerksam gemacht. Während meines letzten Aufenthaltes in England versuchte ich auch Einiges zu sammeln und theile das Wenige hier in Kürze mit.

Cambridge. Leider sind die wenigsten College-Bibliotheken catalogisirt; Cajus und Queen's College enthalten nach den Catalogen nichts; Trinity College besitzt den berühmten Canterbury Psalter (R. 17. 1) aus dem 11. Jh. (S. Wanley p. 68); die Univ. Library enthält eine sehr sorgfältig glossirten Psalter (F. f. 1. 23; s. Wanley p. 152), ausserdem die interessanten Glossen in dem sogen. Book of Cerne (Ll. I. 10), abgedruckt, obwohl nicht ganz genau, bei Cockayne (Leechdoms I. LXVIII).

Oxford. Der sämmtliche Oxforder Bibliotheken begreifende Catalog nennt nur eine Hs. in St. John's Coll. (CLIV, fol. 145—159), Ælfric's Glossar enthaltend, die Earle für seine English Plant Names benutzt hat und der vermuthlich Zupitzas Hs. O ist. Mir war sie nicht zugänglich.

London. Das Lambeth Ms. 127 aus dem 9. Jh. soll einen Psalter und einige Gebete mit Interlinearversionen enthalten. Reich aber ist das Britische Museum, und ich bedauerte schmerzlich, nicht mehr Zeit zu haben, um den Class Catalogue darauf hin ganz durchzugehn. Schon der 1. Band, enthaltend Service Books, bot manches Wichtige. Ausser neueren, aus der Zeit der beginnenden antiquarischen Studien stammenden Glossarien ist Cotton, Domitian IX aus dem Anfange des 11. Jh.'s interessant; er enthält u. a. Runenalphabete und Runenerklärungen (fol. 10ᵃ). Das Wichtigste sind die glossirten Psalterien, die mit dem Cambridger Canterbury Psalter, wie man sagt, Aldis Wright in einer Gesammtausgabe veröffentlichen will. Möge dieser Plan doch recht bald zur That werden! Wülcker hat (Anglia II. 354 ff.) auf 8 glossirte Psalterien, darunter auch drei des Brit. Museum hingewiesen; dazu sind noch nachzutragen die schöne Hs. Arundel 60 und Cotton, Vitellius E XVIII (S. Wanley p 222) aus dem 11. Jh., welche Hss. ausserdem noch verschiedene glossirte Hymnen und Gebete enthalten. Ausser diesen (Cotton, Tib. C. I enthält auf fol. 11ᵃ nur Unwesentliches) enthält der 1. Band Service Books des Cataloges noch die Hss. Cotton, Julius A VI. Harl. 863, Arundel 155, Royal 2 A XX, alle dem 11. Jh. angehörig und glossirte Gebete und Hymnen enthaltend. Ich muss es mir hier versagen, meine Auszüge daraus abzudrucken; überall finden sich noch unbelegte Wörter in Menge. Wer Gelegenheit hat, die übrigen Bände des Cataloges durchzusehen, wird mit seiner Hilfe reiche Ausbeute finden. [So enthält beispielsweise auch die so Mannigfaltigebietende Hs. Cotton, Tib. A III u. a. die Regel Dunstans und Benedicts reich glossirt.] Was in mangelhaft oder gar nicht catalogisirten Bibliotheken zu finden ist, lässt sich gar nicht ermessen.

Welcher Dienst der englischen Sprachwissenschaft geleistet würde, wenn dieses umfangreiche Material aufgearbeitet würde, wird besonders der ermessen können, der es ernstlich versucht, die Sprache des 13. Jh.'s auf ihre Quellen zurückzuführen, die uns freilich eben nur zum geringsten Theile erschlossen sind. Eine zusammenfassende Herausgabe der altenglischen interlinearen Glossen wäre eine der wichtigsten Grundlagen für jede weitere Forschung auf englischem und überhaupt germanischem Sprachgebiet; Wülckers Neuausgabe der Vokabularien liefert dazu einen wichtigen Beitrag. Mögen die Nachträge hiezu doch recht bald erscheinen!

Wien. A. Schröer.

Koeppel, Emil, Lydgate's Story of Thebes. Eine Quellenuntersuchung. Münchener Dissertation. München, Oldenbourg. 1884. 78 S. 8.

Das Hauptresultat dieser Prof. Breymann gewidmeten Schrift ist, dass Lydgate den Stoff für seine St. of Th. nicht aus jenen Gewährsmännern schöpfte, die er namhaft macht, aus Statius, Seneca, Martianus Capella oder Boccaccio, auch nicht direct aus dem afrz. Roman de Thèbes des zwölften Jahrhunderts, wie July meinte, sondern aus einer Prosaversion dieses Romans. Wie Chaucer liebte er es also, seine Quellen zu verbergen. Selbst ein Detail, für das er Statius als Bürgen citirt, ist in dessen Thebais nicht zu finden. Man sieht, wie formelhaft die Autoritätsberufungen me. Dichter waren, und wie wenig aus deren blosser Zusammenstellung zu profitiren ist. — Nebenher bietet Koeppel noch einige interessante Fragmente zur Lydgatebiographie. Die Untersuchung über die Entstehungszeit der St. of Th scheint mir zwar nicht ganz evident; wenn Lydgate einerseits im Vorfrühling 1421 mit der Uebersetzung des Guido de Colonna fertig war und andererseits im Prolog der St. of Th. die astronomische Constellation des April schildert, so ist es ein wenig gewagt, daraus zu folgern, dass er von jener Uebersetzung sofort im April zur St. of Th. übergegangen sei. Derlei Naturbeschreibungen waren ja typisch, und namentlich im vorliegenden Fall denkt man unwillkürlich an den Eingang der Cant. T. Gut contrastirt und illustrirt ist dagegen das Verfahren, welches Lydgate und Chaucer dem Stoff gegenüber befolgten: der Mönch von Bury hat weder das volksthümliche, noch das humoristische Element des höfischen Londoners, er trägt mit Bewusstsein seine Gelehrsamkeit zur Schau, aber er ist höchst pietätvoll gegen seinen Meister und gegen die Frauen zarter und höflicher. Die Anmerkung am Fuss der vorletzten Seite, wo Lydgate den Pflug als den Erhalter des Staates preist, gibt zu denken, wie sich wohl dieser Panegyriker der englischen Könige zur Lollardenbewegung verhalten haben, und die ganze dunkenswerthe Schrift mahnt abermals, wie dringend wir einer leicht zugänglichen Ausgabe der voluminösen Lydgatewerke bedürften.

Prag, 31. Jan. 1885. A. Brandl.

Li romans de Claris et Laris herausgegeben von Dr. Johann Alton. Tübingen 1884. (CLXIX. Publikation der Bibliothek des literarischen Vereins in Stuttgart.) 939 S. 8.

Die Composition dieses umfangreichen Artusromans ist äusserst einfach. Claris liebt Lidoine, die Schwester seines Freundes Laris, welche mit Ladont, König der Gascogne, verheirathet ist. Aus Achtung für die Ehre der geliebten Frau und die seines Gebieters zieht Claris zum Artushofe; Laris gesellt sich ihm bei. Bis sie dorthin gelangen, bestehen sie eine Reihe von Abenteuern; sie kommen gerade zu gelegener Zeit an, um Artus in seinem Kampfe gegen den König von Rom beizustehen und ihm zum Siege zu verhelfen. Von Ladon zur Hilfe gegen Savaris, König von Spanien, angerufen, kehren die zwei Genossen, von zehn Artusrittern begleitet, heim und besiegen den Feind. Der Anblick der Geliebten steigert Claris' Leidenschaft aufs höchste; Lidoine, von ihrem Bruder Laris dazu aufgemuntert, küsst den schwer Kranken, heisst ihn aber den gascognischen Hof wieder verlassen. Die zwölf Ritter ziehen ab, um zu Artus zurückzukehren. Unterwegs wird Laris von der Fee Madoine, die sich ihm während eines der früheren Abenteuer ergeben hatte, entführt. Nun beschliessen die übrigen elf Ritter, die Suche des Genossen zu unternehmen.

Jeder von ihnen besteht wenigstens ein Abenteuer; die meisten deren mehrere; endlich sind sie alle bei Artus vereinigt: darunter auch der nunmehr befreite Laris. Letzterer, in einem Turnier schwer verwundet, wird von Marine, Ivains Schwester, gepflegt und entbrennt in heisser Liebe zu ihr. Es kommt die Meldung, Ladont sei gestorben, Lidaine werde von Savaris bedrängt. Die zwei Genossen mit zahlreichen Artusrittern eilen ihnen zu Hilfe, besiegen Savaris, und da dieser auf seiner Flucht Lidaine als Gefangene mitnimmt, verfolgen sie ihn bis nach Spanien; mit Hilfe des herbeigerufenen Artus wird Savaris besiegt und getödtet; Claris heirathet Lidaine und wird König von Spanien. — Hier könnte die Geschichte zu Ende sein; der unermüdliche Erzähler hängt aber eine Fortsetzung daran. Der Inhalt derselben ist noch mehr einförmig. Laris von seiner Liebe zu Marine gequält, will wieder nach Britannien; sein treuer Freund Claris begleitet ihn dorthin und nimmt seine Frau mit. Nach mehreren Abenteuern erreichen sie den Hof des Artus. Es kommt die Nachricht, König Tallas bedränge Urien, den Vater der Marine; die zwei Genossen eilen zur Hilfe. Tallas wird zwar besiegt, nimmt aber Laris gefangen mit. Nun ziehen dreissig Ritter auf dessen Suche aus; jeder schlägt einen verschiedenen Weg ein, jedem begegnet ein Abenteuer. Endlich kommen sie zusammen, überwinden Tallas und mit Hilfe des herbeigeeilten Artus auch Tallas' Vater. Umsonst sucht Madoine durch Zauberkünste die Vereinigung Laris' und Marines zu hindern; sie werden ein Paar. Auch hier würde man den Schluss erwarten. Doch der Dichter versagt sich nicht einen letzten Zusatz. König Heinrich, Laris' Vater, wird in Köln von Saris, König von Ungarn, belagert, Artus eilt ihm zu Hilfe; ihm zur Seite selbstverständlich die zwei Helden des Gedichtes. Laris tödtet den Gegner seines Vaters. — Der Kern der Erzählung ist demnach sehr dürftig; seine Ausdehnung erhält der Roman nur durch die grosse Anzahl von Abenteuern. Diese nun stehen selten in irgend einer Beziehung zu einander; vielmehr erscheint jede Episode selbständig, und ist sie einmal abgewickelt, so wird nicht mehr auf sie Bezug genommen. Man wird oft an die beliebten Sammlungen von Mähren erinnert, welche durch eine Rahmenerzählung in loser, mehr äusserlicher Form zusammengehalten werden. Bloss die Schicksale der zwei Genossen, Claris und Laris, bilden den rothen Faden, der sich durch den Roman hindurchzieht und ihn als ein Ganzes erscheinen lässt. Die Episoden, besonders jene, welche in der zweiten Suche des Laris enthalten sind, sind gewöhnlich ziemlich kurz und bei vielfacher Aehnlichkeit und häufiger Wiederholung derselben typischen Situationen in Bezug auf die Ereignisse und auf die Charakterisirung der einzelnen dabei betheiligten Ritter mannigfaltig genug um das Interesse stets wach zu erhalten. Der Dichter ist nicht gerade sprachgewandt, vielmehr erweist sich sein Lexikon als ziemlich dürftig, und zumal betreffs der Reime scheut er sich nicht vor steter Anwendung derselben Bindungen (auf *monde* folgt fast immer *tant com il dure* oder *si comme il elot a la roonde*; die *parole* ist immer von guter oder schlechter *escole*; Marine ist *de color fine* u. s. w.), indessen kann man ihm ein gewisses Darstellungstalent nicht absprechen. Es ergibt sich daraus, dass, wenn auch unser Roman die Merkmale des beginnenden Verfalles in sich trägt, doch dessen Ausgabe vollkommen berechtigt war, und dass wir dem Hrsg. dafür dankbar sein müssen, dass er zu seinem ersten Versuche auf dem Gebiete des Altfranzösischen eine so weitläufige und nicht immer leichte Aufgabe gewählt hat. Nur eine Handschrift ist auf uns gekommen, und diese ist nicht frei vo Verderbnissen. Sie ist vom Hrsg. fast durchgehends recht gut gelesen worden; dass die Erfüllung einer solchen eigentlich selbstverständlichen Bedingung doch nicht gering anzuschlagen ist, weiss jeder, der sich an manche noch der neuesten Zeit angehörende Beispiele vom Gegentheile erinnert. Ein Dutzend Stellen, welche innerhalb etwa 30 000 Versen fehlerhafte Lesungen bieten, darf man nicht sehr hoch anrechnen. Die gelegentlich angebrachten Emendationen sind meistens sehr annehmbar. Zu diesen gehören besonders die Ergänzungen von Wörtern am Ende der Verse, die dem Abschreiber oft in der Feder blieben; bot auch hier das Reimwort ein leichtes Mittel, um das Fehlende zu conjecturiren, so hat doch der Hrsg. dadurch, dass er bis auf ein paar Fälle ansprechende Ergänzungen wählte, von seiner Vertrautheit mit der Sprache, speciell mit jener seines Textes, ein schönes Zeugniss geliefert. Dass er nicht allen Schäden der Ueberlieferung beizukommen vermochte, ist leicht zu vermuthen; die sehr zahlreichen Recensionen von Foerster (CBl. 1885, Sp. 247) und von Tobler (DLZ. 1885, Sp. 573) haben bereits viele Beiträge zur weiteren Emendation des Textes geliefert; andere werden gewiss von gleicher oder von anderer Seite nachkommen. Ich selbst vermag nur noch wenig vorzubringen. V. 111 die Form *couroitiste* ist wohl zu beseitigen. — 146 lässt sich verstehen: 'er mochte davon viel gelitten haben'; vielleicht aber: *s'en pot .. suferre;* 'er dürfte nunmehr nicht dessen auf immer enthalten'. — 578 ist mir nicht klar. — 1853 *Cels de l'ost.* — 1953 vielleicht ist statt *combatre*, da *soi batre = nfr. se battre* nie mit der altfr. zu sein scheint, *quatre* zu lesen; die daraus entstehende Construction wäre wohl selten, aber doch denkbar. — 2356 da unser Dichter sonst keine Assonanzen wie *gardent : chargent* gebraucht, so lässt sich fragen ob nicht *lardent* zu lesen; vgl. 2463. 6119, wo freilich nicht *larder aucun de courgiees* sondern *l on coup, ruistes cous* vorliegt. — 3194 statt *Et l'en* ist sicher *Mon* zu lesen; demnach ist jener Theil der Anmerkung zu 3197, welcher mit den Worten: 'ferner ist 3206' beginnt bis zum Schlusse zu streichen. (Das übrige ist richtig; 3200 wäre besser *l'ers Claris cont* zu lesen.) - 3365—6. Die Wiederholung von (Gewässer) ist verdächtig. — 4040 *ros demanderai*; vgl. 4049. — 4228 st. *les* doch *lor*. — 4919 statt *ruiste coup parer* vermuthe ich *paier (: esmaier)*; vgl. 23078. — 4943 eher *qui s'en*. — 4989. Die Wiederholung von *nuit* flösst Bedenken ein; wie würde auch der Dichter sagen: 'die ganze Nacht suchten sie; als sie nichts finden konnten, liessen sie davon ab in der Nacht'? Ob *si en soufrirent mietz qu'il porent l'anuit*. — 5086 *son* verstehe ich nicht; *mon* wäre mir klar: 'seitdem ich begann meine Vernunft zu gebrauchen'.

— 5140 *avec lui* auf eine Mehrzahl bezogen geht nicht an; l. *soi*. — 5603 ist mir trotz der Anm. unverständlich; nur wenn *ont* gelesen und *partiz* in factitiver Bedeutung aufgefasst wird, erhalte ich einen Sinn. Auch 16444 ist *ont* statt *ont* zu lesen. — 5878 *sis*, etwa Druckfehler, da die Form S. 853 nicht verzeichnet wird (an die Zahl 'sechs' ist nicht zu denken). — 6696 *s'auvent (: remuent)* ist kaum richtig; es handelt sich um das übliche Verbum *soi aidier* 'wacker kämpfen'; also *s'auent*. — 8023 *que ele* um den unzulässigen Hiatus *ele avoit* zu vermeiden. — 8354 *en fers* ist immerhin möglich, doch vielleicht *enfers*, postverbales Adject. von *enfermer*. — 11541 offenbar *m'aiez*. — 13140 ist *derroy* richtig? — 13224 *chëoir* statt *choir*. — 13332 wohl *l'arons*. — 13383 es ist doch *apareillent* gemeint, nicht *apareillement* mit 'Verlust von -ent, wie S. 841 gesagt wird. — 14682 die richtige Form ist *esfreement*; daher die Aenderung von *otons* zu -*mes* nicht richtig. — 15204 *le fait*; vgl. 21060 schon von F. gebessert. — 15603 *qu'i cuidoient*. — 17231 deutlicher wäre gewesen *enchainiee* zu drucken, da doch dieses Verbum gemeint ist[1]. — 17830 *defaire* oder *desf*. — 19254 *orrible* mit Hiatus. — 26635. 27253 *un plus fort d'eus deus la chars suc* und anderswo *un plus froit*; soll man angleichen? — 23236 *ses cors* auf eine Mehrzahl bezogen; wohl *les e*. — 23623 *Ataut respont li conestables Bedoiers: Ce ne sont*. — 25936 eher *[derriere]*. — 27010 *S'i sont*. — 28451 eher *Qui sont*. — 29485 *demeurfer]*; richtiger *demorer*. — 29886 *les rois s'i maintenir*; die Grammatik gestattet nur *si*

Die Interpunktion gäbe zu mancher Bemerkung Anlass; ich will nur erwähnen 12687—8, wo Semicolon nach *griere* zu streichen und Komma nach *si* zu setzen ist. — 17531—2 Semicolon nach *remanance* zu streichen und nach *anuit* anzusetzen. — 18220 —1 Semicolon nach dem zweiten Verse zu streichen und nach dem ersten anzusetzen. — 23818—9 nach 18 Semicolon, nach 19 Komma. — 26238—9 nach *Loris* Semicolon; Komma nach *pales* zu streichen.

Druckfehler sind 1103 *senschaus*, 2171 *chealerie*, 9402 *etorne*, 13912 *boures*, 16717 *condredit*, 25690 *entre'eus*.

Ich lasse nun einige Bemerkungen über die Freiheiten folgen, welche sich der Dichter zum Reimzwanges halber gestattet. Er bindet *'e* mit der gleichlautenden Endung der 3. Plur. *-ent*, welche in der Hs. und wohl auch nach dem Sinne des Dichters, um dem Auge zu genügen, durch *-e* dargestellt wird. Man findet auch *-oit : -oient* 26481. Bei weitem grösser ist die Freiheit, welche 6512 vorkommt: Laris und Claris *tout confunt (: font) et eracentent*, wo Homophonie zwischen Sing. und Plur. nicht vorhanden ist. Ebenso wird in der Schrift *-s* der 2. Sing Präs. und des Plur. der Nomina vernachlässigt. Der Hrsg. führt Unterdrückung des *-s* bei Femla. richtig unter 'Reim' an, erblickt aber darin Zahlveränderung, als ob der Dichter, wenn er *es deus partie* schriebe, wirklich Sing. statt Plur. anwenden wollte. Bei Masc. bespricht der Hrsg. die

---

[1] Man wird einwenden, es müsste dann *enchainitee* (vgl. *daintie*) lauten, das mit *culee* nicht reimen würde; indessen darf man annehmen, dass der französischen Bildung aus *enchainte* das Bartsch'sche Gesetz sich nicht bethätigte.

Unterdrückung des Plur. -s unter 'Declination' und da soll die Form des Nominativs statt jener des Accusativs gebraucht sein. Ebenso gut hätte er auch in *uere eus out dis escuier* 'Zahlveränderung' erblicken können. Es handelt sich aber weder um das eine noch um das andere. Dass keine Anwendung des Nomin. statt Accus. vorliegt beweisen zur Genüge *mes frere (meos fratres), les trois lius.* (Ein einziger Fall *de plusor asere* beweist nichts; l. *plusors*.) 'Geschlechtsveränderung' erblickt der Hrsg. in 5539 *Claris a l'espee suchiee De la beste s'est aprouchiee* und 28988 *l'* (Marine) *a escellie Et puis si li a conseillie,* als ob der Dichter Claris zum Weib, Marine zum Manne gemacht hätte. Trotzdem die Reimendung ein Mal *-iee,* das andere *-ie* ist, so sind die zwei Fälle identisch. Beide Male ist *-ie* zu drucken und entweder Unterbleiben der Congruenz mit dem vorangehenden femin. Objecte oder Bindung von *le : li* anzunehmen[2]. Ebenso wenig wird man sagen, der Dichter habe sich eine Vertauschung der Genera gestattet, wenn er schreibt 1170 *la pucele fu allee A sa dame, si ot contee Comment* u. s. w. Er bindet vielmehr die homophonen Endungen *-é, -ée* und wie dem Auge in Liebe *-ut, -s* getilgt werden, so wird aus demselben Grunde ein *-e* hinzugefügt[3]. Und als rein graphische Zuthat ist *-s* im Nom. Plur. der Masculina anzusehen; dass es sich nicht um Eindringen der Accusativform handelt und daher die Besprechung der Erscheinung nicht unter 'Declination' sondern unter 'Reim' am Platze ist, zeigen einerseits die begleitenden Wörter (*li barons, li dui amis, cist rasaus, cist dui quignons, li autre dui fereors, si amis, frere germains*), andererseits der Umstand, dass im Innern des Verses die Declination gut bewahrt erscheint.

Finden sich ähnliche Freiheiten im Innern des Verses dem Metrum zu Liebe? Kaum. Vor allem sind die ziemlich zahlreichen Fälle zu beseitigen, welche *-e* statt *-ent* bieten (das folgende Wort lautet stets consonantisch an); da es sich hier um eine nachlässige durch nichts veranlasste Graphie handelt[4], so hätte der Hrsg. *-ent* herstellen können oder müssen. Dass es sich hier wirklich nur um Schreibfehler handelt wird auch durch den Umstand bewiesen, dass auch umgekehrt *-ent* statt *-e* vorkommt: 18497. 23583. 29889. Der Hrsg. hätte die unbedenklich ändern sollen. — An drei Stellen kommt Sing. statt des homophonen Plur. vor, und das Metrum

---

[2] Ein drittes Beispiel ist 10062 *l' (la vielle) a touchie : tranchié*; auf gleiche Weise zu deuten. Der Hrsg. erwähnt S. 826 zwei Fälle von *e : i* (es käme dazu 24346 *mainie : pri*) und nennt sie, vielleicht nicht ganz angemessen, 'Augenreime'. Zu erwähnen ist noch 19851 *l' (la vielle) a mors.* Gemeint ist *mort* mit unterbleibender Congruenz; statt *mort* wieder *mors* (eigentlich *mors*) um mit *cors* zu reimen; also zwei Freiheiten zu gleicher Zeit. Der Hrsg. rechnet auch diesen Fall zu denen der 'Geschlechtsveränderung'. Er beurtheilt so auch 18026 *de li soit garde prin 'statt prise',* wo aber unpersönliche Construction vorliegt; 5188 *li dui fet trenchant et froides 'statt fenit',* wo es sich entweder um eine berechtigte Nebenform (wie *rigidus : roide* so *frigidus : froide*) oder um eine analogische Bildung aus dem Femin. handelt.

[3] 26088—9 kommt *entri : esper* vor, ohne Zusatz des unrichtigen *-e*.

[4] 11341 hatte sogar der Schreiber richtig *ostent* geschrieben und dann *-nt* durch Punkte getilgt; der Hrsg. folgt ihm; Foerster fordert mit Recht Beibehaltung der früheren Schreibung.

---

scheint ersteren zu stützen: 1023 *encore se porroit deufendre Cil qui ... serout,* 1481 *cil tient,* 3320 *rom ... porroit .. cil.* Tobler emendirte bereits die zweite. Foerster die dritte Stelle; der ersten ist durch *encor se porruient* leicht zu helfen. Der Hrsg. erwähnt nur 1023 und meint Uebergang vom Plur. zum Sing. sei in unserem Texte auch anderswo zu treffen; die beigebrachten Belege sind jedoch ganz anders geartet; keiner weist die Construction eines Prädicats im Sing. zu einem Subj. persönlichen Begriffes im Plurale auf. Vernachlässigung des *-s* im Plur. des Metrums halber: 23575 *l'autrier quatre preudome ocist;* der Hrsg. bemerkt indessen mit Recht, dass *-es_Vok,* auch von anderen Denkmälern her bekannt ist. Er konnte dazu noch erwähnen 11568 *des armes au chevalier s'arma*[5] (übrigens wäre auch *arme == arma* berechtigt), 8823 *des murs a .r. toise abatuz,* 14294 *Et maintes autres pierres escrites,* wo er das schwer entbehrliche *Et* tilgt.

Der Hrsg. hat eine sehr ausführliche Darlegung der Laute und Formen geliefert. Weit erspriesslicher wäre gewesen in knappster Form das Erwähnenswerthe hervorzuheben. Er citirt bald zu viel bald zu wenig; wenn nur bald die ersehnte altfranzösische Grammatik erschiene, welche die Herausgeber der vermeintlichen Pflicht entledigte, sattsam Bekanntes zu wiederholen und eine immer höher anschwellende Fluth von — zum Theil antiquirten — Citaten von einer Schrift in die andere zu schleppen! Wie fast alle solche Arbeiten, so bietet auch die vorliegende zu manchen Bemerkungen Anlass; es gestatte mir — und zwar nur weil jedem, der im Beginne seiner literarischen Thätigkeit steht, durch Hinweisen auf leicht zu vermeidende Versehen ein Dienst erwiesen wird — Einzelnes zu erwähnen. Zu *ni : e* wird *brese : remese* angeführt, aber auch in *brese* liegt *e* aus *a* vor. *Petit* und *cuirre* sollen für *iei = i, esuuite* und *fui : conuui* (ich weiss nicht welchem der zwei Wörter die beweisende Kraft zugeschrieben wird) für *uei = ui* zeugen. Wenn *voit* mit *menoit* und *ruit* mit *fuit* reimen, so gehört das Schwanken zwischen *roit* und *ruit* dem Kopisten an. In *aleure : saine, Quentochire : comence* würde ich nicht 'Verstummung' des *r* annehmen. Unter den unmöglichen Fällen des Hiatus wird auch *ensemble o, chambre entra* angeführt und bald darauf wird Hiatus nach Muta cum liquida nachgewiesen. Unter den Fällen von einsilbigem *-ieus -iez = ēumus llatis* erscheinen auch *demorisions ; fussious,* also Imperf. Conj., wo *ie* nur einsilbig ist. Nicht *reissiez* ist zu lesen, sondern *rëissiez. Mençonge* wird den Neutris der II. hinzuzählen; es ist ja Femin. (vgl. 26040), gebildet mittels *-onca. Mansim* als Obl. weist nicht dem Reime wegen *cin -s aul;* das *s* ist stammhaft, da Suff. *-icium* vorliegt. Man sollte aufhören, bei der Lehre der Declination *mont* und *monde* anzuführen. *Queus* wird nicht *zo sires, empereres* zu stellen; das *-s* ist ja schon lateinisch. In 14656 *toute la terre a lor tienent* liegt nicht *a lor = a els,* sondern *lor* ist l'ossessivum. *Cis* erklärt sich nicht aus *cist* 'durch Verstummen des End-

---

[5] Dieser Vers wird durch einen *lapsus calami* zu den 'anvollständigen' gezählt; gemeint ist natürlich 'unrichtig gemessen.' Und warum werden solche Verse im Abschnitte über 'Reim' angeführt?

consonanten', und Foerster hat dies nicht gesagt. Die Futura *enterrai*, *mosterrai* dürfen nicht 'contrahirt' genannt und als identisch mit *donrai menrez durrez* angesehen werden.

In zahlreichen Anmerkungen hat der Hrsg. sich bemüht, die schwierigen Stellen zu erklären und Belege für bemerkenswerthe Erscheinungen aus der Syntax zu sammeln. Er bekundet dabei seine auf ziemlich ausgedehnte Belesenheit sich gründende Kenntniss des Altfranzösischen. An mehr als einer Stelle hätten seine Ausführungen durch bessere Sichtung des Materials und klarere Darstellung wesentlich gewonnen.

Dass das Glossar ebenso einer Revision als einer Ergänzung bedürftig wäre, wurde bereits von den früheren Recensenten hervorgehoben. Lexikalische Arbeiten gehören eben, wenn sie streng wissenschaftlichen Forderungen entsprechen sollen, zu den schwierigsten. Dass der Hrsg. bei der Lösung dieses Theiles seiner vielfältigen Aufgabe nicht immer glücklich war, darf mit Nachsicht beurtheilt werden. Was er im übrigen bei vorliegender Publikation geleistet berechtigt uns zu dem Wunsche, er möge uns bald mit anderen immer gereifteren Früchten seines Fleisses erfreuen.

Wien. A. Mussafia.

Spécimen d'un Essai critique sur les Oeuvres de François Villon par W. G. C. Bijvanck, docteur-ès-lettres. Le petit Testament. Leyde, De Breuk et Smits. 1882. 228 S. 8.

Der Verf. dieser interessanten Schrift ist für die schwere Aufgabe, die er sich gestellt hat, mit einer gründlichen Kenntniss der französischen Sprache und Literatur ausgerüstet, und wenn es ihm gelingt seine Arbeit in demselben Geiste, wie er sie begonnen, zu vollenden, so wird er sich hervorragende Verdienste um die Erklärung und Wiederher-tellung des Villonschen Textes erwerben. Schon jetzt ist das was er an Verbesserungen bringt, eine sehr werthvolle Gabe, selbst wenn Einzelnes als zu wenig verbürgt oder als irrthümlich davon gestrichen werden müsste. Zunächst gibt er uns als Probe seiner Studien einen revidirten, mit kritischem Apparat und zahlreichen Anmerkungen versehenen Text des kleinen Testamentes, dem eine Abhandlung von 152 Seiten über die Handschriften und ältesten gedruckten Ausgaben Villons vorausgeschickt ist, und zwei Balladen desselben Dichters, von denen die eine bisher noch nicht gedruckt, die zweite aber A. Chartier zugeschrieben wurde. Ausser einer vollständigen Ausgabe Villons verspricht er uns noch eine Studie über die Balladen und Rondeaux, welche unter den Namen Villons und anderer Schüler gehen, und eine zweite über die im Jargon geschriebenen Balladen Villons und über die Geheimsprachen der romanischen Völker im 15. Jh. überhaupt.

Die umfangreiche Einleitung, welche zuerst die vier Handschriften bespricht, beschäftigt sich etwas zu ausführlich mit deren orthographischen Eigenthümlichkeiten, welche jedem, der in den Texten des 15. Jh.'s einigermassen belesen ist, hinlänglich bekannt sein müssen. Noch sonderbarer ist es, dass der Verf. geglaubt hat, alle jene ärgerlichen Verwechslungen von *ce* und *se*, *ces* und *ses*, *ay* und *é* oder *et*, *aut* und *ent* in den Text aufnehmen zu müssen, um dadurch die Schreibweise des ursprünglichen Manuscriptes wieder herzustellen. Will man dem Buchstabengewande, das die Sprache jener Zeit sich anzulegen liebte, etwas von seinem verwilderten und aufgebauschten Charakter lassen, so mag man die etymologisirende Tendenz der Schrift zur Anschauung bringen, mag *paour*, *pauvre*, *cieulx*, *decepvant*, *escripst* und ähnliche Buchstabenverschwendungen beibehalten, unterlasse es aber durch die willkürlichen Buchstabenvertauschungen, welche die Schreiber sich erlaubten, die Wörter unkenntlich und die Sätze zu Räthseln zu machen. — Wenn man sich durch diese Abhandlung über Orthographie und durch die vielen kritischen Exkurse, auf denen übrigens manche werthvolle Correctur erbeutet wird, hindurchgearbeitet hat, so ist es doch noch nicht leicht, sich ein klares Bild von dem Verhältniss der vier Handschriften unter einander und zu den ältesten Drucken zu verschaffen. Verstehen wir die Ausführungen des Verf.'s recht, so nimmt er für alle Manuscripte und die ältesten Drucke ein gemeinsames, bereits glossirtes Original an und zwei Familien von Handschriften, welche diesem entstammen und von denen die erste A und C, die zweite D und die ersten Drucke umfasst, während B, zwar aur ersten Familie gehörig, aber mit einem Ms. der zweiten verglichen worden sei. Dieses Resultat, das noch nicht ganz überzeugend nachgewiesen ist und sich mit Sicherheit erst dann wird prüfen lassen, wenn auch zu den übrigen Dichtungen Villons alle Varianten vorliegen werden, hat auf die Feststellung des Textes nicht immer den entscheidenden Einfluss ausgeübt, den man erwarten sollte. So ist III, 4 *de mieulx* einer einzigen Hs. einer Familie entnommen, nur *pour conserver l'harmonie du vers*, und der nächste Vers *dont je me plains el deuil aux cieux* nur durch A gestützt, während alle andern Hss. die natürlichere Wortstellung geben, zu III, 7 *Rompre rueil ta dure souldure Sans mes piteux regrets ouir* ist das von D gegebene *rueil* aufgenommen, aber *reult* ist von A und C gegeben und mit dem Gedankengange, sowie mit dem folgenden Infinitiv, der doch die 3. Person zum Subject haben muss, besser vereinbar. — Der Herr verlangt IV, 7. *couplans* und VIII, 6 *montant*. IV, 6 enthält einen Druckfehler: *et un autre coing* statt *en un a. c.* Was in VIII, 6 *relaiz* anbetrifft, so beruht die Behauptung, dass Littré keine Beispiele aus der Zeit vor dem 16. Jh. gebe, auf einem Versehen, da, allerdings nicht im Historique, aber unter der Etymologie Belege aus dem 11., 12. und 14. Jh. zu finden sind. VIII, 8 *Qu'un le liere* ist gegen alle Hss. und Drucke gesetzt statt *leur* (A *lui*), wobei nach dem im 15. Jh. allgemeinen Sprachgebrauch das Accusativpronomen zu ergänzen ist. In XII, 2, wo A B und C *ou la Mule* haben, D aber *avec la Mule*, scheint das in den Text aufgenommene *avec* nur eine Erklärung des *ou = o* zu sein, welches in jener Zeit veraltete, weil es im Laut und Schrift mit den beiden andern *ou* zusammenfiel. Aehnlich verhält es sich vielleicht auch mit einigen andern Stellen, wo die Hss. zwischen *ou* und *et* schwanken, wie XII, 4; XIII, 5; XVII, 6. Die Aenderung, welche XV, 6 erfahren hat (*puis qu'il n'a cens en son aulmoire* statt *puis qu'il n'a sens ne qu'une a.*) ist zwar sehr ansprechend, aber nicht unbedenklich, weil alle Hss. widersprechen und weil man nicht einsieht, warum Einer, der kein Geld im Schrank hat, *l'Art de mémoire* als Vermächtniss erhalten soll. Auch die letzten beiden Verse dieser Stanze sind noch nicht sichergestellt. XXIII, 3 scheint allerdings unheilbar, und dass der Hrsg. den Vers gar nicht ausgefüllt hat, war jedenfalls besser als die sinnlosen Worte *pour ses paonerres sovrs grafigner* zu wiederholen. Dass die letzten Worte *sus grand figure* zu lesen seien, ist übrigens schwerlich richtig, da der Artikel in diesem Ausdruck nicht fehlen könnte. Die ursprünglichen Schriftzüge scheinen hier eine unbegrenzte Zahl von Deutungen zuzulassen, und hätten wir noch einige Handschriften mehr, so würde die eine vielleicht noch *pour ses goustres le grand figuier*, eine andere *pour ses gros roncins i guier* oder Aehnliches bieten; aber da auch das grosse Testament, wo Jaques Raguier den *grand goulet de Grève* erhält, keinerlei Anhalt dafür gewährt, was etwa der Zweck dieser Gabe gewesen sein oder welches neue Geschenk der dritte Vers enthalten haben könnte, so würden wir der Lösung des Räthsels noch keinen Schritt näher kommen. Weniger schlimm steht es mit dem 6. Verse derselben Stanze, der mir freilich durch die Conjectur des Hrsg.'s: *le dos aux ruis* (d. h. an den Sonnenstrahlen), *au feu la plante* noch keineswegs berichtigt erscheint. Denn dass in dem mittelalterlichen Paris, in einem Wirthshause, das der Dichter *le trou de la Pomme de pin* nennt, ein Gast sich den Rücken an den Sonnenstrahlen und zugleich die Fusssohlen am Kaminfeuer wärmen konnte, das scheint mir ebenso unwahrscheinlich wie die andern Erklärungen, welche *ruis* entweder als Holzbündel (*ramos*) oder als Nieren auffassen. Ebenso wenig dürfte an *ruiz* oder *ruiz* Netz zu denken sein, obwohl sich eine Erklärung damit ersinnen liesse. Da ausser A alle Hss. *Cloz et couvert* geben, so macht die Stelle gar keine Schwierigkeit, und soll A durchaus eine besondere Berücksichtigung finden, so liegt die Combination *Le dos concert* nahe genug. Auch die Interpunktion des letzten Verses kann Zweifel erregen; denn es wäre doch wenigstens nicht unmöglich, dass Villon ohne Ausrufungszeichen hinter *Et* einfach geschrieben hätte: *Et qu'i coudra plauter, si plante*. Ebenso steht vielleicht im 5. Verse der 11. Stanze *que* für *qu'i* oder *qu'il*, so dass hinter *prendre* ein Punkt zu setzen wäre. Wenn ebendaselbst dem Schlächter eine Bremse *pour esmouchier* vermacht wird, damit dieser ihm, wie der Hrsg. meint, die Fliegen verjage, so erscheint dieser Zweck des Vermächtnisses etwas befremdlich, und man würde wohl natürlicher *esmouchier* als Subject den Schlächter und als Object die Bremse nehmen. Was zu XXV über die Lesart von Marot bemerkt wird, welche denen der vier Mss. hier vorgezogen wird, ist nicht überzeugend, da der Marotsche Vers *ufin qu'il: en soient viens conynus* nicht geistreicher ist als die weitschweifige Beschreibung *tous deschaux et tous descestus*. Ebenso wenig Berech-

St. XXIX ist die Erklärung des letzten Verses zu gesucht; denn die Gunst der Wärterin ist für den Gefangenen unter allen Umständen etwas so Erfreuliches, dass es unnatürlich scheint, eine Ironie des Dichters in seinem Wunsche zu suchen. *Les filles Dieu* statt *aux f. D.* in St. XXXII, 2 widerspricht zwar aller Ueberlieferung, trifft aber in Anbetracht der folgenden Infinitive, die nur zu Mandiens gehören können, wahrscheinlich das Richtige. Aber ist der 7. Vers *Carmes chevanchent nos cuisines*, der so ganz aus dem Ton und Zusammenhang der Strophe fällt, denn wirklich ganz zweifelhaft, und ist *Carmes* nicht etwa aus *Cormes* verlesen, so dass der Vers eine unvollendete Drohung gegen die Bettelmönche enthielte, die mit den Worten *Mais cela, ce n'est que du moins* abgebrochen wird? Die Anmerkung zu *pour le donner entendre* XXXIV, 7 ist nicht klar. Wer einen Witz in diesem Verse sehen will, muss *le donner* als Substantiv und Object zu *entendre* auffassen. Stanze XXXVIII erkläre ich mir anders. Da hier das allmähliche Erwachen beschrieben wird, so streiche ich das Komma hinter *resveilla*, beruchte hon *oryanes* als erstes und *la souveraine partir* als zweites Object zu *resveilla*, sehe in *teint*, nicht das Präteritum, sondern das im 15. Jh. noch gebräuchliche Participium von *tenir* und lese *teinte*.

Berlin. O. Ulbrich.

Langenscheidt, Paul, Die Jugenddramen des Pierre Corneille. Ein Beitrag zur Würdigung des Dichters. Zur Erinnerung an den 200 jährigen Todestag desselben (1. Oct. 1684). Berlin, Langenscheidt. 1885. 70 S. 8.

Entstanden aus der ursprünglichen Absicht des Verfassers, ein „Namenbuch für Corneille" zu schreiben' — eine Absicht, welche mit Rücksicht auf die ersten acht Stücke des Dichters im ‚Anhang' des vorliegenden Werkchens verwirklicht ist, beabsichtigt Langenscheidts Abhandlung vor allem eine gründlichere Würdigung der Jugenddramen Pierre Corneille's einzuleiten, indem diesen der Verf., und mit vollem Rechte, eine grössere Bedeutung für das Verständniss Corneille's zugestanden wissen will, als die Literaturgeschichte ihnen bisher beizumessen geneigt war. Langenscheidt begründet dies in der Abtheilung „A. Literarische Beiträge" namentlich mit dem Nachweise, dass eine Entwickelung, die allmähliche Aufsteigen vom Unvollkommenen zum Vollkommeneren, für den Genius Corneille's sich gerade in seinen ersten Komödien beobachten lasse. Und zwar zunächst in der Auffassung der Liebe, in der Corneille von flachem Conventionalismus zu grösserer Vertiefung fortgeschritten sei, freilich ohne den Gipfel der Vollendung zu erreichen und nicht ohne sich in seinen Motiven zu wiederholen; alsdann in der Erkenntniss einerseits der Forderungen der poetischen Gerechtigkeit, anderseits der Nothwendigkeit, die Handlungen durch die Charaktere begründen zu lassen.

In der Auffassung und Werthschätzung der einzelnen Stücke wird man zumeist des Verfassers können; namentlich scheint es uns, als ob er die tiefere — satirische — Bedeutung von 'Mélite' und 'Clitandre' recht glücklich hervorgekehrt und die Beziehung der ersteren zu den Erlebnissen des Dichters nicht unwesentlich berichtigt habe. Dagegen hat das zur 'Illusion' Gesagte (S. 35 f.) uns diesem Stücke, welches der mit sich selbst gewiss keineswegs zu streng verfahrende Corneille als 'Monstre' bezeichnete, nicht erheblich günstiger stimmen können. Mag 'L'Illusion' wirklich 'ein Kampf gegen das Vorurtheil der Welt, der Ausdruck einer idealen Anschauung des Dichters, der Versuch einer Vertheidigung des Theaters und der Schauspieler' sein, so trifft den Dichter, der gleichzeitig den 'Cid' ausarbeitete, der Vorwurf doppelt, ihm so nahe liegenden und werthvollen Ideen keinen künstlerisch reiferen Ausdruck gegeben zu haben.

Die Abtheilung 'B. Beiträge zur Diction Corneille's' will der Verf. selbst nur als 'Vorarbeiten zu einer wissenschaftlichen Darstellung der Sprache Corneille's' betrachtet wissen. Sie bietet Bemerkungen über die sich in den ersten acht Stücken — nur spärlich — vorfindenden 'Sentenzen' (mit Herbeiziehung bisweilen überraschend zutreffender Correlate aus dem Spruchschatze deutscher Dichter); Belege für die „knappe Form" (Asyndeton); für „Häufung des Ausdrucks" (die der Dichter nicht mit grossem Glücke angewendet habe); für die „Wiederholungen"; endlich für die 'Antithese', in der L. mit Recht das wirksamste und charakteristischste Kunstmittel der Diction Corneille's erblickt.

Rücksichtlich der äusseren Form treibt Langenscheidts Abhandlung wohl in Folge der Art ihrer Entstehung, den Gegensatz zu jenen literarhistorischen Darstellungen, die von fast verschwimmenden Linien umgrenzt werden, auf die äusserste Spitze. Die Diction und Composition auch der ersten, doch rein literargeschichtlichen Abtheilung erinnert mitunter lebhaft an die mathematischen Lehrbücher. Das hat seine Vortheile, aber auch seine schweren Nachtheile mit sich gebracht. Man legt L.'s Buch zwar unterrichtet, aber nicht für den Gegenstand und den Dichter erwärmt aus der Hand. Bisweilen ist L. allzu knapp gewesen, hat er den zahlreichen, wennschon meist recht dankenswerthen Citaten nur gar so wenige selbständig urtheilende Zeilen beigefügt. So insbesondere in dem IV., 'Corneille's Auffassung der Liebe' behandelnden Kapitel, das eigentlich nur gegen andere polemisch vorgeht und doch durch einen Hinblick auf die Auffassung der Liebe durch die Zeitgenossen überhaupt so interessant hätte gestaltet werden können.

S. 5 scheinen uns die Citate aus Fontenelle und Racine nicht am Platze zu sein. S. 10[1] und 40[1] sind beide Male 'Koertings Franz. Studien' irrthümlich für K. und Koschwitz' 'Zs. für nfr. Spr. u. Lit.' citirt worden.

Im Allgemeinen ist L.'s Werk als ein fleissiges anzuerkennen. Möge der Verf. bald den Freunden Corneille's das vollständig schon so lange entbehrte 'Namenbuch' darbieten!

Leipzig, 19. Febr. 1885. H. Koerting.

Wolff, Emil. Zur Syntax des Verbs bei Adenet le Roi. Kiel, Lipsius & Tischer. 1884. 42 S. 8. M. 1,20.

Wollen Specialuntersuchungen einen Beitrag zur historischen franz. Syntax liefern, so müssen sie sich auf eine möglichst grosse Anzahl von Denkmälern verschiedener Perioden erstrecken und dabei im Zusammenhange mit der latein. und neufranz. Grammatik bleiben. Arbeiten, welche sich ein beschränktes Gebiet aus dem Sprachgebrauch eines einzelnen Schriftstellers zum Gegenstande ihrer Forschungen wählen, können nur dann einen wissenschaftlichen Werth haben, wenn sie diejenigen Fälle, in denen ihr Schriftsteller von dem allgemeinen Sprachgebrauche seiner Zeit abweicht, aufführen und besprechen; das bereits Erforschte möge dabei als bekannt vorausgesetzt werden und bedarf keiner weitern Illustrirung durch Anführung zahlreicher weiterer Beispiele. In vorliegender Arbeit nun hat sich der Verf. die Aufgabe gestellt, den Gebrauch der Tempora und Modi bei Adenet festzustellen „durch Hervorhebung der für den Sprachgebrauch des Dichters charakteristischen Constructionen und Wendungen der altfranzösischen Syntax"; jedoch suchen wir in der ganzen Abhandlung vergebens nach solchen für den Dichter charakteristischen Constructionen und Wendungen, wir finden nichts, das uns nicht bereits durch vorherige Untersuchungen, von denen einige in vorliegender Arbeit angeführt sind, bekannt wäre. In der Disposition hält der Verf. sich durchgehends ängstlich an die vorhandenen Specialabhandlungen und rubricirt darunter dann ohne weiteres seine Beispiele. Wo eine Erläuterung gegeben wird, ist sie nur eine Wiederholung aus andern Arbeiten. S. 19 bringt der Verf. zwei Beispiele, wo der mit *mais* anhebende Satz an Stelle eines positiven Bedingungsnebensatzes steht, und glaubt, dass ich (Franz. Stud. III. 4) solche Vertretung von Bedingungs-nebensätzen nicht kenne. Es liegt in der Natur dieser Construction, dass der mit *mais* beigeordnete positive Satz an Stelle eines negativen Bedingungsnebensatzes steht, und umgekehrt, dass, der mit *mais* beginnende negative Satz einen positiven Bedingungsnebensatz vertritt. Für beide Arten dieser Construction lassen sich zahlreiche Beispiele aufführen. In dem Kapitel: „Anreihung hypothetischer Nebensätze" heisst es S. 20: „*mais que* wird nicht vertreten", was durch ein Beispiel belegt wird. Hieraus sollte man glauben, dass dieses im Afrz. der gewöhnliche Vorgang wäre, während die Weiterführung durch *que* mindestens ebenso häufig ist, cf. Frz. Stud. III. 4, S. 61, wo Beispiele.

Es liessen sich noch manche Unrichtigkeiten anführen, jedoch bei dem geringen wissenschaftlichen Werthe der Arbeit lohnt es sich nicht, weiter auf dieselben einzugehen.

Elberfeld, 18. Febr. 1885. Joseph Klapperich.

Wespy, Leon. Die historische Entwicklung der Inversion des Subjectes im Französischen und der Gebrauch derselben bei Lafontaine. Oppeln, Eugen Franck. 1884. Auch

Wohl kein Gebiet der franz. Syntax ist in den letzten Jahren so viel bearbeitet worden, wie das der Wortstellung. Aber wer daraus schlösse, dass dies Gebiet auch am fleissigsten und erfolgreichsten bearbeitet worden sei, würde weit fehlgreifen, da die meisten der in Betracht kommenden Arbeiten sich damit begnügen, das von Morf in seiner trefflichen grundlegenden Untersuchung über die Wortstellung im altfrz. Rolandsliede (Böhmers Romanische Studien Bd. III) gegebene Schema mit Beispielen aus anderen Denkmälern schablonenmässig auszufüllen, ohne den leisesten Versuch zu machen, auf die psychologischen Gründe, die eine bestimmte Wortfolge veranlassen mochten, näher einzugehen. Leider schreitet auch Wespy auf diesem Wege, der den Namen eines wissenschaftlichen nicht mehr verdient. Seine Arbeit ist eine rein mechanische Zusammenstellung des bisher über die Stellung von Subject und Prädikat Ermittelten, an die sich einige eigene, aber nicht neue, Beobachtungen über den bei Lafontaine herrschenden Gebrauch anschliessen. Es wäre ja vielleicht gar nicht ohne Interesse gewesen, die vielen bislang zu Tage geförderten Resultate zu einem Gesammtbilde zu vereinigen; aber doch nur dann, wenn das Bestreben, das der französischen Wortstellung zu Grunde liegende Princip zu erkennen, dabei vorgewaltet hätte, wenn strenge Kritik gegen die früheren Arbeiten geübt und nicht die zahlreichen Irrthümer, die Wespy's Vorgänger sich sowohl bei der Beobachtung als auch bei der Beurtheilung der Erscheinungen haben zu Schulden kommen lassen, getreulich abermals durch den Druck verewigt worden wären. In der That, der Werth einer solchen Compilation muss recht gering angeschlagen werden: wissenschaftlichen besitzt sie überhaupt nicht. Auf S. 13 wird behauptet, Tobler führe als Grund der sogenannten „unbedingten" Inversion an, „dass sie zur Hervorhebung des Subjectes diene, als dann gleichsam als nachträgliche Erläuterung zum Verbum stehe". Nun, es wird jedermann von vornherein überzeugt sein, dass Tobler eine derartige absolut unverständliche Erklärung nie abgegeben haben könne. Das ist denn auch nicht der Fall; vielmehr hat Tobler Zs. III, 144 darauf hingewiesen, dass die Inversion entweder darin ihren Grund habe, dass das Subject das Hauptgewicht der Aussage trage, oder darin, dass sie als nachträgliche Erläuterung zum Verbum aufzufassen sei. Es muss nur unbegreiflich bleiben, wie Wespy diese ausgezeichnete Erklärung einerseits in die oben angeführte Form zusammenschweisst, andererseits aber sich mit der nunmehr gänzlich dunklen Gestalt derselben zufrieden geben konnte. Noch an einer andern Stelle hat sich Wespy gegen Tobler vergangen. S. 15 heisst es nämlich: „Auch hier (Inversion bei des Subjects) bei anderen Verben als denen des Sagens) treten Tobler und Völcker dem Ausdruck „unbedingte Inversion" entgegen, indem sie hier, gleich wie Le Coultre, als Grund für die Umstellung die Belebung des Stils anführen, welcher durch diese Inversion den Charakter der Aufzählung erhält." Wo hat Tobler das gesagt? — Aber auch Völcker weiss von dieser unglücklichen Erklärung nur auf das Neufrz. bezüglichen und nur vom Neufrz. ausgehenden Bemerkung (p. 12): cette construction ne peut s'employer que dans un récit très animé; elle donne au style l'apparence de l'énumération vermuthlich auch mehr gedacht hat, als Wespy bei Wiederholung derselben in obiger Form. Man sieht, Wespy ist nicht einmal zuverlässig, auch wenn er sich rein referirend verhält. Schliesslich sei noch bemerkt, dass der Stil sehr viel an Klarheit und Bestimmtheit zu wünschen übrig lässt. Als Probe führen wir an (S. 13): „Der Fall nun, in welchem die „eingeschobene" Satz mit dem Verbum *dicendi* an der Spitze voransteht, etc." (Wespy denkt an Fälle wie *dist li rois*; folgt die Rede.) Solcher Widersinn kann auch durch Anführungsstriche nicht aufgehoben werden.

Berlin. Alfred Schulze.

Tiktin, Studien zur rumänischen Philologie. Erster Theil. Leipzig, Breitkopf & Härtel, 1884. 119 S. 8. M. 3.

In der beneidenswerthen Lage, eine reiche Literatur zur Verfügung zu haben, die wir Westländer kaum den Titeln nach kennen, und eine Sprache zu sprechen und zu hören, über die uns Grammatiken vom meist sehr zweifelhaftem Werthe nur unvollkommen belehren, weiss der Verf. der vorliegenden Schrift diese Vortheile so vortrefflich zu nutzen, dass es fast beschämend ist, wenn man damit vergleicht, was bei scheinbar so reger Thätigkeit auf dem Gebiet der keineswegs viel schwierigern französischen Lautlehre bisher gewonnen ist. Die Arbeit ist aber auch deshalb von Wichtigkeit, weil das Rum. mehr als irgend eine andere Sprache (über das Sardische wage ich noch kein Urtheil) für die Erkenntniss des Vulgärlateins massgebend ist, sofern es sich nämlich von den Dialekten Italiens durch grössere Alterthümlichkeit auszeichnet und nicht, wie das Lateinische in Gallien, von einem fremden Idiome in seinem ganzen Charakter ist umgestaltet worden. Die erste „Studie" nun bespricht die Diphthonge *ĕa*, *ĭa*, ihre Herkunft, ihre Schicksale. Die wichtigsten Resultate sind: vulgl. ę und ẹ sind im Rum. gleichmässig zu ę resp. iẹ geworden, die bei folgendem *i*, *u* bleiben, bei *e u d u* ęi, lei, letzteres dann weiter zu lei werden. Eine Ausnahme bilden die Vokale vor *n* und combinirtem *m*, da hier jedes ę (und ebenso ọ) vor Eintreten der Diphthongirung des alten ę in ię zu ę geworden ist. Die beiden Erscheinungen weisen, wenn ich recht sehe, darauf hin, dass die betreffenden Nasalen guttural gesprochen werden[1] und dass die Indifferenzlage der Zunge (ihre „Operationsbasis" mit Sievers zu reden), eine tiefe war. Damit harmoniren nun auch die weitern Erscheinungen vom Einfluss der Consonanten auf folgende Vokale, die im 3. Abschnitt, sowie in der zweiten „Studie": Einfluss von *ņ* und *j* auf benachbarte Vokale, besprochen werden. Nach Palatinen schwindet das

---

[1] *n* wird in dieser Stellung gutturalisirt. Beiläufig will ich erwähnen, dass sich hier der Schlüssel für die unerklärte

é í, éeá' wird é'a. Nach den labialen Consonanten wird ea und e, denen nicht ein palataler Vokal folgt, im Nordrum. (nicht im Istr. und Maced.) gutturalisirt, wodurch aus éá : áá : a entsteht, zuweilen nach r [das dann guttural ist oder war?], selten nach Dentalen [unter welchen Bedingungen?], endlich in der Moldau nach den nicht mouillirten Sibilanten. Auf nordrum. Gebiet wird éá bei folgendem i, e zu e, dass dies nicht etwa das alte erhaltene e sei, wird S. 49 ff. zur Evidenz erwiesen. Aus der sorgfältigen Untersuchung der Frage, wann dieser Uebergang von éá zu e stattgefunden habe, ergibt sich, dass urrum. éi–e sich im Süden bis heute hält, im Norden schon vor Beginn unsrer Literatur zu e wird, und im 18. Jh. im Nordo-ten zu e vorrückt. Die Verengerung des éá zu e ist in der Moldau am frühesten eingetreten. Ihre physiologische Erklärung findet sie darin, dass der erste Theil des Diphthongs sich als palatal geltend macht. Für die Flexion sind diese Gesetze von Wichtigkeit, weil zunächst die Wörter mit lat. é im Pl. andern Stammvokal haben als im Sg., und dann diese Differenz von den Fällen, wo é zu a geworden war, auch auf diejenigen mit altem a übertragen wird. — Eine weitere lat.[?] Quelle für ei ist -ella, era, eu, sofern nach rum. Lautgesetzen in den zwei erstern Fällen 'll' und 'r' fallen müssen. Im Gegensatz zu den von Mussafia, Schuchardt, Miklosich einer-, von Cihac andererseits vertretenen Ansichten nimmt T. also an, bevor im Rum. -a zu ą geworden, sei 'll' spurlos ausgefallen und es hätte dann jene Verschleifung des Tones stattgefunden, die neulich, etwas allzu rasch, geradezu als vulgärlat. angenommen wurde, und die sich, nach den Beispielen bei Krummbacher, Zs. f. vergl. Sprachforsch. XXVII. 524 zu schliessen, auch im Neugriechischen kund thut. Man wird dem wohl beistimmen dürfen, nur ist als Zwischenglied zwischen ella und eu wohl eya anzunehmen, wie ja auch zwischen era und eu eya steht. Physiologisch wenigstens scheint mir dies nöthig. — Die zweite Abhandlung löst eine äusserst verwickelte Frage mit glänzendem Scharfsinn. Im heutigen Walachischen wird eá nach ę j zu a, im Mold. nur bei folgendem dunkeln Vokal, nicht bei hellem, wo á eintritt. Diese sowie andre Thatsachen erklären sich nun daraus, dass in einer sehr alten Periode ę j im Walachischen gutturalisirend, im Moldauischen palatalisirend gewirkt haben; später (aber noch vor der literarischen Periode) tritt in der westlichen Walachei palatale Aussprache ein; in der Moldau weicht die palatale Aussprache zuerst einer indifferenten, um schliesslich im 19. oder Endo des 18. Jh.'s der gutturalisirenden Platz zu machen. Zum Altmoldauischen stellt sich das Macedonische und das Istrische. Die palatale Aussprache der ę-Laute zeigt auch das Bulgarische. — Hierzu nun ein paar Worte, wobei ich aber zum Voraus sagen muss, dass mir ein hier einschlagender Aufsatz desselben Verf.'s in den Convorb. Liter. XIII bisher nicht zugänglich war. Zunächst erhebt sich die Frage: ist die heutige Artikulation des ę, j in

[?] Ueber die slav. geho ich hier hinweg, und will nur bemerken, dass, wenn S. 10 f. für die Aussprache des slav. é : éu vindicirt wird, dies schon Schleicher gethan hat in

der westlichen Walachei eine andere als in der östlichen und der Moldau, und wie verhält sie sich zu derjenigen der übrigen Consonanten? Wie nun auch die Antwort ausfallen wird, das dürfte jedenfalls, wenn nicht sicher, so doch erwägenswerth sein, ob nämlich der gutturalisirende Einfluss gewisser Consonanten etwa nur negativ sei, d. h. in einer völligen Indifferenz der Consonanten gegen die Vokale beruhe. In erster Linie kommen die labialen Consonanten in Betracht. Bei ihrer Artikulation hat die Zunge nichts zu thun, sie bleibt in der Indifferenzlage; wenn diese nun, wie ich annehme, eine sehr tiefe ist, so wird ein unmittelbar aus dieser Lage gesprochener Vokal leicht tief, d. h. guttural sein, sofern nicht entweder folgende Consonanten oder Vokale anticipirend die Zungenlage beeinflussen. Für Consonanten ist das meines Wissens im Rum. nicht nachweisbar, für Vokale dagegen in weitem Massstabe. Nach dentalen Consonanten begünstigt die Lage der Zunge auch dentale oder palatale Vokale. Die Sibilanten dagegen zeigen gutturalen Vokal nach sich; eine Entscheidung unter den zwei oder drei möglichen Erklärungen lässt sich nur geben, wenn ihre Artikulation genau bekannt ist. Der Einfluss der nachton. Vokale ist von verschiedener Art. Diejenigen, die der Indifferenzlage am nächsten stehen (e o), werden der Gutturalisirung am wenigsten Widerstand leisten, sie ermöglichen die Diphthongisirung, die im Rum. in Zurücksinken der Zunge in die Indifferenzlage besteht und somit in ihrem innern Grunde wie in ihrer äussern Erscheinung durchaus verschieden ist von der centralital., span., u. s. w. (ę — ię), oder von der französischen (ä = ęi, ǫ = ǫu), oder von der mit letzterer sehr unpassend verglichenen mndd. (o zu oi). Die entferntern i, u halten den Vokal[?]. In einer spätern Periode (wohl nach Verstummen des u), als die Consonanten negativ oder positiv zu wirken begannen, vermochten die palatalen Vokale e, i den Tonvokal auf seiner Höhe zu halten. — In der Moldau vermochte der Einfluss eines fremden Volkes (der Bulgaren?), der aus historischen Gründen hier bedeutend stärker war als in der Walachei (oder besser bei den Rumänen, die heute die Walachei bewohnen), die Indifferenzlage der Zunge zu ändern. — Sind diese Auseinandersetzungen, die hier natürlich nur andeutungsweise gegeben werden konnten, richtig — und niemand ist zu ihrer Prüfung geeigneter als Tiktin —, so müssten weitere Studien lehren, wie sich die tiefe rumänische Indifferenzlage zu der lateinischen und zu der der andern romanischen Sprachen verhält.

Zürich, 24. Januar 1885.   W. Meyer.

Ueber die Gründung eines Institutes für deutsche Philologen zum Studium des Englischen in London. Eine Denkschrift den deutschen Regierungen, Universitäten und Städten vorgelegt von Dr. W. Rolfs, Erzieher Sr. K. H. des Prinzen Alfred von Edinburg, Vorsitzendem des „Vereins deutscher Lehrer in England" etc. Berlin, Weidmann. 1885. 63 S. 8. M. 1,60.

[?] Wohin gehört o? dło — "dsa spricht für Verschieden-

Die Einführung des Englischen als obligaten Unterrichtsgegenstand an unseren Schulen hat die Frage nach einer der gegenwärtigen Stande der Wissenschaft würdigen Methode des englischen Sprachunterrichts, sowie einer entsprechenden Ausbildung der künftigen Lehrer in Umlauf gebracht. Wenn auch leider durch die Bedürfnisse des Augenblicks gedrängt, bei uns eine grosse Zahl von Lehrstellen durch mangelhaft vorbereitete Kräfte besetzt werden musste, so erscheint der rege Eifer höherer Schulbehörden und akademischer Lehrer, für die Zukunft besser vorzusorgen, dennoch wohl erklärlich, zumal da es den Anschein hat, dass das Englische früher oder später auch für andere Lehranstalten als die Realschulen als Unterrichtsgegenstand gefordert werden wird.

Dass der künftige Lehrer des Englischen einige Zeit an der lebenden Sprachquelle selbst studiren sollte, erscheint jedem als wünschenswerth, wie ja thatsächlich einige Prüfungscommissionen einen längeren Aufenthalt in England, sei es officiell, sei es stillschweigend, zur Vorbedingung für den Candidaten machen. Es gehen auch alljährlich eine grosse Zahl junger Anglisten zu dem Zwecke hinüber, theilweise auf eigene Kosten, theilweise mit Unterstützung der Regierungen. Wie aber ein solcher Aufenthalt am besten angewandt werde, dies ist die grössere Schwierigkeit. Jeder, der die Bitternisse eines ersten Aufenthaltes in England durchgemacht, weiss, wie rathlos der deutsche Student dort nach mustergiltigem Englisch umhersucht, wie er in London sich mit bestem Willen die Landsleute nicht vom Halse halten kann, während die Thüren der Engländer, deren Umgang die Umganges werth ist, ihm lange verschlossen bleiben.

Einen Plan, das praktische Studium des lebenden Englisch den deutschen Studirenden in England zu erleichtern, hat Prof. Körting in seiner Broschüre „Gedanken und Bemerkungen über das Studium der neueren Sprachen" entworfen; er hält es für das beste, eine „deutsche Reichsanstalt" in London zu gründen, in der die Studirenden ähnlich wie in einer Pension zusammenwohnen und systematisch zum Studium der lebenden Sprache angeleitet werden sollen. Diesem Vorschlage tritt Rolfs in vorliegender Schrift entgegen und zwar, wie mir scheint, mit überzeugenden Gründen. Abgesehen von den grossen Kosten, die ein solches Pensionat erforderte, sei es wünschenswerth, dass der junge Deutsche sich an Engländern selbst und nicht an Englisch um die Wette radebrechenden Studiengenossen bilde. Rolfs stellt der Reichsanstalt Körtings ein Institut entgegen, das seinen Hauptzweck darin hat, die deutschen Studenten tagsüber in respectable Londoner Familien unterzubringen und ihnen auch sonst in jeder Weise helfend, schützend zur Hand zu gehn. Dies zu ermöglichen sollen eine Reihe von Stipendien von je 2500 Mark jährlicher Höhe gegründet werden, die die einzelnen Regierungen, Gruppen von Städten und Universitäten an besonders tüchtige Studenten verleihen sollen.

An dem Plane, wie ihn Rolfs dargelegt und der wie die ganze Schrift ebenso beachtenswerth als lehrreich ist, will auch ich nicht krittteln, da selbstverständlicher Weise, wenn das Unternehmen einmal in Fluss gerathen ist, sich manches aus der Praxis anders ergeben wird, als man im Voraus bestimmen kann. Statt dessen aber glaube ich, dass folgende Erwägung dem geplanten Unternehmen zur Unterstützung gereichen dürfte, zumal da sie mit bereits bestehenden Factoren rechnet.

Es ist einmal eine didaktische Thatsache, dass man die praktische Beherrschung einer fremden Sprache durch unbewusste Gewöhnung an dieselbe und eben solche Nachahmung sich aneignen muss, weshalb der deutsche Student damit den Anfang zu machen hat, einige Zeit ganz unter Engländern zuzubringen; erst wenn das Verstehen und danach auch das Sprechen spontan, nicht reflectiv, sich von selbst ergibt, kann die Reflexionsthätigkeit, das Beobachten und die Kritik des Gehörten beginnen. Es wird nach wie vor das Empfehlenswertheste sein, wenn ein deutscher Student, der nicht etwa durch besonders günstige Umstände in eine englische Familie aufgenommen wird, eine Lehrerstelle an einer englischen Schule, womöglich ausserhalb des Dunstkreises von London, ein oder mehrere Jahre bekleidet; die Möglichkeit hiezu verschafft ihm, besser als irgend eine ausbeuterische Agentie, der treffliche „Verein deutscher Lehrer in England", bezw. das geplante Institut. Gelingt es einem, einen respectablen Posten zu erringen, so mag er sorgenfrei in dem Meere echt englischen und zwar gebildeten Sprachlebens schwimmen; da Jahresgehalte von 60 bis 80 £, hier mehr dort weniger, neben freier Station nicht selten sind, so wird der Student sich hievon leicht so viel ersparen können, um die englischen Schulferien zu Ostern, im Sommer (Juli, August, September) und zu Weihnachten auf eigene Kosten in London, Cambridge oder Oxford zuzubringen, wo er der wissenschaftlichen Seite seiner englischen Studienzeit gerecht werden kann. Der Hilfe des „Institutes" wird er sich hiebei vollkommen erfreuen können, ohne demselben pekuniär viel Kosten zu verursachen. Das „Institut" wird in der Lage sein, ihn zweckdienlich in den genannten Städten zu beherbergen und zu fördern. Auf diese Weise wird nicht nur hie und da ein Auserwählter, sondern vielleicht jeder junge Anglist in die Lage sein, mit Hilfe des „Institutes" ein oder mehrere Jahre in England zuzubringen.

Da ein solcher Student das „Institut" als Ausgangspunkt, Stütze und Zufluchtsort in jeder Lage betrachten würde, so könnte dasselbe leicht sogar ein Mittelpunkt der wissenschaftlichen anglistischen Arbeit in London werden. Das „Institut" könnte während der englischen Ferien, wo unzählige deutsche Lehrer sich in London aufhalten, Curse abhalten, und zwar zunächst solche über die praktische Spracherlernung, Phonetik, Stilistik, Recitation, sowie Interpretationsübungen an Denkmälern des 16., 17., 18. Jahrhunderts, um die verschiedenen Schichten der neuenglischen Sprachperiode zum Unterschiede vom Moderneenglischen zu illustriren. Ebenso könnte englische Handschriftenkunde und Bibliographie kaum irgendwo besser studirt werden, als an den Schätzen des British Museum. Durch das Ansehn eines solchen Institutes würde man vielleicht einige jener hochverdienten englischen Gelehrten gewinnen können, die sich vor dem Geschäftssinne der prosessionsmässigen Londoner Lecturer schon auf ihre Studirstuben zurückgezogen haben, jedoch zur Abhaltung solcher Curse und Uebungen wohl berufen wären.

Wenn dies gelänge, könnten sodann unter der Autorität des Institutes auch Zeugnisse ausgestellt werden, die sowohl den Studirenden von Werth, für die Regierungen und Stipendienverleiher jedoch die beste und einzige Garantie wären. Wie nämlich die Dinge jetzt stehen, hat weder der Stipendienverleiher irgendwelche Gewähr für eine erspriessliche Verwendung seiner Stiftung, noch hat auch der gewissenhafteste Student irgendwo ein Forum, vor dem er sich die Ueberzeugung verschaffen könnte, ob er auf dem richtigen Wege sich befindet oder nicht.

Von den Regierungen, an die die Rolfssche Schrift sich wendet, kommt in erster Linie das deutsche Reich und Oesterreich-Ungarn in Betracht. In beiden Staaten geschieht etwas für die Heranbildung der künftigen Lehrer des Englischen im Auslande, und so darf man wohl annehmen, dass die Frage, wie diese am zweckdienlichsten anzupacken sei, in Fluss gerathen werde. Wie das „Institut", dessen Leitung natürlich gerade so wie die archäologischen Institute in Rom und Athen den Gründern, also etwa dem deutschen Reiche und Oesterreich-Ungarn unterstehen würde, im Einzelnen zu gestalten sein wird, wird sich wohl am besten durch eine dazu berufene Commission feststellen lassen.

Hoffen wir, dass die hiefür zunächst interessirten Staaten den eifrigen, selbstlosen Bemühungen des „Vereins deutscher Lehrer in England" wie des Verfassers vorliegender Denkschrift die verdiente Beachtung schenken werden! Versucht und erfahren, bedauert und geklagt, Scham und Mitleid empfunden, gesorgt und gesonnen haben unsere wackeren Landsleute drüben im Interesse unserer künftigen Lehrer des Englischen genug – die Früchte davon sollten uns nun nicht verloren gehen!

Wien, Mai 1885. Arnold Schröer.

Zeitschriften.

Archiv f. Literaturgeschichte XIII, 3: Fr. Schnorr v. Carolsfeld, Melchior Acontius. – Trautmann, Engl. Komödianten in Ulm (1594–1657). – Sauer, 52 Sprüche von Lavater. – Proffen, Goethe u. Kotzen. – K. Geiger, Ueber Goethes Klagegesang von den edlen Frauen des Asan Aga. – K. Schwartz, Ein Brief von „Mutter Voss" an Walberga von Holzing. – Sauer, Ungedruckte Dichtungen Hölderlins. – W. v. Biedermann, Anzeigen aus der Goethe-Literatur. – Miscellen: Fr. Winter, Die Schrödersche Gesellschaft deutscher Schauspieler in ihren ersten Anfängen. – H. A. Lier, Zu A. Sauers Ausgabe von Ewald von Kleists Werken. – J. Crüger, Ein Stück des Messias in erster Fassung. – F. Winter, Wieland und der Licentiat Albrecht Wittenberg in Hamburg. – K. Trautmann, Zur Biographie des engl. Komödianten Thomas Sackville. – Ders., Ital. Juden als Schauspieler am Hofe zu Mantua (1579–1587), Aufführungen der Orient in Venedig (1579). – H. A. Lier, Drei unbekannte Zeilen Lessings. – Ders., Ein Fragment zu Schillers Demetrius. – B. Anemüller, Schiller in Paulinzelle. – Ders., W. von Humboldt in Schwarzburg. – Th. Distel, Das Lied vom Igel, als Spott auf die Leinweber (1513). – Zu Matthias Claudius. –

Archivio per lo studio delle tradizioni popolari IV, 2: G. Ferraro, Botanica popolare di Carpeneto d'Acqui. Erbe incerte di forma o di esistenza. – G. Finamore,

Il pastore e la pastorizia in Abruzzo. – G. Amalfi, Tre conti raccolti in Piano di Sorrento. – Evelyn Martinengo-Cesaresco, Antichi giuramenti spagnuoli. – A. Hock. Légende du Loup et origine du Lousberg en Belgique. – U. A. Amico, Lu 'Nfernu di San Patriziu. – G. Pitré, Lo sputo e la saliva nelle tradizioni popolari di Sicilia. – V. Ostermann, Orazioni friulane. – J. A. Lundell, La notation de la Littérature populaire. – C. Pasqualigo, Proverbi di Primiero. – E. de Olavarría y Huarte, Medicina popular: Supersticiones españolas. – Antonio Gauthey, Quelques mots des chants populaires suédois. – Canti, credenze, usi e costumi di Terra d'Otranto nel 1818. – Vincenzo di Giovanni, Il lastrone (balata) dei debitori in Salaparuta nel 1633. – Ferdinando Lionti, Una consuetudine carnevalesca nella elitta di Trapani. – Carolina Coronedi-Berti, Dialogo fra due villani: Poesia popolare bolognese. – Miscellanea: D. Ciàmpoli, La leggenda d'Oridio in Sulmona. – Le feste della Mezza Quaresima. – Usi nuziali sulle rive del Nilo. – Etnografia di Massaua in Africa. – La festa del fuoco in S. Maurizio nell'Indostan. – Las supersticiones en el Cambodge. –

Rivista Bibliografica. C. Pasqualigo, Olaria, Volgare illustre nel 1300 e Proverbi volgari del 1200. – S. Salomone-Marino, De Puymaigre, Folk-Lore. – Ders., Bertran y Bros, Cansons y Follies populars inédites. – G. Pitré, Romero e Braga, Cantos populares do Brazil. – Ders., Meyer, Essays und Studien zur Sprachgeschichte und Volkskunde. – C. Moratti, Wigström, Sagor och Äefventyr upptecknade i Skane. – Bulletino Bibliografico. (Vi si parla di recenti pubblicazioni di Petrai, Mass, Guidos e Sébillot, Hock, Maspons y Labrós.) – Recenti Pubblicazioni. – G. Pitré, Sommario dei Giornali. – O. P., Notizie varie.

Giambattista Basile III, 1–4: B. Capasso, Ottave de Velardiniello. – G. Amalfi, Saggio di Vocabolario zoologico. – M. Schorillo, Farse rusticali. – G. Amalfi, 'O cunto 'e Bonasera, Bonasera! etc. raccolto in Piano di Sorrento. – L. Stiefel, L'opera buffa napolitana (aus dem Lbl. 1884, Sept.). – V. Caravelli, Conti calabresi. – Di Martino, La ragazza dalle piume di cigno, nov. pop. trad. dallo svedese. – G. Congedo, un canto leccese. – G. Pascal, Notevole Filologiche: Chi-pi. – V. Della Sala, Canti del popolo napoletano. – G. D. Rossignoli, Un po' di appunti allo anonimo scrittore dei Cenni storici e del dialetto di Canosa. – L. Correra, La leggenda di Ovidio. – Amalfi, Indovinelli. – L. Ordine, Canti pop. lisaliaschi e Salernitani. – Schorillo, Bellini e la musica popolare. – C. Pascal, O cunto d' 'o briganto Pilone, race. in Napoli. – L. Molinaro Del Chiaro, Ninne-Nanne napoletane.

Mélusine (II, 17: Tuchmann, La Fascination (Forts.). – E. Rolland, les chansons populaires de la Haute-Bretagne (Forts.). – La Fille aux mains coupées (Forts.). – H. Gaidoz, Béotiana. – Enquête sur l'Arc-en-Ciel. – Enquête sur la Grande-Ourse. – Enquête sur la Voie lactée. – La Prière du Sainte-Marguerite. – Prière populaire de la Bresse. – Les Trombes marines (Forts.). – Les Facéties de la mer (Forts.). – Oblations à la mer et présages (Forts.)

Vierteljahrschrift f. Kultur u. Literatur der Renaissance I, 2: G. Geiger, Der älteste röm. Musenalmanach. – C. Moyer, geistliches Schauspiel und kirchliche Kunst. – K. Borinski, Das Epos der Renaissance. – O. Bauch, Johannes Hadus-Hadelius. Ein Beitrag zur Geschichte des Humanismus an der Oster. – O. Knod, Neun Briefe von und an Jacob Wimpfeling. – O. Ellinger, über Hutten-Charakter. – L. Geiger, ein Dialog des Erasmus. – Ders., Neue Schriften zur Geschichte des Humanismus.

Zs. f. Orthografie, Orthoepie u. Sprachfysiologie V, 1: O. Michaelis, über die Theorie der Zischlaute.

Zs. f. deutsches Alterthum XXIX, 3: Zupitza, Bemerkungen zu Ælfrics Lives of saints (D. ed. Skeat. – Westermayer, Tölzer Bruchstücke aus dem Buche der Väter. – Dürnwirth, Rosegger Bruchstück aus Ottackers Reimchronik. – Tomanetz, Bruchstücke aus dem Mönche von Heilsbronn Buch von den sechs Namen des Fronleichnams. – Strauch, Deutsche Prosanovellen des fünfzehnten Jh.'s. I. Marina. – Olsen, Arator und Prudentius als Vorbilder Ofrids. – Schönbach, Ein Segen. – Ders., Miscellen aus Grazer Hss. – Schröder, Zu der Wiener Meerfahrt.

— Ders., Die Summe der Tugenden und Laster. Zum Renner 2755. 56. — Henrici, Die Zwoihandschriften H. — Holthausen, Hildebrandslied 65. — Bechtel, Beiträge zur germanischen Lautlehre. — Wölfel, Zum Renner. — Tomanetz, Eine Conjectur zu Lessings Dramaturgie. — v. Weilen, Zu Klopstocks Wingolf. — Zupitza, Nachträge zu S. 288 ff.

Zs. f. deutsche Philologie XVII, 3: H. Sijmons, Briefwechsel zwischen Jacob Grimm und J. H. Halbertsma. — I. Zingerle, Zbelöw. — E. Mogk, Das 2. Liederbuch des cod. reg. des Eddalieders Ὑμνμσλ. — G. Ellinger, Ueber Lichtwers Fabeln. — J. Zacher, Zusätze Klopstocks zu seinen grom. Gesprächen. Nach Puwels Mittheilung. — Brandstetter, Das Luzerner Fastnachtspiel vom Jahre 1592. — H. Giske, Zu Walther 121, 37. — E. Mogk, Deutsche Alterthumskunde von K. Müllenhoff V, 1. s.

Beiträge zur Geschichte der deutschen Sprache und Literatur X, 3: E. Sievers, Zur Rhythmik des germ. Alliterationsverses II. (Sprachl. Ergebnisse). 1. Einl. 2. Bestimmung über Silbenzahl ags. Worte. 3. Quantität; Anhang: 1. Bemerkungen zu einzelnen Stellen, 2. Das Verhältniss der ags. Metrik zur altnord. und deutschen.) F. Holthausen, Die Remscheider Mundart II. — Ders., Zu den altniederl. Denkmälern. — E. Brate, Nord. Lehnwörter im Ormulum (Nachtr. u. Bericht). — E. Sievers, Zum Heliand. — O. Fritsch, Zu Opitzens deutscher Poeterey. — Holthausen, Nachträge und Berichtigungen zur Grammatik der Remscheider Mundart. S.

Tijdschrift voor nederlandsche taal- en letterkunde V, 1: J. H. Gallée, Mnl. Ibogen oh Bogen. — Erfekse — Ekse. — Roykoken. — Karl Kugel, Ein Fragment einer unbekannten Hs. von Gefres Wapenbocck. 1. Der Text des Guth. Fragments. 2. Sprachliche Bemerkungen. 3. Sachliche Erläuterungen. — H. Kern, Boer. — Brood. — J. A. Worp, Nog iets over Thomas Asselijn. — Ders., De Berijmer van Hooft's Schijnheiligh. — O. Kalff, Oude Liederen. — Ders., „Noch vant Ander Lant." — Nicolaas Beets, Sonnet. Klinkdicht? — J. Verdam, Dietsche Verscheidenheden. LXVI. Want, als bijwoord.

Zs. f. romanische Philologie IX, 1: M. Pfeffer, Die Formalitäten des gottesgerichtlichen Zweikampfes in der altfranzösischen Epik. — W. Hammer, Die Sprache der anglonorm. Brandanlegende. — O. Schultz, Zu den Lebensverhältnissen einiger Troubadours. (1. Pujol. 2. Bertran del Pojat. 3. Bertran de Gordo. 4. Gui de Cavaillon. 5. Bertran d'Avignon. 6. Blacatz. 7. Folquet de Romans. 8. Bertran d'Alamanon.) — W. List, Fierabras-Bruchstück. — A. Mussafia, Zu Wolters Judenknaben. — H. Knust, Die Etymologie des Wortes „Lucanor". — A. Horning, Französische Etymologien (echer, allécher, hèze, milan, mcoratcir, griöfti). — Ders., Die Suffixe -cim, -cinu. — W. Meyer, Zu den Auslautsgesetzen. — G. Baist, Der Uebergang von st : s im Spanischen. — A. Tobler, afr. arere = lat. aratum. — O. Schultz, die ravordie.

Romania XIV, 1 (53): P. Meyer, Les premières compilations françaises d'histoire ancienne. (I. Les „Faits de Romains". II. Histoire ancienne jusqu'à César. — G. Raynaud, Le Miracle de Sardenai. — A. Morel-Fatio, Notice sur trois manuscrits de la Bibliothèque d'Osuna. — Chansons ladines, publiées par J. Ulrich. — P. Meyer, Prov. agapar, franc. agaper, achaper. — Ders., Variantes à l'Enseignement moral publié dans la Romania VI, 35—9. — Van Hamel, Encore un ms. de la Vie des Pères. — E. Langlois, Le Miroir historial, exemplaire de Pregent de Coëtivy. — St. Prato, L'Orma del Leone. — C. Nigra, La Rosa di Pamealieri. — Kr. Nyrop, Encore la „Ferve du curiou". — S. 137 ff. unterwirft O. Paris meine Artikel über die Satzdoppelformen (Zs. VIII, 2. 3) einer kurzen Kritik. an der hier einige Bemerkungen. So sehr ich dem verehrten Verf. dankbar bin für seine freundlich anerkennenden Worte, so wenig — mich ich gestehn — kann mich seine Einwendungen im Einzelnen überzeugt. P. meint, durch Heranziehen der „Satzphonetik" werde die Lautlehre complicierter und wir betänden uns auf einem „terrain bien mouvant" (S. 158 Mitte). Nun, ich kenne kaum ein besseres Gebiet, das in zu hohem Masse ein „terrain bien mouvant" ist, wie gerade das der sprachlichen Lebens. Die Factoren, nach denen sich allein die Entwickelung der Laute regelt, sind schon so mannigfach, dass die drei Worte „Lautgesetz", „Satzphonetik", „Analogie" lange nicht ausreichen, um jene

zu bezeichnen; dazu die vielen Durchkreuzungen dieser Factoren, dergestalt, dass weitere Combinationen und Complicationen entstehen; die Bedingungen, unter denen sich ein Laut wandelt, ändern sich bis zu einem gewissen Grade von Wort zu Wort, ja innerhalb des selben Wortes je nach seinen verschiedenen Stellungen im Redezusammenhang, so dass man in gewissem Sinne wohl sagen kann, jedes Wort habe seine Gesetze für sich. Muss da nicht nothwendiger Weise die Erklärung sprachlicher Thatsachen oft sehr complicirt sein? Ja, man könnte sogar in Anbetracht solcher Vielheit von wirkenden Factoren das Paradoxon aufstellen: „Je einfacher eine Erklärung sprachlicher Thatsachen, desto mehr steht sie im Verdacht falsch zu sein". Im Einzelnen noch folgendes: P. wirft mir Ungenauigkeit vor, wenn ich behaupte cy mache „entrave": dagegen spräche ire equa, sirre = sequere. Allein P. wirft hier ohne weiteres zwei in Artikulation des zweiten Bestandtheils keineswegs gleichwerthige Gruppen qu und cy zusammen (s. Neumann 317 ff. bes. S. 338 A.); was für das erste gilt, gilt nicht für das zweite. Dass aber cy „entrave" macht, beweist placei; nordostfr. pluie, tucyi; tcu etc., die im entgegengesetzten Falle plus, tui etc. hätten geben müssen. Die verschiedene Artikulation von qu und cy wird auch durch den Umstand erwiesen, dass ersteres par, i entwickelt, letzteres nicht; cf. Misc, dj fi, ded. alla mem. dei prof. Caix e Canello S. 169. (Zudem beweisen sirre ire allein noch nicht, dass qu nicht „entrave" mache; sonst könnte man auch auf Grund von lit etc. schliessen, cl mache nicht „entrave".) — Was P. dann zur Stütze seiner Erklärung von fun tou jou, clou elau, blou blau etc. beibringt, hat mich am wenigsten in meiner Auffassung erschüttert. Zu den hingeworfenen Wörtern hier eine Bemerkung. P. muss bei seiner Erklärungsweise annehmen, dass ^{n}f, ^{n}l bald ausfällt, so dass Verschmelzung von Tonvokal + u stattfinden kann, bald erhalten bleibt, so dass u ihren Abfall von n im Auslaut tritt; vgl. blou mit blef in selben Dialekt, blon, elou mit epl urvum u. s. w. Ein derartiges Ansetzen doppelter Entwickelung desselben Lautes unter gleichen Bedingungen zur selben Zeit in derselben Gegend widerspricht den Principien der Sprachgeschichte, widerspricht dem Axiom der Ausnahmslosigkeit der Lautgesetze. Wo ist nun mehr „arbitraire", da wo man einfach zwei unerklärte Doppelentwicklungen als möglich zulässt, oder da wo man sachlich und nüchtern (ohne „ivresse") sich bemüht, diese Doppelentwicklung als durch verschiedene Stellung im Redezusammenhang bedingt zu erweisen? Ersteres ist stets ein willkürliches Durchhauen des Knotens, letzteres wenn auch nicht in allen Fällen schon völlig durchgeführte Lösung, so doch ein Anfang zur Entwirrung des Knotens. — Auf mir kommt bei ein ander Mul. — carie mit seiner alten verkürzlichen Reduction von dj ist schwerlich Fremdwort, vielmehr sind urmoie vcroire aus Gründen der Lautentwicklung wie der Bedeutung Fremdwörter (davon nächstens). Enroier (mit ei statt i - ẹ) ist Analogiebildung nach enroisicr (wie conseil nach conseiller, angoisse nach angoisus etc. s. Zs. VIII, 261), nicht bloss seines o sondern auch seines tönenden s wegen (vgl. Horning, c). Meine Formulirung des frz.-prov. 1. Umlautsgesetzes ($e - i$: i, $\varphi - i$: i, $\varrho - i$) halte ich aufrecht, selbst die Einschränkung in D'Ovidios freundlicher Kritik (Zs. VIII. 478) scheint mir nicht acceptabel. Auch ist fr. nur als i in Hiat unlautkräftig. Zudem ist in vielen der in Betracht kommenden Fälle mit ausl. -i die Voraussetzung von -i (aus i) auch aus andern Gründen als des Umlauts (i = ẹ) wegen nöthig; so ist i in -in = -isti nur aus -isti (isti,e), Schwund von b in i ibi, nur nus ibi (bi : i), pure, i in filh equeth nur aus illi (li, i) begreiflich etc. Dies ausl. i = i kann sich aber seinerseits mit tonigem i, i entwickeln. Wo dagegen -ini zu -istji -isni -ia etc. werden kann (D'Ovidio), ist mir vom physiologischen Standpunkte aus unerklärlich. — *tçno tqno ist gewiss nicht unbedingt nothwendige Grundlage von ricn tien, it kann auch nur das 2. 3. Pers. eingedrungener sein; andererseits setzt aber rieny tiency mit keineswegs rudu teudu voraus; gab doch auch ingenuum kein ehgien; sondern eugin, armenium kein urmoing sondern armin; rieny tieny verdanken ihr ny st. n der Analogie von ciengo, pluiny teiny etc. (pluine : pluing — viens : rieny u. s. w.). — Möge mein verehrter Recensent diese Zeilen als das aufassen, was sie sein sollen, als einen Beweis, in wie hohem Masse willkommen mir seine Kritik gewesen und wie sehr mir an einer Verständigung mit ihm gelegen ist. ... F. Neumann.

Bulletin de la société des anciens textes français 1884, 2: P. Meyer, Notice d'un manuscrit lorrain appartenant à une collection privée. (La chanson de pure pauvreté.) — Ders., chanson en l'honneur de la vierge. — Ders., Notice du ms. latin 995 de la bibliothèque nationale de Paris. — Table des notices publiées dans le Bulletin de 1873—1884.
Zs. f. neufranzösische Sprache und Literatur VII, 1: J. Sarrazin, Die Corneillegedenkfeier. — Thor Sundby, Blaise Pascal, sein Kampf gegen die Jesuiten und seine Vertheidigung des Christenthums (Schluss). — B. Uber, Zu dem franz. Wörterbuch von Sachs (Schluss). — J. Sarrazin, Vom franz. Gymnasium.
Franco-Gallia II, 6: A. Vogt, Nachträge zu dem franz. Wörterbuch von Sachs. — Breitinger, Studium und Unterricht des Französischen. — Körting, Encyklopädie und Methodologie der roman. Philologie II. — Lange, Précis de l'histoire de la littérature française. — Engel, Psychologie der franz. Literatur.
Rivista critica della letteratura italiana II, 2, 3: T. Casini, A. Manzoni, Opere inedite o rare, pubbl. da R. Bonghi, Vol. I, II. — A. Straccali, M. Bencini, Il vero G. B. Fagiuoli e il teatro in Toscana a' suoi tempi. — A. Zenatti, G. Picciola e V. Zamboni, Stanze dell'Orlando Furioso collegate dal racconto dell'intero poema e annotate. — A. Medin, G. Baccini, Le facezie del Piovano Arlotto precedute dalla sua vita ed annotate. — T. Casini, A. Piumati, La vita e le opere di Dante Alighieri; La vita e le opere di Francesco Petrarca. — V. Crescini, A. Oloria, un errore nelle edizioni della Divina Commedia; uno nei Vocabolari. — S. Morpurgo, A. Zanelli, Le schiave orientali a Firenze nei sec. XIV e XV. — Bollettino Bibliografico: A. Cerquetti, Saggio di studi e correzioni sopra il testo e i comenti delle odi di G. Parini. — A. Corradi, Nuovi documenti per la storia delle malattie veneree in Italia. — N. Misasi, Commemorazione di Francesco Fiorentino. — Pistole a Virgilio. — E. Teza, Otium scenense, lettera II a Giosuè Carducci. — 3: T. Casini, G. Finzi, Sommario della storia della letteratura italiana compilata ad uso delle scuole secondarie. — G. Biadego, O. B. Giuliani, Lettere del Marchese Scipione Maffei nel suo periodo di vita militare in Baviera (1709). — F. Teza, F. Paglierani, La Sofonisba di Giangiorgio Trissino con note di Torq. Tasso. — S. Morpurgo, F. Torraca, Cola di Rienzi e la Canzone „Spirto Gentil". — G. Sotti, L. Durucci, Opere di P. Ovidio Nasone tradotte. — A. Zenatti, P. Ferrieri, Rime inedite di un Cinquecentista. — S. Morpurgo, O. Porro, Catalogo dei codici mss. della Trivulziana. — T. Casini, L. Biadene, Il collegamento delle stanze mediante la rima nella canzone ital. dei sec. XIII e XIV. — A. Zenatti, F. Perreau, Intorno al Comento inedito ebreo-rabbinico del rabbi Immanuel ben Selomo sopra Giubbe. — Boll. Bibl.: A. Borgognoni, Studi contemporanei. — A. Crespellani, La zecca di Modena nei periodi comunale ed estense. — Lettere di Francesco d'Ancellieri romano a Filippo Scolari veneto. — Lettere inedite di Vincenzo Gioberti e di Pietro Giordani. — L'arte della Stampa alla Esposizione di Torino. — P. E. Guarnerio, Spigolature nella lirica contemporanea. — G. Cittadella, Pietro Selvatico nell' arte. — P. Paganini, La camera d'una studente pisano del sec. XVI. — T. Casini, Alessandro Tassoni e la Crusca.

Zs. f. das Gymnasialwesen Mai: O. Weudt, der deutsche Aufsatz und der altklassische Unterricht.
Zs. f. die österr. Gymnasien Bd. 36, 4: F. Prosch, zu Schillers Wilhelm Tell.
Rheinische Blätter f. Erziehung u. Unterricht H. 3: Schäffer, der märkische Dativ.
Anzeiger f. deutsches Alterthum XI, 3: Briefe von Jacob und Wilhelm Grimm an Karl Müllenhoff.
Korrespondenzblatt des Vereins für siebenb. Landeskunde VIII, 5: X., die Ausgabe des Codex Altemberger.
Börsenblatt f. den deutschen Buchhandel Nr. 125: Goethe im deutschen Buchhandel.
Magazin f. die Literatur des In- u. Auslandes 22—25: C. Schoebel, Victor Hugo. — J. C. Poestion, Isländische Literatur. — A. Büchner, Victor Hugo. — Altfranzösische Romanzen, übersetzt von Paul Heyse. — W. Kirchbach, Nochmals der Shakespearcmythus. — R. Keil, Die illustrirte Prachtausgabe Goethes. — K. Braun, Französische Charakterköpfe aus dem 16. Jh.

Die Gegenwart Nr. 21: Th. Zolling, ein ungedrucktes Gedicht von H. von Kleist.
Blätter f. literar. Unterhaltung Nr. 22: R. Bechstein, Koberstein-Bartschs Geschichte der deutschen Nationalliteratur.
Die Grenzboten Nr. 24: Ernst Elster, Goethe u. Lavater. Nebst ungedruckten Briefen Goethes.
Beilage zur Allg. Zeitung 12. Mai: Erich Schmidt, Die Klotzischen Händel. — 27. Mai: D. Sanders, R. Kleinpaul, Menschen- und Völkernamen. — 2. Juni: L. K., Die Alten und die Jungen. (Ueber Dolbrück, die neueste Sprachforschung. Leipzig, Breitkopf & Härtel, 1885.) — v. Wegele, Ein Frauenkrieg an der Universität Würzburg. (Darin einige Bemerkungen über Karoline Schelling, ihre reiche Briefsammlung und ihr Verhältniss zu Schiller.)
The Nineteenth Century: May, Wilde, Shakespeare and stage Costume.
The American Journal of Philology 21: O. H. Balg, The I-sound in English. — Henry R. Lang, on Spanish Metaphors. On Spanish Grammar. — Schuchardts Slavo-Deutsches und Slavo-Italienisches.
Nordisk Tidskrift för vetenskap, konst och industri 1885, H. 3, S. 197—240: L. Dietrichson, Middelalderens Trækirker. II. 8.
Rev. pol. et litt. 20: Jules Lemaître, La critique dramatique. M. Francisque Sarcey. — Louis Havet, La philologie, sa définition („La méthode de recherche de la philologie"). — In der Caus. litt.: E. Michaud, Mme Stock et ses poésies. — 21: Jules Lemaître, La crit. dram. M. J.-J. Weiss. — In der Caus. litt.: Jane Brown, Répertoire de Shakespeare, lectures et commentaires. — Nekrolog für V. Hugo. — 22: in der Caus. litt.: Percy et Maugras, la vie intime de Voltaire aux Délices et à Ferney. — 23: Dionys Ordinaire, La jeune génération (über den gegenwärtig in Frankreich verbreiteten Pessimismus und dessen literar. Vertreter, namentlich P. Bourget). — Jules Lemaître, Une femme impressioniste, Mme Alphonse Daudet. — E. Courtois, Notes et impressions (aus Anlass der Leichenfeier für V. Hugo).
Revue de Belgique 17, 5: Ch. Potvin, Victor Hugo. — Roger de Goey, L'individualité de Shakespeare.
Nuova Antologia X: Martucci, uno scenario inedito della comedia dell'arte.
Atti della Accademia di Udine 1881—4, 2^a ser. VI: Occioni-Bonaffous, I pregiudizi nel passato e nel presente. — V. Ostermann, Sul linguaggio dei bambini nel Friuli.
Cronaca Marchigiana An. VIII, 11: A. Conti, Dialetto marchigiano.

Neu erschienene Bücher.

Harms, Fr., Methode des akademischen Studiums. Aus dem handschriftlichen Nachlasse des Verfassers hrsg. von H. Wiese, Leipzig, Grieben. 8. M. 1,60.
Proceedings of the Modern Language Association of America 1884. Baltimore, C. S. S. [Aus den „Proceedings" heben wir hervor: Carter, Some hitherto unpublished Letters of Jean Paul Richter; Hart, The College Course in English Literature how it may be improved; v. Jagemann, The Genitive in Old French; Bright, on some aspects of the Modern language Question; Brandt, on the embodiment of the latest Results of Research in Text Books, and the Necessity of a Scientific Basis for Instruction; Gummere, What Place has Old English Philology in our Elementary Schools; Primer, on the factitive in German, etc. — S. 35 ff. List of colleges and of their modern language Professors.]
Techmer, F., Zur Veranschaulichung der Lautbildung. Leipzig, Barth. 1 Bogen Text gr. 8 nebst Wandtafel in Impr.-Folio. M. 1,60.
Wegener, Phil., Untersuchungen über die Grundfragen des Sprachlebens. Halle, Niemeyer. 208 S. gr. 8. M. 5.

Bondeson, August, En saga från Dal och hännes källa. Upsala, Almqvist & Wiksell. 124 S. 8. Kr. 1,25. 8.
Goethe, Goetz von Berlichingen. Ed. classique, éd. nouv. avec Introduction et Commentaire par A. Chuquet. Paris, Cerf. XCV, 191 S. kl. 8. (Vgl. Lit. Cbl. Nr. 25.)

Hagemann, A., Lessings Emilia Galotti. Riga, Schnakenburg. 8. M. 1.
Haupt, H., Die deutsche Bibelübersetzung der mittelalterlichen Waldenser in dem Codex Teplensis und der ersten gedruckten deutschen Bibel nachgewiesen. Würzburg, Stahel. gr. 8. M. 1,60.
Kempe, Arvid, Studier öfver den isländska juryn enligt Grågås. (Philos. Dissert. der Univ. Lund.) Lund 1885. 70 S. 4. (S.-A. aus Lunds Univ.-åraskr. T. XXI.) x.
Kock, A., Språkhistoriska undersökningar om svensk akcent. Andra delen. II. S. 329—524 + VI. Lund, C. W. K. Gleerup. Kr. 3,25. x.
Nyare bidrag till kännedom om de Svenska landsmålen och svenskt folklif, tidskrift utg. genom J. A. Lundell. B. V. h. 4. R. Bergström, Sprisg, min snälla ren! 20 S.
Rieger, Karl, Zu Goethes Gedichten. Programm des Franz-Josef-Gymnasiums zu Wien. 16 S. 8.
Turgenjew, Iwan, Vermischte Aufsätze, aus dem Russischen übersetzt von E. St. Berlin, Deubner. 8. M. 3. (Darin T.'s Aufsatz über Goethes Faust.)
Wüber, F. X., Die Reichersberger Fehde und das Nibelungenlied. Eine genealogische Studie. Merau, Plant. 8, M. 2. (Heinrich von Ofterdingen = Heinr. v. Kürenberg Sänger des Nibelungenliedes! vgl. Cbl. Nr. 25.)

Elze, Karl, a letter to C. M. Ingleby, Esq., M. A., L. L. D., V. P. R. S. L., containing notes and conjectural emendations on Shakespeare's „Cymbeline". Halle, Niemeyer. 37 S. gr. 8. M. 1,20.
Lindkvist, V., Bidrag till kännedom om den moderna engelskans Komparativsatser i pedagogiskt syfte sammauskrifvet. Linköping. 24 S. 4.
Marlowes Werke. Historisch-kritische Ausgabe von H. Breymann und A. Wagner. I. Tamburlaine, hrsg. von A. Wagner. Heilbronn, Gebr. Henninger. Engl. Sprach- und Literaturdenkmale, hrsg. von K. Vollmöller. II. 2. XL, 211 S. 8.
Menthel, Em., Zur Geschichte des Ostfridischen Verses im Englischen. I. Theil. Breslauer Dissert. (S.-A. aus der Anglia.)

Darth, Hans, Charakteristik der Personen in der altfranzös. Chanson d'Aiol mit Zusammensetzung der bezüglichen Epitheta ornantia. Züricher Dissert. Stuttgart 1885. 79 S. 8.
Dattelli, G., Nascita e parenti di Pietro Aretino. Torino. 15 S. 8.
Bonnardot, F., Documents pour servir à l'histoire du droit coutumier à Metz aux XIII° et XIV° siècles. In-8, 64 p. Paris, lib. Larose et Forcel. Extrait de la Nouvelle revue historique de droit français et étranger.
Carta, F., Sul poemetto di Pietro da Bescapé esistente nella Biblioteca Nazionale di Milano: descrizione bibliografica con facsimile. Roma, Forzani. 8 S. 4.
Cian, V., Un decennio della Vita di M. Pietro Bembo (1521—1531). Appunti biografici e saggio di studi sul Bembo, con appendice di documenti inediti. Turin, Herm. Löscher. 240 S. gr. 8. fr. 6.
Cloetta, W., Abfassungszeit und Ueberlieferung des Poème moral. Erlangen, Deichert. 38 S. 8. Göttinger Dissertation.
Colección de escritores castellanos. Tomo XXVIII. Teatro español del siglo XVI. Estudios históricos literarios por D. Manuel Cañete, individuo de número de las Reales Academias Española y de Bellas Artes de San Fernando, y electo de la Historia. Lucas Fernández. Micael de Carvajal. Jaime Ferruz. El Maestro Torres y Francisco de las Cuevas. Madrid, Lib. de M. Murillo, 1885. En 8, 360 págs. 16 y 17.
Costumi ed usi antichi nel prender moglie in Firenze (sec. XVI). Firenze, Salani. 8 S. 8. Nozze-Barrani-Laudi.
Cuestionario del Folk-Lore Gallego establecido en la Coruña el día 29 de Diciembre de 1883. Madrid, Est. tip. de R. Fé, 1885. En 8 mayor, 53 pág. 4 y 5.
De Nino, Briciole letterarie. Vol. II. Lanciano, Carabba. IV, 287 S. 8.
Dini, F., Della ragione delle lettere, introduzione allo studio della letteratura italiana. Vol. II. Firenze, Paravia. 434 S. 8.
Dizionario Dantesco di quanto si contiene nelle opere di Dante Alighieri con richiami alla somma teologica di S. Tommaso d'Aquino. Coll'illustrazione dei nomi propri mitologici storici geografici e delle questioni più controverse compilato dal Prof. D. Giacomo Poletto. Vol. I. A B C. Verona, Münster. M. 4.
Du Cange, C. D., Glossarium mediæ et infimæ latinitatis, conditum a Carolo Dufresne, domino Du Cange, auctum a

monachis ordinis S. Benedicti, cum supplementis integris D. P. Carpenterii, Adelungii, aliorum suisque digessit G. A. L. Henschel; sequuntur glossarium gallicum, tabulæ, indices auctorum et rerum, dissertationes. Editio nova, aucta pluribus verbis aliorum scriptorum a Léopold Favre. Fin du t. 3 (F), in-4 à 3 col., p. 385 à 642; commencement du t. 4 (G—K), p. 1 à 492. Niort, imp. et lib. Favre.
Fanfani, P., Vocabolario dei sinonimi della lingua italiana; nuova ediz., con duemila aggiunte per cura di G. Frizzi. Milano, Carrara édit. in-8. pag. 583. L. 3,50.
Finamore, Gennaro, Tradizioni popolari abruzzesi. Vol I. Novelle. Parte seconda. Lanciano, Carabba. VIII, 131, VII S. (s. Lcbl. 1882, Nr. 8.)
Gandino, G. B., Osservazioni sopra un verso del poema provenzale su Boezio. (Mas non i mes foiss.) Firenze, Le Monnier. 55 S.
Gidel, C., Histoire de la littérature française depuis la Renaissance jusqu'à la fin du XVII° siècle. Petit in-12, 506 p. Paris, lib. Lemerre.
Hegel, D. Carlo, Storia della costituzione dei municipi italiani dal dominio romano fino al cadere del secolo XII, con appendici intorno alle città francesi e tedesche — Prima edizione italiana, fatta col consenso dell'autore accresciuta di una giunta sulle condizioni municipali di Roma nel X secolo del Dr. Guglielmo Giesebrecht e preceduta da una introduzione del Prof. Fr. Conti. Milano. in 8. L. 8.
I dodici avvertimenti che deve dare la madre alla figliuola quando la manda a marito. Testo di lingua d'incerto autore del trecento nuovamente dato in luce da Pietro Gori. Firenze, Galani. 8. L. 8.
Imbriani, Vittorio, Notizie di Marino Jonata Agnonese. Relazione letta alla Reale Accademia di Scienze Morali e Politiche. Napoli, 35 S. 8. Estratto dal Rendiconto dell' Accademia di Scienze Morali e Politiche di Napoli.
Isla, P., Historia del famoso predicador Fray Gerundio de Campazas, alias Zotes. Primera edición entera, hecha sobre la edición princípe de 1758 y el manuscrito autógrafo del autor, por D. Eduardo Lidforss. Leipzig, impr. de F. A. Brockhaus, impresor editor. 1885. Madrid, Libr. de M. Murillo. En 8 may., 2 tomos. 40 y 44. Colección de autores españoles, vol. 42 y 43.
Jensen, A., Syntaktiska Studien zu Robert Garnier. Kiel, Lipsius & Tischer. gr. 8. M. 1,60.
Leite de Vasconcellos, J., Flores Mirandezas. Porto, Clavel. 40 S. 8. (Dichtungen im Dialekt von Miranda, in pbon. Transcription, mit Bemerkungen zur Lautlehre und Glossar. Vgl. über denselben Autors „O dialecto mirandez" im Lcbl. IV, S. 108—112.)
Lo Rime di Piuraccio Tedaldi. Firenze, alla libreria Dante. 78 S. 8.
Les Dits de Hue Archevesque, trouvère normand du treizième siècle, publiés avec introduction, notes et glossaire par M. A. Héron. Rouen, Société de bibliophiles. XXIX, 85 S. 4.
Létellié, A., Fénélon en Saintonge et la Révocation de l'édit de Nantes (1685—1688), étude et documents. In-8, 130 p. Paris, lib. Picard. Extrait du t. 13 des Archives historiques de la Saintonge et de l'Aunis, publication de la Société des Archives historiques, etc.
Le Verdier, P., Mystère de l'incarnation et nativité de notre sauveur et rédempteur Jésus-Christ, représenté à Rouen en 1474; publié d'après un imprimé du XV° siècle, avec introduction, notes et glossaire par Pierre Le Verdier. Texte. Deuxième journée. Petit in-4, 481 pages. Rouen, impr. Cagniard. Publication de la Société des bibliophiles normands.
Lotheissen, F., Zur Sittengeschichte Frankreichs. Bilder und Historien. Leipzig, Schlicke. 8. M. 5.
Martinozzi, O., Il Pantagruele di Francesco Rabelais. Città di Castello, Lapi. 128 S. 8.
Maspons y Labrós, F., Cuentos populares catalans. Barcelona, Verdaguer. X, 148 S. 16. Folk-Lore Català.
Molières Werke mit deutschem Commentar, Einleitungen und Exkursen hrsg. von A. Laun. Fortgesetzt von W. Knörich. XIV. Sganarelle ou le Cocu Imaginaire. La Princesse d'Elide. Leipzig, Leiner. 175 S. 8.
Novati, F., L'Anticerberus di Fra Bongiovanni di Mantova. Mantova, Segna. 60 S. 8. (Aus Rivista storica mantovana I.)
Örtenblad, O., Etude sur le développement des voyelles labiales toniques du latin dans le vieux français du XII° siècle. Upsala. 72 S. 8.
Osterhage, G., Ueber die Spagna istoriata. Im Programm des Humboldt-Gymnasiums zu Berlin. 25 S. 4.

Petrescu, V. Crusovenu, Mostre de dialectul macedo-roman. Basme si poesii popul. Bucuresci, Socecu. 160 S. 12.

Poesi politiche popolari dei secoli XV e XVI. Ancona, Morelli. 24 S. 8. Nozze Bartolone-Giorgi.

Rambeau, A., Der französische und englische Unterricht am Gymnasium (Methode und Lehrplan). Programm des Wilhelmsgymnasiums zu Hamburg.

Redolfi, A., Die Lautverhältnisse des bergellischen Dialekts. Züricher Dissertation. Halle 1884. 44 S. 8. (Zs. VIII, 2.)

Reimann, A., Des Apulejus Märchen von Amor und Psyche in der franz. Literatur des 17. Jh.'s. Programm des Gymnasiums zu Wohlau.

Restelli, Eugenio, I proverbii milanesi. Raccolti, ordinati e spiegati coll'aggiunta delle frasi e de' modi proverbiali più in uso nel dialetto milanese. Milano, Brigola. Un vol. in-16. L. 1,80.

Richter, P., Versuch einer Dialektbestimmung des Lai du corn und der Fabliau du Mantel Mautaillié. Marburg, Elwert. 8. M. 1,20. Abhandl. u. Ausg. XXXVIII.

Scheffler, Wilhelm, Die französische Volksdichtung und Sage. Ein Beitrag zur Geistes- und Sittengeschichte Frankreichs. 2 Bände. Leipzig, Elischer. 1884,5. XIV, 332; VIII, 296 S. gr. 8. M. 18.

Schumann, Paul, Französische Lautlehre für Mitteldeutsche insbesondere für Sachsen. Dresden, Schumann. 27 S. 8.

Teatro, Il, italiano dei secoli XIII, XIV, XV, a cura di Francesco Torraca. Firenze, G. C. Sansoni edit. in-64. p. XL, 456. L. 2.

Torraca, Fr., Cola di Rienzo e la Canzone „Spirto Gentil" di Francesco Petrarca. Osservazioni vecchie e nuove. Roma, Loescher. 1885. In-8, di pagine 86. L. 2.

Xenopol, A. D., Une énigme historique. Les Roumains au moyen âge. Paris, Leroux. 238 S. 8.

Ausführlichere Recensionen erschienen über:

Brugmann, Zum heutigen Stand der Sprachwissenschaft (v. H. P.: Lit. Cbl. Nr. 24).

Delbrück, Die neueste Sprachforschung (v. H. P.: ebd.).

Meyer, Anfang und Ursprung der lat. und griech. rythm. Dichtung (v. Seiler: Deutsche Literaturzeit. Nr. 25).

Paulsen, Geschichte des gelehrten Unterrichts (v. Kaufmann: Anz. f. d. Alterth. XI, 3).

Biedermann, H. v. Kleists Briefe an seine Braut (v. Minor: ebd.).

Brahm, H. von Kleist (v. Minor: ebd.).

Engel, Zusammenstellung der Faustschriften (v. Ellissen: Börsenbl. f. den deutschen Buchhandel Nr. 114; v. Kelchner: Deutsche Buchhändler-Akad. II, 5).

Isengrimus, ed. Voigt (v. Laistner: Anz. f. deutsches Alterth. XI, 3).

Köstlin, Dichtungen von Hölderlin (v. Minor: ebd.).

Lamprechts Alexander, hrsg. von Kinzel (v. Schroeder: Deutsche Literaturzeit. Nr. 22).

Pentzhorn, Thomas Abbt (v. Seuffert: Anz. f. d. A. XI, 3).

Piper, Glossar zu Otfrid (v. Steinmeyer: ebd.).

Prosch, Die Grammatik als Gegenstand des deutschen Unterrichts (v. Seemüller: Zs. f. österr. Gymn. 36, 4).

Schweitzer, Island. Land und Leute. Geschichte, Literatur und Sprache (v. Rolf Arpi: Nordisk Revy II, 14). S.

Sievers, Zur Rhythmik des germ. Alliterationsverses; Proben einer metrischen Herstellung der Eddalieder (v. E. Brate: Nord. Revy 32).

Zarncke, Christian Reuter, der Verfasser des Schelmuffsky (v. Schlenther: Deutsche Literaturzeit. Nr. 20).

Zingerle, Ueber eine Hs. des Passionals und Buches der Märtyrer (v. Strauch: Anz. f. d. Alterth. XI, 3).

Brekke, Etude sur la flexion dans le voyage de S. Brandan (v. Gröber: Zs. IX, 158).

Buck, Rätische Ortsnamen. Alemannia XII (v. Gartner: ebd. 155).

Coen, di una leggenda relativa alla nascita e alla gioventù di Costantino Magno (v. A. Wesselofsky: Rom. 53).

Feilitzen, Li ver del Juise (v. Nyrop: ebd.).

Gaster, Literatura populara romana (v. Nyrop: ebd.).

Guichot y Sierra, Boletin Folklórico Español (v. Liebrecht: Zs. IX, 151).

Nyrop, Den oldfranske Heltedigtning (v. G. Paris: Rom. 53).

Picot, Catalogue des livres composant la bibliothèque de feu M. le baron Rothschild (v. T. de L.: Rev. crit. 23, S. 443—456).

Pitrè, Curiosità popolari tradizionali (v. Liebrecht: Zs. IX, 152).

Römer, Die volksthümlichen Dichtungsarten der provenzal. Lyrik (v. O. Schultz: ebd. 156).

Seelmann, Aussprache des Latein (v. G. Meyer: Zs. f. die österr. Gymn. XXXVI, 4).

Thomas, Francesco de Barberino et la littérature provençale en Italie (v. Ch. J.: Revue critique 20).

Literarische Mittheilungen, Personalnachrichten etc.

Eugen Joseph bereitet vor eine Ausgabe der kleineren Dichtungen von Konrad von Würzburg, nach den Vorarbeiten Müllenhoffs.

In Weimar hat sich eine Goethe-Gesellschaft gebildet zur Herausgabe der Schätze des Goethe-Archivs.

Am 26.—28. Mai fand in Rostock die Versammlung des hansischen Geschichtsvereins und des Vereins für niederdeutsche Sprachforschung statt; Prof. Bechstein sprach über den Heliand und seine künstlerische Form.

An dem Owens College zu Manchester hielt im April C. H. Herford, M. A., eine Reihe von Vorlesungen: illustrations of German Social life in the sixteenth century.

Dr. J. **Stürzinger** (Bonn) hat einen Ruf an das Bryn Mawr College in Philadelphia erhalten und angenommen. — Dr. Theodor **Gartner** ist als o. Professor der romanischen Philologie an die Universität Czernowitz berufen.

Antiquarische Cataloge: **Ackermann**, München (Englisch, alt u. neu); **Baer**, Frankfurt a. M. (Prov., Franz.); **Cohn**, Berlin (Deutsch); **Engelmann**, München (Versch., Philol.); **Haugg**, Augsburg (Alte u. neue Literatur); **Koebner**, Breslau (Literatur); **Lehmann & Lutz**, Frankfurt a. M. (Engl.); **Levi**, Stuttgart (Phil. Lit.); **Meyer & Müller**, Berlin (Deutsche Philologie); **Raabe**, Königsberg (Deutsch).

Abgeschlossen am 22. Juni 1885.

Notiz.

Für die Lamey-Preisstiftung der Kaiser-Wilhelms-Universität Strassburg ist am 1. Mai 1885 folgende Preisaufgabe gestellt worden:

„Verlangt wird eine Charakteristik und Geschichte des **grotesken Stils**, der in **Rabelais** und **Fischart** seine Hauptvertreter hat. Zu berücksichtigen sind sowohl die Anfänge, welche in der macaronischen Poesie, insbesondere der Italiener vorliegen, als auch die Ausläufer bis zu Anfang des 17. Jahrhunderts. Für Fischart wird ausdrücklich bemerkt, dass nicht bloss die dem Stoffe nach aus Rabelais geschöpften Werke in Betracht kommen. Gewünscht wird auch der Nachweis, in wie weit die Eigenheiten dieses Stils mit den allgemeinen Kulturverhältnissen des 16. Jahrhunderts in Beziehung stehen."

Der Preis beträgt 2400 Mark.

Die Arbeiten müssen vor dem 1. Januar 1889 eingeliefert sein. Die Vertheilung des Preises findet statt am 1. Mai 1890. Die Bewerbung um den Preis steht Jedem offen, ohne Rücksicht auf Alter oder Nationalität. Die Concurrenzarbeiten können in deutscher, französischer oder lateinischer Sprache abgefasst sein. Die Einreichung der Concurrenzarbeiten erfolgt an den Senatssecretär. Die Concurrenzarbeiten sind mit einem Motto zu versehen, der Name des Verfassers darf nicht ersichtlich sein. Neben der Arbeit ist ein verschlossenes Couvert einzureichen, welches den Namen und die Adresse des Verfassers enthält und mit dem Motto der Arbeit äusserlich gekennzeichnet ist. Die Versäumung dieser Vorschriften hat den Ausschluss der Arbeit von der Concurrenz zur Folge. Geöffnet wird nur das Couvert des Verfassers der gekrönten Schrift. Eine Zurückgabe der nicht gekrönten oder wegen Formfehler von der Concurrenz ausgeschlossenen Arbeiten findet nicht statt.

Literaturblatt
für
germanische und romanische Philologie.

Unter Mitwirkung von Professor Dr. **Karl Bartsch** herausgegeben von

Dr. Otto Behaghel und **Dr. Fritz Neumann**
o. ö. Professor der germanischen Philologie an der Universität Basel.
a. o. Professor der romanischen Philologie an der Universität Freiburg.

Verlag von Gebr. Henninger in Heilbronn.

Erscheint monatlich.   Preis halbjährlich M. 5.

VI. Jahrg.   Nr. 8. August.   1885.

Stephens, The oldnorthern runic monuments, u. Handbook of the oldnorthern runic monuments (Brenner).
Koerting, hrsg. v. Belder (Vogt).
Neumann, Zu Friedrich v. Hausen Metrik etc. (R. Becker).
Froning, Zur Geschichte der geistlichen Spiele des Mittelalters (h Meyer).
Brahm, Heinrich von Kleist (Minckwitz).
Bauffert, Deutsche Literaturdenkmäler = 21 (M. Koch)
Brenekka, Zur angels. Namenforschung (Th. Krüger).
Chaucer-Literatur 1883–84 (J Koch)
Keller, Die Sprache des Venezianers Roland V (W. Meyer)
Engel, Psychologie der französischen Literatur (Mahrenholtz)
Holler, A Chénier; zur Ueberlieferung seiner Oeuvres poetiques (h. poersch)
**Le mystère de Saint Eustache p. p. l'abbé P Guillaume (Levy).
Le mystère de Saint Anthoine de Viennes p. p. l'abbé Guillaume (Levy).
Ronchy-Kenier, della vita e delle opere di Brunetto Latini (Wiese).
Lecoy, Lehrgang der französischen Sprache (Qu'Schulz).
Maurer, Französisches Lesebuch II (Proescholdt).
Bibliographie.
Literarische Mittheilungen, Personalnachrichten etc.

The oldnorthern runic monuments of Scandinavia and England. now first collected and deciphered by Prof. George Stephens, F. S. A. Part. III. London (William and Norgate) und Kopenhagen, H. H. J. Lynge. 1884. VIII, 508 S. fol. Price 50 shillings.
Handbook of the old-northern runic monuments ...... by Prof. George Stephens. F. S. A. Ebd. 1884. XXIV, 282 S. gr. 4. 40 sh.

Von dem ersten Werk sind Bd. I 1866/7, Bd. II 1867/8 erschienen. Der vorliegende dritte Band gibt Ergänzungen und Nachträge zu den beiden ersten. Eine Reihe von Inschriften sind theils vom Verfasser, theils von Anderen neu verglichen und die Denkmäler neu gezeichnet worden. Bei anderen hat St. jetzt eine andere Erklärung, oder er bringt neue Erklärungen anderer Forscher. Endlich sind neue Funde aufgenommen und ist deren Wortvorrath zusammengestellt. S. 3–5 gibt eine Uebersicht über die neuere Runenliteratur bis 1877, die auf S. 450 bis 1883 fortgesetzt wird.

Das Handbook ist eine kurze Zusammenfassung des Inhaltes der drei Foliantem. Es enthält sämmtliche Inschriften in der letzten Lesung Stephens', ob und zu daneben auch Abbildungen nach anderen Aufnahmen, zumal solchen von Worsaa aus früherer Zeit. Dazu Umschreibungen in Antiquadettern (nicht in Druckrunen wie in dem Foliowerk), die nöthigsten Bemerkungen über zweifelhafte Runen, ihre Uebersetzung, wo sie für möglich galt, ohne Polemik. Dazu kommt „the word-hoard", die für St. aus den Inschriften sich ergebenden allgemeinen Anschauungen über die Sprache des Nordens, endlich eine Handliste der old northern words in the three folio volumes, die dem Besitzer der letzteren das Herumsuchen in den verschiedenen Bänden erspart; und ein Sachregister.

Stephens hat bloss die 'alten' Denkmäler gesammelt, von den jüngeren bis ins 13. Jh. nur solche berücksichtigt, die besonders wichtig schienen oder Erklärungen für alte Inschriften boten. Es fehlen von den dänischen Steinen z. B. die von Jællinge, Bække, Læborg, Søndervissing, Ryghjerg, dagegen ist der ostgötische Stein von Rök ausführlich behandelt, der Ring von Forsa desgleichen.

Was die Abbildungen anlangt, so dürften jetzt die meisten als genau angesehen werden; über einzelne verwitterte Runen wird man überhaupt nichts Genaues und Bestimmtes mehr bringen können.

„I have mastered the rune-marks and I am an Englishman" sagt der Verf. an einer Stelle. Leider kann die Wissenschaft nur den zweiten Satz anerkennen. G. Stephens ist seine eigenen Wege gegangen und hat allerdings mehr Inschriften übersetzt als irgend ein Anderer; aber seine Uebersetzungen sind werthlos. Schon die Lesungen sind meistentheils falsch, da St. vom Angelsächsischen Futhork ausgehend die A-Rune durchweg ᚫ liest und der Rune ᚣ auf den alten Inschriften den Werth A statt y r beilegt. Die Ermittlung der Runenformen, die Identificirung mit gewöhnlicheren Formen ist St. oft gelungen, die Transcription aber ist, wo jene zwei Zeichen vorkommen, durchweg, und ausserdem nicht selten verfehlt. Die Erklärungen aber kranken von vornherein an dem Fehler, dass St. planlos herumtappt. Er hat sich eine angloskandische Ursprache ausgedacht, in der von festen Regeln keine Spur ist, die natürlich dem Ags. und Engl. viel näher steht als den ältesten nordischen Sprach-

denkmälern; so dass er z. B. das von ihm gelesene
ḪAITINÆ des Steines von Tanum (Schweden), zu
dessen Inschrift er „? date about a. d. 100—200"
setzt, direct mit *highline* übersetzen kann. Mit einer
so wenig festen Sprache wie der angloskandinischen
lässt sich natürlich mittels geschickter Verrenkungen
fast Alles erklären, ähnlich wie z. B. Obermüller
mit seinem Keltisch Namen wie München u. dgl.
viel besser zu deuten versteht, wie eine nüchterne
Betrachtung lehrt. St. macht sich lustig über die
eisernen Gesetze der high-science-men, ihn haben
sie nicht stark gedrückt. Also wer sich eine kurzweilige
Stunde machen will gehe St.'s Uebersetzung
durch, wer die Runen lesen und erklärt haben will
muss sich an andere Werke wenden, vor allem an
die Abhandlungen von Bugge und L. Wimmer, die
bei St. in dankenswerther Weise citirt sind.

Wie schon die Bemerkungen über die A- und
R-Rune zeigten, hat St. die Untersuchungen Wimmers
über die Entstehung und Weiterbildung der
Runen nicht für überzeugend gehalten. In der
That hat er in einer nachträglichen Bemerkung
sich auf den Standpunkt Isaak Taylors gestellt, der
annimmt, dass die Runen von (Nordgriechenland
oder) der Krim den Goten zugeführt worden seien.
Auf den ersten Blick haben Taylors Darlegungen
(The alphabets 2 voll. 1883) etwas Bestechendes;
die aus zwei *y* gebildete Rune für *ng* z. B. auf
griechisches ??? zurückzuführen ist recht verlockend.
Aber im Ganzen lässt sich T.'s Theorie nicht halten,
schon wegen der Chronologie. Auffallend bleibt
freilich immer, wenn die Runen vom Süden (nicht
Südosten) nach Norden wanderten, warum Deutschland
so wenig Runendenkmäler aufweisen kann, und,
wie es scheint, gar keinen Runenstein? War
Holz das beliebteste Material für Inschriften?

Den Deutschen werden St.'s Bücher in einer
Richtung weniger irreführen als Engländer und
Skandinaven, nämlich in den Ausfällen gegen Deutschland
und deutsche Wissenschaft, die ihm von Herzen
kommen mögen, aber nichts desto weniger abgeschmackt
sind. Bei englischen Dilettanten hat St.
dadurch vielleicht an Ansehen gewonnen. In Dänemark,
wo die Angriffe auf die annexionslustigen
Räuber von Südjütland am ehesten hätten verfangen
sollen, ist über seine runologischen Arbeiten schon
lange von berufenster Seite ein so niederschmetterndes
Urtheil gefällt worden, dass jeder Andere von
der Fortsetzung der Monumenta abgestanden wäre.

Hoffen wir, dass uns recht bald Wimmers
dänisches Runenwerk vorliege und dass ihm Schweden
und Norweger in der Gesammtpublikation ihrer
Runeninschriften folgen mögen.

München, 10. Mai 1885. O. Brenner.

König Rother herausgegeben von K. v. Bahder.
Halle, Niemeyer. 1884. (Altdeutsche Textbibliothek
hrsg. von H. Paul. Nr. 6.) IV, 162 S. 8. M 1,50.

Die Aufnahme des Rother in die Textbibliothek
bedarf keiner Rechtfertigung; eine billige Hand-

ausgabe des Gedichtes war besonders für den Gebrauch
in germanistischen Uebungen entschieden
zu wünschen. Diesem nächstliegenden praktischen
Zwecke entspricht es durchaus, wenn der Hrsg.
auf den Versuch verzichtete, unter Reconstruction
der ursprünglichen Sprachformen und unter Ausscheidung
der Interpolationen eine kritische Herstellung
des Originales zu geben, für welche die
handschriftliche Ueberlieferung keine hinreichend
sichere Grundlage bietet. Vielleicht hätte schon
ein wortgetreuer Abdruck der Heidelberger Hs. und
der erhaltenen Fragmente genügt, denn Anfängern
wird niemand den Rother vorlegen und für Vorgerücktere
würde es leicht und doch lehrreich sein,
die Schreibfehler während des Lesens selbst zu
bessern. Der Hrsg. hat es vorgezogen derartige
einfache Correcturen sowie auch weitergehende
Emendationen in den Text aufzunehmen und nur
bei den letzteren zugleich die Lesart der Handschrift
anzugeben, während die Regelung der Orthographie
und Besserung von Schreibversehen stillschweigend
ausgeführt worden ist. Aber es ist doch
ein missliches Ding mit der Regelung der Orthographie,
wenn gleichzeitig die Sprachformen der
Hs., so bunt zusammengewürfelt dieselben auch
sind, unverändert beibehalten werden sollen. Wie
soll da eine feste Grenze zwischen sprachlichen und
orthographischen Eigenthümlichkeiten gezogen werden?
Warum wird z. B. der häufige Ausfall des
n und *r* im Inlaute und auch das *y* für *ch* im Inlaute
als sprachlich bedeutungslos im Texte stillschweigend
corrigirt, während sonst die Unterdrückung
und Vertauschung von Consonanten als
mundartliche Eigenthümlichkeit der Hs. entsprechend
wiedergegeben wird? Und nun weiss in solchen
Fällen nicht einmal, in wie weit die Abweichungen
des Textes von Massmanns Abdruck und von Edzardis
Collationen auf bessere Lesung, in wie weit
sie auf 'Regelung der Orthographie' zurückzuführen
sind; denn unserm Texte liegt ein neue Vergleichung
der Hs. zu Grunde, über deren Ergebniss wir
jedoch nirgends etwas erfahren. Wo wir hier fast
durchweg nur eine, und zwar eine alte Hs., vorliegt,
und wo dem entsprechend durchgehende Bewahrung
der Ueberlieferung vom Hrsg. als Princip aufgestellt
wird, da muss auch die kleinste Abweichung von
der Ueberlieferung verzeichnet werden.

Auf der andern Seite durften, wenn einmal die
Fehler der Ueberlieferung im Texte beseitigt werden
sollten, die offenbar fehlerhaften Formen, welche
die Hs. häufig im Reime bietet, von der Besserung
nicht ausgeschlossen werden. So wird, um aus
vielen Beispielen nur eines herauszugreifen, V. 527
das handschriftliche *habe* (Inf.) im Reime auf *was*
beibehalten, während die Hs. gleich darauf *his
man* bietet; und wenn kurz vorher im Texte die
Versausgänge *berungin — dan — tossun* auf einander
folgen, so weiss man nicht, ob der erste dieser drei
Verse nach der Meinung des Hrsg.'s mit den beiden
andern reimen soll oder nicht. Dass auch tiefer
liegende Verderbnisse des Textes noch vielfach zu
berichtigen bleiben, ist dem Hrsg. wohl bewusst
gewesen; eine Reihe neuer Emendationen hat inzwischen
neben einer Erörterung der eben berührten
Punkte Rödiger im Anzeiger f. d. Alterth. XI, 109 ff.

---

[1] Vielleicht auch durch das angelsächsische Gepräge
seines Englisch; ich weiss nicht, ob der Verf. in der Heranziehung
von Formen wie *mo-re more* u. dgl. Nachahmer gefunden
hat.

beigebracht, und noch mancher weitere Beitrag zur Verbesserung und Erklärung einzelner Stellen wird sich liefern lassen. So wird V. 1768 *roufens — ruofens* sein, denn es handelt sich hier nicht um das 'Raufen' sondern um die Klage wegen Mordes und schwerer Körperverletzung, welche mit dreimaligem 'wâfen' *geruofen* wurde, vgl. R.A. 878; das einfache *rüfen* findet sich in dieser Bedeutung Reinecke Vos 5275. Dass der Freigebige V. 4984 mit dem Adler verglichen wird, findet seine Erklärung durch Konrad von Megenberg 167, 5 *der adlar tailt andern vogeln seinen ranp mit*. Die richtige Auffassung des *drgelîche* V. 79, welche nur vermuthungsweise geäussert wird, hätte durch einen Hinweis auf V. 1391 und 3769 gestützt werden können, vgl. auch Amelung zu Ortnit 5, 4. Doch kann ich hier nicht weiter auf Einzelheiten eingehn. — Die Ausstellungen, welche ich zu machen hatte, betreffen Punkte, welche für die praktische Brauchbarkeit der Ausgabe nicht eben von entscheidender Bedeutung sind. Aber es bleibt zu bedauern, dass auch dieser neue Text den Massmannschen Abdruck der Hs. noch nicht entbehrlich gemacht hat.

Greifswald, März 1885. F. Vogt.

Neunteufel, Fr., Zu Friedrichs von Hausen Metrik, Sprache und Stil. Programm des Ober-Gymnasiums zu Czernowitz 1884. 34 S. 8.

Die Arbeiten von W. Grimm über den Reim, Bartsch über den Strophenbau in der deutschen Lyrik und Scherers deutsche Studien II haben dem Verf. die Hauptgesichtspunkte geliefert. Ob nach Lehfelds Arbeit in den Beiträgen II eine ausführliche Darstellung von Hausens Metrik noch Bedürfniss war, ist mir zweifelhaft; immerhin aber ist das Programm fleissig gearbeitet und namentlich für diejenigen nutzbar, die sich bedingungslos nach der Recension in MF richten. Wo der Verf. Hausen mit andern Dichtern vergleicht, zeigt sich freilich nicht ausreichende Literaturkenntniss. Daher bringt er denn auch viel Triviales, z. B. 5, 25 das Schlussresultat der Untersuchung über die Metrik, „dass dieser Dichter sich unter dem Einfluss der prov. Troubadours von den ältern Lyrikern merklich abhebt." Auch meinen Altheimischen Minnesang von 1882 und meinen Aufsatz über Hausen in der Germania 1883 kennt er noch nicht. Das ist in seinem Interesse zu bedauern, weil er dann wenigstens in der Widerlegung meiner Aufstellungen über Hausen eine neue Aufgabe gehabt hätte.

Im Einzelnen finden sich manche Irrthümer. In 47, 6 *gotes reryaz* und 53, 31 *tode cerzin* ist nicht Verschleifung der Vorsilbe, sondern Synkope und Apokope der Endsilbe anzunehmen. In 47, 9 f. sind die Strophen durch Responsion (*herza*) verbunden. Dass in 53, 37 f. unreine Reimbindung der Strophen stattfinde, ist unwahrscheinlich, da alle Reime in den Strophen selbst rein und diese schon durch gleichen Strophenausgang gebunden sind. Rein zufällig sind jedenfalls die meisten künstlichen Reime (S. 22 f.) und besonders die Alliteration (S. 29), die Hausen nachgewiesen wird. Welchem Dichter liesse sich nicht dasselbe nachweisen? Gut ist dagegen im 2. Theil die Bemerkung, dass Hausen das Wort *tugent* nicht gebraucht. Hätte der Verf. weiter nachgesehen, so hätte er bemerkt, dass kein einziger der romanisirenden westdeutschen Dichter aus Hausens Schule an die *tugent* seiner Dame appellirt, während das in der altheimischen Lyrik namentlich bei Meinloh und Reinmar oft geschieht. Auch hier bestätigt sich ungerecht die Theilung des Reinmar-Ruggeschen Liederbuchs, wie Paul und ich sie vorgenommen haben. In Rugges Theil kein Fall, in dem Reinmars zwei (103, 13 und 105, 8).

Die Nachprüfung dieses Aufsatzes hat mir von neuem zum Bewusstsein gebracht, wie sehr es zu bedauern ist, dass wir von den Liederdichtern vor Walther, von v. d. Hagen abgesehen, nur eine einzige vollständige Ausgabe haben, die trotz verschiedener Auflagen seit 1857 uns denselben Text bietet und so hinter der fortgeschrittenen Erkenntniss in vielen Stücken zurückgeblieben ist. Dem Anfänger wird es hierdurch gerade auf diesem viel betretenen und doch schwierigen Gebiet besonders schwer sich zu selbständiger Auffassung herauszuarbeiten. Es würde grossen Dank verdienen, wenn uns etwa der Herausgeber der altdeutschen Textbibliothek zu einer neuen Recension dieser ältern Minnesinger verhelfen wollte.

Düren, 2. Febr. 1885. Reinhold Becker.

Froning, Richard, Zur Geschichte und Beurtheilung der geistlichen Spiele des Mittelalters, insonderheit der Passionsspiele. Frankfurt a. M., C. Jügel. 1884. 29 S. 8.

Unter den nachgerade ziemlich zahlreich gewordenen, mehr oder weniger populären Darstellungen des geistlichen Schauspiels oder einzelner Partien desselben nimmt die von Froning eine ehrenhafte Stellung ein. Der Verf. verfolgt die betreffenden Spiele von ihrer frühesten Stufe an, wo sie noch lateinisch gesungen wurden, auf Stellen der heil. Schrift beschränkt waren und einen Theil der Liturgie bildeten, bis in die Zeit der Reformation, bei deren Auftreten im geistlichen Spiel die deutsche Sprache herrscht, der Gesang dem gesprochenen Dialog Platz gemacht hat, statt der Kirche besondere Bühnen als Aufführungsort dienen und zahlreiche komische Elemente in die Stücke eingedrungen sind, während anderseits allerdings, wie Froning (S. 16) mit Recht bemerkt, die Geistlichkeit die Leitung dieser Spiele nie aus den Händen gegeben hat. Ebenso richtig scheint die Bemerkung, dass die Marienklagen und die Schicksale der Maria Magdalena die ersten über den Wortlaut der Evangelien hinausgehenden Erweiterungen der Passionsspiele gewesen seien (S. 11) sowie die Bemerkungen über das von H. Hoffmann im zweiten Theile der „Fundgruben" publicirte Passionsspiel. Dass das komische Element der Spiele in früheren Jahrhunderten weniger auffiel, als es jetzt der Fall sein würde, wie der Verf. (S. 24, 25) annimmt, mag für einzelne Fälle zutreffend sein, aber gewiss nicht für alle. Nahm doch Herrad von Landsperg schon im zwölften Jahrhundert an den rohen Spässen Anstoss, mit welchen scenische Darstellungen des Abendmahls in den Kirchen verunziert wurden (vgl. Engelbardt, Herrad von Landsperg, S. 105)!

Es wird uns freuen, wenn der Verf. diesem Gegenstande seine Aufmerksamkeit später wieder in ausgedehnterem Masse wird zuwenden können. Es dürfte sich dann namentlich empfehlen, auch der archäologischen Seite des Gegenstandes, der Bühne und ihrer Einrichtung, ferner den Beziehungen zu den bildenden Künsten grössere Berücksichtigung zu widmen, als es bei vielen Germanisten der Fall ist.

Basel, 22. April 1885.　　K. Moyer.

Brahm, Otto, Heinrich von Kleist. Gekrönt mit dem ersten Preise des Vereins für deutsche Literatur. Berlin, Allgemeiner Verein für deutsche Literatur. 1884. VIII, 391 S. 8.

Eine neue, umfangreiche Darstellung des Lebens und Schaffens Kleists war, wie sehr auch in der jüngsten Zeit unsere Kenntniss dieses Dichters im Einzelnen erweitert worden ist, nach Wilbrandt vorzüglichem Buche ein gewagtes Unternehmen. Denn in der ästhetischen Beurtheilung der Kleistschen Werke scheint Wilbrandt oft nicht bloss das Richtige, sondern auch das Einzige und Letzte gesagt zu haben, und desgleichen hat er überall den inneren Zusammenhang derselben mit dem Charakter und den persönlichen Schicksalen des Dichters feinsinnig und scharfsichtig aufgespürt. Dazu ist sein Buch interessant und anmuthig geschrieben, so dass auch in der äusseren Formgebung der neue Bearbeiter des gleichen Stoffes schwer sich vor dem älteren Vorgänger hervorthun konnte. Wenn man trotz all dieser Voraussetzungen bekennen muss, dass Brahms vor Kurzem vollendete Monographie über Kleist keineswegs eine überflüssige, vielmehr eine wohlgelungene Arbeit von unzweifelhaftem selbständigem Werthe ist, so ist dies das höchste Lob, welches der Verfasser erstreben und erhoffen konnte. Brahm hat redlich alles vorhandene Material, gedrucktes wie ungedrucktes, was Kleist schrieb und was jemals über ihn geschrieben wurde, genutzt und so ein durch Form und Inhalt gleichmässig anziehendes Werk vollendet, dessen Vortrefflichkeit allerdings zum Theile der tüchtigen Vorarbeiten Anderer, zum guten Theile aber auch dem eignen Talent und Fleiss seines Autors zu verdanken ist. Namentlich ist es ihm gelungen, das historische Verständniss Kleists und seiner Schriften zu mehren. Das Verhältniss derselben zu der vorausgehenden und gleichzeitigen deutschen oder ausländischen Literatur ist den strengsten Anforderungen der modernen Wissenschaft gemäss in durchaus neuer Weise beleuchtet, Kleists Stellung in der Geschichte unserer Literatur im Einzelnen zum ersten Male genau bestimmt. Dazu kommen gründliche Untersuchungen über die poetische Technik und den Stil des Dichters, deren Ergebnisse das, was Wilbrandt auf demselben Gebiet erreichte, weit hinter sich lassen. Die Schilderung und Gruppirung des Stoffes ist vorzüglich; auch damit, dass Brahm keine zusammenfassende Charakteristik des Menschen Kleist am Anfang oder Schluss seines Buches gibt, sondern aus den einzelnen Ereignissen und Handlungen seines Lebens die einzelnen Züge seines Charakters gelegentlich entwickelt, wird jeder, der für künstlerische Darstellung Sinn hat, einverstanden sein. Ueberschätzt hat Brahm seinen Dichter gewiss nicht, eher in dem Bestreben nach strenger Wahrheit ihn manchmal nicht ganz nach Gebühr gewürdigt. So dürften vielleicht die Schönheiten in der poetischen Ausführung des Einzelnen bei den „Schroffensteinern" schärfer hervorgehoben sein; die Grösse der „Penthesilea" ist nicht so klar erkannt und so rückhaltlos anerkannt wie z. B. die Vorzüge der „Hermannsschlacht"; und den Tadel, dass der Humor in den Dienerscenen des „Amphitryon" zuweilen etwas erzwungen sei (S. 158), hat Kleist auch kaum verdient. Kleists eigenthümliche Darstellung der Liebe sollte stärker betont sein; ziemlich regelmässig läutert sich bei seinen Personen das sinnliche Begehren nach Liebesgenuss zum sentimental-mystischen Liebesempfinden.

Zum Einzelnen ist zu bemerken, dass Kleist seinen „Robert Guiskard", wenn er ihn vollendet hätte, wohl ebenso wenig wie die „Penthesilea" in Akte eingetheilt haben würde. Der Ausdruck, nur „ein Theil vom ersten Akt" des Dramas sei uns erhalten (S. 113), wäre darum besser vermieden worden, zumal da auch im Originaldruck meines Wissens nur von Scenen, nicht aber vom ersten Aufzuge die Rede ist. Dass die Quelle der „Marquise von O." nicht ausschliesslich ist Montaigne zu suchen ist, sondern Kleist viel mehr aus einer Erzählung der Frau Caroline v. Ludecus (Amalia Berg) als aus dem Essay des Franzosen über die Trunksucht entnahm, habe ich bereits im vorigen Sommer in einem Aufsatze der hiesigen „Allgemeinen Zeitung" (vom 3. Juni 1884), der Brahm entgangen zu sein scheint, nachgewiesen.

Das Meiste wäre zu den „Schroffensteinern" nachzutragen, wenn man die Principien, nach denen Brahm in seinem Buche über das deutsche Ritterdrama verfuhr, auf dieses Trauerspiel anwenden wollte. Seltsam, dass der Verfasser jenes Buches mit keinem Worte bei den „Schroffensteinern" auf das Ritterschauspiel, wie es sich in unserer Literatur seit Goethes „Götz" entwickelt hatte, verweist! Jetzt so wenig als damals in der genannten Monographie, während er doch den Zusammenhang des „Käthchen" mit jenen Stücken klar erkennt. Und gleichwohl häufen sich gerade in Kleists erstem Werke die Motive, die in den Ritterdramen geläufig waren. Mit dem Schwur auf die Hostie (vgl. Brahm, Ritterdrama, S. 148) beginnt die Tragödie. Das Motiv der Folterung (Klingers „Otto" IV, 8; Schillers „Fiesco" II, 9; II, 14) wird I, 226 ff. verwerthet. Die erste Scene zwischen Ottokar und Johann erinnert leise, stärker die zweite (II, 110 ff.) an das zunächst dem „Lear" entnommene Motiv der feindlichen Brüder, die überdies als Liebhaber desselben Mädchens schon in Lebewitz „Julius von Tarent", in Klingers „Zwillingen", in Schillers „Räubern" aufgetreten waren. Die Provocation zum Zweikampf, mit der jene zweite Scene zwischen Ottokar und Johann endet, mahnt deutlich an „Don Carlos" II, 5 und an „Tasso" II, 3. Johanns inbrünstige Andacht vor dem Muttergottesbilde (I, 242 ff.) ist gleichfalls bereits in „Don Carlos" II, vorgebildet. Ohnmacht bei entsetzlichen Nachrichten, bei furchtbarer Ueberraschung (I, 681; II. 371) tritt in den Dramen des Sturms und Drangs öfters ein; vgl. etwa „Räuber" II. 2; Schluss des „Don Carlos" etc. Bei der Furcht der Agnes, der Geliebte möge ihr Gift bringen (III, 60 ff.), könnte man vielleicht an „Cabale und Liebe" V, 7 denken. Das Motiv der Kerkerhaft eines im höheren Sinne Unschuldigen (IV. Akt, 5. Scene) kommt vom „Ugolino" an bis auf die „Jungfrau von Orleans" unzählige Male vor, öfters auch, wie in der „Familie Schroffenstein", verbunden mit dem Motiv der gewaltsamen Selbstbefreiung (vgl. Brahm, Ritterdrama, S. 147 f.). Kleists Namen sind nicht die gewöhnlichen des Ritterdramas; der Knappe Franz stellt sich aber doch I, 639 ein (vgl. Brahm a. a. O. S. 165). Beobachtung von Vorgängen hinter der Scene (vgl. ebenda S. 151 f.) findet sich III, 541 ff. Auf Kleists Benutzung Shakespearischer Figuren und Motive hat Brahm selbst schon hingedeutet (S. 83 f. seines „Kleist"). Zur Ergänzung seiner Angaben sei erwähnt, dass Agnes' Alter (I. 419 f.) auf „Romeo und Julie" I, 3, 12 ff. und I, 3, 69 ff. hinweist, während Silvesters Gespräch mit dem Gärtner (I. 463 ff.) im Allgemeinen nach „Richard II." III, 4 gebildet ist. Der Ausdruck I, 680 erinnert an „Julius Cäsar" III. 1, 274, das Empfinden Silvesters V. 210 an „Macbeth" IV, 3, 220 f., die tolle Rede Johanns V, 349 f. an „Macbeth" II, 2, 36. Auch Kleists Diction in den „Schroffensteinern" steht unter dem Einfluss der Dramen des Sturmund Drangs. Gleich die erste Scene (I. 89 ff) enthält ein marquantes Beispiel von der stilistischen Form der Correctur (vgl. Brahm, Ritterdrama, S. 218 ff.). Hie und da klingt die Sprache Kleists an Stellen derjenigen Dramen Lessings an, nach denen die Stürmer mit Vorliebe ihre Rede bildeten; so I, 609 f. an den Schluss von „Emilia Galotti" IV, 6. Aus „Nathan" III, 7, 97 ff. ist „Schroffensteiner" III. 121 ff. fast wörtlich herübergenommen; auch die Anspielung auf die schlaue Casuistik der Pfaffen (II, 532) steht in einem, wenn schon losen und fernen Zusammenhange mit der Scene des Patriarchen, ebenso wie die plötzliche Regung der Agnes für den pflegebedürftigen kranken Johann (III, 230 ff.) ihr Vorbild im „Nathan" I. 2, 152 ff. hat. In anderen Fällen wird Goethes Rede unverkennbar nachgebildet. So beschreibt Agnes II, 10 ff. Gestalt und Wesen des Geliebten zwar ausführlicher, aber mit ähnlicher Entwicklung des Gedankens wie Gretchen am Spinnrade („Sein in hoher Gang" etc., vgl. „Faust" I, 3038 ff.); II. 42 f. erinnert an „Tasso" I, 3, 18 f. Am meisten ist Kleist aber auch im einzelnen Ausdruck von Schiller abhängig. In II, 178 klingt der Schlusssatz von „Don Carlos" IV. 17 wieder; bei IV, 34 fallen jedem Elisabeths Worte in der „Maria Stuart" V. 14 (3982) ein; bei V, 18 ff. könnte man an das Gedicht „die Erwartung" denken. Namentlich merkt man die fleissige Lektüre des „Wallenstein" dem Trauerspiel an. Bilder, Sentenzen, Satzfügungen, einzelne Ausdrücke sind vor daher entlehnt. So stammt z. B. II, 242 „Ei nun, sie mögen's niederschlucken" fast wörtlich aus „Wallensteins Tod" I. 3 (78) Anderes klingt leiser an Schillers Dichtung an. I. 455 an „Wallensteins Tod"

II. 2 (779); II. 244 an „Piccolomini" V, 1 (2447 ff.); IV, 1 an „Piccolomini" V, 1 (2452) u. s. w.

Andrerseits liesse sich an den „Schroffensteinern" nachweisen, wie manches Motiv, das auch später in Kleists Dramen eine Rolle spielt, schon hier vorhanden ist. Oefters hat dies Brahm bereits gethan; nur im Einzelnen wäre auch hier das eine und andere nachzutragen. Die Enträthselung eines Geheimnisses, die in den „Schroffensteinern" das tragische Grundmotiv bildet, ist als Lustspielthema im „zerbrochenen Krug" benutzt. Kampf mit einem vermeintlichen Feinde, der in der That ein Freund ist (II, 375), findet auch im „Käthchen" II. 8, 35 ff. statt. Beide Male wird der verkannte Gegner nur verwundet; tödtlichen Ausgang nimmt hingegen der Kampf in der „Penthesilea", wo derselbe Irrthum zum Hebel des tragischen Conflictes gemacht ist. Mit der Schilderung von Johanns verwegnem Ritt (I. 265 ff.) vergleiche man eine ähnliche Scene der „Penthesilea" (Vers 300 ff.). In der letzteren stimmt flüchtiger Vers 329 genau zum „zerbrochenen Krug" 1014 f. Der Schluss der „Penthesilea" wiederholt wörtlich die Verse II, 279 ff.

Auch auf spätere deutsche Dramatiker scheint manche Stelle der „Schroffensteiner" direct gewirkt zu haben. Silvesters Worte z. B. (IV. 268 f.) „Ich will ihm eine Todtenfeier halten, und Rossitz soll wie Fackeln sie beleuchten" finden in dem ersten Monolog Solimans in Körners „Zriny" ein Echo. Gewisse Analogien des Gedankens und Ausdrucks im Einzelnen drängen sich auch bei Grillparzers „Medea" und sonstwo auf; doch wäre es vorschnell, hier überall an unmittelbaren Einfluss Kleists zu denken.

Es liesse sich diese detaillirte Betrachtung wohl auch auf Kleists übrige Werke ausdehnen, obwohl die Schöpfungen des reiferen und selbständigeren Dichters dem Motivjäger weitaus geringere Ausbeute gewähren würden als das Produkt des literarischen Anfängers. Schon der eng bemessene Raum zwingt mich, darauf zu verzichten. Brahm durfte sich, wie von selbst versteht, auf das Einzelne nie in der Weise einlassen, wie ich es im Vorausgehenden versuchte. Das eine und andere hätte er mit Fug anführen können; allen speciellen Bemerkungen musste er unterdrücken aus Rücksicht auf das allgemein gebildete Publikum, für welches seine Darstellung bestimmt ist. In diesen Fällen sollen meine hier verzeichneten Notizen nicht als Correcturen des tüchtigen und durchaus empfehlenswerthen Buches gelten, sondern als kleine Zusätze dazu, zu denen nach philologischer Methode die quellenmässigen Belege nicht fehlen durften.

München, 16. März 1885. *Franz Muncker.*

Deutsche Literaturdenkmale des 18. und 19. Jahrhunderts in Neudrucken herausgegeben von Bernhard Seuffert. 21. Heft. Heilbronn, Gebr. Henninger. 1885. XI. 27 S. 8.

Die Entstellungen, welche den Text des Goetheschen Dialoges „die guten Weiber", der zuerst im Cottaschen „Taschenbuch für Damen auf das Jahr 1801" erschienen war, in den folgenden Gesammtausgaben (Ausg. 1. II. XV, 259—296) erlitten hat, wurden 1866 von M. Bernays in der Schrift „über Kritik und Geschichte des Goethe'schen Textes" nachgewiesen und dadurch für die von W. Vollmer besorgten Cotta'schen Ausgaben wie für die Hempel'sche Ausgabe ihre Heilung bewirkt. Eine andere bedenkliche Verstümmelung des Goethe'schen Werkes blieb indessen nach wie vor bestehen. „Die guten Frauen als Gegenbilder der bösen Weiber auf den Kupfern des diesjährigen Damenalmanachs" lautete der ursprüngliche Titel, die Entstehung der Schrift und ihre Beziehungen andeutend. Joh. Fr. Cotta hatte für sein Damentaschenbuch sieben Kupfer von Hess in Düsseldorf erhalten, welche freundliche Momente aus dem Leben der Braut, Gattin, Mutter und Hausfrau darstellten. Johann Heinrich Ramberg dagegen, welcher zur Freude König Georg's III. sich in London als geschickter Karrikaturenzeichner namhaft gemacht hatte, lieferte auf weiteren sechs Tafeln je zwei Karrikaturen aus dem weiblichen Leben. Neue Kupfer zu besorgen hatte Cotta nicht mehr die Zeit, scheute auch wohl die Kosten und forderte deshalb von Goethe den Freundschaftsdienst, durch einen zu den Bildern geschriebenen Text die widrige Wirkung der Karrikaturen auf die Käuferinnen und Richterinnen des Taschenbuchs abzuschwächen. Ueber Goethes Arbeit gibt B. Seuffert in einer kurzen, aber alles nothwendige enthaltenden Einleitung, an deren Schluss auch die nöthigen Literaturnachweise gegeben sind, genügenden Aufschluss. Seine Bedeutung erhält der Neudruck durch die recht gelungene Wiedergabe der Ramberg'schen Karrikaturen. Caffé du beau Monde (2); Tischgespräch; Entschädigung; Andacht der Haushälterin; das Echo; und er soll dein Herr sein; die Männer müssen niemals müde werden; Simpathia (2); Erziehung; theure Gattin. Goethes Dichtung, die trotz ihrer entschiedenen Schwäche manche interessante Züge aufweist, wird erst im Hinblick auf diese Bilder. auf welche die sprechenden Personen sich fortwährend beziehen, vollkommen verständlich. Dem der Sammlung mit ebenso viel Eifer wie Geschick leitenden Herausgeber wie der Verlagshandlung gebührt für das hier dargebotene Hilfsmittel zur Förderung der Goethestudien der warme Dank Aller, welchen das Verständniss Goethes und seiner Werke am Herzen liegt.

Marburg i. H., 30. April 1885.   Max Koch.

Hruschka, Alois, Zur angelsächsischen Namensforschung. Separatabdruck aus dem XXIII. Programme der ersten deutschen Staats-Oberrealschule. Prag, Selbstverlag. 1884. 48 S. gr. 8.

Von einer Schrift obigen Titels erwartet man in erster Linie Auseinandersetzungen über schwierigere ags. Namenformen wie: *Beánstán, Béowulf, Grendel, Ohthere, Onela, Ongenþéow* u. s. w. — Aber vergebens: Die vorliegende Sammlung beschränkt sich fast ausschliesslich auf Namen, die in Kemble's Codex diplomaticus aevi Saxonici (London 1839—48) vorkommen. Anderweitige Namen, selbst solche von gut angelsächsischen Persönlichkeiten wie *Cæd-mon, Cíola* darin verzeichnet zu finden, darf man also von vornherein nicht verhoffen. Nicht einmal sind die ags. Stammtafeln, deren erschöpfende Berücksichtigung so nahe gelegt war, vollständig verwerthet worden. Und doch beruht der ganze Werth, den derartige Zusammenstellungen, wie die vorliegende, überhaupt haben können, auf möglichst-thunlicher Vollständigkeit. Ueberdies bricht der Verf. die alphabetisch angelegte Sammlung schon bei *Grim-* ab, eine spätere Fortsetzung in Aussicht stellend. „worin auch dem zweiten Compositionstheile der Namen die erforderliche Aufmerksamkeit zugewendet und auch noch manches andere, was auf ags. Namen und Beinamen Bezug hat, werde besprochen werden."

Die Namenbestandtheile ausschliesslich in so isolirter Weise, wie Verf. es thut, zu behandeln, halte ich nicht gerade für das zweckmässigste, und zwar aus dem Grunde, weil die beiden Compositionsglieder doch selbstverständlich in einer gewissen Wechselbeziehung zu einander stehen, ja in manchen Fällen hinsichtlich der Bedeutung geradezu modificirend auf einander einwirken.

Das einzige positive Resultat, welches aus der vorliegenden Zusammenstellung sich ergibt, besteht darin, dass wir ein Bild von den Schwankungen gewinnen, denen die Form der Namen unterworfen gewesen ist. Im übrigen bietet die Arbeit nicht eben etwas Neues. Ueberall bewegt sich der Verf. bei Erklärung der Namen lediglich auf dem Boden der bisher gewonnenen Forschungsresultate, überall begnügt er sich mit der Hinweisung namentlich auf Förstemann, Andresen, Heintze u. a. Die Grenze des Bekannten zu überschreiten hat er sich nicht getraut, so dass wir beispielsweise in Bezug auf die Bedeutung des Compositionsgliedes *Ean-* (S. 39) ebenso klug sind wie zuvor. Die grössten Dienste hat ihm, wie er S. 1 sagt, Stark: Die Kosenamen der Germanen (Wien 1868) geleistet. — Grimms Werken ist verhältnissmässig zu wenig die gebührende Beachtung zu Theil geworden. Simrock ist, so viel ich sehe, gar nicht citirt worden, und doch wären s. v. *Earendel* (S. 40) seine Bemerkungen über diesen Namen in Myth.[3] 240 ff. (vgl. auch Uhlands Thör 46 ff. und Schade Wb.[2] 667) vielleicht der Berücksichtigung werth gewesen. — Bemerkungen wie „Doch dürfte dieser Name keltisch sein" (S. 22; ähnlich S. 24 Z. 39 ff., S. 32 Z. 15) sind natürlich werthlos.

Als Schulprogramm-Beigabe mochte die Arbeit ihren Zweck erfüllen; die ags. Namensforschung ist durch sie — wenigstens in dieser ihrer vorliegenden, noch unvollendeten Gestalt — nicht weiter gebracht worden.

Bromberg, April 1885.   Th. Krüger.

Die Chaucer-Literatur aus den Jahren 1882—84.

Als Fortsetzung meines Artikels im Ltbl. 1882, 224 ff. stelle ich wiederum eine Uebersicht über die neuesten Ergebnisse der Chaucer-Forschung zusammen, über die ich bereits in den letzten Jahrgängen des Jahresberichts über die Erscheinungen auf dem Gebiete der germ. Philologie' im Einzelnen gehandelt habe. Aus diesem Grunde unterlasse ich es hier, vollständige bibliographische Angaben zu machen, zumal dadurch beträchtlich an Raum gespart wird.

Was zunächst Textausgaben betrifft, so ist J. Zupitza's 'The Book of the Tales of Caunterbury, Prolog' (Berlin, Weidmann) zu erwähnen, ein Büchlein, welches zum Gebrauch bei Vorlesungen bestimmt und jedenfalls bereits mehrfach mit Erfolg benutzt worden ist. Zu Grunde liegt der Ausgabe die Ellesmere-Hs., doch sind die wichtigsten Varianten der andern Mss. unter dem Texte mitgetheilt. Auf ein paar Inconsequenzen in der Schreibung habe ich Anglia V (4), 138 f. aufmerksam gemacht, wo ich auch einige abweichende Lesarten vorschlage. Doch dies sind nur Kleinigkeiten, und ohne Zweifel verdient das Büchlein die Empfehlung, die ihm R. W(ülcker) im Literarischen Centralblatt 1883, Nr. 3 auf den Weg gibt. — Weit umfangreicher ist Furnivall's Parallel Text of Chaucer's Troilus and Criseyde, der 1881 und 1882 in den Publikationen der Chaucer-Society erschienen ist. Wir erhalten hier den Abdruck dreier Hss. (Campsall, Harl. 2280 und Cambr. Univ. Libr. Gg. 4. 27), zu denen noch ein viertes früher (1875) herausgegebenes Harleian-Ms. kommt, welches zusammen mit Rossetti's Vergleichung mit Boccaccio's Filostrato veröffentlicht ist. Zu einer kritischen Textbearbeitung dieser Dichtung kann man jedoch nicht, wie ich Anglia VI (4) 80 ff. nachzuweisen versucht habe, eher schreiten, bis wir Näheres über ein paar ausserdem noch vorhandene Troilus-Hss. erfahren haben. Mögen diese auch an und für sich wenig Werth besitzen, so dürfen sie doch zur Feststellung der Genealogie der Ueberlieferungen nicht ohne weiteres übergangen werden. Denn obgleich die vorhin genannten Mss. zu den ältesten gehören, die wir überhaupt von Chaucer's Werken besitzen, so zeigt sich doch in manchen Fällen, dass das vorliegende Material nicht ausreicht, um eine sichere Entscheidung zu treffen, da sich je zwei der erwähnten vier Codices zu einer Gruppe verbinden. — Ferner habe ich selbst den Versuch gemacht, zehn kleinere Gedichte kritisch herauszugeben (als wissenschaftliche Beilage zum Programm des Dorotheenstädtischen Realgymnasiums zu Berlin), doch bedürfen die Leser des Ltbl.'s keiner weiteren Bemerkungen hierüber, da Prof. ten Brink diese Schrift einer eingehenden Kritik (Ltbl. 1883, 420 ff.) unterzogen hat, deren Ergebniss leider ein ungünstiges gewesen ist. Freilich glaube ich nicht (s. meine Erklärung ebd. 1884, 42 f.), dass mein Rec. vom Standpunkte der Billigkeit aus recht mit mir verfahren ist, da meine Ausgabe nur eine Probe sein sollte und nicht Anspruch machte, alle Erfordernisse, die man an eine definitive stellen kann, zu erfüllen; doch ist hier nicht der Ort, nochmals auf diese Controverse zurückzukommen. — Einige englische Schulausgaben von Stücken der Canterbury Tales darf ich wohl übergehen, da dieselben, so viel ich über sie habe in Erfahrung bringen können, für die philologische Forschung ohne Bedeutung sind.

Ich wende mich nunmehr zu den kritischen Untersuchungen einzelner Dichtungen. Schnell will ich über K. Wihlidal's Abhandlung über die Knightes Tale (Programm der Oberrealschule zu Budweis) hinweggehen und nur bemerken, dass ich die gänzliche Unbrauchbarkeit dieser zum Theil auf Plagiat beruhenden Schrift eingehend Anglia V, 51 ff. dargelegt habe. Eine sehr fleissige Arbeit ist dagegen die Dissertation von Wilh. Eilers[1]: Die Erzählung des Pfarrers in Chaucer's Canterburygeschichten, und die Somme de Vices et de Vertus des Frère Lorens (Erlangen 1882), mit deren Ergebnissen ich nur insoweit nicht übereinstimme (s. Anglia V, 130 ff.), als der Verfasser Interpolationen in dieser Erzählung nachweisen will. Vielmehr bin ich geneigt, die vorhandenen Widersprüche und Unebenheiten auf mangelhafte Ueberlieferung und unfertige Gestalt des Originals zurückzuführen. Auch M. Bech's Quellenuntersuchung zur Legend of Good Women (Anglia V, 313 ff.) verdient Lob, da sie zum ersten Mal klar diejenigen Autoren nachweist, welche Chaucer zu den einzelnen Legenden benutzt hat. Im übrigen behandelt dieser Aufsatz das Verhältniss von Gower's Confessio Amantis zu dieser Dichtung, deren Plan Chaucer vermuthlich Boccaccio's De mulieribus claris über entlehnt hat. Nur bedingten Beifall kann ich Max Lange's Untersuchungen über das Boke of the Duchesse (Hallenser Dissertation) spenden, da diese Arbeit mitunter Sorgfalt und Klarheit vermissen lässt (vgl. meine Anzeige, Anglia VI, 91 ff.). Nur einige Conjecturen und der Nachweis des Einflusses des Roman de la Rose verdienen Beachtung. Hans Willert's Dissertation über das Hous of Fame (Berlin 1883) ist freilich weit sorgfältiger bearbeitet, doch haben mich seine Ausführungen, insofern sie von der Auffassung von Brink's und meinen eigenen Beobachtungen abweichen, nicht von ihrer Richtigkeit überzeugen können, was ich eingehender Anglia VII, 24 ff. begründet habe.

An diese Arbeiten mögen sich hier die Aufsätze P. Lange's (Chaucer's Einfluss auf Douglas, Anglia VI, 46 ff.) und F. Uhlemann's (Chaucer's House of Fame und Pope's Temple of Fame, ebd. S. 107 ff.) anschliessen, welche die weitreichende Einwirkung unseres Dichters auf die spätere Literatur übersichtlich nachweisen. Auch W. W. Skeat widmet in seiner im vorigen Jahre erschienenen Ausgabe des Kingis Quair (Scottish Text Society) einen beträchtlichen Raum der Untersuchung von Chaucer's Einfluss auf Jacob I. (Introduction S. XXIII ff. und mehrfach in den Anmerkungen), wobei ihm jedoch die früher erschienene Arbeit Henry Wood's (Anglia III, 223 ff.) unbekannt geblieben zu sein scheint.

Von kleineren Beiträgen zur Texterklärung und Erläuterung einzelner Dichtungen sind zunächst einige von John W. Hales zu verzeichnen: In der Academy Nr. 198, S. 384 weist er diejenigen Stellen im Alanus nach, welche Chaucer im Parlament der Vögel nachgeahmt hat, ohne zu wissen, dass ich bereits vorher (Ausgewählte kleinere Dichtungen Ch.'s etc. S. 61) diesen Vergleich angestellt hatte;

---
[1] Der Aufsatz ist von Miss Alice Shirley ins Englische übertragen und soll demnächst in den Publikationen der Chaucer-Society erscheinen. [Vor kurzem erhielt ich die betreffende Nummer (II Series, 19): Essays on Chaucer, Part. V.]

ebd. Nr. 508 erklärt er den im Buch von der Herzogin vorkommenden Ausdruck *Dry Sea*; ebd. Nr. 520 bespricht er 'Chaucer's Virgin at Boulogne' (s. Prolog zu den C. T. v. 465). Im Athenaeum (Nr. 2820) berichtigt derselbe Verfasser einige meist irrig angegebenen Punkte zum Romaunt of the Rose, wobei er jedoch von der Frage absieht, ob die uns erhaltene Uebersetzung wirklich von Chaucer herrührt. Ebd. Nr. 2841 schlägt er dann zur Erklärung des räthselhaften *Eclympasteyre* im Buche von der Herzogin die Annahme einer Verderbung aus *Iklo-plastor* vor, womit jedoch F. G. Fleay (s. ebd. Nr. 2843) und W. M. Rossetti (ebd. 2845) nicht einverstanden sind und ihrerseits Deutungen vorbringen, die meiner Ansicht nach ebenso wenig befriedigen. Ich selbst habe bei Gelegenheit meiner Besprechung der vorhin genannten Dissertation M. Lange's in der Anglia einen neuen Versuch gewagt — ob mit besserem Erfolg, mögen Andere entscheiden. — F. J. Furnivall theilt in der Academy (s. die Nrn. 495, 497 u. 503) eine lateinische Hymne 'Angelus ad Virginem' mit einer englischen Uebersetzung aus einem Ms. des 13. Jh.'s mit, um damit eine Stelle aus des Müllers Erzählung (v. 30) nach Morris) zu erläutern. J. H. Ramsay untersucht ebd. Nr. 554 den Einfluss, welchen Wycliffe's Bibelübersetzung auf die Canterburygeschichten gehabt hat. — Ich selbst habe ein paar Kleinigkeiten (Zur Echtheit der 'Mother of God', und zum Prolog zu den C. T, v. 459) in der Anglia VI. 104 ff. beigesteuert. In derselben Zeitschrift (VII, 116 ff.) theilt L. Proescholdt eine prosaische Nachbildung der Erzählung des Müllers aus dem 17. Jh. mit, wodurch H. Varnhagen VII. 81 ff. veranlasst wird, die ihm bekannten Varianten derselben näher zu untersuchen. Das Ergebniss ist, dass die obige Version nicht als eine Nachahmung, sondern als die Bearbeitung einer älteren Fassung dieser Erzählung angesehen werden muss. — Unter dem Titel 'A Buddhist Birth-Story in Chaucer' bemüht sich H. T. Francis in der Academy (Nr. 607), die Quelle der Räubergeschichte in der Erzählung des Ablasskrämers aus den Avadânas herzuleiten, bemerkt aber nachträglich, dass ihn Morris in dieser Entdeckung zuvorgekommen ist. Miss L. Toulmin-Smith (ebd. Nr. 610) weist jedoch im Namen P. Meyer's darauf hin, dass F. gleichfalls einen älteren Artikel D'Ancunas in der Romania übersehen habe, der denselben Stoff behandelt. — Ohne besondern Werth sind die Chaucer-Artikel H. C. Coote's, da er mit dem gegenwärtigen Stande der Forschung durchaus unbekannt ist. So bringen seine Bemerkungen zu Chaucers Ten-Syllable Verse (The Antiquary VIII, 5 ff.) nur Bekanntes, zum Theil längst Widerlegtes. Auch sein Vorschlag (Athenaeum Nr. 2963), den Namen *Lollius* als eine missverstandene Entlehnung aus Horaz' zweiter Epistel des ersten Buches zu deuten, ist bereits vor Jahren von Latham gemacht und von ten Brink in seinen Chaucer-Studien (S. 87) weiter erörtert worden. Darauf, dass L. die Priorität gebühre, macht Coote ein anderer Correspondent des Athenaeums (A. H., Nr. 2964) aufmerksam und drückt seine eigene Ansicht dahin aus, dass Lollius nur ein Pseudonym für Boccaccio sein soll, eine Ansicht, die wohl Beachtung verdient. Einer andern Vermuthung (ebd. Nr. 2954) Coote's, dass F. Sacchetti von Chaucer spreche, wenn er in der Einleitung zu seinen Novellen auf eine englische Uebersetzung des Decamerone hinweise, kann ich ebenso wenig beistimmen.

Auch über die persönlichen Beziehungen des Dichters liegen einige Artikel vor. Walter Rye hatte Materialien gesammelt, welche für die Abstammung Chaucer's aus Norfolk Zeugniss ablegten. Diesen fügte Mrs. Haweis ein Siegel John Chaucer's zu, über welches sie in der Julinummer der Zeitschrift 'Belgravia' vom Jahre 1882 handelt. Die heraldische Deutung desselben scheint allerdings für jene Herkunft zu sprechen, doch erheben J. H. Round und F. J. Furnivall (Academy Nr. 531—33) nicht zu unterschätzende Bedenken hiegegen. W. Rye tritt aber im Norfolk Antiquarian Miscellany (II, part 2) in dem Aufsatz 'Was Chaucer a Norfolk Man?' nochmals für seine Ansicht ein. Ferner erklärte sich Furnivall, Academy Nr. 519. gegen die Annahme, dass Chaucer in Woodstock gewesen sei, worauf man in irriger Weise aus einer Stelle des Parlaments der Vögel geschlossen hat, und Bloxam handelte im Archaeological Journal (Nr. 152) über Chaucer's Monument. Im Yorkshire Archaeological and Topographical Journal Part. 30 erschien endlich ein Aufsatz von Chetwynd-Stapleton über die Stapletons aus Yorkshire, mit welcher Familie auch unser Dichter in Beziehung getreten ist.

Was die Uebersetzungen von Chaucer's Gedichten angeht, so hat sich J. Schipper durch seine Artikel in der Oesterreichischen Rundschau (1883, Heft 6 und 10—12) ein unzweifelhaftes Verdienst erworben, ein grösseres Publikum mit unserm Dichter und dessen Schöpfungen bekannt zu machen. Im ersten derselben spricht er über Chaucer's Leben und Bedeutung und liefert dann eine Analyse des Parlaments der Vögel mit theilweiser Benutzung meiner Uebersetzung. In den übrigen behandelt er auf gleiche Weise 'Troilus und Chrisels' und streut in die prosaische Inhaltsangabe metrische Uebertragungen und erläuternde Bemerkungen ein; meines Erachtens die einzige Methode, die Art und Weise des Dichters zur Anschauung zu bringen, ohne den Leser zu ermüden. — A. v. Düring's Uebersetzung des 'Hauses der Fama', der 'Legende von guten Weibern' und des 'Parlaments der Vögel' ist bereits in diesem Blatte von anderer Seite besprochen worden, und ich selbst habe in dem soeben Buche reichlich gespendeten Lobe bezüglich der Gewandtheit in der Wiedergabe der Eigenheiten des Dichters im Ganzen beistimmen. Der Rec. ist jedoch nicht auf eine Prüfung des wissenschaftlichen Werthes eingegangen, und in dieser Beziehung muss ich zu meinem Bedauern feststellen, dass der Verfasser es in seinen Anmerkungen versäumt hat, auf die Chaucerforschung der letzten zwölf Jahre Rücksicht zu nehmen, so dass seine Ausführungen in dieser Hinsicht philologisch fast ohne Bedeutung sind. Auch glaube ich nicht, dass weitere Kreise ein Interesse an einer vollständigen, von v. D. geplanten Uebersetzung Chaucers finden werden, worüber ich an einem andern Orte ausführlicher handle. — Endlich darf ich hier nicht den wohlgelungenen Versuch W. W. Skeat's (Academy Nr. 643) unerwähnt lassen, das vom Dichter nur angedeutete Lied Emilye's (in der Erzählung des Ritters) in Chaucerischen Versen auszuführen.

Zum Schluss sei es mir noch gestattet, ein paar Werkchen zu nennen, die zwar ohne philologischen Werth sind, jedoch ein erfreuliches Zeugniss ablegen, dass das Verständniss für unsern Dichter sich immer weiter verbreitet: es sind dies die 1882 erschienene 2. Auflage von Mrs. Haweis' Chaucer for Children, und Mary Seymour's Chaucer's Stories simply Told (London 1883)². Was von G. Brugari's 'Jeffrey Chaucer e la letteratura inglese del secolo XIV" zu halten ist, vermag ich nicht anzugeben, da mir diese Schrift nur dem Titel nach bekannt ist. Hoffentlich ist sie besser als A. Baret's Étude sur la langue anglaise au XIV siècle, eine Abhandlung, die sich auch vielfach mit unserm Dichter beschäftigt, wissenschaftlich aber ganz unbrauchbar ist, wie J. Zupitza, E. Kölbing und A. Schröer (s. Ltbl. V, 358) nachgewiesen haben.

Berlin, März 1885. J. Koch.

Keller, A., Die Sprache des Venezianer Roland V⁴. Calw, Oehlschläger. 1884. 102 S. 8. (Strassburger Dissertation.)

Seit Mussafia in seiner Ausgabe des Macaire und der Prise de l'ampulue vor nunmehr 20 Jahren (1864) jene seltsame französisch-italienische Mischsprache genauer betrachtet hatte, sind wohl verschiedene Gelehrte ebenfalls darauf zu sprechen gekommen und haben sich über die Entstehungsart derselben geäussert, allein es fehlte bisher eine genaue sprachliche Analyse jedes einzelnen Textes, ein Vergleich mit den heute in so grosser Zahl vorliegenden gleichzeitigen rein dialektischen Denkmälern, und doch war das die einzig sichere Grundlage für jede weitere Hypothese. Die Idee, für die bekannte Venezianer Rolandversion diese Arbeit zu unternehmen, kann daher als eine sehr zeitgemässe bezeichnet werden. Kölbings diplomatische Ausgabe gibt auch dem, der die Hs. nicht selbst eingesehen hat, ein im Ganzen richtiges Bild derselben, zu bedauern ist nur, dass gerade vom Roland nur eine derartige Umarbeitung existirt, da, wie ich es selbst an Aspremont erfahre, der Vergleich mehrerer für das Verständniss des Mischungsprocesses sehr instructiv ist. Das Resultat der Untersuchung ist: Die Handschrift ist eine Abschrift des Originals [ich füge hinzu: eine indirecte]; die franz. Vorlage wurde ins Veronesische, wahrscheinlich in den Dialekt von einem Jongleur übertragen, einzelne Toskanismen [besser: Florentinismen] verrathen Bekanntschaft mit toskanischen Schriftwerken. Das eingemischte Franz. ist theils rein und zwar bald continental, bald anglonorm., theils an die veronesische Aussprache assimilirt, theils, seltener und ursprünglich im Reim, in den Endungen französirtes Veronesisch. —

² Vgl. hierüber Athenaeum Nr. 2930, S. 813 und Academy Nr. 605, S. 379.

Drei Punkte in diesen Sätzen sind, wenn nicht geradezu falsch, doch sehr fraglich. Einmal die Lokalisirung in Rovoredo, die sich auf sechs Erscheinungen gründet, die R (Roland) mit S (den Rovoreder Statuten) gegenüber den andern veron. Theilen gemein hat. Nämlich (S. 95) *consio* neben *consio*, S; *conscio* und *consiere*. Vergleicht man die sämmtlichen Beispiele, so scheint für R das freilich nicht strenge Gesetz zu lauten: ʃ vor *lj* in betonter Silbe wird *e*, in vortoniger *i*, wozu allerdings S stimmt. Damit ist aber noch gar nicht gesagt, dass dies specifisch rov. sei, in einem ganz entsprechenden Falle (tonloses *e* im Hiatus) zeigt auch K (Katharinenlegende) *i*; *biu = beata*. R verdoppelt *t* häufig, S schreibt *illyesso* (*elegisset*); allein in letzterm ist das anlautende *l* von *legere* in der Zusammensetzung mit einem Präfix verdoppelt, wie in ital. *soddurre*, in lat. *relliquiœ*. R und S *clesia*, sonst *glesia*, das R ebenfalls kennt; bei Giacomino zeigt, dass *gl, cl* nur mehr archaische Schreibweisen für *l̆, ğ* sind, somit ist kein starkes Gewicht darauf zu legen. *Tri = tres* in R und S, sonst *tree*; vielmehr ist *tri* Masc., *tree* Fem. im ganzen Gebiete. Anlautend *sc = s*, R *scau, sau = sancta*, S *sca = sancta, scilenzio*. Ein sonderbares Missverständniss! *sca* ist eine auch in rein franz. Hss. ganz gewöhnliche Abkürzung für *s[an]c[t]a*. Die Schreibung *cha* im Anlaut. In R ist das doch wohl Nachahmung des franz. Vorbildes; in S, wenn ich nicht irre, Ladinismus. Nicht in S, wohl aber in R und G im ganzen tridentinischen Gebiete findet sich endlich *-u* für *-o*: dieses allerdings wichtige Phänomen gestattet aber nur Lokalisirung im nördlichen Verona. — Dann die Toskanismen. Zuerst die allgemeine Bemerkung, dass im 13. Jh. toskanische Literatur nicht wohl in Norditalien Einfluss üben konnte, dass erst im Laufe des 14. mit Dante und Boccaccio das Supremat florentinischer Sprache begann, und dass vom Bekanntwerden bis zum Beeinflussen eine gute Spanne Zeit verrinnen muss. Was der Verf. anführt, sind denn auch theils Latinismen, die ja in fast keinem mittelalterlichen romanischen Schriftstück fehlen; theils umgekehrte Schreibungen des Veronesen, der franz. schreiben will; theils sind es gut veron. Formen. Um gleich mit letzteren zu beginnen, so ist dem Verf. entgangen, dass *x, g* bei folgendem *i* zu *i*, *e* werden, und wenn auch Mussafia in den Mon. Ant. noch nicht darauf hingewiesen hat, so ist doch später von ihm und von andern, namentlich von Ascoli in den Saggi Ladini § 4 diese den meisten oberital. Dialekten gemeinsame Erscheinung so entschieden hervorgehoben worden, dass der Verkennen einigermassen befremdet. Echt veron. sind somit *mezzo* (Pl. *oissi*), *verde* (S. 95), *dolce, colpo*; ferner *fedele* § 10, wenn in K *fidele* vorkommt, so ist das Latinismus, *fedele* wenigstens im Vokalismus, der hier allein in Betracht kommt, den veron. Lautgesetzen ganz entsprechend; *cinque* und *come* sind allerdings nicht veron., da hier bekanntlich fast jedes *-e*, auch in Verba, Adv. u. s. w., zu *i* wird; nun zeigt R diese Eigenthümlichkeit nicht, selbst die Herstellung von *-o = lat. -u* tritt ziemlich selten ein; also für den Schreiber ist veron. *-o = franz. -e*, somit hält er *come cinque* für gut franz. Dasselbe gilt für *fosse, pessimo* u. a., wo veron. *s* = tosk. *z̆s* = frz. (*s*)*s* auftritt; der Veroneser weiss, dass häufig seinem einfachen *s* im Franz. *ss* entspricht, also führt er es namentlich auch da ein, wo das Lateinische *ss* zeigt; *perduti* kann sehr wohl *perdutz* mit veron. Endung (*i* statt *z*) sein, *anime* ist sicher Latinismus u. s. w. — Endlich bestreite ich die Möglichkeit, bloss aus sprachlichen Gründen zwei Vorlagen zu erschliessen; von den S. 22 f. dafür vorgebrachten Momenten ist keines stichhaltig, wie der Verf. sich wohl selbst überzeugen wird, sobald er noch mehr franco-ital. Texte gelesen haben wird; mit denselben Kriterien müsste man fast für jeden eine agn. Version annehmen. — So viel über die Resultate. Was die Art der Arbeit betrifft, so wäre gerade hier eine wenn auch nicht vollständige, so doch etwas grössere Aufzählung der jedesmaligen Belege sehr erwünscht gewesen; handelt es sich ja um die Frage nach dem Grade der Vermischung; da sagt aber je nur eine Stelle sehr wenig, und gibt ein durchaus falsches Bild. Irgendwo hätte ich auch charakteristische Züge der Veron., die unserm Denkmale fehlen (z. B. das schon genannte -*o* = -*e*) erwähnt gewünscht; umgekehrt sind diejenigen, wo veron. = franz., also z. B. die Behandlung der meisten Consonanten im Anlaut u. s., rein müssig. — Ungeachtet dieser und anderer Mängel verdient die Schrift der Beachtung empfohlen zu werden, da sie ein schwieriges und interessantes Problem der Lösung näher bringt.

Venedig, 13. März 1885. W. Meyer.

Engel, Eduard, Psychologie der franz. Literatur. Wien und Teschen. K. Prochaska. 1884. 310 S.

Der Grundgedanke, welcher die unter obigem Titel vereinten Essays über die bedeutendsten Dichter und Denker Frankreichs von Rabelais bis Zola zusammenhält, ist der Gegensatz zwischen dem keltisch-nationalen Geiste und dem fremdartigen griechisch-römischen in der franz. Literatur. Bis zum Zeitalter Ludwigs XIV. behauptet der erstere die Alleinherrschaft, trotz der antikisirenden Nachahmungen Ronsards und der Plejade, in Molière kommt er noch einmal zum Durchbruch, um dann durch Corneilles, Racines und Voltaires Dichtungen für lange Zeit verdrängt zu werden und in neuester Zeit endlich einem platten Realismus den Platz zu räumen. So die Grundidee des Buches, wie sie von E. mit Geist, Sachkenntniss und Formgewandtheit und nicht ohne Berücksichtigung der mancherlei Einschränkungen und Modificirungen, welche ein so allgemeines Axiom stets erleidet, durchgeführt ist. Zu bedauern bleibt eine gewisse Ungleichmässigkeit in dem Studiengange des Verf.'s, die namentlich in dem mehr sprachwissenschaftlichen Theile und in den Aperçus über Rousseau und Voltaire, zwei vielgenannte, aber wenig gekannte Grössen der franz. Literatur, bemerkbar ist. E. ist noch Anhänger der von der Wissenschaft längst überwundenen Keltomanie, sieht daher in der franz. Sprache und dem franz. Charakter überall keltische Einflüsse, auch wo gar keine vorhanden sind. Daher vermag er mit vollem Verständniss nur die „Literarischen Strömungen" der neueren Zeit zu schildern. In dem Abschnitt über Voltaire ist dem Theismus des Philosophen ein viel zu grosser Werth beigelegt, da derselbe — V.'s Briefe sind dafür Zeugniss — nur ein Verlegenheitsmittel seines Skepticismus war und auf seinem beliebten Nützlichkeitsprincip ruhte; auch ist V. nie Volksschriftsteller gewesen, ebenso wenig kann man in ihm bloss den Popularisirer fremder Ideen und Forschungen erblicken. Dass Kaiser Joseph II. zu den Gästen des Ferneyer Schlosses gehörte, ist bekanntlich nicht richtig, dass V. dem Jesuitenorden persönliches Wohlwollen bewahrt habe, trifft noch weniger zu, dass er selbst den Ausspruch gethan: zwölf Männer wären zur Begründung des Christenthums nöthig gewesen, einer reiche zu dessen Zerstörung aus, ist auch irrthümlich, da jenes Wort von dem Jesuiten Berthier, V.'s Freunde, herrührt. In dem Abschnitt über Rousseau sucht E. das bekannte Steinwerfattentat in Motiers-Travers und R's Selbstmord wieder glaubhaft zu machen. — Es liesse sich im Einzelnen noch manches aussetzen, immerhin aber kann man sich freuen, dass ein so hübsch geschriebenes Buch nebenbei so relativ gründlich und wissenschaftlich ist, und dass es, wie wenig andere, das gebildete Deutschland für die vernachlässigte franz. Literatur zu interessiren vermag.

Halle. R. Mahrenholtz.

André Chénier. Die Ueberlieferung seiner Oeuvres Poétiques, von Richard Hülsen. Wissenschaftliche Beilage zum Programm des Sophien-Gymnasiums. Berlin, R. Gärtner. 1885. 26 S. 4.

Der Verfasser, welcher nach dem neulich vom bibliographischen Institut versandten Prospect für die 4. Auflage des Meyerschen Conversationslexikons die dringend nothwendige Neubearbeitung der in das Fach der neueren franz. Literaturgeschichte schlagenden Artikel besorgt hat, bietet in dieser Abhandlung einen dankenswerthen Beitrag zu der gleich merkwürdigen Geschichte des Lebens und der Werke André Chéniers. Auf S. 3—10 gibt er nach den besten Quellen eine zuverlässige, kurze, aber Wichtiges nicht übergehende, elegant und mit Liebe geschriebene Geschichte der wechselvollen Lebensschicksale des Helden. Erwünscht wäre es aber gewiss Vielen gewesen, wenn der Verf. die Legende, welche sich über Chéniers tragisches Ende gebildet hat, nicht mit Stillschweigen übergangen hätte, zumal dieselbe in vielen noch oft gelesenen Darstellungen sich findet, und seit noch nicht allzu langer Zeit als widerlegt zu betrachten ist. — In folgenden Abschnitte weist Verf. dem so eigenartigen Dichter seine Stelle in der Literatur an und fixirt sein Verhältniss zu den Romantikern. Die übrigen Abschnitte (III—X) sind gewidmet der Ueberlieferung und Geschichte der Werke Chéniers, und der Kritik der Ausgaben, besonders derjenigen von Latouche, Becq de Fouquières und Gabriel de Chénier.

Die überall auf tüchtigen selbständigen Studien

beruhende Darstellung dieser ziemlich verwickelten Verhältnisse ist klar, überzeugend und vollständig, nur auf S. 12 Anm. 1 vermisse ich unter den deutschen hierher gehörigen Arbeiten ungern die betreffenden Abschnitte aus Laun. Dichtercharaktere. Bremen. Kühtmann. 1869 und Lotheissen, Literatur und Gesellschaft in Frankreich zur Zeit der Revolution 1784—94. Wien. Carl Geroldʼs Sohn. 1872, ferner H. Bichlers brauchbare Auswahl aus Chéniers Poesien. Berlin. Weidmann. 1879.

So sei diese Abhandlung als die beste in Deutschland über Chénier erschienene allen Freunden von dessen lieblicher Muse warm empfohlen.

Wollin i. P.   W. Knörich.

Guillaume, l'abbé P., Le mystère de Saint Eustache. Paris. Maisonneuve. 115 S. 8. = Revue des langues romanes XXI. 105, 290; XXII. 5, 59, 180, 209.

— —. **Le Mystère de Sant Anthoni de Viennes** publié d'après une copie de l'an 1503 et sous les auspices de la Société d'Etudes des Hautes-Alpes. Paris, Maisonneuve. 1884. CXX. 222 S. 8. fr. 10.

Das Mysterium des heiligen Eustachius wurde vom Abbé Guillaume, wie er angibt, im Juni 1881 in den Archiven der Commune Puy-Saint-André (Hautes-Alpes, arrond. Briançon) gefunden. Der Abbé Fazy erklärt in der Einleitung seiner Ausgabe des Mystère de Saint-André, dieselbe Entdeckung schon 1878 gemacht und im Januar 1881 Paul Meyer eine Beschreibung des Ms.'s zugesandt zu haben, er druckt S. 21 die ersten 16 Zeilen des Stückes ab, die er „à la hâte" abgeschrieben habe; dadurch erklären sich einzelne Abweichungen von dem besseren Texte des Abbé Guillaume. Es ist also wohl mit Paul Meyer Romania XIII. 134 anzunehmen, dass das Ms. zwei Mal in Folge unabhängiger Nachforschungen entdeckt worden ist. Eine Bestätigung dieser Annahme ist vielleicht darin zu sehen, dass der Abbé G. in seiner Ausgabe des Sant Anthoni S. IX wiederholt, dass er das Myst. des heil. Eust. gefunden habe und dass er später den Artikel Paul Meyers abdruckt ohne an die betreffende Stelle irgend welche Erklärung anzufügen. Ob eine solche Erklärung sich in der Besprechung findet, die Guillaume dem Buche Fazys in dem Bulletin de la Soc. d'Et. des Hautes-Alpes 1883 und 1884 hat zu Theil werden lassen, vermag ich nicht zu sagen, da mir das Bulletin nicht zur Verfügung steht.

Am Schlusse des Ms.'s findet sich folgende Notiz: Ego vero subsignatus reaptavi dictum librum sancti Heustacij quem feci ludere de anno Domini M° V° IIII° et de mense jugnij. Ber. Chancelli, capellanus Podii sancti Andree. Daraus erhellt, dass das Mysterium 1504 unter Leitung des Pfarrers von Puy-Saint-André B. Chancel zur Aufführung gelangte und dass uns nicht die ursprüngliche Fassung, sondern eine Ueberarbeitung vorliegt, die eben jener B. Chancel vorgenommen hatte. Der Ansicht des Abbé G. (Revue d. l. r. XXII. 236), dass der von ihm als Verfasser des Myst. des heil. Andreas betrachtete Marcellin Richard, auch das Mysterium des heil. Eust. verfasst habe, kann ich nicht beistimmen, denn Richard war ein Zeitgenosse des Umarbeiters Chancel, wie sich aus einer Notiz im Ms. des heil. Andreas ergibt, und ferner nicht der Verfasser dieses Mysteriums, sondern auch nur der Umarbeiter einer älteren Fassung desselben, wie der Abbé Fazy nach meiner Meinung mit vollem Recht aus den Worten „qui eundem librum feci et aptavi et in presentem formam redegi" schloss. Die mancherlei Aehnlichkeiten aber, die sich zwischen den beiden Mysterien finden, haben vielleicht darin ihren Grund, dass sich Marcellin Richard, der die Umarbeitung des Myst. des heil. Andreas für Ber. Chancel besorgte, denn dieser liess auch dieses Stück zur Aufführung bringen, sich die von Chancel besorgte Bearbeitung des Myst. des heil. Eust. zum Vorbilde nahm und sich eng an dieselbe anschloss.

Das Mysterium umfasste 2849 Verse, die paarweise reimen; der Reim ist oft mangelhaft. Der Verfasser scheint ursprünglich Achtsilbner durchgeführt oder doch angestrebt zu haben; wenigstens lässt sich diese Silbenzahl in einer grossen Mehrzahl der vielen abweichenden Verse durch geringe Aenderungen ohne Schwierigkeit herstellen. Paarweise reimende Achtsilbner weist auch das Mysterium des heil. Andreas auf.

Der Text bietet manche zweifelhafte Lesart, manche schwer verständliche Stelle. Eine französische Uebersetzung des Myst., die, wie Guillaume, Mystère de Sant-Anthoni S. 166 mittheilt, schon vor 2 Jahren der Administration der Revue des langues romanes eingesandt wurde und in Bälde publicirt werden soll, wird über vieles Aufklärung bringen. Inzwischen möchte ich mir folgende Correcturen vorzuschlagen erlauben. V. 37 corr. *so eys* cf. 54. 71. — V. 92 schreibe *hanc non fecis* um den Reim zu *marcis* Zeile 90 zu gewinnen. — V. 113 corr. *despreur*. — V. 123 setze Komma nach *sejmor* und Punkt an den Schluss des folgenden Verses. — V. 128 corr. *a dïou vos commant*. — V. 153 schreibe *l'estrenae*. — V. 213 corr. *repousar*. — V. 238 corr. *reynu*. — V. 275 lies *aroy*, ebenso 291, 1301 u. ö. Corr. *menarioc*. — V. 291 tilge die beiden Kommata. — 299 corr. *despur*, *Ajin que regno*, cf. 302. — 304 corr. *ben*. — 325 schreibe *m'o*. — 331 setze Komma nach *mari*. — 341 corr. *d'cysi euant*. — 355 corr. *Tant* cf. 357. — 373 corr. *Despacho*-te cf. 480. — 385 corr. *en uny bochage*. — 391 tilge *in*. — 396 setze Komma statt Punkt. — 405 corr. *reuyuo* „ich freue mich sehr über Euer Kommen". — 437 setze Komma statt Semicolon. — 449 tilge *non* und *non*. — 469 corr. *cusiuf lion filh noma saren*? — 489 En *apres rous colo b*. — 521 corr. *nous* „Namen". — 555 tilge *e*. — 568 setze Komma statt Semicolon. Der Sinn der Stelle scheint mir zu sein: es gefalle Dir, dass ich, so wie ich erkannt habe, dass Du der wahre Jesus bist, freudig bekenne, dass ich an den Vater, den Sohn und den heiligen Geist glaube. — 584 tilge das Komma. — 619 streiche *Si*. — 620 corr. *eultre* „Alter". — 629 tilge das Komma. — 651 setze Punkt an das Ende des Verses. — 665 corr. *juno mons chal*. — 678 corr. *a ordena*. — 692 corr. *preoue ion (: Dïou)* „deshalb bitte ich Euch, dass Ihr fest im Glauben seiet". — 752 corr. *fosue* cf. 1220. — 790 schreibe *si nocel mal (: sal)*. — 800 tilge das Komma hinter *Jhesus*. — 801 streiche *e*. — 805 ist unklar. Ist ein Fragezeichen hinter *regre* zu setzen und zu verstehen: Wer wird sie sehen? d. h. wer vermag die von uns gelegten Schlingen wahrzunehmen? — 811 streiche *prophelo* oder *prenlome*. — 842 tilge das Fragezeichen. — 879 setze Komma statt Punkt. — 902 streiche *que nous avon*. — 936 corr. *garduro*? und sie hüteten sich zu lachen d. h. sie meinten es wahrhaft, cf. 1235. — 1036 corr. *Loneu sio lo* cf. 1044. — 1131 corr. *Car si te laysous encopar, La* war etc. „wenn Du Dich erwischen lässt, so …" — 1190. Der Hrsg. hat, wie aus der Interpunktion hervorgeht, die Stelle gänzlich missverstanden. Der Löwe kann den Hund nicht tödten und fressen, während er das Rind im Maule trägt. Die Zeilen enthalten vielmehr eine Aufforderung des Hirten an den Hund, den Löwen zu tödten; vgl. Zeile 1202 *Say, Garrion, sonu los chins*. Es ist also zu interpungiren: *Te! tuo, mun bon chim garrant!* und in den folgenden Zeilen wohl *lu* statt *lo* zu schreiben, wegen der Beziehung auf *resu*. Doch kann *lo* vielleicht auf ein gedachtes *leon* (cf. 1211) oder *beytiat* (cf. 1218) bezogen werden. — 1245 corr. *unriau*. — 1281 setze Komma statt Punkt; *metrys* ist 2. Pers. Sg. Prs. von *metre*. — 1288 setze Komma statt Punkt. — 1337 corr. *tion*. — 1358 schreibe *gur de*. — 1399 setze Komma statt Ausrufungszeichen. — 1482 tilge Punkt. — 1625 corr. *segl*. — 1626 setze Komma statt Punkt. — 1631 corr. *pasey*, denn *ray venir, vanc desunparar* in den vorhergehenden Zeilen sind Umschreibungen des Perfects, cf. 2037. 2038 und Romania XIII, 139. — 2025 schreibe *le = licet*? — 2313 corr. *Lous dions que honoras*. — 2341 corr. *Cur art*? — 2373.4. Die beiden Verse haben an dieser Stelle gar keinen Sinn. Ihr richtiger Platz ist, wie auch im Ms. angedeutet ist, nach V. 2380, wenn sie nicht überhaupt als ein späterer Zusatz anzusehen sind. — 2392 corr. *Dacout mun seynor*. — 2483.4. Unverständlich und reimlos. Ist vielleicht zu bessern: *Mas, si te play, einyre sio Com s'ero rosado proprio*, d. h. es möge uns scheinen, dass sie (die Gluth des Feuers) wirklicher (d. h. so kühl wie) Thau sei? — 2515 ergänze *tous* hinter *lor*. — 2738 schreibe *qui's* oder corr. *qui eys* „wer ist". — 2790 schreibe *uu'autro*. — 2804 schreibe *sobre* und tilge Komma. — 2818—9 setze Komma nach *espallo* und tilge auch *no* „sie haben mir eine Schulter gebrochen, deshalb habe Mitleid mit mir". — 2837 corr. *ui per yuy*. — Ein Separatabzug aus der Revue des lang. rom. ist bei Maisonneuve, Paris 1883. 115 S. 8° erschienen.

Das Mystère de Sant Anthoni de Viennes fand der Abbé Guillaume im October 1881 in den Archiven der Commune Nevache (canton de Briançon). Aus einer lateinischen Notiz auf dem ersten Blatte der Hs. geht hervor, dass hier eine aus dem Jahre 1503 stammende Kopie eines älteren Textes vorliegt. Die genaue Zeit der Entstehung des Denkmals ist unbekannt, ebenso wenig weiss man, wo und von wem es verfasst wurde, doch glaubt Guillaume, auf einer Stelle des Prologs fussend, annehmen zu dürfen, dass der Verf. des Mysteriums aus der Dauphiné war oder doch dort schrieb und dass das Denkmal nach 1349 entstanden ist. Dass das Myst. speciell im Gebiet von Briançon entstanden ist, schliesst G. aus sprachlichen Gründen und aus der Uebereinstimmung, die sich zwischen der Beschreibung der sieben Todsünden im Mysterium und der Darstellung derselben in den Wandgemälden in den Kirchen von Névache, Vigneaux, l'Argentière finden. — Der Text der Kopie vom Jahre 1503 ist später an vielen Stellen verändert und theilweise umgestaltet worden. Diese Veränderungen stammen von zwei verschiedenen Händen, beide dem 16. Jh. angehörig, so dass das Mysterium gleichsam in dreifacher Redaction vorliegt. Der erste der späteren Bearbeiter hat an zahlreichen Stellen geändert und zwar vor allem in zweifacher Hinsicht: erstens hat er ältere Wörter durch modernere, in seiner Zeit besser verständliche ersetzt, z. B. *trufar* durch *moquar*, *alre* durch *austro choso*, und zweitens hat er gewisse Formeln des Betheuerns, die ihm anstössig schienen, modificirt; so setzt er statt *vos juro per ma fe — ous diso en veritu*, statt *oy dio per ma fe — ouy suns plus attanrdre* etc. Der zweite Bearbeiter hat weniger verändert als hinzugefügt, doch auch dies nur selten. Beide aber haben eine Anzahl Verse gestrichen, so dass die 4500 Verse der Kopie von 1503 schliesslich auf 3986 reducirt werden. Wir erfahren dies aus der Einleitung (I—XXXII) und den auf diese folgenden Pièces justificatives, extraits, notes et documents (XXXIII —CXX).

Unter den letzteren sind zwei Abschnitte hervorzuheben. Der eine beschäftigt sich mit den „Pausae" und den „Silete". Guillaume hatte Revue des lang. rom. XXI, 120 sich dahin geäussert, die Silete seien gesprochen worden, um nach den Pausae wieder Ruhe unter den Zuschauern herzustellen. Jetzt dagegen ist er der Ansicht, dass die „Silete" nicht immer den Zweck gehabt hätten sofort Ruhe im Zuschauerraum zu veranlassen, dass sie auch nicht gesprochen worden seien, sondern „des symphonies, des airs exécutés avec des trompettes durant les entr'actes" gewesen wären. Mir scheint jedoch, dass der Zweck des „Silete" stets war für Ruhe zu sorgen, sei es, wie in den meisten Fällen, die Ruhe wieder herzustellen, wenn die Zuschauer in den durch Scenenwechsel hervorgerufenen Zwischenakten zu plaudern und zu lärmen angefangen hatten, sei es die Unterbrechung der Ruhe zu verhindern, wenn auf der Bühne nicht gesprochen wurde, sondern eine stumme Handlung vor sich ging, wie in der von G. angeführten Stelle aus dem Myst. des heil. Antonius (V. 3342). Dass das Silete aus reiner Instrumentalmusik bestanden habe, ist sicherlich unrichtig; es wurde entweder gesungen (cf. die von G. angeführten Citate) oder gesprochen, wie mehrere Stellen in der Sta. Agnes beweisen, wo es heisst: angeli dicunt Cilete. (Doch soll nicht verschwiegen werden, dass es ib. 1468 heisst: *dicunt istam antiphonam*, dagegen 1472 *cantaudo istam antiphonam*.) Allerdings bezeugen mehrere Stellen die Verwendung von musikalischen Instrumenten beim Silete. Aus dem Mystère de Saint Pierre et Saint Paul führt G. an: Interim sonent tibicine unum Silete, und in der St. Agnes finden wir Zeile 1285 (ed. Bartsch): et Romani accendunt Aspasium cenatorem in catedra et tibicinatores tubicinant et angeli dicunt Cilete; 1326 Cenator dixit Agneti sic et tubant et angeli dicunt Cilete; 1357 et stinto igne surgit quartus ex istis dicenz, et ante tube sonuerint et angeli dixerunt Cilete. Wenn wir nun einerseits Angaben finden, dass das Silete gesungen wurde ohne dass dabei der Instrumentalmusik Erwähnung geschieht (St. Anthoni 24. 3342), anderseits wie in der Sta. Agnes die tubae ertönen, das Silete aber gesprochen wird (es heisst übrigens in St. Agnes einmal auch nur einfach: dicit unus ex illis et angelus dicit cilete Z. 1125), so ergibt sich, dass die Instrumentalmusik weder beim Silete unumgänglich nothwendig war, noch als Begleitung zum Gesange der Engel anzusehen ist. Ich denke, dass das Silete ursprünglich von den Engeln nur gesprochen oder gesungen wurde, da aber die Mahnung bei dem Lärm im Zuschauerraum nicht gehört werden mochte, so liess man vorher einen schallenden Trompetenstoss ertönen, um die Aufmerksamkeit des Publikums wieder auf die Bühne zu lenken. Vereinzelt mag dann nur der Trompeten-toss zur Anwendung gekommen, das Silete der Engel aber fortgeblieben sein, und so erklärt sich das oben citirte: Interim sonent tibicine unum Silete. — Auch die Pausa möchte G. als eine „symphonie exécutée avec des instruments de musique" (S. XLI und 176 Anm. 3) ansehen; auch hierin irrt er zweifellos. Die Pausae waren einfach Unterbrechungen. Pausen; diese mögen in einzelnen Fällen, wie aus dem von G. angeführten Beispiel „pausa per tibicines usque perveniant ad pulvinum" zu folgern sein dürfte, durch Musik ausgefüllt worden sein, gewöhnlich aber durch das Geplauder des Publikums, wie die auf die Pausa folgende Mahnung „Silete" beweist.

Hervorzuheben ist ferner der Abschnitt G. S. LXIV ff. weil in demselben Abschnitte aus dem noch ungedruckten Mysterium von St. Peter und St. Paul und dem des St. Pons mitgetheilt werden. Bemerkenswerth ist der Auszug aus St. Pons wegen seines Metrums, denn neben den gewöhnlichen paarweise gereimten Achtsilbnern findet sich eine Art von coblas capcaudadas, die an den Bau des ersten Theiles der Crois. Albig. erinnert: es werden 6—8 Achtsilbner durch gleichen Reim verbunden, dann folgt ein Viersilbner mit neuem Reim, den die darauffolgenden Achtsilbner ebenfalls zeigen. Daneben findet sich eine andere Art von Coblas capcaudadas mit dem Schema: 8a 8a 8a 8a 4b | 8b 8b 4b 8b 8b 4c | 8c 8c 4c 8c 8c 4d etc. Es fehlt die dritte Zeile ein 4a, doch zeigt der Text keine Lücke.

Auf die Pièces justificatives etc. folgt ein Facsimile des Anfanges des Myst. und dann der Text. Dieser ist im Ganzen sorgfältig publicirt, aber der Hrsg. hat einen Cardinalfehler begangen, indem er sämmtliche Veränderungen, die an der Kopie von 1503 später vorgenommen wurden, mit aufnahm, die ältere Lesart dagegen in die Varianten verwies und so den Text in seiner spätesten Gestaltung gab, während er doch seine Aufgabe sein musste einen Text zu geben, der dem Original möglichst nahe kam. Auch lässt sich so nicht erkennen, welche Veränderungen der erste, welche der zweite Corrector vorgenommen hat. Hier einige Besserungsvorschläge. Zeile 24 corr. damoysclo. —

57 sind die beiden Verse aus den Varianten in den Text zu setzen und im zweiten Si ya „wenn ich" statt Si a zu lesen. — 80 ist vielleicht zu interpungiren dont y part? (y in der Kopie von 1503, später in ly geändert) ya no say dont „wovon er dahin ausgeht d. h. wieso er dazu kommt? ich weiss es nicht"? — 90 corr. tarsar. — 115 corr. predicador. — 189 lies Qu'ya „welche ich augenblicklich bei Seite lasse". — 334—5. Die Reimworte waren wohl capitol; polud. — 685 lies al jor d'eu. — 733 streiche d'enfert; plusours reimt mit compaygnons. — 794 lies c'al = qu'el „dass er". — 1208 schreibe arisa-rons. — 1357 lies conort. — 1546 corr. fino. — 2127 schreibe gar de, ebenso 2261, 2265. — 2141 corr. jenso. — 2292 ist vielleicht zu lesen Car tu aquel Dio en ray sus (: es). — 2308 corr. Dio que ha poysanso de terro e mar? (: ajuar). — 2768 lies A doi sia. — 2919 tilge das Komma nach sa. — 3004 schreibe la. — 3117 setze Fragezeichen statt Punkt. — 3265 setze Mammona an das Ende des Verses um den Reim zu dona zu erhalten.

Auf den Text folgt eine „Analyse philologique" des Denkmals vom Abbé Moutier, ein Abschnitt über den literarischen Werth des Mysteriums, ein Glossar. Es wäre da noch vielerlei anzumerken, doch muss ich mir versagen hier noch darauf einzugehen; ist doch die Besprechung, fürchte ich, so schon zu lang geworden.

Freiburg i. B., April 1885.   Emil Levy.

Della vita e delle opere di Brunetto Latini. monografia di Thor Sundby, tradotta dall'originale danese per cura di Rodolfo Renier con appendice di Isidoro Del Lungo e Adolfo Mussafia e due testi medievali latini. Firenze, Successori Le Monnier. 1884. p. I—XXVI, 1—509. gr. 8. Lire 10.

Prof. Renier hat die verdienstvolle Arbeit unternommen, was bisher über das Leben und die Werke B. Latinos geschrieben war, in einem Bande zu sammeln und hat dadurch sowohl den Studirenden der italienischen Literatur, als auch besonders einem zukünftigen Biographen Brunettos die Arbeit bedeutend erleichtert.

Zunächst enthält der Band eine Uebersetzung von Sundbys Brunetto Latinos Levnet og Skrifter, die auch manchem deutschen Romanisten, dem das Dänische fremd ist, willkommen sein wird. Sundby selbst hat überdies manche Besserungen und Zusätze zu dem bereits 1869 erschienenen Buche gemacht. Im ersten Anhang folgen 35 recht wichtige Dokumente über Brunettos Theilnahme an den Florentiner Rathsversammlungen in den achtziger und neunziger Jahren, von Del Lungo aus den Registri delle Consulte mit kurzen, dankenswerthen historischen Erläuterungen publicirt. Ein Theil derselben war bereits im Archivio storico it. Ser. IV t. XII veröffentlicht, ein anderer bisher unedirt; ihre Verwerthung für eine neue Biographie Latinos wird manche Punkte richtiger stellen. Der zweite Anhang bringt in unveränderten Abdruck Mussafias Arbeit Sul testo del Tesoro di Brunetto Latini, aus welcher nur auf Wunsch des

Verf.'s das vierte Kapitel Su alcune emendazioni del Sorio weggelassen ist. Als dritter Anhang lesen wir schliesslich das Moralium Dogma des Gualteri ab Insulis und Albertanos Tractatus de arte loquendi et tacendi nach der Ausgabe Sundbys, wie dessen Biographie Brunettos vor dem Druck neu revidirt. Bei der Uebersetzung der letzteren enthält sich Renier jeglicher Aenderung im Texte; hie und da ist eine berichtigende Anmerkung beigefügt. Nur in einem Punkte weicht er von Sundby ab: er schreibt Latini, nicht Latino, und sucht seine Aenderung des längeren zu begründen (p. VIII—XVI). Ich stimme mit Gaspary vollständig darin überein, dass diese Frage eine Pedanterei ist (It. Litgesch. p. 502); auch Renier scheint dieser Ansicht; wenn er sie trotzdem eingehend erörtert, so mögen auch mir einige Bemerkungen zu seinen Ausführungen gestattet sein. Es ist ganz richtig, dass Latini die Florentiner Form der Familiennamen ist. Ebenso gut aber, wie Brunetto sich selber Burnectus schrieb, nicht Brunectus, was die regelmässige Form ist, kann er sich auch Latino genannt haben. Ich sehe wenigstens nicht ein, weshalb er seinen Namen dem Reime zu Liebe geändert haben sollte, da er doch auf Latini ebenso leicht einen passenden Reim hätte finden können; die Reime auf -ini sind doch nicht gerade selten. Das Reimwort fino ist übrigens einmal Adj. und einmal Verbum. Der cod. laur. XC inf. 47 (nicht 46, wie p. X steht) ist, wenigstens für Tesoretto und Favolello, durchaus nicht autorevolissimo. Die Form Latini, welche sich im cod. magl. VII, 1052 zweimal findet, darf nicht mit aufgeführt werden, sie ist beide Mal von verschiedener, junger Hand, nicht vom Schreiber des Cod. p. XVII Anm. 1 wirft mir Renier vor, dass ich in meiner Ausgabe des Tesoretto und Favolello Burnetto lese, ohne die Varianten der anderen Codices in dem Namen zu berücksichtigen. An den betreffenden Stellen im Texte konnte R. allerdings nichts finden, weil es sich hier um eine sprachliche, nicht eine textliche Variante handelt (cf. meine Vorbemerkung p. 334). Aber p. 314 § 79 sind die gewünschten Formen aus den vorhandenen 4 Belegstellen zusammengetragen.

Der letzte Absatz der Einleitung wäre besser weggeblieben. Den Werth des Buches werden die unparteiischen Leser sicher erkennen, ohne dass der Verf. ihn am Schluss seiner Einleitung noch einmal besonders hervorhebt, und die etwaigen costantemente malevoli o meglio maligni werden sich auch durch des Verf.'s dieprezzo nicht einschüchtern lassen. — Ich will es nicht unterlassen der typographischen Ausführung des Buches noch besondere Anerkennung zu zollen.

Ludwigslust, 13. Mai 1885. Berthold Wiese.

Loewe, Lehrgang der französischen Sprache. Th. I: Lehr-, Sprach- und Lesestoff zu einem naturgemässen Unterricht in den beiden ersten Jahren. Berlin, Friedberg & Mode. 1885. 258 S.

In dem vorliegenden Buche hat der Verfasser den Versuch gemacht, „ein brauchbares den natürlichen Gesetzen der Spracherlernung dienendes Unterrichtsmittel zu schaffen." Es zerfällt in zwei Theile, welche in keiner rechten Verbindung mit einander stehen, in einen grammatischen und in einen Theil, welcher zusammenhängende Stücke enthält. Der erstere bezeichnet kaum einen Fortschritt über Breymanns Elementargrammatik hinaus, vielmehr zeigt er eine sehr starke Benutzung dieses Buches, die fast die Grenzen des Erlaubten überschreitet; der zweite Theil, der den Sprachstoff für Quinta und Quarta enthält, ist sehr umfangreich ausgefallen (p. 55—214) gemäss der Meinung des Verf.'s, dass die Lektüre den Ausgangs- und Mittelpunkt des Unterrichts zu bilden habe. Man kann dagegen von vornherein nichts einwenden, es handelt sich nur darum, wie dies praktisch durchgeführt werden soll; Verf. lässt dem Lehrer freie Wahl, „ob er Grammatik und Lektüre neben einander oder nach einander treibt", aber damit ist Niemandem geholfen: die Schwierigkeit liegt noch immer in der Beantwortung der Frage, ob es wirklich am vortheilhaftesten sei, den Unterricht sofort mit der Lektüre eines zusammenhängenden Stückes zu beginnen, oder erst die Grammatik bis zu einem gewissen Punkt zu treiben, und wie man das zu Lesende in innige Verbindung mit dem grammatischen Pensum bringen könne. Bei dieser Gelegenheit will ich nicht unerwähnt lassen, dass Breymann und Möller die Lektüre nach ca. 80 Lehrstunden begonnen wissen wollen (Zur Reform des neuspr. Unterr. p. 48 und Elementarübungsbuch § 88), und es ist möglich, dass sie — in Anbetracht der ganzen Einrichtung ihrer Bücher — damit so ziemlich das Richtige getroffen haben.

Im Allgemeinen ist vom Lehrstoffe zu sagen, dass er entschieden zu knapp bemessen ist (p. 1—53); abgesehen von einer Anzahl unregelmässiger Verba enthält er wenig mehr und in manchen Punkten weniger, als das Breymannsche Buch, das nur für die Quinta berechnet ist und durchaus nicht zu viel bietet. Im Einzelnen bemerke ich, dass unter den Substantiven auf -ou mit Plural auf x (§ 16. 1) le pou fehlt, dass auch bei Breymann und sonderbarer Weise auch bei Lücking § 94 nicht aufgeführt ist; travail Pl. travaux ist nicht einzeln zu merken, sondern die Wörter auf -ail sind unter eine Gruppe zu bringen. Die Bestimmung des Geschlechts nach der Endung (§ 17 B) — ein Versuch, den auch Breymann macht — halte ich für verfehlt, weil die Regeln durch eine Menge von Ausnahmen so gut wie aufgehoben werden: vgl. z. B. la souris, la fourmi, le monde, le thème, le cerv, le Rhône, le Danube im Widerspruch mit den § 17 gegebenen Regeln stehend; es wird dabei bleiben müssen, dass der Schüler in sehr vielen Fällen das Geschlecht der Substantiva aus dem Gebrauche lernt. In § 20 (Femin. des Adj.) und § 56 (Bildung der Adv.) sind die Regeln kürzer gefasst als bei Breymann, und doch ausreichend, aber die an und für sich gewagte Regel (§ 23) „wenn das Adj. betont oder hervorgehoben werden soll, so tritt es hinter das zugehörige Hauptwort", ist für Schüler ganz ungeeignet. Ich muss über einiges andere aus Mangel an Raum hinweggehen und will nur noch zur Conjugation bemerken, dass meiner Meinung nach die

Eintheilung von Chabaneau für die Schule unfruchtbar ist: es wird schwer sein, dem Schüler den Unterschied zwischen lebender und erstarrter Conjugation klar zu machen, und selbst wenn er ihn begreift, gewinnt er dadurch wenig, wohl aber ist die Aufstellung von nur drei regelmässigen Conjugationen (Verba auf *-er -ir -re*) — die auch Breymann hat — als entschiedener Fortschritt zu begrüssen. Die praktische Regel von Breymann hinsichtlich der Erweiterung der Verba auf *-ir* vermisse ich bei Loewe. Von Zeitwörtern auf *-yer* und *-uyer* zu sprechen (§ 55, 4) ist nicht richtig, Breymann hat auch hier das Bessere.

Der zweite Abschnitt, den Sprachstoff enthaltend, beginnt mit I. Anschauliches, z. B. *Je suis à l'école; tu es aussi à l'école; un garçon est un écolier* etc. unter 3. *les parties du corps. Le corps de l'homme se compose de trois parties: la tête, le tronc et les membres;* es folgt nun eine Beschreibung mit einer grossen Anzahl von Vocabeln. Unter II werden Histörchen (?) geboten, die zum Theil schlecht ausgewählt sind, denn solche kleinen Stücke müssen so einfach und so interessant als möglich sein. Unter III folgt dann Biblisches, IV. Fabeln, V. Mythologisches, VI. Geschichte, VII. Erzählungen, VIII. Naturgeschichte, IX. Poetisches, X. Räthsel, XI. Sinnsprüche. Ganz ähnlich ist der Sprachstoff für Quarta angeordnet. In der 4. Abtheilung gibt Verf. hierzu nicht eigentlich die Vokabeln, sondern eine wörtliche Uebersetzung: *je suis* = ich bin; *il* = *on demandait* = man fragte; *ils l'entouraient* = sie umgaben ihn, er will also wohl, dass man mit den Stücken den Unterricht beginnen solle, aber dann vermisst man eine ordentliche Stufenfolge und dann hätte Verf. sagen sollen, wie das Grammatische damit in erfolgreicher Weise zu verbinden sei. Diese äusserliche Methode wird schwerlich die Billigung der Fachgenossen finden. Dass die neueren Bestrebungen ihre Berechtigung haben, und dass der geistlose Plötzismus überwunden werden muss, unterliegt keinem Zweifel, aber Verf. hat sich die überaus schwierige Sache viel zu leicht gemacht und ist weit entfernt von der Lösung des Problems, das darin besteht, die synthetische Methode mit der analytischen in organischer Weise zu verschmelzen.

Berlin, 6. April 1885.   Oscar Schultz.

Französisches Lesebuch. Zweiter Theil. Insbesondere für Secunda und Prima der Gymnasien, Realgymnasien und ähnlichen Schulen. Von Karl Meurer. Leipzig. Fues' Verlag (R. Reisland). 1884. XVI, 384 S. 8.

Seitdem man bestrebt ist, das Lesebuch mehr und mehr zum Träger des neusprachlichen Unterrichts zu machen, haben eingehende Erörterungen darüber stattgefunden, welche Anforderungen man an dasselbe, wofern es seinem Zwecke entsprechen solle, zu stellen habe. In zahlreichen Broschüren und Programmen, in Zeitschriften und auf den amtlichen Directorenversammlungen haben sich die berufensten Stimmen über diesen Gegenstand vernehmen lassen, und keine derselben ist dem verdienstvollen Verfasser des oben genannten französischen Lesebuches entgangen. Nicht als ob er jeder in der jüngsten Zeit gestellten Forderung blindlings nachkäme, wägt er vielmehr, von reicher Erfahrung geleitet, mit pädagogischem Takte jede einzelne Frage ab und hat auf diese Weise ein Lesebuch geschaffen, das ohne Zweifel auf der Höhe der Zeit steht und die meisten Bücher seiner Art, mit welchen der Markt gegenwärtig überschwemmt wird, an innerem Werthe und praktischer Brauchbarkeit weit überragt. Das M.'sche Buch will kein Handbuch der französischen Literatur sein wie etwa Herrigs La France littéraire oder Plötz' Manuel, sondern es will nur eine Auswahl des Besten, und zwar vorzugsweise aus Autoren ersten Ranges geben. Was es aber bringt, sind nicht abgerissene Fragmente, sondern Lesestücke von solchem Umfange, dass der Schüler aus ihnen sehr wohl die Eigenart des betreffenden Autors zu erkennen vermag. In vielen Fällen bieten die Lesestücke sogar ein unverkürztes literarisches Ganze dar. Durch diese Einrichtung ist die oft ventilirte Frage 'ob Lesebuch oder Autor?' auf das Glücklichste gelöst: denn schliesst der Gebrauch des M.'schen Lesebuches einerseits die Lektüre der wichtigsten grösseren Schriftwerke — besonders der klassischen Dramen — nicht aus, so vermittelt es anderseits eine anschauliche Kenntniss von einer Reihe von Autoren, die ohne Zuhilfenahme des Lesebuches dem Schüler ganz fremd bleiben würden, da doch in den wenigen Stunden, die der neusprachlichen Lektüre gewidmet sind, nur eine sehr beschränkte Anzahl zusammenhängender Werke gelesen werden können.

Eine eingehende Besprechung den pädagogischen Fachzeitschriften überlassend, sprechen wir hier nur noch die Ueberzeugung aus, das M.'sche französische Lesebuch werde gleich den übrigen Lehrbüchern desselben Verfassers seinen Weg durch die Schulen machen und an seinem Theile dazu beitragen, dass der französischen Lektüre diejenige Stellung zugewiesen werde, welche ihr vermöge der ihr innewohnenden bildenden und erziehlichen Kraft innerhalb des neusprachlichen Lehrplanes gebührt.

Homburg v. d. H., März 1885.
            Ludwig Proescholdt.

Zeitschriften.

Taalstudie VI, 4: H. F. V. M., Le Savetier et le Financier II. 193. — A. van der Ent, L'Etude des Mots et de leur Signification. 200. — L. M. B., Questions et réponses. 202. — L. M. Baale, Bulletin bibliographique. 204. — C. Grondhoud, Doublets in English V. 213. — C. Stoffel, A new Edition of Amis and Amilium. 223. — E. A. H. Seipgens, Erklärung eines mittelhochdeutschen Gedichtes. (Hartmanns Armer Heinrich.) 233. — J. Leopold Hz., Miscellen. 245. — Dens., Korrespondenzen.

Zs. f. Orthographie V, 2: O. Henne am Rhyn, Fort mit dem *th.* — 3: W. Bleich, Ein Vorschlag zur orthographischen Regelung des a-Lautes mit Rücksicht auf den Schulunterricht.

Mélusine II, 18: J. Tuchmann, La fascination (Forts.). — La mort à bord. — Béotiana. — Puitspelu, un vieux proverbe lyonnais. — Petit Bonhomme vit encore. Jeu. — Le jeu de la main chaude. — Le jeu des quatre Coins. — Un concert de Musique populaire au cercle historique. — Les vents et les tempêtes en mer (Forts.).

Germania Bd. XXX, 3: Fedor Bech, Zu Lamprechts Alexander. — G. Ehrismann, Bruchstück eines Facetus. — Fr. Losch, Die Berner Runenalphabete. — Paul Walther,

Der Name Germanus. — Ders., Zu Walther von der Vogelweide. — Ignaz Peters, Die Zahl der Blätter des Codex argenteus. — J. Trütscher, Zum mhd. Wörterbuche. — J. Baechtold, Züricher Parzival-Bruchstück. — A. Jeitteles, Lied vom Ursprung der Eidgenossenschaft. — R. Brandstetter, Die Luzerner Bühnen-Rodel (Schluss). — Felix Liebrecht, *Kpasnadu*. — Miscellen: Felix Liebrecht, Arthur Hazelius und das Nordische Museum in Stockholm. — Briefe von Mosenbach an Cl. A. Schlüter (Schluss). — Alois Müller, Quomodo croceo coli debeat. — Th. Oelbe, Zu Symrocks Mythologie.

Arkiv for Nordisk Filologi III, 1: A. Noreen, De nordiska språkens nasalerade vokaler. — A. Kock, Historiska anmärkningar om dansk akcentuering. — G. Storm, om Tidsforholdet mellem Kongespeilet og Sjörn samt Barlaams Saga. — Hj. Falk, Oldnorsk hunmynd. — Anmeldelser af Oskar Klockhoff, Relativsatsen i den äldre Fornsvenskan med särskild hänsyn til de båda Vestgötalagarne, og af Brevvexel der Gebrüder Grimm mit nordischen Gelehrten hrsg. von Ernst Schmidt. — Sophus Bugge, Bemærkninger til norröne Digte IV.

Noord en Zuid VIII, 4: J. Verdam, Taalgevoel. — W. B. H. v. D., Gotische werkwoorden op -jan. — J. G. Frederiks, Een minge of nog geen mings. — Saxo, Loquela. — J. Vercoullie, Stiefvader. — Opmerkingen over eenige rechtstermen in het Burgerlijk Wetboek voorkomende. — J. Vercoullie, Ostende of Oostende. — Ders., Nog andermaal de prothetische *t* van *tortig*. — Ders., Bedorven, Sterven, Zwerven, enz. — Bato, Tijdschriften. — N. Bouman, Joh. Gimberg, F. van Dixhoorn, F. Risch, W. Visser, K. S., H. J. Stads, Duo, W. J. Francken, C. Zeeman, B. Heljmans, F. Prisch, Willem van Oers, H. J. C. Blauwkuip, J. P. V., F., Vragen beantwoord. — K. Hartman, Een twental opmerkingen. — H. J. Eymael, Antwoord aan den Heer K. Hartman.

Archiv für lat. Lexikographie und Grammatik II, 2: Thielmann, *habere* mit dem Inf. und die Entstehung des roman. Futurums II. — Schöll, Alte Probleme. — Löbbert, Paralipomena zur Geschichte der lat. Tempora und Modi. — Coromagister. — Usener, Præstor. — Em. Hoffmann, Speculoclarus. — Wölfflin, Was heisst bald..... habl? — Georges, carrum. — Geyer, Die Hisperica Fumina. — Havet, Sollus, Vix. — Weymann, Sessim. — Addenda lexicis latinis. — K. Hofmann, Aciei is, französisch *scier*. — Gröber, Vulgärlat. Substrate roman. Wörter (Forts.). — Hauler, Thesauri latini *specimen quartum*.

Revue des langues romanes April: C. Chabaneau, poésies inédites des troubadours de Périgord. — Decurtins, un drame haut-engadinois (Schluss). — L. Lambert, Contes populaires.

Franco-Gallia II, 7: M. Hartmann, Victor Hugo. — H. Stappers, Dictionnaire synoptique d'étymologie française. — A. Haase, Zur Syntax Robert Garniers. — F. Tendring, Das poitevinische Katharinenleben.

Le Moliériste. Revue mensuelle p. G. Monval, Paris, Libr. Tresse, Dec. 1884 bis Juni 1885. Dem Gefühle des schweren Verlustes, welchen die Molière-Forschung durch den im Winter vor. Jahres erfolgten Tod Adolphe Regniers erlitten hat, gibt Paul Mesnard am Beginne des 12. Heftes (1884) einen würdigen Ausdruck. Die folgenden Beiträge desselben Heftes führen A. Baluffe (bereits im vorigen Referate charakterisirte) Abhandlung über die Aufführung des „Dépit amoureux" zu Ende und bringen ein interessantes, bisher ganz verschollenes Aktenstück über einen Vorfahren Molières, Jean Poquelin in Beauvais, der 1478 durch königliche Gnade von der Strafe für einen Totschlag aus Uebereilung befreit wurde. In Heft 12 wie in Nr. 4 des folgenden Jahres (8. 21 ff.) wird auch die interessante Frage über die kirchliche Excommunication und die zuweilen bei Begräbnissen stattfindenden Rücksichten im Sinne der bisherigen Auffassung, gegenüber dem Zweifeln des Kirchenhistorikers Cazier (in der „Revue critique") entschieden. Die Witwe des verstorbenen Molieristen E. Fournier hat mit A. Vitu's Beihülfe eine Reihe interessanter Feuilleton-Artikel ihres Gatten unter dem Titel „Etudes sur la vie et les œuvres de Molière" bei Laplace et Sanchez in Paris erscheinen lassen, woran die Zs. gebührende Kenntnis gibt. Ebenso ist der letzte Band von Molands Molière-Ausgabe in 2. Auflage erschienen und enthält als wünschenswerthe

Zugabe ein Molière-Lexikon. Die Biographie des Dichters wird später (Bd. 1) nachfolgen. — In Heft 1 (1885) bespricht A. Houssaye die erste Aufführung des „Misanthrope", bei der Armande Béjart sich weigerte, in der Scene 1 durch stummes Spiel mitzuwirken und den nachfolgenden Darstellerinnen der Rolle der Célimène ein schlechtes Beispiel hierdurch gab. Ein anonymer Artikel weist dann auf interessante Uebereinstimmungen zwischen dem „Amphitryon" und Shakspeares „Two gentlemen of Verona" hin, die nicht alle aus der gemeinsamen Quelle, dem „Amphitruo" des Plautus, hergeleitet sind. Endlich wird über ein in dem Archive der „Comédie française" gefundenes Autograph M.'s, über russische Molière-Uebersetzungen und Nachahmungen und über Pougins „Dict. du Théâtre", bei Didot (Paris) erschienen, das auch die spanischen Darstellungen Moliéres cher Stücke bespricht, Bericht erstattet. — Heft 2 bringt eine eingehende Schilderung der Geburtstagsfeier zur richtigen Tauftagsfeier Molières im Café Corazza, wobei die Theilnehmerzahl auf 48 (im Jahre 1883 nur 12) gestiegen ist und behandelt dann, ebenso wie Heft 3, eine Nachahmung des „Tartuffe", die ein ziemlich unbekannter Dichter und Parlamentsadvocat, Mascré, unter dem räthselhaften Titel „La Prosarite" (*πρὸς ἀρετήν*??) 1671 bei Ribou erscheinen liess. Victor Fournel hat als Ergänzung seiner „Contemporains de Molière" noch 12 Komödien aus jener Zeit unter dem Titel „Petites comédies et curieuses du XVII s." bei Quantin (Paris) in 2 Bänden erscheinen lassen. — Heft 3 gibt im Anschluss an den Ausdruck „l'œur à droite" des „Médecin malgré lui" Belege für das Vorhandensein solcher anomaler Herzbildungen. In der Bibliographie wird Livets eben begonnene illustrirte Molière-Ausgabe und Monvals Fortsetzung der „Nouvelle collection moliéresque" des + P. Lacroix besprochen. — Heft 4 erörtert die Schicksale des „Registre de la Grange", das schon früher in Auszügen und Abschriften existirte, aber erst durch den opulenten Druck, welcher unter E. Thierrys Leitung 1876 erschien, der Vergessenheit entrissen ist. A. Baluffe weist dann sehr überzeugend (hoffentlich auch für ungläubige deutsche Molieristen) nach, dass die Schauspielerin Dupare den Beinamen, nicht den Vornamen „Marquise" gehabt habe, hierbei in allen wesentlichen Punkten auffreundlig mit der vom Ref. in seiner Molière-Biogr. (S. 42 u. 43) gegebenen Argumentation übereinstimmend (vgl. Heft 5 S. 51 ff.). Von Wichtigkeit ist es, dass auch Bronchaud, der, auf Urkunden sich stützend, für die erstere Ansicht in einem „Origines du Théâtre de Lyon" früher plädirte, jetzt zweifelhaft geworden ist. Ebenso hat sich A. Baluffe das Verdienst erworben, die Anspielungen auf Molières Truppe, welche man bis in die jüngste Zeit in Scarrons „Roman comique" zu finden glaubte, von neuem zu zerstören (s. den Artikel „Autre Guitare" obd. 19. 17). — Heft 5 enthält eine Auseinandersetzung mit Brunetière, der in der „Revue des deux mondes" (1. Dec. 1884) der Molière-Forschungen und der im „Moliériste" beobachteten Methode herabzusetzen suchte (Verf. ist Ch. Marck), dann Mittheilungen über Molière-Aufführungen in franz. Jesuitenanstalten des XVIII. Jh.'s (von Paul d'Orville) und kleinere Beiträge. In der „Bibliographie" wird u. a. auch Fritsches Misanthrope-Ausgabe erwähnt. — Heft 6 bringt zwei Huldigungen, die Victor Hugo seinem grossen Vorgänger Molière zu Theil werden liess, einen geradezu geschriebenen Artikel E. Thierrys über den „George Dandin", an dessem Schlusse der Dichter eigene leidvolle Seelenstimmung durch den Sieg über die herkömmliche Verspottung betrogener Ehemänner darstellt, und die scharfe, vielfach berichtigende Kritik A. Baluffes von Larroumet veröffentlichten Abhandlung über M. Béjart (in der „Revue des deux mondes" 1. Mai). In der Bibliographie ist auch Humberts soeben bei Helmich in Bielefeld erschienenes Schrift „Lustige Puppentragödie von sich selbst entleibenden Lindau", eine Vertheidigung Molières und der grossen deutschen Dichter gegen den bekannten geistvollen Kritiker, angezeigt. — Wir erinnern am Schluss noch daran, dass wir auch in diesem Referat nur die Beiträge von allgemeinem Interesse hervorheben, ohne den Werth der die Existenzberechtigung der anderen irgendwie damit berühren zu wollen. — Halle. R. Mahrenholtz.

Deutsche Literaturzeitung Nr. 27: Ludw. Geiger, Die Constituirung der Goethe-Gesellschaft in Weimar.

Magazin f. die Literatur des In- u. Auslandes 26–29 E. v. Dincklage, Geoffrey Chaucers Werke. (Ueber A.

v. Düringa Uebersetzung, s. Lbl. V, 300.) — M. Henfey, Folk-lore. — Altfr. Romanzen übersetzt von Paul Heyse.
Central-Organ f. die Interessen des Realschulwesens 6: Oskar Schultz, Das Lateinische, bei dem franz. Unterrichte auf der Quinta und Quarta der humanistischen und der Realgymnasien.
Zs. f. das Realschulwesen X, 67: A. Würzner, Verwerthung der Ergebnisse der Phonetik für den Unterricht im Französischen und Englischen.
Centralblatt f. Bibliothekswesen II, 7: H. Haupt, Zur Entstehung der ältesten deutschen Bibelübersetzungen.
Sitzungsberichte der k. preuss. Akad. der Wissensch. II, 27: Hoffory, Ueber zwei Strophen der Voluspa.
Göttinger Gel. Nachrichten Nr. 6: F. Bechtel, Ueber die urgermanische Verschärfung von *j* und *u*. (Got. *ddj* aus *ggj*, got. ahnord. *ggw* entstanden, wenn der alte indogermanische Accent unmittelbar folgte.)
Historisches Jahrbuch der Görres-Gesellschaft VI, 3: Franz Justes, Drei unbekannte deutsche Schriften von Johannes Vegho.
Vierteljahrschrift f. Musikwissenschaft I, 2: Jos. Sittard, Jongleurs und Menestrels.
Korrespondenzblatt des Vereins für siebenb. Landeskunde VIII, 6: O. Keintzel, Zur Herkunftsfrage.
Beilage zur Allg. Zeitung 4. u. 5. Juni: E. Stengel, Ein Vortrag von Gaston Paris. — 24. Juni: H. K., Zur Biographie Nikolaus Lenaus. — 25. Juni: E. P., Wieland und sein Schwiegersohn Reinhold.
Vossische Zeitung Sonntagsbeilage Nr. 24: H. Pröhle, Wielands Leben.
Blätter f. literar. Unterhaltung Nr. 25: Heine. Bulthaupt, Zur Geschichte des Volksschauspiels.
Die Grenzboten Nr. 26: Max Koch, Eine neue Schillerbiographie.
Blackwood's Edinburgh Magazine Juni: New views of Shakespeare's Sonnets: The „Other Poet" II.
Contemporary Review Juni: Stuart-Glennie, Shakspeare and the Stratford-avon Common.
Rev. pol. et litt. 24: Jules Lemaître, La jeunesse sous le second empire et la troisième république. — 25: Le monument d'Eugène Despois. (Fünf bei der Enthüllung des Denkmals für E. D. gehaltene Reden, die über Leben, Wirksamkeit und Charakter des Molièrehrausgebers wichtigen Aufschlüsse geben.) — In der Caus. litt.: Paul Albert, la littérature française au XIX. siècle, T. II. — 26: Jules Lemaître, Romanciers contemporains. M. Georges Ohnet. — In der Caus. litt.: Le comte d'Haussonville, Ma jeunesse, souvenirs. — Edgar Courtois, les obsèques d'Alfred de Musset. (Aus Anlass des Giethses, zu dem eben der Tod eines angeblichen Dichters Anlass gegeben hat, wird das wenige zusammengestellt, was an Zeugnissen des Eindrucks sich findet, den mit Mai 1857 der Tod A. d. M.'s hervorbrachte.) — Besprechung einer ausführlichen These von Jules Favre: Olivier de Magny (1529–1561). — Victor Hugo, ses éditions, ses biographies, ses portraits.
Revue des deux mondes 1. Juni: Blaze de Bury, Jeanne d'Arc dans la littérature. — Brunetière, la poésie française au moyen âge.
Revue de l'instruction publique en Belgique XXVIII, 3: de Bastin, Sur l'emploi des négations en latin et en français; Thomas, Réponse à l'article qui précède.
Annales de l'Académie d'Archéologie de Belgique XI, 1: Bernaerts, Etudes étymologiques et linguistiques sur les noms de lieux romans et bas-allemands de la Belgique.
La Revue nouvelle d'Alsace-Lorraine V, 2: Puymaigre, chants allemands de la Lorraine (Seldaus).
Atti del R. Istituto Veneto di scienze, lettere ed arti tomo 3.°, serie 6.ª, disp. 3.ª: F. Cavalli, Di uno scrittore politico del secolo XV. — A. Gloria, Appendice alla memoria „Del volgare illustre nel 1190", ecc. (contin.).
Nuova Antologia XX, 2. Vol. 51, 13: R. Zumbini, Il Klopstock e i grandi epici moderni.

Neu erschienene Bücher.

Griechische und Lateinische Sprachwissenschaft. Bearbeitet von K. Brugmann, Fr. Stolz, J. G. Schmalz, G. Autenrieth, F. Heerdegen, R. Volkmann, Hugo Gledisch. = Handbuch der klassischen Alterthums-Wissenschaft in systematischer Darstellung hrsg. von Prof. Dr. Iwan Müller. Bd. II. Nördlingen. C. H. Beck. I—XII. 1–288 S. 8. (Der erschienene Halbband enthält die griech. Grammatik (Lautlehre, Flexionslehre und Syntax) von Brugmann, eine lat. Laut- und Formenlehre von Fr. Stolz und einen Theil der lat. Syntax von Schmalz. Wir werden über den Fortgang dieses hochwichtigen Unternehmens, durch welches auch die in dieser Zs. vertretenen Wissenschaften manche Förderung erfahren werden, unseren Lesern jeweils Mittheilung machen.)

Hübschmann, H., Das indogermanische Vokalsystem. Strassburg, Trübner. M. 3,50.

Böckel, Otto, Deutsche Volkslieder aus Oberhessen. Gesammelt und mit kulturhistor.-ethnogr. Einleitung hrsg. Marburg, Elwert. IV, CLXXXVIII, 128 S. gr. 8.

Böhm, F., Das und Sibelungenlied. Eine Parallele, Zusim, Fournier & Haberler. gr. 8. M. 1,60.

Dorfeld, Carl, Ueber die Function des Präfixes *ge*- in der Composition mit Verben. Th. I: Das Präfix bei Ulfilas und Tatian. Halle, Niemeyer in Comm. 47 S. 8.

Kelle, Das Verbum und Nomen in Notkers Boethius, Wien, Gerold. 90 S. gr. 8. S.

Knoop, Otto, Volkssagen, Erzählungen, Aberglauben, Gebräuche und Märchen aus den östlichen Hinterpommern. Posen, Jolowicz. 240 S. 8.

Riegel, Hermann, Der allgemeine deutsche Sprachverein. Mahnruf an alle national gesinnten Deutschen. Heilbronn, Henninger. 56 S. 8. M. 1.

Rieger, Karl, Schillers Verhältnis zur französischen Revolution. Vortrag. Wien, Konegen. 36 S. 8. M. 1.

Saalfeld, O., Die neue deutsche Rechtschreibung. Heilbronn, Henninger. 56 S. 8. M. 1. [Zeitfragen des christlichen Volkslebens X, 6. — Im Anschluss an Wilmanns' Commentar gibt S. eine Rechtfertigung der amtlichen preussischen Orthographie, der wir nur die weiteste Verbreitung wünschen können. Auch ist ja die orthographische Frage – wie scherer sich ausgedrückt hat – eine Frage zehnten Ranges: wie geschrieben wird, ist schliesslich ziemlich gleichgültig, nur darauf kommt es an, dass überhaupt einheitlich geschrieben wird, und dass dieser Zweck in Deutschland nur durch eine Dictatur zu erreichen ist, darüber können wir nachgerade im Klaren sein. – O. B.]

Saxo Grammaticus, hrsg. von Alfred Holder. Strassburg, Trübner. 8. M. 10.

Springer, Rob., Essays zur Kritik und Philosophie und zur Goethe-Literatur. Minden, Bruns. 420 S. 8. M. 6. [Darin: Lessings Kritik der franz. Tragödie, in Frankreich erörtert. — Sturm und Drang. — Goethes letzter Secretär. — G. und Spinoza. — G.'s Verdienste um die Naturwissenschaften. — Die naturwissenschaftl. Anschauungen in G.'s poetischen Werken. — G. und Graf von Sternberg. — Beisserre, G. und der Kölner Dombau. — G. und Byron. — Ist G. ein Plagiarius Sterne's. — Die Kritik der G.'schen Texte. — G.'s Einfluss auf die Tonkunst. — Goethe-Bildnisse.]

Sz., Der romantische Schwindel in der deutschen Mythologie und auf der Opernbühne. Elberfeld, Bädeker. 30 S. 8. [S. 15: ... du Tacitus an derselben Stelle auch den barritus oder ... barditus folgen lässt, ... entweder die Aufforderung, diese Waffen nun auch zu gebrauchen, nordisch barr i fjort! d. h. 'fertig zum Zusammenstoss' oder altdeutsch bar' die Tuca (den Eber, Kriegsvolk olle keilförmige allgermanische Aufstellung) ee. gebildet'?!! — Schade um die schöne weisse Papier, Schreiben, weshalb mit gesenktem Visir, Herr von Sz., ... sky? O. B.]

Wieland und Reinhold, Originalmittheilungen als Beiträge zur Geschichte des deutschen Geisteslebens hrsg. von Robert Keil. Leipzig u. Berlin, Friedrich. 308 S. 8.

Wilser, L., Die Herkunft der Deutschen. Neue Forschungen über Urgeschichte, Abstammung und Verwandtschaftsverhältnisse unseres Volkes. Karlsruhe, Braun. 8. M. 1,80.

Wirth, Rob., Vorarbeiten und Beiträge zu einer kritischen Ausgabe Hölderlins. Plauener Gymnasialprogramm. 30 S. 8.

Boyle, R., Shakespeares Wintermärchen und Sturm. St. Petersburg. 40 S. 8.

Fick, Wilh., Vom mittelenglischen Gedicht von der Perle. Eine Lautuntersuchung. Kiel, Lipsius & Tischer. 42 S. 8. M. 1,20.

Goeders, Chr., Zur Analogiebildung im Mittel- und Neuenglischen, ein Beitrag zur Kenntniss der Sprachgeschichte. Kiel, Lipsius & Tischer. 40 S. 8. M. 1,20.

Johnson, Henry, Gab es zwei von einander unabhängige altenglische Uebersetzungen der Dialoge Gregors? Berliner Dissertation. 30 S. 8.

Koeppel, Emil, Laurents de Premierfait und John Lydgates Bearbeitungen von Boccaccios De Casibus Virorum Illustrium. Ein Beitrag zur Literaturgeschichte des 15. Jh.'s. München. R. Oldenbourg. 112 S. 8. Münchener Habilitationsschrift.

Lehmann, Hans, Brünne und Helm im angelsächs. Beowulfliede. Ein Beitrag zur german. Alterthumskunde. Dissertat. Leipzig, Lorentz. 31 S. mit 2 autogr. Tafeln. 8. M. 2,50.

Moulton, R. G., Shakespeare as a Dramatic Artist: A popular illustration of the principles of scientific criticism. London, Frowde. 316 S.

Octavian. Zwei mittelenglische Bearbeitungen der Sage. Hrsg. von Gr. Sarrazin. Altenglische Bibliothek, hrsg. von Eugen Kölbing. III. Heilbronn, Henninger. XLV, 191 S. 8.

Arrigoni, cav. Luigi, Francesco Alunno da Ferrara, abbachista, calligrafo, filosofo, grammatico, matematico, oratore o poeta del secolo XV: ricerche storiche illustrate. Firenze, tip. dell'Arte della Stampa. in-4. pagine 51. con 2 tav., il ritratto e la impresa dell'Alunno.

Benedettucci, Clemente, Leopardi. Scritti editi econosciuti. Spigolature. Recanati, Rinaldo Simboli. XXXVII, 170 S. 8.

Blaze de Bury, M°, Etude sur Marivaux. (Séances littéraires.) In-12, 27 p. Montmorency, imp. Gaubert.

Carnoy, E. H., Contes français, recueillis par E.-Henry Carnoy. In-8°, XI, 316 p. Paris, libr. Leroux. (Collection de contes et chansons populaires.)

Coleccion de poesias de un cancionero inédito del siglo XV existente en la biblioteca de S. M. el rey D. Alfonso XII con una carta del Ex™° Sr. D. Manuel Cañete de la Academia Española y un prologo, notas y apéndice por A. Pérez Gómez. Madrid, Fern. Fé. XXXIX, 314 S. 8. [x. Morel-Fatio, Revue critique 25.]

D'Ancona, Al., Varietà storiche e letterarie. II ser. Mailand, U. Hoepli. L. 5. Mit 1 Musiktafel.

Ercole, P., Guido Cavalcanti e le sue rime. Studio storicoletterario seguito dal testo critico delle rime. Turin, Löscher. 116 S. 8., fr. 5.

Genève et ses poètes du XVI° siècle à nos jours, par Marc-Monnier. I. Avant la Réforme. II. François Bonivard. III. La Réforme et ses psalmistes. IV. L'Escalade et les satiriques. V. Le théâtre. VI. Voltaire et Rousseau. VII. J.-F. Chapomiéro. VIII. Le Caveau genevois. IX. Charles Didier. X. Jacques-Imbert Galois. XI. Les Romantiques. XII. Henri Blauvalet. XIII. J. Petit-Senn. Un vol. in-12 de VII et 406 p. Paris, Fischbacher. fr. 3,50.

Janssen, A., Jean-Jacques Rousseau als Botaniker. Berlin, G. Reimer. M. 8.

Johannessen, Herm., Der Ausdruck des Concessivverhältnisses im Altfranzösischen. Kiel, Lipsius & Tischer. 70 S. 8. M. 1,80.

X lettres inédites de Voltaire à son neveu De la Houlière (22 oct. 1770 — 24 sept. 1773). Montpellier. 14 S. 8.

Link, Th., Eine sprachliche Studie über die agn. Version der Amis-Sage. München, Keller. 8. M. 0,75.

Molière. La Cérémonie du Malado imaginaire de Molière. Texte originaire de cette cérémonie, antérieur à l'impression de la comédie. In-8°, 23 pages et grav. Paris, Lemerre.

Montet, Edouard, Histoire littéraire des Vaudois du Piémont, d'après les manuscrits originaux conservés à Cambridge, Dublin, Genève, Grenoble, Munich, Paris, Strasbourg et Zurich. Un vol. in-8 de XII et 243 pages, avec fac-simile et pièces justificatives. Paris, Fischbacher. fr. 6.

Monti. Un sonetto sconosciuto di Vincenzo Monti per nozze in Recanati nel 1791. Recanati, Nozze Ceccaroni-Vogleri. (Hrsg. Cl. Benedettucci.)

Nunziante, il conte Al. Tassoni ed il seicento. Con prof. del duca di Maddaloni. Milano, Quadrio. 307 S. 16. L. 1,50.

Palliolo, Paolo, fanese. Le feste pel conferimento del patriziato romano a Giuliano e Lorenzo de' Medici. Bologna, Romagnoli edit. in-8. pag. 100. L. 5. Scelta di Curiosità letterarie inedite o rare dal secolo XIII al XVII, ecc. disp. 206.

Poesie popolari sardo meridionali con pref. del prof. Pische-lda. Vol. I. Lanusei, 63 S. 16. L. 0,50.

Poliziano, Angelo Ant., Opere volgari, a cura di Tommaso Casini, in 64. Firenze 1885. Piccola bibl. italiana eleg. rilegata in tela ed oro. Sansoni. L. 2.

Racine, J. Œuvres de J. Racine. Nouvelle édition, revue sur les plus anciennes impressions et les autographes, et augmentée de morceaux inédits, de variantes, de notices, de notes, d'un lexique des mots et locutions remarquables, d'un portrait, d'un fac-similé, etc., par M. Paul Mesnard. T. 3. In-8, 712 p. Paris, hbr. Hachette et C°. fr. 7,50. Les Grands écrivains de la France. Nouvelles éditions publiées sous la direction de M. Ad. Regnier, de l'Institut.

Rivière, A., Rabelaesiana. Petit in-8, 223 p. Paris, lib. Marpon et Flammarion.

Rudenick, Georg, Lateinisches ego im Altfranzösischen. Hallenser Dissertation. 40 S.

Rnuth, A. V., Om de nya läroplanerna för högre skolor i Preussen med särskild afseende pa franskan och engelskan. Göte 1885. 19 S. 4. [Auszug aus einem Bericht an das Unterrichtsministerium über eine im Sommer 1884 unternommene wissenschaftliche Reise.]

Schmidt, Herm., Das Pronomen bei Molière im Vergleich zu dem heutigen und dem altfranzösischen Sprachgebrauch. Kiel, Lipsius & Tischer, 58 S. 8. M. 1,60.

Très humble essai de Phonétique lyonnaise par Nizier du Puitspelu. Lyon, Georg. 144 S. gr. 8.

Wenzel, Guido, Aesthetische und sprachliche Studien über Antoine de Montchrétien im Vergleich zu seinen Zeitgenossen. Inaugural-Dissertation. Jena, Deistung. 101 S. 8. M. 1,60.

Winckels, F. G. de, Vita di Ugo Foscolo. Con pref. di Fr. Trevisan. Verona, Munster. Vol. I. L. 4.

Zingarelli, N., Un sirventese di Ugo di Sain Circ. Firenze, Le Monnier. 13 S. 4. (Estratto dalla Miscellanea di Filologia dedicata alla memoria dei prof. Caix e Canello.)

Ausführlichere Recensionen erschienen über:

Curtius, Zur Kritik der neuesten Sprachforschung (v. P. Regnaud: Rev. crit. 26).

Keyrrodia (v. Liebrecht: Germ. 30, 3).

Mannhardt, Mythologische Forschungen (v. Roediger: Deutsche Literaturzeit. Nr. 26).

Werner, Goethe und Gräfin O'Donell (v. Biedermann: Archiv für Literaturgeschichte XIII, 3).

Kohler, Shakespeare vor dem Forum der Jurisprudenz (v. St.: Lit. Centralblatt 27).

Croernig, Die alten Völker Oberitaliens (v. Deecke: Gött. Gel. Anz. 11; Lit. Centralbl. 25. Beide Recensenten sprechen sich abfällig über das Buch aus).

Stürzinger, Orthographia Gallica (v. Willenberg: Gött. Gel. Anz. 11).

Literarische Mittheilungen, Personalnachrichten etc.

In Havre erscheint seit März 1884 eine monatliche Revue de l'enseignement des langues vivantes: Hrsg. A. Wolfromm (9, rue Casimir Périer, Havre).

Noch im Laufe dieses Jahres soll ein Registerband zu Paul und Braunes Beiträgen Band I—X erscheinen.

Auf Anregung des bekannten Orthographen Fricke hat sich ein „Verein für Lateinschrift" gebildet.

Dr. Emil Koeppel hat sich in München für englische Philologie habilitirt. — In Halle habilitirte sich Hermann Collitz für indogermanische Sprachwissenschaft, in Heidelberg Dr. F. Holthausen für germ. Philologie.

Abgeschlossen am 22. Juli 1885.

NOTIZ.

Den germanistischen Theil redigirt Otto Behaghel (Basel, Bahnhofstrasse 33), den romanistischen und englischen Theil Fritz Neumann (Freiburg i. B. Albertstr. 24), und wan bittet die Beiträge Recensionen, kurze Notizen, Personalnachrichten etc.) dem entspre- hend und gefälligst zu adressiren. Die Redaction richtet an die Herren Verleger wie Verfasser die Bitte, dafür Sorge tragen zu wollen, dass alle neuen Werke germanistischen und romanistischen Inhalts ihr gleich nach Erscheinen zu- wohl direct oder deren Vermittelung zum tiebte, Heuninger in Heilbronn zugesandt werden. Aus diesem Falle wird der Redaction entsprechender in ihrem andere Publicationen eine Besprechung mit kurzerer Bemerkung (in der Bibliogr.) zu bringen. Ab Gebr. Henninger sind auch die Anfragen über Honorare und Sonderabzüge zu richten.

Literarische Anzeigen.

Deutsche Encyklopädie
Ein neues Universallexikon für alle Gebiete des Wissens
500 Bogen in 50 Lieferungen oder 8 Bänden für 60 M.
Verlag von Wilh. Braun in Leipzig

Verlag von Gebr. Henninger in Heilbronn.

Deutsche Litteraturdenkmale
des 18. und 19. Jahrhunderts.

In Neudrucken herausgegeben von
BERNHARD SEUFFERT.

Unter der Presse sind:

22. Pyra und Lange. Thirsis und Damons freundschaftliche Lieder. (Herausg. von August Sauer.)
23. Moritz, Anton Reiser. Ein psychologischer Roman. (Herausg. von Ludwig Geiger.)

Im Verlag von Gebr. Henninger in Heilbronn erschien soeben und ist durch alle Buchhandlungen zu beziehen:

Der allgemeine deutsche Sprachverein,
als
Ergänzung seiner Schrift:
Ein Hauptstück von unserer Muttersprache,
Mahnruf
an alle national gesinnten Deutschen.
Von
Herman Riegel.
Gr. 8°. 56 Seiten. Preis M. 1.—

Inhalt:
Einleitendes. — Die Erfolge der letzten zwei Jahre. — Der Stand des Uebels. — Der Sprachverein. Entwurf zu den Satzungen eines allgemeinen deutschen Sprachvereins. — 1. Zweck. 2. Zusammensetzung und Gliederung. 3. Geschäftsleitung. 4. Mittel zum Zwecke. — Grundsätze.

In Vorstehendem ist die äussere Gliederung der Schrift bezeichnet, welche der Verfasser, Museumsdirector Dr. H. Riegel in Braunschweig, dem Gedanken der deutschen Sprachreinigung gewidmet hat. Diese Aufgabe erscheint mit ebensoviel überzeugender Klarheit und Schärfe als Wärme der nationalen Empfindung gelöst. Kein Deutscher wird dieses Buch in die Hand nehmen können ohne auszugestehen, dass die in demselben aufgestellten Forderungen gerechtfertigt sind. Ueber die Mittel mag man streiten. Auch in diesem Punkte aber wird man, wie es scheint, dem Verfasser früher oder später zustimmen müssen; weil er einen Weg einschlägt, der anderwärtig mit dem grössten Erfolg betreten worden ist.

Im gleichen Verlag erschienen:

Das Fremdwörterunwesen in unserer Sprache.
Von Dr. Hermann Dunger. geh. M. 1. 20
Die neue deutsche Rechtschreibung. Von Dr.
G. A. Saalfeld. geh. M. 1. —

Einladung zum Abonnement
auf den neuesten Band von:

Englische Studien. Organ für englische Philologie unter Mitberücksichtigung des englischen Unterrichtes auf höheren Schulen. Herausgegeben von Dr. Eugen Kölbing, a. o. Professor der englischen Philologie an der Universität Breslau.
Abonnementspreis vom IV. Bande an M. 15.— pr. Band. Neu eintretende Abonnenten gegenüber erklären wir uns bereit, auch die früher erschienenen Bände I—III zu dem ermässigten Abonnementspreise von M. 15.— pr. Band nachzuliefern, jedoch nur bei Bestellung je eines completen Bandes.
Einzelne Hefte werden nur zu erhöhtem Preise abgegeben.

Das 1. Heft des IX. Bandes befindet sich unter der Presse. Inhalt: St. Patrick's Purgatory, and the knight, Sir Owen. Von L. Toulmin Smith. — On the chronology of the plays of Fletcher and Massinger. Von F. G. Fleay. — Kleine Publicationen aus dem Auchinleck-Hs. V. Die sieben Todsünden. VI. Das Vater Unser. VII. Psalm L. Von E. Kölbing. — The boke of curtesy. Von K. Breul. — Litteratur. — Miscellen.

Heilbronn. **Gebr. Henninger.**

Verlag von GEBR. HENNINGER in Heilbronn.

Jetzt vollständig erschienen:

ALMANIA.
ΦΙΛΕΙΟΝ.
VERSUS CANTABILES ET MEMORIALES.
Dreisprachiges
Studenten-Liederbuch.

Auswahl der beliebtesten Studenten- und Volkslieder für Commers und Hospiz, Turnplatz und Wanderfahrt, Kränzchen und einsamy Recreation
von
FRANZ WEINKAUFF.

Preis eleg. gebeftet Erstes Heft M. 2.—
Zweites „ „ 1.50
In eleg. Leinwandband zusammengebunden M. 3.50

Verlag von Gebr. Henninger in Heilbronn.

Grundzüge der Geschichte. Von Dr. Gottlob
Egelhaaf, Professor am oberen Gymnasium zu Heilbronn.
Erster Teil. Das Altertum. Mit Zeittafel. VIII, 215 S.
 geh. M. 2. —
Zweiter Teil. Das Mittelalter. Mit Zeittafel. VI, 135 S.
 geh. M. 1. 50
Dritter Teil. Die Neuzeit. 1493—1885. Mit zwei Zeittafeln. VIII, 236 S. geh. M. 2. 25
Vom gleichen Verfasser bereits in drei Auflagen verbreitet:
Grundzüge d. deutschen Litteraturgeschichte.
Ein Hilfsbuch für Schulen und zum Privatgebrauch. Mit Zeittafel und Register. geh. M. 2. —

Verlag von Gebr. Henninger in Heilbronn.

Die
Aussprache des Latein
nach
physiologisch - historischen Grundsätzen
von
Emil Seelmann.
1885. gr. 8. XV, 398 S. geh. M. 8. —

W. Foerster schliesst seine Besprechung dieses Werkes im Archiv für lat. Lexikogr. hersg. von E. Wölfflin II. Heft 2 mit folgenden Worten: "So entstand dies Werk, welches die Frucht mehrjähriger gewissenhafter Arbeit darstellt, die Erstlingsgabe eines vielversprechenden tüchtigen jungen Mannes, die er uns rasch nach vollendetem Universitätsstudium darreicht und für die er reichliche Anerkennung und wohlwollende Aufmunterung von allen Fachgenossen verdient. Und nachdem rücksichtslos auf einige demselben anhaftende Schwächen (die ohne Schwierigkeit in einer zweiten Auflage, mit der dem Buche wünschen, entfernt werden können, ohne dass die Anlage des Buches und seine Hauptresultate eine Aenderung erfahren) hingewiesen worden, sollen auch die grossen und zahlreichen Vorzüge des Buches, die bei weitem überwiegen, nicht verschwiegen werden. Die Sammlung der Inschriften ist die reichste, die wir haben, nach den letzten Publikationen revidirt; die Grammatikerzeugnisse in einer Vollständigkeit herangezogen, die weitere und erhebliche Nachträge nicht mehr erwarten lässt. Die phonetische Durcharbeitung des Materials ist musterhaft, die Resultate der romanischen Lautlehre zur Kontrole herangezogen und soviel davon mit hinein verarbeitet, als es der Plan des Werkes zuliess. So ist das Buch unentbehrlich ebenso für den klassischen Philologen wie für den romanischen. Während beiden darin ein sonst in ähnlicher Vollständigkeit noch nie zusammengebrachtes Material, eine wahre Fundgrube geboten wird, findet der eine in der sorgfältigen, wohl geordneten Disposition Belehrung über die grundlegenden Thatsachen, welche die vergleichende romanische Grammatik durch Rückschluss festgestellt und mit den dokumentarisch belegten Thatsachen der lateinischen Grammatik in Verbindung gebracht hat; der romanische Philolog, dessen am Gymnasium mitgebrachte, auf die klassische Zeit beschränkte Vorbildung im Latein für seine Zwecke gänzlich unzulänglich ist, wird hier schnell und richtig informirt über die Vorgänge des Lateins, die der eigentlich romanischen Evolution vorausgingen. So mag dies Werk, das seine Vorgänger in vielen Punkten überbietet, das unsere bisherigen Kenntnisse wohlgeordnet vorträgt, dieselben berichtigt und erweitert und anderwo zu weiterer Forschung anregt, freundliche Aufnahme finden!"

Verlag von GEBR. HENNINGER in Heilbronn.

Erschienen:

Altenglische Bibliothek. Herausgegeben von **Eugen Kölbing.**

III. Band. **Octavian.** Zwei mittelenglische Bearbeitungen der Sage herausgegeben von Gregor Sarrazin. XLV, 192 S. M. 4.50.

Englische Sprach- und Litteratur-Denkmale des 16., 17. und 18. Jahrhunderts herausgegeben von Karl Vollmüller.

2. Band: Marlowe's Werke, historisch-kritische Ausgabe. I. Tamburlaine hrsg. von Albrecht Wagner. XL, 212 S. M. 4.—

Unter der Presse:

3. Band: The Life and Death of Doctor Faustus, made into a farce, By Mr. Mountford. With the humours of Harlequin and Scaramouche. London, 1697. Mit Einleitung herausgegeben von Otto Francke.

Verlag von Gebr. Henninger in Heilbronn.

Aiol et Mirabel und Elie de Saint Gille. Zwei altfranzösische Heldengedichte mit Anmerkungen und Wörterbuch und einem Anhang: Die Fragmente des mittelniederländischen Aiol herausgegeben von Prof. Dr. J. Verdam. Zum ersten Mal herausgegeben von Dr. Wendelin Foerster, Prof. der rom. Philologie an der Universität Bonn. geh. M. 21. —

Bibliographie de la chanson de Roland par Joseph Bauquier. geh. M. 1. —

Die provenzalische Poesie der Gegenwart von Dr. Eduard Buehmer. geh. M. 1. 30

La chanson de Roland. Genauer Abdruck der Venetianer Handschrift IV, besorgt von Eugen Kölbing. geh. M. 5. —

Altfranzösisches Uebungsbuch. Zum Gebrauch bei Vorlesungen und Seminarübungen herausgegeben von W. Foerster und E. Koschwitz. Erster Theil: Die ältesten Sprachdenkmäler. Mit einem Facsimile. geh. M. 3.—

Ueberlieferung und Sprache der Chanson du voyage de Charlemagne à Jérusalem et à Constantinople. Eine kritische Untersuchung von Dr. Eduard Koschwitz. geh. M. 3. —

Sechs Bearbeitungen des altfranzösischen Gedichts von Karls des Grossen Reise nach Jerusalem und Constantinopel, hrsg. von Dr. Eduard Koschwitz, Privatdocenten an der Universität Strassburg. geh. M. 5. 40

Les plus anciens monuments de la langue française. Die ältesten französischen Sprachdenkmäler zum Gebrauch bei Vorlesungen herausgegeben von Eduard Koschwitz. Dritte vermehrte und verbesserte Auflage. Mit einem Facsimile. geh. M. —. 75

Zur Laut- und Flexionslehre des Altfranzösischen, hauptsächlich aus pikardischen Urkunden von Vermandois von Dr. Fritz Neumann. geh. M. 3. 60

Das altfranzösische Rolandslied. Genauer Abdruck der Oxforder Hs. Digby 23 besorgt von Edmund Stengel. Mit einem photographischen Facsimile. geh. M. 3. —

Maistre Wace's Roman de Rou et des ducs de Normandie. Nach den Handschriften von Neuem herausgegeben von Dr. Hugo Andresen.
I. Band (I. und II. Theil). geh. M. 8. —
II. Band (III. Theil). geh. M. 10. —

Sermons du XIIe siècle en vieux provençal. Publiés d'après le Ms. 3518 B de la Bibliothèque nationale par Frederick Armitage. (In Comm.) geh. M. 3.—

Altfranzösisches
ÜBUNGSBUCH.
Zum Gebrauch bei Vorlesungen und Seminarübungen
herausgegeben
von
W. FOERSTER und E. KOSCHWITZ.
Erster Theil:
Die ältesten Sprachdenkmäler
mit einem Facsimile.
4. IV S. 168 Sp. geh. M. 3.—

Verantwortlicher Redacteur Prof. Dr. Fritz Neumann in Freiburg i. B. — Druck von G. Otto in Darmstadt.

Literaturblatt
für
germanische und romanische Philologie.

Unter Mitwirkung von Professor Dr. **Karl Bartsch** herausgegeben von

Dr. **Otto Behaghel** und Dr. **Fritz Neumann**

o. ö. Professor der germanischen Philologie an der Universität Basel.

o. ö. Professor der romanischen Philologie an der Universität Freiburg.

Verlag von Gebr. Henninger in Heilbronn.

Erscheint monatlich.   Preis halbjährlich M. 5.

VI. Jahrg.   Nr. 9. September.   1885.

Walther von Aquitanien. Heldengedicht in zwölf Gesängen mit Beiträgen zur Heldensage und Mythologie von Franz Linnig. Zweite, verbesserte Auflage. Paderborn, Ferd. Schöningh. 1884. XVI, 130 S. 8.

Für jeden, der des mhd. Rhythmus unkundig ist, müssen nhd. Verse, welche nach diesem Vorbilde geschrieben sind, etwas hartes haben, wenn der Autor nicht versteht, durch regelmässigen Wechsel zwischen Hebung und Senkung zugleich dem nhd. Rhythmus gerecht zu werden. Letzteres aber ist durchaus nicht leicht, ja ich könnte nicht ein Beispiel anführen, wo diese Vermischung durchweg zu künstlerischer Vollendung durchgeführt sei. Deshalb habe ich mich auch nie für Umdichtungen in der Nibelungenstrophe begeistern können und vermag es auch bei vorliegender inhaltlich im ganzen wohlgelungenen Neudichtung des Waltharius nicht. Man vergleiche nur Halbverse wie

     Den Gunther geschmäht   (S. 58)
     Mit kränkendem Worte   (ebd.)
     Auch Panzer und Helme   Nahm er mit Fug (66)
     So begann aus den Klüften   Langsam der Ritt (,)

u. dgl. Wollen wir hier den Metrum gerecht werden, so müssen wir nhd. scandiren; das heisst aber nichts anderes als: wir müssen den nhd. Betonungsgesetzen Gewalt anthun. An der vorliegenden Umdichtung mag es mir ferner nicht gefallen, dass L. in seinem Streben nach urwüchsigen Ausdrücken, welche den Geist der Zeit charakterisiren sollen, hin und wieder etwas über das Ziel hinausschiesst. In dem im Ganzen im Urtext doch edel gehaltenen Gedichte widern mich Ausdrücke und Wendungen wie 'Lausepelz' (S. 10), 'Sie klopfen die Pelze so weidlich ihnen aus, Es bleibt nicht darinnen am Leben eine Laus' (S. 12), 'und drosch nicht leeres Stroh' (S. 33), 'der Zungendrescher' (S. 36) und manches andere im höchsten Grade an. Auch der Sprache ist hin und wieder Gewalt angethan; so steht (S. 2) 'vertrug' für den nothwendigen Conj. 'vertrüge'; (S. 17) 'des siebten Tages'; (S. 42) 'seit' für 'seitdem'; (S. 56) 'Seiler' für 'Männer, die an einem Seile ziehen' und ähnliches.

Was L. in den Erläuterungen zusammengetragen hat, ist im Ganzen sachlich und correct, wenn auch einiges (so soll z. B. aus Odins Auge ein Trinkhorn gemacht worden sein?) hie und da aus einer durchaus ungenügenden Vorstellung-kreis entsprungen ist. Dieser Vorwurf gilt namentlich auch den Anmerkungen. So werden wiederholt Sitten der Hunnen mit Stellen der Germania illustrirt (S. 2¹, 9¹, 18¹, 21¹). Liesse sich dies noch aus dem Vorstellungskreis des Verfassers des Liedes erklären, so bleibt es doch unverständlich, weshalb S. 4 bei der Vergeislung der Hildegund die Römer vergleichend herangezogen werden. — Patafried (S. 47) heisst nicht 'manuetus in lecto', sondern hängt zusammen mit ags. *beadu* = der Kampf; also 'der durch Kampf den Frieden bringt'. — Andvari (S. 48) verflucht den Schatz deshalb, weil er gezwungen wurde, den golderzeugenden Ring auszuliefern. — S. 53 ist sicher nach Grimm (Ausg. des Waltharius S. 117) Randolt zu lesen, allein dieser Name findet sich in der späteren Heldensage öfters (W. Grimm HS. S. 146). — Der S. 60 vom R.-A. citirte Schwur unter dem Rasenstreifen ist eine speciell nordische Sitte bei der Verknüpfung des fostbroedralag, aber durchaus keine allgemein germanische. — S. 65 soll nach der jüngeren Edda Hildegunde Swawas und Sigmunds Tochter und Sigurds Schwester sein!!

Weder die Eddalieder, noch viel weniger aber die SnE. wissen hiervon etwas. Die vollständig falsche Anmerkung geht zurück auf Hyndluljóđ 17, wo es heisst:

Vas Hildeguan   heanar móper,
Srófo baru   ok sekonougs.

Ein Blick in Lünings Ausgabe würde überzeugt haben, dass diese Swawa mit der Swawa der Helgisage, die erst nordische Phantasie an die fränkische Volsungensage geknüpft hat, durchaus nichts zu thun hat.

Leipzig, März 1885.   E. Mogk.

Die Regel des heiligen Benedict. Im deutschen Originaltexte einer Engelberger Hs. des XIII. Jh.'s hrsg. von Johann Bapt. Troxler, Kapitular des Stiftes Engelberg. (Der Geschichtsfreund. Mittheilungen des histor. Vereins der fünf Orte Bd. XXXIX, S. 3—72.)

Die jetzt in Sarnen befindliche Handschrift, welche uns den von Troxler veröffentlichten Text darbietet, stammt nach den Darlegungen des Hrsg.'s aus Engelberg und ist unter Abt Walther II. (1267 —1276) geschrieben. Troxler bemerkt mit Recht, dass unser Text ein grosses sprachliches Interesse besitze. Freilich gilt das in ganz anderer Weise, als Tr. meint. Die Sprachformen gewähren nämlich noch eine Fülle alter voller Vokale in den Endungen, und Tr. glaubt daraus schliessen zu müssen, dass dem Abschreiber ein althochdeutsches Original vorgelegen habe. Davon kann aber keine Rede sein: wenn ein älteres Original von einem mhd. Schreiber copirt worden wäre, so müsste nothwendig ein Schwanken in den Lauten bestehen. Die Lautgebung ist aber eine durchaus einheitliche, und das Denkmal ist wie die von Laistner besprochene (Beitr. VII, 548), aber nicht genauer datirte Zwiefalter Benedictiner-Regel, ein Beweis dafür, wie entschieden in einem grossen Theile der Schweiz die langen Endungsvokale der Abschwächung zu e Widerstand geleistet haben. Lang i ist überhaupt, wie es mir scheint, bis auf den heutigen Tag nicht zu e geworden; ó und ú haben sich, so weit ich bis jetzt beurtheilen kann, in einem grossen Theil der Schweiz durchs ganze 13. Jh. und bis tief hinein ins 14. Jh. gehalten. Ich verweise beispielshalber auf die Urkunden im Geschichtsfreund I, 109 (a. 1277); III. 131 (a. 1275); IV, 121 (1321? Klosterstatuten). Fontes rerum bernens. II, 182 (a. 1238), II, 778 (1271); Landbuch von Schwyz, ed. Kothing S. 266 (a. 1294; unserer Benedictinerregel besonders nahestehend; hier kommt auch das bei Troxler häufige Particip vor: mit huteuur oder horondo); Aargauer Urkundenbuch S. 17 (1301), S. 18 (1304) etc.

Es ist bei dem Werthe des von Troxler mitgetheilten Textes zu bedauern, dass der Hrsg. mit dem Lesen altdeutscher Texte nicht genügend vertraut war. Die Abkürzung für man ist fast regelmässig verkannt: da steht zu lesen solm, solun statt sol man, dazim statt daz man, wiem statt wie nun. Auch die Abkürzung für er hat auf Schritt und Tritt Schwierigkeiten gemacht. Sonst scheint im Ganzen der Text sorgfältig gelesen und wiedergegeben zu sein. S. 42, 27 ist gewiss in der Hs. zu lesen bediu statt bedir, 42, 28 daz statt dich. Es wäre dankenswerth, wenn jemand, dem die Hs. zugänglich wäre, eine Nachcollation vornehmen wollte. Vielleicht ist Herr Professor Brandstetter in Luzern in der Lage, dies zu thun?

Basel, 2. Dec. 1884.   O. Behaghel.

Dreyer, Max. Der Teufel in der deutschen Dichtung des Mittelalters. 1. Theil. Von den Anfängen bis in das XIV. Jahrhundert. Inauguraldissertation. Rostock 1884. 47 S. 8.

Verf. erörtert sein Thema nach drei Seiten hin. 1. Der Teufel in der übersinnlichen Welt (Lucifers Sturz und der Teufel in der Hölle); 2. Der Teufel im Menschenleben, einerseits thätig als Verführer sowohl wie als Verderber, andererseits leidend unter den überlegenen Machtmitteln des christlichen Glaubens; 3. 'Der Teufel als Wort in der Sprache', d. h. die Verwendung des von der unmittelbar sinnlichen Vorstellung abgelösten Wortes in gewissen Redensarten. Wenn nun die Untersuchung dieser Punkte ihr Material lediglich der deutschen Dichtung entnimmt, so erklärt sich diese Beschränkung wohl durch die Absicht, vor allem nachzuweisen, in wie weit die beziiglichen Vorstellungen im Mittelalter volksthümlich geworden sind, und in welcher Weise sie poetisch verwerthet wurden. Dann hätte aber die weltliche Dichtung mehr in den Vordergrund der Darstellung gerückt werden müssen: Herger hätte z. B. nicht mit dem Citate MSH II, 377[b] (so!), Hartmann nicht mit Greg. 134, Walther nicht mit den Citaten 15, 35 und 3, 10 abgefertigt werden dürfen; andere, ganz übergangene weltliche Dichter wären herbeizuziehen gewesen; denn was sie bieten, hat doch von den angegebenen Gesichtspunkten aus eine ganz andere Bedeutung, als was geistliche Poeten nach ihren lateinischen Quellen berichten. Ueberhaupt liesse sich die Arbeit vielfach vervollständigen. So hätte beispielsweise im 1. Kapitel (bes. S. 16 ff.) vom Standpunkte des Verf.'s aus das deutsche Evangelium Nicodemi nicht unberücksichtigt bleiben dürfen. Im 2. Kapitel wäre der Teufel in der Rolle des geheimen Aufpassers vorzuführen gewesen, der neben dem ungerechten Richter *gitarnit stentit* Musp. 68, der alle *missetdt brueret* MF 29, 9, der als ungeheuer *griezwarte* beim Würfelspiel zugegen ist Renner 11316/33. Es hätten die Bilder für die Gewalt, welche der Teufel über den Menschen ausübt, beigebracht werden sollen, wie *das tiurels klohen* (Reinmar v. Z. MSH II, 178[b]), *zeil, zuum* u. s. w. Neben den auf S. 11 aus dem Parzival beigebrachten Namen der Teufel sollten die im Wartburgkriege und in der Margaretenlegende (Stejskal 388) belegten nicht fehlen, und mehr Beachtung verdienten noch die deutschen wie Oggewedel, Frimure (Fémure?), Lesterline. Den 'höllischen Bezeichnungen des Teufels' auf S. 26/7 ist hinzuzufügen *hellegouch* (in den Wörterbüchern belegt) und *der helle kuube* Frauenlob 163, 15; die anderweitigen Benennungen und Beiwörter des Teufels hätten eingehendere Berücksichtigung verdient; für seine äussere Erscheinung hätte die wunderliche Schilderung Marg. (Stejskal) 287 ff. herangezogen werden können. Unter den Erzählungen von Teufelsbündnissen (S. 32 ff.) vermisse ich besonders die in Ottokars Reimchronik Pez cap. 335/8 mitgetheilte, in welcher auch die Darstellung der Hölle beachtenswerth ist. Recht unvollständig sind die Zusammenstellungen im 3. Kapitel. So fehlt des *tiuvels eldermuoter*, *wip, des ralandes man, des tiuvels bote knabe kint gelit luoder sâme gesuarme, dirre tubiles Alexander* (Alex. Massm. 4452); es fehlen die Redensarten mit *welhen tiuvel* ebenso wie diejenigen, in welchen Gott und der Teufel zusammen genannt werden und das merkwürdige *durch des tiuvels tôt*. Den Verwünschungen wäre hinzuzufügen gewesen *daz tûsent türel mit dir* sin Morolf 201, 6. *daz tûsent t. uz dir bellen, daz der t. uz dir kal, der t. var im an die swart, nû friz in dich den t.; der vâlant mueze si stillen; hât iu der t. vorgelesen? hât iuch der t. dargetragen?* (Ähnliches mit *senden* und *füeren*), ob imz der tiuvel zeiget Reinmar v. Z. MSH II, 205⁵. Ferner vermisse ich *den tiuvel schrecken*, des Teufels Lachen und Spott, sein Reiten und Jagen, sein Rauschen im Rohre. Fast alles dies konnte Verf. schon in Grimms Mythologie aus deutschen Dichtungen der hier in Betracht gezogenen Periode belegt finden. Wäre also hier und wo es sich um eine selbständige Fortbildung der kirchlichen Teufelslehre im nationalen Geiste handelt, eine eingehendere Berücksichtigung des Grimmschen Werkes wünschenswerth gewesen, so darf doch auch andererseits nicht verkannt werden, dass der Verf. über Grimms Darstellung und das in den Wörterbüchern gegebene Material vielfach hinausgreift und beides ergänzt. Die Arbeit beruht auf selbständigen Studien, und wenn sie auch weit davon entfernt ist, das Thema zu erschöpfen, so liefert sie doch einen dankenswerthen Beitrag zur Kenntniss eines nicht unwichtigen Kapitels der deutschen Kultur- und Literaturgeschichte.

Greifswald, 10. April 1885. F. Vogt.

Hofmann-Wellenhof, P. v., Alois Blumauer. Literarhistorische Skizze aus dem Zeitalter der Aufklärung. Wien. C. Konegen. 1885. IV, 138 S. 8.

Goerner, Karl v., Der Hans Wurst-Streit in Wien und Joseph von Sonnenfels. Wien. C. Konegen. 1884. IV, 86 S. 8.

Beide Werke können als eine Ergänzung von Sauers „Beiträgen zur Geschichte der deutschen Literatur und des geistigen Lebens in Oesterreich" betrachtet werden; beide Werke entbehren trotz der Verschiedenheit der Behandlung nicht eines inneren Zusammenhanges. Das ist kein Zufall, das an dem Hauptsitze der Hanswurstiaden auch die travestirende Erzählungskunst ihr berühmtestes Werk schuf. Die literarischen Bestrebungen der Josephinischen Epoche bilden für Hufmann-Wellenhof wie für Goerner den Gegenstand ihrer Untersuchung. Hofmann-Wellenhof hat in seinem tüchtigen Buche über Denis (vgl. Ltbl. 1882 Sp. 80) eine Arbeit über die „dem Bardengesange verwandten Richtungen und Strebungen des 18. Jh.'s" in

sicht gestellt. Statt ihrer erhalten wir als Frucht längerer „specieller Studien über jene Periode der deutsch-österreichischen Literatur" eine gründliche, nach jeder Seite hin lobenswerthe Monographie über den österreichischen Bürger. Mit Bürger, nicht wie es oft geschah mit Wieland, ist der Verfasser der travestirten Aeneide zu vergleichen, wie ihn auch mit Bürger gemeinsam Schillers herbes Urtheil traf. H.-W. sucht in ruhiger kritischer Würdigung Blumauer gerecht zu werden. Ihn nach der ästhetischen Seite hin preisgebend, hebt er seine tüchtige Gesinnung und seine Verdienste als politischen (Kulturkampf-) Dichter hervor. Im Biographischen kann er nicht mehr bringen als Wurzbachs trefflicher Artikel, sucht jedoch Blumauers Wesen durch eine kurze, prägnante Darstellung der „Zeitverhältnisse" zu erklären. Das Hauptgewicht fällt hiebei auf Blumauers polemische Ausfälle gegen die Wiener Schriftsteller und seine Vertheidigung süddeutschen Wesens gegen den nörgelnden Berolinismus Nicolais. Die Vertheidigung Klopstocks gegen jesuitische Angriffe wird im Anhange („eine Klopstock-Fehde") ausführlich dargestellt. Die wenigen aus Bl.'s Nachlass ausgewählten Gedichte erscheinen recht charakteristisch. Ich glaube H.-W.'s bescheidenem Zweifel gegenüber seine Auswahl als eine glücklich getroffene rühmen zu dürfen. Weitere Mittheilungen hätten sich allerdings nicht gelohnt. Bl.'s Stellung in der österreichischen Lyrik charakterisirt H.-W. (S. 33) dass er „der österreichischen Poesie, welche Denis und Mastalier auf die Höhen des Odenschwunges und der Hymnenbegeisterung geführt, einen mehr volksmässigen, einfach natürlichen Charakter verleihen wollte." Aehnliches gilt ja innerhalb der deutschen Poesie Klopstock gegenüber von Bürger. Das Derbe und Zotenhafte des Göttinger Dichters ist bei dem Josephinischen Aufklärungspoeten ins Wienerische übersetzt und gesteigert. Unter den travestirenden Balladendichtern wäre auch Schiller selber („Wunderseltsame Historia des berühmten Feldzugs" Goedekes Ausgabe III, 169) zu nennen gewesen. Auffallen muss, dass H.-W. bei Uebersicht der komischen Epik der Jobsiade nicht gedenkt. F. Bobertags hübsche Einleitung „das komische Epos, besonders in Deutschland bis zur klassischen Zeit" zur neuesten Ausgabe der Jobsiade (Kürschners „Deutsche Nat.-Lit." 140 Bd.) durfte nicht unerwähnt bleiben. Auch Scherer stellt die Jobsiade und Bl.'s Aeneide zusammen. H.-W.'s Angabe, dass Scherer nicht über Blumauer urtheile, ist unrichtig; er gesteht ihm „einen bescheidenen Platz auf dem deutschen Parnass zu." In den über Bl. mitgetheilten Urtheilen der Zeitgenossen vermisse ich das herbe von Baggesen im Briefe an Reinho'd vom 8. Juni 1794: „Bl. konnte ich mich nicht überreden zu besuchen. Er ist als komischer Schriftsteller zu sehr ein Mensch, dem nichts als sein Bauch und was noch darunter ist, um mich Blumauerisch auszudrücken, heilig zu sein scheint." Der Ueberblick über die Geschichte der Travestien ist in F. Griesebachs Aufsatz „die Parodie in Oesterreich" wenigstens inhaltreicher als bei H.-W., wenigstens in der 3. Auflage der „gesammelten Studien" (Leipzig 1884); H.-W. citirt nur die früheren Auflagen. Komisches Epos und Romanzen sind hinsichtlich ihres Einflusses auf Michaelis und Blumauer genügend gewürdigt; auf Don Quixote und Don Sylvio von Rosalva hätte als auf Vorbilder mit mehr Nachdruck hingewiesen werden sollen. Wie kommt es aber, dass Griesebach wie H.-W. der berühmtesten Parodirung der Sturm- und Drangperiode nicht gedenken? In „Götter, Helden und Wieland" hat Goethe ein Muster für humoristische Behandlung der antiken Sagengestalten aufgestellt. Wenn H.-W. (S. 97) sagt, die Karrikatur werde niemals einen ästhetisch reinen Eindruck hinterlassen, so möchte ich eben im Hinblick auf Goethes Farce die Richtigkeit seiner Behauptung anzweifeln; für die bildende Kunst vgl. Vischer „satyrische Zeichnung" („Altes und Neues" I, 61); Goethes Urtheil über Parodie im Briefe an Zelter 25. August 1824. Eine glückliche ästhetische Erklärung der Travestie gaben Prutz und Schopenhauer: „Das Verfahren der Parodie besteht darin, dass sie den Vorgängen und Worten eines ernsthaften Gedichtes oder Dramas unbedeutende, niedrige Personen oder kleinliche Motive und Handlungen unterschiebt. Sie subsumirt also die von ihr dargestellten platten Realitäten unter die im Thema gegebenen hohen Begriffe, unter welche sie nun in gewisser Hinsicht passen müssen, während sie übrigens denselben sehr incongruent sind; wodurch dann der Widerstreit zwischen dem Angeschauten und dem Gedachten sehr grell hervortritt."

Indem H.-W. am Schlusse seiner Arbeit, die trotz alles gründlichen Eingehens auf die einzelnen unbedeutenderen Erscheinungen des Wiener Literaturlebens in klarer Uebersichtlichkeit den Ausblick auf die grössere Literatur „draussen im Reich" nie verliert, auf die Travestien der Wiener komischen Bühne zu sprechen kommt, welche sich Blumauers Aeneide anreihten, führt er selber uns zum Thema der Goernerschen Untersuchung hinüber. Goerner berichtet im Vorwort, dass er vor dem Erscheinen der Arbeiten von Kopetzky und W. Müller seine Dissertation begonnen habe. Wenn Kopetzky auch vielfach fehlerhaft und unzuverlässig ist, so ward doch durch den Abschnitt „Sonnenfels und die Schaubühne" in W. Müllers Buch („J. v. Sonnenfels. Biographische Studie". Wien 1882) ein Theil von Goerners Untersuchung sehr entbehrlich. Ueber den „Hanswurststreit" hat S. selbst im 52.—55. seiner „Briefe über die Wienerische Schaubühne", deren erste Form jetzt durch A. Sauer, der auch einen Kommentar zu denselben in Aussicht stellt, wieder vorliegt (Wiener Neudrucke 7. Heft), „mehr Geschichtsschreiber als Beurtheiler" Kunde gegeben. Den „Kampf gegen das Extempore vor Sonnenfels", von dem wir weder in den Briefen noch bei den Biographen des „berühmten Wiener Professors" genügendes erfahren, hat dagegen zuerst Goerner übersichtlich dargestellt. Wurzbachs seinerzeitige Rettung Hafners, deren die Anmerkung S. 11 gedenkt, scheint Goerner S. 20 ganz ausser Acht gelassen zu haben. Goethe selbst nahm an Hafners Werken Interesse; 2. Januar 1813 urtheilte er im Briefe an die Gräfin O'Donell. Hafners Werke „stellen die grosse sinnliche Masse der Hauptstadt recht lebhaft dar, aber zugleich von einem solchen Wuste begleitet, dass es mir angst und bang darin wird." Die seltsamen Produktionen verdienten als Denkmal einer bedeutenden Zeit und Lokalität der Vergessenheit entrissen zu werden. Goerner stellt sich überhaupt zu einseitig auf den Standpunkt der Feinde des Hans Wurst. Der Kampf gegen die unfläthigen Extempores war freilich nothwendig, aber von den einseitigen Aufklärern wurde das Volksthümliche und Entwickelungsfähige der Wiener Posse verkannt. Es war die Fortsetzung der von S. bekämpften Burleske, welche den strengen Richter Platen zu dem Urtheile bestimmte, in Wien sei „ein Volkslustspiel, das lustiger ist als sämmtliche deutsche Theater." Raimunds Barometermacher und Valentin sind doch directe Nachkommen des alten Hans Wurst. Ich halte es auch nicht für richtig, diesem, wie Goerner thut (S. 59), einen rein italienischen Stammbaum zu geben; ist er doch ein gar naher Vetter des von den englischen Komödianten nach Deutschland gebrachten Pickelhäring. Es wäre zu untersuchen, in wie weit dieser schon vor Stranitzky in Wien einen von dem Pickelhäring der deutschen Bühnen verschiedenen Charakter angenommen. Für den Gegensatz, der zwischen Lessing und S. bestand, ist es jedenfalls bezeichnend, dass fast zur gleichen Zeit, da S. rücksichtslos die komische Person bekämpfte und, ich gebe es zu, bekämpfen musste, Lessing mit Möser sympathisirend den Harlekin in Schutz nahm. S. steht abgesehen von der Vertheidigung des rührenden Lustspiels, ganz auf Gottschedischem Standpunkte; darüber hätte sein Ausfall gegen Gottsched nicht täuschen sollen. Er vertheidigt ihn, historisch richtig urtheilend, gegen Lessings Verdammung in den Lit. Briefen; sein Urtheil über Shakespeare stimmt viel mehr mit dem Gottscheds als Lessings überein. Die Hamburger Dramaturgie bekämpft die französische Tragödie; die Dramaturgie von Sonnenfels, die zuerst unter der Maske eines Franzosen auftritt, empfiehlt uns Corneille, Racine, Voltaire als höchste Muster. Vielleicht im bewussten Gegensatze zu Lessing wird die Semiramis gelobt. Goerner hat dieses gegensätzliche Verhältniss völlig verkannt. Sonnenfels' berüchtigte Aeusserung über Lessing (24. Juli 1769 an Klotz) ist von W. Müller mit triftigen Gründen entschuldigt; er wie Goerner schweigen aber von einer Reihe anderer hämischer Ausfälle in den Briefen; in dem vom 3. September 1769 verargt S. es Weisse, dass dieser nicht auch öffentlich wie in Privatbriefen den Vorzug der „Briefe über die Wienerische Schaubühne" vor Lessings Dramaturgie anerkenne. Diese Aeusserung charakterisirt mehr als alles andere S. und sein Verhältniss zu Lessing. Goerner drückt sich (S. 86) aus, als wäre seine Meinung, „der reine Aesthetiker Lessing" habe als der weniger praktische den Zusammenbruch des Hamburger Unternehmens verschuldet, während „der Staatsmann S." reüssirte. Gegen eine derartige grundfalsche Auffassung verweise ich auf W. Müller S. 66. Sonnenfels' Tadel gegen die Bevorzugung des wälschen Theaters musste auch später in Wien wiederholt werden; vgl. das Gespräch „ein Beytrag zum Patriotismus und Theatergeschmack der Wiener" in Richters Wochenschrift „der Zuschauer in Wien" (3. Ausgabe Wien 1790).

Wenn Goerners Untersuchung auch nicht gleiches

Lob verdient wie Hofmann-Wellenhofs schön abgerundete Monographie über Blumauer, so haben wir doch auch in ersterer einen mit Fleiss und Sachkenntniss ausgearbeiteten, dankenswerthen Beitrag zur Geschichte des deutschen Theaters in Oesterreich zu verzeichnen.

Marburg i. H., 17. Febr. 1885. Max Koch.

Wolf, Rudolf, Herder und Karoline Flachsland. Beilage zum Programm des Königl. Gymnasiums zu Bartenstein 1884. 24 S. 4. (Programm Nr. 2.)

Es war vorauszusehen, dass Hayms Biographie und Suphans Ausgabe der Werke Herders eine lebhaftere Beschäftigung mit dem Führer der Renaissance littéraire en Allemagne, wie Charles Joret ihn geschildert, zur Folge haben würden. Boxberger hat „Briefe Herders an Boettiger" (Erfurt 1882) herausgegeben, während R. Lindemann uns „Boettigers Stellung zu Herder" (Görlitz 1883) schilderte. Eine Reihe von Programmarbeiten beschäftigen sich mit Herder. R. Lindemann schrieb über „Herder und die Realschule seiner Zeit" (Löbau 1881); Kloepper über „Herders Weimarer Schulreden und ihre Bedeutung für Erziehung und Unterricht" (Rostock 1883). „Herder in seiner Bedeutung für die Geographie" ward uns von F. W. Paul Lehmann (Berlin 1883) geschildert, während Th. v. Rieckhoff „Herder und die Darstellung der Literaturgeschichte" zum Thema wählte; „Über Herders Stil" handelte F. Neumann (Berlin 1884). Hiezu kommen die Ausgaben der neu aufgefundenen Manuscripte durch Duncker und Suphan, die beide hoffentlich bald ihren Platz auch in der Gesammtausgabe finden werden, sowie Joh. Gg. Müllers „Aufzeichnungen aus dem Herderschen Hause", die Jak. Baechtold trefflich herausgab (Berlin 1881). R. Wolf, dessen Arbeit hier zur Anzeige gelangt, hebt selber gleich auf der ersten Seite hervor, dass seine „Abhandlung aus dem Studium des Haymschen Werkes hervorgegangen." Neues bringt Wolf weder in Bezug auf Thatsachen, noch hinsichtlich der Auffassung. Aber mit Geschick hat er in anziehender Weise die Geschichte der ersten Bekanntschaft Herders mit Karoline Flachsland erzählt und von dem Beginne ihres Briefwechsels berichtet. Bereits im Anfange von Herders Strassburger Aufenthalt bricht Wolf seine Auszüge aus dem Briefwechsel und Gerstenbergs Hypochondristen ab. Eine Charakteristik Karolinens, die wohl wärmerer Theilnahme werth wäre, als sie bisher gefunden, hat er nicht einmal versucht. Denkt Wolf seine Arbeit wirklich fortzusetzen, so wird er es hoffentlich verstehen, ihr mehr Gehalt zu geben, sonst unterbleibt die geplante Fortsetzung besser. Zu den S. 4 angeführten Berichterstattern über Herder als Prediger sind als besonders wichtige beizufügen H. P. Sturz' Schilderung im Octoberhefte des „deutschen Museums" 1777 und Schillers Urtheil im Briefe an Körner vom 12. August 1787.

Marburg i. H., 2. Mai 1885. Max Koch.

Raich, J. M., Shakespeares Stellung zur katholischen Religion. Mainz, Franz Kirchheim. 1884. VII. 231 S. 8.

Die ultramontane Geschichtschreibung steht gegenwärtig in üppiger Blüthe. Leider — oder sagen wir glücklicherweise? — führen aber nicht alle Vertreter dieser streitbaren Wissenschaft ihre Waffen so geschickt, wie ihr Champion Janssen. Dass man seit langer Zeit bemüht gewesen ist, Sh. zu einem katholischen Dichter strengster Observanz zu stempeln, darf in Anbetracht einer so unschätzbaren Besitzerweiterung nicht Wunder nehmen. Am bekanntesten ist in dieser Hinsicht das Rio'sche Buch geworden (übersetzt von Zell, Freiburg 1864), allerdings weniger durch den ihm innewohnenden Werth, als vielmehr durch die schneidige Abfertigung, die es durch Mich. Bernays im Jahrb. der deutschen Sh.-Ges. (Bd. I, S. 220—300) erfahren hat. Nachdem dieser Kritiker das fadenscheinige Gewebe der Rio'schen Hypothesen zerrissen hat, spricht er gegen Ende die Hoffnung aus, dass nunmehr wohl keine Hand — auch nicht eine geschicktere als die Rios — es versuchen werde, die Fäden wieder zusammen zu knüpfen. Darin aber hat er sich gründlich geirrt. Denn seitdem ist man katholischerseits sowohl in England als in Deutschland nach neuen Argumenten für die Katholicität Sh.'s emsig auf der Suche gewesen. Es sei hier nur an die Schriften von Aug. Reichensperger und A. Hager erinnert, in deren ersterer der Dichter als offener, in deren letzterer er als Krypto-Katholik erwiesen werden soll. Als neuester Waffengeführte schliesst sich diesen beiden nunmehr Raich in seinem oben genannten Buche an.

Liegt es in dem behandelten Gegenstande wie in der Gemeinsamkeit des angestrebten Ziels begründet, dass derartige Werke fast durchweg denselben Boden wiederpflügen, so bietet doch eine Vergleichung derselben eine Fülle des Lehrreichen und Interessanten. Vom Inhalte muss man hier absehen; er ist im Grossen und Ganzen in allen derselbe; die Methode ist es, welche sie unterscheidet, und in dieser Hinsicht ist es geradezu bewunderungswürdig zu sehen, wie verschieden die einzelnen Verfasser das kärgliche biographische Material auszunutzen verstehen, wie geschickt sie sich alles zu ihrem Zwecke dienliche zurechtzulegen wissen. Und doch ist, im Grunde genommen, auch die Methode bei allen dieselbe; es ist jene auf Scheingründen und Trugschlüssen beruhende unlautere Methode, die Bernays in seinem Essay so schonungslos an den Pranger gestellt hat.

Wie seine Vorgänger schöpft R. am liebsten aus möglichst trüben Quellen, aus deren Abwässern die zu der bezweckten Sh.-Biographie erforderlichen Ingredienzien sich am leichtesten abklären lassen. Fliesst indessen gar keine Quelle, so ist er so wenig wie jene um eigene Erfindungen verlegen. Der in solchen Fällen eingeschlagene Weg ist bemerkenswerth; zuvörderst wird eine Behauptung aufgestellt, die sich unter der geschickten Hand des Verf.'s zu einer Thatsache gestaltet, und selbige Thatsache muss dann zum Beweise der Anfangs aufgestellten Behauptung dienen. Ist der kurze biographische Theil abgehandelt, so sieht sich der Verf. zur Bekräftigung seiner Theorie nach Succurs in den Werken des Dichters um. Wie aber nach Rümelins Worten die Theologen aller Richtungen ihre Systeme aus der Bibel abzuleiten vermögen, so kaun man auch aus Sh.'s Dramen Stellen anziehen, nach welchen der Dichter als Protestant, Katholik, Atheist, als pantheistischer Philosoph oder als Apostel des Humanitätsprincips erscheinen mag. Das Recept ist für alle tendenziösen Biographen und Ausleger das gleiche: eine Stelle, die zweckdienlich erscheint, wird angeführt; ein halbes Dutzend anderer aber, die vielleicht das stricte Gegentheil besagen, wird ausser Acht gelassen; ergibt sich die erwünschte Deutung nicht von selbst, so wird Gewalt gebraucht. Nicht anders bei Raich: Passt ein Ausspruch irgend welcher Person in sein System, so spricht aus ihm zweifellos der Dichter selbst, und sollte er es auch aus dem Munde des Erzschurken Jago thun (S. 92); widerstrebt aber ein anderer von einem unedlen Charakter ausgehender Gedanke dem Systeme, so verbieten es natürlich die Regeln der Vernunft, die Worte eines solchen Menschen mit Gesinnungen und Empfindungen des erhabenen Dichters zu identificiren!

Sehen wir also zu, was bei solcher Methode die Resultate der R.'schen Forschungen im Einzelnen sein mögen. Zunächst steht für den Verf. fest, dass Sh. aus streng katholischer Familie stamme. Den Hauptbeweis dafür liefere der Umstand, dass Sh.'s Vater mit anderen Recusanten, die sich weigerten die anglikanische Kirche in Stratford zu besuchen, vor eine Untersuchungscommission gestellt und zu hohen Geldstrafen verurtheilt worden sei. Wie es sich indessen damit verhält, möge man bei Bernays, Sh.-Jahrb. I, S. 235 nachlesen. Als weitere Stütze für seine Ansicht zieht der Verf. sodann das angeblich im Jahre 1770 in Sh.'s Geburtshause aufgefundene geistliche Testament John Shakespeare's heran, an dessen Echtheit er keinen Augenblick zweifelt[1]. Aber nicht nur die Vorfahren unseres Dichters gehörten der allein seligmachenden Kirche an, auch der Dichter selbst war ein Glied derselben, was sich durch äussere und innere Beweisgründe darthun lässt. Der äussere Beweis liegt für R. in der leidigen Notiz John Davies': 'He dyed a papist'[2], und die Werke Sh.'s geben auf Schritt und Tritt die inneren Beweise an die Hand. Also spricht eine unverkennbare Vorliebe für die kath. Kirche und ihre Einrichtungen, für die Ordensgeistlichkeit, die Klosterfrauen und die Askese, während der Vertreter der protestantischen Geistlichkeit fast ohne Ausnahme dem Spotte der Zuhörer preisgegeben werden[3]. Von den Gebräuchen der kath. Kirche hat Sh. ein so tiefgehendes Verständniss, wie es nur ein Angehöriger derselben besitzen kann; nirgends findet sich bei ihm ein Verstoss gegen dieselben, ja bis in die geringsten Details hinein weiss er Bescheid[4]. Die wichtigsten Glaubenssätze der kath. Kirche kommen in seinen Dramen unzweideutig zum Ausdruck, während des Dichters Widerstreben gegen die Dogmen Luthers und Calvins ebenso deutlich daraus zu Tage tritt.

Wie Raich sich seine Resultate herausconstruirt, sieht man recht deutlich an seiner Interpretation des 124. Sonetts[5]. Die erste Zeile (*If my dear love were but the child of state*) versteht der Verf. dahin, als wolle Sh. damit sagen, seine Liebe sei nicht das Kind der Staatsraison, und aus dem weiteren Wortlaute (*It fears not policy, that heretic*) liest er heraus, dieselbe fürchte 'Klugheit nicht, noch Ketzerthum', was allerdings als ein starkes Anzeichen für Sh.'s Widerwillen gegen die Staatskirche und deren Ketzerthum gelten könnte. Leider ist nur die Uebersetzung, an welche R. sich hält, total verfehlt, und somit seine ganze Auslegung hinfällig. Hiermit berühren wir eine der noch nicht erwähnten Schattenseiten des R.'schen Buches, welche darin besteht, dass der Verf. nirgends auf die Quellen selbst zurückgeht, sondern sein Material stets aus zweiter und dritter Hand bezieht. Auf gleicher Stufe damit steht die Thatsache, dass R. von einer Reihe massgebender Werke längst veraltete Ausgaben benutzt hat, wodurch sein Buch der Bereicherungen und Correcturen der neueren Auflagen verlustig geht. So werden z. B. die Quellen des Sh. nach der Echtermeyer-Henschel-Simrock'schen Bearbeitung aus dem Jahre 1831 (S. 39), Ulrici nach der Ausgabe von 1839 (S. 5 u. ö.), Gervinus nach der vierbändigen Ausgabe von 1850 citirt.

Besondere Bestätigung seiner Ansichten schöpft R. wie aus den Historien überhaupt, so besonders aus K. Joh., Heinr. V. und Heinr. VIII. An K. Joh. weist er nämlich durch Vergleichung mit dem älteren Stücke gleichen Namens nach, der Dichter habe 'von Zeile zu Zeile alles und jedes ausgemerzt, was den Katholiken verletzt'. In Heinr. V. habe er 'sich einen mittelalterlichen Lieblingshelden geschaffen und dessen durch und durch kath. Frömmigkeit.... im Unterschiede von dem ältern Stücke ganz in den Vordergrund gestellt'. Am glänzendsten bewährt sich indessen das kritische Genie R.'s bei der Besprechung von Heinr. VIII., die ungefähr auf folgende Beweisführung hinausläuft: Das Drama bietet in der mit ungewohnter Vorliebe behandelten hehren Gestalt der Königin Katharina in den ersten vier Akten offenbar eine glänzende Apologie der kath. Kirche. Da nun aber der Schlussakt mit seiner Lobpreisung Elisabeths dazu nicht passt, so kann derselbe nicht von Sh. geschrieben sein. Ist diese Theorie nun auch nicht neu — schon Rio hat sie, und zwar noch verschrobener vorgetragen —, so

---

[1] Bemerkenswerth ist, dass R. in diesem Punkte selbst über Rio hinausgeht, der das fragliche Testament nicht für echt zu erklären wagt. Raich spricht seine Meinung allerdings nicht direct aus, stützt aber doch die Echtheit der Schriftwerke mit der Autorität Thurston's und Malone's. Dass dieser letztere Kritiker nach langjährigem gründlichen Studium zur gegentheiligen Ueberzeugung gelangte, ist bezeichnender Weise für Herrn Raich 'ohne Belang'.
[2] Vgl. Elze, Will. Shakespeare, S. 528.
[3] Eine gewisse Vorliebe Sh.'s für den kath. Clerus haben allerdings auch andere Biographen und Commentatoren zugegeben; wie es indessen um seine Aversion gegen die hochkirchliche Geistlichkeit steht, mag man aus J. Thümmel's Vortrag 'Ueber Sh.'s Geistlichkeit', Jahrb. XVI, S. 349–366 sehen. Vgl. besonders S. 354.

[4] Als Beleg dafür wird die in Rom u. Jul. (IV, 1, 38) erwähnte *evening-mass* angesehen, die in der That in Verona gebräuchlich gewesen sein soll. Vgl. Simpson, in den Trans. der New Shaksp. Soc., 1875–76, S. 148–150.
[5] Siehe A. Brandl's Aufsatz 'Ueber die neuesten Forschungen zu Sh.'s Leben' in der Beilage zur Allg. Zeit. Nr. 16, 1885, S. 220.

hat sie R. doch mundgerechter zu machen gesucht. Wie weit ihm das geglückt ist, mag man entscheiden, nachdem man die lichtvollen Ausführungen Delius' über die Autorschaft des Stückes sich noch einmal recht klar vor die Seele geführt hat. Dass freilich mit den Leuten von der Art des Herrn R. nicht zu rechten sei, haben unsere grössten Sh.-Forscher erfahren müssen. Es ist daher das Gerathenste, dass die Kritik sich jedes Angriffs auf das morsche Gebäude ultramontaner Sh.-Biographie entschlage und ruhig abwarte, bis dasselbe in sich selbst zusammenfalle.

Nur noch einige das Aeussere des R.'schen Buches angehende Bemerkungen seien hier angefügt. Der Druck ist im Allgemeinen recht correct; nur in den wenigen im Buche vorkommenden englischen Wörtern zeigen sich häufiger Versehen (s. p. 28, 47, 50, 52, 73). Verdruckt sind einmal die Namen Halliwell und Malone (Hallewill S. 64 und Marlone S. 75) und der Name Shakespeare ist fast durchweg falsch abgetheilt (Shakes-peare S. 30 u. ö.). Woher der Verf. das englische Wort *frate = friar* haben will, ist mir unersichtlich. Aber auch das Deutsch R.'s ist nichts weniger als tadellos; ein Satz wie der 'Vor seinem Lebensende ruft er noch ein Stücker drei- oder viermal Gott an' ist nicht schriftgemäss (S. 88). Wahrscheinlich durch seine römisch-klassische Bildung veranlasst, schreibt der Verf. mit Niebuhr dem lat. *macula* entsprechend 'die Makel' statt 'der Makel' (S. 59, 170). Von sonstigen ungebräuchlichen oder geradezu unrichtigen Formen sind mir noch folgende aufgefallen: wälisch (S. 11, 64), das Verderbniss (S. 36), er radebricht (S. 64), der Würdeträger (S. 74), und das Todesbett (S. 88). Auf Druckversehen endlich scheinen die beiden Ausdrücke Phrasenklingel (S. 227) und 'der süsse Schwan von Avon' (S. 192) zu beruhen.

Homburg v. d. H., 27. Febr. 1885.

Ludwig Proescholdt.

Hense, Carl Conrad. Shakespeare. Untersuchungen und Studien. Halle. Buchhandlung des Waisenhauses, 1884. 642 S. 8.

Nachdem N. Delius (Elberfeld 1878) und K. Elze (Halle 1877) ihre „Abhandlungen zu Shakespeare", J. Thümmel seine „Vorträge über Shakespeares Charaktere" (Halle 1881) in eigenen Sammlungen zusammengestellt haben, hat auch Hense, der bereits 1844 (Halberstadt) „Vorträge über ausgewählte Dichtungen Shakespeares, Schillers und Goethes" herausgegeben, seine fünf, in sieben Jahrgängen des Shakespeare-Jahrbuches erschienenen Aufsätze zur Grundlage eines selbstständigen Buches gemacht, das er noch durch Heranziehung je eines Aufsatzes aus Herrigs Archiv von 1852 — literargeschichtliche Anmerkungen zum Sommernachtstraum — und aus dem Stuttgarter Morgenblatte von 1865 — Shakespeares Naturanschauung — sowie durch Anreihung zweier bisher ungedruckter Untersuchungen „Gewissen und Schicksal in Shakespeares Dichtungen", „Shakespeare und die Philosophie (Pythagoras)" bereicherte. Ein näheres Ein-

gehen auf die mannichfaltigen trefflichen Abschnitte der gehaltvollen Sammlung wäre nur in einer längeren Abhandlung möglich; hier sei nur kurz auf Einzelnes verwiesen. Die zuerst 1879 als Festschrift in Schwerin, dann im XV. Bande des Jahrbuchs erschienene Abhandlung „Antikes in Shakespeares Drama der Sturm" berührt sich vielfach mit dem die Sammlung eröffnenden Doppelaufsatze „John Lyly und Shakespeare", zuerst im VII. und VIII. Bande des Jahrbuchs veröffentlicht. Denn auch hier handelt die erste Hälfte von „Lylys und Shakespeares Behandlung des Antiken". Dasselbe Thema ist inzwischen von Delius im XVIII. Bande eingehend erörtert worden: „Klassische Reminiscenzen in Shakespeares Dramen". Die ältere umfassende Arbeit Paul Stapfers „Shakespeare et l'antiquité" (Paris 1879) ist von Hense nicht beachtet worden. In der Untersuchung über den Sturm wird Hense durch den Anlass seiner Festschrift (sie ist dem Erbgrossherzog von Mecklenburg zu seiner Vermählung gewidmet) verführt, zu ausführlich die antiken Epithalamien zu besprechen. Ich kann mich überhaupt nicht der von manchen Seiten verfochtenen Ansicht anschliessen, dass der Tempest zur Feier einer Vermählung ursprünglich geschrieben oder zu diesem Zwecke überarbeitet worden sei. Die neueren Arbeiten über Lyly und den Euphuismus hat Hense bei den neuen, an mehreren Stellen umgearbeiteten Abdruck seiner Studie zu Rathe gezogen. Shakespeares Verhältniss zum Alterthume untersucht auch der eine der neu veröffentlichten Aufsätze. Hense betont, dass Shakespeare kein systematischer Philosoph war und die Metaphysik ihm ferne lag. Das ist zweifellos, und wenn Tschischwitz den Dichter zu einem eifrigen Anhänger Giordano Brunos machen will, so wird diese Ansicht schon allein durch Hamlets Verse „*Doubt that the stars are fire; Doubt that the sun doth move*" widerlegt, da gerade die Lehre vom Stillstehen der Sonne und der Rotirung der Erde einer von Bruno während seines englischen Aufenthaltes am eifrigsten verfochtenen Sätze war. Dass Shakespeare manche Sätze und Anschauungen ausspricht, welche an angebliche Pythagorische Lehren anklingen, gebe ich Hense gerne zu; die italienischen Kanäle, durch welche ihm solche Kenntniss zufloss, sind zahlreich, wenn auch nicht im Einzelnen nachweisbar. Wenn Hense in Shylocks Charakter aber „den vollkommensten Gegensatz gegen die pythagoreische Harmonie der Seele" findet, so geht mir eine solche Behauptung schon wieder viel zu weit.

Während die drei erwähnten Aufsätze sich rückwärts ins Alterthum wenden, behandelt dagegen ein dem V. und VI. Bande des Jahrbuchs entnommener die von Shakespeare selbst ausgehenden Nachwirkungen: „Deutsche Dichter in ihrem Verhältnis zu Shakespeare". Nachträge und Widersprüche hätten hier wohl am reichlichsten erfolgen. So wirkt Ulricis völlige Verkennung des Verhältnisses des alten Goethe zu Shakespeare noch immer verwirrend ein. Im Ganzen wird man aber Henses, die Sturm- und Drangperiode wie die Romantik umfassende Untersuchung als eine der werthvolleren Vorarbeiten betrachten zu einer noch zu schreibenden allumfassenden „Geschichte Shakespeares in Deutschland". Ueber „die Darstellung der Seelenkrankheiten in Shakespeares Dramen" haben, nachdem Hense 1878 seinen Essay im XIII. Bande des Jahrbuchs veröffentlicht, in Deutschland, England und Amerika mehrere Irrenärzte geschrieben. Der Aufsatz „Polymythie in dramatischen Dichtungen Shakespeares", zuerst im XI. Bande, hätte mehr Beachtung verdient, als ihm thatsächlich zu Theil ward. Es ist eine feinsinnige, tief in das Wesen der Shakespeareschen Compositionsweise einführende Untersuchung, wie wir deren nicht eben viele haben. „Shakespeares Naturanschauung" beruht nach Hense auf lebhaftem Gefühl für die Natur; es zeigt sich in der getreuen Beobachtung und farbenreichen Schilderung des Einzelnen; der Schmerz des Einzelnen wie das ungesunde kraftlose Kulturleben der gesellschaftlichen und staatlichen Gesammtheit findet in der Natur Heilung. In ihr sah Shakespeare „eine sittlich sich entwickelnde Kraft". Dieses Verhältniss zur Natur bestimmt auch die Auffassung von „Gewissen und Schicksal in Shakespeares Dichtungen". Diese neu hinzugekommene umfangreiche Abhandlung (132 S.) sucht Shakespeare als den vom Geiste des Protestantismus beseelten „Dichter des Gewissens", wie ihn bereits M. Carriere im IV. Bande des Kunstbuchs genannt hat, zu charakterisiren. Gerade die Art und Weise, wie Shakespeare das Gewissen mitspielen lässt, unterscheidet ihn von seinen dramatischen Vorgängern, zunächst von Marlowe. Richard III., Hamlet, Macbeth schildert Hense geradezu als Tragödien des Gewissens, während bei einer Reihe anderer Charaktere, z. B. König Johann, Brutus, Enobarbus, Heinrich IV. Posthumus das verurtheilende Gewissen stark mitwirkt. Hübsch bemerkt er bei Richard III., dass die Heuchelei an sich bereits die Anerkennung des Guten als der allein wahrhaft wirkenden Macht sei. Falstaffs Reue wäre besser nicht in die Reihe der Beispiele gesetzt worden. Für die Zauberschwestern im Macbeth nimmt Hense mit Recht Realität in Anspruch, doch dürfe man sie nicht als Macbeths Schicksal bezeichnen. „Die tragischen Helden Shakespeares werfen ihre Schuld nicht auf ein Schicksal; ihre Leidenschaft, Neigung oder ihr Wille bestimmt sie. Im Gegensatz zur Tragödie Shakespeares charakterisirt Hense die von Orakel und Prophezeihung untrennbare Schicksalstragödie der Griechen. Hense hätte dabei auf Goethes Charakterisirung der antiken und englischen Tragödie verweisen sollen: „Shakespeare verglichen mit den Alten und Neuesten" (1813), den tiefsinnigsten Bemerkungen, die jemals über dies so oft behandelte Thema gemacht wurden. Die gediegene Bildung des klassischen Philologen macht sich aber hier wie in allen Aufsätzen Henses aufs vortheilhafteste geltend. Das treffende Urtheil, der weite Blick über die verschiedenen zur Vergleichung herangezogenen Literaturen macht seine Sammlung zu einem der anziehendsten Bücher unserer allzureichen deutschen Shakespeareliteratur.

Die weit ausgebreitete Literaturkenntniss Henses

[1] Die Verbindung klassischer und Shakespearestudien tritt auch in Henses, nicht in die Sammlung aufgenommener Schrift hervor: „Beseelende Personificationen in griechischen Dichtungen mit Berücksichtigung lateinischer Dichter und Shakespeares". Schwerin 1877.

tritt noch besonders in den „literargeschichtlichen Anmerkungen zum Sommernachtstraum" hervor. Der Aufsatz ist zuerst unter dem nicht zutreffenden Titel „Geschichte des Sommernachtstraums" im X.—XII. Bande von Herrigs Archiv erschienen, nachdem Hense bereits ein Jahr vorher (Halle 1851) „Shakespeares Sommernachtstraum erläutert" herausgegeben hatte. In den „literargeschichtlichen Anmerkungen" vergleicht er den Charakter von Shakespeares Elfen mit ihrer populären Auffassung im Volksbuche von Robin Goodfellow und in dem Drama „the Maid's Metamorphosis"; untersucht was Fletcher in seinem Drama the faithful Shepherdess, Drayton in der Nymphidia und in a fairy Wedding, Randolf in Amyntas und selbst Ben Jonson, der Verspotter der ganzen Richtung von Shakespeare entlehnt haben. Ungenügend wird dann des Peter Squenz gedacht, an dem doch nicht Gryphius allein, sondern wohl mehr Dan. Schwenter Antheil gehabt; Chr. Weise bleibt ungenannt, dagegen wird der Einfluss des Sommernachtstraums auf Wielands „Oberon" (vgl. M. Koch „das Quellenverhältniss von Wielands Oberon" Marburg 1879) und Tiecks „Sommernacht" besprochen.

Es sei mir gestattet gleich anknüpfend an diese ältere treffliche Arbeit Henses über den Sommernachtstraum einer neueren, wenn auch weniger lobenswerthen über das alte Elfendrama zu gedenken:

Finkenbrink. An Essay on the Date, Plot and Sources of Shakespeare's „A Midsummer Night's Dream". Part. I. On the Date. Wissenschaftliche Beilage zum 31. Jahresberichte des Realgymnasiums zu Mühlheim a. d. Ruhr. 1884. 20 S. 4. (Progr. Nr. 437.)

Der Verfasser dieses in erträglich gutem, wenn auch keineswegs fliessenden und tadelfreien Englisch geschriebenen Programms sucht zunächst diejenigen zurückzuweisen, welche als Entstehungszeit der Dichtung 1590 und 1598 annehmen. Ten Brinks Vortrag „über den Sommernachtstraum" (1878 im XIII. Bande des Jahrbuchs) scheint er nicht zu kennen; in einem dritten Abschnitte wird die „Evidence for 1594" nachgewiesen. Mit den Resultaten der Polemik des ersten Abschnittes bin ich einverstanden. Wenn aber, wie viele Erklärer, und ich glaube nicht mit Unrecht, annehmen, Titanias Verse (II, 1. 88) eine Schilderung des Missjahres von 1594 enthalten, so ist die Vollendung des Drama's besser erst für das folgende Jahr anzunehmen. Dass das Stück, wie Finkenbrink in 2. Abschnitte darzulegen sucht, not a Mask or occasional Play sei, glaube ich, aber der Beweis wäre besser zu führen, das über die Maske Gesagte aus A. Soergels hübscher Dissertation „die Englischen Maskenspiele" Halle 1882 zu verbessern. Die grosse Anzahl der Aufführungen des Sommernachtstraums auf deutschen Bühnen ist wohl mehr der Anziehungskraft von Mendelssohns Musik als den von Finkenbrink hervorgehobenen Vorzügen der Dichtung zu verdanken. Wie der Autor dazu kam Henry IV. den many other dramas of Shakespeare beizuzählen, in denen Elfen, Feen und andere übernatürliche Wesen eine Rolle spielen, verstehe ich nicht. Es kann schon Bedenken erregen die Merry Wives, in denen es sich um eine Travestie des Elfenwesens handelt, diesen Dramen beizurechnen. Der mit seinen Zauberkünsten prahlende Glendower und der Prolog zum zweiten Theile König Heinrichs IV. werden doch nicht als supernatural beings gelten sollen?

Marburg i. H., 20. April 1885. Max Koch.

Pudmenzky, Shakespeares Pericles und der Apollonius des Heinrich von Neustadt. Programm des Gymnasium Leopoldinum zu Detmold. Ostern 1884. 37 S. 4.

Wenn man in Simrocks 'Quellen des Shakespeare' den auf 'Pericles' bezüglichen, die Sagenvergleichung behandelnden Passus gelesen und daraus ersehen hat, wie viele offene Fragen es für Simrock in Bezug auf die Quellen dieses Stückes noch gab, so wird man der von Pudmenzky angestellten Untersuchung die Berechtigung gewiss nicht absprechen, sondern dieselbe vielmehr als einem wirklichen Bedürfnisse entgegenkommend mit Freuden begrüssen. Werden nun auch durch P.'s Arbeit noch nicht alle Punkte der Apolloniussage aufgehellt, so ist doch wenigstens auf die wichtigsten Partien derselben neues Licht gefallen, wofür wir dem Verf. von Herzen dankbar sein können. Zudem nehmen wir an, er habe mit seiner Programmabhandlung der Shakespearekunde nur eine Abschlagszahlung leisten wollen, und er werde die weitverzweigte Apolloniussage noch zum Gegenstande fernerer Forschungen machen, wozu er nach dem in dem vorliegenden Programme Gebotenen ganz der geeignete Mann zu sein scheint.

Anknüpfend an die von Possart und v. Perfall im Jahre 1882 versuchte Gewinnung des Shakespeareschen Pericles für die deutsche Bühne[1], gibt der Verf. zunächst eine gedrängte Uebersicht über die Verbreitung des Stücke zu Grunde liegenden Sagenstoffes. Darauf folgt eine auf Strohls — leider unvollständiger — Ausgabe beruhende Inhaltsangabe der Dichtung Heinrichs von Neustadt und schliesslich wird sowohl auf diejenigen Züge der Sage hingewiesen, welche in allen Fassungen derselben stabil geblieben sind, wie auch auf diejenigen, welche in verschiedenen Zeiten und Ländern wesentliche Umgestaltungen erfahren haben.

Als Endresultat ergibt sich, dass die Historia Apoll., Heinrich von Neustadt, die Gesta Romanorum und Twine im Ganzen eine grosse stoffliche Uebereinstimmung zeigen, und dass speciell Heinrich von Neustadt und Twine nicht sowohl zu merklicher Aenderung des sachlichen Inhalts als vielmehr zu breitem Ausmalen und Schildern neigen. Das zwischen Shakespeare und Twine einerseits und Shakespeare und Gower andererseits bestehende Abhängigkeitsverhältniss charakterisirt der Verf. in der Weise, dass der Dramatiker in positiver Hinsicht mehr dem Twine, in negativer mehr dem Gower gefolgt sei; will sagen, dass er von Twine die Hauptmasse des Stoffes entlehnt habe, während Gower ihm in denjenigen Fällen eine willkommene Vorlage gewesen sei, in welchen es sich um Zusammenziehung, Kürzung, oder wohl gar Weglassung weniger bedeutender Momente handelte.

Homburg v. d. H., 21. April 1885.
Ludwig Proescholdt.

Brekke, K., Etude sur la flexion dans le Voyage de S. Brandan. Paris, Vieweg. 1885. VI, 77 S. 8.

In Brekkes Abhandlung liegt eine ausführliche und treffliche Darstellung der flexivischen Verhältnisse des Brandans vor. Verf., ein ehemaliger Schüler der Pariser Ecole des Hautes Etudes, hat nämlich alle fünf Handschriften, die von Brandan existiren, benutzen können, und wie dies von einem Manne, der durch Arbeiten auf dem Gebiete der norwegischen Dialektologie sich bereits vortheilhaft bekannt gemacht hat, zu erwarten war, ist die Untersuchung mit grosser Sorgfalt und streng wissenschaftlicher Methode geführt. Ausser dem Exposé und der Kritik der Formen bietet Verf. noch zwei interessante Excurse, einen über den Consonantenausfall z. B. in *ris* = *ricus*, *cols* = *coluphus* und einen zweiten über den Werth und die Anwendung von *z* in der altfranzösischen Nominalflexion. — Nicht um das hohe Lob, das die Arbeit von Br. verdient, zu verringern, sondern um dieselbe in einigen nicht unwesentlichen Punkten zu ergänzen oder zu berichtigen, mache ich hier folgende Bemerkungen. Man vermisst S. 24, wo von *graindres* — *greignur* u. dgl. die Rede ist, die Comparativform *alçur* = *altiorem*, die v. 279 vorkommt. Dieser Vers lautet in der Bodleyanschen Handschrift

Dune esgardent lalceur palais

fast übereinstimmend mit dem Arsenal-Hs., während die Londoner Hs. für *lalceur la eur* bietet, und die Yorker Hs. den Text entstellt hat. Dass mit *lalceur palais illum altiorem palatium* gemeint ist, unterliegt keinem Zweifel, und der organische Comparativ ist besonders deswegen interessant, weil er von dem Copisten der sehr alten Londoner Hs. schon missverstanden worden ist. Wenn man nun diese Form nicht in dem Kapitel von den variablen Stämmen wie *graindres* — *greignur* behandeln will (da wohl kaum ein Nominativ = *altior* im Altfranzösischen existirte), so ist die selten gefundene Form (z. B. Mystère d'Adam, p. 26) doch so interessant, dass sie in einem Paragraphen über die Gradationsformen wohl hätte verzeichnet werden dürfen. — Es befremdet, dass ein so vorsichtiger Gelehrter wie Brekke den Ausdruck *aprimes* v. 768 ganz missverstanden hat. Der Vers lautet fast übereinstimmend in allen Hss., nämlich folgendermassen:

Dune aprimes mourerez dei.

Natürlich ist *a primes* adverbial = „zum ersten Male" oder „erst"; statt dessen hat Brekke *aprimes* als das Perfect von *aprendre* (*apreimes*) aufgefasst

---

[1] Es sei hier daran erinnert, dass, entgegen den enthusiastischen Berichten A. Meissners (Shakesp.-Jahrb. XVIII, 200 ff.), Franz Muncker die Münchener Pericles-Aufführungen für verfehlt erklärt (Wiener alte Presse Nr. 266, 26. Oct. 1882). Letzterer Ansicht schliesst sich auch Max Koch in seiner Besprechung des Pudmenzkyschen Programms an (Kölbing, Engl. Stud. VIII, 387).

(S. 62 und 75) und daraus Schlüsse gezogen, die hinfällig sind. Falsch ist die Behauptung (S. 60 und 73), dass *estout* das Perfect von *ester* wäre; es ist natürlich das normannische Imperfect dieses Verbs; *stabat ; estout = amabat : amout*. Verf. behauptet, Suchier habe dieses *estout* mit *stetuit* identificirt; dies hat doch wohl Suchier nie gethan, wenigstens nicht in seinem Leodegarliedartikel. Bei der Besprechung des Genus der masculinen Substantive sollte *seid (sitis)* nicht fehlen; v. 788 liest man *Crut leyre faim clardant seid*.
Entweder ist dort *seid* masculin, wie öfters im Altfranzösischen, oder aber man hätte die im Brandan seltene Femininform ohne *e* zu constatiren. Ein wenig zu knapp ist die Notiz (S. 56) „Au v. 359 *alt* est pour *seez*". Es kommt auch *prenget* (= *prengez*) vor v. 206 (vgl. S. 75), und wir haben es hier mit einer eigenthümlichen anglonormannischen Schreibweise zu thun; vgl. eine Bemerkung von Suchier in Zs. f. r. Ph. I. 570.
Wo Verf. Kritik übt, ist er stets völlig objectiv. Doch hat er einige Male meine Aufstellungen, wie ich glaube, nicht ganz richtig beurtheilt. Er sagt z. B. S. 59, Anm. 2: „Vising (43) en lisant avec *A celebrerent : ublierent* est en contradiction avec luimême, puisque *ublierent* donnerait un vers féminin de neuf syllabes." Ich fügte aber zu der (S. 43) vorgeschlagenen Lesart hinzu: „pour le nombre des syllabes, voir plus bas"; und S. 49 habe ich auch den durch *ublierent* verlängerten Vers (844) nebst einigen andern derartigen Gestalt besprochen. Dies ist doch keine „contradiction avec soi-même". Allein über dergleichen Kleinigkeiten weitere Worte zu verlieren fördert nichts; besser ist offen und dankbar anzuerkennen, dass Brekke in vielen Fällen richtiger geurtheilt als ich.
Vänersborg, Juni 1885.   Johan Vising.

Nehry, Hans, Ueber den Gebrauch des absoluten Casus obliquus des altfranzösischen Substantivs. Berliner Inaugural-Dissertation. 1882. 70 S.

Von dieser Arbeit scheint man seltsamer Weise bisher wenig oder keine Notiz genommen zu haben. Sie behandelt mit grossem Fleiss ein sehr interessantes Kapitel der altfrz. Syntax gründlich und vollständig. Der Verf. beweist überall klaren Blick für die syntaktischen Erscheinungen und lässt bei Beurtheilung derselben nie diejenige Vorsicht vermissen, welche ein allzuweites Fehlgreifen unmöglich macht. Lob verdient auch zumeist die dem Gegenstande angemessene knappe und bestimmte Sprache, die genau das sagt, was zum Ausdruck gebracht werden soll, nicht mehr und nicht weniger. Für die Lesbarkeit der Arbeit konnte mehr geschehen: die Beispiele hätten durch kursiven Druck hervorgehoben, grössere Abschnitte durch Paragrapheneintheilung übersichtlicher gemacht werden sollen.
Nehry theilt den ganzen Stoff in I. die Fälle, in denen „der absolute Casus obl. aus einem einfachen oder mit attributiven Zusätzen versehenen Substantiv besteht" (*Qu'alez ros ceste part querant?* Erec 165) und II. diejenigen, bei denen „der absol.

Accus. aus der Bezeichnung eines Seienden besteht, welchem in prädikativer Stellung die Bestimmung seines Verhaltens in Bezug auf die Aussage des Hauptsatzes (besser wäre: „in Bezug auf die Hauptaussage") beigefügt wird" (*Paien chevalchent ... Halberce restuz* Rol. 710). Schon daraus geht hervor, dass die Arbeit mehr gibt, als der Titel verspricht. Denn das Seiende, um welches es sich im Abschnitt II handelt, braucht natürlich nicht immer ein Substantivum zu sein: in dem Satze *Et dist qu'il m'apeloit sanz faille Lui nuerieme de la bataile Moi ricing* (Claris 2912) ist es ein Personalpronomen, in *jou Annies fac ce testament ... sauf chou que jou en retieng le pooir de muer* (Taill. Actes 9, bei Nehry 67) im engeren Sinne das demonstrative *chou*, im weiteren ein ganzer Satz. Trotzdem aber hat N. mit Recht derartige Fälle von seiner Betrachtung nicht ausgeschlossen, während ihn p. 33 wohl nur der zu eng gefasste Titel dazu veranlasst hat, den Satz *Ostes, que rent ou le sistier?* mit einem „Vergl." zu versehen. Auch darin geht der Verf. anzuerkennender Weise über den Rahmen des nothwendig Erforderlichen hinaus, dass er nicht versäumt anzugeben, wann und wie weit der absol. Cas. obl. durch präpos. Wendungen vertreten werden kann, sowie zu untersuchen, wie die alte Sprache verfuhr, falls sie nicht in der Lage war, den Cas. obl. in dem Umfange zu verwenden, den der entsprechende Casus des Lateinischen (Gen., Accus. oder Abl.) aufzuweisen hatte. So ist p. 29 von den verschiedenen dem Afrz. zur Angabe des Alters einer Person zu Gebote stehenden Ausdrucksweisen die Rede am Anlass der lat. Verfahrens, das zu *natus* die Anzahl der Jahre als Accus. des Masses hinzufügte. Im Franz. wird entweder das Adj *agé* (für welches afrz. auch *de l'nage* oder *en l'nage* eintreten kann) als Prädicatsnomen mit der Zeitangabe durch *de* verbunden, oder die Summe der Jahre (als Besitz aufgefasst) tritt als Object zu *avoir*, dessen Subject hier wie dort die Person ist, um deren Alter es sich handelt. Eine weitere Redeweise zeigt (Claris 121) *De XV ans iert la damoisele*. Dagegen findet sich in N.'s Arbeit nichts über den unabhängigen Accus. in Ausrufungen, von dem doch auch im Afrz. einige Spuren vorhanden sind. Vgl. Diez III, 124 und Suchier, Zs. VI. 445 f. — Der I. Abschnitt behandelt nun A. den lokalen und temporalen Accusativ, B. den Accusativ des Masses und C. den modalen Accusativ. Hier einige wenige Bemerkungen, die mir zumeist bei der Lektüre von „Claris et Laris" aufgestossen sind. Aus Claris 989 (*Enselez treurent lor chevax*) *Qui bien vont les monz et les vax* geht hervor, dass bei den Verben der Bewegung der absol. Accus. nicht bloss (Nehry p. 6) zur Angabe des nach der Bewegung als zurückgelegt erscheinenden Weges, sondern auch ohne Rücksicht darauf ganz allgemein zur Bezeichnung des Ortes dient, an dem die Bewegung stattfindet. — p. 8 werden nach Toblers Vorschlage die mit den Adverbien *amont, aral, contremont, contreral* (vgl. auch *Aler en rol a sanc a terre* Rich. 215; *En sum sa tor muntée est Braimunde* Ch. Rol. 3036) verbundenen Substantiva mit Recht als Accusative des Ortes bezeichnet. Lyon. Ys. 2278 *Un valat pormoinne .I. cheval Per la citey lou contreval* zeigt, dass jene Adverbien, *contreval* wenigstens, substantivirt auch selbst die Stelle des absol. Acc. des Ortes einnehmen konnten. — Vielleicht hätte bei Besprechung des lokalen absol. Accus. auch die afrz. Präposition *lonc* (Claris 136, 207, 248, 1659, 3075, 3799, 3865, 5446 etc.) erwähnt werden sollen. Wenigstens möchte ich glauben, sie verdanke ihre Bedeutung (secundum) der ursprünglich räumlichen Anschauung, dass ein Seiendes in seiner ganzen Ausdehnung (Länge) neben einem zweiten Seienden herlaufe, von dem es hinsichtlich des Masses des Seins gänzlich abhängig ist. — Den formelhaften Ausdrücken *mou cuel, mon los, malgré* etc. ist an die Seite zu stellen *mou aris* (*Ja oreut cherauchié assez Plus de X lines mon aris* Claris 4148), an Stelle dessen häufiger präpositionale Wendungen *a mou aris* (Claris 1486, 9425), *au mien aris* (ebd. 4996), *lou mou aris* (ebd. 5446) vorkommen. — p. 46 ist hinzuzufügen, dass bei den Betheuerungsformeln mit *foi* (von denen eine recht seltsame Claris 2277 sich findet *Foi que doi le peril de m'ame*) nicht nur die Präposition *par*, sondern auch *a* begegnet; vgl. Chlyon 3610 (*a la moie foi*) und das interjectionale *a foi!* (Auc. Nic. 21, 7).

Die II. Abtheilung der Arbeit scheidet die ihr zugehörigen Fälle in solche, bei denen A. der absol. Accus. Bestimmung zu einem an der Thätigkeit der Hauptaussage als Subject oder Object betheiligten Seienden ist (*Et li cassal resout en piez suilli Esperz traites, les escuz avant mis* Cor. Lo. 2545; *il jura que... n'en istroit se on ne le getoit fors les piez avant* Men. Reims 264) und B. solche, bei denen die im absol. Accus. enthaltene Bestimmung dem Satzganzen gilt (*reunz toz serut trebuchiez* Job 344, 22). Dass die Fälle unter A wiederum gesondert wurden (1. Bestimmungen zum Subject, 2. Bestimmungen zum Object) scheint mir weder durch die Sache selbst bedingt noch auch von irgend erheblichem Vortheil zu sein. Als geradezu irrig aber ist es zu bezeichnen, wenn unter A 1 c („die prädicative Bestimmung ist ein Adverb oder ein adverbialer Complex etc.") als Beleg z. B. angeführt wird *Mes dites moi, se vos savez, Qui est son cheveliers aruuez... Qui par ci devant passa or Lez lui une pucele cointe...* Erec 583. In diesem Satze ist keineswegs *lez lui* prädicative Bestimmung *vo une pucele c.*, es soll gewiss nicht von der mit *une p. c.* bezeichneten Person ausgesagt werden, sie sei dem *chevalier armé* zur Seite geritten. Vielmehr geht der Redende bei seiner der Hauptaussage in absol. Weise angefügten Bestimmung *lez lui u. p. c.* von dem Orte zur Seite des Ritters aus und macht mit Bezug auf diesen die Aussage *une pucele cointe*, was auch ganz natürlich erscheint, wenn man bedenkt, dass es ihm darauf ankommt, dem Angeredeten ein Bild des (von ihm gesuchten) Ritters zu geben. So sind denn auch Rol. 682 ff. *A mes oilz ri quatre cent milie armez, Halbercs vestuz, healmes d'acier fermez, Ceintes espees as punz d'or neielez* — die Bestimmungen *halbercs vestuz, healmes d'acier fermez* anders zu beurtheilen als *ceintes espees as punz d'or neielez*. Durch letzteres soll natürlich nicht von *den esp. as p. etc.* ausgesagt werden, sie seien *ceintes* gewesen, sondern das Gewicht der (Neben-) Aussage ruht auf *espees as punz d'or n.* Der Dichter will sagen: Ihr Gürtelschmuck waren *esp. a. p. d. n.* und Gautiers Uebersetzung *Et, au côté, l'épée au pommeau d'or niellé* trifft ganz das Richtige. Ist dies der Sachverhalt, so ist in der Congruenz von *ceintes* mit *espees* hinsichtlich des Genus und Numerus die Wirkung einer Attraction zu sehen. Hingegen sind *halbercs vestuz, healmes d'acier fermez* thatsächlich so aufzufassen, dass zu dem Subj. *halbercs, healmes* die Aussagen *vestuz* und *fermez* gehören. Es soll nicht in Abrede gestellt werden, dass für die Sache selbst der Beobachtung des erörterten Unterschiedes nicht viel ausmacht; das darf aber kein Grund sein, ihn zu vernachlässigen. — Zu p. 51, wo von Fällen wie *Trait ses criquels pleines ses mains amadous* Ch. Rol. 2906 die Rede ist, sei noch auf Claris 5502 *Teste si grosse.... Denz come alernes afilez, .I. pie de louc, plain paume lez* verwiesen. In Anbetracht des durch *Il a de l'argent plein ses poches* veranschaulichten Verfahrens der neueren Sprache muss man Bedenken tragen, die Stelle zu emendiren, wie Alton will, dessen Vorschlag: *.I. pie lons, plaine paume lez* übrigens nicht annehmbar scheint. Vgl. Schry p. 21.

Ref. spricht schliesslich den Wunsch aus, dass die vorstehenden Zeilen dazu beitragen mögen, die Aufmerksamkeit der Fachgenossen auf eine Arbeit zu lenken, die es nicht verdient, unbeachtet zu bleiben.

Berlin.   Alfred Schulze.

Pakscher, A., Zur Kritik und Geschichte des französischen Rolandsliedes. Berlin, Weidmann. 1885. 136 S. 8. (Strassburger Dissertation.)

P. unterzieht zunächst das Verhältniss der Ueberlieferungen des Rolandsliedes einer sehr eingehenden Untersuchung und kommt zu dem Ergebniss, dass die älteste Gestalt desselben uns in der Turpinschen Chronik vorliegt, die allerdings als stark interpolirt bei kritischen Untersuchungen nur mit Vorsicht zu gebrauchen ist; den Alter nach käme das Ca(rmen); dann Ks; eine Ueberarbeitung der Vorlage der letzteren sei Quelle aller französ. Ueberlieferungen, so aber, dass Vn durch je eine Ueberarbeitung sowohl von O wie von den noch jüngeren Reimredactionen getrennt wäre. Letzteres, dass Vn weder zu O noch zu P etc. gehört, ist auch des Ref. Ansicht; die Stellung der Chronik, die wenigstens vier Verfasser haben soll, mag dahingestellt bleiben, aber gegen die, welche Ca und Ks angewiesen wird und gegen ihren hohen Werth für die Kritik ist doch mancherlei einzuwenden. Zunächst dürfte Ca viel mehr gekürzt sein, als P. S. 33 annimmt. So tritt Walter v. 421 ganz plötzlich auf, weil Tir. 66 O fehlt, während doch v. 211 f. offenbar ihrem v. 805 entspricht, also eine derartige Tirade dem Verfasser vorlag. Wenn die den Pairs v. 241 f. drei genannt „et reliqui quorum nomina non memoro", und doch werden später noch drei mit Namen erwähnt, so passten dem Verfasser offenbar diese Namen und die Beschreibungen von Einzelkämpfen nicht für seine gespreizten Verse, während Ganelons Sendung zu Marsilie ihn mehr anzieht und daher beinahe ein Drittel des Ganzen ausmacht. Es fehlt ganz Rolands Versuch sein Schwert zu zerbrechen, was die Chronik erzählt; es fehlt jede Motivirung der Vermuthung Marsilies, Roland habe wohl Ganelons Sendung veranlasst (vgl. Stengel, Zs. VIII, 511), ebenso wie der Verhaftung und Bestrafung Ganelons; seine Hinrichtung wird in drei Versen abgemacht, und doch liegen thatsächliche Gründe, eine Verstümmelung des Gedichtes anzunehmen, nicht vor. Wer alles das auslässt oder übers Knie bricht, der kann auch mehr ausgelassen haben. Manches andere weist wohl auf verhältnissmässig späte Abfassung oder auf willkürliche Zusätze hin, in denen der Dichter seine Kunst zeigen wollte, so die Furcht Ganelons auf dem Ritt zu Marsilie, wie überhaupt die Ausdehnung dieses Theiles des Gedichtes; das Auftreten Braumundes, welches P. durch Einfluss Ovids erklären will; ferner dass Karl, schon als er das Horn blasen hört, se påme, wie G. Paris longuet v. 379 übersetzt; dass zwei Heiden Roland sein Horn (nicht das Schwert) zu entreissen suchen u. a. m. — Was Ks anbetrifft, so ist kein Grund vorhanden anzunehmen, dieselbe habe nur am Ende gekürzt (S. 27). Gegen diese Annahme spricht immerhin, dass Tir. 80 O, sollte man sie auch ursprünglich nur bis v. 1004 gehen lassen, mit wenig Worten (Ende Kap. 20) wiedergegeben wird, also nicht ganz fehlt, wie P. annimmt, und dass sich Tir. 130 O nicht in Ks (noch auch in P) findet, während sie doch als Uebergang zu Tir. 131 kaum zu entbehren ist, auch weist wohl Ca v. 361 ff. auf sie hin. Was das Alter von Ks anbetrifft, so weisen nach P. (S. 54 Anm.) die Assonanzen *ui*, *ó*: *ón* auf eine jüngere Bearbeitung als Ks hin, und doch lassen sich solche, so weit es bei einer Uebersetzung möglich ist, auch in Ks erkennen (vgl. z. B. v. 931, 939, 1390, 2116 oder v. 773, 1020, 1026, 1027, 1219, Tir. 107 O mit Ks). Auf jüngeres Alter hinweisen dürfte auch die Erweiterung von Tir. 129 und 168 O in Uebereinstimmung mit Vn und den Reimredactionen, ebenso die von Tir. 23, welche nur noch die Reimredactionen bieten, und die nach v. 847 O, wo nur Vz einen, aber ganz abweichenden, Zusatz hat, ebenso die nach v. 1216, mit der Ks allein steht. Nach P. selbst (S. 66) soll eine Berufung auf die geste „sicher ein Kennzeichen des verfallenden Epos" sein; eine Ausnahme wird für Ks in dem angenommen, was sie hinter Tir. 112 O gibt. P. hat aber übersehen, dass sich solche Berufung auf „alte Bücher" auch in dem findet, was Ks statt des Schlusses von Tir. 129 enthält. Ist hier auch eine Ausnahme zu machen? — In Grübers Zeitschrift IV hat Ref. eine grössere Anzahl von Stellen aufgeführt, in denen Ks theils nur mit O, theils nur mit Vn, einige Male sogar in geradezu fehlerhafter[1] Weise übereinstimmt. Wie will P. diese Uebereinstimmungen trotz der zwei, beziehentlich drei Ueberarbeitungen erklären, die zwischen Ks und O resp. Vn liegen, und von denen jene zwei sogar eine O, Vn und den Reimredactionen gemeinsame Vorstufe bilden? Wie will er ferner bei seiner Filiation der IIss. erklären, dass Vn mitunter ganz allein steht, z. B. in Tir. 29, 34—37 O, wo O und die Reimredactionen übereinstimmen? Ich habe in der Zs. a. a. O. auf den Einfluss der mündlichen Ueberlieferung hingewiesen. Auch P. spricht von derselben, aber er lässt sie aufhören, sobald aus dem Volkslied das Epos entstanden ist.

Im zweiten Theil, „die nächste reconstruirbare Vorstufe der franz. Handschriften", handelt es sich namentlich um die Unechtheit der Baligantepisode. Hier bietet besonders der Umstand Schwierigkeit, dass sich die beiden Träume Tir. 187 f. O, von denen sich der erste offenbar auf Bal. bezieht, auch in Ks finden. Darüber sucht P. folgendermassen hinwegzukommen. Von Tir. 179 an sind Aenderungen und Umstellungen vorgenommen worden (S. 124 ff.). Tir. 186 bestand ursprünglich nur aus v. 2513—17; der Traum Tir. 187 beunruhigt Karl, er springt auf und reitet nach Ronceval, v. 2649 ff. in etwas veränderter Form. und das alles stand vor v. 2398 ff. Der Traum nämlich, nicht der Hornruf unterrichtete Karl von der Bedrängniss der Seinigen; als aber die Erzählung vom Hornruf aufgenommen war, hatte der Traum keinen Zweck mehr; er wurde daher umgeändert, so dass er auf Bal. hinweist, und Tir. 188, die der Ganelons Bestrafung deutet, kam neu hinzu. Im südlichen Frankreich aber hatte sich die ältere Form des Gedichts ohne Bal. und die V(engeance) R(ollant) erhalten, wie die Lyoner IIs. zeigt (S. 59 f.), und war beliebter. Die Vorlage von Ks stammte aus Südfrankreich; der Schreiber derselben liess absichtlich Bal. und VR fort, die in seiner Vorlage standen, nahm aber aus Versehen die Träume auf. Ks, welche Bal. und Hornruf gar nicht kannte, verstand die Beziehungen derselben nicht, und nahm mit den 30 Bären „die einzige Aenderung vor, welche wir ihr nachweisen können". Möglich ist das alles wohl, aber auch wahrscheinlich?

Im dritten Theil behandelt P. „die älteste Gestalt des Rolandsliedes, das auf mündlicher, wahrscheinlich aus dem 9. Jh. stammender Ueberlieferung eines Volksliedes beruht, und „die Entstehung der Zusätze", z. B. der Repetitionsstrophen. Fragen, auf die der Raum nicht erlaubt, hier näher einzugehen, die aber eingehend und vielfach zutreffend behandelt werden. In einem Excurs werden noch „die gelehrten und geistlichen Elemente" des Gedichtes untersucht, namentlich die *mots savants* und mit zur Kritik herangezogen.

Ref. hat sich im Vorausgehenden vielfach ablehnend gegen P.'s Buch verhalten müssen, und doch ist er in manchen Beziehungen mit den Ergebnissen desselben einverstanden, nur glaubt er eben nicht, dass es dem Verf. gelungen ist, den wissenschaftlichen Beweis für dieselben zu führen. Jedenfalls aber ist die Schrift eine gründliche und scharfsinnige Arbeit, und sie ist daher jedem, der sich für die Kritik des Rolandsliedes interessirt, sehr zu empfehlen.

Berlin, 26. Mai 1885. Franz Scholle.

---

[1] Zu der dort S. 15 erwähnten Stelle 145:1020 sei hier noch hinzugefügt, dass die Vorlage von Ks hier nicht das Wort *graisle* gehabt haben kann, da die *graisle* nur als Signal oder auf dem Ritt zum Schlachtfeld geblasen wurden, aber nicht unmittelbar vor dem Kampfe.

Faguet, Emile, La Tragédie française au seizième siècle (1550—1600). Paris, Libr. Hachette & Cie. 1883. 389 S. 8. (Thèse de doctorat ès-lettres.)

Seit Adolf Eberts vortrefflichem Werke[1] war für die Geschichte der französischen Tragödie im 16. Jahrhundert nichts Erhebliches geleistet worden. Mit Ausnahme etwa von Bernage's bemerkenswerthem „Etude sur Garnier" (1880) boten selbst die spärlichen Monographien, wie z. B. die von Frost[2] und Brütt[3], wenig Neues. Und doch hatte Ebert seinen Nachfolgern noch gar viel zu thun übrig gelassen. Ausser den in Viollet-le-Duc's Ancien Théâtre Français abgedruckten Tragödien und denen Garnier's waren ihm keine Stücke zugänglich gewesen und seine Darstellung beruhte bezüglich der übrigen Autoren auf Parfaict, La Vallière und anderen Compendien. So waren natürlich empfindliche Lücken nicht zu vermeiden gewesen. Gleich einer der bedeutendsten Tragiker des 16. Jh.'s, Montchrestien, den Racine mehrfach nachgeahmt hat, wird gar nicht erwähnt und die vereinzelten Versuche des bürgerlichen und romantischen Trauerspiels in jener Zeit kaum flüchtig berührt. Faguet hat sich daher den Dank aller Literaturfreunde verdient, dass er den Gegenstand mit seiner „Thèse" wieder aufnahm. Seine Arbeit, die sich in engerem Rahmen als die Ebert'sche bewegt, indem die Mysterienbühne vor 1550 und die Tragödie nach 1600 ausgeschlossen blieb, zeichnet sich durch Selbständigkeit, fleissiges Studium der nicht immer kurzweiligen Dichter, richtiges Urtheil, sowie durch frische anregende Darstellung aus. Von der Anordnung des reichen Materials mag die nachstehende Inhaltsangabe Rechenschaft ablegen.

Nachdem der Verfasser in einer Introduction sich mit allgemeinen Betrachtungen über die Tragédie classique: mit den Ursachen ihres grossen Erfolges in Frankreich, mit dem Einfluss der antiken Literatur auf dieselbe und mit ihrem Verhältniss zur fremden Tragödie, insbesondere der englischen, beschäftigt, lässt er im I. Kapitel „la théorie de la tragédie au seizième siècle" folgen. Es werden die einschlägigen Aeusserungen von Sibilet, Pasquier, Pelletier du Mans, Ronsard, der Einfluss des Aristoteles und Seneca, endlich die Theorien des Scaliger, Vauquelin de la Fresnaye und Laudun d'Aigaliers besprochen. Das II. Kapitel hat die Versuche in der neulateinischen Tragödie und zwar ausser denen Frankreichs auch kurz diejenigen Italiens zum Gegenstand. Im III. Kapitel erscheinen endlich die ersten regelmässigen Versuche in der französischen Tragödie. Der Verf. scheidet die Dichter vor Garnier in zwei Perioden. Die erste von 1552—1558, in diesem Kapitel behandelt, und die zweite von 1558—1568, Gegenstand des folgenden Kapitels. Ausser Jodelle und la Péruse werden auch noch Théodore de Bèze, Ant. de la Croix and Loys Desmazures in die erste Periode hereingezogen, drei Autoren, deren Werke, während sie der Form nach antiken Einfluss zeigen, dem Inhalte nach auf dem Boden der alten Mysterienbühne stehen, von denen übrigens der erste der Zeit vor Jodelle und die beiden letzteren der folgenden Periode angehören. Eingehend besprochen und insbesondere die bisher noch wenig beachteten Tragödien des Desmazures. Die zweite Periode eröffnet im IV. Kapitel Grevin, dem sich Habert, F. Chrétien, Filleul, Rivaudeau und die beiden de la Taille anschliessen. Das V. bis IX. Kapitel (S. 173—307), also mehr als ein Drittel der ganzen Arbeit ist Garnier gewidmet. Der Verf. vertieft sich in die Schaffensweise des Dichters, studirt sehr eingehend die einzelnen Stücke, den Stil und endlich auch die lyrischen Erzeugnisse Garnier's. Die schon früher erschienene Thèse von Bernage über Garnier scheint er nicht gekannt oder benutzt zu haben. Im X. Kapitel wird die Schule Garnier's behandelt. Chantelouve, Mathieu, Adrien d'Amboise, Montreux, Beaubreuil, Godard, Virey, Behourt. Ouyn und Billard sind die Autoren, die uns flüchtig vorgeführt werden. Das XI. Kapitel macht uns mit Montchrestien bekannt. Dieser Dichter, lange von den Literarhistorikern übersehen oder missachtet, hat in unseren Tagen eine gerechtere Beurtheilung gefunden. Unter Anderen beschäftigte sich Tivier in seiner Hist. de la littérature dramatique en France (P. 1873, S. 548 ff.) viel mit ihm und wies ihm einen hervorragenden Platz unter den Tragikern des 16. Jh.'s an. Faguet, dessen Urtheil im Einzelnen vielfach von dem seines Vorgängers (von ihm vielleicht nicht gelesen, wenigstens nirgends citirt) abweicht, gelangt gleichwohl zu ähnlichem Resultat. Endlich das XII. und letzte Kapitel bespricht kurz die Theaterverhältnisse am Ausgange des Jahrhunderts, die letzten Mysterienversuche, die ersten Spuren der „Tragédie bourgeoise" (Jean Bretog und Claude Rouillet), der „Tragédie bourgeoise romanesque" (Le Jars) und der Trag. purement romanesque (du Hamel) und schliesst mit einer Betrachtung über die Ursachen des Erfolgs, den das nichtklassische Trauerspiel — la Tragédie irregulière — in der unmittelbar darauf folgenden Zeit fand.

Es ist Faguet gelungen, Ebert zu ergänzen und uns ein vollständigeres Bild von den tragischen Leistungen der Franzosen im 16. Jahrhundert zu liefern, als wir bisher besassen. Erschöpft hat er jedoch den Gegenstand noch lange nicht. So anerkennenswerth seine Arbeit im Ganzen ist, so leidet sie doch an einigen empfindlichen Mängeln, welche eine gründliche Ueberarbeitung wünschenswerth erscheinen lassen. Zuerst seien einige Lücken angedeutet: Es war wohl kaum nöthig, dass der Verf. alle längstvergessenen Schöngeister anführte, die im 16. Jh. den mehr oder misslungenen Versuch machten, eine Tragödie zu schreiben. Wir wollen es ihm daher verzeihen, dass er uns verschiedene Namen verschweig, welche Beauchamps, Parfaict und La Vallière mit löblicher Gewissenhaftigkeit erwähnen. Einige davon hätten indess Beachtung

---

[1] Entwicklungsgeschichte der französischen Tragödie, vornehmlich im 16. Jahrhundert. Gotha 1856.
[2] Etude analyt. et crit. sur le Théâtre de R. Garnier. Bielefeld 1867 (Programmarbeit). Eines der keckesten Plagiate, die mir je vorgekommen sind: die ganze Arbeit ist fast wörtlich aus Ebert übersetzt, der nicht ein einziges Mal erwähnt wird.
[3] Die Anfänge der klass. Tragödie Frankreichs. Altona 1878. (Göttinger Dissertation.)

verdient. So z. B. Toutain's Agamemnon (1556) als einer der ersten Versuche nach Jodelle, und die beiden Tragödien des Laudun d'Aigaliers (1596) zur Beleuchtung der Theorie ihrer Dichters. Ganz unbegreiflich ist jedoch, dass G. Bounyn's Soltane (1560), dem Stoffe nach schon interessant, nicht gewürdigt ist, während die Stücke viel unbedeutenderer Autoren, wie Beaubreuil und Ouyn Aufnahme gefunden haben. Noch schlimmer ist es, dass F. den Einfluss der ital. Tragödie, welcher grösser war, als gewöhnlich angenommen wird, fast gar nicht beachtet hat. Ausserdem zeigt sein Werk gewisse Schwächen, die leider nur zu oft in franz. Dissertationen wiederkehren: Leichtsinniges Verfahren mit Daten, Oberflächlichkeit in Behandlung des biographischen Materials, sowie unvorsichtige Benutzung der Quellen. Der Kürze halber seien als Belege nur folgende Einzelnheiten hervorgehoben:

In seinen Chassang* entnommenen Bemerkungen über die neulateinische Tragödie Italiens sagt F. (S. 57): „Les Italiens ont eu leur Buchanan des 1400. A cette époque Albertino Mussato donnait son Eccerinis et son Achilleis." F. scheint Chassang nur sehr flüchtig gelesen zu haben, sonst würde er nicht von der Zahl 1400 reden, während sein Gewährsmann Mussato's Leben zwischen 1261—1329 setzt. — S. 58 heisst es: „Plus tard .... en 1458 Gregorio Corrario publiait sa Progné etc." Chassang erwähnt (S. 64) nach Napoli-Signorelli, dass der Dichter das Stück in seinem 18. Jahre verfasst habe und berechnet, dass dies zwischen 1400 und 1410 oder noch früher geschehen sein müsse. Sonach ist 1458 eine falsche Ziffer. Wie kam F. dazu? S. 63 erwähnt Chassang, dass ein Akademiker zu Venedig das Stück 1558 in seiner Bibliothek gefunden. Diese Notiz mag F.'s Irrthum veranlasst haben. — Noch grössere Nachlässigkeit als die erwähnten Stellen verrathen folgende Worte (S. 58): „En 1492 Pomponius Laetus y fait (à Rome) représenter la fameuse Historica Betica." Nicht P. Laetus, sondern C. Verardi ist (nach Chassang S. 135) der Verfasser dieses Stückes, welches der Cardinal Riario in seinem Palaste aufführen liess. Da P. Laetus in dem nämlichen Kapitel bei Ch. vorkommt (S. 129 ff.), so hielt F. ihn in der Eil'e für den Autor. — S. 83 wird Jodelle mit Marlowe verglichen, wobei F. von letzterem bemerkt: „auteur aussi d'une Cléopatre." Marlowe hat keine Cleopatra geschrieben, aber gleich Jodelle eine Dido. — S. 120 behauptet F., Grévin's Jules Cæsar sei 1558 gespielt und gedruckt worden. Das Datum des Druckes ist jedenfalls falsch, denn Beauchamps, La Vallière, Mouhy u. a. geben übereinstimmend 1561 an. Bezüglich der Zeit der Aufführung stützt sich F. auf ein handschriftliches Jounal du Théâtre français in der Bibl. nation., und zwar nicht nur hier, sondern in seinen meisten Daten. Dieses Journal, im 18. Jh. geschrieben und dem Chevalier de Mouhy zugeschrieben, ist nach F. (S. 90) „d'une autorité très douteuse, les sources n'y étant point indiquées." Trotzdem folgt ihm hier F., obwohl nicht nur Parfaict, La Vallière, Léris, sondern sogar der angebliche Verfasser des Journal, Mouhy, in seinen beiden gedruckten Werken (Abrégé de l'hist. du Théâtre fr. tome I S. 87 und Tablettes dramat. S. 47) übereinstimmend auf 1560 die Zeit der Aufführung fixiren. — S. 119 charakterisirt F. die Periode von 1558—1568 als rein klassisch: „Plus d'incertitudes ni de directions diverses", ruft er aus, „comme dans la période précédente. Plus de mystères... de 1558 à 1568 toutes les têtes sont à la tragédie antique." Die Behauptung ist vollständig aus der Luft gegriffen. Es gehören in diese Zeit ausser den Tragédies saintes des Desmazures (1565), die allerdings der Form nach antik sind, Jean Bretog's oder Breton's Tragédie de l'amour d'un serviteur (1561), Gilbert Cousin's „l'Homme affligé" (1561), Jaques Bienvenu's Triomphe de J. Christ (1562), freilich eine Uebersetzung, Gabriel Bounyn's Soltane (1560—61), Ant. de la Croix' „Les Enfants dans la fournaise" (1561), Claude Rouillet's Philanire (1563) und endlich Jaques Grezin's „Avertissements à l'homme" (1565). — S. 120 überrascht uns F. durch eine wichtige Entdeckung: Es ist ihm gelungen, eine bisher unbekannte Sophonisbe des François Habert aufzufinden, „la première Sophonisbe française" (1559). F. tadelt und lobt an dieser Tragödie mancherlei und bezeichnet sie als „une tentative qui ne laisse pas d'être originale". Leider müssen wir seine Freude über diesen Fund durch eine Entdeckung unsererseits trüben, nämlich dass die angebliche Soph. Haberts keine andere ist, als die wenige Linien darauf erwähnte Uebersetzung des Saint-Gelais. Die Probe, welche er aus der originellen Sophon. mittheilt, „O claire lumière du soleil, adieu te dis" etc. ist eine wörtliche Uebertragung aus Trissino: Cara luce del sol, or sta con Dio etc. Sollte man trotzdem noch einen Zweifel hegen, so schlage man Parfaict Hist. du Th. fr. III S. 318 ff. auf, und man wird nicht nur die Richtigkeit unserer Behauptung, sondern auch die Ursache von F.'s Irrthum finden. Habert liess nämlich die Soph. seines Freundes M. d. St. Gelais 1559 sowohl aufführen als drucken. Nach Parf. erschien die Uebersetzung sogar gemeinsam mit Habert's eigenem Stücke „le Monarque" — „de sorte", heisst es bei ihnen, „que bien de gens croyent cette première de l'auteur du Monarque." Man vergl. übrigens noch La Vallière Biblioth. III S. 244. Ich weiss nicht was befremdender an der Sache ist, dass F. mit dem wichtigsten historischen Werke über das französische Theater so wenig vertraut ist, oder dass er seine Studien auf dem Gebiete der ital. Tragödie nicht einmal bis zur Lektüre des berühmtesten, in Frankreich schon vor 1600 fünf Mal nachgeahmten bezw. übersetzten Trauerspiels „Sophonisba" ausgedehnt hat.

Nürnberg, Juni 1885. A. L. Stiefel.

---

* Chassang, Des Essais dramatiques imités de l'antiquité au 14e et au 15e siècle. Paris 1852.

Lettere di cortigiane del secolo XVI [ed. L. A. Ferrai] alla libreria Dante in Firenze MDCCCLXXXIV num. 8°. 85 S. 8. L. 2,50.

Bisher kannten wir das Leben und Treiben, die Denkungsweise und den Grad der Geistesbildung der Demi-Monde im Ausgang des 15. und Anfang des 16. Jh.'s nur aus beiläufigen Bemerkungen einzelner zeitgenössischer Historiker, und aus gleichzeitigen Komödien, Novellen und Gedichten; hier werden uns zum ersten Male directe Empfindungsäusserungen von Courtisanen in der Gestalt von Briefen an ihre Liebhaber geboten, welche uns bestätigen, dass es auch in dem Stande der Buhlerinnen eine Art Geistesaristokratie gab, die sich unter der Einwirkung der Renaissance herangebildet hatte. — Die der Publikation beigegebene Einleitung ist hübsch geschrieben und charakterisirt in weiterer Ausführung die Courtisane der Renaissance, ohne freilich zu dem von Burckhardt[1] in aller Kürze Gebotenen wesentlich Neues hinzuzufügen; und doch hätte aus den Briefen so manches ergänzt und verbessert werden können! Die Publikation selbst lässt leider viel zu wünschen übrig. Stellen sind ausgelassen ohne Angabe des Grundes, viele augenscheinliche Lese- oder Druckfehler laufen unter, und die Attributionen der einzelnen Briefe sind ganz willkürlich. Der leichten Mühe diese Ausstellungen im Einzelnen an Beispielen nachzuweisen überhebt uns die vorzügliche Kritik der vorliegenden Ausgabe durch T. Casini[2], der sich selber eingehend mit den Mss. beschäftigt hat. Casini sucht den genannten Mängeln der Publikation vorläufig dadurch abzuhelfen, dass er eine vollständige Nachcollation gibt, welche die vielen unverständlichen Stellen corrigirt und die Lücken ausfüllt (bis auf die im 34. Brief). Eine Neuausgabe der Briefe, wie Casini sie wünscht, mit sorgfältiger Untersuchung über ihre etwaigen Schreiberinnen (nur bei wenigen Briefen steht die Autorschaft fest), wäre eine sehr verdienstliche und interessante Arbeit, zu welcher die Florentiner Bibliotheken und Archive noch reichliches Material liefern können.

Ludwigslust, 6. Juli 1885. Berthold Wiese.

[1] Die Kultur der Renaissance in Italien, 3. Aufl. besorgt von L. Geiger, Leipzig 1877·78. namentlich Bd. II p. 138 mit Anmerkungen.
[2] In der Rivista critica della letteratura italiana Anno I num. 2 Sp. 51 ff.

Zeitschriften.

Archiv f. das Studium der neueren Sprachen u. Literaturen LXXIII, 3. 4: A. Pick, Ueber Karl Wilhelm Ramlers Aeusserungen Hagedornscher Fabeln. — A. Ey, Xavier de Maistre. — Das Leben des heil. Alexis. Mit Beifügung des altfranz. Originals (aus dem 11. Jh.), nach der Ausgabe von Gaston Paris, übersetzt von Theodor Vatke. — A. Ball, Dickens und seine Hauptwerke. Eine kritische Studie. — Herm. Isaac, Die Hamlet-Periode in Shakespeares Leben. — Sitzungen der Berliner Gesellschaft für das Studium der neueren Sprachen. — A. Rudolf, Faust und Proserpina. — Breusing, Zur „Umstellung" der Präposition im Englischen. — A. Rudolf, Wieder einmal Hephästophilus. Eine Entgegnung.
Revue de linguistique Juli: Gaidoz et Sébillot, Bibliographie des traditions et de la littérature populaire ou orale des Frances d'Outremer. — Orain, Glossaire patois (Forts.).
Mélusine II, 19: E. Rolland, Les chansons pop. de la Haute-Bretagne (Forts.). Béotians (VIII, Les trois Gallois. IX. Les Normands blasonnés par les Bretons. X. Avaler un Crapaud). — L'ange et l'Ermite. — La Fille aux mains coupées (Forts.). — L'ange de l'Ermite. — Les Monstres de la mer. — Les Génies de la mer (Forts.). — Le Passage de la Ligne (Forts.). — Les Noyés (Forts.). — Oblations à la Mer et présages (Forts.). — Enquête sur l'Arc-en-ciel (Forts.). — Les Vagues (Forts.). — L'eau de mer (Forts.). — La Marée (Forts.). — Le Plongeur, chanson populaire (Forts.). — 20: J. Tuchmann, la fascination (Forts.). — Sébillot, Béotians. XI. Joyeuses Histoires des Jaguens. — La Courte-Paillo, chanson populaire (Version de la Haute Bretagne; 4 versions scandinaves.)

Alemannia XIII, 1: M. R. Buck, Zur Orts- und Personennamenkunde. I. Altburgundische, Elsässische, Welsche Ortsnamen. II. Alte Familiennamen. — A. Birlinger, Altstrassburgische Weisheit. — Ders., Legende von den Jakobsbrüdern. — Johannes Meyer, Zu Büchmanns Geflügelten Worten. — A. Birlinger, Zum Elsässischen Wörterhatze von Danhauer. — Ders., Hebelstudien. Zu Hebels Statthalter von Schopfheim. — W. Crecelius, Camillus Teutonicus. — Ders., Alte Recepte. — A. Birlinger, Das Wort Wildfang. — Ders., Legenda Aurea, elsässisch.

Romania, Table analytique des dix premiers volumes (1872—1881) par J. Gilliéron, 198 S. gr. 8. M. 8.
Zs. f. neufranz. Sprache u. Literatur VII, 2: L. Wespy, A. Tobler, vom franz. Versbau alter und neuer Zeit. — A. Haase, F. Brinkmann, Syntax des Französischen und Englischen in vergleichender Darstellung. — J. Sarrazin, A. Vitu, Le Jargon du XVe siècle, étude philologique. — Ders., Ciala, franz. Grammatik. — Ders., Meyer, Duruy, Hist. de France de 1560 à 1643. — Ders., F. Kohlmey, Duruy, Hist. de France. — O. Wittenbrinck, H. Schütz, Les Grands Faits de l'Histoire de France oder Charakterbilder aus der franz. Geschichte. — A. Bohde, H. Löwe, Lehrgang der franz. Sprache. — A. Rambeau, K. Kühn, Franz. Schulgrammatik. — Mahronheltz, V. Kreiten, Voltaire. — Ders., Engel, Psychologie der franz. Literatur. — H. P. Junker, Noland, Franç. Rabelais. — W. Münch, H. Ricken, Franz. Lesebuch aus Herodot. — Kühn, P. Schumann, Franz. Lautlehre für Mitteldeutsche. — Uhlemann, P. Langenscheidt, Die Jugenddramen des Pierre Corneille. — K. Foth und Ch. Barrolet, R. Sonnenburg, Wie sind die franz. Verse zu lesen? — Ph. Godet, Le mouvement littéraire de la Suisse romande, en 1883 et 1884. — Zeitschriftenschau. — Miscellen: E. O. Lubarsch, Le Chant de la cloche du Schiller. — E. Uhlemann, Zu Corneille. — G. Proffen, Racine und Rotrou. — A. Fels, L'Intermédiaire des chercheurs et des curieux. — A. Lange, Uebersicht über die im Jahr 1884 abgehaltenen Sitzungen des Vereins für das Studium der neueren Sprachen zu Hamburg.

Franco-Gallia II, 8: K. Staedler, Das Verbum in der französischen Schulgrammatik. — Voltaire's Mahomet erkl. von K. Sachs. — Boileau, l'Art poétique erklärt von O. Lubarsch. — Racine, Athalie erklärt von A. Bonecke.
Giornale storico della letteratura italiana V, 3 (15): Cesare Paoli, Documenti di ser Ciappolletto. — I. A. Ferrai, Lettere inedite di Vincenzo Monti. — Franc. Novati, Notizie biografiche di rimatori italiani dei secoli XIII e XIV (I. Chiaro Davanzati). — Luzio-Renier, Contributo alla storia del malfrancese ne' costumi e nella letteratura italiana del sec. XVI. — Vitt. Cian, Born. Morsolin, La ortodossia di Pietro Bembo. — Rod. Renier, L'oscie edite, inedite e rare di Carlo Porta, scelte e illustrate per cura di Raffaello Barbiera. — Vitt. Rossi, su, su, su chi vuol in gatta etc. — Vitt. Cian, Nota aggiunta alle Ballate e Strambotti del sec. XV tratti da un cod. trevisano (Giorn. IV, 1—55).
Il Propugnatore XVIII, 3: Pagano, Della lingua e dei dialetti d'Italia. — Arlia, Spigolature Laschiane. — Pércopo, Le laudi di Fra Jacopone da Todi nel ms. della Bibl. Naz. di Napoli. — Lemma, un capitolo inedito contro Amore di Fra Domenico da Montechiello. — Gialiari, Bibliografia Maffejana.

Philosophische Monatshefte 1885, VIII: A. Harpf, Schopenhauer und Goethe.
Neue Jahrbücher f. Philologie u. Pädagogik Bd. 132: F. Werneck, Goethe und Horaz.
Zs. f. die österr. Gymnasien 36, 6: H. Rönsch, Beiträge zum kirchlichen und vulgären Latinität aus 3 Palimpsesten der Ambrosiana.

Rheinische Blätter f. Erziehung u. Unterricht II. 4:
Grundig, Ueber Ursprung, Entwickelung und Verzweigung
der Sprachen.
Berliner Monatshefte f. Literatur, Kritik u. Theater
I, 5: E. Montzel, Ueber den Einfluss der Mode-Romane
des 17. Jh.'s auf die Haupt- und Staatsactionen, Hanswurstiaden und Maschinencomödien.
Zs. f. allgemeine Geschichte II. 6 u. 7: Alex. v. Weilen,
Der Graf v. Gleichen in deutscher Dichtung und Sage. —
Alfons Huber, Die Tellsage. — Paul Schütze, Anna
Ovena Hoyer, eine holsteinische Dichterin des 17. Jh.'s.
Archiv f. slavische Philologie VIII, 2: A. Wesselofsky,
Zum russischen Bovo d'Antona. — Ders., Der ewige Jude.
Magazin f. die Literatur des In- u. Auslandes 30—34:
Leist, Zur Verdeutschung der deutschen Sprache. — Altfranz. Romanzen, übersetzt von P. Heyse. — Bechstein,
Die neuen Publikationen des literarischen Vereins. —
L. Freytag, R. Kleinpaul, Menschen- und Völkernamen.
— J. Riffert, R. Weltrich's Friedrich Schiller. — H.
Koerting, Neulateinische Dichtung. — F. S. Krauss,
Quellen des Decameron.
Anzeiger f. schweizerische Geschichte Nr. 2: L. Tobler, Nachtrag zu den Volksliedern.
Korrespondenzblatt des Vereins für siebenb. Landeskunde VIII, 7: Der Aschertag in Galt. — Kikerlin.
Deutsche Rundschau August: Erich Schmidt, Goethe und
Frau v. Stein. — Otto Brahm, Die Goethe-Gesellschaft.
Nord und Süd August: Klaus Groth, Eine neue plattdeutsche Bibelausgabe.
Preussische Jahrbücher August: F. Nitzsch, Die Schlussworte des Goetheschen Faust.
Die Grenzboten Nr. 30: Zum Weimarer Jubilate.
Die Gegenwart Nr. 31: P. Schütze, Zur Geschichte des
niederdeutschen Schauspiels.
Unsere Zeit 8: Paul D'Abrest, Victor Hugo.
Nordwest Nr. 30: Von Goethes neu erschlossenem Nachlass.
Beilage zur Allg. Zeitung 25. Juli: K östlin, Zur GoetheLiteratur. (Ueber: Verhandlungen zu Goethes Leben und
Werken von Heinrich Düntzer, I. Bd. 1885.) — u. 29.
Juli: Johann Kelle, Der Meistergesang. — 6. u. 7. Aug.:
Zu Schmellers 100. Geburtstage. — Nr. 183: Follmann,
Die Sprache der deutschen Lothringer.
Vossische Zeitung Sonntagsbeilage Nr. 25, 28 u. 30: H.
Pröhle, Wielands Leben. — L. H. Fischer, L. Tieck
in seinem Verhältniss zu Friedrich Wilhelm IV. und zu der
Hofbühne in Berlin. — J. Steinbach, Aus Klopstocks
Jugendzeit.
Hessische Blätter 12. Aug.: H. v. Pfister, Idistavisu?
Tagespost 7. Juli: A. Harpf, Goethe und die Organik.
Samlaren. Utg. af Sv. Literatursällskapets arbetsutskott. V.
S. 5—26: G. E. Klemming, Anteckningar af Johannes
Thomae Agrivillensis Bureus. — S. 36—42: O. E. Klemming, Dialogus Creaturarum Moralizatus. — S. 43—64:
H. Schück, Författarskapet till legendariet i Codex
Bildstenianus. I. — S. 65—114: Ernst Meyer, Om drottning Kristinas litterära verksamhet i Italien. S.
The Academy 11. Juli: Saintsbury, Gaston Paris, La
poésie du moyen âge. — Stevenson, Errors in AngloSaxon names. — Stephens, Rygh, Norske oldsager,
ordnede og forklarede II. III. — 1. Aug.: Stevenson,
Anglo-Saxon Names.
The Athenaeum 18. Juli: G. Curtius, Zur Kritik der
neuesten Sprachforschung.
Archaeologia Cambrensis April: Davies, The Celtic
Element in the Dialectic Words of the Counties of Northampton and Leicester.
The Edinburgh Review July: The life and works of John
Keats.
Revue littéraire et artistique III, 27 (Bordeaux): Ch.
Fuster, Victor Hugo. — E. Des Essarts, Le génie
épique dans Victor Hugo.
Polybiblion Aug.: G. Masson, Publications relatives à la
littérature anglaise au moyen âge.
Revue des deux mondes 15. Juni: Larroumet, La Femme
de Molière.
Revue du monde latin VI, 2: De Gourmont, La Béatrice
de Dante et l'idéal féminin en Italie à la fin du XIII° siècle.
— Victor Hugo f.
Rev. pol. et litt. 1: A. de Tréverret, M"° de Sévigné
historien. (Aus Anlass von F. Combes, Le siècle et la cour
de Louis XIV d'après M"°° de Sévigné, Paris 1885). — 2: L.

Ulbach, Constantin Alexandre Rosetti. (Vortrag über den
1816 geborenen, 1885 gestorbenen rumänischen Schriftsteller
und Staatsmann.) — 3: Besprechung von Schriften zweier
um das franz. Unterrichtswesen verdienter Männer: E. Lavisse, Questions d'enseignement national und A. Dumont (†),
Notes et discours 1873—1884. — 4: A. Barine, Frédéric II
et les humanités (nach Cauer und de Catt). — 5: A. Geffroy, le comte Terenzio Mamiani (1799—1885). — In der
Caus. litt.: Thiers, Guizot, Rémusat par Jules Simon. —
7: Boris de Tannenberg, Littérature portugaise contemporaine: M"° Guiomar Torresao.
Nuova Antologia Anno XX, 2. serie. Vol. 52, 15: B. Morsolin, Pietro Bembo e Lucrezia Borgia.
Archivio storico per le Marche e per l'Umbria VI:
Frati, Frederico Duca d'Urbino e il Veltro dantesco.
Gazzetta letteraria IX, 2: A. Leuzoni, Il Manzoni nelle
scuole. — G. Viscardi, un antico poemetto popolare italiano. — 3: F. Alberto Salvagnini, un canto dell' odio
del sec. XV (s. Nr. 5). — 4: A. Leuzoni, Ancora sul Manzoni. — 12: A. Neri, una biografia d'Ugo Foscolo. — 15:
Ders., L'apoteosi di Vittorio Alfieri al teatro Carignano.
Giurnale ligustico XII, 1. 2: L. Frati, Tre sonetti di
Benedetto Dei sulla guerra di Sarzana del 1487.
La Cultura Vol. V, 17: P. Merlo, E se Dante avesse collocato Brunetto Latini tra gli uomini irreligiosi e non tra i
sodomiti?
Rassegna Nazionale XXI, 1: A. Neri, L'ultima opera di
C. Goldoni.
Fanfulla della Domenica VII, 2: E. Masi, Costanza Alfieri
d'Areglio. — C. Antona-Traversi, Alcune varianti della
canzone sul Monumento di Dante di G. Leopardi. — 3: F.
D'Ovidio, Il Manzoni nelle scuole. — 5: Ders., La Morale, la Religione e il Pessimismo nei Promessi Sposi. —
6: Zumbini, Il Misogallo. — 8: O. Guerrini, Di Carlo
Gozzi. — 9: D'Ancona, il teatro a Venezia sulla fine
del sec. XVII. — 10: R. Bonghi, il centenario di A.
Manzoni. — G. Barsellotti, la filosofia del Manzoni. —
14: C. Ricci, Dante e il Botticelli. — 23: A. Ademollo,
curiosità teatrali: il più antico dei librettisti francesi: Pietro
Perrin (1619—1675).
Cronaca Sibarita Anno II, 3: F. Novati, Per il Foscolo.
Corriere Ticinese I, 9: C. Canotta, La Vita nuova di
Dante. Di alcune norme da seguirsi nella sua interpretazione.
Corriere del mattino XIII, 131. 5: F. Torraca, Sul Consalvo di G. Leopardi.
Archivio della R. Società Romana di storia patria vol.
VII, fasc. III e IV: E. Teza, Filippo II e Sisto V: canzone veneziana d'un contemporaneo.

Neu erschienene Bücher.

Denifle, Heinr., Die Universitäten des Mittelalters bis 1400.
1. Bd. A. u. d. T.: Die Entstehung der Universitäten des
Mittelalters bis 1400. Berlin, Weidmann. XLV, 814 S. gr. 8.
M. 24.
Fritzsche, C., Die lateinischen Visionen des Mittelalters
bis zur Mitte des 12. Jh.'s. Hallenser Dissertation. 37 S. 8.
Schwartz, W., Indogermanischer Volkglaube. Berlin, Seehagen. 280 S. 8.

Bremer, Otto, Germanische e. Erster Theil. Leipzig. Diss.
39 S. 8. (Aus Band IX vot Paul u. Braune, Beiträge.)
Buchwald, G., Deutsches Gesellschaftsleben im endenden
Mittelalter. Bd. I. Zur deutschen Bildungsgeschichte. Kiel,
Homann. M. 4.
Denk, V. M. O., Die Verwelschung der deutschen Sprache.
Gütersloh, Bertelsmann. M. 0,60.
Fabre d'Envieu, J., Le Dictionnaire allemand enseigné
par l'analyse étymologique des noms propres. Noms locaux
tudesques (Deutsche Ortsnamen), ou Onomatologie géographique des contrées occupées par les Allemands, avec
des appendices et des aperçus nouveaux relatifs à la toponomastique des Celtes. In-16. XVIII, 451 p. Paris, Thorin.
Franke, Ludw. Aug., Zur Biographie Nikolaus Lenau's.
Zweite vermehrte Auflage. Wien, Hartleben. 8. M. 1,50.
Goedeke, C., Grundriss der Geschichte der deutschen Dichtung. 2. Aufl. 3. H. Dresden, Ehlermann. 224 S. 8. M. 4,20.
Mettler, Aug. Schillers Dramen. Eine Bibliographie. Nebst
einem Verzeichniss der Ausgaben sämmtlicher Werke Schillers.
Berlin, Wellnitz. 8. M. 5.

Justus, Franz, Die Waldenser und die vorluther. deutsche Bibelübersetzung. Münster, Schöningh. Vgl. Cbl. 29. Aug.
Keller, E., J. K. Schillers Jugend und militärische Dienstjahre. Programm des Gymnasiums zu Freiburg i. B. 30 S. 4.
Müller, F., Sinn und Sinnverwandtschaft deutscher Wörter nach ihrer Abstammung aus den einfachsten Anschauungen entwickelt. Leipzig, Pfau. Lief. 1. M. 1,20.
Nicklas, J., Johann Andreas Schmellers Leben und Wirken. München, Rieger. 174 S. 8. M. 3.
Raab, Karl, Ueber vier allegorische Motive in der lateinischen und deutschen Literatur des Mittelalters. Gymnasialprogramm von Lcoben. 38 S. 8.
Rieger, Karl, Schillers Verhältniss zur französ. Revolution. Wien, Konegen. 36 S. 8.
Saga, en, från Dal och hännes källa, utgifna af Aug. Bondeson. Upsala, Wiksell. 124 S. 8. Kr. 1,25.
Schnible, K. H., Geschichte der Deutschen in England von den ersten germanischen Ansiedlungen in Britannien bis zum Ende des 18. Jh.'s. Strassburg, Trübner. 8. M. 9.
Simplicissimus, ins Nhd. übertragen. Collection Spemans Bd. 85 und 86 à M. 1.
Specht, Franz Anton, Geschichte des Unterrichtswesens in Deutschland von den ältesten Zeiten bis zur Mitte des 13. Jh.'s. Stuttgart, Cotta. 411 S. 8. M. 8. (Vgl. Kaufmann, Deutsche Literaturzeit. Nr. 30.)
Stecher, Chr., Deutsche Dichtung für die christliche Familie und Schule. Graz, Styria. 1884. Heft 42: Die Kindheit Jesu. Ein Legenden-Epos von Konrad von Fussesbrunnen. Umgedichtet von Chr. Stecher. XIII, 116 S. 8. M. 0,60.
Ulfilas, hrsg. von M. Heyne. Achte Auflage. Paderborn u. Münster, Schöningh. 432 S. 8. M. 5.
Ullsperger, Franz, Ueber den Modusgebrauch in mittelhochdeutschen Relativsätzen. Fortsetzung. Programm des Gymnasiums zu Smichow. 40 S. 8.
Visböcker, 1300- och 1600-talens visböcker utgifna af Adolf Noreen och Henrik Schück. II. Broms Gyllenmärs Visbok. Första häftet. Stockholm 1885. S. 103—152. 8. (In: Skrifter utgifna af Svenska Literatursällskapet.) 8.
Wörner, R., Novalis' Hymnen an die Nacht und geistliche Lieder. München, Buchholz & Werner. gr. 8. M. 1.

Burns, R., Poetical Works. Chronologically arranged. With notes, glossaries and index. Edinburgh, Paterson. 3 vols. 12°.
Halliwell-Phillips, J. O., Outlines of the Life of Shakespeare. London, Longmans. 5th ed. 650 S. 8.
Hellmers, G., Ueber die Sprache Robert Maunyngs of Brunne und über die Autorschaft der ihm zugeschriebenen „Meditations on the supper of our Lord". Goslar, L. Koch. 97 S. 8. Göttinger Dissertation.
Holthaus, E., Beiträge zur Geschichte der englischen Vokale. Bonner Dissertation.
Knigge, Friedrich, Die Sprache des Dichters von Sir Gawain and the Green Knight der sogenannten Early English Alliterative Poems und De Erkenwalde. Marburger Dissert. 120 S. 8.
Leo, F., Shakespeare notes. London, Trübner. 8. 6 sh.
Marlowe, Chr., Selected Dramatic Works. With a Prefatory Notice, Biographical and Critical, by Percy E. Pinkerton. London, W. Scott. 206 S. 16.
Richter, J. J., Oedipus und Lear. Zweiter Theil. Programm des Gymnasiums zu Lörrach. 25 S. 4.
Schwahn, Ed., Die Conjugation in Sir Gawain and the Green Knight und den sog. Early English Allitt. Poems.

Chabaneau, C., Sainte Marie Madeleine dans la littérature provençale; recueil des textes provençaux, en prose et en vers, relatifs à cette sainte, publié avec introductions et commentaires. In-8, 116 p. Montpellier, impr. Hamelin frères. Extrait de la Revue des langues romanes.
Chabaneau, C., Poésies inédites des troubadours du Périgord, publiées par Camille Chabaneau. In-8, 111, 67 p. Paris, Maisonneuve et C°. Extrait de la Revue des langues romanes.
Constantin, A., La Muse savoisienne au XVII° siècle; Noël en patois savoyard des environs d'Annemasse, avec traduction, commentaire et aperçu grammatical. In-8, 16 p. Annecy, impr. Abry. Extrait de la Revue savoisienne.
Cornelio Nipote. Vite degli eccellenti capitani, tradotte da Matteo Maria Boiardo, e pubblicate per cura di Olindo Guerrini (pseud. Stecchetti) e Corrado Ricci. Bologna, tip.-edit. Zanichelli. In-4. p. VII, 154. Edizione della ditta Zanichelli, per nozze Treves-Mosso.
Cuervo, R. J., Apuntaciones críticas sobre el lenguaje bogotano. Cuarta edicion, notablemente aumentada. In-8, XXXIX, 575 p. Chartres, imp. Durand.
Dante's Divine Comedy. Transl. by H. W. Longfellow, with an introduction by Henry Morley. (Morley's Universal Library.) London, Routledge. 340 S. 8.
Deuville, E., Curiosités de l'histoire du pays boulonnais, moeurs et usages, traditions, superstitions etc. Paris, A. Picard. 228 S. 8.
— —, Glossaire du patois des matelots boulonnais. Paris, Picard. 138 S. 8.
Faguet, E., Les Grands maîtres du XVII° siècle, études littéraires et dramatiques. In-18 jésus, 283 p. et portraits. Paris, lib. Lecène et Oudin.
Folk-Lore Català. Tomo I. Lo llamp y La temporals, per D. Cels Gomis. Barcelona, Estampa de L. Obradors. 1884. Libr. de A. Verdaguer. En 8, XXII, 89 págs. 8 y 9.
— —. Tomo II. Cuentos populars catalans, per lo Dr. D. Francisco de S. Maspons y Labrós. Barcelona, Estampa dels successors de N. Ramírez. 1885. Lib. de A. Verdaguer. En 8, X, 148 págs.
Froissart, J., Les Chroniques de Jehan Froissart sur l'histoire de France. Texte ancien, rapproché du français moderne par O. Maillard de La Coutoure. 2 vol. in-8. T. 1. 400 p; 1, 2, 964 p. Lille, lib. de la Société de Saint-Augustin. Bibliothèque des familles. Collection des chroniques et mémoires.
Godefroy, Fréd., a) Petite Grammaire franç. élémentaire. VI, 55 S. 8. b) Grammaire franç. 2° cours. 185 S. 8. c) Grammaire franç. Cours supérieur. Avec des explications et des remarques tirées de l'Histoire de la langue. 298 S. 8. Paris, Gaume et C°.
Il Ballio di messer Amerigo di Narbona. Due Documenti autentici del 1288. Nuovo contributo alla illustrazione della Cronica di Dino Compagni pel K. X, socio di parecchie accademie. Firenze, tip. M. Ricci. Nicht im Handel.
Imbriani, Vitt., Della Siracusa di Paolo Regio. Contributo alla Storia della Novellistica nel secolo XVI. Presentato alla Reale Accademia di Scienze Morali e Politiche. Napoli. 46 S. 8. Estratto dal Rendiconto dell'Accademia di scienze Morali e Politiche di Napoli.
Kayser, H., Zur Syntax Molières. Kiel, Lipsius & Tischer. M. 1,20.
Koerting, H., Geschichte des franz. Romans im XVII. Jh. 2. u. 3. Lief. Oppeln, Franck.
Krick, Ch., Les données sur la vie sociale et privée des

Rabelais, F., Les Cinq livres de F. Rabelais. Avec une notice par le bibliophile Jacob. Variantes et glossaire par P. Chéron. T. 3. In-16, 316 p. Paris, Libr. des bibliophiles. fr. 3.
Renier, Rodolfo, Il tipo estetico della donna nel medio evo. Ancona, Morelli edit., con disegni appositi di stile medioevale, del march. Francesco Carandini. in-8. L. 6.
Rolland de Denus, A., Les Anciennes provinces de la France, études étymologiques et onomatologiques sur leur nom et celui de leurs habitants. In-8, VIII, 296 p. Paris, lib. Lechevalier. fr. 3.
Sarrazin, Jos. Vict., Victor Hugos Lyrik und ihr Entwickelungsgang. Ein krit. Versuch. Baden-Baden, Sommermeyer. 40 S. 4. M. 1.40.
Scommesse, Una, novellina popolare. Livorno, tip. Giusti. in-16. pag. VIII. Per nozze Marreagni-Tostai.
Sedláček, Joh., a) Etymologie der franz. Präpositionen. b) Phonetik des Vokals i in den rom. Sprachen. c) Proposition composée. Programm der Staats-Oberrealschule zu Trautenau. 13 S. 8.
Sociedad de Bibliófilos andaluces. Primera serie. Sevillana medicina, que trata el modo conservativo y curativo de los que habitan en la muy insigne ciudad de Sevilla, la cual sirve y aprovecha para cualquier otro lugar de estos reinos. Obra antigua, digna de ser leida. Va dirigida al Ilustrísimo Cabildo de la misma ciudad. Escrita en el siglo XIV por Juan de Aviñón y publicada por Nicolás Monardes. Sevilla. Imp. de Enrique Rasco. 1885. En 4, XII, 346 págs. Para los suscritores 22 y 26, para los no suscritores 44 y 48.
Termine Trigona, Vincenzo, Petrarca cittadino: studio storico. Catania, N. Giannotta edit. in-16, p. 207. L. 2,50.
Tobler, Ad., Le vers français ancien et moderne. Traduit sur la 2. édition allemande par Karl Breul et Léopold Sudre. Avec une préface de M. G. Paris. Paris, Vieweg. XX, 209 S. 8. fr. 5.
Unterfurcher, A., Romanische Namenreste aus dem Pusterthale. Programm des Leitmeritzer Gymnasiums v. J. 1885.
Zutavern, Karl, Ueber die altfranzösische epische Sprache. I. Heidelberg, Weiss. 80 S. gr. 8. M. 1,60.

Ausführlichere Recensionen erschienen über:

Osthoff, Zur Geschichte des Perfects im Indogermanischen (v. Ziemer: Zs. f. das Gymnasialwesen, Juli-August).
Thurneysen, Keltoromanisches (v. Windisch: Lit. Centralblatt 35).

Hebbels Tagebücher (v. Gottschall: Blätter f. liter. Unterhaltung Nr. 28).
v. Hofmann-Wellenhof, Binmauer (v. Werner: Deutsche Literaturzeitung Nr. 33).
Mannhardt, Mythologische Forschungen (v. Laistner: Gött. Gel. Anz. Nr. 16).
Noreen, Altisländische und altnordische Grammatik (v. Hoffory: Deutsche Literaturzeitung Nr. 29).

Brinkmann, Syntax des Französischen und Englischen (v. A. Stimming: Lit. Centralblatt 35).
Gräfenberg, Zur franz. Syntax des 16. Jh.'s (v. A. St.: ebd. 33).
Schmitz, Portug. Grammatik (v. Paul Zunker: Deutsche Literaturzeitung 32: schlecht).

Literarische Mittheilungen, Personalnachrichten etc.

Demnächst erscheint: Arnold v. Lübecks latein. Umdichtung von Hartmanns Gregor, hrsg. von G. v. Buchwald.
G. Mazzatinti und A. Ivo werden demnächst „Rimatori napoletani del quattrocento" nach cod. 1035 der Pariser Nationalbibliothek herausgeben. — Binnen Kurzem wird auch der 1. Band einen auf mehrere Bände berechneten „Inventario dei mss. italiani della Nazionalo di Parigi" von G. Mazzatinti erscheinen.
Der Privatdocent an der Universität Marburg Dr. Max Koch ist zum ao. Professor daselbst ernannt worden. — Prof. Dr. A. Napier (Göttingen) ist als Professor der englischen Sprache und Literatur an die Universität Oxford berufen worden.
† Anfang August Prof. Dr. Georg Curtius in Leipzig.
— † am 27. August in Wackerrathsruhe bei Dresden Dr. J. G. Th. Graesse.
Antiquarische Cataloge: Bluemich, Leipzig (Deutsche Sprache u. Literatur); Gradchand, Leipzig (Verschiedenes); Haugg, Augsburg (Versch.; Drucke des 15. u. 16. Jh.'s); Otto, Erfurt (Versch.); Peppmüller, Göttingen (Deutsche Sprache u. Lit.); Scharre, Berlin (engl., franz. deutsche Lit.); Votsch, München (Versch.); Walter, Paris (Versch., Ling., Hist. lit.); Windprecht, Augsburg (Versch.).
Berichtigung. Sp. 346 Z. 22 v. u. lies tjost statt tjort.

Abgeschlossen am 28. August 1885.

NOTIZ.

Den germanistischen Theil redigirt **Otto Behaghel** (Basel, Bahnhofstrasse 53), den romanistischen und englischen Theil **Fritz Neumann** (Freiburg i. B., Albertstr. 24), und man bittet die Beiträge (Recensionen, kurze Notizen, Personalnachrichten etc.) dem entsprechend gefälligst zu adressiren. Die Redaction richtet an die Herren Verleger wie Verfasser die Bitte, dafür Sorge tragen zu wollen, dass alle neuen Werke germanistischen und romanistischen Inhalts die gleich nach Erscheinen entweder direct oder durch Vermittlung von Gebr. Henninger in Heilbronn zugesandt werden. Nur in diesem Falle wird die Redaction stets im Stande sein, über neue Publicationen eine Besprechung oder kürzere Bemerkung (in der Bibliogr.) zu bringen. An Gebr. Henninger sind auch die Anfragen über Honorar und Sonderabzüge zu richten.

Literarische Anzeigen.

Einladung zum Abonnement
auf den neunten Band von:

Englische Studien. Organ für englische Philologie unter Mitberücksichtigung des englischen Unterrichts auf höheren Schulen. Herausgegeben von Dr. Eugen Kölbing, a. o. Professor der englischen Philologie an der Universität Breslau.

Abonnementspreis vom IV. Bande an M. 15.— pr. Band. Neu eintretenden Abonnenten gegenüber erklären wir uns bereit, auch die früher erschienenen Bände I—III zu dem ermässigten Abonnementspreise von M. 15.— pr. Band nach-

zuliefern, jedoch nur bei Bestellung je eines completen Bandes.

Einzelne Hefte werden nur zu *erhöhtem* Preise abgegeben.

Das 1. Heft des IX. Bandes befindet sich unter der Presse.

Inhalt: St. Patrick's Purgatory, and the knight, Sir Owen. Von L. Toulmin Smith. — On the chronology of the plays of Fletcher and Massinger. Von F. G. Fleay. — Kleine Publicationen aus der Auchinleck-Hs. V. Die sieben Todsünden. VI. Das Vater Unser. VII. Psalm L. Von E. Kölbing. — The boke of curtesy. Von K. Breul. — Litteratur. — Miscellen.

Heilbronn.

Gebr. Henninger.

Deutsche Encyklopädie

500 Bogen in 50 Lieferungen oder 8 Bänden für 60 M

Ein neues Universallexikon für alle Gebiete des Wissens

Verlag von J. Wolf Braun in Leipzig

Im Verlag von Gebr. Henninger in Heilbronn erschien soeben und ist durch alle Buchhandlungen zu beziehen:

Der allgemeine deutsche Sprachverein,

als Ergänzung seiner Schrift:

Ein Hauptstück von unserer Muttersprache.

Mahnruf

an alle national gesinnten Deutschen.

Von

Herman Riegel.

Gr. 8°. 56 Seiten. Preis M. 1.—

Inhalt:

Einleitendes. — Die Erfolge der letzten zwei Jahre. — Der Stand des Uebels. — Der Sprachverein. Entwurf zu den Satzungen eines allgemeinen deutschen Sprachvereins. — 1. Zweck. 2. Zusammensetzung und Gliederung. 3. Geschäftsleitung. 4. Mittel zum Zwecke. — Grundsätze.

In Vorstehendem ist die äussere Gliederung der Schrift bezeichnet, welche der Verfasser, Museumsdirector Dr. H. Riegel in Braunschweig, dem Gedanken der deutschen Sprachreinigung gewidmet hat. Diese Aufgabe erscheint mit ebensoviel überzeugender Klarheit und Schärfe als Wärme der nationalen Empfindung gelöst. Kein Deutscher wird dieses Buch in die Hand nehmen können ohne auszustehen, dass die in demselben aufgestellten Forderungen gerechtfertigt sind. Ueber die Mittel mag man streiten. Auch in diesem Punkte aber wird man, wie es scheint, dem Verfasser früher oder später zustimmen müssen; weil er einen Weg einschlägt, der anderweitig mit dem grössten Erfolg betreten worden ist.

ZENTRAL-STELLE für Dissertationen und Programme von **Gustav Fock in Leipzig.**

Sortiment. Verlag u. Antiquariat.

Bestellungen u. Anfragen werden prompt erledigt!

Angebote sind stets willkommen!

Soeben erschien:

Verzeichniss

der z. Z. auf Lager befindlichen

Abhandlungen aus den Gebieten der

Neueren Philologie u. Germanistik

Anhang: Orientalia.

Die Uebersendung erfolgt gratis und franko.

Gustav Fock in Leipzig.

Verlag von Gebr. Henninger in Heilbronn.

Deutsche Litteraturdenkmale

des 18. und 19. Jahrhunderts.

In Neudrucken herausgegeben von

BERNHARD SEUFFERT.

Unter der Presse sind:

22. Freundschaftliche Lieder von J. J. Pyra und S. G. Lange. (Herausg. von August Sauer.)
23. Anton Reiser. Ein psychologischer Roman von K. Ph. Moritz. (Herausg. von Ludwig Geiger.)
24. Ueber meine theatralische Laufbahn von W. A. Iffland. (Herausg. von H. Holstein.)

Im Verlage der kgl. Hofbuchhandlung, Wilhelm Friedrich in Leipzig erschien soeben:

Einleitung

in ein

Aegyptisch - semitisch - indoeuropäisches

Wurzelwörterbuch

von

Dr. Carl Abel.

Heft I in kl. 4 broch. ℳ 20.—
Heft II 1 „ „ „ ℳ 10.—
Heft II 2 und III (Schluss) erscheinen Ende dieses Jahres.

Früher erschien:

Sprachwissenschaftliche Abhandlungen

von

Dr. Carl Abel.

Ein starker Band in gr. 8. ℳ 10.—

Ueber den Gegensinn der Urworte

von

Dr. Carl Abel.

In gr. 8. broch. ℳ 2.—

Gross- und Klein-Russisch

von

Dr. Carl Abel.

Aus Uchester-Vorlesungen über vergleichende Lexikographie gehalten an der Universität Oxford.

Uebersetzt von Rudolf Dielitz.

In gr. 8. broch. ℳ 6.—

Verlag von Gebr. Henninger in Heilbronn.

Die
Aussprache des Latein
nach
physiologisch - historischen Grundsätzen
von
Emil Seelmann.

1885. gr. 8. XV, 398 S. geh. M. 8.—

W. Foerster schliesst seine Besprechung dieses Werkes im Archiv für lat. Lexikogr. herg. von E. Wölfflin II. Heft 2 mit folgenden Worten: „So entstand dies Werk, welches die Frucht mehrjähriger gewissenhafter Arbeit darstellt, die Erstlingsgabe eines vielversprechenden tüchtigen jungen Mannes, die er uns rasch nach vollendetem Universitätsstudium darreicht und für die er reichliche Anerkennung und wohlwollende Aufmunterung von allen Fachgenossen verdient. Und nachdem rücksichtslos auf einige demselben anhaftende Schwächen (die ohne Schwierigkeit in einer zweiten Auflage, die wir dem Buche wünschen, entfernt werden können, ohne dass die Anlage des Buches und seine Hauptresultate eine Änderung erfahren) hingewiesen worden, sollen auch die grossen und zahlreichen Vorzüge des Buches, die bei weitem überwiegen, nicht verschwiegen werden. Die Sammlung der Inschriften ist die reichste, die wir haben, nach den letzten Publikationen revidirt; die Grammatikerzeugnisse in einer Vollständigkeit herangezogen, die weitere und erhebliche Nachträge nicht mehr erwarten lässt. Die phonetische Durcharbeitung des Materials ist musterhaft, die Resultate der romanischen Lautlehre zur Kontrolle herangezogen und soviel davon mit hinein verarbeitet, als es der Plan des Werkes zuliess. So ist das Buch unentbehrlich ebenso für den klassischen Philologen wie für den romanischen. Während beiden darin ein sonst in ähnlicher Vollständigkeit noch nie zusammengebrachtes Material, eine wahre Fundgrube geboten wird, findet der eine in der sorgfältigen, wohl geordneten Disposition Belehrung über die grundlegenden Thatsachen, welche die vergleichende romanische Grammatik durch Rückschluss festgestellt und mit den dokumentarisch belegten Thatsachen der lateinischen Grammatik in Verbindung gebracht hat; der romanische Philolog, dessen vom Gymnasium mitgebrachte, auf die klassische Zeit beschränkte Vorbildung im Latein für seine Zwecke gänzlich unzulänglich ist, wird hier schnell und richtig informirt über die Vorgänge des Lateins, die der eigentlich romanischen Evolution vorausgingen. So mag dies Werk, das seine Lösung in vielen Punkten übertrifft, das unsere bisherigen Kenntnisse wohlgeordnet verträgt, dieselben berichtigt und erweitert und anderswo zu weiterer Forschung anregt, freundliche Aufnahme finden!"

Verlag von GEBR. HENNINGER in Heilbronn.

Erschienen:

Altenglische Bibliothek. Herausgegeben von Eugen Kölbing.

III. Band. Octavian. Zwei mittelenglische Bearbeitungen der Sage herausgegeben von Gregor Sarrazin. XLV, 192 S. M. 5.—

Englische Sprach- und Litteratur-Denkmale des 16., 17. und 18. Jahrhunderts herausgegeben von Karl Vollmöller.

2. Band: Marlowe's Werke, historisch-kritische Ausgabe. I. Tamburlaine hrsg. von Albrecht Wagner. XL, 212 S. M. 4.—

Unter der Presse:

3. Band: The Life and Death of Doctor Faustus, made into a farce. By Mr. Mountford. With the humours of Harlequin and Scaramouche. London, 1697. Mit Einleitung herausgegeben von Otto Francke.

Verlag von Gebr. Henninger in Heilbronn.

Unter der Presse:

FRANCISCI ALBERTINI
OPVSCVLVM
DE
MIRABILIBVS
NOVAE VRBIS
ROMAE.

HERAUSGEGEBEN
von
AVGVST SCHMARSOW
(Professor der Kunstgeschichte in Göttingen; nach Breslau berufen).

In zwei Ausgaben:
Auf Büttenpapier mit Pergamentumschlag in zweifarbigem Druck ca. M 4.—

Auf gewöhnlichem holzfreiem Druckpapier mit zweifarbigem Umschlag (mit Rücksicht auf Studierende der Kunstgeschichte zu Vorlesungszwecken hergestellt) ca. M 2.—

Soeben ist in **achter Auflage** erschienen:

Stamm, Fr. Ludwig, Ulfilas oder die uns erhaltenen Denkmäler der gothischen Sprache, Text, Grammatik und Wörterbuch. Neu herausgegeben von Dr. Moritz Heyne, o. ö. Professor an der Universität Göttingen. 472 S. gr. 8°. br. 5.00 M

Ferner ist **neu** erschienen:

Waltemath, Dr. Wilh., Die fränkischen Elemente in der französischen Sprache. gr. 8°. 100 Seiten. br. 1,20 M

Verlag von Ferd. Schöningh in Paderborn u. Münster.

Verlag von GEBR. HENNINGER in Heilbronn.

Im Laufe des September wird zur Ausgabe bereit sein:

Englische Lautlehre
für
Studierende und Lehrer.
Von
August Western,
Lehrer an der höheren Schule zu Frederikstad.

— Vom Verfasser selbst besorgte deutsche Ausgabe. —

VIII, 108 S. gr. 8°. Geh. M. 2.—

Kurze Darstellung
der
englischen Aussprache
für
Schulen und zum Selbstunterricht.
Von
August Western.
40 S. 8°. Geh. M. —.80).

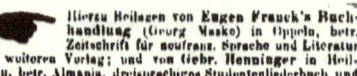

Hierzu Beilagen von Eugen Franck's Buchhandlung (Georg Maske) in Oppeln, betr. Zeitschrift für neufranz. Sprache und Litteratur und weiteren Verlag; und von Gebr. Henninger in Heilbronn, betr. Almania, dreisprachiges Studentenliederbuch und andere Verlagswerke.

Literaturblatt
für
germanische und romanische Philologie.

Unter Mitwirkung von Professor Dr. Karl Bartsch herausgegeben von

Dr. Otto Behaghel und Dr. Fritz Neumann
o. ö. Professor der germanischen Philologie   o. ö. Professor der romanischen Philologie
an der Universität Basel.   an der Universität Freiburg.

Verlag von Gebr. Henninger in Heilbronn.

Braunholtz, Eugen, Die erste nichtchristliche Parabel des Barlaam und Josaphat. Ihre Herkunft und Verbreitung. Halle, Niemeyer, 1885. VIII, 110 S. 8.

Die Abhandlung, deren erste beide Bogen als Berliner Doctordissertation erschienen sind, geht von der unter dem Namen 'Todestrompete' bekannten Parabel aus, beschäftigt sich jedoch hauptsächlich mit der von den drei (oder zwei) Kästchen, welche sich im Barlaam an jene anschliesst. Den Ursprung derselben sucht der Verf. in buddhistischen Lehren und Anschauungen, und wenn er für die letztere Erzählung auch keinen directen Beweis der Entlehnung vorbringen kann, so weiss er diese Herleitung doch sonst wahrscheinlich zu machen. Hierauf verfolgt er die Verbreitung derselben im Abendlande in den älteren lat. und romanischen Versionen. Die erste wesentliche Verschiebung erhält die Kästchenparabel bei Boccaccio, der sie mit einer Anecdote von der Undankbarkeit eines gewissen Königs verknüpft. Wenn dann der Verf. aber meint (S. 28 ff.), dass Gower aus B. geschöpft habe, so halte ich dies für sehr fraglich, da, so viel ich weiss, die unmittelbare Benutzung ital. Quellen seitens des englischen Dichters überhaupt nicht erwiesen ist, und die Aehnlichkeit zwischen beiden Versionen sich nur auf die allgemeine Situation und die Aufügung der obigen Parabel beschränkt. Andererseits bringt Busone da Gubbio (s. S. 25 f.) den ersten Theil der von Boccaccio aufgenommenen Erzählung, lässt jedoch die Belehrung durch die Wahl der Kästchen fort. Mir scheint das Verhältniss daher so zu liegen, dass die von Gower und Busone ge- lieferten Versionen auf verschiedenen Vorlagen beruhen, die von Bocc. zuerst zu einer vereinigt, dann mit verschiedenen Modificationen in italienische, deutsche, lat., franz., engl., span. Sammlungen oder Chroniken übergingen.

Nachdem der Verf. dann die Beziehung dieser verschiedenen Redactionen zu einander untersucht, wendet er sich zur weiteren Geschichte der Parabel, die mit noch andern Stoffen — bekannt ist Shakespeares Merchant of Venice — in Verbindung gebracht wurde.

In den letzten Erzählungen 'Schatz im Baumstamm,' 'die zwei Blinden' und 'Geldgans' will mir aber die Einwirkung der Kästchengeschichte — von vereinzelten Nachklängen abgesehen — nicht einleuchten, wie sich der Verf. ja auch selbst sehr vorsichtig (S. 66) darüber ausdrückt. Das eigentliche Thema hätte daher mit Abschnitt XXXII sein Ende finden sollen; da indess auch die folgenden Untersuchungen manches Interessante zu Tage fördern — ich erwähne u. a., dass der Verf. S. 75 ff. den Text der Erzählung von den zwei Blinden im Renart le Contrefait nach zwei Pariser Hss. zum ersten Male veröffentlicht —, soll dem Autor kein schwerer Vorwurf aus diesem Mangel an Zusammenhang gemacht werden.

S. 90 f. hält der Verf. einen Einfluss des ersten Theils unserer Parabel auf die bekannte Geschichte von Dionys und Damokles für möglich; der Grundgedanke in beiden ist freilich fast derselbe; dennoch zweifle ich an einer solchen Herleitung, so lange nicht Zwischenglieder nachgewiesen sind, die den immerhin nicht unbedeutenden Abweichungen erklären.

S. 107 ff. erscheint ein Nachtrag, in welchem einzelne der früher aufgestellten Behauptungen und Vermuthungen des Verf.'s auf Grund neuerer Informationen berichtigt oder umgeändert werden: ein Beweis, wie vorsichtig man bei solchen vergleichenden Forschungen zu Werke gehn muss. Den Schluss bildet ein Stammbaum der behandelten Geschichten.

Habe ich nun auch hie und da Bedenken laut werden lassen, so will ich doch anerkennen, dass die Arbeit mit Fleiss und meist mit richtigem Urtheil abgefasst ist.

Berlin, Juli 1885.   J. Koch.

Müller, Heinrich Dietrich. Sprachgeschichtliche Studien. Göttingen, Vandenhoeck & Ruprecht. 1884. IV, 202 S. 8. M. 4.40.

Der Verf. schickt seinen etymologischen Forschungen, die den grössten Theil des Buches füllen, eine Abhandlung voraus, in der er für die Priorität des idg. *a* dem *e* gegenüber eine Lanze bricht. Seiner Ansicht nach hat sich das *e* zunächst in den tonlosen Silben durch Schwächung entwickelt und ist von hier aus durch einen Akt regressiver Assimilation, eine Art von Umlaut, in die Stammsilben eingedrungen, so z. B. im Praesens. Der Frage, warum das nicht immer geschehen sei, begegnet er durch den Hinweis auf umlauthindernde Consonanten, die z. B. in ἀγάλλω das *a* erhalten haben sollen. und wo auch das nicht ausreicht, weiss er anders Rath (ἄγω sollte „wahrscheinlich" von dem Pronomen ἐγώ „fühlbar gesondert" werden S. 15). Ich zweifle nicht, dass M. auch für germ. *furan, graban,* die *a* nicht berührt, eine Erklärung hat, muss aber bestreiten, dass seine ganze Beweisführung irgend welche Wahrscheinlichkeit für sich in Anspruch nehmen kann. Zudem ist sie überflüssig: er gibt selbst zu, dass dem eur. *e* in den arischen Sprachen ein etwas heller gefärbtes *a* „gewöhnlich" entspricht. Warum er sich da sträubt, das heller gefärbte *a* in die idg. Grundsprache zu verlegen, ist nicht abzusehn. Denn verträgt es sich nicht mit dem sonst in der Sprache waltenden Zuge nach Differenzirung, wenn aus einer ursprünglichen Mehrheit in den arischen Sprachen das einheitliche *a* hervorgeht (S. 5), so ist dieser Einwurf doch auch gegen seine Theorie zu richten, da ein heller gefärbtes *a* in der historischen Zeit der arischen Sprachen thatsächlich nicht wo einem anderen *a* zu scheiden ist. Nimmt er aber nur an der Bezeichnung 'idg. *e*' Anstoss und will dafür 'heller gefärbtes *a*' setzen, so wird dagegen niemand etwas Erhebliches einzuwenden haben.

Die etymologischen Forschungen sind dem Zwecke gewidmet, feste Gesetze des Bedeutungsüberganges zu ermitteln, gewiss ein verdienstliches Unternehmen. Leider ist die Ausführung desselben eine derartige, dass der Sprachwissenschaft so gut wie gar kein Nutzen daraus erwächst. Nach M. kommt man mit dem bisher von den Etymologen eingeschlagenen Verfahren, jeder in der Grundsprache zurückreichenden Wortbildung eine bestimmte Bedeutung zuzuschreiben und aus dieser die in den Einzelsprachen vorliegenden Bedeutungen abzuleiten, nicht zum Ziele, denn die Basis der Bedeutungsentwicklung bilden überall nicht Begriffe, sondern räumlich-sinnliche Anschauungen (S. 197). Es sind das die Anschauungen der Erhebung, des Zusammenseins, der Trennung; jede durch ein Wort wiederzugebende Erscheinung wird unter eine dieser Grundanschauungen subsummirt und durch die für dieselben geschaffenen Lautcomplexe (Wurzeln) bezeichnet. Die Grundanschauungen verlieren allmählich von ihrer Allgemeinheit und Unbestimmtheit und specialisiren sich zu von engeren und festeren Grenzen umschlossenen Vorstellungen. So kann die Anschauung der Erhebung in die des Hervorkommens und Erzeugens, die des Zusammenseins in die der Angehörigkeit und Verwandtschaft übergehn. Dieser Process war nun zur Zeit der Sprachtrennung noch nicht zum Abschluss gekommen, und so kann es uns gar nicht Wunder nehmen in den Einzelsprachen Wörter zu finden, die — lautlich einander gleich — begrifflich sich nicht decken, sondern nur in der zu Grunde liegenden Vorstellung oder Anschauung mit einander zusammenhängen. Einen recht nebelhaften Charakter schreibt da der Verf. der Grundsprache zu, die demnach über eine Unzahl von Wörtern verfügte, die zwar mit einer Grundanschauung in Beziehung gebracht worden sind, aber noch keine specielle Bedeutung angenommen haben. Mit Ausnahme einer Minderzahl von Bildungen, wie *Vater Mutter* sollen die Wörter erst in den Einzelsprachen feste Begriffe gewonnen haben! Wie gegen diese principiellen Anschauungen des Verf.'s Einspruch zu erheben ist, so noch mehr gegen die Art und Weise, wie er sie zur Anwendung bringt. Nicht allein die Wurzeln lässt er in den beliebigsten lautlichen Formen erscheinen, auch der angenommene Bedeutungswechsel entbehrt in den meisten Fällen der rechten Begründung. Muss ein Forscher nicht jeden Boden unter den Füssen verlieren, der sich zu dem Satze bekennt: „es gibt keine einzige idg. Wurzel, welche nicht für gänzlich verschiedene Grundanschauungen und aus diesen hervorgegangene, also durchaus heterogene Vorstellungen verwendet wäre" (S. 200). Oefters nimmt M. an, dass verschiedene, nur gleichlautende Wurzeln bei der Bildung eines Verbums zusammenwirken. So wird z. B. *erfahren* von *fahren* getrennt und zu *comperire* gestellt. Bis zu welchem Grade der Verf. seinen Etymologien zu Liebe sich über sprachgeschichtliche Thatsachen hinwegsetzt, soll an einer Reihe von Beispielen aus dem Kreise der germ. Sprache gezeigt werden. S. 40 wird nhd. *Ziemer* 'Zeugungsglied' mit gr. δέμας verglichen (Grundansch. der Erhebung). S. 51 wird ahd. *harjôn* 'verheeren' mit lat. *cerno* zusammengebracht. S. 53 *Klinge* 'Thalschlucht' (vielmehr 'tosender Bach') zu gr. γλωχίς 'Spitze' gestellt. S. 66 engl. *pit* 'Grube' (= puteus) zu skr. *bhid* 'spalten'. S. 82 mhd. *degen* 'Dolch' zu gr. τέμνω (Grundansch. der Trennung). S. 105 in got. *lathaleiko* soll *latha-* ein Praefix und mit lat. *altus* zu vergleichen sein. S. 109 *Droste* als Amtstitel (= Truchsess) soll mit nd. *dros* 'Teufel' identisch sein. S. 116 *Mann* darf nicht zur √*man* 'denken' gestellt werden, denn „sollte auch das Männchen der Thiere vom Denken benannt sein"? Es gehört als „Erzeuger" zu gr. ἀμνός 'Lamm' als

'Erzeugtes', weiter zu lat. *mons*, skr. *mánas* 'Ehre' (Grundansch. der Erhebung). S. 125 abd. *véro* gehört zu skr. *ádra* 'kostbar'. S. 143 nhd. *gucken* 'aussehauen' mit mhd. *gucken* 'schreien' (d. h. wie ein Kukuk) zu vergleichen. S. 160 ags. *izelund* wird für ein anderes Wort als *ēdlund* gehalten und mit nhd. *Eiland* zusammengebracht. S. 184 an. *øskja* dem ahd. *eiscōn* gleichgesetzt. S. 191 wird bei mhd. *eúrbuz* an eine √*bhud* 'schreiten' gedacht.

Doch soll nicht geleugnet werden, dass nicht auch einige einleuchtende Etymologien begegnen, andere, die der Erwägung werth sind. Ueber das Buch als Ganzes kann das Urtheil nicht anders lauten, als dass es wissenschaftlich werthlos ist, und der unverkennbare Scharfsinn, der rastlose Eifer und die Energie, mit denen der Verf. seine Aufgabe zu lösen sucht, kann uns nicht zu Aenderung dieses Urtheils veranlassen.

Leipzig, 11. Jan. 1885. K. v. Bahder.

Kleinpaul, Rudolf, Menschen- und Völkernamen. Etymologische Streifzüge auf dem Gebiete der Eigennamen. Leipzig, Reissner. 419 S. 8. M. 8.

Der Verf. ist nicht eigentlich Sprachgelehrter; zum Beweise dafür möge es genügen, ihn eine Stelle auf S. 76 zu citiren: „müssen wir uns zunächst einmal das Wort Asen genauer ansehn. Es lautet . . gotisch im Sg. *ans*, im Pl. *anzeis*, nkid. im Sg. *ans*, im Pl. *ensi*, sächsisch im Sg. *ōs*, im Pl. *ēs*." So ist denn im Einzelnen mancherlei zu beanstanden; vor Allem ist Kleinpaul nicht dem verhängnissvollen Irrthum entgangen, jeden altdeutschen Namen für bedeutungsvoll zu halten; ist es Zufall, dass S. 79 der Name Hildegunde nicht aufgeführt wird, oder geschah es, weil der Verf. mit dem Namen nichts anzufangen wusste? Aber mag auch eine ganze Anzahl seiner Etymologien nicht sicher stehen, im Ganzen ist er guten Gewährsmännern gefolgt und hat mit Besonnenheit seine Auswahl getroffen. So bleibt denn die Hauptsache bestehen: es ist Kl. gelungen, dem Laien ein ansprechendes lebensvolles Bild all der Möglichkeiten vorzuführen, welche bei der Namengebung in Betracht kommen. Und auch der Fachmann, der so leicht den Blick für das Ganze verliert, mag mit Vergnügen das Buch lesen; auch ihm wird gelegentlich ein Gesichtspunkt entgegentreten, der bis jetzt nicht genug ins Auge gefasst worden, so z. B. der Versuch, zu scheiden zwischen Kindernamen und solchen, die dies nicht gewesen sein können.

Dem Verf. ist es hauptsächlich darum zu thun, das Gemeinsame bei verschiedenen Völkern und Zeiten hervorzuheben; es hätte sich gelohnt, auszuführen, dass auch sehr erhebliche Abweichungen nach Raum und Zeit bestehen.

Die Darstellung ist im Ganzen gewandt, hie und da etwas breit und von Geschmacklosigkeiten nicht frei.

Basel, 14. Juni 1885. Otto Behaghel.

Die Innere Verwaltung. Zweites Hauptgebiet. Das Bildungswesen. Zweiter Theil. Das Bildungswesen des Mittelalters Scholastik, Universitäten, Humanismus. Zweite Auflage. Von Dr. Lorenz v. Stein. Stuttgart, J. G. Cotta. 1883. XVII, 541 S. 8. Dritter Theil. Erstes Heft. Die Zeit bis zum neunzehnten Jahrhundert. 1884. XI, 541 S.

Wenn dieses umfangreiche Werk in diesem Blatte besprochen werden soll, so befindet sich der Referent in einiger Verlegenheit, da auch ein ausführlicheres Referat kaum die Fülle des darin behandelten Stoffes vollständig zur Anschauung bringen könnte. Der Verf. ist bekanntlich Nationalökonom und Staatsrechtslehrer und steht als solcher der mittelalterlichen Kulturwelt, speciell der Geistesthätigkeit des Mittelalters mehr als Beobachter denn als Forscher gegenüber. Er ist fast durchweg auf die Arbeiten der Erforscher mittelalterlichen Geisteslebens angewiesen. Bei der ungeheuren Masse der einschlägigen Arbeiten musste er eine Auswahl treffen und konnte kaum in jedem einzelnen Falle der eifrigen Thätigkeit der Specialforscher auf diesem vielverzweigten Gebiete folgen, noch weniger konnte er immer auf die Quellen zurückgehen, da dazu ein Menschenleben und eine ganz ungeheure Belesenheit erforderlich gewesen wäre. Man darf also in dem Buche L. von Steins keine auf eingehendes Quellenstudium fussende Arbeit suchen. Dennoch wird jeder, der sich mit dem Mittelalter beschäftigt, dieses Buch mit Genuss und Gewinn lesen, da es sich durch grosse Beherrschung des Stoffes, Gedankenreichthum und geschmackvolle Darstellung auszeichnet. Die Mängel dieses Werkes entspringen dann andererseits wieder aus der Unkenntniss oder sagen wir lieber aus der Ausserachtlassung der monographischen Literatur; die Darstellung ist oft allzu breit, der Wiederholungen sind viele und der Verf. hängt der Neigung für historische Construction allzu gerne nach. Im Einzelnen finden sich eine Fülle feiner, treffender und zum Nachdenken anregender Bemerkungen. Der Darlegung der Entstehung der Universitäten wird man im Ganzen zustimmen können, doch sind die deutschen Universitäten nicht genügend gewürdigt worden und der Aufsatz von Paulsen: Organisation und Lebensordnungen der deutschen Universitäten im Ma. (in Sybels Hist. Zs. Band 45 1881) sowie desselben Verfassers Geschichte des gelehrten Unterrichts auf den deutschen Schulen und Universitäten vom Ausgange des Ma.'s bis zur Gegenwart, Leipzig 1885, dienen zur Berichtigung und Ergänzung. Auch die demnächst erscheinende Geschichte des Unterrichtswesens in Deutschland von Dr. Specht wird für die Periode vor der Entstehung der Universitäten manches in anderem Lichte erscheinen lassen, als es L. von Stein erkannt und dargestellt hat. Wer auch nicht immer mit der Darstellung des Abschnittes: Die Elemente der nationalen Bildung (die Volkspoesie, der Beginn der ständischen Berufsarbeit neben Kirche und Wissenschaft, der Hof im Bildungswesen, das Concil zu Constanz, der Humanismus) einverstanden sein kann, wird doch zuweilen an der geistreichen Behandlung seine Freude haben. Eine ins Einzelne gehende Kritik dieses Buches ist fast unmöglich. Schaden wird es kaum anrichten, da es schwerlich in unrichtige Hände kommt, dem Kenner aber wird es werthvolle Anregung bringen.

Basel. H. Boos.

Kern, Fr., Grundriss der deutschen Satzlehre. Berlin, Nicolai, 1884. VIII, 79 S. M. 0,80.

Der Verf. hat seine auf ausschliessliche Betrachtung des rein Formalen in der Sprache und auf strenge Ausscheidung aller logischen Gesichtspunkte hinzielenden Grundsätze in seiner „Deutschen Satzlehre" (Berlin, Nicolai, 1883) dargelegt, auf welche im Ltbl. 1883 S. 60 hingewiesen worden ist. Seitdem hat er gegen Wilmanns (Zs. f. d. Gymnasialwesen 37 S. 679 ff. und 38 S. 288 ff.) seine Principien mit vielem Geschick vertheidigt in seiner Schrift „Zur Reform des Unterrichts in der deutschen Satzlehre" (ebd. 1884). Der vorliegende „Grundriss" ist für den Unterricht bestimmt und verspricht, einer bedauernswerthen Unklarheit und Verwirrung auf diesem Gebiete endlich ein Ende zu machen. Wir möchten nur gegen einige Einzelheiten Einsprache erheben.

Der Vocativ kann nicht wohl als „Subjectswort" dienen (§§ 24, 28, 51); Kern scheidet ihn § 64 selbst aus seinem „Satzbilde" aus. — Praeposition und Adverbium dürften noch strenger geschieden werden. Jedenfalls ist das überbietende „zu" („zu hastig") keine Praeposition (§ 43 Anm.); die Erklärung, welche Kern gibt, können wir nicht billigen. — Mit des Verf.'s eigenen Grundsätzen scheint es uns nicht zu stimmen, wenn die Nebensätze nach dem qualificirt werden, was sie als Satzglieder des regierenden Satzes vorstellen würden; die Form, in welcher sie dem letzteren ein- oder angefügt sind, kann hier allein bestimmen. Kern dagegen hält „(die Nachricht,) dass mein Freund angekommen ist" für einen Attributivsatz, „(er versicherte mich,) dass er bald kommen werde" für einen Genitivsatz, „war sich nicht nach der Decke streckt (, dem bleiben die Füsse kalt)" für einen Dativsatz. — Endlich hätten wir die Fassung des Buches etwas einfacher gewünscht. Kern entwickelt zu viel; aber ein Schulbuch soll nicht eine Lehre erst aufbauen, sondern die aufgebaute in möglichster Anschaulichkeit darstellen. Die systematische oder genetische oder methodische Entwickelung muss Sache des lebendigen Unterrichtes bleiben.

Karlsruhe, Jan. 1885. E. v. Sallwürk.

Biese, Reinhold, Psychologische Satz- und Denklehre. Für die Oberstufe höherer Lehranstalten. Barmen, Klein, 1884. 39 S.

An vielen Gymnasien wird innerhalb des Unterrichts in philosophischer Propädeutik das Elementarste von der Bildung der Sprache vorgetragen, woran eine psychologische Begründung der Logik und eine Methodenlehre sich anknüpft. Für diesen Zwecke bestimmt auch Biese sein Buch, und in diesem Sinne können wir es auch der Beachtung der Lehrer, welchen solcher Unterricht übertragen ist, empfehlen, obwohl wir den psychologischen Anschauungen des Verf.'s nicht überall beipflichten. Der grammatische Theil des Buches muss sich den Einwurf gefallen lassen, dass der psychologische Grund, auf welchem die Sprache erwächst, nicht die Psychologie unserer Lehrbücher ist. Dass der Nominativ z. B. „der Casus der Wahrnehmung" und der Accusativ „der Casus der blossen Vorstellung, der logischen Beziehung" sei (§ 21, § 23), befriedigt weder vom sprachlichen, noch vom psychologischen oder logischen Standpunkte aus.

Der Verf. behandelt seinen Gegenstand mit wissenschaftlicher Klarheit und in sehr geschmackvoller Darstellung; aber er ist, wie schon sein Vorwort (S. 5 f.) ahnen lässt, ein etwas streitbarer Charakter. Der seiner Schrift beigegebene Anhang, der in schärfster Weise gegen „die aller Psychologie Hohn sprechende grammatistische Methode des Sprachunterrichts" eifert, wird seinem Buche den Eingang in die Schule an vielen Orten verschliessen, wenn das, was er dort vorträgt, auch zum grössten Theil richtig ist.

Karlsruhe, Januar 1885. E. v. Sallwürk.

Pogatscher, Alois, Zur Volksetymologie. Nachträge und Bemerkungen zu Andresens und Palmers volksetymologischen Schriften. Programm der Landes-Oberrealschule zu Graz. 36 S. 8.

Die kleine Schrift erweckt das Bedauern, dass es dem Verf. bis jetzt nicht vergönnt war, seine Untersuchungen über Wesen, Umfang, Arten der Volksetymologie zu einem Abschluss zu bringen. Denn es sind durchaus gesunde und zutreffende Anschauungen, die im Vorwort des Verf.'s und bei der Besprechung einzelner Volksetymologien zu Tage treten. Für zweifellos richtig halte ich es, wenn P. anzudeuten scheint, dass zwischen Analogie und Volksetymologie kein wesentlicher Unterschied bestehe; wenigstens gilt das, so weit der psychologische Vorgang in Betracht kommt. Auch wenn P. die Grenzen des Gebietes erheblich weiter zieht, als man es bei uns zu thun gewöhnt ist, hat er gewiss Recht. Hoffentlich ist es ihm vergönnt, uns bald mit einer umfassenden Darstellung aller hierher gehörigen Fragen zu beschenken.

Karlsruhe, 15. April 1884. Otto Behaghel.

Moers, Joseph, Die Form- und Begriffsveränderungen der französischen Fremdwörter im Deutschen. Beilage zum Programm der Höh. Bürgerschule zu Bonn (Nr. 441). 35 S. 4.

Das dankbare Thema, das wohl eine eingehendere Behandlung verdiente, als sie im Rahmen einer Programmabhandlung möglich ist, behandelt der Verfasser in vier Abschnitten: Wandlungen der Form, neue Ableitungen französischer Wörter, Veränderungen des Geschlechts, Wechsel der Bedeutung. Wir begegnen mancher guten Beobachtung und treffenden Bemerkung; dahin gehören die Aeusserungen gegen Wackernagel S. 24; auch das Verzeichniss von Fremdwörtern, die im Französischen sich nicht oder nicht mit der gleichen Bedeutung vorfinden, ist nützlich, denn es zeigt anschaulich die praktischen Nachtheile der Fremdwörterei. Leider ist aber der Hauptabschnitt der Abhandlung, der den Wandlungen der Form gilt, sehr wenig gelungen. Veränderungen, die bloss orthographischer Art sind, und solche lautlicher Natur sind bunt durch einander geworfen; es ist kein Unterschied gemacht zwischen einem Lautwandel, der sich bei der Aufnahme des Wortes vollzieht, und einem solchen, der später innerhalb des Deutschen nach den Gesetzen der deutschen Sprache eintritt; der Verf. hat es unterlassen zu fragen, inwieweit das fremde Schriftbild, oder die fremde Aussprache für den Deutschen massgebend gewesen. Und wie im Ganzen, so zeigt sich im Einzelnen der Mangel einer tüchtigen sprachlichen Schulung. Wenn aus mhd. *palas* später *Palast* wird, so wurde hier „die betonte Silbe durch Hinzufügung eines unorganischen *t* verstärkt" (S. 7); „verhärtet erscheint *n* in afr. *jonel* Juwel wie das *i* in *baïonnette* Bajonett" (S. 9). Das stärkste leistet folgender Satz: „die Endung *ieren* beschränkte sich Anfangs auf die Uebertragung französischer Verben auf *ier*, eine alte Infinitiv-Endung der ersten Conjugation, welche eigentlich der lateinischen Endung *iare*, *icare* entspricht, sich später aber auch auf andere lateinische ins Französische aufgenommene Verba ausdehnt" (S. 12).

Karlsruhe, 15. April 1885.   O. Behaghel.

Koch. Max, Shakespeare. Stuttgart, J. G. Cotta und Gebrüder Kröner. O. J. 340 S. 8.

Noch vor weniger als drei Monaten sprach sich Brandl in seinem überaus lesenswerthen Aufsatze 'Ueber die neuesten Forschungen zu Shakspere's Leben' (in der Beilage zu Nr. 16 und 18 der Allg. Zeitung) dahin aus, dass, wolle man dem in der Shakespeare-Biographie so üppig wuchernden Unkraut ernstlich an die Wurzeln gehen, die sicheren, positiven Daten aus des Dichters Leben mehr und mehr zum Gemeingute aller Gebildeten gemacht werden müssten. Als sei Koch von derselben Erkenntniss geleitet worden, und als habe er als der Erste dem erkannten Uebel entgegenarbeiten wollen, bietet er in seiner neuen Shakespeare-Biographie ein Werk, welches wie kein anderes dazu geeignet und berufen erscheint, warmes Interesse und wahres Verständniss für den grossen Briten in die weitesten Kreise unseres Volkes zu tragen. Zwar ermangelten wir bisher der guten Schriften über Sh.'s Leben und Werke durchaus nicht, ist doch die eigene Shakespeare-Gemeinde bereits seit nahezu zehn Jahren im Besitze des unübertrefflichen Werkes von Karl Elze. Solche Werke bleiben aber in Folge ihrer streng wissenschaftlichen Anlage auf einen verhältnissmässig kleinen Leserkreis beschränkt und üben daher nicht die Wirkung aus, die sie dem ihnen innewohnenden Gehalte und Werthe gemäss wohl auszuüben vermöchten. Es war also ebenso erwünscht, wie zeitgemäss, dass jemand sich dazu entschlösse, die Vermittlerrolle zwischen der strengen Sh.-Philologie und dem grossen Publikum zu übernehmen. Dass diese Rolle einen Mann erheischte, der auf der Höhe der Wissenschaft stand und das gesammte einschlagende Material bis ins feinste Detail hinein beherrschte, ist von vornherein für jeden klar, der da weiss, was es mit der wirklich populären Behandlung eines wissenschaftlichen Gegenstandes für eine Bewandtniss hat. Wer hätte nun zu einer gemeinverständlichen Sh.-Biographie geeigneter sein können als Max Koch? Man kann der Verlagshandlung zur Wahl ihres Sh.-Editors nur gratuliren; denn K. hat sowohl in der Gesammtbearbeitung der Sh.'schen Dramen als auch in den denselben als Supplementband zugegebenen Biographie des Dichters ein Werk geschaffen, welches dem Verlage ebenso zur Zier, wie dem Bearbeiter selbst zur Ehre gereicht.

In Anbetracht des Zwecks, den K. mit seinem Sh. verfolgt, konnte er nicht darauf aus sein, den bereits vorhandenen Schwall von Conjecturen und Hypothesen, welche sich an die leider mehr als dürftigen urkundlich überlieferten Lebensnachrichten anhoben, noch durch neue zu vermehren. Vielmehr musste er eine Aufgabe lediglich darin erblicken, das bisher aufgestapelte Material einer gründlichen kritischen Sichtung zu unterziehen, alles Zweifelhafte und Tendenziöse auszuscheiden und nur das wirklich Verbürgte zu verwerthen. Diese seine Aufgabe hat K. mit solchem Geschicke gelöst, dass ihm auch die specielle Fachwissenschaft zu grossem Danke verpflichtet ist. Jedem Studiosus der modernen Philologie, der sich über Sh. und seine Stellung innerhalb der englischen wie der allgemeinen Literatur auf die angenehmste Art unterrichten will, kann man nur anrathen, nach dem K.'schen Buche zu greifen und dasselbe als Einleitung zu dem weit umfänglicheren Werke Elzes durchzuarbeiten. Und doch bietet es mehr als eine blosse Einleitung; denn wie eine nähere Vergleichung beider Werke sofort ergibt, hat sich K. seinem Vorgänger Elze gegenüber eine geradezu überraschende Unabhängigkeit gewahrt. Die Eintheilung und Gruppirung des Stoffes ist eine gänzlich verschiedene, und was das K.'sche Buch von allen früheren der gleichen Art unterscheidet, sind die consequent durchgeführten Hinweise auf unsere deutsche Literatur. Hinweise und Vergleichungen, die dem Verf. nur durch seine erstaunliche Belesenheit ermöglicht wurden.

Von einem genaueren Eingehen auf den Inhalt der K.'schen Biographie können wir hier füglich Umgang nehmen, da ihr Verdienst eben, wie gesagt, weniger im Herbeizeihen neuen Stoffes, als vielmehr in der gründlichen Ueberarbeitung und lichtvollen Anordnung des vorhandenen und allseits bekannten Materials beruht. So weit es möglich ist, aus den wenigen beglaubigten Zügen ein Gesammtbild von Sh.'s Leben und Charakter zu entwerfen, so weit ist es K. sicherlich wohl gelungen. Sein Held hebt sich als Mensch wie als Dichter plastisch von dem meisterhaft gezeichneten historischen Hintergrunde ab. Dabei hält sich K. trotz aller Begeisterung für den dichterischen Genius Sh.'s von jeder einseitigen Ueberschätzung desselben fern; und man darf gewiss die wohlthätige Nachwirkung jener von Rümelin ausgehenden Gegenströmung gegen eine z. Z. thatsächlich vorhandene Shakespearomanie darin erblicken, dass K. den Heroen unserer eigenen Literatur den ihnen gebührenden Platz dem 'einzigen Shakespeare' gegenüber einzuräumen sich bemüht. Ebenso wohlthuend ist die Ruhe und Klarheit, mit welcher K. selbst die heikelsten Fragen der Sh.-Biographie zu behandeln weiss; es sei hier nur an den immer wieder auftauchenden und mit so viel Leidenschaft geführten Tendenzstreit um Sh.'s Confession erinnert. Mit Recht weist der Verf. darauf hin, dass die katholische Kirche durch die Aquisition Sh.'s wenig gewinnen könne, dass Sh. hingegen, wofern er wirklich der katholischen Kirche angehört habe, als Charakter nur verlieren müsse. Auch die berüchtigte Shakespeare-Bacon-Frage wird in würdiger und doch entschiedener Art zurück gewiesen.

In Bezug auf Sh.'s philosophische Lebensanschauung verficht K. (S. 87 ff.) mit guten Gründen die Ansicht, dass Sh. ein entschiedener Anhänger der Montaigne'schen Skepsis gewesen sei, dass er sich also unmöglich gleichzeitig zu dem phantastischen Pantheismus Giordano Bruno's habe bekennen können. — Eines Punktes sei Erwähnung gethan, in welchem K. in Widerspruch mit Elze steht; es ist dies die Abfassungszeit der Sh.'schen Epyllien 'Venus and Adonis' und 'Lucrezia'. Während nämlich Elze diese Gedichte in das Jahr 1585 verweist und annimmt, der Dichter habe sie oder vielleicht auch den Entwurf zu irgend einem Drama bereits bei seiner Flucht von Stratford nach London in der Tasche gehabt — ähnlich wie Schiller mit dem Manuscript des Fiesco aus Stuttgart entwich —, vermuthet K., sie seien möglicherweise auf einer italienischen Reise zwischen Herbst 1592 und Frühjahr 1593 entstanden. Im Herbste des ersteren Jahres waren nämlich die Londoner Theater der Seuche wegen zum ersten Male geschlossen, und Sh. benutzte vielleicht diese unfreiwillige Musse zu seiner Reise. Nach seiner Rückkehr gab er dann 'Venus und Adonis' in Druck, welches sich thatsächlich im Frühjahre 1593 in die Register der Buchhändlergilde eingetragen findet. Es lässt sich nicht leugnen, dass diese Annahme K.'s ein neues Licht auf den von den übrigen Werken Sh.'s völlig verschiedenen Charakter dieser Dichtungen zu werfen wohl im Stande ist (s. S. 178 und vgl. Elze, Shakespeare, S. 130). — Diesem Differenzpunkte mit Elze gegenüber soll aber nicht übergangen werden, dass K. entgegen der allgemein verbreiteten Ansicht, Sh. sei erst in den Jahren 1586 oder 87 nach London übergesiedelt, darin mit Elze übereinstimmt, dass Sh. bereits im Sommer 1585 Stratford verlassen habe (Elze S. 131, Koch S. 28). Treffend ist der Vergleich zwischen den beiden Dichterfreundschaften Goethe : Schiller und Shakespeare : Ben Jonson. Während bei den ersteren der Ausgleich ihrer Ideen in der höheren Sphäre der Kunst erfolgte, scheinen sich die Gegensätze zwischen den letzteren nur im Leben ausgeglichen zu haben. Ueberdies ist K.'s Auffassung des zwischen Sh. und Ben Jonson bestehenden Verhältnisses um deswillen sehr beachtenswerth, weil er diesen gradezu zum Dogma gewordenen Antagonismus Jonson's einfach in Abrede stellt (S. 191 f.). Beweis ist für ihn das offene, freimüthige Bekenntniss, welches B. Jonson über seine Stellung zu Sh. in seinen Discoveries ablegt. K. weist nicht ohne guten Grund darauf hin, dass diesem Zeugnisse seither zu wenig Beachtung geschenkt und zu geringer Werth beigemessen worden sei.

Dass selbst bei so angestrengtem Fleisse und so mustergiltiger Sorgsamkeit, wie sie aus allen Arbeiten K.'s hervorleuchten, Irrthümer und Versehen mit unterlaufen, darf bei einem Gegenstande wie die Biographie Sh.'s nicht auffallen. Es möge dem Ref. gestattet sein, einige der Correctur bedürftige Stellen vorzumerken: In dem auf S. 131 angeführten Schema der Spenser'schen Sonettform ist das zweite Quatrain — wohl in Folge Druckfehlers — nicht genau wiedergegeben; es muss heissen b c b c statt b c d c. — Der auf S. 17 u. ö. ausgesprochenen Behauptung, uns Deutschen sei die Berechtigung, Sh. einen germanischen Dichter zu nennen, noch von keiner Seite aberkannt worden, möchte ich einen Satz entgegenhalten, der sich in der — nebenbei bemerkt — ersten brauchbaren französischen Macbeth-Ausgabe von James Darmesteter findet, und nach nichts weniger als nach einem Zugeständnisse aussieht. Es heisst da auf S. 159, Anm. 2: L'Allemagne, bien qu'elle soit arrivée à se démontrer à elle-même que Shakespeare est un Allemand, a été plus lente que la France à le connaître etc. — Die vor der Königin Elisabeth stattgefundene Aufführung des Moral Play 'The Contention betweene Liberalitie and Prodigalitie' verlegt K. (S. 218) in das Jahr 1602, während sie nach Ward (Engl. Dram. Hist. Bd. I, S. XXXIX) und Collier (Hist. Engl. Dram. Poetry II, 318) im Jahre 1600 stattfand. — Nur ein slip of the pen ist es, wenn die bekannte Chronicle-History 'Edward I' auf S. 250 dem Lodge statt dem Peele zugeschrieben wird; denn gleich auf derselben Seite ist noch richtig von 'Peele's „Edward I"' die Rede. — Auf S. 268 f. wird zuerst richtig erzählt, dass Sh.'s älteste Tochter, Susanna, sich 1607 (5. Juni) mit Dr. Hall verheirathet habe, dass dieselbe von ihrem Vater im Testamente bevorzugt worden sei u. dgl. m. Sodann führt aber der Verf. fort, dass, während die ältere Tochter des Schreibens kundig gewesen sei, die jüngere, Susanna, diese Kunst nicht verstanden habe. Es muss natürlich Judith statt Susanna heissen. — Dass K. die Towneley Mysteries bald Woodkirk-, bald Wildkirk-Spiele nennt, ist für den Laien verwirrend. Denn diejenigen, für welche K.'s Sh.-Biographie bestimmt ist, können schwerlich alle sich Raths erholen bei Ward (l. c. I, 34). — Ein Versehen seltsamer Art ist, dass K. (S. 42) die 'dichterischen Werke (works)' den 'Bühnenstücke (playwrights)' gegenüberstellt und in Uebereinstimmung hiermit (S. 109, 121, 172, 287) die Dramendichter playwrighters nennt. Es bedarf wohl kaum der Erwähnung, dass ein Wort playwrighter in der englischen Sprache überhaupt nicht existirt, und dass playwright nicht 'Bühnenstück', sondern 'Dramenschreiber' bedeutet. Allem Vermuthen nach hat bei Koch eine Verwechslung zwischen writer und wright stattgefunden. Aehnlich verhält es sich mit dem auf S. 288 vorkommenden Shortwrighter, welches short-hand writer heissen sollte.

Enthält sich K. im Texte seines Buches jeglichen literarischen Belegs, so liefert er in dem beigefügten Anhange eine äusserst zuverlässige und werthvolle Zusammenstellung der wichtigsten bibliographischen und biographischen Hilfsmittel. Dieselbe umfasst nicht nur die Ausgaben und Uebersetzungen der Dramen, Epen und Sonette Sh.'s, sondern auch die ästhetischen und literarhistorischen Erläuterungsschriften, sowie die auf die Geschichte des englischen Dramas und Theaters bezüglichen Werke. Den Schluss macht eine vom Jahre 1066 bis zur Gegenwart reichende synchronistische Tabelle.

Wenn nun Ref. auch zu dem Anhange einige Bemerkungen und Berichtigungen beibringt, so möchte er damit lediglich sein Scherflein beisteuern, dass ein Buch, welches ohne Zweifel binnen Kurzem eine zweite Auflage erleben wird, denjenigen Grad der Zuverlässigkeit erreiche, welchen es schon um seines Gegenstandes willen anstreben muss. Da K. (S. 303) die Sh.-Cataloge von E. Balde (Cassel 1861) und P. H. Sillig (Leipzig 1854) erwähnt, so hätte er auch füglich die 'Sh.-Literatur' von L. Unflad (München 1880) anführen können, obschon nicht zu verkennen ist, dass diese letztere Schrift wohl wegen der ihr anhaftenden Mängel und Schwächen mit Stillschweigen übergangen worden sein mag. Ebenso hätte bei Anführung von Abbott's Shakespearian Grammar die so verdienstliche 'Shakespeare-Grammatik für Deutsche' von Deutschbein nicht fehlen sollen (Programm der Realschule I. O. zu Zwickau, Ostern 1881 und 82; Separatabdruck, Cöthen, O. Schulze, 1882). In demselben Abschnitte hätte neben Schröer's Aufsatz 'Ueber die Anfänge des Blankverses in England' gewiss auch die Arbeit von Max Wagner 'Ueber den Vor-Marlowe'schen Blankvers' der Erwähnung verdient. — Auf S. 310 wird eine Schrift genannt: 'G. E. Penning, Dialektisches Englisch in Elisabethanischen Dramen (Halle 1844)'. Der Autor heisst aber A. C. E. Penning, und das Jahr des Erscheinens ist 1884. Was den Namen anlangt, so hat K. denselben offenbar mit dem des Verfassers von 'Ducis als Nachahmer Sh.'s (Bremen 1884)' verwechselt, welch letztere Schrift übrigens auf S. 305 richtig angeführt ist. — Skottowe's 'Life of Sh.' (S. 317) erschien nicht 1874, sondern 1824 zum ersten Male. Noch in demselben Jahre wurde es von A. Wagner (nicht W. Wagner, wie K. irrthümlich druckt) ins Deutsche übersetzt. — Zu Wright's Historia histrionica (S. 324) wäre der Hinweis wohl am Platze gewesen, dass dieselbe sich im 15. Bande von Hazlitt's Dodsley abgedruckt findet. — In der Zeittafel ist 1493 als das Geburtsjahr von Rabelais angegeben, während doch der berühmte Satiriker im gleichen Jahre mit unserem Martin Luther das Licht der Welt erblickte. — Udall wurde nach der gewöhnlichen Annahme 1505 oder 1506 geboren, nicht 1504. — Unter 1601 hätte die Angabe von Calderon's Geburt nicht übergangen werden dürfen. — Die Gründung der New Shakspere Society ist in das Jahr 1877 verlegt, während sie doch thatsächlich am 13. März 1874 erfolgte. — Schliesslich möchte ich noch darauf hinweisen, dass bei einer zweiten Auflage mancherlei Unwichtiges und dem Laien Unbekanntes aus der Zeittafel ausgeschlossen werden könnte. Dahin rechne ich beispielsweise die Erwähnung des Brülow'schen 'Julius Caesar'. So interessant diese Angabe auch für den Literarhistoriker sein mag, so nutzlos ist sie doch für das grosse Publikum. Denn wie viele mögen wohl die Stelle in Goedeke's Grundriss (I. 138) gelesen haben, an welcher der 'sechs lateinischen Dramen des Caspar Brulovius aus Pyritz († 1627) gedacht wird? Selbst Koberstein übergeht diesen Schriftsteller, und Gervinus nennt nur ein einziges Mal seinen Namen (Gesch. der deutschen Dichtk. III, 96).

Die Ausstattung der K.'schen Sh. ist in Ansehung des äusserst niedrigen Preises eine in jeder Beziehung mustergültige. Von typographischen Versehen sind dem Ref. nur wenige und unbedeutende begegnet.

So mag denn der K.'sche Sh. allen Freunden des grossen Dichters auf das Wärmste empfohlen sein — und nicht am wenigsten dem gestrengen Herrn Dr. Eduard Engel, der vielleicht zu seinem Erstaunen gerade zu rechter Zeit daraus lernen kann, dass es doch noch deutsche Universitätslehrer gibt, die über einen literarhistorischen Gegenstand ein 'lesbares' Buch zu schreiben vermögen!

Homburg v. d. H., April 1885.
Ludwig Proescholdt.

Ricken, Wilhelm, Bemerkungen über Anlage und Erfolge der wichtigsten Zeitschriften Steeles und den Einfluss Addisons auf die Entwicklung derselben. Wissenschaftliche Beilage zum Jahresbericht der Oberrealschule zu Elberfeld. 18 S. 4. o. J.

Welche Bedeutung die englischen moralischen Wochenschriften vor und um die Mitte des vorigen Jahrhunderts für die deutsche Literatur hatten, wird in jeder unserer Literaturgeschichten hervorgehoben. E. Milberg hat eine Monographie über "die moralischen Wochenschriften des 18. Jahrhunderts" (Meissen o. J.) geschrieben; Kawczyński in seinen "Studien zur Literaturgeschichte des 18. Jahrhunderts" in Verzeichniss der englischen, deutschen, französischen Zeitschriften gegeben und in einem zweiten Abschnitte eigens über den Tatler gehandelt. Hettner hat in seiner Geschichte der engl. Literatur eine treffliche Charakteristik der drei grossen Zeitschriften Tatler, Spectator, Guardian gegeben. Ricken bringt den vorgenannten nicht eben bedeutende Nachträge. An der Hand von Forsters Essays über Steele und über De Foe weist er nach, dass De Foes Review (1704—1713) den drei grossen Zeitschriften vorangegangen, an denen selbst aber Steele grösseren Antheil gehabt, als man ihm gewöhnlich zuschreibt. Der Tatler ist Steeles eigenstes Werk und Addison nur Mitarbeiter. In den sieben Bänden des Spectator, an achten war Steele nicht betheiligt, rühren 249 Nummern von Addison, 241 von Steele her. Für den ersten Band des Guardian hat Steele 52, für den zweiten 30 Nummern gearbeitet, während Addison mit 2 und mit 54 Aufsätzen vertreten ist. Die politische Färbung, welche der Guardian allmälich annahm, war Steeles Werk. Dass der Tatler eine andere Färbung erhalten habe,

als Steele das Amt eines Herausgebers der Gazette verlor (October 1710), wie Macaulay und Hettner behaupten, weist Ricken als unrichtig nach.
Marburg i. H., 27. März 1885. **Max Koch.**

Clédat, L., Grammaire élémentaire de la vieille langue française. Paris, Garnier frères. 1885. VIII, 351 S.

In neuerer Zeit macht sich in Frankreich das Bestreben bemerkbar, das Studium der mittelalterlichen Sprache und Literatur des Landes, die durch den Einfluss der klassischen Richtung allzu lange verachtet und vernachlässigt oder wenigstens nur von einer kleinen Schaar auserwählter Geister liebevoll gepflegt worden war, in immer weiteren Kreisen heimisch zu machen. Seit einigen Jahren haben diese Gegenstände sogar in den Lehrplan der Gymnasien Eingang gefunden, und so wird denn das Bedürfniss nach Handbüchern fühlbar, welche geeignet sind, in fasslicher Weise die Hauptresultate der bisherigen Forschungen auf diesem Gebiete vorzuführen und eine, wenn auch nur elementare Kenntniss der älteren Sprache und ihrer Denkmäler zu gewähren. Der Wunsch, diesem Bedürfnisse abzuhelfen, hat die Herausgabe der im vorigen Jahre erschienenen „Chrestomathie de l'ancien français" von L. Constans veranlasst, und einem ähnlichen Motiv scheint das vorliegende Buch seine Entstehung zu verdanken. Der Verfasser, der sich schon auf mehreren Gebieten der romanischen Philologie mit gutem Erfolge versucht hat, unternimmt es, alle Theile der altfranz. Grammatik, d. h. die Lautlehre, Formenlehre, Syntax und Metrik in ihren wesentlichsten Erscheinungen vorzuführen, während die Wortbildungslehre nur zum Theil in der Einleitung ganz kurz behandelt wird. Das Werk kann also den Ruhm beanspruchen, das erste Elementarbuch zu sein, welches alle Theile der französischen Grammatik berücksichtigt.

Aus den gegebenen Andeutungen geht aber hervor, dass das Buch durchaus nicht beabsichtigt, den Fachmännern in irgend'einem Punkte wesentlich Neues zu bringen, und dass daher von demselben nur zu fordern ist, dass es bei der Auswahl des überreichen Stoffes sorgfältig zwischen Nothwendigem und minder Wichtigem scheide, dass es alle noch umstrittenen Punkte weglasse oder wenigstens nicht als feststehend hinstelle, dass die Anordnung logisch und übersichtlich, endlich die Darstellung klar und verständlich sei.

Fragen wir uns nun, ob diesen Forderungen genügt wird, so muss zunächst die Anordnung des Stoffes auffallen. Nach einigen allgemeinen Angaben über die bei der Bildung des Französischen wirksam gewesenen Gesetze folgen nämlich die Bemerkungen über die Orthographie, die Formenlehre, die Syntax und dann erst die Lautlehre, während letzteren hätte vorangehen müssen. Die Orthographie hätte sich dann am besten mit der Lautlehre verbinden lassen, indem in jedem Falle zwischen dem betreffenden Laut einerseits und seiner graphischen Darstellung anderseits unterschieden worden wäre, während jetzt die orthographischen Bemerkungen zum Theil unklar sind und der sicheren Grundlage entbehren (cf. § 26, 1°; § 29; § 30 etc.). Auch die Flexionslehre würde bedeutend gewonnen haben, wenn die Lautlehre vorangegangen wäre. Die vielen eingestreuten lautlichen Erörterungen hätten vermieden werden und manche Abschnitte (z. B. die §§ 81—85; 99—100; 180—96 u. a.) bedeutend gekürzt werden können. Diesen Nachtheilen gegenüber ist die auf S. 283 gegebene Begründung der jetzigen Anordnung durchaus nicht stichhaltig.

Die Darstellung ist fast durchgängig klar und verständlich, doch scheint es, als hätten einige Abschnitte, z. B. in der Flexionslehre das Verbum, etwas übersichtlicher behandelt werden können.

Was das verarbeitete Material betrifft, so hat der Verf. sich bestrebt, in Bezug auf diesen Punkt sich möglichst unabhängig von seinen Vorgängern zu halten, z. B. hat er die in der Syntax angeführten Belegstellen, wie es scheint, sämmtlich selbst gesammelt. Allerdings hat ihn dies an sich lobenswerthe Streben nach Selbständigkeit abgehalten, die Resultate einzelner Specialuntersuchungen, ramentlich deutscher, in genügender Weise zu berücksichtigen.

Auch sonst bietet die Arbeit in Bezug auf einzelne Punkte Anlass zu Bemerkungen. So wird in § 11 als Beispiel für *arem* — *er*: *sanglier* angegeben, wo bekanntlich das ursprüngliche *er* mit *ier* vertauscht worden ist. — ib. *enuen* ergab ausser *ois*, *ais* auch *is* z. B. *marquis*. — ib. Die organische Entsprechung von *esinum* ist *i(s)me* z. B. *centime*. — ib. Die Endung *ille* ist von *cille* zu trennen, weil dort *i*, hier *r* zu Grunde liegt. — ib. *ume* ist nicht direct aus *udinem* entstanden. — § 14. Der Satz „en règle générale les mots latins qui sont devenus français n'ont conservé que deux syllabes, la première et la syllabe tonique" nimmt nicht auf die ein- und zweisilbigen Wörter Rücksicht; die Beispiele haben auch sämmtlich 4 oder 5 Silben. — § 15. Die Regeln über die Erhaltung unbetonter Vokale trifft nicht vollständig zu, die Silben vor und nach dem Ton werden nicht immer gleich behandelt, z. B. wird zwar *a* in der Endung, nicht aber auch vor dem Ton regelmässig erhalten, cf. *montier*, *serrer* etc.; in *chéueris* erscheint *e*, um die Gruppe *ur* zu vermeiden. — Nach Nr. 3 desselben § soll *v*. B. in *pèlerin* das zweite *e* geblieben sein, weil ihm im Lat. die Gruppe *gr* folgte, das *e* sei hier Stützlaut wie in *lirre, fierre!* Dabei bleibt man den aufgestellten Regeln eine grosse Zahl von Fällen unerklärt, z. B. solche, in denen der die betonte von der vorangehenden Silbe trennende Consonant ausgefallen ist (z. B. *soucier*), oder der die beiden unbetonten Silben trennende (z. B. afr. *flaeler*). — § 17, 1. Die Ansicht, dass *ront* direct aus *ea(d)unt* entstanden sei, wird bekanntlich von Vielen bezweifelt; dasselbe gilt daher von dem § 270 (*ront*, *ont*, *font*). — § 22. „Nous écrivons par *oi* des mots qui s'écrivaient jadis par *eei*, *eoi* (*voir*)." Der hier zu Grunde liegende sprachliche Vorgang hat mit *oi* nichts zu thun. — § 23. „On est sûr de trouver dans l'ancienne langue écrits par *al* les mots populaires d'origine latine que nous écrivons aujourd'hui par *au*" ist zu viel behauptet. — § 25. Unter die Wörter, die mit *eu* geschrieben werden, sind auch cœur und œuvre aufgenommen, ohne dass diese abweichende Orthographie erklärt wird. — § 43. Als Flexionsbuchstabe erscheint im Altfranz. z statt s bekanntlich nicht nur nach ursprünglichem t. In der Flexionslehre (§§ 54 sq.) wäre die Anordnung übersichtlicher geworden, wenn die das Geschlecht betreffenden Angaben (§ 50, 51, 70 etc.) zusammengefasst und der eigentlichen Declination vorangestellt worden wären. Ebenso wären besser die Masc. vor den Fem. behandelt worden, da die Declination der letzteren von der der ersteren beeinfluest worden ist. Im Uebrigen hätte das Kapitel von der Declination der Substantiva klarer und dabei kürzer dargestellt werden können. Im Einzelnen ist zu erwähnen:

Nach § 77 möchte es scheinen, als ob prestre und proveire im Altfranz. Casus ein und desselben Wortes gewesen wären. — § 88. Die Worte „l'adjectif bonus suivait au masculin et au neutre la seconde déclinaison des mots" lassen erwarten, dass die Declination des Neutrums mit der des Masc. identisch ist, während später ein Unterschied constatirt wird. — § 89. Die Fassung der Regel ist ungenau, denn das Prädicatsadj. bleibt auch dann flexionslos, wenn das neutrale Subject gar nicht ausgedrückt ist; übrigens gehört diese Erörterung in die Syntax. — § 92. Die Behauptung, dass die lateinischen dreigeschlechtigen Adjectiva auf er ganz, also auch im Masc., wie bon decliniren, trifft doch für die älteste Periode nicht zu. — § 120 bis. Nachdem für die Subst. nur zwei Geschlechter angenommen sind, erscheint beim Artikel die Aufstellung eines Neutrums unzulässig. — § 139. In „deus est del fuire" ist l nicht das neutrale Pron. le, sondern der Artikel. § 141 ist mit 140 zu verbinden und die Regel zu erweitern, denn ausser le, les konnten auch me, te, se, seltener la angelehnt werden, und zwar in der ältesten Zeit an jedes vokalisch auslautende Wort. — Die in § 143 aufgestellte Angabe, dass nostre und vostre wie bonus decliniren, wird in § 147 mit Recht modificirt. — § 154. Wunderbar ist der Satz „le cas sujet neutre (que) ne s'est conservé que dans quelques dialectes qui nous ont laissé le proverbe: fais ce que dois, advienne que pourra." — § 188. Es hätte die allgemeine Bemerkung gemacht werden müssen, dass in der 3. Pl. Ind. Präs. das i der lat. Endung iunt sich niemals bemerkbar macht, denn die Möglichkeit, dass necent auf nuirent und dies auf sapiunt zurückgehe, ist ausgeschlossen. Dasselbe gilt vom Part. Präs. und vom Ind. Impf., dass ai in faisait und faisoie kann auch ohne die Einwirkung eines i in der Endung erklärt werden. — § 195 werden puis und puisse von poles und poteam abgeleitet; desgleichen in § 198 und 199 die Formen doins, truis, vois durch die Endung io erklärt oder vielmehr nicht erklärt. — § 204. An die Stelle der lautgesetzlich zu fordernden Formen condue, condues etc. traten nicht sofort die jetzt gebräuchlichen conduise etc., sondern zunächst conduie etc., die sigmatischen erst seit der Mitte des 13. Jh.'s. Aehnlich verhält es sich mit der 3. Pl. Ind. Präs., die gar nicht behandelt wird. — § 227. Colligere hätte nicht cueillire sondern etwa colloire ergeben müssen; benëistre ist nicht eine Anlehnung an die Inchoativendung iscere, sondern fremdwortlich aus benedicere entstanden, während benëir statt benëire auf benedik(e)re zurückzuführen ist. — § 231 „ando devenu ant par le changement du d en t et par la chute de la finale atone." Umgekehrte Reihenfolge! — § 244. Sën ist wohl nicht älter als sëu, gehört vielmehr nur einem andern Dialekt an. — § 248. Neben dem Part. cresant kommt im Altfranz. auch creüit vor. — § 267. In einer altfranz. Grammatik genügt es nicht, bei der Aufzählung der starken Präsensformen nur die neufranz. der 2. Plur. zu nennen (wobei ëtes hinzuzufügen war), es muss angegeben werden, dass es im Altfr. auch in der 1. Plur. mehrere starke Formen gab. — § 274. Die Behauptung, dass im Conj. Präs. der 1. Conjugation die Endungen e, es bereits „de bonne heure" eingedrungen seien, ist ungenau; abgesehen von bestimmten einzelnen Fällen geschah dies nicht vor dem 13. Jh. — § 278. parte gegenüber von partiam erklärt sich nicht daraus, dass das i fallen musste, weil es unbetont war, sondern daraus, dass die Endung iam zu Gunsten von am aufgegeben wurde. — § 282. Die Annahme, dass Imperfectformen chantions, chantiez direct aus cantabamus, cantabatis entstanden seien, ist nicht zu halten; es liegt elamus, noch wahrscheinlicher ibamus zu Grunde. — Wenn es § 315 heisst „ui de dui, u de dut et durent sont le produit de la combinaison de le tonique latin avec les voyelles atones ui et u", so geben diese Worte keinen Einblick in den Entstehungsprocess jener Formen. — § 347. Man erwartet die Aufzählung der im Altfranz. vorkommenden urspr. Plusquamperfecta. — § 352. Die 3. Sg. Conj. Präs. von estre lautet afr. nicht seit, soie, sondern immer seit, soit; sie ist daher nicht aus sint entstanden, sondern aus sit. — § 354. Die Möglichkeit, dass estëie aus stabam entstanden sei, ist ausgeschlossen.

Der Mangel an Raum verbietet mir, die übrigen Theile der Grammatik mit gleicher Ausführlichkeit zu behandeln. Ich erwähne daher nur, dass die Syntax im Ganzen weniger Anlass zu Ausstellungen bietet. Nur ist zu erwähnen, dass sie Manches bringt, was in die Formenlehre gehört, dort auch zum Theil bereits besprochen ist (cf. §§ 390—4; 413—16 u. a.). Manche Abschnitte hätten gestrichen oder wenigstens sehr gekürzt werden können, z. B. der von den Adverbien (§ 576—647), der zum grossen Theil ins Lexikon gehört. Dagegen wäre für den Conjunctiv eine eingehendere Behandlung wünschenswerth gewesen. Manchmal hätten wir die Regeln gern bestimmter definirt gesehen, wo wir uns jetzt mit allgemeinen Angaben begnügen müssen, vgl. § 407, 409, 410 u. a. Auch die Fassung derselben befriedigt nicht immer, z. B. spricht der Verf. § 425 von dem „que neutre interrogatif entre deux verbes" und meint dabei Sätze wie: ne sai jo que face." — Endlich hätte bei den Beispielen nicht nur der Name des Autors resp. des Werkes, sondern auch die Fundstelle angegeben werden müssen, damit eine Kontrolle möglich gewesen wäre.

Die Lautlehre scheint mir in Betreff der Consonanten wohlgelungen, während sie in Betreff der Vokale und Diphthongen eigentlich nur das Material zu einer solchen enthält. Es wird nämlich nur eine Reihe, übrigens gut gewählter Beispiele für die verschiedenen Stellungen der Vokale und Diphthongen aufgeführt, aber es werden keine Folgerungen daraus gezogen. Der Verf. spricht sich in § 730 über diesen Punkt so aus: „Nous ne formulerons, pour la phonétique des voyelles, ni les règles ni les exceptions; mais il sera facile de déduire les unes et les autres des exemples que nous avons réunis. Certaines exceptions sont, à proprement parler, des applications de lois différentes. D'autres s'expliquent par une modification de la quantité dans le latin populaire ou par des influences analogiques, euphoniques ou savantes." Diese Andeutungen dürften jedoch für die Mehrzahl derer, für welche die vorliegende Elementargrammatik bestimmt ist (cf. S. 283 Anm. 1 und die Vorrede), schwerlich genügen, um in jedem Falle das gerade zutreffende Gesetz herauszufinden.

Der Metrik endlich sind auf 4 Seiten nur einige wenige allgemeine Bemerkungen gewidmet, die den Schluss des Ganzen bilden.

Hoffentlich wird dem Verf. recht bald durch eine neue Auflage, die das Werk sehr wohl verdient, Gelegenheit geboten werden, die Mängel zu entfernen, die seiner Grammatik zur Zeit noch anhaften und von denen man gerade ein für Anfänger berechnetes Buch gern frei sehen möchte.

Kiel, 22. März 1885. Albert Stimming.

Zschalig, Heinrich, Die Verslehren von Fabri, Du Pont und Sibilet. Ein Beitrag zur älteren Geschichte der französ. Poetik. Heidelberger Dissert. Leipzig, Frobberg. 1884. 80 S. 8.

Die Veranlassung zu vorliegender Arbeit war die vom Verf. gemachte Beobachtung, dass man den älteren Theoretikern der franz. Poetik bisher verhältnissmässig nur geringe Beachtung geschenkt und ihren reichen Nachlass nur spärlich ausgebeutet hat, was allerdings darin seinen Grund haben mag, dass das bezügliche Material z. Th. sehr schwer zu erlangen ist. Wir dürfen daher den auf sorgfältigen Quellenstudien beruhenden, unter obigem Titel veröffentlichten Theil eines vom Verf. beabsichtigten grösseren Werkes über die Entwickelung der frz. Poetik bis zum Ende des 16. Jh.'s dankbar begrüssen.

Einen allgemeinen Ueberblick über diese Entwickelung gewährt uns Z. (S. 6 ff.) durch eine chronologische Aufzählung der alten Verslehren, die er auf drei Perioden vertheilt, und zwar I. die Poetik vor Ronsard, II. von Ronsard bis auf Malherbe, III. von Malherbe bis Boileau. Der ersten dieser drei Perioden gehören ausser einigen vereinzelten Verslehren, wie der von Eustache Deschamps (1392), und den grundlegenden Arbeiten von Henry de Croy (1493) und Linfortuné (1500) auch die Poetiken von Pierre Fabri (1521), Gracien du Pont (1539) und Thomas Sibilet (1548) an, die sich der Verf. deshalb zur Darstellung ausgewählt hat, weil sie uns nach seiner Ansicht, der wir durchaus beistimmen, einen vollständigen Begriff von dem Charakter der franz. Poetik jener Zeit zu geben vermögen.

Auf eine Anführung und kurze Beschreibung der von Z. benutzten bibliographischen, biographischen und literarischen Hilfsmittel folgt nun noch (S. 14 ff.) eine Charakteristik der frz. Vorgänger und Vorbilder des Fabri, Du Pont und Sibilet[1], unter denen, wie schon angedeutet, die Poetiken von Henry de Croy („Art et science de Rhetorique") und Linfortune („Fleur de Rhetorique") besondere Beachtung verdienen, insofern sie von bedeutendem Einfluss auf ihre unmittelbaren Nachfolger gewesen sind[2].

S. 20 beginnt dann bei Z. die ausführliche Behandlung von Pierre Fabri's Schrift „Le grand et vray art de pleine Rhetorique", welche in zwei Theile, die rhetorique prosaique und die rhetorique de rithme zerfällt, von denen hier natürlich nur der zweite Theil eingehender berücksichtigt werden konnte, während uns von dem Inhalt des ersten Theils vorzugsweise nur eine Art Ueberblick über die Geschichte der Poesie und Beredtsamkeit von Adam und Eva bis Alain Chartier interessirt. — In der Ueberleitung zum zweiten Theil gibt F. u. a. eine Definition der „rhythme"[3], wonach das Wesen der gebundenen Rede dreierlei ausmacht: 1. la longueur de syllabes (wohl == Silbenzahl); 2. la conveniente termination (= Reim); 3. un langaige proporcionallement accentué (= richtige Betonung).

Im Folgenden, gewissermassen dem ersten Hauptabschnitte seiner Verslehre, spricht F. zunächst über die Versarten, die er in ein- bis zwölf- und dreizehnsilbige eintheilt und als deren wichtigste er die zehnsilbigen bezeichnet, geht dann zur Feststellung der Silbenzahl über, wobei er besonders die Verbalendung ent und das Zusammentreffen von Vokalen im Wortinnern behandelt, und erörtert schliesslich ziemlich eingehend den Verseinschnitt, woraus ersichtlich ist, dass F. bereits eine bewegliche und eine feste Cäsur (letztere beim Zehnsilbner und Alexandriner) unterscheidet. — Auf den zweiten Hauptabschnitt, in dem die verschiedenen Reimarten erläutert werden, folgt als dritter eine Besprechung der mannigfachen, damals gebräuchlichen Reimverkettungen. — Der vierte Abschnitt befasst sich mit den einzelnen Gedichtformen (Lay, Virelay, Rondeau etc.), als deren bedeutendste der aus Zehnsilbnern bestehende Champ (oder Chant) royal in einem für die Geschichte der Poetik höchst bedeutungsvollen Kapitel ausführlich besprochen wird. Danach ist bei diesem Gedicht u. a. 1. das Enjambement verboten, so dass wir also nicht mehr berechtigt sind, Malherbe als denjenigen zu betrachten, der jenes Gesetz zuerst aufgestellt hat — und 2. die weibliche Cäsur, sowie in Fällen, wo sie sich durchaus nicht vermeiden lässt, die Elision bei derselben unstatthaft. — Die Sprache des Dichters bildet den letzten Gegenstand, über den sich F. des Längeren verbreitet, indem er als Hauptmängel

[1] Einzelne Belegstellen hierzu und zu den folgenden Ausführungen hat Z. in einem Anhang (S. 74—80) mitgetheilt.
[2] Als charakteristische Eigenschaften der damaligen frz. Poesie ergeben sich: die Vernachlässigung des Reimes und das Streben nach möglichst gekünstelten Reimen und Strophenformen.
[3] Rhythme war der damals übliche Ausdruck für Vers, manchmal selbst für Strophe und Gedicht.

derselben Barbarismen — d. h. alles, was gegen die Reinheit, Deutlichkeit und Schönheit der Sprache verstösst, wie sprachliche Neubildungen, falschen Gebrauch von Fremdwörtern und Provinzialismen u. dgl. — und Solöcismen syntaktischer und stilistischer Art bezeichnet. (Hierbei tritt der Ausdruck Hiatus, wenn auch in einer von der heutigen etwas abweichenden Bedeutung, zum ersten Male in der frz. Poetik auf.)

Eine kurze Zusammenstellung der aus dem Studium Fabri's gewonnenen, für die Geschichte der Poetik wichtigen Ergebnisse bildet den Schluss dieses Abschnitts bei Z. (S. 53—56).

In ähnlicher, aber kürzerer Weise werden dann noch „Art et science de Rhetoricque metrifice" von Gracien du Pont (S. 56—64) und der „Art poetique francois" von Thomas Sibilet (S. 64—74) behandelt, worauf wir jedoch hier, um nicht zu viel Raum in Anspruch zu nehmen, nicht näher eingehen wollen; wir beschränken uns vielmehr auf die Bemerkung, dass auch bei diesen Theoretikern manche interessante und für die weitere Entwickelung der frz. Poetik werthvolle Angaben zu finden sind, weshalb jedem sich dafür Interessirenden das Studium der bezüglichen Abschnitte bei Z. gleich sehr zu empfehlen ist*.

Spremberg, Juli 1885.   G. Willenberg.

Breymann, H., Französische Grammatik für den Schulgebrauch. Erster Theil: Laut-, Buchstaben- und Wortlehre. München, Oldenbourg. 1885. V, 95 S. 8.

Die Elementargrammatik Breymanns, zu welcher vorliegendes Buch die Fortsetzung bildet, hat schon eine eingehende, in fast allen Punkten in unserem Sinne lautende Würdigung im Ltbl. (1884, S. 359 ff.) erfahren. Das Verdienst des Verfassers, auf den allein richtigen Wege den ersten Schritt gethan und so für einen zeitgemässen Betrieb des Französischen in der Schule Bahn gebrochen zu haben, wie Victor es für das Englische that, wurde voll anerkannt. Den rechten praktischen Werth aber erhält Breymanns Unternehmen erst dadurch, dass er jenem einführenden Werkchen alsbald das im Verein mit einem tüchtigen Schulmanne geschriebene Uebungsbuch und jüngst diesen ersten Theil der Schulgrammatik folgen liess, an das sich in Kurzem das zugehörige Uebungsbuch anreihen soll. Es besteht demnach gegründete Hoffnung, dass wir in nicht zu langer Zeit im Besitze eines für den gesammten Unterricht im Französischen an der Realschule ausreichenden, nach den von den besten Autoritäten (Münch, Kühne u. a.) aufgestellten Gesichtspunkten ausgearbeiteten Lehrmittels sein werden, und man kann im Interesse der Schule nur wünschen, dass die Zahl der Freunde der neuen Methode stetig vermehre.

---

* Nachträglich bemerken wir noch, dass — nach einer Notiz im Lit. Ctbl. 1885 Nr. 35 — Georges Pellissier, der Herausgeber eines recht guten Neudruckes des Art poétique von Vauquelin de la Fresnaye (Paris, 1885, Garnier frères), in einer Einleitung zu diesem Werke von den verschiedenen, im 16. Jh. erschienenen Poetiken Frankreichs namentlich die von Sibilet und Pelletier treffend charakterisirt hat.

Vergleichen wir gegenwärtiges Buch mit der Elementargrammatik, so zeigt sich überall das Bestreben des Verf.'s, zu bessern; so wurde z. B. das meiste von dem, was Franke auszusetzen hatte, geändert, nur in einem wesentlichen Punkte, der Art der phonetischen Transcription, beharrte Br. auf seiner früheren Anschauung, und meines Erachtens mit gutem Recht. Wir dürfen nichts in den Unterricht einführen, was dem Schüler das Erlernen erschweren, ihn verwirren könnte, und es ist deshalb vor der Hand das Empfehlenswertheste zur Bezeichnung der Aussprache so lange deutsche oder lateinische, dem Schüler geläufige Schriftbilder zu wählen, als diese ziemlich annähernd den fremdsprachlichen Laut bezeichnen. Das hat denn auch Br. wieder gethan, dabei aber die früheren Unrichtigkeiten gebessert; so steht jetzt richtig ˚a statt ˚a, der früher an ungehöriger Stelle eingereihte palatale (mouillirte) l ist richtig als ganz kurzes palatale i definirt u. s. f. Die Bezeichnung des stimmhaften labialen Reibelautes durch deutsch b gefällt mir deshalb nicht, weil dieser Buchstabe bei unseren Schülern nie eine andere Vorstellung als die des stimmlosen f erweckt. Im Ganzen ist in diesem Buche die Lautlehre sehr kurz gefasst, und ich halte dies für einen Vorzug, denn es muss dem Lehrer überlassen bleiben, weitaus das Meiste durch das lebendige Wort zu vermitteln, den Schülern eben so viel zu erklären, als unumgänglich nöthig ist.

In der Wortlehre steht das Zeitwort als der wichtigste Redetheil voran; das betr. Kapitel behandelt sämmtliche Verba unter der Eintheilung in lebende und todte Conjugationsweise, für die sich jetzt die Mehrzahl der Fachmänner erklärt. Die Verba sollen nach des Verf.'s Wunsch zuerst tüchtig memorirt, und erst später die Schüler auf die bez. Gesetze hingewiesen werden, sicherlich für die Praxis das richtige Verfahren. In diesem Abschnitte fielen mir einige zwar nicht unrichtige, aber meines Wissens in der Schule nicht gebräuchliche Wendungen auf, wie: die gerade Form, die Wendungen des Verbs. Auf S. 22 ist der freilich leicht ersichtliche Unterschied zwischen stamm- und endungsbetonten Formen nicht angegeben, in A. 2 S. 23 wird das *nt* in der Participialendung *ant* als verstummt angeführt u. a.

In dem Kapitel „Das Hauptwort und der Artikel" unterblieb in § 112 der Hinweis auf jene Substantiva (Adjectiva) auf *eur*, deren Femin. auf *trice* lautet. § 116 werden *la journée, la soirée* als Begriffsnamen des Zeitraumes genannt, *une après-midi* dagegen als Bestimmung des Zeitpunktes; doch wohl nur ein Versehen? Bei den persönlichen Fürwörtern fehlen die Regeln über die Stellung der Dativ- und Accusativformen, wie auch beim Relativum jene über den Gebrauch von *dont*. Diese Dinge gehören allerdings streng genommen nicht in die Wortlehre, aber sie werden nicht weniger zweckmässig hier eingefügt, als z. B. die Regeln über den Gebrauch der Grundzahl statt der Ordnungszahl in § 149 oder § 155 u. a. Die kurzen Angaben über die Wortbildungslehre werden jedem Lehrer eine willkommene Beigabe sein. Unter den Anmerkungen des Anhanges befinden sich einzelne (z. B. A. 3 S. 89), welche mehr für den Lehrer als für den Schüler bestimmt zu sein scheinen. Auf den Druck wurde offenbar sehr grosse Sorgfalt verwendet, kleine Versehen sind ich nur wenige: § 5 *sanctuaire* statt *san-ctu-ai-re*; § 63, 1, (§ 185b) st. (§ 185d) und einige andere. Die Ausstattung des Buches ist ebenso vortrefflich wie jene der Elementargrammatik und überhaupt der im Oldenbourg'schen Verlage erschienenen Lehrbücher.

Augsburg.   G. Wolpert.

Baissac, Charles, Cours de Grammaire française. Discours d'ouverture. Port-Louis, Maurice. 1884. 21 S. 8.

— —. **Conférence sur les Contes populaires de l'île Maurice.** Port-Louis, Ile Maurice, 1885. 52 S. 8.

Wie dünn auch diese beiden Heftchen sein mögen, die durch sie vertretenen praktischen und wissenschaftlichen Interessen werden es begreiflich machen, dass ich etwas ausführlicher bin. Zunächst ein Wort über den Verfasser.

Charles Baissac ist Mauritianer und nichts Mauritianisches liegt seiner Theilnahme fern. Obwohl loyaler Unterthan der Königin von England, ist er von Herz und Geist französisch; jener alten kreolischen Bevölkerung, die durch Sprache und Sitte mit dem Stammland verbunden ist, gehört er mit allen Fasern seines Wesens an, sie liebt er, sie studirt er, sie möchte er in ihrer Eigenart gegen den langsamen Druck von oben, gegen den Anprall der asiatischen Hochfluth schützen. Der von hier empfangenen dichterischen Anregung hat er in seinen „Récits créoles" (Paris, H. Oudin et Cie, 1884) Folge gegeben, die als realistische und doch humor- und gemüthvolle Schilderungen einer in jeder Hinsicht uns fernen Menschenwelt uns anziehen und fesseln. Dabei sei auch der anmuthigen Verjüngung gedacht, welche das Erzählertalent des Vaters in der Tochter gefunden hat. Sie hat sich zwar ganz vor Kurzem zur Darstellung wilder Seebegebenheiten („Le Châle de Marguerite Anne", Port-Louis, 1885) emporgeschwungen; ganz besonderes Vergnügen aber haben mir jene Skizzen aus ihrer Kindheit bereitet, welche von der jungen Dame unter dem Namen „Dondon" in einer Zeitung von Mauritius veröffentlicht worden sind; die Insel von Paul und Virginie ist da wie eine duftige Blumenwiege vor meinen Augen emporgestiegen. Uns Linguisten hat sich Baissac durch seine inhaltsreiche, angenehm geschriebene Studie über das Patois von Mauritius bekannt und werth gemacht.

Die erste der vorliegenden Broschüren liest man gern wie Alles, was Baissac schreibt; doch beruht ihre Bedeutung einzig und allein auf der Thatsache, der sie Ausdruck gibt. Von allen denjenigen, welche sich unter uns mit dem Studium des Französischen und Englischen beschäftigen, haben wohl nur wenige erst ihre Aufmerksamkeit auf den stillen aber folgenschweren Kampf gelenkt, der zwischen den beiden Weltsprachen ausserhalb Europas ausgefochten wird. Das Englische in seiner barschen Kürze befindet sich da, wo die materiellen Bedürfnisse fast ausschliesslich herrschen, besonders unter den unkultivirten Völkern, gegen die insinuativste Sprache der Welt, gegen das Französische, in grossem Vortheil. Dessenungeachtet wehrt sich dieses, wo es dem Englischen als der Staatssprache gegenüber steht, mit grosser, ja indem allenthalben das Nationalitätsgefühl zu wachsen scheint, mit immer grösserer Hartnäckigkeit. Damit hängt auch die Gründung einer „Alliance française pour la propagation de la langue française dans les colonies et les pays étrangers" zusammen (s. den Artikel des Generals Faidherbe in der „Revue scientifique" vom 26. Januar 1884). Wenn dieselbe auch dem verderbten Französisch, insbesondere dem Kreolischen entgegen arbeitet, so heisst das eben nur so viel als die eigenen Truppen möglichst diszipliniren und kampffähig machen. Anglicismen in grösserer und geringerer Zahl zeigt das Französische unter britischer Herrschaft überall, selbst auf Jersey, dessen Stände 1880 so energisch die Einführung der englischen Sprache als officieller zurückwiesen. Eine an sich geringfügige Revanche für die mittelalterliche Französirung des Angelsächsischen, die aber dem vorrückenden Englisch den Boden ebnet! Man ist daher hauptsächlich in Canada, wie die abermals neuerdings dort erschienenen Antibarbari beweisen, sehr bestrebt, die englischen Eindringlinge wieder auszutreiben; in wissenschaftlichem Sinne wird A. M. Elliott's demnächst herauskommende Arbeit über das canadische Französisch (s. eine Skizze derselben in „Johns Hopkins University Circulars" vom December 1884) auch den Beeinflussung desselben durch das Englische Rechnung tragen. In Louisiana, wo sich das „Athénée Louisianais" als ersten Zweck vorgesetzt hat, dort die französische Sprache zu erhalten, scheint man sie reiner zu erhalten (vgl. „Comptes-rendus de l'A. L." von 1. Sept. 1883: „On prononce ici le français, dans les rangs éclairés de la société, comme à Paris. Ç'a été même, plus d'une fois, un sujet d'étonnement pour les voyageurs qui arrivaient parmi nous, après avoir traversé le Canada"). Die Antithese zum Kreolischen — ein solches fehlt in Canada — mag in dieser Beziehung günstig wirken; vermuthlich wird aber eben dadurch der quantitative Rückgang des Französischen gefördert. In Westindien gestaltet sich das Verhältniss des Französischen zum Englischen recht mannigfach und verwickelt; Negerfranzösisch und Negerenglisch leben in inniger Gemeinschaft und zeigen Neigung sich mit einander zu vermischen. Wie es auf der Insel Mauritius steht, sagt Baissac: „Maurice, l'épreuve est faite, est et restera un pays de langue française; les soixante-quinze dernières années n'y ont rien fait. — Notre langue nationale, au mépris des promesses de notre capitulation, est atteinte d'abord dans sa dignité d'institutrice de notre jeunesse et se voit retirer l'enseignement des littératures anciennes et des sciences à notre Collège Royal; puis, on la bannit de nos tribunaux supérieurs; toutes les grandes avenues lui sont fermées, la vie publique lui est interdite. Elle se retire alors dans la maison et dans la famille, comme dans un sanctuaire ...." Es ist nun ein „Cours de grammaire française" gestiftet und Baissac damit betraut worden; dem liebevollen Eifer, den er in der

Eröffnungsrede bekundet, wird es gelingen, auf diesem Wege das Bestmögliche zu erreichen.

Von ganz anderer Art und Wirkung als der Contact zweier durch eine wesentlich gleiche Kultur verbundenen Nationen ist der der europäischen Rasse mit den farbigen Rassen, vor allem der afrikanischen. Die psychischen Mischungsphänomene sind hier besonders charakteristisch; daher ist hier, „in vili corpore", ihr Studium am Besten zu beginnen. Und zwar wie in Bezug auf die Sprache, so auch in Bezug auf das Folklore. In der wissenschaftlichen Ergründung des Folklore ist noch wenig gethan worden; man begnügt sich im Allgemeinen die Verwandtschaft der Ueberlieferungen festzustellen (und zwar meistens in der Form von Marginalien), ohne die differenzirenden Faktoren zu untersuchen. Nach welchen Principien nun ein Afrikaner Europäisches ummodelt, das wird am Raschesten in die Augen springen. Baissac, welcher seit sechs Jahren sich mit dem Zusammentragen des mauritinischen Folklores bemüht und demnächst uns diesen Schatz in Buchform vorlegen wird, weist in seiner Vorlesung schon auf gewisse daraus zu gewinnende Ergebnisse hin. Von den 50 bis jetzt gefundenen Märchen ist nur eines indischen Ursprungs – keines afrikanischen oder malgassischen – drei oder vier sind auf Mauritius entstanden; alle andern sind von den Franzosen aus Europa herübergebracht worden, so die drei von ihm in der „Étude", in der Zeitung „Le Cernéen" und hier veröffentlichten („zistoire ène gatte qui té ena botte" – „zistoire dizeif, balié ev sagaïe" – „zistoire Bonhomme Planquére"). Ueber die Modification, welche die europäischen Märchen auf afrikanischem Boden erfahren haben, macht Baisanc einige geistvollen Andeutungen; eine comparative Studium wird ihnen in fruchtbringender Weise nachgehen, indem es sich angelegen sein lässt, die umgebildeten, ausgemerzten, hinzugefügten Züge als befremdliche, anstössige, unbegreifliche, erklärende aus den Bedingungen eines bestimmten Kulturzustandes herzuleiten. Als Beispiel eines Märchens „né sur le sol mauricien" theilt Baissac „zistoire lève ev couroupas" (Hase und Schnecke) mit; aber über die Verbreitung der drei hier zusammengefassten Geschichtchen wird er keine Zweifel mehr hegen, wenn er J. Chandler Harris' „Uncle Remus" 1881 und „Nights with Uncle Remus" 1884 durchgeblättert hat; besonders stimmt der Ritt des Hasen auf der Schnecke auch im Einzelnen genau mit dem Ritte des Kaninchens auf dem Fuchs (U. R. S. 31 ff.). Die Erklärung Baissac's, wie die Hase (oder das Kaninchen) auf Mauritius und in Westindien zu der Rolle des europäischen Fuchses gekommen ist, hört sich recht hübsch an; ich denke indessen, die Ursache liegt tiefer und bildet eines jener wichtigen Probleme, welche uns bei der Vergleichung der europäischen, kreolischen und rein-afrikanischen Thiermärchen zu beschäftigen haben.

Graz, Anf. Sept. 1885.   H. Schuchardt.

Loos, Theodor, Die Nominalflexion im Provenzalischen. (Ausgaben und Abhandlungen aus dem Gebiete der romanischen Philologie veröffentlicht von E. Stengel. XVI.) Marburg, Elwert. 1884. 59 S. 8. M. 1,20.

Während der Verf. mit dieser Arbeit beschäftigt war, erschien die Dissertation von Reimann, die den gleichen Gegenstand behandelte, cf. Revue des lang. rom. XXV, 38. Loos hat sich dadurch, und mit Recht, nicht abhalten lassen, mit seiner eigenen Untersuchung hervorzutreten. Er berichtet eine Anzahl von Irrthümern, die sich in Reimanns Arbeit fanden, er hat eine beträchtlich grössere Anzahl prov. Denkmäler seiner Arbeit zu Grunde gelegt, er hat den Stoff anders geordnet und kommt in einzelnen Fällen, zu einem etwas anderen Resultat. Leider aber hat er, auch hierin von Reimann abweichend, die Prosatexte nicht in den Kreis seiner Untersuchung gezogen.

Der Arbeit liegt folgende Eintheilung zu Grunde. I. *a*-Declination, II. *o*- und *u*-Declination, a. Oxytona, b. Paroxytona, c. substantivirter Infinitiv, III. Consonantische und *i*-Declination, a. Masculina, b. Feminina.

I. *a*-Declination. Die § 8 für Boethius 82 und 183 vorgeschlagene Einführung von *totas dias* oder *tota di* halte ich für unstatthaft, so lange die vorhandenen Beispiele das Wort nur als Masculinum zeigen. — § 9. Für den Nom. Pl. von *dia* hatte Reimann keine Belegstelle gefunden; Loos, der das Beispiel der Arbeit von Weisse „Die Sprachformen Matfre Ermengau's" entnimmt, citirt Brev. d'am. 3727 „dias". Doch liegt auch hierin kein Beweis. Die Stelle lautet: *E cur son eguals las eias | Son eguals las nuehs els dias*. Der Text ist verderbt, wie durch Zeile 6441—2 bestätigt wird, wo ebenfalls von der Tag- und Nachtgleiche die Rede ist. Dort aber liest man *E quar son eguals sus vias | (sc. le soleilhs) eguals las nuegs els dias*, und so ist auch V. 3727 zu corrigiren. Ein Nom. Pl. dagegen findet sich in den von Armitage herausgegebenen Predigten XIX, 17: *Que oi intro li dia de la sou passio*. — § 11. Zu den angeführten Nominibus mit persönlicher männlicher Bedeutung sind hinzuzufügen: 1. *patriarcha*, masc. Brev. d'am. 6765 *tro Nos sung patriarca*; — fem. Predigten ed. Armitage XXX, 16 *paradis, on a Deus plantaz ... las patriarchas*; Sünders Reue Zeile 565 (Suchier, Denkm. I. 232) *per que las patriarchas, prophetas issument, ... tuit lanza ...* 2. *patriminsta*, von Raynouard nur als masc. angegeben; fem. Predigten XVI, 16 *so que diz la Psalmista*; 3. *evangelista* als Masc. im Lex. rom. angeführt; Fem. Sünders Reue 261 *las quatre evangelistas* (Nom. Pl.) und ib. 818 (Obl. Pl.). Endlich ist zu erwähnen *la califa* (Nom. Sg.), in der Prise de Damiette 704, *a la califa* ib. 466 und 475.

II. *o*- und *u*-Declination. A. Oxytona § 26, In D. d. Born 16, 3—4 *mas cos, que vos es trop cochat de muntanha sui devaut faest L. cochat und derulat* als Nom. Pl. auf. Wie ist das möglich, da sie sich auf eine einzelne Person, den Spielmann Fulheta beziehen? — § 36, Die Textveränderung, die L. vorschlägt, ist unnöthig, ist Guir. Riq. 78, 20 einfach *totz es em burent lo mons* zu lesen. — § 40. In *desacurt* (Münch von Mont. 19, 61) einen Nom. Pl. zu sehen, halte ich für unerlaubt, oder man müsste *m'enojan* (Zeile 62) corrigiren, dahinter ein Komma setzen und *fai peitz de mort* mit *Quan sai* verbinden. — § 50. Gavaudan 8 Str. 4 liegt nicht, wie L. meint, eine wirkliche Flexionsverletzung vor, *acar* ist Nom. Pl. Es ist *C'als fols* zu schreiben und zu übersetzen: Zu den Thoren sagt sie (sc. *fals' amors*): wenn ihr gegen mich karg und geizig seid, so werde ich euch gegenüber geizig sein.

B. Prov. Paroxytona. Reimann war zu dem Resultat gelangt, dass hier im Nom. Sg. stets sich ein *-s* finde, mit Ausnahme der Wörter auf *-re* und *-atge*, die ein Schwanken zwischen Formen mit *-s* und Formen ohne *-s* zeigen. Loos kommt zu dem Resultat, dass bei den Wörtern dieser Klasse, auch bei denen auf *-re* (neben *paires* und *fraire* werden im folgenden Abschnitt besprochen) stets *-s* im Nom. Sg. sich zeige. Ausnahmen bilden *nostre*, *costre*, *autre*, *prestre*, *preire*, *maistre*, *vejaire*; ferner die Wörter auf *-atge*, die in der klassischen Periode ebenfalls nicht schwanken, sondern entschieden Flexionslosigkeit zeigen; erst in der zweiten Hälfte des 13. Jh.'s mache sich Angleichung an die Nom. mit *-s* geltend. Abgesehen von diesen Ausnahmen citirt L. nur 3 sichere Fälle von unflectirtem Nom. Sg. (§ 59 - 61); 6 weitere Beispiele aber sind Rev. d. lang. rom. XXV, 49—50 gegeben. Das ist doch eine nicht unbeträchtliche Zahl, wenn man bedenkt, wie selten entscheidende Belege für den flectirten Nom. Sg. sind. Loos bringt davon nur vier, Flamenca 504 und 4805 (§ 56), Brev. d'am. 6453 und M. G. 368 (§ 69) (zwei weitere Beispiele Rev. d. lang. r. XXV, 49 und ferner *genebres* (: *celebres* 2. Ps. Sg. Cj.) Arn. Dan. XVI, 14) und führt daher zur Bekräftigung seiner Ansicht, dass Flexionslosigkeit nicht anzunehmen sei, den Umstand an, dass, abgesehen von den drei § 61 citirten Fällen, das stützende *-s* im Nom. Sg. stets vor Vokalen erhalten blieb, während es im Obl. Sg. und Nom. Pl. meistens abfiel. Dieser Umstand aber scheint mir, bei der Freiheit, die die prov. Dichter in Bezug auf den Hiatus zeigen, nicht zu viel Gewicht beanspruchen zu dürfen, und der Beispiele mit elidirtem *-s* im Nom. Sg. sind es nicht drei, sondern neun, und vielleicht findet man später noch mehr. Allerdings haben acht von den neun Beispielen nur bedingten Werth. Drei von ihnen finden sich bei dem Catalanen G. de Bergueda, zwei in einem Gedicht (M. G. 788), das von einer der zwei Hss. die es enthalten, dem Arnaut Catalan zugeschrieben wird, zwei in einem Gedichte von Peire Cardenal (B. Gr. Nr. 60), das noch mehr Unregelmässigkeiten zeigt, eines bei Guilh. Fig. an einer Stelle (2, 106), die noch andere Schwierigkeiten bietet. Immerhin sind die Beispiele von Flexionslosigkeit zu zahlreich, um namentlich bei der geringen Zahl von Belegen mit Flexion, als nebensächlich behandelt zu werden, und man wird gut thun, weitere kritische Ausgaben (besonders der oben genannten Troubadours und der noch nicht edirten grossen Minnesänger der klassischen Zeit) abzuwarten, ehe man sich entscheidet, ob die Nom. Sg. auf *-e* als Catalanismen, Formen einer späteren Periode, Nachlässigkeiten des Dichters anzusehen sind oder ob sich schon bei den Dichtern der klassischen Zeit ein Schwanken zwischen Formen mit *-s* und solchen ohne *-s* findet (Arnaut Daniel hat Alexandres 13, 21 neben Meleagre

11. 32), wie ich es für die Wörter auf *-atge* mit Reimann gegen Loos glaube annehmen zu müssen. Loos constatirt, wie bemerkt, für diese Wörter in der klass. Periode entschieden Flexionslosigkeit, da in mehreren Gedichten dieser Zeit, die *-atges* im Reim zeigen, entweder lauter Nom. Sg. oder solche Acc Pl. als Reimwörter verwandt sind, die leicht in Acc. Sg. sich umsetzen lassen, so dass überall *-atges* in *-atge* geändert werden kann. Aber wenn auch geändert werden kann, so ist damit noch nicht gesagt, dass auch geändert werden muss oder auch nur geändert werden darf. Grösste Achtung vor den handschriftlichen Lesarten halte ich durchaus für geboten, und ich kann die Berechtigung, an einem kritischen Text ohne zwingenden Grund (und ein solcher liegt hier nicht vor) zu ändern, nicht anerkennen. Der kritische Text, den Paul Meyer Rec. d'anc. textes S. 89 von Raimb. de Vaqueiras 4 gibt, zeigt *-atges*, und die Ungewöhnlichkeit des Ausdrucks *ieu cunc a ratges* (L. nennt ihn „unpassend") beweist durchaus nicht seine Unechtheit. Von Raimb. de Vaq. 22 liegt bis jetzt nur ein Abdruck der Hs. J vor (M. G. 610), der mir nicht überall verständlich ist; doch ist zu bemerken, dass auch Guir. de Born. 47, das den gleichen Bau und Reim aufweist und wohl als Vorbild von Raimbauts Sirventes anzusehen ist, in den 4 Hss. A B M V, die M. G. 852—4 und 1359 abgedruckt sind, ebenfalls *-atges* zeigt. Ich glaube daher *-atges* auch in klass. Zeit annehmen zu müssen; wer dem aber nicht zustimmt, wird wenigstens zugeben müssen, dass diese und die anderen von Reimann angeführten Beispiele, wenn sie durch Herstellung eines kritischen Textes bestätigt werden, genügen, um die Behauptung entschiedener Flexionslosigkeit als nicht absolut unanfechtbar erscheinen zu lassen. Ebenso wenig kann ich der Behauptung L.'s (§ 78) zustimmen, dass bei den Abstracten auf *-ire*, neben denen sich Oxytona auf *-ir* finden, z. B. *desire* und *desir*, im Nom. Sg., wenn das flexivische *-s* antritt, nur die Formen ohne *e* üblich seien. Der Umstand, dass in den drei Beispielen, die *-ires* zeigen, in *-irs* geändert werden kann, genügt durchaus nicht, um das gewichtige Zeugniss des Don. pr. 4, 26: *mus albires col s* etc. umzustossen.

C. Substantivirter Infinitiv. § 86. Die Behauptung: „Wenn der Infinitiv keinen Artikel bei sich hat, so bleibt er unflectirt, ist also Verbalform" ist verkehrt. Beispiele vom Gegentheil bei Stimming, B. d. Born Anm. zu 2, 19, Reimann S. 48—49, sogar bei Loos selbst § 85. — § 87. Warum soll in Guilh. de San Leidier 13 der Ausgang der Reimwörter *resplundres*, *refrandres* nicht sicher sein? Das Gedicht steht in JKdCR; C und J, nach denen allein das Gedicht bis jetzt gedruckt ist, haben beide *-andres*. Das flexivische *-s* dürfte L. am allerwenigsten zweifelhaft erscheinen, da er die Flexionslosigkeit der paroxyton. Substantive auf *-e* bestreitet und die substantivirten Infinitive logischer Weise der Flexion der Subst. im Allgemeinen folgen, und da sich unter den Reimwörtern auch *Menandres* findet. Ferner finden sich *gandres*, *blandres*, *resplandres*, *espandres* bei Arn. Daniel ed. Canello XIII in allen 13 Hss., die das Gedicht enthalten, mit flexivischem *-s* und Guir. de Bornelh 10

(M. G. 865) hat *E cui parra greu l'apenres | de mon chantar ..* (: *dos genres*). Da nun bei B. de Born *lo perdre* ohne *-s* sich findet (Loos § 87), so müssen wir für die Infinitive auf *-re* schon in der klass. Zeit Schwanken in Bezug auf die Flexion constatiren. während die Inf. auf *-ar*, *-er*, *-ir* stets *-s* zeigen, und dies scheint mir dafür zu sprechen, dass die Annahme eines gleichen Schwankens für die Subst. auf *-e* überhaupt nicht aller Wahrscheinlichkeit entbehrt.

III. Consonantische und *i*-Declination. § 90. *Coms* findet sich im Reim M. W. I. 154. — § 97. Neben *hom* hätte die Form *homs* im N. Sg. erwähnt werden dürfen. Bartsch spricht von ihr Lesebuch 64, 41 Anm. mit Bezug auf Peire Raimon de Toloza 5, 26 (nach den Hss. M und R). Chrest.³ 86, 22, wo das gleiche Gedicht nach den Hss. BCJM publicirt ist, liest Bartsch allerdings *hom*. *Homs* steht B. Chr.³ 80, 2 in Anfos d'Arago 1. Ich kenne für die Form *homs* keinen durch den Reim gesicherten Beleg. doch ist, bei ihrem häufigen Vorkommen in den Hss., an ihrer Existenz nicht zu zweifeln. Es fragt sich nur, zu welcher Zeit zuerst *homs* neben dem regelrechten *hom* sich zeigt. Man möchte geneigt sein, das Auftreten von *homs* nicht zu spät anzusetzen, wenn man bedenkt, dass der Obl. Sg. *hom*, dem ein Nom. *homs* entspricht, schon bei Arnaut Daniel und Raimon Vidal sich findet, cf. Rev. d. lang. rom. XXV, 46. In der späten Vie de Ste. Douceline ist *homs* das Regelmässige, cf. ed. Albanès S. LXXX. — Ein Obl. Pl. *homs* findet sich B. Chr.³ 187, 40 in Izarn (dass kein Druckfehler vorliegt, beweist die Anführung der Form im „Tableau"); Paul Meyer in seiner Ausgabe des Izarn V. 545 liest *homes*. Beide gehen keine handschriftliche Variante an. — § 120. Von den Subst. auf *-eire* hat L. nur ein Beispiel im Reime gefunden P. Card. 27. Hier ein paar weitere Belege: *Le ditz lo mou, e nol dizeire; | Sel dig es bos, lo dig vol creire*, Daude de Pradas, 4 Vert. Card. 496 und *hereire* (: *reire* Obl. Sg.) Palais 4 (Zs. VII, 194). — Die zahlreichen Fälle. die Abweichung von der regelmässigen Flexion der Wörter mit beweglichem Accent zeigen, werden genau untersucht. Einzelne werden durch gute und berechtigte Aenderungen verbessert, bei anderen wird durch richtige Erklärung der betr. Stelle und der vorliegenden Construction nachgewiesen, dass die Abweichung nur eine scheinbare ist. Manchmal scheint mir jedoch die gegebene Erklärung zu gesucht und unhaltbar, so § 172 und 181a, und wieder in anderen Fällen ist die handschriftliche Lesart mit jener Leichtigkeit geändert, gegen die ich oben schon Protest erhoben habe (§ 191—3). Trotzdem aber muss selbst L. eine ziemlich grosse Zahl von Fällen zugeben, wo die regelmässige Form sich nicht einführen lässt, und da sich darunter solche bei Peire Vidal finden, von dem eine kritische Ausgabe vorliegt, und andere bei Perdigo (nur in CR), wo absolut kein Grund vorliegt. Verderbtheit des Textes anzunehmen, so hätte L. nicht als Resultat seiner Untersuchung angeben dürfen (S. 56). dass Ausweichungen nur in dem Mangel an kritischen Ausgaben oder in schlechter Ueberlieferung ihren Grund haben. oder aber erst in der zweiten Hälfte des 13. Jh.'s, zur Zeit des beginnenden Verfalls auftreten. Sie finden sich sicher schon in der klassischen Periode. Darin stimme ich allerdings Loos bei, dass hier nicht eine Beeinträchtigung der Flexion dem Reime zu Liebe vorliegt; wie die in Frage stehenden Formen nach meiner Meinung zu erklären sind, habe ich Revue des lang. rom. XXV, 203 darzulegen versucht. Hier zum Schluss noch einige weitere Beispiele: a. Nom. Sg. *companhs* (: *estranhs* Obl. Pl.) Arn. Guilh. de Marsan Leseb. 137, 2; *draes* (: *blars* Obl. Pl.) Ste. Enimie 1201; *governayres* (: *los frayres* Obl. Pl.) St. Honorat XXVIII, 145; b. Acc. Pl. *Entrels vils felhs jnzieus sarais* (8 S.) Bern. Al. de Narbona 1 Hs. C fol. 383c; c. Acc. Sg. *mendre* (: *aprendre*) Arn. Guil. de Marsan Lesebuch 134, 60 und 135, 70; d. Nom. Pl. *governayre* (: *repayre* Obl. Sg.) St. Honorat XXVIII, 154.

Freiburg i. B., April 1885.   Emil Levy.

Apuntaciones críticas sobre el lenguaje bogotano por Rufino José Cuervo. Cuarta edición notablemente aumentada. Chartres, imprenta de Durand. 1885. XXXIX, 570 S. 8.

Breve Catálogo de errores en órden á la lengua i al lenguaje castellanos. Por P. F. Cevallos, Académico correspondiente de la Real Academia Española. Quinta edicion. Ambato, T. E. Porras. 1880. 207 S. 8.

Resumen de las Actas de la Academia Venezolana leido en junta pública de 27 de octubre de 1884 por el Secretario perpetuo de la misma corporación D. Julio Calcaño. Caracas, imprenta Sanz. 1884. 107 S. 8.

Von Cuervo's trefflichem Werke ist schon nach Ablauf von vier Jahren eine neue Auflage erschienen. die vierte (die Zählung der Auflagen Rom. XIV, 176 beruht auf einem Versehen). Die reichen Sammlungen, welche Cuervo für sein spanisches Wörterbuch angelegt hatte. dessen Vollendung wir mit lebhafter Ungeduld erwarten, boten Vieles zur Ergänzung der Apuntaciones críticas; aber nicht bloss an Umfang (ich denke etwa um ein Achtel — das vergrösserte Format erschwert die Berechnung einigermassen), auch an Gehalt haben sie gewonnen, und wiederum hat neben der wissenschaftlichen Form auch die stilistische weitere Verbesserungen erfahren. Die Sorgfalt und die Selbstverleugnung, mit welcher der Verfasser zu Werke gegangen ist (vgl. z. B. S. 447: „Al recortar algunos ambiciosos ornamentos de las anteriores ediciones, no imponemos á nuestra vanidad sacrificio costoso" u. s. w.), werden kaum in sehr vielen neuen Auflagen anderer Werke zu finden sein. In uud die andere Stelle, an welcher fremde Sprachen zur Vergleichung herangezogen werden, bleibt noch zu beseitigen oder zu berichtigen, z. B. S. 94: „*pantuflo* es voz alemana (*pantoffel*, *bantoffel*), y propiamente significa suela de madera (*tafel*) con una correa de cuero (*band*)"; S. 184: „la pasiva latina nace de la activa y el reflejo *se*". Ausserdem wage ich noch den Wunsch auszusprechen, dass das Gebiet der phonetischen Erscheinungen schärfer abgegrenzt werde. In *amedrantar* für *amedrentar* lässt sich schwerlich annehmen, dass „la *n* ha ejercido la misma influencia que se nota en francés" (S. 453); vgl. *lerantar*, *quebrantar* u. s. w. S. 454 werden *liendra*, *hojaldra* für *liendre*, *hojaldre* auf die grössere Sympathie des *r* für *a* als für *e* zurückgeführt; aber diese Formen, welche auch cubanisch, ecuatorianisch u. s. w. sind, weisen ebenso wie das S. 95 besprochene *la tigra* für *la tigre* auf eine durch das Geschlecht des Wortes veranlasste Umwandlung des ungeschlechtigen Auslauts -e hin (vgl. *fusta*, *danza*, *pulga*). Wenigstens ist dies sicher bei *liendra*, wo das *a* auch in anderen romanischen Mundarten vorkommt (port. *lendea*, cat. *llémena*, rum. *lindină*, während in *hojaldre*, -*a* vielleicht das -*a* primär, das *e* secundär ist (maracaib. *hojalda*; = *hojaldula*, vgl. port. *massa folhada*, franz. mit anders angebrachtem Deminutivsuffix *feuilleté*). Auch -*e* für -*o* z. B. in *comience* für *comienzo* (S. 462) gehört in die Wortbildung. Die verschiedenen Bedeutungen von -*dor* (S. 500) beruhen zum Theil auf dem verschiedenen Ursprung dieser Endung (-*tore*, -*torio*); wenigstens ist das -*dor* z. B. in *comedor* „Esszimmer" ein mit -*tore* vermengtes -*torio*. Was das *radiar* im Sinne von „borrar de la lista militar" anlangt, so finde ich die Frage „¿ de dónde vino á dar á Bogotá semejante huésped?" (S. 422) nicht sehr schwer zu beantworten. Ital. *radiare* mag im franz. *rayer* begründet sein; für span. *radiar* ist eine derartige Annahme nicht nöthig, es ist die gelehrte Nebenform von *rayar*. Beiden ist die Bedeutung „bestrahlen" gemeinsam, daher die Bedeutung „ausstreichen" von diesem auf jenes übertragen. Vielleicht wirkte auch die in manchen spanischen Gebieten vernehmbare Aussprache *dy = y* (Zs. f. rom. Phil. V, 311 f.) hier mit ein.

Bei dieser Gelegenheit sei der neuen Auflage einer anderen Schrift gedacht, welche einem ähnlichen Zwecke, nur in engeren Grenzen und mit bescheideneren Mitteln dient. Sie ist zwar schon vor mehreren Jahren erschienen, aber in einem Städtchen in der Nähe des Chimborazo's, und daher erklärt sich, dass sie, obwohl ich seit längerer Zeit solchen Dingen eifrig nachfrage, mir erst jetzt bekannt geworden ist. Die späte Anzeige ist vielleicht noch keine verspätete. Die fünf alphabetischen Verzeichnisse der vierten Auflage (Quito 1873 S. 147): „errores de pronunciacion o de pura invencion" — „errores de significacion i de construccion" — „errores de jénero" — „errores de número" — „errores de acentuacion" sind hier in passender Weise in eines zusammengearbeitet worden. Der „breve católogo de galicismos" hat seine Selbständigkeit gewahrt. Nach dem Vorwort zählt die neue Auflage 400 Wörter mehr, als die vorhergehende. Dabei hat sich der Verfasser mancherlei Beschränkung auferlegt; z. B. sagt er S. 127: „Hemos prescindido de notar los errores procedentes de las malas inflecciones que se da á los verbos, por que emprender trabajo tal seria llevarlo hasta formar un grueso diccionario". Aber solche Formen wie *traeris*, *diróle*, *rdynamos*, haben für uns Linguisten wenigstens ebenfalls ihren Werth. Die Vergleichung der hier gebotenen Ecuatorianismen mit den aus Cuervo's, Rodriguez', Medrano's, Pichardo's Schriften bekannten Colombianismen, Chilenismen, Venezolanismen, Cubanismen gewährt nach verschiedenen Seiten hin reiche Belehrung.

Ehe jedoch an eine zusammenfassende Arbeit über das Spanische Amerikas gedacht werden kann, haben manche weite Gebiete noch ihre Beisteuer zu liefern. Gute Dienste könnten hierbei die verschiedenen Akademien leisten. Die neuerdings gestiftete venezolanische hat in der That begonnen, eine Reihe von Bemerkungen über provinziale Wörter der spanischen Akademie zu unterbreiten (Resumen S. 65—82). Aber abgesehen davon dass hier viel längst Gesagtes wiederholt wird (auf ähnliche Sammlungen wird gar keine Rücksicht genommen; gerade in Amerika scheint Cuervo am wenigsten bekannt geworden zu sein), so wird auch viel Abenteuerliches behauptet. Dass die asiatischen Sprachen in etymologischer Beziehung herhalten müssen, kann da nicht Wunder nehmen, wo man folgende Ansicht ausspricht: „Lejos del absurdo de la diversidad de las razas, la antropologia y la lingüística comprueban de cada dia la doctrina mosaica que da por origen á la humanidad un solo tronco y una sola lengua; y so me permitirá sentar aqui, como opinion personalísima, que tanto aquellas ciencias como la paleontologia tendrán que retroceder á la Biblia para dejar establecida la fraternidad de las razas" (S. 19). Auch die linguistischen Auslassungen in der Eröffnungsrede des Präsidenten der Akademie (und zugleich der Republik) Guzmán Blanco, geboren mehr dem 17. als dem 19. Jahrhundert an; aber hier findet sich noch Schlimmeres (so die mit „Tirso de Molina 1496" beginnende und mit „Echegaray 1880" schliessende Liste von Meistern der spanischen Sprache). Diese Rede erfuhr daher auch eine herbe Kritik seitens eines Marqués de Rojas, worauf eine Antikritik erfolgte (Alles zusammen veröffentlicht Caracas 1883). Allein wir wollen noch nicht an der späteren erspriesslichen Thätigkeit eines Instituts verzweifeln, in dessen Bibliothek sich die Werke von Bopp, J. Grimm, Diez, M. Müller u. A. finden. Es scheint eben, dass das Sprachstudium auf jungfräulichem Boden stets mit den alten Irrthümern beginnen müsse.

Graz, Anfang Sept. 1885. H. Schuchardt.

Zeitschriften.

Archiv f. das Studium der neueren Sprachen u. Literaturen LXXIV, 1: C. Halling, Adolf Friedrich Graf von Schack. — C. Oelger, Ein Besuch bei Goethe auf der Wartburg im September 1777. — H. Isaac, Die Hamlet-Periode in Shakespeare's Leben. — R. Brandstetter, Die Technik der Luzerner Heiligenspiele. — Fr. Branky, Zur Volkskunde. — Herm. Breymann, L. Lemcke. — A. Rudolf, Doctor Faustus, Fliegendes Blatt aus Köln.
Beiträge zur Kunde der indogermanischen Sprachen X, 1 u. 2: A. Bezzenberger, Lat. *rmo* — got. *nimu* (emo sei idg. *nmo*).
Taalstudie VI, 5: H. F. V. M., Le Savetier et le Financier III. 258. — A. van der Ent, L'Etude des Mots et de leur Signification. 261. — L. M. Baale, Remarques pour servir à la traduction de quelques phrases détachées. (I). 268. — R. D. Nauta, Peculiarities of English Spelling, with a View to Spelling-Reform and the phonetic System. 276. — K. I. B., Editor's Note. 282. — Ders., Elucidations to Ch. Dickens's „The Cricket on the Hearth" (Tauchn. Ed.). 285. — C. Stoffel, A new Edition of Amis and Amiloun II.

291. — E. A. H. Seipgens, Erklärung eines mittelhochdeutschen Gedichtes. (Hartmanns Armer Heinrich.)

Zs. f. deutsche Philologie XVII, 4: Emil Henrici, Die Handschriften von Hartmanns Iwein. — A. Koch, Friedrich Rückerts Makamen. — Emil Kettner, Zur Kritik des Nibelungenliedes. V. Nibelungenlied und Klage. VI. Rückblick. — Brandstetter, Ueber Luzerner Fasinachtspiele. — Fr. Woeste, Beiträge aus dem Niederdeutschen. — A. Birlinger, Lexikographisches.

Alemannia Bd. XIII, 2: A. Birlinger, Legenda Aurea, elsässisch. — Ders., Zu Goethes Faust. — Ders., Findlinge. — Otto Böckel, Zur Sage vom Venusberg. — A. Birlinger, Gegen Aberglauben. — H. Haupt, Nota vulgariter de X Preceptis et X Plagis Egipti 1405. — Ders., Aufzeichnungen des Franziskaners Johannes Schmidt von Elmendingen bei Pforzheim 1356—1455. — A. Birlinger, Elsässische Gedichte (von Schaller). — Gustav Knod, Der Bauernkrieg im Elsass. — B. Stehle, Volksthümliches aus dem Ober-Elsass. — A. Birlinger, Sittengeschichtliches. — Ders., Von den Weinen. — Ders. u. G. Bossert, Schwabennecereien. — A. Birlinger, Sprichwörter XVI sec. — Ders., Jägerglauben. — Ders., Sagen des dreissigjährigen Krieges.

Noord en Zuid VIII, 5: H. J. Eymael, Nalezing op Bilderdijks en Van Vlotens Uitgaven van Huyghens' „Oogentroost". — Prof. Dr. J. Verdam, De woordenschat enzer taal. — L. Van Ankum, Werkwoorden en Bijvoeglijke naamwoorden. — L., Zegens zegen. — U. G., H. J. Stade, F. van Dixhoorn, G. Stol, Th. Stille, Ph. M. Roorda, W. Visser, Bruno, Vragen beantwoord. — Inhoud van het Letterkundig Bijblad: J. H. W. Unger, Tesselschade. — A. C. W. Staring. — K., Till Eulenspiegel.

Romania XIV, Avril (54): A. Mussafia, Borta e Milone. — Orlandino. 177. — A. Thomas, Notice sur deux mss. de la „Spagna", en vers, de la Bibliothèque Nationale de Paris. 207. — P. Meyer, Inventaire des livres de Henri II, roi de Navarro. 222. — C. Nigra, Il Moro Saracino", canzone popolare piemontese. 231. — G. Paris, Diocrl. 274. — A. Thomas, Prov. aca. 275. — J. Roman, Document dauphinois de la fin du XII° siècle. 275. — G. Raynaud, Le clerc de Voudoi. 278. — Ders., Nouvelle charte de la „Pais aux engluis". 279. — E. Picot, Note sur quelques ballades d'Eustache Deschamps anciennement imprimées. 280. — Ch. Joret, R haut-normand ns s (z), h. 285.

Revue des langues romanes Mai: C. Chabaneau, sur la date du Vers del lavador de Marcabru. — Bertran Albaric. — L. Marcel-Devic, Ad radium tinae. — Juni: C. Chabaneau, Ste. Marie Madeleine dans la littérature provençale (Forts.).

Bibliogr. Anzeiger f. rom. Sprachen u. Literaturen hrsg. vom E. Ebering. 3. Bd. 1885. Heft 1, 2.

Rivista critica della Letteratura Italiana II, 4. 5: L. Gentile, G. Marradi, Ricordi lirici. — G. Setti, F. M. (Italo), Canzoniere gentile. — E. Teza, T. F. Crane, Mediaeval Sermon-Books and Stories. — A. Zenatti, Curiosità popolari pubblicate per cura di G. Pitrè voll. I—II. — T. Casini, L. Biadene, Las rasos de trobar e lo Donats proensals. — C. Frati, P. Vigo, Statuto inedito dell'arte degli speziali di Pisa. — S. Morpurgo, A. Mabollini, Delle rime di Benvenuto Cellini. — G. Setti, A. de Nino, Briciole letterarie. — T. Casini, F. G. Carnecchia, La vera lezione: vv. 59—65 del X dell'Inf. — Bollettino Bibliografico: K. X., Il Dalio di m. Amerigo di Narbona; J. Del Lungo, Guglielmo di Durfort a Campaldino. — G. Biadego, Commemorazione di R. Fulin. — H. Wiese, 19 Lieder L. Giustiniani's. — T. Luciani, Commemorazione del prof. C. Combi; D. Morchio, C. Combi. — Giudizi d'arte sulla scuola pittorica bolognese nei sec. XVII e XVIII. — S. Samosch, Muchiavelli als Komödiendichter, und ital. Profile. — A. Brigidi, Cenni sulla vita dei tre fratelli Villani, longianesi. — Comunicazioni: E. Teza, Luoghi da correggere in una lettera di T. Tasso. — E. Lamma, Di un codice di rime del sec. XIII. — Appunti e Notizie. — Recenti Pubblicazioni. — 6: E. Teza, J. Vrohlický, Poesie italské nové doby (1782 —1882) = La poesia italiana del tempo moderno. — S. Morpurgo, R. Renier, Il tipo estetico della donna nel medioevo. — T. Casini, P. Ercole, Guido Cavalcanti e le sue rime. — E. Teza, V. Mikelli, Niccolò Tommaseo, saggio critico. — L. Biadene, V. Cian, Ballate e stram-

botti del sec. XV tratti da un cod. trevisano. — Bollettino Bibliografico: Relazione di viaggio di Piero di Giovanni di Dino pubblicata da G. Brenna. — Un sonetto di Tullia d'Aragona. — A. Manno, La concessione dello Statuto; notizia di fatto documentale. — Communicazioni: A. Zenatti, Una raccolta di scenari della commedia dell'arte. — Appunti e Notizie. — Recenti Pubblicazioni.

Bulletin de la société des anciens textes français 1885, 1: Notice du ms. 772 de la Bibliothèque Municipale de Lyon renfermant divers ouvrages en prose française. (1. L'annonciation; 2. La Nativité du N.-S. J.-C.; 3. Hist. lég. d'Hérode; 4. La nativité de Saint Jean-Baptiste; 5. Év. de Nicodème; 6. La plainte de Notre Dame; 7. un court morceau sur les heures canoniques; 8. Vie de Saint Longis; 9. L'invention de la croix; 10. St. Etienne; 11. Ste. Marie Madeleine; 12. La claire St. Pierre; 13. St. Barthélemi; 14. St. Mathias; 15. St. Barnabé; 16. St. Marc; 17. St. Vincent; 18. St. Laurent; 19. St. Nicaise; 20. St. Jérome; 21. Ste. Marie l'Egyptienne; 22. St. Eloi; 23. St. Grégoire; 24. St. Julien l'hospitalier; 25. St. Eustache; 26. Hist. de Susanne; 27. Ste. Pélagio; 28. Ste. Marine; 29. Ste. Euphrosyne; 30. Ste. Marie nièce de l'hermite Abraham; 31. Ste. Thaïs; 32. Long sermon; 33. Série de morceaux théologiques; 34. Traité de morale religieuse; 35. Marke fils Caton; 36. l'ordre de Chevalerie; 37. Traité de fauconnerie; 38. Barlaam et Josaphat, en prose, d'après une des versions en vers; 39. Exemples tirés de la vie des pères du désert.)

Franco-Gallia II, 9: Heller, Sonnenburg, Wie sind die franz. Verse zu lesen? — Kreiten, Voltaire. 2. Aufl. — Breymann, Wünsche und Hoffnungen. — Schwieger, Die Sage von Amis und Amiles. — Ahrens, Zur Geschichte der sogen. Physiologus. — Reimann, Des Apulejus' Märchen von Amor u. Psyche in der frz. Literatur des XVII. Jh.'s.

Neue Jahrbücher f. Philologie u. Pädagogik Bd. 132: H. Schuller, Herder und Gellert.

Blätter f. das Bayer. Gymnasialschulwesen XXI, 7. 8: J. Nicklas, Schmellers Gedanken über das vaterländische Moment in Erziehung und Unterricht.

Magazin f. die Literatur des In- u. Auslandes 35—39: Original-Briefe von C. Gutzkow an Al. Jung. — K. Wolf, Die Sprachgrenze zwischen Mittel- und Niederdeutschland von Hedemünden an der Werra bis Stassfurt an der Bode. Von B. Hamshalter (Halle, Tausch & Grosse). — J. Carolan, E. Engel, Geschichte der engl. Literatur. — R. O. Consentius, Ueber Shakespeare's Julius Caesar. — Altfranzösische Romanzen, übers. von Paul Heyse. — Detl. Freih. v. Lilienceron, Heinrich von Kleist. — A. Kohut, Heinrich Heine in Ungarn.

Die Grenzboten Nr. 33 u. 34: Max Koch, Hartmanns Armer Heinrich. — Ein Knopf von Goethe.

Die Gegenwart Nr. 33 u. 34: Rud. Kleinpaul, Farbenbezeichnungen.

Blätter f. liter. Unterhaltung Nr. 33: R. Boxberger, Zur deutschen Literatur.

Nordwest Nr. 33 u. 31: Carl Cassau, Heinrich Heine in Lüneburg.

Vossische Zeitung Sonntagsbeilage Nr. 31: Daniel Jacoby, Briefwechsel zwischen den Gebrüdern Grimm u. Dahlmann.

Beilage zur Allg. Zeitung Nr. 225 ff.: W. Hormann, Die Form der Nibelungen.

The Academy 8. Aug.: Dowden, York Plays, the plays performed by the Crafts of Mysteries of York on the day of corpus Christi ed. by L. Toulmin Smith. — Vigfusson, Odhr Edda, Lóðh Ledda, Stóðh Stedda. — Krebs, The date of Dante's death. — 15. Aug.: W. Webster, Numancia, a tragedy by Miguel de Cervantes Saavedra, translated from the Spanish by Gibson. — Cheyne, Tedaldi's sonnet on the death of Dante. — Skeat, Algebraical signs for the terms „Umlaut" and „Ablaut" in etymology. — 29. Aug.: Some books on Shakespeare (Moulton, Shakespeare as a dramatic artist; Norris, the portraits of Sh.; Halliwell-Philipps, Outlines of the life of Sh.). — Herford, Tilley, the Renaissance in France, an introductory study. — Foreign literature: die Lais der Marie de France hrsg. von Warnke; Masi, La fiabe di Carlo Gozzi; Kiene, Williams Forrest's Leben und Werke; Marlowe's Tamburlaine hrsg. von Wagner; Poletti, Dizionario Dantesco. — Prof. Morsan.

The Athenaeum 15. Aug.: Tilley, the literature of the French Renaissance, an introductory essay. — Weymouth, The Battle of Brunnanburh. — 22. Aug.: Prof. Wursse,

The American Journal of Philology VI, 2: A. M. Elliott, Contributions to a History of the French Language of Canada. I.
Transactions of the Philological Society 1882—4. Part. II: H. Sweet, Spoken Portuguese. — W. W. Skeat, the etymology of „surround". — Prince L. L. Bonaparte, Words connected with the vine in latin and the neo-latin dialects. — Ders., Names of European reptiles in the living neo-latin languages. — Append. I. Ders., „Roncesvalles and Juniper", in Basque, Latin and Neo-Latin, and the successors of Latin J. — App. II. Al. J. Ellis, on the delimination of the English and Welsh languages.
Pedagogisk Tidskrift 1885, 6. Heft; Einige Worte über die Anordnung des Unterrichts in den neueren Sprachen, von Joh. V. [Verf. will das Französische statt des Deutschen zur grundlegenden und Hauptsprache an den schwedischen Gymnasien machen.] J. v.
Verdandi. Zeitschrift für die Freunde der Jugend. 1885. 3. u. 4. Doppelheft. Spracherziehung von F. Palmgren. [Verf. berichtet über seine Unterrichtsmethode an einer Töchterschule, und das Bild, das er uns von einer in voller Arbeit begriffenen Klasse entwirft, ist höchst anziehend. Kein Lehrer oder Erzieher wird seinen Artikel lesen ohne bleibenden Gewinn, wenigleich die sichtbare Originalität des Vorf.'s, die auch in seinem Stil durchblickt, es nicht rathsam macht, seine Methode in Allem nachzuahmen. Lehrt man Englisch, bekommt man noch obendrein eine Menge feiner Winke über die Behandlung dieser Sprache. Später ist derselbe Artikel, ein wenig erweitert, separat erschienen, unter dem Titel: Språkuppfostran. Undervisning i Engelska vid en flickskola. Stockholm 1885. 40 S. 8.] J. v.
Rev. pol. et litt. 8: In der Caus. litt.: Correspondance de P. Lanfrey, introduction par le comte d'Haussonville. 2 vol. — 9: E. Havet, Descartes et Pascal. (Im Gegensatz zu Nourrisson, Pascal physicien et philosophe, Paris 1885, wird die Ansicht verfochten, dass das Experiment, mit dem P. die Schwere der Luft darthat, von ihm auch ersonnen, nicht bloss nach D.'s Anweisung ausgeführt sei.) — 10: Lettres inédites de Rachel (an ihren väterlichen Freund, den langjährigen Vorfasser ihrer Briefe, Ad. Crémieux). — In der Caus. litt.: Paul Janet, Victor Cousin et son œuvre; Lesclide, Propos de table de Victor Hugo. — E. de Pressensé, Encore les lettres de Lanfrey. — 11: Jules Lemaître, Romanciers contemporains. M. Anatole France. — A. Barine, La caricature en Allemagne (mit Bezug auf das Buch von Grand-Carteret).
Mémoires de la Société de l'Histoire de Paris et de l'Ile de France XI, 1—207: Chronique parisienne anonyme de 1316 à 1339, précédée d'additions à la Chronique française dite de Guillaume de Nangis (1206—1316) p. p. M. A. Hellot.
Annuaire de la Faculté des Lettres de Lyon III, 1: L. Clédat, La chronique de Salimbeno (parties inédites).
Revue de l'instruction publique supérieure et moyenne en Belgique t. XXVIII, 4: Wilmotte, Le dialecte de Tournai au moyen âge: Schwake, Versuch einer Darstellung der Mundart von Tournai im MA.; D'Herbomez, Mémoires de la société historique et littéraire de Tournai t. XVII, Chartes françaises du Tournaisis 1207—1292, étude philologique sur les chartes françaises du Tournaisis; Scheler, Etude lexicologique sur les poésies de Gillon le Muisit.
Rivista di Filologia e d'Istruzione Classica XIV, 5. 6: P. Merlo, Cenni sullo stato presunte della grammatica ariana Storica e preistorica a proposito di un libro di G. Curtius (Zur Kritik der neuesten Sprachforschung).
Archivio storico Italiano XV, 4: Alfredo Reumont, Carlo Witte: ricordi.
Atti del R. Istituto veneto di scienze, lettere ed arti VII, II: J. Camus, Studio di lessicografia botanica sopra alcune note manoscritte del sec. XVI in vernaculo veneto.

Neu erschienene Bücher.

Landgraf, Gust., Die Vita Alexandri Magni des Archipresbyters Leo [Historia de preliis] nach der Bamberger und ältesten Münchener Hs. zum ersten Mal hrsg. Erlangen, Deichert. 140 S. 8. M. 3.
Paoli, Cesare, Grundriss der lateinischen Palaeographie und der Urkundenlehre. Aus dem Ital. übersetzt von Karl Lohmeyer. Innsbruck, Wagner. VIII, 79 S. 8. M. 2.

Politis, Tò δημοτικὸν ᾄσμα περὶ τοῦ νεκροῦ ἀδελφοῦ ὑπὸ Ν. Γ. Πολίτου. 8-k. aus Δελτίον τῆς ἱστορικῆς καὶ Ἐθνολογικῆς ἑταιρίας τῆς Ἑλλάδος. Ἐν Ἀθήναις, τύποις Περρῆ. 69 S. 8. [Verf. versucht eine Widerlegung von W. Wollner, Der Lenorenstoff in der slavischen Volkspoesie. Archiv für slav. Phil. VI, 239 ff. und von J. Psichari, La Ballade de Lénore en Grèce in Revue de l'histoire des religions 1884.]
Schwieger, P., Die Sage von Amis und Amiles. Programm des Friedrich-Wilhelm-Gymnasiums zu Berlin. 38 S. 4.

Abhandlungen, germanistische, hrsg. von Karl Weinhold. Breslau, Körbner. V: Der Infinitiv in den Epen Hartmanns v. Aue. Von Dr. Sylvius v. Monsterberg-Münckenau. VI, 175 S. 8. M. 5.
Beets, A., De disticha Catonis in het middelnederlandsch. Groningen, Wolters. Dissertation.
Bodemann, E., Von und über Albrecht von Haller. Ungedruckte Briefe und Gedichte Hallers, sowie ungedruckte Briefe und Notizen über denselben. Hannover, Meyer. 8. M. 4,50.
Fischer, Arwed, Ueber das Hohe Lied des Bruu von Schonebeck. I. Breslauer Dissertation, 35 S. (Das Ganze erscheint in Weinholds „German. Abhandlungen".)
Gauriel von Muntabel. Eine höfische Erzählung aus dem 13. Jh. Zum ersten Male hrsg. von F. Khull. Graz, Leuschner & Lubensky. 8. M. 3,60.
Goethes Briefe an Frau v. Stein. Hrsg. von Ad. Schöll. 2. vervollst. Aufl., bearb. von Wilh. Fielitz. 2. (Schluss-)Bd. Frankfurt a. M., Literar. Anstalt. XII, 729 S. mit 2 Silbouetten-Facs. gr. 8. M. 8,60.
Gründung, die, des Klosters Waldsassen. Altdeutsches Gedicht zur Tirschenreuther Schmellerfeier aus der Hs. neu hrsg. von Friedrich Keim. München, Ackermann. M. 0,80.
Handwerkerspiel, ein deutsches, nach einer handschriftl. Ueberlieferung aus dem k. Staatsarchiv in Posen hrsg. von R. Jonas. Posen, Jolowicz. 8. M. 1,50.
Haym, R., Herder nach seinem Leben und seinen Werken. 2. (Schluss-)Band. Berlin, Gaertner. XV, 864 S. 8. M. 20.
Heinzel, R., Ueber die Nibelungensage. Wien, Gerold l. Com. gr. 8. M. 0,80. Aus den Sitzungsberichten der Wiener Akademie.
Kossmann, E., Untersuchungen über die altdeutsche Exodus. Strassburger Dissertation. 88 S. 8.
Roischel, Gust., Beiträge zur Ansiedelungskunde von Mittelthüringen. Hallenser Dissertation. 105 S. 8.
Sz., Der romantische Schwindel in der deutschen Mythologie und auf der Opernbühne. II. Wer ist Loki? Elberfeld, Bädeker. 27 S. 8.
Tandareis und Flordibel. Ein höfischer Roman aus dem Pleiaere. Hrsg. von F. Khull. Graz, Styria. M. 8.

Adler, Max, Ueber die Richard Rolle de Hampole zugeschriebene Paraphrase der sieben Busspsalmen. Breslauer Dissertation. 28 S. 8.
Herrig, Sammlung englischer Schriftsteller. IX. Julius Cäsar von William Shakespeare. Erklärt von E. W. Sievers. Dritte sorgfältig durchgesehene Aufl. Salzwedel, Gust. Klingenstein.
Kirkland, J. H., A Study of the Anglo-Saxon Poem The Harrowing of Hell (D. IV). Leipzig.
Mätzner, E., Altenglische Sprachproben. II. Bd. Wörterbuch. II. Abth. E—J. Berlin, Weidmann. VII, 538 S. M. 16.
Schiller, J., Ueber Shakespeares Entwickelungsgang. Zeitfragen des christlichen Volkslebens. Heilbronn, Henninger. M. 0,80.
Werder, K., Vorlesungen über Shakespeare's Macbeth. Berlin, Besser. 8. M. 5.
Wülcker, Grundriss zur Geschichte der ags. Literatur. Leipzig, Veit & Comp. XII S. 244—532, gr. 8. M. 10.

Aubert, A., Des emplois syntaxiques du genre neutre en français. Marseille, impr. Cayer. 231 S. 8.
— —, De usu participiorum praesentis in sermone gallico thesim facultati litterarum Aquarum Sextiarum proponebat A. Aubert. Marseille, impr. Harlatier-Feissat et Cie. 171 S. 8.
Barbier de Montault, X., La Varvadieu, prière populaire recueillie in la bouche d'une vieille mendiante, à Loudun (Vienne). In-8, 5 pages. Saint-Maixent, impr. Reversé. Extrait des Bulletins de la Société de statistique, sciences, lettres et arts des Deux-Sèvres.
Bauck, J. J. Rousseau und Montaigne. Ein Beitrag zur Geschichte der Pädagogik. Cumbinner Gymnasial-Programm.

Biadene, L., Las Razos de trobar o lo Donatz proensals, secondo la lezione del ms. Landau. Roma, Loescher. 8.-A. aus Monaci's Studj di filologia romanza I, S. 335—402.

Bibbia, La, Volgare, secondo la rara edizione del 1.º di ottobre 1471, ristampata per cura di Carlo Negroni. Vol. V.º: Giob, Salmi, e i Proverbii. Bologna, presso Gaetano Romagnoli, 1884. in-8. p. XVI, 880. L. 15,70. Collezione di opere inedite o rare.

Biblioteca de las Tradiciones populares españolas. Tomo VII. Director: Antonio Machado Alvarez. Madrid, Est. tip. de Ricardo Fé. 1885. En 8.º mayor, XLV, 236 p. 10 y 12. Folk-Lore español.

Borgognoni, A., La questione Maianese, o Dante da Maiano. Città di Castello, S. Lapi. 72 S. 16.

Bühnendichtungen, Klassische, der Spanier, hrsg. und erklärt von M. Krenkel. Nachträge und Berichtigungen zum ersten Bande. Mit Rücksicht auf die über denselben erschienenen Recensionen. Leipzig, Joh. Ambr. Barth. 40 S. 8. [Berücksichtigt sind die Recensionen von Baist, D. Literaturzeitung 1882, 5, Foerster, Lit. Centralblatt 1882, 21, Morel-Fatio, Rev. crit. 1882, 14, Schuchardt, Beilage zur Allg. Zeit. 1881, 193, Stiefel, Litbl. 1884, 6; ausserdem Lehmanns Teatro español und Hartzenbusche Einzelausgabe von La vida es sueño. Den Käufern des 1. Bandes wird dieses Heft gratis nachgeliefert.]

Caccia, La, di Diana: poemetto, già attribuito al Boccaccio, edito da Morpurgo e Zenatti, per nozze Casini-Polsinelli. Firenze 1884.

Carneechia, F. G., La vera lezione: versi 58—65 del X dell'Inferno. Pisa, tip. Mariotti. 11 S. 16.

Cian, V., Ballate e Strambotti del sec. XV tratti da un codice Trevisano. Torino, Loescher. 55 S. 8.

Coda, C., La filosofia di Torquato Tasso nella Gerusalemme liberata. Torino, C. B. Paravia. 72 S. 16.

Contos populares do Brazil, recueillis par le Dr. Sylvio Romero, accompagnés d'une introduction et de notes comparatives par Theophile Braga. Lisbonne, Nova Livraria internacional. XXXVI, 235 S. 12. fr. 3,75. [Von denselben Herausgebern und bei derselben Verlagsbuchhandlung erschienen 1883 zwei Bände Cantos populares do Brazil.]

Copin, Alfr., Histoire des comédiens de la troupe de Molière. Paris, Frinzine et Cie. 8. fr. 7,50.

Demattio, Fortunato, grammatica della lingua italiana ad uso delle scuole reali, commerciali e magistrali. Parte 2. Sintassi. 3. ed. diligentemente riveduta dall'autore e migliorata. Innsbruck, Wagner. VI, 139 S. 8. M. 1,20.

Doniol, Henri, Les l'atois de la basse Auvergne, leur grammaire et leur littérature. Paris, Maisonneuve. fr. 6.

Etymologicum Magnum Romaniae. Dicţionarul Limbei Istorice şi Poporane a Românilor Lucrat Dupa Dorinţa şi cu cheltuiela M. S. Regelui Carol I sub Auspiciele Academiei Romane do B. Petriceicu-Hasdeu. Fascióra I. A—Acaţ. Bucuresci, Socec & Teclu LIX, 128 Spalten. gr. Lex.-8.

Falconi, L., Le lingue neoromane: primordii dello sviluppo linguistico e letterario in Francia e in Italia. Conferenza corredata di note filologiche. Torino, Loescher. 48 S. 8. M. 1.

Favaro, A., Ragguaglio dei mss. galileiani nella collezione Libri-Ashburnham presso la Biblioteca Medico-Laurenziana di Firenze. Roma, tip. delle scienze mat. e fis. 34 S. 4.

Frati, L., Federigo duca d'Urbino e il Veltro dantesco. Poligno, tip. Sgariglia. 12 S. 8.

Fumi, F. G., Glottologia e preistoria: lettura per l'inaugurazione degli studii nella R. Università di Palermo. Palermo, tip. dello Statuto, 1884. in-8. p. 27. Dall'Annuario della R. Università di Palermo.

Garaud, L., Essais: le Latin populaire, sa transformation et sa dégradation étudiées au point de vue de la phonétique dans le dialecte languedocien de Pamiers (Ariège). In-8. 125 pages. Paris, libr. Vve Belin et fils.

Gayangos, P., La corte de Felipe III y aventuras del Conde de Villamediana, de Bartholomé Pinheiro da Veiga, publicadas en la Revista de España, tomo CIV, por D. Pascual de Gayangos, de la Real Academia de la Historia. Madrid, Establecimiento tip. de El Correo. 1885. En 4, 82 p.

Gerini, G. R., Olindo e Sofronia nella Gerusalemme liberata. Torino, tip. Fina. 20 S. 16.

Ghetti, G., Giacomo Leopardi e la patria. Recanati, Simboli. X, 105 S. 8.

Guardiene, Francesco, Nuova Antologia di poeti siciliani. Alcamo.

Héron, A., Trouvères normands. Rouen. 48 S. 8.

Hirsch, Ludwig, Lautlehre des Dialekts von Siena. Rom. 68 S. 8.

Hofmann, Gustav, Die logudoresische und campidanesische Mundart. Strassburger Dissertation. 160 S. 8.

Kownatzky, A., Essai sur Hardy. Tilsiter Gymnas.-Progr.

Kremor, Jos., Rimorium und darauf basirte Grammatik von Estienne von Fougières' Livre des manieres. Marburger Dissertation. 79 S. 8.

La Beca da Dicomano di Luigi Pulci p. per cura di G. Baccini. Tip. Salani.

La Nencia da Barberino, ottave in dialetto contadinesco di Lorenzo de' Medici detto il Magnifico p. per cura di G. Baccini. Tip. Salani.

Leggenda della beata Vanna da Orvieto tradotta in volgare l'anno MCCCC in Venezia da frà Tommaso Caffarini da Siena dal testo latino del ven. Scalza orvietano contemporaneo della beata, tratta dal codice veneto ed dal sanese dell'edizione romana e non venale di Lodovico Passarini e ridotta a miglior lezione a cura di Luigi Fumi. Città di Castello, S. Lapi. 48 S. 8.

Lotheissen, F., Königin Margarethe von Navarra. Ein Kultur- und Literaturbild aus der Zeit der franz. Reformation. Berlin, Verein für deutsche Literatur. M. 5.

Mabellini, A., Delle rime di Bentvenuto Cellini. Firenze, G. B. Paravia. 334 S. 16.

Magliani, E., Storia letteraria delle donne italiane. Napoli, Morano. 269 S. 8.

Mangold, W. und D. Coste, Lese- und Lehrbuch der franz. Sprache für die untere Stufe höherer Lehranstalten. Berlin, J. Springer. 8.

Maniu, V., Zur Geschichtsforschung über die Romänen. Histor.-krit. und ethnologische Studien. Deutsch von P. Brosteanu. 2. Aufl. Karl Fr. Pfau 168 S. 8.

Marenelli, Vie de Silvio Pellico. Traduction de P. L. Lezaud. Précédée d'une notice sur Mes prisons, par Saint-Marc-Girardin. In-12, 71 pages et portrait. Limoges, libr. M. Barbou et Cie.

Massatinti, G., Canti popolari umbri (4 rispetti e 4 stornelli amorosi). Alba, tip. Sansoldi. Per le nozze Marchetti-Rolando.

Meier, Ulr., Studien zur Lebensgeschichte Pierre Corneille's. I. Theil. Oppeln, Franck. Jenenser Dissertation. 46 S. 8. [Die ganze Arbeit erscheint in der Zs. f. nfrz. Sprache u. Lit. VII, 3. 4.]

Meslet, f., Notice biographique sur Jean Rotrou. Chartres, Pellerm.

Moutier, L., Bibliographie des dialectes dauphinois. Valence, impr. Valant.

Oeuvres poétiques de François de Maynard, p. avec notice et notes par Gaston Garrisson. T. I. Paris, Lemerre. 12º. fr. 7,50.

Poesia popular. Coleccion de los viejos romances que se cantan por los Asturianos en la danza prima, es foyazas y filandones, recogidos directamente de la boca del pueblo, anotados y precedidos de un prologo por Juan Menendez Pidal. Madrid, Hijos de J. A. Garcia. XV, 360 S. 8. fr. 5.

Printzen, Wilh., Marivaux. Sein Leben, seine Werke und seine literar. Bedeutung. Münst. Inaugural-Dissertation. Leipzig, Fock. 123 S. gr. 8. M. 2.

Recueil des chartes en langue française du XIII. siècle conservées aux archives départementales de l'Indre, pour servir à l'étude du langage usité en Berry au moyen âge, avec des notes explicatives par Eugène Hubert, archivisteadjoint du département de l'Indre. Paris, Picard. 31 S. 8. [19 Urkunden, von denen nur eine mit dem original ist; die ältesten gehen auf das Jahr 1248 zurück.]

Reimann, A., Des Apulejus Märchen von Amor und Psyche in der französischen Literatur des XVII. Jahrhunderts. Programm des Gymnasiums zu Wohlau. 18 S. 4.

Rühlemann, O., Ueber die Quellen eines altfrz. Lebens Gregors des Grossen. Hallenser Dissertation. 40 S. 8.

Schulthess, Ferdinand, Svensk-Fransk Ordbok, Schlussheft: Stjernhvalf-östra. Stockholm, Norstedt & Söner. 1885. Compl. (4 Hefte) 15 Kr. [Mit diesem Hefte ist eines der bedeutendsten lexikographischen Werke in Schweden abgeschlossen. Es beträgt 1708 zweispaltige Seiten, und so wohl dem Schwedischen wie dem Französischen ist die grösste mögliche Vollständigkeit und Sorgfalt widerfahren. Unter steter Beihülfe mehrerer Sprachforscher und Gelehrten hat Sch., der ein etwa seit fünfzehn Jahren in Schweden wohnhafter Franzose ist, eine mehrjährige Arbeit darin

niedergelegt. Sein Wörterbuch ist ohne Zweifel eines der vornehmsten seiner Art.
Serdini de' Forestani, Simone, poeta del sec. XIV. Canzone, pubblicata per nozze Ravenni-Baldassarrini, da F. E. Bandini-Piccolomini. Siena, tip. dell'Ancora. in-16. p. 13.
Siede, Julius, Syntaktische Eigenthümlichkeiten der Umgangssprache weniger gebildeter Pariser beobachtet an den Scènes populaires von Henri Monnier. Berlin, Mayer & Müller. Berliner Dissertation. 67 S. 8.
Sorbets, L., Origines des noms de lieux du département des Landes. Dax. (Extr. du Bulletin de la Société de Borda.)
Statuto inedito dell'arte degli speziali di Pisa nel sec. XV p. per cura di P. Vigo. Bologna, Romagnoli. XXI, 92 S. 16. (Scelta di curiosità letterarie CCVIII.)
Tartarini, P., La Beatrice di Dante e la Bice Portinari: studio. Torino, tip. V. Bona. 54 S. 8.
Toubin, Ch., Dictionnaire étymologique et explicatif de la Langue française et spécialement de la langue populaire. Macon, Protat frères. |Unsinn von Anfang bis zu Ende.|
Tulimiero, 24 S. 8.
Varthema, Lodovico, Itinerario, nuovamente posto in luce da A. Bacchi della Lega. Bologna, Romagnoli. in-8. L. 12. Scelta di Curiosità letterarie inedito o rare del secolo XIII al XVII; vol. CCVII.
Wernekke, H., Zur Syntax des portugiesischen Verbs. Programm der Realschule zu Weimar. 20 S. 4.

Ausführlichere Recensionen erschienen über:

Curtius, Zur Kritik der neuesten Sprachforschung (v. Müller: Philol. Anzeiger XV, 5 u. 6).
Herzog, Flore und Blancheflur (v. Koch: Zs. f. d. Phil. XVII, 4).
Kleinpaul, Menschen- und Völkernamen (v. Sanders: Blätter f. lit. Unterhaltung Nr. 34).
Osthoff, Zur Geschichte des Perfects im Indogermanischen (v. Henry: Rev. crit. 35; v. Ziemer: Zs. f. Gymnasialwesen Juli-August).
Schwartz, Indogermanischer Volksglaube (v. Bradke: Theol. Literaturzeit. Nr. 16).
Bolling, Metrik Schillers (v. Wackernell: Zs. f. deutsche Phil. XVII, 4).
Cederschiöld, Fornsögur Sudrlanda (v. Mogk: ebd.).
Dänische Schaubühne, hrsg. von Hoffory u. Schlenther (v. Ellinger: ebd.; v. Werner: Zs. f. österr. Gymn. 36, 6).
Franko, Zur Biographie Lenaus (v. Werner: Zs. f. österr. Gymnasien 36, 6).
Gaedertz, Das niederdeutsche Schauspiel (v. Holstein: N. Jahrb. f. Phil. u. Päd. 132, 7).
Jahrbuch des Vereins für niederdeutsche Sprachforschung X (v. Brandes: Zs. f. d. Phil. XVII, 4).
Lamprechts Alexander, ed. Kinzel (v. Seelisch: ebd.).
Otfrid, ed. Piper, Glossar (v. Gering: ebd.).
Kohler, Shakespere vor dem Forum der Jurisprudenz (v. Joret: Rev. crit. 35).

Armitage, Sermons du XIIe siècle en vieux provençal (v. P. Meyer: Romania 54).
Berger, la Bible française au moyen-âge (v. Birch-Hirschfeld: Theol. Literaturzeit. 16).
Bonnardot, Lo Psautier de Motz I (v. Birch-Hirschfeld: ebd.).
Gaster, Literatura populara romănă (v. E. Picot: Rev. crit. 34).
Le Mystère de Sant Anthoni de Vienne p. p. P. Guillaume (v. P. Meyer: Romania 54).
Monaci, Sui primordij della scuola poetica Siciliana de Bologna a Palermo (v. Eilert Loeseth: ebd.).
Seelmann, Aussprache des Latein (v. Pietro Bracci: La Domenica del Fracassa 1885, 36).

Literarische Mittheilungen, Personalnachrichten etc.

Demnächst erscheinen: von E. Monaci eine Arbeit über Giacomo de Lentini, seine Zeitgenossen und Nachahmer; von F. Guardabassi eine Arbeit über die Rime von Chiaro Davanzati.

Dr. H. Ullrich (Chemnitz) wird eine Biographie Daniel Defoe's und eine erstmalige deutsche Uebersetzung einer Auswahl von Defoe's publicistischen und vermischten Schriften veröffentlichen.

Der Preis Volney für 1885 wurde an H. Schuchardt für sein „Slavo-Deutsches und Slavo-Italienisches" verliehen.

Der ao. Professor der deutschen Literatur an der Prager Universität Dr. Jac. Minor wurde in gleicher Eigenschaft an Stelle Erich Schmidt's an die Wiener Universität berufen. — An die Stelle des nach Oxford berufenen ao. Professors der englischen Sprache und Literatur an der Universität Göttingen Dr. A. Napier ist Dr. Albrecht Wagner in Erlangen berufen worden. — Der bisherige ao. Professor der engl. Philologie an der Universität Bonn, Dr. M. Trautmann, ist zum ord. Professor ernannt worden.

† 15. August in Kopenhagen Jens Jac. Asmussen Worsaae, Director des nordischen Museums in Kopenhagen. — † Ende September zu Frankfurt a. M. der durch seine Arbeiten über spanische Literatur rühmlichst bekannte Dr. L. Braunfels (geb. 22. April 1810).

Antiquarische Cataloge: Kirchoff & Wigand, Leipzig (Engl., Franz., Ital., Span., Port.); Steyer, Cannstatt (Deutsche Sprache, Lit. und Geschichte).

Abgeschlossen am 25. September 1885.

Bitte.

Herr Professor Strauch in Tübingen übersendet uns das von ihm hergestellte „Verzeichniss der auf dem Gebiete der neueren deutschen Literatur im Jahre 1884 erschienenen wissenschaftlichen Publicationen". Für die Zukunft richtet er an die Fachgenossen die Bitte — die der Unterstützung ja nicht bedarf —, man möge ihm Separatabdrücke solcher Aufsätze zugehen lassen, die in schwerer zugänglichen Zeitschriften erscheinen, und ebenso einschlägige Zeitungsnummern.

NOTIZ.

Den germanistischen Theil redigirt Otto Behaghel (Basel, Bahnhofstrasse 83), den romanistischen und englischen Theil Fritz Neumann (Freiburg i. B., Albertstr. 28), und man bittet die Beiträge (Recensionen, kurze Notizen, Personalnachrichten etc.) dem entsprechend gefälligst zu adressiren. Die Redaction richtet an die Herren Verleger wie Verfasser die Bitte, dafür Sorge tragen zu wollen, dass alle neueren Werke germanistischen und romanistischen Inhalts ihr gleich nach Erscheinen entweder direct oder durch Vermittelung von Gebr. Henninger in Heilbronn zugesandt werden. Nur in diesem Falle wird die Redaction stets im Stande sein, über neue Publicationen eine Besprechung oder kürzere Bemerkung (in der Bibliogr.) zu bringen. An Gebr. Henninger sind auch die Anfragen über Honorar und Sonderabzüge zu richten.

Aufruf
zur Gründung des allgemeinen deutschen Sprachvereins.

Die Unterzeichneten sind zusammengetreten, um zur Gründung eines allgemeinen deutschen Sprachvereins aufzufordern. Der Zweck und die Einrichtung desselben im grossen und ganzen sind in der Schrift: „Der allgemeine deutsche Sprachverein u. s. w." von Herman Riegel (s. unten) dargelegt.

Die Unterzeichneten bestreben sich an Sie die Bitte zu richten, in Ihrer Stadt für die Verwirklichung des an dieser Schrift ersichtlichen Zieles recht kräftig zu wirken, — mit geeigneten Personen in Verbindung zu treten und dort einen Zweigverein ins Leben zu rufen — diesem Zweigvereine möglichst viele Mitglieder verschiedenen Standes und Lebensberufes zu gewinnen — und Mittel zur Förderung der Sache zu beschaffen. Zum Betriebe der Bewegung stehen nach Umständen noch Exemplare der genannten Schrift zu Ihrer Verfügung und wollen Sie sich dieserhalb einstweilen an den mitunterzeichneten Dr. Riegel wenden. Geldsendungen ist

bis auf weiteres das Bankhaus von Lehmann Oppenheimer & Sohn in Braunschweig anzunehmen bereit.
Sobald die Bildung einer genügenden Anzahl von Zweigvereinen gesichert sein wird, werden die Unterzeichneten demselben die Vereinssatzungen zur Beratung und Beschlussfassung vorlegen und danach zur Verkündigung der Stiftung des „Allgemeinen deutschen Sprachvereins" selbst schreiten.

Hermann Allmers in Rechtenfleth bei Bremen. — Friedrich von Hedenstadt, Herzogl. Sachsen-Meining. Hoftheater-Intendant a. D. in Wiesbaden. — H. Doberenz, Realschul-Oberlehrer in Löbau. — Dr. Herm. Dunger, Professor in Dresden. — Herm. Gebhard, Stadtdirektor, Mitglied des Reichstages, in Bremerhaven. — Robert Hamerling, Professor in Graz. — H. Hâpe, Geheimrat in Dresden. — Dr. Hans Herrig in Friedenau bei Berlin. — Dr. Rud. Hildebrand, Professor in Leipzig. — Keller, Oberlandesgerichtsrat in Kolmar i Elsass. — Jos. Kürschner, Schriftsteller, Hofrat und Professor in Stuttgart. — Dr. Ed. Lohmeyer, Bibliothekar in Wehlheiden bei Kassel.

— Aur. Polzer, Professor in Horn in Nieder-Oesterreich. — L. Rutenberg, Baumeister in Bremen. — Dr. Daniel Sanders, Professor in Alt-Strelitz in Mecklenburg. — Ernst Scharenberg, Sekretär der Handelskammer in Elberfeld. — Schleffer, Regierungs- und Schulrat in Aachen. — Dr. Th. Schlemm, Sanitätsrat in Berlin. — Dr. Schmid, Präsident des Oberlandesgerichtes, Mitglied des Regentschaftsrates in Braunschweig. — Freiherr E. von Ungern-Sternberg, Mitglied des Reichstages in Berlin (W., Genthiner Strasse 15). — Dr. Herm. Riegel, Museumsdirektor und Professor in Braunschweig.

Der allgemeine deutsche Sprachverein, als Ergänzung seiner Schrift: „Ein Hauptstück von unserer Muttersprache", Mahnruf an alle national gesinnten Deutschen. Von Herman Riegel. gr. 8°. 56 Seiten. Preis M. 1.—
Verlag von Gebr. Henninger in Heilbronn.

Literarische Anzeigen.

Verlag von Gebr. Henninger in Heilbronn.

Deutsche Litteraturdenkmale
des 18. und 19. Jahrhunderts.

In Neudrucken herausgegeben von
BERNHARD SEUFFERT.

Neu erschienen:

22. Freundschaftliche Lieder von J. J. Pyra und S. G. Lange. (Herausg. von August Sauer.) Geh. M. 1.80, geb. M. 2.30.

Unter der Presse:

23. Anton Reiser. Ein psychologischer Roman von K. Ph. Moritz. (Herausg. von Ludwig Geiger.)
24. Ueber meine theatralische Laufbahn von W. A. Iffland. (Herausg. von H. Holstein.)

Verlag von Gebr. Henninger in Heilbronn.

El mágico prodigioso, comedia famosa de D. Pedro Calderon de la Barca, publiée d'après le manuscrit original de la bibliothèque du duc d'Osuna, avec deux facsimile, une introduction, des variantes et des notes par Alfred Morel-Fatio. geh. M. 9.—

L'Espagne au XVIe et au XVIIe siècle. Documents historiques et littéraires publiés et annotés par Alfred Morel-Fatio. geh. M. 20.—

Ein spanisches Steinbuch. Mit Einleitung und Anmerkungen herausgegeben von Karl Vollmöller. geh. M. 1.—

Einladung zum Abonnement
auf den neuesten Band von:

Englische Studien. Organ für englische Philologie unter Mitberücksichtigung des englischen Unterrichtes auf höheren Schulen. Herausgegeben von Dr. Eugen Kölbing, a. o. Professor der englischen Philologie an der Universität Breslau.
Abonnementspreis pro Band von ca. 30 Bogen in 2—3 Heften M. 15.—
Einzelne Hefte werden zu erhöhtem Preise abgegeben. Das 1. Heft des IX. Bandes ist erschienen. (Einzelpreis M. 6.80.)
Inhalt: St. Patrick's Purgatory, and the knight, Sir Owen. Von L. Toulmin Smith. — On the chronology of the plays of Fletcher and Massinger. Von F. G. Fleay. — Kleine Publicationen aus der Anchinleck-Hs. V. Die sieben Todsünden. VI. Das Vater Unser. VII. Psalm L. Von E. Kölbing. — The boke of curtesy. Von K. Brunl. — Litteratur. — Miscellen.

Französische Studien. Herausgegeben von G. Körting und E. Koschwitz. Abonnementspreis pro Band von ca. 30 Bogen M. 15.—.
Einzelne Hefte werden zu erhöhtem Preise abgegeben.
Erschienen:
V. Band 1. Heft: Zur Syntax Robert Garniers. Von A. Haase. Einzelpreis M. 3.40.

Unter der Presse:
2. Heft: Beiträge zur Geschichte der französischen Sprache in England. I. Zur Lautlehre der französ. Lehnwörter im Mittelenglischen. Von Dr. D. Behrens.

Heilbronn. *Gebr. Henninger.*

Verlag von GEBR. HENNINGER in Heilbronn.

Erschienen:

Englische Lautlehre
für
Studierende und Lehrer.
Von
August Western,
Lehrer an der höheren Schule zu Fredrikstad.
— Vom Verfasser selbst besorgte deutsche Ausgabe. —
VIII, 96 S. gr. 8°. Geh. M. 2.—

Kurze Darstellung
der
englischen Aussprache
für
Schulen und zum Selbstunterricht.
Von
August Western.
40 S. 8°. Geh. M. —.80.

ZENTRAL-STELLE für Dissertationen und Programme
von **Gustav Fock in Leipzig.**
Sortiment, Verlag u. Antiquariat -
Bestellungen u. Anfragen werden prompt erledigt!
Angebote sind stets willkommen!

Verlag von GEBR. HENNINGER in Heilbronn.

Sammlung altenglischer Legenden, grösstentheils zum ersten Male herausgegeben von C. Horstmann.
gr. 8. III, 226 S. 1878. geh. M. 7. 20

Altenglische Legenden. Neue Folge. Mit Einleitung
und Anmerkungen herausgegeben von C. Horstmann.
gr. 8. CXL, 556 S. 1881. geh. M. 21.—

**Barbours, des schottischen Nationaldichters
Legendensammlung** nebst den Fragmenten seines
Trojanerkrieges zum ersten Mal kritisch herausgegeben
von C. Horstmann. Erster Band. gr. 8. XI, 247 S.
1881. geh. M. 8. Zweiter Band. IV, 308 S. 1882.
M. 9. 60

S. Editha sive chronicon Vilodunense in
Wiltshire Dialect aus M. Coiton Faustina B III herausgegeben von C. Horstmann. gr. 8. VIII, 116 S. 1883.
geh. M. 4.—

Elis Saga ok Rosamundu. Mit Einleitung, deutscher Uebersetzung und Anmerkungen. Zum ersten Mal
herausgegeben von **Eugen Kölbing.** gr. 8. XLI, 217 S.
1881. geh. M. 8. 50

**Die nordische und die englische Version der
Tristan-Sage.** Herausgegeben von Eugen Kölbing.
I. Theil: *Tristrams Saga ok Ísondar.* Mit einer literar-
historischen Einleitung, deutscher Uebersetzung und
Anmerkungen. gr. 8. CXLVIII, 234 S. 1878.
geh. M. 12.—
II. Theil: *Sir Tristrem.* Mit Einleitung, Anmerkungen
und Glossar. Nebst einer Beilage: Deutsche Ueber-
setzung des englischen Textes. XCIII, 292 S. 1883.
Geh. M. 12.—

Verlag von Gebr. Henninger in Heilbronn.

PHONETISCHE BIBLIOTHEK
HERAUSGEGEBEN VON WILHELM VIETOR.

CHRISTOPH FRIEDRICH HELLWAG
DISSERTATIO
DE FORMATIONE LOQUELAE
(1781).

Neudruck
besorgt von
WILHELM VIETOR.
8°. IV, 60 S. geh. M. 1. 20.

Wiederholt aus Fachkreisen zur Veranstaltung einer
Sammlung von Neudrucken bezw. Uebersetzungen wenig
zugänglicher, wichtiger Publikationen auf dem Gebiet der
Phonetik aufgefordert, hat sich der Herausgeber in Uebereinstimmung mit der Verlagshandlung entschlossen, mit der
Herausgabe der vorliegenden Dissertation von Hellwag eine
Probe zu machen. Von dem Erfolg dieses Versuchs wird
es abhängen, ob weitere Hefte erscheinen. Zunächst würden
etwa folgende Neudrucke sich anschliessen:
John Wallis, Tractatus grammatico-physicus de lo-
quela (1653).
John Wilkins, An essay towards a real character and
philosophical language (1668).
Christ. Gottl. Kratzenstein, Tentamen resolvendi pro-
blema etc. (1781).
Wolfg. von Kempelen, Mechanismus der menschlichen
Sprache (1791).

*Zur Ertheilung des Unterrichts in der spani-
schen Sprache* in den Sprachkursen des Kaufmänn. Vereins
hier suchen wir einen hiezu befähigten Lehrer, dem wir ev.
auch einen Theil des Unterrichts in den andern modernen
Sprachen übertragen würden. Ausserdem können wir, da die
gründliche Kenntniss der neueren Sprachen am hiesigen Platze
für jeden jungen Kaufmann ein Haupterforderniss ist, dem
betreffenden Herrn eine grosse Zahl von Privatstunden in
sichere Aussicht stellen.

Nähere Auskunft ertheilt der Vorstand des Kaufmännischen
Vereins in Pforzheim.
(Ag. 1352.)

Verlag von Gebr. Henninger in Heilbronn.

Dante-Forschungen. Altes und Neues von Karl
Witte.
I. Band. Mit Dante's Bildniss nach Giotto, nach dem 1840
wieder entdeckten Frescobilde im Palazzo del Bargello (Pretorio), bevor dasselbe 1841 übermalt ward,
in Kupfer gest. von Jul. Thaeter. geh. M. 12.—
II. Band. Mit Dante's Bildniss nach einer alten Handzeichnung und dem Plan von Florenz zu Ende des XIII.
Jahrhunderts. geh. M. 15.—

Molières Leben und Werke vom Standpunkte
der heutigen Forschung. Von R. Mahrenholtz.
geh. M. 12.—
Kleinere Ausgabe geh. M. 4.— geb. M. 5.—

Shakspere, sein Entwicklungsgang in seinen Werken.
Von **Edward Dowden.** Mit Bewilligung des Verfassers
übersetzt von Wilhelm Wagner. geh. M. 7. 50

Verlag von Gebr. Henninger in Heilbronn.

Encyklopädie und Methodologie der romanischen Philologie

mit besonderer Berücksichtigung des Französischen und Italienischen

von

Gustav Körting.

Erster Theil.
I. Erörterung der Vorbegriffe. II. Einleitung in das Studium der romanischen Philologie. gr. 8°. XVI, 244 S. geb. M. 4.—

Zweiter Theil.
Die Encyclopädie der romanischen Gesammtphilologie. gr. 8°. XVIII, 506 S. geb. M. 7.—

Dritter Theil.
Die Encyclopädie und Methodologie der romanischen Einzelphilologien. (Unter der Presse.)

Altfranzösisches

ÜBUNGSBUCH.

Zum Gebrauch bei Vorlesungen und Seminarübungen herausgegeben

von

W. FOERSTER und E. KOSCHWITZ.

Erster Theil:
Die ältesten Sprachdenkmäler
mit einem Facsimile.
4. IV S. 168 Sp. geh. M 3.—

Raetoromanische Grammatik

von

Th. Gartner.

(Sammlung romanischer Grammatiken.)
XLVIII, 208 S. geh. M. 5.—, geb. in Halbfrz. M. 6.50.

Die

Aussprache des Latein

nach

physiologisch-historischen Grundsätzen

von

Emil Seelmann.

1885. gr. 8. XV, 396 S. geh. M. 8.—

Einleitung in das Studium des Angelsächsischen.

Grammatik, Text, Uebersetzung, Anmerkungen, Glossar

von

Karl Körner.

I. Theil:
Angelsächsische Formenlehre. VIII, 67 S. geh. M. 2.—
II. Theil:
Angelsächsische Texte. Mit Uebersetzung, Anmerkungen und Glossar. XII, 404 S. geh. M. 0.—

Englische Philologie.

Anleitung zum wissenschaftlichen Studium der englischen Sprache.

Von

Johan Storm,
ord. Professor der romanischen und englischen Philologie an der Universität Christiania.

Vom Verfasser für das deutsche Publikum bearbeitet.
I.
Die lebende Sprache.
XVI, 468 S. geh. M. 9.—, geb. in Halbfrz. M. 10.50.

Elemente der Phonetik und Orthoepie

des Deutschen, Englischen und Französischen mit Rücksicht auf

die Bedürfnisse der Lehrpraxis

von

Wilhelm Vietor.

VIII, 271 S. geh. M. 4.80, geb. in Halbleinen M. 5.60.

C. A. Koch's Verlagsbuchhandlung in Leipzig.

Encyclopädie des philologischen Studiums der neueren Sprachen,

hauptsächlich der französischen und englischen.

Von

Prof. Bernhard Schmitz.

Zweite verbesserte Auflage.
I. Theil: Die Sprachwissenschaft überhaupt. Preis 2 M. 50 Pf.
II. Theil: Die Litteratur der französisch-englischen Philologie. Preis 5 M.
III. Theil: Methodik des selbständigen Studiums der neueren Sprachen. Preis 3 M. 50 Pf.
IV. Theil: Methodik des Unterrichts in den neueren Sprachen. Preis 6 M.
I. Supplement Preis 3 M.; II. Supplement Preis 2 M. 50 Pf.; III. Supplement Preis 2 M. 80 Pf.

Verlag von GEBR. HENNINGER in Heilbronn.

La Fontaine's Fabeln. Mit Einleitung und deutschem Commentar von Prof. Dr. Adolf Laun. Zwei Theile in einem Bande. (I. Die sechs Bücher der ersten Sammlung von 1668. II. Die fünf Bücher der zweiten Sammlung von 1678—1679 mit dem zwölften Buche von 1694.) geh. M. 6.—

Anmerkungen zu Macaulay's History of England. Von Dr. R. Thum. I. Theil Zweite sehr vermehrte und verbesserte Auflage. geh. M. 3.—
Die Fortsetzung ist nicht apart käuflich, sondern nur in den englischen Bändchen erschienen: der II. Theil im 3. Heft, der III. Theil im 8. Hefte, der IV. Theil im 4. Hefte, der V. Theil im 5. Heft des VI. Bandes; der VI. Theil im 1. Heft des VIII. Bandes.

Zur Förderung des französischen Unterrichts insbesondere auf Realgymnasien. Von Dr. Wilh. Münch, Director des Realgymnasiums zu Barmen. Geh. M. 2.—

Der Sprachunterricht muss umkehren! Ein Beitrag zur Ueberbürdungsfrage von Quousque Tandem. geh. M. —.60.

Die praktische Spracherlernung auf Grund der Psychologie und der Physiologie der Sprache dargestellt von Felix Franke. geh. M. —.80

Verlag von Gebr. Henninger in Heilbronn.

Unter der Presse befinden sich neue Auflagen von:

Faust von Goethe.

Mit Einleitung und fortlaufender Erklärung
herausgegeben von

K. J. Schröer.

Erster Theil.

Zweite, durchaus revidirte Auflage.

Geh. M. 3,75, in eleg. Originalband M. 5.—

Sprachgebrauch und Sprachrichtigkeit im Deutschen.

Von

Karl Gustaf Andresen.

Vierte Auflage.

Geh. M. 5.—

Grundzüge der deutschen Litteraturgeschichte.

Ein Hilfsbuch
für Schulen und zum Privatgebrauch.

Von

Dr. Gottlob Egelhaaf.

Vierte Auflage.

— Mit Zeittafel und Register. —

Geh. M. 2.—

Im Laufe des Monat October zur Ausgabe bereit.

Soeben erschien im Verlage der M. Rieger'schen Univ.-Buchhandlung (Gustav Himmer) in München:

Johann Andreas Schmellers Leben und Wirken.

Eine Festgabe
zum 100jährigen Geburtstage des grossen Sprachforschers
von

Johannes Nicklas.

In 8° broschirt. Preis M. 3.—

Schmeller, J. A., Die Ephesier.

Drama in 3 Akten.

Als Festgabe des Wilhelmsgymnasiums in München zu Schmellers Schülerfeier aus dessen Nachlass veröffentlicht
von

Johannes Nicklas.

8°. XIII und 56 Seiten. Preis 1 M. 20 Pf.

Im Verlage von Th. Hofmann in Berlin erscheint:

Aus deutschen Lesebüchern.

Epische, lyrische und dramatische Dichtungen
erläutert für die Oberklassen der höheren Schulen und für das deutsche Haus.

Herausgegeben von

Dr. O. Frick und Fr. Polack.

IV. Band. Epische und lyrische Dichtungen.

Der IV. Band dieses gross angelegten und mit so ausserordentlichem Beifall aufgenommenen Erläuterungswerkes erscheint zunächst in 10 Lieferungen (à 50 Pf.) und ist, da er ein für sich abgeschlossenes Werk bildet, auch einzeln käuflich. Die bis jetzt erschienenen 3 ersten Lieferungen behandeln: das Nibelungenlied, Gudrun und Parzival.

Verlag von Gebr. Henninger in Heilbronn.

Unter der Presse und in Kurzem zur Ausgabe bereit:

Altfranzösische Bibliothek

herausgegeben
von

Dr. Wendelin Foerster,
Professor der romanischen Philologie an der Universität Bonn.

IX. Band: **Adgars Marien-Legenden.** Zum ersten Mal vollständig nach Hs. Egerton 612 mit Quellen-Untersuchung, Einleitung und Anmerkungen herausgegeben von Carl Neuhaus.

X. Band: **Commentar zu den ältesten französischen Sprachdenkmälern** herausgegeben von Eduard Koschwitz. L. Eide, Eulalia, Jonas, Hohes Lied, Stephan.

Früher sind erschienen:

I. Band: **Chardry's Josaphaz, Set Dormanz und Petit Plet,** Dichtungen in der anglo-normannischen Mundart des XIII. Jahrh. Zum ersten Mal vollständig mit Einleitung, Anmerkungen und Glossar-Index herausgegeben von John Koch. geh. M. 6.90

II. Band: **Karls des Grossen Reise nach Jerusalem und Constantinopel,** ein altfranz. Heldengedicht, mit Einleitung, dem diplomatischen Abdruck der einzigen verlorenen Handschrift, Anmerkungen und vollständigem Wörterbuch herausgegeben von Eduard Koschwitz. Zweite vollständig umgearbeitete und vermehrte Auflage. geh. M. 4.40

III. Band: **Octavian,** altfranzösischer Roman, nach der Oxforder Handschrift Bodl. Hatton 100. Zum ersten Mal herausgeg. von Karl Vollmöller. geh. M. 4.40

IV. Band: **Lothringischer Psalter des XIV. Jahrhunderts.** (Bibl. Mazarine Nr. 798.) Altfranzösische Uebersetzung des XIV. Jahrhunderts mit einer grammatischen Einleitung, enthaltend die Grundzüge der Grammatik des altlothringischen Dialects, und einem Glossar zum ersten Mal herausgegeben von Friedrich Apfelstedt. geh. M. 6.—

V. Band: **Lyoner Yzopet,** altfranzösische Uebersetzung des XIII. Jahrhunderts in der Mundart der Franche-Comté, mit dem kritischen Text des lateinischen Originals (sog. Anonymus Neveleti), Einleitung, erklärenden Anmerkungen und Glossar zum ersten Mal herausgegeben von Wendelin Foerster. geh. M. 5.90

VI. Band: **Das altfranzösische Rolandslied.** Text von Châteauroux und Venedig VII, herausgegeben von Wendelin Foerster. geh. M. 10.—

VIII. Band: **Orthographia gallica.** Aeltester Traktat über französische Aussprache und Orthographie, nach vier Handschriften vollständig zum ersten Mal herausgegeben von J. Stürzinger. geh. M. 2.40

Verantwortlicher Redacteur Prof. Dr. Fritz Neumann in Freiburg i. B. — Druck von G. Otto in Darmstadt.

Literaturblatt
für
germanische und romanische Philologie.

Unter Mitwirkung von Professor Dr. Karl Bartsch herausgegeben von

Dr. Otto Behaghel und Dr. Fritz Neumann
o. ö. Professor der germanischen Philologie o. ö. Professor der romanischen Philologie
an der Universität Basel, an der Universität Freiburg.

Verlag von Gebr. Henninger in Heilbronn.

Erscheint monatlich. Preis halbjährlich M. 5.

VI. Jahrg. Nr. 11. November. 1885.

Curtius, Zur Kritik der neuesten Sprachforschung (Wackernagel).
Delbrück, Die neueste Sprachforsch. (Wackernagel).
Brugmann, Zum heutigen Stand der Sprachwissenschaft (Wackernagel).
Hahn, Mhd. Grammatik. 4. Aufl. v. Fr. Pfeiffer (Kraus mann).
Roediger, krit. Bemerkungen zu den Nibelungen (Symons).
Caemmerer, Thüring Familiennamen (Pauli).
Goete, Die Nialssaga ein Epos (Schoerr v.

Carnisfeld).
Walcker, Grundriss aus Geschichte der agr. Literatur (Krüger).
Varnhagen, Longfellow's Tales of a Wayside and ihre Quellen (Ullrich).
Waltemath, Die fränkischen Elemente in der franz. Sprache (Meyer).
Stappers, Dictionnaire synoptique d'étymologie franç (Neumann).
Erbe v. Vorster, Vergl. Wortkunde der lat. und frz. Sprache (Neumann).
Mahrenholtz, Voltaires Leben und Werke

(v. Sallwürk).
Kreiten, Voltaire (v Sallwürk).
Jungling, Voltaires dramatische Theorien (Mahrenholtz).
Berni, Rime, Poesie Latine e Lettere Ed. A. Virgili (Gaspary).
Massawati, Prozve von den Kanpach-Holländisch Indischen (Bebenhardt).
Bibliographie.
Literarische Mittheilungen, Personalnachrichten etc.
Brandstetter, Erklärung.

Curtius, Georg. Zur Kritik der neuesten Sprachforschung. Leipzig, Hirzel. 1885. 161 S. 8.

Delbrück, B., Die neueste Sprachforschung. Betrachtungen über Georg Curtius' Schrift Zur Kritik der neuesten Sprachforschung. Leipzig, Breitkopf & Härtel. 1885. 50 S. 8.

Brugmann, Karl, Zum heutigen Stand der Sprachwissenschaft. Strassburg, Trübner. 1885. 141 S. 8.

Die Schrift von Georg Curtius, deren Besprechung die folgenden Zeilen gewidmet sein sollen, ist durch sein eben erfolgtes Hinscheiden sein Vermächtniss geworden. Leider ein trauriges Vermächtniss. Der Forscher, der Jahrzehnte hindurch bei Vielen als Führer galt, zeigt sich darin, freilich ohne damit Näherstehende zu überraschen, abseits von der wissenschaftlichen Bewegung und mit den namhaftesten Forschern in Widerstreit. Das Gefühlseindrücke und nicht unbefangenes Nachdenken ihn in diese Stellung brachte, sieht jeder, der die Anfangsworte der Schrift mit ihrem sehnsuchtsvollen Rückblick auf Jugendzeit und Mannesalter der Sprachwissenschaft und des Verf.'s selbst liest. Da soll zwischen den Sprachforschern Uebereinstimmung in allem Wesentlichen geherrscht haben; ob dies auf das Verhältniss der Bonner Schule zu Bopp, auf das Schleichers und Curtius' zu Pott und zu Benfey passt, mögen Kundige entscheiden. Mir ist das so unverständlich, wie S. 2 über das angeblich von den Junggrammatikern verschuldete Abwendung der Sanskritphilologen von der Sprachforschung beigefügt wird. Bopp und Benfey ausgenommen, haben die Sanskritphilologen überhaupt wenig Namhaftes für die Sprachwissenschaft geleistet. Und der jetzigen Abneigung Einzelner liegen ganz andere Umstände zu Grunde.

Curtius selbst will freilich nicht durch persönliche Gründe zu seinem Widerspruch veranlasst sein. Er erspart sich einen umständlichen Beweisversuch nicht. Die modernen Lehren von der Ausnahmslosigkeit der Lautgesetze, von den Wirkungen der Analogie, über Vokalismus und Entstehung der grammatischen Formen werden der Reihe nach durchgesprochen, um sie der Reihe nach zu verwerfen. Einzig Brugmanns Nasalis sonans wird gebilligt, doch auch sie nur mit Vorbehalt. Wenn übrigens Curtius S. 36 etwas spöttisch darauf hinweist, dass längst vor Ahrens die ältere Philologie, Lobeck voran, a in gewissen Formen auf v zurück geführt habe, aber eben dies von den Sprachgleichern bekämpft worden sei, so ist dies allerdings z. Th. richtig. Doch muss hervorgehoben werden, dass Bopp sich ursprünglich auch zu jener Meinung von *a* aus *v* bekannte (vgl. Gr. 1¹ 275) und erst später, nachdem z. B. Pott sich dagegen ausgesprochen hatte (E. F. 2¹ 698), davon nicht zum Vortheil der Sache wieder zurückkam (3¹, 644), und dass bereits 1823 (j. as. 3 S. 372) jene Lehre auch auf Sanskritformen wie *çasuti, dadate* angewendet worden ist, indem Jean Louis Burnouf damals diese Formen unter Vergleichung von τετύφατε aus *tetuvate* auf *çasuti, dadati* zurückführte.

Ref. muss gestehen noch nie die Schrift eines bedeutenden Gelehrten gelesen zu haben, die in Resultaten und Methode so wenig befriedigte wie die vorliegende, und in der das wirklich Gute so dünn gesät war. Man kann es verzeihen, obwohl es einer Schrift, die sich mit gegnerischen Meinungen auseinandersetzen will, übel ansteht, dass der Verf. die einzelnen Aufstellungen seiner Gegner ungenügend kennt: wofür S. 28 ff. von den Bemerkungen über ἑών an reichlich Belege liefern. Aber man hat wiederholt den Eindruck, dass der Verf. überhaupt gar nicht versteht, was ihn von den andern Forschern trennt, und worauf er sich mit seinen eigenen Theoremen gründet. Reden wir nur von den phonetischen Bemerkungen. Bezeichnend ist S. 22; hier wird dem Princip von der Ausnahmslosigkeit der Lautgesetze wenigstens ein pädagogischer Werth zugestanden, als einer Warnung vor leichtsinnigem Zulassen von Ausnahmen. Davon findet der Verf. den Weg zu der Behauptung, zwischen „sporadischen Lautveränderungen" und „vereinzelten, vorläufig nicht zu erklärenden" sei der Unterschied minimal. Andere werden ihn mit mir maximal finden, und zwar nicht bloss für die Theorie, wie ich ausdrücklich bemerke. Man beobachte nur, wie Curtius auch in dieser Schrift wieder mit den Lauten umgeht. Aber es ist schwer in dem, was er selbst aufstellt, eine klar durchgedachte Anschauung wahrzunehmen. Im Anschluss an eine übel gerathene Aeusserung Toblers im Ltbl. (1881 Nr. 4) stellt er S. 23 den „constitutiven Lautgesetzen" nach Art der Lautverschiebung, denen eine gewisse Unbedingtheit zuerkannt wird, die „kleinen" (!) Auslassungen von Vokalen und Consonanten im An- und Auslaut, die Anbequemungen im Inlaut gegenüber, wo von einem Gesetz nicht wohl die Rede sein könne. Es müsste danach für Curtius nichts Ueberraschendes haben, wenn ein Grieche etwa von λέγω ἔλεγε aber von λέγω ἔλυσε gesagt, oder ττ in πᾶς ausgestossen, aber daneben etwa in πένητες belassen hätte. Oder welche Spracherscheinungen nennt er klein? Ein ander Mal (S. 52) wird den „absterbenden" Lauten eine sie den Lautgesetzen enthebende Sonderstellung zugewiesen. Unbekannt ist ihm der Unterschied zwischen lebendigen Lautgesetzen und solchen, deren Wirkungen bloss noch vorliegen. Sonst könnte er nicht z. B. S. 101 mit dem Palatalismus des Sanskrit dessen Umwandlung von ṣ, ṇ in ṣḥ, ṇ in Parallele setzen. Das Stärkste von Allem ist aber, wenn S. 97 die treffende Analogie, welche der neugriechische Itacismus für den indoiranischen Alphacismus liefert, damit abgewiesen wird, dass jener ein in seiner stufenweisen Entstehung durch Zeugnisse von Jahrhunderten wohl bezeugter Process, der Alphacismus reine Hypothese sei. Also, wenn durch irgend einen Zufall uns keine zwischen 400 v. Chr. und 1000 n. Chr. liegende griechische Sprachdenkmäler erhalten wären, müsste dann an der Entstehung des neugriechischen ι aus ι, η, υ, οι gezweifelt werden?

Der Mühe, Curtius' Erörterungen Schritt für Schritt zu prüfen, sind wir durch die beiden Schriften überhoben, worin zwei Vertreter der neueren Sprachwissenschaft auf die gegen sie gerichteten Angriffe geantwortet haben. Delbrück thut es mit bestrickender Liebenswürdigkeit. Dem Leser wird mit solcher Geschicklichkeit das Richtige mundgerecht gemacht, dass er es für selbstverständlich nimmt und die Ueberzeugung gewinnt, selbst der bekämpfte Gelehrte werde mit grösster Freude, wenn er die paar Seiten gelesen, sich auf Seite des Verfassers schlagen, obwohl doch dieser in der Sache selbst keine Concessionen macht, ausser etwa in dem für Andere weniger schweren Bedenken vor der Aufstellung langvokalischer Wurzelformen. Dass manche seine Einzelbemerkung daneben für den Leser abfällt, versteht sich von selbst. Ich mache besonders auf den Hinweis auf eine lautliche Uebergangspericde im Jakutischen (S. 15) und auf die Erklärung von Formen wie Bob als Entlehnungen aus der Kinderstube (S. 29) aufmerksam. Anders Brugmann, der näher betheiligt und schärfer angegriffen, rein polemisch verfährt. Er setzt sich mit seinem Gegner vollständig und gründlich aus einander. Fast keine falsche Behauptung, kein Scheingrund wird ungerügt vorüber gelassen. Nicht einmal, dass Curtius gewagt hat, die Himmelstochter Analogie segensreich statt segenreich zu nennen, ist dem Auge des Kritikers entgangen. Nirgends tritt die überlegene Schärfe seiner Beweisführung mehr hervor, als S. 54 ff., wo er dem Hin- und Herreden von Curtius in neun Sätzen die besondern Gründe von Inconsequenzen in der Lautgebung entgegenstellt. Als Beigaben enthält die Schrift eine Antrittsvorlesung „Sprachwissenschaft und Philologie", worin extern als ein Theil der letzten erwiesen und die Principien der Sprachwissenschaft im Anschluss an Paul erörtert werden, und eine sachlich völlig berechtigte Zurückweisung der Behauptung Joh. Schmidts, dass die Grundsätze der heutigen Sprachforschung von Schleicher herstammten, der sie vor einem Vierteljahrhundert bereits ausgesprochen habe.

Einen in diesen Schriften übergangenen Punkt möchte ich noch hervorheben: dass nicht einmal das Philologische in Curtius' Schrift irgend welchen Werth hat. Man findet es vielleicht gleichgiltig, wenn S. 29 Rutherford für eine Stelle citirt wird, wo kein Wort von ihm selbst steht, oder S. 34 eine Aeusserung eines modernen Gelehrten dem alten Aristarch in den Mund gelegt wird. Aber man dürfte doch verlangen, dass, wo den Behauptungen Anderer Gegenbeispiele vorgehalten werden, Alter und Quantität der betr. Wörter in Rechnung gezogen würden. Anders Curtius; ich begnüge mich, da diese Zeitschrift eine Besprechung ausschliesst, auf σιθναρη (S. 29) und pelvis (S. 32) zu verweisen. Auch ionisch εἴρω aus σερρω (S. 116) steht einem Hellenisten übel an. Freilich ist, was Brugmann S. 107 von einem avestischen Neutrum $r\bar{i}m$ zu erzählen weiss, nicht viel besser; aber auch der einzige Lapsus in der ganzen Schrift.

Von allgemeinerem Interesse und vielleicht Curtius' Ausführungen über die Terminologie des Grammatikers Apollonius Dyskolus für Analogie und deren Wirkungen (S. 93 ff.). Ich möchte dringend davor warnen, ihnen irgendwelchen Glauben darum zu schenken, weil es ein Philologe ist, der sie bringt. Es ist geradezu falsch, dass συντρέχειν, das der Verf. unrichtiger Weise mit συντρέχειν gleich setzt, „so mit herauslaufen", „mit herausfahren" oder παρακολουθία das Heraustreten aus der festen Regel bedeuten könne. Bei beiden Erklärungen ist der sonstige Gebrauch der betr. Wörter, bei παρακολουθία sind audem die Gesetze der Wortbildung vernachlässigt. In Wahrheit heisst das der hellenistischen Gräcität geläufige ἀντιστοίχειν „mit einem andern bis zu Ende laufen", „sich völlig dem Gang eines Andern anschliessen", „mit einem zusammenstimmen"; παρακολουθεῖν ist überhaupt nicht ein terminus technicus der Grammatik.

Es ist peinlich eines hervorragenden Forschers nach seinem Hinscheiden in solcher Weise gedenken zu müssen. Aber der Beifall, den Curtius mancherorts auch jetzt wieder findet, zeigt, auf wie fruchtbaren Boden seine Erörterungen gefallen sind. Unter solchen Verhältnissen kann die Wahrheit nicht oft genug gesagt werden. Ich darf wohl an das erinnern, was Curtius selbst (Stud. 9, 108) über Recht und Pflicht einer Polemik auch über das Grab hinaus bemerkt hat. Wir möchten wünschen, dass die bedenklichen Missgriffe seiner letzten Jahre der Vergessenheit anheimfallen und nur die Erinnerung an das lebendig bleiben möchte, worin er zu der Zeit, da er auf der Höhe seines Arbeitens stand, wenige seines gleichen hatte, an die umsichtige Besonnenheit seines Urtheils und seine didaktische Begabung. Letztere ist in der vorliegenden Schrift leider zum letzten Mal und leider in undankbarem Stoff, aber aufs neue ansprechend zu Tage getreten. Die Form der Darstellung ist überaus gefällig.

Basel.   Jacob Wackernagel.

K. A. Hahn's mittelhochdeutsche Grammatik.
Neu bearbeitet von Friedrich Pfeiffer. Vierte Ausgabe. Basel, Benno Schwabe. 1884. XVIII. 222 S. 8.

Diese neue Auflage hat gegenüber den vorhergehenden ziemliche Erweiterung erfahren. Zunächst sind ausser den frühern Quellen noch andere benutzt und darum die Beispiele vielfach vermehrt worden. Das Nhd., welches vormals ganz unberücksichtigt geblieben war, wird in seinem Verhältniss zum Mhd. kurz besprochen. Nur zu kurz. Denn gerade in einem für Anfänger geschriebenen Lehrbuche ist es von grossem praktischen Nutzen, auf die Verschiedenheiten des Mhd. gegenüber der lebenden Sprache hinzuweisen, indem durch den Gegensatz die Besonderheiten der ältern Stufe mehr hervortreten und leichter gelernt und behalten werden. Nr. 7 dieses Kapitels (§ 172) ist unrichtig: mhd. *z* wird nhd. nicht stets wie scharfes *s* gesprochen, sondern ist öfter auch zu tönendem geworden und in *hirz* zu *sch* (Paul, mhd. Gramm. II § 29 und 30). Ausserdem ist die Lautlehre dadurch beträchtlich erweitert, dass nun auch die Mundarten eingehend behandelt werden. Nicht alle Neuerungen sind indess glücklich: § 18 „*a* ist der lauteste und am meisten tönende Laut". Aus den Reimen wird geschlossen, dass die bairische Mundart es liebt, die kurzen *a e i o* zu dehnen (§§ 26, 5. 32, 3. 37, 3. 41. 2). Die Beweise werden meist entnommen aus Wolfram, der aber doch nicht als Vertreter des bair. Dialekts gelten kann, dann aus Biterolf S. Helbling und Ulr. v. Lichtenstein, welche sich bekanntlich wie Wolfram in den Reimen starke Stücke erlauben (vgl. Jänicke Bit. VIII ff., Knorr Ueber Ulr. v. Lichtenstein 50 f.). Hier hat man doch einfach unreine Reime anzunehmen. Aus S. Helbl. 7. 343 *gollt : gemöllt* und ähnlichen Bindungen soll folgen, dass die Baiern und Oestreicher damals *gôlt : gemôlt* u. dgl. gesprochen haben (§ 41, 4). Zu § 30, 3 ist zu bemerken, dass *ou* für *â* besonders alem. in spätern Hss. gebräuchlich ist. — Leider ist die Scheidung des Mundartlichen in der Flexionslehre nicht genügend durchgeführt. So ist z. B. § 183 Nr. 117 Praet. *wâr wâgen* und § 184 Nr. 137 Praet. *wuos gewassen* md., § 210 Bindevokal *ô* der schw. Verba besonders alem. und hier noch lang erhalten, Conjunctive wie § 221 *ferdieneyen* sind alem. Die dialektischen Formen des Verbums *sein* § 249 stehen ohne Angabe örtlicher Scheidung neben einander. § 250, 9 *woste* md., § 250, 5 und 251 *sou wend* alem., § 251 *wille* nach Analogie eines schw. Verbums md., § 369 *dirde* md., § 376 die Dualformen *ez enk* (*enker* als pers. Pron. noch nicht belegt. Weinh. Gr. II 474) bair., § 384 die Flexion des Pron. *ir* zuerst md. durchgeführt, § 437, 2 *bi c. Ac.* md. u. s. w. An manchen dieser Stellen kann allerdings aus den Beispielen die Zugehörigkeit zu dem einen oder andern Dialekt ersehen werden, aber nicht von solchen, welche erst in die Kenntniss des Mhd. eingeführt werden sollen.

Die Umarbeitung des Buches ist, wie sich schon aus den angeführten Beispielen ergibt, nicht überall gleichmässig, vor Allem aber nicht durchgreifend genug ausgeführt. Manche alte Mängel sind nicht gebessert. Die Handlichkeit wird durch Weitläufigkeit der Fassung beeinträchtigt, wobei häufige Wiederholungen mit unterlaufen. Die Anordnung leidet dadurch Schaden, dass Formen von ganz verschiedener Entwicklung zusammengeworfen werden. So findet man allerdings sowohl in *womba* als in *mohta* „*o* für *a* geschrieben" (§ 12), aber beide Mal aus ganz verschiedenen Gründen; ebenso § 25, 3 md. *craften* u. s. w. neben *nahten hande,* § 40, 1 *o* für *a* in *sol kom* neben *mohte* und dazu *kom* aus *quam*; § 218 *u* in *lân* neben *gân stân* und alle drei in Gegensatz gebracht zu *bin tuon*, mit welchen wieder *hân leben* u. s. w. vermischt werden. Oder es werden ältere und mitunter gebräuchlichere Formen hinter spätere Bildungen gestellt, z. B. § 360 *drien — drin,* § 369 *cûufte — finfte,* § 388 *diser — dirre,* § 250 *muoste — muose,* aber *wisse — wiste* u. ä. — Es liegt nun einmal nicht im Grundplan des Werkes, dass auf die Geschichte einzelner Wörter näher eingegangen wird. Darum werden auffallende aus der gemeinen Entwicklung heraustretende Formen entweder gar nicht erklärt oder mit „unorganisch" abgethan. Aber es ist hinsichtlich solcher Fälle eine berechtigte Meinung, es müsse sich dabei doch auch was denken lassen. Vgl. § 82, 4 = 189 Anm. 7. § 351, § 183 die Behandlung von *biten ligen sitzen*. Auf die zwei Stämme in der Flexion von *gân stân* § 184 u. 187 wird nicht aufmerksam gemacht, *vriunt* § 267 wird immer noch als *a*-Stamm, *wine* § 269 als *ja*-Stamm und *diu* § 276 als *nd*-Stamm, § 297 werden *küchen herzogin* u. s. w. als schwache Feminina angesehen und letzteres in gleiche Reihe mit *menigin* gestellt; die Verdoppelung des *n* im flect. Inf. § 323 erfolgt wie früher aus metrischen Gründen und die Fehler *sulnt* § 250, *ganzi guoti* § 22, *kurzi* § 50 (aber ebendaselbst richtig *hüdi*), sowie *-ent* als Endung des sog. unflectirten Part. praes. (§ 346 und in den Paradigmata, aber § 246, 1 *sinde*) sind noch nicht gebessert.

Der Hrsg. ist auf Resultate der neueren Forschung absichtlich nicht näher eingegangen, indem, wie er glaubt, das Buch von ihnen nicht berührt wird. Aber es wäre doch Zeit, allgemein anerkannte Regeln wie die vom grammatischen Wechsel, von der Priorität des *i* gegen *i* u. s. w. in die Elementarbücher einzuführen, zum mindesten sie nicht gänzlich zu ignoriren. — Ist diese neue Auflage in manchen Theilen auch den modernen Anforderungen genähert worden, so entspricht sie denselben doch keineswegs vollkommen. Nicht Einzelheiten, wie sie oben angeführt sind, hindern daran, sondern vielmehr die ursprüngliche Anlage des Werkes. Es werden immer nur vereinzelte Thatsachen aufgezählt, wie sie sich gerade aus dem Standpunkt des Mhd. ergeben, statt dass dieselben auf Grund allgemein giltiger, historisch gewordener Gesetze in einen Zusammenhang gebracht werden. Erst in letzterm Fall ist die Darstellung eine wissenschaftliche. Denn wir wollen heutzutage nicht nur wissen, dass Etwas ist, sondern auch, wie es geworden ist. Dass eine derartige Behandlung des grammatischen Stoffes auch in Büchern für Anfänger möglich ist, haben neuere Werke bewiesen.

Pforzheim, 5. Juli 1885.
G u s t a v   E h r i s m a n n.

Roediger, Max. Kritische Bemerkungen zu den Nibelungen. Berlin, Weidmann. 1884. VI. 94 S. 8. M. 2,40.

Von den Lachmannschen Anschauungen ausgehend, verwirft Roediger eine ziemlich beträchtliche Anzahl von Lachmann beibehaltener Strophen: 86. 123, 124, 165, 198, 208, 271, 676, 736, 1000, 1001, 1015, 1101, 1104 (R. will Komma setzen nach *reit*, nicht nach *Wiene*). 1232, 1308, 1356, 1417, 1507, 1651, 1652, 1687, 1680, 1857 (?), 1885, 2016, (2017?), 2018, 2019, 2020, 2022, und im zwanzigsten Liede 2057, 2058, 2059, 2060, 2062, 2063, 2066, 2067, 2068, 2074, 2076, 2081, 2084, 2—2085, 1 (wenigstens sind 2084 f. aus einer Strophe erweitert), 2088, 2144, 2169, 2170, 2171 (diese drei Strophen aus einer ursprünglichen erweitert), 2174, 2193, 2222, 2251, 3 —2252, 2, 2253, 2256, 2259, 2260, 2261. Dagegen werden gegen Lachmann die Strophen 691, 695, 1521 als echt in Schutz genommen. Ferner will R. 330 zu den 'jüngsten Zusätzen des vierten Liedes' rechnen, bestreitet dagegen, dass 454, 3—455, 2 jünger seien als ihre Umgebung. Str. 178, 1 soll entstellt sein durch den Einschub von 176, 177. Aenderungen des Textes werden vorgeschlagen zu 268, 3, 1103, 2, 1349, 2, 3, während R. 1878, 3, 4 die Lesart von Db gegen Lachmann vertheidigt. Endlich trägt der Verf. S. 30 ff. seine von Henning abweichende Ansicht über das Stück 1836—1857 vor. Mit Wilmanns, Henning, Busch, Scherer (Zs. f. d. A. 24, 274 ff.) setzt er sich wiederholt auseinander.

Man sieht, Athetesen spielen in R.'s Nibelungenkritik die Hauptrolle, und zwar nimmt er sie nicht selten ohne hinlänglichen Grund vor. Er wirft sich selber Schwierigkeiten in den Weg, lässt sich von einem 'Gefühl des Widerstrebens', wenn auch gegen seinen Willen leiten und betrachtet gar zu häufig als Ergebniss der höheren Kritik, was in Wahrheit nur das Ergebniss einer falschen Vorstellung von der Kunstfertigkeit der Sänger ist. Ich verkenne keineswegs die Berechtigung der Kritik, mit ästhetischen Gründen zu operiren, glaube aber, dass solche Einwände sehr stark sein müssen, um als beweiskräftig gelten zu können. R.'s Athetesen überzeugen in den meisten Fällen nicht, da er von einer hypothetischen Vollkommenheit der älteren Volksdichtung ausgeht, die sich in Wirklichkeit nicht wahrscheinlich machen lässt.

Ich bespreche eine Stelle genauer. In dem Abschnitt von Lachmanns zwanzigstem Liede, welcher Rüdigers Entschluss gegen die Burgunden zu kämpfen schildert (Str. 2072—2105), verwirft R. neben andern Strophen auch 2088. Kriemhild hat den Markgrafen an sein Versprechen gemahnt, ihr bis zum Tode dienen zu wollen (2086), Rüdiger ihr eingeworfen, er habe zwar versprochen, Leben und Ehre für sie einzusetzen, aber nicht seine Seele, und auf das Geleite hingewiesen, das er den Burgunden gewährt (2087). Darauf abermals Kriemhild:

2088 Si sprach: 'gedenke, Rüedegêr,   der grôzen triuwe dîn,
der stæte und ouch der eide,   daz du den schaden mîn
immer woldest rechen   und ellin mîniu leit.'
dô sprach der marcgrâve: 'ich hân iu [ß] selten iht verseit.'

R. findet die letzte Zeile nicht nur auffallend matt, sondern auch unangemessen, die ganze Strophe überhaupt schlecht und nicht am Platze, da sie 2086, 87 nur im wesentlichen wiederhole und somit abschwäche. Es ist dagegen zu bemerken, dass Kriemhild erst in dieser Strophe den Markgrafen an seine Eide, ihren Schmerz rächen zu wollen, mahnt; sie spielt damit ihren letzten Trumpf aus und bringt ihn zum Wanken. Diesem Zusammenhange entsprechend verstehe ich auch Rüdigers Antwort: *ich hân iu selten iht verseit*. 'Ich habe euch nie etwas abgeschlagen', erwidert er und ergänzt die absichtlich abgerissene Antwort offenbar: und auch jetzt werde ich mich nicht treu erweisen'. Aus Rüdigers Eiden musste der Dichter dessen tragisches Ende hervorgehen lassen. Sobald Kriemhild ihn mahnt an sein Gelübde — und das thut sie mit deutlichen Worten erst Str. 2088 —, sieht Rüdiger das Kommende schon vorher, doch mag er es sich noch nicht in voller Klarheit eingestehen, wenigstens nicht aussprechen. Die Wirkung von 2088, 4 würde durch 'eine weitere Ausführung in der nächsten Strophe' nur abgeschwächt. Da Kriemhild und Etzel bemerken, dass der Markgraf zu schwanken anfängt, legen sie sich aufs Bitten. Streicht man mit R. 2088, so wird der Zusammenhang empfindlich geschädigt, denn auf Rüdigers kräftige Einwendung Str. 2087 können nicht unvermittelt die Bitten von Str. 2089 folgen. Der Bearbeiter von C hat 2088, 4 nicht verstanden und ganz abgeändert. Obige Deutung bringt auch Wilmanns, Beitr. zur Erkl. und Gesch. des NL S. 19 vor, jedoch nur um sie sogleich zu verwerfen.

Groningen, Sept. 1885.   B. Symons.

Caemmerer, Bruno, Thüringische Familiennamen, mit besonderer Berücksichtigung des Fürstenthums Schwarzburg-Sondershausen und der Stadt Gotha. I. Theil. Beilage zum Arnstädter Schulprogramm. Ostern 1885. Arnstadt. Buchdruckerei von Alfred Bussjaeger. 24 S. 4.

Die vorstehend genannte Programmabhandlung zerfällt in zwei Theile, einen allgemeinen, der von der Herausbildung der Familiennamen überhaupt und den verschiedenen Arten derselben handelt (S. 1—16), und einen besonderen, der die Thüringischen Namen bespricht. Zu Anfang des ersteren gibt Verf. in kurzen Zügen eine Geschichte der deutschen Namenforschung, bei der Ref. neben Strackerjan auch gern Ruprechts Namen, sowie den von Stenb gelesen hätte. Mit der Ansicht des Verf.'s, dass abschliessende Ergebnisse für dieses Gebiet nur dann möglich seien, wenn zuvor die Namen möglichst vieler einzelnen Gegenden vollständig behandelt seien, und wenn andererseits das urkundliche Material genügend ausgenutzt werde, ist Ref. durchaus einverstanden. Von den Einzelnamen, die Verf. als noch der Erklärung harrend bezeichnet, dürften einzelne doch wohl schon klar liegen. So ist z. B. *Lillpopp* doch kaum etwas anderes als „Kleinpoppo", gehört also in eine Kategorie mit *Grotjohann*, *Langlotz* u. dgl., *Poppo* aber ist sicher Koseform, sei es von *Rudbert* (cf. Stark, Kosenamen 31) oder von *Potpert* (cf. Steub, oberdeutsche Familiennamen 99). Ebenso ist *Fickewirth* klar. Es ist „Fridericus hospes". *Vicko* ist urkundlich (Stark 185) Koseuame zu *Friedrich*. Der Name zeigt also den Typus, wie *Heinemeyer*, *Lütkemeyer*, *Reinkemeyer*, mit Umstellung der Theile *Meyerhenrich*, *Meyerkord*, *Herdemertens*, *Schmidtkunz* u. dgl. Weiter führt uns Verf. dann in dem ersten Theile bei verschiedenen Völkern die patro- und metronymische Bildung und die gentilische Bezeichnung vor und wendet sich dann S. 4 zu der Herausbildung der Familiennamen bei den Germanen, wobei selbstverständlich auch die Koseformen eine eingehende Besprechung finden. Die ganze Darstellung ist geschickt und klar, und schon hier ist urkundliches Material vielfach verwandt.

Im zweiten Theile der Arbeit betrachtet Verf. nun zunächst diejenigen thüringischen Familiennamen, welche auf altdeutsche Personennamen zurückgehen, und zwar geordnet nach den Wortstämmen des ersten Namenstheiles, von denen hier *Gott*, *Ans*, *Wodan* (mit *Irmin*, *Frigg*, *Ziu*, *Donar*, *Hertha*), die *Elben*, die *Hünen*, *Thursen* und *Riesen*, die *Druden*, *Ingo*, *den Teufel*, *den Wolf*, *Raben*, *Adler*, *den Kutze*, *den Schwan*, *die Schlange* und *den Drachen* und *den Eber*, also die Götter und ihre heiligen Thiere. In einigen Einzelheiten möchte Ref. vom Verf. abweichen. So ist z. B. die Erklärung Adams von Bremen: „Wodan, id est furor" doch kaum richtig, got. *vodans* ist vielmehr eine ganz normale Weiterbildung von skr. *vata* „Wind". Auch die Erklärung der *Thursen* als „Durstige" ist schwerlich richtig. Doch das betrifft, wie man sieht, mehr die etymologische Seite der Sache. An der historischen Seite, d. h. der Zurückführung der modernen Namen auf die alten Stämme, ist kaum etwas auszusetzen, insbesondere ist die ausgiebige Benutzung der Urkunden rühmend hervorzuheben.

Alles in Allem ist also die vorstehende Abhandlung als eine werthvolle Bereicherung der deutschen Namenforschung herzlich willkommen zu heissen. Möge Verf. die Fortsetzung bald folgen lassen.

Leipzig.   Carl Pauli.

Goetz, Wilhelm, Die Njalssaga ein Epos und das germanische Heidenthum in seinen Ausklängen im Norden. Berlin. Habel. 1885. 32 S. 8°. (Sammlung gemeinverständlicher wissenschaftlicher Vorträge hrsg. von Virchow und Holtzendorff H. 459.)

Der Verf. gibt, untermischt mit störenden Excursen (p. 5 f. 13) einen Ueberblick über den Inhalt der Saga, ohne dass es ihm gelänge, aus dem Episodengewirre der Njála das Wichtige herauszufinden. Die auch von ihm wiederum vertretene Auffassung derselben ist unrichtig; wie Ref. und Dr. C. Lehmann in ihrem Buche „Die Njálssage" dargelegt haben, ist jene Saga „ohne Schnörkel und Nebenbauten" vorwärtsschreitende Erzählung und bietet nicht eine wahrheitsgetreue Darstellung nordischer Zustände. Manches ist vom Verf. anders als in der Saga dargestellt (wie in Kap. 24 berichtet ist, zwingt nicht Gunnar „durch die List, die Njal ihn üben lehrt" zur Herausgabe der Mitgift) vor Allem fällt Njáll selbst nicht bloss durch das „gigantische Schicksal" (p. 17 vgl. 9). Nach dem vom vorliegenden Recension des Njála lädt er grosse Schuld auf sich durch die Art und Weise, wie er die Einführung des fünften Gerichtes erzwingt (Kap. 97).

München, [22. Juni 1885].   H Schnorr v. Carolsfeld.

Wülcker, Richard, Grundriss zur Geschichte der angelsächsischen Literatur. Mit einer Uebersicht der angelsächsischen Sprachwissenschaft. Unter Rücksicht auf den Gebrauch bei Vorlesungen. Erste Hälfte. Leipzig, Veit & Comp. 1885. 240 S. 8.

Das Beste, was wir bisher über die ags. Literatur besassen, war in ten Brinks Geschichte der Englischen Literatur, S. 1—146, und in demselben Early English Literature enthalten. Durch die vorliegende Arbeit Wülckers ist ten Brink mit seinen geistreichen Darstellungen nicht etwa antiquirt — im Gegentheil, seine Ansichten haben auch in dem vorliegenden Werke fleissig Berücksichtigung und Anerkennung gefunden; aber es wird durch Wülckers Arbeit einer der Literaturgeschichte ten Brinks unbestreitbar anhaftende empfindliche Lücke, die in dem Fehlen der literarischen Nachweise bestand, für die ags. Periode endlich einmal ausgefüllt, und wir können dem Verf. für das Buch recht dankbar sein.

Der Grundriss gewährt I. eine Uebersicht der Geschichte der ags. Sprachwissenschaft, II. eine

Uebersicht der vorhandenen Hilfsmittel zum Studium der ags. Sprache und Literatur, III. eine Uebersicht der ags. Literaturdenkmäler; und zwar sind in der vorliegenden ersten Hälfte 1) Cædmon und sein Kreis, 2) Bedas Sterbegesang und ein Spruch aus Winfrids Zeit, 3) Cynewulf und sein Kreis, 4) das Exeterbuch vollständig, 5) das Vercellibuch zum Theil zur Besprechung gelangt.

Gelegentlich der Titel- und Inhaltsangaben der einzelnen Schriften sind seitens des Verfassers vielfach kürzere kritische Bemerkungen über Werth und Bedeutung des betreffenden Werkes eingestreut worden. Neben den sorgfältig zusammengestellten Hypothesen Anderer entdecken wir auch Wülckers eigene Ansichten und Schlussrésumés.

Meine hier und da angestellten Stichproben auf Vollständigkeit der Notizen haben sich bewährt. Nachträge zur vorliegenden ersten Hälfte soll übrigens laut Ankündigung noch die Fortsetzung des Werkes bringen: weshalb auf Einzelheiten einzugehen ich mir bis zur Besprechung der zweiten Hälfte vorbehalte, welche bereits für Ostern d. J. in Aussicht gestellt war und den Abnehmern der ersten Hälfte unberechnet geliefert werden soll. — So viel sei jedoch gleich hier noch bemerkt, dass der vorliegende Grundriss als ein gutes Nachschlagebuch und als zuverlässiger Wegweiser allen, welche ags. Studien treiben wollen, aufs angelegentlichste empfohlen zu werden verdient und man mit grosser Spannung dem Erscheinen der zweiten Hälfte desselben entgegensehen darf, zumal diese sich unter anderem über die weitaus interessanteste Epoche der ags. Literatur, über das altenglische Volksepos, verbreiten wird.

Bromberg, Juli 1885.   Th. Krüger.

Varnhagen, H., Longfellow's Tales of a Wayside Inn und ihre Quellen nebst Nachweisen und Untersuchungen über die vom Dichter bearbeiteten Stoffe. Berlin, Weidmann. 1884. VIII, 160 S. 8.

Da über das im Vorstehenden genannte Buch bereits Felix Liebrecht sich ausführlich und höchst anerkennend ausgesprochen hat (Engl. Studien VIII, 324—327), so bedarf es wohl seitens des Referenten keines nochmaligen Eingehens auf die Einrichtung und keines nochmaligen Hinweises auf die gelungene Ausführung desselben. Ref. glaubt sich vielmehr darauf beschränken zu dürfen, zu einigen Stellen, wo der Verf. selbst die Möglichkeit zugibt, Einzelnes übersehen zu haben, aus seinen Collectaneen Fehlendes hinzuzufügen, und wünscht, dass diese Zusätze nur als Ausdruck seines Dankes für das hübsche Buch von dem Verf. mögen angesehen werden.

Zu S. 5, wo der Verf. die Uebersetzungen der 'Tales' aufzählt, muss bemerkt werden, dass wir seit Ende 1883 eine vollständige Uebersetzung der poetischen Werke Longfellow's von Hermann Simon besitzen (Leipzig, Reclam. 2 Bände 12°). So weit eine ganz flüchtige Vergleichung ein Urtheil erlaubt, ist die Uebersetzung eine gelungene zu nennen.

Zu 'the Student's Tale: The falcon of Ser Federigo' müssen folgende Bemerkungen gemacht werden. Louis Moland[1] gibt ausser den zwei französischen Theaterbearbeitungen des Stoffes, die Varnhagen S. 10 erwähnt, noch die folgenden: 1. Le faucon ou la constance, comédie en un acte, en vers, par Dauvillers; représentée devant l'Electeur de Bavière au mois de janvier 1718 et imprimée à Munich, chez Matthieu Riedel, la même année. 8. — 2. Le faucon, comédie en un acte, en vers, par Mlle Barbier, en société avec l'abbé Pellegrin; représentée au Théâtre-Français le 1er septembre 1719. — 3. Le faucon, opéra comique en un acte, du Sedaine, musique de (Pierre Alexandre) Monsigny; représenté aux Italiens 1772. — 4. Le faucon, comédie en un acte, mêlée de vaudevilles, par Radet; représentée pour la première fois au théâtre du Vaudeville le 23 novembre 1793.

Sodann fehlt das Schauspiel von Lope de Vega: 'El Halcon de Federigo', worüber zu vergleichen ist: A. Fr, Schack, Geschichte der dramatischen Literatur und Kunst in Spanien (2 Bde.) Bd. II, 337.

Nach La Fontaine's 'Faucon' ist sodann gearbeitet ein deutsches Schauspiel von Joh. Christoph Unzer (vgl. Goedeke, Grundriss I. 643), welches sich unter dem Titel 'Die Drossel' in den Schauspielen desselben Verfassers (Hamburg 1782, 8) findet. Nach Boccaccio scheint gearbeitet die poetische Erzählung von Karl Streckfuss: 'Der Falk' (Urania 1824). Ergänzend nachzutragen wären ferner zwei dramatische Bearbeitungen des Stoffes, die eine von einem nicht weiter bekannten Joseph Richter, Der Falk. Lustspiel, 1776; die andere von Pellegrin (Friedr. Baron de la Motte Fouqué), der Falke, 5 Aufzüge (Zwei Schauspiele. Berlin 1805. 8). Auch sei daran erinnert, dass Goethe den Stoff dramatisch zu behandeln beabsichtigte (Goedeke, Grundriss I. 743).

Schliesslich gehört zu diesem Erzählungsstoffe ein erzählendes Gedicht des Dänen Thomas Christoffer Bruun (1750—1834), welches unter dem Titel 'Falken' in Bruuns seltenem Buche: Mine Frie-Timer eller Fortællinger efter Boccaccio og Fontaine (Klöbenhavn 1783. 8) S. 101—119 steht. Ref. kennt letzteres Buch aus der Jenenser Universitätsbibliothek. — Zu The Musician's Tale: 'The Ballad of Carmilhan' hätte Graesse's: Der Tannhäuser und Ewige Jude (Dresden 1861) und zwar die Anmerkung 32 dem Verfasser unseres Buches noch einige Notizen liefern können. Des Zusammenhangs wegen reproducire ich Graesse's Angaben wie folgt: Lyser, Hundert und eine Nacht, Bd. III, 223 ff. und Bd. IV, 108 ff.; ferner Washington Irving, Bracebridge Hall Nr. 49; endlich Heinrich Smidt (nicht Schmidt): Seemanns-Sagen und Schiffermährchen, Berlin 1835—36, 2 Bände 8; in letzterem Buche steht auch ein Kapitel über den Klabautermann. — Zu diesen Nachweisen kann ich noch hinzufügen: 'Der fliegende Holländer'. Novelle von Alexander Freiherrn von Ungern-Sternberg (enthalten in dessen 'Novellen' 1835) und 'der fliegende Holländer', Roman von A. E. Brachvogel (4 Bände 1871). Bei den letztgenannten zwei

---

[1] Oeuvres complètes de La Fontaine. Nouvelle édition très-soigneusement revue sur les textes originaux, avec un travail de critique et d'érudition, aperçus d'histoire littéraire, vie de l'auteur, notes et commentaires, bibliographie etc. par Louis Moland. Paris, Garnier frères. 1875. Bd. III et IV.

Büchern kann Ref. allerdings nicht dafür einstehen, dass sie die in Rede stehende Sage behandeln. Von dem Geisterschiffe des fliegenden Holländers handelt F. Liebrecht ausser a. a. O. der Zs. f. rom. Phil. auch in der Germania XXVI, 452 und XXVIII, 109 f.; ferner Carl Meyer in seinem Buche: Der Aberglaube des Mittelalters etc. S. 354 f. (Basel 1884).

Zum Schluss verdient eine rühmliche Erwähnung die kleine Novelle von Levin Schücking: 'Die drei Freier' (Ph. Reclams Universalbibliothek Nr. 548), in welcher die drei Sagengestalten: Ahasver, wilder Jäger und fliegender Holländer auf meisterhafte Weise in eine einzige Geschichte verwoben sind. — Weiter erlaubt sich Ref. zu The Spanish Jew's Second Tale: 'Scanderberg' noch folgende bibliographische Notizen nachzutragen. Zwei deutsche Dichter haben Scanderberg zum Vorwurf ihrer Dichtungen gewählt, nämlich: Friedr. Alb. Franz Krug von Nidda: Scanderberg, historisches Gedicht in 10 Gesängen (Leipzig 1823—24. 2 Bde. 8) und Joseph Freiherr von Auffenberg: Scanderberg. Heroisches Schauspiel in 5 Akten (Sämmtliche Werke. Siegen 1843—45. 21 Bde. Bd. 21). Ausserdem wäre vielleicht zu erwähnen: Des aller streytbarsten Fürsten und Herrn Scanderberg Leben und Thaten. Frankfurt 1561. 4 (F. H. v. d. Hagens Bücherschatz Nr. 605).

Zur ersten Erzählung des zweiten Theils von Longfellow's Tales („The Bell of Atri") wäre den summarischen Nachweisen des Verf.'s die Notiz hinzuzufügen, dass das „blinde Ross" auch für die Bühne bearbeitet worden ist. Diese Bearbeitung findet sich in: Schauspiele für Thierfreunde. Ein Cyklus dramatischer Darstellungen zur Bildung für Geist und Herz. Von Alfred Rüfin. Dresden 1862.

Ref. schliesst seine Bemerkungen mit dem Wunsche einer baldigen zweiten Auflage des mit Liebe und Eifer zusammengestellten Buches, für welche der Verfasser hoffentlich wenigstens einige meiner Nachträge als verwendbar erkennt.

Chemnitz. H. Ullrich.

Waltemath, W., Die fränkischen Elemente in der französischen Sprache. Paderborn, Schöningh, 1885. 106 S. 8. (Strassburger Dissert.)

Die Reihenfolge der Lautwandlungen festzustellen gehört zu den schwierigsten und wichtigsten Aufgaben der Lautlehre; schwieriger noch als relative sind absolute Zeitangaben. Die schriftlichen Denkmäler geben sehr wenig Aufschluss, auch die umgekehrten Schreibweisen, oft genug unsere einzigen Anhaltspunkte, treten häufig erst recht spät auf. Da sind denn Entlehnungen aus fremden Sprachen (und Abgaben in fremde) von unschätzbarem Werthe, sofern sie mehr eine Zeitbestimmung nach unten und oben gestatten. Für die westromanischen Idiome kommen die germanischen, für den Gothen die slawischen in Betracht, die keltischen sind zu alt und zu wenige, als dass sie etwas lehren könnten, die griechischen zu so verschiedenen Zeiten und auf so verschiedenen Wegen eingewandert, dass auch sie kaum Aufklärung geben. Aber selbst bei den germanischen ist sorgfältige Kritik, vor allem gründliche Kenntniss germanischer wie romanischer Lautverhältnisse nöthig, was denn auch der Verf. der vorliegenden Arbeit in hohem Maasse besitzt. Der erste Theil gibt ein alphabetisches Verzeichniss der fränkischen Eigennamen aus Münzen, Inschriften, Diplomen, Gregor von Tours u. s., z. Th. mit den französischen Entsprechungen. Dass diese letzteren sehr unvollständig sind, ist beim Mangel eines afr. Namenbuches wohl zu entschuldigen. Schon hier zeigen sich hier und da kleine Versehen und örtliche Differenzen: *Rotbald* ist wegen des Mangels von *h*- und wegen *bold* statt *bald* nicht westfränk., sondern alem. oder niederfrk., desgleichen *Gerold, Girold, Grimold, Theodold* (vgl. Kossina Quellen u. Forsch. 46 S. 23). *Rodulandus* Le Blant II, 438 ist unbekannter Zeit und Herkunft, so wird also auch *Ramnisius*, der einzige Name, in dem *h* vor *r* noch fehlt, nicht frk. sein. *Giscolus* statt *Gisolus* ist got. oder burg., da *gisel* = *gisl* nicht fränkisch ist[1], ebenso *Sinbertus, Sisiafrid, Sesovaldo* got., da wieder *nis* = *sigis* speciell dem Got. eignet, Dietrich, Ausspr. des Got. 74. Auffällig ist *Gondo*- 3 Mal neben viel häufigerem *Gundo*, jenes sonst alemannisch, Henning, St. Gallische Sprachdenkm. S. 113. — Der zweite Theil ordnet das Material nach den Wortstämmen der Composita. Bei der Schwierigkeit, die der Namendeutung stets anhaftet, ist es begreiflich, wenn man hie und da vom Verf. abweicht. Zweifelhaftes hat er weggelassen, auch *kunia* dürfte zu streichen sein, denn *Chuniberchth* wäre der einzige Fall von frk. *ch* = *k*, ist also wohl eher als *Huniberchth* zu fassen, vgl. langob. *Hunulf*, frk. *Humfridus*, worin ich aber nicht die Negationspartikel *un*- sehen möchte. Schon hier hätte auch *aun*- erwähnt werden dürfen, das genug, und kelt. ist (Dietrich, Ausspr. 50; Kremer P. B. B. VIII, 457; auch asl. *unit* melior?). Sodann *baud, bod*, nach Verf. S. 16 „durch Epenthese für *badu* oder rom. Auflösung von *bad*." Allein das Wort ist gemeingermanisch (Dietrich, 50 und 55), was die zweite Annahme ausschliesst und die erste nicht begünstigt; auch ist es auch keltisch (Glück, Kelt. Namen bei Cäsar 53, Rhys, Lectures[?] 388), wie ja überhaupt kelt. und germ. Namensystem viel Verwandtes zeigen. und gehört zu kelt. *bauda, *boda* Sieg. *domno* ist wohl ebenfalls als nicht deutsch aus dem Französischen weggeblieben; die betreffenden Namen scheinen aufs Fränk. beschränkt, sind aber häufig im Altgall. Glück 68 ff. — Nicht verständlich ist mir die Einordnung von *aro arn* unter die *a*-St., ist es nicht ein *n*-St.? Vgl. got. *ara*, ahd. *aro*, an. *ari*, ahd. *arn*. — Der 2. Theil gibt die fränkische Lautlehre. Zu ö ü gehört noch *Chlodo* = κλυτός, nicht = an. *hlóð*. *a* = ë ist um ein halbes Jahrhundert älter; *Dado* a. 680 (neben dem auch in der Endung rein got. *Deda* a. 710). Vergleicht man *Hostlaicus, Ostlaicus, Ghosmari, Drogo, Odenandus, Bod*- neben *Baud* und die umgekehrte Schreibung *haustes* Zeumer 15, 21, *austiliter* 16, 31 (Rozière ist mir nicht zur Hand), so wird man kaum die Monophthongisirung des *au* so kategorisch leugnen, wie es S. 51 geschieht. Endlich

---

[1] Trotz der gegentheiligen Behauptung Wackernagels bei Binding, Gesch. des burg. rom. Königreichs S. 368 und W.'s, der selbst kein zweites Beispiel anführt.

hätte Erwähnung verdient, dass *gais-* als 2. Glied von Zusammensetzungen stets *ger* lautet. Nachzutragen ist ein Fall von *g* = *u*: *Giscoberthus*. Merkwürdig ist das hier sel.r viel häufiger als in den andern Dialekten auftretende *o* in der Compositionsfuge S. 52 ff. S. 54 f. bringt die fem. Flexion auf *-ane*. Ich will bei diesem Anlass bemerken, dass sie sich auch im Hochfränk. findet, Kossina S. 83; im Burg., Wackernagel S. 371; im Langob., Bluhme Gens langob. II. 30 (wo u. a. *umitane* nachgewiesen ist); bei den Westgoten Spaniens: *Ellecane*, *Hübner*, Inscr. Hisp. Chr. 261 a. 893, Dietrich 46, dazu kämen noch Jornandes, Ven. Fort.; ferner die rätischen Urkunden in Wartmanns St. Galler Urkundenbuch; sodann ausser den rät. Dialekten und dem Afr. auch das Franko-prov.: in den altlion. Texten Rom. XIII S. 567 ff. VII, 21 *Johanna Rosa*, 54 *li Rosa*, aber 18 *li enfant a la Rosan* u. a. W. spricht sich nicht ganz deutlich aus: er sieht romanischen Einfluss darin, was für den Vokal *a* und den Accent seine Richtigkeit hat, während das *u* doch nur germ. ist. Die Einschränkung auf das romano-germanische Gebiet, die Verbreitung in Gegenden, wo literarischer Einfluss ausgeschlossen ist, sprechen gegen die immer noch viel verbreitete Herleitung aus dem lat. Acc. *am*; vgl. Schuchardt Zs. VI, 617 Anm. — An die Grammatik schliesst sich ein knapper Vergleich mit dem Got. einerseits, dem Ahd. andererseits an, mit dem Zwecke, ein Kriterium für die fränkische oder nichtfränkische Herkunft der deutschen Wörter zu erhalten. Ich sehe nicht, weshalb in dem sich daran anschliessenden Verzeichnisse frz. aus dem Ahd. entlehnter Wörter *escheri* figurirt, dass doch wohl mit frk. *scapfan* (*scapitus*) ebenso gut verträglich ist wie mit ahd. *scaffun*, namentlich wenn man die richtige und wichtige Bemerkung S. 93 dazu nimmt, dass das Ahd. keine Verba auf *-ir* abgeben kann. — Ein Vergleich mit den andern fränkischen Mundarten, sodann mit dem nachulfilaschem Got., mit dem Burg. und Langob., wäre wohl von noch höherem Interesse gewesen. Man frägt sich doch vor allem: hat die Sprache im Munde der mitten unter kelto-romanischer Bevölkerung lebenden Franken Veränderungen erfahren, die sich auf den Einfluss dieser letzteren zurückführen lassen? Heinzel hat in seiner niederfränkischen Geschäftssprache einiges derartige angedeutet. Das *e* — *i* in *segn*, *fredu* der germano-romanischen Dialekte ist wohl so zu erklären, vielleicht der frühe Ausfall des *g* vor *e*, *i*, der im Hochfrk. (Kossina 33) und Alem. (Henning 140) noch kaum vorkommt, wohl aber früh im ndrfrk. (Heinzel 21), das überhaupt manche verwandte Züge mit dem westfr. zeigt. Dass das *a* in *bald cald*, das *e* in *berht* bleiben, während hochfr. alem. jenes zu *o*, dieses zu *beruht*, *barcht*, *bruht*, *breht* wird, weist wohl auf stärkere Betonung der Endung nach romanischer Gewohnheit u. s. w.

Der 3. Theil wendet sich specieller an die Romanisten, er behandelt „die Grundlagen der französischen Wörter auf frk. Stufe". Mit richtiger Beschränkung ist nur das Sicherste aus Diez' Wb. und Gramm. ausgehoben, dieses aber schärfer gefasst, das viele Problematische weggelassen; zweifelhaft bleibt mir unter dem Vorgeführten *écurie*, das nicht wohl von ital. *scuderia* getrennt werden kann,

das deutsche Wort könnte sogar romanisch sein; enganer vgl. Zs. II, 593. III, 102 *ingannatura*: *sanna* Löwe, Gl. Nom. 878; *jutte* = *gybita*. Gerne hätte ich *drague* gesehen — frk. *drag(i)n*, (i-St.) an. *dreggr*, apreuss. *dragios*, ferner *alise* sp. *alizo*, germ. *aliza*, das eine Parallele zu *falise*[2] gibt, *brône* = *bruhsema* wie *frêne* = *fraxinus*, nicht wie Cosijn Etym. Wordb. 142 meint, auf eine germ. im As. erhaltene Nebenform mit *e* weisend. Etwas sorgfältigere Besprechung hätte *bannir abandon* verdient, wofür S. 65 frk. *band bannjan* angesetzt wird. *na* fordert das fr z. Verbum, als veraltete Nebenform kennt auch das Ital. Sp. Pg. *bannire*, ferner sp. *bano* „Hochzeitsaufgebot", vielleicht alle aus Frankreich (wie auch ital. *giardino*, sp. *jardin* zunächst frz. Lehnwörter sind), wogegen dort einheimisch, hier unbekannt sind: *bandire, bando*, denen got. *baudrjan* zu Grunde liegt, während *baunir* = frk. ahd. *bancjan*: nachgot. fällt *d*, vgl. ahd. *umbaht* = got. *andbahts*; *ban, bando* gehört zu germ. *bann* (aga, an., Verb. *bannan*), wo nun im rom. Verb. *d* erscheint, ist auch im Subst. *nd* an Stelle von *nn* getreten. Ein frk. *band* entbehrt der Bestätigung der andern germ. Sprachen, *abandon* möchte zu got. *bandea* gehören. Die italienische hier gleich eine principielle Frage an: sind wir berechtigt, fränk. Formen anzusetzen, die sich nicht aus einem fränk. Lautgesetze erklären lassen und doch mit denen der andern germ. Sprachen im Widerspruch stehen, also z. B. *tarran*, *skirran*, *skittan*, *mitte*, *bauttan*, wo das Got., Ahd., Ags. An., so weit sie Entsprechungen bieten, einfachen Consonant zeigen? Dass wie im Lat. so im Germ. Doppelconsonanten ihren bestimmten etymologischen Grund haben, wissen wir vor allem durch Kluges schöne Untersuchungen im IX. Bande der Beiträge. Der Verf. untersuchet sonst sorgfältig die Zeit des Eintritts germ. Wörter, weshalb kann *skitan* nicht später aufgenommen sein als z. B. *seldan*? — Nicht zutreffend sind die Bemerkungen über frz. *e* = frk. *e*, *i*; da in Position das frz. frühe *e* und *e* vermischt, müssen ital. prov. span. eingesehen werden. Diese bieten z. B. *fresco*, es ist also frk. *ê* = germ. *i:e* (nicht *e* wie Heinzel S. 73 meint), dagegen ahd. (idg.) *ê* = S. 83, wo ich mit einigem Zögern auch einen Fall von *e* als *a*-Umlaut beifüge: *bied, biez* Diez Wb. II c. Frk. 7 pos. = lat ? pos. = rom, *e*, frk. *i* in offener Silbe (= germ. *e*) ist rom. *i*: *tirer*, umgekehrt frk. *e* = germ. *i* in offener Silbe rom. *e*. Diese Verhältnisse bedürfen für beide Sprachgebiete noch einer erneuten Prüfung. — Der Uebergang von *hl* zu *fl* wird in der fränk. Lautlehre besprochen; er findet sich ausser in Eigennamen auch in *flur*, *flou*, das zu nhd. *lau*, an. *hlýr*, Grundform *klauvas* gehört, das mnl. *flauwe* ist aus dem Frz., ahd. *flau* aus dem Ndl. entlehnt, *lot* stammt also erst aus der Zeit, der auch *Louis* angehört. Das entsprechende *fr* = *hr* meint Diez nur für an. Wörter an, doch möchte z. B. *frenc* aber frk. sein. — Auf S. 94 werden Folgerungen für die Lautchronologie des Frz. gezogen; einiges wird im Verlaufe der Arbeit angedeutet; kaum richtig ist, dass *a* vor der frk. Periode zu *e* geworden sei: die wenigen Fälle

---

[1] Ist kalabr. *filusa* aus dem Frz. entlehnt?

mit erhaltenem *a* sind theils späte Eindringlinge, theils liegen besondere Umstände vor; ihnen gegenüber hätten *het* = *hadit*, *-t* = *-adus*, wozu ich noch *ré* = *rata* (Bartsch Zs. II, 312) füge, nicht in die Anmerkung verwiesen werden sollen. — Auf einen Punkt will ich noch aufmerksam machen: *k* wird vor *e i* behandelt wie vor *a*, dagegen vor *u* wie vor *o*. Der Laut *ü* wird heute mit Mundstellung des *i* gesprochen; hätte er zur Zeit, wo *ka ke ki* zu *k'a k'e k'i* wurden, schon in dieser Form existirt, so wäre aus *kü* (= *k'u*) nothwendiger Weise auch *k'ü* entstanden — wie das im Rät. und in einzelnen frz. Dialekten der Fall ist. Wo dagegen heute *kü* (lat. germ.) als *kü*, *ki* (germ.) als *chi* auftritt, da muss *ü* jünger sein als die Palatalisirung des *k*. Das lässt sich nun auf zwei Arten erklären, entweder *ü* ist ursprünglich nicht unser *ü*, sondern ein mit Mundstellung von *u* und Lippenstellung von *i* gesprochener Laut, wie er z. B. in slav. Sprachen existirt, oder der Entstehungsort des *ü* ist ein anderer als der des *k*; jede der beiden Erscheinungen hat sich successive weitere Gebiete erobert. Dass die Umgestaltung des alten *u* jünger sei, als die fränkische Invasion, ist aus mehr als einem Grunde unglaublich; dass sie aber zuerst nur einzelne Gegenden ergriff, geht auch daraus hervor, dass einzelne Dialekte der franz. Schweiz sie noch nicht kennen. Dass die Palatalisirung nur strichweise im alten Gallien auftritt, ist bekannt. — Ich habe mich etwas mehr auf Einzelheiten, sogar Kleinigkeiten eingelassen, als vielleicht für eine Recension gestattet ist; die Wichtigkeit des Stoffes und der Arbeit mögen das entschuldigen.

Zürich, 9. Sept. 1885. W. Meyer.

Stappers, Henri, **Dictionnaire synoptique d'étymologie française** donnant la dérivation des mots usuels classés sous leur racine commune et en divers groupes: Latin, grec, langues germaniques, celtique, anglais, italien, espagnol, portugais, arabe, hébreu, hongrois, russe, langues slaves, langue turque, langues africaines, asiatiques, américaines, Australie et Polynésie; Interjections, Jurons, Langage enfantin, Noms de Lettres, Notes de Musique, Onomatopées, Fiction littéraire, Mythologie, Noms propres, Noms de peuples, Noms géographiques, étymologie douteuse ou inconnue. Bruxelles, C. Muquardt. 1885. VI, 697 S. 8.

Erbe, Karl, und Paul **Vernier**, **Mentor**. Vergleichende Wortkunde der lateinischen und französischen Sprache. Ein Hilfsmittel zur Erleichterung der Erlernung des Französischen und zur Befestigung in der Kenntniss des Lateinischen. Für Gymnasien und für den Selbstunterricht. Stuttgart, Neff. 315 S. Quer-8.

Die romanische etymologische Forschung wandelt seit einem Jahrzehnt neue Bahnen. Der Umschwung, den die romanische Lautlehre auf Grund einer strengeren linguistischen Methode, vor allem einer strengeren Auffassung des Begriffes „Lautgesetz" erfahren hat, musste auch für die Etymologie von höchst bedeutsamen Folgen sein. Zunächst verfuhr man allerdings im Ganzen destructiv. Da früher aufgestellte Lautgesetze zum Theil als falsch erkannt wurden oder wenigstens mannigfache Einschränkungen und Modificationen erhielten, neue Lautgesetze dafür entdeckt wurden, da ferner im Gefolge der eminenten Fortschritte germanischer und keltischer Sprachforschung durch erneute Untersuchungen auch eine richtigere Erkenntniss des Einflusses von Seiten des Germanischen und Keltischen auf das Romanische angebahnt wurde, so konnte das Resultat natürlich nicht ausbleiben, dass eine grosse Zahl der früher aufgestellten Etymologien, die mit den besser fundirten neuen Lautgesetzen nicht vereinbar waren, nunmehr über Bord geworfen werden mussten. Dies geschah oft, ohne dass sofort ein Ersatz da war: man vergleiche nur z. B., wie wenig positive Resultate Thurneysens sonst so verdienstliche Kritik der keltischen Etymologien in Diezens etym. Wörterbuch zu Tage gefördert hat (vgl. Ltbl. 1885 Sp. 110 ff.). Allein solche negativen Resultate bezeichnen auch einen Fortschritt der Wissenschaft. Vielfach hat aber die neuere tiefer gegründete Kenntniss romanischer Sprachgeschichte auch schon zu neuen positiven Resultaten, zu gesicherten Etymologien geführt. Wenn man die Jahrgänge der romanistischen Zeitschriften durchblättert, so findet man eine grosse Reihe namhafter Romanisten an dem Ausbau, der Besserung und Ergänzung des romanischen etymologischen Wörterbuchs betheiligt. Die Resultate dieser zahlreichen und zerstreuten etymologischen Forschungen einmal wieder, entweder in einem gemeinromanischen etymologischen Wörterbuch oder in einem etymologischen Wörterbuch einer einzelnen roman. Sprache zusammenzufassen und so für die romanischen Sprachen das leisten, was F. Kluge für das Deutsche gethan hat, wäre ein höchst verdienstliches Unternehmen, und es würde dadurch eine wirkliche Lücke ausgefüllt werden, da keins der vorhandenen Hilfsmittel dem jetzigen Stande der Wissenschaft entspricht. Dass Stappers' dictionnaire diese Lücke auszufüllen geeignet wäre, kann man nicht behaupten. Verf. verfolgt nicht streng wissenschaftliche Ziele, seine Arbeit ist nicht auf Fachleute berechnet, sondern für Laien bestimmt, seine Absicht ist: „populariser cette branche de la science au moyen d'un exposé bref et pratique" (s. Préface S. 1). Wenn der Verf. aus diesem Grunde u. a. O. ablehnt, irgendwie Neues und Eigenes zu bringen, so muss man doch mindestens von ihm eine möglichst vollständige und dazu kritische Berücksichtigung der neuern etymologischen Forschung, wie sie in Wörterbüchern, Specialglossaren, Zeitschriftenartikeln u. s. w. niedergelegt ist, verlangen. Allein ein solches Verlangen wird durch das vorliegende etym. Wörterbuch in keiner Weise befriedigt: der Verf. zeigt sich mit dem jetzigen Stande der Wissenschaft ganz und gar nicht vertraut: was von Tobler, Foerster, Paris, Bugge, Thurneysen u. a. m. für romanische Etymologie geleistet ist, scheint ihm alles unbekannt zu sein. Was soll man dazu sagen, wenn unter den „guides de prédilection" des Verf.'s nicht einmal Diezens Name genannt wird! Dass das Buch unendlich viel des Falschen und Verfehlten nothwendiger Weise enthalten muss, versteht sich nach alledem wohl von selbst, und es ist daher unnöthig in eine Kritik der einzelnen Artikel näher einzutreten. Wie viele schlecht fundirte Etymologien der Verf. kritiklos als sicher annimmt, kann man schon daraus entnehmen, dass es für ihn nach S. 506 ff. unter den „mots usuels" der franz. Sprache nur 9 Wörter gibt, deren Etymologie er als „douteuse ou inconnue" (darunter auch *trouver*) ansieht: der Glückliche! *aller* = *ambulare*, *encore* = *ad hanc horam* u. dgl. m. wird als gesicherte Etymologien vorgetragen, trotz des Verf.'s Règle générale: „je me suis interdit de reproduire une étymologie incertaine sans la signaler comme telle". Die einzelnen etymol. Artikel sind geordnet nach dem lat. griech. und sonstigen Etymon: unter demselben findet man neben dem direct daraus entsprossenen französischen Wort die sonstigen Ableitungen und Composita etc. zusammengestellt. Das letztere ist ein ganz nützliches Verfahren, wenngleich der Verf. öfter (zumeist durch falsche Etymologien verführt) unter einen Hut gebracht hat, was nicht zusammen gehört (vgl. z. B. den Artikel 688 *frigere*). Zudem steht in den einzelnen Artikeln altes, jüngeres und ganz junges Sprachgut aus dem Latein bunt durcheinander, während doch in dem etymol. Wörterbuch einer romanischen Sprache ein kurzer Hinweis auf das Alter der dem Latein entstammenden Bestandtheile, eine Scheidung von Erbwort und Lehnwort nicht fehlen darf: für eine solche Scheidung fehlt dem Verf. aber entschieden die dazu nothwendige tiefere Kenntniss französischer Sprachgeschichte. — Es ergibt sich aus dem vorstehenden, dass der Wissenschaft aus Stappers' Arbeit keinerlei Förderung erwächst; der Student der romanischen Philologie greift nach wie vor am besten zu seinem Diez. Ob das Buch berufen sein wird, „à rendre de notables services dans les régions scolaires", wie A. Scheler in einem meiner Meinung nach auch sonst über Gebühr lobenden Brief an den Verf. (S. II) schreibt, ist mir bei der charakterisirten Beschaffenheit des Buches zweifelhaft.

Ebenso möchte ich bezweifeln, dass das an zweiter Stelle genannte Buch im Stande sein wird, in der auf dem Titel angegebenen Richtung zu nützen. Denn es sieht ganz ab von der Frage, ob, in welchem Masse und in welcher Weise das Latein im französischen Schulunterricht Berücksichtigung finden darf und constatire nur, dass ein Buch, das so wie das rubricirte eine Menge von falschen, ungenauen und unbestimmten Angaben enthält, nie und nimmer geeignet ist ein Schulbuch zu werden. Zur Bekräftigung meines Urtheils wird genügen, eine kleine Auswahl von Stellen aus dem Buche hierher zu setzen: am meisten Verfehltes findet sich im ersten sprachhistorischen Theil (Wandlung der Laute, Wortbildung etc.), während der 2. Theil (Sammlung der gebräuchlichsten lat. und franz. Redensarten) und der 3. Theil (Sprichwörter etc.) freier davon sind. Ergötzlich ist oft die Fassung der franz. Lautgesetze. Vgl. S. 8: „Aus lat. *i* wird im Französischen nicht selten *e* *ei* (*ai*) und *oi*. Auch lat. *e* wird bisweilen in franz. *ei* und *oi* verwandelt. Aus lat. *u* kann [!] franz. *o* werden. Vgl. das deutsche *sterben* neben *du stirbst* [!]" etc. Soll der Schüler einmal mit lat.-franz. Lautgesetzen bekannt gemacht werden, so muss man ihnen doch mindestens eine richtige und geschicktere Fassung geben. — S. 9: „Häufig wird aus lat. *a* frz. *ai* und *e*; aus lat. *o* frz. *oi*, *ui*, *eu* oder *oeu*; aus lat. *u* frz. *ui* *oi* und *eu* [vgl. die vorhergehende Regel, wonach lat. *u* frz. *o* werden kann]. Vgl. den deutschen Umlaut [!]". — S. 18: „*c* kann in *qu* *ch* und *g*, ferner in *s* *z* und *z* übergehn". — S. 22 wird als Beleg für einen Wandel von *r* zu *s* *plusieurs* angeführt. — Nach S. 23 unten soll *mien tien sien* aus *mon ton son* entstanden sein. — S. 27 wird zu frz. *feu* die Bemerkung gemacht: „Die Wahl dieses Wortes ist ohne Zweifel [!] durch das deutsche *Feuer* veranlasst worden". — S. 35. *sénéchal* wird gleich lat. *senex* + deutsch *skalk* gesetzt. — S. 39 wird *effrayer* noch zu lat. *frigidus* gestellt, S. 49 *carrefour* = lat. *quatuor* + *furca* statt = *quadrif*. gesetzt u. s. w. Viele Fehler hätten bei einer sorgfältigeren Benutzung der Vorwort S. I genannten Quellen Diez, Littré etc. vermieden werden können; Lindner mögen die Verfasser bei einer etwaigen Wiederaufnahme ihrer Arbeit getrost unbenutzt lassen.

Freiburg i. B.   F. Neumann.

Mahrenholtz, Rich., Voltaire's Leben und Werke. I. Theil: Voltaire in seinem Vaterlande (1697—1750). Oppeln, Maske. 1885. VIII, 235 S. M. 5.

Nach vielseitigen und genauen Vorarbeiten, über welche wir z. Th. im Ltbl. berichtet haben (1883 Nr. 7, 1884 Nr. 8), gibt Mahrenholtz nun den ersten Theil einer zusammenhängenden Voltaire-Biographie, welche den Stoff der drei ersten Bände von Desnoiresterres behandelt. Alle die kleinen und kleinlichen Geschichten, welche der französische Biograph zusammengetragen hat, werden von Mahrenholtz nicht wieder erzählt; dafür wendet dieser dem eigentlich Literarischen eine grössere Aufmerksamkeit zu und weiss dafür auch Quellen zu benützen, welche dem französischen Vorgänger nicht zur Verfügung gestanden haben. In seiner Auffassung von Voltaire's literarischer Stellung ist M. den in seinen früheren Schriften und Aufsätzen geäusserten Ansichten im Ganzen treu geblieben; sonst haben wir in dem vorliegenden Bande manche Spuren erneuter Prüfung des weitschichtigen und manchmal recht verwickelten historischen Stoffes gefunden. So kann man auch diese Schrift des unermüdlichen Molière- und Voltairebiographen dankbar begrüssen. Wir erlauben uns, nur wenige Kleinigkeiten anzumerken.

S. 2 verdiente erwähnt zu werden, dass der Marquis d'Argenson auch einmal Präsident der Académie des inscriptions et belles lettres und Mitbewerber Rousseau's um den Preis von Dijon war. — S. 3 sollte nicht ohne weiteres vom „Baron" Grimm gesprochen werden, der überhaupt zu günstig beurtheilt wird. — S. 4 wird man verstehen müssen, Meister sei Diderot's Sekretär gewesen. — S. 36. Palissot's Philosophes sind 1760 aufgeführt, aber erst nach Voltaire's und Rousseau's Tod wieder auf die Bühne gekommen und dann gedruckt worden. — S. 37. Die neue Molandsche Ausgabe von Voltaire's

Werken verdient das Lob nicht, welches ihr M. spendet. Es fehlt ihr vielfältig an Selbständigkeit und kritischer Arbeit. — S. 46. Das kleine Gedicht V.'s über Neros Tod besteht aus 4 Zeilen, nicht 4 Strophen. — S. 60. M. leitet den Namen Voltaire nach Gaberel von einem Besitzthum her. Ich erinnere zur Stütze dieser Ansicht an Piron Métrom. I, 6 und Bourrault Merc. gal. I. 2 (Le seigneur d'une terre un peu considérable En préfère le nom à son nom véritable). — S 63 erweckt es falsche Vorstellungen, wenn die Henriade „das erste französische Nationalepos" genannt wird. — S. 120. Es ist ziemlich sicher, dass Mme. de Graffigny keine Abschrift der Pucelle weitergegeben hat. — S. 125. Zwischen der Adélaïde du Guesclin und dem Duc de Foix liegen nur 18. nicht 22 Jahre. — S. 143 durfte wohl bemerkt werden, dass Jean Lass der bekannte Erfinder des „Systems", John Law, ist. Es wäre zu wünschen, dass M. auf die nationalökonomischen Ansichten V.'s später noch einmal eingehender zu sprechen käme. — S. 168. Das Chef-d'œuvre d'un Inconnu ist von 1714, nicht 1713. (Ref. besitzt ein Exemplar einer „vierten" Ausgabe von 1716.) — S. 189 ist April 1741 wohl Druckfehler für 1744. (Druckfehler sind nicht selten; besonders die Accente sind übel bestellt, so immer Luneville st. Lunéville.)

Kreiten, W., S. J., Voltaire. Ein Charakterbild. 2. vermehrte Auflage. Freiburg i. Br., Herder. 1885. XVI, 580 S.

Das Buch verspricht „eine ruhige, objectiv gehaltene Darstellung der Lebensschicksale Voltaire's" (S. 5); doch gesteht der Verf. in der Vorrede, dass sein Zweck sei, „Abscheu vor V. und seinem Werk in vielen, vielen Herzen zu wecken." „Alle Werke zu studieren und zu analysieren", hatte für den Verf. und seine Arbeit „keinen Zweck" (S. 6); aber er hält für nothwendig, durch einen „Anhang" von zwölf Seiten in Voltaire's Todesstunden jenes apokryphe „Geschirr" (S. 567) wieder hineinzubringen, damit die Worte des Esechiel (IV. 12) an dem gottlosen Dichter erfüllt würden. Danach kann man erwarten, allen begründeten und grundlosen Klatsch, der an Voltaire's Person sich angehängt hat, in dem Buche getreulich verzeichnet zu finden. Wäre das nur etwas weniger in der Absicht geschehen, „Abscheu in vielen, vielen Herzen zu wecken". Es lohnt sich, an einigen Stellen zu zeigen, wie Kreiten seine Quellen benutzt hat. Der Dichter schreibt an den Herzog von Richelieu aus Colmar am 6. August 1754: „Je me suis fait savant à Senones, et j'ai vécu délicieusement au réfectoire. Je me suis fait compiler par les moines des fatras horribles d'une érudition assommante." Jedermann, der von dem Adressaten dieses Briefes etwas weiss, begreift auf der Stelle, wie diese Worte gemeint sind. Kreiten nun schreibt ohne Angabe einer Stelle, aber mit vielsagenden Anführungszeichen: Voltaire „liess sich im Refectorium wohl sein, während (!) die Mönche für ihn Auszüge machten" (S. 337). Später antwortet Voltaire einer Nichte, die für ihn Gemälde copiren liess, im Juni 1757: „Votre idée de faire peindre les belles nudités d'après Natoire et Boucher, pour ragaillardir ma vieillesse, est d'une âme complaisante." Daraus macht Kreiten (S. 345) eine Aufforderung V.'s an seine Nichte, „ihm recht viele Nuditäten zu malen". Was der Verf. aus dem bekannten Teufelsbrief vom März 1754 herausliest, ist mehr ungeschickt als böswillig. An anderen Stellen dürfte es um die bona fides des Verf.'s nicht so gut bestellt sein, wie bei der Ehebruchsgeschichte La Beaumelle's (S. 310), welche V. erdichtet haben soll. Hauptquelle ist ihm Maynard's Voltaire; die neuere deutsche und französische Literatur über seinen Helden hat er gar nicht angesehen. Eine Zierde des Buches ist die bekannte drollige Kreidezeichnung Huber's, welche den alten V. in der Pelzmütze darstellt; aber unter dem Bilde steht in allem Ernst und aller Kürze: „nach einem in Kreidemanier ausgeführten Stiche von Prestel". So wird auch der harmlose Scherz des kunstgewandten Freundes Voltaire's benutzt, um „Abscheu vor V. in vielen, vielen Herzen zu wecken". Im Übrigen ist das Buch hübsch und gewandt geschrieben und wird sicherlich auch an seinem Theil beitragen zu der Erkenntniss, wie wichtig V. ist für diejenigen, welche den Geist der modernen Zeit aus seiner historischen Entstehung begreifen wollen.

Karlsruhe, Juni 1885. E. v. Sallwürk.

Jüngling, H., Voltaires dramatische Theorien. Münsteraner Dissertation. 1885. 72 S.

Es ist immerhin eine so erfreuliche, wie anerkennenswerthe Thatsache, wenn ein Anfänger im literarischen Berufe sich einem so schwierigen und verzweigten Gegenstande zuwendet, wie dem vorliegenden, und kleine Unebenheiten wie Versehen dürfen diesem lobenswerthen Ziele gegenüber schon zu Gute gehalten werden. So scheint mir die ganze Arbeit, von der hier auf etwa 70 Seiten nur der dritte Theil vorliegt, zu weitschichtig angelegt und in derselben das Wichtige von dem Unwichtigen, das Neue von dem längst Bekannten allzu wenig geschieden zu sein. Dann fasst J. seinen Helden viel zu sehr als einen Kritiker und literarischen Gesetzgeber, in Lessings Art, auf, und übersieht die oft sehr äusserlichen und rein persönlichen Motive, die V.'s Theorien zu Grunde liegen und die vielen Widersprüche und Launen, die V. sein Leben lang nicht überwand. Aber auch Unrichtigkeiten im Einzelnen treten hin und da hervor. So glaubt J., trotz Bernays und Ueberwegs entgegenstehender Ansicht, dass Lessing die aristotelischen Begriffe „Mitleid und Furcht" unwiderleglich erörtert, dass V. seinen Corneille-Commentar eigentlich nur aus Aerger über Crébillon und Desfontaines" (der seit 15 Jahren im Grabe lag) Corneilleschwärmerei verfasst habe, dass die „Lois de Minos" sich ausschliesslich oder doch hauptsächlich gegen die Missbräuche des franz. Gerichtswesens wendeten u. A. Immerhin ist aber der grosse Fleiss, die exacte Gewissenhaftigkeit und das im Ganzen treffende Urtheil anzuerkennen und schon aus diesem Grunde zu wünschen, dass die von dem Verf. geplante Veröffentlichung der übrigen zwei Drittheile seiner Dissertation nicht auf Schwierigkeiten stosse.

Halle. R. Mahrenholtz.

Berni, Francesco, Rime, Poesie Latine e Lettere Edite e Inedite ordinate e annotate per cura di Antonio Virgili. Firenze, Succ. Le Monnier. 1885. XLVIII. 419 S. 8.

Antonio Virgili hat vor einigen Jahren eine umfangreiche und wichtige Monographie über Francesco Berni publicirt (*Francesco Berni, con documenti inediti*, Firenze, Succ. Le Monnier. 1881), ein Buch, welches mit entsetzlicher Weitschweifigkeit und wenig Geschmack geschrieben ist, und an manchen Uebertreibungen von Berni's Bedeutung als Mensch und als Dichter, an manchen Subtilitäten leidet, welches aber das grosse Verdienst hat, eine Reihe von Punkten in der bis dahin fast ganz dunklen Biographie Berni's und in der Chronologie und Geschichte seiner Werke aufzuklären, und zu den Gedichten die vortrefflichste Illustration zu bieten. Der Verfasser selbst bezeichnete sein Buch am Ende als eine lange Vorrede zu einer neuen Ausgabe von Berni's Schriften. Der nunmehr vorliegende Band enthält sie sämmtlich mit Ausnahme des *Orlando Rifatto*, welcher, nach den Aeusserungen von Virgili's Monographie, später nachfolgen wird. Die letzte und beste der vorangegangenen Ausgaben von Berni's Gedichten und Briefen, die von E. Camerini zuerst 1864 bei Daelli in Mailand und von neuem 1873 bei Sonzogno ebendaselbst gegeben, liess noch viel zu wünschen übrig; diejenige Virgili's ist ihr in jeder Beziehung überlegen und verdient wegen der auf sie verwendeten Mühe und Sorgfalt grosses Lob.

Berni's Gedichte wurden, mit Ausnahme eines einzigen, bei Lebzeiten des Verfassers nicht gedruckt, waren bei seinem Tode nicht einmal alle schriftlich oder wenigstens nicht in zuverlässiger Niederschrift vorhanden. Die jetzt bekannten Manuscripte beruhen, wie es scheint, sämmtlich selbst auf den Drucken. Also konnten auch nur diese als Grundlage einer neuen Ausgabe dienen. Seit dem Erscheinen der Giuntina von 1548, welche Lasca besorgte, war fast immer der Text derselben einfach reproducirt worden. Auch der neue Herausgeber hat ihn mit Recht im Allgemeinen acceptirt als denjenigen, welchem die meiste Autorität zukommt; denn er rührt von jemandem her, der dem Verfasser befreundet gewesen war und Geschmack und Einsicht besass, während wir nicht wissen, wer die älteren Drucke seit 1537 leitete. Doch hat Virgili diese verwerthet, indem er die Varianten derselben mittheilte, und auch in einigen Fällen mit ihrer Hilfe den Text berichtigte. Ferner hat er nicht die ganz äusserliche und zufällige Reihenfolge der Gedichte in den bisherigen Ausgaben beibehalten, sondern dieselben chronologisch geordnet, indem er sich dabei auf die Untersuchungen seiner Monographie gründete. Seine Datirungen sind fast immer überzeugend. Ob das Capitolo an Fracastoro von 1532 ist, bleibt mir zweifelhaft; denn, wenn Bandello in einer seiner Novellen Berni das Gedicht in einer Gesellschaft vortragen lässt, wo man dann über die (1531) neu erschienenen *Discorsi* Machiavelli's redet, so sagt doch Bandello nicht, dass das Capitolo Berni's damals erst eben entstanden war. Auch für die Deutung von historischen und persönlichen Beziehungen der Gedichte beruft sich Virgili gewöhnlich auf sein früheres Werk. Die den Ausdruck erklärenden Anmerkungen sind reichlicher als die Camerini's; manche Stellen trotzen noch immer der Erklärung, oder die, welche gegeben wird, ist schwerlich die richtige, wie z. B. die p. 130, N. 7. Bisweilen wird auch der Text verdorben sein, was bei der Art von dessen Ueberlieferung leicht begreiflich ist. In dem Sonette *S'io dissi mai* steht (p. 70): *Se tu or si perdona a chi si pente, Almo città, ti prego, or mi perdono.* Ich lese: *Se tuttor si perdona.*

An den Abschnitt der echten Gedichte schliesst sich ein solcher von zweifelhaften und einer von unechten, in welchen Virgili mit Recht die Capitoli *della Pira* und *del Pescare* gesetzt hat. Berni's ländliche dramatische Scene, die *Catrina*, ist abgedruckt nach der ersten Ausgabe von 1567, mit den Varianten der offenbar schlechteren von 1731. Die andere sonst Berni beigelegte Scene, den *Mogliazzo*, spricht ihm Virgili mit gutem Grunde ab, und hat ihn daher ganz von seiner Ausgabe ausgeschlossen. Es folgen die lateinischen Poesien mit einigen Textverbesserungen und den Bemerkungen von Stefano Grosso, die zuerst bei Camerini erschienen waren und hier etwas vermehrt sind; dann der *Dialogo contra i Poeti*. Die Sammlung der Briefe unterscheidet sich von der bei Camerini durch eine sorgfältige chronologische Anordnung und ist um 16 neue Stücke bereichert, nämlich die 10 Briefe an Gualteruzzi aus Berni's letzten Lebenstagen, die Campori 1877 veröffentlicht hatte, einen an Ubaldino Bandinelli, der in der Sammlung der *Lettere Volgari di diversi nobilissimi uomini* von 1564 gedruckt war, als dessen Verfasser Berni aber erst durch Virgili entdeckt worden ist, und 5, welche völlig ungedruckt oder in Virgili's eigenem früheren Buche bekannt gemacht waren. Auch hat der Hrsg. 7 Briefe hinzugefügt, welche von Berni im Namen seines Herrn Giberti an den Cardinallegaten Giov. Salviati geschrieben sind. Den Schluss des Bandes endlich bildet der Commentar zum *Capitolo della Primiera*, der 1526 unter dem Namen eines Pietro Paolo da San Chirico erschien, den aber Virgili für Berni's Werk zu halten geneigt ist.

Breslau. A. Gaspary.

Proeve van een Kaapsch-Hollandsch Idioticon, met toelichtingen en opmerkingen betreffende land, volk en taal, door N. Mansvelt, Professor in de Moderne Talen aan het College de Stellenbosch. Kaapstad, Martin — Stellenbosch, Schröder — Utrecht, van Huffel. 1884. VIII, 188 S. 8. 4 s. 6 d.

In Südafrika ist (von den grösseren Städten, dem östlichen Theil der Kapkolonie und Natal abgesehen) die herrschende Sprache unter der weissen Bevölkerung und das ausschliessliche Verkehrsmittel zwischen ihr und den Autochthonen eine Abart des Holländischen, welches man in Gegensatz zum „hoog Hollandsch" von jeher als „Kaapsch-Hollandsch", dann auch als „Afrikaansch-Hollandsch" bezeichnet hat, das aber jetzt bei seinen Parteigängern schlechtweg „die Afrikaanse Taal" heisst. Diese Sprache wird nämlich als die eigentliche rechtmässige Landessprache von Südafrika proclamirt, im Gegensatz nicht nur zu dem erst neuerdings dahin importirten Englisch, sondern auch zum Hochholländischen, das die „Afrikaanders" allerdings nicht mehr recht verstehen. So ist denn auch in jenen abgelegenen Gebieten eine Sprachbewegung geschaffen worden, über die man sich am besten unterrichten kann aus dem Buche: „Geskiedenis van die Afrikaanse Taalbeweging ver vriend en vyand uit publieke en private bronne, bewerk deur 'n lid van die genootskap van regte Afrikaners." Paarl, du Toit, 1880. Vor etwa einem Vierteljahrhundert begann man die Erhebung des Afrikanischen zur Schriftsprache ins Auge zu fassen. Der Wunsch nach einer Uebersetzung der Bibel ins Afrikanische fand bei der Brittischen Bibelgesellschaft kein Gehör. Im August 1875 wurde „die Genootskap van regte Afrikaanders" gegründet; sie schuf sich 1876 in „die Afrikaanse Patriot" ein mächtiges Organ. Dieses zu Paarl erscheinende Wochenblatt ist die verbreitetste Zeitung in Südafrika. Ueber Wesen und Ursprung der Sprache suchte der Verein in einem Büchlein: „die Eerste Beginsels van die Afrikaanse Taal" (Kaapkolonie 1876) zu unterrichten. Es folgten weitere Veröffentlichungen in afrikanischer Sprache wie „die Geskiedenis van ons Land", „die Afrikaanse Almanak, burgerlik en kerkelik", „Afrikaanse Gedigte" (ich weiss von drei Sammlungen) und anderes; zum grossen Theil aber sind es nur Sonderabdrücke aus dem „Patriot". Eine besondere Erwähnung verdient noch die Schrift von M. de Vries (Exprädidenten des Transvaaler Volksrathes): „Die Geskiedenis van die Transvaal ...... in die eige boere 'ijn taal". Leiden, Sijthoff, 1881. In holländischen Zeitungen und Büchern wie z. B. den Novellen von C. F. van Rees und Th. M. Tromp, finden sich manche Proben dieses Idioms. Von den Engländern pflegt es als barbarisches Patois bezeichnet zu werden, was die Afrikaner veranlasste, die Ursprünge des Englischen selbst zu bedenken zu geben. Einen äusserst heftigen Angriff nicht nur auf das afrikanische, sondern auch auf das Hochholländische machte leider unser Landsmann, der sonst verdienstvolle Dr. Theophilus Hahn in der „Annual Address" der Generalversammlung der „South African Public Library" vom 29. April 1882, wurde aber schon an Ort und Stelle, sogar von englischer Seite, gebührend abgefertigt („The Cape Times" 1. Mai).

Die erste eingehende grammatisch-lexikalische Nachricht über das afrikanische Holländisch stammt aus einer Zeit, welche lange vor der „Sprachbewegung" liegt, sie ist aus einem sprachreinigenden Bestreben hervorgegangen. Sie findet sich nämlich in Dr. A. N. E. Changuions Buch: „De Nederduitsche Taal in Zuid-Afrika bersteld" (Kaapstad, Richert, Pike & Co., 1845) theils in beiläufigen Bemerkungen, theils in eigenen Paragraphen (62. 222. 231. 269. 275), theils in dem alphabetisch geordneten Anhang: „Proeve van Kaapsch Taaleigen" (XXVI S.). Im Kreise der Patrioten ist auch schon seit länger ein „Afrikaanse Woordeboek" geplant. Die zu Kuilenburg erscheinende Zeitschrift „Onze Volkstaal" hat, laut dem Prospectus vom Februar 1884, folgende Artikel in Bereitschaft: „Bijdrage tot de kennis der taal van Zuid-Afrika, door A. P. te Paarl" — „Het Kaapsch-Hollandsch Taaleigen, door N." — „Tweede Bijdrage voor 't Kaapsch, door A. P. de Paarl" — „Transvaalsch woordenboek van wege de Redactie bewerkt, door L. van Ankum". Eine im „Cape Monthly Magazine" (Juni, Juli, August 1880) erschienene, sehr gelobte Studie über das Kapholländisch ist mir noch nicht zu Gesicht gekommen. Das vorliegende Wörterbuch von Prof. Mansvelt erschliesst nun, obwohl es sich nur als eine „Probe" gibt, die Kenntniss des Kapholländischen in durchaus befriedigender Weise, indem das Phonetische und das Grammatische gelegentliche Berücksichtigung finden, und zahlreiche Satzbeispiele auch demjenigen eine genügende Vorstellung von der Sprache im Zusammenhang gewähren, dem keine anderen Hilfsmittel zu Gebote stehen. Wenn das Idiotikon von Mansvelt wohl nicht erschöpfend ist, so kann es doch auch keine sehr bedeutenden Lücken offen lassen, umsoweniger als die Sprache über diese weiten Strecken hin wesentlich dieselbe, die dialektische Differenz selbst zwischen einem Bauer des Transvaals und einem aus der Umgebung der Kapstadt nur eine geringfügige ist. Das Kapholländische ist das Resultat einer sehr starken und merkwürdigen Sprachmischung. Schon den holländischen Grundstock zeigt, ganz abgesehen von der Erhaltung vieler Alterthümlichkeiten, sehr verschiedenartige dialektische Elemente, um deren Feststellung sich der Verf. redlich bemüht hat. Darüber aber scheint ein anderes Wesentliches von ihm vernachlässigt worden zu sein. Unter den holländischen Kolonisten befanden sich gleich von Anfang an viele Deutsche; und so ist denn nicht bloss durch deutsche Soldaten der Ostindischen Kompagnie und deutsche Missionäre späterer Zeit, viel Deutsches ins Kapholländische gekommen. Manches führt der Verf. an; aber das Meiste ist ihm entgangen. Freilich ist die Scheidung des Deutschen vom Holländischen ungemein schwierig; vielfach tritt Allgemein-Deutsches auch in Holland hier und da auf (z. B. *nakend* — *rakker* — *dat is water op sij meule*), und die Möglichkeit, dass dem östlichen Holland irgend ein deutsch scheinender Ausdruck angehört, ist, bis zu gründlicher Prüfung, als eine binlänglich grosse anzusehen. Immerhin wird die Menge der Wörter und Wendungen, welche dem auch mit den Mundarten des Stammlandes bis zu einem gewissen Grade vertrauten Holländer fremdartig erscheinen, uns Deutschen aber mehr oder weniger geläufig sind, die Stärke des deutschen Einflusses ausser Frage stellen. Selbst da, wo der Verf. auf das Deutsche Bezug nimmt, thut er es nicht immer mit der Bestimmtheit, die wir erwarten. Warum z. B. *(aap)skilloeder* nicht einfach = *Schindluder* setzen, statt auf deutsch *schinden* — *Luder* zu weisen? Warum *boegtam* „todtmüde" nicht = *buglahm*, statt ein altes Wort *boey* (deutsch *Bug*) auszugraben? Bei der Umschreibung des Genitivs (z. B. *Maria-se boek*) heisst es: „ook in Grimm's Märchen kommt een dergelijke uitdr. voor: *des einen seins war blind, des andern seins lahm*", als ob nicht *Marien ihr Buch* die allgemein deutsche wenn auch nicht schriftdeutsche

Formel wäre. Warum denkt der Verf. bei *musiekdoos, neerskrijw, so een [word as soopi]* eher an engl. *musical box, to write down, such a*, als an deutsches *Musikdose, niederschreiben, so ein?* Ohne jeden Hinweis auf die lokale Herkunft, hie und da mit Betonung des Befremdlichen, werden angeführt: *verflaxte Kind* (verflixten Kind) — *bloedvereinig — Crethi en Plethi — hij lijk, alsof hij van di galg gevaii is* (er schaut aus als ob er vom Galgen gefallen sei) — *hij lijk of 'n olooi oo'r zij lewer gekruip het* (eine Laus ist ihm über die Leber gekrochen) — *hij is slimmer as di houtji ran di galg* (vgl. falsch wie Galgenholz) — *geluk-ook* (viel Glück auch!) — *ek kanni klaa ni* (ich kann nicht klagen. d. h. es geht mir gut) — *ek kan die ni klein krij ni* (ich kann das nicht klein kriegen, d. h. ich kann mir das nicht klar machen) — *bij mij seks* (bei meiner Six!) — *loop* (laufen = gehen) — *met .... saam* (mit .... zusammen) — *jij lê heel dag op mij nek* (ihr liegt mir den ganzen Tag auf dem Hals) — *piets* (Peitsche) — *poedelnaakt — rechtig — di weet ik toch ni* (das weiss ich doch nicht, mit verstärkendem doch) — *met toeë oo'e* (mit zuen Augen). Changuion. dem allerdings Mansvelt seinem Geständnisse zufolge kein Wort ohne anderweitige Bestätigung entnommen ist, bietet noch Anderes der Art, wie z. B. *schalten en walten* — *schindloeder met jemand spelen*. In *rechte „sehr"* zeigt schon die Form der Herkunft aus dem Deutschen (holl. *recht* wird *rech*); der Verf. glaubt hier ein altes adverbiales *e* zu sehen. Auch *veels geluk* ist gewiss = vieles Glück, obwohl ein analogisches *s* im Auslaut sich nicht selten eingestellt hat. Es dürfte endlich an dem phonetischen Charakter des Kaphölländischen das Deutsche einigen Antheil haben; vielleicht kommt auf seine Rechnung die Aussprache des *g* vor *ee* und *ie*: „— *een klank, die naar de zachte uitspraak der Du. ch* (d. i. als een scherpe g gevolgd door een j-klank) zweemt, en is dus ook op weg een tongletter te worden, evenals in 't Du. (?) en Eng." (S. 49). Dass anlautend *z* zu *s* wird, ist im Holländischen selbst begründet; der Umstand, dass holl. *z-* und *s-* im Deutschen überall zusammenfallen, mag nachgeholfen haben. — Nach dem Widerruf des Edicts von Nantes wanderte auch eine beträchtliche Anzahl von Hugenotten in Kapland ein; bis zum Jahre 1724, 35 Jahre nach ihrer Einwanderung, wurde in der Drakensteener Kirche französisch gepredigt. Wieder 25 Jahre später fand der Reisende La Caille, dass nur die damals schon bejahrten Kinder der Flüchtlinge neben holländisch auch französisch sprachen, ihre Enkel aber kein Französisch mehr lernten, so dass er das völlige Aussterben desselben innerhalb der nächsten 20 Jahre voraussah, das jedenfalls vor der Wende des Jahrhunderts wirklich eintraf. Wie stark das französische Element unter den Afrikanern ist, bekunden die französischen Familiennamen. Dem ,Französischen nun schreiben Manche einen sehr wesentlichen Einfluss auf die Umbildung des Holländischen in Afrika zu; Prof. M. de Vries, dem ich überhaupt über das Kapholländische erwünschte Aufklärungen verdanke, bemerkt mir, dass es seiner Ansicht nach im Grunde Holländisch in französischem Munde sei, dass Franzosen, die längere Zeit in

Holland gelebt und sich die Landessprache angeeignet haben, Eigenthümlichkeiten wahrnehmen lassen, die man auch im Afrikanischen findet. Einzelnes hat er selbst mir nicht angeführt; bei Andern sehe ich *ons = wij* auf *nous* und *ni .... ni* (z. B. *ik het ni ver hom gesien ni*) auf *ne .... pas* bezogen, Mansvelt lässt letzteres zweifelhaft, und in der That haben wir ja eine ganz entsprechende Wiederholung bei *al* (z. B. *ik is al moeg al*). Dem franz. *allez chercher* sei wahrscheinlich *loop haal* (= ga halen) nachgebildet, meint der Verf.; die Wahrscheinlichkeit ist mir wenig fassbar. Sicher sei *hoe [sê jij]?* ein Ueberbleibsel des franz. *comment [dites-vous]?*, aber „wie sagen Sie?" ist ja auch uns nicht fremd. Französische Wörter gibt es nicht allzuviel im Kapholländischen; und kaum ein und das andere, von dem es völlig fest steht, dass es nicht von den Holländern oder sogar den Deutschen aus Europa herüber gebracht worden ist. *Poerbasledân* (pour passer le temps) z. B. weist schon in seinem Consonantismus auf Mitteldeutsche hin, und wirklich kennt ja auch heute noch Mitteldeutschland diesen Ausdruck in ähnlicher Gestalt. Die Anglicismen des Kapholländischen sind wegen der nahen Verwandtschaft der beiden Sprachen zum Theil besonders lehrreich. Das holländische Wort nimmt sehr oft die Bedeutung oder Verwendung des stammgleichen englischen an, z. B. *eenig* (any) — *'n mooie eene* (a handsome one) — *meen* (to mean „bedeuten") — *lijk* (to like „lieben") — *ik is rech* (I am right) — *ik roel koud* (I feel cold) — *afsien* (to see off). Die malaiischen Wörter, welche das Kapholländisch enthält, sind nicht etwa neuerdings durch die in der Kapkolonie so stark vertretenen Malaien aufgebracht worden, sondern sie rühren aus der Zeit her, als das holländische Kapland mit dem holländischen Indien in lebhafter Verbindung stand. Auf demselben Wege und ebendamals sind auch eine Reihe portugiesischer Wörter ins Kapholländische eingedrungen, wie *aja, baljaar, kraal, nooi, sambreero, tamai, trawallo*. Manche sind vom Verf. nicht als sol be erkannt worden, so *maskie* (in der Bedeutung „gleichwohl" und der vom Verf. nicht angegebenen „obwohl" sicher = *mas que*; in der Bedeutung „vielleicht" mischte sich holl. *misschien*, alt *machaschien* ein; durch Vorsetzung eines synonymen holl. *al* entstand *amme[l]skie* „obwohl"). *kapater* (capado). *tronk* (tronco „Gefängniss"). *bredi* („is dit woord Indisch?" franz. *brède*, port. bredo, span. *bledo*), *paai* (pai). Ist etwa *bali* „Fass" durch Vermengung des holl. *balie* „Waschkufe" mit port. *barril* „Fass" entstanden (vgl. surinam-negerengl. *bari, bali* „Fass")? Die verwunderte Interjection *arrie* (aber bei Changuion auch: *arri! triendje, waar is mijn pijp!*) erinnert an das thierantreibende port. *arre*. Es ist nun die Frage, ob die malaiischen und portugiesischen Wörter etwa auch auf ganz gleichem Sprachvehikel herübergekommen sind, d. h. entweder diese auch als malaiische (wie sich ja *maski, trongko* wirklich im Malaiischen finden), oder jene auch als portugiesische, d. h. als indoportugiesische (kapholl. *amper* z. B. kommt auch im Ceylonport. vor). Beides ist möglich; das Letztere mir wahrscheinlicher als das Erstere. Wenn der Verf. sagt, *katel* stamme aus Indien, es komme das

Wort in Malabar vor, so ist zu bemerken, dass es auch die Malaien als *catil* kennen, und dass das port. *catel*, das persischen Ursprungs ist, dem kapholl. Worte zunächst zu Grunde liegt. Ebenso verhält es sich mit dem als indischem Worte bezeichneten *atjar*, das sich bei Persern und Malaien findet, aber auch bei den Portugiesen als *achar*. Als allerwichtigster Streitpunkt bleibt endlich die Frage nach der Einwirkung des Hottentottischen (von den Bantusprachen ist abzusehen) auf die Bildung des Kapholländischen übrig. Dass dies einzelne hottentottische Wörter aufgenommen wie *abba* „ein Kind auf dem Rücken tragen" oder *hoeka* „von Alters her", ist von weiter keinem Belang; dass *fortsèk* auf einem holländo-hottentottischen *roortse* beruhe (ebenso *haarsèk, hotsèk*) will mir wegen des *k* nicht einleuchten, die Gleichsetzung des zweiten Theiles mit *zeg 'k* lässt nichts zu wünschen übrig. Es fragt sich, ob die kreolische Färbung, welche das Kapholländische trägt, auf Rechnung des Hottentottischen zu setzen ist. Th. Hahn spricht sich darüber ganz unzweideutig aus: „the dutch patois can be traced back to a fusion of the country dialects of the Netherlands and Northern Germany, and although phonetically teutonic, it is psychologically an essential Hottentot idiom. For we learn this patois first from our nurses and ayas. The young Africander, on his solitary farm, has no other playmates than the children of the Bastard Hottentot servants of his father and even the grown-up farmer can not easily escape the deteriorating effect of his servants' patois." Ich glaube nicht, dass man Recht hat dagegen zu sagen, die Boeren hätten von je ihre einheimischen Diener in einer zu grossen Entfernung von sich gehalten, um durch sie beeinflusst zu werden; ganz gleich, weder in numerischer noch in qualitativer Beziehung, war allerdings dieses Verhältniss dem zwischen den Negersklaven und ihren Herren in anderen Kolonien nicht. Andererseits müssen wir zugestehen, dass in der Grammatik des Kapholländischen bisher ebenso wenig Hottentottisches wie Französisches mit Sicherheit nachgewiesen ist. Die Tendenz den Geschlechtsunterschied zu beseitigen (von der einzig herrschenden Artikelform *di* abgesehen: „*hij*, door de minstbeschaafden dikwijls ook van vrouwen gebezigt, evenals *hom [hem] eu sij, se, of sen [zijn]*") läuft dem Hottentottischen zuwider. Wegen des accusativen *se* könnte man auf das indoport. *por* verweisen (*ek sé ver hom = eu olho por elle*). Dies Alles verdient eine gründliche Prüfung. Daran halte ich jedenfalls fest, dass solche Dinge wie *al di vee doudt op* („ist gestorben") — *ik is honger* (maurit. *mo faim*) — *ik is jammer ver jou* (vgl. maurit. *mo çagrin toi*) — *ik is skaam* (trinid. *moèn honte*) — *hi eel lé-lé* („er isst liegend") durch Leute von weit verschiedener Sprache aufgebracht worden sind. Anderes sind Neubildungen, die keine ethnischen Ursachen voraussetzen, sondern höchstens eine grössere Ungebundenheit gegenüber der Schriftsprache. Von den Pluralen *eiers* und *hoeners* wird dann und wann auch ein Kind die Singulare *eier* und *hoener* bilden; unter den Afrikanern setzten diese sich fest. In der Bedeutungslehre sind die vielen sprachneuernden Anlässe zu berücksichtigen, welche in der neuen Lebensweise und der neuen Natur liegen: nicht bloss in metaphorischen Phrasen (das *dat is water op sij meule* brauchte der Verf. nicht gerade auf den ausschliessenden Wasserbetrieb der afrikanischen Mühlen zurückzuführen), auch im Gebrauch einzelner Wörter, wie z. B. der gespenstische *weerwolf* hier zu einem leibhaftigen (wolfartigen) Thiere wird

Graz, Anf. Sept.   H. Schuchardt.

Zeitschriften.

Internationale Zeitschrift f. allgemeine Sprachwissenschaft II, 1: Ebers, Lepsius besonders als Linguist. — Haynes, on the psychological side of Language. — Abel, Zur Frage nach den Kennzeichen der Sprachverwandtschaft. — Pott, Einleitung in die allgemeine Sprachwissenschaft. Zur Literatur der Sprachkunde im Besonderen. I. Asien. — Kluge, Zur Geschichte der Zeichensprache. Angelsächsische Indicia monasterialia. — Tochmer, Sprachentwickelung, Spracherlernung, Sprachbildung.

Zs. f. Orthografie, Orthoepie u. Sprachfysiologie 1885, 4, 5: W. Bleich, Ein Vorschlag zur orthografischen Regelung der e-Laute mit Rücksicht auf den Schulunterricht. — Kewitz, Die runden und spitzen Hauptvokale.

Archiv f. Literaturgeschichte XIII, 4: Karl Trautmann, Die dramatischen Dichtungen des Nördlinger Schulmeisters Johann Zihler. — Wilhelm Creizenach, Aus dem Kreise des Schelmufsky. — Georg Ellinger, Der Einfluss des Tartüffe auf die Pietisterey der Frau Gottsched und deren Vorbild. — H. A. Lier und R. M. Werner, Briefe Johann Joachim Ewalds. I. — Heinrich Funck, Gespräche mit Chr. M. Wieland in Zürich. — Karl Schäddekopf, Briefe an Eschenburg. — Zu den „Briefen Herders an C. A. Böttiger hrsg. von Robert Boxberger". — Woldemar Freiherr v. Biedermann, Nachträge zu „8. Hirzels Verzeichniss einer Goethe-Bibliothek hrsg. von L. Hirzel" und an „F. Strehlke Goethes Briefe". — Heinrich Düntzer, Zu Schillers „Demetrius". — Leonhard Lier, Eine unbekannte Kritik Fr. Schlegels. — M. Baltzer, Zu Kleists Friedrich von Homburg.

Melusine II, 21: Los ongles (Forts.). — Béotiana (Forts.). — Devinettes arithmétiques de la Basse-Bretagne. — La chanson des Mensonges. — Le Plongeur, chanson populaire (Forts.). — Prières populaires de la Haute-Loire et d'Ille de Vilaine. — Les Facéties de la mer (Forts.). — La Flèche de Nemrod.

Germania Bd. XXX, 4: K. v. Bahder, Lamprechts Alexanderlied und seine Heimat. — Dera, Zu Wernher vom Niederrhein und dem wilden Mann. — Dera, Worterklärungen. — A. Hoefer, Die Liebe als Gegenstand der volksthümlichen deutschen Poesie. — K. B., Schwertsegen. — K. Bartsch, Bibliographische Uebersicht der Erscheinungen auf dem Gebiete der germanischen Philologie im Jahre 1884.

Zs. f. deutsches Alterthum Bd. 29, 4: Strauch, Deutsche Prosanovellen des fünfzehnten Jh.'s. II. Grisardis von Albrecht von Eyb. — Laistner, Roudlieb-Märchen in Russland. — Martin, Zum Prolog von Hartmanns Gregorius. — Dera, Worterklärungen.

Beiträge zur Geschichte der deutschen Sprache u. Lit. Bd. XI, 1: Otto Bremer, Germanisches e. I. Die lautgesetzliche Entwicklung des idg. e in den ältesten german. Sprachen. (Leipziger Diss.) — Albert Waag, Die Zusammensetzung der Vorauer Handschrift. Mit einer Tabelle. (Freiburger Diss.) — G. Sarrazin, Der Schauplatz des ersten Beowulfliedes und die Heimat des Dichters. — C. Bock, Zu Wolfram von Eschenbach. — Renward Brandstetter, Das angeschobene Luzerner Kirchenlied.

Anzeiger f. deutsches Alterthum Bd. XI, 4: Ph. Strauch, Verzeichniss der auf dem Gebiete der neueren deutschen Literatur im Jahre 1884 erschienenen wissenschaftlichen Publikationen.

Englische Studien IX, 1: L. Toulmin Smith, S. Patrik's Purgatory, and the Knight, Sir Owen (From a manuscript of the 15th century). — F. G. Fleay, On the chronology of the plays of Fletcher and Massinger. — F. Kluge, Zum altengl. Sprachschatz: Excerpte aus der Interlinearversion von Beda's Liber Scintillarum. — E. Kölbing, Kleine Publikationen aus der Auchinleck-Hs. V. Ueber die sieben Todsünden. VI. Das Vater unser. VII. Psalm L. — K. Breul, The Boke of Curtesy. — Literatur. — Miscellen: R. Boyle, Zur Barnavelt-Frage; eine Erwiderung auf das Nachwort des Herrn Prof. Delius. — W. Flek, Zur Frage von der Authenticität der mittelengl. Uebersetzung des Romans von der Rose. — J. Jacoby, Zur Beurtheilung von Shakespeares Hamlet. — Jos. Hall, Note on Saint Katherine, ed. Einenkel (Nr. 10. E. E. T. S.) l. 1690. — C. Stoffel, Some remarks on prof. Kölbing's edition of Amis and Amiloun. — Ders., Zu Assumptio Mariae in der Schweifreimstrophe (Engl. Stud. VIII, 428 ff.). — G. Schuler, Some remark. on Dickens' christmas Carol, ed. Riechelmann. — L. Erling, Zu Chesters Launval. — K. Seitz, Zu Engl. Studien VIII, 359 ff. — J. Schipper, Metrische Randglossen. — E. K., Vorlesungen über Englische Philologie an den Universitäten Deutschlands, Oesterreichs und der Schweiz im W.-S. 1884/85 und im S.-S. 1885. — E. K., Oskar Zielke †. — E. K., Prof. Thum's Anmerkungen zu Macaulays History.

Anglia VIII, 2: J. Koch, A. v. Düring, Geoffroy Chaucer's Werke. — H. H. Helwich, James A. H. Murray, a new English Dictionary. — A. Würsner, O. F. Behm, The Language of the later Part of the Peterborough Chronicle. — H. Brandes, Braunholtz, Die erste nichtchristliche Parabel des Barlaam und Josaphat. — Einenkel, Kölbing, Amis and Amiloun mit den afr. Quellen. — Ders., Gutorsohn, Beiträge zu einer phon. Vokallehre. — D. Asher, D. Petry, Die wichtigsten Eigenthümlichkeiten der engl. Syntax. — Ders., Langenscheidts Nothwörterbücher. — K. Fernow, Warnke u. Pröscholdt, Pseudo Shakespearian Plays. — v. Dadelsen, Ficke, A Critical Examination of Addison's Cato. — Menthel, Zur Geschichte des Ostfriesischen Verses im Englischen. — E. Holthaus, Zur Geschichte der engl. Vokale. — Trautmann, Zu „Otfrid in England" Anglia VII, 211 ff. — Ders., Wortgeschichtliches.

Zs. f. romanische Philologie IX, 2. 3: E. Mall, Zur Geschichte der mittelalterlichen Fabelliteratur. 161. — F. Settegast, Der Ehrbegriff im altfranz. Rolandsliede. 204. — W. Meyer, Beiträge zur rom. Laut- und Formenlehre. II. Zum schw. Perfectum. 223. — B. Krause, Die Bedeutung des Accents im franz. Verse für dessen begrifflichen Inhalt. 263. — H. J. Heller, Metastasio's La Clemenza di Tito. 278. — A. Tobler, Proverbia quae dicuntur super natura feminarum. 287. — C. Decurtins, Eine altladin. Reimchronik. 332. — C. Michaelis de Vasconcellos, Mittheilungen aus portug. Hss. (Schl.). 360. — W. Dreser, Nachträge zu Michaelis' vollständigem Wörterbuch der ital. und deutschen Sprache. 375. — A. Reiffersheid, Uebersicht der akademischen Thätigkeit von Fr. Diez. 390. — O. Schultz, Zu den gonuns. Trobadors. 406. — E. Stengel, Der Entwicklungsgang der prov. Alba. 407. — A. Mussafia, Zu Wolters Judenknaben. 412. — A. Tobler, Zu den Gedichten des Renclus von Moiliens. 413. — Ders., Zu Ulrich, Recueil d'exemples en ancien italien. 418. — P. Schwieger, Bemerkungen zu Amis und Amilox. 419. — A. Gaspary, Die Entwickelung der faktitiven Bedeutung bei roman. Verben. 425. — J. Ulrich, Mit dem Suffix -ir- abgeleitete Verba im Romanischen. 429.

Revue des langues romanes Juli: C. Chabaneau, Sainte Marie-Madeleine dans la littérature provençale (Forts.). — Durand et Chabaneau, Notes de philologie rouergate (Forts.). — L. Lambert, Contes populaires du Languedoc (Forts.).

Archivio glottologico italiano VIII, 3: Flechia, Annotazioni sistematiche alle Antiche Rime Genovesi (II. 161 ff.) e alle Prose Genovesi (VIII, 1 ff.). 1. Lessino. S. 317—406. — Morosi, Osservazioni e Aggiunto alla Fonetica dei dialetti gallo-italici di Sicilia S. 407—422.

Zs. f. neufranz. Sprache u. Literatur VII, 3: E. Stengel, Ungedruckte Briefe Voltaire's an Friedrich den Grossen und an den Landgrafen von Hessen-Kassel nebst Auszügen aus dem Briefwechsel der Madame de Gallatin an den Landgrafen. — W. Ricken, Neue Beiträge zur Hiatusfrage. — U. Meier, Studien zur Lebensgeschichte Pierre Corneille's. (Auch Jenenser Dissertation.)

Franco-Gallia II, 10: J. Sarrazin, Deutsche Stimmen über die franz. Lyrik im allgemeinen und Victor Hugo im besonderen. — Ayer, Grammaire comparée de la langue française. 4e éd. — Sarrazin, Victor Hugo's Lyrik und ihr Entwicklungsgang. — Kiesen, André Chénier. — Kownatzky, Essais sur Hardy.

Magazin f. die Literatur des In- u. Auslandes 40. 41. 42: Paul Heyse, Altfranzösische Romanzen. — Rochlitz-Seibt, Grillparzeriana. — E. Jonas, Dänisches Volkslied. — A. Büchner, Französische Neologismen.
Centralblatt f. Bibliothekwesen H. 9 u. 10: Oesterley, Bibliographie der Einzeldrucke von Martin Opitz' Gedichten und sonstigen Schriften.
Theologische Zeitschrift aus der Schweiz II, 3: L. Tobler, Das germanische Heidenthum u. das Christenthum.
Kirchliche Monatsschrift IV, 12: Schiller, Shakespeare's Macbeth.
Mittheilungen u. Nachrichten f. die evangel. Kirche in Russland 18. Juli—Aug.: Harnack, Goethe's ethische und religiöse Anschauungen in der letzten Periode seines Lebens (1805—1832).
Pädagogisches Archiv 27, 9: H. Klinghardt, Neusprachliche Reformliteratur. (Handelt über die bekannten Arbeiten von H. Breymann, H. Möller und K. Kühn.)
Korrespondenzblatt des Vereins für siebenb. Landeskunde VIII, 3: J. Haltrich, Siebenbürgische Inschriften. — C. Kisch, Beiträge zum siebenb.-deutschen Wörterbuche. — Rauthal.
Preussische Jahrbücher 56, 4: K. v. Jan, Rousseau als Musiker.
Unsere Zeit II. 10: Ebner, Nikolaus Lenau und die schwäbische Dichterschule.
Die Grenzboten Nr. 38: Flügel, Zu Goethes Verhältniss zu Carlyle. — Däntzer, Goethes Logongedichte der Jahre 1815 und 1816.
Die Gegenwart Nr. 37: Th. Zolling, Neues über Heinrich von Kleist. — D. Sanders, Eine neugriechische Schrift über die Lenorensage. — 39: Egb., Auch eine Chamisso-Biographie. — G. v. Loeper, Briefe.
Stimmen aus Maria-Laach 2v, 3: Kreiten, Ist Voltaire's Glaubensbekenntniss vom Jahre 1769 „gefälscht" und ein „Mustor von pfäffischer Intriguenkunst"? — Drevos, Adam von St. Victor. Studie zur Literaturgeschichte des Mittelalters.
Allgemeine Zeitung 5. Sept.: B—o, Rückgang der deutschen Sprache? — 27. Sept. Beilage: Fr. Zarncke, Zu den Goethe-Bildnissen. III.
Vossische Zeitung Sonntagsbeilage Nr. 37 und 38: Otto Sievers, Zur Biographie der Emilie v. Berlepsch, der Freundin Jean Paul's. — H. Holstein, Iffland als Patriot. — H. Prühle, F. A. Wolf über ein Wort Friedrichs des Grossen von deutscher Verskunst.
Wissenschaftliche Beilage der Leipziger Zeitung Nr. 74: R. Bechstein, Christian Reuter, der Verfasser des Schelmuffsky. — Nr. 79: Hoskus, Ein Brief Christian Fürchtegott Gellerts über Fr. G. Klopstock.
De Gids, August, S. 213—242: P. D. Chantepie de la Saussaye, Mythologie en Folklore. (Im Anschluss an A. Lang, Custom and Myth. London 1884.) o.
Verslagen en Mededeelingen der K. Akademie van Wetenschappen te Amsterdam. Letterkunde 3. Recks I: Wijnne, Twee Vragen betreff. Voltaire's histoire de Charles XII.
The Academy 19. Sept.: Sweet, an Irish-Icelandic parallel. — 26. Sept.: The English and Scottish pop. ballads ed. by Child. III. — Pearson, H. Haupt, Die deutsche Bibelübersetzung der mittelalterlichen Waldenser in dem Cod. Teplensis nachgewiesen. — 3. Oct.: Hutchison, German translations of the Bible before Luther.
The Athenaeum 12. Sept.: Hugh Norris, The site of the battle of Brunnanburh. — Helena Faucit, lady Martin, on some of Shakespeare's female characters. — 26. Sept.: Steele, selections from the Tatler, Spectator and Guardian, ed. with introduction and notes, by A. Dobson. — The ingenious Gentleman of Don Quixote of La Mancha, by Cervantes, a translation with introduction and notes by Ormsby, 4 vols; Numantia a tragedy by Cervantes, translated with introd. and notes by Gibson. — Robinson, Introduction to our Early English Literature.
Blackwood's Edinburgh Magazine Sept.: Stories from Bojardo: Orlando.
Rev. pol. et litt. 12: Jules Lemaître, Livres de classe (Oraisons funèbres de Bossuet, nouv. éd. par M. Jacquinet; Histoire de la civilisation par M. J. du Crozals). — Léo

Quesnel, Littérature espagnole contemporaine (M. Maria José de Revada: Sotileza, 1885). — 13: E. Courtois, Chateaubriand intime. (Aus Anlass der Mémoires du comte d'Haussonville.) — 14: Jules Lemaître, Romanciers contemporains. M. Jules de Glouvet. — Bérard-Varagnac, M. Emilio Castelar, sa dernière publication (historia del año 1884) et le discours d'Orense. — 15: E. Caro, Voltaire et Trenchin. (Im Anschluss an das treffliche, an wichtigen Inediten reiche Buch von Percy und Maugras.) — Léo Quesnel, Littérature espagnole contemporaine. M. Pedro Antonio de Alarcon. M. Juan Valera. — De der Cam. litt.: Les Matinées du roi de Prusse; introduction par M. E.-A. Spoll (worin für Voltaires Verfasserschaft eingetreten wird).
Revue des deux mondes 71, 1: F. Brunetière, de quelques travaux récents sur Pascal. — 3: G. Larroumet, le jeune premier de la troupe de Molière, Charles Varlet de la Grange.
La nouvelle Revue 15. Sept.: Stendhal, Un paquet de lettres inédites de Stendhal (Henri Beyle). — Montarges, Les vacances de Victor Hugo.
Mémoires de l'Académie de Toulouse 8. s. 6: Baudouin, La vraie chanson de Roland.
Revue de l'histoire des Religions XI, 3. XII, 1: Bognand, quelques observations sur la méthode en mythologie comparée. — Sébillot, Légendes chrétiennes de la Haute-Bretagne.
Revue critique 40: Tamizey de Larroque, Les lettres de Fénelon à la Quirinienne.
Atti del R. Istituto Veneto di scienze, lettere ed arti tomo 3.°, serie 6.°, disp. 2°: A. Gloria, Volgare illustre nel 1100. e proverbii volgari del 1200. — Disp. 3.°: A. Gloria, Appendice alla Memoria del volgare illustre, ecc. (continuazione).

Neu erschienene Bücher.

Eckleben, S., Die älteste Schilderung vom Fegefeuer des heil. Patricius. Eine literar. Untersuchung. Halle, M. Niemeyer. gr. 8. M. 1,80.
Hellwag, Christoph Friedrich, Dissertatio de formatione loquelae 1781. Heilbronn, Henninger. IV, 60 S. 8. = Phonetische Bibliothek hrsg. von Wilhelm Viëtor. I. [Für weitere Bändchen sind in Aussicht genommen: John Wallis, Tractatus grammatico-physicus de loquela (1653); John Wilkins, An essay towards a real character and philosophical language (1668); Chr. Gottl. Kratzenstein, Tentamen resolvendi problema etc. (1781); Wolfgang v. Kempelen, Mechanismus der menschlichen Sprache (1791).]
Noiré, Ludwig, Logos. Ursprung und Wesen der Begriffe. Leipzig, Engelmann. M. 8.
Wundt, Wilhelm, Essays. Leipzig, Engelmann. 8. M. 7. [Darin u. a.: Die Sprache und das Denken. — Lessing und die kritische Methode.]

Bartsch, K., Beiträge zur Quellenkunde der altdeutschen Literatur. Strassburg, Trübner. 8. M. 8.
Beets, A., De Disticha Catonis in het Middelnederlandsch. Mit 3 Beilagen. Groningen, Wolters. 1885. 107 S. 8. [B. gibt, so weit mir bekannt ist, die Geschichte dieser Uebersetzung, lässt ein sehr genaues Verzeichnis der Hss. und der älteren Drucke folgen. Zum Text hat B. sehr genau die abweichenden Lesarten beigegeben. In der ersten Beilage sind behandelt einige Sprüche, welche angeblich von Cato herrühren. Von einem dieser Sprüche wird der Dichter nachgewiesen, Jan Visier, bisher nur aus Velthem bekannt. Die zweite Beilage gibt eine ausführliche Bibliographie der Disticha im Lateinischen und der Uebersetzungen im Griechischen, Niederl., Deutschen, Franz., Englischen, Italien., Span., Böhmischen u. s. w. Das Ganze ist mit grossem Fleiss und grosser Genauigkeit gearbeitet. a.]
Djurklou, Gabriel, Lifvet i Kinds härad i Västergötland i början af sjuttonde århundradet. Anteckningar om häradets dombøker. Stockholm, F. & O. Beijer. 1885. VI, 88 S. 8. Kr. 2. [Bidrag till vår odlings häfder, utgifna af Artur Hazelius. 4.]
Däntzer, B., Abhandlungen zu Goethes Leben u. Werken. Bd. 2. Leipzig, Wartig. 8. M. 10. [Goethes Beziehungen zu Köln (auch separ. erschienen); das Jahrmarktsfest zu Plundersweilern; Satyros oder der vergötterte Waldteufel; Stella; Goethes politische Dichtungen.]

Festschrift der 38. Versammlung deutscher Philologen und Schulmänner gewidmet von dem Lehrer-Collegium des Gross. Gymnasiums zu Giessen. Darin: Ludwig Texter, Vindobonienses.
Festschrift zur Einweihung des Wilhelms-Gymnasiums, Hamburg 1885. Darin von C. Bock Bemerkungen zur Metrik Wolframs von Eschenbach.
Oleisberg, Ewald, Die Historienbibel und ihr Verhältnis zur rudolfinischen und thüringischen Weltchronik. 30 S. 8. Leipziger Dissertation.
Gottlieb, E., Unsere Sprache und unsere Schrift. Leipzig, Pfau. 112 S. 8.
Gutzeit en über die von der Halleschen Revisionscommission herausgegebene Probebibel, abgegeben von der in der deutsch-romanischen Sektion der Philologenversammlung zu Dessau gewählten Commission. Halle, Niemeyer. 30 S. 8.
Hendriks, J. V., Handwoordenboekje van Nederlandsche Synoniemen. Tweede, herziene en vermeerderde druk. Met eene voorrede van Dr. J. H. Gallée. Tiel, D. Mys. XII, 316 S. 8. f. 2,50. α.
Kamp, H., Der Nibelungen Not in metrischer Uebersetzung, nebst Erzählung der älteren Nibelungensage. Berlin, Meyer & Müller. 8. M. 2,25.
Krüger, J., Den svenska kriminalprocessens utveckling från medlet af det femtonde till slutet af det sjuttonde århundradet. Lund, Gleerup. 1885. 201 S. 8. Kr. 3,75. (Sonderabdruck in 150 Exempl. aus Tidskrift för lagstiftning, lagskipning och förvaltning.) α.
Lyttkens, J. A. och Wulff, F. A., Svenska språkets ljudlära. Kortfattad framställning till undervisningens tjänst. Lund, Gleerup. 1885. II, 176 S. 8. Kr. 1,50.
— —, Svenska språkets ljudlära och beteckningslära jämte en afhandling om aksent. Lund, Gleerup. 8vo. 115 S. 8. Kr. 6,50.
Nissen, C. A., Forsog til en middelnedertysk Syntax. Kopenhagen, Prior i. Comm. 1884. Kopenhagener Dissertation (Vgl. Krause: Deutsche Literaturzeitung Nr. 32.)
Nøa sager å paschaser på dalbonnespråko, varmeläseke å anre tongemål. Samlade åt Albrekt Segerstedt. Stockholm, Alb. Bonnier. 36 S. 12. Kr. 0,25. (Öreskrifter för folket Nr. 135.) α.
Nomina Geographica Neerlandica. Geschiedkundig onderzoek der Nederlandsche Aardrijkskundige namen, uitgegeven door het Aardrijkskundig Genootschap. 1° deel (2° Aufl.). II° dl. 1° afv. Amsterdam, C. L. Brinkman. Utrecht, J. L. Beijers. 1885. 197 S. 8. [Redigirt von J. Dornseiffen, J. H. Gallée, H. Kern, S. A. Naber, H. C. Rogge. Die verschiedenen Formen der Ortsnamen sind hier aus alten Urkunden u. s. w. mitgetheilt, und wo es möglich ist, wird der Name etymologisch erklärt. In mancher Hinsicht von grossem Interesse. α.]
Pawel, Die Hofreste im Nibelungenlied mit ihren Kampf- und Ritterspielen. Wien, Za. f. das österr. Turnwesen. 28 S. 8.
Puppenspiele, deutsche, hrsg. von Richard Kralik und Josef Winter. Wien, Konegen. M. 4. (Inhalt: Genovefa. Graf Paquariel. Fürst Alexander. Don Juan. Graf Heinrich. Doctor Faust. Der bayrische Hiesel. Schinderhannes. Kasperl als Bräutigam.)
Rößler, J., Erläuterungen zu Goethes Faust. Th. I u. II. Berlin, Mecklenburg in Comm.
Vilmar, Handbüchlein für Freunde des deutschen Volksliedes. 3. Aufl. Marburg, Elwert. 8. M. 2,40.
Waag, Alb., Die Zusammensetzung der Voraner Handschrift. Freiburger Dissertation. 88 S. 8 und eine Tabelle. (S.-A. aus Paul und Braunes Beiträgen X.)
Walter, Emil, Die Sprache der revidirten Lutherbibel. Bernburg, Schmeisser. 58 S. 8. M. 1,20.
Weissenfels, Richard, Der daktylische Rhythmus bei den Minnesängern. Freiburger Dissertation. 161 S. 8. [Das Ganze erscheint bei M. Niemeyer in Halle.]
Winkler, Johan, De Nederlandsche Geslachtsnamen in oorsprung, geschiedenis en betekenis 2 Bände. Haarlem, Tjeenk Willink. 1885. X, 636 S. 8. f. 6,50. [Abth. I enthält die Patronymika; Abth. II die Geschlechtsnamen aus geographischen Namen; III. Geschlechtsnamen, welchen Namen von Handwerken, Häusern, Münzen u. s. w. zu Grunde liegen; IV. die geographische Verbreitung einiger dieser Namen; Entlehnungen aus andern Sprachen. Die Volksetymologie ist in genügender Weise berücksichtigt. α.]
Wörterbuch, deutsches. Mündigkeitserklärung — mythisch. Schluss des VI. Bandes.

Hofmann-Wellenhof, Paul v., Shakespeare's „Perikles" und Georg Lillo's „Marina". 21 S. Programm der Landes-Oberrealschule zu Graz.

Leonhardt, Ueber Beaumont und Fletcher's Knight of the Burning Pestle. Programm des Realgymnas. zu Annaberg.

Schulbibliothek, französische und englische. Leipzig, Renger. 22. Bd.: The foundation of english liberty. From the accession of John to the death of Richard III. a. D. 1190—1485. Von Dav. Hume. Mit 2 Karten. Für den Schulgebrauch erklärt von K. Bohne. XII, 164 S. 8. M. 1,25.

Sweet, Henry, Anglo-Saxon Reading Primers (Extracts from Alfred's Orosius; Selected Homilies of Aelfric). London. Zwei Bändchen 8

— —, Elementarbuch des gesprochenen Englisch. Deutsche Ausgabe. Leipzig, T. O. Weigel. M. 2,40.

Thackeray's lectures on the English humourists of the eighteenth century. Hrsg. von E. Regel. I (Swift) und VI (Sterne und Goldsmith). Halle, M. Niemeyer. gr. 8. M. 1,20.

Western, Aug., Englische Lautlehre für Studierende und Lehrer. Vom Verfasser selbst besorgte deutsche Ausgabe. Heilbronn, Henninger. 98 S. gr. 8.

— —, Kurze Darstellung der engl. Aussprache für Schulen und zum Selbstunterricht. Heilbronn, Henninger. 43 S. 8.

Bibbia, La. Volgaro, secondo la rara edizione del 1.º di ottobre 1471, ristampata per cura di Carlo Negroni. Vol. VI: L'Ecclesiaste, il Cantico dei Cantici, la Sapienza, l'Ecclesiastico, Isaia. Bologna, presso Gaetano Romagnoli. in-8. pag. 636. L. 14,56.

Bibliothek gediegener klassischer Werke der italienischen Literatur. Für Schule u. Haus ausgestattet von Ant. Goebel. Münster, Aschendorff. 10. Bändchen: Silvio Pellico, le mie prigioni. VI, 269 S. 16. M. 0,80.

Bozzo, Stefano Vittorio, Una cronaca siciliana inedita del sec. XIV, e il codice QQ. C. 24 della Biblioteca Comunale di Palermo. Bologna, tip. Fava e Garagnani, 1884. in-8. pag. 30. Dal Propugnatore, vol XVII.

Campion, A., Gramática de los cuatro dialectos literarios de la lengua Euskara. Euskal-Erriarenalde. Tolosa, Est. tip. de Eusebio López. 1884. En 4, cuadernos 1 á 3 (págs 1 á 412). Cada cuaderno 4 y 5.

Carnecchia, F. G., Convolto? (v. 46 del XXI dell' Inferno). 2.ª ediz., coll'aggiunta di alcune lettere all'Autore dei chiarissimi dantisti prof. A. D'Ancona, prof. A. Bartoli, prof. cav. I. Del Lungo, prof. cav. G. Rigutini, prof. ab. Giacomo Poletta. Pisa, tip.-edit. del Folchetto. in-6. pag. 29. L. 1.

Cervantes, Novelas ejemplares. Mit erklärenden Anmerk. hrsg. von Ad. Kressner. I. T. Las dos doncellas. La señora Cornelia. Leipzig, Rengersche Buchhandlung. X, 87 S. 8. — Bibliothek spanischer Schriftsteller hrsg. von A. Kressner. I. Band. [Die nächsten Bändchen dieser willkommenen Sammlung sollen bringen: Calderon, La vida ea sueño und El alcalde de Zalamea; Caballero, ¡Pobre Dolores! Cervantes, Novel. ejempl. II, La Jitanilla; Hartzenbusch, Los amantes de Teruel.]

Cocheris, H., Origine et formation de la langue française: Notions d'étymologie française: Origine et formation des mots, etc. Nouvelle édition. In-12, 394 p. Paris, Delagrave.

Costumi ed usi antichi nel prender moglie in Firenze; con una lettera di Paolo Bersotti e Ugo Morini. Firenze, tip. Salani. in-16. pag. 8 n. n. Per nozze Baccani-Landi.

Cronaca particolare delle cose fatte dalla città di Faenza dal DCC al MCCXXXVI. Faenza, ditta tip. Conti. in-16. pag. VIII, 124; pubblicata in occasione delle nozze Zauli-Natali-Magnaguti.

D'Ancona, Alessandro, Il Teatro mantovano nel secolo XVI. Parte I. Mantova, tip. Segna. Dal Giornale storico, fasc. 13. 14.

Dante Alighieri's Paradies. 3. Abtheilung der Göttlichen Komödie. Uebertragen von Francke. Leipzig, Breitkopf & Härtel. S. M. 5.

Fabié, A., Estudio fliológico. Madrid, Libr. de M. Murillo. En 4, 145 págs. 8 y 10. Tirada aparte del prólogo á la obra de Garcés „Fundamento del vigor y elegancia de la lengua castellana".

Garcés, G., Fundamento del vigor y elegancia de la Lengua castellana, expuesto en el propio y vario uso de sus partículas, por el presbítero D. Gregorio Garcés, con adiciones de D. Juan Pérez Villamil, y algunas notas y un prólogo por D. Antonio María Fabié. Madrid, Leocadio López. En 4. Dos tomos en un vol. CXLIII, 335, 364 págs. 40 y 44.

Günthner, E., Calderons Dramen aus der span. Geschichte mit einer Einleitung über das Leben und die Werke des Dichters. Programm des Gymnasiums zu Rottweil. 94 S. 4.

Körting, H., Verschollene Handschriften. Separatabdruck aus der Zs. für nfrz. Sprache und Literatur. [Da Herr K. die 'Bibliothèque des Romans' von Gordon de Percel für ein seltenes Buch ansieht — jeder Pariser Buchhändler konnte ihm sagen, dass dieses bouquin leicht um ein Billiges zu haben ist —, so gibt er einen Auszug daraus, und erzählt naiv genug, wie er sich nach Schlosser Anst begeben hat, um dort die Handschriften der Diana von Poitiers zu suchen. Dass diese Hss. im November 1724 versteigert worden, hätte K. leicht in Erfahrung bringen können: er brauchte nur in dem alphabetischen Verzeichnisse in Delisle's Inventaire I, oder im Index zu Delisle's Cabinet des manuscrits Anst aufzusuchen. Natürlich hat K. in Anst nichts Gescheites gefunden! — Nach einer Anmerkung auf S. 80 hält K. den altfranzösischen Bueve de Hanstone für verloren. Vielleicht war ihm die Histoire littéraire de la France (XVIII, 748) nicht zugänglich; doch hätte er auch dann aus Keller's Romvart, aus Stengel's Mittheilungen, aus dem Catalog von Carpentras und dem Catalog Didot ersehen können, dass wir ein halbes Dutzend Handschriften und darin drei verschiedene Bearbeitungen des Bueve in altfranzösischen Versen besitzen. — Suchier.]

Koschwitz, Ed., Commentar zu den ältesten franz. Sprachdenkmälern. I. Eide, Eulalia, Jonas, Hohes Lied, Stephan. Heilbronn, Henninger. VIII, 227 S. 8. = Altfr. Bibl. 10. Bd.

Libro de los fechos et conquistas del Principado de la Morea, compilado por comandamiento de D. Fray Johan Fernández de Heredia, maestro del Hospital de San Johan de Jerusalem. (Chronique de Morée aux XIII.e et XIV.e siècles, publiée et traduite pour la première fois pour la Société de l'Orient Latin, par Alfred Morel-Fatio. Genève, Impr. J. G. Fick. En 4, LXIII, 177 págs. Edición en francés y castellano, con doble paginación.

Loiseau, A., Histoire de la littérature portugaise depuis ses origines jusqu'à nos jours. Un vol. in-18 jésus. Paris, Thorin. fr. 4.

Masi, Ernesto, Parrucche e sanculotti nel secolo XVIII. Milano, Fratelli Treves. 370 S. 16. L. 4. [Inhalt: Pietro Metastasio. — Politica goldoniana. — Goldoni e Leonardo da Vinci. — Altri appunti goldoniani. — Commedia reazionaria — Frusta letteraria. — I drammi lagrimevoli. — Dall' 89 al 99. — Parrucche coronate: I. Vittorio Amadeo III di Savoia; II. Carlo Emanuele IV di Savoia. — I racconti della nonna. — Il salotto d'Isabella Albrizzi. — Vincenzo Monti. — La figlia di Vinc. Monti. — Il teatro Giacobino in Italia. — Un sopravvissuto.]

Paris, G., La Parabole des Trois anneaux, conférence faite à la Société des études juives, le 9 mai 1885. in-8, 19 p. Paris, Durlacher. Extrait de la Revue des études juives, t. 11.

Poesie storiche genovesi, edite per cura di Achille Neri. Genova, tip. del R. Istituto Sordomuti. in-8 gr. p. 70. Dagli Atti della Società Ligure di storia patria, vol. XIII, fasc. I e V.

Roitzsch, Max, Das 'particip bei' Chrestien. Inaugural-Diss. Leipzig, Fock. 104 S. 8. M. 1,80.

Sá de Miranda, F. de, Poesias. Edição feita sobre cinco Manuscriptos ineditos e todas as Edições impressas. Acompanhada de um Estudo sobre o Poeta, Variantes, Notas, Glossario e um Retrato por C. Michaelis de Vasconcellos. Halle, M. Niemeyer. gr. 8. M. 30.

Sammlung gemeinverständlicher wissenschaftlicher Vorträge, hrsg. von Rud. Virchow u. Frz. v. Holtzendorff. Berlin, Habel. Heft 467: Giacomo Leopardi, Vortrag, geh. am 3. Mai 1884 im Verein der Lehrer an den höheren Staatsschulen in Hamburg von F. Zschech. 31 S. 8. M. 0,80.

Sébillot, P., Petites légendes chrétiennes de la Haute-Bretagne. in-8, 22 p. Paris, lib. Leroux.

Sittl, K., Jahresbericht über das Vulgär- und Spätlatein aus den Jahren 1877—1883. Separatabdr. aus dem Jahresbericht über die Fortschritte der klassischen Alterthumswissenschaft. XL. Band. III. S. 317—354.

Tessier, Andrea, Il Mureto attribuito a Virgilio, giunta il vip. dell'Ancora. in-8, p. 30. Per nozze Battaglia-Giudica.

Vidal, F., Les manuscrits provençaux de la Mejanes. S.-A. aus der Revue sextienne. Aix.

Zehle, Heinrich, Laut- und Flexionslehre in Dante's Divina Commedia. Strassburger Dissertation. 79 S. 8.

Ausführlichere Recensionen erschienen über:

Curti, Die Entstehung der Sprache durch Nachahmung des Schalles (v. G. v. d. G.: Lit. Centralbl. Nr. 40).
Meyer, Essays und Studien zur Sprachgeschichte und Volkskunde (v. Z.....e: ebd. Nr. 41).
Techmer, Internat. Zs. für allgemeine Sprachwissenschaft (v. H. Klinghardt: Engl. Stud. IX, 1).
Goedeke, Grundriss zur Geschichte der deutschen Dichtung. Zweite Aufl. Bd. I (v. Strauch: Anz. f. d. A. XI, 4).
Jostes, Die Waldenser und die vorlutherische deutsche Bibelübersetzung (Theol. Litbl. Nr. 37).
Keil, Wieland und Reinhold (v. Conradi: Nationalzeit. Nr. 323).
Lamprechts Alexander, hrsg. von Kinzel (v. Roediger: Anz. f. d. A. XI, 4).
Victor, German Pronunciation, Practice and Theory (v. Klinghardt: Engl. Stud. IX, 1).
Weltrich, Schiller (v. Vischer: Beil. zur Allg. Zeit. Nr. 245).
Woordenboek, Middelnederlandsch, H. 1 (v. Gallée: De Gids, August, S. 242—272). G.

Beowulf, tral. e ill. dal Dott. G. Grion (v. Th. Krüger: Engl. Stud. IX, 1).
Effer, Einf. und doppelte Consonanten im Ormulum. Bonner Dissert. (v. Menthel: ebd.).
Else, Notes on Elizabethan Dramatists (v. Albr. Wagner: ebd.).
Fehse, Henry Howard Earl of Surrey. Ein Beitrag zur Geschichte des Petrarchismus in England. Programm der Realschule zu Chemnitz (v. M. Koch: ebd.).
Floris and Blauncheflur, hrsg. von Emil Hausknecht (v. Kölbing: ebd.).
Hense, Shakespeare (v. M. Koch: ebd.).
Kellner, Zur Syntax des englischen Verbums (v. Deutschbein: ebd.).
Octavian. Zwei me. Bearbeitungen. Hrsg. von Sarrazin (v. G. Lüdtke: Deutsche Literaturzeitung 42).
Skeat, The Tale of Gamelyn from the Hurleian Ms. Nr. 7334 coll. with six other Mss. (v. Lindner: Engl. Stud. IX, 1).
Stratmann, Mittelengl. Grammatik (v. Kölbing: ebd.: ist nicht zu empfehlen).
Sweet, First middle English Primer (v. Kölbing: ebd).

Brinkmann, Syntax des Französischen und Englischen (v. R. Thum: ebd.).
Habicht, Beiträge zur Begründung der Stellung von Subject und Prädicat im Neufranzös. (v. A. Schulze: Zs. IX, 431—6).
Redolfi, Die Lautverhältnisse des bergellischen Dialekts (v. Morf: Gött. Gel. Anz. 21).
Renclus de Moiliens, p. p. v. Hamel (v. Tobler: Deutsche Literaturzeitung 38. Oct).
Schilling, Spanische Grammatik. Leipzig, Gloeckner (v. Zunker: ebd. 39. Oct).

Literarische Mittheilungen, Personalnachrichten etc.

Bei der 38. Versammlung Deutscher Philologen und Schulmänner in Giessen wurden in allgemeiner Sitzung u. a. folgende Vorträge gehalten: von Prof. Dr. Ihne (Heidelberg) über den neusprachlichen Unterricht auf den Universitäten, von Prof. Dr. Trautmann über Wesen und Entstehung der Sprachlaute, von Dr. Schwan über die Geschichte des mehrstimmigen Gesangs und seiner Formen in der französischen Poesie des 12. und 13. Jh.'s. In der deutsch-romanischen Section sprach Prof. Birch-Hirschfeld über die provenzalischen Dichter in der Göttlichen Komödie, Dr. Wenker (Marburg) über die Fortschreiten seines Sprachatlas, Prof. Dr. Kluge über die Principien in der Entwicklung der Wortbildungselemente, Prof. Dr. Stengel über Weigands Briefwechsel. Aus Dr. Wenkers Vortrag erfuhr man, dass die Methode der Darstellung nach Müllenhoffs Einfluss eine wesentliche Verbesserung erfahre. Die nach dem neuen Plan gezeichneten Karten sind von ausserordentlicher Klarheit. Die Section beschloss den Reichskanzler zu bitten, es möchte Herrn Dr. Wenker eine Unterstützung aus Mitteln des Reiches gewährt werden, um ihm die Anstellung von zwei Hilfsarbeitern zu ermöglichen. Als solcher ist schon seit einiger Zeit Herr Dr. Const. Nörrenberg thätig, dem wir eine treffliche Dissertation über die niederrheinischen Mundarten verdanken (Beiträge IX, 371). — Auf der Tagesordnung der Section stand auch die Besprechung über die oben verzeichneten Gutachten über die Probebibel. In zwei Thesen sprach man sich dahin aus, dass das Verfahren der Probebibel nicht zu billigen sei.

Die neusprachliche Section änderte ihren Namen in neuphilologische Section, um anzudeuten, dass sie nicht nur praktische, sondern auch wissenschaftliche Fragen in ihren Bereich ziehen wolle. Es sprach Dr. Kühn (Wiesbaden) über „das Unterrichtsziel im Französischen an Realgymnasien und Realschulen", Dr. Rhode aus Hagen i. W. über „Schwierigkeiten bei Anbahnung einer Reform des neusprachlichen Unterrichts nach lautlichen Grundsätzen und Vorschläge zu ihrer Beseitigung", Prof. Stengel machte Mittheilungen über eine american association of philologists. Die Debatte über die den Ihne'schen Vortrag, welche in die neuphilologische Section verlegt war, gipfelte in dem frommen Wunsche, es sollten an jeder Universität je zwei Professoren für Romanisch und Englisch vorhanden sein.

Für Braune's Sammlung germanischer Grammatiken ist in Vorbereitung: Altsächsische Grammatik; Grundzüge der germanischen Syntax, beides von Otto Behaghel.

Dr. F. Holthausen arbeitet an einer Grammatik des kentischen Dialektes von den ältesten Zeiten bis auf die Gegenwart. Von demselben erscheint demnächst eine Grammatik der Soester Mundart. — Von F. Kluge erhalten wir binnen kurzem einen Grundriss der germanischen Suffixlehre.

Dr. Kressner arbeitet an einer „Geschichte der franz. Literatur von ihren Anfängen bis zur Zeit der Renaissance".

Antiquarische Cataloge: Carlebach, Heidelberg (Literaturgesch. u. deutsche Lit.): Schleswig-Holsteinsches Antiquariat, Kiel (Deutsche Literatur).

Abgeschlossen am 25. October 1885.

Erklärung.

Auf die Besprechung von „Die Regel des hl. Benedict, hrsg. von Joh. B. Troxler", S. 355 des Litbl.'s habe ich folgendes zu erwidern. Sowohl die Abschrift des Herrn Troxler als auch die erste und zweite Correctur wurden von Unterzeichnetem genau mit dem Original verglichen. Und auch gegenwärtig liegt dasselbe vor mir. Während sonst die Abkürzungszeichen nicht gespart sind, findet man in den Formen *fulm, folmį, falf, folu, fulmu, dazim, dazm, vicm, dirm, fon, fomf, finr, minr, luinr, lufmf* etc. keine Spur einer Abkürzungszeichens und deshalb wurden selbe auch gedruckt genau wie sie im Originale stehen. Auch eine Aenderung der Wörter *bedir* und *dich* S. 42, 27 u. 28 wäre irrig. Der Satz heisst ja: *Bedir fra bireit inen werdin, ôf dich inen durft fi. Balneorum usus infirmis quoties expedit, offeratur.* Die Frage über den Ursprung des Originals, sowie über die Bedeutung der obigen Formen hängt mit einer andern Frage zusammen, nämlich ob man in jener Periode wirklich so gesprochen habe, wie man schrieb, oder ob es schon damals eine Schriftsprache und einen daran verschiedenen Dialekt gegeben habe. Josef Leep, Brandstetter sen.

Präs. des historischen Vereins der 5 Orte.

NOTIZ.

Den germanistischen Theil redigirt Otto Behaghel (Basel, Bahnhofstrasse 53), den romanistischen und englischen Theil Fritz Neumann (Freiburg i. B., Albertstr. 24), und man bittet die Beiträge (Recensionen, kurze Notizen, Personalnachrichten etc.) entsprechend gefälligst zu adressiren. Die Redaction richtet an die Herren Verleger wie Verfasser die Bitte, dafür Sorge tragen zu wollen, dass alle neuen Werke germanistischen und romanistischen Inhalts ihr gleich nach Erscheinen entweder direct oder durch Vermittelung von Gebr. Henninger in Heilbronn zugesandt werden. Nur in diesem Falle wird die Redaction stets im Stande sein, über neue Publicationen eine Besprechung oder kürzere Bemerkung (in der Bibliogr.) zu bringen. An Gebr. Henninger sind auch die Anfragen über Honorar und Sonderabdrücke zu richten.

Literarische Anzeigen.

Wir sind ermächtigt, die uns in Commission übergebene Schrift:

Shakespeares Macbeth im Unterricht der „Prima". Von Dr. W. Münch. Beilage zum Jahresbericht des Realgymnasiums zu Barmen Ostern 1884. so weit der kleine Vorrath reicht, gegen Franco-Einsendung von 10 Pf. franco zu senden.

Heilbronn, October 1885. Gebr. Henninger.

Soeben erschienen, in allen Buchhandlgn. vorräthig:

Geiger, Ludw. Prof. (Berlin), **Firlifimini und andere Curiosa.** 12°. VI u. 167 S. geh. M. 4,00.

Mayer, Gustav Prof. (Graz). **Essays und Studien zur Sprachgeschichte und Volkskunde.** 8°. VIII u. 412 S. geh. M. 7,00. geb. M. 8,00.

Verlag von **Robert Oppenheim** in Berlin.

Soeben erschien:

Schillers Dramen.
Eine Bibliographie.
Nebst einem Verzeichniß der Ausgaben sämmtlicher Werke Schillers.

Von

August Settler.
gr. 8°. VI, 57 S. Preis 3 Mark.

Gegen frankirte Einsendung des Betrages erfolgt die Zusendung franko von der Verlagsbuchhandlung

Berlin S. 14, **Waldemar Wellnitz.**
Kommandantenstrasse 43.

Soeben erschien:

Das Uralaltaische und seine Gruppen
von
Heinrich Winkler.
1. und 2. Lieferung. gr. 8. Preis 3 Mark 60 Pf.

Früher erschien:

Uralaltaische Völker und Sprachen
von
Heinrich Winkler.
1884. gr. 8. Preis 8 Mark.

Ferd. Dümmlers Verlagsbuchhandlung
(Harrwitz und Gossmann) in Berlin SW. 12.

ZENTRAL-STELLE für Dissertationen und Programme
von **Gustav Fock in Leipzig.**
Sortiment, Verlag u. Antiquariat –
Bestellungen u. Anfragen werden prompt erledigt!
Angebote sind stets willkommen!

Verlag von **Gebr. Henninger in Heilbronn.**

Neu erschienen:

Faust von Goethe.
Mit Einleitung und fortlaufender Erklärung
herausgegeben von
K. J. Schröer.
Erster Theil.
Zweite, durchaus revidirte Auflage.
Geh. M. 3. 75. In eleg. Leinwandband M. 5. —

Sprachgebrauch und Sprachrichtigkeit
im Deutschen.
Von
Karl Gustaf Andresen.
Vierte Auflage.
Geh. M. 5. —

Grundzüge
der
deutschen Litteraturgeschichte.
Ein Hilfsbuch
für Schulen und zum Privatgebrauch.
Von
Dr. Gottlob Egelhaaf.
Vierte Auflage.
— Mit Zeittafel und Register. —
Geh. M. 2. —

Altfranzösische Bibliothek
herausgegeben
von
Dr. Wendelin Foerster,
Professor der romanischen Philologie an der Universität Bonn.

IX. Band: Adgars Marien-Legenden. Nach der Londoner Handschrift Egerton 612 zum ersten Mal vollständig herausg. von Carl Neuhaus. Geh. M. 8.—

X. Band: Commentar zu den ältesten französischen Sprachdenkmälern herausgegeben von Eduard Koschwitz. I. Eide, Eulalia, Jonas, Hohes Lied, Stephan. Geh. M. 5.—

Verantwortlicher Redacteur Prof. Dr. Fritz Neumann in Freiburg i. B. — Druck von G. Otto in Darmstadt.

Literaturblatt
für
germanische und romanische Philologie.

Unter Mitwirkung von Professor Dr. Karl Bartsch herausgegeben von

Dr. Otto Behaghel und Dr. Fritz Neumann
o. ö. Professor der germanischen Philologie o. ö. Professor der romanischen Philologie
an der Universität Basel. an der Universität Freiburg.

Verlag von Gebr. Henninger in Heilbronn.

Erscheint monatlich. Preis halbjährlich M. 6.

VI. Jahrg. Nr. 12. December. 1885.

Grimm, Lieder der alten Edda, hrsg. von J. Hoffory (Symons).
Otfrids Evangelienbuch, hrsg. von Piper. II (Behaghel).
Hansen, Die Kampfschilderungen bei Hartmann und Wirnt (Ehrismann).
Ferry, From Opitz to Lessing (M Koch).
Bauer, Briefe über die Wienerische Schaubühne von J. v. Sonnenfels (Muncker).
Sage, hrsg. von A Heusler (Liebrecht).
Sweet, Anglo-Saxon Reading Primers 1. II

(Schröder)
Fick, Zum ms. Gedicht von der Perle (Knigge).
Marie de France, die Lais der, hrsg von Warnke (Mussafia).
Textes vieux français. 2. La Passion Bts. (Catherine en dialecte poitevin p. p. Talbert (Tobler).
Cnelsi, Le Rime provvazali di Bambertino Buvalelli (Levy).
Wiese, 1) Neuere Lieder L. Giustinianis; 2) Einige Dichtungen L. Giustinianis (Stengel).

Vint-Castel, Essai sur le Théâtre espagnol (Stiefel).
Focard, Du patois créole de l'Ile Bourbon (Schuchardt).
Bibliographie.
Literarische Mittheilungen, Personalnachrichten etc.
Koerting und Suchier, Berichtigung und Antwort.
Bartsch, Erklärung.

Lieder der alten Edda. Deutsch durch die Brüder Grimm. Neu herausgegeben von Dr. Julius Hoffory. Berlin, Georg Reimer. 1885. XIV, 95 S. 8. M. 1,50.

Es war ein glücklicher Gedanke Hoffory's, zu Jacob Grimms hundertjährigem Gedenktage einen neuen Abdruck der freien Verdeutschung eddischer Heldenlieder durch die Brüder Grimm zu veranstalten. Sie bildet bekanntlich, besonders paginirt, den Schluss der Grimmschen Eddaausgabe von 1815. Wie diese ist sie Fragment geblieben und umfasst bloss, nach heutiger Bezeichnung, die Vǫlundarkviþa, die drei Helgelieder, Sinfjǫtlalok, Grípisspá, Reginsmál in zwei Abschnitten (von Otter und Reigin' und 'von Nikar'). Fáfnismál, Sigrdrífumál, Brot af Sigurþarkviþu, Sigurþarkviþa in skamma und Helreið Brynhildar. Aber ein Fragment, das alle vollständigen Uebersetzungen, die wir besitzen, reichlich aufwiegt. Hoffory hat S. XII f. seiner hübschen Einleitung den Werth dieser Uebertragung treffend charakterisirt. Dieselbe unvergängliche Frische und stimmungsvolle Unmittelbarkeit, welche die Märchen zu einem bleibenden Schatze gemacht haben für Alt und Jung, durchwehen auch die der Form nach prosaische, dem Wesen nach im besten Sinne poetische Uebersetzung dieser Heldenlieder. Da ist nichts Fremdartiges hinzugesetzt, nichts verwischt oder verschönert. 'Die Grimmsche Uebersetzung', sagt Hoffory mit vollem Rechte, 'ist die einzige, die dem Leser eine lebendige Vorstellung von der Eigenart und Schönheit des Originals zu geben vermag'.

Gerade jetzt war es an der Zeit, die Grimmsche Verdeutschung, losgelöst von dem veralteten Texte und den ferneren Beigaben, dem grösseren Publikum zugänglich zu machen. Müllenhoffs letztes Werk hat die Eddaforschung in neue Bahnen gelenkt, die der Methode nach, von welcher sie ohne Schaden nicht wieder wird abweichen dürfen. Seine Methode hat zwei hervorstechende Züge mit der Grimmschen Uebersetzung gemein: die Achtung vor der Ueberlieferung und die treue Nachempfindung der dichterischen Production des germanischen Alterthums. Leider sind auch Müllenhoffs Eddaforschungen nur als Torso veröffentlicht, allein es ist zu erwarten, und Anzeichen dafür fehlen nicht, dass wir auf diesem Gebiete einer fruchtbaren Arbeitszeit entgegen gehen. Möchten dann die Resultate dieser Forschung, welche ja überall tief in die wichtigsten Fragen der germanischen Alterthumswissenschaft eingreift, auch dem grösseren Publikum vermittelt werden durch eine treue Prosaübersetzung der ganzen Edda im Grimmschen Sinne. Irre ich nicht, so ist schon von anderer Seite die Frage aufgeworfen, ob nicht der Herausgeber des vorliegenden Neudrucks, welcher uns kürzlich so wohlgelungene Proben einer deutschen Uebertragung der Hávamál gegeben hat (Gött. gel. Anz. 1885, Nr. 1), der Mann dazu sei, diese wünschenswerthe und dankbare Arbeit zu übernehmen. Mag nun aber Hoffory oder ein anderer uns diese Gabe bescheren, für den künftigen Uebersetzer der Edda wird die Vorarbeit der Brüder Grimm das leuchtende Muster bleiben müssen.

Groningen, Sept. 1885. B. Symons.

Otfrids Evangelienbuch. Herausgegeben von Paul Piper. II. Theil: Glossar und Abriss der Grammatik. Freiburg i. B. und Tübingen, Mohr. 1884. IX, 696 S. 8.

Piper hat selbst im Vorwort die Berechtigung seiner Arbeit darzuthun gesucht durch eine Kritik des Kelleschen Wörterbuchs. Und man muss in den meisten Punkten seiner theoretischen und seiner praktisch ausgeübten Kritik ihm Recht geben. Zunächst ist die grössere Richtigkeit der grammatischen Ansätze auf Seite Pipers. Sodann ist seine Sammlung des Materials vollständiger als die bei Kelle gebotene. Ich habe zahlreiche Artikel in der einen und der andern Bearbeitung verglichen: die Belege waren entweder die gleichen, oder Piper verzeichnet mehr Stellen. Nur ein Fall ist mir dabei begegnet, wo Kelle seinem Nachfolger überlegen ist: bei *anavāti* fehlen bei Piper 3 der 6 bei jenem gegebenen Belege. Wir begreifen wohl, dass P. Bedenken getragen hat unter den obwaltenden Verhältnissen, Kelles Buch zur Controle des seinigen durchzuarbeiten, aber bedauern mögen wir doch, dass es nicht geschehen ist, denn wir hätten dann eine fast unbedingte Gewähr für die Vollständigkeit seiner Angaben gehabt. Weiter ist Pipers Darstellung übersichtlicher als die Kelles; allein ich möchte doch nicht mit Piper Kelle einen Vorwurf daraus machen, dass er stets den ganzen Zusammenhang mitgetheilt hat, in welchem ein Wort erscheint. Denn es ist sehr oft von Werth, die Belegstellen für ein Wort in ihrem vollen Umfange unmittelbar vor Augen zu haben. Diese Nothwendigkeit liegt freilich gerade bei Kelle in besonders hohem Masse vor; denn was er in der Aufstellung der Bedeutungen geleistet hat, ist nicht sehr befriedigend. Seine Unterscheidungen sind oft ganz überflüssig oder künstlich gemachte oder geradezu falsche, nicht selten steht die abgeleitete Bedeutung vor einer ursprünglicheren u. dgl.; vgl. z. B. die Wörter: *abulgi, afaron, after* 1, 1 und 2, *agaleizi, alaniu, alathruti, alt* 1 und 2, *alawar, antfang*. Piper dagegen bewährt einen gesunden Sinn für das Einfache und Natürliche.

Von Einzelheiten bemerke ich folgendes. *abgot*: woher wissen Kelle, Erdmann, Piper, dass das Wort Mascul. sei? — *adalkunni* heisst gar nichts anderes als edles Geschlecht, auch I, 3, 4; V, 22, 3 sind allerdings die Kinder Gottes gemeint, aber damit ist nicht gesagt, dass *ad*. nun auch diese Bedeutung habe. — Statt *afalon, aforon, afur* wäre doch wohl die genauere Schreibung *auolon, auoron, auur* voranzustellen gewesen. — Neben *altāri* wäre *alteri* unzusetzen. — *baki* und *beldi* sind doch nicht zwei verschiedene Wörter. — *brennen*: l. V, 1, 11 statt V, 1, 21; *löan* wird von Kelle, Erdmann und Piper als stsw. Verbum angesetzt; allein es erscheinen bei Otfrid keine schwachen Praeteritalformen. — Dass *dohta* V, 23, 236 sw. n. sei, wie Kelle und Piper wollen, ist nicht denkbar; 240 liegt überhaupt nicht ein Substantiv, sondern natürlich das Verbum *douy* vor! — *duan* 67, 6 Z. 6 v. u. l. *mir* statt *mit*. — Ganz allgemein wird ein Adverbium *eino* angenommen I, 1, 115, IV, 17, 28, V, 17, 15, während es doch nichts anderes als erstarrter Nom. Sg. Masc.

ist; gerade so wird ja auch *selbo* vor andern Geschlechtern und auch im Plural gebraucht (Piper S. 398, 6). — *einkunni* soll so viel als verheirathet bedeuten; das halte ich für unmöglich. — Wozu für *einmuāri* vier verschiedene, noch dazu synonyme Uebersetzungen, wo das Wort nur in einer Stelle vorkommt? Ebenso überflüssig sind die Synonyma bei *drugilicho, creilicho, drutaila, drutthegan, einon, fizzih, feh* etc. — Dass *eigisōn* (s. v. *eison*) überhaupt ein Wort sei, ist mir mehr als zweifelhaft. — Mit der Bedeutung, die P. für *ferah* angibt, ist nicht auszukommen. — *frō* Herr als sw. m. zu bezeichnen, wie Kelle, Erdmann, P. thun, hat keinen Sinn. — Von allen drei Autoren wird falsch *fruati* statt *fruat* angesetzt. — Zu I, 14, 24 *gimachun* wird von Kelle und Piper ein sw. f. *gimacha* als Singular angesetzt; richtig bei Erdmann *gimacho*. — Piper, wie alle Wörterbücher, setzt zwei Verben für unser *erwähnen* an, ein starkes *giwahan* und ein schwaches *giwahinen*. Vom ersteren kommt merkwürdiger Weise nur das Praeteritum, vom zweiten nur das Praesens vor; es liegt auf der Hand, dass wir mit einem einzigen Verbum nach dem Stammbildungstypus von got. *gafraihnan — gafrah* zu thun haben.

Basel, 23. April 1885. Otto Behaghel.

Hansen, Friedrich, Die Kampfschilderungen bei Hartmann von Aue und Wirnt von Gravenberg. Halle, Niemeyer. 1885. 112 S. 8.

Im ersten Theile der Abhandlung, der „Terminologie", gibt der Verfasser mit Hilfe der technischen Ausdrücke, deren sich Hartmann und Wirnt in ihren Kampfschilderungen bedienen, ein anschauliches Bild des ritterlichen Zweikampfs, der (scil.) in ihrem ganzen Verlaufe. Denn nur diese wird besprochen, und die zu Grunde gelegten Epen boten natürlich nicht Gelegenheit, auf alle Formen ritterlicher Kampfspiele einzugehen. Immerhin hätten einige Stellen im Wigalois zu einer kurzen Behandlung von *turnei* und *buhurt* veranlassen können. Unter dem fleissig gesammelten Material konnten noch mehrere Ausdrücke, worin sich schon durch Herübernahme aus dem Französischen als speciell technische kennzeichnen, angeführt werden, wie: *āventiure* (die kurze Notiz p. 9 genügt nicht; vgl. Ben. Wb. zu Wh. zu Wig.), *croijieren* (Wig. 4554), *finuze* (Wig. 7817 — die wichtige Stelle: „*der tet im die fianze, daz spricht entiusche sicherheit*". *Trunze* (p. 34) ist nicht eine aus *trunzūn* geschwächte, sondern etymologisch davon verschiedene Form.

Der zweite Theil, „poetische Technik", gehört ganz in das Gebiet der Literaturgeschichte, indem hier Hartmanns und Wirnts künstlerische Fähigkeiten, so weit solche aus den Kampfschilderungen beurtheilt werden können, behandelt und gegen einander abgemessen werden. Wirnt zeigt sich auch hierin unbeholfen und phantasielos. Diesem Resultate wird man wohl zustimmen können. Wenn aber der Verfasser p. 64 meint, man würde im Ganzen nicht fehlgehen, „aus diesen Stellen „berechtigte Schlüsse auf des Dichters ganze poetische Begabung und Bedeutung zu machen", so ist dies zu allgemein ausgedrückt. Eine Untersuchung, welche „eines jeden mhd. Dichters Eigenart" nur aus solchen aus dem Zusammenhang losgerissenen Episoden, die zudem immer nur ein und denselben Gegenstand behandeln, klar legen wollte, müsste principiell verworfen werden, da man auf diese Weise niemals zum Verständniss einer dichterischen Individualität gelangen kann und es unmöglich ist, so einen Gesammteindruck eines poetischen Werkes zu bekommen. Die Gewandtheit im Ausdruck, die Kunst anmuthig zu erzählen, also gerade Hartmanns Vorzüge, wird man auch an diesen Stellen bemerken können. Wer sich aber auch nur einen oberflächlichen Begriff von den tiefsinnigsten und seelenvollsten mhd. Epikern, Wolframs, charakteristischen Eigenschaften verschaffen wollte, würde gewiss nicht vorzugsweise diejenigen Partien seiner Dichtungen aufsuchen, in welchen er Kämpfe schildert. — Die fleissige Arbeit wird leider durch eine grosse Anzahl von Druckfehlern und falschen Citaten verunstaltet.

Pforzheim.   Gustav Ehrismann.

Perry. Thomas Sergeant. From Opitz to Lessing: a Study of Pseudo-Classicism in Literature. Boston, James R. Osgood and Company. 1885. VI, 207 S. 8.

Hat die Entwickelung unserer Literatur im Inlande der politischen Einheit und Machtentfaltung vorgearbeitet, so haben wir es nun hinwiederum als eine Folge unserer politischen Stellung zu begrüssen, dass unsere Literatur im Auslande immer wachsende Beachtung findet. Man hat sich dort früher nur mit unsern grössten Dichtern und ihren Werken beschäftigt; Taylors Faustübersetzung, Boyesens Commentar, Lichtenbergers Goethestudien, die Arbeiten von Caro, Cart u. a. zeigen, dass dieses Interesse auch heute noch und zwar verstärkt anhält. Ihm zur Seite macht sich aber nunmehr ein tiefergehendes bemerkbar; Franzosen und Amerikaner geben sich die Mühe, auch ferner liegende Literaturperioden, in denen der Grund zur folgenden Grösse gelegt ward, zu untersuchen. An die Arbeiten von Joret, Grucker, Antoine reiht sich vorliegendes Buch an. Durch seinen Titel erscheint es K. Lemckes Literaturgeschichte „Von Opitz bis Klopstock" verwandt, mit der es aber sonst kaum eine Aehnlichkeit aufweist. Ich will den Werth der geistreichen Studie nicht herabsetzen, denn beim Urtheil darüber müssen wir immer eingedenk bleiben, dass sie für amerikanische Leser, bei denen gar keine Kenntniss und nur beschränktes Interesse für deutsche Literatur vorausgesetzt werden darf, geschrieben ist. An Gründlichkeit aber kann sich Perrys Werk durchaus nicht mit den erwähnten französischen messen. Man gewinnt trotz der vielen Citiren nirgends den Eindruck, dass der Verfasser aus den Quellen selbst geschöpft habe. Seine Hauptquellen waren wohl Hettners Lit. Geschichten, die dann durch Danzel, Lotheissen, Lemcke, Grlicker ergänzt wurden. Der Irrthümer im Einzelnen finden sich viele. Die fruchtbringende Gesellschaft zählte nicht, wie man nach Perrys Ausdruck (S. 19) annehmen möchte, zu einem Zeitpunkt 750 Mitglieder; so viel Theilnehmer hatte sie während ihres ganzen Bestehens. Dass Flemming sich gleichgiltig gegen die von Opitz geforderte Reform des Versbaues verhalten habe (S. 53), wird durch Flemmings eigene Verse wie noch besonders durch seine vier Sonette über Opitzens Ableben widerlegt. Ueber sein Verhältniss zu Pope hat sich Haller selbst in der Vorbemerkung zu den „Gedanken über Vernunft, Aberglauben und Unglauben" (1729) so deutlich ausgesprochen, dass Perry statt aller Zweifel (S. 70) sich einfach auf die ihm wohl nicht bekannte Erklärung hätte berufen können. Von politischen Sympathien, welche die im 18. Jahrhundert doch sehr unfreie Schweiz für das parlamentarische England gehabt hätte (S. 81), konnte ich bei Bodmer keine Spur finden; auch das literarische Interesse war, als Bodmer und Breitinger zuerst hervortraten, in Zürich keineswegs sehr verbreitet. Unrichtig ist, dass Bodmer die Hexameter zuerst empfohlen (S. 92); er hat sie seinerseits von Klopstock angenommen und erst durch den Messias angefeuert sich zur Ausführung seines epischen Planes entschlossen. Dieselben antiken Versmasse, wie Klopstock sie brauchte, kommen in Pyra-Langes „Freundschaftlichen Liedern" nicht vor (S. 93); nicht ganz zutreffend erscheint es mir, von Klopstock zu rühmen, er sei der erste gewesen, „to introduce into German literature the gracious way of writing about woman" (S. 94). Hoelty hat allerdings Volksweisen gesungen; in den Dichtungen des Hains war aber durchaus nicht das Volkslied vorherrschend (S. 116), sondern im Gegentheil der schwerste Odenstyl, vgl. Voss und Stollberg. Bürgers Dichtungen gehörten nicht dem Haine an. Für Wieland besitzt Perry nicht das richtige Verständniss; er sieht nur eine Seite desselben; aber die sinnliche Genusslehre charakterisirt nicht den ganzen Wieland. Eine andere und zutreffendere Charakteristik als Perry gibt, hat Goethe im Maskenzuge vom 18. December 1818 von Wieland entworfen. Der Oberon wird wohl allgemein höher geschätzt als Perry es thut.

Ein grosser Theil des Buches, von S. 121 an, beschäftigt sich mit Lessing. Die seitenlangen englischen Citate aus der „Minna" dürften auch für amerikanische Leser zu umfangreich ausgefallen sein. Das beim Ueberblick über das französische Drama über Hardy Gesagte (S. 130) ist vollständig irrig (vgl. Kurt Nagel „Hardys Einfluss auf P. Corneille" Marburg 1884). Im übrigen sind gerade die zahlreichen Vergleiche, welche Perry zwischen den verwandten Erscheinungen der englischen, deutschen und französischen Literatur anstellt, öfters recht gelungen. Nur verliert er darüber einige Male sein Ziel aus den Augen und handelt von dem Einfluss der englischen auf die deutsche Literatur, statt von beider Verhältniss zum Pseudo-Classicism. Dieser im Vorwort treffend präcisirten Aufgabe, die verwandten Erscheinungen des Klassicismus im 17. und 18. Jahrhundert in den verschiedenen Literaturen, vor allem in den deutschen zu untersuchen, ist Perry überhaupt nicht gerecht geworden. Die durch das 1. Kapitel hochgespannten Erwartungen werden trotz einzelner glänzender Ausblicke im Verlaufe der Darstellung nicht befriedigt. Wir haben in Perrys Buch keine tiefergehende

Studie, sondern einen nicht ohne Sachkenntniss und mit Liebe zur Sache geschriebenen, und zwar sehr anziehend geschriebenen, Essay. Derselbe wird bei Perrys Landsleuten gewiss Interesse für die deutsche Literatur wecken und ihre Kenntniss positiv fördern. Und demnach sind wir dem Autor zum warmen Danke verpflichtet, der trotz aller der gerügten Mängel des Buches ihm hiemit auch gerne gezollt wird.

Marburg i. H., 7. Jan. 1885. Max Koch.

Briefe über die Wienerische Schaubühne von J. v. Sonnenfels 1768. (Wiener Neudrucke hrsg. von August Sauer, Heft 7.) Wien, Karl Konegen. 1884. XIX, 353 S. 8.

Ein Neudruck dieser „vorzüglichsten Wiener Zeitschrift des vorigen Jahrhunderts" darf auf das freudigste begrüsst werden. Der erste Druck derselben ist, namentlich ausserhalb Oesterreichs, überaus selten geworden; doch auch die zweite, vollständig umgearbeitete und besonders in formaler Hinsicht ausgereifte Ausgabe im fünften und sechsten Bande von Sonnenfels' gesammelten Schriften (Wien 1784) ist nicht allzu leicht zugänglich. Die „Briefe" des Wiener Bühnenreformators verdienen aber in jeder Weise, dass die literarhistorische Forschung mehr, als es bisher geschehen konnte, dabei verweile. Recht gewinnreich wird das Studium derselben erst dann werden, wenn Sauer die versprochenen umfangreicheren Anmerkungen dazu in einem selbständigen Hefte nachfolgen lässt. Vorläufig gibt eine knapp gefasste Vorrede über die äussere Geschichte und den Inhalt der „Briefe" sowie über die Unterschiede der beiden Ausgaben von 1768 und 1784 dankenswerthen Aufschluss; ein genaues Personenregister erleichtert den Gebrauch des sorgfältigen Neudruckes wesentlich.

Als Nachahmung der „Hamburgischen Dramaturgie" erweisen sich Sonnenfels' „Briefe" beim ersten Anblick. Auch die Briefform, die der Wiener Kritiker in jenem Werke seines norddeutschen Meisters nicht vorfand, lernte er Lessing ab, wie er denn überhaupt gern auf dessen frühere Schriften, vornehmlich auf die „Literaturbriefe", Bezug nahm. Gleich Lessing hielt er streng Gericht über die elenden Uebersetzer. Gleich ihm wagte er auch einige Ausfälle auf Voltaire und Corneille. Aber Sonnenfels brauchte gegen diese Dichter nur leichte Waffen. Die Franzosen galten ihm viel mehr als Muster und Bundesgenossen, denn als Feinde. Er schrieb seine „Briefe" zuerst unter der Maske eines Franzosen. Er nimmt ja auch in der Geschichte des Wiener Theaters eine andere Stelle ein, als Lessing in der Geschichte des norddeutschen Dramas. Sonnenfels hatte im Wiener Theaterleben viel mehr die Aufgabe Gottscheds als die Lessings zu erfüllen. Er vorwarf darum auch, so spöttisch er mitunter über die „lateinische Magnificenz verjährten Gedächtnisses" sprach, Gottsched doch nicht ganz, sondern liess ihn wenigstens als Handlanger, wenngleich nicht als Architekten, gelten. Dass er vor den extremen Einseitigkeiten des Leipziger Literaturdictators bewahrt blieb, verdankte er zum guten Theile freilich der Thätigkeit Lessings, durch welche Gottscheds Fehler bereits corrigirt und die Entwicklung des deutschen Dramas bedeutend über Gottscheds Leistungen und Ziele hinaus gefördert war. So konnte Sonnenfels es versuchen, in Wien die Rollen Gottscheds und Lessings zugleich zu spielen. In den „Briefen" kämpfte er vornehmlich gegen die rohen, possenhaften Elemente der alten Volksschaubühne; von den Ausländern wählte er diejenigen, die verhältnissmässig noch am stärksten den Zusammenhang mit dem volksthümlichen Theater aufrecht erhielten, die italienischen Lustspieldichter, in erster Linie Goldoni und dessen Schüler, zur Zielscheibe seiner heftigen und nicht immer gerechten Angriffe. Aus demselben Grunde musste sein Verhältniss zu Shakespeare sich ungünstiger gestalten als das Lessings, zumal da er, was dieser nie that, den technischen Bau Shakespearescher Stücke beurtheilte.

Gleich Lessing strebt Sonnenfels überall vom Einzelnen zum Allgemeinen auf und sucht die jeweiligen Vorstellungen der deutschen Schauspieler zum Ausgangspunkt für seine theoretischen Erörterungen über das Drama überhaupt zu machen. Allein obwohl er sich keineswegs so genau wie Lessing an die Reihenfolge der aufgeführten Stücke hält, gelingt ihm dieses Unternehmen doch lange nicht so gut wie dem Hamburger Dramaturgen. Von einer halbwegs methodischen Gliederung, von einer Art von systematischer Darstellung kann bei Sonnenfels' „Briefen" nur in dem seltensten Fällen die Rede sein. Die bedeutendsten allgemeinen Untersuchungen, in die er sich einlässt und dabei mit consequentem Eifer bis zu bestimmten, im Ganzen anerkennenswerthen, hie und da freilich etwas einseitigen Resultaten vordringt, beziehen sich (abgesehen von dem literarhistorischen Excurs über die Wiener Posse) auf den Begriff der Nationalschaubühne und auf die Natur des dramatischen Dialogs.

Auch im Einzelnen knüpft er oft an Lessing an (vgl. z. B. das dreizehnte Schreiben über „die stumme Schönheit" von Elias Schlegel, das einundzwanzigste über Voltaires „Semiramis" mit dem zehnten bis dreizehnten Stück der „Dramaturgie"). Durchaus aber fehlt ihm der philosophische Sinn Lessings, der das Wesen des Tragischen und des Komischen selbst zu erkennen und auf diese Erkenntniss die Form des Dramas zu begründen strebt. Mit Aristoteles haben Sonnenfels' „Briefe" blutwenig zu schaffen. Ein paar Mal erwähnt ihn Sonnenfels, beruft sich auf seine Autorität oder setzt sich darüber hinweg, je nachdem ihm das eine oder das andere in dem besonderen Falle dienlich erscheint; aber nie und nimmer denkt er daran, ergründend sich in die Aristotelische Theorie des Dramas zu vertiefen. Als ganz kritikloser Nachbeter der missverständlichen Auffassung des Stagiriten durch die Franzosen sagt er einmal (Neudruck, S. 240), das Drama errege in uns entweder Bewunderung oder Schrecken (*terreur*, nicht *crainte*!) oder Mitleid. Allerdings erschienen die Partien der „Hamburgischen Dramaturgie", welche vorzüglich der Interpretation des Aristoteles gewidmet waren, erst 1769, nachdem Sonnenfels seine „Briefe" bereits abgeschlossen hatte.

Im Vortheil gegen Lessing befand sich Sonnenfels, insofern er nicht durch persönliche Rücksichten genöthigt war, die Kritik der schauspielerischen Leistungen frühzeitig einzustellen. Er verfügte hier überhaupt über einen weiteren Spielraum als Lessing. Er konnte neben den eigentlichen Schauspielern auch Opernsänger und Tänzer besprechen, wie er neben den deutschen Originaldramen und Uebersetzungen fremder Stücke auch Gluck's „Alceste", mehrere Producte der italienischen opera buffa und Noverres Ballete recensirte. In seinen „Briefen" spiegelt sich somit in der That das bunte Bild, welches die Theater Wiens zu jener Zeit darboten, getreulich ab. Nicht nur dem literarhistorischen Fachmann, sondern jedem, der sich eine Vorstellung von dem Kulturleben Wiens in den letzten Zeiten Maria Theresias machen will, ist daher die Lectüre dieser „Briefe" warm zu empfehlen. Die „Wiener Neudrucke" haben vorher noch keine Schrift von so grossem und allgemeinem Interesse enthalten.

München, 12. März 1885. **Franz Muncker.**

Saga. Minnesblad från Nordiska Museet 1885. Stockholm. Hrsg. von Artur Hazelius. 50 S. gr. 4. Kr. 2,50.

„Es sind zwölf Jahre verflossen, seitdem der Grund gelegt wurde zu dem für die Kulturgeschichte unseres Volkes so wichtigen Institut. Während dieser Zeit sind besonders durch des Stifters [Dr. Artur Hazelius] unermüdliche Wirksamkeit gewaltige Sammlungen herbeigeschafft worden, die den zukünftigen Geschlechtern das Leben und die Zustände der früheren Generationen wie in einem Spiegel zeigen sollen. Um aber alle diese, zur Zeit noch zerstreut und auf verschiedene Weise untergebrachten Sammlungen in einem ihrer und des schwedischen Volkes würdigen Gebäude vereint aufstellen zu können, sind von Seiten des Museumsvorstandes verschiedene Anstalten getroffen worden, wozu es auch gehört, dass neulich eine von hundert angesehenen Damen unterzeichnete 'Einladung zur Förderung des Bauunternehmens für das nordische Museum' ausgegangen ist in Verbindung mit einer von diesen Damen veranstalteten Fancy-fair. So ist auch von Hazelius zu demselben Zwecke ein Volksfest angeordnet worden, welches vom 15.—18. April auf der Stockholmer Börse stattgefunden hat." So lautet der Beginn eines auf diesen Gegenstand bezüglichen Artikels des Stockholmer Aftonblad's, den ich hier wiederhole, weil ich übersichtlich für den damit noch Unbekannten das Nöthige zusammenstellt und es hier also genügt hinzuzufügen, dass gelegentlich jenes Volksfestes die rubricirte Publikation „Saga" von Hazelius veranlasst und herausgegeben worden ist. Sie hat aber einen doppelten Werth, einen literarischen und einen künstlerischen; denn die vorzüglichsten Schriftsteller und Künstler haben zur Herstellung derselben beigetragen, nicht minder auch zu der der 40 grössern und kleinern ganz ausgezeichneten Illustrationen [die hervorragendsten Institute, wie z. B. die lithographische Anstalt des Generalstabs sämmtliche Aetzzeichnungen und Autotypien hat kostenfrei herstellen lassen.

Wir wollen zunächst auf die literarischen Beiträge einen Blick werfen und zwar zuvörderst auf die prosaischen. Hier ziehen z. B. die „Züge aus Gustaf Vasa's Familienleben" von Harald Wieselgren unser Auge auf sich und es wird vielleicht nicht ohne Interesse sein, einige derselben mitgetheilt zu sehen. So heisst es in einem Briefe, den er seinem Schreiber auf Elfsborg dictirte: „Item, könnet Ihr auch dem Dubenheim [Gilius von Taubenheim, Hofmeister der jungen Prinzen, Jungfer Margareta war Hoffräulein der Königin] und der Jungfer Margareta sagen, dass die Kinder alles zu essen bekommen können, wozu sie Lust haben, Fleisch, Fisch oder sonst was; doch muss man ihnen frische Fische, finnländische Hechte und andere ihnen nicht gesunde Fische vorenthalten, nicht aber gute Bährends-Fische [aus Bergen in Norwegen], z. B. Flundern und Spiessfische [zum Trocknen aufgespiesste Fische]. — Item, scheint es Euch, Sten und Clemett, gut zu sein, dass die Kinder nach Tynnelsö kommen, so sind wir auch damit zufrieden, da dies ein lustiger Ort ist; doch stellen wir Euch das ganz anheim. — Item, anbei schicken wir auch unsern Kindern einige Pomeranzen [Apfelsinen?]; doch sollen sie davon nicht zu viel auf einmal bekommen, sondern mit Mass. Freilich glaube ich, dass die andere Gesellschaft ihnen ein rasches Ende machen wird, wenn man nicht scharf zusieht. — Item sollt Ihr auch wissen, Sten, dass der Bursche Hans Gammel sich mit den Briefen, die er neulich zwischen Euch und uns befördert, nicht länger unterwegs aufhielt als drei Wochen minus drei Tage. Dafür gebührte es sich wohl, dass Ihr ihm für diese Sünde Absolution verschaffet, denn solche Sünde wäre für ihn zu schwer, brächte er sie mit sich nach dem Himmelreich. Deshalb verfahrot mit ihm wie er es verdient, fortiter, fortiter. Datum auf unserm Schloss Elfsborg etc. Anno 1540 unter unserm Insiegel."

Der Aufsatz „Ein Kinderheim" von Matilda Roos schildert einen Besuch dieser Dame in der Anstalt „Eugenia-hemmet", wo verkrüppelte und verwahrloste Kinder Aufnahme und Verpflegung finden. Er ist mit tiefem Gefühl geschrieben und höchst erschütternd, so dass wir nicht umhin können, denselben ganz besonders hervorzuheben und der Beachtung zu empfehlen.

Frau Eva Wigström, die bekannte und viel verdiente Sammlerin der Volkskunde in Schonen, gibt uns hier eine anziehende Schilderung eines ihrer Ausflüge und der damit verknüpften Leiden und Freuden in dem Artikel „Ein Tagebuchblatt".

„The Lady. Eine Reiseerinnerung" von Alfhild Agrell führt uns nach Rom, von dem wir aber nicht viel zu sehen bekommen, dahingegen eine höchst überraschende Scene mit Bezug auf ein sich dort aufhaltendes nordamerikanisches Ehepaar, wofür die Yankees der Verfasserin höchst dankbar sein können, wenn sie wollen; jedenfalls zeigen sie sich hier als mit einer tüchtigen Portion Geduld begabt.

Der gefeierte Name Nordenskiölds erscheint am Fusse einer Schilderung des „Grönländischen Kajaks", d. h. der diesen Namen führenden eigenthümlichen Boote und der wunderbaren, den Europäern versagten Geschicklichkeit, womit die Grönländer sie zu handhaben wissen.

Im höchsten Grade anziehend ist auch ein „Brief von C. J. L. Almquist an J. A. Hazelius. Antnna den 12. und 20. December 1841. Mitgetheilt von A. Hazelius", und woraus ich mich folgende Stelle anzuführen gedrungen fühle, da sie so voll Wahrheit und überall anwendbar ist. Sie bezieht sich nämlich darauf, dass um ein literarisches Produkt richtig und unparteiisch zu beurtheilen, wir eigentlich ganz genau von den Umständen unterrichtet sein müssten, unter denen es abgefasst worden. Almquist antwortet also seinen Tadlern: „Was ich geschrieben, ist kein leeres Geschwätz. Ich mag in Einzelheiten gefehlt haben; aber in den Hauptgedanken habe ich kein Wort geäussert, das ich nicht 25, ja 30 Jahre lang nach allen Richtungen und in jeder Beziehung wohl bedacht. Und doch —, was für Armseligkeiten habe ich nicht bisher zu Tage gefördert im Vergleich zu dem, was ich wollte und möglicher Weise auch könnte, wenn! Ach, wenn irgend jemand von euch wüsste, unter welchen Umständen alle diese Schriften entstanden sind!! Mehrere meiner Freunde haben Mängel in der Ausführung oder Lücken im Entwurf gerügt. Nun will ich gar nicht von den besondern theoretischen Gründen und von den verschiedenen Gedanken sprechen, worin meiner Meinung nach die Vollkommenheit in der Ausführung besteht und worin ich Recht oder Unrecht haben kann; Thatsache aber ist, dass ich keine Scene, keine Seite unter Umständen verfasst und niedergeschrieben habe, wie man sie sich gewöhnlich zu wünschen pflegt. Andererseits halten meine wohlwollenden Freunde verschiedene meiner Erzeugnisse für hübsch und makellos, und wissen nicht, dass keine Situation in 'Signora Luna' oder in 'die Kapelle' ohne fortwährende Unterbrechung gezeichnet worden ist, wobei ich auf unzählige Dinge antworten musste, bald in Bezug auf den Haushalt, bald in betreff der Eltern der Schulknaben, bald — —. Möchte man mir also vergeben, wenn ich manchmal ein wenig zu rasch verfahren bin. Wenn man beständig von tausend und abertausend kleinen Nadelstichen zu leiden hat, von denen keiner allein etwas bedeuten würde, die aber zusammen eine wirkliche Marter bilden, so behält man nicht immer das Gleichgewicht oder macht Alles so wie man soll. — Meine gute Maria ist ihrem innern Menschen nach ein wirklicher Engel an reinem, ungeheucheltem Wohlwollen, an Gerechtigkeit und Liebe zur Wahrheit; aber hinsichtlich ihrer äussern Anlage könnte sie kaum hinderlicher und beschwerlicher sein für jemand, der wie ich sich mit dem beschäftigen möchte, wozu ich Lust und Liebe habe. Kein Schuh wird geflickt, kein Stuhl auf seine Stelle gesetzt, kein Kohlkopf gekauft, worüber ich mich nicht 5 bis 10 Mal aussprechen und meist persönlich eingreifen muss. Man weiss das nicht und es wird dies auch keiner glauben. Mancher denkt, dass ich als freier und glücklicher Phantast für mich allein dagesessen und mich allen möglichen Gedankenspielen überlassen habe. Aber da du mich einmal darauf gebracht hast, Hannes, so muss ich dir es wohl sagen, dass ich gelitten habe und noch leide. Wie innig, wie unaussprechlich ich trotzdem Marien liebe, das fühle ich am besten in meinen einsamen Stunden und besonders wenn ich von ihr entfernt bin. Auch sie wird einmal das klägliche irdische Gewand ablegen und dann —, einen reinern wahrern Charakter gibt es kaum." — Doch es ist Zeit mein Citat zu unterbrechen; denn das Mitgetheilte genügt, um das Interesse des ganzen Schreibens sehen zu lassen, so wie wir uns überhaupt auf die mitgetheilten Proben des reichen Inhalts vorliegender trefflicher Publikation beschränken müssen und die übrigen Beiträge von Hermelin, Ahlgren, Hallström, Loosström, Freudenthal, Runeberg, Aspelin u. s. w. nur cursorisch erwähnen können. Denn noch haben wir nur die Prosa namhaft gemacht, ohne bisher die ausgezeichneten Poesien hervorzuheben, die uns hier geboten werden, und zwar von hervorragenden Persönlichkeiten, aus deren Zahl wir nur Wennerberg, Fredin, Retzius, Tavastjerna, Rydberg und Lotten von Kraemer nennen, da die Menge der übrigen Dichter und Dichterinnen sich der speciellen Anführung entzieht, umsomehr, da wir auch noch die herrlichen Illustrationen mit einigen Worten anzuführen haben, obwohl ich mein, freilich eines Nicht-Kunstverständigen, Urtheil dahin zusammenfassen kann, dass sie mir sämmtlich, und es sind ihrer gegen vierzig von verschiedener Grösse, ganz vorzüglich ausgeführt scheinen, trotzdem sie die mannigfachsten Gegenstände darstellen, in welcher Beziehung ich nur den ersten und letzten, den altnordischen Krieger und den heutigen Nachtwächter nenne, die, jeder in seiner Art, auf den Betrachter den passenden Eindruck hervorbringen. Schliesslich will ich noch erwähnen, dass auch zwei anziehende Musikstücke beigegeben sind, welche also Saga zu einer Gabe machen, der nichts fehlt und die mit Allem, was man von ihr irgend erwarten kann, und zwar in vorzüglichem Grade ausgestattet ist.

Lüttich.   Felix Liebrecht.

Selected Homilies of Ælfric. Edited by Henry Sweet. 8o S. 8. 1 s. 6 d.

Extracts from Alfred's Orosius. Edited by Henry Sweet. 8o S. 8. 1 s. 6 d.

(Anglo-Saxon Reading Primers. I. II.) Oxford, Clarendon Press 1885.

Mit diesen beiden Heften eröffnet Sweet eine Serie altenglischen Lesematerials als Ergänzung und im Anschlusse an seinen Anglo-Saxon Reader und Anglo-Saxon Primer.

Das erste Heft enthält: I. Ælfric's Latin Preface. II. Ælfric's English Preface. III. The Creation. IV. St. Stephen. V. The Epiphony. VI. Shrove Sunday, VII. First Sunday in Lent. VIII. Midlent Sunday, IX. St. Gregory, X. St. Culhbert, abgedruckt in Thorpe's Ausgabe der Homilien, nach neuen, eigenen Lesungen der Cambridger Hs. Da wir für das Frühwestsüchsische die bekannte Ausgabe der Cura Pastoralis durch Sweet und neuerdings die des Orosius besitzen, von Ælfric's zahlreichen Schriften aber ausser Zupitzas Ausgabe der Grammatik und ein paar kleineren Sachen keinen zusammenhängenden Prosatext in einer leicht zugänglichen, verlässlichen Ausgabe haben, ist der Abdruck obgenannter Homilien nicht nur für Anfänger von Werth, sondern kommt einem weitergehenden Bedürfnisse entgegen.

Thorpe's Ausgabe ist nicht nur schwer zugänglich, sondern, was schlimmer ist, wenig zuverlässig; am schlimmsten steht es mit der Wiedergabe der handschriftlichen Accente, die Thorpe nicht selten nach Wohlgefallen weggelassen oder übersetzt hat. So fehlen beispielsweise in Stück II und V bei Thorpe folgende Accente:

II, 5. góodnys, 6. beárn, 29. bóclice, 68. cúm (Thorpe come), 102 hé.

V, 55. tungelwitegum, 73. Hé, 78. ús, 79. hyrnstáne, 82. betwúx, 83. gebicnode, 91. hine, 110. Stánas, 131. geliéf, 242. hí.

Dagegen fügt Thorpe hinzu:

II, 11. hí, 84. hí.

V, 67. awrát, 92. Hí (1.). 9 . hi (2.), 153. líde, 167. hí, 242. hé, 250. stór.

Mit den Accenten darf man es aber nicht leicht nehmen, wenn auch deren Bedeutung nicht immer klar ersichtlich ist. Sievers hat in seiner Ags. Grammatik § 120 ff. auf die Wichtigkeit der Frage und Sweet's einschlägige Untersuchungen nachdrücklichst hingewiesen. Freilich ist vor Allem Kritik an den Accenten zu üben, denn einerseits finden sich durch gedankenlose Schreiber, die vermuthlich nach Beendigung einer Seite oder auch des ganzen Manuscripts nachträglich die Accente einsetzten, häufig gleich geschriebene Wörter verschiedener Quantität aus Versehen gleichmässig accentuirt (z. B. gód = bonus und god = deus); andrerseits ward häufig das Abkürzungshäkchen für n, m, und gegen Ende des 11. Jh.'s, als man bereits anfing, die i mit Punkten bez. Strichen zu versehen, auch solch ein i-Strich mit einem Accente verwechselt. Ferner fühlt der Umstand, dass die Accente nicht selten so horizontal über das ganze Wort hin gezogen sind, dass man im Zweifel sein kann, welcher Silbe sie gelten, leicht zu Irrungen. [Näheres findet sich in meinem vor 4 Jahren geschriebenen Excurse über die handschriftlichen Accente in „Ethelwold's Benedictinerregel; doch da ich über die Zeit des Erscheinens der zweiten Hälfte meiner Ausgabe dieses Denkmals noch im Ungewissen bin, erwähne ich dies schon hier.]

Für jede Handschrift wäre der Gebrauch des Schreibers zu untersuchen, gerade so wie für die übrigen orthographischen Gepflogenheiten, so namentlich bezüglich der Doppelschreibungen silbenschliessender Consonanten. Es sind in neuester Zeit ebenso anregende wie aufregende Arbeiten über die Quantitätsbezeichnung im Ormulum erschienen, und ich glaube, eine Lösung der hiebei aufgeworfenen Fragen kann nicht ohne eingehendes Studium der orthographischen Gepflogenheiten des 11. und 12. Jh.'s zu erwarten sein. Vom Ormulum versprach man sich so viel Belehrung über mittelenglische Quantitätsverhältnisse, wir sehen uns aber dabei wieder ohne sicheren Boden unter den Füssen, und von neuem ist die Klage über Vernachlässigung der altenglischen Prosa zu erheben.

Von diesem Standpunkte aus ist die Ausgabe der Selected Homilies of Ælfric, mit der uns Sweet beschenkt hat, doppelt willkommen, und eigentlich nur zu wünschen, dass uns mehr aus dieser Quelle geboten werde.

Das 2. Heft enthält Auszüge aus Sweet's Ausgabe des Orosius, darunter die wiederholt abgedruckten Reiseberichte Ohthere's und Wulfstan's. Denjenigen, denen die Ausgabe in der Early Engl. Text Society nicht zur Hand ist, wird auch damit ein wesentlicher Dienst geleistet sein.

Beiden Heften ist ein Glossar beigefügt, den Auszügen aus Orosius auch ein paar Anmerkungen. Die Glossare sollen alle Wörter, die nicht im A. S. Reader erklärt sind, enthalten.

Wenn man die Reihenfolge dieser Sweet'schen Uebungsbücher für Seminar- und Privatübungen bestimmen soll, so wäre wohl mit dem A. S. Primer der Anfang zu machen, der ähnlich wie unsere lateinischen und griechischen Schulübungsbücher mit leichten, nach den einzelnen Kapiteln der Formenlehre zusammengestellten Mustersätzen in frühwestsächsisch-normalisirter Schreibung beginnt; danach hätte man nach den vorliegenden zwei Heften zu greifen, die den früh- und spätwestsächsischen schulnahen Dialekt, doch nicht normalisirt, sondern mit der Autorität guter Handschriften repräsentiren. Der Reader mit der Poesie, etwa durch einige Interlinearversionen bereichert, würde dann den Schluss bilden. Aus praktischen Gründen dürfte sich für eine nächste Auflage vorliegender zwei „Reading Primers" empfehlen, dass die Glossare sich zunächst an den A. S. Primer anschlössen und nicht jedes dem Reader nöthig machten; ferner wird der praktische Gebrauch gelegentliche Lücken im Glossar aufweisen; so fehlen beispielsweise auch im Glossar zum Reader (3. Auflage) aus Heft 1 hlosnian (66, 79), sælic (66, 83), arwesan (68, 112), deornunge (67, 95; Anfänger werden nicht gleich auf das diorne im Reader gerathen), ungelimp (69, 155), gemana (14, 283), oder aus Heft 2 besirede (38, 132; zu sierwan im Reader).

Bezüglich der Textgestaltung verhält sich Sweet conservativ und verweist nur gelegentlich Schreibfehler in die Fussnoten; ob er aber darin nicht noch conservativer sein könnte, wäre vielleicht zu erwägen. Bei „Ælfred lässt er beispielsweise Dative Pluralis auf -an im Texte stehen (Heft 2, 38, 121 scipun, 38, 147 tidun), setzt aber bei „Ælfric fealwun (Heft 1, 67, 89) in die Fussnote; er setzt (47, 181; 49, 270) bei on þa wisan das handschriftliche wíson, ebenso (50, 274) lufon in die Fussnote, belässt aber wilion (51, 144) im Texte gegenüber wilian (50, 24; 54, 150), ebenso foton (69, 185; 70, 202) gegenüber dem regelrechten fotum (10, 122; 74, 325); in ähnlicher Weise corrigirt er gymdom (gymdon 68, 132), singon (Infin. singan 60, 162), gesohten (-ton 3. Pl. Ind. 70, 204); der Genitiv heofenas (Heft 1, 4, 65) wird durch heofenes ersetzt, jedoch ibid. wip heofonas weard im Texte belassen, und an letztgenannter Stelle scheint heofonas doch ebenso Genitiv zu sein wie in A. S. Reader 97, 99 wið þæs heofones weard. Genitive auf -as sind im 11. Jh. übrigens nicht selten. Es sind dies zwar nur Kleinigkeiten, doch wäre es im Interesse der Anfänger vielleicht wünschenswerth, Sweet würde in den nächsten Auflagen consequent offenbare Schreiberversehen („slips of the pen", wie z. B. II, 1, 70, 205 medes statt mede wegen des darauffolgenden *sirines*) von schulwidrigen Sprachformen, die aber als solche gerade von besonderem Interesse sind, scheiden. Vielleicht könnte er letztere im Texte belassen und wenn sie zu auffällig sind mit einem „so in Ms." in der Fussnote versehen; nebenbei gesagt wäre es vielleicht rathsam, die Fussnoten mit der Zahl der Zeile, auf die verwiesen wird, deutlich zu machen.

Ein weiterer Punkt betrifft nicht Sweet's Reading Primers allein, sondern jede altenglische Textausgabe, nämlich die Frage nach der Worttrennung und Zusammenziehung. Ich hoffe an anderem Orte ausführlicher darüber zu handeln und zu zeigen, dass z. B. die verstärkende Partikel *for-* mit dem zugehörigen Worte zusammengeschrieben werde, z. B. (H. 1. 68, 185) *forófl*, nach der Kluge (Engl. Stud. VII, 480 f.) verlangt; jedenfalls ist dies eine grosse Erleichterung des Verständnisses des nicht immer ganz klaren Sinnes der Texte und nöthiger, ja syntaktisch berechtigter als Zusammenschreibungen wie *pagyt, pagiet* (H. 2, 30, 18; 34, 79; 36, 105 u. ö.). Wir sehen oft auch nur daraus, wie der Herausgeber die eine oder die andere Stelle auffasst. Bei *and sua for þón swa we eow ær rehton* (H. 1, 51, 53) ist doch wohl *forþ* on zu trennen, wenn überhaupt getrennt werden soll (= *furþum*). Ebenso bei Compositis von Verben könnte man das Verständniss durch consequente Zusammenschreibung nichtaufgelöster Composition erleichtern, so z. B. in *þæt him mon sceolde an ma healfa on feohtan þonne on ane* (H. 2. 34, 63), *onfeohtan* schon wegen des leicht verwirrenden Wechsels der Formen *on* und *an*.

Dergleichen Dinge sind freilich Nebensächlichkeiten, die den Werth der vorliegenden zwei Hefte in nichts verringern, die man in der Correctur auch leicht übersieht, besonders wenn man solche Hilfsbücher noch nicht praktisch angewendet hat. Ich schliesse diese Anzeige mit einem zweifachen Wunsche, erstens dass auch in Deutschland diese Sweet'schen Elementarbücher weiteste Verbreitung finden und jene Förderung der altenglischen Studien bewirken mögen, die wir im Interesse der englischen Sprachstudien so nöthig haben, zweitens, dass der hochverdiente Herausgeber uns möglichst bald möglichst viel weiteren Ælfric'schen Prosasprachmaterials in zuverlässiger, gereinigter Form zugänglich machen möge!

Wien, October 1885.   A. Schröer.

Fick, Wilhelm. Zum mittelenglischen Gedicht von der Perle. Eine Lautuntersuchung. Kiel, Lipsius & Tischer. 1885. 40 S. 8. M. 1,20.

Der Verf. betrachtet — um das gleich herauszugreifen — einige me. Laute verschiedentlich von neuen Gesichtspunkten aus. Ae. *u* soll im Me. einen o-Laut gehabt haben, afr. *u* sei als high mixed round vowel ins Me. eingedrungen (s. Engl. Studien VIII, 241 ff.). Die Ansicht von Bödekker (E. St. II. 348 ff.), die A. Brandl (Thomas of Erceldoune, Einl. p. 52 ff.) bestritten hatte, wird wieder energisch verfochten. Fick wird mit dem Material, das er vorführt, und mit der Argumentation, die er einschlägt, schwerlich irgend einen zu seiner Ansicht bekehren. Doch ist manches von dem, was er gibt, ganz verdienstlich. Auch das will ich noch gern hervorheben, dass F. auch über andere Laute, z. B. über die Entwickelung des ae. *á* und *ó*, gelegentlich eine ganz treffende Bemerkung macht. Aber bei alledem ist die Sprache der Perle, sein eigentliches Thema, ganz und gar zu kurz gekommen.

Es war schon ein' unglücklicher Gedanke, sich auf die Untersuchung der Reime der Perle zu beschränken, während doch noch 505 Reime von Sir Gawain zur Benutzung frei standen. Aber weder der Sir Gaw. (den der Verf. gar nicht durchgelesen haben muss; denn p. 4 finden wir die fast unglaubliche Bemerkung: „die Perle, das einzige der Gedichte, das Reime zeigt"), noch Cleanness, Patience (und die Legende De Erkenwalde, ed. Horstmann. Altengl. Legenden. Neue Folge. Heilbronn 1881. p. 266 ff., die dem Dichter der Perle gleichfalls zuzuschreiben ist) werden im Laufe der Untersuchung jemals erwähnt und zur Vergleichung herangezogen. Die rächt sich gleich bei der „Emendationen" (I. Theil). *boȝ* 323 hat Clean. 687 *bos* zur Seite, und damit wird die Conjectur hinfällig. Wenn F. bei der „Sonderung des Dialekts des Copisten von dem des Dichters" (II. Theil) die Perle in Westmoreland, Cumberland oder dem östlichen Lancashire entstanden sein lässt, so ist er uns den endgiltigen Beweis dafür schuldig geblieben. I'm so wunderbarer erscheint aber bei der Annahme so nördlicher Landschaften die Behauptung F.'s, der Copist wäre ein Westsachse des Südens gewesen. Hätte er einen solcher, ohne ein Morrisches Glossar in der Hand, die Perle überhaupt wohl verstanden? Morris, der den Dialekt des Dichters und Schreibers für identisch hält, kommt der Wahrheit viel näher. — In der Lautuntersuchung selbst (III. Th.) treten grosse Mängel zu Tage. Die Eigenthümlichkeiten des Dialektes werden selten genügend hervorgehoben, einige werden übergangen, andere falsch dargestellt. Hätte der Verf. statt einer Anzahl für die Erklärung der Sprache von der Perle ganz gleichgiltiger Schriften nur das eine, inzwischen schon berühmt gewordene Werk von ten Brink über Chaucer's Sprache und Verskunst genauer studirt, so hätte ihm die Natur verschiedener Laute in der Perle nicht verborgen bleiben können. Das gilt z. B. von der Reimcombination V. 541 ff. F. fasst den Laut in: *knaue* (ae. *cnáwan*): *owe* (ae. *áh*): *rawe* (ae. *rǽuce für rǽw*; nach F. ae. *hreah*): *lowe* (an. *lágr*; nach F. ae. *láh*) als mid back round vowel. bei *knaw* nimmt er northumbrische Schreibung an. und in *rawe* hat eine „Verdunkelung des *a* durch *w* zum *o*" stattgefunden. Alles verkehrt. Es ist entweder zu lesen *aü* oder *aü* (ŏ). Hier ist der Diphth. *aü* vorzuziehen auf Grund von *raw* = ae. *ráwe* und weiter, weil der Reim mit der Schreibweise *aw* anhebt. Falsch ist ferner z. B. die Annahme, me. *a* = ae. *a*, *æ*, afr. *a* u. s. w., oder me. *ai* = ae. *æg*, an. *ei*, afr. *ai* habe in der Perle den Laut *ē* gehabt. Die Reime beweisen das Gegentheil. Da in der Perle erwiesenermassen *ē* und *ē̆* mit einander reimen, wo bliebe da bei der Auffassung F.'s das Reimschema ababababbcbc V. 709 ff.; *rede : ncayde: pede : brayde* u. s. w.? oder V. 1021 ff.: *pare : slayre : sware : fayre : bare* u. s. w.? Auffällig ist es, wie es F. 4 Mai (p. 11. 25. 26. 29) passiren konnte, die Reime der letzteren Strophe für seine Ansicht in Anspruch zu nehmen, indem er nämlich einige a-Reime mit einigen b-Reimen verbunden sein lässt. Der gelegentliche, aber für den Dialekt der Perle um so bezeichnendere Wechsel zwischen Media und Tenuis (cf. 617. 1156. 905. 1165. 369 u. s. w.) ist von F. gar nicht erkannt. Daher führt er einen Reim wie V. 10: *yot (ge-eode) : spot* unter der Reihe der Emendationen an, während er ihn als Beleg für den Wechsel zwischen *d* und *t* in Verbindung mit mehreren anderen Beispielen unter dem Conson. *d* hätte verzeichnen sollen.

Diese wenigen Bemerkungen werden hoffentlich schon genügen, um F. zu der Ueberzeugung zu bringen, dass er sich noch einmal in den Dialekt der Perle vertiefen muss, bevor er uns mit einer kritischen Ausgabe derselben, die er in der (übrigens recht dürftigen) Einleitung zu versprechen scheint, beschenken kann.

Marburg.   Fr. Knigge.

Bibliotheca Normannica. Hrsg. von H. Suchier. Bd. 3. Die Lais der Marie de France, hrsg. von K. Warnke. Mit vergleichenden Anmerkungen von Reinh. Köhler. Halle, M. Niemeyer. CVIII, 276 S. 8.

Während wir seit längerer Zeit der Herausgabe der Fabeln der Marie de France von Seite Mall's mit steigender Sehnsucht entgegen sehen und G. Paris im Jahre 1879 eine Sammlung aller auf uns gekommenen Lais in Aussicht gestellt hat, beschenkt uns Dr. Warnke, dem wir bereits eine Studie über Mariens Sprache verdanken, mit einer Ausgabe ihrer Lais. Wir wollen nicht die Frage aufwerfen, ob es nicht zweckmässiger gewesen wäre, die Resultate der vieljährigen unsichtigen Forschung Mall's abzuwarten; wir wollen vielmehr das uns jetzt Dargebotene dankbar annehmen und der Hoffnung Ausdruck geben, dass in Bezug auf Beurtheilung des Sprachgebrauches zwischen den Ansichten der zwei Gelehrten keine grosse Divergenz sich ergeben werde. Allerdings betreffs eines in dieser Richtung wichtigen Momentes lässt sich schon jetzt ein Auseinandergehen der Anschauungen constatiren. Warnke lässt die Dichterin ihre Lais dem Könige Heinrich II. widmen und betrachtet 'die Mitte und die zweite Hälfte des zwölften Jahrhunderts als die Zeit ihres Schaffens'; Mall dagegen kündigt (in seiner trefflichen Monographie über die Fabeln, ZRP. IX. 161 ff.) als seine, nach mancherlei Schwanken gewonnene Ueberzeugung an, in dem 'Fegefeuer' sei das letzte der erhaltenen Werke Maria's zu erkennen und dessen Vorlage, das lateinische Gedicht des Henricus Saltereiensis, könne nicht 'vor 1185 und wahrscheinlich nicht vor dem Ende des nämlichen Jahrzehnts abgefasst sein'; der König der Lais müsse demnach Richard Löwenherz sein. Dies ergibt nun einen Unterschied von einigen Jahrzehnten, und zwar von solchen, welche für die Entwickelung des Französischen recht bedeutsam sind. Es seien hier nur zwei Punkte erwähnt. Warnke hat sich trotz einiger Bedenken dafür entschieden, *l* vor Consonant als unversehrt zu betrachten und gibt höchstens zu, in der Verbindung der Producte von *solus* und Suffix *-osus* könne man Spuren der Auflösung[1] erblicken. Ist nun durchwegs beibehaltenes *l* auch für die von Warnke angenommene Zeit nicht unbedenklich, so wird man noch weit weniger geneigt sein, es für das Ende des XII. Jh.'s anzunehmen. Ferner: W. duldet keine Verletzung der Declinationsregeln; und wenn auch der Umstand, dass in der bei weitem grössten Anzahl von Fällen strenge Regelmässigkeit beobachtet wird, zu Gunsten der Sprachcorrectheit der Dichterin spricht, so lässt sich nicht läugnen, dass die Durchführung der Theorie an mehr als einer Stelle zu allzu eingreifenden Modificationen der Ueberlieferung zwingt; je tiefer nun die Abfassungszeit der Lais gesetzt wird, desto leichter liessen sich einzelne Abweichungen entschuldigen[2].

Das handschriftliche Material ist nicht gerade reichhaltig, doch im Ganzen genügend, um die Herstellung eines befriedigenden Textes zu ermöglichen. Nur die Londoner Handschrift (H) enthält alle zwölf Lais; sie rührt von einem anglonormannischen Schreiber her, welcher ziemlich Vieles aus Nachlässigkeit und geringer Sprachkenntniss verdarb, während in den anderen Hss. vielfach bewusste Aenderungen wahrzunehmen sind. Der Hrsg. musste demnach H zu Grunde legen und dessen Schäden mittels der anderen Hss. und der altnordischen Uebersetzung (N) oder, wo diese Hilfsmittel versagen, mittels Conjecturen heilen. Mit seinem Verfahren, welches er in der Einleitung für jedes einzelne Stück besonders begründet, wird man sich meist einverstanden erklären und hier und da engeren Anschluss an H wünschen. Einige Stellen des Textes mögen hier besprochen werden. G. 538. Etwa könnte *ne s'oblie*, denn hier wird das Verhalten von *Fortune* eher im Allgemeinen als mit Beziehung auf die zwei Liebenden geschildert; *ne soi oblier* 'in der Ausübung seines Amtes (seiner Gewohnheiten), in der Ausführung seines Vorhabens nicht lässig sein' ist ein bei Marie öfters wiederkehrender Ausdruck[3]. — Eq. 65. Eher *l'i*, da zu *entendre* ein Object erwünscht ist; *l'* ist dann selbstverständlich Accus., wie G. 100 *l'estuet descendre*, so dass *deac.* ohne weiteres 'hinuntersteigen, hinunterfallen', nicht, wie der Glossar übersetzt, 'abwerfen' bedeutet. 181. 'Der König sprach so lange zu ihr und flehte sie so um Gnade an' *que de s'amor l'asēura* e *ele son cors li otria*; so H; S *e il*, da der Hrsg. annimmt. Sagt man aber von einem Manne *il autria son cors* oder

---

[1] Unter 'Auflösung' versteht W. sowohl gänzliche Abstossung — *l Cons.* = *Cons.* — als auch die *l* in Folge eines früher vorklingenden *u* — *l Cons.* = *'l Cons.* = *u Cons.*
[2] Dass das chronologische Moment hier nicht ausschliesslich massgebend ist, bedarf kaum erwähnt zu werden; eine gewisse Bedeutung lässt sich ihm indessen nicht absprechen.
[3] Wenn S! wirklich *ses obl.*, und nicht etwa *nesobl.* bieten, so mögen schon die Schreiber die Wendung nicht richtig aufgefasst haben.

selbst, wenn man *son cors* in abgeschwächter Bedeutung auffasst, *il s'otrin*? Und die Zulässigkeit eines solchen Ausdruckes zugegeben, kann man von jemandem, der um Gnade flehte, sagen, er habe gewährt? Die altnordische Uebersetzung, die der Hrsg. zur Stütze der von ihm bevorzugten Lesart anführt, sagt bloss 'und er versprach sich ihr'. Mir will ferner nicht glaubwürdig erscheinen, dass die Dichterin ausdrücklich sage, die Dame habe in der Nacht den König aufgesucht. Die nur in S vorhandenen Verse 199—200 lauten *de nuiz reneit, de nuiz alout reeir celi que il amout*. Die altnord. Fassung 'bei Nacht kam sie zu ihm und b. N. ging sie zu ihm' scheint mir nicht genügend um eine Aenderung vorzunehmen, welche nicht bloss gegen das Zartgefühl, sondern auch gegen den Stil verstösst, da *la dame*, welches Substantiv das Subject zu *reneit* und *alout* sein müsste, im Vorhergehenden nicht genannt ist. Man betrachte daher die zwei Verse als einen fremden Zusatz[1] (in diesem Falle bleibt die Erzählung in einem discreten Halbdunkel gehalten; man sehe in der Uebersetzung von Hertz, wie ansprechend sie dann lautet), oder wenn man sie durchaus der Dichterin zuschreiben will, so belasse man sie wie sie S bietet; wenn die Liebenden eine Zusammenkunft verabredet haben, so schützt der König einen Aderlass vor um den Eingang zu seinen Gemächern zu verbieten; unbemerkt begibt er sich dann zur Dame. — Fr. 332 hält der Hrsg. den Plural in S gegen den Singular in H für sicher. Man darf dagegen einwenden, dass die Ritter doch nicht meinen, sie würden durch die wilde Ehe ihres Herrn Schaden leiden, sondern ihn mit einem solchen bedrohen. Die fehlende Silbe lässt sich durch Ansetzen von *il* nach *avrrit* ergänzen. — 395—8 sind nicht sehr klar; man sehe wie verschieden Roquefort und Hertz die Stelle auffassten. Die uns hier gebotene Lesung hätte einer Erläuterung dringend bedurft. — 417. Der Erzbischof steht bei dem Bette der Neuvermählten *por els beneistre e enseignier*; so H, hier die einzige Hs., und so der Hrsg. Aber *ben.* ist viersilbig und *ens.* gibt keinen rechten Sinn; also *seignier*. — 512. Die Lesung von H, so emendirt wie bei Roquefort, ist wohl vorzuziehen; übrigens bezweifelt der Hrsg. selbst die von ihm gewählte Fassung, da er im Glossar zu *eapuer* 'trauen' ein Fragezeichen setzt. — B. 27. *el ne saceit u decencit ne u alout*; vergleicht man 121. 254. 270, so wird man *que dec.* lesen. — L. 525 *Ici vienent deus damoiseles*; so H. und der Hrsg. setzt *dui* in den Text ein. Selbst wenn die anderen Hss. so lesen sollten (dies ist indessen sehr zu bezweifeln; vermuthlich bieten sie die römische Ziffer), so dürfte der Hrsg. nicht diesen Solöcismus der richtigen Form vorziehen. — V. 153. *ieo crei mult ben al creatur*; da H recht oft al statt *el* schreibt, so wird man (nach 143 *s'en deu crëist*) *el cr.* lesen. — 259. *l'un*. — 302 *ainz l'ajurnee* stimmt besser zu 306; denn wenn der Tag schon angebrochen wäre, so hätte die Alte den Tag sehen können. — 350 *desques a une hoye cint*; dazu die Anmerkung: 'da dies die einzige Stelle in den Lais ist, wo *desques* die Bedeutung 'bis' hat, so ist *des i qu'* zu lesen.'. Welcher Unterschied ist aber zwischen *desques* und dem oft vorkommenden *desque*? — 438 wurde eine directe Rede mitten in der Erzählung sein; dies müsste jedenfalls durch Gänsefüsse ersichtlich gemacht werden. Man bleibe doch lieber bei *baillera*. — Lst. 89. Zu *sui delitier* ist ein Object erwünscht; also *m'en* oder *delit*[*e*] als Intransitiv 'erfreut mich'. — 101. Wenn auch Marie nicht selten Imperf. oder Plusqmpf. dort anwendet, wo man ein anderes Tempus der Vergangenheit erwarten würde, so darf man durch Zusatz von *il* das überlieferte *orent* behalten. — 104 *as chambres [de] la dame vint*; da *de* in solchem Falle beständig unausgedrückt bleibt, so [*a*]. — 107 *engluè* (: *veillie*); Hrsg. *englné*; woher aber das *i*? Ich lese *engigué* nach V. 94. — Chv. 5. Der Emendation des Hrsg.'s (so schon bei Roqu.) zöge ich *ver e cum ot. nom*. — El. 157—8 passen nicht in den Zusammenhang; ich vermuthe, dass sie zur Beschreibung des Kampfes (211 ff.) gehören, Man könnte sie etwa nach 216 einschieben. — 180. Statt [*il*] etwa besser [*la*]. — 341. Statt *a nuit* 'in der Nacht' ist wohl *anuit* 'diese Nacht, heute nachts' zu lesen. — 410 *ceint* und 427—8 *ceint*; *estveint* sind Perfecta; also -*nut*. — 468. Das conjecturirte *soi doler mit que . . ., ne* und *de* + *Infin*. in der Bedeutung 'sich erwehren' wird wohl Niemanden befriedigen; H hat *soi inter* (= *foster*). — 556. Kann man von Einem, dessen Land verwüstet wird, sagen *il alot su terre guastant*? Wenn nicht, so müssen zwischen 554 und 555 zwei Verse ausgefallen sein, in welchen der Feind genannt wurde; *perdre* hätte dann factitive Bedeutung. — 581. Wenn schon, der Flexionsregel zu Liebe, der glatte Ausdruck *ceo fu s'entente e sun espeir* geändert werden muss, so folge man Eq. 139 und lese *a sun* statt *en sun*. — 735 *dous ses neruz*; ist tonloses Pronomen nach Numerale gestattet? — 750. Einfacher wäre *neu ot*. — 830. *deciples* hat ich für ein Versehen statt *eschipres*. — 999. *nus sire dit, ço quit, d'errer* 'spricht von Wegreisen' scheint mir nicht sprachrichtig; etwa *deit . . . errer*.

Der Text ist fast überall recht verständlich; nur dort, wo die Dichterin von ihrem schlichten, manchmal naiv ungelenken, aber gerade dadurch so reizvollen Erzählungsstil sich entfernt und sich in Reflexionen, Sentenzen u. s. w. versucht, verliert ihr Ausdruck etwas von der gewohnten Klarheit. Auch mögen gerade in solchen Stellen (zum Glücke sind es deren sehr wenige) die Schreiber mehr als sonst verschuldet haben. Die Bemühungen des Hrsg.'s, diese Stellen zu erläutern, sind von keinem besonderen Erfolge gekrönt worden; nur wenigstens sind sie, ich gestehe es, noch recht unklar. Zur Deutung des Textes dient ferner ein vollständiges Verzeichniss aller vorkommenden Wörter (nicht 'Stellen'). Dazu sei bemerkt: *a cunseil* 'absichtlich'; doch wohl 'insgeheim'; *demeine* (lit *al rei*) 'Haupt-'; eher 'eigen'; *dunciez* 'Geschenke machen'; gewiss nicht, sondern = prov. *domnejar*; *eire* El. 1047 dürfte nicht 'Weg, Reise' bedeuten, sondern = *aire* sein; *enfurchier* 'spitz wie eine Gabel machen'; ich denke eher

---

[1] Der Umstand, dass sie auch in N enthalten sind, gilt allerdings für den Hrsg. als einen 'offenbaren' Beweis, dass H hier lückenhaft ist. Können aber nicht hier S und N auf eine gemeinschaftliche Vorlage zurückgehen, welche das ursprünglich nur Angedeutete ausführlich zu erzählen sich bestrebte?

'gabelförmig in einander stecken'. Da Lat. 96 *reiz* wohl Sing. ist wie *ragu* und *lacun*, so war als Schlagwort nicht *reit* (das jedenfalls bei Marie *rei* lauten würde), sondern *reiz* (= *retinu*) anzusetzen. Verge 'Ruthe, Mast' und *verge* 'Ring' halte ich für Homonyma; ersteres aus *virga*, letzteres aus *viria*.

Und nun noch ein Wort über die Behandlung von Phonetik und Graphie. Die anglonormannischen Formen von H mussten durch continentale ersetzt werden; der Hrsg. berichtet in der Einleitung ausführlich über das von ihm beobachtete Verfahren. Ich wäre da nicht auf halbem Wege stehen geblieben und hätte völlige Angleichung durchgeführt. Wenn man sich einmal — und zwar mit vollem Rechte — von der Schreibung der Handschrift lossagt, so ist kein Grund vorhanden, ihr z. B. in der Bezeichnung des Lautes *o* bald mit *o* bald mit *u*, des Lautes *ç* vor dunklen Vokalen bald mit *c* (*ç*) bald mit *ce* (*reçut*, *recent*) zu folgen. Wenn *conreier* zu *-eer*, warum *desreiz* geduldet? u. s. w. Man kann aber auch die Consequenz zu weit führen. So würde ich nicht die Präpos. *ches* zu *chies* ändern; da das Wort ein Procliticon ist, so ist die in Hss. bei weitem am häufigsten vorkommende Schreibung mit einfachem *e* vollkommen berechtigt. Muss man wegen *chierté* (vgl. *fierté*) mit seinem protonischen *ie* alle Formen des Verbum *cherir* ebenfalls mit *ie* schreiben? Man wird sagen, beide Wörter seien aus dem schon französischen *chier* gebildet und daher bleibe in beiden Fällen *ie* haften; wenn aber die Hss. beim Verbum meistens *e* aufweisen, so darf man ihnen, folgen. Ist die Form *esteiz* mit Bedacht stehen geblieben? *piert* = *paret* mit dem anglonorm. *ie* ist wohl ein Versehen. Freilich kommen beide Formen im Glossar ohne Berichtigung vor. Man möchte auch *offrendre* als Druckfehler ansehen; aber auch diese Form kehrt im Glossar wieder. Zur Morphologie möchte ich nur noch bemerken, dass es S. XLVII heisst, der Hrsg. habe er auf der Hand der anderen Hss. *mien* statt *mun*⁵ geschrieben. An den zwei Stellen, die er namhaft macht, handelt es sich um *mun escient* von H, das zu *mien esc.* geändert wurde; warum wurde nun Fr. 153, M. 363 *mun esc.* beibehalten, trotzdem S beide Male *mien* bietet? Entweder hält der Hrsg. toulouse Pronomen für gestattet (dies ist ja der Fall; vgl. *sun roil*) und er brauchte nicht die Form von II zu beseitigen, oder nicht, und da musste er überall das betonte Pronomen anwenden.

Ich habe, wie man sieht, nur Kleinigkeiten bemerkt; es ist kaum nöthig hinzuzufügen, dass dadurch dem Werthe einer Publication kein Abbruch geschehen soll, welche sowohl dem Hrsg. als der schönen Sammlung, der sie einverleibt wurde, volle Ehre macht.

Eine überaus schätzenswerthe Beigabe bilden die S. LIX—CVIII enthaltenen 'vergleichenden Anmerkungen' von Reinhold Köhler, welche wieder einmal von der staunenswerthen Gelehrsamkeit und der ebenso sinnigen als klaren Darstellungsart dieses ausgezeichneten Forschers deutliches Zeugniss ablegen. Jeder der sich an den prächtigen Excursen

¹ 'mun st. mien' ist Druckfehler. Ebenso, S. XXXI Z. 7, *el si. e'*. — Ein lapsus calami ist S. XXVIII zu B 2 'c aus lat. *a* in geschlossener Silbe'.

erfreut und belehrt haben wird, wird dafür dem Verfasser herzlichen Dank sagen.

Wien, October 1885. **Adolf Mussafia**.

Textes vieux-français. N°. 2. La Passion Sainte Catherine, poème du XIII° siècle, en dialecte poitevin, par Aumeric, Moine du Mont-Saint-Michel publié... par F. Talbert. Paris, Thorin. 1885. 37 S. 4.

Die Ausgabe, die F. Talbert von Aumerics Passion Sainte Catherine gegeben hat, gestattet endlich ein genaueres Studium des Textes, über dessen merkwürdige Sprache F. Tendering schon 1882 in seiner Dissertation „Laut- und Formenlehre des poit. Katharinenlebens" (auch in Herrigs Archiv Bd. 67) und noch einmal in der Beilage zum Jahresbericht des Realgymnasiums zu Barmen, Ostern 1885, auf Grund einer von W. Foerster angefertigten Abschrift aus dem Codex 945 der Stadtbibliothek von Tours gehandelt hatte¹. Der Abdruck Talberts macht den Eindruck der Zuverlässigkeit, und nur selten stösst man auf Abweichungen von Tenderings Angaben; eine Untersuchung des Dialekts, die auch Talbert ausgearbeitet hatte, ist ihm abhanden gekommen, desgleichen eine Einleitung, die vielleicht über das Verhältniss des Gedichtes zu seiner Quelle mehr bot, als was jetzt sehr unzulänglich darüber vorgetragen wird, und der Verf. hat sich nicht entschliessen mögen den Verlust zu ersetzen. Gegenwärtig sind dem Texte nur ziemlich spärliche, aber genaues Studium verrathende Anmerkungen beigefügt, meistens bestimmt die vorgenommenen Aenderungen zu rechtfertigen oder solche zu empfehlen, die nicht eingeführt sind. Ich erlaube mir meinerseits zur Berichtigung des Textes Folgendes vorzuschlagen.

22. Der Sinn verlangt *li* vor *plus*; dass die Hs. es nicht bietet, ist auch aus Tendering II S. 27 Anm. zu ersehen. — 38. *fust* ist für *fut* bei Talbert zu setzen, steht auch nach Tend. I S. 44 in der Hs. — 137. L. *so rei*; vgl. 2510. — 171. Für *gssdessent* hat Tend. I § 152 *hastessent* vorgeschlagen; mir scheint *gurdessent* näher zu liegen; vgl. *Meis gardes que mout soiiez larges*, Clig. 184. — 184. *De sas losenges* macht den Vers zu lang; nach Tend. I § 128 ist *de las* überliefert, wofür man ohne Bedenken *des* setzen darf. — 245. L. *des quant* wie 249 und oft. — Die Zeilen 257 und 258 werden nach 250 einzuschalten sein. — 389. L. *bens* für *beus*. — 413. Die Einführung der Reimwörter *don*, *bon* hat schon Tend. I § 129 empfohlen. — 422. L. *grant* für *grant*; denn die Bemerkung Tenderings I, 134, das attributive (soll heissen prädicative) Adjectiv könne die Accusativform haben, ist durch nichts zu erweisen; an seinen sämmtlichen Beleg-

¹ Zu diesen beiden im Ganzen sorgfältigen Arbeiten, deren zweite zahlreiche Versehen der ersten berichtigt, hier nur die Bemerkung, dass von den in § 154 der Dissertation aufgeführten „vom lat. Plusqpf. abgeleiteten Conditionalen" nur *feiras* diese Bezeichnung verdient, die übrigen sammt und sonders Futura sind (es auffälligsten ist der Irrthum bei *puetrent*), und die zweite, dass *provus* in 1748 keineswegs *prolis + onum* ist, wie die zweite Arbeit S. 4 sagt, sondern *prepositus*, afz. *provoz*.

stellen liegt noutrales Subject vor. — 442. L. *d'ocire*. — 490. Es ist beim Ueberlieferten zu bleiben: *i a i d. h. et a y*. — 508. L. *despeit*. — 549. L. *si fer*; der Nominativ des Prädicativs bei *sei faire* ist ja ganz gewöhnlich. — Nach 630 ist der Punkt zu tilgen. — 687. In der Hs. steht wohl *outreie*, nicht *outre ce*. — 733. L. *riche*. — Nach 794 ist der Punkt mit einem Komma zu vertauschen; es gehört zusammen *non pot müer, non crit*. — 819. L. *dité*. — 851. L. *darz*. — 866. L. *tot lo meuz*. — 911. Es wird mir schwer an *besoinés* zu glauben; etwa *befeiés*, das ich freilich sonst nicht kenne, oder *bufeiés*, oder *beuillés*? — 945. Darf man vielleicht die einsilbige Aussprache von *de ros* annehmen, von der Zs. f. r. Ph. VIII, 498 Beispiele gegeben sind? Sie würde erlauben, das unentbehrliche *cessent* einzuführen. — 1023 und 2045. Es ist *en* von *cuitar* abzulösen. — 1054. L. *mas ques?* — 1091. L. *Pro ant*. — Nach 1226 ist ein Punkt zu setzen. — 1328. Da *fuir* zweisilbig, ist jede Aenderung vom Uebel. — 1352. Auch hier ist nichts einzuschalten, da das Verbum als Imperfectum drei Silben zählt. — 1375. L. *lo rei*. — 1411. L. *estiant tant cler* oder *tant estiant cler*, und im folgenden Vers *poia*, wie Tend. I, 227 vorschlägt. — 1425. L. *esteit*. — 1544. Eine Aenderung thut nicht Noth; *non tarzaré gaire* ist unpersönlich; vor *non* und nach *gaire* ist ein Komma zu setzen. — 1586. L. *tost*. — 1561. Talberts Aenderung bringt einen Flexionsfehler in den Text; vielleicht *porra*. — 1638. Vielleicht *Neienz de quant qu'acés vi*. — 1641. Mit dem tonlosen Objectspronomen beginnt kein Satz; vielleicht *Sils*. — Die Zeilen 1659 und 1660 wird man umstellen müssen. — 1687. L. *Creés en deu* wie 1682. — 1705. *Doi sens* steht wohl nicht in der Hs.; es ist *dos* erforderlich. — 1723. L. *Si c'anc*. — 1732 und 2249. L. *segur*. — 1750 und 1751. Die Reimwörter sind 3. Sing. des Futurums, daher jeder Zusatz überflüssig. — 1776. Auch hier ist ohne Aenderung fertig zu werden; die Frage *weisst du etwas?* hat den Sinn einer Aufforderung zum Aufmerken. — 1812. *reices* (prov. *regadus*) darf mit *despreises* (oder *despeises*) so gut reimen, wie *peis* mit *deus*. — 1817. Der abgeänderte Vers gibt keinen Sinn; ich setze *fuses* für *fus* und übersetze: „möchtest du verwünscht sein, dass du geboren bist". — 1851. Sollte für *trover* etwa *tuer* zu setzen sein? „so kannst du (zwar) so viel äusserlich tödten". — 1864. Nach Tendering steht in der Hs. das richtige *ufrirai*. — 1911. Nach alter Syntax ist das betonte Pronomen *lei* hier allein möglich. — 1918. Der Zusatz des Hrg.'s ist Verderbnis; es darf auffallen, dass ihm *tal i ot* an Stelle eines Subjectes „manche" nicht bekannt ist; s. Jahrb. VIII, 350. — 1936. *fes* ist ohne Sinn; nach Tend. I § 159 hat die Hs. das merkwürdige, aber durch wiederholtes Vorkommen gesicherte *ses* (du bist). — 1947 und 1952 heisst *a tart*, wie sehr oft, „schwerlich, kaum"; *recoere* „kehrt zurück, erholt sich"; von dem Wiederauferstehn des irdischen Leibes ist an der Stelle nicht die Rede. *gaisent* 1948 sehe ich als ein sonst französisch nicht nachweisliches, aber neuprov. noch vorhandenes Wort an. *guissur* heisst nach Honnorat „Keine treiben" und ist vielleicht „wachsen". Was Tenderings Meinung darüber ist, der es I S. 46 Z. 3 als Verbum

der zweiten Conjugation bezeichnet, erkenne ich nicht. — 1976. L. *per cui temeient*. — 2003. Ohne allen Zweifel ist zu lesen *Jusc'a terz jorn*, womit Tenderings Bemerkung I § 136 hinfällig wird. Ein müssiges *z*, wie es hier die Hs. zu *jor* fügt, zeigt auch *sorz* 2120 und 2053. — 2069. L. *jautes* „Felgen". *fraites*, das hier daneben steht, zeigt, dass Diez' Herleitung des nfz. *frette* unhaltbar ist. — 2083. L. *soen* ohne Zusatz zum Ueberlieferten. — Nach 2138 darf keine Interpunktion stehn; die *beste* ist der Kaiser. — 2142. L. *fait s'ella* ohne Aenderung. — 2254. L. *deivent* oder, wenn wirklich nur in der 1. Conjugation *aut* als Endung der 3. Pl. des Präsens vorkommen sollte, *deivent*. — 2318. Die Worte *ben ... t'ire* sind in Parenthese zu setzen. — 2344. L. *despeit*. — 2400. L. *per que de so*. — 2417. L. *Des quant*. — 2435. Nach 2644 möchte ich *So aene* schreiben, da *renc* im Sinn von „geschah" sonst wohl nicht vorkommt; *o* und *a* sind dann mit der Verschleifung zu lesen, die Talbert in der Anmerkung zu 1517 für das Gedicht anerkennt. — 2453. Vielleicht ist *fait s'il* „sagt er" zu lesen. — Nach 2511, wo ich Tenderings Aenderung (I § 228) *rei sui billige*, scheint mir etwas zu fehlen. — 2550 Die Aenderung bessert wenig; soll das Prädicat mit Rücksicht auf männliches *fam* männlich sein und im Plural, so müsste es mindestens *osté* lauten. Ich möchte lieber bei dem überlieferten *Seit* bleiben und *ostes* mit Bezug auf weibliches *fam* schreiber (obschon ich weiss, dass das Wort an manchen Stellen verschiedener Texte Masculinum ist); übel ist auch 2554 geändert, wo mit Einschaltung eines Buchstabens zu lesen ist: *Li aers lor seit saluables*; das zweisilbige *aer* findet sich 113. — 2557. Das überlieferte *pluntain* lese ich *pluntäin*, gleich afr. *plentëif*; das hinten in den Auslaut tretende *v* schwindet zwar hier meistens, ist aber auch *lo breu* erhalten. Das Folgende ist vielleicht zu schreiben: *Seiner deus, faites o; ab tant Mon esperite te conunt*. — 2565. Da *vi.rgine* auch dreisilbig oft vorkommt, darf man wohl den Vers unangetastet lassen. — 2609. *Ja mal* wird man besser in *Ja mar* ändern; *n'* ist, wie in dem Gedichte so oft, so viel wie *en*. — 2647. *senten* ist allerdings unbekannt, aber *sesten*, was Tendering I § 137 vorschlägt, scheint mir gleich wenig erwiesen; das Provenzalische hat für den *sochsten seisen*. Mir scheint, der Dichter will nicht sagen, die Heilige sei auch am gleichen Wochentage wie Jesus gestorben, sondern am siebenten Tage, dagegen allerdings zur selben Tagesstunde. Ist dem so, so kann man *seten* oder *septen* schreiben, muss dann aber allerdings 2650 gleich wie 2049 mit *A ital oru* (mit der oben berührten Verschleifung) beginnen lassen. Den Ausschlag würde hier die Quelle geben, wenn man sie kennte; aber weder die Legenda aurea, die Talbert als solche anzusehn scheint, noch die ausführlichere Vita, die man bei Lipomanus und bei Surius liest, sprechen vom Tage der Hinrichtung.

Berlin. Adolf Tobler.

Casini, T., Le Rime provenzali di Rambertino Buvalelli, trovatore bolognese del sec. XIII. Firenze 1885. 32 S. 8.

Die kleine Schrift enthält den Text der neun Gedichte Rambertins (das Bartsch Gr. 281, 9 angeführte Lied *Si de trobar agues meillor razo* spricht Casini dem Rambertin ab und, wie mir scheint, nicht mit Unrecht) und eine möglichst wörtliche Uebersetzung in Prosa. Jegliche Anmerkung irgendwelcher Art — sachlich, sprachlich oder metrisch — fehlt, obgleich mancherlei zu erörtern Gelegenheit gewesen wäre; wir erhalten nichts als den nackten Text — und auch diesen, wo mehr als eine Handschrift benutzt ist, ohne Varianten — und die Uebersetzung. Das kurze Vorwort verweist für die Biographie auf Casinis Arbeit im 12. Bande des Propugnatore, auf die von Schultz in Gröbers Zs. VII, 197 und auf Casinis Recension derselben im Giornale stor. della lett. it. II, 395; ferner theilt sie mit, welche Hss. für die einzelnen Gedichte benutzt worden sind. Die Zahl der Hss., die die Lieder Rambertins enthalten, ist klein; das Meiste und Wichtigste war schon veröffentlicht, die in A enthaltenen Gedichte in Herrigs Archiv Bd. 33, die in D enthaltenen von Casini im Propugnatore XII und und theilweise von Mussafia, Del. cod. est., das einzige in G überlieferte Gedicht in Herrigs Arch. Bd. 35. Casini hat für seine Ausgabe nur die Hss. benutzt, deren Text schon bekannt war, nur für Nr. 6 hat er noch die Hs. P verglichen. Wo mehrere Hss. benutzt sind, sind, wie gesagt, die Varianten nicht angegeben, ebenso wenig hat der Hrsg. die Stellen bezeichnet, an denen er von der handschriftlichen Lesart abgewichen ist (III, 25; V, 35; IX, 63) oder wo er die Lesart einer anderen als der dem Gedicht zu Grunde gelegten Hs. aufgenommen hat (II, 10; V, 31). Nur wo Wörter vom Hrsg. hinzugefügt sind, ist dies durch Klammern kenntlich gemacht. Schlimmer aber als die gänzliche Unterlassung der Correcturangabe ist es, wenn Casini Nr. I, 34 schreibt: *pos no [men] part nim partirai*, und so den Schein erweckt, als ob der von ihm gegebene Text sich von der Hs. nur durch die Hinzufügung des *[men]* unterscheidet, während doch die Hs. *pos du lei nō part nim partirai* liest. — Die Gedichte Rambertins bieten im Ganzen keine besonderen Schwierigkeiten. Dass Casini den Text nicht stets richtig verstanden, dass er manche Stelle verkehrt gedeutet hat, soll ihm, (obgleich mancher Irrthum unschwer zu vermeiden gewesen wäre) nicht zu besonderem Vorwurfe gereichen, denn jeder, der sich mit dem Studium prov. Texte beschäftigt hat, weiss, dass nur zu oft auch sorgfältigster Prüfung die Erkenntniss des Richtigen versagt bleibt; dass aber mehrfach (I, 33; II, 42; VI, 15, 27, 35; VII, 50) der Obliquus *cors* mit *core* übersetzt wird, dass *dereing* als 3. P. Sg. aufgefasst wird (VIII, 15) und *deu* als 1. P. Sg. (IX, 64), dass ein prov. *sero* durch ital. *sero* wiedergegeben wird, das hätte nicht vorkommen dürfen. Im Einzelnen ist zu dem Texte Folgendes zu bemerken.

I, 11. *Capdelar* heisst nicht "conquistare", sondern "führen, leiten, beherrschen". — I. 34 ist mit leichter Aenderung der oben angeführten handschriftlichen Lesart zu schreiben: *pos da lei nom port nim partirai*. — I. 37 ist das handschriftliche *su* statt *la* einzuführen. In dem Gedichte Nr. II und, so viel ich sehe, nur in diesem, findet sich die Form des Obl. Sg. für den Nominativ durch den Reim gesichert, *omador* Zeile 16, *valedor* Zeile 25 (*guidaire, gorenaire* im Reim Nr. VIII) und wohl auch *pessamen* Zeile 14, *faillimen* Zeile 22, *chausimen* Zeile 41, denn es ist wahrscheinlich der Reim *-en* statt *-enz* einzuführen, da ein Obl. Sg. *pensamenz* Zeile 5 und *talenz* Zeile 13 nicht zu dulden ist, während die Verwendung des Obl. für den Nom. ja mehr belegt ist. — II. 1 corr. *salut*. — II. 9. Casinis Uebersetzung gibt keinen Sinn. Könnte man die Stelle nicht so deuten: "wenigstens wenn in ihr Gnade wäre"? Doch kenne ich eine derartige Verwendung von *on* sonst nicht. Oder ist bei Annahme der letzten Deutung *e n'auria* zu corrigiren "und dass sie mit mir etc."? Aber ist dann nicht die Stellung von *sivals* auffällig? — II. 10. Warum Casini *no il* aus G statt des in D enthaltenen *ni* aufgenommen, ist nicht ersichtlich. Ni = *n'i* ist = *no i*; Elision des *o* von *no* findet sich noch II, 22, II, 34 und VII, 46. — II. 10. *Letre* ist sehr auffällig, und die Richtigkeit der Lesart (sie findet sich in D und G) ist zu bezweifeln, denn erstens ist *letre* bekanntlich keine prov. Form, wäre aber nur aus ital. Einfluss bei Rambertin zu erklären, und zweitens ist *metre* Refrainwort in der ersten Zeile jeder Strophe wie *merces* in der letzten. Liegt hier eine Nachlässigkeit des Dichters vor oder ist zu corrigiren? Aber wie? — II. 11. *Lail* ist nicht = s ihr, wie C. übersetzt, sondern = mir dorthin. Hs. D hat übrigens nur *la*. — II. 14 *ades* bedeutet nicht "subito", sondern "immer". — II. 23 schreibe *fin' amor*. — II. 36 ist statt des aus G aufgenommenen falschen *den* das in D enthaltene richtige *dei* aufzunehmen. — II, 42 ff. Die Stelle ist von C. missverstanden worden. Es ist *preud'al* zu schreiben, hinter *apres* (Zeile 42) ein Komma statt des Fragezeichens und hinter *mir* Zeile, 44 ein Punkt zu setzen. *Qui* bezieht sich auf *cors* "der der schönste ist, der sich in einem Spiegel beschaue". Mit *s'ub* beginnt ein neuer Satz.

III, 3. Schreibe *port' enveja*. — III, 23 corr. *dei* statt *deu*, wie die Hs. auch richtig liest. — III, 24 corr. Komma hinter *ral*. — III, 25. Casini schreibt: "*Dune quem farai, uos tain partir?*", aber die Hs. liest *Dunc quem faras vos ten partir*. Es ist mit leichter Aenderung der Lesart in *vols* und mit deutlicher Hervorhebung des Dialogs zu schreiben:

Dunc quem faras? Vols t'en partir?;—
tle eu. — Per que? — Quar trop foleja
Qui see son don e see plaideja.

Die letzten Worte übersetzt C. mit *e sero disputa*; aber *see* ist 3. Sg. Prs. von *seguir* und *plaideja* Substantiv, das zwar bei Raynouard fehlt und das ich auch sonst nicht belegen kann, gegen dessen Bildung aber nichts einzuwenden ist und das sich nach Azaïs Dict. des idiomes rom. III, 144 noch im modernen Limous. findet. — III, 29 schreibe *mal grat*. — III, 33 schreibe *si tot* und nicht *sitot*; vgl. *s'om tot nol demanda* Bartsch Chr. 193, 15; *s'en tot m'en suffre plus d'afan* Sachier Denkm. I, S. 335 Zeile 15. — III, 36 corr. *queil*. — III, 47. *Ses contendre* bedeutet

IV, 4 corr. *la flor*. — IV, 5 corr. *els auzels*. — IV, 10 hat C. gänzlich missverstanden. Der Sinn ist: „denn angenehm wird es fortan sein zu singen", nämlich weil es dem *fin cor* so gefällt. Vgl. Stimming. B. de Born 6, 52 Anm., wo eine ganz analoge Stelle aus Albert de Sestaro angeführt wird. — IV, 13 setze Fragezeichen nach *cuss* und Komma nach *supchatz*: „ihr fragt wieso? ich will, dass ihr es wisset, da ihr es so sehr zu hören verlangt." — IV, 15 corr. *Er es*. — IV, 18 hat C. missverstanden. Die Stelle bedeutet: wo die an Besitz Armen, die treu und wahr sind, sich befinden müssten. — IV, 22 schreibe: *ins non puosc al, tant sui iratz* „aber ich kann nicht anders, so bekümmert bin ich." — IV, 23 corr. *es* statt *e*. — IV, 46 ist missverstanden; *viran* ist = sie würden, man würde sehen. Oder es ist vielleicht besser *viram et a*) „wir würden sehen" zu schreiben; die Hs. hat *nirà*. — IV, 48. *feran* heisst nicht „sie werden thun", sondern „sie würden thun", *fora* Z. 49 heisst „würde sein" und nicht „wird sein". — IV, 50 corr. *serai*. — IV, 65. Zu bemerken ist die starke Synaloephe *lai_ou* (nicht *e_o*, denn die Hs. hat *el a*), ferner *merce_esperar* V, 42, wenn nicht die in D sich findende, bei Rambertin durch ital. Einfluss erklärbare Form *sperar* aufzunehmen ist, endlich *tornaro_oblidos* VII. 40.

V, 11. Die Kommata nach *pois* und *Restaur* sind zu tilgen, dagegen ist ein Komma nach *rezer* zu setzen; *mon Restaur* ist Acc. und nicht Vocativ, da in allen übrigen Strophen der Dichter stets von der Geliebten spricht, aber nie sie anredet. Es ist daher Z. 15 *nous* in *nol* zu ändern, und in der That liest auch die Hs. D) nach Casinis Abdruck im Propugnatore *nolwei*, also wohl *nolvei*. — V, 35. Der Vers ist um eine Silbe zu kurz und gibt keinen Sinn; die Hss. bieten das Richtige: *no m'annuill*, cf. Lex. Rom. IV, 345 *annuillar*, wo auch diese Stelle citirt ist.

VI, 2. Es ist *m'aleuja* zu schreiben und nicht *m'aleria*, ebenso IX, 69 *aleujatz* und nicht *aleriatz*; vgl. Bartsch, Zs. f. rom. Phil. II. 136. — VI, 8 corr. *gais*, wie auch die Hss. A und D lesen. — VI, 17 corr. *cossirs*; so in A und D. — VI, 29 setze Punkt hinter *desir* und Fragezeichen oder Ausrufungszeichen hinter *reirui*. — VI, 42. *Saubetz* ist nicht „ihr wisst", sondern „ihr wusstet". — VI, 51. *Non* ist = no'n, „so mögen sie keine Macht dazu haben". — VI, 55. Es ist nicht nöthig, hier eine Lücke anzunehmen; der Sinn verlangt es nicht, und wenn sich am Schlusse eines Liedes mehrere Tornadas finden, ist die zweite Tornada häufig kürzer als die erste. so B. de Born 36 und 37, Peire Vidal 5 und 44, Peire de Corbiac B. Chr.³ 212. Bert. Zorzi 12 und bei Rambertin selbst IX. — VI, 57 schreibe *qu'el*, „denn ich glaube nicht, dass es in der Welt eine so Treffliche gibt."

VII, 10 schreibe *subreis*. — VII, 17. *Nou* ist = *no'n* „und wenn ich von ihr nicht so viel Gutes sage". — VII, 23. Das Semicolon ist an das Ende der folgenden Zeile zu setzen, hier dagegen ein Komma. — VII, 35. *Enans que* ist nicht = *subito che*, sondern „bevor, ehe." — VIII. 37 schreibe *qui'l* = *qui el* „wer es ist und ob er sich eigne sie zu sehen". Für *se faire a* in der Bedeutung „sich eigenen, passen" vgl. Flamenca 4316—8. — VII.

40 setze Komma nach *parlar*. — VII. 44 schreibe *ni'n* = *ni en*, *en* = in. — VII, 47 schreibe *si'l* = *si el* „wenn er" und nicht = „wenn sie", wie Casini übersetzt, was keinen Sinn gibt. — VII, 48. Zu *qu'en cent dobles calves* cf. Tobler in Gröbers Zs. V. 202—3.

VIII, 15. *dereing* ist 1. P. nicht 3. P. Sg. Prs. — VIII, 21. *S'amrai aitant* (C. schreibt *s'acrai*) verstehe ich nicht; auch die Uebersetzung Casinis befriedigt mich nicht, *adoussa* (Zeile 22) und *promet* (Z. 23) sind eben keine Conjunctive. — VIII, 33 tilge das Komma hinter *mestiers* und setze es nach *dompna* in der folgenden Zeile: „wenn schönes Loben mir Nutzen und Hilfe wäre bei meiner Dame, so hätte ich wohl Lust dazu", nämlich sie zu loben. — VIII, 35. Der Vers ist um eine Silbe zu kurz; es ist das handschriftliche *dire* für *dir* einzusetzen. — VIII. 55. *Que longamen n'ai estat* ist nicht „che lungamente ha indugiato", sondern „denn lange habe ich es unterlassen".

IX. Die Reimanordnung dieses Gedichtes ist bemerkenswerth.

1. a	2. b cura	3. a mena	4. b arentura
b	a	b	a
a	b	a	b
b	a	b	a
c (= os)	c (= os)	c (= os)	c (= os)
d (= ar)	d (= ar)	d (= ar)	d (= ar)
e	e	e	e
a mena	b arentura	a malmena	b desmesura
b cura	a mena	b arentura	a mulmena

5. a malmena	6. b mesura		
b	a		
a	b		
b	a		
c (= os)	c (= os)	1 Torn. c (= os) 2 Torn.	
d (= ar)	d (= ar)	d (= ar)	d (= ar)
e	e	e	e
a estrena	b natura		
b desmesura	a estrena		

Die Verknüpfung der Strophen ist, wie man sieht, eine mannigfache. Die Strophen sind 1. capcaudadas, so dass jede Strophe mit der folgenden verbunden ist, wir haben 2. Reimablösung für a und b, so dass Str. 1, 3, 5 einer- und Str. 2, 4, 6 andererseits durch gleiche Reimordnung zusammen gehören, wir haben 3. Vokalreime für c, wodurch die erste Strophe mit der zweiten, die dritte mit der vierten, die fünfte mit der sechsten verknüpft ist, ferner sind 4. je drei auf einander folgende Strophen dadurch verbunden, dass dasselbe Reimwort in der vorletzten Zeile der ersten Strophe, in der letzten Zeile der zweiten Strophe und in der ersten Zeile der dritten Strophe wiederkehrt (in der 1. Zeile der 6. Strophe findet sich „mesura" statt des zu erwartenden „desmesura"), endlich sind 5. sämmtliche Strophen des Gedichtes dadurch verbunden, dass der Reim d = ar überall bleibt. — IX, 19 lies *s'arentura*, cf. Zeile 30. — IX, 50 schreibe *outra misura*. — IX, 63 hat Casini ohne Grund die Lesart der Hs. geändert; die Zeile lautet *supchatz cocha m'o fai far*, „Bedrängniss zwingt mich dies zu thun; deshalb bin ich dadurch, dass ich Euch um Gnade bitte, lästig, so wisset: Bedrängniss lässt mich das thun; deshalb darf es euch nicht lästig sein", und nicht „no ri *de co annoiare*", wie Casini übersetzt, denn *deu* Zeile 64 ist 3. P. Sg.

Das Büchlein wird, wie es in der Vorrede heisst, dargeboten „come saggio di una maggiore raccolta delle rime provenzali di trovatori italiani", die Casini herauszugeben beabsichtigt; es ist dringend zu hoffen und zu wünschen, dass Herr C. sich vorher eine gründlichere Kenntniss des Provenzalischen aneignet und dass er den Liedern der übrigen ital. Troubadours eine weit grössere Sorgfalt widmet, als er sie den Gedichten des Rambertin de Buvalel hat zu Theil werden lassen.

Freiburg i. B., Juli 1885.   Emil Levy.

Wiese, B., Neunzehn Lieder Lionardo Giustiniani's nach den alten Drucken. Vierzehnter Bericht über das Grossh. Realgymnasium zu Ludwigslust. Ludwigslust 1885. 13 S. 4.

— —, **Einige Dichtungen Lionardo Giustiniani's.** Estratto della Miscellanea di Filologia Romanza dedicata alla memoria dei prof. Caix e Canello. Firenze, Le Monnier. 1885. S. 191—7.

Die erste der beiden oben verzeichneten Publikationen (I) enthält Dichtungen von Giustiniani, welche der Hrsg. zwei alten Drucken (der eine Rom s. a., der andere vom Jahre 1485) entnommen hat; die zweite (II) bringt „einige weitere Notizen über die Gedichte Lionardo Giustiniani's und am Schluss einige Texte aus dem cod. marc. CV cl. IX it. sec. XV." Diese beiden Veröffentlichungen W.'s, der einen grossen Theil seiner wissenschaftlichen Thätigkeit grade den Werken des Venezianischen Patriziers und Humanisten gewidmet hat, ergänzen in willkommener Weise die Zahl der Dichtungen Giustiniani's, welche bereits durch Wiese in der Scelta di curiosità letterarie, disp. CXCIII (Bologna, Romagnoli, 1883) und durch Morpurgo im zweiten Bande der Biblioteca di Letteratura popolare italiana edirt wurden. Besonders bemerkenswerth sind in I die umfangreichen Gedichte in terza rima, in welchem Metrum auch einige, allerdings nicht in gleichem Masse interessante Stücke der Bologneser Ausgabe geprägt sind; so das Gedicht Nr. 3, das so ganz von jener anmuthsvollen Sinnlichkeit durchdrungen ist, wie sie die italienischen Humanisten zu schildern verstanden. Zu Anfang von Nr. 6 erhalten wir das gefällige Porträt einer Dame, in welcher der Dichter die Quelle seines Glücks und seines Vergnügens erblickt; Nr. 7 ist in anderer Hinsicht interessant, nämlich wegen der klassischen Quellen, auf die es zurückgeht: es erinnert sofort an die Idylle des Teocrit, φαρμακεύτρια, an die Ecloge Virgils Pharmaceutria, an zwei Epoden Horaz; derselbe Gegenstand wurde von Sannazaro in einer Fischerecloge behandelt, ja sogar in neuerer Zeit noch von J. H. Voss, allerdings verschmolzen mit deutschen sagenhaften Elementen, in seinem Idyll „Der Riesenhügel"; selbstverständlich hat Giustiniani auch das 7. Buch der Ovidischen Metamorphosen vor Augen gehabt. In allen diesen Dichtungen ist es allerdings eine verrathene Geliebte, welche spricht, während es sich in dem Gedichte Giustiniani's nun einen Liebhaber handelt; allein der Dichter nimmt den Gegenstand in Nr. IX nochmals wieder auf, und lässt dann eine Frau sprechen. Dies Gedicht Nr. 9 hat übrigens noch andere klassische Vorgänger: Wiese hat mit Recht v. 164 des Textes *Arianna* hergestellt, weswegen auch ein Hinweis auf die Episode bei Catull am Platze ist; wir hätten gerne einige weiteren derartigen Bemerkungen zu dem ganzen Gedichte gesehn. In demselben Gedichte Nr. 9 und ebenso in Nr. 10 (gleichfalls in Terzinen) finden sich in grosser Zahl Reminiscenzen an Dantesche Verse, wie sie ja auch in dem Gedichte Nr. LXXV der Bologneser Ausgabe auffallen. Im Allgemeinen hat also G. die poetische Form der Terzine für die Einkleidung erhabeneren, auserwählteren Gedankeninhalts bestimmt: daher hier auch die Erinnerungen an die Klassiker und sogar Nachahmungen derselben. Bemerkt sei noch, dass in Gedicht Nr. 9 die Danteschen Teufel zu finden sind, nämlich ausser Pluto und Belzebù auch Farfarello und Draghignazzo (Wiese druckt *Mandami farferelo od raginuzo*).

Wir hätten gewünscht, dass Wiese auch im Druck die strophische Form der Gedichte angedeutet und demnach Nr. III, VI, VII, IX, X, XI in dreizeilige, Nr. VIII in achtzeilige Strophen eingetheilt hätte. In Nr. XII bilden die beiden ersten Verse eine Einleitung, und es wäre deshalb nothwendig, dieselben von den übrigen Versen der Strophe zu trennen. Nr. XV ist in vierzeilige Strophen abgefasst, eine Form, deren sich Giust. häufig bedient. Beachtenswerth ist Gedicht Nr. I, das dieselbe Verszahl hat wie das Sonett und die gleiche Eintheilung; jeder Theil würde demnach seine eigenen Reime haben, abgesehn vom letzten Verse, der den Reim & der ersten Quartine hat.

Der Hrsg. war bemüht, überall das richtige Versmass herzustellen; allein dies sein Bemühen ist aus zwei Gründen nicht von glücklichem Erfolg gekrönt worden. Einmal hat Wiese dem Gebrauch der Diärese in den Gedichten nicht genügende Beachtung geschenkt, ein Gebrauch, der freilich oft sehr auffällig und aussergewöhnlich ist, wie in *malvasia*, während er in andern Fällen durch die Etymologie und durch den Gebrauch anderer Dichter gerechtfertigt ist. Der andere Grund des Misserfolgs ist in dem Umstande zu erblicken, dass diese Gedichte in metrischer Hinsicht wirklich fehlerhaft sind: die frühern Herausgeber versuchten daher auch nicht in dieser Beziehung zu bessern, ja dachten nicht einmal daran. Denn da diese Canzonette bestimmt waren gesungen zu werden, so war es leicht durch den Gesang der prosodischen Unebenheiten zu verdecken. Und anderseits grade weil die Gedichte gesungen wurden, sind sie mit ungenauen Versen auf uns gekommen: denn häufig genug gingen sie in den Mund des Volkes über, und da diesem mehr am Gesang und an der Melodie gelegen war, so scheute es sich nicht den Text seiner Weise umzugestalten. Ich unterlasse es, alle einzelnen Fälle aufzuzählen, in denen W.'s Versuch, die Verse auf ihr richtiges Mass zurückzuführen, nicht geglückt ist: ich erwähne nur einiges. II, 48 schreibt Wiese *sta m'è una crudel morte*, indem er *sta* für *questa* einsetzt; allein der Vers ist unerträglich! III, 15 ist zu lesen: *Però che a*

ro' obbedir sempre concorro; ebd. 46 Nè pur io la
tua relucente pelle hat den Accent auf la; vielleicht
ist an Stelle davon mai zu setzen; ebd. 61 muss
man die Lesart der Drucke beibehalten Ma poichè
alquanto mi fusse rihavuto; ebd. 63 lese man Direi:
tempo aspettato horma' è renuto; ebd. 80: M'inchi-
narei basar la tüa bocca; ebd. 99 Siccome san chi
è per amor felice ist falsch; IV, 3: was bedeutet
Ai lasso mi dolente don finire l'er ben verrire e hai-
mente amare? Vielleicht ist deo an Stelle des ursprünglichen dezo zu lesen; V, 5 lese man: Che
notte e die per te viro in guai; VI. 19: was ist in dem
Verse E poi il viso mio per sua saltezza ungewöhn-
lich und befremdend?; ebd. 75 lese man El ritirar
ad se più presto bramo; ebd. 86 Che, mentre è verdi
prati e verdi fiore ist grundfalsch; man muss lesen:
Che, mentre in verdi prati è verde fiore, oder ähnlich;
VII, 58 ist die Aenderung De, morati a pietà il mio
grande duolo recht unglücklich; der Druck hat die
gute Lesart De morati a pietà il mio gran duolo. —
Ich stehe von einer weiteren Aufzählung ab; vielmehr
beeile ich mich hervorzuheben, dass Wiese an einzelnen Stellen sehr gut gebessert hat. IX, 145 scheint
mir W.'s Conjectur jedoch nicht annehmbar zu sein,
man muss vielleicht lesen: Oh gran Juppiter o
summa delta. Es ist nothwendig, auch der eigenthümlichen Thatsache Erwähnung zu thun, dass
deita hier den Accent auf der Ultima hat;
und ebenso darf die andere äusserst merkwürdige
Erscheinung nicht übersehen werden, dass in diesem
Gedicht Giove und Juppiter als zwei verschiedene
Gottheiten figuriren. Nach XII, 77 ist kein Vers
ausgefallen. Schliesslich sei noch des hässlichen
Eindruckes gedacht, den man erhält, wenn man
desiato, suavo, viole, spaciōse etc. statt desiato, suave,
viole etc. geschrieben sieht; sicherlich liegt hier die
Schuld an der Druckerei; allein es hätte doch wohl
nicht jeder dergleichen hingehn lassen.

Mit der zweiten Publikation hat W. nicht so
grosse Mühe gehabt: der Text des Cod. marc. ist
ausgezeichnet. Neugierig wäre ich zu erfahren,
warum das Gedicht Venuta è l'ora e il dispietato
punto den Titel D. Jacobus sanguinarius trägt.

W. erwähnt andere Canzonette Giustiniani's,
deren Melodie nachher auf religiöse Lauden über-
ging; wir können nunmehr eine beträchtliche Anzahl
solcher nach der Melodie von Canzonetten ge-
sungener Lauden Dank den Untersuchungen Mor-
purgos und Wieses. Die Erscheinung ist weder
neu noch vereinzelt, und es ist schon oft davon gehandelt, besonders in diesem Jahre in Deutschland
und Italien. Hier scheint mir bemerkenswerth zu
sein, dass von Giustiniani's Gedichten in Terza
rima nur eine (LXXV der Bologneser Ausgabe)
einer Lauda die Melodie geliefert hat. Es ist daher
unwahrscheinlich, dass auch die anderen Gedichte
dieser Gattung, zumal die langen, eine Melodie
gehabt hätten, und dass diese Melodie hernach auf
Lauden übergegangen sei. Allein, sollten die Thatsachen späterhin einmal das Gegentheil ergeben, so
würde dies keineswegs unerfreulich sein; würden
wir doch vielmehr daraus entnehmen, wie Giustiniani es verstanden hat, Dichtungen populär zu
machen, denen von Hause aus wenig volksthümlicher
Geist eignet und die Vorstellungen und Gedanken

enthalten, welche z. Th. klassischen Dichtern entnommen sind; unmöglich wäre dies nicht in dem
wunderbaren Zeitalter der Renaissance in Italien.

N. Zingarelli.

**Louis de Viel-Castel de l'Académie fran-
çaise, Essai sur le Théâtre Espagnol.** Paris,
G. Charpentier. 1882. 2 Bände, VI, 431 und
369 S. 8.

„Ce n'est pas un traité complet que nous allons
entreprendre. Nous ne voulons pas nous engager
dans une oeuvre d'érudition. Notre seule pensée
est de caractériser les poètes qui ont illustré le
théâtre espagnol." Mit diesen Worten bezeichnet
der Verfasser selbst (I p. 4) Plan und Ausdehnung
seines Werkes näher. An anderer Stelle (I p. 2)
theilt er dem Leser mit, dass er sein Werk vor
50 Jahren begonnen und schon vor 40 Jahren abgeschlossen habe, und dass Abschnitte davon in der
Revue des deux mondes 1840, 1841 und 1846 erschienen seien. „Il me semblait alors, fügt er hinzu,
que bien que beaucoup d'écrivains, tant français
qu'appartenant à d'autres nations, se fussent essayés
sur le sujet . . . . aucun ne l'avait embrassé dans son
ensemble et qu'il restait à cet égard quelque chose
à faire." Die Richtigkeit dieser Bemerkung für die
angegebene Zeit — 1840 — wird man gewiss zugeben; aber was soll man von der erstaunlichen
Naivität des Zusatzes „Je crois qu'il en est
encore ainsi" sagen? Der alte Akademiker
glaubt also wirklich, dass die Geschichte des spanischen Theaters seit 40 Jahren keine Fortschritte
gemacht habe? Das epochemachende Werk des
Grafen von Schack, schon 1845 erschienen und
jedem Anfänger in der span. Literatur bekannt,
Kleins Geschichte des Dramas — das spanische
in 5 starken Bänden — sowie die vielen spanischen
Arbeiten, die, wenn sie auch nicht alle das ganze
Theater umfassen, doch über viele Theile desselben
völlig neues Licht verbreiten, existiren demnach
für ihn nicht, und er glaubt der Welt einen ausserordentlichen Dienst zu erweisen, wenn er eine längst
überholte Arbeit unverändert veröffentlicht?
Räthselhaft! Nicht minder räthselhaft ist, dass die
Publikation des ganzen Werkes nicht schon 1840
erfolgte. Kein Zweifel, dass es damals, obwohl es
auf Vollständigkeit und wissenschaftlichen Charakter
Verzicht leistet, einem wirklichen Bedürfnisse ab-
geholfen und zur Kenntniss und Würdigung des
spanischen Theaters in erspriesslicher Weise beigetragen hätte. Heute bezeichnet es einen gewal-
tigen Rückschritt, eine Thatsache, die durch das
hohe Alter des Verfassers nicht genügend entschuldigt wird. Gleichwohl, um ihm volle Gerechtigkeit widerfahren zu lassen, lässt sich nicht in Abrede
stellen, dass dasselbe, wie es eben einmal ist, in
Frankreich belehrend und bildend auf das grosse
Publikum wirken kann. Mögen die biographischen
Details und hundert andere Dinge ungenau oder
falsch sein, so werden doch die nicht recht geistvollen Analysen der einzelnen Dramen nicht ver-
fehlen, zur näheren Beschäftigung mit dem spanischen
Drama anzuregen oder zur Kenntniss desselben in

weiteren Kreisen beizutragen. Abgesehen von den ersten Kapiteln, die trotz Moratins Origenes uns von den Theateranfängen kein entfernt richtiges Bild geben, sind die beiden Bände, insbesondere die Artikel Lope de Vega (Kapitel IV—XIII), Tirso de Molina (XXII—XXV), Calderon (XXIX—XXXIX), Moreto (XL—XLIV) und Rojas (XLV—XLIX), reich an treffenden Bemerkungen. Weniger befriedigend sind Guillem de Castro (XIX—XX), Velez de Guevara, Mira de Amescua (XXI) und namentlich Alarcon (XXVI—XXVII) ausgefallen.

Nürnberg, Mai 1885.   A. L. Stiefel.

Du patois créole de l'île Bourbon. Étude lue à la Société des Sciences et Arts par Volsy Focard. Saint-Denis (Réunion), O. Delval, 1885. 67 S. 8.

Wenn Kreolen zu ihresgleichen über ihr kreolisches Patois reden, so dürfen wir von ihnen weder eine trockene systematische Darstellung des Allen bekannten Idioms, noch eine wissenschaftlich aufklärende Herbeiziehung irgend eines mehr oder weniger nahe verwandten erwarten, sondern sie werden bald Kuriosa und Sinnfälliges gegenüber der schriftgemässen Stammsprache hervorheben, bald an den Erzeugnissen der kreolischen Muse ihre Kritik üben. Beide Richtungen sind in den beiden Hälften der vorliegenden Abhandlung oder, besser gesagt, Causerie vertreten, welche zuerst im „Sport Colonial" (vom 14. Januar 1884 an) erschienen war.

Der Verf. hat Recht, wenn er zunächst die Ansicht zurückweist, dass das Bourbonische ein mit kaffrischen, malegassischen u. s. w. Wörtern vermischtes Französisch sei; sein Wortbestand ist im Wesentlichen französisch, die fremden Elemente schwimmen nur auf der Oberfläche. Aber wenn es S. 8 heisst: „non, le langage populaire de Bourbon, le créole ne doit rien aux dialectes dont se servent MM. les Hovas et MM. les Macouas, il est tout français", so widersprechen dem vielleicht vereinzelte Andeutungen im Verlauf der Darstellung, am meisten aber wohl die Annahme von drei verschiedenen Nüancen des Kreolischen, wie sie sich im Munde der „créoles de bois" oder „petits créoles", die von den ersten Kolonisatoren der Insel abstammen, in dem der einheimischen Neger, d. h. der Malegassen und in dem der Kaffern, d. h. der vom Kontinent stammenden Neger finden, und wie sie durch das Beispiel eines kleinen Gesprächs veranschaulicht werden. In der Kaffernnüance liegt uns ein vortrefflicher Text vor: die Uebersetzung des „gestiefelten Katers" von E. Trouette, welche neuerdings in der „Revue de linguistique" veröffentlicht worden ist (wo sie aber als Probe des bourbonischen Kreolisch schlechtweg bezeichnet wird). Bemerkenswerth sind die Abweichungen, die wir hier finden, wenn wir dazu das Mauritianische der Mozambikneger bei Baissac vergleichen (nur ausnahmsweise mandgé, boudgé, bistonsé, regelmässig moussié, quiquiçoze, ça = maur. mchié, quiquichojo, cha u. s. w., und sogar manndzi). Das eigentliche Kreolische ist das der Malegassen, das der „petits créoles" halte ich — der Verf. scheint anderer Ansicht zu sein — für eine, wenn auch nur scheinbare, Verfeinerung desselben; wenn z. B. der offene Laut des e in letzterem wirklich häufig wäre (er wird für créole angeführt), so sähe ich darin eine Reaction gegen die Tendenz der Einheimischen, das offene e in geschlossenes zu verwandeln (fé = fait). Einzelnes wie che, du (dit) (S. 13. 14) liesst sich auf analoge Triebe zurückführen; befremdlicher ist juin für ein = un (S. 9. 13. 14) und jacec für avec (S. 13), das sich nicht bloss nach -é findet (vgl. in dem malegassischen Kreolisch: a li zin corruption = à lui une correction S. 15). Der Verfasser beschäftigt sich begreiflicher Weise hauptsächlich mit den Neologismen des Kreolischen, wie embartère, -ése (von embarrasser), embitère, -ése, amise (= amie), platilate („flache Gegend"), verbalement („ohne Weiteres"). Courailler S. 18 ist auch französisch. Das ebendaselbst erwähnte cacailler = cailleter erinnert an span. cacarear, deutsch gackern — hingegen weist das leider mit Stillschweigen übergangene cacabe = capable eine wirklich schwer begreifliche Kakophonie auf (franz. cacavi neben cassavi ist wohl als Lesefehler für caçavi zu erklären). Bei Gelegenheit lautlicher Verstümmelungen werden (S. 19) ma, ta neben moin, toué angeführt. Ich zweifle an der Existenz dieser Formen; wohl gibt es gleichlautende: m'a, t'a für moué va, toué va (Futurum).

Der zweite Theil der Schrift ist, wie gesagt, kritischer Natur. Wer in kreolischer Sprache Verse macht, der ist nach Baissac's treffender Bemerkung zu unaufhörlichen Anleihen beim Französischen gezwungen. Dazu kommt, dass diejenigen, welche es versuchen, zum grossen Theil häufiger französisch als kreolisch sprechen, in Frankreich erzogen, ja aus Frankreich gebürtig sind; das Letzte ist gerade bei den gefeierten Héry (s. Lbl. 1884 S. 369) der Fall, in dessen Erzeugnissen auch der Fremde ohne Schwierigkeit eine Menge von Gallicismen entdeckt. Ich möchte mir bei dieser Gelegenheit die Frage erlauben, sind Héry's Fabeln (1. Th. 1849. 2. Th. 1850) wirklich das Erste, was in bourbonischem Kreolisch veröffentlicht worden ist? Lieder aus älterer Zeit (z. B. das von A. Bruguier bald nach 1830 verfasste: Dipi papillon tricolore ......) haben sich vielleicht nur mündlich bis heute erhalten; aber schon in Fulgence, Cent chants populaires de différentes nations (Paris 1830) findet sich die Probe eines bourbonischen Liedchens. Man sollte alles vor Héry Entstandene, möge es nun gedruckt oder ungedruckt sein, sammeln; vor Allem hat der „Sport Colonial" (21. Juli 1884 u. f.) uns nach den kreolischen Productionen der Mulattin Célimène (um 1808 geboren) begierig gemacht. Die orthographische Frage spielt bei den Kreolen eine grosse Rolle, aber es ist keine Hoffnung vorhanden, dass sie zu allgemeiner Befriedigung gelöst wird. Wenn man nicht jene strenge phonetische Transcription anwenden will, deren wir uns für wissenschaftliche Zwecke bedienen, so lässt sich eine sehr mannigfache Modification der schon an sich so inconsequenten französischen Orthographie behufs der Wiedergabe der kreolischen Aussprache denken.

Die Schrift des Herrn Volsy Focard hat für uns besonders durch die zahlreichen aus dem Leben geschöpften Beispiele Interesse und Werth. Da sie ebenso wie die seiner Zeit auch zuerst im „Sport Colonial", dann im „Bulletin de la Société des Sciences et Arts de l'île de la Réunion" veröffentlichten Artikel des Dr. Auguste Vinson an meine Bemühungen um das bourbonische Kreolisch anknüpfen, so sei mir gestattet, hier die schon öfters privatim gethane Bemerkung zu wiederholen, dass dem Studium dieses im Niedergang begriffenen kreolischen Patois durch Nichts besser gedient werden könnte als durch zweierlei: durch Sammlung von möglichst vielem folkloristischen Material und durch Aufzeichnung aller Verschiedenheiten des bourbonischen von dem mauritianischen Kreolisch, wie dies in Baissac's trefflicher Studie dargestellt ist. Freilich scheint dieselbe trotz der warm empfehlenden Anzeige von F. Caxamian (Moniteur de la Réunion 19. Januar 1882) auf der Schwesterinsel nicht sehr bekannt geworden zu sein.

Graz, Ende Sept. 1885. H. Schuchardt.

Zeitschriften.

Archiv f. das Studium der neueren Sprachen u. Literaturen LXXV, 2. 3: Ball, Dickens und seine Hauptwerke. — F. Davids, Ueber Form und Sprache der Gedichte Thibauts IV. von Champagne. — M. Herwig, Fr. der Grosse und die deutsche Dichtkunst. — Wenzel, Krit. Bemerkungen zu Molière, mit bes. Berücksichtigung des Médecin malgré lui. — G. Rudolph, Gebrauch der Tempora und Modi im angloworm. Horn. — [Horstmann], Nachträge zu den Legenden.

Taalstudie VI, 6: H. F. V. M., L'Etude des Synonymes. 321. — A. van der Ent, L'Etude des Mots et de leur Signification. 327. — L. M. Baale, Remarques pour servir à la traduction de quelques phrases détachées. 331. 333. — Bulletin bibliographique: D. K., La Chanson de Roland. 336. — L. M. B., Oeuvres d'Auguste Brachet. 342. — K. t. B. Elucidations to Dickens's ‚Cricket'. 343. — Dera, Contributions to English Lexicography. 353. — C. Grondhoud, Synonyms Illustrated. 363. — É. A. H. Seippens, Deklination der Fremdwörter. 365. — Dora, Erklärung eines mittelhochdeutschen Gedichtes (Hartmann Armer Heinrich). 372. — O. A. C. van Door, Norman Riegel, der allgemeine deutsche Sprachverein. 381.

Revue de linguistique XVIII, 4: Henry, A l'étude des origines du décasyllabe roman. — Gaidos et Sébillot, Bibliographie des traditions et de la littérature populaire ou orale des Frances d'Outremer (Forts.). — Orain, Glossaire patois (Forts.).

Vierteljahrsschrift f. Kultur u. Literatur der Renaissance I, 3: L. Geiger, Studien zur Geschichte des franz. Humanismus. (Ein lat. Epos über die Jungfrau von Orleans; Tardif als Poggioübersetzer [1490].) — E. Abel, Isota Nogarola. — C. Meyer, Geistliches Schauspiel und kirchliche Kunst. — J. Vahlen, Lorenzo Valla über Thomas von Aquino. — L. Geiger, Eine Flugschrift des Jahres 1521. — O. Knud, Zur Vita Geilleri des Beatus Rhenanus. A. v. Reumont, Baldassar Castiglione. — Ortwein Gratius. Sein Leben und Wirken; Hermann von dem Busch, sein Leben und seine Schriften, bespr. von L. Geiger. — Die Loggia dei Lanzi zu Florenz, bespr. von S. Löwenfeld.

Archiv f. Literatur u. Kirchengeschichte des Mittelalters I, 2. 3: Denifle, Die Constitutionen der Predigerordens vom Jahre 1228. — Ehrle, Zur Geschichte des Schatzes, der Bibliothek und des Archives der Päbste im 14. Jh. — Beiträge zu den Biographien berühmter Scholastiker. I. Heinrich von Gent. — Denifle, Die Sentenzen Abälards und die Bearbeitungen seiner Theologie vor Mitte des 12. Jh.'s. — Ehrle, Zu Bethmanns Notizen über die Hss. des S. Francesco in Assisi.

Mélusine 22: H. Gaidoz, Mélusine à Munich. — René Basset, une fable de La Fontaine et les Contes Orientaux. — J. Tuchmann, La Fascination (Forts.). — La Courte-Juille, chanson populaire (Forts.). — La mort à bord (Forts.). — Archivio per lo studio delle trad. pop. IV, 3: F. Adolpho Coelho, Tradições relativas as Sereias e mythos similares. — G. Vullo, Spigolature demografiche di Butera: Il giuoco del serpente. — Il naumarca dei matti in Bormio nella Valtellina nel sec. XVII. — Giuseppe Rondoni, Alcune fiabe popolari di S. Miniato al Tedesco. — A. D'Ancona, Delle Mattinate. Memoria dell'Ab. Dott. Giuseppe Grunari. — P. Bertran y Brós, Tradicions populars catalanes inédites. — Angela Nardo Cibele, Orazioni latine in Chioggia. — G. Ferraro, Botanica popolare di Carpeneto d'Acqui. — Paul Sébillot, Hallo popolare siciliano. — Le Mort en voyage: Légendes chrétiennes de la Haute Bretagne. — G. Crimi-Lo Giudice, Il Ruggeri: Ballo popolare siciliano. — Genuaro Finamore, I dodici mesi dell'anno negli Abruzzi. — Miscellanea: G. Pansa, La jettatura. — I matrimoni in Cina. — I funerali dei Danakili in Assab. — Rivista Bibliografica: B. Pitrè, Finamore, Tradizioni pop. abruzzesi: Novelle. — M. di Martino, Lundell, Nyare Bidrag till Kännedom om de Svenska Landsmalen och svenskt Folklif. — F. Liebrecht, Child, The English and Scottish Ballads. — Bullettino Bibliografico. (Vi si parla di recenti pubblicazioni di Rostelli, Giacoli, De Nino, Padre Zappata, Renier, Mospony Lahroso, Coelho.) — Recenti Pubblicazioni. — G. Pitrè, Sommario del Giornali. — G. P., Notizie varie.

Tijdschrift voor nederlandsche taal- en letterkunde V, 2: J. Verdam, Dietsche Verscheidenheden. (Iloe; Den Haag; Hem verdwingen; Knielavai.) — J. Franck, Frasi. — Dera, Mittelniederländische Miscellen. (Gebben; Oogs; Omnaghel) — S. J. Warren, Diro Potter en een Boeddhistische Loep der Minne. — G. Kalff, Wouter Verhee. Bijlagen. — A. Kluyver, Ramptalig, Armzalig, Lamzalig. **Noord en Zuid VIII, 6:** J. Vercoullie, Absolute naamvallen. — Mr. C. Bake, Hoe moet men woorden als hare lijf, papaatje, ons. spellen en afbreken? — J. Koxsemaker Pz., Meijen. — Dera, Blute. — A. C. de Graaf, Kleuren als bocien. — Jul. Claerhout, Blanden. — G. A. Vursterman van Oyen, Tots, hoffu, kieskauwer. — J. H. Suurbach, Een paar woorden verklaard. — Bato, Tijdschriften. — Taco H. de Beer, Adellijk wild. — R. A. Kollewijn, Harinon. — J. E. ter Gouw, W. Visser, N. Bouman, V. te A., J. Sj. Langeraap te Gr., H. Kraykamp te Venraai, L. P. A. te Vl., Willem van Oers, F. Risch, S., Vragen beantwoord. — Boekaankondiging. J. Vercoullie, Reinaart-de-Vos. — Arthur Cornette, Aan de Redactie. — Bibliographic. — Inhoud van het Lesterkundig Bijblad: W. G. Brill, Twee Engelsche dichters over Holland. — Dera, Aanteekening. Inhoud van het drama Amboyna.

Anglia VIII, 3: Sturmfels, Der altfranz. Vokalismus im Mittelenglischen bis zum Jahre 1400. — Elze, A letter to C. N. Ingleby, containing Notes and Conjectural Emendations on Shakespeare's Cymbelyne. — Kluge, Ags. Excerpte aus Byrhtferth's Handbon oder Enchiridion. — Rösser, Ueber den syntaktischen Gebrauch des Genitivs in Cynewulfs Elene, Crist und Juliana. — Schmidt, Die Digby-Spiele I–III. — Fleay, Annals of the Careers of James the Fourth. — Fischer, Gibt es einen von Dryden und Davenant bearbeiteten Jul. Caesar? — Creizenach, Zu Greenes James the Fourth. — Leonhardt, Ueber Beziehungen von Beaumont and Fletchers Philaster or Love lies a-Bleeding zu Shakespeare's Hamlet und Cymbelino. — Kluge, Ags. Glossen. — Holthausen, Zu Chaucers Canterbury Tales. — Leonhardt, Schlussword zu Cymbeline.

Revue des langues romanes Aug.: Chabaneau, Sainte-Marie-Madeleine dans la littérature provençale (Forts.). — Dera, Sur quelques mss. provençaux perdus ou égarés. **Romanische Studien XXI:** E. Böhmer, Rätoromanische Literatur (Fortsetzung nebst Nachträgen u. Berichtigungen). 219. — Th. Gartner, Die zehn Alter, eine rätoromanische Bearbeitung aus dem 16. Jh. 239. — Dera, Berichtigungen zu Ulrichs Abdrücken der ersten beiden Evangelien Bifruns und des Katechismus von Bonifaci. 299. — Dera, W. v. Humboldt über Rätoromanisches. Nebst Ungedrucktem von Matth. Conradi. 303. — Böhmer, Zum Prädicatscasus. 331. — Dera, Verzeichniss rätor. Literatur. 2. Fortsetzung nebst Nachtrag.

Studj di Filologia Romanza. Pubb. da Ern. Monaci. Fasc. 3: L. Biadone, lais rimes de troiner e Lo Donatz proen-

*nels secondo la lezione del ms. Landau 335. — E. Teza, Note portoghesi. — C. de Lollis, Dei raddoppiamenti postonici. 407. — C. Antona-Traversi, Notizie storiche sull'Amorosa Visione. 425. — E. Marchesini, I perfetti italiani in *-etti*. 445. — L. Biadene, Giunta e correzioni. 449. (Die nächsten Hefte sollen enthalten: A. Zenatti, Il Cantare italiano del Re Fierabraccia; L. Biadene, Sul Bonetto; E. G. Parodi, De la questioin de Boccio, testo genovese antico; E. Monaci, Repertorio delle rime antiche conservate nei principali canzonieri italiani.)
Francu-Gallin Nov.: A. Kressner, Mittheilungen aus Handschriften. — Bahlsen, Adam de la Hale's Dramen und das Jus de Pelerin. — Loewe, Lehrgang der franz. Sprache. — Molière's Werke XIV, hrsg. von Knörich. — Uber, Zu dem franz. Wörterbuch von Sachs.
Giornale storico della letteratura italiana 16: D'Ancona, Il teatro mantovano nel sec. XVI (Forts.). — Cipolla, Studi su Ferrato dei Ferreti. — Rajna, Per la data della „Vita Nuova" e non per resa soltanto. — Sabbadini, Notizie sulla vita e gli scritti di alcuni dotti umanisti del sec. XV, raccolte da codici italiani. — Novati, Nuovi studi su Albertino Mussato. — Crescini, Notarella dantesca. — Scipioni, Tre lauli sacre pesaresi. — Frati, Il „bel pome", corona di nove sonetti allegorici. — Renier, Saggi di rime inedite di Galeotto del Carretto.
Rivista critica della letteratura italiana II, 6: A. Zenatti, G. Prati, Poesie, con prefazione di G. Stianelli. — T. Casini, Il teatro italiano nei sec. XIII, XIV e XV a cura di P. Torraca. — A. Gherardi, G. O. Corazzini, L'assedio di Pisa (1405—1406). — T. Casini, C. Ricci, Cronache bolognesi di Pietro di Mattiolo e di Prete Giovanni. — F. Ruediger, M. Laue, Ferreto von Vicenza, seine Dichtungen und sein Geschichtswerk. — A. Zenatti, Catalogue des livres manuscrits et imprimés composant la bibliothèque de M. Horace de Landau. — A. Medin, G. Biadego, Matrimonio principesco del 1204. — S. Morpurgo, L'arte del dire in rima: scritti di Antonio Pucci. — A. Zenatti, G. Mignini, Le tradizioni della epopea carolingia nell'Umbria. — Bollettino bibliografico: L. A. Michelangeli, Ulfimi di Pruolo. — J. Brauns, Quellen und Entwicklung der afr. Cançun de saint Alexis. — V. Joppi, un nuovo documento della vita di Cinzio Cenedese. — L. Falconi, Le lingue neuromane. — Lettere inedite di Vinc. Filicaia al conte Lor. Magalotti. — Comunicazioni: E. Teza, Italiani e spagnoli: appunti di bibliografia. — J. Del Lungo, Pentolini. — V. Crescini. Di Jacopo Corbinelli.
Il Propugnatore 4. 5: Pinelli, Il mattino del Parini, comento. — Di Giovanni, Alcuni luoghi del Contrasto di Ciulo d'Alcamo, ridotti a miglior lezione e nuovamente interpretati. — Pagano, Pietro delle Vigne in relazione col suo secolo. — Midla, Le scritture in volgare dei primi tre secoli della lingua, ricercate nei codici della Biblioteca Nazionale di Napoli. — Passerini, Modi di dire proverbiali e motti popolari italiani, spiegati e commentati da Pico Luri di Vassano. — Pèrcopo, Le Laudi di fra Jacopone da Todi nei mss. della Biblioteca nazionale di Napoli. — Lamma, Studi nel Canzioniere di Dante. — Albertazzi, Sulla vita del beato Giovanni Tavelli da Tossignano in lingua latina e voltata in Lingua volgare da Feo Belcari. — Giulari, Bibliografia Maffejana (Sohl.).

Zs. f. Ortografie, Orthoepie u. Sprachfysiologie V, 6: Wiebe-Kewitś, Zu Kewitś's runden und spitzen Hauptvokalen. — 7: Kowitś, Zur Aussprache des *ng* und Bezeichnung des Gaumennasallautes.
Berichte über die Verhandlungen der k. sächs. Gesellschaft der Wissenschaften 1885, 3: Creizenach, Ein ungedruckter Brief Gottscheds an Grimm über seine Unterredungen mit Friedrich dem Grossen.
Zs. f. die österr. Gymnasien 6. 7: Rönsch, Zur kirchlichen und vulgären Latinität aus drei Palimpsesten der Ambrosiana.
Centralorgan f. die Interessen des Realschulwesens 16: Humbert, Molière der Vater der deutschen Schauspielkunst oder die deutsche Bühne und Molière. 1. Buch. Die deutsche Bühne unter Molière oder Lehr-, Wander- u. Meisterjahre des deutschen Schauspiels 1670—1008.
Der Geschichtsfreund der V Orte Bd. 40: Brandstotter, Musik und Gesang in den Luzerner Osterspielen.
Theologische Literaturzeitung Nr. 23: O. Behaghel, Bericht über die Verhandlungen der deutsch-romanischen

Section der Giessener Philologenversammlung, die Probebibel betreffend.
Stimmen aus Maria-Laach Ergänzungsheft, 31: Die götl. Komödie und ihr Dichter Dante Alighieri. Von G. Gietmann. 2. Hälfte. gr. 8. M. 2.
Die Grenzboten Nr. 40: H. Düntzer, Ein Jesuit über Goethe.
Die Gegenwart Nr. 41: Karpeles, Heine und Laube bei George Sand. — 42: Ernst Ziel, Düntzers Goethe-Abhandlungen. — 44: Ludw. Geiger, Ein Brief Herders.
Wissenschaftl. Beilage der Leipziger Zeitung Nr. 82: Hagedorn ein Vorbild Goethes.
Vossische Zeitung Sonntagsbeil. Nr. 41: Knesobeck an Gleim.
Archiv f. Gynäkologie XXVII, 1: J. Kooks, Rickets und Rhachitis. [Ein Beitrag zur Etymologie und Märchenkunde.]
Ny svensk tidskrift 1885, Sept., S. 419—434: E. F. Oustrin, Om reglementerad rättskrifning. s.
Nordisk tidskrift för vetenskap, konst och industri 1885, H. 5, S. 377—403: A. Noreen, Om språkriktighet. s.
The Academy 10. Oct.: Dow, Selections from Steele, ed. with introd. and notes by Dobson. — Pearson, German translations of the Bible before Luther. — 17. Oct.: Webster, The ingenious Gentleman Don Quixote of La Mancha by Miguel de Cervantes Saavedra, a translation by Ormsby IV. — 24. Oct.: Good, Edmundson, Milton and Vondel, a curiosity of literature. — 31. Oct.: Bradley, Annandale, a concise dictionary of the English language, literary, scientific, etymological and pronouncing. — Pearson, German translations of the Bible before Luther. — Edmundson, Milton and Vondel.
The Athenaeum 10. Oct: G. Paris, La poésie du moyen-Age, leçons et lectures. — Sweet, First Middle English Primers.
The Quarterly Review Oct.: The Predecessors of Shakspere.
Rev. pol. et litt. 16: Arvède Barine, Un critique espagnol. M. Menendez y Pelayo. — Edgar Courtois, Le mont Saint-Michel, la fête du saint. — 17: Vacherot, Fénelon à Cambrai d'après sa correspondance. (Nach E. de Broglie's gleich betiteltem Buch, 1884.) — In Notes et impressions spottet E. Courtois witzig über die Ausdrucksmanieren der naturalistischen Schule. — 18: Léo Quesnel, Littérature espagnole contemporaine. M. Armando Palacio Valdés.
Revue historique Nov.-Déc.: Girard, Passerat et la Satire Ménippée.
Comité des travaux historiques et scientifiques. Section d'histoire et de philologie. Bulletin 1884, 3. 4: Roserot, Deux chartes inéd. concernant le père et les frères présumés de Geoffroi de Villehardouin. — J. Finot, Charte en langue vulgaire de 1230.
Revue internationale de l'enseignement 10: Gaidoz, Les origines de la Grande-Bretagne et la nationalité anglaise.
Journal des Savants Sept.: E. Caro, La vie intime de Voltaire aux Délices et à Ferney.
Revue d'Alsace April—Juni: Ch. Berdellé, Légendes et traditions pop. alsaciennes.
Revue de Gascogne XXVI. Sept.-Oct.: Cassabon, De l'origine des noms patronymiques gascons.
L'Homme II, 13: P. Bébillot, La guerre et les croyances populaires.
Bulletin critique 15. Sept.: Ingold, Neuf lettres inédites de Bossuet.
Giambattista Basile III, 5: Pompeo Sarnelli, autore della Posilicheata. — Imbriani, Estratti di vecchie schede. — V. Della Sala, Canti del popolo Napoletano. XXVIII—XXXII. — L. Molinaro Del Chiaro, Giuochi franciulleschi napoletani. — G. Amalfi, Marco Monnier. — 6: Imbriani, Estratti di vecchie schede. — B. Croce, Letteratura scolastica. — G. Amalfi, Novelle popolari tuscane. — La Posilicheata di Sarnelli. — 7: B. Croce, La Leggenda di Niccolò Pesce. — V. Imbriani, Estratti di vecchie schede. — 8: L. Tagliataive, La cantilena sul morto in Giugliano in Campania. — B. Croce, Giunta alla Leggenda di Niccolò Pesce. — R. della Campa, 'O cunte 'e Caiucce.
Archivio storico Lombardo XII, 3: Medin, Letteratura poetica Viscontea.
Opuscoli Pescolesi, letterari e morali XVII, 185 ff.: Pico Luri di Vassano, Modi di dire proverbiali e motti pop. ital. illustrati e commentati.
Rassegna Nazionale 16. März: G. Rondoni, Siena e l'antico contado senese: tradizioni popolari e leggende di un comune medievale e del suo contado.

Boletin de la Real Academia de la Historia VI: Fita, El judío errante de Illescas (1484—1514). — Dorn, Poesias inéditas do Cid de Zamora. — Variantes de tres legendas por Cid de Zamora. — Inscripciones romanas inéditas de Cáceres, Brandomil, Naranco y Lórida.
A Sentinella da Fronteira 8. März, 30. April, 16. Mai, 20. Juni, 2., 25., 30. Juli, 7. August: A. T. Pires, Cantos populares do Alemtejo recolhidos da tradição oral.
El Elvense 451—4, 458, 459, 461, 463—4, 466—7: A. T. Pires, Miscellanea folklorica. — 470: Cantigas populares de Coimbra. — 471—4: Cantigas militares.

Neu erschienene Bücher.

Bassett, Fletcher S., Legends and superstitions of the Sea and of Sailors in all Lands and at all Times. Chicago and New York, Belford, Clarke et Co. 1885. 505 p. small 8vo with illustrations. [Preface. — Chapter I. The Sea-Dangers: Rocks, Water-spouts and Whirlpools. Tides, Moon and Weather, Winds and Wind-Gods. — II. The Gods, Saints and Demons of the Sea: Nixk and Davy Jones, The Virgin. — III. Wind makers and Storm-Raisers: Witches, Weatherwise Animals, stormraising Deeds. — IV. Water-Sprites and Mermaids: Sea-Giants and Dwarfs, Water-Horses and Bulls. — V. The Sea Monsters and Sea Serpents: The Kraken or Island-Fish, Sea-Monks, Sea Snakes. — VI. Legends of the Finny-Tribe: Jonah Stories, Sharks, Porpoises and Seals, Fish stories. — VII. Stories of other Animals: Shell-fish, The Barnacle Tree, Four-footed Animals, Birds and Insects. — VIII. Spectres of the Sea: Apparitions, Ghosts, Spectral Lands, St. Elmo's Lights. — IX. The Death voyage to the Earthly Paradise or Hell: Death-beds, Ocean Paradises, Canoe Burial. — X. The Flying Dutchman: Phantom Boats, Intelligent Ships. Curious Barks, Ocean Wanderers. — XI. Sacrifices, offerings and Oblations. — XII. Ceremonies and Festivals: Launching, Crossing the Line, Wedding the Adriatic, Fishermen's Feasts. — XIII. Luck, Omens, Images and Charms: Lucky Men, Unlucky Ships, Friday, Images on Ships, The Caul. — XIV. Miscellaneous: The Drowned and Drowning, Sunken Bells and Towns, The Loadstone, The Deluge, Famous voyages.]
Bierbaum, Jul., Die Reform des fremdsprachlichen Unterrichts. Cassel, Kay. 136 S. 8.
Byrne, J., General principles of the structure of language. London, Trübner & Co. 2 vols. 8. 36 sh.
Ellinger, G., Alceste in der modernen Literatur. Beil. Buchh. des Waisenhauses. 57 S. 8. M. 0.80.
Gietmann, G., Klass. Dichter und Dichtungen. 1. Theil. Das Problem des menschlichen Lebens in dichterischer Lösung: Dante, Parzival und Faust. 1. Hälfte. Die göttl. Komödie und ihr Dichter Dante Alighieri. Freiburg, Herder. 8. M. 4,50.
Handbuch der klassischen Alterthums-Wissenschaft ..., hrsg. von Iwan Müller. 2. Band II. Hälfte. Nördlingen, Beck. S. 289—624. gr. 8. [Dieser 2. Halbband enthält den Schluss der lat. Syntax von Schmalz, desselben lat. Stilistik; ferner Lexikographie der griech. und lat. Sprache, bearbeitet von G. Autenrieth und F. Heerdegen, Rhetorik der Griechen und Römer von R. Volkmann, Metrik der Griechen und Römer mit einem Anhang über die Musik der Griechen von H. Gleditsch.]
Hymni, sequentiae et piae cantiones in regno Sueciae olim usitatae. Sancti Sueciae. Ed. G. E. Klemming. Holmiae, Norstedt & filii. VIII, 178, 3 S. 8. s.
Oesterley, H., Wegweiser durch die Literatur der Urkundensammlungen. Berlin, Reimer. 8. M. 12.
Rambeau, A., Der französ. und engl. Unterricht in den deutschen Schule, mit besonderer Berücksichtigung des Gymnasiums. Ein Beitrag zur Reform des Sprachunterrichts. Hamburg, Nolte. 1886. VII, 51 S. 8. M. 1. [Rambeaus Schriftchen, ein erweiterter Abdruck einer im Osterprogramm 1885 des Wilhelms-Gymnasiums veröffentlichten Abhandlung, dürfte ganz besonders geeignet sein, diejenigen Pädagogen eines Besseren zu belehren, die in dem Hereinziehen der Phonetik in den Sprachunterricht, sowie in den damit zusammenhängenden Reformbestrebungen eine Gefahr weiterer Ueberbürdung wittern und sich deshalb ablehnend dagegen verhalten. Wer das thut, hat sich unstürlich mit dem Wesen dieser Reformbestrebungen nur ungenügend vertraut gemacht, denn nur mit ihrer Hilfe wird es sich ermöglichen lassen, dem thatsächlich vorhandenen Ueberbürdungselende wirksam zu steuern. Es ist interessant zu lesen, wie geschickt sich R. an einem humanistischen Gymnasium, für das der von ihm aufgestellte Lehrplan bestimmt ist, mit der dem neusprachlichen Unterricht kärglich zubemessenen Zeit einzurichten weiss, ohne dass das Ganze unter der dabei nothwendigen Beschränkung allzu sehr leidet. Freilich kommt ihm dabei sehr zu statten, dass er als Hauptvertreter des neusprachlichen Fachs in diesem an der betreffenden Anstalt die Hauptstimme hat und von dem Leiter derselben, wie er ausdrücklich bemerkt, in entgegenkommendster Weise unterstützt wird, ein Wohlwollen, das leider nicht jedem, der am Hergebrachten zu rütteln sich unterfängt, beschieden ist. Wir wünschen, dass das Schriftchen in pädagogischen Kreisen, insbesondere in denen der Leiter von Gymnasien und verwandten Lehranstalten, viele Leser finden und so das wenige zu einer zeitgemässen Umgestaltung des Sprachunterrichts beitragen möge. — Hagen i. W. A. Rhode.]
Reinhardstoettner, Carl v., Plautus. Spätere Bearbeitungen der plautin. Lustspiele. Ein Beitrag zur vergleichenden Literaturgeschichte. Leipzig, Friedrich. 1886. XVI, 793 S. 8. M. 18.
Schuchardt, Hugo, Ueber die Lautgesetze. Gegen die Junggrammatiker. Berlin, Oppenheim. 39 S. 8. M. 1.
Sievers, Ed., Grundzüge der Phonetik zur Einführung in das Studium der Lautlehre der indogermanischen Sprachen. Dritte verbesserte Auflage. Leipzig, Breitkopf & Härtel. XVI, 256 S. 8. M. 5.

Andresen, K. G., Sprachgebrauch und Sprachrichtigkeit. Vierte Auflage. Heilbronn, Henninger. 315 S. 8.
Arnoldi Lubecensis Gregorius peccator, de teutonico Hartmanni de Aue translatus. Hrsg. von G. v. Buchwald. Kiel, Homann. 8. M. 3.
Hacchtold, Jacob, Deutsches Lesebuch für höhere Lehranstalten der Schweiz. Bd. II. Zweite Auflage. Frauenfeld, Huber. 448 S. 8.
Bahnsch, Fr., Tristan-Studien. Programm des Gymnasiums zu Danzig. 20 S. 8.
Baumgart, H., Goethes Weissagungen des Bakis und die Novelle, zwei symbol. Bekenntnisse des Dichters. Halle, Waisenhaus. gr. 8. M. 1,60.
Biedermann, W. von, Goetheforschungen. Neue Folge. Mit zwei Portraits und zwei Facsimiles. Leipzig, Biedermann. 8. M. 12.
Biskupski, L., Ueber den Einfluss des german. Elementes auf das Slavische. Th. II. Die Diphthonge in der Sprache der Lüneburger Slaven. Programm des Gymnas. zu Konitz.
Braun, J. W., Schiller und Goethe im Urtheile ihrer Zeitgenossen. Zeitungskritiken, Berichte u. Notizen, Schiller u. Goethe und deren Werke betr., aus den Jahren 1773—1812, gesammelt und hrsg. Eine Ergänzung zu allen Ausgaben der Werke dieser Dichter. 2. Abth.: Goethe. 3. Bd. 1802—1812. Berlin, Luckhardt. XX, 311 S. 8. M. 7,50.
Briefwechsel zwischen Jacob Grimm und J. Halbertsma, hrsg. von B. Symons. Halle, Waisenhaus. M. 0,90.
Droste-Hülshoff, v., Gesammelte Werke. Bearbeitet von W. Kreiten. III. Bd. Münster, Schöningh. M. 4,50.
Drucke des Vereins für niederdeutsche Sprachforschung. II: Niederdeutsches Reimbüchlein. Eine Spruchsammlung des 16. Jh.'s, hrsg. von W. Seelmann. Norden, Soltau. XXVIII, 122 S. 8. M. 2.
Düntzer, H., Goethes Verehrung der Kaiserin von Oesterreich, Maria Ludovica Beatrix von Este. Köln, Ahn. 8. M. 1,60.
Egelhaaf, G., Grundzüge der deutschen Literaturgeschichte. 4. Auflage. Heilbronn, Henninger. 1886. 160 S. 8.
Firlifimini und andere Curiosa. Hrsg. von L. Geiger. Berlin, Oppenheim. 168 S. 8. M. 4.
Goedeke, K., Grundriss zur Geschichte der deutschen Dichtung. 2. Aufl. H. 4. Dresden, Ehlermann. S. 225—416.
Goethe, Faust von. Mit Einleitung und fortlaufender Erklärung hrsg. von K. J. Schröer. Erster Theil. Zweite, durchaus revidirte Aufl. Heilbronn, Henninger. 1886. 304 S. 8.
Grafen, die, von Mansfeld in den Liedern ihrer Zeit. Volkslieder aus dem XVI. u. XVII. Jh., gesammelt und erläutert von Heinrich Rembe, Halle, Hendel. 80 S. 8. M. 1.
Hofmann, Konr., Joh. Andr. Schmeller. Eine Denkrede. München, Franz. 37 S. 8. M. 1.
Idiotikon, Schweizerisches. H. IX. Schluss des 1. Bandes und Anfang von Bd. II.
Jahrbuch des Vereins für niederdeutsche Sprachforschung. Jahrg. 1884. X. Norden, Soltau. III, 160 S. 8. [Inhalt: C.

Walther, Kal; A. Reifferscheid, Beschreibung der Hss.-Sammlung des Freiherrn August v. Arnswaldt in Hannover; Fr. Jostes, Westfäl. Predigten; H. Carstens, Kinderspiele aus Schleswig-Holstein; Ders., Dat Bussebi (Ditm. Mundart. Gegend von Lunden); H. Brandes, Der guden farwen Krans; A. Hofmeister, Die niederdeutschen Leberreime des Joh. Junior v. J. 1601; F. Prien, van den Detmarschen is dyt ghedicht (auf die Schlacht bei Hemmingstedt 1500); C. Walther, Kal. Nachtrag; R. Sprenger, Zu Reinke Vos; H. Sohnrey, Oppelken; W. Seelmann, Everhards von Wampen Spiegel der Natur; Ders., Dilde, Dulde; R. Buchstein, Der Heliand und seine künstlerische Form; Ders., Excurs: Zur Reimbrechung im Heliand; A. Hoefer; W. Seelmann, Zwei Verse eines niederländ. Liedes v. J. 1173; H. Tümpel, Zur Eintheilung der nd. Mundarten; W. Seelmann, Valentin und der verlorene Sohn; Register zu Bd. 1—10.]
Kern, Franz, Grundriss der deutschen Satzlehre. 2. Aufl. Berlin, Nicolai. 79 S. 8.
— —, Lehrstoff für den deutschen Unterricht in Prima. Berlin, Nicolai. 8. M. 1,60.
Khull, F., Geschichte der altdeutschen Dichtung. Graz, Leuschner & Lubensky. 576 S. 8. M. 6.
Kirchner, Friedr., Synchronismus zur deutschen Nationalliteratur (von der frühesten Zeit bis 1884). Berlin, Mayer & Müller. 129 S. 8.
Kluge, Fr., Nominale Stammbildungslehre der altgermanischen Dialekte. Halle, Niemeyer. XII, 108 S. 8. M. 2.60. Sammlung kurzer Grammatiken german. Dialekte. Ergänzungsreihe 1.
Könneeke, G., Bildercatlas zur Geschichte der deutschen Nationalliteratur. Marburg. Elwert. Lief. 1. Fol. M. 2.
Kohn, M., Die Meisterwerke der deutschen Literatur in mustergiltigen Inhaltsangaben. Hamburg, Richter. 1886. M. 3.
Kreüger, J., Bidrag till upplysning om Wisbys sjöråttsliga förhållanden under medeltiden Lund, Gleerupska Universitetsbokhandeln. II, 59 S. 8. Upplaga 100 exempl. Kr. 1,50. 8.
Lambeck, O. A., Lessings Ansichten über das Verhältniss der Tragödie zur Geschichte, kritisch dargestellt. 34 S. 4. Programm der Oberrealschule zu Coblenz.
Linke, J., Wann wurde das Lutherlied Ein feste Burg ist unser Gott verfasst? Historisch-krit. Untersuchung. Leipzig, Buchhandlung des Vereinshauses. gr. 8. M. 3.
Löhner, R., Beiträge zu Alpharts Tod. Wien, Pichler. 8. M. 0,60.
Machule, Paul, Die lautlichen Verhältnisse und die verbale Flexion des Schonischen Land- u. Kirchenrechtes. Inaugural-Dissertation. Halle, Niemeyer. 54 S. 8. M. 1,20.
Müllenhoff, Karl, Altdeutsche Sprachproben. 4. Aufl., besorgt von Max Roediger. Berlin, Weidmann. VIII, 150 S. 8. M. 3,60.
Neudrucke, Wiener. 9. 15 Fastnachtspiele aus den Jahren 1510 u. 1511. Nach Aufzeichnungen von V. Raber. M. 4. — Ollapotrida, ein durchgetriebenen Fuchsmaeuli, Von J. A. Stranitzky. 1711. M. 6. — 11. Eilf Fastnachtsspiele aus den Jahren 1512—1533. Nach Aufzeichnungen von V. Raber. M. 4. Wien, Kunegen.
Orti, S., Der Ursprung der radicalen Neutra der deutschen Sprache, entdeckt. Leipzig, Urban. gr. 8. M. 1.
Pengeot, P., l'esprit allemand d'après la langue et les proverbes. Avec plus de 1200 proverbes allemands. Paris, Giraud. 93 S. 8. (Pamphlet.)
Quellen und Forschungen zur Sprach- und Culturgeschichte der germ. Völker. 55, 1. Das friesische Bauernhaus in seiner Entwicklung während der letzten 4 Jahrh. von Otto Lasius. Mit 38 Holzschnitten. M. 3. — 55, 2. Die deutschen Hausbypen von R. Henning. M. 1. — 56. Die galante Lyrik von Max Freiherr v. Waldberg. M. 4. — 57. Die altdeutsche Exodus, hrsg. von F. Kossmann. M. 3. Strassburg, Trübner.
Sundén, D. A. och J. M. Fl. Janson, Ordbok öfver svenska språket. Första häftet. (Bokstäfverna A—K till Karat.) Stockholm, J. Beckman. 320 S. 8. Kr. 2,50. 8.
Stapfer, P., Préface pour une édition du Faust. In-8, 56 p. Paris, imp. Jouaust et Sigaux. Extrait de l'édition de Faust imprimée et publiée par D. Jouaust et J. Sigaux.
Steffenhagen, E., Die Entwickelung der Landrechtsglosse des Sachsenspiegels. II. 5. Wien, Gerold in Comm.
Sz., Der romantische Schwindel in der deutschen Mythologie und auf der Opernbühne. III. Odin, Baldur und Höde. Elberfeld, Bädeker. 40 S. 8.

Thiemann, Th., Deutsche Kultur und Literatur des 18. Jh.'s im Lichte der zeitgenössischen ital. Kritik. 2. Th. Progr. des Real-Gymnasiums zu Dresden-Neustadt. 35 S. 8.
Traunwieser, J., Die mhd. Dichtung Lohengrin, ein Mosaik aus Wolfram v. Eschenbach. Wien, Pichler. 8. M. 1,30.
Widmann, H., Zur Geschichte und Literatur des Meistergesanges in Oberösterreich. Wien, Pichler. 8. M. 1.
Wiechmann, C. M., Mecklenburgs altniederdeutsche Literatur. Dritter Theil 1600!—1625. Mit Nachträgen u. Register zu allen 3 Theilen. Nach C. M. Wiechmanns Tode bearbeitet und hrausgegeben von Dr. Ad. Hofmeister. Schwerin, Stiller. M. 6.
Willmanns, W., Beiträge zur Geschichte der ältern deutschen Literatur. Heft 1: Der sogenannte Heinrich von Melk. Bonn, E. Weber. 64 S. 8. M. 1,50.

Adams, W. H. D., a concordance to the plays of Shakespeare. London, Routledge & Sons. 8. 10 sh. 0 d.
Andreas: a legend of St. Andrew. Edited with critical Notes and a Glossary by W. M. Baskervill. Based on the manuscript. Boston, Ginn and Co. IX, 78 S. 8. (Vgl. Zupitza'n D. Literaturzeitung. 45.)
Dieter, F., Ueber Sprache und Mundart der ältesten englischen Denkmäler der Epinaler und Cambridger Glossen, mit Berücksichtigung des Erfurter Glossars. Göttingen, O. Calvör. gr. 8. M. 2.40.
Edmundson, G., Milton and Vondel, a curiosity of literature. London, Trübner. VI, 224 S. 8. 6 sh.
Gosse, Edm., From Shakespeare to Pope. London, Cambridge Warehouse. 8. 6 sh.
Jahrbuch der deutschen Shakespeare-Gesellschaft. Hrsg. von F. A. Leo. 20. Jahrg. Weimar 1885. [Inhalt: Vorwort. Die deutsche Shakespeare-Gesellschaft. (Satzungen. Inhalt der bisher erschienenen Bände. Mitgliederverzeichniss.) — Im Meermalken. Einl. Vortrag zur Jahresversammlung der deutschen Sh.-G. von Jul. Thümmel. — Jahresbericht vom 23. April 1884. Vorgetr. von Freih. v. Vincke. — Bericht über die Jahresversammlung zu Weimar am 23. April 1884. — Nic. Delius, Shakespeare's A Lover's Complaint. — Wilh. Oechelhäuser, Die Würdigung Shakespeare's in England und Deutschland. — Nic. Delius, Shakespeare's Macbeth und Davenant's Macbeth. — Jul. Thümmel, Sh.'s Helden. — Th. Vatke, Geld und Geldeswerth in Sh.'s England. — Wilh. Bolin, Zur Bühnenbearbeitung des König Lear. — Verzeichniss noch zu erklärender oder zu emendirender Lesearten in Sh.'s Dramen. Zusammengestellt von F. A. Leo. — Th. Vatke, Bildung und Schule in Sh.'s England. — F. A. Leo, Die Baco-Gesellschaft. Nebst einigen Exkursen über die Baco-Shakespeare-Affaire. — Th. Oessner. Von welchen Gesichtspunkten ist auszugehen, um einen Einblick in das Wesen des Prinzen Hamlet zu gewinnen? — Literarische Uebersicht. — Nekrologe: I. Ludw. Pietsch, Iwan Turgenjeff; II. Karl La Roche. — Miscellen: I. F. J. Furnivall; II. R. Sigismund, Ueber die Bedeutung des Mandrake bei Shakespeare, sowie über die historische Entwickelung dieses Begriffes; III. Ders., Ueber die Wirkung des Hubenus im Hamlet und eine damit verglichene Stelle bei Plutarch; IV. Sh.'s Orab; V. Zur Sonettenfrage; VI. Die „dunkle Dame" in Sh.'s Sonetten; VII. Mrs. Fytton und Rosaline in Love's Labours Lost; VIII. Sh.'s Bibel. — Notizen: I. Wie es Euch gefällt und Savioli; II. Garibaldi = Shakespeare; III. Ein Sh.-Manuscript in Frankreich; IV. Stratford-on-Avon; V. Sh.'s Brueche; VI. Die Sh.-Bibliothek in Birmingham. — F. A. Leo, Eine Concordanz der Shakespeare-Noten. — Armin Wechsung, Statistischer Ueberblick über die Aufführungen Shakespeare'scher Werke auf den deutschen und einigen ausländischen Theatern vom 1. Jan. bis 31. Dec. 1884. — Albert Cohn, Sh.-Bibliographie von 1883—84. — Zuwachs der Bibliothek der deutschen Sh.-Gesellschaft seit April 1884.]
Lamb, Charles, tales from Shakespeare. Erklärt von L. Riechelmann. 2. Th. 2. Aufl., bearbeitet von G. Lücking. Berlin, Weidmann. IV, 137 S. 8. M. 1,50.
Murray. A new English Dictionary on historical Principles; Founded mainly on the Materials collected by the Philological Society. Ed. by J. A. H. Murray with the assistance of many scholars and men of science. Part. II. Ant—Batten. Oxford, at the Clarendon Press. VIII, S. 353—704. gr. 4. sh. 12, 6.
Purow, W., Erläuterungen zu Macaulay's Reden über Parlamentsreform. Berlin, Friedr.-Werdersche Gewerbeschule. 26 S.

Regel, M., Lexikalisches zu George Chapman's Homer-Uebersetzung. Progr. der Klosterschule zu Roszleben.
Robinson, W. C., Introduction to our early english literature. London, Simpkin, Marshall & Co. 8. 5 sh.
Schilling, Fr., Principles and rules of accent in the English language, chiefly in modern English. Programm der Ritter-Akademie in Liegnitz.
Vieweger, Leo, Ueber den Werth der grammatischen Beziehungsfunction im Englischen. Programm des Real-Gymn. zu St. Petri und Pauli in Danzig.

Adgars Marien-Legenden. Nach der Londoner Hs. Egerton 612 zum ersten Mal vollständig hrsg. von Carl Neuhaus. Heilbronn, Gebr. Henninger. XLVIII, 250 S. 8. — Altfranzösische Bibliothek hrsg. von W. Foerster. Band IX.
Biblioteca Italiana. Für den Unterricht im italienischen mit Anmerkungen in deutscher, französ. und engl. Sprache hrsg. von A. Scartazzini. Davos, Richter. 4. Bändchen: Adelchi. Tragedia in 5 atti di A. Manzoni (1785—1873). 110 S. 8. M. 1,30.
Camões, L. de, Os Lusiadas. Edição critico-commemorativa do terceiro centenario da morte do grande poeta. Publ. por E. Biel. Leipzig, Giesecke & Devrient. 4. M. 100.
Campión, A., Gramática de los cuatro dialectos literarios de la lengua euskara. Tolosa, Libr. de Murillo. En 4. Cuaderno IX, p. 513 á 576. 4 y 5.
Catalogue des manuscrits de la bibliothèque Mazarine; par Auguste Molinier. T. I. In-8, XXVII, 534 p. Paris, Plon. Nourrit et Cie. Catalogue général des manuscrits des bibliothèques publiques de France. Ministère de l'instruction publique, des beaux-arts et des cultes.
Contes, Fables, Légendes, en idiome bourguignon; par le docteur H. B. Petit in-8, 157 p. Dijon, imp. Jarantière.
Crane, Thom. Frod., Italian Popular Tales. London, Marmillan & Comp. VII, 389 S. 8.
Croce, Ben., La Leggenda di Niccolò Pesce. Napoli, tip. V. Pesole. 21 S. 8. Estr. del Giambattista Basile III, 7.
Darmesteter, A., et A. Hatzfeld, Morceaux choisis des principaux écrivains en prose et en vers du XVIe siècle, publiés d'après les éditions originales ou les éditions critiques les plus autorisées, et accompagnés de notes explicatives. Ouvrage rédigé conformément au programme des classes de troisième et de seconde. 3e édition, revue et corrigée. In-18 jésus, VII, 384 p. Paris, libr. Delagrave.
De Lama, Nicandro, L'elemento religioso dei Promessi Sposi; saggio critico. Parma, tip. Industriale. in-16. pag. 25.
Doine și Strigături din Ardeal date la iveala de Dr. Ioan Urban Jarnik și Andreiu Bărseanu. Editiunea Academiei Romane. București, tip. Academiei Romane. XV, 528; XVI, 326 S. 5 Lei.
Dorer, Edm., Beiträge zur Calderon-Literatur. 2 Hefte. 8. Dresden, v. Zahn & Jaensch in Comm. [1. Die Calderon-Literatur in Deutschland 1881—1884. 47 S. — 2. Ueber „Das Leben ein Traum". 22 S.]
— —, Die Lope de Vega-Literatur in Deutschland. Bibliographische Uebersicht. Fortgesetzt bis 1885. Dresden, v. Zahn & Jaensch in Comm. 24 S. 8.
Extraits de la Chanson de Roland, suivis d'extraits des mémoires du sire de Joinville, à l'usage des élèves de la classe de seconde. Avec une introduction historique et littéraire, notes philologiques et glossaires par M. E. Talbot. Paris, Delalain. Un vol. de VIII, 208 p. in-12. fr. 2,50.
Feist, Alfred, Zur Kritik der Bertasage. Marburg. 31 S. 8.

Joinville, Histoire de saint Louis. Texte original ramené à l'orthographe des chartes, précédé de notions sur la langue et la grammaire de Joinville, et suivi d'un glossaire, par Natalis de Wailly, de l'Institut. Petit in-16, XLI, 340 p. Paris, lib. Hachette et Cie. fr. 2. Classiques français
Koch, F., Leben und Werke der Christine de Pizan. Goslar, L. Koch. gr. 8. M. 2.
La chanson de Roland. Nouvelle édition classique précédée d'une introduction et suivie d'un glossaire par L. Clédat. Paris, Garnier frères. XXXV, 221 S. 8.
Lallemand, P., Un manuscrit retrouvé: Guerre de Metz en 1324. Nancy, imp. Crépin-Leblond. Extrait du Journal de la Société d'archéologie lorraine (juin 1885).
L'Arte del dire in rima: sonetti di Antonio Pucci pubblicati da A. D'Ancona. Firenze, Succ. Le Monnier. 12 S. 4. Aus den Miscellanea di fil. ded. alla memoria del prof. Caix e Canello.
Mahn, A., Grammatik und Wörterbuch der altprovenzalischen Sprache. 1. Abtheilung: Lautlehre und Wortbiegungslehre. Cöthen, P. Schettler. 313 S. 8. M. 6.
Mahrenholtz, Rich., Voltaires Leben und Werke. 2. Th.: Voltaire im Auslande (1750—1778). Oppeln, Franck. III, 206 S. 8. M. 5.
Mariotti, A., Sul Canto di Francesca da Rimini di Dante Alighieri: commento. Firenze. 71 S. 8. Per le nozze Castracane Antelminelli — Anguissola Scotti.
Meli, Lieder des Giovanni, von Palermo. Aus dem Sicilianischen von Ferd. Gregorovius. 2. Aufl. Leipzig, F. A. Brockhaus. 8. M. 4.
Merino, A. F., Un escandalo literario. Dos cantos apócrifos del Dante. Barcelona, Ullastres.
Meyer, P., Complainte provençale et complainte latine sur la mort du patriarche d'Aquilée Grégoire de Montelongo. Firenze, Le Monnier. Aus Misc. Caix-Canello.
Michaelis de Vasconcellos, Carolina, Studien zur hispanischen Wortdeutung. Firenze, Le Monnier. Aus den Misc. Caix-Canello.
Moisy, H., Dictionnaire du patois normand, indiquant particulièrement tous les termes de ce patois en usage dans la région centrale de la Normandie, pour servir à l'histoire de la langue française; avec de nombreuses citations, etc. In-8, CLXVI, 711 p. Caen, Le Blanc-Hardel.
Morpurgo, S., Le rime di Pieraccio Tedaldi. Firenze, Libr. Dante.
Morpurgo, S., e O. Zenatti, La caccia di Diana. Firenze, Carnesecchi.
Mussafia, Adolf, Mittheilungen aus Romanischen Handschriften. II, Zur Katharinenlegende. Wien, C. Gerolds Sohn. 69 S. 8. Aus dem Jahrg. 1885 der Sitzungsberichte der phil.-hist. Klasse der Akad. der Wissenschaften. CX. Bd. II. Heft. S. 355 ff.
Novati, F. F. C. Pellegrini, Poesie politiche popolari dei secoli XV e XVI. Ancona, Morelli.
Nyrop, Kristoffer, Romanske Mosaiker. Kulturbilleder fra Rumaenien og Provence. Mit Afbildninger. Kubenhavn, C. A. Reitzel. VIII, 229 S.
Panza, G., Saggio di uno studio sul dialetto Abruzzese. Lanciano, Carabba.
Paris, Gaston, Les Serments de Strasbourg; fragment d'une introduction au commentaire de ce texte. Firenze, Le Monnier. Aus den Misc. Caix-Canello.
Pascal, Les provinciales. Nouvelle édition, avec une introduction et des remarques par Ernest Havet. Paris, Dela-

Bobillot, P., Questionnaire des croyances, légendes et superstitions de la mer. In-8, 10 p. Paris, impr. Hennuyer. Extrait des Bulletins de la Société d'anthropologie.
Siegert, C., Die Sprache Lafontaine's, mit bes. Berücksichtigung der Archaismen. Leipziger Dissertation.
Stengel, E., Ueber den latein. Ursprung der rom. Fünfzehnsilbler und damit verwandter weiterer Versarten. Firenze, Succ. Le Monnier. [8.-A. aus den Misc. Caix-Canello.]
Tobler, Ad., Ein Lied Bernarts von Ventadour (*Lanquan fuilhon bose e garric* etc.). S.-A. aus den Sitzungsberichten der K. Preuss. Akademie der Wissenschaften zu Berlin. 1885. XLI, 9 S. 8.
Tourneux, M., Les Manuscrits de Diderot conservés en Russie, catalogue dressé par M. Maurice Tourneux. In-8, 40 p. Paris, impr. nationale. Extrait des Archives des missions scientifiques et littéraires, 3e série, t. 12.
Ulrich, Jakob, Altitalienisches Lesebuch. XIII. Jahrhundert. Halle, Niemeyer. VIII, 160 S. 8. M. 2,50.
Un nuovo documento della vita di Cinzio Cenedese, poeta e Grammatico del sec. XV. Udine. 13 S. 8.
Zatelli, Dom., De l'emploi de la négation en français et en italien. Rovereto. 107 S. 8.

Gombo Zhèbes, Little Dictionary of creole proverbs by Lafcadio Hearn. New-York, W. H. Coleman.

Ausführlichere Recensionen erschienen über:
Briefwechsel der Gebrüder Grimm mit nordischen Gelehrten (v. Heinzel: Zs. f. österr. Gymnas. 1885, H. 8 u. 9).
Puection, Island, das Land und seine Bewohner (v. Heinzel; ebd.).
Rödiger, Kritische Bemerkungen zu den Nibelungen (v. Wilmanns: Gött. gel. Anz. St. 21).

Literarische Mittheilungen, Personalnachrichten etc.
Bei Gebr. Henninger in Heilbronn erscheint demnächst: Wilh. Müller (Göttingen), Mythologie der deutschen Heldensage.
Von D. Ruffert (Rostock) ist eine Arbeit über „die Schauspieler-Truppe Molières" in Aussicht gestellt.
Wir machen unsere Leser aufmerksam auf die von der G. Fockschen Buchhandlung in Leipzig geschaffene „Centralstelle für Dissertationen und Programme": dieselbe gibt soeben ein erstes Verzeichniss der zur Zeit vorhandenen Abhandlungen aus dem Gebiete der „Neuern Philologie" und „Germanistik" heraus.
Dr. Alfred Feist hat sich an der Universität Marburg für romanische Philologie habilitirt.
† am 19. October zu Wiesbaden im Alter von 68 Jahren der bekannte niederländische Literarhistoriker W. J. A. Juckbloet.
Antiquarische Cataloge: Gleerup, Lund (Nord. Sprachen); Koebner, Breslau (Deutsche Sprache u.

Literaturgesch., Ältere deutsche Literatur); P. Lehmann, Berlin (Neuere ausländische Sprachen); v. Maack, Kiel (Deutsche Literatur); Dorr. (Engl. Franz. Ital. Skand.); Vieweg, Paris (Bibliogr. etc.); Wagner, Braunschweig (Gesch. Spr. u. Literatur der roman. Völker).
Berichtigung: Nr. 11 Sp. 462 L Jürgingst. Jüngling.

Abgeschlossen am 25. November 1885.

Berichtigung.

Die kritische Notiz, welche Herr Prof. H. Suchier in Nr. 11 des Lbl.'s (Sp. 476) gegen meinen anspruchslosen Artikel „Verschollene Handschriften" (Zs. f. neufrz. Spr. u. Lit. Suppl. III p. 78—85; kein „Separatabdruck") veröffentlicht, enthält folgende Unrichtigkeiten:
1) Ich habe die 'Bibliothèque du Romans' des Abbé Lenglet nicht „für ein seltenes Buch angesehen", ich habe nur ausdrücklich von nur „relativer Seltenheit" des Lengletschen Werkes gesprochen, wie daher auch in der angefügten Note (p. 80[1]), dass sich ein Exemplar desselben „s. B. auf der Grossherzogl. Bibliothek zu Weimar" befinde. Die relative Seltenheit der 'Bibl. des Romans' muss ich auch weiterhin behaupten, ist doch das Buch s. B. in keinem mir bekannt gewordenen antiquarischen Catalog aufgeführt. Dass „jeder Pariser Buchhändler sie haben sagen könne, um ein besseren bouquin leicht um ein Billiges zu haben ist", darf ich auf Grund gemachter Erfahrungen bestreiten. Wenn ich die in Betracht kommenden Stellen aus Lenglet auszog, so geschah dies lediglich im Interesse vieler Leser unserer Zeitschrift, denen im Augenblick die nur auf grösseren Bibliotheken vorhandene 'Bibl. des Rom.' nicht zugänglich sein konnte.
2) Dass die sg. „Hss. im November 1724 versteigert wurden", brauchte ich nicht aus H. S. angeführten Quellen wahrlich nicht erst „in Erfahrung zu bringen", nachdem ich p. 81, Z. 4 v. u. den authentischen Auktionscatalog von 1724 als Quelle für die 'Bibl. des Rom.' genannt. Natürlich war ich nicht „naiv" genug nach diesem seit 1724 (p. 82), sondern suchte nach jenen zehn, welche die K. Anet-catalog von 1784 noch aufführt (ib.), vor allem aber nach den, welche der Vicomte de L. nach erfolgter Wiedererwerbung nach p. M. Mereau zu kaufen vorgab (s. den Brief des Vicomte p. 82, Z. 15 v. u.). H. Koerting.

Zu 1) constatire ich, dass K. ausdrücklich von relativer Seltenheit des Lenglet'schen Werkes spricht, zu 2) dass der Ausdruck Auktionscatalog sich erst in seiner Berichtigung, nicht aber an der citirten Stelle findet. H. Suchier.

Erklärung.
Da wiederholt Sendungen für die Redaction des Literaturblattes an mich geschickt werden und dies Weiterungen veranlasst, so halte ich es im Einverständniss mit der Redaction für zweckmässig, meinen Namen auf dem Titel des Literaturblattes fortan wegzulassen.
Heidelberg, im December 1885. Karl Bartsch.

NOTIZ.

Den germanistischen Theil redigirt Otto Behaghel (Basel, Bahnhofstrasse 53), den romanistischen und englischen Theil Fritz Neumann (Freiburg i. B., Albertstr. 24), an den bittet die Beiträge (Recensionen, kleine Notizen, Personalnachrichten etc.) dem entsprechend gefälligst zu adressiren. In die Redaction richtet an die Herren Verleger der Bitte, dafür Sorge zu wollen, dass wir davon Werke germanistischen oder romanistischen Inhalts ihr gleich nach Erscheinen entweder direct oder durch Vermittlung von Gebr. Henninger in Heilbronn zugesandt werden. Nur in diesem Falle wird die Redaction sich in den Stande sein, über neue Publicationen eine Besprechung oder kurzere Bemerkung (in der Bibliogr.) zu bringen. An Gebr. Henninger sind auch die Anfragen über Honorare und Sonderabzüge zu richten.

Literarische Anzeigen.

Im Verlag von *J. A. Barth* in Leipzig ist neu erschienen:

CALDERON, El Mágico prodigioso,
Spanischer Text mit deutsch. Einleitung u. deutsch. Anmerkgn. von M. Kreakel. 318 S. 8°. M. 5,40.
(*Kloss. Bühnendichtungen der Spanier, II.*)

Soeben erschien und ist in allen Buchhandlungen zu haben:

Französische
Schulgrammatik
in
tabellarischer Darstellung.
Von
Dr. J. B. Peters,
Oberlehrer an der höheren Bürgerschule zu Bochum.
Gr. 8°. VIII u. 84 S. Geheftet 1 M. 50 Pf. Gebunden 1 M. 85 Pf.

August Neumann's Verlag, Fr. Lucas,
in Leipzig.

Im Verlage von **Joseph Jolowicz** in Posen erschien und ist durch jede Buchhandlung zu beziehen:

Ein deutsches Handwerker-Spiel nach einer handschriftl. Ueberlieferung aus dem Kgl. Staatsarchiv zu Posen hrsg. von Prof. *R. Jonas.* M. 1.50

Knoop, O., Volkssagen, Erzählungen, Aberglauben, Gebräuche und Märchen aus dem östlichen Hinterpommern.
M. 5. —

Im Verlag von **Th. Hofmann** in Berlin ist soeben erschienen:

Epische u. lyrische Dichtungen
erläutert für die Oberklassen höherer Schulen.
Herausg. von Dr. O. Frick u. Fr. Polack, 4. Lieferung. Preis 50 Pf. Inhalt: Parzival (Schluss). — Der arme Heinrich.

Im Verlage der königl. Hofbuchhandlung *Wilhelm Friedrich, Leipzig,* erschien soeben:

Die klassischen
Schriftsteller des Alterthums
in ihrem Einfluss auf die späteren Litteraturen.

Erster Band:

PLAUTUS.
Spätere Bearbeitungen plautinischer Lustspiele.
Ein Beitrag zur vergleichenden Litteraturgeschichte
von
Carl von Reinhardstoettner.
Ein starker Band. Preis broch. M. 18. —

Dieses Werk ist als eine Förderung ersten Ranges des litterarhistorischen Quellenmaterials anzusehen, das nicht nur neben unseren Compendien gebraucht werden wird, sondern, da es dieselben vielfach ergänzt und berichtigt, in allen Bibliotheken zu den unentbehrlichsten litterarischen Hilfsmitteln zählen wird; ein Werk, das für Litterarhistoriker aller Völker von gleichem Werte ist und die Philologen aller Zweige gleichmässig interessieren muss.
Vorräthig in allen Buchhandlungen.

Verlag von Gebr. Henninger in Heilbronn.

El Mágico prodigioso, comedia famosa de D. Pedro Calderon de la Barca, publiée d'après le manuscrit original de la bibliothèque du duc d'Osuna, avec deux fac-similes, une introduction, des variantes et des notes par Alfred Morel-Fatio. 8°. LXXVI, 238 S.
geh. M. 9. —

Im Verlage von **Ernst Homann** in Kiel erschien soeben:

Arnoldi Lubecensis Gregorius Peccator
de Teutonico Hartmanni de Aue in latinum translatus.
Herausgegeben von Dr. G. von Buchwald. Gr. 8.
XXIV u. 128 S. Geh. 3 M.

Soeben erschien:

Antiquarischer Bücherkatalog Nr. 37:
Neuere ausländ. Sprachen. Litteratur u. Sprache. 2000 Nummern. gratis.
Berlin W., Französischestr. 33 c.
Paul Lehmann.
Buchhandlung und Antiquariat.

Im Verlage von *A. Deichert* in Erlangen ist erschienen:

Die Vita Alexandri Magni
des
Archipresbyters Leo (historia de preliis).
Nach der Bamberger
und ältesten Münchener Handschrift
zum erstenmal herausgegeben
von
Dr. Gust. Landgraf.
8. (140 S.) M. 3. —

Unter der Presse befinden sich und werden je nach Erscheinen den geehrten Abonnenten zur Fortsetzung geliefert:

Englische Studien. Organ für englische Philologie unter Mitberücksichtigung des englischen Unterrichtes auf höheren Schulen. Herausgegeben von E. Kölbing.
Abonnementspreis pro Band von ca. 30 Bogen M. 15. —
IX. Band. 2. Heft.

Französische Studien. Herausgegeben von G. Körting und E. Koschwitz.
Abonnementspreis pro Band von ca. 30 Bogen M. 15. —
V. Band. 2. Heft.
Inhalt: Beiträge zur Geschichte der französischen Sprache in England. I. Zur Lautlehre der französ. Lehnwörter im Mittelenglischen. Von Dr. D. Behrens.

Heilbronn, 10. Dec. 1885. Gebr. Henninger.

Hierzu Beilagen von:
Gebr. Henninger in Heilbronn, Nachtrag zu den Verlagsverzeichnissen betr. germanische, romanische und englische Philologie.
Wagner'sche Universitäts-Buchhandlung in Innsbruck, betr. Germanistisches, Deutsche Literatur zu herabgesetzten Preisen.

Titel und Register zum VI. Jahrgang (1885) werden besonders nachgeliefert.

Um baldgefl. Erneuerung des Abonnements für den VII. Jahrgang (1886) ersucht höflich
Die Verlagshandlung.

Verantwortlicher Redacteur Prof. Dr. **Fritz Neumann** in Freiburg i. B. — Druck von G. Otto in Darmstadt.

www.ingramcontent.com/pod-product-compliance
Lightning Source LLC
Chambersburg PA
CBHW021359230426
43666CB00006B/578